UGC NET

नवीनतम संस्करण
अभ्यास किट

10 टेस्ट्स
10 मॉक टेस्ट्स

वास्तविक परीक्षा प्रारूप पर आधारित टेस्ट

✓ पूर्णतः संशोधित और अद्यतन

✓ सभी बहुविकल्पीय प्रश्नो का विस्तृत विश्लेषण

शीर्षक	: **UGC NET वाणिज्य (पेपर 1 एवं 2)**
लेखक का नाम	: **Mr. Rohit Manglik**
प्रकाशक	: **EduGorilla Community Pvt. Ltd.**
प्रकाशक का पता	: 12/651 प्रथम तल, अरविन्दो पार्क के सामने, निकट जामा मस्जिद, इंदिरा नगर लखनऊ, उत्तर प्रदेश, 226016, भारत।

कॉपीराइट EduGorilla

अस्वीकरण EduGorilla

Compiled and created by EduGorilla Community Pvt. Ltd

EduGorilla Community Pvt. Ltd. द्वारा मुद्रित

रोहित मांगलिक
सीईओ, **EduGorilla**

प्रिय छात्रों,

एक बहुत ही प्रचलित कहावत है कि "सफलता उन्हीं को मिलती है जो उसके लिए कड़ी मेहनत करते हैं।" लेकिन मैंने लोगों को उनकी परीक्षाओं के लिए दिन-रात एक करके मेहनत करते हुए देखा है, पर फिर भी वे सफल नहीं हो पाते। तो वहीं दूसरी ओर, कुछ लोग बस आधी मेहनत करके परीक्षा में सफलता प्राप्त करते हैं। तो, क्या वे किस्मत वाले हैं? नहीं मेरा मानना है, कि ऐसा इसलिए है क्योंकि वे सिर्फ कड़ी नहीं बल्कि कुशल तरीके से अपनी तैयारी करते हैं। इसी तरह आपको भी अपनी परीक्षाओं की तैयारी के लिए अपनी योजना बनानी चाहिए, ताकि आपकी भी सफलता की संभावना बढ़ सके। तो तैयार हो जाइये **EduGorilla** के साथ अपनी परीक्षा में चयन होने की संभावना को 16 गुना बढ़ाने के लिए।

EduGorilla आपको न केवल कड़ी मेहनत करने में मदद करता है, बल्कि एक स्मार्ट और योजनाबद्ध तरीके से तैयारी करने में भी सहायता प्रदान करता है। **EduGorilla** की तैयारी पैकेज के साथ आप अपने परीक्षा में चयन होने के रास्ते को सहज और मनोरंजक बना सकते हैं। अपनी तैयारी के लिए सही रास्ता खोजना मुश्किल हो सकता है, यदि आप ये नहीं जानते कि आपको किस दिशा में जाना है। चिंता न करें हम आपके साथ खड़े हैं! **EduGorilla** आपकी सफलता में आपका मार्गदर्शक बनेगा। हमारे तैयारी पैकेज के साथ आप रणनीतिक रूप से तैयारी कर, अपनी परीक्षा में सिर्फ एक ही प्रयास में सफल हो सकते हैं।

EduGorilla के तैयारी पैकेज में शामिल हैं-

• टेस्ट सीरीज़   • किताबें

हमारे तैयारी पैकेज को सभी तरह के नये बदलवों, विशेषज्ञों की राय एवं छात्रों के प्रतिक्रिया के अनुसार तैयार किया गया है। जो आपको परीक्षा के प्रत्येक चरण की चयन प्रक्रिया को पार करने के योग्य बनाता है।

हमारी किताबें शिक्षकों और विशेषज्ञों द्वारा आपकी परीक्षा के लिए तैयार की गई हैं, 150+ वर्षों के अनुभव के साथ; ताकि आपको आसान, कुशल और प्रभावी शिक्षण प्रदान किया जा सके। हमारी स्मार्ट किताबें न सिर्फ आपको प्रश्नों के उत्तर देने की समझ देती हैं, अपितु आपके अभ्यास के लिए समान रूप के प्रश्न भी प्रदान करती हैं।

EduGorilla की सक्षम टेस्ट सीरीज आपको वास्तविक अनुभव और आत्मविश्वास प्रदान करती हैं, जिसके माध्यम से आप केवल एक प्रयास में अपनी ऑफलाइन अथवा ऑनलाइन परीक्षा पास कर सकते हैं। वर्तमान में हम 83,000+ मॉक टेस्ट्स और 1,440+ प्रतियोगी एवं शैक्षणिक परीक्षाओं की तैयारी कराते हैं।

अर्थात, **EduGorilla** आपकी तैयारी में आपकी सहायता करने का कोई भी मौका नहीं छोड़ता है और परीक्षा के सभी चरणों को कवर करता है, ताकि परीक्षा की तैयारी के लिए आपको कहीं और भटकना ना पड़े।

हम आपको डिफेन्स, बैंकिंग, टीचिंग और अन्य राष्ट्रीय एवं राज्य स्तरीय परीक्षाओं के लिए सम्पूर्ण तैयारी पैकेज प्रदान करते हैं। अतः इससे कोई फर्क नहीं पड़ता कि आप किस परीक्षा के लिए तैयारी कर रहे हैं, क्योंकि आप सफलता हासिल करेंगे।

आपको परीक्षा की शुभकामनाएं!

रोहित मांगलिक,
संस्थापक और मुख्य कार्यकारी अधिकारी, **EduGorilla**

प्रस्तावना

EduGorilla छात्रों को उनकी परीक्षा में सफल होने के लिए मार्गदर्शन प्रदान करता है। जिसको ध्यान में रखते हुए हमारे कुल 150+ वर्षों का अनुभव रखने वाले प्रतिष्ठित विशेषज्ञों ने कड़े प्रयासों के द्वारा "UGC NET : वाणिज्य (पेपर 1 एवं 2)" को तैयार किया है। इस किताब के प्रश्नों को हाल ही में परीक्षा के पाठ्यक्रम और पैटर्न में हुए सभी बदलावों को ध्यान में रखकर बनाया गया है। वो प्रश्न जिनकी UGC NET Commerce परीक्षा में आने कि संभवना काफी प्रबल है, उनको इस किताब मे रखा गया है। आप EduGorilla की "UGC NET : वाणिज्य (पेपर 1 एवं 2)" के माध्यम से अपनी सफलता की संभावना को 16 गुना बढ़ा सकते हैं।

EduGorilla ये अपनी संपूर्ण तैयारी पैकेज के माध्यम से साकार करता है। इस किट में आपको प्रश्न अच्छी तरह अवधारित एवं संरचित रूप मे मिलेंगे जिन्हे आपकी जरूरतों के अनुसार बनाया गया है। इसके माध्यम से आपको स्मार्ट तरीके से परीक्षा के लिए अभ्यास करने में मदद मिलेगी। साथ ही आपको सहायक, समाधान और स्मार्ट उत्तर पत्रिका भी प्रदान की जायेंगी। जिससे आप अपना मूल्यांकन स्वयं कर सकते हैं। आप स्वयं की समीक्षा कर, उन सभी बिन्दुओं पर खुद को बेहतर तरीके से तैयार कर सकते हैं।

EduGorilla आपको अपनी परीक्षा में सफ़लता दिलाने और आपके लक्ष्य को हासिल करने में आपकी सहायता करने का वादा करता हैं। हम अपने प्रतिभागियों पर पूरा भरोसा करते हैं और उन्हें मेरिट सूची के शीर्ष पर देखते हैं। शीर्ष स्थान की ओर आपका पहला कदम है हमारे साथ तैयारी शुरू करना। EduGorilla की "UGC NET : वाणिज्य (पेपर 1 एवं 2)" की विशेषताएं कुछ इस प्रकार हैं।

► अच्छी तरह से शोध किया हुआ पाठ्यक्रम

► उच्च गुणवत्ता

► विस्तृत उत्तर और विश्लेषण

► स्मार्ट उत्तर पत्रिका

► परीक्षा सुसंगत प्रश्न

इस प्रकार EduGorilla आपकी तैयारी को मजबूत और आपको परीक्षा में सफल होने के योग्य बनाता है।

UGC NET Commerce
परीक्षा की योग्यता, परीक्षा पैटर्न, विषय को जानने
के लिए **QR** कोड को स्कैन करें।

Book ID: 0398

विषय–सूची

Paper-I

Q.1 अधिगमकर्ता की निम्नलिखित में से कौनसी विशेषता शिक्षण की प्रभावोत्पादकता से अत्यंत रूप से सम्बंधित है?

[UGC NET Sociology, 2018]

A. अधिगमकर्ता का पूर्व-अनुभव

B. अधिगमकर्ता के अभिवावकों का शैक्षिक प्रस्तर

C. अधिगमकर्ता के साथी समूह

D. परिवार का आकार, जिसका अधिगमकर्ता एक अंग है

Q.2 नीचे दिए गए दो समुच्चयों में समुच्चय – I में शिक्षण विधियाँ इंगित की गई हैं, जबकि समुच्चय – II में सफलता/ प्रभावोत्पादकता की मूल अपेक्षाएं दी गई हैं। इन दोनों समुच्चयों को सुमेलित कीजिए और नीचे दिए गये कूट में से अपने उत्तर को चुनिए:

समुच्चय - I (शिक्षण की विधि)	समुच्चय - II (सफलता/प्रभावोत्पादकता की मूल आवश्यकताएं))
A) व्याख्या देना	i. प्रतिपुष्टि सहित लघु पदों में प्रस्तुति
B) समूहों में चर्चा	ii. बड़ी संख्या में विचारों को प्रस्तुत करना
C) विचारावेश प्रक्रिया	iii. स्पष्ट भाषा में विषयवस्तु का सम्प्रेषण
D) अभिक्रमित अनुदेशन	iv. शिक्षण –उपकरणों का की पद्धति उपयोग
	v. प्रतिभागियों में प्रकरण- आधारित भागीदारी

A. A-i B-ii C-iii D-iv

B. A-ii B-iii C-iv D-v

C. A-iii B-v C-ii D-i

D. A-iv B-ii C-i D-iii

Q.3 आप एक शिक्षक के लिए सबसे आवश्यक कौशल इनमें से किसे मानते हैं?

A. बच्चों को पुस्तकों को अच्छी तरह से समझने में मदद करने की क्षमता

B. बच्चों को सभी अभ्यास करने में मदद करने की क्षमता

C. पुस्तकों से संभावित कार्रवाई करने की क्षमता

D. पुस्तकों पर उनकी स्वयं की राय से बच्चों की मदद करने की क्षमता

Q.4 निर्देश: नीचे दिए गए प्रश्न में, कथन (A) और तर्क (R) के रूप में दो कथन दिए गए हैं। नीचे दिए गए कथन के अनुसार अपना उत्तर अंकित करें:

अभिकथन (A) : समस्त शिक्षण का उद्देश्य अधिगम को सुनिश्चित करना होना चाहिए।

तर्क (R) : समस्त अधिगम शिक्षण का परिणाम होता है।

निम्नलिखित कथन से सही उत्तर चुनें:

A. (A) एवं (R) दोनों सही है, और (R), (A) की सही व्याख्या है।

B. (A) एवं (R) दोनों सही है, लेकिन (R), (A) की सही व्याख्या नहीं है।

C. (A) सही है, लेकिन (R) गलत है।

D. (A) गलत है, लेकिन (R) सही है।

Q.5 नीचे दिए गए दो समुच्चयों में समुच्चय – I में शिक्षण विधियाँ इंगित की गई हैं, जबकि समुच्चय – II में सफलता/ प्रभावोत्पादकता की मूल अपेक्षाएं दी गई हैं। इन दोनों समुच्चयों को सुमेलित कीजिए और नीचे दिए गये कूट में से अपने उत्तर को चुनिए।

सेट - I (शोध प्रकार)	सेट - II (विशेषताएँ)
A) मौलिक अनुसंधान	i. हस्तक्षेप के अनुभूत प्रभाव का पता लगाना
B) अनुप्रयुक्त अनुसंधान	ii. सिधांत निर्माण के माध्यम से प्रभावोत्पादक व्याख्या का विकास करना
C) क्रियात्मक अनुसंधान	iii. हस्तक्षेप के उपयोग के माध्यम माध्यम से प्रचलित स्थिति में सुधार लाना
D) मूल्यांकन अनुसंधान	iv. विभिन्न स्थितियों में उपयोग के लिए सिद्धांत की प्रयोज्यता की खोजबीन करना
	v. प्राविधिक संसाधनों को समृध करना

A. A-ii B-iv C-iii D-i

B. A-v B-iv C-iii D-ii

C. A-i B-ii C-iii D-iv

D. A-ii B-iii C-iv D-v

Q.6 मुद्दा 'अनुसंधान नैतिकता' को अनुसंधान के किस चरण में प्रासंगिक माना जा सकता है?

A) समस्या निर्माण और इसकी परिभाषा के स्तर पर

B) अनुसंधान की आबादी को परिभाषित करने के स्तर पर

C) डेटा संग्रह और व्याख्या के चरण में

D) निष्कर्षों की रिपोर्टिंग के स्तर पर

A. केवल A

B. केवल D

C. A और D दोनों

D. B और D दोनों

Q.7 एक विश्वविद्यालय का शिक्षक ग्रामीण बच्चों के आकांक्षा के स्तर और उपलब्धि के बीच संबंध का अध्ययन करना चाहता है। तो शोध का कौन-सा डिज़ाइन इस संदर्भ में सबसे उपयुक्त होगा?

A. प्रयोगात्मक शोध डिज़ाइन

B. पूर्व्यापी शोध डिज़ाइन

C. ऐतिहासिक शोध डिज़ाइन

D. सर्वेक्षण शोध डिज़ाइन

Q.8 निर्देश: नीचे दिए गए कथनों को पढ़ें और सही विकल्प का चयन करें।

कथन I: संचार एक सतत प्रक्रिया है।

कथन II: गैर-मौखिक संचार के बिना मौखिक संचार साथियों के बीच बातचीत के लिए सबसे प्रभावी होता है।

A. कथन I और II दोनों सत्य हैं

B. केवल कथन I सत्य है

C. केवल कथन II सत्य है

D. कथन I और II दोनों असत्य हैं

Q.9 सेट I का सेट II से मिलान करें:

सेट I	सेट II
(i) निस्पंदन	a. वह देखना जो व्यक्ति देखना चाहता है।
(ii) चयनात्मक अवधारणा	b. अपनी स्वयं की प्रेरणा को किसी अन्य के व्यवहार में प्रवेश कराना।
(iii) सूचना अधिभार	c. प्राप्तकर्ता के लिए इसे अनुकूलतम बनाने के लिए प्रेषक द्वारा जानकारी में हेर-फेर करना।
	d. अनावरण में आना या बहुत अधिक का प्रावधान।

सही कूट का चयन करें:

A. (i)- b, (ii)- d, (iii)- a

B. (i)- c, (ii)- a, (iii)- d

C. (i)- c, (ii)- b, (iii)- d

D. (i)- d, (ii)- b, (iii)- c

Q.10 एक संरचना के साथ प्रस्ताव का एक क्लस्टर जो प्रदर्शित करता है, कुछ निष्कर्ष कहा जाता है:

A. एक निष्कर्ष

B. एक तर्क

C. एक स्पष्टीकरण

D. एक वैध तर्क

Q.11 मानव सम्प्रेषण प्रक्रिया के विवरण की लिए के लिये निम्नलिखित में से कौनसा कथन समुच्चय सही है?

1) अशब्दिक संप्रेषण विचारों को उद्दीप्त कर सकते हैं।

2) सम्प्रेषण एक अर्जित क्षमता है।

3) सम्प्रेषण एक सार्वभौम समाधान नहीं है।

4) सम्प्रेषण खंडित नहीं हो सकता।

5) अधिक सम्प्रेषण का अर्थ छात्रों द्वारा अधिक प्रभावी अधिगम है।

6) क्काशागत संप्रेषण के माध्यम से सीखे हुए का मूल्य छात्रों के लिए महत्त्वपूर्ण नहीं है।

कूट:

A. 1, 3, 5 और 6   **B.** 2, 4, 5 और 6

C. 1, 2, 3 और 4   **D.** 1, 4, 5 और 6

Q.12 अपूर्व मधु का पुत्र है। विनोद मधु के पति का भाई है। विनोद से अपूर्व का क्या संबंध है?

A. चाचा   **B.** भाई   **C.** भतीजा   **D.** चचेरा भाई

Q.13 निम्न में से कौन सा आगमनात्मक तर्क में पूर्व- कल्पित हैं?

[UGC NET Home Science, 2018], [UGC NET Sociology, 2018]

A. सर्वसमिका का नियम

B. प्रकृति में अपरिवर्तनीयता

C. प्रकृति में सामंजस्य

D. प्रकृति की समरूपता

Q.14 निर्देश: 'पालतू पशु कम खूंखार होते हैं'. यदि इस प्रस्ताव को असत्य मान लिया जाता है, तो निम्नलिखित में से किस आधार प्रस्ताव/प्रस्तावों वाक्यों को निश्चित रूप से सत्य मानने का दावा किया जा सकता है? सही कूट का चयन कीजिए:

प्रस्ताव :

1) सभी पालतू पशु खूंखार होते है।

2) अधिकांश पालतू पशु खूंखार होते हैं।

3) कोई भी पालतू पशु खूंखार नहीं होता है।

4) कुछ पालतू पशु खूंखार नहीं होते हैं।

कूट

A. 1 और 2   **B.** 1 केवल   **C.** 3 और 4   **D.** 2 केवल

Q.15 निम्नलिखित में से कौन सा कथन वेन आरेख विधि के संदर्भ में सही नहीं है?

[UGC NET Home Science, 2018], [UGC NET Sociology, 2018]

A. यह तर्कों की वैधता के परीक्षण की एक विधि है।

B. यह एक चित्र में युक्तिवाक्य के दोनों आधार वाक्यों को प्रदर्शित करती है।

C. इसमें निरपेक्ष युक्तिवाक्य के मानक रूप के दो आधार वाक्यों के लिए परस्पर व्याप्त दो वृत्तों की आवश्यकता होती है।

D. इसका वर्गों के अलावा वाक्यों को प्रदर्शित करने के लिए उपयोग किया जा सकता है।

Q.16 किसी वस्तु का अंकित मूल्य 800 रू है। एक वस्तु की खरीद पर 15% छूट मिलती है, 4 वस्तुओं की खरीद पर 38% छूट मिलती है। राजश्री 5 वस्तुएं खरीदती है, तो उसे कितनी प्रभावी छूट मिलेगी?

A. 33.4 प्रतिशत   **B.** 16 प्रतिशत

C. 9 प्रतिशत   **D.** 17.5 प्रतिशत

Q.17 एक निश्चित राशि पर 2 वर्षों के लिए 8% वार्षिक दर से वार्षिक रूप से संयोजित होने वाले साधारण ब्याज और चक्रवृद्धि ब्याज में अंतर 40 रु है। राशि कितनी है?

A. 12500 रु   **B.** 6250 रु   **C.** 25000 रु   **D.** 18750 रु

Q.18 एक टूर पर ग्यारह दोस्त 19 रुपये प्रति की दर से खर्च करते हैं और बारहवाँ दोस्त सभी बारह दोस्तो के औसत खर्च से 11 रुपये कम खर्च करता है। उनके द्वारा खर्च की गई कुल राशि (रुपये में) कितनी है?

A. 216   **B.** 227   **C.** 236   **D.** 247

Q.19 श्रृंखला 1,4,27,16, ? ,36,343 में लुप्त पद है-

A. 30   **B.** 49   **C.** 125   **D.** 81

Q.20 आई.सी.टी. शब्द पद के बारे में निम्नलिखित में से कौनसा कथन सही हैं?

P : आई.सी.टी. प्रथमाक्षरी नाम है, जिसका पूरा नाम इंडियन क्लासिकल टेक्नोलॉजी है।

Q : आई.सी.टी. के अंतर्गत वे परिणामी प्रविधिकी सम्मिलित हैं जिनके अंतर्गत श्रव्य- द्रश्य , दूरभाष और कंप्यूटर (संगणक) नेटवर्क एक साथ समान केबलिंग प्रणाली द्वारा संयोजित किए जाते हैं।

[UGC NET Sociology, 2018]

A. केवल P   **B.** केवल Q

C. P और Q   **D.** न तो P और न ही Q

Q.21 निम्नलिखित ईमेल फ़ील्ड्स में से 'स्वामी' को सन्देश मिलने पर वह कौन से ईमेल पतों को जान सकेगा?

To... ram@test.com

Cc... raj@test.com; ravi@test.com

Bcc... swami@test.com; rama@test.com

A. ram@test.com

B. ram@test.com; raj@test.com; ravi@test.com

C. ram@test.com; rama@test.com

D. ram@test.com; rama@test.com; raj@test.com; ravi@test.com

Q.22 ताप विद्युत संयंत्रों में उत्पादित 'फ्लाई ऐश' एक पर्यावरण-हितैषी संसाधन है, जिसका किसमें उपयोग किया जाता है?

1) सूक्ष्म पोषक के रूप में कृषि में

2) बंजर भूमि के विकास में

3) बांध और जल धारण संरचनाओं में

4) ईंट उद्योग में

नीचे दिए गए कोड में से सही उत्तर चुनिए:

A. केवल 1, 2 और 4   **B.** केवल 2, 3 केवल 4

C. केवल 1, 3 और 4   **D.** 1, 2, 3 और 4

Q.23 पर्यावरण प्रदूषक के सबसे हानिकारक प्रकार हैं:

A. मानव जैविक अपशिष्ट

B. मल पदार्थ से अपशिष्ट

C. गैर-बायोडिग्रेडेबल रसायन

D. प्राकृतिक पोषक तत्व अधिक मात्रा में मौजूद हैं

Q.24 कोई व्यक्ति अंकों 2 और 7 के बिना 50 से 99 तक की सभी संख्याएं लिखता है। कितनी संख्याएं लिखी गई हैं?

A. 32   **B.** 36   **C.** 40   **D.** 38

Q.25 विश्व में भारत की विशालतम उच्च शिक्षा प्रणाली किन देशों के बाद आती है?

1) संयुक्त राज्य अमेरिका

2) ऑस्ट्रेलिया

3) चीन

4) यूनाइटेड किंगडम (यू.के.)

नीचे दिए गये कूट में से सही उत्तर को चुनिए:

[UGC NET Sociology, 2018]

A. 1, 2, 3 और 4

B. केवल 1, 2 और 3

C. केवल 1, 3 और 4

D. केवल 1 और 3

Ques (26-30):निर्देश: गद्यांश का ध्यानपूर्वक अध्ययन कीजिए और निम्न प्रश्न के उत्तर दीजिए।

अपने आधुनिक रूप में जीवन बीमा वर्ष 1818 में इंग्लैंड से भारत आया था। कलकत्ता में यूरोपीय लोगों द्वारा शुरू की गई ओरिएंटल लाइफ इंश्योरेंस कंपनी भारतीय जमीन पर पहली जीवन बीमा कंपनी थी। उस अवधि के दौरान स्थापित सभी बीमा कंपनियों को यूरोपीय समुदाय की जरूरतों को पूरा करने के उद्देश्य से लाया गया था और भारतीय मूल के निवासियों का इन कंपनियों द्वारा बीमा नहीं किया जा रहा था। हालांकि, बाद में बाबू मुत्तियालाल सील जैसे प्रतिष्ठित लोगों के प्रयासों से, विदेशी बीमा कंपनियों ने भारतीय जीवन का बीमा करना शुरू कर दिया। लेकिन भारतीय जीवन को उप मानक जीवन माना जा रहा था और उन पर भारी अतिरिक्त प्रीमियम लगाया जा रहा था। बॉम्बे म्यूचुअल लाइफ एश्योरेंस सोसाइटी ने वर्ष 1870 में पहली भारतीय जीवन बीमा कंपनी के जन्म की शुरुआत की और भारतीय जीवन को सामान्य दरों पर कवर प्रदान किया। अत्यधिक देशभक्तिपूर्ण उद्देश्यों के साथ एक भारतीय उद्यम के रूप में शुरू करके, बीमा कंपनियां समाज के विभिन्न क्षेत्रों में बीमा के माध्यम से बीमा और सामाजिक सुरक्षा के संदेश को ले जाने के लिए अस्तित्व में आईं। 1907 में, हिंदुस्तान को-ऑपरेटिव इंश्योरेंस कंपनी ने कलकत्ता में महान कवि रवींद्रनाथ टैगोर के घर, 'द जोर्स्को' के एक कमरे में अस्तित्व में आया। द इंडियन मर्केंटाइल, जनरल एश्योरेंस और स्वदेशी लाइफ (बाद में बॉम्बे लाइफ) कुछ इसी अवधि के दौरान स्थापित कंपनियां थीं। 1912 से पहले, भारत में बीमा व्यवसाय को विनियमित करने के लिए कोई कानून नहीं। वर्ष 1912 में, जीवन बीमा कंपनी अधिनियम और भविष्य निधि अधिनियम पारित किया गया। जीवन बीमा कंपनी अधिनियम 1912 ने यह आवश्यक कर दिया है कि कंपनियों के प्रीमियम दर तालिका और समय-समय पर मूल्यांकन को एक बीमांकिक (एक्ट्यूरी) द्वारा प्रमाणित किया जाना चाहिए। लेकिन इस अधिनियम ने विदेशी और भारतीय कंपनियों के बीच कई मामलों में भेदभाव किया, जिससे भारतीय कंपनियों को नुकसान हुआ।

Q.26 गद्यांश निम्नलिखित में से किसके विषय में है?

1. भारत में बीमा की उत्पत्ति

2. बीमा व्यवसाय का संघर्ष

3. बीमा व्यवसाय का द्वंद

4. बीमा व्यवसाय की जटिलताएं

A. 1　　**B.** 2　　**C.** 3　　**D.** 4

Q.27 निम्नलिखित में से सही कथन की पहचान कीजिए।

1. प्रारंभ में, बीमा कंपनियां भारतीय और यूरोपीय ग्राहकों के बीच भेदभाव करती थीं।

2. शुरू में बीमा कंपनियों द्वारा भारतीय और यूरोपीय ग्राहकों में कोई भेदभाव नहीं था।

3. भारतीय ग्राहकों को शुरुआत में बीमा कंपनियों द्वारा कम प्रीमियम लगाया गया था।

4. भारतीय बीमा कंपनियों ने बाद की अवधि में यूरोपीय लोगों पर उच्च प्रीमियम लगाया।

A. 1　　**B.** 2　　**C.** 3　　**D.** 4

Q.28 निम्नलिखित में से कौन भारत में बीमा व्यवसाय के साथ-साथ बढ़ता गया?

1. पेंशन निधि

2. भविष्य निधि

3. आनुतोषिक

4. अंतरपणन

A. 1　　**B.** 2　　**C.** 3　　**D.** 4

Q.29 भारत में बीमा व्यवसाय सबसे पहले निम्नलिखित में से किसके द्वारा शुरू किया गया था?

1. अमेरिकी

2. भारतीय व्यापारी

3. यूरोपीय

4. अफ्रीकी-भारतीय

A. 1　　**B.** 2　　**C.** 3　　**D.** 4

Q.30 निम्नलिखित में से किसे बाद में बॉम्बे लाइफ का नाम दिया गया था?

1. भारतीय मर्केंटाइल जनरल एश्योरेंस

2. द ओरिएंटल लाइफ इंश्योरेंस कंपनी

3. नेशनल इंश्योरेंस

4. स्वदेशी लाइफ

A. 1　　**B.** 2　　**C.** 3　　**D.** 4

Ques (31-35):निर्देश: निम्नलिखित सारणी को ध्यानपूर्वक पढ़िए और निम्नलिखित प्रश्नों के उत्तर दीजिए।

एक बेकरी में वर्ष के छः क्रमागत महीनों में उपयोग होने वाली विभिन्न सामग्री की मात्रा (किग्रा में):

खाद्य पदार्थ	फरवरी	मार्च	अप्रैल	मई	जून	जुलाई
पनीर	250	230	210	260	240	220
गेंहू	320	340	280	290	300	360
शक्कर	240	210	200	210	160	150
दालें	360	300	320	245	235	250
सब्जियां	380	390	385	375	355	370
अन्य	400	475	440	460	475	480

Q.31 जून महीने में उपयोग की गई शक्कर की मात्रा उसी महीने में उपयोग की गई सभी सामग्रियों की कुल मात्रा का कितना प्रतिशत है?

A. 9%　　**B.** 10.1%　　**C.** 15%　　**D.** 8%

Q.32 सभी महीनों में उपयोग की गई पनीर की औसत मात्रा और सभी महीनों में उपयोग की गई गेंहू की औसत मात्रा में क्या अंतर है?

A. 50 किग्रा　　**B.** 95 किग्रा　　**C.** 80 किग्रा　　**D.** 70 किग्रा

Q.33 दिए गये सभी महीनों में उपयोग की गई अन्य सामग्रियों की औसत मात्रा क्या है?

A. 350 किग्रा　　**B.** 440 किग्रा　　**C.** 455 किग्रा　　**D.** 466 किग्रा

Q.34 दिए गये महीनों में उपयोग की गई पनीर की कुल मात्रा और सब्जियों की कुल मात्रा के मध्य क्या अंतर है?

A. 845 किग्रा　　**B.** 540 किग्रा　　**C.** 380 किग्रा　　**D.** 450 किग्रा

Q.35 जून के महीने में उपयोग की गई कुल सामग्रियों की मात्रा और जुलाई के महीने में उपयोग की गई कुल खाद्य पदार्थों की मात्रा में क्या अनुपात है?

A. 355 : 367　　　　**B.** 356 : 365

C. 353 : 366　　　　**D.** 256 : 458

Q.36 राष्ट्रीय शिक्षक शिक्षा रूपरेखा 2021 का प्रस्तावित नाम क्या है?

A. राष्ट्रीय शिक्षक शिक्षा परिषद, NCTE 2021

B. शिक्षकों के लिए राष्ट्रीय व्यावसायिक मानक, NPST 2021

C. शिक्षक शिक्षा के लिए राष्ट्रीय पाठ्यचर्या की रूपरेखा, NCFTE 2021

D. पेशेवर मानक सेटिंग निकाय , PSSB 2021

Q.37 निम्नलिखित में से कौन सा विद्यालयी शिक्षा के लिए राष्ट्रीय पाठ्यचर्या की रूपरेखा (NCFSE) को तैयार करने के लिए जिम्मेदार है?

A. NCERT　　**B.** IITs　　**C.** AICTE　　**D.** SAFAL

Q.38 NEP ने ________ नामक मूल्यांकन प्रणाली के समग्र संशोधन के लिए एक नई दिशा दी है।

A. CEC
B. PARAKH
C. DIKSHA
D. AICTE

Q.39 विद्यालय पाठ्यचर्या की पारंपरिक 10+2 संरचना को एक ______ पाठ्यचर्या संरचना द्वारा प्रतिस्थापित किया जाना है।

A. 5+2+2+5
B. 5+3+3+4
C. 3+3+4+4
D. 2+3+4+5

Q.40 एक शोधकर्ता अपने प्रबंध को लिखते समय सांख्यिकीय तकनीकों के उपयोग का अंतर्निहित तर्क प्रदान नहीं करता है। इसे निम्न में से किस स्थिति के रूप में बेहतर ढंग से वर्णित किया जायेगा?

A. तकनीक गिरावट
B. नैतिक दुर्व्यवहार
C. आयोग की एक त्रुटि
D. अकरण की एक त्रुटि

Q.41 किसी अनुभववादी का मानना है कि:

A. प्राकृतिक विज्ञान विधियों को सामाजिक विज्ञान अनुसंधान पर लागू नहीं किया जाना चाहिए
B. सामाजिक विज्ञान विधियों को प्राकृतिक विज्ञानों में लागू नहीं किया जा सकता है
C. ज्ञान हमारी संवेदनात्मक अनुभूतियों से प्राप्त होता है
D. इनमे से कोई भी नहीं

Q.42 संचार प्रभावी होगा यदि:

A. यह धीरे-धीरे और स्पष्ट रूप से पहुंचेगा
B. यह एक शांत स्थिति में पहुंचेगा
C. यह पूरी तरह से रिसीवर तक पहुँचता है
D. यह प्रेषक द्वारा इच्छित रिसीवर तक पहुँचता है

Q.43 कक्षा में अशाब्दिक व्यवहार के आंतरिक संकेत निर्णय में मदद करते हैं:

A. अंतर-व्यक्तिगत गतिशीलता
B. स्थानिक भविष्यवाणी
C. जन विश्वास
D. छात्र आंदोलन

Q.44 निम्नलिखित में से किस ग्रीन हाउस गैस का वातावरण में सबसे कम निवास समय होता है?

A. क्लोरोफ्लोरोकार्बन
B. कार्बन डाइऑक्साइड
C. मीथेन
D. नाइट्रस ऑक्साइड

Q.45 भारत ने वर्ष ______ में प्रदूषकों को हर्जाने का भुगतान करने के लिए राष्ट्रीय हरित अधिकरण की शुरुआत की।

A. 2008
B. 2009
C. 2010
D. 2011

Q.46 निम्नलिखित में से कौन ऊर्जा का नवीकरणीय स्रोत है?

A. तेल
B. प्राकृतिक गैस
C. सौर
D. कोयला

Q.47 CDMA (सीडीएमए) का पूर्ण रूप है

A. कोड डिवीजन मल्टी-लेक्सड एक्सेस
B. कोड डिवीजन मल्टीगल एक्सेस
C. कोड डिवीजन मोबाइल एक्सेस
D. कोड डिवीजन मोबाइल एडाप्टर

Q.48 निम्नलिखित में से कौन सा कथन गलत है? निम्नलिखित कथनों पर विचार करें।

A. सीखने के लिए सूचना और संचार प्रौद्योगिकी (आईसीटी) का उपयोग तेजी से संचार को बढ़ावा देता है

B. सूचना और संचार प्रौद्योगिकी (आईसीटी) छात्रों के लिए सहकारी शिक्षण को बढ़ावा देता है

C. सूचना और संचार प्रौद्योगिकी (आईसीटी) छात्र की गोपनीयता को बढ़ावा देता है

D. आईसीटी के उपयोग के माध्यम से साहित्यिक चोरी को रोका नहीं जा सकता है

Q.49 सीखने का सबसे उपयुक्त उद्देश्य है:

A. व्यक्तिगत समायोजन
B. व्यवहार परिवर्तन
C. सामाजिक और राजनीतिक जागरूकता
D. रोजगार के लिए खुद को तैयार करना

Q.50 दी गई श्रृंखला में लुप्त संख्या को ज्ञात कीजिए:

2, 8, 18, 32, 50 ____

A. 62
B. 68
C. 72
D. 78

Paper-II

Q.51 भारत में कुछ राज्यों में बिजली की भारी कमी है। यह किस प्रकार के कारोबारी माहौल में अनुर्वरता को दर्शाता है?

A. आर्थिक
B. जनसांख्यिकीय
C. राजनीतिक-कानूनी
D. सामाजिक-सांस्कृतिक

Q.52 निम्नलिखित में से कौन भारतीय अर्थव्यवस्था में संरचनात्मक परिवर्तनों को दर्शाता है?

A. प्राथमिक क्षेत्र का योगदान कम हो गया है।
B. सेवा क्षेत्र का योगदान बढ़ा है।
C. माध्यमिक क्षेत्र में बहुत बदलाव नहीं हुआ है।
D. उपर्युक्त सभी

Q.53 लाभ-अलाभ विश्लेषण में क्या शामिल होता है?

A. निर्दिष्ट खर्च/ नियत लागत
B. परिवर्तनीय लागत
C. विक्रय राजस्व
D. इनमें से सभी

Q.54 उपभोक्ता संरक्षण विधेयक 2015 के संबंध में निम्नलिखित कथनों पर विचार करें

(I) यह उपभोक्ता संरक्षण अधिनियम, 1986 की जगह लेगा

(II) एक कार्यकारी एजेंसी 'केंद्रीय उपभोक्ता संरक्षण प्राधिकरण' की स्थापना (सीसीपीए)।

(III) विधेयक "विवाद" को वैकल्पिक विवाद समाधान तंत्र के रूप में प्रस्तावित करता है

(IV) बिल में "उत्पाद देयता" के प्रावधान हैं

उपरोक्त कथनों में से कौन सा सही हैं?

A. केवल I और III
B. केवल II और III
C. I, II और III
D. I, II और IV

Q.55 लेखांकन सिद्धांत के अनुसार कंपनियों और मालिकों का अलग-अलग खाता होना चाहिए, वह है:

A. व्यापार इकाई अवधारणा
B. चिंता की अवधारणा
C. मौद्रिक इकाई अवधारणा
D. आवधिकता की धारणा

Q.56 अनिवार्य समापन कंपनियों के अधिनियम 2013 के तहत होता है:

(I) यदि कोई कंपनी अपने ऋण का भुगतान करने में असमर्थ है।

(II) यदि कंपनी ने विशेष संकल्प द्वारा हल किया है कि कंपनी ट्रिब्यूनल द्वारा खत्म हो जाए।

(III) यदि कंपनी ने भारत की अखंडता या नैतिकता, राज्य की सुरक्षा के हित के खिलाफ काम किया है ।

(IV) यदि निगमन की तारीख से एक वर्ष के लिए व्यवसाय का निलंबन है।

निम्नलिखित में से कौन सा सही है / हैं?

A. I और II
B. II और III
C. I, II और III
D. I, II, III और IV

Q.57 कंपनी (संशोधन) 2015 अधिनियम के संदर्भ में निम्नलिखित कथनों पर विचार करें:

(I) न्यूनतम चुकता शेयर पूंजी की आवश्यकता को दूर किया गया है

(II) कंपनी एक वित्तीय वर्ष के लिए लाभांश की घोषणा नहीं कर सकती, जब तक कि पिछले वर्षों से किए गए घाटे और मूल्यह्रास को कंपनी के मुनाफे के खिलाफ स्थापित नहीं किया गया हो,

(III) थ्रेसहोल्ड को केंद्र सरकार, या लेखा परीक्षा समिति या निदेशक मंडल को रिपोर्ट करने के लिए निर्धारित किया जाएगा।

(IV) सीए 2013 की धारा 11 को बरकरार रखा गया है ।

उपरोक्त कथनों में से कौन सा सही हैं?

A. I और II
B. II और III
C. I, II और III
D. II, III और IV

Q.58 निर्देश: नीचे दिए गए प्रश्न में, अभिकथन (A) और कारण (R) के रूप में दो कथन दिए गए हैं। नीचे दिए गए कोड के अनुसार अपना उत्तर अंकित करें।

अभिकथन (A): मांग वक्र में नकारात्मक ढलान होता है, जो कीमत और मांग की गई मात्रा के बीच विपरीत संबंध दर्शाता है।

कारण (R): यह केवल गिफेन माल पर लागू होता है।

A. दोनों (A) और (R) सत्य हैं।
B. (A) सत्य है, लेकिन (R) असत्य है।
C. (A) असत्य है, लेकिन (R) सत्य है।
D. दोनों (A) और (R) असत्य हैं।

Q.59 सूची- II में आइटम के साथ सूची- I में मिलान करें और उत्तर के लिए सही कोड चुनें:

सूची - I	सूची - II
a. एकाधिकार	(i) प्राइस टेकर
b. एकाधिकार प्रतियोगिता निर्माता	(ii) सजातीय उत्पाद की कीमत
c. सही प्रतियोगिता	(iii) विषम उत्पाद
d. ओलिगोपॉली	(iv) मूल्य कठोरता

कोड:

A. a-(ii) b-(iii) c-(i) d-(iv)
B. a-(i) b-(ii) c-(iv) d-(iii)
C. a-(iii) b-(iv) c-(ii) d-(i)
D. a-(iv) b-(i) c-(iii) d-(ii)

Q.60 "केरल में लोगों की जीवन प्रत्याशा तमिलनाडु से अधिक है।" यह कथन किसका एक उदाहरण है?

A. वर्णनात्मक परिकल्पना
B. कारण परिकल्पना
C. सहसंबंधी परिकल्पना
D. इनमे से कोई भी नहीं

Q.61 निम्नलिखित में से कौन सा कथन कथन समर्थन प्रणाली (DSS) के संबंध में सही है?

(i) DSS मध्य स्तर के प्रबंधन द्वारा उपयोग किया जाता है।

(ii) DSS ज्यादातर संरचित समस्याओं पर लागू होता है।

(iii) DSS विश्लेषण के लिए गणितीय मॉडल पर निर्भर करता है।

(iv) DSS बड़े पैमाने पर अनुमान आधारित है।

A. (i) और (ii) सही हैं।
B. (i) और (iii) सही हैं।
C. (i), (ii) और (iii) सही हैं।
D. सभी कथन सही हैं

Q.62 विपणन में, ब्लैक बॉक्स मॉडल किससे संबंधित है?

A. विपणन की योजना
B. विपणन मिश्रण
C. विपणन नियंत्रण
D. उपभोक्ता व्यवहार

Q.63 वित्तीय प्रबंधन का एक महत्वपूर्ण उद्देश्य कौन सा नहीं है?

A. लाभ अधिकतमकरण
B. धन का अधिकतमकरण
C. मूल्य अधिकतमकरण
D. सामाजिक लाभों का अधिकतमकरण

Q.64 पूंजी संरचना के संदर्भ में, निम्नलिखित कथनों पर विचार करें और दिए गए कोड में से सही कथन चुनें।

(I) पूंजी संरचना किसी फर्म द्वारा उपयोग किए गए धन के दीर्घकालिक स्रोतों का मिश्रण है।

(II) यह ऋण और इक्विटी प्रतिभूतियों से बना है।

(III) पूंजी संरचना एक फर्म के बाजार मूल्य को अधिकतम करती है।

(IV) पूंजी संरचना फर्म की पूंजी की लागत या वित्तपोषण की लागत को अधिकतम करती है।

A. I, II और III
B. II, III और IV
C. I, II और IV
D. I, III और IV

Q.65 विमुद्रीकरण के संबंध में निर्णय किसकी सिफारिश पर लिया गया?

A. वित्त मंत्रालय
B. भारतीय रिज़र्व बैंक
C. संसद
D. स्टेट बैंक ऑफ इंडिया

Q.66 भारतीय रिज़र्व बैंक भारत में निम्नलिखित किन बैंकों की गतिविधियों को नियंत्रित करता है:

(i) वाणिज्यिक बैंक (ii) सहकारी बैंक

(iii) विदेशी बैंक (iv) ग्रामीण बैंक

कोड:

A. (i), (ii) और (iii)
B. (i), (iii) और (iv)
C. (ii), (iii) और (iv)
D. (i), (ii), (iii) और (iv)

Q.67 निम्नलिखित में से कौन एक विकास बैंक की विशेषता नहीं है?

A. यह एक विशेष वित्तीय संस्थान है ।
B. यह व्यवसायिक इकाइयों को मध्यम और दीर्घकालिक वित्त प्रदान करता है।
C. यह जनता से जमा स्वीकार करता है।
D. यह अनिवार्य रूप से एक विकास-उन्मुख बैंक है।

Q.68 भुगतान संतुलन के संबंध में निम्नलिखित में से कौन सा सही नहीं है:

A. भुगतान संतुलन सभी अंतर्राष्ट्रीय आवक और विदेशी देशों को और धन के बहिर्वाह को रिकॉर्ड करता है।
B. यह व्यापार के संतुलन का एक घटक है।
C. भुगतान संतुलन देश की वित्तीय स्थिति के बारे में समग्र दृष्टिकोण दिखाता है।
D. यह पूंजी के हस्तांतरण, संपत्ति और धन के हस्तांतरण, अंतर्राष्ट्रीय निवेश, परिसंपत्तियों की बिक्री और खरीद आदि को ध्यान में रखता है।

Q.69 भारत की एक्जिम नीति के संदर्भ में, निम्नलिखित में से कौन सा सत्य नहीं है?

A. एक्ज़िम पॉलिसी को ट्रेड पॉलिसी के रूप में भी जाना जाता है।
B. यह भारत में माल के आयात और निर्यात से संबंधित मामलों में विदेश व्यापार महानिदेशालय द्वारा स्थापित दिशा-निर्देशों का एक समूह है।

C. यह आयात और निर्यात अधिनियम 1948 द्वारा विनियमित है।

D. विदेश व्यापार (विकास और विनियमन) अधिनियम का मुख्य उद्देश्य विदेशी व्यापार के विकास और विनियमन प्रदान करना है।

Q.70 प्रतिभूति कानून (संशोधन) अधिनियम, 2014 के संदर्भ में, निम्नलिखित में से कौन सा सही नहीं है?

A. यह सेबी को प्रभावी निवेश योजनाओं को प्रभावी ढंग से आगे बढ़ाने के लिए नई शक्तियां देता है।

B. यह विशेष फास्ट ट्रायल अदालतों के गठन के लिए दिशानिर्देश भी प्रदान करता है।

C. नए कानून ने सेबी को फर्म के भीतर या बाहर से किसी भी संदिग्ध इकाई के बारे में कॉल रिकॉर्ड सहित जानकारी खोजने और प्राप्त करने की शक्ति दी।

D. सेबी अदालत से बिना वारंट के तलाशी ले सकता है।

Q.71 निम्नलिखित में से कौन सा देश के पूंजी खाते का हिस्सा है?

A. माल का निर्यात और आयात

B. निर्यात और सेवाओं का आयात

C. एकतरफा एक देश से दूसरे देश में स्थानांतरण

D. एनआरआई जमा

Q.72 निर्देश: नीचे दिए गए प्रश्न में, अभिकथन (A) और कारण (R) के रूप में दो कथन दिए गए हैं। नीचे दिए गए कोड के अनुसार अपना उत्तर दें।

अभिकथन (A): सीमांत लागत और अंतर लागत सभी परिस्थितियों में समान अर्थ नहीं बताती है।

कारण (R): निश्चित लागत में परिवर्तन के कारण विभेदक लागत बढ़ जाती है या घट जाती है।

A. (A) सत्य है लेकिन (R) असत्य है।

B. (A) असत्य है लेकिन (R) सत्य है।

C. (A) और (R) सही हैं और (R), (A) का सही स्पष्टीकरण है।

D. दोनों (A) और (R) सही हैं, लेकिन (R), (A) का सही स्पष्टीकरण नहीं है।

Q.73 जब वित्तीय विवरणों में दर्शाई गई वस्तुओं के संबंध में अनुपात की अवधारणा को परिभाषित किया जाता है, तो इसे कहा जाता है:

A. लेखांकन अनुपात

B. वित्तीय अनुपात

C. लागत अनुपात

D. इनमे से कोई भी नहीं

Q.74 निम्नलिखित में से कौन सा कथन मानक लागत और बजटीय नियंत्रण के बारे में सही नहीं है?

A. मानक लागत और बजटीय नियंत्रण लागत की दो प्रणालियाँ हैं।

B. दोनों का लक्ष्य लागतों को नियंत्रित करना और लक्ष्य तय करके प्रदर्शन को मापना है।

C. मानक लागत, पूर्वानुमान, लागत खाते लेकिन बजटीय नियंत्रण परियोजनाएं वित्तीय खातों के बारे में विस्तार से बताती हैं।

D. ये दो प्रणालियाँ अन्योन्याश्रित हैं।

Q.75 व्यवसाय नीतिशास्त्र से तात्पर्य है:

A. समसामयिक मानक या मूल्यों के सेट जो व्यवसाय संगठन में किसी व्यक्ति के कार्यों और व्यवहार को नियंत्रित करते हैं।

B. समकालीन मानक या मूल्यों के सेट जो व्यवसाय संगठन में प्रबंधकों के कार्यों और व्यवहार को नियंत्रित करते हैं।

C. मूल्यों के सेट जो व्यवसाय संगठन में श्रमिकों के कार्यों और व्यवहार को नियंत्रित करते हैं।

D. एक व्यावसायिक संगठन के नियम और कानून।

Q.76 ऑडिटिंग के सार को क्या कहा जाता है?

A. प्रत्ययन

B. सत्यापन

C. मूल्यांकन

D. आंतरिक जाँच

Q.77 निम्नलिखित में से कौन सा सिद्धांत बताता है कि किसी पद के लिए उम्मीदवार का चयन उनकी वर्तमान भूमिका में उम्मीदवार के प्रदर्शन पर आधारित है?

A. प्रचार सिद्धांत

B. ड्रकर सिद्धांत

C. वैधता सिद्धांत

D. पीटर सिद्धांत

Q.78 विपणन मिश्रण के संदर्भ में, निम्नलिखित कथनों पर विचार करें:

(I) यह विपणन साधनों का एक समूह है जिसे फर्म लक्ष्य बाजार में अपने विपणन उद्देश्यों को आगे बढ़ाने के लिए उपयोग करती है।

(II) यह विपणन निर्णय के 4 व्यापक स्तरों (4 पीएस) को संदर्भित करता है, अर्थात: उत्पाद, मूल्य, पदोन्नति, और स्थान।

(III) यह विपणन निर्णय के पांच व्यापक स्तरों को संदर्भित करता है, अर्थात्: उत्पाद, मूल्य, पदोन्नति, स्थान और लोग।

(IV) 1981 में, बूम और बिटनर ने 7 पीएस का एक मॉडल प्रस्तावित किया, जिसमें मूल 4 पीएस प्लस प्रक्रिया, लोगों और भौतिक साक्ष्य शामिल थे, जो सेवाओं के विपणन के लिए अधिक लागू थे।

निम्नलिखित में से कौन सा कथन सही है?

A. I, II और III

B. I, II और IV

C. II, III और IV

D. I, II, III और IV

Q.79 भारतीय लेखा मानक (इंडस्ट्रीज़ एएस) _________ के लिए लागू है।

A. व्यक्ति

B. साझेदारी फर्म

C. कंपनी

D. ट्रस्ट

Q.80 भारत में स्टॉक एक्सचेंजों के काम के संदर्भ में, निम्नलिखित कथनों पर विचार करें:

(I) स्टॉक एक्सचेंज एक ऐसा संगठन है जो कंपनी के साथ-साथ निवेशक के लाभ के लिए धन जुटाने के लिए कंपनी और निवेशक के बीच हस्तक्षेप करता है।

(II) भारत में, अधिकांश प्रमुख स्टॉक एक्सचेंज बॉम्बे स्टॉक एक्सचेंज (बीएसई) और नेशनल स्टॉक एक्सचेंज (एनएसई) हैं।

(III) बीएसई 1875 में स्थापित एशिया का सबसे पुराना स्टॉक एक्सचेंज है।

(IV) सेंसेक्स एनएसई का सूचकांक है।

निम्नलिखित में से कौन सा कथन सही है?

A. I, II और III

B. I और II

C. II, III और IV

D. I, II, III और IV

Q.81 सामाजिक लेखांकन के संदर्भ में, निम्नलिखित में से कौन सा सही है?

A. यह अपने उत्पादन कार्यों के ग्राहकों के लिए एक संगठन की जवाबदेही की प्रक्रिया है।

B. यह संगठनों के आर्थिक कार्यों के सामाजिक और पर्यावरणीय प्रभावों को संप्रेषित करने की प्रक्रिया है।

C. यह पर्यावरणीय कारकों के कारण व्यय के वित्तीय खातों को रखने की प्रक्रिया है।

D. इनमें से कोई भी नहीं

Q.82 अंतर्राष्ट्रीय व्यापार सिद्धांत जो यह बताता है कि पूंजी प्रधान देश को श्रम-प्रधान वस्तुओं का निर्यात करना चाहिए और पूंजीगत वस्तुओं का आयात करना चाहिए जो _____ कहा जाता है।

A. लेओंटिफ़ विरोधाभास

B. हेक्सचर-ओहलिन सिद्धांत

C. मर्कैंटिलिज्म सिद्धांत

D. तुलनात्मक लाभ का सिद्धांत

Q.83 दूसरे शब्द में मास मार्केटिंग को कहा जाता है:

A. आला विपणन

B. लक्षित विपणन

C. विभेदित विपणन

D. अपरिष्कृत विपणन

Q.84 निर्देश: नीचे दिए गए प्रश्न में, अभिकथन (A) और कारण (R) के रूप में दो कथन दिए गए हैं। नीचे दिए गए कोड के अनुसार अपना उत्तर अंकित करें।

अभिकथन (A): अच्छी योजना बनाकर भविष्य के कार्यों के बारे में निश्चित किया जा सकता है।

कारण (R): नियोजन भविष्य में किसी संगठन के कार्यों में निश्चितता लाता है।

A. (R) सही है लेकिन (A) सही नहीं है।
B. (A) सही है लेकिन (R) सही नहीं है।
C. दोनों (A) और (R) सही हैं।
D. दोनों (A) और (R) सही नहीं हैं।

Q.85 निम्नलिखित में से कौन कार्यशील पूंजी प्रबंधन के तत्व हैं?

(I) कार्यशील पूंजी अनुपात (II) संग्रह अनुपात

(III) इन्वेंटरी प्रबंधन (IV) बैंकों से अल्पावधि ऋण

A. I, II और III
B. I, II और IV
C. II, III और IV
D. I, III और IV

Q.86 निम्नलिखित में से कौन ब्लेक और माउटन द्वारा सर्वश्रेष्ठ नेतृत्व व्यवहार के रूप में सुझाया गया है?

A. लोगों के लिए कम चिंता लेकिन उत्पादन के लिए उच्च चिंता।
B. लोगों और उत्पादन दोनों के लिए कम चिंता।
C. लोगों और उत्पादन दोनों के लिए उच्च चिंता।
D. लोगों के लिए उच्च चिंता और उत्पादन के लिए कम चिंता।

Q.87 लेखांकन मानकों की अवधारणा के संदर्भ में, निम्नलिखित कथनों पर विचार करें:

(I) एक लेखांकन मानक वित्तीय लेखांकन के लिए एक दिशानिर्देश है, जैसे कि कोई फर्म अपनी व्यावसायिक आय, व्यय, संपत्ति और देनदारियों को कैसे तैयार करता है और प्रस्तुत करता है।

(II) लेखांकन मानक लेखांकन नीतियों और प्रथाओं के नियमों और शर्तों को पूरा करते हैं।

(III) लेखांकन मानक अंतर-फर्म और अंतर-फर्म तुलना की सुविधा नहीं देते हैं।

(IV) लेखांकन मानक किसी इकाई के वित्त के सभी पहलुओं से संबंधित होते हैं जिनमें संपत्ति, देयताएं, राजस्व, व्यय और इक्विटी शामिल हैं।

निम्नलिखित में से कौन सा कथन सही है?

A. I, II और III
B. I, II और IV
C. II, III और IV
D. I, II, III और IV

Q.88 Ind AS की प्रयोज्यता के संदर्भ में, निम्नलिखित में से कौन सा सही नहीं है?

A. कंपनियां इंडस्ट्रीज़ को स्वैच्छिक रूप से या अनिवार्य रूप से पालन करेंगी।
B. एक बार जब कोई कंपनी Ind AS का अनुसरण करती है, या तो अनिवार्य रूप से या स्वेच्छा से, तो वह लेखांकन की पुरानी पद्धति पर वापस नहीं लौट सकती।
C. 1 अप्रैल 2016 के बाद 5 बिलियन से कम निवल मूल्य वाली कंपनियों के लिए अनिवार्य प्रयोज्यता।
D. सभी कंपनियों के लिए 1 अप्रैल 2016 को या उसके बाद शुरू होने वाली लेखांकन अवधि से अनिवार्य प्रयोज्यता।

Q.89 लिबोर शब्द का प्रयोग किसके लिए किया जाता है?

A. यूरोपीय बाजार में जमा दर
B. यूरो मुद्रा बाजार में ब्याज दर
C. लंदन में इंटरबैंक ऋण के लिए लागू जमा दर
D. यूरो बांड बाजार में ब्याज दर

Q.90 ओटीसी एक्सचेंज ऑफ़ इंडिया (ओटीसीईआई) एक एक्सचेंज है, जिसका मतलब है:

A. बड़े उद्यम
B. छोटी कंपनियाँ
C. बैंक
D. सार्वजनिक क्षेत्र की बड़ी कंपनियाँ

Q.91 मुद्रास्फीति लेखांकन के संदर्भ में, निम्नलिखित में से कौन सा सही नहीं है?

A. मुद्रास्फीति लेखांकन, लेखांकन मॉडल की एक सीमा का वर्णन करने वाला शब्द है।
B. यह उच्च मुद्रास्फीति और अतिवृद्धि की उपस्थिति में ऐतिहासिक लागत लेखांकन से उत्पन्न समस्याओं को ठीक करने के लिए डिज़ाइन किया गया है।
C. मुद्रास्फीति मुद्रास्फीति का उपयोग उच्च मुद्रास्फीति या हाइपरइन्फ्लेशन का अनुभव करने वाले देशों में किया जाता है।
D. मुद्रास्फीति लेखांकन एक उचित मूल्य लेखांकन है।

Q.92 मानव संसाधन लेखांकन के निम्नलिखित में से कौन से कारण हैं?

(I) किसी फर्म की उत्पादकता और लाभप्रदता काफी हद तक मानव संपत्ति के योगदान पर निर्भर करती है।

(II) मानव संसाधनों पर सभी खर्चों को निवेश के रूप में माना जाता है, क्योंकि समय के साथ लाभ अर्जित किए जाते हैं।

(III) लोगों के बिना वित्तीय और भौतिक संसाधन परिचालन रूप से प्रभावी नहीं हो सकते।

(IV) फर्म के कुल मूल्यांकन के लिए मानव संपत्ति का मूल्य महत्वपूर्ण नहीं है।

निम्नलिखित में से कौन सा कथन सही है?

A. I, II और III
B. I, II और IV
C. II, III और IV
D. I, II, III और IV

Q.93 निम्नलिखित में से कौन नैस्डैक स्टॉक मार्केट का टियर नहीं है?

A. पूंजी बाजार
B. वैश्विक बाज़ार
C. ग्लोबल सिलेक्ट मार्केट
D. राष्ट्रीय बाजार

Q.94 विदेशी पोर्टफोलियो निवेश (एफपीआई) के संदर्भ में, निम्नलिखित कथनों पर विचार करें:

(I) एफपीआई अंतरराष्ट्रीय वित्तीय संस्थानों से ऋण की तुलना में अधिक अस्थिर हैं।

(II) विदेशी प्रत्यक्ष निवेश एफपीआई का हिस्सा हैं।

ऊपर दिए गए कथनों में से कौन सा सही है / हैं?

A. I केवल
B. केवल II
C. I और II दोनों
D. न तो I और न ही II

Q.95 सार्क के संदर्भ में, निम्नलिखित कथनों पर विचार करें और सही कथन चुनें।

(I) दक्षिण एशियाई क्षेत्रीय सहयोग संगठन (सार्क) दक्षिण एशिया में क्षेत्रीय अंतर सरकारी संगठन और राष्ट्रों का भू-राजनीतिक संघ है।

(II) संगठन आर्थिक और क्षेत्रीय एकीकरण के विकास को बढ़ावा देता है।

(III) इसने 2006 में दक्षिण एशियाई मुक्त व्यापार क्षेत्र का शुभारंभ किया।

(IV) इसका सचिवालय नई दिल्ली में स्थित है।

A. I, II और III
B. I, II और IV
C. II, III और IV
D. सभी कथन सही हैं

Q.96 विदेशी मुद्रा बाजार के संदर्भ में, निम्नलिखित कथनों पर विचार करें:

(I) विदेशी मुद्रा बाजार मुद्राओं के व्यापार के लिए एक वैश्विक विकेंद्रीकृत बाजार है।

(II) इसमें वर्तमान या निर्धारित कीमतों पर मुद्राओं की खरीद, बिक्री और विनिमय के सभी पहलू शामिल हैं।

(III) विदेशी मुद्रा बाजार वित्तीय संस्थानों के माध्यम से काम करता है।

(IV) विदेशी मुद्रा बाजार विभिन्न मुद्राओं के सापेक्ष मूल्यों को निर्धारित करता है।

निम्नलिखित में से कौन सा कथन सही है?

A. I, II और III
B. I, II और IV
C. II, III और IV
D. I, II, III और IV

Q.97 प्रत्यक्ष विदेशी निवेश (एफडीआई) और विदेशी संस्थागत निवेशक (एफआईआई) दोनों किसी देश में निवेश से संबंधित हैं। निम्नलिखित में से कौन सा कथन दोनों के बीच एक महत्वपूर्ण अंतर का सबसे अच्छा प्रतिनिधित्व करता है?

[UPSC Prelims, 2011]

A. एफआईआई बेहतर प्रबंधन कौशल और प्रौद्योगिकी लाने में मदद करता है, जबकि एफडीआई केवल पूंजी में लाता है।

B. एफआईआई सामान्य रूप से पूंजी की उपलब्धता बढ़ाने में मदद करता है, जबकि एफडीआई केवल विशिष्ट क्षेत्रों को लक्षित करता है।

C. एफडीआई केवल द्वितीयक बाजार में बहती है, जबकि एफआईआई प्राथमिक बाजार को लक्षित करता है।

D. एफआईआई को एफडीआई की तुलना में अधिक स्थिर माना जाता है।

Q.98 कृषि आय को आयकर अधिनियम, 1961 की किस धारा के तहत आयकर से मुक्त किया गया है?

A. 2 (1 A)   B. 10 (1)   C. 10 (2)   D. 10 (4)

Q.99 जीएसटी क्या है?

A. वस्तु एवं सेवा कर
B. सामान्य बिक्री कर
C. सामान्य सेवा कर
D. माल और सेवा कर

Q.100 किसी व्यक्ति की आवासीय स्थिति का निर्धारण करने के लिए बुनियादी शर्तें हैं:

A. वह पिछले वर्ष में 182 दिनों या उससे अधिक की अवधि के लिए भारत में है।

B. वह आकलन 4 वर्ष से पहले 365 दिनों या उससे अधिक की अवधि के लिए भारत में है और उस वर्ष भारत में सभी की अवधि 60 दिन या उससे अधिक है।

C. वह पिछले वर्ष में 60 दिनों या उससे अधिक की अवधि के लिए भारत में है।

D. (A) और (B) दोनों

Q.101 सूची-II के साथ सूची-I का मिलान करें।

सूची-I	सूची-II
a. ईडीआई	i) प्रलेखन संबंधित गतिविधियों
b. एईओ	ii) निर्यात के बिंदु से आयात करने के लिए आपूर्ति श्रृंखला सुरक्षित
c. टीआरएस	iii) अंतर्राष्ट्रीय आपूर्ति श्रृंखला में बाधाओं की पहचान करना
d. टीईई	iv) निर्यात उत्पादन केंद्रों की वृद्धि

A. a-i, b-ii, c-iii, d-iv
B. a-ii, b-i, c-iii, d-iv
C. a-iv, b-i, c-ii, d-iii
D. a-iii, b-ii, c-iv, d-i

Q.102 लेखांकन के विवेक सिद्धान्त के संबंध में निम्नलिखित में से कौन सा 'सही' है?

A. भविष्य के नुकसान का ख्याल रखता है
B. भविष्य के मुनाफे का ख्याल रखता है
C. बुरे ऋणों का ख्याल रखता है
D. इन्वेंट्री और मूल्यह्रास का ख्याल रखता है

Q.103 रणनीतिक विपणन योजना की प्रक्रिया शुरू होती है-

A. मिशन बयान की समझ से
B. संगठनात्मक उद्देश्यों की स्थापना से
C. एक विपणन योजना की सूत्रीकरण से
D. एक वरिष्ठ योजनाकार को काम पर रखने से

Q.104 ग्रामीण बैंकिंग और कृषि वित्त का विस्तार करने के उद्देश्य से, नाबार्ड:

A. सीधे ग्रामीण उधारकर्ताओं को उधार देता है और उनकी निगरानी करता है

B. ग्रामीण वित्त का विस्तार करने वाले बैंकों को पुनर्वित्त करता है

C. बैंकों से ऋण प्राप्त करने वाले ग्रामीण उधारकर्ताओं को पुनर्वित्त करता है

D. ग्रामीण उधारकर्ताओं को सीधे वित्त प्रदान करता है और सरकार से पुनर्वित्त प्राप्त करता है

Q.105 निम्नलिखित में से किस बाजार की संरचना में फर्म के मांग वक्र द्वारा बाजार की मांग वक्र का प्रतिनिधित्व किया जाता है?

A. एकाधिकार प्रतियोगिता
B. योग्य प्रतिद्वंदी
C. एकाधिकार
D. अल्पाधिकार

Q.106 अंतरराष्ट्रीय तरलता संरचना के मुख्य घटक हैं:

(I) राष्ट्रीय मौद्रिक प्राधिकरणों के पास सोना सुरक्षित है

(II) यू.एस.ए. के अलावा अन्य देशों के डॉलर के भंडार

(III) यू.के. के अलावा अन्य देशों के पाउंड-भंडार

(IV) एनआरआई की एफडीआर

A. I, II और III
B. I, II, IV
C. II, III और IV
D. II और III

Q.107 विश्व बैंक की महत्वपूर्ण एजेंसियां निम्नलिखित में से कौन सी हैं?

(I) अंतर्राष्ट्रीय वित्तीय निगम (IFC),

(II) अंतर्राष्ट्रीय पुनर्निर्माण और विकास बैंक (IBRD)

(III) अंतर्राष्ट्रीय विकास संघ (IDA),

(IV) भारतीय लघु उद्योग विकास बैंक (SIDIBI)

निम्नलिखित में से कौन सा कथन सही है / हैं?

A. I, II और III
B. I, II, III और IV
C. II, III और IV
D. II और III

Q.108 कुल खपत व्यय और घरेलू क्षेत्र की कुल आय के बीच संबंध को __________ फ़ंक्शन के रूप में जाना जाता है।

A. खपत   B. बचत   C. व्यय   D. आय

Q.109 पारिभाषिक शब्द, कुल ज्ञान कौशल, रचनात्मक क्षमताओं, प्रतिभा और संगठन के कार्य बल के साथ-साथ व्यक्तियों, मूल्यों और विश्वासों को मानती हैं:

A. मानव संसाधन
B. मानव संसाधन प्रबंधन
C. मानव संसाधन योजना
D. मानव संबंध

Q.110 वित्तीय जोखिम के रूप में परिभाषित किया गया है-

A. अनिश्चितताओं के परिणामस्वरूप लाभप्रदता या एकमुश्त नुकसान की प्रतिकूलता थी

B. अनिश्चितता जिसके परिणामस्वरूप एकमुश्त नुकसान होता है

C. नकदी प्रवाह में अनिश्चितता

D. शुद्ध नकदी प्रवाह में बदलाव

Q.111 निम्नलिखित में से कौन सा प्रतिस्पर्धा अधिनियम, 2002 का उद्देश्य नहीं है?

A. प्रमुख पद के दुरुपयोग का निषेध
B. प्रतिबंधात्मक व्यापार प्रथाओं का निषेध
C. प्रतिस्पर्धी-विरोधी समझौते का निषेध

D. संयोजनों का विनियमन

Q.112 चलनिधि प्रबंधन का उद्देश्य निम्नलिखित है:

A. लाभ सुनिश्चित

B. चलनिधि सुनिश्चित

C. या तो (A) या (B)

D. (A) और (B) दोनों

Q.113 आईआईए की प्रैक्टिस एडवाइजरी में निम्नलिखित में से कौन नहीं है?

A. दृष्टिकोण

B. विचार

C. प्रक्रियाएँ

D. कार्यप्रणाली

Q.114 भारत सरकार की बी2बी क्षेत्र की विशिष्ट नीति है

A. 100% तक एफडीआई इस शर्त के अधीन है कि वे 5 साल के भीतर भारतीय जनता के पक्ष में 26% निवेश करते हैं

B. 100% तक एफडीआई

C. 100% तक एफडीआई इस शर्त के अधीन है कि वे 10 वर्षों के भीतर भारतीय जनता के पक्ष में 26% का निवेश करते हैं

D. 49% तक की एफडीआई

Q.115 परिकल्पना परीक्षण में, जो परिकल्पना अस्थायी रूप से सत्य मानी जाती है, उसे .... परिकल्पना कहा जाता है।

A. सही परिकल्पना

B. शून्य परिकल्पना

C. वैकल्पिक परिकल्पना

D. स्तर का महत्व

Q.116 निर्यात संवर्धन परिषद का मूल उद्देश्य __________ का प्रचार और विकास करना है।

A. देश के विशेष उत्पाद

B. केवल देश की आकर्षक परियोजनाएँ

C. देश के केवल सेवा उद्योग के उत्पाद

D. देश का कुल निर्यात

Q.117 लागत लेखांकन जानकारी के लिए इस्तेमाल किया जा सकता है:

A. बजट नियंत्रण और मूल्यांकन

B. मानक लागत और परिवर्तन का निर्धारण करना

C. मूल्य निर्धारण और सूची मूल्यांकन के निर्णय

D. ये सभी

Q.118 विनिर्माण लागत को उत्पाद लागत के रूप में भी जाना जाता है। निम्नलिखित में से कौन सी लागत उन लागतों का वर्णन करती है जिन्हें निर्माण लागत माना जाता है?

A. प्रत्यक्ष सामग्री, प्रत्यक्ष श्रम और कारखाना ओवरहेड

B. प्रत्यक्ष सामग्री और प्रत्यक्ष श्रम

C. प्रत्यक्ष सामग्री, प्रत्यक्ष श्रम, कारखाना उपरि, और प्रशासनिक ओवरहेड

D. प्रत्यक्ष श्रम और कारखाना ओवरहेड

Q.119 मानव संसाधन प्रबंधन में ___ एक कार्य वातावरण प्रदान करने के लिए चिंतित है जो कर्मचारियों के लिए प्रवाहकीय है और उन्हें अच्छी तरह से प्रतिबद्ध और संगठन में संलग्न करने के लिए उनका पोषण करता है।

A. अलंकरण

B. विकास

C. प्रेरणा

D. अर्जन

Q.120 फर्म का बाजार मूल्य __________ का परिणाम है।

A. लाभांश का निर्णय

B. कार्यशील पूंजी का निर्णय

C. पूंजीगत बजट निर्णय

D. जोखिम और वापसी के बीच व्यापार बंद

Q.121 निम्नलिखित में से कौन सा संबंध सत्य है?

A. NBCR = BCR + I

B. NBCR = BCR - I

C. NBCR = NPV + I

D. NBCR = NPV - I

Q.122 निम्नलिखित में से किसमें कर्मचारी के प्रदर्शन, मापन, मूल्यांकन और वास्तविक कर्मचारी प्रदर्शन के सापेक्ष उम्मीदों को परिभाषित करने की प्रक्रिया शामिल है, जो इन पूर्वनिर्धारित अपेक्षाओं के सापेक्ष है, जो कर्मचारी को प्रासंगिक रचनात्मक फीड बैक प्रदान करती है।

A. प्रदर्शन का मूल्यांकन

B. कार्य मूल्यांकन

C. नौकरी का मूल्यांकन

D. इनमे से कोई भी नहीं

Q.123 उत्पाद जीवन चक्र में चरण जो बाजार के विस्तार और उत्पाद जागरूकता पैदा करने पर केंद्रित है और परीक्षण ___ है।

A. गिरावट का चरण

B. परिचय चरण

C. वृद्धि चरण

D. परिपक्वता

Q.124 बड़ी बहुराष्ट्रीय फार्मास्युटिकल फर्म सरकारी विभागों और नियामक एजेंसियों द्वारा किए गए नीतिगत फैसलों पर प्रभाव डालने की कोशिश करती हैं। निम्नलिखित में से कौन यह नहीं दर्शाता है कि कंपनियां अपने प्रभाव का प्रयोग करने की कोशिश कैसे करती हैं?

A. विधायी शाखा में राजनीतिक प्रतिनिधियों की पैरवी

B. उनकी नियामक एजेंसियों की अनदेखी

C. आरएंडडी में अपने निवेश को बढ़ाने का वादा

D. महत्वपूर्ण दवाओं की आपूर्ति में कटौती की धमकी

Q.125 निम्नलिखित में से कौन सा कथन सही है / हैं?

A. गैर-साधारण मिश्रित निवेश के लिए सभी मूल्यांकन मानदंडों को लागू किया जा सकता है

B. एनपीवी गैर-साधारण मिश्रित निवेश के लिए उपयुक्त नहीं है

C. बीसीआर और एनबीसीआर मानदंड साधारण मिश्रित निवेश का मूल्यांकन करने के लिए उपयुक्त नहीं हैं

D. आईआरआर सरल निवेश के लिए उपयुक्त नहीं है

Q.126 क्रेडिट का एक _______ पत्र एक प्रकार की वित्तीय गारंटी है, जिसे क्रेडिट पत्र के रूप में जाना जाता है।

A. स्थगित

B. ट्रांजिट क्रेडिट

C. हस्तांतरणीय

D. किस्त क्रेडिट

Q.127 विभिन्न मुद्राओं का अस्तित्व निजी वित्तीय संस्थानों के लिए फायदेमंद है क्योंकि:

A. प्रत्येक देश की अपनी मुद्रा होती है।

B. प्रत्येक मुद्रा की विनिमय दर अंतर्राष्ट्रीय मुद्रा कोष द्वारा तय की जाती है।

C. किसी मुद्रा की विनिमय दर में गिरावट आर्थिक व्यवधान का कारण बन सकती है।

D. मध्यस्थता से लाभ कमाया जा सकता है।

Q.128 IMF का _______ उद्देश्य अंतर्राष्ट्रीय मौद्रिक प्रणाली की स्थिरता सुनिश्चित करना है।

A. प्राथमिक

B. माध्यमिक

C. तृतीयक

D. इनमे से कोई भी नहीं

Q.129 अधिकांश शिकायत निवारण प्रक्रिया के पहले चरण में कर्मचारी द्वारा मौखिक रूप से शिकायत को _______ तक पहुंचा दिया जाता है।

A. मध्यस्थ पर एचआर प्रतिनिधि

B. पर्यवेक्षक या मध्यस्थ

C. अभिहित अधिकारी पर पर्यवेक्षक

D. एचआर प्रतिनिधि या नामित अधिकारी

Q.130 एक निजी लिमिटेड कंपनी और एक सार्वजनिक लिमिटेड कंपनी बनाने के लिए आवश्यक व्यक्तियों की न्यूनतम संख्या क्रमशः _______ है।

A. 2 और 5

B. 5 और 7

C. 2 और 7

D. 7 और 2

Q.131 निम्नलिखित में से कौन सा खरीद प्रक्रिया क्रम सही है?

1. दत्तक ग्रहण

2. वैधीकरण

3. दृष्टिकोण

4. जागरूकता

A. 4, 3, 2, 1   **B.** 2, 3, 4, 1

C. 1, 2, 3, 4   **D.** 3, 4, 2, 1

Q.132 "विपणन मिश्रण" अभिव्यक्ति किसने गढ़ी थी ?

A. हेनरी फेयोल   **B.** जेम्स कलिटोन

C. पीटर ड्रूकर   **D.** अब्राहम मेस्लो

Q.133 रोड ब्लॉकिंग विज्ञापन _______ को संदर्भित करता है।

A. सड़क अवरुद्ध करके किसी उत्पाद का विज्ञापन करना

B. किसी उत्पाद के विज्ञापन के लिए बड़े ब्लॉक बनाना

C. एक ही समय में कई टीवी चैनलों पर किसी उत्पाद का विज्ञापन करना

D. इनमे से कोई भी नहीं

Q.134 विपणन की विनिमय अवधारणा ______ से संबंधित है।

A. वितरण और मूल्य पहलुओं को कवर करने वाले विक्रेताओं और खरीदारों के बीच उत्पादों का आदान-प्रदान

B. उत्पादन के लिए मात्र उपांग

C. उत्पाद विशेषताओं के माध्यम से विपणन सफलता प्राप्त करना

D. उत्पादों को आक्रामक रूप से बढ़ावा देना और आगे बढ़ाना

Q.135 थोक व्यापारी मुख्य रूप से प्रचार मिश्रण के किस तत्व का उपयोग करते हैं?

A. विज्ञापन   **B.** व्यक्तिगत बिक्री

C. जनसंपर्क   **D.** व्यापार प्रदर्शनी

Q.136 मानक विचलन के औसत मान ± 1.96 के बीच सामान्य वितरण का कुल क्षेत्रफल ______ है।

A. 95%   **B.** 90%   **C.** 99%   **D.** 68.34%

Q.137 एक उचित अनुक्रम में अनुसंधान के निम्नलिखित चरणों की व्यवस्थित कीजिये

(A) रिपोर्ट लेखन

(B) बजट

(C) डेटा संग्रह

(D) फील्ड वर्क

(E) अनुसंधान के परिणाम

नीचे दिए गए विकल्पों में से सही उत्तर चुनिए:

A. (B), (D), (C), (E), (A)

B. (D), (A), (B), (C), (E)

C. (D), (C), (B), (E), (A)

D. (B), (E), (D), (C), (A)

Q.138 जैसे-जैसे समय श्रृंखला में गतिमान माध्य की अवधि बढ़ती है, तब:

A. प्रवृत्ति वक्र, मूल वक्र के निकट होगा

B. मूल वक्र से आगे प्रवृत्ति वक्र होगा

C. प्रवृत्ति वक्र मूल वक्र के अनुरूप होगा

D. प्रवृत्ति वक्र और मूल वक्र के बीच का अंतर स्थिर रहेगा

Q.139 सहसंबंध के निम्नलिखित गुणांक में से कौन सा चर के दो सेटों के बीच सबसे मजबूत संबंध को दर्शाता है?

A. -0.98   **B.** 0.90   **C.** 0.00   **D.** 1.20

Q.140 उत्तोलन उत्पादन फलन में L को माना जाता है:

A. उत्पादन प्रक्रिया में संरचनात्मक बाधा

B. एकरूपता की डिग्री

C. उत्पादन प्रक्रिया में अवरोध पैदा करना

D. उत्पादन प्रक्रिया में अनुकूलन बाधा

Q.141 निम्नलिखित में से कौन सा कथन सत्य है?

1. एसटीसीजी की कर दर 10% है

2. एलटीसीजी पर कर की दर 15% है

3. आकस्मिक आय पर कर की दर 30% है

4. घरेलू कंपनी से प्राप्त लाभांश पर कर की दर 10% है

कोड:

A. 1 और 2 सत्य हैं   **B.** 2 और 4 सत्य हैं

C. 3 और 4 सत्य हैं   **D.** सभी कथन सत्य हैं

Q.142 निम्नलिखित में से कौन-से रिटर्न की ई-फिलिंग के प्रकार हैं?

1. ई-रिटर्न मध्यस्थ के माध्यम से ई-फिलिंग

2. डिजिटल हस्ताक्षर के बिना ई-फाइल

3. डिजिटल हस्ताक्षर के साथ ई-फाइ

नीचे दिए गए कूट का प्रयोग कर सही उत्तर चुनिए:

A. दोनों 1 और 2   **B.** केवल 3

C. दोनों 2 और 3   **D.** उपरोक्त सभी

Q.143 'व्यक्ति' के मामले में बीमा कमीशन से स्रोत पर कर कटौती की दर क्या है?

A. 2 प्रतिशत   **B.** 5 प्रतिशत

C. 10 प्रतिशत   **D.** 4 प्रतिशत

Q.144 निम्नलिखित में से कौन सा/से कथन सत्य है/हैं?

(i) मूल्यह्रास और ब्याज पर कर-ढाल पट्टेदार और पट्टेदार दोनों के लिए एक महत्वपूर्ण चर है।

(ii) भारत में पट्टा लेनदेन पट्टा अधिनियम द्वारा शासित होते हैं।

(iii) एक पट्टेदार को खरीद विकल्प के खिलाफ पट्टे के विकल्पों का मूल्यांकन करना चाहिए।

(iv) AS-19 के अनुसार, वित्तीय पट्टे को पट्टेदार के तुलन पत्र में एक परिसंपत्ति के रूप में दिखाया जाता है।

नीचे दिए गए कूट से सही उत्तर चुनिए:

A. (i) और (iv)   **B.** (i), (iii) और (iv)

C. (ii), (iii) और (iv)   **D.** केवल (ii)

Q.145 आयकर अधिनियम, 1961 की धारा 194 आईबी के तहत एक व्यक्ति या एचयूएफ (जिसे धारा 44 एबी के तहत अपने खातों का ऑडिट कराने की आवश्यकता नहीं है) जो एक निवासी को किसी भी किराए का भुगतान करने के लिए जिम्मेदार है, उपयोग के लिए आयकर में कटौती करेगा। किसी भी भूमि और भवन या दोनों का, यदि किराया _____ से अधिक है।

A. रु. 50,000 प्रति माह   **B.** रु. 40,000 प्रति माह

C. रु. 25,000 प्रति माह   **D.** रु. 15,000 प्रति माह

Q.146 निम्नलिखित में से कौन आयकर अधिनियम के तहत कृषि आय है?

A. कृषि उपज के भंडारण के लिए उपयोग की जाने वाली भूमि से आय

B. कृषि में लगी कंपनी से लाभांश

C. डेयरी फार्म, पोल्ट्री फार्म, आदि से आय

D. लगाए गए पेड़ों की बिक्री से आय जहां जंगल के खंडित हिस्सों को दोबारा लगाया जाता है और बाद में वानिकी में संचालन किया जाता है

Q.147 कुछ शर्तों को पूरा करने पर, विशेष आर्थिक क्षेत्रों में स्थापित उपक्रम के लिए, आयकर अधिनियम की धारा 10 AA के तहत कटौती की अनुमति _______ के लिए दी जाती है।

A. 5 वर्ष   **B.** 10 वर्ष

C. 15 वर्ष   **D.** असीमित अवधि

Q.148 एक घर से संबंधित जानकारी दी गई है:

नगर मूल्य (M.V) रु. 1,50,000

उचित किराया रु. 1,80,000

मानक किराया रु. 1,60,000

वास्तविक किराया रु. 20,000 प्रति माह

मालिक द्वारा भुगतान किया गया नगरपालिका कर M.V. का 20% है। अप्राप्त किराया रु. 40,000 (नियम 4 की शर्तें संतुष्ट)। घर का वार्षिक मूल्य क्या है?

A. रु. 1,50,000   **B.** रु. 1,60,000

C. रु. 1,70,000   **D.** रु. 2,10,000

Q.149 बौद्धिक संपदा अधिकारों के व्यापार-संबंधी पहलू (TRIPs):

A. उरुग्वे दौर समझौते

B. दोहा मंत्रिस्तरीय सम्मेलन

C. ढाका सार्क शिखर सम्मेलन

D. विश्व बैंक नीति अनुसंधान रिपोर्ट

Q.150 स्पष्ट लागत _______ है, जो नकदी प्रवाह के वर्तमान मूल्य के साथ नकदी बहिर्वाह के वर्तमान मूल्य के बराबर है।

A. वर्तमान दर   **B.** छूट की दर

C. आंतरिक दर   **D.** बहिर्वाह दर

// स्मार्ट उत्तर पुस्तिका //

सही उत्तर — उन छात्रों का प्रतिशत जिन्होंने प्रश्नों का सही उत्तर दिया था। **छोड़ दिया** — उन छात्रों का प्रतिशत जिन्होंने प्रश्नों को छोड़ दिया था।

प्रश्न संख्या	उत्तर	सही उत्तर / छोड़ दिया	प्रश्न संख्या	उत्तर	सही उत्तर / छोड़ दिया	प्रश्न संख्या	उत्तर	सही उत्तर / छोड़ दिया	प्रश्न संख्या	उत्तर	सही उत्तर / छोड़ दिया	प्रश्न संख्या	उत्तर	सही उत्तर / छोड़ दिया
1	A	58.16 % / 10.32 %	17	B	25.89 % / 34.51 %	33	C	21.25 % / 62.14 %	49	B	21.0 % / 62.22 %	65	B	27.59 % / 38.73 %
2	C	48.92 % / 19.43 %	18	A	23.9 % / 34.76 %	34	A	19.43 % / 62.18 %	50	C	24.15 % / 61.81 %	66	D	34.18 % / 38.94 %
3	D	41.92 % / 22.29 %	19	C	34.51 % / 35.0 %	35	C	17.48 % / 62.14 %	51	A	29.78 % / 21.13 %	67	C	31.77 % / 39.03 %
4	C	30.78 % / 23.36 %	20	B	35.5 % / 35.38 %	36	C	13.42 % / 62.18 %	52	D	49.92 % / 27.63 %	68	B	22.41 % / 39.27 %
5	A	32.56 % / 24.48 %	21	B	26.35 % / 35.79 %	37	A	28.91 % / 62.27 %	53	D	41.22 % / 30.53 %	69	C	20.34 % / 39.89 %
6	B	18.14 % / 26.43 %	22	D	17.94 % / 36.2 %	38	B	12.92 % / 62.18 %	54	D	14.79 % / 31.61 %	70	D	19.59 % / 40.35 %
7	B	21.71 % / 27.3 %	23	C	45.28 % / 36.37 %	39	B	21.21 % / 62.18 %	55	A	50.08 % / 33.39 %	71	D	21.91 % / 40.85 %
8	B	39.31 % / 28.63 %	24	A	27.34 % / 36.62 %	40	D	10.19 % / 62.26 %	56	C	20.17 % / 34.01 %	72	C	23.78 % / 41.13 %
9	B	40.1 % / 28.91 %	25	D	19.26 % / 36.71 %	41	C	19.3 % / 62.39 %	57	C	19.39 % / 35.17 %	73	A	21.17 % / 41.42 %
10	B	23.41 % / 30.07 %	26	A	19.84 % / 61.1 %	42	D	23.61 % / 62.6 %	58	B	35.09 % / 36.16 %	74	D	19.18 % / 41.59 %
11	C	16.28 % / 30.41 %	27	A	19.97 % / 61.68 %	43	A	18.23 % / 62.51 %	59	A	24.48 % / 36.66 %	75	A	19.35 % / 41.75 %
12	C	34.34 % / 31.53 %	28	B	23.94 % / 61.77 %	44	C	12.72 % / 62.38 %	60	C	33.89 % / 36.91 %	76	A	20.71 % / 41.88 %
13	D	22.91 % / 32.27 %	29	C	26.59 % / 61.85 %	45	C	12.92 % / 62.35 %	61	C	11.56 % / 37.45 %	77	D	8.12 % / 42.0 %
14	A	15.37 % / 32.56 %	30	D	13.71 % / 61.77 %	46	C	24.65 % / 62.43 %	62	D	22.78 % / 37.95 %	78	B	21.5 % / 42.25 %
15	C	25.39 % / 33.35 %	31	A	14.95 % / 61.77 %	47	B	22.37 % / 62.39 %	63	D	36.7 % / 38.03 %	79	C	41.34 % / 42.71 %
16	A	29.87 % / 34.17 %	32	C	19.47 % / 62.01 %	48	D	13.84 % / 62.42 %	64	A	26.72 % / 38.28 %	80	A	15.91 % / 42.66 %

प्रश्न संख्या	उत्तर	सही उत्तर / छोड़ दिया	प्रश्न संख्या	उत्तर	सही उत्तर / छोड़ दिया	प्रश्न संख्या	उत्तर	सही उत्तर / छोड़ दिया	प्रश्न संख्या	उत्तर	सही उत्तर / छोड़ दिया	प्रश्न संख्या	उत्तर	सही उत्तर / छोड़ दिया
81	B	27.63 % / 42.88 %	95	A	20.3 % / 45.4 %	109	A	10.81 % / 46.9 %	123	B	19.51 % / 47.23 %	137	A	15.29 % / 68.93 %
82	A	12.97 % / 43.12 %	96	A	6.21 % / 45.49 %	110	A	25.72 % / 46.9 %	124	B	12.14 % / 47.18 %	138	B	8.04 % / 68.8 %
83	D	19.64 % / 43.37 %	97	B	15.74 % / 45.69 %	111	B	14.08 % / 46.65 %	125	C	15.33 % / 47.43 %	139	A	8.04 % / 68.89 %
84	A	8.86 % / 43.54 %	98	B	25.39 % / 45.86 %	112	D	23.28 % / 46.89 %	126	C	17.69 % / 47.22 %	140	C	3.6 % / 68.81 %
85	A	12.26 % / 43.54 %	99	A	28.87 % / 45.99 %	113	C	10.81 % / 47.02 %	127	D	16.78 % / 47.39 %	141	C	7.62 % / 68.85 %
86	C	30.45 % / 43.83 %	100	D	35.25 % / 45.94 %	114	A	11.93 % / 47.1 %	128	A	33.64 % / 47.22 %	142	D	9.11 % / 68.89 %
87	B	28.29 % / 43.96 %	101	A	10.02 % / 46.03 %	115	B	24.98 % / 47.1 %	129	C	10.77 % / 47.14 %	143	B	11.35 % / 68.93 %
88	D	12.84 % / 44.08 %	102	A	23.53 % / 46.44 %	116	D	29.83 % / 47.05 %	130	C	31.86 % / 46.1 %	144	B	10.85 % / 68.85 %
89	C	27.17 % / 44.12 %	103	A	9.82 % / 46.31 %	117	D	38.82 % / 47.14 %	131	A	16.82 % / 68.72 %	145	A	10.48 % / 68.85 %
90	B	14.17 % / 44.2 %	104	B	15.37 % / 46.35 %	118	A	19.39 % / 47.1 %	132	B	8.86 % / 68.77 %	146	A	8.41 % / 68.89 %
91	D	10.98 % / 44.16 %	105	C	16.16 % / 46.52 %	119	A	6.59 % / 47.18 %	133	C	18.43 % / 68.81 %	147	C	6.55 % / 68.88 %
92	A	29.29 % / 44.57 %	106	A	15.49 % / 46.48 %	120	D	10.89 % / 47.11 %	134	A	19.35 % / 68.76 %	148	C	8.41 % / 68.89 %
93	D	12.43 % / 44.82 %	107	A	28.71 % / 46.68 %	121	B	9.15 % / 47.23 %	135	B	9.07 % / 68.85 %	149	B	5.8 % / 68.93 %
94	A	15.08 % / 45.03 %	108	A	16.11 % / 46.77 %	122	A	33.06 % / 47.22 %	136	A	10.15 % / 68.85 %	150	B	10.89 % / 67.9 %

//संकेत और समाधान//

1. शिक्षार्थी का पूर्व ज्ञान निम्नलिखित तरीकों से शिक्षण की प्रभावशीलता से संबंधित है:

a) यदि छात्रों को सही जानकारी नहीं मिलती है, या पिछली कक्षाओं में अध्ययन सामग्री को नहीं समझते हैं, तो उन्हें हाल की सामग्री को सीखने में थोड़ी परेशानी हो सकती है।

b) जैसा कि, जो छात्र सही जानकारी को समझते हैं, उनके पास हालिया सामग्री को सीखने में सफलता की बेहतर संभावना है।

अतः विकल्प (A) सही है।

2. व्याख्यान - यह समझने योग्य भाषाओं में व्याख्यान देने की प्रक्रिया है।

समूहों में चर्चा -यह किसी निष्कर्ष पर पहुंचने या विचारों का आदान-प्रदान करने के लिए समूहों में किसी विषय पर बात करने की क्रिया या प्रक्रिया है।

बुद्धिशीलता - बुद्धिशीलता एक समूह रचनात्मकता तकनीक है जिसके माध्यम से अपने सदस्यों द्वारा योगदान किए गए प्रासंगिक विचारों की एक सूची को समेट कर किसी विशेष सम्स्या के लिए एक निष्कर्ष निकालने के प्रयास किए जाते हैं।

क्रमादेशित निर्देश - क्रमादेशित निर्देश छात्रों को नियंत्रित कदमों के क्रमबद्ध क्रम में नए विषय वस्तु प्रस्तुत करने की एक विधि है।

अतः विकल्प (C) सही है।

3. एक सफलतापूर्ण शिक्षा का निर्माण करने हेतु, अच्छे कक्षा प्रबंधन की बहुत आवश्यकता होगी, क्योंकि इसे लागू करने से, एक शिक्षक कक्षा को अच्छी तरह से नियंत्रित, व्यवस्थित, मूल्यांकन और प्रस्तुत कर सकता है। इस तथ्य के आधार पर कि कक्षा के प्रबंधन में शिक्षक की भूमिका शिक्षक द्वारा आवश्यक होती है। एक प्रभावी शिक्षक की भूमिका:

- शिक्षक जो अपने विषय ज्ञान में दृढ़ता से निहित हैं, स्पष्ट प्रस्तुतियां देते हैं और छात्रों की कठिनाइयों को आसानी से पहचानते हैं। वे अपने छात्रों के प्रश्नों का प्रभावी ढंग से उत्तर दे सकते हैं।

- असाइनमेंट,परीक्षा, खेल, पाठ, प्रदर्शन आदि के उचित पाठ्यक्रम में ज्ञान को ठीक ढंग से प्रदान करना। वह अनुप्रयोग-उन्मुख शिक्षण भी करने में सक्षम होना चाहिए।

- स्पष्ट प्रस्तुतियाँ और स्पष्टीकरण प्रदान करें जो उन छात्रों को सहायक होते हैं जो अधिक सीखते हैं और अपने शिक्षकों को अधिक सकारात्मक रूप से दर्ज देते हैं। जो शिक्षक स्पष्ट रूप से विशिष्ट और सटीक हैं तथा अस्पष्ट नहीं हैं। वे विचार की स्पष्टता और एक स्पष्ट दृष्टि रखते हैं जो उनके शिक्षण को अधिक प्रभावी बनाता है।

- एक शिक्षक का सबसे आवश्यक कौशल पुस्तकों पर उनकी अपनी राय बनाने में बच्चों की मदद करने योग्यता का होना है।

- शिक्षक जो उत्साहपूर्ण और मैत्रीपूर्ण हैं और सकारात्मक दृष्टिकोण रखता है, अपने छात्रों में शिक्षण के प्रति प्रेम उत्पन्न करते हैं। ऐसे शिक्षकों को छात्रों के बढ़ते ध्यान, उपलब्धि, सीखने की इच्छा और विषय-वस्तु के प्रति अनुकूल रवैये के संदर्भ में अधिक प्रभावी माना जाता है।

- शिक्षक को पढ़ाने से पहले प्रदर्शन करना होता है। उसे उपयुक्त सामग्री और अपनी रचना को तय करना, वितरण की गति, छात्रों का समूह बनाना, उपयुक्त गतिविधियों की पहचान करना आदि गतिविधियों को सिखाने की योजना बनानी होगी।

- एक पाठ, इकाई, पाठ्यक्रम और पाठ्यक्रम के संदर्भ में सामग्री या विचारों को संरचित करना एक व्यापक योजना है जिसमें दर्शन, मनोविज्ञान, समाजशास्त्र, संस्कृति और भाषा विज्ञान के अनुप्रयोग शामिल हैं।

- शिक्षक अपनी प्रतिक्रिया स्पष्ट करने के लिए छात्र की मदद करने की कोशिश करता है। एक प्रश्न या उत्तर से संबंधित अतिरिक्त जानकारी यह सुनिश्चित करने के लिए पूछी जा सकता है कि एक छात्र ने आदर्श अवधारणा को ठीक से समझा है या नहीं।

- शिक्षक छात्रों के बीच आलोचनात्मक चिंतन या जागरूकता बढ़ाने के लिए उच्च-क्रम के प्रश्न पूछता है।

अतः विकल्प (D) सही है।

4. अभिकथन सही है क्योंकि शिक्षण छात्रों में सकारात्मक परिवर्तन सुनिश्चित करता है क्योंकि शिक्षण की मदद से छात्र अच्छी आदतों, ज्ञान और दृष्टिकोण को प्राप्त करता है। लेकिन तर्क गलत है, क्योंकि सोचने, संबंधित और बनाने के लिए विशिष्ट तरीकों का उपयोग करके एक विशेष तरीके से सीखना। विशेष शिक्षण शैलियों वाले छात्रों की अवधारणा में शिक्षण रणनीतियों के निहितार्थ हैं। व्यक्तिगत विशेषताओं, शैक्षणिक विशेषताओं, सामाजिक / भावनात्मक विशेषताओं और संज्ञानात्मक विशेषताओं से सभी सीखने के परिणाम।

अतः विकल्प (C) सही है।

5. मौलिक अनुसंधान का संबंध सामान्यीकरण और सिद्धांत निर्माण के साथ है।

अनुप्रयुक्त अनुसंधान सामाजिक सरोकार से उत्पन्न ज्ञान का सामाजिक रूप से उपयोगी अनुप्रयोग है। यह व्यावहारिक अनुप्रयोग से जुड़ी व्यवस्थित जांच का एक रूप है।

निर्णय और कार्यों की गुणवत्ता में सुधार के लिए शिक्षकों, पर्यवेक्षकों आदि द्वारा क्रियात्मक अनुसंधान का उपयोग किया जाता है। यह इन स्थितियों को बेहतर बनाने के लिए वर्तमान स्थितियों को विकसित करने पर जोर देता है।

मूल्यांकन अनुसंधान सामाजिक हस्तक्षेप के प्रभाव को निर्धारित करता है। यह एक विशेष कार्यक्रम के प्रभाव का विश्लेषण करता है एक निश्चित समस्या पर कार्यक्रम को हल करने की कोशिश कर रहा है।

अतः विकल्प (A) सही है।

6. समस्या निर्माण और इसकी परिभाषा से बाहर अनुसंधान नैतिकता का मुद्दा, अनुसंधान और डेटा संग्रह और व्याख्या की आबादी को परिभाषित करने और निष्कर्षों की रिपोर्टिंग के स्तर पर निष्कर्षों को केवल प्रासंगिक माना जा सकता है। एक अनुसंधान का मुख्य सिद्धांत निष्कर्षों की रिपोर्ट करना है, जो अनुसंधान और राज्य द्वारा प्राप्त और इंगित किया गया है कि क्या परिकल्पना निष्कर्ष से मेल खाती है या नहीं।

अतः विकल्प (B) सही है।

7. शोध डिज़ाइन एक प्रकार की रुपरेखा होती है जिसे आप वास्तव में शोध का संपादन करने से पहले तैयार करते हैं। यह एक व्यवस्थित रूप से तैयार की गई रूपरेखा है, जिसमें आप अपने शोध को सम्पादित करने की योजना बनाते हैं। यह परियोजना की सामरिक योजना है जो शोध की व्यापक संरचना को निर्धारित करती है।

पूर्वव्यापी शोध डिज़ाइन:

- पूर्वव्यापी शोध डिज़ाइन तब सबसे अधिक उपयुक्त होता है जब एक विश्वविद्यालय का शिक्षण ग्रामीण बच्चों के आकांक्षा और उपलब्धि के स्तर के बीच संबंध का अध्ययन करना चाहता है।

- शोधकर्ता उस प्रभाव का पता लगाने का प्रयास करता है जो पहले से ही इसके संभावित कारणों से हो गया हो।

- शोधकर्ता का स्वतंत्र चर पर कोई प्रत्यक्ष नियंत्रण नहीं होता है क्योंकि यह इसके प्रभाव को उत्पादित करने के लिए बहुत पहले घटित होता है।

- ग्रामीण बच्चों का प्रभाव - उपलब्धि; कारणत्मक कारक - आकांक्षा का स्तर।

- शोधकर्ता बच्चों में आकांक्षा के स्तर को नियंत्रित नहीं कर सकते हैं या उनपर शोधकर्ता का कोई प्रत्यक्ष नियंत्रण तब नहीं होता है जब वे कुछ वांछनीय प्राप्त करते हैं।

अतः विकल्प (B) सही है।

8. संचार एक सतत प्रक्रिया है। इसमें मौखिक और गैर-मौखिक दोनों तरह के संचार शामिल हैं। यह माना जाता है कि गैर-मौखिक संचार के उपयोग के बिना मौखिक संचार कम प्रभावी होता है चाहे वह साथियों, शिक्षकों, शिक्षार्थियों आदि के बीच बातचीत हो।

इसलिए, केवल कथन I. सत्य है।

अतः विकल्प (B) सही है।

9. निस्पंदन, उस प्रेषक को संदर्भित करता है जो जानकारी में हेर-फेर करता है, इसलिए इसे प्राप्तकर्ता द्वारा अधिक अनुकूल रूप से देखा जाएगा।

चयनात्मक अवधारणा का अर्थ वह देखना है जो व्यक्ति देखना चाहता है। संचार प्रक्रिया में प्राप्तकर्ता, सामान्यत: चयनात्मक अवधारणा का प्रयोग करता है अर्थात् वह संगठनात्मक आवश्यकताओं, कर्मचारियों की आवश्यकताओं और विशेषताओं, कर्मचारियों की पृष्ठभूमि आदि के आधार पर चयनात्मक रूप से संदेश को समझता है।

सूचना अधिभार, बहुत अधिक जानकारी या डेटा का अनावरण या प्रावधान है। सूचना अधिभार सामान्यत: सूचना के कई स्रोतों के अस्तित्व, सूचना की अधिकता, सूचना के प्रबंधन में कठिनाई के कारण होता है।

अतः विकल्प (B) सही है।

10. एक संरचना के साथ प्रस्ताव का एक क्लस्टर जो प्रदर्शित करता है, कुछ निष्कर्ष को एक तर्क के रूप में कहा जाता है। एक तर्क उन मान्यताओं का एक समूह है, जो दूसरों के काम का पालन करने का दावा करते हैं, जो कि उस शोध की सच्चाई के लिए कुछ सामान्य आधार प्रदान करने के रूप में माना जाता है।

अतः विकल्प (B) सही है।

11. मानव संचार दो या दो से अधिक लोगों के बीच एक अर्थ बनाने की प्रक्रिया है। निम्नलिखित कथन हैं जो मानव संचार प्रक्रिया का वर्णन करते हैं:

• गैर-मौखिक संचार विचारों को उत्तेजित कर सकता है।

• संचार एक सीखी हुई क्षमता है।

• संचार एक सार्वभौमिक रामबाण नहीं है।

• संचार विघटित या काम करना बंद नहीं कर सकता है।

अतः विकल्प (C) सही है।

12. मधु अपूर्व की मां है और विनोद अपूर्व के पिता का भाई है, इसलिए विनोद अपूर्व का चाचा है। इसलिए, अपूर्व विनोद का भतीजा है।

अतः विकल्प (C) सही है।

13. आगमनात्मक तर्क का तात्पर्य वस्तुओं के वर्ग के अवलोकन के आधार पर गुणों के सामान्यीकरण से है।

यह निर्धारित करता है कि भविष्य में घटनाओं का एक क्रम घटित होगा क्योंकि यह हमेशा अतीत में होता है। इस घटना को प्रकृति की समरूपता के रूप में जाना जाता है।

अतः विकल्प (D) सही है।

14. प्रस्ताव, 'घरेलू जानवर शायद ही खूंखार हैं' का तात्पर्य घरेलू जानवर खूंखार नहीं हैं। यह असत्य है, फिर कथन जिसमे 'नहीं' है, भी गलत होगा। यह विकल्प C और D को सीधे को हटा देता है। इस कथन का विपरीत 'पालतू पशु खूंखार होते हैं' होगा। केवल विकल्प A और B को निश्चित रूप से सच होने का दावा किया जा सकता है।

अतः विकल्प (A) सही है।

15. वेन आरेख का उपयोग करने वाले श्रेणीबद्ध युक्तिवाक्य में, एक तर्क में तीन वर्गीकरण प्रस्ताव होते हैं जिसमें दो परिसर होते हैं और एक निष्कर्ष होता है, जिसमें कुल तीन शब्द दिखाई देते हैं, जिनमें से प्रत्येक का उपयोग दो बार किया जाता है।

जैसे सभी पेड़ सफेद हैं

सभी सफेद काले हैं

कुछ काला सुस्त है

तो, इस प्रकार के युक्तिवाक्य में दो बार तीन शब्दों का उपयोग किया जाता है।

अतः विकल्प (C) सही है।

16. किसी वस्तु का बाजार मूल्य $= 800$ रु
4 वस्तु की बिक्री मूल्य $= (1 - 0.38) \times 800 \times 4 = 1984$
1 वस्तु का विक्रय मूल्य $= (1 - 0.15) \times 800 = 680$
5 आइटम की कुल बिक्री मूल्य $= 1984 + 680 = 2664$
कुल बाजार मूल्य $= 800 \times 5 = 4000$
छूट $\% = $ छूट / बाजार मूल्य $\times 100$
$= \frac{(4000 - 2664)}{4000} \times 100$
$= 33.4\%$

अतः विकल्प (A) सही है।

17. हम जानते हैं कि, 2 वर्षों के लिए,
चक्रवृद्धि ब्याज $-$ साधारण ब्याज $= p\left(\frac{r}{100}\right)^2$
$\Rightarrow 40 = p\left(\frac{8}{100}\right)^2$
$\Rightarrow p = \frac{40 \times 10000}{64}$
$= 6250$ रु

अतः विकल्प (B) सही है।

18. दिया गया है,
ग्यारह मित्र खर्च करते हैं $= 19$ रुपये प्रति व्यक्ति
माना, उनमें से सभी बारह का औसत व्यय 'x' है।
प्रश्नानुसार,
$\frac{19 \times 11 + (x - 11)}{12} = x$
हल करने पर हमें मिलता है,
$x = 18$
इसलिए, उनके द्वारा खर्च की गई कुल धनराशि $= 18 \times 12 = 216$

अतः विकल्प (A) सही है।

19. दी गई श्रृंखला का पैटर्न है:

$1^3 = 1$

$2^2 = 4$

$3^3 = 27$

$4^2 = 16$

$5^3 = 125$

$6^2 = 36$

$7^3 = 343$

इसलिए, लुप्त पद 125 है।

अतः विकल्प (C) सही है।

20. आई.सी.टी का मतलब सूचना और संचार प्रौद्योगिकी से है।

सूचना और संचार प्रौद्योगिकी का अनुकरण करने वाली अभिसरण तकनीक में एक सामान्य केबल प्रणाली के माध्यम से श्रव्य- दृश्य, दूरभाष और कंप्यूटर नेटवर्क का विलय शामिल है।

अतः विकल्प (B) सही है।

21. जैसा की बीसीसी मतलब ब्लाइंड कार्बन कॉपी और सीसी मतलब कार्बन कॉपी है तो हम प्रेषक और व्यक्तियों का सभी विवरण प्राप्त करेंगे जो सीसी (कार्बन कॉपी) में संलग्र होंगे। बीसीसी की ईमेल आईडी हर किसी को दिखाई नहीं देती हैं।

अतः विकल्प (B) सही है।

22. फ्लाई ऐश निम्न में इस्तेमाल किया जा सकता है:

• रोमन संरचना का निर्माण।

• निर्माण ईंटों का निर्माण।

• सीमेंट का निर्माण।

• उर्वरकों के रूप में उपयोग किया जाता है।

• एक बांध और जल धारण संरचनाओं में।

• सफेद सीमेंट के प्रतिस्थापन के रूप में।

• सड़क निर्माण में उपयोग किया जाता है।

अतः विकल्प (D) सही है।

23. एक प्रदूषक एक भौतिक एजेंट है जो पर्यावरण पर प्रतिकूल प्रभाव डालता है यदि इसकी उपस्थिति वांछनीय स्तर से अधिक है। प्रदूषक विभिन्न रूपों जैसे ठोस अपशिष्ट, गर्मी, रेडियोधर्मी कचरे, या गैसीय प्रदूषक जैसे कार्बन मोनोऑक्साइड, सल्फर डाइऑक्साइड, नाइट्रोजन ऑक्साइड, हैं। इन एजेंटों के कारण होने वाला प्रदूषण अलग-अलग रूप लेता है। उदाहरण के लिए, वायु या जल प्रदूषण।

'पर्यावरण प्रदूषक' का अर्थ है किसी भी ठोस, तरल या गैसीय पदार्थ जैसे कि सांद्रता में मौजूद हो सकता है या पर्यावरण के लिए हानिकारक हो सकता है।

1) गैर-बायोडिग्रेडेबल कचरे

विकासशील सभ्यता के दुष्प्रभावों में से एक गैर-बायोडिग्रेडेबल सामग्री की उपस्थिति के रूप में देखा जा सकता है जिसे बैक्टीरिया की कार्रवाई से सरल, हानिरहित पदार्थ में नहीं तोड़ा जा सकता। वे उस भूमि के लिए घातक हैं जहां उन्हें फेंक दिया जाता है और सदियों तक रहता है, उन्हें जलाने से विभिन्न संभव तरीकों से मानव और पशु स्वास्थ्य के लिए जहरीली गैसें निकलती हैं। इस तरह के पदार्थों का प्रवेश जल निकायों को प्रदूषित करता है क्योंकि उनके गैर-क्षीण प्रकृति के कारण वे जल निकायों में स्थान ग्रहण करते हैं और पशुओं द्वारा गंभीर स्वास्थ्य स्थिति और मृत्यु का कारण बनते हैं। पॉलिथीन, प्लास्टिक कुछ घातक गैर-बायोडिग्रेडेबल कचरा है।

2) मानव कार्बनिक अपशिष्ट

मानव कार्बनिक अपशिष्ट मानव पाचन तंत्र और मानव पाचन के अपशिष्ट उत्पादों को संदर्भित करता है। मानव उत्सर्जन का उपयोग खेती में उर्वरक के रूप में किया जाता है।

3) मल से अपशिष्ट पदार्थ

मल पदार्थ से अपशिष्टों का सुरक्षित निपटान कम आय वाले देशों में रहने वाली आबादी के स्वास्थ्य और कल्याण के साथ-साथ आसपास के पर्यावरण को प्रदूषण की रोकथाम के लिए सबसे महत्वपूर्ण है। हालांकि, अगर सुरक्षित रूप से निपटाया जा सकता है बायोगैस के उत्पादन में इस्तेमाल किया जा सकता है, एक ऑक्सीजन मुक्त (अवायवीय) प्रणाली में, मल पदार्थ के जीवाणु टूटने और किसी अन्य कार्बनिक पदार्थ के माध्यम से उत्पन्न होता है।

4) प्राकृतिक पोषक तत्व अधिक मात्रा में मौजूद

पोषक तत्व प्रदूषण वह प्रक्रिया है जिसमें बहुत सारे पोषक तत्व, मुख्य रूप से नाइट्रोजन और फॉस्फोरस, पानी के पिंडों में जुड़ जाते हैं और उर्वरक की तरह काम कर सकते हैं, जिससे शैवाल की अत्यधिक वृद्धि होती है।

अतः विकल्प (C) सही है।

24. 50 से 99 के बीच की संख्याएं = 50

अंकों 2 और 7 के साथ 50 से 99 के बीच की संख्याएं = 18

अंक 2 और 7 के बिना 50 से 99 के बीच की संख्याएं = 50-18= 32

अतः विकल्प (A) सही है।

25. भारत की उच्च शिक्षा प्रणाली चीन और संयुक्त राज्य अमेरिका के बाद दुनिया में तीसरी सबसे बड़ी शिक्षा प्रणाली है।

अतः विकल्प (D) सही है।

26. "अपने आधुनिक रूप में जीवन बीमा वर्ष 1818 में इंग्लैंड से भारत आया था। कलकत्ता में यूरोपीय लोगों द्वारा शुरू की गई ओरिएंटल लाइफ इंश्योरेंस कंपनी पहली भारतीय जीवन बीमा कंपनी थी।"

उपर्युक्त कथन का अवलोकन करने पर, यह निष्कर्ष निकाला जा सकता है कि यह गद्यांश भारत में बीमा की उत्पत्ति के बारे में है।

अतः विकल्प (A) सही है।

27. "उस अवधि के दौरान स्थापित सभी बीमा कंपनियों को यूरोपीय समुदाय की जरूरतों को पूरा करने के उद्देश्य से लाया गया था और भारतीय मूल के निवासियों का इन कंपनियों द्वारा बीमा नहीं किया जा रहा था।"

उपरोक्त कथन का अवलोकन करने पर, यह निष्कर्ष निकाला जा सकता है कि शुरू में, बीमा कंपनियां भारतीय और यूरोपीय ग्राहकों के बीच भेदभाव करती थीं।

अतः विकल्प (A) सही है।

28. "वर्ष 1912 में, जीवन बीमा कंपनी अधिनियम और भविष्य निधि अधिनियम पारित किया गया।"

उपरोक्त कथन का अवलोकन करने पर, यह निष्कर्ष निकाला जा सकता है कि भारत में बीमा व्यवसाय के साथ-साथ भविष्य निधि में वृद्धि हुई है।

अतः विकल्प (B) सही है।

29. "कलकत्ता में यूरोपीय लोगों द्वारा शुरू की गई ओरिएंटल लाइफ इंश्योरेंस कंपनी भारतीय जमीन पर पहली जीवन बीमा कंपनी थी।"

उपरोक्त कथन का अवलोकन करने पर, यह निष्कर्ष निकाला जा सकता है कि यूरोपीय लोग भारत में बीमा व्यवसाय शुरू करने वाले पहले व्यक्ति थे।

अतः विकल्प (C) सही है।

30. "द इंडियन मर्कंटाइल, जनरल एश्योरेंस और स्वदेशी लाइफ (बाद में बॉम्बे लाइफ) कुछ इसी अवधि के दौरान स्थापित कंपनियां थीं।"

उपरोक्त कथन का अवलोकन करने पर, यह निष्कर्ष निकाला जा सकता है कि स्वदेशी जीवन को बाद में बॉम्बे लाइफ का नाम दिया गया था।

अतः विकल्प (D) सही है।

31. जून महीने में उपयोग की गई शक्कर की मात्रा = 160 किग्रा

जून में उपयोग की गई सभी समाग्रियों की कुल मात्रा = (160 + 240 + 300 + 235 + 355 + 475) किग्रा = 1765 किग्रा

$$\therefore \text{शक्कर का प्रतिशत} = 160 \times \frac{100}{1765} = 9.065\% \approx 9\%$$

अत: विकल्प (A) सही है।

32. पनीर की उपयोग की गई औसत मात्रा $= \dfrac{(250+230+210+260+240+220)}{6} = 235$ किग्रा

गेहूं की उपयोग की गई औसत मात्रा $= \dfrac{(320+340+280+290+300+360)}{6} = 315$ किग्रा

अंतर = 315 - 235 = 80 किग्रा

अत: विकल्प (C) सही है।

33. सभी 6 महीनों में उपयोग की गई अन्य सामग्रियों की औसत मात्रा $= \dfrac{(400+475+440+460+475+480)}{6}$

= 455 किग्रा

अत: विकल्प (C) सही है।

34. पनीर की कुल मात्रा = (250 + 230 + 210 + 260 + 240 + 220) = 1410 किग्रा

सब्जियों की कुल मात्रा = (380 + 390 + 385 + 375 + 355 + 370) = 2255 किग्रा

अंतर = 2255 – 1410 = 845 किग्रा

अत: विकल्प (A) सही है।

35. जून में उपयोग की गई कुल सामग्रियों की मात्रा = (160 + 240 + 300 + 235 + 355 + 475) kg = 1765 किग्रा

जुलाई में उपयोग की गई कुल खाद्य पदार्थों की मात्रा = (220 + 360 + 150 + 250 + 370 + 480) kg = 1830 किग्रा

कुल योग का अनुपात = $\dfrac{1765}{1830}$ = 353 : 366

अत: विकल्प (C) सही है।

36. राष्ट्रीय शिक्षा नीति में अत्यधिक शिक्षक स्थानांतरण की हानिकारक प्रथा को रोकने के लिए सुझाव दिए गए हैं और सिफारिश की गई है कि इसे एक ऑनलाइन कम्प्यूटरीकृत प्रणाली के माध्यम से संचालित किया जाएगा जो पारदर्शिता सुनिश्चित करता है।

2021 तक, NCTE द्वारा NCERT के परामर्श से शिक्षक शिक्षा के लिए एक नया और व्यापक राष्ट्रीय पाठ्यचर्या की रूपरेखा, NCFTE 2021 को तैयार किया जाएगा। इसके बाद NCFTE को संशोधित NCF में बदलाव के साथ-साथ शिक्षक शिक्षा में उभरती जरूरतों को दर्शाते हुए प्रत्येक 5-10 वर्ष में एक बार संशोधित किया जाएगा।

अत: विकल्प (C) सही है।

37. विद्यालयी शिक्षा के लिए एक नई और व्यापक राष्ट्रीय पाठ्यचर्या की रूपरेखा का गठन, NCFSE 2020-21, NCERT द्वारा किया जाएगा।

यह राष्ट्रीय शिक्षा नीति 2020 के सिद्धांतों पर आधारित है, सीमावर्ती पाठ्यचर्या की जरूरत है, और राज्य सरकारों, मंत्रालयों, केंद्र सरकार के संबंधित विभागों और अन्य विशेषज्ञ निकायों सहित सभी हितधारकों के साथ चर्चा के बाद, और सभी क्षेत्रीय भाषाओं में उपलब्ध कराया जाएगा।

अत: विकल्प (A) सही है।

38. PARAKH का अर्थ समग्र विकास के लिए प्रदर्शन आकलन, समीक्षा और ज्ञान का विश्लेषण है।

राष्ट्रीय आकलन केंद्र समग्र मूल्यांकन प्रणाली में संशोधन स्थापित करने का प्रयास करता है।

प्रधानमंत्री ने गुणवत्तापूर्ण और उद्योग से संबंधित शिक्षा प्रदान करने पर जोर दिया है। उन्होंने उल्लेख किया कि जब आसपास के परिवेश के संबंध में शिक्षा प्रदान की जाती है, तो छात्र व्यावहारिक ज्ञान विकसित कर सकते हैं।

अत: विकल्प (B) सही है।

39. नई पाठ्यचर्या और शैक्षणिक संरचना के साथ प्रारंभिक बाल्यावस्था की देखभाल और शिक्षा:

बाल्यावस्था की देखभाल और शिक्षा पर जोर देने के साथ, विद्यालय पाठ्यचर्या की 10+2 संरचना को क्रमशः 3-8, 8-11, 11-14, और 14-18 वर्ष की आयु के अनुरूप 5+3+3+4 पाठ्यचर्या संरचना द्वारा प्रतिस्थापित किया जाना है।

यह विद्यालयी पाठ्यचर्या के तहत 3-6 वर्ष के अब तक अछूते आयु वर्ग को लाएगा, जिसे विश्व स्तर पर एक बच्चे के मानसिक संकायों के विकास के लिए महत्वपूर्ण चरण के रूप में मान्यता दी गई है।

नई प्रणाली में तीन वर्ष की आंगनवाड़ी / पूर्व-विद्यालय के साथ 12 वर्ष की विद्यालयी शिक्षा होगी।

NCERT 8 वर्ष तक के बच्चों के लिए प्रारंभिक बाल्यावस्था देखभाल और शिक्षा (NCPFECCE) के लिए एक राष्ट्रीय पाठ्यचर्या और शैक्षणिक रुपरेखा विकसित करेगा।

अत: विकल्प (B) सही है।

40. अकरण की एक त्रुटि को "असत्य नकारात्मक" के रूप में भी जाना जाता है। जब किसी चीज को गलत तरीके से विचार या उल्लेख से निकाल दिया जाता है, जब इसे शामिल किया जाना चाहिए, तो यह अकरण की एक त्रुटि होती है। जब एक शोधकर्ता शोध में उपयोग किये गए सांख्यिकीय तकनीक के प्रयोग को सिद्ध नहीं करता है, तो यह अकरण की त्रुटि की एक स्थिति होती है।

आयोग की एक त्रुटि को अक्सर "असत्य सकारात्मक" कहा जाता है, यह उन स्थितियों को संदर्भित करता है जहाँ किसी व्यक्ति या किसी वस्तु को गलत तरीके से तब शामिल किया जाता है जब वे विलुप्त हो गए होते हैं। यह त्रुटि विशेष रूप से तब होती है जब एक इकाई की योग्यता सर्वेक्षण शोध में तय की जाती है। उदाहरण के लिए, यदि एक साक्षात्कारकर्ता की बातचीत के प्रारंभ में एक व्यक्ति का जाँच करना तय किया जाता है चाहे वह या वह योग्य हो या नहीं, और व्यक्ति उत्तर देने में इस प्रकार गलत होती है जिससे साक्षात्कार होती है, और जहाँ तक व्यक्ति डेटा संग्रहण के लिए योग्य होता है, यदि व्यक्ति वास्तव में योग्य नहीं होता है, तो यह आयोग की गलती होती है। इन स्थितियों में डेटा एकत्रित किये जाते हैं और उस व्यक्ति के लिए विश्लेषित किये जाते हैं जिसका साक्षात्कार नहीं किया जाना चाहिए था।

अत: विकल्प (D) सही है।

41. किसी अनुभववादी का मानना है कि ज्ञान हमारी संवेदनात्मक अनुभूतियों से प्राप्त होता है।

अनुसंधान मूल रूप से विभिन्न उद्देश्यों के लिए ज्ञान प्राप्त करने के बारे में है। ज्ञान प्राप्त करना एक मानवीय खोज है। अनुसंधान के माध्यम से ज्ञान प्राप्त करने के लिए अलग-अलग दृष्टिकोण विकसित किए गए थे। तत्वमीमांसा दर्शन की वह शाखा है जो अमूर्त अवधारणाओं से संबंधित है, जैसे कि होना, जानना, पहचान, समय और स्थान। यह तीव्रता से ज्ञान-मीमांसा से जुड़ा हुआ है।

अत: विकल्प (C) सही है।

42. संचार को एक व्यक्ति से दूसरे व्यक्ति तक जानकारी और समझ की प्रक्रिया के रूप में परिभाषित किया जाता है। दूसरे शब्दों में, संचार केवल सूचनाओं को एक स्थान, व्यक्ति या समूह से दूसरे स्थान पर स्थानांतरित करन

का कार्य है। प्रभावी संचार एक संदेश को इस तरह से भेजने की प्रक्रिया है जो प्राप्त किया गया संदेश इच्छित संदेश के जितना संभव हो उतना करीब है।

अतः विकल्प (D) सही है।

43. मानव संचार शाब्दिक और अशाब्दिक आयामों को एकीकृत करता है।

"अशाब्दिक व्यवहार" में वे सभी अर्थपूर्ण पहलू शामिल हैं जिनमें कोई शाब्दिक सामग्री,शब्द,या बोली जाने वाली और/या लिखित भाषा नहीं है। इसमें दृश्य और श्रवण पहलू शामिल हैं - चेहरे के भाव, हावभाव, शरीर की भाषा, मुद्राएं, आंदोलन, आवाज और मुखर सुराग (मौखिक सामग्री के बिना), पोशाक, शारीरिक उपस्थिति, और पारस्परिक बातचीत में व्यवहार के प्रतिमान(जैसे, व्यक्तिगत स्थान, स्पर्श, आदि।) और स्थापना और पर्यावरण की विशेषताएं है।

अतः विकल्प (A) सही है।

44. मीथेन ग्रीन हाउस गैस है जिसका वातावरण में सबसे कम निवास समय होता है।

एक ग्रीनहाउस गैस एक गैस है जो थर्मल इन्फ्रारेड रेंज (उष्ण अवरक्त सीमा) के भीतर दीप्तिमान ऊर्जा को अवशोषित करती है और उत्सर्जित करती है, जिससे ग्रीनहाउस प्रभाव होता है। पृथ्वी के वायुमंडल में प्राथमिक ग्रीनहाउस गैसें जल वाष्प (H_2O), कार्बन डाइऑक्साइड (CO_2), मीथेन (CH_4), नाइट्रस ऑक्साइड (N_2O), और ओजोन (O_3) हैं।

अतः विकल्प (C) सही है।

45. भारत ने वर्ष 2010 में प्रदूषकों को हर्जाना का भुगतान करने के लिए राष्ट्रीय हरित अधिकरण की शुरुआत की।

नेशनल ग्रीन ट्रिब्यूनल (एनजीटी) एक वैधानिक निकाय है जिसे 2010 में नेशनल ग्रीन ट्रिब्यूनल अधिनियम द्वारा स्थापित किया गया था। यह मामलों को संभालने और पर्यावरण के मुद्दों से संबंधित मामलों को गति देने के लिए स्थापित किया गया था। ट्रिब्यूनल में छह महीने की अवधि के भीतर आवेदनों और याचिकाओं के निपटान का जनादेश है। भारत दुनिया का तीसरा देश है - ऑस्ट्रेलिया और न्यूजीलैंड के बाद - पर्यावरणीय मामलों से निपटने के लिए इस तरह के निकाय की स्थापना करने वाला।

अतः विकल्प (C) सही है।

46. सौर ऊर्जा का नवीकरणीय स्रोत है।

एक प्राकृतिक संसाधन प्रकृति द्वारा दिया जाता है और इसका उपयोग ऊर्जा के स्रोत के रूप में किया जा सकता है। ऊर्जा का एक नवीकरणीय प्राकृतिक स्रोत वह है जिसे एक बार उपयोग किए जाने के बाद, इसे उचित मात्रा में नवीनीकृत या फिर से भरा जा सकता है।

अतः विकल्प (C) सही है।

47. CDMA (सीडीएमए) का पूर्ण रूप कोड डिवीजन मल्टीपल एक्सेस है।

कोड-डिवीजन मल्टीपल एल्सेस (सीडीएमए) एक चैनल एक्सेस विधि है जिसका उपयोग विभिन्न रेडियो संचार प्रौद्योगिकियों द्वारा किया जाता है। सीडीएमए मल्टीपल एक्सेस (बहु अभिगम) का एक उदाहरण है, जहां अनेक ट्रांसमीटर एक ही संचार चैनल पर एक साथ जानकारी भेज सकते हैं।

अतः विकल्प (B) सही है।

48. 'आईसीटी के उपयोग के माध्यम से साहित्यिक चोरी को रोका नहीं जा सकता है' यह असत्य कथन है।

साहित्यिक चोरी किसी और के काम की प्रतिलिपि तैयार करने और उसे अपने रूप में प्रकाशित करने का कार्य है। इसमें पाठ, मीडिया और यहां तक कि विचार भी शामिल हैं। साहित्यिक चोरी के उदाहरण छोटे उल्लंघन से लेकर जैसे कि एक उद्धरण के आसपास उद्धरण चिह्न न डालना से लेकर बड़े उल्लंघन जैसे कि एक संपूर्ण वेबसाइट की नकल करना।

अतः विकल्प (D) सही है।

49. सीखने का सबसे उपयुक्त उद्देश्य व्यवहार परिवर्तन है।

व्यवहार परिवर्तन अधिगम का उपयुक्त उद्देश्य होता है क्योंकि अधिगम एक व्यक्ति के व्यवहार और व्यक्तित्व को संशोधित करता है। यह एक व्यक्ति के पूरे जीवनकाल के अनुभवों को शामिल करता है।

अतः विकल्प (B) सही है।

50. श्रृंखला निम्नलिखित स्वरूप का अनुसरण करती है:

$$1^2 \times 2 = 2$$
$$2^2 \times 2 = 8$$
$$3^2 \times 2 = 18$$
$$4^2 \times 2 = 32$$
$$5^2 \times 2 = 50$$
$$6^2 \times 2 = 72$$

∴ दी गई श्रृंखला में लुप्त संख्या 72 है।

अतः विकल्प (C) सही है।

51. उपरोक्त आर्थिक वातावरण की समस्या को दर्शाता है। आर्थिक पर्यावरण उन सभी आर्थिक कारकों को संदर्भित करता है, जिनका व्यवसाय के कामकाज पर असर पड़ता है। व्यवसाय सभी आवश्यक आदानों के लिए आर्थिक वातावरण पर निर्भर करता है। यह तैयार माल को बेचने के लिए आर्थिक वातावरण पर भी निर्भर करता है। स्वाभाविक रूप से, आर्थिक वातावरण पर व्यापार की निर्भरता कुल है और आश्चर्य की बात नहीं है क्योंकि, जैसा कि सही कहा गया है, व्यवसाय कुल अर्थव्यवस्था की एक इकाई है। आर्थिक वातावरण व्यवसाय को काफी हद तक प्रभावित करता है। यह उन सभी आर्थिक कारकों को संदर्भित करता है जो एक व्यावसायिक इकाई के कामकाज को प्रभावित करते हैं। आर्थिक वातावरण पर व्यापार की निर्भरता कुल यानी इनपुट के लिए और तैयार माल को बेचने के लिए भी है।

अतः विकल्प (A) सही है।

52. भारत में संरचनात्मक परिवर्तन का पैटर्न 1950-51 से 2015-16 तक जीडीपी के क्षेत्रीय वितरण और उनके संबंधित हिस्से का प्रतिनिधित्व करता है। भारत में नियोजित आर्थिक विकास की शुरुआत में प्राथमिक क्षेत्र 1950-51 में देश के सकल घरेलू उत्पाद का 56.70 प्रतिशत योगदान दे रहा था, जो 2015-16 में लगातार घटकर 17.4% हो गया। इसी अवधि के दौरान उद्योग की हिस्सेदारी 1950-51 में 13.66 प्रतिशत के निचले स्तर से बढ़कर 2015-16 में 24.2 प्रतिशत हो गई। दूसरी ओर, सेवा क्षेत्र 1951 से लगातार बढ़ रहा है। सकल घरेलू उत्पाद में इसका हिस्सा 1950-51 में 29.64 प्रतिशत से बढ़कर 2015-16 में 57.9 प्रतिशत हो गया है।

अतः विकल्प (D) सही है।

53. लाभ-अलाभ विश्लेषण में निम्न शामिल हैं:

- नियत लागत
- परिवर्तनीय लागत
- विक्रय राजस्व

लाभ-अलाभ विश्लेषण का प्रयोग आवश्यक उत्पादन का न्यूनतम स्तर ज्ञात करने के लिए किया जाता है। यह निर्दिष्ट और परिवर्तनीय दोनों लागतों का मूल्यांकन करता है।

लाभ-अलाभ विश्लेषण का प्रयोग यह निर्धारित करने के लिए किया जाता है कि आपकी नियत लागत, परिवर्तनीय लागत और विक्रय मूल्य के आधार पर आपके व्यवसाय को लाभ अर्जित करने के लिए कितने विक्रय की आवश्यकता होती है।

लाभ-अलाभ बिंदु का अर्थ सामान्यतौर पर व्यवसाय की वह मात्रा होती है जो कुल लाभ के साथ कुल लागत को संतुलित करती है। अन्य शब्दों में लाभ-अलाभ की मात्रा पर कुल नकद अंतर्वाह कुल नकद बहिर्वाह के बराबर होता है। अन्य शब्दों में लाभ-अलाभ पर शुद्ध नकद प्रवाह शून्य के बराबर होता है।

अतः विकल्प (D) सही है।

54. केंद्रीय मंत्रिमंडल ने एक नए उपभोक्ता संरक्षण विधेयक 2015 को मंजूरी दे दी है जो 29-वर्षीय कानून को बदलने का प्रयास करता है और एक नियामक प्राधिकरण स्थापित करने का प्रस्ताव करता है जिसमें उत्पादों को वापस बुलाने और डिफॉल्ट करने वाली कंपनियों के खिलाफ क्लास सूट शुरू करने की शक्तियां होंगी, जिनमें ई-टेलर्स शामिल हैं) एक खुदरा विक्रेता इंटरनेट पर इलेक्ट्रॉनिक लेनदेन के माध्यम से माल बेच रहा है)। नया बिल, उपभोक्ता हित के संरक्षण के लिए एक व्यापक ढांचे का प्रावधान करता है और उपभोक्ता संरक्षण अधिनियम, 1986 की जगह लेगा। यह निर्णय भारत में बढ़ते ई-कॉमर्स व्यवसाय के युग में जटिल उत्पादों और सेवाओं के उद्भव की पृष्ठभूमि के खिलाफ है। अनुचित व्यापार और अनैतिक व्यापार प्रथाओं के नए रूपों के प्रति संवेदनशील उपभोक्ता। नए बिल की प्रमुख विशेषताओं में एक कार्यकारी एजेंसी 'केंद्रीय उपभोक्ता संरक्षण प्राधिकरण' (सीसीपीए) की स्थापना शामिल है जो उपभोक्ताओं के अधिकारों की रक्षा और उन्हें लागू करेगी। प्राधिकरण अनुचित हस्तक्षेप करेगा जब अनुचित व्यापार प्रथाओं से उत्पन्न होने वाली उपभोक्ता प्रतिबंध को रोकने और याद करने, वापसी और उत्पादों की वापसी सहित कक्षा कार्रवाई शुरू करने के लिए। इसके अलावा, बिल में "उत्पाद देयता" के प्रावधान हैं, यदि उत्पाद / सेवाओं से व्यक्तिगत चोट, मृत्यु या संपत्ति की क्षति होती है और डिफॉल्ट निर्माता या सेवा प्रदाताओं के खिलाफ कार्रवाई होगी।

अतः विकल्प (D) सही है।

55. व्यापार इकाई अवधारणा कहती है कि किसी व्यवसाय से जुड़े लेनदेन को उसके मालिकों या अन्य व्यवसायों से अलग से दर्ज किया जाना चाहिए। ऐसा करने के लिए संगठन के लिए अलग-अलग लेखांकन रिकॉर्ड के उपयोग की आवश्यकता होती है जो किसी अन्य इकाई या स्वामी की संपत्ति और देनदारियों को पूरी तरह से बाहर कर देता है।

अतः विकल्प (A) सही है।

56. नई कंपनी अधिनियम 2013 के अनुसार, एक कंपनी को ट्रिब्यूनल द्वारा नीचे उल्लिखित परिस्थितियों में खत्म किया जा सकता है

1. जब कंपनी अपने ऋण का भुगतान करने में असमर्थ है।

2. यदि कंपनी ने विशेष संकल्प द्वारा हल किया है कि कंपनी ट्रिब्यूनल द्वारा खत्म हो जाए।

3. यदि कंपनी ने भारत की अखंडता या नैतिकता के हित के खिलाफ काम किया है, राज्य की सुरक्षा, या विदेशी या पड़ोसी देशों के साथ किसी भी प्रकार के मैत्रीपूर्ण संबंध खराब किए हैं।

4. यदि कंपनी ने लगातार पांच वित्तीय वर्षों से पहले अपने वित्तीय विवरण या वार्षिक रिटर्न नहीं भरे हैं।

5. यदि किसी भी तरह से अधिकरण पाता है कि यह उचित और न्यायसंगत है कि कंपनी को खत्म होना चाहिए।

6. यदि कंपनी किसी भी तरह से धोखाधड़ी की गतिविधियों या किसी अन्य गैरकानूनी व्यवसाय में लिप्त है, या कंपनी के गठन से जुड़े किसी भी व्यक्ति या प्रबंधन को धोखाधड़ी, या किसी भी तरह के कदाचार का दोषी पाया जाता है।

अतः विकल्प (C) सही है।

57. सीए 2013 के लिए सभी कंपनियों को कारोबार शुरू करने से पहले कंपनियों के रजिस्ट्रार के साथ अतिरिक्त घोषणाएं करने या किसी भी उधारी लेने की आवश्यकता है:

(i) एक निदेशक द्वारा घोषणा कि न्यूनतम भुगतान शेयर पूंजी का भुगतान किया गया है; तथा

(ii) कंपनी ने पंजीकृत कार्यालय का सत्यापन दर्ज किया है। सीए संशोधन 2015 ने उपरोक्त आवश्यकताओं को हटा दिया है और सीए 2013 की धारा 11 को हटा दिया है। यह भारत में कंपनियों द्वारा किए जाने वाले फाइलिंग को कम करता है।

अतः विकल्प (C) सही है।

58. अधिक कीमतों पर, मांग की गई मात्रा कम कीमतों की तुलना में कम है। डिमांड शेड्यूल इंगित करता है कि, आमतौर पर, किसी उत्पाद की कीमत और मांग की गई मात्रा के बीच एक विपरीत संबंध होता है। डिमांड कर्वस में आम तौर पर एक नकारात्मक प्रवणता होती है जो मात्रा और मांग के बीच व्युत्क्रम संबंध का संकेत देती है। कीमत और वर्तमान मांग के बीच संबंध के बारे में सामान्य नियमों के लिए कुछ अपवादों की पहचान करना संभव है। गिफन माल वे हैं जो अधिक मात्रा में खपत होते हैं जब उनकी कीमत बढ़ जाती है। इन वस्तुओं का नाम स्कॉटिश अर्थशास्त्री सर रॉबर्ट गिफेन इन एसेंट के नाम पर रखा गया है, एक गिफेन गुड एक मुख्य भोजन है, जैसे कि रोटी या चावल, जो कि फार्म समाज के सबसे गरीब वर्गों के आहार का बड़ा प्रतिशत है, और जिसके लिए कोई भी नहीं करीबी विकल्प। इस तरह के मुख्य भोजन की कीमत में वृद्धि के परिणामस्वरूप एक विशिष्ट प्रतिस्थापन प्रभाव नहीं होगा, क्योंकि इसमें कोई करीबी विकल्प नहीं हैं। यदि गरीबों की वास्तविक आय में वृद्धि होती है, तो वे इस आय में से कुछ को विलासिता के लिए पुनः प्राप्त करेंगे, और यदि वास्तविक आय में कमी होती है, तो वे प्रधान की अधिक खरीद लेंगे, जिसका अर्थ है कि यह एक निकृष्ट वस्तु है। यह मानते हुए कि गरीबों की धन की आय अल्पावधि में स्थिर है, प्रधान भोजन की कीमत में वृद्धि से वास्तविक आय में कमी आएगी और इसका उलटा आय प्रभाव होगा। हालांकि, अधिकांश अवर वस्तुओं में विकल्प होंगे, इसलिए उलटा आय प्रभाव के बावजूद, मूल्य में वृद्धि एक प्रतिस्थापन प्रभाव को ट्रिगर करेगी, और मांग गिर जाएगी। निम्नस्तरीय वस्तुएं के मामले में, यह विशिष्ट प्रतिक्रिया नहीं होती है क्योंकि कोई विकल्प नहीं हैं, और मूल्य वृद्धि के कारण मांग में वृद्धि होती है।

अतः विकल्प (B) सही है।

59. 'एकाधिकार 'एक बाजार संरचना है, जिसकी विशेषता एकल विक्रेता है, जो बाजार में एक अद्वितीय उत्पाद बेचती है। एकाधिकार बाजार में, विक्रेता को कोई प्रतिस्पर्धा का सामना नहीं करना पड़ता है, क्योंकि वह सामान का एकमात्र विक्रेता है जिसके पास कोई विकल्प नहीं। एकाधिकार बाजार से जुड़े लक्षण एकल विक्रेता को बाजार नियंत्रक के साथ-साथ मूल्य निर्माता भी बनाते हैं। वह अपने माल की कीमत निर्धारित करने की शक्ति प्राप्त करता है। एकाधिकार प्रतियोगिता शब्द एकाधिकार और पूर्ण प्रतियोगिता के संयोजन का प्रतिनिधित्व करता है। एकाधिकार प्रतियोगिता एक बाजार की स्थिति को संदर्भित करती है जिसमें बड़ी संख्या में खरीदार और उत्पादों के विक्रेता होते हैं। हालांकि, प्रत्येक विक्रेता का उत्पाद एक पहलू या दूसरे में अलग है। सही प्रतियोगिता कई फर्मों की उपस्थिति की विशेषता है। सभी समान उत्पादों को बेचते हैं। विक्रेता एक कीमत लेने वाला है, न कि कीमत बनाने वाला। ऑलिगोपोली शब्द को दो ग्रीक शब्दों से लिया गया है, ऑलिगोइ का अर्थ है कुछ और पॉली का अर्थ है नियंत्रण। इसलिए, ऑलिगोपॉली एक बाजार के रूप को संदर्भित करता है जिसमें कुछ विक्रेता हैं जो या तो समरूप या विभेदित उत्पादों से निपटते हैं।

अतः विकल्प (A) सही है।

60. एक सहसंबंध दो चर के बीच संबंध के रूप में परिभाषित किया गया है। अनुसंधान में सहसंबंधों का उपयोग करने का पूरा उद्देश्य यह पता लगाना है कि कौन से चर जुड़े हुए हैं। सहसंबंधीय परिकल्पना केवल यह कहती है कि चर कुछ निर्दिष्ट तरीके से एक साथ घटित होते हैं, बिना यह आरोप लगाए कि एक दूसरे का कारण बनता है। उदाहरण के लिए: अधिकारियों की नौकरी की प्रतिबद्धता का स्तर उनकी दक्षता के स्तर के साथ सकारात्मक रूप से जुड़ा हुआ है। यहां हम ऐसा कोई दावा नहीं करते हैं कि एक चर दूसरे को बदलने का कारण बनता है। यह तभी संभव होगा जब हमारे पास अन्य सभी कारकों पर नियंत्रण होगा जो हमारे आश्रित चर को प्रभावित कर सकते हैं।

अतः विकल्प (C) सही है।

61. DSS में ज्ञान-आधारित प्रणालियाँ शामिल हैं। एक उचित रूप से डिज़ाइन किया गया DSS एक इंटरैक्टिव सॉफ़्टवेयर-आधारित प्रणाली है, जिसका उद्देश्य निर्णयकर्ताओं को कच्चे डेटा, दस्तावेज़ों और व्यक्तिगत ज्ञान के संयोजन से उपयोगी जानकारी संकलित करने में मदद करने और समस्याओं को पहचानने और निर्णय लेने में मदद करने के लिए है। DSS विश्लेषणात्मक मॉडल का उपयोग करके सारांश जानकारी, अपवादों, पैटर्न और रुझानों का उपयोग करता है। एक निर्णय समर्थन प्रणाली निर्णय लेने में मदद करती है लेकिन जरूरी नहीं कि वह स्वयं निर्णय ले। निर्णय निर्माताओं ने समस्याओं की पहचान करने और उन्हें हल करने और निर्णय लेने के लिए कच्चे डेटा, दस्तावेज़ों, व्यक्तिगत ज्ञान और व्यवसाय मॉडल से उपयोगी जानकारी संकलित की है।

एक DSS के लक्षण

- अर्ध-संरचित और असंरचित समस्याओं में निर्णय लेने वालों का समर्थन।

- विभिन्न प्रबंधकीय स्तरों पर प्रबंधकों के लिए समर्थन, शीर्ष कार्यकारी से लेकर लाइन प्रबंधकों तक।

- व्यक्तियों और समूहों के लिए सहायता।

- कम संरचित समस्याओं को अक्सर विभिन्न विभागों और संगठन स्तर से कई व्यक्तियों की भागीदारी की आवश्यकता होती है।

- अन्योन्याश्रित या अनुक्रमिक निर्णयों के लिए समर्थन।

- खुफिया, डिजाइन, पसंद और कार्यान्वयन के लिए समर्थन।

- निर्णय प्रक्रियाओं और शैलियों की विविधता के लिए समर्थन।

- समय के साथ DSS अनुकूली होते हैं।

अत: विकल्प (C) सही है।

62. विपणन में ब्लैक बॉक्स मॉडल उपभोक्ता व्यवहार से संबंधित है।

उपभोक्ता व्यवहार का ब्लैक बॉक्स मॉडल खरीदार व्यवहार के लिए जिम्मेदार कारकों की पहचान करता है। बाज़ार और पर्यावरण द्वारा उपभोक्ता को प्रस्तुत की जाने वाली कारकों (विज्ञापन और उत्पाद के बारे में प्रचार के अन्य रूप) को खरीदार के ब्लैक बॉक्स द्वारा निपटाया जाता है।

अत: विकल्प (D) सही है।

63. वित्तीय प्रबंधन को किसी संगठन की वित्तीय गतिविधियों की योजना, आयोजन, निर्देशन और नियंत्रण के रूप में परिभाषित किया जा सकता है। वित्तीय प्रबंधन व्यवसाय के कार्यात्मक क्षेत्रों में से एक है। इसलिए, इसका उद्देश्य व्यवसाय के समग्र उद्देश्यों के अनुरूप होना चाहिए। वित्तीय प्रबंधन का समग्र उद्देश्य मालिकों को दीर्घावधि में उनके निवेश पर अधिकतम लाभ प्रदान करना है। इसे धन अधिकतमकरण के रूप में जाना जाता है। मालिकों की संपत्ति का अधिकतमकरण तब संभव है जब पूंजी निवेश की अवधि में शुरू में बढ़ जाती है। धन अधिकतमकरण का मतलब कंपनी के शेयरों में निवेश के बाजार मूल्य को अधिकतम करना है। बहुत बार मुनाफे का अधिकतमकरण वित्तीय प्रबंधन का मुख्य उद्देश्य माना जाता है। लाभप्रदता एक परिचालन अवधारणा है जो आर्थिक दक्षता का प्रतीक है। यह संसाधनों के कुशल आवंटन और पूंजी के इष्टतम उपयोग की ओर जाता है।

अत: विकल्प (D) सही है।

64. पूंजी संरचना एक फर्म द्वारा उपयोग किए जाने वाले धन के दीर्घकालिक स्रोतों का मिश्रण है। यह ऋण और इक्विटी प्रतिभूतियों से बना है और एक फर्म के स्थायी वित्तपोषण को संदर्भित करता है। यह दीर्घकालिक ऋण, वरीयता शेयर पूंजी और शेयरधारकों के फंड से बना है। पूंजी संरचना आमतौर पर इक्विटी शेयरधारकों के हित की सेवा के लिए डिज़ाइन की गई है। पूंजी संरचना एक फर्म के बाजार मूल्य को अधिकतम करती है, यानी एक फर्म में एक ठीक से डिज़ाइन की गई पूंजी संरचना होती है, जो शेयरधारकों के दावों और स्वामित्व हितों का अधिकतम मूल्य। पूंजी संरचना फर्म की पूंजी की लागत या वित्तपोषण की लागत को कम करता है। फंड स्रोतों के उचित मिश्रण का निर्धारण करके, एक फर्म पूंजी की समग्र लागत को सबसे कम रख सकती है।

यह सामान्य शेयरधारकों की प्रति शेयर आय में वृद्धि करके कंपनी के शेयर के बाजार मूल्य को अधिकतम करता है। यह शेयरधारकों की लाभांश प्राप्ति को भी बढ़ाता है।

अत: विकल्प (A) सही है।

65. विमुद्रीकरण के संबंध में निर्णय भारतीय रिजर्व बैंक की सिफारिश पर लिया गया। विमुद्रीकरण वैधानिक निविदा के रूप में अपनी स्थिति की मुद्रा इकाई को हटाने का कार्य है। जब भी राष्ट्रीय मुद्रा में कोई परिवर्तन होता है, तो विमुद्रीकरण आवश्यक है। मुद्रा की पुरानी इकाई को सेवानिवृत्त किया जाना चाहिए और एक नई मुद्रा इकाई के साथ प्रतिस्थापित किया जाना चाहिए। मुद्रीकरण के विपरीत विमुद्रीकरण है जहां भुगतान का एक रूप कानूनी निविदा के रूप में बहाल किया गया है। ऐसे कई कारण हैं कि राष्ट्र अपनी मुद्रा की स्थानीय इकाइयों का उपयोग करते हैं। कुछ कारणों में मुद्रास्फीति का मुकाबला करना, भ्रष्टाचार का मुकाबला करना, और एक नकदी प्रणाली को हतोत्साहित करना शामिल है। विमुद्रीकरण की प्रक्रिया में एक ही मुद्रा के नए नोटों या सिक्कों को शामिल करना या पुरानी मुद्रा को पूरी तरह से नई मुद्रा के साथ शामिल करना शामिल है। 2016 में, सरकार ने 500- और 1000- रुपए के नोटों को दो सबसे बड़े मूल्यवर्ग के नोटों को गिराने का फैसला किया। इन नोटों में देश की 86% नकदी आपूर्ति का हिसाब था। सरकार का लक्ष्य नकली मुद्रा को खत्म करना, कर चोरी से लड़ना, काले धन को सफेद करना और आतंकवादी वित्तपोषण गतिविधियों से दूर करना और कैशलेस अर्थव्यवस्था को बढ़ावा देना था।

अत: विकल्प (B) सही है।

66. RBI देश में सर्वोच्च मौद्रिक और बैंकिंग प्राधिकरण है और भारत में बैंकिंग प्रणाली को नियंत्रित करता है। इसे रिजर्व बैंक 'कहा जाता है क्योंकि यह सभी वाणिज्यिक बैंकों का भंडार रखता है। वाणिज्यिक बैंकों को किसी भी बैंकिंग संगठन के रूप में परिभाषित किया जा सकता है, जो व्यापारिक संगठनों के जमा और ऋण से संबंधित है। अनुसूचित बैंकों के कारोबार का एक बड़ा हिस्सा अनुसूचित वाणिज्यिक बैंकों (SCB) का है। भारत में SCB को उनके स्वामित्व और / या उनके संचालन की प्रकृति के आधार पर पाँच समूहों में वर्गीकृत किया गया है। अनुसूचित वाणिज्यिक बैंकों में सार्वजनिक और निजी क्षेत्र के बैंक, विदेशी बैंक, क्षेत्रीय ग्रामीण बैंक और सहकारी बैंक शामिल हैं।

अत: विकल्प (D) सही है।

67. विकास बैंक अनिवार्य रूप से एक बहुउद्देश्यीय वित्तीय संस्थान है जिसमें व्यापक विकास दृष्टिकोण है। एक विकास बैंक को एक वित्तीय संस्था के रूप में परिभाषित किया जा सकता है, जो व्यापारिक इकाइयों को ऋण, हामीदारी, निवेश और गारंटी संचालन, और प्रचार गतिविधियों-आर्थिक विकास के रूप में सभी प्रकार की वित्तीय सहायता (मध्यम और दीर्घकालिक) प्रदान करती है। विशेष रूप से सामान्य और औद्योगिक विकास।

विकास बैंक की मुख्य विशेषताएं निम्नलिखित हैं:

1. यह एक विशेष वित्तीय संस्थान है।

2. यह व्यावसायिक इकाइयों को मध्यम और दीर्घकालिक वित्त प्रदान करता है

3. वाणिज्यिक बैंकों के विपरीत, यह जनता से जमा स्वीकार नहीं करता है।

4. यह सिर्फ अवधि-उधार संस्थान नहीं है। यह एक बहुउद्देश्यीय वित्तीय संस्थान है।

5. यह अनिवार्य रूप से एक विकास-उन्मुख बैंक है। इसका प्राथमिक उद्देश्य विकासशील अर्थव्यवस्था में निवेश और उद्यमशीलता गतिविधि को बढ़ावा देकर आर्थिक विकास को बढ़ावा देना है। यह नए और छोटे उद्यमियों को प्रोत्साहित करता है और संतुलित क्षेत्रीय विकास चाहता है।

6. यह न केवल निजी क्षेत्र को बल्कि सार्वजनिक क्षेत्र के उपक्रमों को भी वित्तीय सहायता प्रदान करता है।

अत: विकल्प (C) सही है।

68. भुगतान संतुलन सभी अंतरराष्ट्रीय अंतर्वाहों और विदेशी देशों से निधियों के बहिर्वाह को रिकॉर्ड करता है। व्यापार संतुलन भुगतान संतुलन का एक घटक है और चालू खाते के भुगतान संतुलन के मुख्य घटकों में से एक के तहत दर्ज किया जाता है। जबकि व्यापार संतुलन एक देश के कुल आयात और वस्तुओं और सेवाओं के निर्यात के मूल्य के बीच अंतर को दर्शाता है, भुगतान संतुलन को पूंजी के हस्तांतरण, संपत्ति और धन के हस्तांतरण को ध्यान में रखकर देश की वित्तीय स्थिति का एक समग्र दृष्टिकोण दिखाता है। अंतरराष्ट्रीय निवेश, बिक्री और संपत्ति की खरीद, प्रेषण, उपहार, एकतरफा स्थानान्तरण, भंडार में परिवर्तन, आदि व्यापार का संतुलन गुंजाइश में संकीर्ण है क्योंकि यह पूंजी और वित्तीय लेनदेन को ध्यान में नहीं रखता है। दूसरी ओर, भुगतान संतुलन, अधिक व्यापक है क्योंकि यह सभी अंतर्राष्ट्रीय लेनदेन को कवर करता है और इसलिए, देश की वित्तीय स्थिति और आर्थिक प्रदर्शन के बारे में सही और निष्पक्ष दृष्टिकोण प्रदान करता है।

अत: विकल्प (B) सही है।

69. एक्ज़िम पॉलिसी भारत में माल के आयात और निर्यात से संबंधित मामलों में विदेश व्यापार महानिदेशालय द्वारा स्थापित दिशा-निर्देशों का एक समूह है। भारत की विदेश व्यापार नीति को निर्यात आयात द्वारा निर्देशित किया जाता है जिसे भारत सरकार की लघु एक्ज़िम नीति के रूप में जाना जाता है और इसे विदेश व्यापार विकास और विनियमन अधिनियम, 1992 द्वारा विनियमित किया जाता है। विदेश व्यापार (विकास और विनियमन) अधिनियम का मुख्य उद्देश्य आयात की सुविधा प्रदान करके और भारत से निर्यात को बढ़ाने के द्वारा विदेशी व्यापार के विकास और विनियमन को प्रदान करना है। भारत के पूर्व व्यापार कानून ने आयात और निर्यात (नियंत्रण) अधिनियम 1947 के रूप में जाना जाता है।

अत: विकल्प (C) सही है।

70. भारतीय प्रतिभूति कानून (संशोधन) अधिनियम, 2014 भारत में एक कानून है, जिसने प्रतिभूति बाजार नियामक भारतीय प्रतिभूति और विनिमय बोर्ड (SEBI) को नई शक्तियों के साथ प्रभावी रूप से धोखाधड़ी निवेश योजनाओं, विशेष रूप से पोंजी योजनाओं को आगे बढ़ाने के लिए प्रदान किया है। यह बिल विशेष फास्ट ट्रायल कोर्ट गठन के लिए दिशानिर्देश भी प्रदान करता है। नए कानून ने सेबी को फर्म के भीतर या बाहर किसी भी संदिग्ध इकाई के बारे में कॉल रिकॉर्ड सहित जानकारी खोजने और प्राप्त करने की शक्ति दी। हालांकि, ऐसी खोजों का संचालन करने से पहले सेबी को मुंबई की एक अदालत से वारंट प्राप्त करना चाहिए। अपराध की प्रकृति पर विचार करते हुए, न्यूनतम दंड 1 लाख से लेकर 10 लाख तक हो सकता है। प्रतिभूतियों से संबंधित अपराधों के लिए न्यूनतम जुर्माना 1 लाख निर्धारित किया गया था। इनसाइडर ट्रेडिंग के लिए न्यूनतम जुर्माना 10 लाख था। इनसाइडर ट्रेडिंग के लिए अधिकतम जुर्माना 25 करोड़ या तीन गुना, जो भी अधिक था, निर्धारित किया गया था। सेबी को संपत्ति की वसूली और बिक्री शुरू करने का अधिकार दिया गया था।

अत: विकल्प (D) सही है।

71. पूंजी खाता वह जगह है जहां सभी अंतरराष्ट्रीय पूंजी हस्तांतरण दर्ज किए जाते हैं। यह गैर-वित्तीय संपत्तियों के अधिग्रहण या निपटान के लिए संदर्भित करता है (उदाहरण के लिए, एक भौतिक संपत्ति जैसे भूमि) और गैर-उत्पादित परिसंपत्तियां, जो उत्पादन के लिए आवश्यक हैं, लेकिन उत्पादन नहीं किया गया है, जैसे हीरे की निकासी के लिए उपयोग की जाने वाली खदान। पूंजी खाता ऋण माफी, माल के हस्तांतरण, और प्रवासियों द्वारा किसी देश में छोड़ने या प्रवेश करने से मौद्रिक प्रवाह में टूट गया है, अचल संपत्तियों पर स्वामित्व का हस्तांतरण (उत्पादन करने के लिए उत्पादन प्रक्रिया में प्रयुक्त उपकरण जैसी संपत्ति आय), अचल संपत्तियों की बिक्री या अधिग्रहण, उपहार और विरासत करों, मृत्यु दर और अंत में, अचल संपत्तियों को नुकसान नहीं पहुंचाने के लिए प्राप्त धन का हस्तांतरण। दूसरी ओर, चालू खाते का उपयोग किसी देश में माल और सेवाओं की आमद और बहिर्वाह को चिह्नित करने के लिए किया जाता है। सार्वजनिक और निजी दोनों तरह के निवेश पर कमाई भी चालू खाते में डाल दी जाती है।

अत: विकल्प (D) सही है।

72. सीमांत लागत कुल लागत में वृद्धि या कमी का प्रतिनिधित्व करती है, जो आउटपुट का एक छोटा बदलाव, आउटपुट की एक इकाई के साथ होती है। लागत लेखांकन में परिवर्तनीय लागत सीमांत लागत का प्रतिनिधित्व करती है। गतिविधि, प्रौद्योगिकी या उत्पादन प्रक्रिया या उत्पादन की विधि के स्तर में परिवर्तन के कारण कुल लागत (परिवर्तनीय और निश्चित रूप से) में विभेदक लागत परिवर्तन (वृद्धि या कमी)। दूसरे शब्दों में, इसे उत्पाद या सेवा की एक इकाई की लागत के रूप में परिभाषित किया जा सकता है, जो उस इकाई के उत्पादन या प्रदान नहीं किए जाने से बचा जाएगा। मुख्य बिंदु जो सीमांत लागत और अंतर को अलग करता है जो निश्चित लागत में तब परिवर्तित होता है जब उत्पादन की मात्रा बढ़ जाती है या उत्पादन की एक इकाई द्वारा घट जाती है। अंतर लागत चर के साथ-साथ निश्चित लागत के मामले में अर्थात, गतिविधि के स्तर में परिवर्तन के कारण दोनों लागतों में परिवर्तन होता है, जबकि सीमांत लागत के अंतर्गत केवल गतिविधि के स्तर में परिवर्तन के कारण परिवर्तनशील लागत में परिवर्तन होता है।

अत: विकल्प (C) सही है।

73. लेखांकन अनुपात वित्तीय विवरण विश्लेषण का एक महत्वपूर्ण उपकरण है। एक अनुपात एक गणितीय संख्या है जिसे दो या अधिक संख्याओं के संबंधों के संदर्भ के रूप में गणना की जाती है और इसे अंश, अनुपात, प्रतिशत और कई बार के रूप में व्यक्त किया जा सकता है। जब वित्तीय विवरणों से प्राप्त दो लेखांकन संख्याओं का उल्लेख करके संख्या की गणना की जाती है, तो इसे लेखांकन अनुपात कहा जाता है। लेखांकन अनुपात अपनी वित्तीय रिपोर्टों के आधार पर किसी कंपनी की दक्षता और लाभप्रदता को मापने में सहायता करते हैं। वित्तीय अनुपात भी कहा जाता है, लेखांकन अनुपात एक लेखांकन डेटा बिंदु और दूसरे के बीच संबंध को व्यक्त करने का एक तरीका प्रदान करता है, जिसका उद्देश्य एक उपयोगी तुलना प्रदान करना है। एक लेखांकन अनुपात एक वित्तीय विवरण के दो पहलुओं की तुलना करता है, जैसे कि वर्तमान संपत्ति का संबंध (या अनुपात) वर्तमान देनदारियों के लिए। अनुपात का उपयोग किसी कंपनी की वित्तीय स्थिति का मूल्यांकन करने के लिए किया जा सकता है, जिसमें कंपनी की ताकत और कमजोरियां शामिल हैं। वित्तीय अनुपात के उदाहरणों में सकल मार्जिन अनुपात, परिचालन मार्जिन अनुपात, ऋण-से-इक्विटी अनुपात और भुगतान अनुपात शामिल हैं। इन अनुपातों में से प्रत्येक को प्रासंगिक होने के लिए सबसे हालिया डेटा की आवश्यकता होती है।

अत: विकल्प (A) सही है।

74. मानक लागत और बजट नियंत्रण लागत की दो प्रणालियाँ हैं, जो एक-दूसरे से काफी मिलती जुलती हैं जैसे दोनों एक बेंचमार्क प्रदान करते हैं जो अनुमानित आंकड़ों के साथ वास्तविक प्रदर्शन की तुलना करने में मदद करता है। दोनों का लक्ष्य लागतों को नियंत्रित करना और लक्ष्य तय करके प्रदर्शन को मापना है। ये दोनों प्रणालियाँ न तो एक जैसी हैं और न ही अन्योन्याश्रित। पूर्व, पूर्वानुमान, लागत खाते लेकिन बाद के प्रोजेक्ट वित्तीय खातों के बारे में विस्तार से बताते हैं। बजटीय नियंत्रण एक व्यावसायिक उद्यम के भविष्य के लिए कई बजटीय आंकड़ों का पता लगाने की प्रक्रिया है और फिर बजटीय और वास्तविक आंकड़ों की तुलना करने से प्रबंधन उचित समय पर उपचारात्मक कार्रवाई करने की अनुमति देगा। जबकि स्टैंडर्ड कॉस्टिंग मूल रूप से लागत लेखांकन की एक तकनीक है जो ऑपरेशन की दक्षता निर्धारित करने के लिए वास्तविक लागत के साथ प्रत्येक उत्पाद या सेवा की "मानक लागत" की तुलना करती है, ताकि किसी भी उपचारात्मक कार्रवाई को तुरंत लिया जा सके।

अत: विकल्प (D) सही है।

75. व्यावसायिक नीतिशास्त्र (कॉर्पोरेट नैतिकता भी) एक तरह से लागू नैतिकता या पेशेवर नैतिकता है जो नैतिक सिद्धांतों और नैतिक या नैतिक समस्याओं की जांच करती है जो एक व्यावसायिक वातावरण में उत्पन्न होती हैं।

- यह व्यावसायिक आचरण के सभी पहलुओं पर लागू होता है और व्यक्तियों और संपूर्ण संगठनों के आचरण के लिए प्रासंगिक है।

- व्यावसायिक नैतिकता समकालीन मानकों या मूल्यों के सेट को संदर्भित करती है जो व्यावसायिक संगठन में किसी व्यक्ति के कार्यों और व्यवहार को नियंत्रित करती है।

- व्यावसायिक नैतिकता व्यवसाय के दर्शन को दर्शाती है, जिसमें से एक उद्देश्य किसी कंपनी के मूलभूत उद्देश्यों को निर्धारित करना है।
- यदि किसी कंपनी का उद्देश्य शेयरधारक रिटर्न को अधिकतम करना है, तो अन्य चिंताओं के लिए मुनाफे का त्याग करना इसकी विडंबनापूर्ण जिम्मेदारी का उल्लंघन है।

अत: विकल्प (A) सही है।

76. ऑडिटिंग के सार को प्रत्ययन कहा जाता है।

सत्यापन, मूल्यांकन, और आंतरिक जाँचें ऑडिटिंग के सभी भाग हैं, लेकिन प्रत्ययन ऑडिटिंग का सार या रीढ़ है क्योंकि ऑडिट करते समय, एक ऑडिटर के पास सभी लेनदेन का प्रमाण होना चाहिए। प्रत्ययन द्वारा प्रदान किए गए सबूत के बिना, ऑडिटर द्वारा प्रदान किए गए दावे, केवल दावे हैं।

ज्यादातर मामलों में, धोखाधड़ी का पता लगाना मुश्किल है, केवल वाउचिंग के उपयोग के माध्यम से ही खोजा जा सकता है। इसका मतलब है कि लेखा परीक्षक को बहुत महत्व के साथ वाउचिंग का संचालन करना चाहिए।

अत: विकल्प (A) सही है।

77. पीटर सिद्धांत लारेंस जे पीटर द्वारा तैयार प्रबंधन सिद्धांत में एक अवधारणा है और 1969 में प्रकाशित किया गया था। यह बताता है कि किसी पद के लिए उम्मीदवार का चयन उम्मीदवार की वर्तमान भूमिका पर आधारित होता है, बजाय इसके कि वह संबंधित क्षमताओं से संबंधित हो। इस प्रकार, कर्मचारी केवल एक बार पदोन्नत होने से रोकते हैं क्योंकि वे अब प्रभावी रूप से प्रदर्शन नहीं कर सकते हैं, और "प्रबंधक अपनी अक्षमता के स्तर तक बढ़ जाते हैं।" एक संगठनात्मक संरचना में, एक पदोन्नति के लिए एक कर्मचारी की क्षमता का आकलन करना अक्सर वर्तमान नौकरी में उनके प्रदर्शन पर आधारित होता है। यह अंततः उनके उच्चतम स्तर की क्षमता को बढ़ावा देने और संभावित रूप से एक भूमिका के लिए जिसके परिणामस्वरूप वे सक्षम नहीं हैं, को उनके "अक्षमता के स्तर" के रूप में संदर्भित किया जाता है। कर्मचारी को आगे पदोन्नति का कोई मौका नहीं है, इस प्रकार एक संगठन में अपने कैरियर की छत तक पहुंच गया।

अत: विकल्प (D) सही है।

78. 'विपणन मिश्रण' (जिसे 4 पीएस के नाम से भी जाना जाता है) मार्केटिंग में एक आधारभूत अवधारणा है। विपणन मिश्रण को "विपणन टूल्स के सेट के रूप में परिभाषित किया गया है जो फर्म लक्ष्य बाजार में अपने मार्केटिंग उद्देश्यों को आगे बढ़ाने के लिए उपयोग करता है"। इस प्रकार विपणन मिश्रण विपणन निर्णय के चार व्यापक स्तरों को संदर्भित करता है, अर्थात: उत्पाद, मूल्य, पदोन्नति, और स्थान। समकालीन विपणन मिश्रण, या 4 पीएस, जो कि विपणन प्रबंधन निर्णयों के लिए प्रमुख ढांचा बन गया है, पहली बार 1960 में प्रकाशित किया गया था। सेवाओं के विपणन में, एक संशोधित और विस्तारित विपणन मिश्रण का उपयोग किया जाता है, जिसमें आमतौर पर मूल 4 पीएस से बना 7 पीएस शामिल होता है प्लस प्रक्रिया, लोग, भौतिक वातावरण। कभी-कभी सेवा विपणक आठ पीएस को संदर्भित करेंगे; 7 पीएस प्लस प्रदर्शन शामिल है।

अत: विकल्प (B) सही है।

79. भारतीय लेखा मानक (संक्षिप्त रूप में इंडस्ट्रीज़ एएस) को लेखा मानक बोर्ड (एएसबी) की देखरेख और नियंत्रण में जारी किया गया था, जिसे वर्ष 1977 में एक निकाय के रूप में गठित किया गया था। नए इंडस्ट्रीज़ एएस को 16 फरवरी 2015 को अधिसूचित किया गया था। भारतीय लेखा मानक का नाम और उसी तरह से गिना जाता है जैसे कि अंतर्राष्ट्रीय वित्तीय रिपोर्टिंग मानक (आईएफआरएस)। लेखा मानकों पर राष्ट्रीय सलाहकार समिति (एनएससीएएस) ने इन मानकों को कॉर्पोरेट मामलों के मंत्रालय (एमसीए) को देने की सिफारिश की है। एमसीए को भारत में कंपनियों के लिए लागू लेखांकन मानकों को समझना होगा। आज तक एमसीए ने 39 भारतीय लेखा मानक को अधिसूचित किया है। यह वित्तीय वर्ष 2015-16 की कंपनियों के लिए स्वेच्छा से और 2016-17 से अनिवार्य आधार पर लागू किया जाएगा।

अत: विकल्प (C) सही है।

80. स्टॉक एक्सचेंज एक ऐसा संगठन है, जो कंपनी के साथ-साथ निवेशक के लाभ के लिए धन जुटाने के लिए कंपनी और निवेशक के बीच हस्तक्षेप करता है। भारत में सरकारी विनियमन के तहत कुल 22 स्टॉक एक्सचेंज हैं। अधिकांश प्रमुख स्टॉक एक्सचेंज बॉम्बे स्टॉक एक्सचेंज (बीएसई) और नेशनल स्टॉक एक्सचेंज (एनएसई) हैं क्योंकि इन एक्सचेंजों में अधिकांश ट्रेडिंग की जाती है। बीएसई 1875 में स्थापित एशिया का सबसे पुराना स्टॉक एक्सचेंज है जबकि एनएसई 1990 के मध्य में स्थापित है। सूचकांक बाजार की स्थिति पर नज़र रखने या स्टॉक की ऊपर या नीचे की गतिविधि की जाँच के लिए दोनों स्टॉक एक्सचेंजों का बेंचमार्क है। इसमें सेबी के विनियमन के तहत एक्सचेंज के तहत सूचीबद्ध कंपनियों के शेयरों की टोकरी शामिल है। सेंसेक्स बीएसई के लिए एक सूचकांक है जिसमें 30 घटक शामिल हैं जबकि निफ्टी एनएसई के लिए एक सूचकांक है जिसमें 50 घटक शामिल हैं।

अत: विकल्प (A) सही है।

81. सामाजिक लेखांकन (सामाजिक लेखांकन और लेखा परीक्षा, सामाजिक और पर्यावरण लेखांकन, कॉर्पोरेट सामाजिक रिपोर्टिंग, कॉर्पोरेट सामाजिक जिम्मेदारी रिपोर्टिंग, गैर-वित्तीय रिपोर्टिंग या लेखा) के रूप में भी जाना जाता है, जो विशेष रूप से रुचि के लिए संगठनों के आर्थिक कार्यों के सामाजिक और पर्यावरणीय प्रभावों को बड़े पैमाने पर समाज और समाज के भीतर समूह संप्रेषित करने की प्रक्रिया है। यह इस तथ्य की ओर इशारा करता है कि कंपनियां अपने कार्यों के माध्यम से अपने बाहरी वातावरण (कुछ समय सकारात्मक और कई बार नकारात्मक) को प्रभावित करती हैं और इसलिए उनके मानक लेखांकन प्रथाओं के हिस्से के रूप में इन प्रभावों का ध्यान रखना चाहिए। सामाजिक लेखांकन इस अर्थ में बाहरीता की आर्थिक अवधारणा से निकटता से संबंधित है। सामाजिक लेखांकन के मुख्य उद्देश्य उद्यम द्वारा विभिन्न सुविधाएं प्रदान करके और उन्हें रिकॉर्ड करने के लिए समाज की सहायता करना है।

अत: विकल्प (B) सही है।

82. अर्थशास्त्र में लेओंटिफ़ का विरोधाभास यह है कि दुनिया के सबसे बड़े पूंजी-प्रति श्रमिक वाले देश के आयात में निर्यात की तुलना में कम पूंजी / श्रम अनुपात। यह माना जाता था कि एक देश उन वस्तुओं का निर्यात करेगा, जो उत्पादन के अपने प्रचुर कारकों का गहनता से उपयोग करते हैं और जो अपने दुर्लभ कारक का गहनता से उपयोग करते हैं, उन्हें आयात करते हैं। आम सहमति से संयुक्त राज्य अमेरिका एकमात्र देश है जो सबसे अधिक पूंजी के साथ संपन्न है। इसलिए, संयुक्त राज्य अमेरिका से पूंजी गहन वस्तुओं के निर्यात और श्रम गहन वस्तुओं के आयात की उम्मीद होगी। लेओंटिफ़ निष्कर्ष है कि श्रम के अंतर्राष्ट्रीय प्रभाग में, पूंजी गहन वस्तुओं के बजाय श्रम गहन में विशिष्ट यू.एस. को एच.ओ. से प्राप्त व्यापक रूप से स्वीकृत दृश्य का खंडन किया गया है। (हेकशर-ओहलिन) सिद्धांत। लेओंटिफ़ ने तर्क दिया कि अमेरिकी श्रम वास्तव में अन्य देशों में श्रम की तुलना में नहीं किया जा सकता है, क्योंकि विदेशी श्रमिकों की तुलना में एक अमेरिकी कार्यकर्ता की उत्पादकता काफी अधिक है (तीन गुना अधिक, लेओंटिफ़ का सुझाव दिया गया है)।

अत: विकल्प (A) सही है।

83. मास मार्केटिंग को अपरिष्कृत विपणन भी कहा जाता है जिसका उपयोग तब किया जाता है जब लगभग सभी ग्राहक समान या समान विशेषताओं को साझा करते हैं।

आला विपणन को कंसेंटेड सेगमेंटेशन भी कहा जाता है और इसका उपयोग कुछ विशिष्ट विशेषताओं वाले ग्राहकों को अत्यधिक विशिष्ट वस्तुओं के साथ किया जाता है।

लक्षित विपणन को विभेदित विपणन भी कहा जाता है, जो विभिन्न आवश्यकताओं और चाहतों के साथ ग्राहकों के समूहों में बाजार को विभाजित करता है।

अत: विकल्प (D) सही है।

84. उद्देश्यों के निर्धारण के साथ योजना शुरू होती है। यह उन उद्देश्यों पर प्रकाश डालता है जिनके लिए विभिन्न गतिविधियाँ शुरू की जानी हैं। वास्तव में, यह उद्देश्यों को अधिक स्पष्ट और विशिष्ट बनाता है। नियोजन उद्यम के उद्देश्यों या लक्ष्यों पर कर्मचारियों का ध्यान केंद्रित करने में मदद करता है। उद्देश्यों की पूर्ति के लिए नियोजन कार्रवाई के पाठ्यक्रमों का ब्लू-प्रिंट तैयार करने के लिए नियोजन प्रबंधक को बाध्य करता है। इसलिए, नियोजन संगठन में आदेश और तर्कसंगतता लाता है। योजना अनिश्चितताओं को कम करती है। अनिश्चितताओं के कारण विभिन्न प्रकार के जोखिम हैं। नियोजन भविष्य की अनिश्चितताओं को कम करने में मदद करता है क्योंकि इसमें भविष्य की घटनाओं की प्रत्याशा शामिल है। हालांकि भविष्य में प्रतिशत प्रतिशत सटीकता के साथ भविष्यवाणी नहीं की जा सकती है, लेकिन नियोजन भविष्य के पूर्वानुमान को बढ़ावा देने और घटनाओं के अप्रत्याशित मोड़ को पूरा करने के लिए आवश्यक प्रावधानों द्वारा जोखिमों को तैयार करने में मदद करता है।

अत: विकल्प (A) सही है।

85. कार्यशील पूंजी अनुपात, जिसे वर्तमान देनदारियों द्वारा विभाजित मौजूदा परिसंपत्तियों के रूप में गणना की जाती है, को कंपनी के मौलिक वित्तीय स्वास्थ्य का एक महत्वपूर्ण संकेतक माना जाता है क्योंकि यह कंपनी के अपने अल्पकालिक वित्तीय दायित्वों को सफलतापूर्वक पूरा करने की क्षमता को इंगित करता है। संग्रह अनुपात, जिसे औसत संग्रह अवधि अनुपात के रूप में भी जाना जाता है, एक प्रमुख माप है कि कोई कंपनी अपने खातों को प्राप्य रूप से कितनी कुशलता से प्रबंधित करती है। संग्रह अनुपात की गणना बिक्री को नकद में परिवर्तित करने के लिए, किसी कंपनी को भुगतान प्राप्त करने के लिए, दूसरे शब्दों में, औसत दिनों की संख्या प्रदान करती है। कंपनी का संग्रह अनुपात जितना कम होगा, उसका नकदी प्रवाह उतना ही अधिक कुशल होगा। कार्यशील पूंजी प्रबंधन का अंतिम तत्व इन्वेंट्री प्रबंधन है। अधिकतम दक्षता के साथ काम करने और आराम से उच्च स्तर की कार्यशील पूंजी को बनाए रखने के लिए, एक कंपनी को अनावश्यक इन्वेंट्री से बचने के लिए ग्राहकों की जरूरतों को पूरा करने के लिए हाथ पर पर्याप्त इन्वेंट्री को सावधानीपूर्वक संतुलित करना पड़ता है जो कार्यशील पूंजी को लंबे समय तक परिवर्तित करने से पहले इसे में परिवर्तित कर देता है। नकद। कंपनियां आम तौर पर मापती हैं कि इन्वेंट्री टर्नओवर अनुपात की निगरानी करके उस संतुलन को कितनी कुशलता से बनाए रखा जाता है।

अत: विकल्प (A) सही है।

86. ब्लेक और माउटन प्रबंधकीय ग्रिड पर एक्स-वाई अक्ष में दो व्यवहार आयाम, लोगों के लिए चिंता और उत्पादन के लिए चिंता शामिल है। लोगों के लिए चिंता वह डिग्री है जिस पर एक नेता कर्मचारियों की जरूरतों पर विचार करता है, जब यह तय किया जाता है कि कार्यों या नौकरियों को कैसे किया जाना चाहिए। यह व्यक्तिगत या व्यावसायिक विकास हो सकता है। यह व्यवहार आयाम ग्रिड के नीचे से ऊपर तक वाई-अक्ष के साथ चलता है। उत्पादन के लिए चिंता वह डिग्री है जिसके आधार पर एक नेता उद्देश्यों और उत्पादकता लक्ष्यों पर जोर देता है जब यह तय किया जाता है कि कार्यों या नौकरियों को कैसे किया जाना चाहिए। यह नियम, नीतियां या प्रदर्शन मानक हो सकते हैं। यह व्यवहार आयाम एक्स-अक्ष के साथ क्षैतिज रूप से बाएं से दाएं चलता है।

अत: विकल्प (C) सही है।

87. लेखांकन मानक नियमों और दिशानिर्देशों से युक्त लिखित बयान हैं, जो लेखा संस्थानों द्वारा जारी किए गए हैं, एकरूप और सुसंगत वित्तीय विवरणों की तैयारी के लिए और साथ ही लेखांकन जानकारी के विभिन्न उपयोगकर्ताओं को प्रभावित करने वाले अन्य खुलासे के लिए। लेखांकन मानकों को वित्तीय विवरणों में प्रदर्शित होने वाली वस्तुओं की व्याख्या और यहां तक कि उनके खाते की पुस्तकों में उनके उपचार के लिए कोड, दिशानिर्देश और समायोजन के माध्यम से लेखांकन नीतियों और प्रथाओं के नियमों और शर्तों को निर्धारित किया जाता है। लेखांकन मानक किसी इकाई के वित्त के सभी पहलुओं से संबंधित होते हैं जिनमें संपत्ति, देयताएं, राजस्व, व्यय और इक्विटी शामिल हैं। एक लेखांकन मानक के विशिष्ट उदाहरणों में राजस्व मान्यता, परिसंपत्ति वर्गीकरण, मूल्यह्रास के लिए स्वीकार्य तरीके, मूल्यह्रास योग्य, पट्टा वर्गीकरण और बकाया शेयर माप शामिल हैं।

अत: विकल्प (B) सही है।

88. कंपनियां इंडस्ट्रीज़ को स्वैच्छिक रूप से या अनिवार्य रूप से पालन करेंगी। एक बार जब कोई कंपनी Ind AS के अनुसार, या तो अनिवार्य रूप से या स्वेच्छा से, यह लेखांकन की पुरानी पद्धति पर वापस नहीं लौट सकती है।

1 अप्रैल 2016 से सभी कंपनियों को इंडस्ट्रीज़ के लिए अनिवार्य प्रयोज्यता, बशर्ते: यह एक सूचीबद्ध या गैर-सूचीबद्ध कंपनी है। इसकी नेट वर्थ 500 करोड़ रु से अधिक या इसके बराबर है।

अत: विकल्प (D) सही है।

89. लिबोर का अर्थ लंदन इंटर बैंक की पेशकश की गई दर है। लिबोर एक सांकेतिक औसत ब्याज दर है, जिस पर बैंकों (पैनल बैंकों) का चयन लंदन मनी मार्केट पर एक दूसरे को असुरक्षित धन उधार देने के लिए तैयार किया जाता है। इसका अर्थ है कि लंदन इंटरबैंक की पेशकश की गई दर लंदन में अग्रणी बैंकों में से प्रत्येक द्वारा अनुमानित ब्याज दरों की औसत है, यह आरोप लगाया जाएगा कि यह अन्य बैंकों से उधार लेने के लिए किया गया था। लिबोर दरों की गणना 5 मुद्राओं और 7 उधार अवधि के लिए रात भर से एक वर्ष तक की जाती है और प्रत्येक व्यापारिक दिन थॉमसन रॉयटर्स द्वारा प्रकाशित किए जाते हैं। कई वित्तीय संस्थानों, बंधक उधारदाताओं और क्रेडिट कार्ड एजेंसियों ने इसके सापेक्ष अपनी दरें निर्धारित की हैं।

अत: विकल्प (C) सही है।

90. ओटीसी एक्सचेंज ऑफ़ इंडिया (ओटीसीईआई), जिसे ओवर-द-काउंटर एक्सचेंज ऑफ़ इंडिया के नाम से भी जाना जाता है, मुंबई, महाराष्ट्र में स्थित है। यह छोटी कंपनियों के लिए भारत का पहला एक्सचेंज है, साथ ही भारत में पहला स्क्रीन-आधारित राष्ट्रव्यापी स्टॉक एक्सचेंज है। ओटीसीईआई की स्थापना लागत-प्रभावी तरीके से नए उत्पाद विकास के लिए वित्त जुटाने और निवेशकों को एक पारदर्शी और कुशल व्यापार प्रणाली प्रदान करने के लिए उच्च-प्रौद्योगिकी उद्यमी प्रमोटरों तक पहुँचने के लिए की गई थी। यह तेजी से लेनदेन, बाजार में अधिक तरलता की सुविधा प्रदान करता है, और ओटीसीईआई में पारदर्शिता को यूनिट ट्रस्ट ऑफ़ इंडिया, इंडस्ट्रियल क्रेडिट एंड इन्वेस्टमेंट कॉर्पोरेशन ऑफ़ इंडिया, इंडस्ट्रियल डेवलपमेंट बैंक ऑफ़ इंडिया, इंडस्ट्रियल फाइनेंस कॉर्पोरेशन ऑफ़ इंडिया, और अन्य द्वारा बढ़ावा दिया जाता है संस्थानों, और एससीआर अधिनियम के तहत एक मान्यता प्राप्त स्टॉक एक्सचेंज है।

अत: विकल्प (B) सही है।

91. मुद्रास्फीति लेखांकन एक शब्द है जो उच्च मुद्रास्फीति और अतिवृद्धि की उपस्थिति में ऐतिहासिक लागत लेखांकन से उत्पन्न समस्याओं को ठीक करने के लिए डिज़ाइन किए गए लेखांकन मॉडल की एक सीमा का वर्णन करता है। मुद्रास्फीति लेखांकन का उपयोग उच्च मुद्रास्फीति या हाइपरइन्फ्लेशन का अनुभव करने वाले देशों में किया जाता है। मुद्रास्फीति लेखांकन उचित मूल्य लेखांकन नहीं है। मुद्रास्फीति लेखांकन, जिसे मूल्य स्तर लेखांकन भी कहा जाता है, एक विनिमय दर का उपयोग करके फाइनेंशियल स्टेटमेंट को अन्य मुद्रा में परिवर्तित करने के समान है। कुछ (सभी नहीं) मुद्रास्फीति लेखा मॉडल के तहत, ऐतिहासिक लागतों को सामान्य या विशिष्ट मूल्य सूचकांक का उपयोग करके मूल्य-स्तर समायोजित लागतों में परिवर्तित किया जाता है।

अत: विकल्प (D) सही है।

92. संगठनों के प्रबंधन से संबंधित व्यवहार वैज्ञानिकों ने HRA के निम्नलिखित कारणों की ओर संकेत किया:

1. पारंपरिक लेखांकन के तहत, किसी संगठन में नियोजित मानव संसाधनों के बारे में कोई जानकारी उपलब्ध नहीं कराई जाती है, और लोगों के बिना वित्तीय और भौतिक संसाधन परिचालन रूप से प्रभावी नहीं हो सकते हैं।

2. मानव संगठन से संबंधित खर्चों को वर्तमान राजस्व के लिए निवेश के बजाय, समय की अवधि में परिशोधन के रूप में लिया जाता है, जिसके परिणामस्वरूप शुद्ध आय का परिमाण काफी विकृत होता है। इससे फर्म और अंतर-फर्म तुलना का मूल्यांकन कठिन हो जाता है।

3. एक फर्म की उत्पादकता और लाभप्रदता काफी हद तक मानव संपत्ति के योगदान पर निर्भर करती है। समान भौतिक संपत्ति वाले और समान बाजार में परिचालन करने वाली दो फर्मों की मानव परिसंपत्तियों में अंतर के कारण अलग-अलग रिटर्न हो सकते हैं। यदि मानव परिसंपत्तियों के मूल्य को नजरअंदाज किया जाता है, तो फर्म का कुल मूल्यांकन मुश्किल हो जाता है।

4. यदि लाभ और हानि खाते और बैलेंस शीट में मानव संसाधनों के मूल्य की विधिवत रिपोर्ट नहीं की गई है, तो मानव परिसंपत्तियों पर प्रबंधन के महत्वपूर्ण कार्य को नहीं माना जा सकता है।

5. भर्ती, प्रशिक्षण, आदि पर किए गए खर्चों को खर्च के रूप में माना जाता है और पारंपरिक लेखांकन के तहत राजस्व के खिलाफ लिखा जाता है। मानव संसाधनों पर सभी खर्चों को निवेश के रूप में माना जाता है, क्योंकि समय की अवधि में लाभ अर्जित किए जाते हैं।

अत: विकल्प (A) सही है।

93. नैस्डैक स्टॉक मार्केट एक अमेरिकी स्टॉक एक्सचेंज है। यह बाजार पूंजीकरण द्वारा दुनिया में दूसरा सबसे बड़ा एक्सचेंज है, केवल न्यूयॉर्क स्टॉक एक्सचेंज के पीछे। नैस्डैक स्टॉक मार्केट के तीन अलग-अलग मार्केट टियर हैं: कैपिटल मार्केट (स्मॉल कैप) उन कंपनियों के लिए एक इक्विटी मार्केट है, जिनके मार्केट कैपिटलाइजेशन के अपेक्षाकृत छोटे स्तर हैं। ऐसी "छोटी टोपी" कंपनियों के लिए आवश्यकताओं की लिस्टिंग अन्य नैस्डैक बाजारों की तुलना में कम कठोर है जो बड़ी कंपनियों को काफी उच्च बाजार पूंजीकरण के साथ सूचीबद्ध करते हैं। ग्लोबल मार्केट (मिड कैप) उन शेयरों से बना है जो नैस्डैक ग्लोबल मार्केट का प्रतिनिधित्व करते हैं। ग्लोबल मार्केट में 1,450 स्टॉक हैं जो नैस्डैक की सख्त वित्तीय और तरलता आवश्यकताओं और कॉर्पोरेट प्रशासन मानकों को पूरा करते हैं। ग्लोबल सिलेक्ट मार्केट (नैस्डैक-जीएस लार्ज कैप) एक मार्केट कैपिटलाइज़ेशन-वेटेड इंडेक्स है जो यूएस-बेस्ड और इंटरनेशनल स्टॉक से बना है जो ग्लोबल सिलेक्ट मार्केट कंपोजिट का प्रतिनिधित्व करता है। ग्लोबल सिलेक्ट मार्केट में 1,200 स्टॉक हैं जो नैस्डैक की सख्त वित्तीय और तरलता और कॉर्पोरेट प्रशासन मानकों आवश्यकताओं को पूरा करते हैं। ग्लोबल सिलेक्ट मार्केट ग्लोबल मार्केट से ज्यादा एक्सक्लूसिव है। हर अक्टूबर, नैस्डैक लिस्टिंग योग्यता विभाग, ग्लोबल मार्केट कंपोजिट की समीक्षा करता है ताकि यह निर्धारित किया जा सके कि उसके किसी भी शेयर ग्लोबल सिलेक्ट मार्केट पर लिस्टिंग के लिए पात्र हो गए हैं या नहीं।

अत: विकल्प (D) सही है।

94. विदेशी पोर्टफोलियो निवेश (एफपीआई) में प्रतिभूतियों और अन्य वित्तीय परिसंपत्तियों को निष्क्रिय रूप से विदेशी निवेशकों द्वारा रखा जाता है। यह निवेशक को वित्तीय परिसंपत्तियों के प्रत्यक्ष स्वामित्व के साथ प्रदान नहीं करता है और बाजार की अस्थिरता के आधार पर अपेक्षाकृत तरल है। विदेशी पोर्टफोलियो निवेश विदेशी प्रत्यक्ष निवेश (एफडीआई) से भिन्न होता है, जिसमें एक घरेलू कंपनी एक विदेशी फर्म चलाती है, क्योंकि यद्यपि एफडीआई एक कंपनी को विदेश में आयोजित फर्म पर बेहतर नियंत्रण बनाए रखने की अनुमति देती है, लेकिन उसे प्रीमियम मूल्य पर फर्म को बेचने में भविष्य में अधिक कठिनाई का सामना करना पड़ सकता है। एफपीआई को विदेशी संस्थागत निवेश (एफआईआई) भी कहा जाता है। उनकी अस्थिरता के कारण उन्हें हॉट मनी भी कहा जाता है। अंतरराष्ट्रीय वित्तीय संस्थानों से ऋण एक निश्चित अवधि के लिए दिए जाते हैं और इसलिए स्थिर होते हैं। एफडीआई एफपीआई का हिस्सा नहीं है, लेकिन अलग से हिसाब लगाया जाता है।

अत: विकल्प (A) सही है।

95. दक्षिण एशियाई क्षेत्रीय सहयोग संगठन (सार्क) दक्षिण एशिया में देशों का क्षेत्रीय अंतर सरकारी संगठन और राष्ट्रों का भू-राजनीतिक संघ है। इसके सदस्य राज्यों में अफगानिस्तान, बांग्लादेश, भूटान, भारत, नेपाल, मालदीव, पाकिस्तान और श्रीलंका शामिल हैं। सार्क में दुनिया के 3% क्षेत्र, दुनिया की 21% आबादी और वैश्विक अर्थव्यवस्था का 3.8% शामिल है, 2015 तक सार्क की स्थापना ढाका में 8 दिसंबर, 1985 को हुई थी। इसका सचिवालय काठमांडू, नेपाल में स्थित है। संगठन आर्थिक और क्षेत्रीय एकीकरण के विकास को बढ़ावा देता है। इस संगठन ने 2006 में दक्षिण एशियाई मुक्त व्यापार क्षेत्र का शुभारंभ किया। सार्क संयुक्त राष्ट्र में एक पर्यवेक्षक के रूप में

स्थायी राजनयिक संबंध रखता है और यूरोपीय संघ सहित बहुपक्षीय संस्थाओं के साथ संबंध विकसित किए हैं।

अत: विकल्प (A) सही है।

96. विदेशी मुद्रा बाजार (विदेशी मुद्रा, एफएक्स, या मुद्रा बाजार) मुद्राओं के व्यापार के लिए एक वैश्विक विकेंद्रीकृत बाजार है। इसमें मौजूदा या निर्धारित कीमतों पर मुद्राओं की खरीद, बिक्री और विनिमय के सभी पहलू शामिल हैं। व्यापार की मात्रा के संदर्भ में, यह दुनिया का सबसे बड़ा बाजार है, जिसके बाद क्रेडिट बाजार है। इस बाजार में मुख्य भागीदार बड़े अंतरराष्ट्रीय बैंक हैं। दुनिया भर के वित्तीय केंद्र सप्ताहांत के अपवाद के साथ घड़ी के आसपास कई प्रकार के खरीदारों और विक्रेताओं की एक विस्तृत श्रृंखला के बीच व्यापार के सहारे के रूप में कार्य करते हैं। विदेशी मुद्रा बाजार विभिन्न मुद्राओं के सापेक्ष मूल्यों को निर्धारित नहीं करता है, लेकिन एक मुद्रा की कीमत के वर्तमान बाजार मूल्य को दूसरे के खिलाफ मांग के रूप में निर्धारित करता है। विदेशी मुद्रा बाजार वित्तीय संस्थानों के माध्यम से काम करता है, और यह कई स्तरों पर संचालित होता है।

अत: विकल्प (A) सही है।

97. प्रत्यक्ष निवेश एक विशिष्ट उद्यम को लक्षित करता है, जिसका उद्देश्य इसकी क्षमता / उत्पादकता को बढ़ाना या इसके प्रबंधन नियंत्रण को बदलना है। क्षमता बनाने या बढ़ाने के लिए प्रत्यक्ष निवेश यह सुनिश्चित करता है कि पूंजी प्रवाह अतिरिक्त उत्पादन में परिवर्तित हो। एफआईआई निवेश के मामले में जो द्वितीयक बाजार में बहता है, इसका प्रभाव पूंजी की उपलब्धता को ,बजाय किसी विशेष उद्यम को पूंजी की उपलब्धता के सामान्य रूप से बढ़ाना है। एफडीआई को एफआईआई निवेशों से अधिक पसंद किया जाता है क्योंकि इसे समग्र रूप से अर्थव्यवस्था के लिए विदेशी निवेश का सबसे फायदेमंद तरीका माना जाता है।

अत: विकल्प (B) सही है।

98. आयकर अधिनियम की धारा 10 (1) के अनुसार, भारत में करदाता द्वारा अर्जित कृषि आय को कर से छूट प्राप्त है। कृषि आय को आयकर अधिनियम की धारा 2 (1 A) के तहत परिभाषित किया गया है।
धारा 2 (1 A) के अनुसार, कृषि आय का आम तौर पर मतलब होता है:
(1) भारत में स्थित भूमि से प्राप्त किसी भी किराए या राजस्व का उपयोग कृषि कार्यों के लिए किया जाता है।
(2) कृषि कार्यों के प्रसंस्करण सहित कृषि कार्यों द्वारा ऐसी भूमि से प्राप्त की गई आय ताकि इस तरह के उत्पादन के बाजार या बिक्री के लिए फिट होने के लिए प्रस्तुत किया जा सके।
(3) धारा 2 (1 A) में इस संबंध में निर्दिष्ट कुछ शर्तों की संतुष्टि के लिए फार्म हाउस के अधीन कोई आय। नर्सरी में उगने वाले पौधे या रोपे से प्राप्त किसी भी आय को कृषि आय माना जाएगा।

अत: विकल्प (B) सही है।

99. वस्तु एवं सेवा कर (जीएसटी) भारत में अप्रत्यक्ष कराधान की एक प्रस्तावित प्रणाली है जो मौजूदा करों के अधिकांश को कराधान की एकल प्रणाली में विलय करती है। यह संविधान (एक सौ और पहला संशोधन) अधिनियम 2016 पेश किया गया था। जीएसटी केंद्र और राज्य सरकारों द्वारा लगाए गए करों को बदलने के लिए पूरे भारत में वस्तुओं और सेवाओं के निर्माण, बिक्री और खपत पर एक व्यापक अप्रत्यक्ष कर होगा। वस्तु एवं सेवा कर लगाया जाएगा और इनपुट टैक्स क्रेडिट पद्धति के आधार पर माल या सेवाओं की बिक्री या खरीद के प्रत्येक चरण में एकत्र किया जाएगा।

अत: विकल्प (A) सही है।

100. आयकर अधिनियम, 1961 के तहत प्रत्येक निर्धारिती को वार्षिक वित्त अधिनियम में घोषित दरों पर पिछले वर्ष के दौरान अर्जित आय पर आयकर का भुगतान करना आवश्यक है। आयकर अधिनियम की धारा 5 के अनुसार, एक निर्धारिती की कुल आय का दायरा उसकी आवासीय स्थिति पर निर्भर करता है। आवासीय स्थिति का निर्धारण पिछले वर्ष के दौरान भारत में निर्धारिती के निवास की अवधि के आधार पर किया जाता है। आयकर अधिनियम, 1961 की धारा 6 व्यक्तियों के उदाहरण के लिए विभिन्न निर्धारिती

की आवासीय स्थिति का निर्धारण करने के लिए नियमों का वर्णन करती है। हिंदू अविभाजित परिवार, फर्म और कंपनी। एक व्यक्ति को भारत का निवासी कहा जाता है यदि वह पिछले वर्ष में 182 दिनों या उससे अधिक की अवधि के लिए भारत में है (60 दिन यदि व्यक्ति भारतीय जहाज के चालक दल का सदस्य है)। वह निर्धारण वर्ष से पहले के 4 वर्षों के भीतर 365 दिनों या उससे अधिक की अवधि के लिए भारत में है और उस वर्ष में कुल 60 दिन या उससे अधिक की अवधि के लिए है। अपवाद एक भारतीय जहाज के चालक दल के सदस्य को दिया जाता है क्योंकि वे समुद्र पर ड्यूटी पर एक साथ पतंगों के लिए काम करते हैं।

अत: विकल्प (D) सही है।

101. सही मिलान a-i, b-ii, c-iii, d-iv है।

ईडीआई (इलेक्ट्रॉनिक डाटा इंटरचेंज) प्रणाली को विदेश व्यापार महानिदेशालय द्वारा प्रलेखन संबंधित गतिविधियों को सरल बनाने के लिए शुरू किया गया था।

एईओ (अधिकृत आर्थिक संचालक) को भारतीय सीमा शुल्क द्वारा विकसित किया गया है ताकि निर्यात की दृष्टि से आपूर्ति श्रृंखला को आयात करने और निवासियों के समय और संबंधित लागतों को कम किया जा सके।

टीआरएस (टाइम रिलीज़ स्टडी) अंतर्राष्ट्रीय आपूर्ति श्रृंखला में अड़चनों की पहचान करने और व्यापार सुगमता के लिए एक आधार रेखा स्थापित करने के लिए भारतीय सीमा शुल्क प्राधिकरण द्वारा शुरू किया गया है।

टीईई (निर्यात उत्कृष्टता के शहर) कार्यक्रम को निर्यात उत्पादन केंद्रों और नए औद्योगिक समूहों को विकसित करने के लिए शुरू किया गया था।

अत: विकल्प (A) सही है।

102. विवेक सिद्धान्त सावधानी बरतने का नियम है। लेखांकन में, हम भविष्य के नुकसान से सावधान हो सकते हैं। बिना तनाव का नुकसान का सामना करने के लिए, इसके लिए लाभ के कुछ हिस्से को अलग करना बहुत आसान है। हर प्रकार का नुकसान हमारी देनदारी को बढ़ाएगा। विवेकपूर्ण सिद्धांत के अनुसार, हमें भविष्य में होने वाले नुकसान के बारे में अनुमान लगाना और रिकॉर्ड करना चाहिए और भविष्य के सभी अनुमानित लाभ को भूलना चाहिए। ऐसा करके, हमें भविष्य के नुकसान के लिए प्रावधान करना होगा। उदाहरण के लिए, कुछ देनदारों को चूकने का जोखिम है। इस नुकसान को सहन करने के लिए, यह अच्छा है, अगर हम संदिग्ध ऋण का प्रावधान करते हैं। यह रिजर्व हमारे कुल लाभ में कटौती करेगा। यदि यह नुकसान होगा, तो हम इस प्रावधान के माध्यम से नया स्टॉक खरीद सकते हैं। इस प्रावधान को रूढ़िवाद का सिद्धांत भी कहा जाता है क्योंकि यह नियम नया नहीं है। हर बार, व्यापारी अपने निवेश को सुरक्षित पक्ष में खेलना चाहता है। वह रिजर्व बनाने के माध्यम से हर प्रकार के जोखिम को नियंत्रित करना चाहता है। रिजर्व बनाने के समय, उसे भविष्य के नुकसान का सही अनुमान लगाना चाहिए, अन्यथा, यह सीक्रेट रिजर्व बन जाएगा और यह पूर्ण प्रकटीकरण के सिद्धांत के खिलाफ है।

अत: विकल्प (A) सही है।

103. विपणन रणनीति एक विश्लेषण, योजना, कार्यान्वयन और नियंत्रण प्रक्रिया है जिसे ग्राहकों की जरूरतों और इच्छाओं को पूरा करने के लिए डिज़ाइन किया गया है। प्रक्रिया कॉर्पोरेट मिशन के बयान और प्रत्येक रणनीतिक व्यापार इकाई की रणनीति की समझ के साथ शुरू होती है।

अत: विकल्प (A) सही है।

104. ग्रामीण बैंकिंग और कृषि वित्त का विस्तार करने के उद्देश्य से, नाबार्ड पुनर्वित्त बैंकों को ग्रामीण वित्त का विस्तार करता है। नाबार्ड का पुनर्वित्त राज्य सहकारी कृषि और ग्रामीण विकास बैंकों (SCARDBs), राज्य सहकारी बैंकों (SCBs), क्षेत्रीय ग्रामीण बैंकों (RRBs), वाणिज्यिक बैंकों (CBs) और RBI द्वारा अनुमोदित अन्य वित्तीय संस्थाओं के लिए उपलब्ध है। जबकि निवेश क्रेडिट के अंतिम लाभार्थी व्यक्ति, साझेदारी की चिंता, कंपनियां, राज्य के स्वामित्व वाले निगम या सहकारी समितियां हो सकती हैं, उत्पादन क्रेडिट आमतौर पर व्यक्तियों को दिया जाता है।

अत: विकल्प (B) सही है।

105. एकाधिकार की मांग में बाजार का वक्र फर्म के मांग वक्र द्वारा दर्शाया जाता है।

एकाधिकार:

1. एक एकल विक्रेता द्वारा विशेषता एक बाजार संरचना, बाजार में एक अद्वितीय उत्पाद बेच रही है।

2. एकाधिकार बाजार में, विक्रेता का कोई मुकाबला नहीं होता है, क्योंकि वह सामान का एकमात्र विक्रेता होता है जिसके पास कोई विकल्प नहीं होता है।

3. एकाधिकार बाजार संरचना में, बाजार में केवल एक ही फर्म है।

4. इसके कारण बाजार की मांग वक्र सभी व्यक्ति की मांग का प्रतिनिधित्व करती है जिसमें फर्म की मांग वक्र भी दर्शाया गया है।

5. एकाधिकार बाजार का एकमात्र आपूर्तिकर्ता है, मांग वक्र एकाधिकार बाजार का मांग वक्र है।

6. बाजार की मांग वक्र नीचे की ओर झुकी हुई है, जो मांग के कानून को दर्शाती है।

7. तथ्य यह है कि एकाधिकार नीचे की ओर झुका हुआ मांग वक्र का सामना करता है, जिसका अर्थ है कि एक एकाधिकार अपने उत्पादन के लिए प्राप्त करने की उम्मीद कर सकता है क्योंकि मोनोपोलिस्ट अपने उत्पादन को बढ़ाता नहीं है।

अत: विकल्प (C) सही है।

106. अपने अंतरराष्ट्रीय संवितरण को पूरा करने के लिए विभिन्न देशों के मौद्रिक प्राधिकरण। संक्षेप में 'अंतर्राष्ट्रीय चलनिधि' सोने और मुद्राओं के भंडार की विश्व आपूर्ति को दर्शाता है जो अंतर्राष्ट्रीय स्तर पर स्वतंत्र रूप से उपयोग करने योग्य हैं जैसे डॉलर और स्टर्लिंग प्लस इन्हें उधार लेने की सुविधाएं है। इस प्रकार अंतर्राष्ट्रीय चलनिधि में दो तत्व शामिल हैं, स्वामित्व वाली आरक्षित निधि और उधार लेने की सुविधाएं। वर्तमान अंतर्राष्ट्रीय मौद्रिक व्यवस्था के तहत, आईएमएफ के सदस्य देशों के बीच, अंतरराष्ट्रीय चलनिधि संरचना के मुख्य घटकों को माना जाता है:

1. राष्ट्रीय मौद्रिक प्राधिकरणों के साथ स्वर्ण भंडार - केंद्रीय बैंक और अंतरराष्ट्रीय मुद्रा कोष के साथ।

2. यू.एस.ए. के अलावा अन्य देशों के डॉलर के भंडार।

3. यू.के. के अलावा अन्य देशों के पाउंड-संचित भंडार। यह ध्यान दिया जाना चाहिए कि आइटम (2) और (3) को दुनिया की प्रमुख मुद्राओं के रूप में माना जाता है और सदस्य देशों द्वारा रखे गए उनके भंडार यू.एस. और यूके की संबंधित देनदारियों का गठन करते हैं।

अत: विकल्प (A) सही है।

107. विश्व बैंक समूह पाँच अंतर्राष्ट्रीय संगठनों का एक समूह है जो आर्थिक विकास के उद्देश्यों के लिए वित्त और सलाह प्रदान करने और गरीबी दूर करने के लिए जिम्मेदार है। इसकी पांच एजेंसियां हैं: विश्व बैंक समूह में निम्नलिखित शामिल हैं:

i. 1945 में स्थापित इंटरनेशनल बैंक ऑफ रिकंस्ट्रक्शन एंड डेवलपमेंट (IBRD), जो संप्रभु गारंटी के आधार पर ऋण वित्तपोषण प्रदान करता है;

ii. 1956 में स्थापित अंतर्राष्ट्रीय वित्तीय निगम (IFC), जो मुख्य रूप से निजी क्षेत्र को संप्रभु गारंटी के बिना वित्तपोषण के विभिन्न प्रकार प्रदान करता है;

iii. 1960 में स्थापित इंटरनेशनल डेवलपमेंट एसोसिएशन (IDA), जो रियायती वित्तपोषण (ब्याज मुक्त ऋण या अनुदान) प्रदान करता है, आमतौर पर संप्रभु गारंटी के साथ;

iv. 1988 में स्थापित बहुपक्षीय निवेश गारंटी एजेंसी (MIGA), जो कुछ प्रकार के जोखिमों के खिलाफ बीमा प्रदान करती है, जिसमें राजनीतिक जोखिम भी शामिल है, मुख्य रूप से निजी क्षेत्र के लिए; तथा,

v. 1966 में स्थापित इंटरनेशनल सेंटर फॉर सेटलमेंट ऑफ़ इन्वेस्टमेंट डिस्प्यूट्स (ICSID), जो निवेश जोखिम को कम करने के लिए सरकारों के साथ काम करता है। "विश्व बैंक" शब्द आम तौर पर IBRD और IDA को संदर्भित करता है, जबकि विश्व बैंक समूह का उपयोग सामूहिक रूप से संस्थानों को संदर्भित करने के लिए किया जाता है।

अत: विकल्प (A) सही है।

108. खपत फ़ंक्शन यह बताता है कि आय को उपभोग पर कैसे खर्च किया जाता है और बचत समारोह बताता है कि आय का कौन सा हिस्सा बचाया जाता है।

खपत फलन, या कीनेसियन उपभोग फलन, एक आर्थिक सूत्र है जो कुल खपत और सकल राष्ट्रीय आय के बीच कार्यात्मक संबंध का प्रतिनिधित्व करता है।

अत: विकल्प (A) सही है।

109. मानव संसाधन से तात्पर्य है किसी संगठन के कार्य बल के कुल ज्ञान, कौशल, रचनात्मक क्षमता, प्रतिभा और योग्यता के साथ-साथ व्यक्तियों के मूल्य, दृष्टिकोण और विश्वास लियोन सी मैगिन्सन द्वारा इसे परिभाषा में शामिल किया गया है।

अत: विकल्प (A) सही है।

110. लाभ या प्रतिकूल नुकसान के प्रतिकूल बदलाव के परिणामस्वरूप अनिश्चितता वित्तीय जोखिम है।

अत: विकल्प (A) सही है।

111. प्रतिस्पर्धा अधिनियम, 2002 भारत की संसद द्वारा अधिनियमित किया गया था और एकाधिकार और प्रतिबंधात्मक व्यापार व्यवहार अधिनियम, 1969 को प्रतिस्थापित किया गया था। प्रतिस्पर्धा अधिनियम, 2002 की दो मुख्य विशेषताएं प्रतिस्पर्धा आयोग की स्थापना के लिए प्रदान किया गया ढांचा है, और यह उपकरण प्रतिस्पर्धा-विरोधी प्रथाओं को रोकने और भारतीय बाजार में सकारात्मक प्रतिस्पर्धा को बढ़ावा देने के लिए प्रदान करता है।

प्रतिस्पर्धा अधिनियम, 2002 के उद्देश्य: देश के आर्थिक विकास को ध्यान में रखते हुए एक अधिनियम, निम्नलिखित उद्देश्य के साथ एक आयोग की स्थापना के लिए प्रदान करने के लिए निर्धारित किया गया था:

1. प्रतिस्पर्धा आयोग की स्थापना के लिए रूपरेखा प्रदान करना।
2. एकाधिकार को रोकने और बाजार में प्रतिस्पर्धा को बढ़ावा देने के लिए
3. बाजार में भाग लेने वाले व्यक्तियों और संस्थाओं के लिए व्यापार की स्वतंत्रता की रक्षा करना।
4. प्रतिस्पर्धा पर प्रतिकूल प्रभाव डालने वाली प्रथाओं को रोकने के लिए,
5. बाजारों में प्रतिस्पर्धा को बढ़ावा देने और बनाए रखने के लिए।
6. उपभोक्ताओं के हितों की रक्षा के लिए।
7. उससे जुड़े या उसके आनुषंगिक मामलों के लिए संयोजनों (अधिग्रहण, विलय और समामेलन) के संचालन और गतिविधियों को विनियमित करने के लिए।

अत: विकल्प (B) सही है।

112. चलनिधि प्रबंधन का उद्देश्य लाभप्रदता सुनिश्चित करने के साथ-साथ चलनिधि सुनिश्चित करना है।

नकदी और तरलता प्रबंधन का मुख्य उद्देश्य प्रसंस्करण लागत को कम करते हुए कंपनी के सभी नकदी को मुक्त करना है, इस तरलता को जब और जहां आवश्यक हो, उपलब्ध कराने के लिए, और किसी भी नकद अधिशेष का सबसे अधिक लाभदायक उपयोग करने के लिए और/या यदि धन की कमी है तो धन लागत को कम करने के लिए। चलनिधि प्रबंधन का उद्देश्य किसी भी समय समूह को अपने भुगतान दायित्वों को पूरा करने में सक्षम बनाना है।

इस प्रयोजन के लिए, समूह परिचालन और वित्तीय गतिविधियों से नकदी प्रवाह को एक रोलिंग योजना में रिकॉर्ड करता है।

अत: विकल्प (D) सही है।

113. प्रक्रियाएँ प्रैक्टिस गाइड्स का हिस्सा हैं, प्रैक्टिस एडवाइज़रीज़ नहीं। अन्य तीन विकल्प प्रैक्टिस एडवाइजरी का हिस्सा हैं। प्रैक्टिस एडवाइजरी आंतरिक ऑडिटिंग की परिभाषा को लागू करने, आचार संहिता और मानकों और अच्छे प्रथाओं को बढ़ावा देने में आंतरिक लेखा परीक्षकों की सहायता करती है। प्रैक्टिस एडवाइजरी आंतरिक ऑडिटिंग के दृष्टिकोण, कार्यप्रणाली और विचार को संबोधित करते हैं लेकिन विस्तृत प्रक्रिया नहीं। उनमें अंतरराष्ट्रीय, देश या उद्योग-विशिष्ट मुद्दों से संबंधित अभ्यास शामिल हैं; विशिष्ट प्रकार की सहभागिता; और कानूनी या नियामक मुद्दे।

अत: विकल्प (C) सही है।

114. ई-कॉमर्स गतिविधियों के लिए 100% तक की एफडीआई की शर्त इस शर्त के अधीन है कि अगर ये कंपनियाँ दुनिया के अन्य हिस्सों में सूचीबद्ध हैं, तो ऐसी कंपनियाँ पाँच वर्षों में भारतीय जनता के पक्ष में अपनी इक्विटी का 26% हिस्सा खरीद लेंगी। ऐसी कंपनियां केवल व्यापार से व्यवसाय (बी2बी) ई-कॉमर्स में संलग्न होती हैं, खुदरा व्यापार में नहीं, अन्य बातों के साथ, इसका मतलब है कि घरेलू व्यापार में एफडीआई पर मौजूदा प्रतिबंध ई-कॉमर्स पर भी लागू होगा।

अत: विकल्प (A) सही है।

115. परिकल्पना परीक्षण में, जो परिकल्पना अस्थायी रूप से सत्य मानी जाती है, उसे शून्य परिकल्पना कहा जाता है। एक प्रस्ताव जो यह निर्धारित करने के लिए सत्यापन से गुजरता है कि उसे वैकल्पिक प्रस्ताव के पक्ष में स्वीकार या अस्वीकार किया जाना चाहिए। अक्सर शून्य परिकल्पना को 'दो मात्राओं के बीच कोई संबंध नहीं है' के रूप में व्यक्त किया जाता है। यह तब तक सत्य माना जाता है जब तक कि सांख्यिकीय साक्ष्य इसे वैकल्पिक परिकल्पना के लिए अशक्त न कर दें।

अत: विकल्प (B) सही है।

116. निर्यात संवर्धन परिषदों का मूल उद्देश्य राष्ट्र के निर्यात का विकास और संवर्धन करना है। प्रत्येक परिषद परियोजनाओं, उत्पादों और सेवाओं के एक विशिष्ट समूह के प्रचार का प्रभारी है। परिषद निर्यात-संबंधित उद्योगों के विकास को प्रायोजित करने में मदद करती है।

अत: विकल्प (D) सही है।

117. लागत लेखांकन प्रबंधन लेखांकन को सुविधाजनक बनाने के लिए जानकारी प्रदान करता है। लागत लेखांकन जानकारी मूल रूप से प्रत्येक उत्पाद और सेवा की लागत निर्धारित करने के लिए उपयोग की जाती है। प्रत्येक उत्पाद या गतिविधि के लिए वास्तविक के विरुद्ध भिन्नताओं को खोजने के लिए मानक तय किए जाते हैं। लागत लेखांकन जानकारी का उपयोग बजट का निर्धारण करने के लिए भी किया जाता है। इन्वेंटरी वैल्यूएशन लागत मापदंडों पर आधारित है।

अत: विकल्प (D) सही है।

118. प्रत्यक्ष सामग्री, प्रत्यक्ष श्रम और कारखाना ओवरहेड उन लागतों का वर्णन करती है जिन्हें निर्माण लागत माना जाता है।

मैन्युफैक्चरिंग ओवरहेड कॉस्ट वे मैन्युफैक्चरिंग कॉस्ट हैं, जिन्हें खर्च किया जाना चाहिए, लेकिन इसका उत्पादन सीधे विशिष्ट इकाइयों से नहीं किया जा सकता है। अप्रत्यक्ष सामग्री और अप्रत्यक्ष श्रम के अलावा, विनिर्माण ओवरहेड में मशीनों पर मूल्यह्रास और रखरखाव और कारखाने की उपयोगिता लागत शामिल हैं।

अत: विकल्प (A) सही है।

119. अलंकरण समारोह मानव संसाधन प्रबंधन में एक प्रक्रिया है जो कर्मचारियों को एक कार्यशील वातावरण प्रदान करने और उन्हें प्रतिबद्ध और संगठन से जुड़ी बनाने के लिए उनका पोषण करने से संबंधित है।

अतः विकल्प (A) सही है।

120. फर्म का बाजार मूल्य लागत और जोखिम के बीच एक व्यापार-बंद का परिणाम है। बाजार मूल्य वह मूल्य है जो बाजार में एक परिसंपत्ति को प्राप्त होता है। बाजार मूल्य का उपयोग आमतौर पर सार्वजनिक रूप से कारोबार करने वाली कंपनी के बाजार पूंजीकरण को संदर्भित करने के लिए किया जाता है और वर्तमान शेयर की कीमत से इसके बकाया शेयरों की संख्या को गुणा करके प्राप्त किया जाता है।

अतः विकल्प (D) सही है।

121. BCR = PVB ÷ प्रारंभिक परिव्यय

PVB: लाभ का वर्तमान मूल्य

इसलिए, कुल BCR (NBCR) = BCR – 1

अतः विकल्प (B) सही है।

122. प्रदर्शन मूल्यांकन को किसी व्यक्ति की नौकरी के प्रदर्शन के औपचारिक मूल्यांकन के रूप में परिभाषित किया गया है। इसमें संबंधित व्यक्ति को प्रतिक्रिया देना और आगे के सुधार के लिए रचनात्मक समाधान विकसित करना शामिल है।

अतः विकल्प (A) सही है।

123. पीएलसी में, प्रस्तावना चरण धीमी बिक्री वृद्धि की अवधि है क्योंकि उत्पाद को बाजार में पेश किया जाता है, उत्पाद परिचय के भारी खर्च के कारण मुनाफा न के बराबर होता है। इस चरण में, प्रचार व्यय बिक्री के अपने उच्चतम अनुपात में होता है क्योंकि इसकी आवश्यकता होती है:

(1) संभावित उपभोक्ताओं को सूचित करना है।

(2) उत्पाद परीक्षण प्रेरित करना और

(3) खुदरा दुकानों में सुरक्षित वितरण करना है।

अतः विकल्प (B) सही है।

124. दवा नियामक एजेंसियों की उपेक्षा नहीं करता है। वे आम तौर पर अपने द्वारा किए गए निर्णयों को प्रभावित करने की कोशिश में बहुत अधिक समय बिताते हैं। उनकी दवाओं के उपयोग के लिए अनुमोदन प्राप्त करना। फर्म लॉबीइंग के लिए भी जाती हैं और कई बार अपने वांछित लक्ष्य को हासिल करने के लिए खतरों या वादों का इस्तेमाल करती हैं।

अतः विकल्प (B) सही है।

125. केवल कथन 'बीसीआर और एनबीसीआर मानदंड साधारण मिश्रित निवेश का मूल्यांकन करने के लिए उपयुक्त नहीं हैं' सत्य है।

यदि बीसीआर एक के बराबर है, तो फर्म परियोजना के प्रति उदासीन है। यदि दो या दो से अधिक परियोजनाएं परस्पर अनन्य हैं, तो उच्च बीसीआर वाली परियोजना को चुना जाना चाहिए। यदि एनबीसीआर शून्य से अधिक है, तो परियोजना को स्वीकार किया जाता है। यदि एनबीसीआर शून्य के बराबर है, तो फर्म परियोजना के प्रति उदासीन है।

अतः विकल्प (C) सही है।

126. क्रेडिट का एक हस्तांतरणीय पत्र एक प्रकार की वित्तीय गारंटी है, जिसे क्रेडिट के पत्र के रूप में जाना जाता है, इसके अलावा पहले लाभार्थी को किसी अन्य पार्टी को कुछ या सभी क्रेडिट ट्रांसफर करने की अनुमति देता है, जो एक माध्यमिक लाभार्थी बनाता है। जो पार्टी शुरू में बैंक से क्रेडिट के हस्तांतरणीय पत्र को स्वीकार करती है, उसे पहले या प्राथमिक लाभार्थी के रूप में जाना जाता है।

अतः विकल्प (C) सही है।

127. वित्तीय संस्थान उस बाजार में खरीदने से पैसा कमाते हैं जहां कीमत कम होती है, और उन बाजारों में लाभ पर बेचना जहां कीमत अधिक होती है, इस गतिविधि को मध्यस्थता कहा जाता है। सभी देशों की अपनी मुद्रा नहीं होती है जैसे कि यूरोज़ोन के सदस्य और विनिमय दरें आईएमएफ द्वारा तय नहीं की जाती हैं। किसी मुद्रा की विनिमय दर में गिरावट के कारण आर्थिक व्यवधान हो सकता है। उदाहरण के लिए मुद्रास्फीति की दर में एक बड़ी वृद्धि, और 2008 में आइसलैंड में हुई विदेशी मुद्रा में आयोजित ऋण के मूल्य में एक बड़ी वृद्धि हैं। इस तरह के आर्थिक व्यवधान वित्तीय संस्थानों को लाभ की गारंटी नहीं देते हैं।

अतः विकल्प (D) सही है।

128. IMF का प्राथमिक उद्देश्य अंतर्राष्ट्रीय मौद्रिक प्रणाली की स्थिरता सुनिश्चित करना है - विनिमय दरों और अंतर्राष्ट्रीय भुगतान की प्रणाली जो देशों (और उनके नागरिकों) को एक दूसरे के साथ लेन-देन करने में सक्षम बनाती है।

अतः विकल्प (A) सही है।

129. सबसे पहले, उत्तेजित कर्मचारी इस उद्देश्य के लिए प्रबंधन द्वारा नामित अधिकारी को मौखिक रूप से अपनी शिकायत देगा। शिकायत की प्रस्तुति के 48 घंटे के भीतर अधिकारी को जवाब देना होता है।

अतः विकल्प (C) सही है।

130. कंपनी अधिनियम, 1956 की धारा 3 (1) (iii) के अनुसार, निजी और सार्वजनिक रूप से कंपनी बनाने के लिए आवश्यक व्यक्तियों की न्यूनतम संख्या 2 और 7 है।

अतः विकल्प (C) सही है।

131. खरीदने की प्रक्रिया: खरीद के लिए उत्पादों की पहचान करने, उत्पादों और विक्रेताओं की गुणवत्ता और अनुपालन को सत्यापित करने, क्रय लेनदेन करने और यह सत्यापित करने के लिए उपयोग की जाने वाली प्रक्रियाओं का सेट कि खरीद से जुड़े कार्यों को उचित रूप से निष्पादित किया गया है। जिस उद्योग में वे काम करते हैं और खरीदे जा रहे उत्पादों की प्रकृति के आधार पर विभिन्न संगठनों में अलग-अलग जटिलता की खरीद प्रक्रिया होती है।

अतः विकल्प (A) सही है।

132. उद्योग में शुरुआत करते ही कई विपणक जो परिभाषा सीखते हैं, वह सही समय पर सही कीमत पर सही उत्पाद को सही जगह पर रखना है।

मार्केटिंग मिक्स मार्केटिंग प्रबंधन में सबसे मौलिक अवधारणाओं में से एक है। उपभोक्ताओं को आकर्षित करने और बिक्री को बढ़ावा देने के लिए, प्रत्येक निर्माता को चार बुनियादी तत्वों / घटकों पर ध्यान केंद्रित करना होता है। ये उत्पाद, मूल्य निर्धारण, वितरण चैनल (स्थान), और बिक्री संवर्धन तकनीकें हैं। इन मार्केटिंग तत्वों के उचित संयोजन को मार्केटिंग मिक्स कहा जाता है।

अतः विकल्प (B) सही है।

133. रोड ब्लॉकिंग विज्ञापन का तात्पर्य एक ही समय में कई टीवी चैनलों पर किसी उत्पाद का विज्ञापन करना है।

रोड ब्लॉकिंग विज्ञापन बाजार के भीतर प्रत्येक उपलब्ध मीडिया पर एक विज्ञापन डालने की प्रथा है, ठीक उसी समय (या जितना संभव हो सके) एक ही समय में प्रदर्शित होने के लिए।

सड़क अवरोधन का उपयोग अक्सर कम समय के भीतर उच्च पहुंच स्तरों के निर्माण के साधन के रूप में किया जाता है।

अतः विकल्प (C) सही है।

134. विपणन की विनिमय अवधारणा वितरण और मूल्य पहलुओं को कवर करने वाले विक्रेताओं और खरीदारों के बीच उत्पादों के आदान-प्रदान से संबंधित है।

विपणन का केंद्रीय विचार विक्रेता और खरीदार के बीच उत्पादों का आदान-प्रदान है। एक्सचेंज उत्पाद के वितरण पहलू और मूल्य तंत्र को कवर करता है।

विपणन सिद्धांतकार विनिमय को केंद्रीय अवधारणा मानते हैं जिसके बिना विपणन जैसी कोई चीज नहीं होती।

अतः विकल्प (A) सही है।

135. प्रमोशन मिक्स का तात्पर्य व्यवसाय द्वारा वस्तुओं और सेवाओं की मांग को बनाने, बनाए रखने और बढ़ाने के लिए उपयोग किए जाने वाले कई प्रचार उपकरणों के मिश्रण से है।

थोक व्यापारी मुख्य रूप से व्यक्तिगत बिक्री को प्रमुख प्रचार मिश्रण रणनीति के रूप में उपयोग करते हैं।

अतः विकल्प (B) सही है।

136. मानक विचलन से तात्पर्य है कि दिए गए मानों के सेट से मान कितने फैले हुए हैं। यह इस बात का माप है कि प्रत्येक प्रेक्षित मान माध्य से कितनी दूर है।

सामान्य वितरण के लिए आमतौर पर उपयोग किए जाने वाले चार विश्वास अंतराल हैं:

68.27% मान माध्य के 1 मानक विचलन (-1s <= X <= 1s) के अंतर्गत आते हैं।

90% मान माध्य के 1.65 मानक विचलन (-1.65s <= X <= 1.65s) के अंतर्गत आते हैं।

95% मान माध्य के 1.96 मानक विचलनों (-1.96s <= X <= 1.96s) के अंतर्गत आते हैं।

99.73% मान माध्य के 2.58 मानक विचलन (-2.58s <= X <= 2.58s) के अंतर्गत आते हैं।

अतः विकल्प (A) सही है।

137. अनुसंधान एक व्यवस्थित जांच की प्रक्रिया है जो डेटा के संग्रह को मजबूर करती है; महत्वपूर्ण जानकारी के प्रलेखन; और विशिष्ट व्यावसायिक क्षेत्रों और शैक्षणिक विषयों द्वारा निर्धारित उपयुक्त पद्धतियों के अनुसार, उस डेटा/सूचना का विश्लेषण और व्याख्या।

अनुसंधान के निम्नलिखित चरण उचित क्रम में हैं:

किसी भी बड़ी व्यावसायिक परियोजना के विकास में बजट आवश्यक है। एक सुव्यवस्थित बजट के बिना, परियोजनाएं गिर सकती हैं और अधूरी रह सकती हैं। बजट होने से आप किसी परियोजना के मुख्य उद्देश्यों को स्थापित कर सकते हैं।

फील्डवर्क सर्वेक्षण या अवलोकन के माध्यम से उपभोक्ताओं या व्यापार-से-व्यापार ग्राहकों से प्राथमिक डेटा के संग्रह को संदर्भित करता है। एक शोधकर्ता के लिए यह भी वांछनीय है कि शोध और डेटा संग्रह प्रक्रियाओं का पर्याप्त ज्ञान होने के लिए एक उपमहाद्वीप के साथ समझदारी से बातचीत करने में सक्षम हो।

डेटा संग्रह ब्याज की चर पर जानकारी को इकट्ठा करने और मापने की प्रक्रिया है, एक स्थापित व्यवस्थित फैशन में जो किसी को कथित अनुसंधान सवालों के जवाब देने, परिकल्पना और परिणामों का मूल्यांकन करने में सक्षम बनाता है।

अनुसंधान के परिणाम विशेष स्वास्थ्य देखभाल प्रथाओं और हस्तक्षेपों के अंतिम परिणामों को समझने का प्रयास करते हैं। अंतिम परिणामों में वे प्रभाव शामिल होते हैं जो लोग अनुभव करते हैं और देखभाल करते हैं, जैसे कि कार्य करने की क्षमता में बदलाव।

शोध लेखन एक आयोजित शोध के बारे में विवरणों को सुनाने के लिए एक विश्वसनीय स्रोत है और इसे अक्सर अनुसंधान की विशिष्टताओं को पूरा करने के लिए किए गए सभी कार्यों का एक सच्चा प्रमाण माना जाता है।

अतः विकल्प (A) सही है।

138. जैसे-जैसे समय श्रृंखला में गतिमान माध्य की अवधि बढ़ती है, तब मूल वक्र से आगे प्रवृत्ति वक्र होगा।

गतिमान माध्य मॉडल संभवत: समय श्रृंखला मॉडलिंग का सबसे सरल तरीका है।

यह मॉडल केवल यह बताता है कि अगला अवलोकन पिछले सभी अवलोकनों का माध्य है।

सरल शब्दों में, यह मॉडल आश्चर्यजनक रूप से अच्छा हो सकता है और यह एक अच्छे शुरुआती बिंदु का प्रतिनिधित्व करता है।

अन्यथा, आंकड़ों में दिलचस्प प्रवृत्तियों की पहचान करने के लिए गतिमान माध्य का उपयोग किया जा सकता है।

हम समय श्रृंखला को समतल करने और विभिन्न प्रवृत्तियों को उजागर करने के लिए गतिमान माध्य मॉडल को लागू करने के लिए एक विंडो को परिभाषित कर सकते हैं।

अतः विकल्प (B) सही है।

139. मनोवैज्ञानिक अनुसंधान में, हम दो चर के बीच पूर्वानुमान के उद्देश्यों के लिए संबंध निर्धारित करना चाहते हैं।

सहसंबंध r दो मात्रात्मक चर के बीच रैखिक संबंध की ताकत को मापता है।

पियर्सन $\quad r = \dfrac{1}{n-1} \sum \left(\dfrac{x_i - \bar{x}}{S_x}\right)\left(\dfrac{y_i - \bar{y}}{S_y}\right)$

r हमेशा -1 और 1 के बीच की संख्या होती है। इसलिए 1.20 इस श्रेणी में नहीं आता है। r > 0 एक सकारात्मक संबंध को दर्शाता है। r < 0 एक नकारात्मक संबंध को दर्शाता है। 0 के पास r का मान बहुत कमजोर रैखिक संबंध दर्शाता है। रेखीय संबंध की क्षमता बढ़ जाती है क्योंकि r 0 से -1 या 1 की ओर बढ़ता है। चरम मान r = -1 और r = 1 केवल एक पूर्ण रैखिक संबंध के अंतर्गत होते हैं।

0.90 और 1 के बीच की तुलना में -1 के करीब -0.98 है, इसलिए सहसंबंध के -0.98 गुणांक चर के दो सेटों के बीच सबसे मजबूत संबंध को दर्शाते हैं।

अतः विकल्प (A) सही है।

140. उत्तोलन उत्पादन फलन में L को उत्पादन प्रक्रिया में अवरोध पैदा करना माना जाता है।

उत्तोलन उत्पादन फलन (LPF), इनपुट-आउटपुट अर्थशास्त्र के पिता का नाम वासिली लेओन्तिफ। इसे निश्चित-अनुपात उत्पादन फलन के रूप में भी जाना जाता है। हम अभी भी आउटपुट (Q) को कैपिटल (K) और लेबर (L) का फंक्शन देखते हैं। न्यूनतम पदनाम K और L के लिए सबसे छोटी संख्या को दर्शाता है।

एलपीएफ में समसूत्र समकोण हैं।

अर्थशास्त्र में, लेओंटिफ़ उत्पादन फंक्शन निश्चित अनुपात उत्पादन कार्य एक उत्पादन कार्य है जिसका तात्पर्य है उत्पादन के कारकों का उपयोग निश्चित (तकनीकी रूप से पूर्व-निर्धारित) अनुपात में किया जाएगा, क्योंकि कारकों के बीच कोई प्रतिस्थापन नहीं है। इसका नाम वासिली लेओंटिफ के नाम पर रखा गया था और प्रतिस्थापन उत्पादन समारोह की निरंतर लोच के सीमित मामलों का प्रतिनिधित्व करता है।

अतः विकल्प (C) सही है।

141. लॉटरी, पहेली, कार्ड गेम, वर्ग पहेली, जुआ, सट्टेबाजी, घुड़दौड़ आदि जीतने से प्राप्त आय को आकस्मिक आय के रूप में जाना जाता है।

इन सभी आकस्मिक आय पर 30% की समान दर से कर लगता है।

आकस्मिक आय से कटौती के रूप में किसी भी व्यय की अनुमति नहीं है और आकस्मिक आय के लिए मूल छूट सीमा का लाभ भी उपलब्ध नहीं है।

घरेलू कंपनी से प्राप्त लाभांश पर 31 मार्च 2020 (वित्त वर्ष 19-20) तक छूट थी।

हालांकि, वित्त अधिनियम, 2020 ने लाभांश कराधान की पद्धति को बदल दिया।

अब से, 1 अप्रैल 2020 को या उसके बाद प्राप्त सभी लाभांश निवेशक/शेयरधारक के हाथों में कर योग्य हैं।

किसी कंपनी या म्यूचुअल फंड से 5,000 रुपये से अधिक की लाभांश आय पर टीडीएस की सामान्य दर 10% है।

हालाँकि, एक COVID-19 राहत उपाय के रूप में, सरकार ने 14 मई 2020 से 31 मार्च 2021 तक वितरण के लिए TDS दर को घटाकर 7.5% कर दिया।

अतः विकल्प (C) सही है।

142. इंटरनेट के माध्यम से इलेक्ट्रॉनिक रूप से आयकर रिटर्न दाखिल करने की प्रक्रिया को ई-फाइलिंग के रूप में जाना जाता है।

रिटर्न की ई-फाइलिंग तीन प्रकार की होती है:

डिजिटल सिग्नेचर सर्टिफिकेट (डीएससी) के साथ ई-फाइलिंग।

डीएससी के साथ दायर करने पर आगे की कार्रवाई की आवश्यकता नहीं है।

आयकर रिटर्न की ई-फाइलिंग में प्रयुक्त डीएससी ई-फाइलिंग आवेदन पर पंजीकृत होना चाहिए।

डिजिटल सिग्नेचर सर्टिफिकेट के बिना ई-फाइलिंग।

इस मामले में, एक आईटीआर-वी फॉर्म तैयार किया जाता है।

फॉर्म को ई-फाइलिंग की तारीख से केवल 120 दिनों के भीतर मुद्रित, हस्ताक्षरित और सीपीसी, बैंगलोर को साधारण या स्पीड पोस्ट का उपयोग करके जमा किया जाना चाहिए।

आईटीआर-वी फॉर्म जमा करने पर आगे किसी कार्रवाई की जरूरत नहीं है।

डिजिटल सिग्नेचर सर्टिफिकेट डीएससी के साथ या उसके बिना ई-रिटर्न इंटरमीडियरी ईएआरआई के माध्यम से आयकर रिटर्न को ई-फाइल करना।

इसलिए, उपरोक्त सभी रिटर्न की ई-फाइलिंग के प्रकार हैं।

अतः विकल्प (D) सही है।

143. 'व्यक्ति' के मामले में बीमा कमीशन से स्रोत पर कर कटौती की दर 5 प्रतिशत है।

जब चिकित्सा आपात स्थिति के कारण होने वाली वित्तीय संकट को कम करने की बात आती है तो बीमा एक लंबा सफर तय कर सकता है। इसलिए, न केवल अपने लिए बल्कि अपने आश्रितों के लिए भी बीमा पॉलिसी लेने की सलाह दी जाती है। ज्यादातर बार लोग एजेंटों, दलालों आदि के माध्यम से अपना बीमा चुनते हैं। ऐसे मामलों में ऐसे एजेंटों, दलालों, आदि द्वारा प्राप्त बीमा कमीशन या कोई अन्य पारिश्रमिक इनाम आयकर अधिनियम की धारा 194डी के तहत निर्धारित स्रोत पर कर कटौती (टीडीएस) के अधीन है।

अतः विकल्प (B) सही है।

144. मूल्यह्रास और ब्याज पर कर-ढाल पट्टेदार और पट्टेदार दोनों के लिए एक महत्वपूर्ण चर है:

- मूल्यह्रास और ब्याज पर कर-ढाल पट्टेदार और पट्टेदार दोनों के लिए एक महत्वपूर्ण चर है:
- पट्टेदार और पट्टेदार भारत में लीजिंग समझौते के तहत विभिन्न लाभों का आनंद लेते हैं जैसे कि आयकर लाभ, बिक्री कर लाभ, पट्टा वित्त के माध्यम से आधुनिकीकरण, आदि।
- पट्टादाता मूल्यह्रास का दावा कर सकता है और इस तरह आयकर अधिनियम के तहत कुछ रियायतें प्राप्त कर सकता है।

- बिक्री कर का भुगतान पट्टेदार द्वारा किया जाएगा क्योंकि उपकरण उसके द्वारा खरीदा जाता है।
- लेकिन बाद में, वित्तीय पट्टे के तहत, वह पट्टेदार से बिक्री कर के एक हिस्से का दावा कर सकता है जब उपकरण पट्टेदार को हस्तांतरित किया जाता है।
- पट्टेदार कम राशि पर बिक्री कर का भुगतान करेगा।
- पट्टेदार को किराए के भुगतान, उपकरण के रखरखाव, और उपकरण को चालू रखने में उसके द्वारा किए गए अन्य प्रचार व्यय में कुछ लाभ मिलते हैं।
- इन सभी खर्चों के लिए, पट्टेदार भारतीय आयकर अधिनियम के तहत कर लाभ का दावा करेगा। इस प्रकार, कथन I सही है।

अतः विकल्प (B) सही है।

145. धारा 194IB के अनुसार, किसी भी व्यक्ति, यानी व्यक्ति/एचयूएफ के लिए यह अनिवार्य है कि वह धारा 44AB के तहत ऑडिट के लिए उत्तरदायी न हो, एक निवासी को भुगतान किए गए किराए के लिए 50,000 रुपये प्रति माह से अधिक कर की कटौती करना अनिवार्य है।

धारा के अनुसार, किराए का अर्थ है एक किरायेदारी, पट्टे, उप-पट्टे, या संपत्ति के लिए की गई किसी अन्य व्यवस्था के तहत एक भुगतानकर्ता द्वारा किया गया भुगतान जैसे:

1. भूमि
2. एक कारखाना भवन सहित भूमि
3. एक कारखाना भवन सहित भवन
4. मशीनरी
5. फर्नीचर
6. उपकरण
7. पौधा
8. फिटिंग

अतः विकल्प (A) सही है।

146. भारत में करदाता द्वारा अर्जित कृषि आय आयकर अधिनियम, 1961 की धारा 10(1) के तहत छूट प्राप्त है। कृषि आय को आयकर अधिनियम की धारा 2(1A) के तहत परिभाषित किया गया है।

धारा 2(1A) के अनुसार, कृषि आय का अर्थ है:

1. भूमि से प्राप्त कोई लगान या राजस्व जो भारत में स्थित है और कृषि प्रयोजनों के लिए उपयोग किया जाता है।
2. कृषि उत्पादों के प्रसंस्करण सहित कृषि कार्यों से ऐसी भूमि से प्राप्त कोई भी आय ताकि इसे बाजार या ऐसी उपज की बिक्री के लिए उपयुक्त बनाया जा सके।
3. फार्महाउस के कारण होने वाली कोई भी आय इस संबंध में धारा 2(1A) में निर्दिष्ट कुछ शर्तों की संतुष्टि के अधीन है।
4. नर्सरी में उगाए गए पौधे या पौध से प्राप्त कोई भी आय कृषि आय मानी जाएगी।

अतः विकल्प (A) सही है।

147. धारा 10AA विशेष आर्थिक क्षेत्रों में नव स्थापित इकाइयों के संबंध में विशेष प्रावधान।

एसईजेड में नए स्थापित औद्योगिक उपक्रम के संबंध में लाभ सभी निर्धारितियों के लिए कुछ वस्तुओं या चीजों या सॉफ्टवेयर के निर्यात पर उपलब्ध है।

निम्नलिखित शर्तों के अधीन:—

1. इसका उत्पादन, आदि 01-04-2006 को या उसके बाद AY 2006-07 से संबंधित लेकिन 01.04.2021 से पहले शुरू करें।

2. पहले से मौजूद इकाई को विभाजित या पुनर्निर्माण करके नहीं बनाया जाना चाहिए।

3. पहले इस्तेमाल की गई मशीनरी या संयंत्र को स्थानांतरित करके नहीं बनाया जाना चाहिए। अधिनियम में निर्दिष्ट कुछ शर्तों में सेकेंड हैंड मशीनरी की अनुमति है।

4. प्रपत्र संख्या 56Fv में रिपोर्ट

अतः विकल्प (C) सही है।

148. A) उचित मूल्य = रु. 1,80,000

B) नगर मूल्य = रु. 1,50,000

C) A और B में से अधिक = रु. 1,80,000

D) मानक किराया = रु. 1,60,000

E) अपेक्षित किराया (C और D के कम) = रु. 1,60,000

F) वास्तविक किराया = Rs. 2,40,000 (20000 $\times$ 12 महीने)

सकल वार्षिक मूल्य (E और F में से अधिक) = रु. 2,40,000

शुद्ध वार्षिक मूल्य = सकल वार्षिक मूल्य (2,40,000) - अप्राप्त किराया (40,000) - नगर कर (30,000) = रु. 1,70,000.

अतः विकल्प (C) सही है।

149. बौद्धिक संपदा अधिकारों के व्यापार से संबंधित पहलू (TRIPs) - दोहा मंत्रिस्तरीय सम्मेलन है।

बौद्धिक संपदा अधिकार व्यक्तियों को उनके दिमाग की रचनाओं पर दिए गए अधिकार हैं। वे आमतौर पर निर्माता को एक निश्चित अवधि के लिए उसकी रचना के उपयोग पर एक विशेष अधिकार देते हैं।

बौद्धिक संपदा अधिकारों (ट्रिप्स) के व्यापार से संबंधित पहलुओं के समझौते के लिए विश्व व्यापार संगठन के सदस्यों को कानूनी सुरक्षा के न्यूनतम मानकों को निर्धारित करने की आवश्यकता होती है, लेकिन बौद्धिक संपदा पर एक-फिट-सभी संरक्षण कानून के उद्देश्य को मतभेदों के बारे में विवादों के साथ देखा गया है।

विवाद के बावजूद, समझौते ने 1995 में पहली बार वैश्विक व्यापार प्रणाली में बड़े पैमाने पर बौद्धिक संपदा अधिकारों को शामिल किया है, और यह दुनिया द्वारा किए गए सबसे व्यापक समझौते के रूप में प्रबल हुआ है।

अत: विकल्प (B) सही है।

150. स्पष्ट लागत छूट दर है, जो नकदी प्रवाह के वर्तमान मूल्य के साथ नकदी बहिर्वाह के वर्तमान मूल्य के बराबर होती है।

पूंजी की लागत पूंजी बजट परियोजना बनाने के लिए अनिवार्य आवश्यक रिटर्न को संदर्भित करती है। यह प्रतिफल की न्यूनतम दर है जिसे किसी संगठन को मूल्य उत्पन्न करने से पहले अर्जित करना चाहिए।

पूंजी की लागत 5 प्रकार की होती है:

1. पूंजी की स्पष्ट लागत
2. पूंजी की निहित लागत
3. पूंजी की विशिष्ट लागत
4. पूंजी का भारित औसत मूल्य
5. पूंजी की सीमांत लागत

अत: विकल्प (B) सही है।

Paper-I

Q.1 'पीत-पत्रकारिता' शब्द ___ को संदर्भित करता है।

A. आतंकवाद और हिंसा के विषय में सनसनीखेज समाचार

B. पाठकों/दर्शकों को आकर्षित करने के लिए सनसनीपरकता और अतिशयोक्ति

C. कला और संस्कृति के सनसनीखेज समाचार

D. पीले कागजों पर छपे सनसनीखेज समाचार

Q.2 बी.ओ.डी. (B.O.D) परीक्षण निम्न में से किस प्रदूषण को मापने के लिए किया जाता है?

A. ध्वनि प्रदूषण   B. जल प्रदूषण

C. मृदा प्रदूषण   D. वायु प्रदूषण

Q.3 जब मीडिया कंपनियों का स्वामित्व गैर-मीडिया व्यावसायिक घरानों के पास होता है, तो इसे _______ कहा जाता है।

A. श्रृंखला स्वामित्व

B. संयुक्त स्टॉक स्वामित्व

C. मीडिया स्वामित्व स्वामित्व

D. व्यवसाय का स्वामित्व

Q.4 कल्पना कीजिए कि आप एक शैक्षणिक संस्थान में काम कर रहे हैं जहाँ लोग समान स्थिति के हैं। संचार का कौन सा तरीका सबसे उपयुक्त है और सामान्य रूप से इस तरह के संदर्भ में नियोजित किया गया है?

A. हॉरिजॉन्टल कम्युनिकेशन

B. वर्टिकल कम्युनिकेशन

C. कॉर्पोरेट कम्युनिकेशन

D. क्रॉस कम्युनिकेशन

Q.5 मानव संसाधन और विकास मंत्रालय के निम्नलिखित कार्यक्रमों में से कौन युवा लोगों के बीच जीवन कोशल प्रशिक्षण को बढ़ावा देता है?

A. समागम शिक्षा   B. किशोर शिक्षा कार्यक्रम

C. ऑपरेशन ब्लैकबोर्ड   D. स्वयंवर प्रभा

Q.6 निम्नलिखित में से क्या ई-लर्निंग का उपयोग करने का एक फायदा माना जा सकता है?

A. वेब आधारित शिक्षण सक्रिय और स्वतंत्र शिक्षा को बढ़ावा देता है।

B. वेब-आधारित शिक्षा निर्भर सीखने को बढ़ावा देती है।

C. ई-लर्निंग सभी सीखने की शैली के लिए अपील नहीं करता है।

D. अलग-अलग कंप्यूटरों पर इंटरनेट के माध्यम से सीखना व्यापक पहुंच के लिए अनुमति देता है, लेकिन यह आसानी से अलगाव को भी जन्म दे सकता है।

Q.7 इस श्रृंखला में अगला पद है : $\sqrt{3}, \sqrt{12}, \sqrt{27}$

A. $\sqrt{39}$ B. $\sqrt{32}$ C. $\sqrt{54}$ D. $\sqrt{48}$

Q.8 संयुक्त परिवार में पिता, माता, 3 विवाहित बेटे और एक अविवाहित बेटी है। बेटों में से दो की 2 बेटियां हैं और एक का एक बेटा है। परिवार में कितनी महिला सदस्य हैं?

A. 2   B. 3   C. 6   D. 9

Q.9 दो संख्याएँ 4 : 5 के अनुपात में हैं। यदि प्रत्येक संख्या से 30 घटाया जाता है, तो अनुपात 1 : 2 हो जाता है। संख्या ज्ञात कीजिए।

A. 30,50   B. 36,60   C. 40,50   D. 42,70

Q.10 पिता और उसके पुत्र की आयु का मध्यमान 27 वर्ष है। 18 साल बाद पिता अपने पुत्र की आयु से दोगुना होगा। उनकी वर्तमान आयु हैं:

A. 42,12   B. 40,14   C. 30,24   D. 36,18

Ques (11-15):निर्देश : निम्नलिखित गद्यांश को ध्यान से पढ़िए और उत्तर दीजिए:

राजनीति के लिए साहित्यिक अरुचि, हालांकि, साहित्यिक प्रतिनिधित्व के विषय के रूप में अपने आप में राजनीति के बड़े पैमाने पर घिनौनी प्रथा पर केंद्रित नहीं है, बल्कि इस बात पर अधिक ध्यान दिया जाता है कि इसे अक्सर साहित्य में दर्शाया जाता है, यानी प्रतिनिधित्व की राजनीति पर एक राजनीतिक उपन्यास अक्सर राजनीति के बारे में एक उपन्यास नहीं बल्कि अपनी खुद की एक राजनीति के साथ एक उपन्यास बन जाता है, क्योंकि यह न केवल हमें यह दिखाना चाहता है कि चीजें कैसी हैं बल्कि चीजों के बारे में काफी निश्चित विचार हैं, और वास्तव में क्या होना चाहिए। चीजों को उस वांछित दिशा में ले जाने के लिए सोचें और करें। संक्षेप में, यह पाठक को एक विशेष कारण या विचारधारा में परिवर्तित और सूचीबद्ध करना चाहता है। यह अक्सर (केवल बहुत परिचित वाक्यांश में) साहित्य नहीं बल्कि प्रचार है। यह साहित्य की भावना का उल्लंघन करने के लिए कहा जाता है जो दुनिया की हमारी समझ और हमारी सहानुभूति की सीमा को व्यापक बनाने के बजाय उन्हें पक्षपातपूर्ण प्रतिबद्धता के माध्यम से संकीर्ण करने के लिए है। जैसा कि जॉन कीट्स ने कहा, हम कविता से नफरत करते हैं, जो हमारे ऊपर एक आकर्षक डिजाइन है। एक और कारण है कि राजनीति उच्चतम प्रकार के साहित्यिक प्रतिनिधित्व के लिए उत्तरदायी नहीं लगती है, इस तथ्य से उत्पन्न होती है कि अपने स्वभाव से राजनीति विचारों और विचारधाराओं का गठन करती है। यदि राजनीतिक परिस्थितियां स्वयं को खुश साहित्यिक उपचार के लिए उधार नहीं देती हैं, तो राजनीतिक विचार इस संबंध में एक और भी बड़ी समस्या है। साहित्य में यह तर्क दिया जाता है, बौद्धिक सार के बजाय मानवीय अनुभवों के बारे में है। यह मानव मांस और रक्त की वास्तविकता महसूस की गई वास्तविकता को कहा जाता है, और शुष्क और बेजान विचारों के बजाय सैप और सेवर्स (रस) में डील करता है। अपनी पुस्तक आइडियाज एंड नोवेल में इस मामले की व्यापक चर्चा में, अमेरिकी उपन्यासकार मैरी मैकार्थी ने देखा कि 'विचार आज भी उपन्यास में भद्दे से महसूस किए जाते हैं' हालांकि ऐसा 'पूर्व दिनों' में नहीं था अर्थात, वास्तविक रूप में 18 वीं और 19 वीं शताब्दी एक ओर विचारों के बीच असंगति की सटीक प्रकृति का उसका सूत्रीकरण और दूसरी बाजी पर उपन्यास। शायद इस मामले में एक विभाजित विवेक और कई लेखकों और पाठकों द्वारा साझा दुविधा की भावना.......एक विचार में ढीले सिरे नहीं हो सकते, लेकिन एक उपन्यास, मुझे लगभग लगता है, उनकी जरूरत है। फिर भी, उपन्यासकारों को महसूस करने के लिए पर्याप्त है उनके खिलाफ हथियार उठाते समय विचारों का आकर्षण-सबसे अधिक अक्सर नकली हथियारों के साथ।

Q.11 इस गद्यांश के अनुसार एक राजनीतिक उपन्यास प्राय: निम्नलिखित में से क्या बन जाता है?

A. राजनीति के लिए साहित्यिक अरुचि

B. राजनीति की साहित्यिक प्रस्तुति

C. अपनी ही राजनीति वाला उपन्यास

D. राजनीति की अस्पष्ट परिपाटी का चित्रण

Q.12 एक राजनितिक उपन्यास से निम्नलिखित में से किसका पता चलता है?

A. चीज़ों की वास्तविकता

B. लेखक का बोध

C. पाठकों की विशेष विचारधारा

D. साहित्य की भावना

"""

Q.13 अपने स्वभाव में राजनीति का ढांचा होता है

A. प्रचलित राजनीतिक स्थिति

B. विचार और विचारधाराएँ

C. राजनीतिक प्रचार

D. मानव स्वभाव की सनझ

Q.14 साहित्य में निम्नलिखित में से किस पर चर्चा की जाती है?

A. राजनीति में मानव अनुभव

B. बौद्धिक अमूर्त विचार

C. शुष्क और रिक्त विचार

D. मानव जीवन की महसूस की गई वास्तविकता

Q.15 उपन्यासकार मेरी मकर्थी की टिप्पणियों में निम्नलिखित में से किसका पता चलता है?

A. उपन्यास में आज के अनदेखे महसूस किए गए विचार

B. राजनीतिक विचारों और उपन्यासों पर अंतश्रेता का द्विविभाजन

C. विचारों और उपन्यास के बीच असंगति

D. अनंत विचार और उपन्यास

Q.16 रिसर्च मैथडोलॉजी का विषय, विषय के गठन के तरीके के परिणाम के रूप में जाना जाता है

A. ढीला असेंबल   B. विखंडन

C. आसवन   D. समूह

Q.17 रमेश 33 छात्रों की कक्षा में 13 वें स्थान पर हैं। रैंक वाइज सुरेश के नीचे 5 छात्र हैं। रमेश और सुरेश के बीच कितने छात्र हैं?

A. 12   B. 14   C. 15   D. 16

Q.18 योद्धा का संबंध तलवार से है, बढ़ई का सम्बन्ध आरी से है, किसान का सम्बन्ध हल से है। इसी तरह से लेखक का सम्बन्ध है

A. पुस्तक से   B. कीर्ति से   C. पाठक से   D. कलम से

Q.19 नीचे एक आरेख दिया गया है जिसमें तीन वृत्त A, B और C एक दूसरे को अतिव्याप्त कर रहे हैं। वृत्त A ईमानदार लोगों के वर्ग का प्रतिनिधित्व करता है, वृत्त B निष्ठावान लोगों के वर्ग का प्रतिनिधित्व करता है और वृत्त C राजनेताओं के वर्ग का प्रतिनिधित्व कर रहा है। p, q, r, s, U, X, Y अलग-अलग क्षेत्रों का प्रतिनिधित्व करते हैं। उस कूट का चयन कीजिए जो उस क्षेत्र को दिखाते हैं जिसमें ईमानदार राजनेताओं का वर्ग हैं, जो निष्ठावान नहीं है।

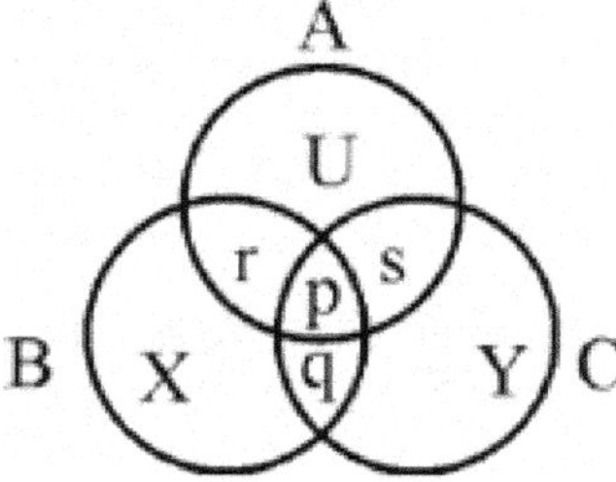

A. X   B. q   C. p   D. s

Q.20 "बेहतर शिक्षा का लाभ उठाकर किसी आदमी का अपने को स्त्री से अधिक बुद्धिमान मानना इसी प्रकार है जैसे कि एक हाथ बंधे हुये व्यक्ति को पीटकर किसी आदमी द्वारा अपने साहस की शेखी बघारना।"

A. निगमन तर्क   B. काल्पनिक तर्क

C. सादृश्यमूलक तर्क   D. तथ्यात्मक तर्क

Q.21 एक यौगिक प्रस्ताव जो न तो एक तनातनी है और न ही एक विरोधाभास एक _________ कहा जाता है।

A. आकस्मिकता   B. समानक

C. स्थिति   D. अनुमान

Q.22 जो केवल दो प्रतीकों 0 और 1 का उपयोग करता है?

A. द्विआधारी अंक प्रणाली

B. दशमलव अंक प्रणाली

C. षडदशमलव अंक प्रणाली

D. अष्टभुजा अंक प्रणाली

Q.23 निम्नलिखित में से कौन सा सर्च इंजन नहीं है?

[Haryana Constable, 2018]

A. गूगल   B. क्रोम   C. याहू   D. बिंग

Q.24 एचटीएमएल (HTML) का सम्पूर्ण रूप है:

A. हाइपर टेक्स्ट मैजिक लाइन

B. हाइपर टेक्स्ट मार्कअप लाइन

C. हाइपर टेक्स्ट मार्कअप लैंग्वेज

D. हाई टेक्स्ट मार्कअप लैंग्वेज

Q.25 जेपीईजी (JPEG) का सम्पूर्ण रूप है:

A. जॉइंट फोटो इलेक्ट्रॉनिक ग्रुप

B. जॉइंट पिक्चर इलेक्ट्रॉनिक ग्रुप

C. जॉइंट फोटोग्रेफिक एक्सपर्ट्स ग्रुप

D. जॉइंट पिक्चर एक्सपर्ट ग्रुप

Q.26 निम्नलिखित में से कौन सा विकल्प क्लाउड के रूप में माना जा सकता है?

A. हड़ूप   B. इंट्रानेट

C. वेब अनुप्रयोग   D. उल्लेख के सभी

Q.27 gif, jpg, bmp, png का प्रयोग फाइल्स के विस्तार के रूप में किया जाता है, जो भण्डारण करती हैं

A. ऑडियो डाटा   B. इमेज डाटा

C. वीडियो डाटा   D. टैक्स्ट डाटा

Q.28 क्लोरोफ्लोरोकार्बन जैसे कम हानिकारक यौगिकों के साथ बदल रहे हैं

A. हाइड्रोकार्बन

B. हाइड्रोफ्लोरोकार्बन

C. dichlorodifluoromethane

D. difluoroethane

Q.29 किसी देश से कुल CO_2 के उत्सर्जन के संदर्भ में सही क्रम को पहचानिए:

A. यू.एस.ए.>चीन>भारत>रूस

B. चीन> यू.एस.ए.>भारत>रूस

C. चीन> यू.एस.ए.>रूस>भारत

D. यू.एस.ए.>चीन>रूस>भारत

Q.30 चक्रवात 'हुदहुद' किस राज्य के तट से टकराया?

A. आंध्र प्रदेश   B. कर्नाटक   C. केरल   D. गुजरात

Q.31 निम्नलिखित में से कौन सा नवीकरणीय प्राकृतिक स्रोत नहीं है?

A. स्वच्छ वायु   B. ताजा पानी   C. उर्वर मिट्टी   D. नमक

Q.32 NMEICT का मतलब है:

A. नेशनल मिशन ऑन एजुकेशन थ्रू ICT

B. नेशनल मिशन ऑन ई-गवर्नेंस थ्रू ICT

C. नेशनल मिशन ऑन ई-कॉमर्स थ्रू ICT

D. नेशनल मिशन ऑन ई-लर्निंग थ्रू ICT

Q.33 शहरी क्षेत्रों में नाइट्रोजन (NO_X) के ऑक्साइड के कारण प्रदूषण का प्रमुख स्रोत ____ है।

A. सड़क परिवहन

B. व्यावसायिक क्षेत्र
C. उद्योग में ऊर्जा का उपयोग
D. बिजली संयंत्रों

Q.34 1944 के 16.66% के 11.11% के 8.33% का मान ज्ञात करें?

A. 9   **B.** 3   **C.** 7   **D.** 2

Q.35 शिक्षण की सबसे अच्छी विधि ________ है।

A. जानकारी प्रदान करना
B. विद्यार्थियों को पुस्तक पढ़ने को कहना
C. अच्छी सन्दर्भ सामग्री का सुझाव देना
D. परिचर्चा/ विचार विमर्श शुरू करना और उसमे भाग लेना

Q.36 किसी शिक्षक के लिए, श्यामपट्ट पर लिखने के लिए निम्न में से कौन सा तरीका सबसे स्पष्ट होता है?

A. तेज़ गति से लिखना और जितना संभव हो उतना स्पष्ट लिखना
B. पहले विषय-वस्तु को लिखना और फिर विद्यार्थियों को पढ़ने के लिए कहना
C. पहले विद्यार्थियों से प्रश्न करना और फिर उनके दिए गए उत्तर को लिखना
D. जितना संभव हो उतने महत्वपूर्ण बिन्दुओं को लिखना

Q.37 अंतरराष्ट्रीय समझ को बढ़ावा देने के लिए एक शिक्षक को बचना चाहिए:

A. बल के बजाय कारण के उपयोग के लिए एक उचित संबंध विकसित करने से
B. बच्चे के शरीर और मस्तिष्क के स्वस्थ विकास से संबंधित करने से
C. बच्चे के दिमाग को निष्क्रिय करने से
D. बच्चों में अंतर्राष्ट्रीय दृष्टिकोण विकसित करने के लिए गतिविधियों का आयोजन करने से

Q.38 आज के समय में अधिगम का सबसे प्रभावी तरीका ________ है।

A. स्व-अध्ययन
B. आमने-सामने से अध्ययन
C. ई-लर्निंग
D. सम्मिश्रित अधिगम

Q.39 कक्षा परिवेश में अध्यापक द्वारा सूचना-आधिक्य के परिणाम स्वरुप होगी:

A. उच्च स्तरीय सहभागिता   **B.** शब्दार्थ संबंधी स्पष्टता
C. प्रभावी प्रभाव   **D.** विलंबित प्रतिपुष्टि

Q.40 जैसे-जैसे हम पारस्परिक संपर्क से जनसंचार की ओर बढ़ते हैं:

A. संदेश कम संरचित हो जाते हैं और प्रतिक्रिया अधिक तात्कालिक हो जाती है
B. संदेश कम संरचित हो जाते हैं और प्रतिक्रिया कम तात्कालिक हो जाती है
C. संदेश अधिक संरचित हो जाते हैं और प्रतिक्रिया अधिक तात्कालिक हो जाती है
D. संदेश अधिक संरचित हो जाते हैं और प्रतिक्रिया कम तात्कालिक हो जाती है

Q.41 शोध का उद्देश्य वास्तविकता को समझना, नए ज्ञान और आविष्कारों की खोज करना, समाज में विकास और अनुसंधान नैतिकता निश्चित रूप से शोधकर्ताओं को रोक सकती है। सभी पहलुओं को ध्यान में रखते हुए यह निश्चित रूप से तय किया गया है कि शोधकर्ताओं को:

A. शोध के लिए पूर्ण स्वतंत्रता होगी
B. मनुष्यों के लिए जोखिम वाले अध्ययनों का संचालन नहीं करेंगे
C. शोध नैतिकता के कुछ संकेतों का पालन करेंगे

D. खुद शोध नैतिकता का फैसला करेगा

Q.42 निम्नलिखित में से कौन सा अनुसंधान में नैतिकता का समर्थन नहीं करता है?

A. प्रतिभागियों की पहचान तक सीमित पहुंच
B. लिखित सहमति के साथ ही प्रतिभागी की जानकारी प्रकट करना
C. डेटा सबसेट का खुलासा करना
D. डेटा उपकरणों तक पहुंच को प्रतिबंधित करना जहां प्रतिभागी की पहचान की जाती है

Q.43 निम्नलिखित में से एक शोधकर्ता के अनैतिक प्रयोग की पहचान कीजिये:

A. साहित्यिक चोरी न करना
B. प्रतिरूपण न करना
C. विश्वसनीय जानकारी से परिहार
D. जोड़-तोड़ न करना

Q.44 उच्च ______ वाले शोध पत्रिकाओं को आमतौर पर कम वाले लोगों की तुलना में अधिक महत्वपूर्ण माना जाता है।

A. अभिलक्षणिक कारक   **B.** एच सूचकांक
C. प्रभाव कारक   **D.** i10-सूचकांक

Ques (45-49):निर्देश: निम्न सारणी का ध्यानपूर्वक अध्ययन कीजिये और निम्न प्रश्नों के उत्तर दीजिये।

निम्न सारणी विभिन्न शहरों में वैश्विक महामारी के सक्रिय मामलों की संख्या और वैश्विक महामारी से मृत्यु की संख्या की जानकारी देती है।

शहर	कुल मामले	सक्रिय मामले	मृत्यु
शहर 1	2332	1644	93
शहर 2	14630	3462	139
शहर 3	9888	3720	413
शहर 4	27900	17015	874
शहर 5	2800	1470	260

Q.45 शहर 2 और शहर 5 में सक्रिय मामलों का कुल प्रतिशत क्या है?

A. 27.28%   **B.** 28.29%   **C.** 25.26%   **D.** 26.25%

Q.46 निम्नलिखित में से किस शहर में मृत्यु का प्रतिशत अधिकतम है?

A. शहर 1   **B.** शहर 3   **C.** शहर 4   **D.** शहर 5

Q.47 शहर 5 में स्वस्थ होने वाले मामलों की संख्या का शहर 1 में स्वस्थ होने वाले मामलों की संख्या से अनुपात क्या है?

A. 119:214   **B.** 214:119
C. 89:137   **D.** 98:57

Q.48 निम्नलिखित में से किस शहर में मृत्यु का प्रतिशत न्यूनतम है?

A. शहर 2   **B.** शहर 3   **C.** शहर 4   **D.** शहर 5

Q.49 शहर 4 में स्वस्थ होने वाले मामलों की संख्या, शहर 3 में मामलों की कुल संख्या का कितने प्रतिशत है?

A. 102.15%   **B.** 101.5%
C. 101.24%   **D.** 112.27%

Q.50 निम्नलिखित में से कौन सा डीम्ड विश्वविद्यालय के बारे में असत्य है?

A. यह पाठ्यक्रम को स्थापित करने में पूरी स्वायत्तता रखता है
B. यह प्रवेश और शुल्क के लिए स्वयं के दिशानिर्देश तैयार करता है
C. यह अन्य संस्थानों को संबद्ध कर सकता है
D. यह अपने नाम के तहत डिग्री प्रदान कर सकता है

Paper-II

Q.51 अल्पावधि में एक पूर्ण प्रतिस्पर्धी बाजार संतुलन में होगा जहां,

A. MC = AC

B. MC = MR

C. MC = शून्य

D. इनमे से कोई भी नहीं

Q.52 नमूनाकरण की एक विधि जो जनसंख्या के सभी वर्गों के आनुपातिक प्रतिनिधित्व को सुनिश्चित करती है, _______ कहलाती है।

A. सरल यादृच्छिक नमूनाकरण

B. स्तरीकृत नमूनाकरण

C. उद्देश्यपूर्ण नमूनाकरण

D. व्यवस्थित नमूनाकरण

Q.53 आम तौर पर, सीमांत भौतिक उत्पाद वक्र का आकार होता है:

A. यू के आकार का

B. वी के आकार का

C. उलटा यू के आकार का

D. इनमें से कोई नहीं

Q.54 निम्नलिखित में से किसने विदेशी मुद्रा के क्षेत्र में महत्वपूर्ण विकास पेश किया?

A. विदेशी मुद्रा विनियनन अधिनियम (फेरा)

B. विदेशी मुद्रा प्रबंधन अधिनियम (फेमा)

C. निर्यात-आयात नीति, 2005-06

D. एक्जिम बैंक

Q.55 निम्नलिखित में से कौन सा लेखांकन सिद्धांत मालिकों और प्रबंधन के बीच अंतर करता है?

A. गोइंग कंसर्न सिद्धांत

B. दोहरा पहलू सिद्धांत

C. पृथक इकाई सिद्धांत

D. रूढ़िवाद सिद्धांत

Q.56 किसी कंपनी की पूंजी को कम करना _______ कहा जाता है।

A. आंतरिक पुनर्निर्माण

B. बाहरी पुनर्निर्माण

C. समेकन

D. इनमें से कोई नहीं

Q.57 AS-3 (संशोधित) के अनुसार नकद का अर्थ _______ है।

A. हाथ में नकदी

B. बैंक में नकदी

C. हाथ में नकदी और बैंक के पास मांग जमा

D. इनमे से कोई भी नहीं

Q.58 सूची - I की वस्तुओं के साथ सूची - II की वस्तुओं का मिलान करें।

सूची - I	सूची - II
a. नकदी के समांतर	i. किसी परिसंपत्ति के प्रबंधन की क्षमता
b. औसत वसूली अवधि	ii. सरकारी खर्च पर नियंत्रण
c. शून्य-आधार बजट	iii. तरल प्रतिभूतियाँ
d. जिम्मेदारी केंद्र	iv. अवशिष्ट आय

A. a - iii, b - i, c - ii, d - iv

B. a - iv, b - ii, c - iii, d - i

C. a - i, b - ii, c - iii, d - iv

D. a - ii, b - i, c - iii, d - iv

Q.59 ब्रेक-ईवन विश्लेषण के बीच संबंध से संबंधित है:

A. लागत और लागत मिश्रण

B. लागत, उत्पादन और मुनाफा

C. लागत और बिक्री

D. लाभ और बिक्री

Q.60 मूल्य-भेदभाव लाभदायक और संभव है यदि दोनों बाजारों में _______ है।

A. मांग की समान लोच

B. मांग की विभिन्न लोच

C. स्थिर मांग

D. अत्यधिक लोचदार मांग

Q.61 बढ़ते और निरंतर रिटर्न के नियम ___ के अस्थायी चरण हैं।

A. परिवर्तनशील अनुपात का नियम

B. ह्रासमान प्रतिफल का नियम

C. आनुपातिकता का नियम

D. उपयोगिता घटने का नियम

Q.62 निम्नलिखित में से कौन सी मूल्य निर्धारण रणनीति बड़ी संख्या में उत्पादों का उत्पादन करने वाली एक फर्म होगी?

A. लागत सहित मूल्य

B. अंतर मूल्य निर्धारण

C. उत्पाद लाइन मूल्य निर्धारण

D. मूल्य नेतृत्व

Q.63 एफ-टेस्ट एक _______ है।

A. संभाव्यता परीक्षण

B. विचरण परीक्षण

C. कारक विश्लेषण

D. इनमे से कोई भी नहीं

Q.64 प्रतिगमन विश्लेषण ____ का एक उपाय है।

A. संबंध की डिग्री और दिशा

B. संघ की डिग्री

C. कारण और प्रभाव संबंध

D. इनमे से कोई भी नहीं

Q.65 सूची-I के आइटम का सूची - II के आइटम के साथ मिलान करें।

सूची-I	सूची-II
a. यादृच्छिक नमूना	i. संरचित
b. परिकल्पना परीक्षण	ii. पैरामीट्रिक परीक्षण
c. प्रश्नावली	iii. सम्भाव्यता नमूनाचयन
d. टी परीक्षण	iv. बी-त्रुटि

A. a - iv, b - iii, c - i, d - ii

B. a - iii, b - iv, c - ii, d - i

C. a - iii, b - i, c - iv, d - ii

D. a - iii, b - iv, c - i, d - ii

Q.66 नमूने के 25 युग्मित अवलोकनों के बीच सहसंबंध की मानक त्रुटि की गणना करने के लिए निम्न में से किस सूत्र का उपयोग किया जाता है?

A. $\frac{(1-r^2)}{\sqrt{n}}$ **B.** $\sqrt{\frac{(1-r^2)}{(n-2)}}$ **C.** $\left(\frac{1+r^2}{\sqrt{n}}\right)$ **D.** $\sqrt{\frac{(n-2)}{(1-r^2)}}$

Q.67 चंक नमूनाकरण के रूप में जाना जाता है:

A. कोटा नमूनाकरण

B. सुविधा नमूनाकरण

C. निर्णय नमूनाकरण

D. क्लस्टर नमूनाकरण

Q.68 वैज्ञानिक प्रबंधन के जनक कौन थे?

A. पीटर एफ. ड्रकर

B. हेनरी फेयोल

C. एफ. डब्ल्यू टेलर

D. चार्ल्स बैबेज

Q.69 KRA क्या हैं?

A. की रिजल्ट एरियाज

B. की रिक्रूटमेंट एजेंसीज

C. की रियल असेस्ट्स

D. की रेसोर्स्फुल एरियाज

Q.70 निम्नलिखित में से किस प्रकार के प्रबंधकीय निर्णय बुनियादी निर्णयों के अनुरूप होते हैं?

A. मैकेनिकल निर्णय और विश्लेषणात्मक निर्णय

B. विवेकपूर्ण निर्णय और दत्तक निर्णय

C. विवेकपूर्ण निर्णय, दत्तक निर्णय और विश्लेषणात्मक निर्णय

D. ऊपर के सभी

Q.71 मेगा-मार्केटिंग को किसने प्रतिपादित किया?

A. मैक आर्थी

B. फिलिप कोटलर

C. सेठ

D. पीटर एफ. ड्रकर

Q.72 ऑनलाइन मार्केटिंग __________ के साथ जुड़ा हुआ है।

A. विभाजन
B. उत्पाद जीवन चक्र
C. वितरण
D. बाँधना

Q.73 संबंध विपणन _________ से संबंधित है।

A. एक बार ख़रीदे
B. दो समय की खरीद
C. बार-बार खरीद
D. निरंतर खरीद

Q.74 आधुनिक विपणन अवधारणा ___ पर जोर देती है।

A. बिक्री अधिकतमकरण
B. ग्राहक संतुष्टि
C. मुनाफे की उच्चतम सीमा तक ले जाना
D. धन अधिकतमकरण

Q.75 पेनेट्रेशन मूल्य निर्धारण __________ है।

A. ऊंची कीमत वसूलना
B. कम कीमत वसूलना
C. प्रतिस्पर्धी मूल्य वसूलना
D. इनमे से कोई भी नहीं

Q.76 राइट शेयरों के संबंध में अधिमान्य अधिकार प्राप्त हैं:

A. प्रतिधारित कमाई का भुगतान
B. लाभांश का भुगतान
C. कंपनी के समापन की स्थिति में पूंजी का पुनर्भुगतान
D. इनमें से कोई नहीं

Q.77 गैर-निष्पादित परिसंपत्ति का अर्थ है।

A. गैर-कार्यात्मक संपत्ति
B. अप्रचलित संपत्ति
C. संपत्तियों को कंपनी परिसमापक को हस्तांतरित किया गया
D. 90 दिनों से अधिक समय से अतिदेय होने वाले ऋण

Q.78 सूची - II की वस्तुओं के साथ सूची - I की वस्तुओं का मिलान करें।

सूची - I	सूची - II
a. कैपिटल गियरिंग अनुपात	i. लाभप्रदता
b. अचल संपत्ति का कारोबार	ii. अल्पकालिक शोधन क्षमता
c. लाभांश	iii. गतिविधि
d. अम्ल परिक्षण	iv. लंबे समय तक सॉल्वेंसी

A. a - iv, b - iii, c - i, d - ii
B. a - iv, b - iii, c - ii, d - i
C. a - iii, b - iv, c - i, d - ii
D. a - iv, b - i, c - iii, d - ii

Q.79 पूंजी संरचना डिजाइनिंग का ____ से कोई लेना-देना नहीं है।

A. लाभप्रदता
B. करदानक्षमता
C. लचीलापन
D. हस्तांतरणीयता

Q.80 निम्नलिखित में से कौन-सा/से अल्पकालिक वित्त का स्रोत है/हैं?

A. व्यापार ऋण
B. बैंक क्रेडिट
C. लघु अवधि की उधारी
D. ऊपर के सभी

Q.81 निम्नलिखित में से कौन मानव संसाधन प्रबंधन का ऑपरेटिव कार्य है?

A. नियंत्रित करना
B. आयोजन
C. कच्चे माल की खरीद
D. इनमे से कोई भी नहीं

Q.82 अघोषित मूल्यह्रास, जो एक ही आकलन वर्ष में निर्धारित नहीं किया जा सका, आगे बढ़ाया जा सकता है

A. 4 साल तक
B. 8 साल तक
C. 10 साल तक
D. एक अनिश्चित अवधि के लिए

Q.83 ऐसी स्थिति जहां विश्व व्यापार संगठन के एक सदस्य द्वारा दूसरे सदस्य को दिया गया कोई भी लाभ सभी विश्व व्यापार संगठन के सदस्यों को दिया जाता है, को ___ कहा जाता है।

A. व्यापार का पथांतरण
B. अंतर क्षेत्रीय सिद्धांत
C. अधिकांश-इष्ट-राष्ट्र
D. सबसे कम कारोबार वाला राष्ट्र

Q.84 वैश्वीकरण को बढ़ावा देने के लिए डब्ल्यूटीओ प्रक्रिया निम्नलिखित में से कौन सी है?

A. मुक्त व्यापार को बढ़ावा देना
B. बजटीय सब्सिडी में कमी
C. शिपिंग लागत में कमी
D. विदेशी पोर्टफोलियो निवेश को बढ़ावा देना।

Q.85 निर्देश: दिए गए कथनों को ध्यान से पढ़ें और उसके अनुसार सही विकल्प चुनें।

अभिकथन (A): 'भुगतान संतुलन' उन सभी प्राप्तियों के एक वर्गीकृत रिकॉर्ड का निर्यात करता है, जो निर्यात की गई सेवाओं, 'निवासियों' द्वारा प्राप्त की गई पूंजी और उनके द्वारा किए गए माल के भुगतान और उनके द्वारा किए गए भुगतान और पूंजी से प्राप्त सेवाओं के लिए भुगतान की जाती हैं। 'गैर-निवासी' या 'विदेशी'।

कारण (R): किसी देश का 'भुगतान संतुलन' किसी देश और शेष विश्व के 'निवासियों' के बीच सभी आर्थिक लेनदेन का एक व्यवस्थित रिकॉर्ड है।

A. दोनों (A) और (R) सही हैं और (R) (A) की सही व्याख्या है।
B. दोनों (A) और (R) सही हैं, लेकिन (R) (A) का सही स्पष्टीकरण नहीं है।
C. (R) सही है, लेकिन (A) सही नहीं है।
D. दोनों (A) और (R) गलत हैं।

Q.86 व्यापार और विकास पर संयुक्त राष्ट्र सम्मेलन (UNCTAD) ____ में स्थापित किया गया था।

A. 1944
B. 1954
C. 1960
D. 1964

Q.87 डी. काट्ज के अनुसार, मनोबल के चार आयाम हैं

(i) नौकरी से संतुष्टि
(ii) वेतन और प्रचार के अवसरों से संतुष्टि
(iii) कंपनी के साथ पहचान
(iv) कार्य समूह में गर्व
(v) शीर्ष प्रबंधन का समर्थन

सही संयोजन का चयन करें।

A. (i), (ii), (iii) और (iv)
B. (i), (ii), (iii) और (v)
C. (i), (ii), (iv) और (v)
D. (i), (iii), (iv) और (v)

Q.88 प्रदर्शन मूल्यांकन के आधुनिक तरीके निम्नलिखित में से कौन से हैं?

(i) 360 डिग्री प्रदर्शन मूल्यांकन
(ii) ग्राफिक रेटिंग स्केल
(iii) उद्देश्यों द्वारा प्रबंधन (MBO)
(iv) जबरन वितरण विधि
(v) व्यवहारिक रूप से लंगर रेटिंग पैमाने (BARS)

नीचे दिए गए कोड से सही उत्तर का चयन करें।

A. (i), (ii) और (iii)
B. (ii), (iv) और (v)
C. (i), (iii) और (v)
D. (iv), (ii) और (i)

Q.89 "पूर्ण लागत लाभ के सिद्धान्त" के संबंध में निम्नलिखित कथनों पर विचार करें:

(i) प्रत्येक देश द्वारा धारित प्राकृतिक और अर्जित संसाधनों की विविधता के कारण विभिन्न देशों की उत्पादन दक्षता में अंतर होता है।

(ii) प्राकृतिक लाभ के अंतर परिवर्ती जलवायु, भूमि की गुणवत्ता, खनिजों, जल और अन्य संसाधनों की उपलब्धता में परिलक्षित होते हैं।

(iii) अर्जित संसाधनों में अंतर उपलब्ध प्रौद्योगिकी और कौशल के विभिन्न स्तरों में परिलक्षित होते हैं।

निम्नलिखित में से सही कूट की पहचान करें:

A. कथन (i) सही है, परंतु (ii) और (iii) सही नहीं है।

B. कथन (i) और (ii) सही हैं, परंतु (iii) सही नहीं है।

C. कथन (i), (ii) और (iii) सभी सही हैं।

D. कोई भी कथन सही नहीं है।

Q.90 मूल्य-निर्धारण विधि, जो कि उत्पाद की स्थिति की अवधारणा के सबसे निकट है

A. लागत सहित मूल्य

B. मूल्य निर्धारण

C. पेरिस्ड-मूल्य विधि

D. मनोवैज्ञानिक मूल्य निर्धारण

Q.91 समूहों के बीच तीन विभिन्न प्रकार की परस्पर निर्भरता मुख्य रूप से किसके द्वारा सुझाई गई थी?

A. लिकर्ट

B. कर्ट लेविन

C. थॉम्पसन

D. गॉर्डन लिपिट

Q.92 निम्नलिखित कथनों पर विचार करें और नीचे दिए गए कोड से सही विकल्प का संकेत दें।

(i) उत्पाद प्रबंधन प्रणाली अक्सर महंगी हो जाती है।

(ii) जब ग्राहक अलग-अलग उपयोगकर्ता समूहों से संबंधित होते हैं, जिसमें अलग-अलग खरीद प्राथमिकताएँ और व्यवहार होते हैं, तो बाज़ार प्रबंधन संगठन उपयुक्त नहीं होता है।

(iii) विज्ञापन विभाग का कंपनी के वित्त विभाग के साथ निकटतम इंटरफ़ेस है।

A. (i) और (ii) सही हैं।

B. (ii) और (iii) सही हैं।

C. केवल (i) सही है।

D. सब सही हैं

Q.93 निम्नलिखित कथनों पर विचार करें और नीचे दिए गए कोड से सही विकल्प का पता लगाएं।

(i) एक अच्छा विक्रेता वह है जो एक एस्किमो को रेफ्रिजरेटर बेच सकता है।

(ii) सेल्समैन पैदा होते हैं, बनाए नहीं जाते।

(iii) भौतिक वितरण एक ऐसा क्षेत्र है जहाँ उच्च लागत-बचत संभव है।

A. (i) और (iii) सही हैं।

B. (i) और (ii) सही हैं।

C. (ii) और (iii) सही हैं।

D. सब सही हैं

Q.94 IGST में "I" का क्या अर्थ है?

A. आंतरिक   **B.** एकीकृत   **C.** पारस्परिक   **D.** इंट्रा

Q.95 सीमांत-लागत तकनीक ___ के लिए उपयोगी है।

A. निर्णय लेना या खरीदना

B. लाभ योजना

C. शट-डाउन निर्णय

D. उपरोक्त सभी

Q.96 निम्नलिखित कारकों में से कौन सा संयोजन कार्यशील पूंजी की आवश्यकता को प्रभावित करता है?

I. बाजार की स्थिति

II. उत्पादन नीति

III. फर्म की सद्भावना

IV. आपूर्ति की स्थिति

A. I, II और III

B. II, III और IV

C. I, III और IV

D. I, II और IV

Q.97 किसी कंपनी द्वारा एडीआर के मुद्दे के पूर्ण विवरण को उसके बंद होने की तिथि से 30 दिनों के भीतर किसे प्रस्तुत किया जाना चाहिए?

A. प्रतिभूति और विनिमय आयोग (SEC)

B. भारतीय रिजर्व बैंक (RBI)

C. भारतीय प्रतिभूति और विनिमय बोर्ड (SEBI)

D. कंपनी लॉ बोर्ड (सीएलबी)

Q.98 सूची - II की वस्तुओं के साथ सूची - I की वस्तुओं का मिलान करें और सही उत्तर का चयन करें।

सूची- I	सूची- II
i.SLR	(a) उपभोक्ता संरक्षण के क्षेत्र में कार्य करना
ii.SIDBI	(b) उधार नियंत्रण
iii.CUTS	(c) औद्योगिक नीति
iv.ILPIC	(d) लघु उद्योगों की सुविधा

A. i - (a), ii - (c), iii - (d), iv - (b)

B. i - (b), ii - (d), iii - (a), iv - (c)

C. i - (a), ii - (b), iii - (c), iv - (d)

D. i - (a), ii - (c), iii - (b), iv - (d)

Q.99 आयोजन का प्रबंधकीय कार्य शामिल है?

A. बदलती परिस्थितियों के मद्देनजर योजनाओं की समीक्षा और समायोजन

B. उद्देश्यों की सिद्धि के लिए कार्यक्रम स्थापित करना

C. प्रदर्शन किए जाने वाले कार्यों और स्लावों की संरचना बनाना

D. दूसरों के माध्यम से चीजें हासिल करना

Q.100 अपने श्रेष्ठ ज्ञान के कारण नेता के रूप में उत्कृष्ट प्रदर्शन करने वाले नेता ________ हैं।

A. निरंकुश नेता

B. बौद्धिक नेता

C. उदार नेता

D. संस्थागत नेता

Q.101 सामाजिक बैलेंस शीट _____ दिखाती है।

A. सामाजिक लागत

B. सामाजिक राजस्व

C. संगठन के कर्मचारियों का मूल्य

D. ऊपर के सभी

Q.102 निम्नलिखित कथनों पर विचार करें। नीचे दिए गए विकल्पों में से कौन सा सही है?

(i) एक फर्म की विपणन सूचना प्रणाली, उसकी विपणन अनुसंधान प्रणाली का एक घटक है।

(ii) अधिकांश फर्मों में किए गए विपणन अनुसंधान के सबसे सामान्य रूप बाजार की क्षमता का माप और बाजार हिस्सेदारी का विश्लेषण हैं।

(iii) सर्वेक्षण अनुसंधान का उपयोग उपभोक्ता धारणा और दृष्टिकोण के अध्ययन के लिए किया जाता है।

(iv) उपभोक्ता की खरीद के बाद के व्यवहार का अध्ययन करने के लिए संज्ञानात्मक असंगति की अवधारणा प्रासंगिक है।

A. सभी कथन सत्य हैं

B. सभी कथन असत्य हैं

C. असत्य है और बाकी सत्य हैं

D. (ii) और (iv) सत्य हैं और बाकी असत्य हैं

Q.103 एक कंपनी द्वारा अपने एक या एक से अधिक व्यवसाय प्रभागों द्वारा दूसरी नई सेट अप कंपनी में स्थानांतरण को ______ कहा जाता है।

A. डीमर्जर

B. विलयन

C. इक्विटी नक्काशी-बाहर

D. विनिवेश

Q.104 निम्नलिखित में से कौन सा परीक्षण क्रमिक पैमाने डेटा पर लागू किया जा सकता है?

(i) ची-वर्ग परीक्षण
(ii) 'Z' टेस्ट
(iii) क्रुसकल-वालिस परीक्षण
(iv) विलकॉक्सन मान-व्हिटनी परीक्षण

A. (i), (ii) और (iii)
B. (ii), (iv) और (iii)
C. (i), (iii) और (iv)
D. (i), (ii) और (iv)

Q.105 लर्नर इंडेक्स निम्नलिखित में से किसको मापता है?

A. बाजार की शक्ति
B. कीमत
C. मूल्य-सीमांत लागत
D. इनमे से कोई भी नहीं

Q.106 निर्देश: नीचे दिए गए दो कथन हैं, एक को अभिकथन (A) और दूसरे को कारण (R) के रूप में लेबल किया गया है। निम्नलिखित में से कौन सा विकल्प सही है?

अभिकथन (A): मार्क-अप मूल्य निर्धारण का एक तरीका है।

कारण (R): P = ATC + (m × ATC) उसके लिए अभिव्यक्ति है।

A. (A) सही है लेकिन (R) सही नहीं है
B. दोनों (A) और (R) सही हैं
C. दोनों (A) और (R) सही नहीं हैं
D. (R) सही है, लेकिन (A) सही नहीं है

Q.107 निर्देश: नीचे दिए गए दो कथन हैं, एक को अभिकथन (A) और दूसरे को कारण (R) के रूप में लेबल किया गया है। निम्नलिखित में से कौन सा विकल्प सही है?

अभिकथन (A): खेल सिद्धांत ओलिगोपोलिस्टिक फर्मों का विश्लेषण करने का अवसर प्रदान करता है।

कारण (R): खेल सिद्धांत इस बात का अध्ययन है कि लोग रणनीतिक स्थितियों में कैसे व्यवहार करते हैं।

A. (A) और (R) दोनों सही हैं, और (R) (A) का सही स्पष्टीकरण है
B. (A) और (R) दोनों सही हैं, लेकिन (R) (A) का सही स्पष्टीकरण नहीं है
C. (A) सही है, लेकिन (R) सही नहीं है
D. (A) गलत है, और (R) सही है

Q.108 वह आधार बताएं जिस पर उपभोक्ता संरक्षण अधिनियम, 1986 के तहत शिकायत अमान्य होगी?

A. कम वजन वाला उत्पाद
B. एक सेवा मुफ्त प्रदान की जाती है
C. अखबार में दिया गया भ्रामक विज्ञापन
D. इनमे से कोई भी नहीं

Q.109 उद्योग (विकास और विनियमन) अधिनियम, 1951 के प्रावधानों के तहत, _____ के लिए एक लाइसेंस आवश्यक है।

A. मौजूदा औद्योगिक उपक्रम का स्थान बदलना
B. किसी मौजूदा औद्योगिक उपक्रम में एक नया लेख बनाना
C. एक नया उपक्रम स्थापित करना
D. ऊपर के सभी

Q.110 दो देशों से होने वाला लाभ _____ पर निर्भर करता है।

A. घरेलू वस्तु विनिमय दर
B. दोनों देशों की घरेलू वस्तु विनिमय दरों में अंतर
C. व्यापार की शर्तें
D. पूर्ण लाभ की डिग्री

Q.111 भारत में सार्वजनिक उद्यमों के निजीकरण का लोकप्रिय मार्ग _____ रहा है।

A. विनिवेश
B. आरंभिक सार्वजनिक प्रस्ताव
C. एकमुश्त बिक्री
D. रणनीतिक साथी को बिक्री

Q.112 भूमि और भवन की खरीद _______ का एक उदाहरण है।

A. समूह निर्णय
B. प्रमुख निर्णय
C. मामूली निर्णय
D. स्पॉट निर्णय

Q.113 एक नेता जो परिवार के मुखिया के रूप में कार्य करता है और अपने अनुयायियों को अपने परिवार के सदस्यों की तरह व्यवहार करता है, वह ______ है।

A. पैतृक नेता
B. बौद्धिक नेता
C. उदार नेता
D. संस्थागत नेता

Q.114 निम्नलिखित में से कौन सी वस्तु सीमित कंपनी के लिए लाभ का विनियोग नहीं है?

A. कॉर्पोरेट कर देय
B. साधारण लाभांश देय
C. डिबेंचर ब्याज देय
D. वरीयता लाभांश देय

Q.115 निम्नलिखित में से कौन जिम्मेदारी लेखांकन के लिए लागू नहीं है?

A. लेखा केंद्र
B. लागत केंद्र
C. निवेश केंद्र
D. लाभ केंद्र

Q.116 यदि पार्टनर के रिटायरमेंट के समय किसी साझेदारी फर्म की पुस्तक में उठाई गई सद्भावना और उसका पूरा मूल्य लिखा जाना है, तो शेष भागीदारों के पूंजी खातों में डेबिट किया जाता है।

A. अनुपात प्राप्त करना
B. पुराना लाभ और हानि साझा अनुपात
C. नया लाभ और हानि साझा करने का अनुपात
D. रणनीतिक साथी को बिक्री

Q.117 दी गई सूचियों का मिलान करें और उत्तर के लिए सही कोड का चयन करें।

	सूची - I		सूची - II
a.	योग्य प्रतिद्वंद्वी	i.	एक ही उत्पाद के लिए अलग-अलग कीमतें
b.	एकाधिकार प्रतियोगिता	ii.	प्रमुख रणनीति
c.	अल्पाधिकार	iii.	उत्पाद में भिन्नता
d.	भेदभावपूर्ण एकाधिकार	iv.	समान उत्पाद

A. a - (iv), b - (iii), c - (ii), d - (i)
B. a - (i), b - (ii), c - (iii), d - (iv)
C. a - (ii), b - (iv), c - (i), d - (iii)
D. a - (iii), b - (i), c - (iv), d - (ii)

Q.118 निम्नलिखित में से कौन सा कार्डिनल उपयोगिता विश्लेषण की मूल धारणा नहीं है?

A. उपभोक्ता की तर्कसंगतता
B. उपयोगिता कार्डिनली औसत दर्जे का
C. पैसे की सीमांत उपयोगिता कम हो रही है
D. स्वतंत्र उपयोगिताओं की परिकल्पना

Q.119 'एफ' परीक्षण का उपयोग _______ के लिए नहीं किया जा सकता है।

A. एक एकल जनसंख्या विचरण के बारे में परिकल्पना का परीक्षण करने में
B. दो से अधिक जनसंख्या साधनों की तुलना करने में
C. दो-जनसंख्या विचरण के बारे में परिकल्पना का परीक्षण करने में
D. यादृच्छिक ब्लॉक डिजाइन के बारे में अध्ययन करने में

Q.120 निम्नलिखित में से कौन सा सांख्यिकीय परीक्षण छात्रों द्वारा प्राप्त किये गए अंकों पर विशेष कोचिंग की प्रभावशीलता का परीक्षण करने के लिए लागू किया जाना चाहिए?

A. युग्मित t परीक्षण
B. Chi- वर्ग परीक्षण
C. Z परीक्षण
D. F परीक्षण

Q.121 निर्देश: निम्नलिखित प्रश्न में, दिए गए प्रश्नों के बाद दो कथनों में जानकारी दी गई है। आपको यह पता लगाना है कि कौन सा कथन प्रश्न का उत्तर देने के लिए पर्याप्त है और तदनुसार अपना उत्तर चिह्नित करें।

कथन I: मैट्रिक्स संगठन का उद्देश्य समन्वय के साथ विकेंद्रीकरण के लाभों को जोड़ना है।

कथन II: उन संगठनों में एक प्रभागीय संरचना आम है जो उद्यमी संरचना से आगे निकल गए हैं।

निम्नलिखित में से सही विकल्प का चयन करें:

A. कथन I सही है, कथन II गलत है
B. कथन I गलत है, कथन II सही है
C. कथन I और कथन II दोनों सही हैं
D. कथन I और कथन II दोनों गलत हैं

Q.122 जिस हद तक दो प्रतिभूतियों के प्रतिफल एक साथ बदलते हैं वह ________ द्वारा परिलक्षित होता है।

A. सह - संबंध
B. उत्तोलन
C. सहप्रसरण
D. बीटा

Q.123 निम्नलिखित में से कौन सक्रिय योजना के बारे में गलत है?

A. भविष्य के जोखिमों के प्रबंधन के बारे में सोचने का तरीका
B. भविष्य की आकस्मिकताओं का पूर्वानुमान लगाना
C. बाहरी घटनाओं पर प्रतिक्रिया
D. अप्रत्याशित परिस्थितियों के लिए वैकल्पिक मार्गों के साथ तैयार होना

Q.124 निम्नलिखित में से किस शब्द में किसी विशेष कार्य के कार्य, कर्तव्य और जिम्मेदारियां शामिल हैं?

A. कार्य मूल्यांकन
B. नौकरी संवर्धन
C. नौकरी विवरण
D. नौकरी में वृद्धि

Q.125 भारत में मौद्रिक और वित्तीय मामलों में सरकार के लिए राजकोषीय एजेंट और सलाहकार निम्नलिखित में से कौन है?

A. स्टेट बैंक ऑफ इंडिया
B. आईडीबीआई
C. आईसीआईसीआई
D. भारतीय रिजर्व बैंक

Q.126 बैंकों का राष्ट्रीयकरण ________ को छोड़कर निम्नलिखित सभी के उद्देश्य से किया गया था।

A. कुछ के द्वारा नियंत्रण हटाना
B. कुछ द्वारा नियंत्रण का प्रावधान
C. कृषि, लघु उद्योग और निर्यात इकाइयों के लिए पर्याप्त ऋण का प्रावधान
D. उद्यमी के एक नए वर्ग का प्रोत्साहन

Q.127 निम्न में से कौन सी वस्तु आयात की नकारात्मक सूची में शामिल है?

1. कैनालिज्ड वस्तुएं
2. प्रतिबंधित वस्तु
3. प्रतिबंधित आइटम
4. खुले सामान्य लाइसेंस की वस्तुएं

A. 1, 3 और 4
B. 2, 3 और 4
C. 1, 2, 3 और 4
D. 1, 2 और 3

Q.128 जब सामानों के वजन के अनुसार कस्टम ड्यूटी लगाई जाती है, तो यह निम्न में से किसके रूप में जाना जाता है?

A. उत्पाद शुल्क
B. एड-वैलोरेम ड्यूटी
C. राजस्व कर्तव्य
D. विशिष्ट कर्तव्य

Q.129 निम्नलिखित को मिलाएं।

सूची - I	सूची - II
(a) व्यापारिक माल का निर्यात	(i) विदेशी वस्तुओं की खरीद
(b) व्यापारिक माल का आयात	(ii) विदेशों में माल की बिक्री
(c) निवेश आय	(iii) बड़े पैमाने पर माल के निर्यात पर आयात की अधिकता के कारण
(d) भुगतान संतुलन में कमी	(iv) विदेशों से प्राप्त लाभांश, ब्याज आदि

A. (a) - (i), (b) - (ii), (c) - (iii), (d) - (iv)
B. (a) - (ii), (b) - (iii), (c) - (iv), (d) - (i)
C. (a) - (ii), (b) - (i), (c) - (iv), (d) - (iii)
D. (a) - (iii), (b) - (iv), (c) - (ii), (d) - (i)

Q.130 आय कराधान वाले अधिकांश देशों में, कॉर्पोरेट संस्थाएं अपने लाभ पर कर के अधीन होती हैं और इसके अलावा, शेयरधारकों के हाथों कर लगाया जाता है जिसे ________ के रूप में जाना जाता है।

A. अधिशुल्क
B. लाभांश
C. शेयर
D. आस्तियाँ

Q.131 मेलबर्न में होटल व्यवसाय का लाभ ________ के मामले में कर योग्य है।

A. निवासी निधारिती
B. सामान्यतया निवासी नहीं
C. गैर-निवासी निधारिती
D. दोनों अनिवासी और नहीं - सामान्यतया निवासी

Q.132 आयकर अधिनियम की किस धारा में छूट प्राप्त आय का उल्लेख किया गया है?

A. धारा 10
B. धारा 11(C)
C. धारा 13
D. धारा 80 C

Q.133 निम्नलिखित को मिलाएं

सूची - A	सूची– B
(a) सार्वजनिक निगम	(i) वह व्यक्ति जिसने स्रोत पर कर की कटौती नहीं की है
(b) डीम्ड निर्धारिती	(ii) कृत्रिम विधिक व्यक्ति
(c) निर्धारिती - में - डिफ़ॉल्ट	(iii) स्थानीय प्राधिकारी
(d) जिला बोर्ड	(iv) कानूनी प्रतिनिधि

A. (a) - (iii), (b) - (ii), (c) - (i), (d) - (iv)
B. (a) - (i), (b) - (ii), (c) - (iii), (d) - (iv)
C. (a) - (iv), (b) - (iii), (c) - (ii), (d) - (i)
D. (a) - (ii), (b) - (iv), (c) - (i), (d) - (iii)

Q.134 निर्देश: नीचे दो कथन दिए गए हैं, एक को अभिकथन (A) और दूसरे को कारण (R) के रूप में लेबल किया गया है। निम्नलिखित में से कौन सा विकल्प सही है चुनें।

अभिकथन (A): पारिवारिक पेंशन कर योग्य नहीं है।

कारण (R): पारिवारिक पेंशन प्राप्त करने वाला व्यक्ति कर्मचारी नहीं बल्कि कर्मचारी का आश्रित था।

A. (A) और (R) दोनों सही हैं
B. (A) सही है और (R) गलत है
C. (A) और (R) दोनों गलत हैं
D. (A) गलत है और (R) सही है

Q.135 एक व्यक्ति को 2,88,000 रुपये का वेतन और 32,000 रुपये का बोनस मिला।उन्होंने वेतन का 15% आरपीएफ में योगदान दिया जिसमें उनके नियोक्ता ने 14 प्रतिशत का योगदान दिया। उन्हें मुंबई में एक किराए का घर दिया गया है। उसके आरपीएफ को जमा किया गया ब्याज 10% प्रति वर्ष की दर से 2,000 रुपये है। A.Y. 2015-16 के लिए वेतन से उनकी आय क्या होगी?

A. 3,68,000 रुपये **B.** 3,63,200 रुपये

C. 3,73,860 रुपये **D.** 3,73,760 रुपये

Q.136 कर कानूनों में, वैज्ञानिक अनुसंधान के लिए अनुमोदित और अधिसूचित एसोसिएशन को दान की अनुमति है:

A. दान का 125% **B.** दान का 100%

C. दान का 175% **D.** दान का 150%

Q.137 _____ चेक के माध्यम से लेनदेन को नियंत्रित करता है।

A. RBI अधिनियम, 1934

B. परक्राम्य लिखत अधिनियम, 1881

C. बैंकिंग विनियमन अधिनियम, 1949

D. भारतीय अनुबंध अधिनियम, 1872

Q.138 ट्रिप्स के तहत कॉपीराइट के लिए संरक्षण _______ तक है।

A. लेखक की मृत्यु के 20 साल बाद

B. लेखक की मृत्यु के 30 साल बाद

C. लेखक की मृत्यु के 40 साल बाद

D. लेखक की मृत्यु के 50 साल बाद

Q.139 जमा प्रमाणपत्र की न्यूनतम अवधि _______ है।

A. 7 दिन **B.** 10 दिन **C.** 15 दिन **D.** 30 दिन

Q.140 सूचना का अधिकार अधिनियम, 2005 _______ का प्रावधान करता है।

A. सभी सार्वजनिक प्राधिकरणों द्वारा किसी भी व्यक्ति को सभी प्रकार की सूचनाओं का प्रसार।

B. अपीलीय निकाय के रूप में केंद्रीय, राज्य और जिला स्तरीय सूचना आयोगों की स्थापना।

C. सार्वजनिक प्राधिकरणों में पारदर्शिता और जवाबदेही।

D. उपर्युक्त सभी

Q.141 निम्नलिखित में से कौन सा अधिनियम भारतीय अनुबंध अधिनियम 1872 की धाराओं से बनाया गया था?

A. क्षतिपूर्ति और गारंटी अधिनियम

B. बिक्री और माल अधिनियम

C. अनुबंध श्रम अधिनियम

D. व्यक्तिगत चोट अधिनियम

Q.142 ECGC संबंधित है

A. श्रेय **B.** बीमा

C. परिवहन **D.** उपर्युक्त सभी

Q.143 एसएचजी के डिजिटलीकरण के लिए नाबार्ड की पायलट परियोजना को क्या कहा जाता है?

A. ई-शक्ति **B.** ई-समृद्धि

C. ई-शांति **D.** ई-संरक्षा

E. इनमें से कोई नहीं

Q.144 राज्य सरकार, केंद्र सरकार और प्रायोजक बैंक के बीच प्रायोजन देश में आरआरबी के संबंध में ____ के अनुपात में है।

A. 15 : 50 : 35 **B.** 50 : 35 : 15

C. 35 : 15 : 50 **D.** 35 : 50 : 15

Q.145 किस बैंक ने एआरडीसी के संपूर्ण उपक्रम का अधिग्रहण किया?

A. आरबीआई **B.** एसबीआई **C.** नाबार्ड **D.** सेबी

Q.146 IFSC कोड में अंकों की संख्या ___ है।

A. 9 **B.** 10 **C.** 11 **D.** 12

Q.147 बोर्ड द्वारा शुरू की गई निम्नलिखित में से कौन सी योजना का उद्देश्य किसानों को ऋण प्रदान करना है?

A. ग्रामीण बुनियादी ढांचा विकास कोष

B. किसान क्रेडिट कार्ड

C. माइक्रो-फाइनेंस

D. सहकारी विकास कोष

Q.148 जब अनुपात की गणना एक वर्ष के वित्तीय विवरणों से की जाती है, तो इसे _______ कहा जाता है।

A. क्षैतिज विश्लेषण **B.** लंबवत विश्लेषण

C. आंतरिक विश्लेषण **D.** अनुपात विश्लेषण

Q.149 गैर-बैंकिंग वित्तीय कंपनियां (एनबीएफसी) वित्तीय मध्यस्थ हैं जो मुख्य रूप से निम्नलिखित के व्यवसाय में संलग्र हैं:

i. जमा स्वीकार करना

ii. उधार ऋण और अग्रिम

iii. पट्टे पर देना

iv. भाड़े की खरीदारी

A. i और ii **B.** iii और iv

C. i और iii **D.** i, ii, iii और iv

Q.150 AS - 6 को ___ पर या उसके बाद शुरू होने वाली लेखांकन अवधि से अनिवार्य कर दिया गया था।

A. 01 - 04 - 1991 **B.** 01 - 04 - 2001

C. 01 - 04 - 2004 **D.** 01 - 04 - 1995

// स्मार्ट उत्तर पुस्तिका //

सही उत्तर	उन छात्रों का प्रतिशत जिन्होंने प्रश्नों का सही उत्तर दिया था।	छोड़ दिया	उन छात्रों का प्रतिशत जिन्होंने प्रश्नों को छोड़ दिया था।

प्रश्न संख्या	उत्तर	सही उत्तर / छोड़ दिया	प्रश्न संख्या	उत्तर	सही उत्तर / छोड़ दिया	प्रश्न संख्या	उत्तर	सही उत्तर / छोड़ दिया	प्रश्न संख्या	उत्तर	सही उत्तर / छोड़ दिया	प्रश्न संख्या	उत्तर	सही उत्तर / छोड़ दिया
1	B	31.4 % / 8.46 %	17	B	26.33 % / 55.8 %	33	A	19.08 % / 56.28 %	49	C	7.25 % / 87.92 %	65	D	30.92 % / 55.31 %
2	B	29.71 % / 50.48 %	18	D	35.51 % / 55.31 %	34	B	18.6 % / 55.31 %	50	C	6.28 % / 87.92 %	66	B	12.08 % / 55.55 %
3	C	31.16 % / 51.21 %	19	D	32.37 % / 56.04 %	35	D	11.11 % / 87.92 %	51	B	36.23 % / 48.79 %	67	B	17.15 % / 55.07 %
4	A	37.68 % / 51.93 %	20	C	25.36 % / 55.8 %	36	D	7.49 % / 87.92 %	52	B	18.84 % / 51.21 %	68	C	39.37 % / 54.83 %
5	B	23.91 % / 52.66 %	21	C	13.29 % / 55.79 %	37	C	6.28 % / 87.92 %	53	C	19.57 % / 52.41 %	69	A	26.57 % / 54.83 %
6	A	28.26 % / 53.38 %	22	A	33.57 % / 56.04 %	38	D	3.86 % / 87.93 %	54	B	33.09 % / 52.42 %	70	C	13.77 % / 55.31 %
7	D	23.67 % / 53.62 %	23	B	21.74 % / 56.04 %	39	D	7.49 % / 87.92 %	55	C	36.96 % / 52.65 %	71	B	27.29 % / 55.32 %
8	D	32.85 % / 54.11 %	24	C	31.64 % / 56.04 %	40	D	5.8 % / 87.92 %	56	A	30.68 % / 53.14 %	72	C	27.05 % / 55.08 %
9	C	30.92 % / 55.07 %	25	C	25.6 % / 56.28 %	41	C	7.0 % / 87.69 %	57	C	37.44 % / 53.38 %	73	C	16.43 % / 55.31 %
10	A	20.77 % / 54.11 %	26	A	16.18 % / 56.77 %	42	C	6.04 % / 87.92 %	58	A	34.78 % / 53.87 %	74	B	36.23 % / 55.8 %
11	C	23.91 % / 55.8 %	27	B	34.54 % / 55.07 %	43	C	8.45 % / 87.93 %	59	C	21.98 % / 53.62 %	75	B	30.43 % / 55.56 %
12	B	12.08 % / 55.79 %	28	B	24.15 % / 56.28 %	44	C	6.04 % / 87.92 %	60	D	13.04 % / 54.83 %	76	A	7.25 % / 55.55 %
13	B	23.43 % / 56.04 %	29	B	19.81 % / 56.52 %	45	B	6.76 % / 87.68 %	61	B	13.04 % / 54.59 %	77	D	32.37 % / 55.31 %
14	D	17.39 % / 56.28 %	30	A	22.71 % / 56.76 %	46	D	6.04 % / 87.92 %	62	C	26.81 % / 54.35 %	78	A	21.98 % / 56.04 %
15	A	22.22 % / 56.28 %	31	D	26.57 % / 56.28 %	47	B	8.21 % / 87.93 %	63	B	23.91 % / 54.59 %	79	D	24.88 % / 55.31 %
16	C	16.67 % / 55.55 %	32	A	27.78 % / 56.76 %	48	A	8.45 % / 87.93 %	64	C	26.81 % / 54.83 %	80	D	37.2 % / 55.31 %

प्रश्न संख्या	उत्तर	सही उत्तर / छोड़ दिया	प्रश्न संख्या	उत्तर	सही उत्तर / छोड़ दिया	प्रश्न संख्या	उत्तर	सही उत्तर / छोड़ दिया	प्रश्न संख्या	उत्तर	सही उत्तर / छोड़ दिया	प्रश्न संख्या	उत्तर	सही उत्तर / छोड़ दिया
81	D	8.21 % / 55.32 %	95	D	31.4 % / 56.52 %	109	D	31.4 % / 58.46 %	123	C	22.46 % / 58.94 %	137	B	9.66 % / 88.89 %
82	D	23.43 % / 55.56 %	96	D	22.95 % / 56.52 %	110	C	12.56 % / 58.21 %	124	C	27.78 % / 58.45 %	138	D	3.14 % / 88.89 %
83	C	23.19 % / 55.07 %	97	B	12.32 % / 56.28 %	111	A	27.29 % / 58.22 %	125	D	36.47 % / 58.46 %	139	A	5.56 % / 88.88 %
84	A	30.92 % / 55.55 %	98	B	37.68 % / 56.76 %	112	B	26.09 % / 58.69 %	126	B	10.63 % / 58.45 %	140	D	9.42 % / 88.89 %
85	A	31.64 % / 56.52 %	99	C	19.32 % / 56.77 %	113	A	23.91 % / 59.18 %	127	D	22.22 % / 58.7 %	141	B	3.62 % / 88.89 %
86	D	28.5 % / 56.28 %	100	B	22.95 % / 56.76 %	114	C	13.53 % / 58.69 %	128	D	9.42 % / 58.7 %	142	B	1.93 % / 88.89 %
87	A	11.84 % / 56.28 %	101	C	7.49 % / 56.04 %	115	A	16.18 % / 58.46 %	129	C	32.13 % / 59.17 %	143	A	2.42 % / 88.88 %
88	C	31.88 % / 56.04 %	102	D	10.39 % / 57.0 %	116	B	17.39 % / 58.7 %	130	A	7.0 % / 88.89 %	144	A	2.66 % / 88.89 %
89	C	24.4 % / 56.52 %	103	A	11.59 % / 57.01 %	117	A	27.78 % / 58.93 %	131	A	5.31 % / 88.89 %	145	C	6.28 % / 88.89 %
90	C	14.49 % / 56.28 %	104	C	24.64 % / 57.97 %	118	C	16.43 % / 58.69 %	132	A	5.56 % / 88.88 %	146	C	6.76 % / 88.89 %
91	A	9.18 % / 56.28 %	105	A	15.94 % / 57.73 %	119	A	15.94 % / 59.18 %	133	D	7.25 % / 88.89 %	147	B	8.21 % / 88.89 %
92	C	10.87 % / 56.04 %	106	B	21.26 % / 58.69 %	120	A	13.29 % / 59.66 %	134	D	1.93 % / 88.89 %	148	D	6.28 % / 88.89 %
93	A	27.54 % / 56.28 %	107	A	22.71 % / 58.45 %	121	A	15.46 % / 58.45 %	135	C	3.86 % / 88.89 %	149	D	2.17 % / 88.89 %
94	B	31.16 % / 56.76 %	108	B	28.02 % / 57.73 %	122	C	10.14 % / 58.46 %	136	B	7.0 % / 88.89 %	150	D	0.97 % / 88.89 %

//संकेत और समाधान//

1. पीत पत्रकारिता पाठकों/दर्शकों को आकर्षित करने के लिए सनसनीपरकता और अतिशयोक्ति को संदर्भित करता है। यह उस प्रकार की पत्रकारिता है जो पूर्ण वास्तविक समाचार की सूचना नहीं देती है, इसके बजाय, यह वास्तविक मुद्दे को बढ़ाता है।

अतः विकल्प (B) सही है।

2. बायोकेमिकल ऑक्सीजन डिमांड (B.O.D)पानी में कितना कार्बनिक प्रदूषण है यह मापने के लिए एक परीक्षण है। पानी में बीओडी स्तर जितना कम होगा, स्वस्थ पानी होगा।

अतः विकल्प (B) सही है।

3. एक मीडिया समूह उन कंपनियों का वर्णन करता है जो विभिन्न मास मीडिया जैसे टेलीविज़न, रेडियो, प्रकाशन, फ़िल्में और इंटरनेट में बड़ी संख्या में कंपनियों की मालिक हैं। 2008 तक, द वॉल्ट डिज़नी कंपनी समाचार निगम, वायाकॉम और टाइम के साथ दुनिया की सबसे बड़ी मीडिया कंपनी है।

अतः विकल्प (C) सही है।

4. हॉरिज़ॉन्टल कम्युनिकेशन (संचार) एक ही स्तर के संगठनात्मक पदानुक्रम के भीतर लोगों, विभागों, विभागों या इकाइयों के बीच सूचना का संचरण है। आप इसे ऊर्ध्वाधर संचार से अलग कर सकते हैं, जो संगठनात्मक पदानुक्रम के विभिन्न स्तरों के बीच सूचना का प्रसारण है।

अतः विकल्प (A) सही है।

5. मानव संसाधन और विकास मंत्रालय ने किशोरावस्था शिक्षा कार्यक्रम (AEP) से युवा लोगों के बीच जीवन कौशल प्रशिक्षण को बढ़ावा देने का प्रयास किया है। इस कार्यक्रम का मुख्य उद्देश्य युवाओं को आयु उपयुक्त तथा सांस्कृतिक रूप से प्रासंगिक जानकारी के साथ सशक्त बनाना है। इसके साथ ही स्वास्थ्य के दृष्टिकोण को बढ़ावा देने के साथ साथ किशोरों को सकरात्मक और जिम्मेदार तरीके से वास्तविक जीवन के विषम परिस्थियों से लड़ने का कौशल विकसित करना है।

अतः विकल्प (B) सही है।

6. ई लर्निंग के फायदे

1. आप विभिन्न संसाधनों को कई अलग-अलग स्वरूपों में लिंक करने में सक्षम हो सकते हैं।

2. यह ऑनलाइन पाठ्यक्रम वितरित करने का एक बहुत ही कुशल तरीका है।

3. इसकी सुविधा और लचीलेपन के कारण, संसाधन कहीं से भी और किसी भी समय उपलब्ध हो सकते हैं।

4. हर कोई, जो अंशकालिक छात्र हैं या पूर्णकालिक काम कर रहे हैं, वेब आधारित शिक्षा का लाभ उठा सकते हैं।

5. वेब आधारित शिक्षण सक्रिय और स्वतंत्र शिक्षा को बढ़ावा देता है।

6. जैसा कि आपके पास नेट 24x7 तक पहुंच है, आप खुद को कभी भी और कहीं से भी प्रशिक्षित कर सकते हैं।

7. यह एक बहुत ही सुविधाजनक और लचीला विकल्प है; इन सबसे ऊपर, आपको किसी भी चीज़ के लिए किसी पर निर्भर नहीं होना पड़ेगा।

8. न केवल आप एक दिन के आधार पर खुद को प्रशिक्षित कर सकते हैं, बल्कि सप्ताहांत या जब भी आपके पास खाली समय हो, तब भी। कोई निश्चित नियम नहीं है।

9. चर्चा बोर्डों और चैट के माध्यम से, आप सभी के साथ ऑनलाइन बातचीत करने में सक्षम हैं और यदि कोई हो, तो अपने संदेह को भी साफ़ कर सकते हैं

10. ऑडियो और वीडियो सीखने के लिए प्रदान किए जाने वाले वीडियो निर्देश को फिर से देख सकता है और यदि आप पहली बार विषय को समझने के लिए उपस्थित नहीं होते हैं तो बाद में बार-बार सुना जा सकता है।

अतः विकल्प (A) सही है।

7. $\sqrt{3}, \sqrt{12}, \sqrt{27}$

$\Rightarrow \sqrt{3}, \sqrt{4 \times 3}, \sqrt{9 \times 3}$

$\Rightarrow \sqrt{3}, 2\sqrt{3}, 3\sqrt{3}, \ A.P.$ में हैं

$a = \sqrt{3}$ और $d = 2\sqrt{3} - \sqrt{3} = \sqrt{3}$

∴ चौथा पद

$T_4 = a + 3d = \sqrt{3} + 3 \times \sqrt{3} = 4\sqrt{3} = \sqrt{16 \times 3} = \sqrt{48}$ है

अतः विकल्प (D) सही है।

8. परिवार में महिला सदस्य माँ 3 विवाहित पुत्रों की पत्नियाँ अविवाहित पुत्री और दो पुत्रों में से प्रत्येक की 2 पुत्रियाँ हैं।

महिला सदस्यों की संख्या $= (1 + 3 + 1 + 2 \times 2) = 9$

अतः विकल्प (D) सही है।

9. माना x तथा y संख्याएँ हैं।

दिया हुआ, $x:y = 4:5$ या $\dfrac{x}{y} = \dfrac{4}{5}$

$\Rightarrow x = \dfrac{4y}{5}$ ....(1)

$\Rightarrow x - 30 : y - 30 = 1:2$

या $\dfrac{x-30}{y-30} = \dfrac{1}{2}$

$\Rightarrow 2(x - 30) = y - 30$

$\Rightarrow x = \dfrac{y+30}{2}$ ....(2)

(1) और (2) से

$\dfrac{4y}{5} = \dfrac{y+30}{2}$

$\Rightarrow 8y = 5y + 150$

$3y = 150 \Rightarrow y = 50$

y के लिए (1) में प्रतिस्थापित करना,

$x = \dfrac{4y}{5} = \dfrac{4(50)}{5} = 40$

∴ 40 और 50 संख्या हैं।

अतः विकल्प (C) सही है।

10. दिया गया:

पिता और उसके पुत्र की औसत आयु = 27 वर्ष

पिता और उसके पुत्र की कुल आयु $= 27 \times 2 = 54$ वर्ष

माना पिता की वर्तमान आयु x वर्ष है, तो पुत्र की वर्तमान आयु $= (54 - x)$ वर्ष

प्रश्न के अनुसार,

$x + 18 = (54 - x + 18) \times 2$

$\Rightarrow x + 18 = 108 - 2x + 36$

$\Rightarrow 3x = 126$

$$\Rightarrow x = \frac{126}{3} = 42 \text{ वर्ष}$$

पिता की वर्तमान आयु $= 42$ वर्ष

पुत्र की वर्तमान आयु $= 54 - 42 = 12$ वर्ष

अतः विकल्प (A) सही है।

11. गद्यांश के अनुसार, एक राजनीतिक उपन्यास अक्सर अपनी राजनीति के साथ एक उपन्यास बन जाता है। (संदर्भ में संदर्भ पंक्ति: एक राजनीतिक उपन्यास अक्सर राजनीति के बारे में एक उपन्यास नहीं बल्कि अपनी खुद की राजनीति के साथ एक उपन्यास बन जाता है।)

अतः विकल्प (C) सही है।

12. एक राजनीतिक उपन्यास केवल लेखक की धारणा के बारे में बात करता है।

गद्यांश को पढ़कर हम समझते हैं कि:

एक राजनीतिक उपन्यास हमेशा विचारों और विचारधाराओं के बारे में बात करता है। एक राजनीतिक उपन्यास अक्सर प्रचार के रूप में सामने आता है, जो मानवीय अनुभवों के मूल तत्वों को छोड़ देता है। इसके बजाय, यह मानवीय अनुभवों को लेखक की विचारधाराओं और बौद्धिक अमूर्तताओं की धारणा से बदल देता है।

अतः विकल्प (B) सही है।

13. अपनी प्रकृति के आधार पर राजनीति का निर्माण विचारों और विचारधाराओं के बारे में है। (संदर्भ रेखा: मार्ग में राजनीति एक और कारण है कि राजनीति को उच्चतम स्तर का साहित्यिक प्रतिनिधित्व नहीं मिल सकता है, यह इस तथ्य से उत्पन्न होता है कि इसकी प्रकृति से राजनीति का गठन होता है। विचारों और विचारधाराओं का।)

अतः विकल्प (B) सही है।

14. साहित्य मानव जीवन की वास्तविक वास्तविकता से संबंधित है।

(गद्यांश में संदर्भ पंक्ति: साहित्य, यह तर्क दिया गया है, बौद्धिक अमूर्तता के बजाय मानवीय अनुभवों के बारे में है; यह मानव मांस और रक्त की 'महसूस की गई वास्तविकता' कहलाता है, और पाप और स्वाद (रस) के बजाय शुष्क और बेजान विचार।)

अतः विकल्प (D) सही है।

15. उपन्यासकार मैरी मैकार्थी के अवलोकन से पता चलता है कि उपन्यास में आज के विचारों को अनदेखा किया गया है। (संदर्भ पंक्ति में पारित: उनकी पुस्तक आइडियाज़ एंड नोवेल में इस मामले की व्यापक चर्चा में, अमेरिकी उपन्यासकार मैरी मैककार्थी ने देखा कि 'विचार आज भी उपन्यास में भद्दा लगता है' हालांकि ऐसा 'पूर्व दिनों में नहीं था', यानी 18 वीं और 19 वीं शताब्दी में।)

अतः विकल्प (A) सही है।

16. अनुसंधान पद्धति का विषय है, विषय के गठन के तरीके के परिणाम को आसवन के रूप में जाना जाता है,

अतः विकल्प (C) सही है।

17. दिया गया,

कक्षा में कुल छात्र 33 है।

राम कक्षा में 13 वें स्थान पर रहे।

रैंक वाइज सुरेश के नीचे 5 छात्र हैं जिसका अर्थ है कि सुरेश 28 वें स्थान पर हैं।

तो, राम और सुरेश के बीच छात्र की संख्या है:

= 28 - 13 - 1

= 14

इसलिए, रमेश और सुरेश के बीच कितने 14 छात्र हैं।

अतः विकल्प (B) सही है।

18. एक योद्धा तलवार की मदद के बिना युद्ध नहीं कर सकता, बढ़ई आरी के बिना काम नहीं कर सकता, और किसान हल के बिना खेती नहीं कर सकता। उसी तरह लेखक एक कलम के बिना कुछ नहीं कर सकता।

अतः विकल्प (D) सही है।

19. A (ईमानदार) =U, r, p, s

B (सच्चा) = X, r, p, q

C (राजनीतिज्ञ) = p, q, s, Y

ईमानदार और राजनेता लेकिन ईमानदारी से नहीं = क्षेत्र के बीच ओवरलैप A तथा C लेकिन नहीं B = s

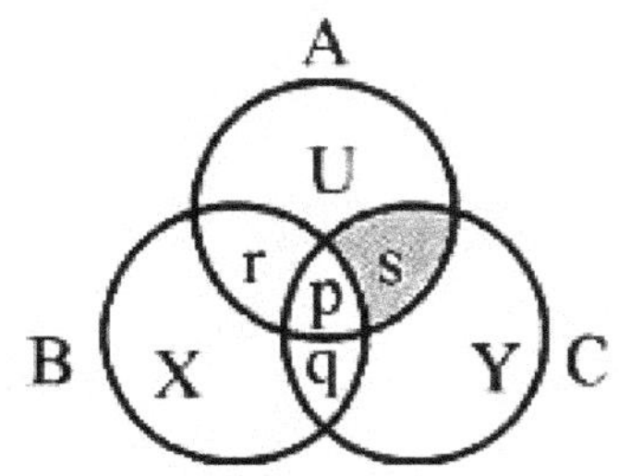

तो, s उत्तर है।

अतः विकल्प (D) सही है।

20. उपरोक्त मार्ग एनालॉग तर्क है क्योंकि पुरुष स्पष्टीकरण के उद्देश्य के लिए महिला के साथ खुद की तुलना कर रहा है।

अतः विकल्प (C) सही है।

21. एक यौगिक प्रस्ताव जो हमेशा गलत होता है, एक विरोधाभास कहलाता है। एक यौगिक प्रस्ताव जो न तो एक तनातनी है और न ही एक अंतर्विरोध को एक आकस्मिकता कहा जाता है। परिभाषा (तार्किक समानता) यौगिक प्रस्ताव p और q को तार्किक रूप से समतुल्य कहा जाता है यदि p is q एक पारिभाषिक शब्द है।

अतः विकल्प (C) सही है।

22. एक बाइनरी नंबर बेस -2 अंक प्रणाली या बाइनरी अंक प्रणाली में व्यक्त संख्या है, जो केवल दो प्रतीकों का उपयोग करती है: आमतौर पर " 0" (शून्य) और " 1" (एक)। बेस -2 अंक प्रणाली 2 के मूलांक के साथ एक स्थिति है। प्रत्येक अंक को बिट के रूप में संदर्भित किया जाता है।
अतः विकल्प (A) सही है।

23. क्रोम एक वेब ब्राउज़र है। गूगल, याहू और बिंग सर्च इंजन हैं।

अतः विकल्प (B) सही है।

24. HTML (हाइपरटेक्स्ट मार्कअप लैंग्वेज) वह कोड होता है जिसका उपयोग किसी वेब पेज और उसकी सामग्री को बनाने के लिए किया जाता है। उदाहरण के लिए, सामग्री को अनुच्छेदों के एक सेट, बुलेटेड बिंदुओं की सूची, या छवियों और डेटा तालिकाओं का उपयोग करके संरचित किया जा सकता है।

अतः विकल्प (C) सही है।

25. PEG (अक्सर इसके फ़ाइल एक्सटेंशन .jpg या .jpeg के साथ देखा जाता है) का अर्थ "जॉइंट फोटोग्रैफ़िक एक्सपर्ट्स ग्रुप" है, जो उस समूह का नाम है जिसने JPEG मानक बनाया है।

अतः विकल्प (C) सही है।

26. जब भी कोई इंट्रानेट आकार में काफी बड़ा हो जाता है तो एक आरेख व्यक्तिगत शारीरिक प्रणाली को अलग करने में सक्षम नहीं होता है, इसलिए उस स्तर पर इंट्रानेट को क्लाउड के रूप में भी जाना जाता है। हडूप को एक बादल के रूप में माना जा सकता है।

अतः विकल्प (A) सही है।

27. छवि डेटा के एक्सटेंशन के रूप में gif, jpg, bmp, png का उपयोग किया जाता है। इन चित्रों को विभिन्न एक्सटेंशनों जैसे माध्यमों से परिभाषित किया जा सकता है। gif, jpg कुछ नामकरण।

अतः विकल्प (B) सही है।

28. CFCs को बदलने के लिए विचाराधीन दो रासायनिक वर्ग हाइड्रोक्लोरोफ्लोरोकार्बन (HCFC) और हाइड्रोफ्लोरोकार्बन (HFC) हैं। एचसीएफसी स्ट्रैटोस्फेरिक ओजोन के विनाश में योगदान करते हैं, लेकिन सीएफसी की तुलना में काफी कम।

अतः विकल्प (B) सही है।

29. चीन: 10,641,789 kt

यू.एस.ए: 5,172,338 kt

भारत: 2,454,968 kt

रूस: 1,760,895 kt

चीन> यू.एस.ए.>भारत>रूस

अतः विकल्प (B) सही है।

30. हुदहुद आंध्र प्रदेश के तट से 12 अक्टूबर को दोपहर विशाखापट्टनम में टकराया, जिसमें हवाएं 185 किमी/घंटा (115 मील प्रति घंटा) से अधिक थीं। शुरुआती रिपोर्टों के अनुसार, तटीय क्षेत्रों में तेज़ हवाओं के साथ भारी वर्षा के कारण 3 लोग मारे गए।

अतः विकल्प (A) सही है।

31. नमक गैर-नवीकरणीय प्राकृतिक संसाधन है। किसी भी संसाधन को केवल तभी नवीकरणीय कहा जा सकता है जब वह स्व-पुनः हो। पृथ्वी में प्राकृतिक प्रक्रिया द्वारा नया नमक बनाया जा रहा है।

अतः विकल्प (D) सही है।

32. NMEICT का मतलब (नेशनल मिशन ऑन एजुकेशन थ्रू ICT) है। यह भारत सरकार द्वारा हमारे मानव संसाधन का कुशलतापूर्वक उपयोग करके ज्ञान महाशक्ति बनने की पहल है।

अतः विकल्प (A) सही है।

33. शहरी क्षेत्रों में नाइट्रोजन (NO_x) के ऑक्साइड के कारण प्रदूषण का प्रमुख स्रोत सड़क परिवहन है।

NO_x का उत्पादन दहन के दौरान हवा में नाइट्रोजन और ऑक्सीजन गैसों की प्रतिक्रिया से होता है, खासकर उच्च तापमान पर। उच्च मोटर वाहन यातायात के क्षेत्रों में, जैसे कि बड़े शहरों में, वायु प्रदूषण के रूप में वायुमंडल में उत्सर्जित नाइट्रोजन ऑक्साइड की मात्रा महत्वपूर्ण हो सकती है।

अतः विकल्प (A) सही है।

34. $8.33\% = \frac{1}{12}$

$11.11\% = \frac{1}{9}$

$16.66\% = \frac{1}{6}$

इसलिए, $\frac{1}{12} \times \frac{1}{9} \times \frac{1}{6} \times 1944$

$\Rightarrow \frac{1}{12} \times \frac{1}{9} \times \frac{1}{6} \times 12 \times 9 \times 6 \times 3$

$\Rightarrow 3$

अतः विकल्प (B) सही है।

35. शिक्षण की सबसे अच्छी विधि परिचर्चा/ विचार विमर्श शुरू करना और उसमे भाग लेना है।

विचार, अधिगम, समस्या समाधान, समझने, या साहित्यिक प्रशंसा को आगे बढ़ाने के उद्देश्य से एक शिक्षक और छात्रों के बीच या छात्रों के बीच विचारों के खुले आदान-प्रदान के लिए विभिन्न प्रकार के मंच हैं।

अतः विकल्प (D) सही है।

36. एक शिक्षक के लिए, श्यामपट्ट पर लिखने के लिए जितना संभव हो उतने महत्वपूर्ण बिन्दुओं को लिखना सबसे स्पष्ट होता है

ब्लैकबोर्ड/श्यामपट्ट (जिसे चाकबोर्ड भी कहते हैं) एक पुन: प्रयोज्य लेखन सतह है जिस पर किसी उद्देश्य के लिए इस्तेमाल किए जाने पर कैल्शियम सल्फेट या कैल्शियम कार्बोनेट की छड़ जिसे चाक खा जाता है के साथ पाठ या चित्र बनाए जाते हैं। पहले विषय-वास्तु को ब्लैकबोर्ड पर तीव्र गति से लिखने के बाद ही विद्यार्थियों से उसे पढ़ने के लिए कहना ब्लैकबोर्ड का उचित उपयोग नहीं है।

अतः विकल्प (D) सही है।

37. अंतरराष्ट्रीय समझ को बढ़ावा देने के लिए एक शिक्षक को बच्चे के दिमाग को निष्क्रिय करने से बचना चाहिए।

अंतर्राष्ट्रीय समझ का अर्थ है कि हम दुनिया के लोगों, व्यवस्था और अन्य प्रक्रियाओं के बारे में क्या जानते और समझते हैं और उनसे सीखते हैं। दुनिया के बारे में अंतर्राष्ट्रीय समझ को बढ़ावा देने के लिए एक शिक्षक को दुनिया के बारे में उचित समझ विकसित करनी चाहिए। छात्र की समझ काफी हद तक शिक्षक की योग्यता, उनके ज्ञान, समझ, दृष्टिकोण, रुचि, महत्वपूर्ण सोच पर निर्भर करती है।

अतः विकल्प (C) सही है।

38. आज के समय में अधिगम का सबसे प्रभावी तरीका सम्मिश्रित अधिगम है।

सम्मिश्रित शिक्षण शिक्षा के लिए एक दृष्टिकोण है जो ऑनलाइन शिक्षण सामग्री और पारंपरिक स्थान-आधारित कक्षा विधियों के साथ ऑनलाइन बातचीत के अवसरों को जोड़ता है। सम्मिश्रित अधिगम (जिसे हाइब्रिड लर्निंग के रूप में भी जाना जाता है) शिक्षण का एक तरीका है जो छात्रों को अपने अधिगम के अनुभवों को अनुकूलित करने के लिए अधिक स्पष्टता देने के लिए, पारंपरिक प्रशिक्षक के नेतृत्व वाली कक्षा की गतिविधियों के साथ प्रौद्योगिकी और डिजिटल मीडिया को एकीकृत करता है।

अतः विकल्प (D) सही है।

39. कक्षा परिवेश में अध्यापक द्वारा सूचना-आधिक्य के परिणाम स्वरुप विलंबित प्रतिपुष्टि देरी होगी।

संप्रेषित पाठ के प्रति विद्यार्थियों की वास्तविक प्रतिक्रिया को उनकी 'प्रतिपुष्टि' के रूप में जाना जाता है। यदि संप्रेषण में सूचना का अधिक्य किया जाता है, तो यह पूरी संप्रेषण प्रक्रिया को नकारात्मक रूप से प्रभावित कर सकता है क्योंकि सूचना की अत्यधिक मात्रा से विद्यार्थियों के लिए सामग्री को पूरी तरह से समझ पाना मुश्किल हो सकता है, जिसके परिणामस्वरूप, विद्यार्थियों द्वारा प्रतिपुष्टि में देरी हो सकती है।

अतः विकल्प (D) सही है।

40. जैसे-जैसे हम पारस्परिक संपर्क से जनसंचार की ओर बढ़ते हैं, संदेश अधिक संरचित होते जाते हैं और प्रतिक्रिया कम तात्कालिक होती जाती है।

पारस्परिक संचार तत्काल और गतिशील है लेकिन प्रस्तुति भाग पर कम जोर दिया जाता है। साथ ही, जनसंचार का आकर्षण संदेश की संरचना और प्रस्तुति पर निर्भर करता है लेकिन प्रतिक्रिया देर से प्राप्त होती है।

अतः विकल्प (D) सही है।

41. शोध का उद्देश्य वास्तविकता को समझना, नए ज्ञान और आविष्कारों की खोज, समाज में विकास, और अनुसंधान नैतिकता निश्चित रूप से शोधकर्ताओं को रोक सकती है। सभी पहलुओं को ध्यान में रखते हुए यह स्पष्ट रूप से तय किया गया है कि शोधकर्ता शोध नैतिकता के कुछ संकेतों का पालन करेंगे। ये नैतिक शोध के छह प्रमुख सिद्धांतों पर आधारित हैं यह जब भी लागू हो, इन पर ध्यान दिया जाना चाहिए:

1. शोध का उद्देश्य व्यक्तियों और समाज के लिए लाभ को अधिकतम करना और जोखिम और नुकसान को कम करना चाहिए।
2. व्यक्तियों और समूहों के अधिकारों और मर्यादा का सम्मान किया जाना चाहिए।
3. जहां भी संभव हो, भागीदारी स्वैच्छिक और उचित रूप से सूचित की जानी चाहिए।
4. शोध अखंडता और पारदर्शिता के साथ आयोजित किया जाना चाहिए।
5. जिम्मेदारी और जवाबदेही की रेखाओं को स्पष्ट रूप से परिभाषित किया जाना चाहिए।
6. शोध की स्वतंत्रता को बनाए रखा जाना चाहिए और जहां हितों के टकराव से बचा नहीं जा सकता है, उन्हें स्पष्ट किया जाना चाहिए।

अतः विकल्प (C) सही है।

42. डेटा सबसेट का खुलासा करना अनुसंधान में नैतिकता का समर्थन नहीं करता है।

नैतिकता वे सिद्धांत या दिशानिर्देश हैं जो हमें उन चीज़ों को बनाए रखने में मदद करते हैं जिन्हें हम महत्व देते हैं। अनुसंधान नैतिकता अनुसंधान के संचालन में जो उपयुक्त है उससे संबंधित मुद्दों से संबंधित है।

अतः विकल्प (C) सही है।

43. ऊपर बताए गए विकल्पों में से, एक शोधकर्ता का अनैतिक प्रयोग विश्वसनीय जानकारी से परिहार करना है।

शोध नैतिकता:

- यह एक शोध के जिम्मेदार आचरण के लिए एक दिशानिर्देश है।
- यह सामाजिक जिम्मेदारी के नैतिक सिद्धांतों से संबंधित है।
- नैतिकता के तीन प्रकार हैं, मेटाएथिक्स, अनियामक नैतिकता और प्रयुक्त नैतिकता
- नैतिकता हमेशा हमें सही या गलत की पहचान करने में मदद करती है, अच्छे या बुरे में अंतर करती है।

साहित्यिक चोरी न करना, प्रतिरूपण न करना, जोड़-तोड़ न करना सभी प्रकृति में नैतिक हैं लेकिन विश्वसनीय जानकारी से परिहार प्रकृति में अनैतिक है।

अतः विकल्प (C) सही है।

44. उच्च प्रभाव कारक वाले शोध पत्रिकाओं को आमतौर पर कम वाले लोगों की तुलना में अधिक महत्वपूर्ण माना जाता है। प्रभाव कारक आमतौर पर अपने क्षेत्र के भीतर एक पत्रिका के सापेक्ष महत्व का मूल्यांकन करने और उस आवृत्ति को मापने के लिए उपयोग किया जाता है जिसके साथ किसी विशेष समय अवधि में किसी पत्रिका में "आपूर्ति लेख" का उल्लेख किया गया है।

अतः विकल्प (C) सही है।

45. दिया है:

शहर 2 और शहर 5 में कुल मामलों की संख्या $= 14630 + 2800 = 17430$

शहर 2 और शहर 5 में सक्रिय मामलों की संख्या $= 3462 + 1470 = 4932$

उपयोगी सूत्र:

एक शहर में सक्रिय मामलों का प्रतिशत = (सक्रिय मामलों की कुल संख्या/कुल मामले) × 100

शहर 2 और शहर 5 में सक्रिय मामलों का कुल प्रतिशत $= \frac{4932}{17430} \times 100 = 28.29\%$

अतः विकल्प (B) सही है।

46. दिया है: प्रत्येक शहर में मामलों और मृत्यु की कुल संख्या

उपयोगी सूत्र:

एक शहर में मृत्यु का प्रतिशत = मृत्यु की कुल संख्या/कुल मामले × 100

शहर 1 में मृत्यु का प्रतिशत $= \frac{93}{2332} \times 100 = 3.98\%$

शहर 3 में मृत्यु का प्रतिशत $= \frac{413}{9888} \times 100 = 4.17\%$

शहर 4 में मृत्यु का प्रतिशत $= \frac{874}{27900} \times 100 = 3.13\%$

शहर 5 में मृत्यु का प्रतिशत $= \frac{260}{2800} \times 100 = 9.28\%$

शहर 5 में मृत्यु का प्रतिशत अधिकतम है।

अतः विकल्प (D) सही है।

47. उपयोगी सूत्र:

स्वस्थ होने वाले मामलों की संख्या = कुल मामले - सक्रिय मामले - मृत्यु

शहर 1 में स्वस्थ होने वाले मामलों की संख्या $= 2332 - 1644 - 93 = 595$

शहर 5 में स्वस्थ होने वाले मामलों की संख्या $= 2800 - 1470 - 260 = 1070$

इसलिए, शहर 5 में स्वस्थ होने वाले मामलों की संख्या का शहर 1 में स्वस्थ होने वाले मामलों की संख्या से अनुपात $= 1070 : 595 = 214 : 119$

अतः विकल्प (B) सही है।

48. दिया है:

प्रत्येक शहर में मामलों और मृत्यु की संख्या

उपयोगी सूत्र:

एक शहर में मृत्यु का प्रतिशत = मृत्यु की कुल संख्या/कुल मामले × 100

शहर 2 में मृत्यु का प्रतिशत $= \frac{139}{14630} \times 100 = 0.95\%$

शहर 3 में मृत्यु का प्रतिशत $= \frac{413}{9888} \times 100 = 4.17\%$

शहर 4 में मृत्यु का प्रतिशत $= \frac{874}{27900} \times 100 = 3.13\%$

शहर 5 में मृत्यु का प्रतिशत $= \frac{260}{2800} \times 100 = 9.28\%$

शहर 2 में मृत्यु का प्रतिशत न्यूनतम है।

अतः विकल्प (A) सही है।

49. दिया है:

शहर 3 में मामलों की कुल संख्या $= 9888$

शहर 4 में मामलों की कुल संख्या $= 27900$

शहर 4 में सक्रिय मामलों की कुल संख्या $= 17015$

शहर 4 में मृत्यु की कुल संख्या $= 874$

उपयोगी सूत्र:

स्वस्थ होने वाले मामलों की संख्या = कुल मामले - सक्रिय मामले - मृत्यु

शहर 4 में स्वस्थ होने वाले मामलों की संख्या $= 27900 - 17015 - 874 = 10011$

∴ शहर 4 में स्वस्थ होने वाले मामलों की संख्या, शहर 3 में मामलों की कुल संख्या का कितने प्रतिशत है $= \frac{10011}{9888} \times 100 = 101.24$

अतः विकल्प (C) सही है।

50. 'यह अन्य संस्थानों को संबद्ध कर सकता है' डीम्ड विश्वविद्यालय के बारे में असत्य है।

डीम्ड यूनिवर्सिटी (डीम्ड-टू-बी-यूनिवर्सिटी) भारत में उच्च शिक्षा संस्थानों से सम्मानित प्रतिनिधिमंडल है, जिसे विश्वविद्यालय का दर्जा दिया गया है।

डीम्ड विश्वविद्यालयों के कुछ लाभ हैं:

- डीम्ड विश्वविद्यालय को प्रशासन में स्वायत्तता प्राप्त है।
- यह पाठ्यक्रम के काम को स्थापित करने में पूरी स्वायत्तता रखता है।
- यह प्रवेश और शुल्क के लिए अपने दिशानिर्देश तैयार करता है।
- यह अपने नाम के तहत डिग्री प्रदान कर सकता है।

अतः विकल्प (C) सही है।

51. अल्पावधि में एक पूरी तरह से प्रतिस्पर्धी बाजार संतुलन में होगा जहां सीमांत राजस्व सीमांत लागत (MC = MR) के बराबर है।

अल्पावधि में, फर्म तब तक उत्पादन करता रहेगा जब तक सीमांत लाभ शून्य के बराबर नहीं होता है, और सीमांत लाभ सीमांत राजस्व (MR) शून्य से सीमांत लागत (MC) के बराबर होता है।

अत: विकल्प (B) सही है।

52. नमूनाकरण की एक विधि जो जनसंख्या के सभी वर्गों के आनुपातिक प्रतिनिधित्व को सुनिश्चित करती है, स्तरीकृत नमूनाकरण कहलाती है। स्तरीकृत नमूनाकरण एक प्रकार की नमूनाकरण विधि है जिसमें नमूना प्रक्रिया को पूरा करने के लिए कुल जनसंख्या को छोटे समूहों या स्तरों में विभाजित किया जाता है। जनसंख्या के आंकड़ों में कुछ सामान्य विशेषताओं के आधार पर स्तर का निर्माण होता है। जनसंख्या को स्तरों में विभाजित करने के बाद, शोधकर्ता यादृच्छिक रूप से आनुपातिक रूप से नमूने का चयन करता है।

अत: विकल्प (B) सही है।

53. सीमांत उत्पाद वक्र, सीमांत उत्पाद और परिवर्तनीय निवेश की मात्रा के बीच का संबंध दर्शाता है। यह वक्र परिवर्तनीय निवेश के प्रत्येक स्तर पर उत्पादन में बढ़ते हुए परिवर्तन को प्रदर्शित करता है। शुरुआत में सीमांत

प्रतिलाभ बढ़ने, इसके बाद घटने और फिर मामूली रुप से घटने के कारण इसका आकार एक कूबड़ या उलटे U के रूप में होता है।

अत: विकल्प (C) सही है।

54. विदेशी मुद्रा के क्षेत्र में महत्वपूर्ण विकास विदेशी मुद्रा प्रबंधन अधिनियम (फेमा) की शुरुआत थी। यह बाहरी व्यापार और भुगतान को सुविधाजनक बनाने और भारत में विदेशी मुद्रा बाजार के क्रमबद्ध विकास और रखरखाव को बढ़ावा देने के उद्देश्य से विदेशी मुद्रा से संबंधित कानून को समेकित और संशोधित करने के लिए पेश किया गया था।

अत: विकल्प (B) सही है।

55. पृथक इकाई सिद्धांत मालिकों और प्रबंधन के बीच अंतर करता है। पृथक इकाई अवधारणा बुनियादी लेखांकन अवधारणा है जिसे हमें हमेशा एक व्यवसाय और उसके मालिकों के लेनदेन को अलग-अलग रिकॉर्ड करना चाहिए। अन्यथा, इस बात का काफी जोखिम है कि दोनों का लेनदेन आपस में जुड़ सकता है।

अत: विकल्प (C) सही है।

56. कंपनी की पूंजी को कम करना आंतरिक पुनर्निर्माण कहलाता है। किसी कंपनी का आंतरिक पुनर्निर्माण उसकी शेयर पूंजी के पुनर्गठन के माध्यम से किया जाता है। यह पुनर्गठन की एक योजना है जिसमें पूंजी संरचना के सभी इच्छुक दलों को बलिदान करने के लिए स्वयंसेवक हैं।

अत: विकल्प (A) सही है।

57. एएस -3 (संशोधित) के अनुसार, 'नकदी' का अर्थ है 'हाथ में नकदी' और बैंक के पास मांग जमा है। एएस -3 (संशोधित) पर आधारित कैश फ्लो स्टेटमेंट अलग-अलग नकदी उत्पन्न करता है और परिचालन, निवेश और वित्तपोषण गतिविधियों में उपयोग किया जाता है।

अत: विकल्प (C) सही है।

58. नकद समकक्ष तरल प्रतिभूतियां हैं।

औसत संग्रह अवधि संपत्ति के प्रबंधन की दक्षता सुनिश्चित करती है।

जीरो बेस बजटिंग सरकारी खर्च को नियंत्रित करता है। यह शून्य आधार से शुरू होता है।

उत्तरदायित्व केंद्र अवशिष्ट आय से संबंधित हैं।

अत: विकल्प (A) सही है।

59. ब्रेक-ईवन विश्लेषण लागत और बिक्री के बीच के संबंध से संबंधित है।

ब्रेक-ईवन एनालिसिस, लागत-मात्रा-लाभ (CVP) विश्लेषण का सबसेट, प्रबंधन द्वारा लागत, बिक्री की मात्रा और लाभ के बीच संबंधों को समझने के लिए उपयोग किया जाता है। यह तकनीक इस बात पर केंद्रित है कि बिक्री मूल्य, बिक्री की मात्रा, परिवर्तनीय लागत, निश्चित लागत और बेचे गए उत्पाद का मिश्रण लाभ को कैसे प्रभावित करता है। ब्रेक-ईवन बिंदु वह बिंदु है जिस पर कुल लागत और कुल राजस्व बराबर है और कोई लाभ और कोई नुकसान नहीं है।

अत: विकल्प (C) सही है।

60. मूल्य-भेदभाव लाभदायक और संभव है यदि दोनों बाजारों में अत्यधिक लोचदार मांग है। मूल्य भेदभाव तब संभव है जब एकाधिकार विभिन्न बाजारों में इस तरह से बेचता है कि वस्तु की किसी भी इकाई को सस्ते बाजार से महंगे बाजार में स्थानांतरित करना संभव नहीं है। यह लाभदायक है जब बाजारों में मांग में अत्यधिक लोच है।

अत: विकल्प (D) सही है।

61. ह्रासमान प्रतिफल के नियम की अवधारणा में कहा गया है कि यदि उत्पादन के एक कारक में वृद्धि की जाती है जबकि अन्य कारकों को स्थिर रखा जाता है, तो परिवर्तनीय कारक की प्रति इकाई उत्पादन अंततः कम हो

जाएगी। बढ़ते और निरंतर रिटर्न के कानून घटते रिटर्न के कानून के अस्थायी चरण हैं क्योंकि रिटर्न बढ़ता है और अस्थायी रूप से वही रहता है, जैसे व्यवसाय का विस्तार होता है।

अत: विकल्प (B) सही है।

62. बड़ी संख्या में उत्पादों का निर्माण करने वाली एक फर्म मूल्य निर्धारण रणनीति का पालन करेगी जिसे उत्पाद लाइन मूल्य निर्धारण कहा जाता है। उत्पाद लाइन मूल्य निर्धारण, कई उत्पादों की कीमतों की समीक्षा करने और उन्हें स्थापित करने के अभ्यास को संदर्भित करता है जो एक कंपनी एक दूसरे के साथ समन्वय में पेश करती है। यह रणनीति प्रतिस्पर्धी उत्पादों के बजाय अधिक पूरक बनाकर विभिन्न उत्पादों की बिक्री को अधिकतम करने का लक्ष्य रखती है।

अत: विकल्प (C) सही है।

63. एफ-टेस्ट एक विचरण परीक्षण है। विचरण के एक-तरफ़ा विश्लेषण में एफ-परीक्षण का उपयोग यह आकलन करने के लिए किया जाता है कि कई पूर्व-निर्धारित समूहों के भीतर मात्रात्मक चर के अपेक्षित मान एक-दूसरे से भिन्न हैं या नहीं।

अत: विकल्प (B) सही है।

64. प्रतिगमन विश्लेषण कारण और प्रभाव संबंध का एक उपाय है। प्रतिगमन विश्लेषण में, उपयोग किए जा रहे चरों के बीच संबंध निर्दिष्ट करना महत्वपूर्ण है। आश्रित चर का मान स्वतंत्र चर के मूल्य से संबंधित माना जाता है।

अत: विकल्प (C) सही है।

65. संभाव्यता नमूनाकरण विधि नमूने की कोई विधि है जो यादृच्छिक चयन के कुछ रूप का उपयोग करती है।

β (बीटा) किसी भी परिकल्पना परीक्षण में टाइप II त्रुटि की संभावना है। यह गलत परिकल्पना का अस्वीकार करने मे गलत रूप से विफत है।

संरचित प्रश्नावली एक दस्तावेज है जिसमें एक निश्चित योजना के साथ मानकीकृत प्रश्नों का एक सेट होता है, जो उत्तरदाताओं से जानकारी एकत्र करने के लिए प्रश्नों के सटीक शब्दों और क्रम को निर्दिष्ट करता है।

टी-परीक्षण एक प्रकार की पैरामीट्रिक विधि है जिसका उपयोग तब किया जा सकता है जब नमूने सामान्यता, समान भिन्नता और स्वतंत्रता की शर्तों को पूरा करते हैं।

अत: विकल्प (D) सही है।

66. $\sqrt{\dfrac{(1-r^2)}{(n-2)}}$ एक नमूना के 25 युग्मित टिप्पणियों के बीच सहसंबंध के गुणांक की मानक त्रुटि की गणना करने के लिए उपयोग किया जाता है।

अत: विकल्प (B) सही है।

67. सुविधा नमूनाकरण: इस विधि को चंक भी कहा जाता है। चंक का अर्थ है कि आबादी के उस अंश की जांच न तो संभाव्यता से की जाती है और न ही निर्णय के आधार पर की जाती है। शोधकर्ता की सुविधानुसार आसानी से उपलब्ध सूची से एक नमूना तैयार किया जाता है।

अत: विकल्प (B) सही है।

68. वैज्ञानिक प्रबंधन सिद्धांत के संस्थापक पिता फ्रेडरिक डब्ल्यू टेलर (1856 - 1915) थे। वह एक अमेरिकी आविष्कारक और इंजीनियर थे। उनके दो सबसे महत्वपूर्ण काम हैं-

- दुकान प्रबंधन (1903)
- प्रिंसिपल्स ऑफ साइंटिफिक मैनेजमेंट (1911)

अत: विकल्प (C) सही है।

69. KRA की रिजल्ट एरियाज है, जो उत्पादन के सामान्य क्षेत्र हैं जिनके लिए विभागों की भूमिका जिम्मेदार है। KRA में, व्यक्तिगत प्रदर्शन को मापा जाता है और अपने लक्ष्यों को प्राप्त करने की प्राथमिक जिम्मेदारी लोगों की होती है।

अत: विकल्प (A) सही है।

70. विवेकपूर्ण निर्णय, दत्तक निर्णय और विश्लेषणात्मक निर्णय बुनियादी निर्णयों के अनुरूप हैं।

बुनियादी और रणनीतिक निर्णय संगठनात्मक नियमों, विनियमों, कार्यक्रमों आदि के निर्माण के लिए प्रबंधन के शीर्ष स्तर द्वारा तैयार किए जाते हैं। इनका प्रबंधन में दीर्घकालिक प्रभाव होता है। मूल निर्णयों में एक छोटी सी गलती व्यवसाय की विफलता का कारण हो सकती है।

अत: विकल्प (C) सही है।

71. फिलिप कोटलर ने मेगा-मार्केटिंग का प्रस्ताव रखा। मेगा मार्केटिंग का तात्पर्य फर्म के बाहरी वातावरण के तत्वों का प्रबंधन करने और उन कारकों को नियंत्रित करने के लिए आवश्यक विपणन गतिविधियों से है। आवश्यक विपणन उपकरणों में जनसंपर्क और शक्ति का अतिरिक्त उपयोग शामिल है।

अत: विकल्प (B) सही है।

72. ऑनलाइन विपणन इलेक्ट्रॉनिक रूप से वस्तुओं और सेवाओं के वितरण से जुड़ा हुआ है। ऑनलाइन मार्केटिंग एक प्रभावी रणनीति है जो किसी कंपनी की प्रतिष्ठा को बढ़ाने के लिए उपयोग की जाती है और साथ ही ऑनलाइन उसका प्रदर्शन बढ़ाती है। यह कई इंटरनेट समाधानों और उपकरणों का उपयोग करके किया जा सकता है।

अत: विकल्प (C) सही है।

73. संबंध विपणन ग्राहक संबंधों और वफादारी पर ध्यान केंद्रित करने के बारे में है। यह बड़े ग्राहकों द्वारा उनके साथ दीर्घकालिक संबंध बनाए रखते हुए बार-बार खरीदारी करने से संबंधित है। संबंध विपणन (या ग्राहक संबंध विपणन) का लक्ष्य एक ब्रांड के लिए मजबूत, यहां तक कि भावनात्मक, ग्राहक कनेक्शन बनाना है जो चल रहे व्यवसाय, मुफ्त वर्ड-ऑफ-माउथ प्रचार और ग्राहकों से जानकारी उत्पन्न कर सकता है जो लीड उत्पन्न कर सकता है।

अत: विकल्प (C) सही है।

74. आधुनिक विपणन अवधारणाएं ग्राहक संबंधों पर जोर देती हैं। यदि ग्राहक निर्माता के उत्पादों से संतुष्ट हैं, तो निर्माता की बाजार छवि अच्छी होगी। इससे अधिक लाभ और वृद्धि होगी। आधुनिक विपणन प्रत्येक टचपॉइंट पर ग्राहकों के अनुभव के बारे में है, ग्राहकों के साथ संबंध बनाना, नए डिजिटल परिदृश्यों के लिए निरंतर अनुकूलन करना और विभिन्न उपभोक्ताओं तक पहुंचने के लिए कई चैनलों पर विपणन करना है।

अत: विकल्प (B) सही है।

75. पेनेट्रेशन मूल्य निर्धारण एक मार्केटिंग रणनीति है जिसका उपयोग व्यवसायों द्वारा ग्राहकों को एक नए उत्पाद या सेवा के लिए आकर्षित करने के लिए किया जाता है। पेनेट्रेशन मूल्य निर्धारण ग्राहकों को लुभाने के लिए अपने प्रारंभिक पेशकश के दौरान एक नए उत्पाद या सेवा के लिए कम कीमत की पेशकश करने का अभ्यास है।

अत: विकल्प (B) सही है।

76. मौजूदा इक्विटी अंशधारकों को जारी किए गए राइट शेयरों को बरकरार रखी गई आय के भुगतान के बारे में अधिमान्य अधिकार है। राइट्स इश्यू कंपनी के मौजूदा अंशधारकों के अधिकारों का मुद्दा है। अंशधारकों को दिए जाने वाले अधिकारों का लाभ यह है कि अंश आम तौर पर छूट पर दिए जाते हैं। रिटायर्ड कमाई अंशधारक फंड का एक हिस्सा है, जिस पर सही इक्विटी अंशधारकों का अधिमान्य अधिकार है।

अत: विकल्प (A) सही है।

77. ऋण को गैर-निष्पादित परिसंपत्ति माना जाता है जब यह 90 दिनों से अधिक की अवधि के लिए अवैतनिक होता है। आवासीय मोर्टगेज, होम इक्विटी

लोन, क्रेडिट कार्ड लोन और नॉन-क्रेडिट कार्ड आउटस्टैंडिंग, प्रत्यक्ष और अप्रत्यक्ष उपभोक्ता ऋण सहित विभिन्न प्रकार के एनपीए हो सकते हैं।

अत: विकल्प (D) सही है।

78. कैपिटल गियरिंग अनुपात का उपयोग शेयरधारक से संबंधित निधियों के लिए निश्चित ब्याज-असर पूंजी के अनुपात को दिखाने के लिए किया जाता है। इसका उपयोग कंपनी की दीर्घकालिक सॉल्वेंसी को मापने के लिए किया जाता है।

फिक्स्ड एसेट टर्नओवर का उपयोग उस दक्षता को मापने के लिए किया जाता है जिसके साथ फर्म राजस्व उत्पन्न करने के लिए अपनी अचल संपत्ति का उपयोग करता है।

इक्विटी पर वापसी कंपनी में निवेश किए गए फंड की लाभप्रदता को मापता है। दूसरे शब्दों में, यह इक्विटी शेयरधारकों को उत्पन्न रिटर्न के प्रतिशत की गणना करता है।

एसिड परीक्षण या त्वरित अनुपात का उपयोग कंपनी के अल्पकालिक शोधन क्षमता को मापने के लिए किया जाता है।

अत: विकल्प (A) सही है।

79. पूंजी संरचना डिजाइनिंग का हस्तांतरणीयता से कोई लेना-देना नहीं है। पूंजी संरचना से तात्पर्य किसी फर्म द्वारा नियोजित ऋण और इक्विटी की राशि से होता है जो इसके संचालन को वित्तपोषित करता है और इसकी परिसंपत्तियों को वित्त करता है। ROE और डेट-टू-इक्विटी के बीच बहुत मजबूत और सकारात्मक संबंध (0.5 से अधिक) हैं।

अत: विकल्प (D) सही है।

80. उपरोक्त सभी विकल्प अल्पकालिक वित्त के स्रोत हैं। यहां, एक वर्ष या उससे कम की परिपक्वता संरचना वाले ट्रेड क्रेडिट, वाणिज्यिक पेपर और अन्य प्रकार के उपकरणों जैसे अल्पकालिक वित्त पर जोर दिया जाता है। अल्पकालिक वित्त व्यवसाय वित्तपोषण का एक प्रकार है जहां यह एक वर्ष या उससे कम समय के लिए प्राप्त किया जाता है। अल्पकालिक वित्त के स्रोत हैं: व्यापार ऋण, नकद अग्रिम ऋण और अल्पकालिक उधार।

अत: विकल्प (D) सही है।

81. मानव संसाधन प्रबंधन (HRM) एक संगठन के भीतर लोगों के प्रबंधन के लिए तैयार औपचारिक प्रणालियों का वर्णन करने के लिए उपयोग किया जाने वाला शब्द है। मानव संसाधन प्रबंधक की जिम्मेदारियां तीन प्रमुख क्षेत्रों में आती हैं: स्टाफिंग, कर्मचारी मुआवजा और लाभ, और कार्य को परिभाषित / डिजाइन करना।

अत: विकल्प (D) सही है।

82. अघोषित मूल्यह्रास अप्रमाणित मूल्यह्रास की वह राशि है जो निर्धारिती पीएंडएल खाते में पर्याप्त लाभ नहीं होने के कारण व्यय के रूप में दावा नहीं कर सकेगा। इस तरह के अघोषित मूल्यह्रास को एक ही आकलन वर्ष में सेट नहीं किया जा सकता है, इसे किसी भी आय के प्रमुख के खिलाफ सेट किया जा सकता है और शेष राशि को किसी भी अवधि के लिए बंद किया जा सकता है।

अत: विकल्प (D) सही है।

83. ऐसी स्थिति जहां डब्ल्यूटीओ के एक सदस्य द्वारा किसी अन्य सदस्य को दिए गए किसी भी लाभ को सभी डब्ल्यूटीओ सदस्यों तक बढ़ाया जाता है, को सबसे पसंदीदा राष्ट्र के रूप में जाना जाता है।

अधिकांश-इष्ट-राष्ट्र (एमएफएन): अन्य लोगों के साथ समान व्यवहार करना। विश्व व्यापार संगठन समझौतों के तहत, देश आमतौर पर अपने व्यापारिक भागीदारों के बीच भेदभाव नहीं कर सकते हैं।

अत: विकल्प (C) सही है।

84. विश्व व्यापार संगठन (डब्ल्यूटीओ) एक अंतरराष्ट्रीय निकाय है जिसका उद्देश्य आयात शुल्क और अन्य बाधाओं को समाप्त करने के लिए देशों को राजी करके मुक्त व्यापार को बढ़ावा देना है। जैसे, यह वैश्वीकरण के साथ निकटता से जुड़ा हुआ है। विश्व व्यापार संगठन अंतरराष्ट्रीय व्यापार के नियमों की देखरेख करने वाली एकमात्र अंतर्राष्ट्रीय एजेंसी है।

अत: विकल्प (A) सही है।

85. दोनों (A) और (R) सही हैं और (R) (A) की सही व्याख्या है।

'भुगतानों का संतुलन' निर्यात की गई सेवाओं, प्रदान की गई सेवाओं और 'निवासियों' द्वारा प्राप्त पूंजी के आधार पर सभी प्राप्तियों का एक वर्गीकृत रिकॉर्ड प्रस्तुत करता है और आयातित और पूंजी से प्राप्त सेवाओं के लिए उनके द्वारा किए गए भुगतानों को 'गैर-निवासियों' को हस्तांतरित किया जाता है। या 'विदेशी'। किसी देश के 'भुगतान का संतुलन' किसी देश और शेष विश्व के 'निवासियों' के बीच सभी आर्थिक लेनदेन का एक व्यवस्थित रिकॉर्ड है।

अत: विकल्प (A) सही है।

86. व्यापार और विकास पर संयुक्त राष्ट्र सम्मेलन (UNCTAD) 1964 में एक स्थायी अंतर सरकारी निकाय के रूप में स्थापित किया गया था। UNCTAD की स्थापना 1964 में संयुक्त राष्ट्र महासभा द्वारा की गई थी और यह संयुक्त राष्ट्र महासभा और संयुक्त राष्ट्र आर्थिक और सामाजिक परिषद को रिपोर्ट करती है।

अत: विकल्प (D) सही है।

87. डी काट्ज के अनुसार, मनोबल के चार आयाम हैं:

- कार्य संतुष्टि,
- वेतन और प्रचार के अवसरों के साथ संतुष्टि,
- कंपनी के साथ की पहचान,
- कार्यसमूह में गर्व।

अत: विकल्प (A) सही है।

88. एक 360-डिग्री प्रदर्शन मूल्यांकन, जिसे 360-डिग्री फीडबैक या मल्टी-रेटर फीडबैक के रूप में भी जाना जाता है, तब होता है जब नियोक्ता प्रत्यक्ष प्रबंधक से केवल एक-एक फीडबैक के बजाय यथासंभव कई स्रोतों से कर्मचारी के प्रदर्शन का मूल्यांकन करते हैं।

उद्देश्यों द्वारा प्रबंधन (एमबीओ) एक रणनीतिक प्रबंधन मॉडल है जिसका उद्देश्य प्रबंधन और कर्मचारियों दोनों द्वारा सहमत उद्देश्यों को स्पष्ट रूप से परिभाषित करके किसी संगठन के प्रदर्शन में सुधार करना है।

व्यवहारिक रूप से एंकरेड रेटिंग स्केल, जिसे BARS के रूप में भी जाना जाता है, एक प्रकार का प्रदर्शन प्रबंधन पैमाना है जो आमतौर पर पारंपरिक रेटिंग पैमानों पर पाए जाने वाले सामान्य विवरणकों के बजाय व्यवहार "कथन" को संदर्भ बिंदु के रूप में उपयोग करता है।

अत: विकल्प (C) सही है।

89. "निरपेक्ष लागत लाभ का सिद्धांत" निम्नलिखित बातों पर विचार करता है:

- निरपेक्ष लागत लाभ का सिद्धांत बताता है कि किसी देश के उत्पाद के उत्पादन में अधिक दक्षता के आधार पर पूर्ण लागत लाभ होता है, इसके उत्पादन और निर्यात में विशेषज्ञ होना चाहिए।
- यह दो वस्तुओं के साथ एक दो-देश की रूपरेखा है।
- यह एक पॉजिटिव-सम गेम है, यानी दोनों देश हासिल कर रहे हैं।

अत: विकल्प (C) सही है।

90. मूल्य-निर्धारण विधि में, एक फर्म किसी उत्पाद की कीमत इस बात पर विचार करके निर्धारित करती है कि ग्राहक किस उत्पाद की छवि अपने दिमाग में रखता है और वह इसके लिए कितना भुगतान करने को तैयार है। दूसरे शब्दों में, किसी उत्पाद को उस मूल्य के आधार पर मूल्य निर्धारण करना जो

ग्राहक उसके लिए भुगतान करने के लिए तैयार है, को पेरिस्ड-मूल्य विधि कहा जाता है।

अत: विकल्प (C) सही है।

91. जेम्स थॉम्पसन ने तीन प्रकार के कार्य पर निर्भरता की पहचान की जिसका उपयोग आपकी टीम को डिजाइन करने के लिए किया जा सकता है

- पूलित
- अनुक्रमिक
- पारस्परिक

अत: विकल्प (A) सही है।

92. उत्पाद प्रबंधन प्रणाली अक्सर महंगी हो जाती है। प्रत्येक प्रमुख उत्पाद का प्रबंधन करने के लिए एक व्यक्ति को नियुक्त किया जाता है। उत्पाद-प्रबंधन संगठन कार्यात्मक प्रबंधन संगठन को प्रतिस्थापित नहीं करता है, बल्कि प्रबंधन की एक और परत के रूप में कार्य करता है।

अत: विकल्प (C) सही है।

93. उपर्युक्त कथनों में, निम्नलिखित सही हैं:

1. एक अच्छा विक्रेता वह है जो एक एस्किमो को रेफ्रिजरेटर बेचता है। विक्रेता के पास ग्राहक में आवश्यकता और मांग पैदा करने की क्षमता होनी चाहिए।

2. भौतिक वितरण वह जगह है जहाँ उच्च लागत-बचत संभव है। भौतिक वितरण कई थोक और खुदरा वितरण नेटवर्क चैनलों के भीतर होता है जो परिवहन लागत आदि को कम करने में मदद करता है।

अत: विकल्प (A) सही है।

94. IGST में "I" एकीकृत के लिए है।

एकीकृत माल और सेवा कर (IGST) का मतलब अंतर-राज्यीय व्यापार या वाणिज्य के दौरान किसी भी सामान या सेवाओं की आपूर्ति पर IGST अधिनियम के तहत लगाया गया कर होगा।

अत: विकल्प (B) सही है।

95. सीमांत लागत लाभ योजना में उपयोगी है; यह उत्पादन और बिक्री के विभिन्न स्तर पर लाभप्रदता निर्धारित करने में सहायक है।

बिक्री मूल्य, निर्यात निर्णय, और निर्णय लेने या खरीदने के बारे में निर्णय लेने में सीमांत लागत उपयोगी है।

ब्रेक-ईवन विश्लेषण और पी / वी अनुपात सीमांत लागत की उपयोगी तकनीकें हैं

शट डाउन करने के निर्णय का मतलब है कि फर्म उत्पादन को अस्थायी रूप से निलंबित कर रही है। इसका मतलब यह नहीं है कि फर्म व्यवसाय से बाहर हो रही है (उद्योग से बाहर निकल रही है)।

अत: विकल्प (D) सही है।

96. कार्यशील पूंजी की आवश्यकता को प्रभावित करने वाले कारक हैं:

- बाजार की स्थिति: यदि प्रतियोगिता तीव्र है, तो कंपनी को विज्ञापन अभियान चलाने और बिक्री प्रचार पर बहुत पैसा खर्च करना पड़ता है। इसके लिए अधिक स्टॉक रखना होगा और क्रेडिट पर बेचना होगा। तो, इसके लिए अधिक कार्यशील पूंजी की आवश्यकता होगी।

- उत्पादन नीति: एक सर्विस कंपनी की आमतौर पर एक छोटा परिचालन चक्र या अवधि होती है। यह नकद आधार पर भी बिकता है। इसलिए, इसके लिए कम कार्यशील पूंजी की आवश्यकता होती है। उदाहरण के लिए, बिजली और परिवहन कंपनियां।

- आपूर्ति की स्थिति: कंपनी की कार्यशील पूंजी की आवश्यकताएं आपूर्ति की शर्तों पर निर्भर करती हैं। यदि कच्चे माल की आपूर्ति नियमित है, तो कंपनी कम माल (स्टॉक) रख सकती है। इसलिए, इसे कम कार्यशील पूंजी की आवश्यकता होगी। लेकिन, अगर आपूर्ति अनियमित है तो कंपनी को और स्टॉक रखना होगा। इसलिए, ऐसे मामले में, इसे अधिक कार्यशील पूंजी की आवश्यकता होगी।

अत: विकल्प (D) सही है।

97. एडीआर/जीडीआर जारी करने वाली भारतीय कंपनी को रिजर्व बैंक को प्रस्तुत करना है, एनेक्स -10 में संलग्न प्रपत्र में ऐसे मुद्दे का पूरा विवरण, मुद्दे के समापन की तारीख से 30 दिनों के भीतर प्रस्तुत करना होगा।

- एडीआर यू.यस में जारी एक एकल विदेशी कंपनी के शेयर हैं।
- GDR प्रोग्राम के एक हिस्से के रूप में एक से अधिक देशों में जारी एक एकल विदेशी कंपनी के शेयर हैं।

अत: विकल्प (B) सही है।

98. SLR का उपयोग क्रेडिट विस्तार के लिए बैंक के उत्तोलन को नियंत्रित करने के लिए किया जाता है। सेंट्रल बैंक CRR के साथ बैंकिंग प्रणाली में तरलता को नियंत्रित करता है।

SIDBI को लघु उद्योग विकास निधि और राष्ट्रीय इक्विटी फंड के प्रबंधन के लिए जिम्मेदार बनाया गया था जो IDBI द्वारा पहले प्रशासित किया गया था। SIDBI एमएसएमई (सूक्ष्म, लघु और मध्यम उद्यम) क्षेत्र को बढ़ावा देने, विकसित करने और वित्तपोषण के लिए प्राथमिक वित्तीय संस्थान है।

सीयूटीएस का काम पांच परिचालन क्षेत्रों में विभाजित है: उपभोक्ता संरक्षण; अंतर्राष्ट्रीय व्यापार और विकास; प्रतियोगिता, निवेश और आर्थिक विनियमन; मानव विकास, और उपभोक्ता सुरक्षा

"औद्योगिक लाइसेंसिंग नीति पूछताछ समिति" की स्थापना एकाधिकार जांच आयोग और हजारी समिति की रिपोर्टों के अनुगमन के रूप में श्री सुबिमल दत्त की अध्यक्षता में की गई थी। इस समिति का जनादेश भारत में लाइसेंसिंग प्रणाली के काम करने के लिए पूछताछ करना था। समिति ने जुलाई 1969 में अपनी रिपोर्ट प्रस्तुत की थी।

अत: विकल्प (B) सही है।

99. आयोजन प्रबंधन का कार्य है जिसमें एक संगठनात्मक संरचना विकसित करना और उद्देश्यों की पूर्ति सुनिश्चित करने के लिए मानव संसाधन आवंटित करना शामिल है। संगठन की संरचना वह ढांचा है जिसके भीतर प्रयास समन्वित होते हैं।

अत: विकल्प (C) सही है।

100. जो नेता अपने श्रेष्ठ ज्ञान के कारण नेता के रूप में उत्कृष्टता प्राप्त करता है, वह बौद्धिक नेता होता है। बौद्धिक लीडर गंभीर, केंद्रित और लक्ष्य केंद्रित होते हैं। वे अपने जीवन के बारे में दीर्घकालिक सोचते हैं और बड़े, जटिल प्रणालियों को विकसित करने का आनंद लेते हैं। वे सैद्धांतिक, तार्किक, बुद्धिमान और कार्यात्मक हैं।

अत: विकल्प (B) सही है।

101. सामाजिक बैलेंस शीट संगठन के कर्मचारियों का मूल्य दिखाती है।

सामाजिक बैलेंस शीट में निम्नलिखित जानकारी है:

- नियोजित व्यक्तियों का एक बयान।
- वित्तीय वर्ष के दौरान कर्मियों के आंदोलनों की एक तालिका।
- एक बयान जिसमें श्रमिकों द्वारा भाग लिए गए प्रशिक्षण गतिविधियों की जानकारी है, जिसमें से लागत नियोक्ता द्वारा वहन की जाती है।

अत: विकल्प (C) सही है।

102. अधिकांश फर्मों में किए गए विपणन अनुसंधान के सबसे सामान्य रूप विपणन की क्षमता का माप और विपणन हिस्सेदारी का विश्लेषण हैं। विपणन की क्षमता एक विशिष्ट समय में उत्पाद के लिए विपणन का संपूर्ण आकार है।

संज्ञानात्मक असंगति की अवधारणा उपभोक्ता के खरीद-पश्चात व्यवहार का अध्ययन करने के लिए प्रासंगिक है। उपभोक्ता व्यवहार में "संज्ञानात्मक असंगति" के सिद्धांत का बहुत महत्व है और विपणक उनके द्वारा अनुभव किए गए उपभोक्ताओं के खरीद के बाद के व्यवहार का विश्लेषण करने में बहुत रुचि रखते हैं।

अत: विकल्प (D) सही है।

103. एक कंपनी द्वारा अपने एक या एक से अधिक व्यवसाय प्रभागों द्वारा दूसरी नई सेट अप कंपनी में स्थानांतरण को डीमर्जर कहा जाता है।

'डिमर्जर' शब्द का अर्थ है एक कंपनी अपने एक या अधिक व्यवसाय संचालन को दूसरी कंपनी में स्थानांतरित कर रही है। कंपनी जो इस तरह के व्यवसाय संचालन को स्थानांतरित करती है उसे "डिमर्ज्ड" कंपनी के रूप में जाना जाता है, जबकि जिस कंपनी को व्यवसाय स्थानांतरित किया जाता है उसे "परिणामी" कंपनी के रूप में जाना जाता है।

अत: विकल्प (A) सही है।

104. उन्नत सांख्यिकीय विश्लेषण उपकरण जैसे कि परिकल्पना परीक्षण का उपयोग करके साधारण डेटा का विश्लेषण भी किया जा सकता है। टी-टेस्ट या एनोवा जैसे मानक पैरामीट्रिक तरीकों को इस प्रकार के डेटा पर लागू नहीं किया जा सकता। डेटा की परिकल्पना परीक्षण केवल गैर-पैरामीट्रिक परीक्षण जैसे कि मान-व्हिटनी यू परीक्षण, ची-स्क्वायर परीक्षण और क्रुसकल-वालिस परीक्षण का उपयोग करके किया जा सकता है।

अत: विकल्प (C) सही है।

105. अर्थशास्त्री एकाधिकार शक्ति को मापने के लिए लर्नर इंडेक्स का उपयोग करते हैं, जिसे बाजार की शक्ति भी कहा जाता है। सूचकांक सीमांत लागत से अधिक मूल्य का प्रतिशत मार्कअप है। लर्नर इंडेक्स एक सकारात्मक संख्या (L> = 0) है, जो बाजार की शक्ति की मात्रा में वृद्धि करता है।

अत: विकल्प (A) सही है।

106. मार्कअप मूल्य निर्धारण एक मूल्य निर्धारण विधि को संदर्भित करता है जिसमें उत्पाद की बिक्री मूल्य प्राप्त करने के लिए उत्पाद की कीमत में निश्चित राशि या उत्पाद की लागत का प्रतिशत जोड़ा जाता है। रिटेलिंग में मार्कअप मूल्य अधिक सामान्य है जिसमें एक रिटेलर लाभ कमाने के लिए उत्पाद बेचता है।

P = ATC + (m × ATC) अभिव्यक्ति है।

अत: विकल्प (B) सही है।

107. ऑलिगोपॉलिस्टिक फर्म इस तरह से अन्योन्याश्रित हैं कि सभी को एक दूसरे को अच्छा करने और अपनी सफलता सुनिश्चित करने की आवश्यकता है। अपनी न केवल अपने उत्पादन / लाभ निर्णयों से बल्कि अन्य फर्मों के समान कार्यों से भी प्रभावित होते हैं।

गेम थ्योरी मॉडल इस बात का अध्ययन है कि लोग रणनीतिक स्थितियों में कैसे व्यवहार करते हैं।

अत: विकल्प (A) सही है।

108. उपभोक्ता संरक्षण अधिनियम, 1986 के अनुसार, "सेवा" का अर्थ किसी भी विवरण की सेवा है जो संभावित उपयोगकर्ताओं के लिए उपलब्ध है और इसमें बैंकिंग, वित्तपोषण, बीमा, परिवहन, प्रसंस्करण, विद्युत या अन्य ऊर्जा की आपूर्ति के संबंध में सुविधाओं का प्रावधान शामिल है। , बोर्ड या लॉज या दोनों, मनोरंजन, मनोरंजन या समाचार या अन्य सूचनाओं की पूर्ति, लेकिन किसी भी सेवा का नि: शुल्क या व्यक्तिगत सेवा के अनुबंध के तहत प्रतिपादन शामिल नहीं है।

इस प्रकार, नि: शुल्क प्रदान की गई सेवा अधिनियम के दायरे में नहीं आती है।

अत: विकल्प (B) सही है।

109. उद्योग (विकास और विनियमन) अधिनियम, 1951 केंद्र सरकार को अपनी औद्योगिक नीति को लागू करने के लिए आवश्यक साधन प्रदान करता है। नए उपक्रमों की योजना और भविष्य के विकास को सुदृढ़ और संतुलित तर्ज पर विनियमित करने के लिए अधिनियम के तहत लाइसेंसिंग की एक प्रणाली शुरू की गई है और केंद्र सरकार की राय में इसे समीचीन माना जा सकता है।

अत: विकल्प (D) सही है।

110. अंतरराष्ट्रीय व्यापार से लाभ दो व्यापारिक देशों में तुलनात्मक लागत अनुपात में अंतर के लागत अनुपात पर निर्भर करता है। विनिमय दर और उत्पादन लागत के बीच का अंतर जितना छोटा होगा, व्यापार से उतना ही कम लाभ होगा और इसके विपरीत।

अत: विकल्प (C) सही है।

111. भारत में सार्वजनिक उद्यमों के निजीकरण का लोकप्रिय मार्ग विनिवेश रहा है। विनिवेश का अर्थ है सरकार द्वारा संपत्ति की बिक्री या परिसमापन, आमतौर पर केंद्रीय और राज्य के सार्वजनिक क्षेत्र के उद्यम, परियोजनाएं या निजी क्षेत्र की अन्य अचल संपत्तियां।

अत: विकल्प (A) सही है।

112. भूमि और भवन की खरीद प्रमुख निर्णय का एक उदाहरण है। प्रमुख निर्णय कुछ ऐसा है जो अधिक से अधिक, बहुत ही परिणामी, गंभीर या महत्वपूर्ण है।

अत: विकल्प (B) सही है।

113. एक नेता जो परिवार के मुखिया के रूप में कार्य करता है और अपने अनुयायियों के साथ अपने परिवार के सदस्यों की तरह व्यवहार करता है। पैतृक नेतृत्व एक प्रबंधकीय दृष्टिकोण है जिसमें एक प्रमुख प्राधिकरण का आंकड़ा शामिल होता है जो पितृसत्ता या मातृसत्ता के रूप में कार्य करता है और कर्मचारियों और भागीदारों के साथ ऐसा व्यवहार करता है जैसे कि वे एक बड़े, विस्तारित परिवार के सदस्य हों। बदले में, नेता कर्मचारियों से वफादारी और विश्वास की अपेक्षा करता है, साथ ही आज्ञाकारिता भी।

अत: विकल्प (A) सही है।

114. डिबेंचर पर दिया गया ब्याज एक दायित्व है और यह प्रकृति में निश्चित है। लाभांश के मामले में, भुगतान करना प्रकृति में निश्चित नहीं है। लाभांश कंपनी द्वारा अर्जित लाभ का विनियोग है दूसरी ओर डिबेंचर एक कंपनी की दीर्घकालिक देयता है और इसका ब्याज लाभ का विनियोग नहीं है।

अत: विकल्प (C) सही है।

115. लेखा केंद्र जिम्मेदारी लेखांकन का हिस्सा नहीं है। जिम्मेदारी लेखांकन मूल रूप से एक प्रणाली को संदर्भित करता है जिसमें संगठन के विभिन्न प्रभागों को जिम्मेदारी केंद्रों के रूप में स्थापित किया जाता है। इसमें, प्रत्येक विभाग को एक निर्धारित लक्ष्य दिया जाता है और इसे प्राप्त करने के लिए विभाग के प्रमुख (प्रबंधक) को जिम्मेदार बनाया जाता है। वे विभिन्न प्रकार के जिम्मेदारी केंद्र जैसे लागत केंद्र, निवेश केंद्र, लाभ केंद्र और राजस्व केंद्र हैं।

अत: विकल्प (A) सही है।

116. यदि पार्टनर के रिटायरमेंट के समय एक साझेदारी फर्म की पुस्तक में उठाई गई सद्भावना और उसके पूर्ण मूल्य को लिखा जाना है, तो शेष भागीदारों के पूंजी खातों को पुराने लाभ और हानि के बंटवारे के अनुपात में डेबिट किया जाता है।

अत: विकल्प (B) सही है।

117. शुद्ध या सही प्रतिस्पर्धा एक सैद्धांतिक बाजार संरचना है जिसमें सभी फर्म एक समान उत्पाद बेचते हैं (उत्पाद एक "कमोडिटी" या "सजातीय") है। सभी फर्म प्राइस टेकर हैं (वे अपने उत्पादों के बाजार मूल्य को प्रभावित नहीं कर सकते हैं)। बाजार हिस्सेदारी का कीमतों पर कोई प्रभाव नहीं है।

एकाधिकार प्रतियोगिता में, एक खरीदार केवल एक निर्माता से एक विशिष्ट प्रकार का उत्पाद प्राप्त कर सकता है। दूसरे शब्दों में, उत्पाद भेदभाव है। उत्पाद विभेदीकरण के बाद से फर्मों को बिक्री खर्च उठाना पड़ता है। फर्म अपने उत्पादों की गुणवत्ता में सुधार या गिरावट कर सकती है।

ओलीगोपोली एक बाजार संरचना है जिसमें उत्पाद बनाने वाली कुछ फर्म हैं। जब बाजार में कुछ फर्में होती हैं, तो वे उद्योग के मुनाफे को अधिकतम करने के लिए बाजार के लिए एक मूल्य या आउटपुट स्तर निर्धारित करने के लिए सामंजस्य कर सकते हैं।

एकाधिकार में, एक समान उत्पाद के लिए अलग-अलग कीमतों को चार्ज करने की प्रथा है जिसे मूल्य भेदभाव कहा जाता है। रॉबिन्सन के अनुसार, "मूल्य भेदभाव एक ही उत्पाद के लिए अलग-अलग कीमतें या विभेदित उत्पाद के लिए एक ही कीमत चार्ज कर रहा है।" एक उत्पाद के एक एकल विक्रेता को एक एकाधिकार कहा जाता है।

अतः सही विकल्प (A) है।

118. कार्डिनल उपयोगिता विश्लेषण की मूल धारणा है:

- उपभोक्ता की तर्कसंगतता

- उपयोगिता कार्डिनली औसत दर्जे का

- स्वतंत्र उपयोगिताओं की परिकल्पना

अत: विकल्प (C) सही है।

119. एक एफ-परीक्षण (स्नेडेकोर और कोचरन, 1983) का उपयोग यह परीक्षण करने के लिए किया जाता है कि क्या दो आबादी के प्रसरण समान हैं। यह परीक्षण दो-पूंछ वाला परीक्षण या एक-पूंछ वाला परीक्षण हो सकता है। दो-पूंछ वाला संस्करण इस विकल्प के विरुद्ध परीक्षण करता है कि प्रसरण समान नहीं हैं। एक-पूंछ वाला संस्करण केवल एक दिशा में परीक्षण करता है, यानी पहली आबादी से भिन्नता या तो दूसरी जनसंख्या भिन्नता से अधिक या कम है (लेकिन दोनों नहीं)। उदाहरण के लिए, यदि हम एक नई प्रक्रिया का परीक्षण कर रहे हैं, तो हमें केवल यह जानने में दिलचस्पी हो सकती है कि क्या नई प्रक्रिया पुरानी प्रक्रिया की तुलना में कम परिवर्तनशील है।

अत: विकल्प (A) सही है।

120. युग्मित नमूना टी-परीक्षण, जिसे कभी-कभी निर्भर नमूना टी-परीक्षण कहा जाता है, एक सांख्यिकीय प्रक्रिया है जिसका उपयोग यह निर्धारित करने के लिए किया जाता है कि क्या टिप्पणियों के दो सेटों के बीच का अंतर शून्य है। एक युग्मित नमूना टी-टेस्ट में, प्रत्येक विषय या इकाई को दो बार मापा जाता है, जिसके परिणामस्वरूप अवलोकन के जोड़े होते हैं।

अत: विकल्प (A) सही है।

121. मैट्रिक्स संगठन का उद्देश्य समन्वय के साथ विकेंद्रीकरण के लाभों को जोड़ना है। आमतौर पर विशिष्ट लक्ष्य प्राप्त करने के लिए एक समूह बनाने के लिए विभिन्न विभागों के कर्मचारियों की आवश्यकता होती है।

एक कार्यात्मक संरचना उन संगठनों में आम है जिन्होंने उद्यमशीलता संरचना को आगे बढ़ाया है। यह छोटी कंपनियों के लिए उपयुक्त है जिनके पास कुछ उत्पाद हैं।

अत: विकल्प (A) सही है।

122. जिस हद तक दो प्रतिभूतियों के प्रतिफल एक साथ बदलते हैं वह सहप्रसरण द्वारा परिलक्षित होता है। कोवरियनस दो चर के बीच सह-आंदोलन का एक पूर्ण उपाय है, अर्थात, यह उस डिग्री को दर्शाता है जिस पर दो प्रतिभूतियों के रिटर्न एक साथ बदलते हैं।

अत: विकल्प (C) सही है।

123. सक्रिय योजना में एक वांछित भविष्य की रूपरेखा तैयार करना और फिर उस भविष्य की स्थिति को बनाने के तरीकों का आविष्कार करना शामिल है। न केवल भविष्य एक पसंदीदा राज्य है, बल्कि संगठन सक्रिय रूप से परिणाम को नियंत्रित कर सकता है। नियोजक सक्रिय रूप से भविष्य को

आकार देते हैं, न कि केवल अपने नियंत्रण से बाहर की घटनाओं से आगे निकलने की कोशिश करते हैं।

अत: विकल्प (C) सही है।

124. नौकरी विवरण किसी विशेष नौकरी के कर्तव्यों और जिम्मेदारियों के बारे में जानकारी का एक बयान है। जबकि नौकरी विनिर्देशन एक नौकरी के लिए फिट होने के लिए योग्यता, विशेष गुण, कौशल और किसी कर्मचारी के लिए आवश्यक ज्ञान के बारे में जानकारी का एक बयान है।

अत: विकल्प (C) सही है।

125. भारतीय रिजर्व बैंक भारत का केंद्रीय बैंक है। यह मौद्रिक और वित्तीय मामलों में भारत सरकार का वित्तीय एजेंट और सलाहकार है, एसबीआई, आईडीबीआई और आईसीआईसीआई वाणिज्यिक बैंक हैं।

अत: विकल्प (D) सही है।

126. बैंकों का राष्ट्रीयकरण कृषि और लघु उद्योग और निर्यात इकाइयों के लिए पर्याप्त ऋण के प्रावधान के उद्देश्य से कुछ के नियंत्रण के प्रावधान को छोड़कर उद्यमियों के एक नए वर्ग को प्रोत्साहित करना है।

अत: विकल्प (B) सही है।

127. आयातों की नकारात्मक सूची में निम्न शामिल हैं:

- रद्द माल की सूची आईटीसी (एचएस) में पाई जा सकती है। इस श्रेणी में माल केवल कैनालाइजिंग एजेंसियों के माध्यम से आयात किया जा सकता है। मुख्य नहरकृत वस्तुएं वर्तमान में पेट्रोलियम उत्पाद, थोक कृषि उत्पाद, जैसे अनाज और वनस्पति तेल, और कुछ दवा उत्पाद हैं।

- निषिद्ध माल / प्रतिबंधित वस्तुएं मादक पदार्थ और मनोग्रंथि पदार्थ। अश्लील और अश्लील सामग्री। नकली और पाइरेटेड माल और माल कानूनी रूप से लागू बौद्धिक संपदा अधिकारों में से किसी का उल्लंघन करता है। प्राचीन।

- प्रतिबंधित का मतलब है कि आइटम को संयुक्त राज्य में प्रवेश करने से पहले एक संघीय एजेंसी से विशेष लाइसेंस या परमिट की आवश्यकता होती है। प्रतिबंधित वस्तुओं के उदाहरणों में आग्नेयास्त्र, कुछ फल और सब्जियां, पशु उत्पाद, पशु उपोत्पाद और कुछ जानवर शामिल हैं।

अत: विकल्प (D) सही है।

128. जब वस्तुओं के वजन के अनुसार कस्टम ड्यूटी लगाई जाती है, तो इसे विशिष्ट कर्तव्य के रूप में जाना जाता है।

आयात की गई देश की दरों के अनुसार मानक या अधिमान्य हो सकते हैं। अतिरिक्त सीमा शुल्क (काउंटरवेलिंग ड्यूटी (सीवीडी)): यह शुल्क सीमा शुल्क अधिनियम, 1975 की धारा 3 के तहत आयातित वस्तुओं पर लगाया जाता है। यह केंद्रीय उत्पाद शुल्क के बराबर है जो भारत के भीतर उत्पादित समान सामानों पर लगाया जाता है।

अत: विकल्प (D) सही है।

129. व्यापारिक वस्तुओं का निर्यात, सेवाओं का नहीं। जिसे मूर्त निर्यात भी कहा जाता है।

मर्चेंडाइज आयात को माल के रूप में परिभाषित किया जाता है जो देश में उनके आंदोलन के परिणामस्वरूप ऑस्ट्रेलिया में भौतिक संसाधनों के भंडार में जोड़ता है।

निवेश आय वह आय है जो किसी सुरक्षा या अन्य परिसंपत्तियों की बिक्री पर एकत्र किए गए ब्याज भुगतान, लाभांश, पूंजीगत लाभ और किसी भी प्रकार के निवेश वाहन के माध्यम से किए गए किसी भी अन्य लाभ से होती है। आम तौर पर, व्यक्ति नियमित रोजगार आय के माध्यम से प्रत्येक वर्ष अपनी कुल शुद्ध आय में से अधिकांश कमाते हैं।

भुगतान घाटे के संतुलन का मतलब है कि देश अपने निर्यात की तुलना में अधिक वस्तुओं, सेवाओं और पूंजी का आयात करता है। इसके आयात का भुगतान करने के लिए इसे अन्य देशों से उधार लेना चाहिए। लंबे समय में, देश शुद्ध उपभोक्ता बन जाता है, न कि दुनिया के आर्थिक उत्पादन का निर्माता।

अत: विकल्प (C) सही है।

130. आय कराधान वाले अधिकांश देशों में, कॉर्पोरेट संस्थाएं अपने लाभ पर कर के अधीन होती हैं और इसके अलावा, शेयरधारकों के हाथों कर लगाया जाता है जिसे अधिशुल्क के रूप में जाना जाता है।

अधिशुल्क पहले से लगाए जा रहे कर के लिए एक अतिरिक्त शुल्क या कर है। निगमों और उनके शेयरधारकों की आय का अलग कराधान कानूनी सिद्धांत का अनुसरण करता है कि निगम और शेयरधारक अलग-अलग संस्थाएं हैं।

अत: विकल्प (A) सही है।

131. मेलबर्न में होटल व्यवसाय का लाभ निवासी निर्धारिती के मामले में कर योग्य है।

भारत के बाहर स्थापित एक नियंत्रित या पेशेवर व्यवसाय से होने वाली विदेशी आय केवल निवासी और सामान्य निवासी के हाथों में कर योग्य होगी, न कि किसी निवासी के हाथों में, बल्कि सामान्य रूप से निवासी या अनिवासी व्यक्ति के हाथों में।

अत: विकल्प (A) सही है।

132. आयकर अधिनियम की धारा 10 में छूट प्राप्त आय का उल्लेख किया गया है।

आयकर अधिनियम, 1961 की धारा 10 के अनुसार, कुछ प्रकार की आय है जो एक वित्तीय वर्ष के भीतर आयकर के अधीन छूट प्राप्त होगी, बशर्ते वे कुछ शर्तों और दिशानिर्देशों को पूरा करते हों।

अत: विकल्प (A) सही है।

133. सही मिलान (a) - (ii), (b) - (iv), (c) - (i), (d) - (iii).

सूची - A	सूची – B
(a) सार्वजनिक निगम	(i) कृत्रिम विधिक व्यक्ति • विधायिका के एक विशेष अधिनियम के तहत स्थापित एक सार्वजनिक निगम और अपने स्वयं के न्यायिक व्यक्तित्व वाले निकाय को कृत्रिम न्यायिक व्यक्ति कहा जाता है। • विश्वविद्यालय इस श्रेणी का एक महत्वपूर्ण उदाहरण हैं।
(b) डीम्ड निर्धारिती	(ii) कानूनी प्रतिनिधि • डीम्ड निर्धारिती एक ऐसा व्यक्ति है जिसे कानूनी अधिकारियों द्वारा किसी अन्य व्यक्ति के लिए करों का भुगतान करने की स्थिति में रखा जाता है। • एक मृत व्यक्ति का सबसे बड़ा बेटा या कोई अन्य कानूनी उत्तराधिकारी (जिसकी वसीयत लिखे बिना समाप्त हो गया है) को एक डीम्ड निर्धारिती माना जाता है।
(c) एसेसी-इन-डिफॉल्ट	(iii) वह व्यक्ति जिसने स्रोत पर कर की कटौती नहीं की है • एसेसी-इन-डिफॉल्ट वह व्यक्ति है जो आयकर अधिनियम के अनुसार अपने वैधानिक दायित्वों को पूरा करने में विफल रहा है जैसे कि सरकार को करों का भुगतान नहीं किया गया है या अपना आयकर रिटर्न दाखिल नहीं किया है।
(d) जिला बोर्ड	(iv) स्थानीय प्राधिकरण • एक स्थानीय प्राधिकरण एक ऐसा संगठन है जो किसी विशेष क्षेत्र में सभी सार्वजनिक सेवाओं और सुविधाओं के लिए आधिकारिक तौर पर जिम्मेदार होता है।. • एक व्यक्ति जो किसी स्थानीय या नगरपालिका निधि के नियंत्रण या प्रबंधन का कानूनी रूप से हकदार है, या कानूनी रूप से किसी स्थानीय क्षेत्र के भीतर कोई उपकर, दर, शुल्क या कर लगाने का हकदार है, और ऐसे स्थानीय प्राधिकरण के संदर्भ में उपयोग की जाने वाली 'निधि' है।

अत: विकल्प (D) सही है।

134. पेंशन एक सेवानिवृत्ति लाभ है और इस पर एक कर्मचारी के वेतन के रूप में कर लगाया जाता है। पारिवारिक पेंशन शीर्ष "अन्य स्रोतों से आय" के तहत कर योग्य है, धारा 57 (ii) के तहत कानूनी उत्तराधिकारी को ऐसी पेंशन का 33.33 प्रतिशत या रु. 15,000, जो भी कम हो।

पारिवारिक पेंशन प्राप्त करने वाला व्यक्ति कर्मचारी नहीं बल्कि कर्मचारी का आश्रित था। पेंशन/पारिवारिक पेंशन के लिए पात्र व्यक्ति स्वयं, उसकी पत्नी/पति, 25 वर्ष से कम आयु के बच्चे और अविवाहित पुत्री हैं।

इसलिए, कथन (A) गलत है और (R) सही है।

अत: विकल्प (D) सही है।

135. 'वेतन' शीर्ष के तहत आय की गणना

विवरण	राशि	राशि
i. मूल वेतन		2,88,000
ii. बोनस		32,000
iii. किराया मुक्त आवास: (वेतन + बोनस) का 15% क्योंकि बई की आबादी 25 लाख से अधिक है।		48,000
iv. RPF में नियोक्ता का योगदान (2,88,000 का 14%) कम: 12% तक छूट	40,320 (34,560)	5,760
v. RPF पर ब्याज (10%) कम: 9.5% तक की छूट	2,000 (1900)	100
वेतन से आय		3,73,860

इसलिए, A.Y. 2015-16 के लिए वेतन से उनकी आय 3,73,860 रुपये होगी।

अत: विकल्प (C) सही है।

136. कर कानूनों में, वैज्ञानिक अनुसंधान के लिए अनुमोदित और अधिसूचित संघ को दान के 100% के रूप में दान की अनुमति है।

धारा 80GGA वैज्ञानिक अनुसंधान या ग्रामीण विकास के लिए किए गए दान के लिए कटौती की अनुमति देता है। यह कटौती उन सभी निर्धारितियों को दी जाती है, जिन्हें किसी व्यवसाय और/या पेशे से आय (या हानि) होती है।

भुगतान का तरीका: दान चेक के रूप में या ड्राफ्ट या नकद में किया जा सकता है; हालांकि 10,000 रुपये से अधिक के नकद दान पर कटौती की अनुमति नहीं है। दान या योगदान की गई राशि का 100% कटौती के लिए योग्य माना जाता है।

अत: विकल्प (B) सही है।

137. परक्राम्य लिखत अधिनियम, 1881 चेक के माध्यम से लेनदेन को नियंत्रित करता है।

चेकों की संपूर्ण प्रक्रिया और उनका भुगतान सभी परक्राम्य लिखत अधिनियम, 1881 के अनुबंधों के तहत शासित होते हैं, जिसके लिए यह आवश्यक है कि ये लिखत लिखित रूप में हों और नियत समय में भुगतान के लिए भौतिक रूप से प्रस्तुत किए जाएं।

अत: विकल्प (B) सही है।

138. ट्रिप्स के तहत कॉपीराइट के लिए संरक्षण लेखक की मृत्यु के 50 साल बाद तक है।

ट्रिप्स समझौते में शामिल बर्न कन्वेंशन (9 सितंबर, 1886 को साहित्यिक और कलात्मक कार्यों के संरक्षण के लिए बर्न कन्वेंशन) का अनुच्छेद 7(1), संरक्षण की अवधि लेखक का जीवन और उसकी मृत्यु के 50 वर्ष बाद होगी। .

अतः विकल्प (D) सही है।

139. बैंकों द्वारा जारी जमा प्रमाणपत्र (सीडी) की परिपक्वता अवधि जारी होने की तारीख से 7 दिनों से कम और एक वर्ष से अधिक नहीं होनी चाहिए।

जमा प्रमाणपत्र (सीडी) बैंकों और क्रेडिट यूनियनों द्वारा पेश किया जाने वाला एक उत्पाद है जो ग्राहक को एक पूर्व निर्धारित अवधि के लिए एकमुश्त जमा को छूटे रहने के लिए सहमत होने के बदले में ब्याज दर प्रीमियम प्रदान करता है।

अतः विकल्प (A) सही है।

140. उपरोक्त सभी सूचना का अधिकार अधिनियम, 2005 के प्रावधान हैं।

सूचना का अधिकार (आरटीआई), 2005, भारत की संसद द्वारा स्थापित एक अधिनियम है जो नागरिक को सूचना के अधिकार के लिए प्रक्रियाओं और नियमों को तैयार करता है। सूचना की स्वतंत्रता अधिनियम, 2002 द्वारा आरटीआई को प्रतिस्थापित किया गया है। आरटीआई अधिनियम की विशेषताएं निम्नलिखित हैं:

- यह प्रत्येक सार्वजनिक प्राधिकरण में जवाबदेही और पारदर्शिता को बढ़ावा देता है।
- यह किसी भी व्यक्ति को सार्वजनिक प्राधिकरण द्वारा सही जानकारी के प्रभावी और समय पर प्रसार को बढ़ावा देता है।
- यह अपीलीय निकाय के रूप में जिला, राज्य और केंद्रीय स्तर के सूचना आयोग की स्थापना को बढ़ावा देता है।

अतः विकल्प (D) सही है।

141. बिक्री और माल अधिनियम भारतीय अनुबंध अधिनियम 1872 की धाराओं से बनाया गया था।

भारतीय अनुबंध अधिनियम हमारे अनुबंध में प्रवेश करने, इसे निष्पादित करने और इसके प्रावधानों को लागू करने के तरीके को संहिताबद्ध करता है। अधिनियम को कुल 266 वर्गों में विभाजित किया गया है। उनमें से महत्वपूर्ण खंड हैं:

- धारा 1 से 75 - सामान्य प्रावधान
- धारा 76 से 123 - माल की बिक्री
- धारा 124 से 147 - क्षतिपूर्ति और गारंटी
- धारा 148 से 181 - जमानत और प्रतिज्ञा
- धारा 182 से 238 - एजेंसी
- धारा 239 से 266 - साझेदारी

1930 और 1932 में सरकार ने भारतीय अनुबंध अधिनियम से कुछ धाराओं को अलग कर दिया और उनसे निपटने के लिए अलग अधिनियम बनाए। ये अधिनियम माल की बिक्री अधिनियम, 1930 और भारतीय भागीदारी अधिनियम, 1932 हैं।

अतः विकल्प (B) सही है।

142. ECGC बीमा से संबंधित है।

भारतीय निर्यात ऋण गारंटी निगम वाणिज्य और उद्योग मंत्रालय के माध्यम से भारत सरकार द्वारा प्रशासित है। ईसीजीसी की स्थापना अन्य देशों से होने वाले भुगतान से जुड़े जोखिम को कम करके भारतीय निर्यातकों के सुचारू कामकाज को सुनिश्चित करने के लिए की गई थी।

अतः विकल्प (B) सही है।

143. राष्ट्रीय कृषि और ग्रामीण विकास बैंक (नाबार्ड) ने स्वयं सहायता समूहों (एसएचजी) के संचालन को डिजिटल बनाने के लिए ई-शक्ति नामक एक योजना शुरू की है।

सरकार को ध्यान में रखते हुए एसएचजी के डिजिटलीकरण पर पायलट प्रोजेक्ट "भारत को डिजिटल रूप से सशक्त समाज और ज्ञान अर्थव्यवस्था में बदलने" के भारत के मिशन के तहत, नाबार्ड ने देश में सभी एसएचजी के डिजिटलीकरण के लिए एक परियोजना शुरू की है।

अतः विकल्प (A) सही है।

144. देश में आरआरबी के संबंध में राज्य सरकार, केंद्र सरकार और प्रायोजक बैंक के बीच प्रायोजन 15:50:35 के अनुपात में है।

आरआरबी भारतीय अनुसूचित वाणिज्यिक बैंक हैं जो भारत के विभिन्न राज्यों में क्षेत्रीय स्तरों पर काम कर रहे हैं। हालांकि, शहरी परिचालन के लिए आरआरबी की शाखाएं स्थापित हो सकती हैं और उनके संचालन के क्षेत्र में शहरी क्षेत्र भी शामिल हो सकते हैं।

आरआरबी में, 15% हिस्सा राज्य सरकार के पास, 50% केंद्र सरकार के पास और 35% प्रायोजक बैंक के पास होगा।

अतः विकल्प (A) सही है।

145. नाबार्ड ने एआरडीसी के पूरे उपक्रम को अपने हाथ में ले लिया। राष्ट्रीय कृषि और ग्रामीण विकास बैंक (NABARD) भारत सरकार के वित्त मंत्रालय के अधिकार क्षेत्र में एक शीर्ष विकास वित्तीय संस्थान है। इसने भारतीय रिजर्व बैंक के कृषि ऋण विभाग (ACD) और ग्रामीण योजना और क्रेडिट सेल (RPCC) और कृषि पुनर्वित्त और विकास निगम (ARDC) को बदल दिया। यह ग्रामीण क्षेत्रों में विकासात्मक ऋण प्रदान करने वाली प्रमुख एजेंसियों में से एक है। नाबार्ड भारत में कृषि और ग्रामीण विकास के लिए भारत का विशिष्ट बैंक है।

अतः विकल्प (C) सही है।

146. भारतीय वित्तीय प्रणाली कोड (IFSC) एक 11 अंकों का अल्फा-न्यूमेरिक कोड है जिसका उपयोग केंद्रीय बैंक द्वारा राष्ट्रीय इलेक्ट्रॉनिक फंड ट्रांसफर (एनईएफटी) नेटवर्क के भीतर बैंक शाखाओं की विशिष्ट पहचान के लिए किया जाता है। IFSC में, IFSC के पहले 4 अंक बैंक का प्रतिनिधित्व करते हैं और अंतिम 6 अंक शाखा का प्रतिनिधित्व करते हैं; पाँचवाँ अंक शून्य है।

अतः विकल्प (C) सही है।

147. नाबार्ड द्वारा शुरू की गई किसान क्रेडिट कार्ड योजनाओं का उद्देश्य किसानों को ऋण प्रदान करना है।

किसान क्रेडिट कार्ड (KCC) भारत में प्रचलित एक क्रेडिट योजना है, जिसे अगस्त 1998 में पूरे देश में शुरू किया गया था। इस ऋण योजना का मुख्य उद्देश्य किसानों को किफायती ऋण तक त्वरित और समय पर पहुंच प्राप्त करने में सक्षम बनाना है। यह योजना नाबार्ड और भारतीय रिजर्व बैंक द्वारा शुरू की गई थी।

अतः विकल्प (B) सही है।

148. जब अनुपात की गणना एक वर्ष के वित्तीय विवरणों से की जाती है, तो इसे अनुपात विश्लेषण कहा जाता है।

अनुपात विश्लेषण एक कंपनी के वित्तीय प्रदर्शन का पता लगाने के लिए एक वर्ष के वित्तीय विवरण से वित्तीय अनुपात स्थापित करने की प्रक्रिया को संदर्भित करता है। अनुपात विश्लेषण को तीन प्रकारों में वर्गीकृत किया गया है:

1. लाभप्रदता अनुपात

2. दक्षता / परिचालन अनुपात

3. चलनिधि अनुपात

अतः विकल्प (D) सही है।

149. गैर-बैंकिंग वित्तीय कंपनियां (एनबीएफसी) वित्तीय मध्यस्थ हैं जो मुख्य रूप से जमा स्वीकार करने, ऋण और अग्रिम उधार देने, पट्टे पर देने और किराया खरीदने के व्यवसाय में लगी हुई हैं।

एक गैर-बैंकिंग वित्तीय कंपनी (एनबीएफसी) कंपनी अधिनियम, 1956 के तहत पंजीकृत एक कंपनी है जो ऋण और अग्रिम के कारोबार में लगी हुई है, सरकार या स्थानीय प्राधिकरण या अन्य विपणन योग्य प्रतिभूतियों द्वारा जारी शेयरों / स्टॉक / बांड / डिबेंचर / प्रतिभूतियों का अधिग्रहण करती है। एक समान प्रकृति, पट्टे, किराया-खरीद, बीमा व्यवसाय, चिट व्यवसाय लेकिन इसमें ऐसी कोई संस्था शामिल नहीं है जिसका मुख्य व्यवसाय कृषि गतिविधि औद्योगिक गतिविधि प्रतिभूतियों के अलावा किसी भी सामान की खरीद या बिक्री या कोई सेवा प्रदान करना और बिक्री / खरीद / निर्माण करना है।

अतः विकल्प (D) सही है।

150. AS - 6 को 01 - 04 - 1995 पर या उसके बाद शुरू होने वाली लेखांकन अवधि से अनिवार्य कर दिया गया था।

लेखांकन मानक एक विशेषज्ञ लेखा निकाय या सरकार या अन्य नियामक निकाय द्वारा जारी किए गए लिखित नीति दस्तावेज हैं जो वित्तीय विवरणों में लेखांकन मानकों की मान्यता, माप, उपचार, प्रस्तुति और प्रकटीकरण के पहलुओं को कवर करते हैं।

अतः विकल्प (D) सही है।

Paper-I

Q.1 निम्नांकित में से ज्ञान सम्बन्धी योग्यता का उच्चतम स्तर क्या है?

A. जानना
B. समझना
C. विश्लेषण करना
D. मूल्यांकन करना

Q.2 यदि आपकी कक्षा के अधिकांश छात्र कमजोर हैं तो आपको चाहिए:

A. बुद्धिमान छात्रों की परवाह नहीं है
B. अपनी शिक्षण की गति को तेज रखें ताकि छात्रों की समझ का स्तर बढ़ सके
C. अपने शिक्षण को धीमा रखें
D. उज्ज्वल विद्यार्थियों के लिए कुछ अतिरिक्त मार्गदर्शन के साथ अपने शिक्षण को धीमा रखें

Q.3 निम्नलिखित शिक्षण प्रक्रिया को क्रम में व्यवस्थित करें -

(i) पिछले ज्ञान के साथ वर्तमान ज्ञान से संबंधित है

(ii) मूल्यांकन

(iii) पुनः प्राप्त करना

(iv) उद्देश्यों का निर्माण

(v) सामग्रियों की प्रस्तुति

A. (i), (ii), (iii), (iv)
B. (ii), (i), (iii), (iv), (v)
C. (v), (iv), (iii), (i), (ii)
D. (iv), (i), (v), (ii), (iii)

Q.4 मनोवैज्ञानिक लेव वायगोत्स्की द्वारा सुझाए गए निम्न में से समीपस्थ विकास के क्षेत्र (ZPD) की अवधारणा को दर्शाता है?

A. एक शिक्षार्थी का मस्तिष्क बचपन में तेजी से विकसित होता है।
B. एक शिक्षार्थी प्रभावी ढंग से सीखता है जब वास्तविक जीवन के उदाहरणों के साथ इसकी सहायता की जाती है।
C. एक शिक्षार्थी सहायता और बिना सहायता के क्या कर सकता है
D. बच्चे के समुचित विकास के लिए दोस्तों की बातचीत बहुत महत्वपूर्ण है

Q.5 नीचे दो कथन दिए गए हैं - एक को अभिकथन (A) के रूप में और दूसरे को कारण (R) के रूप में चिन्हित किया गया है।

अभिकथन (A): यदि एक शिक्षक एक प्रभावी कक्षा संवादक के रूप में अपनी क्षमताओं में सुधार करना चाहता है, तो उसे पहले छात्रों को समझना चाहिए।

कारण (R): छात्रों को समझने और सुनने के इरादे की क्षमता, असंबद्ध कथन हैं।

उपरोक्त दो कथनों के प्रकाश में, निम्नलिखित में से सही विकल्प चुनिए:

A. (A) और (R) दोनों सत्य हैं और (R) (A) की सही व्याख्या हैं
B. (A) और (R) दोनों सत्य हैं, लेकिन (R) (A) की सही व्याख्या नहीं हैं
C. (A) सत्य है, लेकिन (R) असत्य है
D. (A) असत्य है, लेकिन (R) सत्य है

Q.6 एक शिक्षक के संबंध में निम्नलिखित सभी कथन सही हैं सिवाय इसके कि वह -

A. एक दोस्त, गाइड और दार्शनिक
B. छात्रों को जो पता है वही सिखाता है
C. वर्ग का नेता
D. समाज की आवश्यकता के अनुसार उसके दृष्टिकोण और व्यवहार को बदलता है

Q.7 निम्नलिखित में से कौन अनुसंधान प्रक्रिया शुरू करने में पहला कदम है?

A. समस्या का पता लगाने के लिए सूचना के स्रोत खोजना
B. संबंधित साहित्य का सर्वेक्षण
C. समस्या की पहचान
D. समस्या के समाधान की खोज करना

Q.8 निम्नलिखित में से कौन सा नकारात्मक सहसंबंध का एक उदाहरण है:

A. जनसंख्या में वृद्धि से खाद्यान्न की कमी होगी
B. खराब बुद्धिमत्ता का मतलब है स्कूल में खराब उपलब्धि
C. भारत में भ्रष्टाचार का बढ़ना
D. खराब काम करने की स्थिति का उत्पादन का प्रतिधारण

Q.9 एक शिक्षक ने स्किनर के पुनर्बलन के सिद्धांत पर आधारित एक शिक्षण अधिगम सत्र के दौरान प्रशंसा और प्रोत्साहन के प्रभाव का पता लगाने का प्रस्ताव दिया। यह किस प्रकार के अनुसंधान से संबंधित होगा?

A. मौलिक अनुसंधान
B. मूल्यांकन अनुसंधान
C. क्रियात्मक अनुसंधान
D. अनुप्रयुक्त अनुसंधान

Q.10 गुणात्मक अनुसंधान प्रकार में, निम्नलिखित में से किस विशेषता को महत्वपूर्ण माना जा सकता है?

A. मानकीकृत अनुसंधान उपकरणों के साथ डेटा संग्रह।
B. संभावना नमूना तकनीकों के साथ नमूना डिजाइन।
C. नीचे-ऊपर अनुभवजन्य सबूत के साथ डेटा संग्रह।
D. शीर्ष-डाउन व्यवस्थित सबूत के साथ डेटा एकत्र करने के लिए।

Q.11 पर्यावरण के साथ रहने वाले जीवों के अध्ययन को __________ के रूप में जाना जाता है:

A. पारिस्थितिकी तंत्र
B. पर्यावरण
C. समुदाय
D. पारिस्थितिकी

Q.12 पौधों के बढ़ने के लिए प्रकाश के निम्न में से किस पैरामीटर की आवश्यकता नहीं होती है?

A. प्रकाश की तरंगदैर्घ्य
B. प्रकाश की तीव्रता
C. प्रकाश की अवधि
D. प्रकाश का रंग

Q.13 सीमित आकार या पौधों और जानवरों के आसपास के क्षेत्रों में जलवायु पैटर्न क्या है?

A. मिश्रित जलवायु
B. विस्तृत क्षेत्रीय जलवायु
C. सूक्ष्म जलवायु
D. खंडित जलवायु

Q.14 निम्नलिखित में से किससे सम्प्रेषण की प्रभावशीलता का पता लगाया जा सकता हैं?

1) अभुवृत्ति सर्वेक्षण

2) कार्य निष्पादन रिकॉर्ड

3) विद्यार्थियों की उपस्थिति

4. सम्प्रेषण माध्यम का चयन

नीचे दिए कूटों से सही उत्तर दीजिए:

A. 1, 2, 3 और 4
B. 1, 2 और 3
C. 2, 3 और 4
D. 1, 2 और 4

Q.15 कक्षा में शिक्षक की विशिष्टता सुनिश्चित करने की सबसे अच्छी रणनीति निम्न में से कौन-सी है?

A. प्रतिद्वंद्दी व्यवहार
B. आधिकारिक लहजा

C. आत्मविश्वासपूर्ण स्वरूप **D.** सहकर्मी-साथी

Q.16 निम्नलिखित में से कौन-सी एक शिक्षण पद्धति नहीं है?

A. अभिव्यक्ति **B.** चर्चा **C.** शिक्षण **D.** उपदेश

Q.17 MSc में अध्ययन करने वाले ABC, ने CBSC प्रणाली के तहत भाषा विभाग से 'आधुनिक भारतीय साहित्य' का अध्ययन करने के लिए चुना है। आधुनिक भारतीय साहित्य किस पाठ्यक्रम का प्रतिनिधित्व करता है?

A. चयनात्मक पाठ्यक्रम **B.** मुख्य पाठ्यक्रम
C. बुनियादी पाठ्यक्रम **D.** वैकल्पिक पाठ्यक्रम

Q.18 व्याख्यान सुनना है:

A. सूचना सुनना **B.** मूल्यांकन सुनने वाला
C. सहानुभूति सुनना **D.** इनमें से कोई नहीं

Q.19 महात्मा गांधी अंतरराष्ट्रीय हिंदी विश्वविद्यालय का हेडकार्टर निम्नलिखित में स्थित है -

A. वर्धा **B.** सेवाग्राम
C. नई दिल्ली **D.** अहमदाबाद

Q.20 50 संख्याओं का औसत 38 है। यदि संख्या 45 और 55 को छोड़ दिया जाता है, तो शेष संख्याओं का औसत है:

A. 36.5 **B.** 37 **C.** 37.5 **D.** 37.52

Q.21 किसी कोड में MATHURA को JXQEROX निरुपित करता है, HOTELS किसके द्वारा निरुपित होता है?

A. LEQIBP **B.** ELQBIP **C.** LEBIQP **D.** ELIPQB

Q.22 एक दिन प्रकाश घर से निकलता है और दक्षिण में 10 कि.मी. चलता है, फिर दाएँ मुड़ता है और 5 कि.मी. चलता है, फिर दाएँ मुड़ता है और 10 कि.मी. चलता है और फिर बाएँ मुड़कर 10 कि.मी. चलता है। सीधे अपने घर पहुंचने के लिए उसे कितने कि.मी. चलना पड़ेगा?

A. 10 **B.** 20 **C.** 15 **D.** 3

Q.23 एक तस्वीर में एक व्यक्ति की ओर इशारा करते हुए, अंजलि ने कहा, "वह मेरी बहन के भाई के पिता का एकमात्र बेटा है।" वह व्यक्ति अंजलि से कैसे संबंधित है?

A. पिता **B.** मां **C.** भाई **D.** चाचा

Q.24 एक परीक्षा में, 52% उम्मीदवार अंग्रेजी में और 42% गणित में असफल रहे। यदि अंग्रेजी और गणित दोनों में 17% उम्मीदवार असफल हुए, तो दोनों विषयों में कितने प्रतिशत उम्मीदवार उत्तीर्ण हुए?

A. 23% **B.** 18% **C.** 21% **D.** 25%

Q.25 बेसिक शिक्षा या नई तालीम का दूसरा नाम है:

A. नई शिक्षा नीति **B.** अनिवार्य शिक्षा
C. वर्धा शिक्षा योजना **D.** सर्व शिक्षा अभियान

Q.26 निम्नलिखित में से कौन सूचना प्रौद्योगिकी की उपयुक्त परिभाषा है?

A. सूचना प्रौद्योगिकी, प्रोसेसिंग सूचना के लिए हार्डवेयर और सॉफ्टवेयर के उपयोग को संदर्भित करती है

B. सूचना प्रौद्योगिकी उपयोगी सूचनाओं के वितरण के लिए हार्डवेयर और सॉफ्टवेयर के उपयोग को संदर्भित करती है

C. सूचना प्रौद्योगिकी से तात्पर्य कई प्रकार की सूचनाओं के प्रसंस्करण के लिए भौतिक विज्ञान और सामाजिक विज्ञान के सिद्धांतों के उपयोग से है।

D. सूचना प्रौद्योगिकी से तात्पर्य कई प्रकार की सूचनाओं के भंडारण, पुनः प्राप्ति, प्रसंस्करण और वितरण के लिए हार्डवेयर और सॉफ्टवेयर के उपयोग से है।

Q.27 दूरस्थ शिक्षा के वृद्धि और विकास के लिए तकनीकी शिक्षा के लिए 26 जनवरी 2003 को इग्नू द्वारा उपग्रह चैनल की शुरूआत है:

A. राजऋषि चैनल **B.** एकलव्य चैनल
C. ज्ञानदर्शन चैनल **D.** इनमें से कोई नहीं

Q.28 चार लोगों ने एक हादसा देखा। प्रत्येक ने लुटेरे का एक अलग विवरण दिया। कौन सा वर्णन शायद सही है?

A. वह औसत ऊंचाई, पतला और मध्यम आयु वर्ग का था।
B. वह लंबा, पतला और मध्यम आयु वर्ग का था।
C. वह लंबा, पतला और युवा था।
D. वह लंबा था, औसत वजन का और मध्यम आयु वर्ग का।

Q.29 निम्नलिखित कथनों में से दो एक-दुसरे के विरोधी है| सही कूट चयन करिये जो सही उतर का प्रतिनिधित्व करे।

कथन:
1) सभी कवि दार्शनिक होते है
2) कुछ कवि दार्शनिक होते है
3) कुछ कवि दार्शनिक नहीं होते है
4) कोई भी दार्शनिक कवि नहीं होता

कूट:
A. 1 और 2 **B.** 1 और 4 **C.** 1 और 3 **D.** 2 और 3

Q.30 नीचे दिए कूटों में से किसमें केवल सही कथन समाविष्ट है?

कथन:
1) वेन आरेख तर्कों को आलेखीय रूप से प्रदर्शित करता है।
2) वेन आरेख हमारी समझ को बढ़ा सकता है।
3) वेन आरेख को वैध अथवा अवैध कहा जा सकता है।
4) वेन आरेख संकेत-पद्धति का स्पष्ट तरीका है।

कूट:
A. 1, 2 और 3 **B.** 1, 2 और 4
C. 2, 3 और 4 **D.** 1, 3 और 4

Q.31 P, Q, R और S ऐसे कथन हैं कि यदि P सत्य है, तो Q सत्य है और यदि R असत्य है, तो S असत्य है। P और Q कथन हैं:

A. स्वतंत्र **B.** समतुल्य
C. इसके विपरीत **D.** असंगत

Ques (32-36):निर्देश: नीचे दिए गए सारणीबद्ध आंकड़ों पर आधारित प्रश्न का उत्तर दें:

एक कम्पनी में 20 कर्मचारी हैं। उनकी उम्र (वर्षों में) और वेतन (प्रति माह हजार रूपये में) नीचे दिया गया है।

क्रमांक	आयु (एक वर्ष में)	वेतन (प्रति माह हजार रुपये)	क्रमांक	आयु (एक वर्ष में)	वेतन (प्रति माह हजार रुपये)
1.	44	35	11.	33	30
2.	32	20	12.	31	35
3.	54	45	13.	30	35
4.	42	35	14.	37	40
5.	31	20	15.	44	45
6.	53	60	16.	36	35
7.	42	50	17.	34	35
8.	51	55	18.	49	50
9.	34	25	19.	43	45
10.	41	30	20.	45	50

Q.32 प्रत्येक कर्मचारी की उम्र के आंकड़े को 5 वर्ष के अंतराल के वर्ग में वर्गीकृत करें। किस 5 वर्ष के वर्ग अंतराल में अधिकतम औसत वेतन प्रदर्शित है?

A. 35 – 40 वर्ष   B. 40– 45 वर्ष
C. 45– 50 वर्ष   D. 50– 55 वर्ष

Q.33 30– 35 वर्षों के वर्ग अंतराल में आवृत्ति (%) क्या हैं?
A. 20%   B. 25%   C. 30%   D. 35%

Q.34 कर्मचारियों की औसत उम्र क्या है?
A. 40.3 वर्ष   B. 387.6 वर्ष   C. 47.2 वर्ष   D. 45.3 वर्ष

Q.35 कर्मचारियों का कितना भाग (%)प्रति माह $\geq$ 40000 वेतन प्राप्त कर रहा है?
A. 45%   B. 50%   C. 35%   D. 32%

Q.36 40– 50 वर्षों के आयु समूह में औसत वेतन (प्रति माह हजार रूपये में) कितना है?
A. 35   B. 42.5   C. 40.5   D. 36.5

Q.37 भारत सरकार MHRD द्वारा शिक्षा के क्षेत्र में निम्नलिखित में से कौन सा संस्थान स्थापित किया गया है?
A. मायथिक सोसाइटी, बैंगलोर
B. राष्ट्रीय बाल भवन, नई दिल्ली
C. इंडिया इंटरनेशनल सेंटर, नई दिल्ली
D. भारतीय विश्व परिषद, नई दिल्ली

Q.38 तार्किक तर्क की संरचना निम्न पर आधारित है:
A. औपचारिक वैधता   B. भौतिक सत्य
C. भाषिक अभिव्यक्ति   D. उदाहरणों की योग्यता

Q.39 वर्चुअल मेमोरी है:
A. एक बहुत बड़ी मुख्य स्मृति
B. एक बहुत बड़ी माध्यमिक स्मृति
C. अत्यंत बड़ी मुख्य स्मृति का एक भ्रम
D. सुपर कंप्यूटरों में प्रयुक्त एक प्रकार की मेमोरी

Q.40 नेटवर्क की भौतिक या तार्किक व्यवस्था _______ है।
A. टोपोलॉजी   B. राउटिंग   C. नेटवर्किंग   D. कण्ट्रोल

Q.41 किस नेटवर्क टोपोलॉजी को एक केंद्रीय नियंत्रक या हब की आवश्यकता होती है?
A. स्टार   B. मेष   C. रिंग   D. बस

Q.42 निम्नलिखित सूची में से सबसे तेज़ प्रकार की मेमोरी है
A. सेमीकंडक्टर मेमोरी   B. डिस्क
C. बबल मेमोरी   D. इनमे से कोई नहीं

Q.43 बातचीत (चैटिंग) के लिए कौन-सा इंस्टेंट मैसेंजर प्रयुक्त होता है?
A. ऑल्टाविस्टा   B. एमएसी
C. माइक्रोसॉफ्ट ऑफिस   D. गूगल टॉक

Q.44 किस देश के प्रति व्यक्ति जल उपयोग अधिकतम है?
A. यू.एस.ए   B. यूरोपीयन यूनियन (ईयू)
C. चीन   D. भारत

Q.45 कुल ऐश्विक कार्बन डाईऑक्साइड उत्सर्जनों में भारत का योगदान लगभग कितना है?
A. ~ 3%   B. ~ 6%   C. ~ 10%   D. ~ 15%

Ques (46-50):निर्देश: दिए गए गद्यांश को ध्यान से पढ़िए और आने वाले प्रश्नों के उत्तर दीजिये।

सदी के बदलने पर, शिक्षार्थी के रूप में बच्चे की एक प्रमुख अवधारणा यह थी कि जब विशिष्ट प्रतिक्रियाएं आनंद या दुःख से विशिष्ट प्रेरणा से जुड़ी हुई थीं वह संज्ञानात्मक रूप से एक "अपूर्ण जीव" था जो प्रेरणा के कारण अधिक या कम यादृच्छिक रूप से प्रतिक्रिया कर रहा था। जीव खुद, यह विश्वास रखता था कि वह सीखने या सोचने जैसी प्रतिक्रियाएं कुछ भी कार्य नहीं करेंगी जब तक कि यदि उसे भूख या प्यास जैसी प्राथमिक अंतर्नोद द्वारा या बाह्य प्रोत्साहन जैसे पुरस्कार और सजा द्वारा इस तरह की गतिविधि के लिए बाध्य नहीं किया गया। प्रयोगशाला में प्रयोगकर्ता जानवरों को पज़ल बॉक्स के माध्यम से भोजन देकर या हटाकर उनकी सही प्रतिक्रिया से परिचित होने के लिए और ठीक इसी तरह कक्षा में शिक्षक बच्चों को कोई प्रश्न देकर उसके सही जवाब को न बताकर उनकी सही प्रतिक्रिया प्राप्त करने के लिए ऐसा करते हैं।

सदियों के बीतने के सन्दर्भ में शिक्षार्थी के अनुसार- मेरा शिक्षक के प्रयोजनवादी शिक्षा के ऐतिहासिक उपलब्धियों को अपमानित करने का कोई इरादा नहीं है। लेकिन आवश्यक बिंदु शिक्षक के नियंत्रण में पुरस्कार और दंड के माध्यम से असतत प्रेरणाओं और प्रतिक्रियाओं को जानना क्योंकि शिक्षार्थी अधिगम के बिना एक अपूर्ण जीव है ऐसी धारणा मानी गयी है। प्रेरणा - क्या सीखा जाना चाहिए था - प्रतिक्रिया - वास्तव में क्या सीखा गया था - माना जाता है कि दोनों शिक्षक द्वारा निर्धारित किया गए थे।

यह कोई इत्तफ़ाक नहीं था कि कक्षा का रूप निर्देश के तरीके और तथ्य, शिक्षक - केंद्रित थे। शिक्षक को निश्चित रूप से कक्षा के सामने प्रस्तुत किया गया - कभी-कभी एक प्लेटफॉर्म या मंच पर - और शिक्षार्थियों की कुर्सियां फर्श पर दृढतः सीधे एक पंक्ति में अग्र रूप से थी जिससे कि वे शिक्षक जो एकमात्र शिक्षा का स्रोत है उसकी ध्यान से वंचित न रह सके। शिक्षार्थी की इस समकालीन दृष्टि को देखते हुए, आदर्श शिक्षण परिवेश की इससे अधिक व्यावहारिक और विवेकपूर्ण रूप क्या हो सकती है? वास्तव में, जॉन डेवी द्वारा उस समय की तारिख का वह पत्र है जिसमें वह असंतोष प्रकट करते हैं कि जब शिक्षार्थी के रूप में बच्चे के अलग धारणा के अनुसार अपने नए स्कूल को लैस करने की कोशिश कर रहे थे, तो उन्हें कक्षा के अन्य तरीके जो शिक्षण के लिए पर्याप्त हों, न मिल सका।

Q.46 जॉन डेवी ने बच्चे के अधिगम के बारे में क्या कहा?
A. शिक्षक ज्ञान का एकमात्र स्रोत होता है
B. सीखने के लिए सीखने वाले को प्रेरणा दिया जाना चाहिए
C. प्रचलित शैक्षिक वातावरण आदर्श था
D. बच्चे का ध्यान एक शिक्षार्थी के रूप में होना चाहिए

Q.47 उन शुरुआती दिनों के दौरान विद्यार्थियों से क्या अपेक्षा की गई थी?
A. एक आदर्श शिक्षण वातावरण बनाना
B. कक्षा में सबसे आगे होना
C. कक्षा शिक्षण के प्रति सतर्क रहना
D. शिक्षक को उच्च पद पर बैठाना

Q.48 प्रयोजनवादी सूत्र ने _______ पर महत्व रखा।
A. नकारात्मक उत्तेजनाओं को रोकना
B. शिक्षक - केंद्रित प्रेरणा
C. विशिष्ट प्रतिक्रियाओं के लिए खोजें
D. प्रयोगशालाओं में प्रयोग करना

Q.49 प्रयोगशाला प्रयोग के पीछे मूल विचार _____ से संबंधित था।
A. पुरस्कार और सजा के साथ बच्चे को प्रेरित करना
B. भूख और प्यास को प्रभाव में नगण्य मानते हुए
C. समान परिचालन के जंतु और बच्चे
D. बच्चों को नियंत्रित करने वाले शिक्षक

Q.50 प्रारंभिक बच्चे को _____ के रूप में सोचा गया था।
A. दर्द और खुशी दोनों को जानने के लिए पर्याप्त बुद्धिमान
B. अनुभूति की कोई शक्ति नहीं है
C. विशिष्ट उत्तेजनाओं के लिए उत्तरदायी नहीं
D. यादृच्छिक तरीके से प्रेरक प्रभाव होना

Paper-II

Q.51 नीचे दिए गए कथनों से सही विकल्प की पहचान करें।

(I) स्वच्छता कारक व्यक्ति द्वारा किए गए कार्य का एक आंतरिक हिस्सा है।

(II) सिद्धांत 'Y' मानव प्रकृति के बारे में एक आशावादी दृष्टिकोण का प्रतिनिधित्व करता है।

A. दोनों कथन सही हैं

B. दोनों कथन गलत है

C. कथन (I) सही है लेकिन कथन (II) गलत है

D. कथन (I) गलत है लेंकिन कथन (II) सही है

Q.52 निम्नलिखित में से कौन सा निवेश सबसे जोखिम भरा है?

A. सामान्य शेयर　　　**B.** अधिमान शेयर

C. ऋणपत्र　　　**D.** भूमि

Q.53 निम्नलिखित में से कौन अनुवाद जोखिम की सही परिभाषा है?

A. इसमें विभिन्न प्रकार के विनिमय से निकलने वाले लाभ/हानि शामिल हैं जिनके लिए विदेशी मुद्रा में निपटान की आवश्यकता होती है।

B. यह खातों को अंतिम रूप देते समय विदेशी मुद्रा आस्तियों/देनदारियों को स्थानीय मुद्रा में बदलने की आवश्यकता का परिणाम है।

C. इसका तात्पर्य उस कंपनी के मूल्य में परिवर्तन से है जो विनिमय दरों में अप्रत्याशित परिवर्तन के साथ होती है।

D. इसका फर्म के भविष्य के परिचालन राजस्व, लागत और नकदी प्रवाह पर प्रभाव पड़ता है।

Q.54 विपणन अनुसंधान प्रक्रिया निम्नलिखित में से किस चरण में सबसे महंगी है?

A. आंकड़ा विश्लेषण

B. आंकड़ा संग्रहण

C. अनुसंधान का विकास करना

D. रिपोर्ट लेखन

Q.55 नए उत्पाद को सबसे पहले अपनाने वाले लोगों को कहा जाता है:

A. प्रारंभिक उपभोक्ता　　　**B.** प्रथम उपयोगकर्ता

C. माध्यमिक उपभोक्ता　　　**D.** अन्वेषक

Q.56 खुदरा बिक्री में निम्नलिखित में से कौन सी अवधारणा नए खुदरा विक्रेताओं के उद्भव की व्याख्या करने में मदद करती है?

A. उत्पाद जीवन चक्र

B. उत्पाद संकलन

C. खुदरा जीवन चक्र

D. खुदरा बिक्री चक्र (या व्हील-ऑफ-रिटेलिंग)

Q.57 निर्देश: नीचे दिए गए अभिकथन (A) और कारण (R) के लिए, सही विकल्प चुनें।

अभिकथन (A): जब दो या दो से अधिक निवेश प्रस्ताव पारस्परिक रूप से अनन्य होते हैं, तो आईआरआर, एनपीवी और पीआई के तरीकों के आधार पर प्रस्तावों की रैंकिंग विरोधाभासी परिणाम दे सकती है।

कारण (R): रैंकिंग में विरोधाभासी परिणाम निवेश के पैमाने, नकदी प्रवाह पैटर्न और परियोजना के जीवन से संबंधित विभिन्न आयामों के कारण हैं।

A. दोनों (A) और (R) सही हैं

B. (A) सही है और (R) एक आवश्यक शर्त है, लेकिन पर्याप्त स्थिति नहीं है

C. दोनों (A) और (R) गलत हैं

D. दोनों (A) और (R) सही हैं और (R) पर्याप्त कारण बताता है

Q.58 निम्नलिखित में से कौन सी धारणा 'वाल्टर के मॉडल ऑफ डिविडेंड पॉलिसी' में शामिल नहीं है?

A. सभी वित्तपोषण बरकरार कमाई के माध्यम से किया जाता है

B. अतिरिक्त निवेश के कारण फर्म का व्यावसायिक जोखिम नहीं बदलता है

C. फर्म का अनंत जीवन है

D. ईपीएस और डीपीएस जैसे प्रमुख चर बदलते रहते हैं

Q.59 निम्नलिखित में से कौन कार्यशील पूंजी प्रबंधन के गुणात्मक पहलुओं पर जोर देता है?

A. सकल कार्यशील पूंजी　　　**B.** त्वरित कार्यशील पूंजी

C. शुद्ध कार्यशील पूंजी　　　**D.** इनमे से कोई भी नहीं

Q.60 निर्देश: कथनों को ध्यानपूर्वक पढ़ें और सही उत्तर चुनें।

कथन:

(I) वित्तीय उदासीनता बिंदु की तुलना में ईबीआईटी का अधिक से अधिक स्तर है, ईपीएस को अधिकतम करने के लिए लीवर की वित्तीय योजनाओं को जारी करने के लिए मजबूत केस है।

(II) वित्तीय ब्रेक-ईवन बिंदु ईबीआईटी के उस स्तर पर पाया जाता है जहां ईपीएस एक विशेष वित्तीय योजना के लिए शून्य है।

A. दोनों कथन सही हैं

B. दोनों कथन गलत हैं

C. कथन (I) सही है लेकिन कथन (II) गलत है

D. कथन (I) गलत है लेकिन कथन (II) सही है

Q.61 निम्नलिखित में से कौन सी विधि मानव संसाधन नियोजन की मांग पूर्वानुमान पद्धति नहीं है?

A. प्रबंधकीय निर्णय　　　**B.** प्रबंधकीय ग्रिड

C. कार्य अध्ययन तकनीक　　　**D.** सांख्यिकीय तकनीक

Q.62 निम्नलिखित में से कौन गैर-प्रोग्राम किए गए निर्णयों की विशेषता नहीं है?

A. समस्याएं अद्वितीय और उपन्यास हैं

B. भरोसा करने के लिए कोई पूर्व-स्थापित नीतियां या प्रक्रियाएं नहीं हैं

C. गैर-प्रोग्राम किए गए निर्णयों के लिए स्थितियां अत्यधिक निश्चित हैं

D. ये शीर्ष प्रबंधन की जिम्मेदारी हैं

Q.63 निम्नलिखित में से क्या प्रबंधक के नैतिक व्यवहार का एक उदाहरण है?

A. अंदर की जानकारी के आधार पर ट्रेडिंग स्टॉक।

B. पैडिंग व्यय खाते

C. प्रतियोगियों को व्यापार रहस्य नहीं बांटना

D. प्रतियोगियों के गंभीर रूप से गंभीर होने के कारण

Q.64 दी गई सूचियों का मिलान करें और उत्तर के लिए सही कोड का चयन करें।

	सूची - I		सूची - II
i.	डेबिट कार्ड	a.	विविध भंडारण
ii.	क्रेडिट कार्ड	b.	राशि की ऑनलाइन वसूली
iii.	इलेक्ट्रॉनिक पर्स	c.	छवि प्रसंस्करण उपयोग
iv.	चेक फंक्शन	d.	परिक्रामी ऋण

A. i - (c), ii - (a), iii - (d), iv - (b)

B. i - (a), ii - (b), iii - (d), iv - (c)

C. i - (d), ii - (c), iii - (a), iv - (b)

D. i - (d), ii - (c), iii - (b), iv - (a)

Q.65 निर्देश: नीचे दिए गए अभिकथन (A) और कारण (R) के लिए, सही विकल्प चुनें।

अभिकथन (A): भारत में अधिकांश विकास बैंकों ने पूंजी पर्याप्तता मानदंडों की शुरुआत के बाद निजी वाणिज्यिक बैंकों की स्थापना की है।

कारण (R): भारत में विकास बैंकों ने अपने मूल उद्देश्यों का पालन नहीं किया है।

A. (A) और (R) दोनों सत्य हैं और (R) (A) की सही व्याख्या है

B. (A) और (R) दोनों सत्य हैं, लेकिन (R) (A) का सही विवरण नहीं है

C. (A) सत्य है, लेकिन (R) असत्य है

D. (R) सत्य है, लेकिन (A) असत्य है

Q.66 निम्नलिखित में से कौन गलत है / हैं?

(i) M_1 = जनता के पास मुद्रा + जनता की डिमांड जमा राशि

(ii) M_2 = M_1 + डाकघर बचत जमा (iii) M_3 = M_1 + बैंकों के साथ जनता का सावधि जमा (iv) M_4 = M_3 + डाकघर का कुल जमा (v) M_1 = संकुचित मुद्रा (vi) M_3 = व्यापक मुद्रा

A. केवल (v) और (vi)   **B.** केवल (i) और (iii)

C. केवल (vi)   **D.** इनमे से कोई भी नहीं

Q.67 जब खरीदी जाने वाली सामग्री जिसके लिए एक ऑर्डर दिया जाता है वह सर्वोत्तम मात्रा है -

A. खरीदी गयी मात्रा   **B.** ईबीक्यू

C. ईओक्यू   **D.** क्रय आदेश

Q.68 प्रबंधन लेखांकन की प्रकृति के संबंध में निम्नलिखित में से कौन सा गलत है?

A. प्रबंधन लेखांकन मुख्य रूप से एक सेवा कार्य के रूप में कार्य करता है।

B. यह भविष्य के बारे में जानकारी देता है क्योंकि प्रबंधन लेखांकन का उपयोग करके लिए गए निर्णय केवल भविष्य के बारे में होते हैं।

C. यह उपलब्ध डेटा से चुनिंदा जानकारी प्रदान करता है।

D. यह डेटा और निर्णय के साथ प्रबंधन प्रदान करता है।

Q.69 निम्नलिखित में से किसके पास देश में कर ढांचे के सुचारू कामकाज के लिए आवश्यक परिपत्र और आयकर नियम जारी करने की शक्ति है?

A. केंद्रीय प्रत्यक्ष कर बोर्ड केंद्रीय राजस्व बोर्ड

B. एनएचएआई

C. भारतीय रिजर्व बैंक

D. भारत का सर्वोच्च न्यायालय

Q.70 जब ईबीआईटी का अपेक्षित स्तर दो वैकल्पिक वित्तीय योजनाओं (इक्विटी वित्तपोषण और ऋण वित्तपोषण) के लिए उदासीन बिंदु से अधिक हो जाता है, तो इसका उपयोग:

A. ईपीएस को बढ़ाने के लिए ऋण वित्तपोषण फायदेमंद होगी

B. ईपीएस को अधिकतम करने के लिए इक्विटी वित्तपोषण फायदेमंद होगी

C. ऋण-वित्तपोषण ईपीएस को कम करेगा

D. इक्विटी वित्तपोषण ईपीएस को स्थिर बनाए रखेगा

Q.71 दी गई सूचियों का मिलान करें और उत्तर के लिए सही कोड चुनें:

सूची- I	सूची- II
(i) वित्तीय ब्रेक प्वाइंट बिंदु	(a) छूट की दर जिस पर एनपीवी शून्य है
(ii) लागत-मात्रा-लाभ विश्लेषण	(b) वित्तीय उत्तोलन के विभिन्न अंशों के लिए पूँजी की लागत शेष है
(iii) वापसी की आंतरिक दर	(c) निश्चित लागत, परिवर्तनीय लागत, बिक्री की मात्रा और मुनाफे के बीच संबंध का अध्ययन करने के लिए विश्लेषण
(iv) नेट ऑपरेटिंग आय दृष्टिकोण	(d) ईबीआईटी के न्यूनतम स्तर को सभी निश्चित वित्तीय शुल्कों को पूरा करने की जरूरत है

A. (i) - (d), (ii) - (c), (iii) - (a), (iv) - (b)

B. (i) - (a), (ii) - (b), (iii) - (c), (iv) - (d)

C. (i) - (c), (ii) - (d), (iii) - (b), (iv) - (a)

D. (i) - (a), (ii) - (b), (iii) - (d), (iv) - (c)

Q.72 निर्देश: नीचे दिए गए अभिकथन (A) और कारण (R) के लिए, सही विकल्प चुनें।

अभिकथन (A): कार्यशील पूंजी प्रबंधन का ध्यान कार्यशील पूंजी के परिचालन चक्र को प्रबंधित करने के लिए घूमता है।

कारण (R): यह इसलिए है क्योंकि यह अवधारणा एक चल रही चिंता के परिचालन खर्चों को पूरा करने के लिए नकदी की आवश्यकताओं का पता लगाने के लिए उपयोगी है।

A. दोनों (A) और (R) सत्य हैं।

B. दोनों (A) और (R) गलत हैं।

C. (A) सत्य है लेकिन (R) गलत है।

D. (A) गलत है लेकिन (R) सत्य है।

Q.73 जब कोई व्यवसाय खरीदा जाता है, तो कुल संपत्ति से अधिक भुगतान की गई राशि को कहा जाता है:

A. सामान्य रिजर्व   **B.** गुडविल

C. संपत्ति कोष   **D.** पूंजी हानि

Q.74 निधियों के प्रवाह विवरण के लिए निधियों के स्रोतों के बारे में सही कोड निम्न से से चुनें:

(a) कार्यशील पूंजी में वृद्धि

(b) कार्यशील पूंजी में कमी

(c) अमूर्त / काल्पनिक संपत्ति को लिखना

(d) कार्यालय के लिए एक इमारत के अधिग्रहण के लिए इक्विटी शेयर जारी करना

(e) अचल संपत्तियों पर मूल्यह्रास का आरोप लगाना

A. (a), (c), (d)   **B.** (b), (c), (e)

C. (a), (d), (e)   **D.** (b), (c), (d)

Q.75 निम्नलिखित में से कौन सा सबसे महत्वपूर्ण खुदरा विपणन निर्णय है जो एक खुदरा विक्रेता को करना है?

A. उत्पाद वर्गीकरण का चयन करना

B. लक्ष्य बाजार की पहचान

C. वांछित सेवा स्तर चुनना

D. एक प्रभावी स्टोर वातावरण का विकास करना

Q.76 प्रचार मिश्रण के निम्नलिखित में से कौन से तत्व मुख्य रूप से थोक व्यापारी उपयोग करते हैं?

A. विज्ञापन   **B.** व्यक्तिगत बेच

C. जनसंपर्क   **D.** व्यापार प्रदर्शन

Q.77 निम्नलिखित में से किस पद्धति का उपयोग जटिल तकनीक को स्थानांतरित करने के लिए किया जाता है?

A. लाइसेंस समझौते

B. प्रौद्योगिकी का हस्तांतरण

C. टर्नकी अनुबंध

D. इनमे से कोई भी नहीं

Q.78 ऐसी तकनीक जो कंपनी को कई वैकल्पिक प्रस्तावों में से सर्वश्रेष्ठ विकल्प का चयन करने में सक्षम बनाती है, कहलाती है:

A. वित्त योजना   **B.** सीमांत लागत

C. पूंजी संरचना   **D.** पूंजी बजट

Q.79 लाभांश निर्णय से प्रभावित नहीं है:

A. लाभ के रुझान   **B.** कंपनी की आयु

C. कराधान नीति   **D.** पूंजी की लागत

Q.80 निम्नलिखित में से सही विकल्प के साथ कथन को पूरा करें:

एक योग्य रिपोर्ट का अर्थ है एक रिपोर्ट:

A. यह एक उद्यम के काम के माहौल का खुलासा करता है

B. यह उद्यमों के गुणों को निर्दिष्ट करता है

C. जिसमें ऑडिटर ने त्रुटियों, अनियमितताओं या धोखाधड़ी के बारे में बताया है

D. प्रबंधन नीतियों की प्रभावशीलता युक्त

Q.81 निम्नलिखित में से सही विकल्प के साथ कथन को पूरा करें।

वाल्टर के अनुसार, एक फर्म को 100% लाभांश का भुगतान करना चाहिए यदि -

A. r > k

B. r = k

C. r < k

D. इनमे से कोई भी नहीं

Q.82 प्रदर्शन मूल्यांकन के निम्नलिखित में से किस तरीके से मूल्यांकनकर्ता ऐसे आयोजनों के दौरान महत्वपूर्ण घटनाओं और दुर्बोध कर्मचारियों के व्यवहार का लिखित रिकॉर्ड रखता है?

A. क्षेत्र की समीक्षा विधि

B. बीएआरएस विधि

C. महत्वपूर्ण घटना विधि

D. मूल्यांकन केंद्र विधि

Q.83 HRD के संबंध में निम्नलिखित में से कौन सा कथन गलत है?

A. यह एक प्रतिक्रियाशील कार्य है।

B. यह संगठन के सभी मानव संसाधनों को विकसित करता है।

C. यह स्वायत्त कार्य समूहों पर केंद्रित है।

D. यह एक एकीकृत प्रणाली है।

Q.84 यदि निर्धारित लागत 250000 रु. परिवर्तनीय लागत 5 रु प्रति इकाई, विक्रय मूल्य 8 रु प्रति इकाई और आउटपुट 120000 इकाई है, तो कितना लाभ होगा?

A. 600000 रु

B. 140000 रु

C. 110000 रु

D. 100000 रु

Q.85 दी गई सूचियों का मिलान करें और उत्तर के लिए सही कोड का चयन करें।

सूची - I	सूची - II
1. सरल रैंकिंग	a. वरिष्ठों, साथियों और अधीनस्थों द्वारा मूल्यांकन
2. जोड़ियों में तुलना	b. सर्वश्रेष्ठ से सबसे खराब तक रेटिंग का क्रम
3. 360 डिग्री मूल्यांकन	c. मानकीकृत मात्रात्मक रेटिंग
4. ग्राफिक रेटिंग	d. एक दूसरे से रेटिंग की तुलना

A. 1 - b, 2 - d, 3 - a, 4 - c

B. 1 - a, 2 - b, 3 - c, 4 - d

C. 1 - c, 2 - d, 3 - a, 4 - b

D. 1 - d, 2 - a, 3 - b, 4 - c

Q.86 क्षेत्रीय ग्रामीण बैंकों के लिए नियामक प्राधिकरण _______ है।

A. नाबार्ड

B. प्रायोजक बैंक

C. राज्य सरकार, केंद्र सरकार और प्रायोजन बैंक 15: 50: 35 के अनुपात में

D. इनमे से कोई भी नहीं

Q.87 शीर्ष स्तर के पदों के लिए निम्नलिखित में से कौन सा परीक्षण सिफारिश नहीं की जाती है?

A. प्रस्तुतियाँ

B. रोल प्ले

C. साक्षात्कार

D. नेतृत्वविहीन समूह चर्चा

Q.88 विदेशों में उधार लिए गए ऋणों पर ब्याज भुगतान में दर्ज किया जाता है:

A. पूंजी खाता

B. चालू खाता

C. त्रुटियों और चूक अनुभाग

D. आधिकारिक आरक्षित खाता

Q.89 अंतर्राष्ट्रीय मुद्रा कोष (IMF) का मुख्य उद्देश्य है:

A. अंतर्राष्ट्रीय व्यापार को बढ़ावा देना

B. आर्थिक रूप से पिछड़े देशों की मदद करें

C. अंतर्राष्ट्रीय व्यापार के लिए नियम निर्धारित और लागू करना

D. अंतर्राष्ट्रीय नकदी को बढ़ावा देना

Q.90 निम्नलिखित में से कौन सा सिद्धांत कहता है कि "निर्यात अच्छा था और प्रोत्साहित किया जाना था लेकिन आयात बुरा था और इसे हतोत्साहित किया जाना था"?

A. तुलनात्मक लागत का सिद्धांत

B. निरपेक्ष लाभ का सिद्धांत

C. कारक बंदोबस्ती सिद्धांत

D. व्यापारी सिद्धांत

Q.91 नाफ्टा इसका एक उदाहरण है:

A. आम बाज़ार

B. सीमा शुल्क संघ

C. आर्थिक समुदाय

D. मुक्त व्यापार क्षेत्र

Q.92 LIBOR शब्द का प्रयोग किया जाता है:

A. यूरोपीय बाजार में जमा दर

B. यूरो मुद्रा बाजार में ब्याज दर

C. लंदन में इंटरबैंक ऋण के लिए लागू जमा दर

D. यूरो बॉन्ड बाजार में ब्याज दर

Q.93 निर्देश: नीचे दिए गए दावे (A) और कारण (R) के लिए, सही विकल्प चुनें।

अभिकथन (A): अंतर्राष्ट्रीय व्यापार वैश्विक उत्पादन की तुलना में अधिक तीव्र गति से हाल के वर्षों में बढ़ा है।

कारण (R): व्यापार के माध्यम से विकास में वृद्धि हुई है, लेकिन विदेशी प्रत्यक्ष निवेश के माध्यम से विकास नहीं हुआ है।

A. दोनों (A) और (R) सही हैं

B. (A) सही है लेकिन (R) गलत है

C. (A) गलत है लेकिन (R) सही है

D. दोनों (A) और (R) गलत हैं

Q.94 निम्नलिखित में से बहुराष्ट्रीय निगमों (MNC) की पहचान करें।

(a) आईओसीएल

(b) गेल

(c) भारतीय स्टेट बैंक

(d) सेल

(e) टाटा स्टील

(f) भारत पेट्रोलियम

A. (a), (b), (c) और (d)

B. (b), (c), (d) और (e)

C. (c), (d), (e) और (f)

D. (a), (c), (e) और (f)

Q.95 निम्नलिखित में से कौन एक ऐसे मुद्दे का उदाहरण है जिसके लिए दो या दो से अधिक देशों के बीच समझौता नहीं हुआ है?

A. हानिकारक उत्सर्जन को प्रतिबंधित करना

B. महासागरों के गैर-तटीय क्षेत्रों में गहरे समुद्र में खनन

C. लुप्तप्राय प्रजातियों का संरक्षण

D. कुछ कीटनाशकों के उपयोग पर प्रतिबंध लगाना

Q.96 निम्नलिखित कथनों की जांच करें और सही उत्तर चुनें।

कथन I: एफआईआई असूचीगत प्रतिभूतियों में निवेश नहीं करते हैं। वे केवल स्टॉक एक्सचेंजों के माध्यम से भाग लेते हैं।

कथन II: एफआईआई प्रारंभिक आवंटन के समय निवेश नहीं कर सकते हैं।

A. दोनों कथन गलत हैं

B. दोनों कथन सही हैं

C. कथन I सही है, लेकिन कथन II गलत है

D. कथन I गलत है लेकिन कथन II सही है

Q.97 दी गई सूचियों का मिलान करें और उत्तर के लिए सही कोड का चयन करें।

सूची - I	सूची - II
(a) सार्क	i. फिलीपींस
(b) आसियान	ii. कनाडा
(c) यूरोपीय संघ	iii. अफ़ग़ानिस्तान
(d) नाफ्टा	iv. हंगरी

A. (a) - ii, (b) - iv, (c) - i, (d) - iii

B. (a) - iv, (b) - ii, (c) - i, (d) - iii

C. (a) - iii, (b) - i, (c) - iv, (d) - ii

D. (a) - iii, (b) - iv, (c) - ii, (d) - i

Q.98 विश्व व्यापार संगठन (डब्ल्यूटीओ) के खिलाफ दी गई आलोचनाओं में से कौन सी हैं?

(a) यह एक लोकतांत्रिक और पारदर्शी संस्था नहीं है।

(b) अमीर देशों द्वारा अपने व्यक्तिगत हितों के लाभ के लिए अंतर्राष्ट्रीय व्यापार का वर्चस्व है।

(c) यह अंतरराष्ट्रीय स्तर पर मान्यता प्राप्त मानक मानकों को बढ़ावा देने के बजाय श्रमिकों को एक दूसरे के खिलाफ खड़ा करके मजदूरी में नीचे और दौड़ को प्रोत्साहित करता है।

(d) यह आवश्यक सार्वजनिक सेवाओं के निजीकरण की मांग कर रहा है।

A. (b), (c) और (d)

B. (a), (b) और (c)

C. (a), (b) और (d)

D. (a), (b), (c) और (d)

Q.99 एमबीओ की अवधारणा मूल रूप से दिया था:

A. एफ. डब्ल्यू. टेलर

B. ए. एच. मास्लो

C. हेनरी फेयोल

D. पीटर एफ. ड्रकर

Q.100 निम्नलिखित स्थितियों पर विचार करें:

(a) एक व्यक्ति वित्तीय वर्ष में 182 दिनों की अवधि के लिए भारत में है जिसमें वह अपनी वेतन आय प्राप्त कर रहा है।

(b) एक व्यक्ति भारत में वित्तीय वर्ष के दौरान 60 दिन या उससे अधिक की अवधि के लिए होता है जिसमें उसे अपना वेतन मिलता है और उस वित्तीय वर्ष से पहले 4 साल के दौरान 365 दिन या उससे अधिक।

यदि उपरोक्त शर्तों में से एक संतुष्ट है, तो आयकर अधिनियम, 1961 के प्रावधानों के अनुसार, वह है:

A. निवासी लेकिन सामान्यतया भारत का निवासी नहीं है

B. भारत का अनिवासी नागरिक

C. निवासी

D. भारत का साधारण निवासी

Q.101 कृषि आय को आयकर अधिनियम, 1961 के किस अनुभाग के तहत आयकर से मुक्त किया गया है?

A. 2 (1A)   **B.** 10 (1)   **C.** 10 (2)   **D.** 10 (4)

Q.102 दी गई सूचियों का मिलान करें और उत्तर के लिए सही कोड का चयन करें।

सूची - I	सूची - II
(a) जब निर्धारिती डिफ़ॉल्ट रूप से होती है या कर का भुगतान करने में डिफ़ॉल्ट रूप से समझा जाता है, तो स्रोत पर काटे गए कर सहित	(i) धारा 271 (i) (c)
(b) आकलन अधिकारी द्वारा निर्देशित अग्रिम कर का भुगतान करने में विफलता	(ii) धारा 273 (1)
(c) आय के ब्यौरे या आय के गलत विवरण प्रस्तुत करना	(iii) धारा 201 (1)

A. (a) - (i), (b) - (ii), (c) - (iii)

B. (a) - (iii), (b) - (ii), (c) - (i)

C. (a) - (iii), (b) - (i), (c) - (ii)

D. (a) - (ii), (b) - (i), (c) - (iii)

Q.103 निर्देश: नीचे दिए गए अभिकथन (A) और कारण (R) के लिए, सही विकल्प चुनें।

अभिकथन (A): अनुचित साधनों को नियोजित करके कर चोरी को अंजाम दिया जाता है।

कारण (R): टैक्स का भुगतान अवैध तरीकों से या कर चोरी के लिए धोखाधड़ी से बचा जाता है।

A. अभिकथन (A) सही है और कारण (R) (A) का सही स्पष्टीकरण है।

B. अभिकथन (A) सही है लेकिन कारण (R) (A) का सही स्पष्टीकरण नहीं है।

C. अभिकथन (A) सही है और कारण (R) गलत है।

D. अभिकथन (A) और कारण (R) दोनों गलत हैं।

Q.104 पदोन्नति के लिए निम्नलिखित में से कौन सा आवश्यक नहीं है?

A. नौकरी की पोस्टिंग   **B.** विज्ञापन

C. कार्मिक रिकॉर्ड   **D.** प्रदर्शन मूल्यांकन प्रपत्र

Q.105 स्टॉक मार्केट सिद्धांत जो बताता है कि स्टॉक संतुलन में हैं और निवेशकों के लिए बाजार को हरा पाना असंभव है:

A. अकुशल बाजार की परिकल्पना

B. निपुण बाजार अवधारणा

C. कुशल स्टॉक परिकल्पना

D. अकुशल स्टॉक परिकल्पना

Q.106 नौकरी मूल्यांकन का उद्देश्य है:

A. प्रशिक्षण   **B.** पदोन्नति

C. वेतन निर्धारण   **D.** स्थानांतरण

Q.107 निम्नलिखित में से कौन सा चयनात्मक ऋण नियंत्रण का एक उपाय है?

A. बैंक दर नीति

B. नैतिक उत्तेजना

C. वैधानिक नकदी आरक्षित अनुपात

D. खुला बाजार परिचालन

Q.108 निम्न में से कौनसा कथन गलत हैं?

A. वाणिज्यिक बैंकों के राष्ट्रीयकरण ने अपने उद्देश्यों को प्राप्त किया है।

B. राष्ट्रीयकरण से पहले, भारत में वाणिज्यिक बैंक आम तौर पर केवल लाभ अधिकतमकरण से संबंधित थे।

C. राष्ट्रीयकरण ने वाणिज्यिक बैंकों की दक्षता को बढ़ाया है।

D. भारत में बैंक का राष्ट्रीयकरण ग्रामीण क्षेत्रों और समाज के कमजोर वर्गों तक पहुँचने वाली ऋण सुविधाओं की आवश्यकता से प्रेरित था।

Q.109 निम्नलिखित में से कौन गैर-निष्पादित सम्पत्तियों की श्रेणी नहीं है?

A. अवमानक संपत्ति   **B.** संदिग्ध ऋण

C. नुकसान की संपत्ति   **D.** संपत्ति का अवमूल्यन

Q.110 आयकर अधिनियम के तहत, प्रत्येक मामले में अनिवार्य अग्रिम कर जहां अग्रिम कर देय है:

A. 5000 रुपये या अधिक

B. 10,000 रुपये या अधिक

C. 7500 रुपये या अधिक

D. उपर्युक्त में से कोई नहीं

Q.111 निम्नलिखित में से कौन सा एक स्थायी अंतर-सरकारी निकाय है जो वस्तुओं और सेवाओं में अंतर्राष्ट्रीय व्यापार को शासित और विनियमित करता है?

A. गैट
B. एक्जिम बैंक
C. विश्व व्यापार संगठन
D. अंतर्राष्ट्रीय मुद्रा कोष

Q.112 'औद्योगिक नीति' से तात्पर्य है:

A. औद्योगिक उपक्रमों की स्थापना और उनके विस्तार से संबंधित नियम और कानून
B. बाजार उन्मुख अर्थव्यवस्था के कुशल कामकाज के लिए संरचनात्मक, वित्तीय, राजकोषीय, प्रशासनिक और बुनियादी ढांचे से संबंधित बाधाओं को दूर करना
C. उदारीकरण कार्यक्रम की परिणति
D. सार्वजनिक क्षेत्र के उपक्रमों की दक्षता बढ़ाना

Q.113 आर्थिक अवसाद के दौरान, यह सलाह दी जाती है:

A. कम बैंक दर और बाजार में प्रतिभूतियों की खरीद
B. खुले बाजार में बैंक दर और खरीद प्रतिभूतियों में वृद्धि
C. बैंक दर में कमी और खुले बाजार में प्रतिभूतियों की बिक्री
D. बैंक दर में वृद्धि और खुले बाजार में प्रतिभूतियों की बिक्री

Q.114 यदि किसी उपभोक्ता द्वारा मुआवजे के रूप में दावा की गई राशि 89 लाख रु हैं, तो उपभोक्ता संरक्षण अधिनियम के तहत मामला दर्ज किया जाएगा:

A. जिला उपभोक्ता निवारण मंच
B. राज्य उपभोक्ता विवाद निवारण आयोग
C. राष्ट्रीय उपभोक्ता विवाद निवारण आयोग
D. उच्चतम न्यायालय

Q.115 निम्नलिखित में से कौन एमआरटीपी आयोग के अधिकार क्षेत्र में नहीं आता है?

A. एकाधिकार व्यापार प्रथाओं की रोकथाम
B. प्रतिबंधात्मक व्यापार प्रथाओं की रोकथाम
C. अनुचित व्यापार प्रथाओं का निषेध
D. संयोजनों का विनियमन

Q.116 लागत और प्रबंधन लेखांकन के ग्राहक कौन हैं?

A. प्रबंधक
B. लेनदार
C. ऋणदाता
D. उपभोक्ता

Q.117 निम्नलिखित में से कौन सा एक दक्षता अनुपात है?

A. कमाई का अनुपात
B. ऋण - समता अनुपात
C. साख - निर्धारण अनुपात
D. स्टॉक आवर्त अनुपात

Q.118 निम्नलिखित में से किसे बैलेंस शीट में दिखाया गया है?

A. सभी व्यक्तिगत खाते
B. सभी वास्तविक और व्यक्तिगत खाते
C. सभी वास्तविक खाते
D. सभी नाममात्र के खाते

Q.119 सीमांत लागत और अवशोषण लागत द्वारा गणना किए गए मुनाफे के कारण भिन्न हैं:

A. अचल संपत्तियों पर मूल्यह्रास
B. पूंजी का मूल्यांकन
C. स्टॉक का मूल्यांकन
D. अंतिम स्टॉक

Q.120 X लिमिटेड ने 2880000 रुपये की जमीन और भवन खरीदा और बदले में 100 रुपये के ऋणपत्र जारी किए। प्रत्येक 4% की छूट पर जारी किए गए ऋणपत्र की संख्या है:

A. 28800
B. 30000
C. 32000
D. 34000

Q.121 निम्नलिखित में से कौन सी मांग का पूर्वानुमान लगाने का एक तरीका नहीं है?

A. सामूहिक राय पद्धति
B. कुल परिव्यय पद्धति
C. विशेषज्ञ की राय पद्धति
D. नियंत्रित राय पद्धति

Q.122 जब सीमांत उपयोगिता नकारात्मक है, तो कुल उपयोगिता:

A. बढ़ती है
B. कम हो जाती है
C. शून्य है
D. नकारात्मक है

Q.123 अनुबंध का उल्लंघन __________ उल्लंघन का हो सकता है -

A. वास्तविक
B. अग्रिम
C. (A) और (B) दोनों
D. उपर्युक्त में से कोई नहीं

Q.124 जब घरेलू बाजार में सामान ऊंची कीमत पर और विदेशी बाजार में कम कीमत पर बेचा जाता है, तो यह एक स्थिति है:

A. राशिपातन
B. योग्य प्रतिदवंद्दी
C. अल्पाधिकार
D. द्वयधिकार

Q.125 एक फर्म के लाभ को अधिकतम करने के लिए:

(i) MC = MR

(ii) सीमांत लागत वक्र नीचे से औसत लागत वक्र में कटौती करता है

A. केवल (i) सही है
B. केवल (ii) सही है
C. दोनों (i) और (ii) गलत हैं
D. दोनों (i) और (ii) सही हैं

Q.126 10, 12, 14, 16, 18 के माध्य का पता लगाएं?

A. 12
B. 16
C. 15
D. 14

Q.127 संभाव्यता नमूने और यादृच्छिक नमूने हैं:

A. गुमनाम
B. अलग शब्द
C. पर्याय
D. उपर्युक्त में से कोई नहीं

Q.128 निम्नलिखित को मिलाएं:

सूची - I	सूची - II
(a) समतल आवृत्ति वक्र	(i) मामलों के अनुपात की संख्या निर्धारित करने और चित्रित करने के लिए
(b) हिस्टोग्राम	(ii) यह एक आयामी है
(c) बार आरेख	(iii) यह दो आयामी है
(d) ऑगिव्स	(iv) बहुभुज के विभिन्न बिंदुओं के माध्यम से खींचा जा सकता है

A. (a) - (i), (b) - (ii), (c) - (iii), (d) - (iv)
B. (a) - (ii), (b) - (iii), (c) - (i), (d) - (iv)
C. (a) - (ii), (b) - (iii), (c) - (iv), (d) - (i)
D. (a) - (iv), (b) - (iii), (c) - (ii), (d) - (i)

Q.129 परिकल्पना परीक्षण में निम्नलिखित चरण होते हैं।

(i) नमूना लेने से पहले, महत्व का एक स्तर स्थापित करें

(ii) अस्वीकृति या महत्वपूर्ण क्षेत्रों को परिभाषित करना

(iii) परिकल्पना कथन

(iv) एक उपयुक्त परीक्षण सांख्यिकीय का निर्धारण

निम्नलिखित में से कौन सा क्रम सही है?

A. (ii), (iii), (iv), (i)
B. (iii), (i), (iv), (ii)

C. (iii), (ii), (iv), (i)   **D.** (iv), (iii), (ii), (i)

A. 5000 रु **B.** 5400 रु **C.** 6000 रु **D.** 4000 रु

Q.130 निम्नलिखित को मिलाएं।

सूची-I	सूची - II
(a) मैक्सी-मिन सिद्धांत	(i) प्रत्येक कार्रवाई का न्यूनतम भुगतान करना और जो भी न्यूनतम हो वह सर्वोत्तम कार्रवाई है
(b) मिनी-अधिकतम सिद्धांत	(ii) प्रत्येक क्रिया का अधिकतम भुगतान करना और जो भी अधिकतम हो वह सर्वोत्तम क्रिया है
(c) अधिकतम-अधिकतम सिद्धांत	(iii) प्रत्येक क्रिया का अधिकतम भुगतान करना और जो भी न्यूनतम हो वह सर्वोत्तम क्रिया है
(d) मिन-मिन सिद्धांत	(iv) प्रत्येक क्रिया का न्यूनतम भुगतान करना और जो भी अधिकतम हो वह सर्वोत्तम क्रिया है

A. (a) - (i), (b) - (ii), (c) - (iii), (d) - (iv)
B. (a) - (ii), (b) - (iii), (c) - (iv), (d) - (i)
C. (a) - (iii), (b) - (iv), (c) - (ii), (d) - (i)
D. (a) - (iv), (b) - (iii), (c) - (ii), (d) - (i)

Q.131 निम्नलिखित में से कौन सी अन्य सभी संबंधित इकाइयों के साथ मुख्य औद्योगिक इकाई के संयोजन की प्रक्रिया है?
A. बहिर्मुखी पार्श्व संयोजन   **B.** संमिलित पार्श्व संयोजन
C. क्षैतिज संयोजन   **D.** ऊर्ध्वाधर संयोजन

Q.132 अधीनस्थों में प्रबंधकों की आस्था और विश्वास की कमी एक बाधा है?:
A. प्रभावी नेतृत्व   **B.** प्रभावी नियंत्रण
C. प्रभावी प्रतिनिधिमंडल   **D.** प्रभावी दिशा

Q.133 निम्नलिखित में से कौन विपणन में पोस्ट-खरीद असंतोष का प्रतिनिधित्व करता है?
A. क्रेता सावधान   **B.** संज्ञानात्मक असंगति
C. ब्रांड वफादारी   **D.** उपर्युक्त में से कोई नहीं

Q.134 निश्चित लागत प्रतिभूतियों के उपयोग से जुड़े जोखिम को कहा जाता है:
A. परिचालन जोखिम   **B.** वित्तीय जोखिम
C. व्यापार जोखिम   **D.** समग्र जोखिम

Q.135 वित्तीय जोखिम का मतलब है:
A. तकनीकी दिवालियेपन का खतरा
B. ईबीटी में उतार-चढ़ाव बढ़ाना
C. (A) और (B) दोनों
D. उपर्युक्त में से कोई नहीं

Q.136 वित्तीय प्रबंधन के साथ संबंध है:
A. धन की खरीद और उनका प्रभावी उपयोग
B. बाजार से धन जुटाना
C. कार्यशील धन का प्रबंधन
D. सबसे उपयुक्त संपत्ति में धन का निवेश

Q.137 एम. एम. दृष्टिकोण के समान है:
A. शुद्ध आय दृष्टिकोण
B. नेट ऑपरेटिंग आय दृष्टिकोण
C. दोनों (A) और (B)
D. उपर्युक्त में से कोई नहीं

Q.138 यदि बिक्री 6000 रु परिवर्तनीय लागत 3600 रु और निर्धारित लागत 2000 रु तो ब्रेक-इवन पॉइंट होगा:

Q.139 पूंजी बजटिंग में जोखिम विश्लेषण की तकनीकों के संदर्भ में सूची-I को सूची-II के साथ सुमेलित कीजिए।

सूची-I	सूची-II
a. संवेदनशीलता का विश्लेषण	I. उपलब्ध विकल्पों का अध्ययन
b. सिमुलेशन विश्लेषण	ii. मोंटे कार्लो
c. निर्णय वृक्ष	iii. क्या होगा विश्लेषण
d. निश्चितता समकक्ष	iv.पारंपरिक तकनीक

सही कूट चुनिए:
A. a-ii, b-i, c-iv, d-iii   **B.** a-iii, b-ii, c-i, d-iv
C. a-iv, b-i, c-ii, d-iii   **D.** a-iii, b-i, c-ii, d-iv

Q.140 निम्नलिखित में से कौन भर्ती और चयन में शामिल नहीं है?
A. उम्मीदवारों का पूल बनाना
B. आवेदकों द्वारा आवेदन पत्र पूर्ण करना
C. कार्यबल में कमी
D. रोजगार योजना और पूर्वानुमान

Q.141 संविदा बनाने में सही क्रम है:
A. प्रस्ताव, स्वीकृति, विचार, करार
B. प्रस्ताव, विचार, स्वीकृति, करार
C. करार, विचार, प्रस्ताव, स्वीकृति
D. प्रस्ताव, स्वीकृति, करार, विचार

Q.142 क्षतिपूर्ति की संविदा में__________होना चाहिए।
A. वैध विचार और वस्तु   **B.** पाँच दल
C. निहित विचार   **D.** बिना विचार के करार

Q.143 वह कौन सा अधिनियम है जो भारत में ई-गवर्नेंस के लिए कानूनी ढांचा प्रदान करता है?
A. सूचना प्रौद्योगिकी (संशोधन) अधिनियम 2008
B. भारतीय दंड संहिता
C. सूचना प्रौद्योगिकी अधिनियम 2000
D. इनमें से कोई भी नहीं

Q.144 आरटीआई अधिनियम 2005 के तहत सूचना प्राप्त करने की समय सीमा क्या है?
A. 15 दिन   **B.** 45 दिन   **C.** 60 दिन   **D.** 30 दिन

Q.145 बौद्धिक संपदा अधिकार (IPRs) सूचना और विचारों के उपयोग की रक्षा करते हैं जो हैं-
A. सामाजिक आदर्श   **B.** कर्तव्यपरायण मूल्य
C. वाणिज्यिक मूल्य   **D.** नैतिक मूल्य

Q.146 'क्विड प्रो को' में, को का अर्थ है:
A. जनता के सामने ज्ञान का खुलासा
B. पेटेंट शब्द के लिए एकाधिकार प्रदान किया गया
C. आविष्कार करने, बेचने और उपयोग करने का विशेष विशेषाधिकार
D. इनमे से कोई भी नहीं

Q.147 मानव संसाधन मूल्यांकन और लेखांकन के लिए एक मॉडल का सुझाव देने वाला पहला भारतीय है:
A. खान और जैन   **B.** एसके चक्रवर्ती
C. कोहलर   **D.** एसके भट्टाचार्य

Q.148 श्री. X की शुद्ध आय सामान्य लेनदेन के आधार पर 20 लाख रुपए है। आर्म्स लेंथ कीमत इस्तेमाल करने के बाद उसकी आमदनी घटकर 19 लाख रुपये रह जाती है। कर योग्य उद्देश्य के लिए कौन सी राशि ली जाएगी?

A. 19 लाख रुपये	**B.** 20 लाख रुपये
C. 39 लाख रुपये	**D.** 1 लाख रुपये

Q.149 यूरोपीय संघ (ईयू) संगठन की अपनी शासी और निर्णय लेने वाली संस्थाएं हैं। निम्नलिखित में से कौन यूरोपीय संघ के संगठन से संबद्ध नहीं है?

A. यूरोपीय परिषद

B. यूरोपीय आयोग

C. यूरोपीय विधान परिषद

D. न्यायालय(कोर्ट ऑफ़ जस्टिस)

Q.150 अध्ययनाधीन जनसंख्या की सभी इकाइयों और उनके विवरण की सूची क्या कहलाती है?

A. आवृति वितरण	**B.** नमूना चयन ढांचा
C. सांख्यिकीय	**D.** पैरामीटर

// स्मार्ट उत्तर पुस्तिका //

सही उत्तर — उन छात्रों का प्रतिशत जिन्होंने प्रश्नों का सही उत्तर दिया था। **छोड़ दिया** — उन छात्रों का प्रतिशत जिन्होंने प्रश्नों को छोड़ दिया था।

प्रश्न संख्या	उत्तर	सही उत्तर / छोड़ दिया	प्रश्न संख्या	उत्तर	सही उत्तर / छोड़ दिया	प्रश्न संख्या	उत्तर	सही उत्तर / छोड़ दिया	प्रश्न संख्या	उत्तर	सही उत्तर / छोड़ दिया	प्रश्न संख्या	उत्तर	सही उत्तर / छोड़ दिया
1	D	32.74 % / 9.3 %	17	A	27.43 % / 50.45 %	33	D	14.6 % / 54.87 %	49	C	2.21 % / 80.98 %	65	C	23.89 % / 51.77 %
2	D	43.36 % / 45.58 %	18	A	36.73 % / 50.44 %	34	A	22.57 % / 54.86 %	50	B	6.64 % / 80.97 %	66	D	12.39 % / 52.65 %
3	D	42.04 % / 46.46 %	19	A	27.43 % / 50.45 %	35	A	23.01 % / 55.75 %	51	D	7.96 % / 45.58 %	67	C	36.73 % / 51.32 %
4	C	23.89 % / 47.79 %	20	C	36.28 % / 50.45 %	36	B	28.76 % / 54.87 %	52	A	33.19 % / 47.34 %	68	D	26.55 % / 51.33 %
5	C	27.88 % / 47.78 %	21	B	45.13 % / 50.45 %	37	B	22.57 % / 55.75 %	53	B	14.6 % / 49.12 %	69	A	24.78 % / 51.33 %
6	B	39.82 % / 48.23 %	22	C	39.38 % / 51.33 %	38	A	33.63 % / 52.21 %	54	B	35.4 % / 50.0 %	70	A	23.45 % / 51.33 %
7	C	38.5 % / 48.67 %	23	C	42.92 % / 50.89 %	39	B	21.68 % / 51.33 %	55	D	20.8 % / 50.0 %	71	A	36.28 % / 51.77 %
8	A	35.4 % / 49.11 %	24	A	32.3 % / 51.33 %	40	A	28.32 % / 51.33 %	56	D	24.34 % / 50.0 %	72	A	42.04 % / 51.77 %
9	D	21.68 % / 48.67 %	25	C	26.11 % / 51.77 %	41	A	20.8 % / 51.77 %	57	B	14.16 % / 50.44 %	73	B	34.96 % / 51.77 %
10	C	25.66 % / 48.23 %	26	D	35.4 % / 50.88 %	42	A	24.34 % / 51.77 %	58	D	23.01 % / 50.88 %	74	B	13.72 % / 53.09 %
11	D	22.12 % / 50.89 %	27	B	23.45 % / 51.33 %	43	D	38.94 % / 51.77 %	59	C	26.11 % / 50.44 %	75	B	25.22 % / 52.21 %
12	D	29.2 % / 50.89 %	28	B	24.34 % / 51.32 %	44	B	12.39 % / 51.33 %	60	A	29.65 % / 51.32 %	76	B	19.03 % / 51.77 %
13	C	23.45 % / 51.33 %	29	C	23.89 % / 51.33 %	45	B	24.78 % / 50.88 %	61	B	23.01 % / 51.33 %	77	C	30.53 % / 52.21 %
14	B	8.41 % / 50.0 %	30	B	24.34 % / 50.44 %	46	D	7.96 % / 80.98 %	62	C	24.34 % / 51.77 %	78	D	23.45 % / 52.21 %
15	C	30.97 % / 49.56 %	31	B	24.34 % / 52.21 %	47	D	5.31 % / 80.97 %	63	C	32.3 % / 51.77 %	79	B	16.37 % / 52.21 %
16	D	36.28 % / 50.45 %	32	D	17.7 % / 53.98 %	48	B	10.62 % / 80.97 %	64	C	19.03 % / 52.21 %	80	C	27.43 % / 52.66 %

प्रश्न संख्या	उत्तर	सही उत्तर / छोड़ दिया	प्रश्न संख्या	उत्तर	सही उत्तर / छोड़ दिया	प्रश्न संख्या	उत्तर	सही उत्तर / छोड़ दिया	प्रश्न संख्या	उत्तर	सही उत्तर / छोड़ दिया	प्रश्न संख्या	उत्तर	सही उत्तर / छोड़ दिया
81	C	21.68 % / 52.21 %	95	B	22.57 % / 53.09 %	109	D	27.88 % / 53.98 %	123	B	9.73 % / 53.54 %	137	B	21.24 % / 53.98 %
82	C	16.81 % / 53.1 %	96	A	12.39 % / 53.1 %	110	B	21.68 % / 54.87 %	124	A	38.94 % / 53.54 %	138	A	15.49 % / 54.42 %
83	C	21.68 % / 52.66 %	97	C	33.19 % / 52.21 %	111	C	33.63 % / 53.98 %	125	D	28.76 % / 53.54 %	139	B	23.89 % / 54.43 %
84	C	34.51 % / 53.1 %	98	D	18.58 % / 53.99 %	112	A	25.66 % / 53.99 %	126	D	39.82 % / 53.54 %	140	C	27.88 % / 54.86 %
85	C	19.47 % / 52.65 %	99	D	31.42 % / 53.98 %	113	A	20.35 % / 53.99 %	127	C	30.09 % / 53.98 %	141	A	6.19 % / 83.63 %
86	A	27.88 % / 52.65 %	100	C	15.93 % / 53.98 %	114	B	29.2 % / 53.99 %	128	D	15.93 % / 54.42 %	142	A	10.18 % / 83.63 %
87	B	23.45 % / 52.66 %	101	B	32.74 % / 53.99 %	115	D	24.78 % / 53.98 %	129	B	24.78 % / 53.98 %	143	C	6.19 % / 83.63 %
88	A	26.55 % / 52.21 %	102	B	18.58 % / 53.99 %	116	A	22.57 % / 53.98 %	130	D	6.64 % / 55.75 %	144	D	9.73 % / 83.63 %
89	A	10.18 % / 52.65 %	103	A	29.2 % / 53.99 %	117	D	16.81 % / 53.99 %	131	D	7.08 % / 55.31 %	145	C	10.62 % / 83.63 %
90	D	27.43 % / 52.66 %	104	B	31.42 % / 53.98 %	118	B	30.09 % / 53.98 %	132	C	22.12 % / 54.43 %	146	B	4.87 % / 83.63 %
91	D	37.17 % / 52.21 %	105	B	24.34 % / 53.98 %	119	C	17.7 % / 53.98 %	133	B	30.09 % / 54.87 %	147	B	6.64 % / 83.63 %
92	C	33.63 % / 52.21 %	106	C	24.34 % / 53.98 %	120	B	23.45 % / 54.43 %	134	B	27.43 % / 54.43 %	148	B	7.08 % / 83.63 %
93	B	27.43 % / 52.66 %	107	B	18.14 % / 53.98 %	121	B	17.7 % / 53.98 %	135	B	12.83 % / 54.43 %	149	C	2.65 % / 83.63 %
94	D	17.7 % / 53.1 %	108	A	15.49 % / 53.98 %	122	B	32.3 % / 53.54 %	136	A	34.07 % / 54.43 %	150	B	3.1 % / 83.18 %

//संकेत और समाधान//

1. मूल्यांकन किसी दिए गए उद्देश्य के लिए सामग्री के मूल्य का न्याय करने की क्षमता से संबंधित है। निर्णय विशिष्ट मानदंडों के आधार पर होते हैं जो आंतरिक मानदंड (संगठन) या बाहरी मानदंड (उद्देश्य के लिए प्रासंगिकता) हो सकते हैं। संज्ञानात्मक क्षमता व्यक्ति की विभिन्न मानसिक गतिविधियों को करने की क्षमता है जो ज्यादातर सीखने और समस्या को सुलझाने के साथ जुड़ी हुई है। तो, मूल्यांकन संज्ञानात्मक क्षमता का उच्चतम स्तर है।

अत: विकल्प (D) सही है।

2. यदि आपकी कक्षा के अधिकांश छात्र कमजोर हैं, तो आपको अपने शिक्षण को धीमी गति से करने के लिए, कुछ अतिरिक्त मार्गदर्शन के साथ उज्ज्वल विद्यार्थियों के साथ रखना चाहिए।

अत: विकल्प (D) सही है।

3. शिक्षण प्रक्रिया क्रम में -

(iv) उद्देश्यों का निर्माण

(i) पिछले ज्ञान के साथ वर्तमान ज्ञान से संबंधित है

(v) सामग्रियों की प्रस्तुति

(ii) मूल्यांकन

(iii) पुनः प्राप्त करना

अत: विकल्प (D) सही है।

4. समीपस्थ विकास का क्षेत्र (कभी-कभी संक्षिप्त रूप से ZPD), यह अंतर है कि एक शिक्षार्थी बिना मदद के क्या कर सकता है और वह मदद से क्या कर सकता है। यह सोवियत मनोवैज्ञानिक और सामाजिक रचनाकार लेव वायगोत्स्की (1896 - 1934) द्वारा विकसित एक अवधारणा है। व्यगोत्स्की ने ZPD को व्यक्तिगत समस्या समाधान द्वारा निर्धारित वास्तविक विकास स्तर और वयस्क ज्ञान के तहत समस्या-समाधान के माध्यम से निर्धारित संभावित विकास के स्तर या अधिक जानकार साथियों के साथ सहयोग के रूप में भी वर्णित किया।

अत: विकल्प (C) सही है।

5. इसमें अभिकथन सत्य है लेकिन कारण असत्य है। प्रभावी शिक्षण के लिए, एक शिक्षक को शिक्षण मॉडल का अच्छा ज्ञान होना चाहिए और छात्रों और विषय की आवश्यकताओं को ध्यान में रखते हुए उपयुक्त मॉडल का चयन करना चाहिए। ये मॉडल रुचि, रचनात्मकता, प्रेरणा और नवाचारों को बढ़ाने में मदद करते हैं। विभिन्न प्रकार के मॉडल जैसे सामाजिक संपर्क मॉडल, व्यवहार परिवर्तन मॉडल, व्यक्तिगत आधार मॉडल, सूचना प्रसंस्करण मॉडल आदि हैं।

अत: विकल्प (C) सही है।

6. एक शिक्षक के संबंध में निम्नलिखित सभी कथन सही हैं सिवाय इसके कि छात्रों को जो पता है वही सिखाता है। यह कथन शिक्षण विधि में नहीं आता है।

अत: विकल्प (B) सही है।

7. अनुसंधान एक जांच है जिसमें ज्ञान, संस्कृति और समाज के भंडार को बढ़ाने के लिए व्यवस्थित और तार्किक आधार पर किए गए रचनात्मक कार्य शामिल हैं। यह परिकल्पना के सत्यापन, डेटा विश्लेषण, व्याख्या और सिद्धांतों के निर्माण से संबंधित है और ज्ञान (अनुसंधान) के इस स्टॉक का उपयोग करके नए अनुप्रयोगों को तैयार किया जा रहा है। शोध प्रक्रिया शुरू करने में पहला कदम समस्या की पहचान है।

अत: विकल्प (C) सही है।

8. जब जनसंख्या बढ़ रही है और खाद्यान्न घट रहा है तो सहसंबंध नकारात्मक होगा, शून्य सहसंबंध का मतलब है कि चर एक दूसरे से स्वतंत्र हैं और सकारात्मक सहसंबंधों में, दोनों चर में एक सीधा संबंध देखा जाता है।

अत: विकल्प (A) सही है।

9. अनुप्रयुक्त अनुसंधान सामाजिक समस्याओं का समाधान करने के लिए सिद्धांतों और नियमों को लागू करने के तरीके को दर्शाता है। अनुप्रयुक्त अनुसंधान उन वैज्ञानिक अध्ययन और अनुसंधान को संदर्भित करता है जो व्यावहारिक समस्याओं का समाधान करना चाहते हैं।

इस तरह के शोध दैनिक जीवन की समस्याओं का समाधान करने में महत्वपूर्ण भूमिका निभाते हैं जो अक्सर जीवन, काम, स्वास्थ्य और समग्र कल्याण पर प्रभाव डालते हैं।

अत: विकल्प (D) सही है।

10. गुणात्मक अनुसंधान में नीचे-ऊपर अनुभवजन्य साक्ष्य के साथ डेटा संग्रह की कई विधियाँ हैं, जिनमें अवलोकन, पाठ्य या दृश्य विश्लेषण (जैसे किताब या वीडियो से) और साक्षात्कार (व्यक्तिगत या समूह) शामिल हैं। हालांकि, सबसे आम तरीकों का इस्तेमाल किया जाता है, खासकर स्वास्थ्य सेवा अनुसंधान में, साक्षात्कार और फोकस समूह होते हैं।

अत: विकल्प (C) सही है।

11. पारिस्थितिकी जीवों और पर्यावरण के बीच संबंधों का अध्ययन है। यह एक दूसरे के साथ रहने वाले जीवों की बातचीत से भी संबंधित है।

अत: विकल्प (D) सही है।

12. प्रकाश, प्रकाश संश्लेषण और प्रजनन की तरह पौधों में वृद्धि की प्रक्रिया को प्रभावित करता है। प्रकाश की तरंग दैर्ध्य और तीव्रता फूल प्रेरण, पौधे की गति और बीज के अंकुरण में प्रमुख भूमिका निभाते हैं और प्रकाश की अवधि फूलने और फलने को नियंत्रित करती है।

अत: विकल्प (D) सही है।

13. सूक्ष्म जलवायु पौधे और जानवरों के तत्काल परिवेश की जलवायु स्थिति को संदर्भित करता है जबकि विस्तृत क्षेत्रीय जलवायु एक बड़े क्षेत्र या स्थानीय, वैश्विक और क्षेत्रीय स्तर पर जलवायु पैटर्न है।

अत: विकल्प (C) सही है।

14. संचार भावनाओं, विचारों, ज्ञान और सूचना का आदान-प्रदान है, या तो बोल, लेखन, संकेत या व्यवहार के द्वारा और संगठन की सफलता के लिए, प्रभावी संचार सभी स्तरों पर एक आवश्यक घटक है। इस प्रभावी संचार को अभुवृत्ति सर्वेक्षण, प्रदर्शन रिकॉर्ड्स और छात्र की उपस्थिति के माध्यम से पता लगाया जा सकता है।

अत: विकल्प (B) सही है।

15. एक शिक्षक का आत्मविश्वासपूर्ण रुख छात्रों के दिलों को जीतने के लिए पर्याप्त है।

एक शिक्षक अपने विषय के अच्छे ज्ञान से आश्वस्त हो जाता है।

छात्रों से सम्मान और आज्ञाकारिता सुनिश्चित करने के लिए आक्रामक स्वर और प्राधिकरण के अभ्यास की आवश्यकता नहीं है।

अत: विकल्प (C) सही है।

16. उपदेश- यह एक प्रत्यक्ष शिक्षण विधि नहीं है। प्रवचन एक भाषण या किसी विशेष, आमतौर पर गंभीर, विषय के बारे में लिखने का एक टुकड़ा है।

अभिव्यक्ति- शिक्षण पद्धति जो प्रदर्शित करती है और बताती है कि कुछ कैसे किया जाता है।

चर्चा- चर्चा में दोतरफा संवाद होता है। कक्षा की स्थिति में, एक प्रशिक्षक और प्रशिक्षु सभी चर्चा में भाग लेते हैं।

शिक्षण- शिक्षा का एक तरीका जिसमें एक प्रशिक्षक सीधे एक व्यक्तिगत छात्र के साथ काम करता है।

अत: विकल्प (D) सही है।

17. आधुनिक भारतीय साहित्य एक चयनात्मक पाठ्यक्रम है क्योंकि यह अध्ययन के क्षेत्र से परे किसी अन्य क्षेत्र का अध्ययन करने के लिए अनुमति दे रहा है।

अत: विकल्प (A) सही है।

18. व्याख्यान सुनना, सूचना सुनने की प्रक्रिया है जो एक व्यक्ति के संदेश को समझने की क्षमता पर केंद्रित है। यह रोजमर्रा की जिंदगी का एक बहुत बड़ा हिस्सा है, और सूचनात्मक सुनने की अवधारणा को समझने में विफल रहने से किसी के जीवन की गुणवत्ता और समाज में उनके योगदान के लिए बहुत हानिकारक हो सकता है।

अत: विकल्प (A) सही है।

19. महात्मा गांधी अंतरराष्ट्रीय हिंदी विश्वविद्यालय, वर्धा, महाराष्ट्र, भारत में स्थित एक केंद्रीय विश्वविद्यालय है। विश्वविद्यालय संसद के एक अधिनियम के माध्यम से शुरू हुआ, जिसे 8 जनवरी 1997 को राष्ट्रपति की सहमति प्राप्त हुई। अधिनियम का उद्देश्य शिक्षण और अनुसंधान के माध्यम से, हिंदी भाषा और साहित्य के प्रचार और विकास के लिए एक शिक्षण विश्वविद्यालय की स्थापना और समावेश करना था, एक प्रमुख अंतरराष्ट्रीय भाषा के रूप में अधिक कार्यात्मक दक्षता और मान्यता प्राप्त करने के लिए हिंदी को सक्षम करने की दृष्टि से।

अत: विकल्प (A) सही है।

20. दिया है,

50 संख्याओं का औसत = 38

तब, 50 संख्याओं का योग = $38 \times 50 = 1900$

यदि दो संख्याएं 45 और 55 को छोड़ दिया जाय

तो, बाकी बचे 48 संख्याओं का योग = $1900 - (45 + 55)$

$= 1800$

∴ आवश्यक औसत $= \left(\dfrac{1800}{48}\right)$

$= 37.5$

अत: विकल्प (C) सही है।

```
M   A   T   H   U   R   A
|-3 |-3 |-3 |-3 |-3 |-3 |-3
↓   ↓   ↓   ↓   ↓   ↓   ↓
J   X   Q   E   R   O   X
```

21.

यहाँ मथुरा में,

M = 13 का स्थान मान और J = 10 का स्थान मान 3 स्थान में इतना अंतर है।

A = 1 का स्थान मान और X = 24 का स्थान मान 3 स्थान में इतना अंतर है।

इसलिए, निश्चित पैटर्न का पालन किया जाता है जिसमें कोडित संख्या का मान 3 स्थान कम हो जाता है।

होटल का कोड है;

```
H   O   T   E   L   S
|-3 |-3 |-3 |-3 |-3 |-3
↓   ↓   ↓   ↓   ↓   ↓
E   L   Q   B   I   P
```

अत: विकल्प (B) सही है।

22.

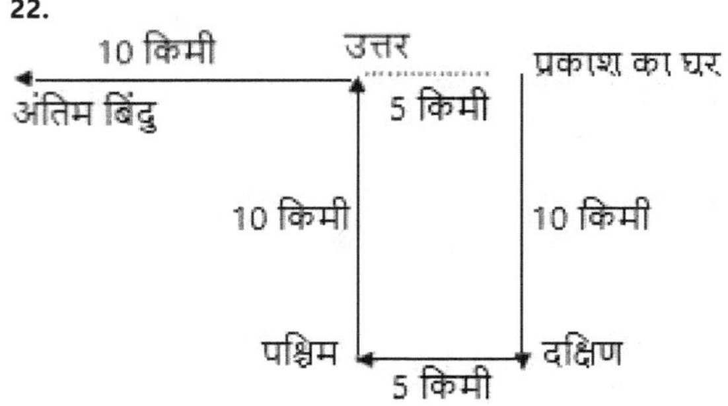

उपरोक्त आंकड़ों से, यह स्पष्ट है कि प्रकाश को सीधे अपने घर तक पहुंचने के लिए 15 किमी चलना पड़ता है।

अत: विकल्प (C) सही है।

23. प्रश्न में दिए गए संबंध का विश्लेषण इस प्रकार किया जा सकता है:

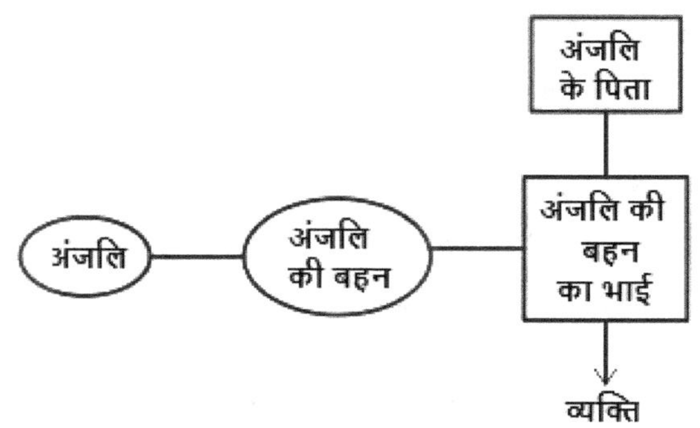

बहन का भाई - भाई;

भाई के पिता - पिता;

पिता का पुत्र - भाई;

तो वह अंजलि का भाई हैं।

अत: विकल्प (C) सही है।

24. यह देखते हुए कि 52% उम्मीदवार अंग्रेजी में असफल रहे, 42% गणित में सफल रहे और 17% दोनों विषयों में असफल रहे।

माना,

n (A) = 52%

n (B) = 42%

इस प्रकार एक या दोनों विषयों में असफल होने वाले छात्रों की संख्या = (52+42-17) %

= 77%

इसलिए उत्तीर्ण प्रतिशत = 23%

अत: विकल्प (A) सही है।

25. वर्धा शिक्षा योजना बेसिक शिक्षा या नई तालीम का दूसरा नाम है। शिक्षा की वर्धा योजना, जिसे 'बेसिक शिक्षा' के रूप में जाना जाता है, भारत में प्रारंभिक शिक्षा के क्षेत्र में एक अद्वितीय स्थान रखती है। यह योजना हमारे राष्ट्र के पिता महात्मा गांधी द्वारा ब्रिटिश भारत में शिक्षा की एक स्वदेशी योजना विकसित करने का पहला प्रयास था।

अत: विकल्प (C) सही है।

26. सूचना के संचालन तथा संसाधन के लिए वैज्ञानिक, प्रौद्योगिकीय तथा अभियांत्रिकीय विधाओं तथा प्रबंधन तकनीकों का प्रयोग एवं अनुप्रयोग, सामाजिक, आर्थिक एवं सांस्कृतिक मामलों में मानव एवं मशीन के बीच अंतर-क्रिया"।

सूचना प्रौद्योगिकी से तात्पर्य कई प्रकार की सूचनाओं के भंडारण, पुनः प्राप्ति, प्रसंस्करण और वितरण के लिए हार्डवेयर और सॉफ्टवेयर के उपयोग से है।

अतः विकल्प (D) सही है।

27. एकलव्य प्रौद्योगिकी चैनल आईआईटी और इग्नू के बीच एक संयुक्त उपक्रम है। 26 जनवरी, 2003 को प्रो मुरली मनोहर जोशी, माननीय मंत्री, मानव संसाधन विकास, विज्ञान एवं प्रौद्योगिकी और महासागर विकास द्वारा इसका उद्घाटन किया गया था।

अतः विकल्प (B) सही है।

28. लंबा, पतला और मध्यम आयु वर्ग के विवरण के तत्व सबसे अधिक बार दोहराए जाते हैं और इसलिए इसका वर्णन सटीक होने की सबसे अधिक संभावना है।

अतः विकल्प (B) सही है।

29. उपरोक्त आंकड़ों से यह स्पष्ट है कि (1) और (3) एक दूसरे के विरोधाभासी हैं।

अतः विकल्प (C) सही है।

30. वेन आरेख सेट और प्रदर्शन कार्यों के प्रतिनिधित्व और विश्लेषण का एक प्रभावी तरीका है। वेन आरेखों का उपयोग करके हल की गई समस्याएं सेट और सेट ऑपरेशन के आधार पर समस्याएं हैं। वेन आरेख तार्किक रूप से तर्कों का प्रतिनिधित्व करता है।

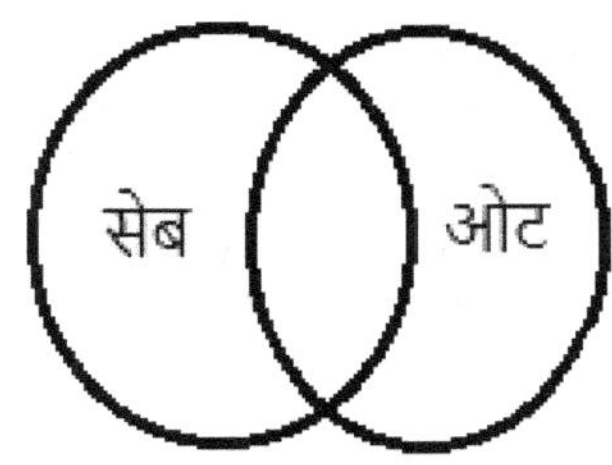

वेन आरेख में हमारी समझ को बढ़ाने के लिए मानक रूप का एक आदर्श प्रतिनिधित्व शामिल है। वे अंकन की एक स्पष्ट विधि प्रदान करते हैं।

अतः विकल्प (B) सही है।

31. P, Q, R और S ऐसे कथन हैं कि यदि P सत्य है, तो Q सत्य है और यदि R असत्य है, तो S असत्य है। P और Q समतुल्य कथन हैं।

अतः विकल्प (B) सही है।

32. $35 - 40$ साल में:

औसत वेतन $= \dfrac{(40+35)}{2} = 37500$ प्रति माह

$40 - 45$ वर्षों में:

औसत वेतन $= \dfrac{35+35+50+30+45+45}{6}$

$= \dfrac{240}{6} = 40000$ प्रति माह

$40 - 45$ वर्षों में:

औसत वेतन $= \dfrac{50+50}{2}$

$= \dfrac{100}{2} = 50000$ प्रति माह

$50 - 55$ वर्षों में:

औसत वेतन $= \dfrac{45+60+55}{3} = 53300$ प्रति माह

इसलिए, $50 - 55$ वर्ग के अंतराल में लोगों का अधिकतम औसत वेतन है।

अतः विकल्प (D) सही है।

33. उपरोक्त दिए गए आंकड़ों के अनुसार $30 - 35$ आयु वर्ग के क्रमशः 7 कर्मचारी है।

आवृत्ति $(\%) = \dfrac{7}{20} \times 100 = 35\%$

अतः विकल्प (D) सही है।

34.
औसत
$$= \frac{\substack{44+32+54+42+31+53+42+51+34+41+33+31+30+37+44+36+34 \\ +49+43+45}}{20}$$

$= \dfrac{806}{20} = 40.3$

अतः विकल्प (A) सही है।

35. ≥ 40000 प्रति माह वेतन पाने वाले कर्मचारियों का $\%$:

≥ 40000 पाने वाले कर्मचारियों का $(\%) = \dfrac{9}{20} \times 100 = 45\%$

अतः विकल्प (A) सही है।

36. औसत वेतन $= \dfrac{35+35+50+30+45+45+50+50}{8} = \dfrac{340}{8}$

$= 42500$ प्रति माह

अतः विकल्प (B) सही है।

37. राष्ट्रीय बाल भवन (NBB) एक स्वायत्त संस्थान है, जो मानव संसाधन विकास मंत्रालय, भारत सरकार द्वारा संचालित और वित्त पोषित है जिसका मुख्यालय नई दिल्ली में है। इसकी स्थापना 1956 में प्रधानमंत्री, जवाहरलाल नेहरू ने की थी।

अतः विकल्प (B) सही है।

38. एक तर्क को औपचारिक रूप से वैध करार दिया जाता है यदि इसमें संरचनात्मक आत्म-संगति होती है, अर्थात जब परिसर के बीच संचालन सभी सही होते हैं, तो व्युत्पन्न निष्कर्ष हमेशा सही होता है। तीसरे उदाहरण में, प्रारंभिक परिसर तार्किक रूप से निष्कर्ष में परिणाम नहीं कर सकता है और इसलिए इसे अमान्य तर्क के रूप में वर्गीकृत किया गया है।

अत: विकल्प (A) सही है।

39. कंप्यूटिंग में, वर्चुअल मेमोरी (वर्चुअल मेमोरी भी) एक मेमोरी मैनेजमेंट तकनीक है जो "स्टोरेज संसाधनों का एक आदर्शीकृत अमूर्तता प्रदान करती है जो वास्तव में किसी दिए गए मशीन पर उपलब्ध होती है" जो "बहुत बड़ी (मुख्य) मेमोरी के उपयोगकर्ताओं के लिए भ्रम पैदा करती है"।

अत: विकल्प (B) सही है।

40. नेटवर्क में टोपोलॉजी भौतिक या तार्किक व्यवस्था है जिसमें नेटवर्क में प्रत्येक नोड जुड़ा हुआ है। नेटवर्किंग में बस, ट्री, रिंग, स्टार, मेश और हाइब्रिड टोपोलॉजी जैसी कई टोपोलॉजी हैं। कोई विशेष सर्वश्रेष्ठ टोपोलॉजी नहीं है और नेटवर्क के प्रकार के आधार पर एक उपयुक्त टोपोलॉजी को चुना जा सकता है।

अत: विकल्प (A) सही है।

41. स्टार टोपोलॉजी में, कोई भी कंप्यूटर दूसरे कंप्यूटर से सीधे जुड़ा नहीं होता है, लेकिन सभी कंप्यूटर एक केंद्रीय हब से जुड़े होते हैं। स्रोत कंप्यूटर से भेजा गया प्रत्येक संदेश हब माध्यम से जाता है, हब फिर संदेश केवल इच्छित गंतव्य कंप्यूटर पर अग्रेषित करता है।

अत: विकल्प (A) सही है।

42. सेमीकंडक्टर मेमोरी सबसे तेज़ प्रकार की मेमोरी है, जो कि एक डिजिटल इलेक्ट्रॉनिक डेटा स्टोरेज डिवाइस है, जिसे अक्सर कंप्यूटर मेमोरी के रूप में उपयोग किया जाता है, जो एक एकीकृत सर्किट (आईसी) पर अर्धचालक इलेक्ट्रॉनिक उपकरणों के साथ लागू किया जाता है।

अत: विकल्प (A) सही है।

43. गूगल टॉक एक त्वरित संदेश सेवा प्रदान करता है जिसमें टेक्स्ट और ध्वनि संचार दोनों शामिल हैं। त्वरित संदेश सेवा को लोकप्रिय रूप से "गूगल टॉक", "गूगल चैट" या "गूगल मैसेज" के रूप में जाना जाता है।

अत: विकल्प (D) सही है।

44. यूरोपीय संघ (ईयू) 28 सदस्यीय राज्यों का एक राजनीतिक और आर्थिक संघ है जो मुख्य रूप से यूरोप में स्थित है। तो, यूरोपीय संघ में प्रति व्यक्ति पानी का उपयोग सबसे अधिक है।

अत: विकल्प (B) सही है।

45. भारत में कार्बन डाइऑक्साइड (CO_2) उत्सर्जन में योगदान निम्न स्रोतों के कारण है

1) बिजली उत्पादन: 29% गैस उत्सर्जन।

2) परिवहन: 27% प्रतिशत गैस उत्सर्जन।

3) उद्योग: 21% प्रतिशत गैस उत्सर्जन।

4) वाणिज्यिक और आवासीय: 12% गैस उत्सर्जन।

5) कृषि: 9% प्रतिशत गैस उत्सर्जन।

6) भूमि उपयोग और वानिकी: 11.8% गैस उत्सर्जन।

भारत का कुल योगदान लगभग 6% है।

अत: विकल्प (B) सही है।

46. गद्यांश के अनुसार "शिक्षार्थी की इस समकालीन दृष्टि को देखते हुए, आदर्श शिक्षण परिवेश की इससे अधिक व्यावहारिक और विवेकपूर्ण रूप क्या हो सकती है? वास्तव में, जॉन डेवी द्वारा उस समय की तारिख का वह पत्र है जिसमें वह असंतोष प्रकट करते हैं कि जब शिक्षार्थी के रूप में बच्चे के अलग धारणा के अनुसार अपने नए स्कूल को लैस करने की कोशिश कर रहे थे, तो उन्हें कक्षा के अन्य तरीके जो शिक्षण के लिए पर्याप्त हों, न मिल सका।"

यह निष्कर्ष निकाला जा सकता है कि जॉन डेवी बच्चे को कमाने वाले की अवधारणा को ध्यान में रखते हुए स्कूल को सुसज्जित करना चाहते थे।

अतः विकल्प (D) सही है।

47. सही उत्तर शिक्षक को उच्च पद पर बैठाना है।

समापन गद्यांश का दूसरा वाक्य कहता है - "शिक्षक को आवश्यक रूप से कक्षा के सामने रखा गया था - कभी-कभी उच्च आसन या मंच पर - और कुर्सियों में विद्यार्थियों को आगे की ओर सीधी पंक्तियों में फर्श तक तेजी से बढ़ाया जाता था ताकि वे दूर न हों। सीखने के अनुभव का एकमात्र स्रोत: शिक्षक "

ऊपर से, हम तार्किक रूप से यह निष्कर्ष निकाल सकते हैं कि शुरुआती दिनों में सीखने के पीछे मुख्य विचार यह था कि विद्यार्थियों को शिक्षक को एक उच्च मंच या उच्च पद पर बैठाना चाहिए।

उन दिनों में सीखने की अन्य सभी विशेषताएं, जैसे छात्र मंजिल तक पहुंचे और आगे का सामना करते थे ताकि वे सतर्क हों, उपरोक्त को पूरा करने का साधन थे।

अतः विकल्प (D) सही है।

48. प्रयोजनवादी सूत्र ने शिक्षक - केंद्रित प्रेरणा पर महत्व रखा।

गद्यांश के दूसरे अनुच्छेद में उल्लेख किया गया है "उनका शिक्षक के प्रयोजनवादी शिक्षाके ऐतिहासिक उपलब्धियों को अपमानित करने का कोई इरादा नहीं है। लेकिन आवश्यक बात शिक्षक नियंत्रण के अधीन पुरस्कार और दंड के माध्यम से असतत प्रेरणाओं और प्रतिक्रियाओं को जानना क्योंकि शिक्षार्थी अधिगम के बिना एक अपूर्ण जीव है ऐसी धारणा मानी गयी है। प्रेरणा - क्या सीखा जाना चाहिए था - प्रतिक्रिया - वास्तव में क्या सीखा गया था - माना जाता है कि दोनों शिक्षक द्वारा निर्धारित किया गए थे।"

अतः विकल्प (B) सही है।

49. गद्यांश का शुरुआती अनुच्छेद बच्चे की ऐतिहासिक अवधारणा के बारे में निम्नलिखित कहता है।

संज्ञानात्मक रूप से एक "अपूर्ण जीव" था जो प्रेरणा के कारण अधिक या कम याद्दच्छिक रूप से प्रतिक्रिया कर रहा था, जब विशिष्ट प्रतिक्रियाएं आनंद या दुःख से विशिष्ट प्रेरणा से जुड़ी हुई थीं।

सीखने या सोचने जैसी प्रतिक्रियाएं कुछ भी कार्य नहीं करेंगी जब तक कि यदि उसे भूख या प्यास जैसी प्राथमिक अंतर्नोद द्वारा या बाह्य प्रोत्साहन जैसे पुरस्कार और सजा द्वारा इस तरह की गतिविधि के लिए बाध्य नहीं किया गया।

प्रयोगशाला में प्रयोगकर्ता जानवरों को पज़ल बॉक्स के माध्यम से भोजन देकर या हटाकर उनकी सही प्रतिक्रिया से परिचित होने के लिए और ठीक इसी तरह कक्षा में शिक्षक बच्चों को कोई प्रश्न देकर उसके सही जवाब को न बताकर उनकी सही प्रतिक्रिया प्राप्त करने के लिए ऐसा करते हैं।

बच्चों को नियंत्रित करने वाले शिक्षक: यह ऐतिहासिक समय में सीखने की प्रक्रिया के पीछे मुख्य विचार न कि प्रयोगशाला प्रयोगों के पीछे का।

अतः विकल्प (C) सही है।

50. गद्यांश के प्रारंभिक अनुच्छेद में बच्चे के ऐतिहासिक धारणाएं के बारे में बताया गया है।

संज्ञानात्मक रूप से एक "अपूर्ण जीव" था जो प्रेरणा के कारण अधिक या कम याद्दच्छिक रूप से प्रतिक्रिया कर रहा था।

जब विशिष्ट प्रतिक्रियाएं आनंद या दुःख से विशिष्ट प्रेरणा से जुड़ी हुई थीं।

सीखने या सोचने जैसी प्रतिक्रियाएं कुछ भी कार्य नहीं करेंगी जब तक कि यदि उसे भूख या प्यास जैसी प्राथमिक अंतर्नोद द्वारा या बाह्य प्रोत्साहन जैसे पुरस्कार और सजा द्वारा इस तरह की गतिविधि के लिए बाध्य नहीं किया गया।

इस प्रकार हम तार्किक रूप से यह निष्कर्ष निकाल सकते हैं कि शुरुआती बच्चे को अनुभूति की कोई शक्ति नहीं थी।

अतः विकल्प (B) सही है।

51. सिद्धांत 'Y' मानव स्वभाव के एक आशावादी और सकारात्मक दृष्टिकोण का प्रतिनिधित्व करता है। हर्ज़बर्ग ने 'स्वच्छता' शब्द का इस्तेमाल उन कारकों का वर्णन करने के लिए किया है जो कार्यस्थल में असंतोष का कारण बनते हैं और वे मुआवजे, नौकरी की सुरक्षा, संगठनात्मक राजनीति, काम करने की स्थिति, नेतृत्व की गुणवत्ता और पर्यवेक्षकों एवं अधीनस्थों के बीच संबंधों से जुड़े होते हैं।

अतः विकल्प (D) सही है।

52. सामान्य शेयर में निवेश सबसे जोखिम भरा है। किसी शेयर की अस्थिरता जितनी अधिक होती है, किसी भी परिसंपत्ति का जोखिम उतना ही अधिक होता है। यूनिट ट्रस्ट जो केवल सामान्य में निवेश करते हैं, वे अन्य परिसंपत्तियों में निवेश करने वालों की तुलना में अधिक जोखिम वाले होते हैं। उनकी कीमतें आगे बढ़ती हैं और नुकसान की संभावना अधिक होती है।

अतः विकल्प (A) सही है।

53. अनुवाद जोखिम वह जोखिम है जो एक कंपनी की इक्विटी, संपत्ति, देनदारियां, या आय विनिमय दर में परिवर्तन के परिणामस्वरूप मूल्य में बदल जाएगा।

जब एक फर्म विदेशी मुद्रा में अपनी इक्विटी, संपत्ति, देनदारियों, या आय के एक हिस्से को निरूपित करती है, तो अनुवाद जोखिम होता है।

अनुवाद जोखिम एक वित्तीय लाभ या हानि के रूप में प्रकट हो सकता है जो परिसंपत्तियों में परिवर्तन का परिणाम नहीं है, लेकिन विनिमय दर में उतार-चढ़ाव के आधार पर संपत्ति के वर्तमान मूल्य में है।

अतः विकल्प (B) सही है।

54. आंकड़ा संग्रहण विपणन अनुसंधान का सबसे व्यावहारिक और महंगा चरण है क्योंकि यह वह चरण है जहां फील्डवर्क किया जाता है, और विभिन्न संसाधनों से आंकड़ा प्राप्त करना महंगा होता है।

अतः विकल्प (B) सही है।

55. समय के साथ अपनाने की प्रक्रिया को आमतौर पर उत्कृष्ट सामान्य वितरण या "बेल वक्र" के रूप में चित्रित किया जाता है। नए उत्पाद को अपनाने वाले पहले लोगों को अन्वेषक कहा जाता है।

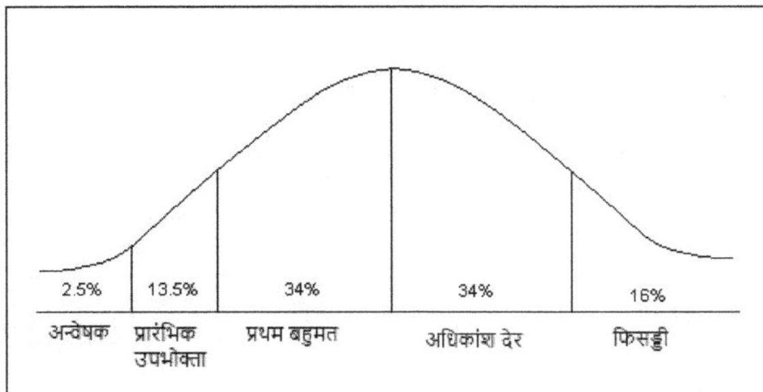

अतः विकल्प (D) सही है।

56. खुदरा बिक्री में एक अवधारणा जो नए खुदरा विक्रेताओं के उद्भव को समझाने में मदद करती है उसे 'खुदरा बिक्री चक्र (या व्हील-ऑफ-रिटेलिंग)' परिकल्पना कहा जाता है। व्हील ऑफ रिटेलिंग संस्थागत परिवर्तनों को समझाने के लिए एक सिद्धांत है जो बड़े व्यावसायिक घरानों सहित नवप्रवर्तक खुदरा क्षेत्र में प्रवेश करते हैं। यह वर्णन करता है कि खुदरा विक्रेताओं ने बाजार

हिस्सेदारी पर कब्जा करने और ब्रांड वैल्यू बनाने के लिए कैसे दृष्टिकोण रखा जाता है।

अतः विकल्प (D) सही है।

57. पारस्परिक रूप से अनन्य परियोजनाएं ऐसी परियोजनाएं हैं जिनमें एक परियोजना की स्वीकृति दूसरों को विचार से अलग करती है। ऐसे मामले में, सबसे अच्छी परियोजना को स्वीकार किया जाता है। एनपीवी और आईआरआर संघर्ष, जो कभी-कभी पारस्परिक रूप से अनन्य परियोजनाओं के मामले में उत्पन्न हो सकता है, महत्वपूर्ण हो जाता है। संघर्ष या तो परियोजना के सापेक्ष आकार के कारण उत्पन्न होता है या परियोजनाओं के विभिन्न नकदी प्रवाह वितरण के कारण होता है।

अतः विकल्प (B) सही है।

58. वाल्टर का मॉडल निम्नलिखित मान्यताओं पर आधारित है:

1. फर्म सभी निवेशों को बरकरार रखी गई आय (ऋण या नई इक्विटी जारी नहीं करती है) के माध्यम से वित्त पोषण करती है।

2. फर्म की वापसी की आंतरिक दर (r) और इसकी पूंजी की लागत (k) स्थिर है।

3. सभी आय या तो लाभांश के रूप में वितरित की जाती है या आंतरिक रूप से तुरंत पुनर्निविशित की जाती है।

4. प्रारंभिक कमाई और लाभांश कभी नहीं बदलते हैं।

5. फर्म के पास बहुत लंबा या अनंत जीवन है।

अतः विकल्प (D) सही है।

59. शुद्ध कार्यशील पूंजी = वर्तमान देनदारियों से अधिक वर्तमान संपत्ति की अधिकता

शुद्ध कार्यशील पूंजी, कार्यशील पूंजी प्रबंधन के गुणात्मक पहलुओं पर जोर देती है, जो फर्म के परिचालन खर्चों और अल्पकालिक देनदारियों को पूरा करने की क्षमता को इंगित करता है।

अतः विकल्प (C) सही है।

60. वित्तीय ब्रेक-ईवन बिंदु ईबीआईटी का वह स्तर है जहाँ किसी विशेष वित्तीय योजना के लिए ईपीएस शून्य है। उदासीनता बिंदु वह बिंदु है जहां ईपीएस ऋण इक्विटी मिश्रण के बावजूद दिए गए वित्तीय योजनाओं के लिए समान होगा। यदि ईबीआईटी का अपेक्षित स्तर उदासीनता से अधिक है, तो ईपीएस बढ़ाने के लिए फंड के निश्चित चार्ज स्रोत का उपयोग करना यानी लीवरेड फंड का उपयोग करना लाभकारी होगा।

अतः विकल्प (A) सही है।

61. प्रबंधकीय ग्रिड मानव संसाधन नियोजन की मांग पूर्वानुमान पद्धति नहीं है।

प्रबंधकीय ग्रिड पद्धति ने लोगों और उत्पादन की चिंता के आधार पर पांच अलग-अलग नेतृत्व शैलियों की पहचान की। मानव संसाधन की मांग का आकलन करने वाली कई तकनीकें हैं:

(a) प्रबंधकीय निर्णय

(b) कार्य अध्ययन तकनीक

(c) अनुपात-प्रवृत्ति विश्लेषण

(d) अर्थमितीय मॉडल

(e) डेल्फी मॉडल

(f) अन्य तकनीकें

अतः विकल्प (B) सही है।

62. गैर-प्रोग्राम किए गए निर्णयों का उपयोग नए, अद्वितीय, असंरचित और बुरी तरह से परिभाषित समस्याओं के लिए किया जाता है, जो प्रकृति में गैर-आवर्ती हैं। प्रबंधन का शीर्ष स्तर ये निर्णय लेता है। गैर-प्रोग्राम किए गए निर्णय लेने के लिए कोई पूर्व-स्थापित नीति नहीं है। इसलिए, गैर-प्रोग्राम किए गए निर्णयों में, स्थितियां अत्यधिक अनिश्चित होती हैं क्योंकि वे असामान्य समस्याओं से निपटते हैं। इसमें, स्थितियों को खराब तरीके से संरचित किया जाता है और किए जा रहे निर्णय गैर-नियमित और जटिल होते हैं।

अत: विकल्प (C) सही है।

63. एक प्रबंधक के नैतिक व्यवहार को सफलता की ओर संगठन का नेतृत्व करने के लिए आवश्यक है और हितधारकों जैसे कर्मचारियों, निवेशकों, लेनदारों आदि के लाभों के लिए, प्रतियोगियों को व्यापार रहस्यों को विभाजित नहीं करना प्रबंधकों के नैतिक व्यवहारों में से एक है। व्यापार रहस्यों को सुरक्षित रूप से रखना और व्यापार प्रथाओं के बारे में गोपनीयता बनाए रखना एक संगठन की सफलता के लिए एक आवश्यक तत्व है।

अत: विकल्प (C) सही है।

64. सही मिलान:

	सूची - I		सूची - II
i.	डेबिट कार्ड	d.	परिक्रामी ऋण
ii.	क्रेडिट कार्ड	c.	छवि प्रसंस्करण उपयोग
iii.	इलेक्ट्रॉनिक पर्स	a.	विविध भंडारण
iv.	चेक फंक्शन	b.	राशि की ऑनलाइन वसूली

अत: विकल्प (C) सही है।

65. अभिकथन सत्य है कि भारत के अधिकांश विकास बैंकों ने पूंजी पर्याप्तता मानदंडों की शुरुआत के बाद निजी वाणिज्यिक बैंकों की स्थापना की है, लेकिन यह सत्य नहीं है क्योंकि भारत में विकास बैंकों ने अपने मूल उद्देश्यों का पालन किया है।

अत: विकल्प (C) सही है।

66. ये पैसे की आपूर्ति के उपाय हैं।

M_1 जनता के पास मुद्रा और जनता की डिमांड जमा राशि का योग है।

M_2, M_1 और पोस्ट ऑफिस बचत जमा का योग है।

M_3, M_1 और बैंकों के साथ जनता का सावधि जमा राशि का योग है।

M_4, M_3 औरडाकघर का कुल जमा राशि का योग है।

M_1 को संकुचित मुद्रा कहा जाता है और M_3 को व्यापक मुद्रा कहा जाता है।

तो, दिए गए सभी विकल्प सही है।

अत: विकल्प (D) सही है।

67. आर्थिक आदेश मात्रा (इकोनॉमिक ऑर्डर क्वांटिटी -ईओक्यू) उन इकाइयों की संख्या है जो एक कंपनी को इन्वेंट्री की कुल लागत को कम करने के लिए प्रत्येक ऑर्डर के साथ जोड़ा जाता है। जब खरीदी जाने वाली सामग्री जिसके लिए एक ऑर्डर दिया जाता है वह सर्वोत्तम मात्रा आर्थिक आदेश मात्रा (ईओक्यू) के रूप में जानी जाती है।

अत: विकल्प (C) सही है।

68. यह डेटा और निर्णय के साथ प्रबंधन प्रदान करता है यह प्रबंधन लेखांकन की प्रकृति के संबंध में गलत है।

प्रबंधन लेखांकन लेखांकन की एक विशेष शाखा है जो प्रासंगिक लेखांकन जानकारी प्रदान करके प्रबंधन को निर्णय लेने में मदद करती है।

यह एक लेखा शाखा है जो विभिन्न वित्तीय और सांख्यिकीय डेटा रिकॉर्ड करती है और बेहतर निर्णय लेने के लिए आंतरिक प्रबंधन को रिपोर्ट के रूप में इस डेटा को प्रस्तुत करती है। यह सेवा कार्य का एक रूप है।

अत: विकल्प (D) सही है।

69. केंद्रीय प्रत्यक्ष कर बोर्ड केंद्रीय राजस्व बोर्ड अधिनियम, 1963 के तहत कार्यरत एक सांविधिक प्राधिकरण है।

बोर्ड के अधिकारी अपनी पदेन क्षमता में मंत्रालय के एक प्रभाग के रूप में भी कार्य करते हैं जो प्रत्यक्ष करों के उद्ग्रहण और संग्रहण से संबंधित मामलों को देखता है।

केंद्रीय प्रत्यक्ष कर बोर्ड (CBDT) वित्त मंत्रालय में राजस्व विभाग का एक हिस्सा है।

केंद्रीय प्रत्यक्ष कर बोर्ड भारत में प्रत्यक्ष करों की नीति और योजना के लिए इनपुट प्रदान करता है और आईटी विभाग के माध्यम से प्रत्यक्ष कर कानूनों के प्रशासन के लिए भी जिम्मेदार है।

बोर्ड के अधिकारी अपनी पदेन क्षमता में मंत्रालय के एक प्रभाग के रूप में भी कार्य करते हैं जो प्रत्यक्ष करों के उद्ग्रहण और संग्रहण से संबंधित मामलों को देखता है।

केंद्रीय प्रत्यक्ष कर बोर्ड का अध्यक्ष होता है और इसमें छह सदस्य भी शामिल होते हैं, जो सभी भारत सरकार के पदेन विशेष सचिव होते हैं।

CBDT के अध्यक्ष और प्रत्येक सदस्य आईटी विभाग के क्षेत्रीय कार्यालयों में विशेष कार्यात्मक श्रेणियों पर पर्यवेक्षी नियंत्रण का प्रयोग करने के लिए जिम्मेदार हैं।

केंद्रीय प्रत्यक्ष कर बोर्ड के विभिन्न कार्यों और जिम्मेदारियों को अध्यक्ष और छह सदस्यों के बीच वितरित किया जाता है, जिसमें केवल मौलिक मुद्दे CBDT द्वारा सामूहिक निर्णय के लिए आरक्षित होते हैं।

केंद्रीय प्रत्यक्ष कर बोर्ड द्वारा सामूहिक निर्णय के क्षेत्रों में विभिन्न प्रत्यक्ष कर कानूनों के तहत केंद्रीय प्रत्यक्ष कर बोर्डऔर केंद्र सरकार के वैधानिक कार्यों के निर्वहन के संबंध में एक नीति शामिल है।

अतः विकल्प (A) सही है।

70. जब ईबीआईटी का अपेक्षित स्तर दो वैकल्पिक वित्तीय योजनाओं (इक्विटी वित्तपोषण और ऋण वित्तपोषण) के लिए उदासीन बिंदु से अधिक हो जाता है, तो ईपीएस को बढ़ाने के लिए ऋण वित्तपोषण (फंड का निश्चित लागत स्रोत) का उपयोग फायदेमंद होगा और वित्तीय उत्तोलन अनुकूल होगा। वित्तीय उत्तोलन की डिग्री जितनी अधिक होगी, ईपीएस उतना ही अस्थिर होगा। चूंकि ब्याज एक निश्चित खर्च है, लिवरेज रिटर्न और ईपीएस को बढ़ाता है।

अत: विकल्प (A) सही है।

71. सही मिलान:

सूची- I	सूची- II
(i) वित्तीय ब्रेक प्वाइंट बिंदु	(d) ईबीआईटी के न्यूनतम स्तर को सभी निश्चित वित्तीय शुल्कों को पूरा करने की जरूरत है
(ii) लागत-मात्रा-लाभ विश्लेषण	(c) निश्चित लागत, परिवर्तनीय लागत, बिक्री की मात्रा और मुनाफे के बीच संबंध का अध्ययन करने के लिए विश्लेषण
(iii) वापसी की आंतरिक दर	(a) छूट की दर जिस पर एनपीवी शून्य है
(iv) नेट ऑपरेटिंग आय दृष्टिकोण	(b) वित्तीय उत्तोलन के विभिन्न अंशों के लिए पूँजी की लागत शेष है

अत: विकल्प (A) सही है।

72. दोनों कथन सत्य हैं, लेकिन (R), (A) का स्पष्टीकरण नहीं है। ऑपरेटिंग चक्र का प्रबंधन करने के लिए स्पष्टीकरण विशिष्ट कारण पर आधारित होना चाहिए लेकिन दिया गया कारण नकदी की आवश्यकता का पता लगाने से संबंधित है। व्यापार के संचालन की दक्षता को सुचारू रूप से चलाने के लिए व्यापार के संचालन के लिए परिचालन चक्र प्रबंधन आवश्यक है।

अत: विकल्प (A) सही है।

73. जब कोई व्यवसाय खरीदा जाता है, तो कुल संपत्ति से अधिक भुगतान की गई राशि को गुडविल कहा जाता है। संपत्ति और देनदारियों के कुल मूल्य पर "खरीद विचार" (संपत्ति या व्यवसाय खरीदने के लिए भुगतान किया गया धन) की अधिकता के लिए गुडविल राशि है। इसे बैलेंस शीट पर एक अमूर्त संपत्ति के रूप में वर्गीकृत किया जाता है, क्योंकि इसे न तो देखा जा सकता है और न ही छुआ जा सकता है।

अत: विकल्प (B) सही है।

74. उपलब्ध फंड में वृद्धि लाने वाले लेन-देन को धन का स्रोत कहा जाता है।

व्यापारिक लाभ या व्यवसाय के संचालन से होने वाला लाभ धन का सबसे महत्वपूर्ण और प्रमुख स्रोत है। लेकिन, यह याद रखना चाहिए कि संचालन से मिलने वाले फंड का मतलब यह नहीं है कि किसी फर्म के लाभ और हानि खाते द्वारा दर्शाए गए लाभ, क्योंकि कई गैर-निधि या गैर-ऑपरेटिंग आइटम हैं, जो या तो डेबिट हो गए हैं या लाभ का श्रेय दिया गया है और हानि खाता।

एक लाभ और हानि खाते के डेबिट पक्ष पर ऐसी वस्तुओं के उदाहरण काल्पनिक और अमूर्त संपत्ति के परिशोधन हैं जैसे सद्भावना, प्रारंभिक खर्च और शेयरों के मुद्दे पर छूट और लिखित छूट आदि, कार्यशील पूंजी में कमी, अमूर्त को लिखना। फिक्स्ड एसेट्स पर चार्ज डिपॉजिट करना फंड्स फ्लो स्टेटमेंट्स में फंड्स के स्रोत हैं।

अत: विकल्प (B) सही है।

75. लक्ष्य बाजार की पहचान करना सबसे महत्वपूर्ण खुदरा विपणन निर्णय है जो एक खुदरा विक्रेता को करना है। लक्ष्य बाजार उस बाजार को इंगित करता है जहां खुदरा विक्रेता अधिकतम उत्पाद बेच सकता है, जहां ग्राहकों की मांग अधिक है और वांछित लाभ कमाया जा सकता है।

अत: विकल्प (B) सही है।

76. व्यक्तिगत बिक्री प्रचार मिश्रण का तत्व है जो थोक व्यापारी मुख्य रूप से उपयोग करते हैं। ग्राहकों से आमने-सामने मिलने के बाद, व्यवसाय अपने उत्पादों को बेचने के लिए बिक्री बल का उपयोग करके व्यक्तिगत बिक्री का उपयोग करते हैं।

अत: विकल्प (B) सही है।

77. टर्नकी अनुबंध, एक अनुबंध है जिसके तहत एक ठेकेदार एक परियोजना को पूरा करता है, फिर इसे क्लाइंट को पूरी तरह से परिचालन रूप में सौंप देता है। जटिल तकनीक को स्थानांतरित करने के लिए इस्तेमाल की जाने वाली विधि को टर्नकी अनुबंध के रूप में जाना जाता है।

अत: विकल्प (B) सही है।

78. ऐसी तकनीक जो कंपनी को कई वैकल्पिक प्रस्तावों में से सर्वश्रेष्ठ विकल्प का चयन करने में सक्षम बनाती है वह पूंजी बजट कहलाती है।

पूंजी बजट वह प्रक्रिया है जो एक व्यवसाय संभावित प्रमुख परियोजनाओं या निवेशों के मूल्यांकन के लिए करता है।

अत: विकल्प (D) सही है।

79. कंपनी की आयु लाभांश निर्णयों को प्रभावित करती है। नए स्थापित उद्यमों को संयंत्र सुधार और विस्तार के लिए अपनी कमाई में से अधिकांश की आवश्यकता होती है, जबकि पुरानी कंपनियां जो लंबे समय तक कमाई का अनुभव प्राप्त करती हैं, वे स्पष्ट कटौती लाभांश नीतियों का निर्माण कर सकती हैं। लाभ के रुझान लाभांश निर्णयों को प्रभावित करते हैं। यदि मंदी आ रही है, तो केवल रूढ़िवादी लाभांश नीति को विवेकपूर्ण माना जा सकता है। कॉर्पोरेट टैक्स प्रत्यक्ष और अप्रत्यक्ष रूप से लाभांश को प्रभावित करते हैं। सीधे, जितना कि वे शेयरधारकों और कर के लिए उपलब्ध कर के बाद अवशिष्ट लाभ को कम करते हैं, क्योंकि एक निश्चित सीमा से परे लाभांश का वितरण स्वयं कर के अधीन है। पूंजी की लागत लाभांश निर्णय को प्रभावित नहीं करती है।

अत: विकल्प (B) सही है।

80. योग्य ऑडिट रिपोर्ट का अर्थ है कि जहां ऑडिटर पर्याप्त उपयुक्त ऑडिट साक्ष्य प्राप्त कर रहा है, यह निष्कर्ष निकालता है कि व्यक्तिगत रूप से या कुल मिलाकर गलत विवरण (यानी जीएएपी / लेखा सिद्धांतों का अनुपालन नहीं, खाते में संतुलन और खुलासे में गलतियां), भौतिक हैं, लेकिन वित्तीय विवरण व्यापक नहीं हैं।

अत: विकल्प (C) सही है।

81. वाल्टर का मॉडल निवेश पर वापसी या रिटर्न की आंतरिक दर (r) और पूंजी की लागत (k) के बीच स्पष्ट संबंध को दर्शाता है। यदि r < k, फर्म को अपनी सारी कमाई अंशधारकों को लाभांश के रूप में देनी चाहिए क्योंकि उनके पास फर्म की तुलना में बेहतर निवेश के अवसर हैं।

अत: विकल्प (C) सही है।

82. प्रदर्शन मूल्यांकन की महत्वपूर्ण घटना विधि में विशिष्ट घटनाओं (या घटनाओं) की पहचान करना और उनका वर्णन करना शामिल है जहां कर्मचारी ने वास्तव में कुछ अच्छा किया है या कुछ में सुधार की आवश्यकता है। इस प्रकार, प्रदर्शन मूल्यांकन की महत्वपूर्ण घटना विधि में, मूल्यांकनकर्ता महत्वपूर्ण घटनाओं का लिखित रिकॉर्ड रखता है और ऐसे आयोजनों के दौरान कर्मचारियों ने कितना मुश्किल व्यवहार किया है।

अत: विकल्प (C) सही है।

83. HRD स्वायत्त कार्य समूहों पर ध्यान केंद्रित नहीं करता है। HRD संगठन के सभी मानव संसाधनों पर ध्यान केंद्रित करता है यानी व्यक्तिगत स्टाफ सदस्य पर।

अत: विकल्प (C) सही है।

84. लाभ = कुल बिक्री मूल्य - कुल लागत

बिक्री मूल्य = 8 × 120000 रु = 960000 रु

कुल लागत = निश्चित लागत + परिवर्तनीय लागत

कुल लागत = (250000+5 × 120000) रु

कुल लागत = 850000 रु

लाभ = (960000-850000) रु

= 110000 रु

अत: विकल्प (C) सही है।

85. सही मिलान:

सूची - I	सूची - II
1. सरल रैंकिंग	c. मानकीकृत मात्रात्मक रेटिंग
2. जोड़ियों में तुलना	d. एक दूसरे से रेटिंग की तुलना
3. 360 डिग्री मूल्यांकन	a. वरिष्ठों, साथियों और अधीनस्थों द्वारा मूल्यांकन
4. ग्राफिक रेटिंग	b. सर्वश्रेष्ठ से सबसे खराब तक रेटिंग का क्रम

अत: विकल्प (C) सही है।

86. क्षेत्रीय ग्रामीण बैंकों के लिए नियामक प्राधिकरण नाबार्ड है।

26 सितंबर 1975 को पारित एक अध्यादेश और RRB अधिनियम 1976 के प्रावधानों के तहत, कृषि और अन्य ग्रामीण क्षेत्रों के लिए उपयुक्त बैंकिंग और ऋण सुविधाएं प्रदान करने के लिए क्षेत्रीय ग्रामीण बैंकों का गठन किया गया था।

क्षेत्रीय ग्रामीण बैंक: ग्रामीण ऋण पर नरसिम्हा समिति की सिफारिशों पर, क्षेत्रीय ग्रामीण बैंक बनाए गए। समिति ने दावा किया कि आरआरबी ग्रामीण क्षेत्रों के लिए वाणिज्यिक बैंकों या सहकारी बैंकों की तुलना में बहुत अधिक उपयुक्त होगा। ग्रामीण अर्थव्यवस्था में सुधार के लिए, क्षेत्रीय ग्रामीण बैंक अधिनियम 1976 में ग्रामीण क्षेत्रों में कृषि, परिवहन, व्यापार, उद्योग और अन्य उत्पादक गतिविधियों के विकास की अनुमति देकर क्षेत्रीय ग्रामीण बैंकों के

समावेश, विनियमन और समापन की व्यवस्था है। नाबार्ड और प्रायोजक बैंकों के परामर्श से, केंद्र सरकार आरआरबी के कामकाज पर निर्णय लेती है। सार्वजनिक क्षेत्र का बैंक प्रत्येक क्षेत्रीय ग्रामीण बैंक को प्रायोजित करता है।

नाबार्ड: कृषि, छोटे पैमाने पर विनिर्माण, कुटीर और ग्राम निर्माण, शिल्प, और अन्य ग्रामीण शिल्प को बढ़ावा देने और विस्तार करने के लिए ऋण और अन्य सुविधाओं को प्रदान करने और विनियमित करने के लिए एक जनादेश के साथ एक विकास बैंक है।

अतः विकल्प (A) सही है।

87. शीर्ष स्तर के पदों के लिए रोल प्ले की सिफारिश नहीं की जाती है। शीर्ष स्तर के पदों के लिए साक्षात्कार, प्रस्तुतियाँ और समूह चर्चा अनिवार्य है।

अतः विकल्प (B) सही है।

88. भुगतान संतुलन के पूंजी खाते में उन सभी लेनदेन को रिकॉर्ड किया जाता है, जो किसी देश और दुनिया के बाकी निवासियों के बीच होते हैं, जो देश या इसके सरकार के निवासियों की संपत्ति या देनदारियों में बदलाव का कारण बनते हैं। यह वित्तीय प्रकृति के दावों और देनदारियों से संबंधित है। विदेशों में उधार लिए गए ऋणों पर ब्याज का भुगतान पूंजी खाते में दर्ज किया जाता है।

अतः विकल्प (A) सही है।

89. अंतर्राष्ट्रीय मुद्रा कोष (IMF) का मुख्य उद्देश्य अंतर्राष्ट्रीय व्यापार को बढ़ावा देना है।

अंतर्राष्ट्रीय मुद्रा कोष (IMF) अंतरराष्ट्रीय सहयोग और व्यापार को बढ़ावा देने के लिए, अंतर्राष्ट्रीय व्यापार के विस्तार और संतुलित विकास को सुविधाजनक बनाने, विनिमय स्थिरता को बढ़ावा देने और भुगतान की बहुपक्षीय प्रणाली की स्थापना में सहायता करने के लिए स्थापित एक संगठन है।

अतः विकल्प (A) सही है।

90. मर्केंटिलिस्ट थ्योरी का मानना है कि "निर्यात अच्छा था और इसे प्रोत्साहित किया जाना था लेकिन आयात खराब थे और इसे हतोत्साहित करना पड़ा"। उसकी नीति उन देशों को निर्यात करने की थी जिन्हें वह नियंत्रित करता था और आयात नहीं करता था।

अतः विकल्प (D) सही है।

91. उत्तर अमेरिकी मुक्त व्यापार समझौता (नाफ्टा) मजबूत आर्थिक विकास के लिए नींव रखने वाले मुक्त व्यापार क्षेत्र का एक उदाहरण है।

एक मुक्त व्यापार क्षेत्र एक ऐसा क्षेत्र है जिसमें देशों के एक समूह ने एक मुक्त व्यापार समझौते पर हस्ताक्षर किए हैं और एक दूसरे के बीच टैरिफ या कोटा के रूप में व्यापार के लिए बहुत कम या कोई बाधा नहीं है।

अतः विकल्प (D) सही है।

92. LIBOR - लंदन इंटरबैंक प्रस्तुत दर। यह लंदन के प्रत्येक अग्रणी बैंक द्वारा अनुमानित दरों की औसत दर है।

यह इंटरबैंक बाजार में असुरक्षित अल्पकालिक उधार के लिए वैश्विक संदर्भ दर है। यह अल्पकालिक ब्याज दरों के लिए एक बेंचमार्क के रूप में कार्य करता है। इसका उपयोग ब्याज दर स्वैप, मुद्रा दर स्वैप के साथ-साथ बंधक के मूल्य निर्धारण के लिए किया जाता है।

अतः विकल्प (C) सही है।

93. अभिकथन सही है। वैश्विक उत्पादन की तुलना में अंतर्राष्ट्रीय व्यापार हाल के वर्षों में तेज गति से बढ़ा है। कारण यह है कि व्यापार के माध्यम से विकास में वृद्धि हुई है, लेकिन विदेशी प्रत्यक्ष निवेश के माध्यम से विकास गलत नहीं है। हाल के वर्षों में एफडीआई का बढ़ता प्रवाह भी अर्थव्यवस्था में वृद्धि लाया है।

अतः विकल्प (B) सही है।

94. एक बहुराष्ट्रीय निगम (MNC) वह है जिसका दो या दो से अधिक देशों में व्यवसाय संचालन होता है। इन कंपनियों को अक्सर प्रबंधित किया जाता है और उनके केंद्रीय कार्यालय का मुख्यालय उनके गृह देश में होता है, लेकिन दुनिया भर में कार्यालयों के साथ। केवल विदेशों में बेचे जाने वाले माल का निर्यात करने से कोई कंपनी बहुराष्ट्रीय नहीं हो जाती।

आईओसीएल, भारतीय स्टेट बैंक, टाटा स्टील और भारत पेट्रोलियम, MNCs के उदाहरण हैं।

अतः विकल्प (D) सही है।

95. महासागरों के गैर-तटीय क्षेत्रों में गहरे समुद्र में खनन एक ऐसे मुद्दे का उदाहरण है जिसके लिए दो या दो से अधिक देशों के बीच कोई समझौता नहीं किया गया है।

अतः विकल्प (B) सही है।

96. एफआईआई (विदेशी संस्थागत निवेशक) प्रारंभिक आवंटन के समय असूचीबद्ध प्रतिभूतियों में निवेश कर सकते हैं।

एक विदेशी संस्थागत निवेशक (एफआईआई) एक निवेशक या निवेश कोष है जो उस देश के बाहर निवेश करता है जिसमें वह पंजीकृत है या मुख्यालय है। एफआईआई में हेज फंड, बीमा कंपनियां, पेंशन फंड, निवेश बैंक और म्युचुअल फंड शामिल हो सकते हैं।

अतः विकल्प (A) सही है।

97. सही मिलान:

सूची - I	सूची - II
(a) सार्क	iii. अफ़ग़ानिस्तान
(b) आसियान	i. फिलीपींस
(c) यूरोपीय संघ	iv. हंगरी
(d) नाफ्टा	ii. कनाडा

अतः विकल्प (C) सही है।

98. विश्व व्यापार संगठन के खिलाफ दी गई आलोचनाएं इस प्रकार हैं:

(a) यह एक लोकतांत्रिक और पारदर्शी संस्था नहीं है।

(b) अमीर देशों द्वारा अपने व्यक्तिगत हितों के लाभ के लिए अंतर्राष्ट्रीय व्यापार का वर्चस्व है।

(c) यह अंतरराष्ट्रीय स्तर पर मान्यता प्राप्त श्रम मानकों को बढ़ावा देने के बजाय श्रमिकों को एक-दूसरे के खिलाफ खड़ा करके मजदूरी में 'नीचे से ऊपर की ओर दौड़' को प्रोत्साहित करता है।

(d) यह आवश्यक सार्वजनिक सेवाओं के निजीकरण की मांग कर रहा है।

अतः विकल्प (D) सही है।

99. एमबीओ की अवधारणा मूल रूप से 1954 में पीटर एफ ड्रुकर ने दिया था। उद्देश्यों के द्वारा प्रबंधन एक कार्मिक प्रबंधन तकनीक है जहां प्रबंधक और कर्मचारी एक विशिष्ट अवधि के लिए लक्ष्यों को निर्धारित करने, रिकॉर्ड करने और निगरानी करने के लिए एक साथ काम करते हैं। संगठनात्मक लक्ष्य और योजना प्रवाह संगठन के माध्यम से ऊपर-नीचे होते हैं और संगठनात्मक सदस्यों के लिए व्यक्तिगत लक्ष्यों में अनुवादित होते हैं।

अतः विकल्प (D) सही है।

100. आवासीय स्थिति: एक व्यक्ति उस वित्तीय वर्ष में 182 दिनों या उससे अधिक के लिए भारत में है या उस वित्तीय वर्ष के दौरान 60 दिनों या उससे अधिक के लिए भारत में रहा है और पिछले वित्तीय वर्षों के तुरंत बाद के 4 दिनों के दौरान भारत में 365 दिनों या ज्यादा वर्ष के लिए रहा है । यदि कोई व्यक्ति उपरोक्त में से किसी भी शर्त को पूरा करता है, तो उसे भारत का निवासी माना जाता है।

अतः विकल्प (C) सही है।

101. धारा 10 (1) के अनुसार, भारत में करदाता द्वारा अर्जित कृषि आय को कर से मुक्त किया गया है। कृषि आय को आयकर अधिनियम की धारा 2 (1A) के तहत परिभाषित किया गया है।

अतः विकल्प (B) सही है।

102. सही मिलान:

सूची - I	सूची - II
(a) जब निर्धारिती डिफ़ॉल्ट रूप से होती है या कर का भुगतान करने में डिफ़ॉल्ट रूप से समझा जाता है, तो स्रोत पर काटे गए कर सहित	(iii) धारा 201 (1)
(b) आकलन अधिकारी द्वारा निर्देशित अग्रिम कर का भुगतान करने में विफलता	(ii) धारा 273 (1)
(c) आय के ब्योरे या आय के गलत विवरण प्रस्तुत करना	(i) धारा 271 (i) (c)

अतः विकल्प (B) सही है।

103. दोनों कथन सही हैं और सही तरीके से समझाया गया है। अनुचित साधनों को नियोजित करके कर चोरी को अंजाम दिया जाता है और कर का भुगतान अवैध साधनों या धोखाधड़ी के माध्यम से किया जाता है।

अतः विकल्प (A) सही है।

104. पदोन्नति का मतलब है कर्मचारी की स्थिति में उन्नति। एक कर्मचारी को बढ़ावा देने के लिए, उसके व्यक्तिगत रिकॉर्ड, प्रदर्शन मूल्यांकन और नौकरी पोस्टिंग कारकों पर विचार किया जाता है। कर्मचारी की दक्षता और उसके लक्ष्यों की उसकी उपलब्धि को बढ़ावा देते हुए विचार किया जाता है। पदोन्नति के लिए विज्ञापन की आवश्यकता नहीं है।

अतः विकल्प (B) सही है।

105. स्टॉक मार्केट थ्योरी जो बताती है कि स्टॉक संतुलन में हैं और निवेशकों के लिए बाजार को हरा पाना असंभव है, को एक कुशल मार्केट परिकल्पना के रूप में वर्गीकृत किया गया है। कुशल बाजार की परिकल्पना, या ईएमएच, एक निवेश सिद्धांत है जिसके तहत शेयर की कीमतें सभी जानकारी को दर्शाती हैं और संगत अल्फा पीढ़ी असंभव है।

अतः विकल्प (B) सही है।

106. नौकरी मूल्यांकन वेतन संरचना को स्थापित करने के लिए अन्य नौकरियों के संबंध में नौकरी के मूल्य का निर्धारण करने का एक व्यवस्थित तरीका है। नौकरी मूल्यांकन का उद्देश्य वेतन निर्धारण है।

अतः विकल्प (C) सही है।

107. केंद्रीय बैंक द्वारा क्रेडिट को नियंत्रित करने के लिए दो तरीके अपनाए जाते हैं - मात्रात्मक और गुणात्मक। मात्रात्मक विधि में बैंक दर नीति, खुले बाजार के संचालन और आरक्षित अनुपात में हेरफेर शामिल हैं। गुणात्मक विधि में उपभोक्ता ऋण विनियम, सीमांत आवश्यकता, दिशा-निर्देश, नैतिक उत्पीड़न, प्रत्यक्ष कार्रवाई और ऋण की राशनिंग शामिल हैं। इन्हें सेलेक्टिव क्रेडिट कंट्रोल भी कहा जाता है।

अतः विकल्प (B) सही है।

108. वाणिज्यिक बैंकों के राष्ट्रीयकरण ने अपने उद्देश्यों को प्राप्त कर लिया है, यह गलत है क्योंकि वाणिज्यिक बैंकों के राष्ट्रीयकरण ने अभी तक अपने उद्देश्यों को प्राप्त नहीं किया है।

राष्ट्रीयकरण के प्रमुख उद्देश्य थे: दक्षता में वृद्धि, बेहतर प्रबंधन, बेहतर सेवा दशा, अवांछनीय गतिविधियों की जाँच, उत्पादक उद्देश्यों के लिए बचत का उपयोग, निजी क्षेत्र के उद्योग और व्यापार की वैध ऋण आवश्यकताओं को पूरा करने के लिए, नए की वृद्धि को बढ़ावा देना और प्रगतिशील उद्यमी, बैंकिंग आदि में क्षेत्रीय और क्षेत्रीय असंतुलन को कम करने के लिए, इसके कुछ उद्देश्यों को हासिल नहीं किया है, अर्थात ग्राहक सेवा में गिरावट, राजनीतिक हस्तक्षेप, सामाजिक बैंकिंग अपर्याप्त, बैलेंस शीट की विंडो ड्रेसिंग और बड़े पैमाने पर अनियमितताएं हैं।

109. संपत्ति का अवमूल्यन गैर-निष्पादित परिसंपत्तियों की श्रेणी नहीं है। 90 दिनों के भीतर भुगतान न किए जाने पर ऋण को एनपीए के रूप में वर्गीकृत किया जाता है। एनपीए को 3 श्रेणियों में वर्गीकृत किया गया है:

- नुकसान की संपत्ति
- संदिग्ध ऋण
- अवमानक संपत्ति

अतः विकल्प (D) सही है।

110. आयकर अधिनियम की धारा 208 के अनुसार, हर मामले में अग्रिम कर का भुगतान करना अनिवार्य है जहां देय कर 10,000 रुपये। या अधिक (यह सीमा वित्तीय वर्ष 2008-09 तक 5000 रुपये थी)। एक आकलन, जिसने 8 प्रतिशत टर्नओवर की दर से अनुमान के आधार पर धारा 44 AD के तहत व्यापार आय की गणना करने की योजना का विकल्प चुना है, को इस तरह के व्यवसाय से संबंधित अग्रिम कर के भुगतान से मूल्यांकन वर्ष 2011-12 के प्रभाव से छूट दी जाएगी।

अतः विकल्प (B) सही है।

111. विश्व व्यापार संगठन (विश्व व्यापार संगठन) एक स्थायी अंतर-सरकारी निकाय है जो वस्तुओं और सेवाओं में अंतर्राष्ट्रीय व्यापार को शासित और विनियमित करता है। विश्व व्यापार संगठन के निम्नलिखित उद्देश्य हैं:

- अंतर्राष्ट्रीय व्यापार के लिए नियम निर्धारित करना और लागू करना
- आगे के व्यापार उदारीकरण पर बातचीत और निगरानी के लिए एक मंच प्रदान करना
- व्यापार विवादों को हल करने के लिए
- निर्णय लेने की प्रक्रियाओं की पारदर्शिता को बढ़ाना
- अन्य प्रमुख अंतरराष्ट्रीय आर्थिक व्यापार से संबंधित मुद्दों के साथ सहयोग करना

अतः विकल्प (C) सही है।

112. 'औद्योगिक नीति' उन प्रक्रियाओं, सिद्धांतों, नीतियों, नियमों और विनियमों को संदर्भित करती है जो देश के औद्योगिक उपक्रम और औद्योगीकरण के पैटर्न को नियंत्रित करते हैं। औद्योगिक विकास की स्वस्थ परंपराओं को स्थापित करने और औद्योगिक विकास को निर्देशित, विनियमित और नियंत्रित करने के लिए एक औद्योगिक नीति की आवश्यकता है।

अतः विकल्प (A) सही है।

113. आर्थिक अवसाद के दौरान, बैंक दर को कम करने और बाजार में प्रतिभूतियों को खरीदने की सलाह दी जाती है क्योंकि यह निवेश को प्रोत्साहित करेगा। एक अवसाद एक गंभीर मंदी है जो कई वर्षों तक रहता है। दुनिया भर के केंद्रीय बैंक, व्यापक मौद्रिक नीति के साथ अर्थव्यवस्था को प्रोत्साहित करने का प्रयास करते हैं।

अतः विकल्प (A) सही है।

114. उपभोक्ता संरक्षण अधिनियम, 1986 की धारा 17 के अनुसार, राज्य आयोग के पास उन शिकायतों का विचार करने का अधिकार क्षेत्र होगा जहां माल या सेवाओं का मूल्य और मुआवजे का दावा 20 लाख रु से अधिक हो, लेकिन 1 करोड़ रुपये से अधिक नहीं है। इस प्रकार, यदि उपभोक्ता द्वारा मुआवजे के रूप में दावा की गई राशि 89 लाख,रु है तो उपभोक्ता संरक्षण अधिनियम के तहत मामला राज्य उपभोक्ता विवाद निवारण आयोग के पास दायर किया जाएगा।

अतः विकल्प (B) सही है।

115. संयोजन का विनियमन प्रतिस्पर्धा अधिनियम के अंतर्गत आता है, एमआरटीपी अधिनियम के तहत नहीं है।

संयोजन का विनियमन: उन संयोजनों के गठन को रोकता है जिनके भारत में प्रासंगिक बाजार में प्रतिस्पर्धा पर एक उल्लेखनीय प्रतिकूल प्रभाव पड़ने की संभावना है और आगे घोषणा करता है कि ऐसे संयोजनों को शून्य माना जाना चाहिए।

अतः विकल्प (D) सही है।

116. प्रबंधक, लागत और प्रबंधन लेखांकन के ग्राहक हैं क्योंकि जानकारी का उपयोग प्रबंधकों द्वारा निर्णय लेने में किया जाता है।

अतः विकल्प (A) सही है।

117. दक्षता अनुपात एक कंपनी की आय को उत्पन्न करने के लिए अपनी संपत्ति का उपयोग करने की क्षमता को मापता है, जैसे कि प्राप्य अनुपात, कार्यशील पूंजी अनुपात, स्टॉक आवर्त आदि।

स्टॉक आवर्त अनुपात यह निर्धारित करता है कि एक उद्यम कितनी जल्दी अपने सामान और उत्पादों को बेचता है और एक निर्धारित अवधि में अपने आविष्कारों को बदल देता है। स्टॉक टर्नओवर अनुपात सूत्र औसत इन्वेंट्री से विभाजित बेचे गए माल की लागत है।

अतः विकल्प (D) सही है।

118. बैलेंस शीट में, केवल वास्तविक और व्यक्तिगत खाते दर्ज किए जाते हैं, नाममात्र खाते लाभ और हानि खाते में दर्ज किए जाते हैं।

अतः विकल्प (B) सही है।

119. सीमांत लागत और अवशोषण लागत के आधार पर होने वाले मुनाफे को ओवरहेड और स्टॉक का मूल्यांकन में अंतर के कारण अलग-अलग माना जाता है। सीमांत लागत में, प्रगति में काम और समाप्त स्टॉक को सीमांत लागत पर मूल्यवान माना जाता है, लेकिन अवशोषण लागत में, वे कुल उत्पादन लागत पर मूल्यवान हैं। इसलिए, लाभ भिन्न होगा क्योंकि दो खातों में अलग-अलग निश्चित ओवरहेड्स को माना जाता है।

अतः विकल्प (C) सही है।

120. ऋणपत्र मूल्य $= 100$ रुपये

100 का $4\% = 4$ रुपये की छूट 96 रुपये की कीमत पर ऋणपत्र जारी किए जाते हैं।

जारी किए गए ऋणपत्र की संख्या $= \dfrac{2880000}{96} = 30000$

अतः विकल्प (B) सही है।

121. कुल परिव्यय पद्धति मांग के पूर्वानुमान का तरीका नहीं है।

कुल परिव्यय विधि मांग की कीमत लोच को मापने की प्रमुख विधि है। इसे आम तौर पर कुल व्यय विधि के रूप में भी जाना जाता है। इस पद्धति में, वस्तुओं की कीमत में परिवर्तन के दौरान उपभोक्ता के कुल व्यय की तुलना करके लोच को मापा जाता है।

पूर्वानुमान की मांग के तरीके हैं:

- खरीदार के इरादों का सर्वेक्षण
- सामूहिक राय
- प्रवृत्ति का प्रक्षेपण
- कार्यकारी निर्णय विधि
- नियंत्रित प्रयोग
- विशेषज्ञ की राय

अतः विकल्प (B) सही है।

122. कुल उपयोगिता एक अच्छी सेवा की दी गई कुल मात्रा का उपभोग करने से प्राप्त कुल संतुष्टि है, जबकि सीमांत उपयोगिता एक अच्छी सेवा की दूसरी मात्रा का उपभोग करने से प्राप्त संतुष्टि है। नकारात्मक सीमांत उपयोगिता तब है जब एक अतिरिक्त वस्तु खपत की कुल उपयोगिता कम हो जाती है।

अतः विकल्प (B) सही है।

123. अनुबंध का उल्लंघन लिखित और मौखिक अनुबंध दोनों में हो सकता है। अनुबंध के उल्लंघन में शामिल पक्ष आपस में या कानून की अदालत में इस मुद्दे को हल कर सकते हैं। नाबालिग या सामग्री उल्लंघन और एक वास्तविक या अग्रिम उल्लंघन सहित विभिन्न प्रकार के अनुबंध उल्लंघन हैं।

अतः विकल्प (B) सही है।

124. राशिपातन, अर्थशास्त्र में, विशेष रूप से अंतर्राष्ट्रीय व्यापार के संदर्भ में, एक प्रकार का बेहद सस्ती कीमत है। यह तब होता है जब निर्माता किसी उत्पाद को दूसरे देश को उसके घरेलू बाजार में कीमत से कम कीमत पर या उत्पादन की लागत से नीचे निर्यात करते हैं। इसलिए, जब घरेलू बाजार में सामान उच्च कीमत पर और विदेशी बाजार में कम कीमत पर बेचा जाता है, तो यह राशिपातन की स्थिति है।

अतः विकल्प (A) सही है।

125. दोनों (i) और (ii) सही हैं।

एक फर्म के लाभ को अधिकतम करने के लिए हमारे पास होना चाहिए:

(i) MC = MR

(ii) सीमांत लागत वक्र नीचे से औसत लागत वक्र में कटौती करता है

यह रणनीति इस तथ्य पर आधारित है कि सीमांत राजस्व मार्जिनल लागत के बराबर होने पर कुल लाभ अपने अधिकतम बिंदु तक पहुंच जाता है।

अतः विकल्प (D) सही है।

126. मध्य मान या मध्य दो मानों का मतलब, जब संख्यात्मक क्रम में आंकड़ों की व्यवस्था की जाती है, तो मध्यिका कहा जाता है। संख्यात्मक क्रम में, डेटा 10, 12, 14, 16, 18 मध्य मूल्य 14 है।

तो, माध्य 14 है।

अतः सही विकल्प (D) है।

127. संभाव्यता नमूनाकरण विधि नमूनाकरण की कोई विधि है जो यादृच्छिक चयन के कुछ रूप का उपयोग करती है। यादृच्छिक चयन विधि करने के लिए, आपको कुछ प्रक्रिया या प्रक्रिया निर्धारित करनी चाहिए जो यह विश्वास दिलाती है कि आपकी आबादी में विभिन्न इकाइयों को चुने जाने की समान संभावनाएँ हैं। इसलिए, दोनों एक - दूसरे की पर्याय हैं।

अतः विकल्प (C) सही है।

128. समतल आवृत्ति वक्र को बहुभुज के विभिन्न बिंदुओं के माध्यम से खींचा जा सकता है।

हिस्टोग्राम दो आयामी है। बार आरेख एक आयामी है। ऑगिव्स मामलों के अनुपात की संख्या निर्धारित और चित्रित करते हैं।

अतः विकल्प (D) सही है।

129. परिकल्पना परीक्षण के चरण हैं:

(iii) परिकल्पना कथन

(i) नमूना लेने से पहले, महत्व का एक स्तर स्थापित करें

(iv) एक उपयुक्त परीक्षण सांख्यिकीय का निर्धारण

(ii) अस्वीकृति या महत्वपूर्ण क्षेत्रों को परिभाषित करना

अतः विकल्प (B) सही है।

130. सही मिलान:

सूची-I	सूची - II
(a) मैक्सी-मिन सिद्धांत	(iv) प्रत्येक क्रिया का न्यूनतम भुगतान करना और जो भी अधिकतम हो वह सर्वोत्तम क्रिया है।
(b) मिनी-अधिकतम सिद्धांत	(iii) प्रत्येक क्रिया का अधिकतम भुगतान करना और जो भी न्यूनतम हो वह सर्वोत्तम क्रिया है।
(c) अधिकतम-अधिकतम सिद्धांत	(ii) प्रत्येक क्रिया का अधिकतम भुगतान करना और जो भी अधिकतम हो वह सर्वोत्तम क्रिया है।
(d) मिन-मिन सिद्धांत	(i) प्रत्येक कार्रवाई का न्यूनतम भुगतान करना और जो भी न्यूनतम हो वह सर्वोत्तम कार्रवाई है।

अतः विकल्प (D) सही है।

131. ऊर्ध्वाधर संयोजन के मामले में, एक ही उद्योग में क्रमिक चरणों में सक्रिय कई स्वतंत्र व्यवसाय एक साथ आते हैं। इसे अनुक्रम संयोजन, प्रक्रिया संयोजन या उद्योग संयोजन के रूप में भी जाना जाता है।

अतः विकल्प (D) सही है।

132. अधीनस्थों में प्रबंधकों के विश्वास और विश्वास की कमी प्रभावी प्रतिनिधिमंडल के लिए एक बाधा है। यह प्रबंधक के अधीनस्थों को अधिकार देने के डर और उनकी दक्षता में संदेह होने के कारण हो सकता है। प्रतिनिधिमंडल अधीनस्थों को कार्य सौंपने की एक प्रक्रिया है। यदि अधीनस्थों में प्रबंधकों के विश्वास और विश्वास की कमी होती, तो प्रतिनिधिमंडल का उद्देश्य प्राप्त नहीं होता। यह संगठन के काम पर प्रतिकूल प्रभाव डालेगा।

अतः विकल्प (C) सही है।

133. संज्ञानात्मक असंगति खरीदार की बेचैनी है जो असंतोष के परिणामस्वरूप खरीद के बाद के संघर्ष के कारण होती है।

अतः विकल्प (B) सही है।

134. निश्चित लागत प्रतिभूतियों के उपयोग से जुड़े जोखिम को वित्तीय जोखिम कहा जाता है।

व्यावसायिक जोखिम कई कारकों से प्रभावित होता है, जिसमें बिक्री की मात्रा, प्रति इकाई मूल्य, इनपुट लागत, प्रतियोगिता, समग्र आर्थिक जलवायु और सरकारी विनियम शामिल हैं।

ऑपरेटिंग जोखिम एक व्यवसाय के मुख्य संचालन से जुड़ी अनिश्चितता का स्तर है।

समग्र जोखिम वित्तीय जोखिम और परिचालन जोखिम का संयोजन है।

अतः विकल्प (B) सही है।

135. वित्तीय जोखिम कंपनी के ऋण से जुड़ा जोखिम है और तब उत्पन्न होता है जब कंपनी अपने ऋण दायित्वों को पूरा करने में सक्षम नहीं होती है। यह कंपनी के ऋण दायित्वों से संबंधित है। ब्याज और कर से पहले उपलब्ध आय का उपयोग किए गए ऋणों पर ब्याज का भुगतान करने के लिए किया जाता है, यह कर से पहले की कमाई देता है। अधिक ऋण का मतलब है कि अधिक वित्तीय जोखिम जुड़ा हुआ है।

अतः विकल्प (B) सही है।

136. वित्तीय प्रबंधन धन की खरीद और उनके प्रभावी उपयोग से संबंधित है ताकि धन के अनावश्यक उपयोग से बचा जा सके। वित्तीय प्रबंधन धन के दिए गए इनपुट से आउटपुट का अनुकूलन करता है और सबसे अधिक उत्पादक तरीके से धन का उपयोग करने का प्रयास करता है।

अतः विकल्प (A) सही है।

137. मोदिग्लिआनी और मिलर दृष्टिकोण (एम. एम. दृष्टिकोण) के मूल तत्व नेट ऑपरेटिंग आय दृष्टिकोण से मिलते जुलते हैं। यह दृष्टिकोण बताता है कि एक फर्म का मूल्यांकन किसी कंपनी की पूंजी संरचना के लिए अप्रासंगिक है। चाहे कोई फर्म अत्यधिक लीवरेज हो या वित्तपोषण मिश्रण में कम ऋण घटक हो, इसका किसी फर्म के मूल्य पर कोई असर नहीं पड़ता है।

अतः विकल्प (B) सही है।

138. पी/वी अनुपात = योगदान/बिक्री $\times 100$

योगदान = बिक्री - परिवर्तनीय लागत

$$6000 - 3600 = 2400$$

$$= \frac{2400}{6000} \times 100 = 40\%$$

ब्रेक-इवन पॉइंट = निश्चित लागत / पीवी अनुपात

$$= \frac{2000}{0.4}$$

$$= 5000 \text{ रु}$$

अतः विकल्प (A) सही है।

139. सही उत्तर a-iii, b-ii, c-i, d-iv है।

जोखिम विश्लेषण एक कंपनी के संचालन और प्रक्रियाओं के लिए जोखिमों और संभावित खतरों की पहचान करने और उनके प्रभाव की गंभीरता और घटना की संभावना को मापने के लिए उनका विश्लेषण करने से संबंधित है।

सूची-I	सही उत्तर
a. संवेदनशीलता का विश्लेषण • यह जोखिम विश्लेषण का पहला चरण है। • मूल रूप से, यह एक **"क्या होगा यदि" विश्लेषण परीक्षण** है जो परियोजना परिणामों के लिए महत्वपूर्ण हैं। • यह मात्रात्मक लाभ और लागत वाली सभी परियोजनाओं पर लागू होता है।	iii. क्या होगा-यदि-विश्लेषण
b. सिमुलेशन विश्लेषण • **मोंटे कार्लो सिमुलेशन** का उपयोग एक प्रक्रिया में **विभिन्न परिणामों की संभावना** को मॉडल करने के लिए किया जाता है जिसे यादृच्छिक चर के हस्तक्षेप के कारण आसानी से **भविष्यवाणी नहीं की** जा सकती है। • यह भविष्यवाणी और पूर्वानुमान मॉडल में जोखिम और अनिश्चितता के प्रभाव को समझने के लिए इस्तेमाल की जाने वाली तकनीक है। • एक **मोंटे कार्लो सिमुलेशन** का उपयोग वित्त, इंजीनियरिंग, आपूर्ति श्रृंखला और विज्ञान जैसे लगभग हर क्षेत्र में कई समस्याओं से निपटने के लिए किया जा सकता है। इसे बहु संभाव्यता सिमुलेशन के रूप में भी जाना जाता है।	ii. मोंटे कार्लो
c. निर्णय वृक्ष • निर्णय वृक्ष विश्लेषण का उपयोग किसी क्रिया के विभिन्न परिणामों या परिणामों को बनाने के लिए किया जाता है। एक निर्णय वृक्ष विश्लेषण का उपयोग मुख्य रूप से तब किया जाता है जब परियोजना दल अंतिम परिणाम के बारे में नहीं जानते या अनिश्चित होते हैं। इस तरह, वे **विभिन्न संभावनाओं का पता लगा सकते हैं** और उनमें से सबसे खराब के लिए **तैयारी कर सकते हैं**, और सर्वश्रेष्ठ की उम्मीद कर सकते हैं।	i. उपलब्ध विकल्पों का अध्ययन
d. निश्चितता समकक्ष • प्रबंधकों द्वारा व्यवहार में जोखिम को संभालने के लिए कई तकनीकों का उपयोग किया जाता है। • निश्चितता समकक्ष और पेबैक पारंपरिक तकनीकें हैं।	iv. पारंपरिक तकनीक

अतः विकल्प (B) सही है।

140. कार्यबल की कमी भर्ती और चयन प्रक्रिया के तहत नहीं आती है क्योंकि कार्यबल में कमी का मतलब लागत कम करने के प्रयासों में कर्मचारियों की सामूहिक समाप्ति है। कार्यबल में कमी को डाउनसाइज़िंग, फोर्स में कटौती, पुनर्गठन या पुनर्गठन के रूप में भी जाना जाता है।

अतः विकल्प (C) सही है।

141. भारतीय संविदा अधिनियम, 1872:

भारतीय संविदा अधिनियम, 1872 ने धारा 2 (एच) के तहत संविदा को "कानून द्वारा प्रवर्तनीय कोई करार" के रूप में परिभाषित किया है।

यह अधिनियम अंग्रेजी लोक विधि के सिद्धांतों पर आधारित है।

सभी करार संविदा होते हैं यदि वे उन पार्टियों की स्वतंत्र सहमति से होते हैं जो संविदा में शामिल हैं, एक वैध वस्तु के साथ एक वैध विचार के लिए, और इसके बाद इसे शून्य घोषित नहीं किया जाता है।

संविदा में चार आवश्यक तत्व होते हैं और निम्नलिखित अनुक्रम में बनते हैं:

संविदा में प्रवेश करने के लिए एक पक्ष द्वारा दूसरे पक्ष को एक प्रस्ताव दिया जाता है।

अगले चरण में शामिल अन्य पार्टी द्वारा उस प्रस्ताव की स्वीकृति होती है।

संविदा कानून में विशेष शब्द "विचार" का तात्पर्य उस वस्तु से है जिसका कानून की नजर में मूल्य। संविदा करने के लिए विचार एक आवश्यक तत्व है।

कानूनी रूप से बाध्यकारी होने के लिए एक संविदा के लिए प्रदान किया जाना चाहिए।

हर वचन और हर वचनों का समूह, एक दूसरे के लिए विचार का आधार, एक करार है

इसलिए, संविदा के निर्माण में सही प्रस्ताव, स्वीकृति, विचार, करार है।

अतः विकल्प (A) सही है।

142. क्षति या हानि के लिए बीमा प्रतिकर क्षतिपूर्ति का एक व्यापक रूप है।

क्षतिपूर्ति की संविदा:

- क्षतिपूर्ति संविदा दो पक्षों के बीच एक कानूनी व्यवस्था है जहां एक पक्ष दूसरे को क्षति या नुकसान के लिए भुगतान करने के लिए सहमत होता है जो एक निश्चित आवश्यकता को पूरा करता है जब तक कि अन्य परिस्थितियों को निर्दिष्ट नहीं किया जाता है।

- यह एक प्रकार की आकस्मिक संविदा है जिसमें वैध संविदा के सभी अनिवार्य तत्वों की विशेषता होती है जिसमें वैध प्रतिफल और उद्देश्य शामिल होते हैं।

- इसमें शामिल दो पक्ष क्षतिपूरक और क्षतिपूरित हैं।

- क्षतिपूरक वह प्रवर्तक होता है जो उस क्षति के लिए तैयार होता है जो किसी अन्य समूह को हो सकती है।

- क्षतिपूरित वह व्यक्ति होता है जिसे क्षति के लिए मुआवजे का आश्वासन दिया जाता है।

- क्षतिपूर्ति संविदा के करार में विचार शामिल है।

- संविदा के मुआवजे का तरीका व्यक्त या निहित हो सकता है।

इसलिए, क्षतिपूर्ति की संविदा में वैध विचार और वस्तु होना चाहिए।

अतः विकल्प (A) सही है।

143. भारत में ई-गवर्नेंस के लिए कानूनी ढांचा प्रदान करने वाला अधिनियम सूचना प्रौद्योगिकी अधिनियम 2000 है।

भारत में इंटरनेट के आगमन और इंटरनेट की बढ़ती पहुंच के साथ, सरकार ने अपने कार्यों को इंटरनेट पर स्थानांतरित करना शुरू कर दिया है। भारत का उद्देश्य सूचना प्रौद्योगिकी अधिनियम 2000 के माध्यम से सभी डिजिटल गतिविधि को विनियमित करना है। इस अधिनियम में इलेक्ट्रॉनिक शासन के बारे में विस्तृत प्रावधान हैं।

अतः विकल्प (C) सही है।

144. आरटीआई अधिनियम 2005 के तहत सूचना प्राप्त करने की समय सीमा 30 दिन है।

सूचना का अधिकार अधिनियम एक ऐसा अधिनियम है जिसमें नागरिकों के लिए सूचना के अधिकार की व्यावहारिक कार्यविधि निर्धारित की गई है ताकि लोक प्राधिकारियों के नियंत्रण में सूचना की प्राप्ति हो सके, प्रत्येक लोक प्राधिकरण के कार्यकरण में पारदर्शिता और जवाबदेही को बढ़ावा दिया जा सके, केंद्रीय सूचना आयोग और राज्य सूचना आयोग का गठन किया जा सके और उससे संबंधित अथवा उससे प्रासंगिक मामलों के बारे में जानकारी दी जा सके।

आरटीआई अधिनियम, 2005 की धारा 7 (1), 30 दिनों के भीतर (सामान्य स्थिति में)/48 घंटे (यदि किसी व्यक्ति के जीवन और स्वतंत्रता से संबंधित जानकारी मांगी गई है) के लिए अनुरोध प्राप्त करने के लिए पीआईओ को बाध्य करती है।

अतः विकल्प (D) सही है।

145. बौद्धिक संपदा अधिकार (IPRs) उन सूचनाओं और विचारों के उपयोग की रक्षा करता है जो वाणिज्यिक मूल्य के हैं।

चार प्रकार के बौद्धिक संपदा अधिकारों में शामिल हैं:

1. व्यापार रहस्य
2. ट्रेडमार्क
3. कॉपीराइट, और
4. एकस्व (पेटेंट)

बौद्धिक संपदा अधिकारों (IPRs) का आर्थिक और वाणिज्यिक मूल्य: IPRs का कार्य व्यापारिक हितों की रक्षा के लिए, नवाचार और प्रौद्योगिकी हस्तांतरण को प्रोत्साहित करना और व्यापार और निवेश को बढ़ावा देना है।

अतः विकल्प (C) सही है।

146. 'किड प्रो को', को का अर्थ पेटेंट शब्द के लिए दिए गए एकाधिकार से है।

"किड प्रो को" का अर्थ है "यह उसके लिए।" यह एक वाक्यांश है जिसका उपयोग यह इंगित करने के लिए किया जाता है कि किसी वस्तु के बदले में कुछ दिया जाता है।

एकस्व के मामले में, विनिमय यह है कि एक एकस्व कार्यालय में प्रकट होता है, और इसलिए जनता के लिए, उन्होंने जो महान आविष्कार किया है या काम कर रहे हैं।

बदले में, सरकार 20 वर्षों तक प्रतिस्पर्धियों को दूर रखने के लिए आपके आविष्कार पर सीमित एकाधिकार प्रदान करेगी।

दूसरे शब्दों में, सरकार इस लाभ से जूझ रही है कि वह अपने आविष्कार विचारों को दुनिया के साथ बांटने का प्रयास करे।

उन्हें उम्मीद है कि इससे नई तकनीकों का विकास बढ़ेगा क्योंकि विचारों को साझा किया जा रहा है।

अतः विकल्प (B) सही है।

147. मानव संसाधन मूल्यांकन और लेखांकन के लिए एक मॉडल का सुझाव देने वाले पहले भारतीय एसके चक्रवर्ती हैं।

एसके चक्रवर्ती जो कलकत्ता में "भारतीय प्रबंधन संस्थान" से जुड़े थे, मानव संसाधन मूल्यांकन और लेखांकन के लिए एक मॉडल का सुझाव देने वाले पहले भारतीय थे।

उनका मानना था कि उनकी भर्ती प्रक्रिया के संबंध में प्रत्येक कर्मचारी के लिए कई कारकों पर विचार किया जाना है।

इसमें उन्हें भर्ती करने, उनके चयन, सीखने की प्रक्रिया, और प्रशिक्षण और भविष्य में उन्हें विकसित करने की लागत शामिल थी। लागत के इन मूल्यांकनों का उपयोग आय व्यय के दूसरे रूप के रूप में किया जाना चाहिए।

अत: विकल्प (B) सही है।

148. सामान्य लेनदेन के तहत आय = 20 लाख रुपये

आर्म्स लेंथ कीमत उपयोग करके आय = 19 लाख रुपये

अगर आर्म लेंथ कीमत के कारण आय में कमी या मुनाफे में वृद्धि होती है, तो आर्म लेंथ कीमत पर विचार नहीं किया जाएगा। इस प्रकार यहाँ कर योग्य उद्देश्य के लिए 20 लाख रुपए को माना जाएगा।

आर्म्स लेंथ कीमत: वह कीमत जिस पर एक इच्छुक खरीदार और एक इच्छुक असंबद्ध विक्रेता स्वतंत्र रूप से लेन-देन करने के लिए सहमत होंगे या संबंधित पक्षों के बीच एक व्यापार जो कि वे असंबंधित थे, ताकि लेनदेन में हितों का कोई टकराव न हो।

अतः विकल्प (B) सही है।

149. यूरोपीय विधान परिषद यूरोपीय संघ के संगठन से संबद्ध नहीं है।

यूरोपीय संघ विभिन्न विधायी प्रक्रियाओं के माध्यम से कानून अपनाता है। किसी दिए गए विधायी प्रस्ताव के लिए उपयोग की जाने वाली प्रक्रिया नीति क्षेत्र पर निर्भर करती है।

अधिकांश कानूनों को यूरोपीय आयोग द्वारा प्रस्तावित किया जाना चाहिए और कानून बनने के लिए यूरोपीय संघ और यूरोपीय संसद की परिषद द्वारा अनुमोदित किया जाना चाहिए। इसलिए, यूरोपीय विधान परिषद जैसी कोई संस्था नहीं है।

अतः विकल्प (C) सही है।

150. जनसंख्या की सभी इकाइयों और उनके विवरण की सूची की एक सूची को नमूना चयन ढांचा कहा जाता है।

एक नमूना चयन ढांचा स्रोत सामग्री या उपकरण है जिससे एक नमूना खींचा जाता है। यह एक आबादी के भीतर उन सभी लोगों की सूची है जिनका नमूना लिया जा सकता है और इसमें व्यक्ति, घर या संस्थान शामिल हो सकते हैं।

अतः विकल्प (B) सही है।

मॉक टेस्ट 04

Paper-I

Q.1 गतिविधियों में से कौन सा सेट कार्रवाई अनुसंधान रणनीति के चक्रीय प्रकृति को इंगित करता है?

[UGC NET Home Science, 2018]

A. रिफ्लेक्ट, ऑब्ज़र्व, प्लान, एक्ट
B. ऑब्ज़र्व, एक्ट, रिफ्लेक्ट, प्लान
C. एक्ट, प्लान, ऑब्ज़र्व, रिफ्लेक्ट
D. प्लान, एक्ट, ऑब्ज़र्व, रिफ्लेक्ट

Q.2 नीचे दिए गए दो सेटों में, सेट I शिक्षण के स्तर को बताता है जबकि सेट II उनकी संबंध पर ध्यान देता है:

सेट I (शिक्षण के स्तर)	सेट II (चिंता का केंद्र)
(a) स्वायत्त विकास स्तर	(i) समस्याएँ उठाना और समस्या हल करना
(b) मेमोरी स्तर	(ii) व्यवहार और भावनाएँ
(c) अंडरस्टैंडिंग लेवल	(iii) तथ्यों और सूचनाओं का स्मरण
(d) चिंतनशील स्तर	(iv) तथ्यों और उनके उदाहरणों के बीच संबंध देखना
	(v) साथ साथ सीखना

नीचे दिए गए विकल्पों में से सही उत्तर का चयन करें:

A. (a)-(i), (b)-(ii), (c)-(iv), (d)-(v)
B. (a)-(i), (b)-(iv), (c)-(iii), (d)-(ii)
C. (a)-(ii), (b)-(iii), (c)-(iv), (d)-(i)
D. (a)-(v), (b)-(iv), (c)-(iii), (d)-(ii)

Q.3 कक्षा में शिक्षक की आवाज का स्तर इस प्रकार वर्णित है:

A. भाषाई
B. पराभाषिक
C. गैर-भाषाई
D. दीर्घ-भाषाई

Q.4 एक स्कूल के प्रिंसिपल स्कूल के प्रोग्रामर में उनकी बढ़ी हुई भागीदारी की संभावना का पता लगाने के लिए शिक्षकों और छात्रों का साक्षात्कार सत्र आयोजित करते हैं। यह प्रयास किस प्रकार के अनुसंधान से संबंधित हो सकता है?

A. मूल्यांकन अनुसंधान
B. मौलिक अनुसंधान
C. क्रिया-शोध
D. प्रायोगिक खोज

Q.5 अनुसंधान नैतिकता के मुद्दे को अनुसंधान के किस चरण में प्रासंगिक माना जा सकता है?

A. समस्या निर्माण और इसकी परिभाषा के स्तर पर
B. अनुसंधान की आबादी को परिभाषित करने के स्तर पर
C. डेटा संग्रह और व्याख्या के स्तर पर
D. निष्कर्षों की रिपोर्टिंग के स्तर पर

Q.6 एक शिक्षक को उन विधियों का प्रयोग करना चाहिए जो शिक्षार्थियों के लिए उपयुक्त हों। वह क्षेत्र जो इस उद्देश्य को पूरा करता है उसे कहते हैं:

A. शैक्षणिक समाजशास्त्र
B. सामाजिक मनोविज्ञान
C. शैक्षणिक मनोविज्ञान
D. घटनाविज्ञान

Q.7 एक अच्छा संचारक अपनी प्रस्तुति शुरू करता है:

[UGC NET Sociology, 2017]

A. जटिल प्रश्न के साथ
B. गैर-सेविटुर के साथ
C. दोहराव वाक्यांश के साथ
D. आइस ब्रेकर के साथ

Q.8 अभिव्यंजक संचार किसके द्वारा संचालित है?

A. निष्क्रिय आक्रामकता
B. एनकोडर के व्यक्तित्व विशेषताओं
C. बाहरी सुराग
D. एनकोडर -डिकोडर अनुबंध

Q.9 सतत और व्यापक मूल्यांकन की विशेषताएं क्या हैं?
(a) यह कई परीक्षाएँ लेकर छात्रों पर काम का बोझ बढ़ाता है।
(b) यह अंकों को ग्रेड से बदलता है।
(c) यह छात्र के हर पहलू का मूल्यांकन करता है।
(d) यह परीक्षा भय को कम करने में मदद करता है।

नीचे दिए गए कोड में से सही उत्तर का चयन करें:

A. a, b और d
B. b, c और d
C. a, c और d
D. b, c और a

Q.10 कोयला आधारित थर्मल पावर प्लांट में से निम्नलिखित में से क्या उत्सर्जित होता है?

A. कार्बन मोनोऑक्साइड
B. ओजोन
C. सल्फर डाइऑक्साइड
D. मिथेन
E. कणिका तत्व

नीचे दिए गए विकल्पों में से सही उत्तर का चयन कीजिये:

A. केवल A, B, C और E
B. केवल A, C और E
C. केवल A, B और C
D. केवल A, C, D और E

Q.11 नीचे दिए गए अध्ययन के परिणामों की सूची में से, उनकी पहचान करें जिन्हें उच्च स्तरीय परिणाम कहा जाता है:
(a) तथ्यों और नियमों का अध्ययन
(b) विश्लेषण और समन्वय करने की क्षमता दिखाना
(c) जागरूकता, प्रतिक्रिया और मूल्य निर्धारण
(d) नकल, हेरफेर और सटीकता
(e) अभिव्यक्ति और स्वाभाविकता
(f) संगठन और विशेषीकरण

नीचे दिए गए विकल्पों में से सही उत्तर का चयन करें:

A. (b), (e) और (f)
B. (a), (b) और (c)
C. (b), (c) और (d)
D. (a), (c) और (f)

Q.12 यदि किसी वर्ष में 26 अगस्त का दिन गुरुवार है, तो उस महीने में रविवारों की संख्या कितनी होगी?

A. 3
B. 5
C. 4
D. 6

Q.13 कौन-से शिक्षण में सहायक साधन पढ़ने, सुनने और उच्चारण जैसे कौशल को बढ़ाते हैं?

A. ऑडियो-भाषिक शिक्षण सहायक सामग्री
B. वैज्ञानिक शिक्षण सहायक सामग्री
C. सामान्य ज्ञान शिक्षण सहायक सामग्री
D. सिद्धांत आधारित शिक्षण सहायक सामग्री

Q.14 निम्नलिखित में से कौन सी अच्छे शिक्षक की विशेषता नहीं है?

A. कक्षा में अधिकारवादी
B. न्याय में विश्वास
C. सकारात्मक दृष्टिकोण
D. आजीवन शिक्षार्थी और स्वयं को अद्यतित रखना

Q.15 इस श्रृंखला का अगला पद क्या होगा?
B2E, D5H, F12K, H27N, ____
A. J561 B. I62Q C. Q62J D. J58Q

Q.16 एक अवांछित ई-मेल संदेश क्या है जो एक बार में कई प्राप्तकर्ताओं को भेजा जाता है?
A. वर्म B. वायरस C. थ्रेट D. स्पैम

Q.17 श्रृंखला में अगला पद ABD, DGK, HMS, MTB, ____ है:
[UGC NET Sociology, 2017]

A. NSA B. SBL C. PSK D. RUH

Q.18 किसी विश्वविद्यालय में निम्नलिखित में से किस निकाय / इकाइयों में प्रदर्शन करने के लिए एक सांविधिक कार्य है?
A. प्रबंधक मंडल B. वित्तीय समिति
C. अनुसंधान डिग्री समिति D. अध्ययन मंडल

Q.19 किसी विश्वविद्यालय में निम्नलिखित में से कौन-सी गतिविधि/कार्यक्रम एक समग्र ढाँचे में मूल्य शिक्षा का उद्देश्य है?
A. ललित कला और संगीत समारोह
B. राष्ट्रीय कैडेट कोर (एनसीसी)
C. योग शिक्षा और कल्याण केंद्र
D. अन्तर- विश्वविद्यालय प्रतियोगिताएं

Q.20 निम्नलिखित में से कौन एक सतत विकास लक्ष्य नहीं है?
A. लिंग समानता B. जलवायु क्रिया
C. ओजोन परत का संरक्षण D. जल के नीचे का जीवन

Q.21 एक ASCII एक वर्ण-एन्कोडिंग योजना है जो कि व्यक्तिगत कंप्यूटर द्वारा नियोजित की जाती है ताकि विभिन्न उपयोगकर्ता, संख्या और नियंत्रण कुंजी का प्रतिनिधित्व कर सकें जो कंप्यूटर उपयोगकर्ता कीबोर्ड पर चुनता है। ASCII इसके लिए एक संक्षिप्त नाम है:
A. आदान प्रदान सूचना के लिए अमेरिकन मानक कोड
B. बुद्धिमान सूचना के लिए अमेरिकी मानक कोड
C. सूचना की अखंडता के लिए अमेरिकी मानक कोड
D. पृथक सूचना के लिए अमेरिकी मानक कोड

Q.22 निम्नलिखित में से कौन सा कथन राष्ट्रीय शैक्षिक योजना और प्रशासन संस्थान के कार्यों/स्थिति का सही-सही वर्णन करता है, जिसे मानित विश्वविद्यालय माना जाता है?
कूट:
(a) शिक्षा की योजना और प्रबंधन में क्षमता निर्माण और अनुसंधान
(b) शैक्षिक योजना और प्रशासन
(c) भारत सरकार द्वारा किसी भी केंद्रीय विश्वविद्यालय की तरह पूरी तरह से बनाए रखा
(d) शैक्षिक योजना और प्रशासन का एक सांविधिक संस्थान
नीचे दिए गए कूट से सही उत्तर चुनें:
A. (a) और (b) B. (b) और (d)
C. (a) और (d) D. (a) और (d)

Q.23 स्कूल / विश्वविद्यालय के संदर्भ में पर्यावरण के निम्नलिखित पहलुओं में से कौन सा शैक्षिक लोकाचार निर्धारित करता है?
A. कार्यस्थल में स्पष्ट रूप में मानव संबंधों के प्रतिमान
B. नवीनतम प्रयोगशाला उपकरण
C. बाह्य रूप से आकर्षक परिसर
D. अच्छी तरह से सुसज्जित व्याख्यान कक्ष

Q.24 फॉर्मेटिव मूल्यांकन का मुख्य उद्देश्य क्या है?
A. छात्रों को अगली कक्षा में पदोन्नत करने के लिए
B. छात्रों की सीखने की क्षमता बढ़ाने के लिए
C. कक्षा में सहयोग बढ़ाने के लिए
D. सीखने की कठिनाइयों को समझने के लिए

Ques (25-29):निर्देश: तालिका में नीचे दिए गए किसी देश की जनसंख्या और विद्युत उत्पादन का निर्णायक डेटा है।

वर्ष	जनसंख्या (मिलियन)	विद्युत उत्पादन(गीगा वॉट)*
1951	20	10
1961	21	20
1971	24	25
1981	27	40
1991	30	50
2001	32	80
2011	35	100
		* 1 गीगा वॉट = 1000 मिलियन वॉट

Q.25 किस दशक में जनसंख्या की अधिकतम वृद्धि दर (%) दर्ज की गई?
A. 1961 – 1971 B. 1971 – 1981
C. 1991 – 2001 D. 2001 – 2011

Q.26 जनसंख्या की औसत दशक वृद्धि दर (%) है (लगभग):
A. 12.21% B. 9.82% C. 6.73% D. 5%

Q.27 औसत दशक वृद्धि दर के आधार पर, वर्ष 2021 में जनसंख्या क्या होगी?
A. 40.34 मिलियन B. 38.44 मिलियन
C. 37.28 मिलियन D. 36.62 मिलियन

Q.28 वर्ष 1951 में, प्रति व्यक्ति बिजली की उपलब्धता क्या थी?
A. 100 वॉट B. 200 वॉट C. 400 वॉट D. 500 वॉट

Q.29 किस दशक में, प्रति व्यक्ति औसत बिजली की उपलब्धता अधिकतम थी?
A. 1991 B. 2001 C. 2011 D. 1981

Q.30 सरकारी संवाद में ई-गवर्नेंस G2C क्या दर्शाता है:
A. सरकार से केंद्र (Government to Center)
B. सरकार से कंपनी (Government to Company)
C. सरकार से नागरिक (Government to Citizen)
D. सरकार से वाणिज्य (Government to Commerce)

Q.31 एक कंप्यूटर में, यदि 8 बिट का प्रयोग मेमोरी में एड्रेस बताने के लिए होता है, एड्रेस की कुल संख्या क्या होगी?
A. 256 B. 8 C. 216 D. 512

Q.32 निम्नलिखित में ऑडियो फाइल फॉर्मेट क्या है?
(a) .wav
(b) .aac
(c) .wmv
(d) .flv

A. (a) और (d) **B.** (b) और (c)

C. (a) और (b) **D.** (c) और (d)

Q.33 निम्नलिखित में से कौन से घर के अंदर लगाए जाने वाले पौधे, घर की अंदर की हवा की गुणवत्ता को सुधारते हैं?

A. अरेका पाम **B.** लेडी पाम

C. ड्रैगन ट्री **D.** ये सभी

Q.34 अभिकथन (A) और कारण (R) के निम्नलिखित कथनों में से सही कोड को इंगित करें:

अभिकथन (A): औद्योगिक उदारीकरण भारतीय उद्योगों में उच्च दक्षता और उत्पादकता के लिए प्रतिस्पर्धा की शक्तियों के विकास के लिए एक अनिवार्य शर्त बन गया।

कारण (R): औद्योगिक विकास और गरीबी पर अंकुश केवल सरकारी हस्तक्षेप से संभव है।

A. (A) सही है लेकिन (R) (A) का सही स्पष्टीकरण नहीं है।

B. (A) सही हैं और (R), (A) की सही व्याख्या है|

C. (A) सही है लेकिन (R) सही नहीं है|

D. (R) सही है लेकिन (A) सही नहीं है|

Q.35 कक्षा की स्थिति में संचार करते समय, निम्नलिखित में से कौन सा दृष्टिकोण सबसे उपयुक्त माना जाएगा?

A. सहानुभूतिपूर्ण और व्यावहारिक

B. मुखर और अभिप्रेरक

C. व्यक्तिगत और अनुकरणीय

D. तकनीकी और दबंग

Q.36 निम्नलिखित में से कौन प्रभावी मुखर संचार के लिए एक शक्तिशाली निर्धारक है, चाहे लिखित हो या मौखिक?

A. 'वे' संदेश **B.** 'हम' संदेश

C. 'आप' संदेश **D.** 'मैं' संदेश

Q.37 अधिगमकर्ता अभिलक्षणों की निम्न सूची से उनकी पहचान कीजिये, जो शिक्षण की प्रभाविता सुनिश्चित करने में सहायक होंगे।

कोड:

(a) जो अधिगमकर्ता स्कूल प्रणाली का पालन करता है

(b) अधिगमकर्ता का अभिप्रेरण स्तर

(c) सामाजिक व्यवस्था के प्रति अधिगकर्ताओं की भावनाएँ

(d) खेल और क्रिड़ा में अधिगकर्ताओं की रुचि

(e) अधिगकर्ता का पूर्व अनुभव

(f) अधिगकर्ताओं के अंतर्वैयक्तिक संबंध

A. (a), (c) और (e) **B.** (c), (d) और (e)

C. (a), (b) और (c) **D.** (b), (e) और (f)

Q.38 सगुन और सृष्टि की आयु का गुणनफल 240 है। यदि सृष्टि की दोगुनी आयु सगुन की आयु से 4 वर्ष अधिक है, तो सृष्टि की आयु क्या है?

A. 15 **B.** 12 **C.** 10 **D.** 20

Q.39 निम्नलिखित श्रृंखला को पूरा कीजिए:

9,11,15,23,39,__ ?

[UGC NET Paper I, 2020]

A. 71 **B.** 65 **C.** 44 **D.** 68

Q.40 नीचे दिए गए दो कथन हैं

कथन I: किसी त्रिभुज के कोणों का योग 180° है

कथन II: किसी त्रिभुज के किन्हीं दो भुजाओं का योग तीसरी भुजा से अधिक है

उपरोक्त कथनों के संदर्भ में, नीचे दिए गए विकल्पों में से सही उत्तर चुनिए

[UGC NET Paper I, 2020]

A. कथन I और कथन II दोनों सत्य हैं

B. कथन I और कथन II दोनों असत्य हैं

C. कथन I सत्य है लेकिन कथन II असत्य है

D. कथन I असत्य है लेकिन कथन II सत्य है

Q.41 निम्नलिखित तीन संख्याओं के सेट पर विचार कीजिए।

A. 2,5,9

B. 1,6,10

C. 3,4,8

निम्नलिखित में से कौन सा तीन सेट A, B और C के औसत के सही आरोही क्रम को दर्शाता है?

नीचे दिए गए विकल्पों में से सही उत्तर चुनिए।

A. C < A < B **B.** B < C < A

C. B < A < C **D.** C < B < A

Q.42 एक परिमेय संख्या का हर उसके अंश से 6 अधिक है। यदि अंश में 4 की वृद्धि होती है और हर में 8, की कमी होती है, तो संख्या $\frac{5}{3}$ हो जाती है। मूल परिमेय संख्या क्या है?

A. $\frac{11}{17}$ **B.** $\frac{5}{17}$ **C.** $\frac{7}{13}$ **D.** $\frac{13}{19}$

Q.43 निम्नलिखित संख्या श्रृंखला पर विचार कीजिये: 0,6,24,60,120,X

पद X का क्या मान है?

A. 180 **B.** 210 **C.** 240 **D.** 156

Q.44 सूची I को सूची II से सुमेलित कीजिये:

सूची I	सूची II
प्रदूषित प्रदूषक	पर्यावरणीय प्रभाव
A. कार्बन डाआक्साइड	I. अम्लीय वर्षा का निर्माण
B. कार्बन मोनोआक्साइड	II. विषाक्त और कैंसरकारी होते हैं
C. नाइट्रोजन आक्साइड	III. विषाक्त और सांस की बीमारियों को पैदा कर सकता है
D. बेंजीन और हाइड्रोकार्बन	IV. ग्रीनहाउस गैस के रूप में ग्लोबल वार्मिंग में योगदान

नीचे दिए गए विकल्प में से सही उत्तर चुनें:

A. A - IV, B - III, C - I, D - II

B. A - IV, B - II, C - I, D - III

C. A - IV, B - II, C - III, D - I

D. A - I, B - III, C - II, D - IV

Q.45 वैश्विक कार्बन डाइऑक्साइड उत्सर्जन में उनके योगदान के घटते क्रम में देशों के सही क्रम को पहचानें

A. अमरीका (यूएसए)

B. चीन

C रूस

D. इंडिया

E. जापान

नीचे दिए गए विकल्प में से सही उत्तर चुनें

A. A, B, D, C, E **B.** B, A, D, C, E

C. B, A, D, E, C **D.** A, B, D, E, C

Ques (46-50):निर्देश: गद्यांश को ध्यान से पढ़िए और उसके बाद आने वाले प्रश्न का उत्तर दीजिए।

संकुचित अर्थ में, मूल्य किसी उत्पाद या सेवा के लिए वसूल की गई राशि है। अधिक व्यापक रूप से, मूल्य उन सभी मानों का योग है जो ग्राहक किसी उत्पाद या सेवा के उपयोग करने के लाभों को प्राप्त करने के लिए देते हैं। ऐतिहासिक रूप से, कीमत क्रेता की पसंद को प्रभावित करने वाला प्रमुख कारक रहा है। हाल के दशकों में, हालांकि, गैर-मूल्य कारकों ने बढ़ते महत्व को प्राप्त किया है। फिर भी, कीमत सबसे महत्वपूर्ण तत्वों में से एक है जो एक फर्म की बाजार हिस्सेदारी और लाभप्रदता निर्धारित करती है।

विपणन मिश्रण में मूल्य एकमात्र तत्व है जो राजस्व उतपन्न करता है; अन्य सभी तत्व लागतों को प्रस्तुत करते हैं। मूल्य भी सबसे नम्य विपणन मिश्रण तत्वों में से एक है। उत्पाद सुविधाओं और माध्यम प्रतिबद्धताओं के विपरीत, कीमत को जल्दी से परिवर्तित किया जा सकता है। उसी समय, मूल्य निर्धारण एक समस्या है जो कई विपणन कार्यकारी का सामना करती है, और कई कंपनियां मूल्य निर्धारण अच्छी तरह से नहीं कर पाती हैं। इसलिए हम प्रबंधक मूल्य निर्धारण को एक बड़ी समस्या के रूप में देखते हैं, और इसके बजाय अन्य विपणन मिश्रण तत्वों पर ध्यान केंद्रित करना पसंद करते हैं। हालांकि, स्मार्ट / होशियार प्रबंधक ग्राहक मूल्य बनाने और कब्जा करने के लिए मूल्य निर्धारण को एक महत्वपूर्ण रणनीतिक उपकरण के रूप में मानते हैं। कीमत का फर्म की निचली रेखा पर सीधा प्रभाव पड़ता है। मूल्य में एक कम प्रतिशत सुधार लाभप्रदता में एक अधिक प्रतिशत वृद्धि उत्पन्न कर सकता है। किसी कंपनी के समग्र मूल्य प्रस्ताव के हिस्से के रूप में अधिक महत्वपूर्ण, मूल्य ग्राहक मूल्य बनाने और ग्राहक संबंधों के निर्माण में महत्वपूर्ण भूमिका निभाता है। एक विशेषज्ञ कहते हैं, "मूल्य निर्धारण से दूर भागने के बजाय," बाजार के प्रेमी इसे गले लगाते हैं। "

वह कीमत जिस पर कंपनी शुल्क लगाती है ,वह मुनाफा कमाने के लिए बहुत कम है और किसी भी मांग का उत्पादन करने के लिए बहुत अधिक है। यह मूल्य निर्धारित करने में प्रमुख विचारों को सारांशित करता है। उत्पाद के मूल्य के बारे में ग्राहकों की अवधारणाओं ने कीमत के लिए उच्चतम सीमा निर्धारित की है। यदि ग्राहकों को लगता है कि उत्पाद की कीमत उसके मूल्य से अधिक है, तो वे उत्पाद नहीं खरीदेंगे। इसी तरह, उत्पाद की कीमतें मूल्य का निर्धारण करती हैं। यदि कंपनी अपनी लागत से कम उत्पाद की कीमत लगाती है, तो कंपनी के मुनाफे को नुकसान होगा। उन दो चरम सीमाओं के बीच इसकी कीमत निर्धारित करने में, कंपनी को कई बाहरी और आंतरिक कारकों पर विचार करना चाहिए, जिसमें प्रतियोगियों की रणनीति और मूल्य, समग्र विपणन रणनीति और मिश्रण और बाजार की प्रकृति और मांग शामिल हैं।

Q.46 कीमत को ऐतिहासिक रूप से महत्वपूर्ण माना गया है क्योंकि:
- **A.** विक्रेता हमेशा लाभान्वित होते थे
- **B.** उत्पाद या सेवा के लिए धन वसूला गया था
- **C.** यह क्रेता के लिए एक विकल्प प्रदान करती थी
- **D.** यह गैर-मूल्य कारकों को बढ़ावा देती थी

Q.47 विपणन मिश्रण में मूल्य अन्य तत्वों से अलग क्यों होता है?
- **A.** यह खर्च छिपाता है
- **B.** यह राजस्व उत्पन्न करता है
- **C.** यह चरित्र में कठोर है
- **D.** यह माध्यम की प्रतिबद्धता सुनिश्चित करता है

Q.48 मूल्य निर्धारण के सन्दर्भ में स्मार्ट/ होशियार प्रबंधकों की क्या अवधारणा है?
- **A.** यह उपभोक्ता मूल्य के लिए एक रणनीतिक उपकरण है
- **B.** यह मुद्दों को आमंत्रित करता है
- **C.** विपणन मिश्रण में अन्य तत्वों पर ध्यान देना बेहतर है
- **D.** यह फर्म के लिए अप्रत्यक्ष मूल्य है

Q.49 निम्नलिखित में से उत्पाद या सेवा के मूल्य निर्धारण का प्रमुख निर्धारक क्या है?
- **A.** उच्च मांग
- **B.** निम्न मांग
- **C.** ग्राहक का मूल्य बोध
- **D.** उच्च लाभप्रदता के लिए कंपनी की खोज

Q.50 उत्पादों या सेवाओं के मूल्य को प्रभावित या स्थापित करने वाले अन्य कारक क्या हैं?
A. प्रतियोगियों की रणनीति
B. समग्र विपणन मिश्रण
C. बाजार का प्रकार
D एक से दूसरे तक मूल्य निर्धारण
E प्रीडेटर निर्धारण की रणनीतियाँ
नीचे दिए गए विकल्पों में से सही उत्तर चुनें:
- **A.** केवल a, d और e
- **B.** केवल a, b और c
- **C.** केवल c, d और e
- **D.** केवल b, c और d

Paper-II

Q.51 कर्मचारी की सुरक्षा, स्वास्थ्य और कल्याण सुनिश्चित करना निम्नलिखित में से किस अधिनियम का प्राथमिक उद्देश्य है?
- **A.** फैक्ट्रीज अधिनियम, 1948
- **B.** मजदूरी का भुगतान अधिनियम, 1936
- **C.** समान पारिश्रमिक अधिनियम, 1976
- **D.** औद्योगिक विवाद अधिनियम, 1947

Q.52 सूची - II की वस्तुओं के साथ सूची-I की वस्तुओं का मिलान करें।

सूची- I	सूची- II
(a) पेंशन योजना	i. परिवार के लिए स्वास्थ्य देखभाल
(b) व्यक्तिगत सुरक्षा	ii. विच्छेद वेतन
(c) वित्तीय सहायता	iii. भविष्य निधि
(d) भत्ता	iv. परिवहन भत्ता

- **A.** (a) - i, (b) - ii, (c) - iii, (d) - iv
- **B.** (a) - iii, (b) - i, (c) - ii, (d) - iv
- **C.** (a) - iii, (b) - ii, (c) - i, (d) - iv
- **D.** (a) - i, (b) - iv, (c) - ii, (d) - iii

Q.53 बाजार नियंत्रण प्रक्रिया में शामिल हैं:
- **A.** प्रदर्शन मानकों का गठन
- **B.** प्रदर्शन का मूल्यांकन
- **C.** विचलन को ठीक करना
- **D.** उपर्युक्त सभी

Q.54 सूची - II की वस्तुओं के साथ सूची-I की वस्तुओं का मिलान करें।

सूची-I	सूची-II
(a) सही प्रतियोगिता	(i) कोई नियंत्रण नहीं
(b) एकाधिकार प्रतियोगिता	(ii) कुछ नियंत्रण
(c) अल्पाधिकार	(iii) व्यावहारिक रूप से कुछ नियंत्रण
(d) एकाधिकार	(iv) सामान्य नियंत्रण

- **A.** (a) - (i), (b) - (ii), (c) - (iii), (d) - (iv)
- **B.** (a) - (ii), (b) - (iii), (c) - (iv), (d) - (i)
- **C.** (a) - (iii), (b) - (ii), (c) - (iv), (d) - (i)
- **D.** (a) - (iv), (b) - (iii), (c) - (ii), (d) - (i)

Q.55 विघटन के समय एक दिवालिया भागीदार की पूंजी की कमी में वितरित किया जाना है:
- **A.** संचित लाभ और हानि को समायोजित करने के बाद पूंजी का अनुपात लेकिन प्राप्ति लाभ या हानि को समायोजित करने से पहले
- **B.** लाभ या हानि को समायोजित करने के बाद पूंजी का अनुपात
- **C.** किसी भी समायोजन करने से पहले उतार-चढ़ाव वाली पूंजी का अनुपात
- **D.** लाभ का बंटवारा अनुपात जब तक कि इसके विपरीत कोई समझौता न हो

Q.56 "एक विपणन नीति एक कार्रवाई के दौरान का एक बयान है जिसका परिस्थितियों के एक सेट के तहत पालन किया जाएगा।" किसने कहा?

A. विलियम जे.स्टैंटन
B. मैकार्थी
C. मैनसन और रथ
D. इनमें से कोई नहीं

Q.57 वित्तीय उद्यम के मामले में भुगतान किए गए ब्याज से उत्पन्न नकदी प्रवाह एक नकदी प्रवाह है:

A. परिचालन गतिविधियां
B. वित्तीय गतिविधियां
C. संचालन गतिविधियां और वित्तपोषण गतिविधियां
D. निवेश गतिविधियां

Q.58 शेयर प्रीमियम धन का उपयोग किया जा सकता है:

A. लाभांश देने में
B. साख राइट ऑफ़ करने में
C. पूरी तरह से भुगतान किए गए बोनस शेयर जारी करने में
D. उपर्युक्त में से कोई नहीं

Q.59 निम्न में से कौन सा तत्काल सॉल्वेंसी अनुपात है?

A. वर्तमान अनुपात
B. त्वरित अनुपात
C. देनदार-पण्यावर्त अनुपात
D. स्टॉक-पण्यावर्त अनुपात

Q.60 निम्नलिखित में से कौन अनिश्चित्ता वक्र का गुण नहीं है?

A. अनिश्चित्ता वक्र की ढलान नकारात्मक होती है।
B. उत्पत्ति के बिंदु तक अनिश्चित्ता वक्र उत्तल होता है।
C. अनिश्चित्ता वक्र आवश्यक रूप से सामानांतर होना चाहिए।
D. दो अनिश्चित्ता वक्र एक दूसरे को नहीं काटते हैं।

Q.61 सूची - I और सूची - II की वस्तुओं के बीच सही मिलान का पता लगाएं।

सूची - I	सूची - II
(a) मांग में वृद्धि	(i) मांग वक्र का बाईं और झुकाव
(b) मांग का संकुचन	(ii) मांग वक्र का दाईं और झुकाव
(c) क्रॉस मांग	(iii) एक विशिष्ट आवश्यकता को पूरा करने के लिए एक से अधिक वस्तुओं की मांग
(d) संयुक्त मांग	(iv) एक वस्तु की मांग दूसरे संबंधित वस्तु की कीमतों में बदलाव के साथ

A. (a) - (ii), (b) - (i), (c) - (iv), (c) - (iii)
B. (a) - (i), (b) - (ii), (c) - (iii), (d) - (iv)
C. (a) - (ii), (b) - (iv), (c) - (iii), (d) - (i)
D. (a) - (i), (b) - (ii), (d) - (iii), (c) - (iv)

Q.62 चर अनुपात के कानून के अनुसार, उत्पादन का दूसरा चरण समाप्त होता है जब:

A. चर इनपुट की सीमांत उत्पादकता अधिकतम हो जाती है
B. मार्जिन इनपुट और वैरिएबल इनपुट की औसत उत्पादकता दोनों समान हैं
C. चर इनपुट की सीमांत उत्पादकता शून्य हो जाती है और औसत उत्पादकता सकारात्मक होती है
D. चर इनपुट की सीमांत उत्पादकता नकारात्मक है लेकिन औसत उत्पादकता सकारात्मक है

Q.63 निम्नलिखित में से किस अर्थशास्त्री ने एकाधिकार के सकारात्मक प्रभाव को बताया?

A. मार्शल
B. एडम स्मिथ

C. जोसेफ शंपेटर
D. पीगू

Q.64 सूची II में आइटम के साथ सूची I में आइटम का मिलान करें।

सूची I	सूची II
a - कमांड सिद्धांत की एकता	1 - एफ.डब्ल्यू टेलर
b - प्रबंधन का नौकरशाही सिद्धांत	2 - मैक्स वेबर
c - वैज्ञानिक प्रबंधन सिद्धांत	3 - हेनरी फेयोल

A. a - 1, b - 2, c - 3
B. a - 2, b - 1, c - 3
C. a - 3, b - 2, c - 1
D. a - 2, b - 3, c - 1

Q.65 सूची II में आइटम के साथ सूची I में आइटम का मिलान करें।

सूची I	सूची II
a - निरंकुश नेता	1 - निर्णय लेता है और घोषणा करता है
b - सहभागी नेता	2 - निर्णय लेने से पहले विचारों की तलाश करता है
c - लोकतांत्रिक नेता	3 - एक आधार पर समूह के साथ निर्णय लेता है

A. a - 1, b - 2, c - 3
B. a - 1, b - 3, c - 2
C. a - 3, b - 2, c - 1
D. a - 2, b - 3, c - 1

Q.66 ऊर्ध्वधर संचार में, संचार प्रवाह होता है:

A. केवल ऊपर की ओर
B. केवल नीचे की ओर
C. ऊपर की ओर और साथ ही नीचे की ओर
D. उपर्युक्त में से कोई नहीं

Q.67 निम्नलिखित में से कौन सा कारक समूह सामंजस्य का कारण बनता है?

(a) समूह लक्ष्यों पर समझौता
(b) हाई इंट्रा-ग्रुप प्रतियोगिता
(c) सदस्यों की बार-बार बातचीत
(d) व्यक्तिगत आकर्षण

कोड:
1. (a) और (b)
2. (a), (b) और (c)
3. (a), (c) और (d)
4. (a), (b) और (d)

A. 1
B. 2
C. 3
D. 4

Q.68 आयकर अधिनियम _______ पर लागू हुआ।

A. 1 मार्च, 1971
B. 1 अप्रैल, 1971
C. 1 मार्च, 1961
D. 1 अप्रैल, 1962

Q.69 वस्तुओं के भौतिक वितरण के लिए अपनाई जाने वाली सबसे उपयुक्त अवधारणा है:

A. विपणन की अवधारणा
B. कुल लागत अवधारणा
C. बिक्री अवधारणा
D. प्रणाली की अवधारणा

Q.70 निम्नलिखित में से कौन ओलिगोपोलिस्ट के बीच एक समझौते का सबसे अच्छा उदाहरण है?

A. गैट
B. ओपेक
C. विश्व व्यापार संगठन
D. यूनिडो

Q.71 रेखा और कर्मचारियों के रूप में, विपणन प्रबंधक का कार्य है:

A. रेखा की बात मानें
B. रेखा के लिए कार्य करें
C. रेखा को सूचित करें
D. रेखा को सलाह दें

Q.72 निम्नलिखित में से कौन सा निवेश मूल्यांकन पद्धति डीसीएफ दृष्टिकोण पर आधारित नहीं है?

A. एनपीवी
B. आईआरआर

C. ऋण वापसी की अवधि   **D.** इनमे से कोई भी नहीं

Q.73 छूट की दर जो नकदी प्रवाह के वर्तमान मूल्य के बराबर होती है जो कि उसके वृद्धिशील नकदी प्रवाह के वर्तमान मूल्य के साथ वित्तपोषण अवसर के लिए वृद्धिशील है परिभाषित करता है:

A. पूंजी की निहित लागत

B. पूंजी की स्पष्ट लागत

C. पूंजी की वृद्धिशील लागत

D. इनमे से कोई भी नहीं

Q.74 लंबी अवधि के स्रोतों से मिलने वाली कार्यशील पूंजी के लिए कुल धन की अनुमानित आवश्यकता के रूप में जाना जाता है:

A. मिलान दृष्टिकोण   **B.** आक्रामक दृष्टिकोण

C. रूढ़िवादी दृष्टिकोण   **D.** उपर्युक्त में से कोई नहीं

Q.75 $P = \dfrac{D + \frac{r}{K_c}(e-D)}{K}$ लाभांश नीति नियंत्रित करने के लिए सूत्र दिया गया था:

A. मोदिग्लिआनी मिलर द्वारा

B. जेम्स ई. वाल्टर द्वारा

C. मायरोन गॉर्डन द्वारा

D. डेविड ड्यूरंड द्वारा

Q.76 प्रदर्शन के निम्नलिखित तकनीकों में से कौन सा व्यक्तिगत पूर्वाग्रह के लिए अतिसंवेदनशील है?

A. जाँच सूची   **B.** जबरन-पसंद विधि

C. रैंकिंग विधि   **D.** बीएआरएस

Q.77 'नौकरी-मूल्यांकन' में, उन कामों को प्रमुख काम के रूप में नामित किया जाता है:

A. जो संगठन में अधिक संख्या में हैं

B. जो संगठन के अस्तित्व के लिए सबसे महत्वपूर्ण हैं

C. जो सबसे अधिक सुरक्षित हैं

D. जो प्रतिपूरक कारकों में से प्रत्येक के विभिन्न स्तरों का प्रतिनिधित्व करते हैं

Q.78 निर्देश: दिए गए कथनों का ध्यानपूर्वक अध्ययन करें और सही उत्तर चुनें।

I. कर्मचारी प्रशिक्षण की तुलना में कर्मचारी का विकास अधिक भविष्योन्मुखी और शिक्षा से अधिक सम्बंधित है।

II. अपरेंटिसशिप प्रोग्राम सबसे व्यापक रूप से इस्तेमाल की जाने वाली ऑफ-द-जॉब ट्रेनिंग विधियों में से एक है।

A. दोनों सही हैं   **B.** दोनों गलत हैं

C. I सही है और II गलत है   **D.** I गलत है और II सही है

Q.79 सूची II में आइटम के साथ सूची I में आइटम का मिलान करें।

सूची - I	सूची - II
a. बुद्धिशीलता	1. एक स्वतंत्र समूह चर्चा
b. व्यापार का खेल	2. एक विकास गतिविधि जिसमें किसी की कार्रवाई दूसरों द्वारा निर्देशित होती है
c. भूमिका निभाना	3. एक ऐसी तकनीक जिसमें कोई अलग पहचान रखता है

A. a - 1, b - 2, c - 3   **B.** a - 2, b - 1, c - 3

C. a - 1, b - 3, c - 2   **D.** a - 2, b - 3, c - 1

Q.80 व्यापारिक गतिविधियों से उत्पन्न होने वाले जोखिम को मापने के लिए भारत में वाणिज्यिक बैंकों द्वारा निम्नलिखित में से किस तकनीक का उपयोग किया जाता है?

A. नेटवर्क विश्लेषण   **B.** संवेदनशीलता विश्लेषण

C. मूल्य पर जोखिम पद्धति   **D.** ईवीए

Q.81 नाबार्ड द्वारा शुरू की गई निम्न योजनाओं में से किसका उद्देश्य किसानों को ऋण प्रदान करना है?

A. ग्रामीण अवसंरचना विकास कोष

B. किसान क्रेडिट कार्ड

C. सूक्ष्म-वित्त

D. सहकारी विकास निधि

Q.82 भारत में वाणिज्यिक बैंकों द्वारा हाल ही में ई-बैंकिंग पहल निम्नलिखित में से कौन सी है?

A. आरटीजीएस   **B.** एनईएफटी

C. एनईसीएस   **D.** नेट बैंकिंग

Q.83 आईडीबीआई द्वारा निम्नलिखित में से कौन सी शुल्क-आधारित सेवाएं प्रदान की जाती हैं?

(i) क्रेडिट सिंडिकेशन

(ii) कॉर्पोरेट ट्रस्टी सेवाएं

(iii) कस्टोडियल सेवाएं

(iv) विदेशी सेवाएँ

सही कोड को पहचानें।

A. (i), (ii) और (iv)   **B.** (i) और (ii)

C. (ii), (iii) और (iv)   **D.** (iii) और (iv)

Q.84 सिडबी निम्नलिखित रूपों में वित्तीय सहायता प्रदान करता है।

(i) बिल वित्तपोषण

(ii) परियोजना वित्तपोषण

(iii) पुन: वित्त सहायता

(iv) संस्थानों को संसाधन सहायता

निम्नलिखित में से कौन सा क्रम सही है?

A. (i), (iii), (iv) और (ii)   **B.** (ii), (iv), (i) और (iii)

C. (iii), (i), (iv) और (ii)   **D.** (iv), (i), (iii) और (ii)

Q.85 निम्नलिखित में से कौन सी परियोजना के शुद्ध नकदी प्रवाह के लिए सही सूत्र है?

A. बिक्री - परिचालन व्यय - ब्याज - कर

B. बिक्री - परिचालन खर्च

C. कर + मूल्यह्रास के बाद शुद्ध लाभ

D. सकल लाभ + मूल्यह्रास

Q.86 निम्नलिखित सभी संगठन के शासन ढांचे में प्रभावी संबंध प्रदान करते हैं, सिवाय:

A. आंतरिक नियंत्रण   **B.** जोखिम प्रबंधन

C. शासन   **D.** संगठनात्मक प्रक्रिया

Q.87 उच्च परिचालन लाभ उठाने वाली एक फर्म के पास है:

A. इसकी उत्पादन प्रक्रिया में कम निश्चित लागत

B. इसकी उत्पादन प्रक्रिया में उच्च परिवर्तनीय लागत

C. इसकी उत्पादन प्रक्रिया में उच्च निश्चित लागत

D. इसकी उत्पादन प्रक्रिया में कम परिवर्तनीय लागत

Q.88 सूची - I की सूची - II के साथ आइटम का मिलान करें।

सूची - I	सूची - II
(a) अमूर्त संपत्ति	i. Ind AS 31
(b) संपत्ति की अनुपस्थिति	ii. Ind AS 34
(c) अंतरिम वित्तीय रिपोर्टिंग	iii. Ind AS 36
(d) संयुक्त उद्यमों में ब्याज	iv. Ind AS 38

A. (a) - i, (b) - ii, (c) - iii, (d) - iv

B. (a) - iv, (b) - iii, (c) - ii, (d) - i
C. (a) - iv, (b) - i, (c) - ii, (d) - iii
D. (a) - iv, (b) - ii, (c) - i, (d) - iii

Q.89 निर्देश: दिए गए कथनों को ध्यान से पढ़ें और उसके अनुसार सही विकल्प चुनें।

अभिकथन (A): मानव संसाधन लेखांकन संगठन के लिए लोगों की लागत और मूल्य का माप है।

रीज़निंग (R): मानव संसाधन लेखांकन में कर्मचारियों की भर्ती, चयन, किराया, प्रशिक्षण और कर्मचारियों को विकसित करने और संगठन के लिए उनके आर्थिक मूल्य को निर्धारित करने के लिए लागत को मापने के लिए शामिल है।

A. अभिकथन (A) और रीज़निंग (R) सही हैं और (R) (A) का सही विवरण है
B. अभिकथन (A) और रीज़निंग (R) सही हैं और (R) (A) का सही विवरण नहीं है
C. अभिकथन (A) सही है लेकिन रीज़निंग (R) गलत है
D. अभिकथन (A) और रीज़निंग (R) दोनों गलत हैं

Q.90 निम्नलिखित में से कौन 'फंड्स' शब्द का प्रतिनिधित्व करता है जैसा कि 'फंड्स फ्लो स्टेटमेंट' में इस्तेमाल किया गया है?

A. नकद
B. वर्तमान संपत्ति
C. वर्तमान देनदारियां
D. वर्तमान संपत्ति माइनस वर्तमान देनदारियां

Q.91 दी गई सूचियों का मिलान करें और उत्तर के लिए सही कोड का चयन करें।

सूची - I	सूची - II
1. हर्ज़बर्ग	a. ईआरजी थ्योरी
2. मेकग्रेगर	b. थ्री नीड थ्योरी
3. एल्डरफर	c. थ्योरी एक्स और थ्योरी व्हाई
4. डेविड मैक्क्लेलैंड	d. टू फैक्टर थ्योरी

A. 1 - a, 2 - b, 3 - c, 4 - d
B. 1 - d, 2 - c, 3 - b, 4 - a
C. 1 - b, 2 - a, 3 - d, 4 - c
D. 1 - d, 2 - c, 3 - a, 4 - b

Q.92 निम्नलिखित में से कौन सा एक आचार संहिता हो सकता है?

A. हम ग्राहक को दुकान से धक्का देते हैं।
B. हमारी पहली जिम्मेदारी हमारे ग्राहकों की है।
C. करो और मरो।
D. चलो पैसे कमाएं!

Q.93 सही विकल्प के साथ निम्नलिखित कथन को पूरा करें।

संवेदनशीलता विश्लेषण के लिए किया जाता है

A. जोखिम का पता लगाना
B. लाभप्रदता निर्धारण
C. जोखिम प्रोफ़ाइल के लिए परिदृश्य बनाना
D. इनमे से कोई भी नहीं

Q.94 निम्नलिखित में से कौन 'प्रत्यक्ष वितरण प्रणाली' की एक विधा नहीं है?

A. ट्रेडिंग मध्यस्थों
B. वेंडिंग मशीन
C. खुद की बिक्री डिपो
D. फ्रेंचाइजी की दुकानें

Q.95 निम्नलिखित में से कौन एक डाटाबेस मैनेजमेंट सिस्टम है?

A. एमएस एक्सेस
B. एमएस एक्सेल
C. एमएस आउटलुक
D. उपर्युक्त में से कोई नहीं

Q.96 उद्देश्य की एकता का सिद्धांत कहता है कि होना चाहिए:

A. केवल एक ही उद्देश्य
B. पूर्व निर्धारित उद्देश्य
C. उद्देश्यों के बीच समन्वय
D. उपर्युक्त में से कोई नहीं

Q.97 उत्पाद लाइन की रणनीति वह है जहां एक कंपनी एक व्यापक बाजार को आकर्षित करने के लिए एक उच्च कीमत वाले उत्पाद को एक पंक्ति में जोड़ती है, जो अपने मौजूदा कम कीमत वाले उत्पादों की बिक्री में मदद करती है। इस रणनीति को कहा जाता है

A. महंगा व्यापार करना
B. सस्ता व्यापार करना
C. जीवन-चक्र का विस्तार
D. उत्पाद लाइन विस्तार

Q.98 निम्नलिखित में से कौन बिक्री संवर्धन का उपकरण नहीं है?

A. बिक्री प्रतियोगिता
B. मुफ्त उपहार
C. खरीद प्रदर्शित करने का बिंदु
D. जनसंपर्क

Q.99 एचआरएम के लिए विकसित 'द हार्वर्ड फ्रेमवर्क' के अनुसार सूची - I के साथ सूची - II की वस्तुओं का मिलान करें।

सूची - I	सूची - II
(a) हितधारकों का हित	(i) कार्य प्रणाली
(b) स्थिति कारक	(ii) लागत प्रभावशीलता
(c) एचआरएम नीति विकल्प	(iii) व्यक्तिगत कल्याण
(d) एचआर परिणाम	(iv) सरकार
(e) दीर्घकालिक परिणाम	(v) व्यापार रणनीति

A. (a) - (iv), (b) - (i), (c) - (ii), (d) - (iii), (e) - (v)
B. (a) - (v), (b) - (iv), (c) - (ii), (d) - (i), (e) - (iii)
C. (a) - (iv), (b) - (v), (c) - (i), (d) - (ii), (e) - (iii)
D. (a) - (i), (b) - (v), (c) - (ii), (d) - (iii), (e) - (iv)

Q.100 इनमें से कौन एक कॉर्पोरेट की पूंजी संरचना को डिजाइन करने में माना जाता है?

A. इक्विटी पर ट्रेडिंग
B. पूंजी की लागत
C. लाभप्रदता
D. ऊपर के सभी

Q.101 एचआरएम का एक समामेल है:

A. नौकरी विश्लेषण, भर्ती और चयन
B. सामाजिक व्यवहार और व्यावसायिक नैतिकता
C. संगठनात्मक व्यवहार, कार्मिक प्रबंधन और औद्योगिक संबंध
D. नियोक्ता और कर्मचारी

Q.102 भर्ती की प्रक्रिया से का संबंध है

A. सही उम्मीदवार का चयन
B. संभावित कर्मचारियों का एक पूल विकसित करना
C. नौकरियों के लिए आवेदन आमंत्रित
D. इनमे से कोई भी नहीं

Q.103 कर्मचारियों की विकास क्षमता की पहचान करना किया जाता है

A. नौकरी संवर्धन से
B. कार्य मूल्यांकन से
C. नौकरी मूल्यांकन केंद्र से
D. स्थान के विवरण से

Q.104 एक कर्मचारी को संगठन छोड़ने के समय आयोजित एक साक्षात्कार कहा जाता है:

A. निकास साक्षात्कार
B. प्रतिक्रिया साक्षात्कार
C. यकीनी साक्षात्कार
D. निर्देशित साक्षात्कार

Q.105 निम्नलिखित प्रशिक्षण विधियों में से कौन नए भर्ती हुए कर्मचारी को विभिन्न व्यावसायिक कार्यों, प्रभागों और विभागों में उजागर करता है?

A. अभिविन्यास
B. प्रकोष्ठ प्रशिक्षण

C. ऑफ-द-जॉब प्रशिक्षण   **D.** भूमिका निभाना

Q.106 घरेलू मुद्रा निम्नलिखित कारकों में से किसके कारण घटती है?
A. स्थिर मुद्रास्फीति दर
B. मुद्रास्फीति दर का कम होना
C. उच्च मुद्रास्फीति दर
D. ऊपर के सभी

Q.107 निम्नलिखित को मिलाएं।

सूची - I	सूची - II
(a) डब्ल्यूटीओ	(i) भुगतान समस्याओं के अल्पकालिक संतुलन को संबोधित करने के लिए ऋण प्रदान करता है
(b) आरबीआई	(ii) बहुपक्षीय व्यापार वार्ता निकाय
(c) आईएमएफ	(iii) पुनर्निर्माण और विकास के लिए उधार देने और उधार लेने की सुविधा
(d) आईबीआरडी	(iv) सेंट्रल बैंक ऑफ इंडिया

A. (a) - (ii), (b) - (iv), (c) - (i), (d) - (iii)
B. (a) - (iv), (b) - (iii), (c) - (ii), (d) - (i)
C. (a) - (iii), (b) - (ii), (c) - (iv), (d) - (i)
D. (a) - (i), (b) - (ii), (c) - (iii), (d) - (iv)

Q.108 दी गई सूचियों का मिलान करें और उत्तर के लिए सही कोड का चयन करें।

सूची - I	सूची - II
(a) बैंक दर नीति	1. रीडिस्कॉउंट के लिए योग्य बिलों की मुद्रा को छोटा करना शामिल है
(b) क्रेडिट राशनिंग	2. खुले बाजार में प्रतिभूतियों की खरीद और बिक्री को आमंत्रित करता है
(c) परिवर्तनीय आरक्षित व्यवस्था	3. छूट की दर में परिवर्तन को शामिल करता है
(d) खुला बाजार परिचालन	4. न्यूनतम भंडार की भिन्नता को शामिल करता है

A. a - 1, b - 4, c - 2, d - 3
B. a - 2, b - 1, c - 3, d - 4
C. a - 4, b - 2, c - 1, d - 3
D. a - 3, b - 1, c - 4, d - 2

Q.109 अंतर्राष्ट्रीय व्यापार के निर्धारण में निम्नलिखित में से कौन एक महत्वपूर्ण भूमिका निभाता है?
A. मांग की लोच   **B.** माँग की कीमत लोच
C. मांग की आय लोच   **D.** मांग की क्रॉस लोच

Q.110 एसडीआर को लोकप्रिय रूप में जाना जाता है
A. मुद्रा नोट   **B.** कागजी सोना
C. चांदी का सिक्का   **D.** सोने का सिक्का

Q.111 निम्नलिखित में से कौन अंतर-क्षेत्रीय व्यापार के संदर्भ में आर्थिक एकीकरण का एक रूप नहीं है?
A. सीमा शुल्क संघ   **B.** यूरोपीय संघ
C. आर्थिक संघ   **D.** अफ्रीकी संघ

Q.112 मुख्य लेखा परीक्षा कार्यकारी निम्नलिखित को छोड़कर सभी को प्राथमिकता देने के लिए एक विधि स्थापित करता है:
A. कम जोखिम वाले स्तरों वाली व्यावसायिक इकाइयाँ
B. कम जोखिम वाले स्तरों के साथ शाखा या फील्ड कार्यालय
C. बकाया जोखिम वाले क्षेत्रों
D. कम निहित जोखिम वाले क्षेत्र

Q.113 निम्नलिखित में से कौन सी आंतरिक लेखा परीक्षा आकलन विशिष्ट शासन प्रक्रियाओं से संबंधित है?
A. व्हिसलब्लोअर प्रक्रिया
B. जोखिम प्रबंधन लेखापरीक्षा प्रक्रिया
C. वित्तीय रिपोर्टिंग पर आंतरिक नियंत्रण
D. धोखेबाजी जोखिम

Q.114 उनके लेखकों के साथ निम्नलिखित कथनों का मिलान करें।

(a) "विपणन जीवन स्तर का वितरण है।"	(i) पीटर एफ. ड्रकर
(b) "विपणन में खरीद और बिक्री दोनों गतिविधियाँ शामिल हैं।"	(ii) फिलिप कोटलर
(c) "विपणन एक मानवीय गतिविधि है जो एक विनिमय प्रक्रिया के माध्यम से संतोषजनक आवश्यकताओं और जरूरतों पर आधारित है"	(iii) पॉल मजूर
(d) "विपणन एक प्रक्रिया है जो बाजार में जगह में आर्थिक मूल्य के योगदान में एक संसाधन विशिष्ट ज्ञान को परिवर्तित करती है"	(iv) पाइल

A. (a) - (iv), (b) - (iii), (c) - (i), (d) - (ii)
B. (a) - (iv), (b) - (ii), (c) - (iii), (d) - (i)
C. (a) - (iii), (b) - (iv), (c) - (ii), (d) - (i)
D. (a) - (i), (b) - (ii), (c) - (iv), (d) - (iii)

Q.115 निम्नलिखित में से कौन सा भुगतान अंतर्राष्ट्रीय मनी ट्रांसफर के लिए किया जाता है?
A. आरटीजीएस   **B.** एनईएफटी
C. स्विफ्ट   **D.** इनमें से कोई भी नहीं

Q.116 डीएफइसी का पूर्ण रूप है:
A. प्रत्यक्ष विदेशी विनिमय नियंत्रण
B. प्रत्यक्ष वित्त विनिमय नियंत्रण
C. कर मुक्त निर्यात ऋण
D. कर मुक्त विनिमय ऋण

Q.117 आयकर अधिनियम की धारा 288 A के तहत आय को पूर्णांक किया जाता है
A. 10 रूपये या उसके गुणकों के निकटनिकटतम
B. 100 रूपये या उसके गुणकों के निकटनिकटतम
C. 1 रूपये के निकटनिकटतम
D. इनमें से कोई नहीं

Q.118 निम्नलिखित में से कौन आयकर अधिकारियों के पदानुक्रम में सबसे ऊपर है?
A. आईटीओ   **B.** सीबीडीटी
C. आयकर आयुक्त   **D.** आयकर महानिदेशक

Q.119 सीओजीएस की गणना की जाती है:
A. आरंभिक स्टॉक + निवल खरीद - अन्तिम स्टॉक
B. आरंभिक स्टॉक + निवल सेल्स - अन्तिम स्टॉक
C. आरंभिक स्टॉक + निवल खरीद + प्रत्यक्ष व्यय - अन्तिम स्टॉक
D. आरंभिक स्टॉक + निवल खरीद + परिचालन व्यय - अन्तिम स्टॉक

Q.120 प्रबंधन के लिए एक अपवाद रिपोर्ट निम्नलिखित में से किसका उदाहरण है?
A. निवारक नियंत्रण   **B.** जासूसी नियंत्रण
C. सुधारात्मक नियंत्रण   **D.** निर्देशन नियंत्रण

Q.121 प्रारंभिक समीक्षा के दौरान आंतरिक नियंत्रण का मूल्यांकन करने का कौन सा तरीका ऑडिटर को एक प्रणाली के सर्वोत्तम दृश्य समझ और जटिल ऑपरेशन के विश्लेषण के लिए एक साधन प्रदान करता है?

A. एक प्रवाह संचित्र दृष्टिकोण

B. एक प्रश्नावली दृष्टिकोण

C. एक मैट्रिक्स दृष्टिकोण

D. एक विस्तृत कथात्मक दृष्टिकोण

Q.122 निम्नलिखित में से कौन सा उपकरण गतिविधियों और निर्णयों के अनुक्रम का चित्रमय प्रतिनिधित्व देगा?

A. प्रवाह संचित्र   **B.** नियंत्रण संचित्र

C. आयतचित्र   **D.** रन संचित्र

Q.123 निर्देश: दिए गए कथनों को ध्यान से पढ़ें और उसके अनुसार सही विकल्प चुनें।

अभिकथन (A): जब दो चर के बीच एक रैखिक संबंध का प्रमाण होता है, तो इसका मतलब हमेशा दो चर के बीच एक स्वतंत्र निर्भर संबंध नहीं हो सकता है।

कारण (R): दो चर के बीच के कारण संबंध दोनों के बीच एक उचित सैद्धांतिक संबंध नहीं हो सकता है।

निम्नलिखित कोड से सही उत्तर चुनें।

A. दोनों (A) और (R) सही हैं और (R) सही स्पष्टीकरण है।

B. दोनों (A) और (R) सही हैं, लेकिन (R) सही स्पष्टीकरण नहीं है।

C. (A) सही है, लेकिन (R) गलत है।

D. (A) गलत है, लेकिन (R) सही है।

Q.124 क्योटो प्रोटोकॉल संबंधित है:

A. प्रतियोगिता से

B. उपभोक्ता संरक्षण से

C. पर्यावरण संरक्षण से

D. परमाणु ऊर्जा उत्पादन से

Q.125 निम्नलिखित में से कौन सी एक व्यवसायिक प्रतिष्ठान द्वारा जल्द से जल्द प्राप्त की जानी चाहिए?

A. बजट की बिक्री   **B.** ब्रेक-इवन पॉइंट

C. निवेश पर वापसी   **D.** बाजार में हिस्सेदारी

Q.126 निर्देश: कारोबारी माहौल के कौन से निम्नलिखित घटक मेल खाते हैं।

(a) आर्थिक माहौल	(i) निर्यात-आयात नीति
(b) सामाजिक माहौल	(ii) कस्टम्स
(c) राजनीतिक माहौल	(iii) सामाजिक मूल्य
(d) कानूनी माहौल	(iv) व्यापार कानून और बैंकिंग अधिनियम

A. a - (i), b - (ii), c - (iii), d - (iv)

B. a - (iii), b - (iv), c - (ii), d - (i)

C. a - (iii), b - (i), c - (ii), d - (iv)

D. a - (i), b - (ii), c - (iv), d - (iii)

Q.127 लेखांकन मानक-3 के अनुसार तैयार किए गए नकदी प्रवाह विवरण में निम्नांकित में किन कार्यकलापों को अलग से दर्शाया जाना चाहिए?

a) उधार लिए जाने के कार्यकलापों से नकदी प्रवाह

b) परिचालन कार्यकलापों से नकदी प्रवाह

c) वित्तपोषण कार्यकलापों से नकदी प्रवाह

d) निवेश कार्यकलापों से नकदी प्रवाह

e) विविध कार्यकलापों से नकदी प्रवाह

A. a, b, c   **B.** a, c, e   **C.** b, c, d   **D.** a, b, e

Q.128 सूचियों में दी गई वस्तुओं से मिलान करें।

सूची I	सूची II
(a) आर्थिक उदारीकरण	(i) आईटी-सक्षम सेवाएं
(b) आउटसोर्सिंग	(ii) एसएफआईओ
(c) कॉर्पोरेट धोखाधड़ी	(iii) सूक्ष्म आर्थिक स्थिरता

(d) दूसरी पीढ़ी सुधार करती है	(iv) बढ़ी हुई प्रतियोगिता

सही संयोजन इंगित करें।

A. a - (i), b - (ii), c - (iii), d - (iv)

B. a - (i), b - (iii), c - (ii), d - (iv)

C. a - (ii), b - (iii), c - (iv), d - (i)

D. a - (iv), b - (i), c - (ii), d - (iii)

Q.129 कम देनदार-टर्नओवर अनुपात क्या दर्शाता है?

A. त्वरित वसूली   **B.** रिकवरी में देरी

C. उच्च ऋणी   **D.** इनमे से कोई भी नहीं

Q.130 इन्वेंट्री वैल्यूएशन के निम्नलिखित तरीकों में से किसके कारण इन्वेंट्री का कम मूल्यांकन और कम आय होती है जब मुद्रास्फीति बढ़ रही होती है?

A. एलआईएफओ   **B.** एफआईएफओ

C. सरल औसत विधि   **D.** भारित औसत विधि

Q.131 निम्नलिखित में से कौन सा जोड़ा गलत तरीके से मेल खाता है?

A. पूंजीगत व्यय: एक मशीन का परिवहन खर्च

B. निधि प्रवाह विवरण: कार्यशील पूंजी

C. शेयर पूंजी में कमी: पुनर्निर्माण

D. योगदान: बिक्री - लागत

Q.132 किसी कंपनी की बैलेंस शीट की देयता पक्ष में निम्नलिखित मदों की व्यवस्था कैसे की जाती है?

(i) वर्तमान देयता और प्रावधान

(ii) सुरक्षित ऋण

(iii) शेयर पूंजी

(iv) असुरक्षित ऋण

(v) आरक्षित और अधिशेष

A. (i) - (ii) - (iii) - (iv) - (v)

B. (iii) - (i) - (ii) - (iv) - (v)

C. (iii) - (v) - (ii) - (iv) - (i)

D. (iii) - (v) - (ii) - (i) - (iv)

Q.133 निम्नलिखित सूचियों का मिलान करें।

सूची - I	सूची - II
(a) मिलान सिद्धांत	(i) भविष्य के लाभ के अनुमानों की अनदेखी करता है
(b) भौतिकता सिद्धांत	(ii) परिसंपत्तियों के मूल्य निर्धारण के लिए सामान्य आधार
(c) रूढ़िवाद सिद्धांत	(iii) एक विशेष अवधि के राजस्व और खर्च
(d) लागत सिद्धांत	(iv) वस्तु या घटना के सापेक्ष आकार या महत्व से संबंधित है

A. a - (i), b - (iv), c - (ii), d - (iii)

B. a - (ii), b - (iii), c - (iv), d - (i)

C. a - (iii), b - (iv), c - (i), d - (ii)

D. a - (iv), b - (iii), c - (ii), d - (i)

Q.134 नीचे दिये गये कथनों में से कौन सही है?

A. एकाधिकारवादी अधिकतम संभव कीमत वसूलता है।

B. एकाधिकारवादी हमेशा (आर्थिक) लाभ कमाता है।

C. एकाधिकारवादी एक अकुशल मांग वक्र पर काम करता है।

D. इनमे से कोई भी नहीं

Q.135 मूल्य भेदभाव नीति के मामले में लाभ बढ़ाने में मदद करता है

A. योग्य प्रतिद्वंद्वी   **B.** एकाधिकार प्रतियोगिता

C. एकाधिकार   **D.** अल्पाधिकार

Q.136 पूरक उत्पादों के मामले में मांग की क्रॉस मूल्य लोच की प्रकृति होगी
- **A.** सकारात्मक
- **B.** नकारात्मक
- **C.** (A) और (B) दोनों
- **D.** शून्य

Q.137 सूची I की सूची II से मिलान करें।

सूची -I	सूची -II
A. बोडिंगटन के पूर्ण त्रुटि के आकलन का सूत्र (एई)	I. औसत एई $* \sqrt{n}$
B. पूर्ण निष्पक्षता के लिए बॉली का फार्मूला	II. $\frac{2}{3\sqrt{n}}$ औसत एई
C. कार्ल पियर्सन सूत्र	III. $\frac{(M-M_0)}{\sigma}$

सही कोड का चयन करें:
- **A.** a-(I), b-(II), c-(III)
- **B.** a-(II), b-(I), c-(III)
- **C.** a-(I), b-(I), c-(III)
- **D.** a-(II), b-(II), c-(III)

Q.138 निर्देश: निम्नलिखित का मिलान करें।

समूह - I (उत्पाद)	समूह - II (बाजार संरचना)
(a) अनाज	(i) एकाधिकार
(b) विमान सेवा	(ii) शुद्ध प्रतिस्पर्धा
(c) रेलवे	(iii) इजारेदार
(d) कारें	(iv) अल्पाधिकार

- **A.** a - (i), b - (ii), c - (iii), d - (iv)
- **B.** a - (ii), b - (iv), c - (i), d - (iii)
- **C.** a - (iii), b - (i), c - (iv), d - (ii)
- **D.** a - (iv), b - (ii), c - (iii), d - (i)

Q.139 निम्नलिखित में से कौन सा परीक्षण हम सामान्य रूप से गुणात्मक डेटा के लिए लागू करते हैं?
- **A.** Z परीक्षण
- **B.** T परीक्षण
- **C.** (X^2) ची-वर्ग परीक्षण
- **D.** एनोवा

Q.140 किसकी सिफारिश पर नाबार्ड की स्थापना की गई है?
- **A.** तलवार कमेटी
- **B.** टंडन समिति
- **C.** सीआरएएफआई सीएआरडी समिति
- **D.** जेम्स राज कमेटी

Q.141 भारतीय रिजर्व बैंक एक:
- **A.** वित्त मंत्रालय, भारत सरकार का विस्तार विंग है
- **B.** निगमित निकाय, जिसका शाश्वत उत्तराधिकार और एक सामान्य मुहर है
- **C.** भारतीय बैंको के संघ के स्वामित्व वाली संस्था
- **D.** निजी क्षेत्र की कंपनी है

Q.142 उनकी स्थापना के क्रम में निम्नलिखित की व्यवस्था करें।
(i) डब्ल्यूटीओ
(ii) विश्व बैंक
(iii) एसएएफटीए
(iv) एडीबी
- **A.** (ii), (iv), (i), (iii)
- **B.** (iii), (i), (iv), (ii)
- **C.** (iv), (iii), (ii), (i)
- **D.** (i), (iv), (iii), (ii)

Q.143 निम्नलिखित को मिलाएं।

सूची - I	सूची - II
(a) पूंजी बाजार	(i) आईआरडीए
(b) मौद्रिक नीति	(ii) सेबी
(c) दूरसंचार सेवाएं	(iii) आरबीआई
(d) बीमा	(iv) ट्राई

- **A.** (a) - (ii), (b) - (iii), (c) - (i), (d) - (iv)
- **B.** (a) - (ii), (b) - (iii), (c) - (iv), (d) - (i)
- **C.** (a) - (ii), (b) - (iv), (c) - (iii), (d) - (i)
- **D.** (a) - (ii), (b) - (i), (c) - (iv), (d) - (iii)

Q.144 निम्नलिखित में से कौन सा साधन अंतरराष्ट्रीय व्यापार में एक रणनीतिक गठबंधन को इंगित करता है?
- **A.** फ्रेंचाइजिंग
- **B.** पट्टा
- **C.** तैयारशुदा परियोजना
- **D.** संयुक्त उद्यम

Q.145 बैंकों द्वारा केवाईसी निर्देशों के तहत लेन-देन का रिकॉर्ड कितने समय रखा जाना है?
- **A.** 15 साल
- **B.** 10 साल
- **C.** 5 वर्ष
- **D.** 1 साल

Q.146 निर्देश: नीचे दिए गए विकल्पों में से सही विकल्प के साथ कथन को पूरा करें।
एक अनुरोध या आदेश, और नियमों या निर्देशों के अनुसार कार्य करना जिसके द्वारा एक संगठन वैधानिक कानूनों और विनियमों को सुनिश्चित करता है जो उस पर लागू होता है कहलाता है:
- **A.** अनुशासन
- **B.** अनुपालन
- **C.** आचार संहिता
- **D.** व्यापार को नैतिकता

Q.147 सभी आंतरिक लेखा परीक्षकों के लिए आचार संहिता और नैतिक व्यवहार मानकों को पुन: लागू करना निम्नलिखित में से किसकी रक्षा कर सकता है?
- **A.** व्यापार जोखिम
- **B.** विफलताओं की ऑडिट
- **C.** झूठे आश्वासन की ऑडिट
- **D.** प्रतिष्ठा जोखिम की ऑडिट

Q.148 स्वतंत्र भारत में पहला बड़ा विदेशी मुद्रा संकट हुआ:
- **A.** 1955
- **B.** 1956
- **C.** 1969
- **D.** 1991

Q.149 इन्वेंट्री के शेड्यूल में कास्टिंग की गलती के कारण क्लोजिंग स्टॉक 9,000 रुपये से अधिक था। यदि यह त्रुटि अंतिम खाते की तैयारी के बाद स्थित है तो निम्नलिखित में से कौन सा सुधार प्रविष्टि सही है?
- **A.** स्टॉक A/c Dr. 9,000 से सस्पेंस A/c 9,000
- **B.** सस्पेंस A/c Dr. 9,000 से स्टॉक A/c 9,000
- **C.** सस्पेंस A/c Dr. 9,000 लाभ के लिए और नुकसान A/c 9,000
- **D.** लाभ और हानि A/c Dr. 9,000 से स्टॉक A/c 9,000

Q.150 नौकरी मूल्यांकन एक ऐसी तकनीक है जिसका उद्देश्य है:
- **A.** उचित और समान वेतन संरचना की स्थापना
- **B.** अद्यतन प्रौद्योगिकी की आवश्यकता का विश्लेषण
- **C.** नौकरियों की सुरक्षा की आवश्यकता का आकलन
- **D.** उत्पादकता में सुधार

// स्मार्ट उत्तर पुस्तिका //

सही उत्तर उन छात्रों का प्रतिशत जिन्होंने प्रश्नों का सही उत्तर दिया था।   **छोड़ दिया** उन छात्रों का प्रतिशत जिन्होंने प्रश्नों को छोड़ दिया था।

प्रश्न संख्या	उत्तर	सही उत्तर / छोड़ दिया	प्रश्न संख्या	उत्तर	सही उत्तर / छोड़ दिया	प्रश्न संख्या	उत्तर	सही उत्तर / छोड़ दिया	प्रश्न संख्या	उत्तर	सही उत्तर / छोड़ दिया	प्रश्न संख्या	उत्तर	सही उत्तर / छोड़ दिया
1	D	30.77 % / 7.69 %	17	B	28.21 % / 64.83 %	33	D	27.84 % / 65.57 %	49	D	1.1 % / 87.54 %	65	B	16.85 % / 63.37 %
2	C	30.77 % / 61.9 %	18	A	20.15 % / 64.83 %	34	A	17.58 % / 65.57 %	50	B	9.16 % / 87.91 %	66	C	26.37 % / 62.64 %
3	B	23.81 % / 62.27 %	19	C	17.95 % / 64.47 %	35	A	8.42 % / 87.55 %	51	A	29.3 % / 60.08 %	67	C	15.02 % / 62.64 %
4	C	22.34 % / 62.64 %	20	C	25.27 % / 64.84 %	36	D	1.83 % / 87.55 %	52	B	23.08 % / 62.63 %	68	D	17.22 % / 62.63 %
5	D	14.29 % / 63.73 %	21	A	26.37 % / 65.21 %	37	D	9.16 % / 87.54 %	53	D	22.71 % / 62.64 %	69	D	4.4 % / 62.63 %
6	C	22.71 % / 64.47 %	22	D	13.92 % / 64.83 %	38	B	6.96 % / 87.55 %	54	A	24.91 % / 63.37 %	70	B	23.44 % / 62.64 %
7	D	26.01 % / 64.47 %	23	A	24.91 % / 64.83 %	39	A	10.99 % / 87.18 %	55	B	10.62 % / 63.01 %	71	D	16.48 % / 63.01 %
8	B	22.71 % / 64.84 %	24	B	18.32 % / 64.46 %	40	A	8.79 % / 87.55 %	56	A	15.75 % / 62.64 %	72	C	23.44 % / 63.37 %
9	D	8.42 % / 64.11 %	25	A	19.41 % / 64.47 %	41	A	9.89 % / 87.55 %	57	A	13.92 % / 63.0 %	73	B	11.36 % / 63.37 %
10	B	17.22 % / 65.2 %	26	B	19.05 % / 66.3 %	42	A	9.16 % / 87.54 %	58	C	23.08 % / 62.63 %	74	C	19.41 % / 63.01 %
11	A	16.48 % / 65.2 %	27	B	19.78 % / 66.67 %	43	B	6.23 % / 87.54 %	59	B	23.08 % / 62.63 %	75	B	16.48 % / 63.74 %
12	B	24.91 % / 64.83 %	28	D	17.95 % / 65.93 %	44	A	8.42 % / 87.18 %	60	C	24.54 % / 62.64 %	76	D	18.68 % / 63.0 %
13	A	30.77 % / 65.2 %	29	C	22.34 % / 65.94 %	45	B	6.96 % / 87.55 %	61	A	24.54 % / 63.37 %	77	B	23.81 % / 63.37 %
14	A	28.57 % / 64.84 %	30	C	26.37 % / 65.21 %	46	C	7.33 % / 87.54 %	62	C	20.51 % / 63.01 %	78	C	13.55 % / 63.74 %
15	D	31.14 % / 64.83 %	31	A	22.34 % / 65.21 %	47	B	10.62 % / 87.91 %	63	C	14.65 % / 63.01 %	79	A	19.05 % / 64.47 %
16	D	25.27 % / 64.47 %	32	C	17.22 % / 65.56 %	48	A	10.99 % / 87.91 %	64	C	30.04 % / 63.37 %	80	C	12.45 % / 64.47 %

प्रश्न संख्या	उत्तर	सही उत्तर / छोड़ दिया		प्रश्न संख्या	उत्तर	सही उत्तर / छोड़ दिया		प्रश्न संख्या	उत्तर	सही उत्तर / छोड़ दिया		प्रश्न संख्या	उत्तर	सही उत्तर / छोड़ दिया		प्रश्न संख्या	उत्तर	सही उत्तर / छोड़ दिया
81	B	24.54 %	64.47 %	95	A	17.22 %	64.83 %	109	B	12.09 %	66.3 %	123	A	19.78 %	67.03 %	137	A	19.05 %	67.03 %
82	C	13.55 %	64.47 %	96	B	6.96 %	64.83 %	110	B	23.08 %	66.3 %	124	C	28.21 %	67.03 %	138	B	26.37 %	67.77 %
83	A	12.45 %	64.47 %	97	A	15.02 %	65.2 %	111	D	18.68 %	66.3 %	125	B	17.22 %	67.03 %	139	C	20.15 %	67.76 %
84	C	6.96 %	64.47 %	98	D	19.41 %	64.84 %	112	D	15.02 %	67.03 %	126	A	20.51 %	67.77 %	140	C	9.16 %	67.03 %
85	C	12.09 %	64.83 %	99	C	10.62 %	64.84 %	113	A	12.45 %	66.3 %	127	C	26.37 %	67.04 %	141	A	18.32 %	67.03 %
86	D	10.62 %	65.2 %	100	D	29.3 %	64.11 %	114	C	12.45 %	67.77 %	128	D	19.41 %	68.14 %	142	A	21.25 %	67.03 %
87	C	13.92 %	65.57 %	101	C	17.95 %	64.83 %	115	C	26.37 %	67.04 %	129	B	19.05 %	67.03 %	143	B	27.84 %	67.76 %
88	B	15.02 %	65.93 %	102	C	8.42 %	66.31 %	116	C	15.02 %	67.03 %	130	A	17.22 %	67.4 %	144	D	17.95 %	67.4 %
89	A	29.67 %	64.84 %	103	C	7.69 %	66.3 %	117	A	19.78 %	67.4 %	131	B	6.96 %	67.4 %	145	C	12.82 %	67.03 %
90	D	21.98 %	64.83 %	104	A	19.05 %	66.3 %	118	B	21.25 %	67.03 %	132	C	19.41 %	67.4 %	146	B	6.59 %	67.04 %
91	D	19.78 %	65.93 %	105	A	25.27 %	66.31 %	119	C	20.51 %	67.04 %	133	C	23.44 %	68.14 %	147	D	14.65 %	66.3 %
92	B	31.87 %	64.83 %	106	C	19.05 %	66.66 %	120	C	12.09 %	67.4 %	134	A	12.09 %	67.03 %	148	D	15.38 %	66.3 %
93	A	16.12 %	64.83 %	107	A	29.67 %	67.03 %	121	A	13.19 %	67.03 %	135	C	21.25 %	67.03 %	149	D	8.42 %	66.31 %
94	A	22.71 %	64.84 %	108	D	26.37 %	67.04 %	122	D	4.03 %	67.4 %	136	B	17.22 %	67.03 %	150	A	22.34 %	66.3 %

//संकेत और समाधान//

1. प्लानिंग स्टेज, एक्टिंग स्टेज, एक्शन प्लान को विकसित करना और उसका पालन करना, संवाद करना और रिफ्लेक्ट करना ऐसी गतिविधियों के सेट हैं जो क्रिया अनुसंधान रणनीति के चक्रीय स्वरूप को दर्शाति हैं।

अत: विकल्प (D) सही है।

2. स्वायत्त विकास स्तर स्वयं के माध्यम से व्यवहार को विनियमित करने की चिंता करता है, यह उसके स्वयं के कार्यों को प्रतिबिंबित करने और मूल्यांकन करने के लिए एक व्यक्ति की क्षमता द्वारा बढ़ाया जाता है।

मेमोरी स्तर पर, शिक्षक शिक्षार्थियों द्वारा तथ्यों और सूचनाओं को याद रखने पर ध्यान केंद्रित करता है, सूचना, प्रक्रियाओं और अवधारणाओं की समझ पर कोई ध्यान नहीं है।

समझ के स्तर में, शिक्षार्थियों को विभिन्न अवधारणाओं और उनके संबंधों के अर्थ को जानने और तथ्यों, अवधारणाओं और सिद्धांतों को लागू करने के लिए तथ्यात्मक जानकारी को समझने की आवश्यकता होती है।

चिंतनशील स्तर में समस्या-केंद्रित दृष्टिकोण का उपयोग शामिल है।

अत: विकल्प (C) सही है।

3. पैरालिस्टिक - भाषण के मुखर लेकिन अशाब्दिक आयाम। इसका मतलब आप क्या कह रहे हैं के बजाये आप कैसे कह रहे हैं से है।
भाषाविज्ञान के प्रकार: -
(1) दर: वह गति जिस पर आप बोलते हैं।
(2) आयतन: स्वर की वाणी की शिथिलता या वैराग्य
(3) पिच: स्थानीय स्वर की उच्चता या नीचता।

अत: विकल्प (B) सही है।

4. क्रिया-शोध सबसे उपयुक्त है क्योंकि प्रिंसिपल शिक्षकों और छात्रों की भागीदारी को बेहतर बनाना चाहते हैं।
क्रिया-शोध शैक्षिक समस्याओं को हल करने और सुधार करने की एक व्यवस्थित प्रक्रिया है।

अत: विकल्प (C) सही है।

5. निष्कर्षों की रिपोर्टिंग के चरण में अनुसंधान नैतिकता के मुद्दे को प्रासंगिक माना जा सकता है।

अनुसंधान नैतिकता वैज्ञानिक शोधकर्ताओं के लिए आचरण के स्तर पर नियंत्रण करता है। वे परस्पर मान्यता और निष्पक्षता जैसे सहयोगी काम के लिए आवश्यक मूल्यों को ले जाते हैं।

अत: विकल्प (D) सही है।

6. सीखने वाले केंद्रित तरीकों को खोजने के लिए, शैक्षणिक मनोवैज्ञानिक तकनीकों का उपयोग किया जा सकता है। शैक्षणिक मनोविज्ञान, मनोविज्ञान की वह शाखा है जो मानव शिक्षा के वैज्ञानिक अध्ययन से संबंधित है।
शैक्षणिक समाजशास्त्र उन सामाजिक कारकों का अध्ययन है, जो सभी शैक्षिक संरचनाओं और प्रक्रियाओं से प्रभावित होते हैं, समाजों के भीतर और उनके बीच भी।
सामाजिक मनोविज्ञान सामाजिक चिंताओं पर केंद्रित है जो व्यक्तिगत कल्याण के साथ-साथ पूरे समाज के स्वास्थ्य पर एक शक्तिशाली प्रभाव डालते हैं।
घटनाविज्ञान चेतना की संरचनाओं का अध्ययन है जैसा कि एक व्यक्ति के दृष्टिकोण से अनुभव किया जाता है।

अत: विकल्प (C) सही है।

7. एक अच्छा संचारक एक आइस ब्रेकर के साथ अपनी प्रस्तुति शुरू करता है।

एक अच्छा आइस ब्रेकर संचारक को उस अजीबता को भरने में मदद करेगा जो प्रस्तुति शुरू करने से पहले वह महसूस कर सकता है। यह हमेशा श्रोताओं पर एक अनुकूल प्रभाव देगा।

अत: विकल्प (D) सही है।

8. अभिव्यंजक संचार एक संदेश के एन्कोडिंग को डिकोडर को कुछ प्रगति पर करने के लिए संदर्भित करता है। अभिव्यंजक भाषा में अनुरोध करना, जानकारी देना या आदेश देना आदि शामिल हैं; इसलिए, यह निष्क्रिय नहीं हो सकता। भाषा संबंधी विकार वाले व्यक्ति और जिनके पास अभिव्यंजक भाषा कौशल की कमी है, वे पार न कर पाने की निराशा को झेलते हैं और यह व्यवहार में परिलक्षित होता है जो निष्क्रिय आक्रामकता में से एक है। यह घटना छोटे बच्चों में भी देखी जाती है। वे चिड़चिड़े हो जाते हैं और नखरे करते हैं जब वे यह व्यक्त करने में असमर्थ होते हैं कि वे क्या चाहते हैं, या वे कैसा महसूस करते हैं।

जो कोई अपने मन से प्रवाह को व्यक्त करता है; इसलिए, बाहरी slues इसे ड्राइव नहीं करते हैं। यह एन्कोडर और डिकोडर के बीच समीकरण पर निर्भर नहीं करता है।

अत: विकल्प (B) सही है।

9. सतत और व्यापक मूल्यांकन की विशेषताएं हैं:

यह कई परीक्षाएँ लेकर छात्रों पर काम का बोझ बढ़ाता है। यह अंकों को ग्रेड से बदलता है। यह छात्र के हर पहलू का मूल्यांकन करता है। यद्यपि यह दिखता है कि 'यह छात्रों पर कार्यभार बढ़ाता है और कई परीक्षण करता है' यह वास्तव में निरंतर निगरानी द्वारा उन्हें लाभ पहुंचाता है।

अत: विकल्प (D) सही है।

10. समाज की प्रगति के रूप में, हम अधिक प्रदूषकों की खोज कर रहे हैं जो नकारात्मक जलवायु परिवर्तन प्रभाव और ग्लोबल वार्मिंग में योगदान दे रहे हैं। इनमें से कई प्रदूषक हमारे विनिर्माण और बिजली पैदा करने वाले उद्योगों से आते हैं, और चाहे वे कितने भी कम क्यों न हों, हमेशा कुछ प्रदूषकों में जा रहे हैं जो हमारे वायुमंडल में प्रवेश करेंगे। थर्मल पावर प्लांट हमारे वायुमंडल में जारी होने वाले प्रदूषकों की एक विस्तृत श्रृंखला के उत्पादन के लिए जाने जाते हैं।

वायुमंडल पर प्रभाव:

थर्मल पावर प्लांट बहुत सारी ग्रीनहाउस गैसों और राख को पंप करने के लिए जाने जाते हैं, जो जीवाश्म ईंधन को जलाने के उप-उत्पाद हैं। जबकि कुछ थर्मल पावर प्लांट सौर या परमाणु ऊर्जा का उपयोग करते हैं, वे जीवाश्म ईंधन पर बहुत अधिक निर्भर हैं।

कार्बन डाइऑक्साइड:

- कार्बन डाइऑक्साइड मुख्य गैसों में से एक हैयह जीवाश्म ईंधन के जलने से मुक्त हुआ है और इसे ग्रीनहाउस गैस और ग्लोबल वार्मिंग में योगदानकर्ता के रूप में जाना जाता है।

- थर्मल पावर प्लांट से निकलने वाली सभी गैसों में से, कार्बन डाइऑक्साइड मुख्य है, और थर्मल पावर प्लांट दुनिया भर में कार्बन डाइऑक्साइड के स्तर में वृद्धि के मुख्य योगदानकर्ताओं में से एक हैं।

सल्फर डाइऑक्साइड:

- सल्फर डाइऑक्साइड एक और गैस है जो बिजली संयंत्रों से जारी की जाती है।

- जबकि यह तकनीकी रूप से ग्रीनहाउस गैस नहीं है, यह वायुमंडल पर अप्रत्यक्ष प्रभाव डालने के लिए जाना जाता है क्योंकि यह आने वाली धूप के प्रकीर्णन, बादलों के बनने और वर्षा के पैटर्न को प्रभावित कर सकता है।

* तो, कई मामलों में, यह एक अप्रत्यक्ष ग्रीनहाउस गैस माना जाता है। सल्फर डाइऑक्साइड वातावरण में सल्फ्यूरिक एसिड बनाता है।

नाइट्रोजन ऑक्साइड:

* नाइट्रोजन ऑक्साइड गैसों का एक और सेट है जो थर्मल पावर प्लांट द्वारा वायुमंडल को जारी किया जाता है।
* थर्मल पावर प्लांट भी वैश्विक नाइट्रोजन ऑक्साइड के स्तर के सबसे बड़े योगदानकर्ताओं में से एक हैं।

कणिका तत्व:

* वायुमंडल का अन्य बड़ा प्रदूषक राख है।
* राख में अक्सर हानिकारक कणिका तत्व और साथ ही भारी धातुएँ होती हैं।
* राख के कई प्रभाव हो सकते हैं; जहाँ भी यह गिरता है, यह जलमार्ग और मिट्टी में मिल सकता है (इसका स्थानीय वातावरण होना जरूरी नहीं है) और मिट्टी / पानी की क्षारीयता को बदल देता है, जो कृषि प्रयोजनों और पानी के लिए अनुपयोगी मिट्टी को अनुपयोगी बना सकता है, और यह दृश्यता के मुद्दे पैदा कर सकता है।
* राख और कणिका तत्व भी स्मॉग का एक प्रमुख कारण है - जो दुनिया भर के कई शहरों में बहुत अधिक लगातार और खतरनाक पैमाने पर देखा जा रहा है।

अतः विकल्प (B) सही है।

11. उच्च स्तरीय अध्ययन के परिणाम हैं:

* विश्लेषण और समन्वय करने की क्षमता दिखाना।
* अभिव्यक्ति और स्वाभाविकता।
* संगठन और विशेषीकरण।

अध्ययन के परिणाम ऐसे कथन हैं जो महत्वपूर्ण और आवश्यक सीखने का वर्णन करते हैं जो शिक्षार्थियों ने हासिल किए हैं, और पाठ्यक्रम या कार्यक्रम के अंत में मज़बूती से प्रदर्शित कर सकते हैं। दूसरे शब्दों में, सीखने के परिणामों से यह पता चलता है कि शिक्षार्थी को क्या पता होगा और पाठ्यक्रम या कार्यक्रम के अंत तक कर पाएंगे।

अत: विकल्प (A) सही है।

12. उस महीने में रविवार की संख्या 5 है।

यदि एक वर्ष में 26 अगस्त गुरुवार है।

29 अगस्त को रविवार होगा।

इसलिए, रविवार 29, 22, 15, 8, 1 को है।

रविवारों की कुल संख्या 5 है।

अत: विकल्प (B) सही है।

13. शिक्षण में सहायक साधन पढ़ने, सुनने और उच्चारण जैसे कौशल को ऑडियो-भाषिक शिक्षण सहायक सामग्री बढ़ाते हैं।

शिक्षण की इस शैली का उपयोग विदेशी भाषाओं को सिखाने में किया जाता है। व्यवहार संबंधी सिद्धांत का पालन करते हुए ऑडियो भाषिक शिक्षण सहायता बनाई गई है। यह मानता है कि छात्रों को देशी भाषा का उपयोग किए बिना पढ़ाया जाना चाहिए।

अत: विकल्प (A) सही है।

14. एक अच्छा शिक्षक वह होता है जो कक्षा में अधिनायक नहीं होता है। उसे विद्यार्थियों को कक्षा की गतिविधियों में भाग लेने के लिए प्रोत्साहित करना चाहिए। एक शिक्षक को आजीवन शिक्षार्थी होना चाहिए और खुद को लगातार

अद्यतन करता रहना चाहिए। उसके पास सकारात्मक दृष्टिकोण और हास्य की अच्छी भावना होनी चाहिए।

अत: विकल्प (A) सही है।

15. पहली वर्णमाला लेते हुए,

B+2=D, D+2=F, F+2=H, H+2=J

संख्या लेना,

2 ✕ 2+1=5, 5 ✕ 2+2=12, 12 ✕ 2+3=27, 27 ✕ 2+4=58

अंतिम वर्णमाला लेते हुए,

E+3=H, H+3=K, K+3=N, N+3=Q

तो, अगला शब्द = J58Q

अत: विकल्प (D) सही है।

16. एक अवांछित ई-मेल संदेश जो कई प्राप्तकर्ताओं को एक ही बार में भेजा गया एक स्पैम होता है।

एक स्टैंडअलोन मैलवेयर कंप्यूटर प्रोग्राम जो अन्य कंप्यूटरों में फैलने के लिए खुद की प्रतिकृति बनाता है, एक वॉर्म होता है।

एक प्रकार का कंप्यूटर प्रोग्राम, जो निष्पादित करते समय, अन्य कंप्यूटर प्रोग्रामों को संशोधित करके और अपने स्वयं के कोड को सम्मिलित करे एक वायरस होता है।

एक संभावित नकारात्मक कार्रवाई या घटना जो एक भेद्यता द्वारा सुगम होती है, जिसके परिणामस्वरूप कंप्यूटर सिस्टम या एप्लिकेशन के अवांछित प्रभाव हो एक थ्रेट होता है।

अत: विकल्प (D) सही है।

17. पहली वर्णमाला लेते हुए,

A+3=D, D+4=H, H+5=M, M+6=S

दूसरी वर्णमाला लेते हुए,

B+5=G, G+6=M, M+7=T, T+8=B

अंतिम वर्णमाला लेते हुए,

D+7=K, K+8=S, S+9=B, B+10=L

तो, अगला शब्द = SBL

अत: विकल्प (B) सही है।

18. संसद और राज्य विधानसभाओं के अधिनियमों के तहत स्थापित विश्वविद्यालयों को आमतौर पर केंद्रीय विश्वविद्यालयों और राज्य विश्वविद्यालयों के रूप में जाना जाता है। इनमें से अधिकांश विश्वविद्यालयों के शासन का स्वरूप और संरचना समान है; एक कार्यकारी परिषद (जिसे सिंडिकेट या बोर्ड ऑफ मैनेजमेंट के रूप में भी जाना जाता है) के साथ प्रबंधन की जिम्मेदारी है।

प्रबंधन मंडल विश्वविद्यालय में प्रबंधन का प्रमुख अंग है। विश्वविद्यालय का सर्वोच्च कार्यकारी प्राधिकारी होने के नाते, यह उद्देश्य की एकरूपता के साथ कार्य करने में सक्षम एक कॉम्पैक्ट निकाय होना चाहिए।

इसके आकार और संरचना को निर्धारित करने में मुख्य विचार यह है कि यह विश्वविद्यालय को प्रभावी ढंग से चलाने के लिए एक साधन होना चाहिए और यह देखना चाहिए कि जिन बड़े उद्देश्यों और प्रयोजनों के लिए विश्वविद्यालय सार्वजनिक धन से समर्थित है, वे पूरे हों। इसीलिए यह सुझाव दिया जाता है कि सिंडिकेट / कार्यकारी परिषद बहुत बड़ी संस्था के बजाय एक कॉम्पैक्ट होनी चाहिए और यह कि यह व्यापक रूप से प्रतिनिधि निकाय के बजाय एक समरूप होना चाहिए, जिससे यह अच्छी तरह से विचार किए गए फैसलों को तुरंत लागू कर सके और संकट का प्रभावी ढंग से निपटान कर सकें।

अत: विकल्प (A) सही है ।

19. योग शिक्षा और कल्याण केंद्र: योग, अपने दार्शनिक के साथ-साथ आध्यात्मिक लाभ के अलावा, जीवन को खुश और सार्थक बनाने के लिए कई व्यावहारिक लाभ प्रदान करता है। यह विश्वविद्यालय शिक्षा में स्वास्थ्य सुनिश्चित करने के लिए समग्र हस्तक्षेप का एक साधन है। योगिक स्वास्थ्य की अवधारणा स्वास्थ्य की आधुनिक अवधारणा के अनुकूल है।

शैक्षिक अभ्यास के लिए योग के कई लाभ हैं। यह छात्रों, शिक्षकों और अभिभावकों जैसे शिक्षा के तीन मुख्य हितधारकों को सकारात्मक रूप से प्रभावित करता है।

जैसा कि योग सीधे आत्म-सुधार को बढ़ावा देता है, यह सीखने वाले की गुणवत्ता, शिक्षक की गुणवत्ता और अभिभावकों की गुणवत्ता को संबोधित कर सकता है। ये पूरी तरह से शिक्षा की गुणवत्ता को बढ़ाते हैं।

योग के कई लाभों में से, भावनात्मक कल्याण एक ऐसी स्थिति है जिसे तब तक बहुत महत्वपूर्ण माना जाता है जब तक युवाओं और किशोरों का संबंध है।

आखिरकार, भावनात्मक अच्छी तरह से मन की शांति, आत्म-नियंत्रण, एकाग्रता, स्मृति और बुद्धि और भावनाओं के बीच संतुलन कायम होता है। ये अप्रत्यक्ष रूप से शिक्षार्थे के शैक्षणिक प्रदर्शन को बढ़ाते हैं। इसे प्राप्त करने के दृष्टिकोण के साथ, योग विज्ञान को शिक्षा के क्षेत्र के लिए अनुकूलित किया जा सकता है और आसन, प्राणायाम, और इस उद्देश्य के लिए चुने गए मुद्रा योग शिक्षा का निर्माण करते हैं।

योग शिक्षा शब्द को योग की प्रशिक्षण और शिक्षण प्रक्रिया के रूप में जाना जाता है, हालांकि इसे शिक्षा प्रक्रिया को बेहतर समर्थन देने के लिए योग तकनीकों के अनुप्रयोग के रूप में भी देखा जाना चाहिए।

दोनों विषयों का लक्ष्य एक ही है और यह है कि मानव विकास की सामाजिक रूप से उपयोगी संभावनाओं को समग्र रूप से बढ़ाना।

योग अभ्यास का कल्याण पर एक सिद्ध प्रभाव पड़ता है और बाद में सीखने के परिणामों को निर्धारित करता है।

अत: विकल्प (C) सही है ।

20. सतत विकास लक्ष्य (SDG) का जन्म 2012 में रियो डी जनेरियो में सतत विकास पर संयुक्त राष्ट्र सम्मेलन में हुआ था।

उन्हें 2015 में सभी संयुक्त राष्ट्र सदस्य राज्यों द्वारा गरीबी को समाप्त करने, ग्रह की रक्षा करने, और यह सुनिश्चित करने के लिए 2030 तक सभी लोग शांति और समृद्धि का आनंद लेने के लिए एक सार्वभौमिक आह्वान के रूप में अपनाया गया था।

17 SDG एकीकृत होते हैं, वे मानते हैं कि एक क्षेत्र में कार्रवाई दूसरों में परिणामों को प्रभावित करेगी और विकास को सामाजिक, आर्थिक और पर्यावरणीय स्थिरता को संतुलित करना होगा।

SDG ने सहस्राब्दी विकास लक्ष्यों (MDG) का स्थान लिया, जिसने 2000 में गरीबी की गरिमा से निपटने के लिए एक वैश्विक प्रयास शुरू किया।

अत: विकल्प (C) सही है ।

21. ASCII आदान प्रदान सूचना के लिए अमेरिकन मानक कोड का एक संक्षिप्त नाम है।
ASCII कोड कंप्यूटर, दूरसंचार उपकरण और अन्य उपकरणों में पाठ का प्रतिनिधित्व करते हैं। अधिकांश आधुनिक चरित्र-एन्कोडिंग योजनाएं ASCII पर आधारित हैं, हालांकि वे कई अतिरिक्त वर्णों का समर्थन करते हैं।

अत: विकल्प (A) सही है ।

22. राष्ट्रीय शैक्षिक योजना और प्रशासन विश्वविद्यालय (NUEPA), जिसे राष्ट्रीय शैक्षिक योजना और प्रशासन संस्थान (NIEPA) के रूप में भी जाना जाता है:

मानव संसाधन विकास मंत्रालय, भारत सरकार द्वारा स्थापित नेशनल इंस्टीट्यूट ऑफ एजुकेशनल प्लानिंग एंड एडमिनिस्ट्रेशन (NIEPA), (मानित होने वाला विश्वविद्यालय)।

यह न केवल भारत में बल्कि दक्षिण एशिया में भी शिक्षा के नियोजन और प्रबंधन में क्षमता निर्माण और अनुसंधान से संबंधित एक प्रमुख संगठन है।

शैक्षिक योजना और प्रशासन के क्षेत्र में संगठन द्वारा किए गए अग्रणी कार्य की मान्यता में, भारत सरकार ने इसे अपनी डिग्री देने के लिए इसे अधिकार दिया है कि अगस्त 2006 में इसे डीम्ड होने का दर्जा देने का दर्जा दिया जाए। किसी भी केंद्रीय की तरह विश्वविद्यालय, एनआईईपीए भारत सरकार द्वारा पूरी तरह से बनाए रखा गया है।

इसकी दृष्टि ज्ञान की उन्नति के माध्यम से एक मानवीय सीखने वाले समाज को विकसित करना है।

इसका मिशन राष्ट्रीय और वैश्विक संदर्भों में उन्नत स्तर के शिक्षण, अनुसंधान और क्षमता निर्माण को बढ़ावा देकर शैक्षिक नीति, योजना और प्रबंधन में उत्कृष्टता का केंद्र बनना है।

अत: विकल्प (D) सही है ।

23. पर्यावरण को प्राकृतिक स्थितियों, परिस्थितियों और प्रभावों के एक समग्र सामाजिक-सांस्कृतिक संदर्भ जिसमें एक जीव स्थित है, के रूप में वर्णित किया जा सकता है। मानव और पर्यावरण के बीच बातचीत एक गतिशील फैशन है और जीवन भर चलती है। पर्यावरण एक बाहरी शक्ति है, जिसके साथ मनुष्य बातचीत करते हैं और समय के साथ प्रभावित होते हैं।

अत: विकल्प (A) सही है ।

24. छात्र के सीखने के स्तर का परीक्षण करने के लिए मुख्य रूप से फॉर्मेटिव मूल्यांकन किया जाता है। फॉर्मेटिव मूल्यांकन, छात्र मूल्यांकन प्राप्त करने के लिए शिक्षण और सीखने की गतिविधियों को संशोधित करने के लिए सीखने की प्रक्रिया के दौरान शिक्षकों द्वारा आयोजित किया जाता है। ये परीक्षा नहीं है बल्कि एक छात्र के सीखने के स्तर के बारे में जानने की प्रक्रिया है।

जबकि, अंतिम मूल्यांकन, यह जानने के लिए किया जाता है कि एक छात्र को कौन सी ग्रेड मिल रही है, जो उसके अंतिम सीखने के परिणामों को जानने के लिए है।

अत: विकल्प (B) सही है ।

25. जनसंख्या की अधिकतम वृद्धि दर (%) 1961 − 1971 में दर्ज की गई थी ।

दशक वार वृद्धि दर = (वृद्धि / प्रारंभिक जनसंख्या $\times 100$)

1951 − 1961	$\frac{1}{20} \times 100 = 5\%$
1961 − 1971	$\frac{3}{21} \times 100 = 14.28\%$
1971 − 1981	$\frac{3}{24} \times 100 = 12.5\%$
1981 − 1991	$\frac{3}{27} \times 100 = 11.11\%$
1991 − 2001	$\frac{2}{30} \times 100 = 6.67\%$
2001 − 2011	$\frac{3}{32} \times 100 = 9.37\%$

अत: विकल्प (A) सही है ।

26. जनसंख्या की औसत गिरावट दर 9.82% (लगभग) है।

औसत $=$ अवलोकन का योग / अवलोकन की कुल संख्या

$1951 - 1961$	$\frac{1}{20} \times 100 = 5\%$
$1961 - 1971$	$\frac{3}{21} \times 100 = 14.28\%$
$1971 - 1981$	$\frac{3}{24} \times 100 = 12.5\%$
$1981 - 1991$	$\frac{3}{27} \times 100 = 11.11\%$
$1991 - 2001$	$\frac{2}{30} \times 100 = 6.67\%$
$2001 - 2011$	$\frac{3}{32} \times 100 = 9.37\%$

कुल वृद्धि % = $(5 + 14.28 + 12.50 + 11.11 + 6.67 + 9.37)\%$

$= 58.93\%$

दशकों की कुल संख्या $= 6$

औसत $= \frac{58.93\%}{6} = 9.82\%$

अत: विकल्प (B) सही है ।

27. $35 + \frac{35 \times 9.28}{100} = 38.44$ मिलियन

वर्ष 2021 में जनसंख्या 38.44 मिलियन होगी।

अत: विकल्प (B) सही है ।

28. वर्ष 1951 में, प्रति व्यक्ति बिजली की उपलब्धता 500 वॉट थी।

1 गीगा वॉट $= 1000$ मिलियन वॉट

10 गीगा वॉट $= 10000$ मिलियन वॉट

प्रति व्यक्ति बिजली की उपलब्धता = विद्युत ऊर्जा उत्पादन / जनसंख्या

$= \frac{10000}{20} = 500$ वॉट

अत: विकल्प (D) सही है ।

29. 2011 में प्रति व्यक्ति औसत बिजली की उपलब्धता अधिकतम थी।

प्रति व्यक्ति बिजली की उपलब्धता = विद्युत ऊर्जा उत्पादन / जनसंख्या

1951	$\frac{10000}{20} = 500$ वॉट
1961	$\frac{20000}{21} = 952.38$ वॉट
1971	$\frac{25000}{24} = 1041.67$ वॉट
1981	$\frac{40000}{27} = 1481.48$ वॉट
1991	$\frac{50000}{30} = 1666.67$ वॉट
2001	$\frac{80000}{32} = 2500$ वॉट
2011	$\frac{100000}{35} = 2857$ वॉट

अत: विकल्प (C) सही है ।

30. G2C का अर्थ है सरकार से नागरिक है।

ई-गवर्नेंस सरकारों द्वारा नए आईसीटी के उपयोग पर केंद्रित है क्योंकि यह सरकारी कार्यों की पूरी श्रृंखला पर लागू होता है। यह सूचना और संचार प्रौद्योगिकी का अनुप्रयोग है जो सरकारी सेवाओं, संचार, लेनदेन, एकीकरण के लिए विभिन्न स्टैंड अलोन सिस्टम, सूचनाओं के आदान-प्रदान और सरकार और नागरिक, सरकार और व्यवसाय के साथ-साथ बैक-ऑफिस प्रक्रिया और सहभागिता के बीच सेवाओं में मदद करता है।

ई-गवर्नेंस में सरकार की बातचीत के प्रकार।

G2G: सरकार से सरकार

G2C: सरकार से नागरिक

G2B: सरकार से व्यापार

G2E: सरकार से कर्मचारी

अत: विकल्प (C) सही है ।

31. किसी कंप्यूटर में, यदि 8 बिट्स का उपयोग मेमोरी में एड्रेस को निर्दिष्ट करने के लिए किया जाता है, तो एड्रेस की कुल संख्या $2^{\text{बिट्स}} = 2^8 = 256$ एड्रेस होगी।

अत: विकल्प (A) सही है ।

32. ऑडियो फ़ाइल प्रारूप हैं: .wav और .aac
(a) .wav - वेवफॉर्म ऑडियो फॉर्मेट
(b) .aac - एडवांस ऑडियो कोडिंग
(c) .wmv - विंडोज मीडिया वीडियो
(d) .flv - फ्लैश लाइव वीडियो

अत: विकल्प (C) सही है ।

33. उपर्युक्त सभी घर के अंदर लगाए जाने वाले पौधे, घर की अंदर की हवा की गुणवत्ता को सुधारते हैं।
नासा का एक अध्ययन इस बात की पुष्टि करता है कि आम हाउसप्लंट प्राकृतिक एयर प्यूरीफायर हैं। इनमें एलो वेरा, एरेका पाम, लेडी पाम, ड्रैगन ट्री, बांस अन्य शामिल हैं।

अत: विकल्प (D) सही है ।

34. (A) सही है लेकिन (R) (A) का सही स्पष्टीकरण नहीं है।
नई नीतियों ने उत्पादन क्षमता, आयातित पूंजीगत सामान, मध्यवर्ती आदानों और प्रौद्योगिकी पर कई सरकारी नियंत्रणों को उदार बनाया है। इन सुधारों का मुख्य जोर खुलेपन पर रहा है, यानी निर्यात के लिए उदारीकरण और बाधाओं को दूर करना।

अत: विकल्प (A) सही है ।

35. कक्षा संचार वह साधन है जिसके द्वारा शिक्षकों और छात्रों की बदलती जरूरतों और दृष्टिकोणों को एक-दूसरे को बताया जाता है और सीखने के परिणाम प्राप्त किए जाते हैं।

जैसे-जैसे शिक्षा अधिक समावेशी होती जाती है, बहुसांस्कृतिक कक्षा में शिक्षण प्रभावशीलता में सुधार करने के लिए सहानुभूति को वर्गीकृत किया जाता है।

एक शिक्षक को सक्रिय श्रवण का अभ्यास करना चाहिए, अर्थात्, सुनी-सुनाई बातों और सहानुभूति के अर्थ को समझने और संलग्न करने के लिए, अर्थात्, शिक्षार्थियों के लिए संचार के लिए अनुकूल वातावरण को बढ़ावा देने के लिए बिना शर्त सकारात्मक संबंध। यह शिक्षक को छात्रों की जगह खुद को रखकर और उनकी जरूरतों और भावनाओं और चिंताओं के प्रति संवेदनशील होने में मदद करता है।

एक शिक्षक को कक्षा के व्याख्यान की योजना बनाने और व्यवस्थित करने के लिए शिक्षार्थियों की पृष्ठभूमि और विशेषताओं के बारे में भी सीखना चाहिए।

छात्रों को उनकी आवश्यकताओं के अनुसार सीखने के लिए व्याख्यान या संदेश को सरल से जटिल, अज्ञात से ज्ञात, सीखने के लिए अवलोकन किया जाना चाहिए। सैद्धांतिक के बजाय एक अधिक व्यावहारिक दृष्टिकोण अपनाया जाना चाहिए।

कक्षा संचार को उद्देश्यपूर्ण, सकारात्मक और व्यावहारिक माना जाता है।

अतः विकल्प (A) सही है।

36. संचार की शैलियाँ: एक ऐसा तरीका जिसमें हर व्यक्ति बातचीत करता है और विचारों का आदान-प्रदान अद्वितीय होता है और इसे संचार की शैली माना जाता है।

महत्वपूर्ण संचार शैली है:

- मुखर
- आक्रामक
- निष्क्रिय
- आक्रामक निष्क्रिय

अतः विकल्प (D) सही है।

37. प्रभावी शिक्षक: अपने सभी छात्रों को अधिगम के लिए प्रेरित करने और संलग्न करने के बजाय केवल यह स्वीकार करने के लिए प्रयास करें कि कुछ छात्र संलग्न नहीं हो सकते हैं और खराब तरीके से कर रहे हैं। उनका मानना है कि प्रत्येक छात्र स्कूल में सफलता प्राप्त करने में सक्षम है और वे प्रत्येक छात्र को सफल बनाने के तरीके खोजने के लिए सब कुछ कर सकते हैं।

शिक्षण-अधिगम प्रक्रिया विभिन्न कारकों से प्रभावित होती है। इन कारकों को तीन व्यापक क्षेत्रों में विभाजित किया गया है:

शिक्षक: शिक्षक की शैक्षिक योग्यता अधिगम को अत्यधिक प्रभावित करती है। एक पेशेवर शिक्षण डिग्री से युक्त शिक्षक और एक पेशेवर शिक्षण डिग्री से रहित शिक्षक में एक बड़ा अंतर है। शिक्षक के पास संप्रेषण, शिक्षण सहायक सामग्री का उपयोग, उचित शिक्षण विधियों का चयन, शिक्षण के लिए जुनून आदि जैसे कौशल में प्रवीणता होनी चाहिए। एक शिक्षक का अनुभव महत्वपूर्ण है क्योंकि यह अधिगम और संज्ञानात्मक स्तरों की एक अलग गति के साथ विभिन्न शिक्षार्थियों के साथ व्यवहार करने में आवश्यक है। शिक्षक का व्यक्तित्व, शिक्षण में अनुभव, शिक्षक का कार्यभार, शिक्षक की स्वास्थ्य स्थिति, शिक्षण की परिवर्तनशीलता और मौखिकता आदि शिक्षण-शिक्षण प्रक्रिया को प्रभावित करते हैं।

अधिगमकर्ता: अधिगमकर्ताओं में मनोवैज्ञानिक अंतर शिक्षण-अधिगम प्रक्रिया में महत्वपूर्ण भूमिका निभाते हैं। शिक्षार्थियों का दृष्टिकोण, छात्रों का अधिगम स्तर, छात्रों की सामाजिक-आर्थिक पृष्ठभूमि, छात्रों की योग्यता, अभिप्रेरण, मानसिक स्वास्थ्य और जीवन में लक्ष्य अधिगम को अत्यधिक प्रभावित करते हैं।

अधिगम वातावरण: शिक्षकों और अन्य साथी-समूहों के साथ अधिगमकर्ताओं की अंतःक्रिया कक्षा शिक्षण में सक्रिय भागीदारी के लिए महत्वपूर्ण है जिसे शिक्षक और अधिगमकर्ता दोनों को बनाए रखना पड़ता है। प्रत्यक्ष और अप्रत्यक्ष रूप से शिक्षकों और अधिगमकर्ताओं की सामाजिक और आर्थिक पृष्ठभूमि, उनके चिंतन को प्रभावित करती है। संस्था का प्रकार और आकार, कक्षा का आकार, ज्ञान का क्षेत्र, अनुदेशात्मक सहायक प्राप्य, शिक्षक-छात्रों का अनुपात, संस्था का वातावरण शिक्षण-अधिगम प्रक्रिया को प्रभावित करते हैं। कक्षा में अभिप्रेरणा महत्वपूर्ण है। शिक्षक बच्चे को प्रेरित करने और अधिगम के प्रति रुचि पैदा करने हेतु पारितोषिक प्रदान करने के लिए कक्षा में एक महत्वपूर्ण व्यक्ति है।

अधिगमकर्ताओं के अभिलक्षणों जैसे - अधिगमकर्ताओं का अभिप्रेरण स्तर, अधिगमकर्ता का पूर्व अनुभव, अधिगमकर्ताओं के अंतर्वैयक्तिक संबंध शिक्षण की प्रभाविता सुनिश्चित करने में सहायक होंगे।

अतः विकल्प (D) सही है।

38. माना कि सगुन और सृष्टि की वर्तमान आयु क्रमशः x और y वर्ष है,

अब, $\dfrac{A}{Q}$

$$xy = 240 \quad ...(1)$$

और, $2y - x = 4$

$$x = 2y - 4 \quad ...(2)$$

समीकरण (1) और समीकरण (2) से,

$$(2y - 4)y = 240$$

$$\Rightarrow (y - 2)y = 120$$

$$\Rightarrow y^2 - 2y - 120 = 0$$

$$\Rightarrow y^2 - 12y + 10y - 120 = 0$$

$$\Rightarrow y(y - 12) + 10(y - 12) = 0$$

$$\Rightarrow (y - 12)(y + 10) = 0$$

$$y = 12 \text{ और } y = -10$$

आयु ऋणात्मक नहीं हो सकती इसलिए $y = -10$ उपेक्षित है।

∴ सृष्टि की वर्तमान आयु 12 वर्ष है।

अतः विकल्प (B) सही है।

39. तर्क :

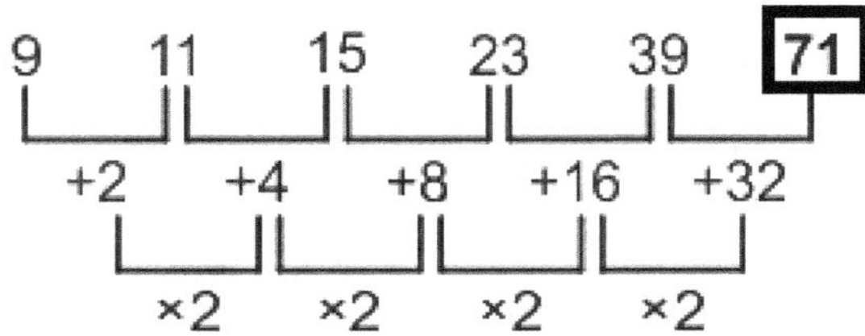

अतः विकल्प (A) सही है।

40. त्रिभुज के सभी कोणों का योग $180°$ है

त्रिभुज बनाने की स्थिति, त्रिभुज के किसी भी दो भुजाओं का योग हमेशा तीसरी भुजा से अधिक होता है

उदाहरण:- माना किसी भी त्रिभुज में, भुजाएँ 2, 3 और 4 हैं

किसी भी दो भुजाओं का योग तीसरी भुजा से अधिक होता है

⇒ $2 + 3 = 5 > 4$ या $3 + 4 = 7 > 2$ या $1 + 4 = 6 > 3$ (सत्य)

उपरोक्त अवधारणा से, हम कह सकते हैं कि उपरोक्त दोनों कथन सत्य हैं।

अतः विकल्प (A) सही है।

41. सेट A का औसत = $\dfrac{(2+5+9)}{3} = 5.33$

सेट B का औसत = $\dfrac{(1+6+10)}{3} = 5.66$

सेट C का औसत = $\dfrac{(3+4+8)}{3} = 5$

आरोही क्रम में व्यवस्था, $5 < 5.33 < 5.66$

∴ सही अनुक्रम C < A < B है।

अतः विकल्प (A) सही है।

42. माना परिमेय संख्या का अंश x है तब उसका हर $x + 6$ होगा।

परिमेय संख्या = अंश/हर

मूल परिमेय संख्या $= \dfrac{x}{(x+6)}$

अब, प्रश्न के अनुसार $\dfrac{A}{Q}$

$\dfrac{(x+4)}{(x+6-8)} = \dfrac{5}{3}$

$\Rightarrow \dfrac{(x+4)}{(x-2)} = \dfrac{5}{3}$

$\Rightarrow 3(x+4) = 5(x-2)$

$\Rightarrow 3x + 12 = 5x - 10$

$\Rightarrow 2x = 22$

$x = 11$

अंश $= x$ और हर $= 11 + 6 = 17$

$\therefore$ मूल परिमेय संख्या $\dfrac{11}{17}$ है।

अतः विकल्प (A) सही है।

43. यहाँ तर्क है:

$0 \times 1 \times 2 = 0$

$1 \times 2 \times 3 = 6$

$2 \times 3 \times 4 = 24$

$3 \times 4 \times 5 = 60$

$4 \times 5 \times 6 = 120$

$5 \times 6 \times 7 = 210 = X$

अतः विकल्प (B) सही है।

44. सही सुमेलित:

सूची I	सूची II
प्रदूषित प्रदूषक	पर्यावरणीय प्रभाव
A. कार्बन डाऑक्साइड	IV. ग्रीनहाउस गैस के रूप में ग्लोबल वार्मिंग में योगदान
B. कार्बन मोनोऑक्साइड	III. विषाक्त और सांस की बीमारियों को पैदा कर सकता है
C. नाइट्रोजन आक्साइड	I. अम्लीय वर्षा का निर्माण
D. बेंजीन और हाइड्रोकार्बन	II. विषाक्त और कैंसरकारी होते हैं

अतः विकल्प (A) सही है।

45. वैश्विक कार्बन डाइऑक्साइड उत्सर्जन में उनके योगदान के घटते क्रम में देशों का सही क्रम:

B. चीन

A. अमरीका (यूएसए)

D. इंडिया

C. रूस

E. जापान

कार्बन डाइऑक्साइड (CO_2) क्षेत्र से ग्रीनहाउस गैस उत्सर्जन का अधिकांश हिस्सा बनाता है, लेकिन मीथेन (CH_4) और नाइट्रस ऑक्साइड (N_2O) की थोड़ी मात्रा भी उत्सर्जित होती है। इन गैसों को बिजली बनाने के लिए कोयला, तेल और प्राकृतिक गैस जैसे जीवाश्म ईंधन के दहन के दौरान छोड़ा जाता है।

अतः विकल्प (B) सही है।

46. गद्यांश का तीसरा वाक्य बताता है - "कीमत ऐतिहासिक रूप से क्रेता की पसंद को प्रभावित करने वाला प्रमुख कारक है।"

यदि हम ध्यान से पूरे गद्यांश पर विचार करते हैं, तो यह एकमात्र वाक्य है जहां मूल्य के ऐतिहासिक महत्व का उल्लेख किया गया है।

इस संबंध में, दिए गए किसी अन्य विकल्प का उल्लेख नहीं किया गया है कि गद्यांश के अनुसार कीमत ऐतिहासिक रूप से महत्वपूर्ण क्यों थी।

अतः विकल्प (C) सही है।

47. गद्यांश का छठा वाक्य (या दूसरे गद्यांश का पहला वाक्य) कहता है - "विपणन में मूल्य ही एकमात्र तत्व है जो राजस्व का उत्पादन करता है; अन्य सभी तत्व लागतों को प्रस्तुत करते हैं।"

गद्यांश में दिए गए किसी अन्य विकल्प का उल्लेख नहीं है।

अतः विकल्प (B) सही है।

48. गद्यांश का ग्यारहवाँ वाक्य (या दूसरे गद्यांश का छठा वाक्य) बताता है - "हालांकि, स्मार्ट प्रबंधक ग्राहक मूल्य बनाने और नियंत्रित करने के लिए मूल्य को एक महत्वपूर्ण रणनीतिक उपकरण के रूप में मानते हैं।"

गद्यांश के अनुसार कोई अन्य विकल्प उपयुक्त उत्तर के रूप में कार्य नहीं करता है।

अतः विकल्प (A) सही है।

49. गद्यांश के सत्रहवें और अठारहवें वाक्य (या तीसरे गद्यांश के पहले और दूसरे वाक्य) में कहा गया है - वह शुल्क जो कम्पनी द्वारा लगाया जाता है "लाभ के उत्पादन के लिए बहुत कम और किसी भी मांग के उत्पादन के लिए बहुत अधिक,के बीच में होता है । यह मूल्य निर्धारित करने में प्रमुख विचारों को सारांशित करता है। "

यदि हम उपरोक्त वाक्य को समझने की कोशिश करते हैं, तो हम आसानी से समझते हैं कि यदि कीमत किसी लाभ का उत्पादन करने की तुलना में कम है, तो यह कंपनी के लिए स्वीकार्य मूल्य नहीं होगा।

इसके अलावा, हम यह अनुमान लगा सकते हैं कि यदि किसी मांग को उत्पन्न करने के लिए कीमत बहुत अधिक है, तो बिक्री नहीं होगी और फिर से, लाभ को झेलना होगा। इसलिए ऐसी कीमत कंपनी के लिए भी अस्वीकार्य है।

इस प्रकार कीमत की उच्च और निम्न सीमा दोनों ही मामलों में, यह प्रमुख कारक हैं।

अतः विकल्प (D) सही है।

50. गद्यांश का निष्कर्ष वाक्य बताता है - "उन दो चरम सीमाओं के बीच इसकी कीमत निर्धारित करने में, कंपनी को कई बाहरी और आंतरिक कारकों पर विचार करना चाहिए, जिसमें प्रतियोगियों की रणनीति और कीमतें, समग्र विपणन रणनीति और मिश्रण, और बाजार की प्रकृति और मांग शामिल हैं। "

केवल विकल्प a, b और c मूल्य निर्धारित करने में विचारित अन्य कारकों का प्रतिनिधित्व करते हैं।

अतः विकल्प (B) सही है।

51. कर्मचारी की सुरक्षा, स्वास्थ्य और कल्याण सुनिश्चित करना फैक्ट्रीज अधिनियम, 1948 का प्राथमिक उद्देश्य है।

फैक्ट्रीज अधिनियम, 1948 एक सामाजिक कानून है, जो कार्य स्थलों पर श्रमिकों की व्यावसायिक सुरक्षा, स्वास्थ्य और कल्याण के लिए बनाया गया है।

अधिनियम का उद्देश्य अधिनियम में प्रयुक्त 'फैक्टरी' शब्द की परिभाषा के भीतर आने वाले निर्माण प्रतिष्ठानों में काम की शर्तों को विनियमित करना है।

अतः विकल्प (A) सही है।

52. सही मिलान है: (a) - iii, (b) - i, (c) - ii, (d) - iv

एक भविष्य निधि सरकार द्वारा प्रायोजित सेवानिवृत्ति योजना है। नियोक्ता और कर्मचारी दोनों को कर्मचारी के लिए सेवानिवृत्ति कोष बनाने के उद्देश्य से भविष्य निधि खाते में योगदान करना आवश्यक है।

व्यक्तिगत सुरक्षा और सुरक्षा घर से दूर रहने वाले परिवारों के लिए एक प्रमुख चिंता का विषय है। हमारे अधिकांश परिवारों के लिए सौभाग्य से, वे अपने नए घरों में सुरक्षित और सुरक्षित महसूस करते हैं। कुछ के लिए यह बिल्कुल भी ऐसा नहीं था क्योंकि उन्होंने अब अपने परिवारों की सुरक्षा और सुरक्षा के लिए कई नए खतरों का सामना किया।

कर्मचारी को कंपनी के साथ होने वाले प्रत्येक वर्ष के लिए एक या दो सप्ताह के वेतन का भुगतान करें। अधिकारियों को सेवा के प्रत्येक वर्ष के लिए एक महीने का वेतन प्राप्त हो सकता है और वरिष्ठ अधिकारियों को आमतौर पर रोजगार अनुबंध में उल्लिखित वेतन भुगतान प्राप्त होता है।

जबकि परिवहन भत्ता निवास और कार्यालय के स्थान के बीच आने वाले खर्चों को पूरा करने या परिवहन व्यवसाय के कर्मचारी के व्यक्तिगत व्यय को पूरा करने के लिए दिया गया भत्ता है, जबकि भत्ता भत्ता कार्यालय के कर्तव्य के निष्पादन में व्यय को पूरा करने के लिए दिया गया भत्ता है।

अतः विकल्प (B) सही है।

53. बाजार नियंत्रण प्रक्रिया में प्रदर्शन मानकों, प्रदर्शन मूल्यांकन और सुधार विचलन का गठन होता है।

बाजार नियंत्रण को "बाजार रणनीतियों और योजनाओं के परिणामों को मापने और मूल्यांकन करने और विपणन उद्देश्यों को प्राप्त करने के लिए सुधारात्मक कार्रवाई करने के रूप में परिभाषित किया जा सकता है।"

अतः विकल्प (D) सही है।

54. सही मिलान:

सूची-I	सूची-II
(a) सही प्रतियोगिता	(i) कोई नियंत्रण नहीं
(b) एकाधिकार प्रतियोगिता	(ii) कुछ नियंत्रण
(c) अल्पाधिकार	(iii) व्यावहारिक रूप से कुछ नियंत्रण
(d) एकाधिकार	(iv) सामान्य नियंत्रण

सही प्रतियोगिता में फर्मों का कीमतों पर कोई नियंत्रण नहीं है। एकाधिकार प्रतियोगिता में फर्मों का कीमतों पर कुछ नियंत्रण होता है। अल्पाधिकार में फर्मों का व्यावहारिक रूप से कुछ नियंत्रण होता है। एकाधिकार में फर्मों का कीमतों पर सामान्य नियंत्रण होता है।

अतः विकल्प (A) सही है।

55. विघटन के समय एक दिवालिया साथी की पूंजी की कमी को लाभ या हानि को समायोजित करने के बाद पूंजी के अनुपात में वितरित किया जाना है।

अतः विकल्प (B) सही है।

56. विलियम जे.स्टैंटन ने कहा, "एक विपणन नीति एक कार्रवाई के दौरान का एक बयान है जिसका परिस्थितियों के एक सेट के तहत पालन किया जाएगा।"

अतः विकल्प (A) सही है।

57. वित्तीय उद्यम के मामले में भुगतान किए गए ब्याज से उत्पन्न नकदी प्रवाह एक परिचालन गतिविधियों का नकदी प्रवाह है।

ब्याज और प्राप्त लाभांश से नकद प्रवाह और भुगतान का अलग से खुलासा किया जाना चाहिए। ब्याज भुगतान और ब्याज से उत्पन्न नकदी प्रवाह और एक वित्तीय उद्यम के मामले में प्राप्त लाभांश को परिचालन गतिविधियों से उत्पन्न

होने वाले नकदी प्रवाह के रूप में वर्गीकृत किया जाना चाहिए। अन्य उद्यमों के मामले में, भुगतान किए गए ब्याज से उत्पन्न नकदी प्रवाह को वित्तपोषण गतिविधियों से नकदी प्रवाह के रूप में वर्गीकृत किया जाना चाहिए, जबकि ब्याज और प्राप्त लाभांश को निवेश गतिविधियों से नकदी प्रवाह के रूप में वर्गीकृत किया जाना चाहिए।

अतः विकल्प (A) सही है।

58. शेयर प्रीमियम उपयोग शेयर धारकों को बोनस शेयर जारी करने के लिए भी किया जा सकता है।

इसका इस्तेमाल आमतौर पर इक्विटी से जुड़े खर्चों जैसे अंडरराइटर की फीस के भुगतान के लिए किया जा सकता है।

अतः विकल्प (C) सही है।

59. तत्काल सॉल्वेंसी अनुपात तरल अनुपात या त्वरित अनुपात है जिसकी गणना अल्पकालिक वित्तीय स्थिति को जानने के लिए की जाती है और इसकी गणना तरल परिसंपत्तियों और वर्तमान देनदारियों से भी की जाती है।

अतः विकल्प (B) सही है।

60. अनिश्चित्ता वक्र आवश्यक रूप से एक दूसरे के समानांतर नहीं हैं। हालांकि, वे गिरते हुए और नकारात्मक ढंग से दाईं ओर झुके हुए होते हैं फिर भी गिरावट की दर सभी अनिश्चित्ता वक्र के लिए समान नहीं होगी।

अनिश्चित्ता वक्र की ढलान नकारात्मक होती है, उत्पत्ति के बिंदु तक अनिश्चित्ता वक्र उत्तल होता है, दो अनिश्चित्ता वक्र एक दूसरे को नहीं काटते हैं ये सभी उदासीनता वक्र के गुण हैं।

अतः विकल्प (C) सही है।

61. सही मिलान:

सूची - I	सूची - II
(a) मांग में वृद्धि	(ii) मांग वक्र का दाईं और झुकाव
(b) मांग का संकुचन	(i) मांग वक्र का बाईं और झुकाव
(c) क्रॉस मांग	(iv) एक वस्तु की मांग दूसरे संबंधित वस्तु की कीमतों में बदलाव के साथ
(d) संयुक्त मांग	(iii) एक विशिष्ट आवश्यकता को पूरा करने के लिए एक से अधिक वस्तुओं की मांग

अतः विकल्प (A) सही है।

62. चरण दूसरा में सीमांत उत्पाद और चर कारक का औसत उत्पाद दोनों कम हो रहे हैं लेकिन सकारात्मक बने हुए हैं। इस चरण में, कुल उत्पाद घटता हुआ दर तक बढ़ता रहता है जब तक कि यह अपने अधिकतम बिंदु H तक नहीं पहुँच जाता है जहाँ दूसरा चरण समाप्त होता है।

अतः विकल्प (C) सही है।

63. जोसेफ अलोइस शंपेटर ऑस्ट्रिया के राजनीतिक अर्थशास्त्री थे। उन्होंने एकाधिकार के सकारात्मक प्रभाव को बताया।

अतः विकल्प (C) सही है।

64. कमांड की एकता का मतलब केवल एक पर्यवेक्षक से आदेश प्राप्त करना है। फेयोल ने कहा है "जैसे ही दो वरिष्ठ एक ही व्यक्ति या विभाग पर अपना अधिकार जमाते हैं, असहजता खुद महसूस होती है। दोहरी कमान संघर्ष का एक स्थायी स्रोत है।"

जर्मन समाजशास्त्री मैक्स वेबर ने तर्क दिया कि नौकरशाही सबसे कुशल और तर्कसंगत तरीका बनाती है जिसमें मानव गतिविधि को व्यवस्थित किया जा सकता है और क्रम को बनाए रखने, दक्षता को बढ़ाने और पक्षपात को खत्म करने के लिए व्यवस्थित प्रक्रियाएं और संगठित पदानुक्रम आवश्यक हैं।

टेलर के दर्शन ने इस विश्वास पर ध्यान केंद्रित किया कि लोग जितना कठिन काम कर सकते थे, उतना कारगर नहीं था, जितना कि काम करने के तरीके का अनुकूलन करना। 1909 में, टेलर ने "वैज्ञानिक सिद्धांतों का सिद्धांत" प्रकाशित किया। इसमें उन्होंने प्रस्ताव दिया कि नौकरियों के अनुकूलन और सरलीकरण से उत्पादकता बढ़ेगी।

अतः विकल्प (C) सही है।

65. सही मिलान:

सूची I	सूची II
a - निरंकुश नेता	1 - निर्णय लेता है और घोषणा करता है
b - सहभागी नेता	3 - एक आधार पर समूह के साथ निर्णय लेता है
c - लोकतांत्रिक नेता	2 - निर्णय लेने से पहले विचारों की तलाश करता है

अधिनायकवादी या निरंकुश नेता - अपने कर्मचारियों को उनकी सलाह के बिना क्या करना है और कैसे करना है, यह बताता है। नेता कर्मचारियों को निर्णय लेने की अनुमति देता है, हालांकि, नेता अभी भी उन निर्णयों के लिए जिम्मेदार है जो किए जाते हैं।

लोकतांत्रिक / सहभागी नेतृत्व शैली नेताओं और उनके कर्मचारियों पर महत्वपूर्ण जिम्मेदारी डालती है। यह निजी संगठनों और सरकारी एजेंसियों से लेकर शिक्षण संस्थानों और गैर-लाभकारी संस्थाओं तक - सभी संगठनों के लिए सही है।

लोकतांत्रिक नेतृत्व, जिसे सहभागी नेतृत्व या साझा नेतृत्व के रूप में भी जाना जाता है, एक प्रकार की नेतृत्व शैली है, जिसमें समूह के सदस्य निर्णय लेने की प्रक्रिया में अधिक सहभागी भूमिका निभाते हैं।

अतः विकल्प (B) सही है।

66. ऊर्ध्वाधर संचार, दूसरे शब्दों में, का मतलब है ऊपर और नीचे की ओर संचार। संचार के इस चैनल में, संदेश सीधे ऊपर से नीचे या इसके विपरीत नहीं कूदते हैं, लेकिन वे एक सही चैनल के माध्यम से आते हैं।

अतः विकल्प (C) सही है।

67. समूह लक्ष्यों पर समझौता, सदस्यों की बार-बार बातचीत, व्यक्तिगत आकर्षण वह कारक हैं जो समूह सामंजस्य का कारण बनते हैं।

अतः विकल्प (C) सही है।

68. 1 अप्रैल, 1962 को आयकर अधिनियम लागू हुआ।

आयकर अधिनियम में XXIII अध्याय, 298 अनुभाग और चौदह अनुसूचियां हैं।

अतः विकल्प (D) सही है।

69. भौतिक वितरण को एक सिस्टम दृष्टिकोण के साथ प्रबंधित किया जाता है और उत्पादों के कुशल संचलन प्रदान करने के लिए महत्वपूर्ण परस्पर संबंधित कार्यों पर विचार करता है। कार्य परस्पर जुड़े हुए हैं क्योंकि किसी भी समय एक क्षेत्र में एक निर्णय लिया जाता है इसका दूसरों पर प्रभाव पड़ता है।

अतः विकल्प (D) सही है।

70. ओलिगोपोलिस्ट के बीच समझौते का सबसे अच्छा उदाहरण ओपेक है।

पेट्रोलियम निर्यातक देशों का संगठन 13 देशों का एक अंतरसरकारी संगठन है। 14 सितंबर 1960 को बगदाद में पहले पांच सदस्यों (ईरान, इराक, कुवैत, सऊदी अरब और वेनेजुएला) द्वारा स्थापित किया गया था, लेकिन 1965 से इसका मुख्यालय वियना, ऑस्ट्रिया में कर दिया गया है, हालांकि ऑस्ट्रिया एक ओपेक सदस्य राज्य नहीं है।

अतः विकल्प (B) सही है।

71. रेखा और कर्मचारियों के रूप में, विपणन प्रबंधक का कार्य है की वह रेखा को सलाह दें।

विपणन प्रबंधक विपणन गतिविधियों को करने के लिए जिम्मेदार होंगे और संगठन के सभी विभागों में कार्मिक मामलों की देखभाल के लिए कार्मिक प्रबंधक जिम्मेदार होंगे।

अतः विकल्प (D) सही है।

72. ऋण वापसी की अवधि डीसीएफ दृष्टिकोण पर आधारित नहीं है।

ऋण वापसी की अवधि एक निवेश की लागत को पुनर्प्राप्त करने में लगने वाले समय को संदर्भित करती है। सीधे शब्दों में कहें तो ऋण वापसी की अवधि उस समय की अवधि है, जब निवेश किसी विराम बिंदु तक पहुंचता है।

अतः विकल्प (C) सही है।

73. पूंजी के किसी भी स्रोत की स्पष्ट लागत को उस छूट की दर के रूप में परिभाषित किया जा सकता है जो नकदी प्रवाह के वर्तमान मूल्य के बराबर होती है जो कि उसके वृद्धिशील नकदी बहिर्प्रवाह के वर्तमान मूल्य के साथ वित्तपोषण अवसर को लेने के लिए वृद्धिशील है।

अतः विकल्प (B) सही है।

74. लंबी अवधि के स्रोतों से मिले कार्यशील पूंजी के लिए कुल धन की अनुमानित आवश्यकता को रूढ़िवादी दृष्टिकोण के रूप में जाना जाता है।

रूढ़िवादी दृष्टिकोण कार्यशील पूंजी वित्तपोषण की जोखिम-मुक्त रणनीति है। इस रणनीति को अपनाने वाली एक कंपनी उच्च स्तर की चालू संपत्ति रखती है और इसलिए उच्च कार्यशील पूंजी भी होती है।

अतः विकल्प (C) सही है।

75. वाल्टर के मॉडल के अनुसार, जो प्रोफ जेम्स ई वाल्टर द्वारा दिया गया, लाभांश प्रासंगिक हैं और फर्म के शेयर की कीमतों पर असर पड़ता है। इसके अलावा, निवेश नीति को लाभांश नीति से अलग नहीं किया जा सकता है क्योंकि दोनों आपस में जुड़े हुए हैं।

वाल्टर का मॉडल निवेश पर वापसी या वापसी की आंतरिक दर (r) और पूंजी की लागत (k) के बीच स्पष्ट संबंध को दर्शाता है। एक उचित लाभांश नीति का चुनाव फर्म के समग्र मूल्य को प्रभावित करता है। लाभांश नीति की दक्षता को वापसी और लागत के बीच संबंध के माध्यम से दिखाया जा सकता है।

अतः विकल्प (B) सही है।

76. व्यक्तिगत पूर्वग्रह के लिए बीएआरएस कम से कम अतिसंवेदनशील है। बीएआरएस को व्यवहारिक अपेक्षा पैमाने के रूप में भी जाना जाता है। बीएआरएस का अर्थ बेहविअरली एंकर्ड रेटिंग स्केल है। यह कर्मचारियों के प्रदर्शन को दर करने की एक विधि है। बीएआरएस को सामान्य रूप से पाँच से नौ तक के स्केल पॉइंट के साथ लंबवत प्रस्तुत किया जाता है।

अतः विकल्प (D) सही है।

77. 'नौकरी-मूल्यांकन' में, उन कामों को प्रमुख काम के रूप में नामित किया जाता है जो संगठन के अस्तित्व के लिए सबसे महत्वपूर्ण हैं।

काम मूल्यांकन एक संगठन में अन्य नौकरियों के संबंध में नौकरी के मूल्य / मूल्य का निर्धारण करने का एक व्यवस्थित तरीका है। यह तर्कसंगत वेतन संरचना की स्थापना के उद्देश्य के लिए उनके सापेक्ष मूल्य का आकलन करने के लिए कामों के बीच एक व्यवस्थित तुलना करने की कोशिश करता है।

अतः विकल्प (B) सही है।

78. I सही है और II गलत है।

कर्मचारी प्रशिक्षण की तुलना में कर्मचारी का विकास अधिक भविष्योन्मुखी और शिक्षा से अधिक सम्बंधित है, एक सत्य कथन है।

अपरेंटिशिप प्रोग्राम सबसे व्यापक रूप से इस्तेमाल की जाने वाली ऑफ-द-जॉब ट्रेनिंग विधियों में से एक है, एक गलत कथन है।

अतः विकल्प (C) सही है।

79. बुद्धिशीलता पार्श्व सोच के साथ समस्या को हल करने के लिए एक आराम, अनौपचारिक दृष्टिकोण को जोड़ती है। यह लोगों को उन विचारों के साथ आने के लिए प्रोत्साहित करता है जो पहली बार में थोड़ा अजीब हो सकते हैं। इनमें से कुछ विचारों को एक समस्या के मूल, रचनात्मक समाधानों में उकेरा जा सकता है, जबकि कुछ और विचारों को भी लाया जा सकता है।

एक व्यावसायिक गेम विशेष रूप से निर्मित स्थितियों के साथ एक इंटरैक्टिव संरचित प्रशिक्षण गतिविधि है, जिसका उद्देश्य सफल व्यवसाय में काम करने की स्थिति को पुन: उत्पन्न करना है।

भूमिका निभाना किसी विशेष व्यक्ति या चरित्र का अभिनय करना है, उदाहरण के लिए प्रशिक्षण या मनोचिकित्सा में एक तकनीक के रूप में है।

अतः विकल्प (A) सही है।

80. मूल्य पर जोखिम पद्धति एक वित्तीय माप है जो किसी निवेश के जोखिम का अनुमान लगाता है। अधिक विशेष रूप से, मूल्य पर जोखिम एक सांख्यिकीय तकनीक है जिसका उपयोग संभावित नुकसान की मात्रा को मापने के लिए किया जाता है जो कि एक निर्दिष्ट अवधि में निवेश पोर्टफोलियो में हो सकता है।

अतः विकल्प (C) सही है।

81. किसान क्रेडिट कार्ड (केसीसी) योजना को नाबार्ड द्वारा भारतीय रिज़र्व बैंक (आरबीआई) के साथ मिलकर अगस्त 1998 में फसल ऋण के लिए डिज़ाइन किया गया था। नाबार्ड अपने सभी किसान ग्राहकों को रुपे किसान कार्ड (आरकेसी) प्रदान करने में ग्रामीण वित्तीय संस्थानों की मदद करके प्रौद्योगिकी क्रांति में सबसे आगे रहा है।

अतः विकल्प (B) सही है।

82. नेशनल इलेक्ट्रॉनिक क्लियरिंग सर्विस एक खुदरा भुगतान प्रणाली है जिसका उपयोग एक समान प्रकृति के थोक भुगतान / रसीदें बनाने के लिए किया जा सकता है, विशेष रूप से जहां प्रत्येक व्यक्ति भुगतान दोहरावदार प्रकृति का और अपेक्षाकृत कम राशि का होता है। यह सुविधा कंपनियों और सरकारी विभागों के लिए व्यक्तियों द्वारा धन हस्तांतरण के बजाय बड़ी मात्रा में भुगतान करने / प्राप्त करने के लिए है।

अतः विकल्प (C) सही है।

83. सही कोड है: (i), (ii) और (iv)

भारतीय औद्योगिक विकास बैंक (आईडीबीआई) की स्थापना 1964 में भारतीय उद्योग के विकास के लिए ऋण और अन्य वित्तीय सुविधाएं प्रदान करने के लिए एक अधिनियम द्वारा की गई थी। कई राष्ट्रीय संस्थान आईडीबीआई में अपनी जड़ें तलाशते हैं जैसे सिडबी, एक्ज़िम बैंक, एनएसई और एनएसडीएल।

अतः विकल्प (A) सही है।

84. सिडबी निम्नलिखित रूपों में वित्तीय सहायता प्रदान करता है।

1. पुन: वित्त सहायता
2. बिल वित्तपोषण
3. संस्थानों को संसाधन सहायता
4. परियोजना वित्तपोषण

अतः विकल्प (C) सही है।

85. शुद्ध नकदी प्रवाह= कर + मूल्यह्रास के बाद शुद्ध लाभ

शुद्ध नकदी प्रवाह से तात्पर्य एक निश्चित अवधि में कंपनी के नकदी प्रवाह और नकदी नि: स्राव के बीच के अंतर से है। सबसे सख्त अर्थों में, शुद्ध नकदी प्रवाह कंपनी के नकदी संतुलन में परिवर्तन को संदर्भित करता है जैसा कि इसके नकदी प्रवाह विवरण पर विस्तृत है।

अतः विकल्प (C) सही है।

86. संगठनात्मक प्रक्रिया अलग और अलग संगठनात्मक प्रक्रियाओं और संरचनाओं के एक सेट के रूप में मौजूद नहीं है। बल्कि, शासन, जोखिम प्रबंधन और आंतरिक नियंत्रण के बीच प्रभावी संबंध हैं।

अतः विकल्प (D) सही है।

87. उच्च परिचालन लाभ उठाने वाली एक फर्म की उत्पादन प्रक्रिया में उच्च निश्चित लागत होती है।

जब कोई कंपनी उत्पादन के लिए बढ़ी हुई लागत का उपयोग करती है, तो यह परिचालन लाभ का एक उदाहरण है। परिचालन लाभ एक लागत-लेखांकन सूत्र है जो उस डिग्री को मापता है जिससे एक फर्म या परियोजना राजस्व बढ़ाकर परिचालन आय बढ़ा सकती है। उच्च सकल मार्जिन और कम परिवर्तनीय लागत के साथ बिक्री उत्पन्न करने वाले व्यवसाय में उच्च परिचालन लाभ है।

अतः विकल्प (C) सही है।

88. Ind AS 38 को एक अमूर्त संपत्ति को पहचानने के लिए एक इकाई की आवश्यकता होती है, चाहे खरीदी गई हो या स्व-निर्मित (लागत पर) यदि, और केवल अगर: (a) यह संभावित है कि परिसंपत्ति के कारण होने वाले भविष्य के आर्थिक लाभ इकाई में प्रवाहित होंगे ; और (b) संपत्ति की लागत को मज़बूती से मापा जा सकता है।

Ind AS 36 के अनुसार, परिसंपत्तियों का नुकसान जब किसी संपत्ति को उसकी वसूली योग्य राशि से अधिक पर ले जाया जाता है अर्थात इसकी वहन राशि परिसंपत्ति के उपयोग या बिक्री के माध्यम से वसूली जाने वाली राशि से अधिक हो जाती है, तो इस मामले में, संपत्ति को बिगड़ा हुआ बताया जाता है एक इकाई को एक हानि मान लिया जाता है।

Ind AS 34, अंतरिम वित्तीय रिपोर्टिंग: Ind AS 34 का उद्देश्य एक अंतरिम वित्तीय रिपोर्ट की न्यूनतम सामग्री को बनाए रखना और एक अंतरिम अवधि के लिए पूर्ण या संघनित वित्तीय बयानों में मान्यता और माप के सिद्धांतों को निर्धारित करना है।

Ind AS 31 एक उपक्रमकर्ता और एक संयुक्त उद्यम के बीच योगदान और बिक्री दोनों को संदर्भित करता है: 'जब एक उद्यम एक संयुक्त उद्यम में परिसंपत्तियों का योगदान या बिक्री करता है, तो लेन-देन से लाभ या हानि के किसी भी हिस्से की मान्यता के पदार्थ को प्रतिबिंबित करेगा'।

अतः विकल्प (B) सही है।

89. अभिकथन (A) और रीज़निंग (R) सही हैं और (R) (A) का सही विवरण है।

अतः विकल्प (A) सही है।

90. वर्तमान संपत्ति माइनस वर्तमान देनदारियां 'फंड्स' शब्द का प्रतिनिधित्व करती हैं जैसा कि 'फंड्स फ्लो स्टेटमेंट' में किया जाता है।

अतः विकल्प (D) सही है।

91. हर्ज़बर्ग ने प्रेरक-स्वच्छता सिद्धांत का प्रस्ताव दिया, जिसे नौकरी संतुष्टि के टू फैक्टर थ्योरी के रूप में भी जाना जाता है। उनके सिद्धांत के अनुसार, लोग कारकों के दो सेटों से प्रभावित होते हैं।

1960 के दशक में, सामाजिक मनोवैज्ञानिक डगलस मैकग्रेगर ने दो विपरीत सिद्धांत विकसित किए, जिसमें बताया गया कि कैसे प्रबंधकों को उनके लोगों को प्रेरित करने के बारे में विश्वास उनकी प्रबंधन शैली को प्रभावित कर सकता है। उन्होंने इसको थ्योरी एक्स और थ्योरी वाई बोला। ये सिद्धांत आज भी महत्वपूर्ण हैं।

ईआरजी थ्योरी क्लेटन एल्डफर द्वारा प्रस्तावित मनोविज्ञान में एक सिद्धांत है। एल्डफर ने अपने ईआरजी थ्योरी (अस्तित्व, विशिष्टता और विकास) में पदानुक्रम को वर्गीकृत करके मास्लो के पदानुक्रम को जरूरतों के रूप में विकसित किया।

मैकलेलैंड के मानव प्रेरणा थ्योरी में कहा गया है कि प्रत्येक व्यक्ति के पास तीन मुख्य ड्राइविंग प्रेरकों में से एक है: उपलब्धि, संबद्धता या शक्ति की

आवश्यकताएं। ये प्रेरक अंतर्निहित नहीं हैं; हम उन्हें अपनी संस्कृति और जीवन के अनुभवों के माध्यम से विकसित करते हैं।

अतः विकल्प (D) सही है।

92. हमारी पहली जिम्मेदारी हमारे ग्राहकों की है एक आचार संहिता है।

किसी भी तरह के व्यवसाय के लिए उनके इरादे स्पष्ट रूप से प्रारंभिक पंक्ति में हैं: "हमारी पहली जिम्मेदारी हमारे ग्राहकों के लिए है"। हमारी ग्राहक सेवा टीम न केवल इस संस्कृति का प्रतीक है, बल्कि अधिक विशेष रूप से, क्रेडो की लाइन छह की जिम्मेदारी लेती है: "आपके आदेश तुरंत और सटीक रूप से सेवित होंगे"। यह सुनिश्चित करने के लिए कि हम इन प्रतिबद्धताओं को पूरा कर रहे हैं, कई उपाय किए गए हैं।

अतः विकल्प (B) सही है।

93. संवेदनशीलता विश्लेषण के लिए किया जाता है जोखिम का पता लगाना।

संवेदनशीलता विश्लेषण का मुख्य अनुप्रयोग मॉडल के इनपुट मूल्यों में अनिश्चितताओं के लिए सिमुलेशन की संवेदनशीलता को इंगित करना है। यह पहचानने में मदद करता है कि किसी विशेष इनपुट मान पर आउटपुट कितना निर्भर है। विश्लेषण करता है कि क्या निर्भरता बदले में जुड़े जोखिम का आकलन करने में मदद करती है।

अतः विकल्प (A) सही है।

94. ट्रेडिंग मध्यस्थ 'प्रत्यक्ष वितरण प्रणाली' का एक तरीका नहीं है।

प्रत्यक्ष वितरण प्रणाली वितरण का एक तरीका है जहां निर्माता बिचौलियों और बिचौलियों की भागीदारी के बिना सीधे उपभोक्ता को अपना उत्पाद बेचता है। ट्रेडिंग मध्यस्थों को थोक व्यापारी, खुदरा विक्रेता, वितरकों और एजेंटों के रूप में संदर्भित किया जा सकता है। वितरण चैनल में ट्रेड मध्यस्थों की उपस्थिति के साथ, कंपनी और ग्राहक के बीच कोई सीधा संपर्क नहीं है।

अतः विकल्प (A) सही है।

95. माइक्रोसॉफ्ट एक्सेस माइक्रोसॉफ्ट की ओर से एक डेटाबेस प्रबंधन प्रणाली (डीबीएमएस) है जो संबंधपरक माइक्रोसॉफ्ट जेट डेटाबेस इंजन को ग्राफिकल यूजर इंटरफेस और सॉफ्टवेयर-डेवलपमेंट टूल्स के साथ जोड़ती है।

अतः विकल्प (A) सही है।

96. उद्देश्य की एकता का सिद्धांत कहता है कि पूर्व-निर्धारित उद्देश्य होने चाहिए।

उद्देश्य की एकता का सिद्धांत: एक उद्यम में स्पष्ट रूप से परिभाषित उद्देश्य चाहिए। एक संगठन संरचना प्रभावी होती है यदि यह उद्यम में सभी व्यक्तियों द्वारा उद्यम के उद्देश्यों की प्राप्ति में योगदान की सुविधा प्रदान करती है।

अतः विकल्प (B) सही है।

97. महंगा व्यापार करना एक प्रकार की बिक्री है जिसमें ग्राहक को अधिक महंगी वस्तु खरीदने के लिए राजी किया जाता है, या समान मात्रा में बड़ी मात्रा में मूल रूप से आकर्षक छूट या कुछ अन्य प्रोत्साहन के बदले में खरीदा जाता है।

अतः विकल्प (A) सही है।

98. जनसंपर्क बिक्री संवर्धन के लिए एक उपकरण नहीं है।

बिक्री संवर्धन प्रचार मिश्रण के तत्वों में से एक है। बिक्री संवर्धन उपभोक्ता मांग को बढ़ाने के लिए मीडिया और गैर मीडिया विपणन संचार दोनों का उपयोग करता है। इसमें कई संचार गतिविधियां शामिल हैं जो उपभोक्ताओं, थोक विक्रेताओं और खुदरा विक्रेताओं को अतिरिक्त मूल्य या प्रोत्साहन प्रदान करने का प्रयास करती हैं। पब्लिक रिलेशन का तात्पर्य उपभोक्ताओं के साथ समय-समय पर उनके साथ संवाद करने और उन्हें जोड़े रखने से है।

अतः विकल्प (D) सही है।

99. सही संयोजन: (a) - (iv), (b) - (v), (c) - (i), (d) - (ii), (e) - (iii)

मॉडल शुरू होता है, बाईं ओर, हितधारक के हित। इन हितधारकों में शेयरधारकों, प्रबंधन, कर्मचारी समूह, सरकार, और बहुत कुछ शामिल हैं। ये हित एचआरएम नीतियों को परिभाषित करती हैं।

इसी समय, स्थितिजन्य कारक इन हितों को प्रभावित करते हैं। परिस्थितिजन्य कारकों में कार्यबल विशेषताएँ, यूनियनें और अन्य सभी कारक शामिल हैं जिन्हें 8-बॉक्स मॉडल में भी सूचीबद्ध किया गया था।

परिस्थितिजन्य कारक और हितधारक हित एचआरएम नीतियों को प्रभावित करते हैं। इनमें भर्ती, प्रशिक्षण और इनाम प्रणाली जैसी मुख्य मानव संसाधन गतिविधियाँ शामिल हैं।

जब अच्छी तरह से किया जाता है, तो एचआरएम नीतियां सकारात्मक एचआरएम परिणामों को जन्म देती हैं। इनमें पहले से उल्लेखित अवधारणा, लागत-प्रभावशीलता, प्रतिबद्धता और सक्षमता शामिल हैं।

ये सकारात्मक एचआरएम परिणाम दीर्घकालिक परिणाम पैदा करते हैं। ये व्यक्तिगत, संगठनात्मक और सामाजिक हो सकते हैं।

अतः विकल्प (C) सही है।

100. ऊपर के सभी को एक कॉर्पोरेट की पूंजी संरचना को डिजाइन करने में माना जाता है।

पूंजी संरचना व्यवसाय फंडों के विभिन्न घटकों की एक व्यवस्था को संदर्भित करती है, अर्थात शेयरधारक के फंड और उचित अनुपात में उधार ली गई धनराशि। एक व्यावसायिक संगठन रोजमर्रा के खर्चों को पूरा करने के लिए धन का उपयोग करता है और भविष्य के उच्च परियोजनाओं के बजट के लिए भी। पूंजी संरचना की गणना में बहुत अधिक विश्लेषणात्मक सोच और रणनीतिक दृष्टिकोण शामिल है। गणना में विभिन्न अनुपात और सूत्र शामिल होते हैं जैसे पूंजी की लागत, पूंजी की भारित औसत लागत, इक्विटी और ऋण का अनुपात, इक्विटी की लागत, आदि।

अतः विकल्प (D) सही है।

101. एचआरएम संगठनात्मक व्यवहार, कार्मिक प्रबंधन और औद्योगिक संबंध का एक मिश्रण है।

संगठनात्मक व्यवहार: संगठनात्मक व्यवहार इस बात का अध्ययन है कि लोग समूहों के भीतर कैसे व्यवहार करते हैं। शुरुआती अध्ययनों ने व्यावसायिक उत्पादकता में समूह की गतिशीलता के महत्व को निर्धारित किया। संगठनात्मक व्यवहार का अध्ययन कॉर्पोरेट मानव संसाधनों की एक नींव है।

कार्मिक प्रबंधन: कार्मिक प्रबंधन को एक प्रशासनिक विशेषज्ञता के रूप में परिभाषित किया गया है जो कर्मचारियों को कंपनी के लिए अधिक मूल्यवान बनने के लिए काम पर रखने और विकसित करने पर केंद्रित है। यह कभी-कभी मानव संसाधनों की एक उप-श्रेणी माना जाता है जो केवल प्रशासन पर केंद्रित होता है।

औद्योगिक संबंध: औद्योगिक संबंध या रोजगार संबंध बहु-विषयक शैक्षणिक क्षेत्र है जो रोजगार संबंधों का अध्ययन करता है; मतलब, नियोक्ताओं और कर्मचारियों, श्रम / ट्रेड यूनियनों, नियोक्ता संगठनों और राज्य के बीच जटिल संबंध।

अतः विकल्प (C) सही है।

102. भर्ती नौकरियों के लिए आवेदन आमंत्रित करने की प्रक्रिया से संबंधित है।

भर्ती एक संगठन के भीतर नौकरियों (या तो स्थायी या अस्थायी) के लिए उपयुक्त उम्मीदवारों को आकर्षित करने, शॉर्टलिस्ट करने, चयन करने और नियुक्त करने की समग्र प्रक्रिया को संदर्भित करता है। भर्ती अवैतनिक भूमिकाओं के लिए व्यक्तियों को चुनने में शामिल प्रक्रियाओं का उल्लेख भी कर सकती है।

अतः विकल्प (C) सही है।

103. कर्मचारियों की विकास क्षमता की पहचान करना किया जाता है नौकरी मूल्यांकन केंद्र से।

एक अच्छी संभावित मूल्यांकन प्रणाली कर्मचारी को उसकी ताकत और कमजोरियों को जानने के लिए लगातार अवसर प्रदान करती है। ये कार्मिक विभाग या संबंधित प्रबंधकों द्वारा आवधिक परामर्श और मार्गदर्शन सत्र के माध्यम से किया जाता है।

अतः विकल्प (C) सही है।

104. कर्मचारी को संगठन छोड़ने के समय आयोजित एक साक्षात्कार को निकास साक्षात्कार कहा जाता है।

एक निकास साक्षात्कार प्रबंधन प्रतिनिधियों और किसी ऐसे व्यक्ति के बीच एक समापन बैठक है जो किसी संगठन को छोड़ रहा है, या तो स्वेच्छा से या समाप्ति के माध्यम से। व्यवसाय, शिक्षा और सरकारी वातावरण में निकास साक्षात्कार आम हैं।

अतः विकल्प (A) सही है।

105. अभिविन्यास नए भर्ती हुए कर्मचारी को विभिन्न व्यावसायिक कार्यों, प्रभागों और विभागों में उजागर करता है।

अभिविन्यास का अर्थ है नियोक्ता के बारे में नए कर्मचारी को बुनियादी जानकारी प्रदान करना। प्रशिक्षण कार्यक्रमों का उपयोग यह सुनिश्चित करने के लिए किया जाता है कि नए कर्मचारी को काम को संतोषजनक ढंग से करने के लिए आवश्यक बुनियादी ज्ञान है। अभिविन्यास और प्रशिक्षण कार्यक्रम एक प्रतिबद्ध और लचीले उच्च संभावित कार्यबल के विकास और नए कर्मचारियों को सामाजिक बनाने की प्रक्रियाओं में महत्वपूर्ण घटक हैं।

अतः विकल्प (A) सही है।

106. घरेलू मुद्रा उच्च मुद्रास्फीति दर के कारण घटती है।

निवेशकों के बीच आर्थिक बुनियादी बातों, ब्याज दर के अंतर, राजनीतिक अस्थिरता या जोखिम से बचने जैसे कारकों के कारण मुद्रा मूल्यह्रास हो सकता है। कमजोर आर्थिक बुनियाद जैसे कि पुरानी चालू खाता घाटा और मुद्रास्फीति की उच्च दर वाले देशों में आमतौर पर मूल्यह्रास मुद्राएं होती हैं।

अतः विकल्प (C) सही है।

107. सही संयोजन है (a) - (ii), (b) - (iv), (c) - (i), (d) - (iii)

शब्द बहुपक्षीय व्यापार वार्ता (एमटीएन) ने शुरू में टैरिफ और व्यापार (जीएटीटी) के सदस्य देशों के बीच जीएटीटी के तत्वावधान में किए गए समझौते के तहत लागू किया और इसका उद्देश्य टैरिफ और गैर टैरिफ व्यापार बाधाओं को कम करना था। 1995 में विश्व व्यापार संगठन (डब्लूटीओ) ने जीएटीटी को प्रशासनिक निकाय के रूप में प्रतिस्थापित किया।

भारतीय रिज़र्व बैंक (आरबीआई) भारत का केंद्रीय बैंक है, जिसे भारतीय रिज़र्व बैंक अधिनियम के तहत 1 अप्रैल 1935 को स्थापित किया गया था।

ऐतिहासिक रूप से, संकटों में उभरती और उन्नत बाजार अर्थव्यवस्थाओं के लिए, आईएमएफ सहायता का अधिकांश भाग भुगतान की समस्याओं के अल्पकालिक या संभावित संतुलन को संबोधित करने के लिए स्टैंड-बाय अरेंजमेंट्स (एसबीए) के माध्यम से प्रदान किया गया है। स्टैंडबाय क्रेडिट फैसिलिटी (एससीएफ) निम्न-आय वाले देशों के लिए एक समान उद्देश्य प्रदान करती है।

आईबीआरडी उन परियोजनाओं को निधि देने के लिए संप्रभु राज्यों को वाणिज्यिक-ग्रेड या रियायती वित्तपोषण प्रदान करता है जो परिवहन और बुनियादी ढांचे, शिक्षा, घरेलू नीति, पर्यावरण चेतना, ऊर्जा निवेश, स्वास्थ्य सेवा, भोजन और पीने योग्य पानी तक पहुंच और बेहतर स्वच्छता तक पहुंच की तलाश करते हैं।

अतः विकल्प (A) सही है।

108. सही संयोजन: a - 3, b - 1, c - 4, d - 2

बैंक दर, जिसे अमेरिकी अंग्रेजी में छूट की दर के रूप में भी जाना जाता है, ब्याज की दर है जो एक केंद्रीय बैंक अपने ऋण और अग्रिम शुल्क पर वाणिज्यिक बैंक से लेता है। जब भी किसी बैंक के पास धन की कमी होती है, तो वे आम तौर पर देश की मौद्रिक नीति के आधार पर केंद्रीय बैंक से उधार ले सकते हैं।

क्रेडिट राशनिंग उधारकर्ताओं के लिए अतिरिक्त ऋण की आपूर्ति के उधारदाताओं द्वारा सीमित है, जो फंड की मांग करते हैं, भले ही बाद वाले उच्च ब्याज दरों का भुगतान करने के लिए तैयार हों। यह बाजार की अपूर्णता, या बाजार की विफलता का एक उदाहरण है, क्योंकि मूल्य तंत्र बाजार में संतुलन लाने में विफल रहता है।

परिवर्तनीय आरक्षित अनुपात डिवाइस इस तथ्य से सम्बन्ध करता है कि केंद्रीय बैंक को, बैंकर्स बैंक के रूप में अपनी क्षमता में, वाणिज्यिक बैंकों के नकदी भंडार का एक हिस्सा रखना चाहिए। केंद्रीय बैंक के साथ सदस्य बैंकों द्वारा बनाए जाने वाले न्यूनतम शेष को कानून द्वारा निर्धारित किया जाता है और इन न्यूनतम भंडार की मात्रा को बदलने के लिए केंद्रीय बैंक को वैधानिक शक्तियां प्रदान की गई हैं।

खुला बाजार परिचालन (ओएमओ) एक केंद्रीय बैंक को मुद्रा आपूर्ति को प्रभावित करने के लिए खुले बाजार में अल्पकालिक कोषागार खरीदने या बेचने का उल्लेख करता है, इस प्रकार यह अल्पकालिक ब्याज दरों को प्रभावित करता है।

अतः विकल्प (D) सही है।

109. अंतर्राष्ट्रीय व्यापार के निर्धारण में माँग की कीमत लोच एक महत्वपूर्ण भूमिका निभाता है

माँग की कीमत लोच (Epd), या लोच, वह डिग्री है जिसके लिए किसी चीज की प्रभावी इच्छा उसके मूल्य में परिवर्तन के रूप में बदल जाती है। सामान्य तौर पर, लोग चीजों की इच्छा कम करते हैं क्योंकि वे चीजें अधिक महंगी हो जाती हैं।

अतः विकल्प (B) सही है।

110. एसडीआर को लोकप्रिय रूप से कागजी सोना के रूप में जाना जाता है।

विशेष आहरण अधिकार (एसडीआर) अंतर्राष्ट्रीय मुद्रा कोष (आईएमएफ) द्वारा परिभाषित और अनुरक्षित पूरक विदेशी मुद्रा आरक्षित परिसंपत्तियां हैं। एसडीआर आईएमएफ के लिए खाते की इकाइयाँ हैं, न कि असल मुद्रा।

अतः विकल्प (B) सही है।

111. अफ्रीकी संघ अंतर-क्षेत्रीय व्यापार के संदर्भ में आर्थिक एकीकरण का एक रूप नहीं है।

अफ्रीकी संघ (एयू) एक महाद्वीपीय संघ है जिसमें अफ्रीका महाद्वीप पर स्थित 55 सदस्य राष्ट्र शामिल हैं। 9 सितंबर, 1999 को लीबिया के सिर्ते में सिर्ते घोषणा में एयू की घोषणा की गई थी।

अतः विकल्प (D) सही है।

112. मुख्य लेखा परीक्षा कार्यकारी निम्न अंतर्निहित जोखिम वाले क्षेत्रों को छोड़कर निम्नलिखित सभी को प्राथमिकता देने के लिए एक विधि स्थापित करता है।

निम्न जोखिम स्तर की व्यावसायिक इकाइयों, शाखा प्रकारों, या फ़ील्ड कार्यालय प्रकारों के लेखा परीक्षा को समय-समय पर आंतरिक लेखा परीक्षा गतिविधि में शामिल करने की आवश्यकता होती है ताकि उन्हें कवरेज दिया जा सके और पुष्टि की जा सके कि उनके जोखिम नहीं बदले हैं। इसके अलावा, आंतरिक लेखा परीक्षा गतिविधि बकाया जोखिमों को प्राथमिकता देने के लिए एक विधि स्थापित करती है जो अभी तक आंतरिक लेखा परीक्षा के अधीन नहीं है। उच्च निहित जोखिम वाले क्षेत्र, कम निहित जोखिम वाले क्षेत्र नहीं, प्राथमिकता वाले हैं।

अतः विकल्प (D) सही है।

113. व्हिसलब्लोअर प्रक्रिया विशिष्ट शासन प्रक्रियाओं से संबंधित है।

समय के साथ कई लेखा परीक्षाओं से प्राप्त जानकारी के आधार पर शासन प्रक्रियाओं के बारे में आंतरिक लेखा परीक्षा के आकलन की संभावना है।

अतः विकल्प (A) सही है।

114. सही संयोजन (a) - (iii), (b) - (iv), (c) - (ii), (d) - (i) है।

इस अवधारणा की उत्पत्ति पॉल मजूर ने की थी। उनके अनुसार, "विपणन जीवन स्तर का वितरण है।" प्रो. मैकनेयर ने परिभाषा में एक महत्वपूर्ण संशोधन किया। उनके अनुसार, "यदि समाज के जीवन स्तर का निर्माण और वितरण हो तो विपणन।" यह एक उपभोक्ता-उन्मुख अवधारणा है।

पाइल के अनुसार, "विपणन में क्रय-विक्रय दोनों गतिविधियाँ शामिल हैं।" विपणन की इस परिभाषा में केवल खरीद और बिक्री शामिल है। यह भौतिक वितरण और विपणन के अन्य सहायक कार्यों की उपेक्षा करता है।

फिलिप कोटलर के अनुसार "मार्केटिंग एक मानवीय गतिविधि है जो एक संतोषजनक प्रक्रिया के माध्यम से निर्देशित होती है और एक विनिमय प्रक्रिया के माध्यम से चाहती है" (फिलिप कोटलर, 2013)। इस परिभाषा से यह स्पष्ट है कि ग्राहक विपणन का केंद्र है जो ग्राहक की जरूरतों और चाहतों की पहचान के साथ शुरू होता है और उसकी संतुष्टि के साथ समाप्त होता है।

पीटर ए. ड्रकर के अनुसार, "विपणन एक प्रक्रिया है जो बाजार में आर्थिक मूल्य के योगदान में संसाधन विशिष्ट ज्ञान को परिवर्तित करती है। यह परिभाषा विपणन को एक प्रक्रिया के रूप में मान्यता देती है जिसमें आर्थिक मूल्य वाले सामान और सेवाओं का निर्माण और वितरण किया जाता है।" यह विपणन के लिए सामाजिक दृष्टिकोण प्रस्तुत करता है।

अतः विकल्प (C) सही है।

115. स्विफ्ट भुगतान, जिसे अंतर्राष्ट्रीय तार भी कहा जाता है, एक प्रकार का अंतर्राष्ट्रीय स्थानांतरण है जो स्विफ्ट अंतर्राष्ट्रीय भुगतान नेटवर्क के माध्यम से भेजा जाता है। स्विफ्ट अंतराराष्ट्रीय भुगतान नेटवर्क दुनिया के सबसे बड़े वित्तीय संदेश प्रणालियों में से एक है।

अतः विकल्प (C) सही है।

116. DFEC का पूर्ण रूप कर मुक्त निर्यात ऋण है, जो कुछ विशिष्ट वस्तुओं के उत्पादन के लिए वस्तु के शुल्क मुक्त आयात को सक्षम बनाता है।

अतः विकल्प (C) सही है।

117. आयकर अधिनियम की धारा 288 A के अनुसार, इस अधिनियम के विभिन्न वर्गों के अनुसार गणना की गई कुल आय को 10 रूपये के निकटनिकटतम तक किया जाएगा। पूर्णांक करने के लिए, पहले 1 रुपए के किसी भी हिस्से को पैसे से अनदेखा किया जाना चाहिए।

अतः विकल्प (A) सही है।

118. अध्यक्ष, केंद्रीय प्रत्यक्ष कर बोर्ड (सीबीडीटी) भारत सरकार में वरिष्ठतम आईआरएस सिविल सेवक है। सीबीडीटी के अध्यक्ष भारत सरकार के पदेन विशेष सचिव हैं और भारतीय राजस्व सेवा के कैडर नियंत्रण अधिकारी भी हैं।

अतः विकल्प (B) सही है।

119. सीओजीएस की गणना आरंभिक स्टॉक + निवल खरीद + प्रत्यक्ष व्यय - अन्तिम स्टॉक से की जाती है।

बेची जाने वाली वस्तुओं की लागत, जिसे अक्सर सीओजीएस के रूप में संक्षिप्त किया जाता है, एक प्रबंधकीय गणना है जो एक अवधि के दौरान बेचे गए उत्पादों के उत्पादन में होने वाली प्रत्यक्ष लागतों को मापती है। दूसरे शब्दों में, यह वह राशि है जो कंपनी ने श्रम, सामग्री, और ओवरहेड पर खर्च किए गए उत्पादों को बनाने या खरीदने के लिए खर्च की है जो वर्ष के दौरान ग्राहकों को बेची गई थी। सीओजीएस गणना का उद्देश्य वर्ष के लिए खरीदे गए ग्राहकों को उत्पादित माल की सही लागत को मापना है।

अतः विकल्प (C) सही है।

120. प्रबंधन के लिए एक अपवाद रिपोर्ट सुधारात्मक नियंत्रण का एक उदाहरण है।

एक व्यापार लेनदेन या प्रक्रिया में एक अपवाद का पता लगाना प्रकृति में जासूसी है, लेकिन इसकी रिपोर्टिंग एक सुधारात्मक नियंत्रण का एक उदाहरण है। निवारक और निर्देशात्मक नियंत्रण दोनों एक त्रुटि का पता नहीं लगाते या ठीक नहीं करते हैं; यदि संभव हो तो वे बस त्रुटि को रोकते हैं।

अतः विकल्प (C) सही है।

121. एक प्रवाह संचित्र प्रणाली का एक दृश्य समझने और विश्लेषण करने का एक साधन प्रदान करता है जिसे अन्य तरीकों से प्राप्त नहीं किया जा सकता है।

अतः विकल्प (A) सही है।

122. इसकी परिभाषा के अनुसार, एक फ्लोचार्ट गतिविधियों और निर्णयों के अनुक्रम का एक चित्रमय प्रतिनिधित्व है।

अतः विकल्प (D) सही है।

123. दोनों (R) और (R) सही हैं और (R) सही स्पष्टीकरण है।

जब दो चर के बीच एक रैखिक संबंध का प्रमाण होता है, तो इसका मतलब हमेशा दो चर के बीच एक स्वतंत्र निर्भर संबंध नहीं हो सकता है एक सही कथन है।

दो चर के बीच के कारण संबंध दोनों के बीच एक उचित सैद्धांतिक संबंध नहीं हो सकता है भी एक सही कथन है और अभिकथन का उचित स्पष्टीकरण है।

एक प्रवाह संचित्र प्रणाली का एक दृश्य समझने और विश्लेषण करने का एक साधन प्रदान करता है जिसे अन्य तरीकों से प्राप्त नहीं किया जा सकता है।

अतः विकल्प (A) सही है।

124. क्योटो प्रोटोकॉल पर्यावरण संरक्षण से संबंधित है।

क्योटो प्रोटोकॉल एक अंतर्राष्ट्रीय संधि है, जो 1992 के संयुक्त राष्ट्र फ्रेमवर्क कन्वेंशन ऑन क्लाइमेट चेंज (यूएनएफसीसीसी) का विस्तार करती है, जो राज्य पार्टियों को ग्रीनहाउस गैस उत्सर्जन को कम करने के लिए प्रतिबद्ध करती है, जो कि वैज्ञानिक सहमति के आधार पर होती है (भाग एक) ग्लोबल वार्मिंग हो रही है और (भाग दो) यह अत्यधिक संभावना है कि मानव निर्मित CO_2 उत्सर्जन मुख्य रूप से इसका कारण रहा है। क्योटो प्रोटोकॉल को क्योटो, जापान में 11 दिसंबर 1997 को अपनाया गया था और 16 फरवरी 2005 को लागू किया गया था। वर्तमान में 192 पार्टियां हैं (कनाडा प्रोटोकॉल से वापस ले ली गई, प्रभावी दिसंबर 2012) प्रोटोकॉल के लिए।

अतः विकल्प (C) सही है।

125. ब्रेक-इवन पॉइंट एक व्यवसायिक प्रतिष्ठान द्वारा जल्द से जल्द प्राप्त किया जाना चाहिए।

अर्थशास्त्र, व्यवसाय और विशेष रूप से लागत लेखांकन में ब्रेक-इवन पॉइंट वह बिंदु है जिस पर कुल लागत और कुल राजस्व बराबर है। यहाँ कोई शुद्ध नुकसान या लाभ नहीं होता है, हालांकि अवसर लागत का भुगतान किया गया होता है और पूंजी को अपेक्षित वापसी मिल गयी होती है है।

अतः विकल्प (B) सही है।

126. सही संयोजन a - (i), b - (ii), c - (iii), d - (iv) है।

भारत का विदेशी व्यापार भारत सरकार की निर्यात-आयात नीति द्वारा निर्देशित है। निर्यात-आयात नीति केंद्र सरकार द्वारा तैयार और घोषित की गई है। भारत की निर्यात-आयात नीति का उद्देश्य निर्यात क्षमता विकसित करना, निर्यात प्रदर्शन में सुधार, विदेशी व्यापार को प्रोत्साहित करना और भुगतान की स्थिति का अनुकूल संतुलन बनाना है।

प्रत्येक समाज अपने सामाजिक परिवेश का निर्माण करता है। रीति-रिवाजों, मान्यताओं, प्रथाओं और व्यवहारों में से कुछ संस्कृतियों के समान हैं, और कुछ नहीं हैं।

राजनीतिक-कानूनी वातावरण बहुत सारे कारकों का एक संयोजन है जैसे सत्ता में वर्तमान राजनीतिक दल, व्यापार और उद्योग के राजनीतिकरण की डिग्री, वर्तमान सरकार की दक्षता, सरकार की नीतियां, वर्तमान कानूनी ढांचा, अर्थव्यवस्था के प्रति जनता का रवैया, आदि।

अतः विकल्प (A) सही है।

127. लेखांकन मानक -3 के अनुसार तैयार किए गए नकदी प्रवाह विवरण में तीन कार्यकलापों को अलग-अलग दिखाया जाना चाहिए, परिचालन कार्यकलापों से नकदी प्रवाह, वित्तपोषण कार्यकलापों से नकदी प्रवाह, निवेश कार्यकलापों से नकदी प्रवाह है।

कैश फ्लो स्टेटमेंट का मतलब उस स्टेटमेंट से है जो पीरियड के दौरान कैश की आवाजाही को दर्शाता है।

अतः विकल्प (C) सही है।

128. सही संयोजन a - (iv), b - (i), c - (ii), d - (iii) है।

उदारीकरण से प्रतिस्पर्धा बढ़ती है। यह प्रतियोगिता उत्पाद और सेवा लागत और मूल्य, लक्ष्य बाजार, तकनीकी अनुकूलन, त्वरित प्रतिक्रिया, कंपनियों द्वारा त्वरित उत्पादन आदि से संबंधित हो सकती है। जब कोई कंपनी कम लागत के साथ उत्पादन करती है और सस्ता बेचती है, तो वह अपनी बाजार हिस्सेदारी बढ़ाने में सक्षम है।

आईटी-सक्षम सेवा, जिसे बिजनेस प्रोसेस आउटसोर्सिंग भी कहा जाता है, जिसमें कॉल सेंटर, लेखांकन, पेरोल, कर्मचारी लाभ, कर की तैयारी, रेडियोलॉजी विश्लेषण, फिल्मों और कार्टून उत्पादन और यहां तक कि अनुसंधान और विकास जैसे कार्य शामिल हैं। आउटसोर्सिंग का स्थान कार्यस्थल में, कार्यस्थल के पास, कार्यस्थल के अलावा या कार्यस्थल से दूर हो सकता है।

एसएफआईओ को प्रमुख कॉर्पोरेट धोखाधड़ी की बहु-अनुशासनात्मक जांच करना अनिवार्य है। यह एक बहु-अनुशासनात्मक संगठन है जिसमें वित्तीय क्षेत्र, पूंजी बाजार, लेखा, फॉरेंसिक लेखा परीक्षा, कराधान, कानून, सूचना प्रौद्योगिकी, कंपनी कानून, सीमा शुल्क और जांच के विशेषज्ञ हैं।

जून 1991 में मैक्रो-आर्थिक स्थिरीकरण सुधार (संरचनात्मक आर्थिक सुधारों के साथ) शुरू किए गए थे। जीडीपी विकास दर, कृषि जीडीपी, औद्योगिक उत्पादन, सेवा क्षेत्र की जीडीपी, बचत दर, सकल घरेलू निवेश को बढ़ाने और राजकोषीय घाटे को कम करने के लिए 'दूसरी पीढ़ी के सुधार' की जरूरत है।

अतः विकल्प (D) सही है।

129. एक कम प्राप्य टर्नओवर अनुपात एक कंपनी के खराब संग्रह प्रक्रिया, खराब ऋण नीतियों, या ग्राहकों के कारण हो सकता है जो वित्तीय रूप से व्यवहार्य या ऋण योग्य नहीं हैं। आमतौर पर, कम टर्नओवर अनुपात का अर्थ है कि कंपनी को अपनी प्राप्तियों का समय पर संग्रह सुनिश्चित करने के लिए अपनी ऋण नीतियों को फिर से तैयार करना चाहिए।

अतः विकल्प (B) सही है।

130. इन्वेंट्री वैल्यूएशन के एलआईएफओ तरीके के कारण इन्वेंट्री का कम मूल्यांकन और कम आय होती है जब मुद्रास्फीति बढ़ रही होती है।

एलआईएफओ एक ऐसी विधि है जिसका इस्तेमाल इन्वेंट्री के लिए किया जाता है।एलआईएफओ के तहत, हाल ही में खरीदे गए (या उत्पादित) उत्पादों की लागत को सबसे पहले व्यय किया जाता है। एलआईएफओ का उपयोग केवल संयुक्त राज्य अमेरिका में किया जाता है और आमतौर पर स्वीकृत लेखा सिद्धांतों (जीएएपी) द्वारा शासित होता है।

अतः विकल्प (A) सही है।

131. निधि प्रवाह विवरण: कार्यशील पूंजी गलत तरीके से मेल खाता है।

निधि प्रवाह विवरण: कार्यशील पूंजी एक स्टेटमेंट है जो दो बैलेंस शीट के बीच कंपनी की वित्तीय स्थिति में बदलाव के कारणों का विश्लेषण करने के लिए

तैयार किया जाता है। यह निधियों की आमद और बहिर्वाह को दर्शाता है अर्थात् किसी विशेष अवधि के लिए निधियों के स्रोत और निधियों का अनुप्रयोग।

कार्यशील पूंजी: एक व्यवसाय की पूंजी जो अपने दिन-प्रतिदिन के व्यापारिक कार्यों में उपयोग की जाती है, वर्तमान परिसंपत्तियों से वर्तमान देनदारियों को हटा के इसकी गणना की जाती है।

अतः विकल्प (B) सही है।

132. स्थायित्व का क्रम वह है जहाँ संपत्तियों या देनदारियों को स्थायीता के क्रम में बैलेंस शीट में दिखाया जाता है, जितनी स्थायी संपत्ति या दायित्व उतनी पहले की बैलेंस शीट में वे दिखेंगी।

उचित व्यवस्था:

(iii) शेयर पूंजी

(v) आरक्षित और अधिशेष

(ii) सुरक्षित ऋण

(iv) असुरक्षित ऋण

(i) वर्तमान देयता और प्रावधान

अतः विकल्प (C) सही है।

133. सही संयोजन a - (iii), b - (iv), c - (i), d - (ii) है।

मिलान सिद्धांत वह लेखांकन सिद्धांत है जिसके लिए आवश्यक है कि किसी अवधि के दौरान किए गए खर्चों को उसी अवधि में दर्ज किया जाए जिसमें संबंधित राजस्व अर्जित किया जाता है। यह सिद्धांत मानता है कि व्यवसायों को राजस्व अर्जित करने के लिए खर्च उठाना होगा।

भौतिकता लेखांकन में एक अवधारणा है जिसमें कहा गया है कि फर्म छोटी जानकारी को अनदेखा कर सकती है जिसका व्यवसाय पर कोई महत्वपूर्ण प्रभाव नहीं पड़ता है। इसका मतलब यह भी है कि किसी व्यवसाय को अपने वित्तीय वक्तव्यों में अन्य सभी जानकारी को शामिल करना चाहिए जो कि पर्याप्त / महत्वपूर्ण है।

अनिश्चितता या अनुमान के मामलों की रिकॉर्डिंग करते समय लेखांकन में रूढ़िवाद का सिद्धांत मार्गदर्शन देता है। दूसरे शब्दों में, आपको हमेशा किसी भी लेन-देन के सबसे रूढ़िवादी पक्ष की ओर झुकना चाहिए।

लागत सिद्धांत एक लेखांकन सिद्धांत है जिसके लिए अपनी मूल लागत पर वित्तीय रिकॉर्ड पर संपत्ति, देनदारियों और इक्विटी निवेश की आवश्यकता होती है।

अतः विकल्प (C) सही है।

134. एकाधिकारवादी अधिकतम संभव कीमत वसूलता है।

एकाधिकार मात्रा में उत्पादन करेगा जहाँ सीमांत राजस्व सीमांत लागत के बराबर है। तब वे अधिकतम मूल्य वसूल करेंगे जो बाजार की मांग उस मात्रा पर प्रतिक्रिया देगी।

अतः विकल्प (A) सही है।

135. मूल्य भेदभाव नीति एकाधिकार के मामले में लाभ बढ़ाने में मदद करती है।

एक एकाधिकार बाजार एक सैद्धांतिक निर्माण है जो एक ऐसे बाजार का वर्णन करता है जहां केवल एक कंपनी जनता को उत्पादों और सेवाओं की पेशकश कर सकती है। एक एकाधिकार बाजार एक पूरी तरह से प्रतिस्पर्धी बाजार के विपरीत है, जिसमें अनंत संख्या में प्रतिष्ठान संचालित होते हैं। विशुद्ध रूप से एकाधिकार मॉडल में, एकाधिकार प्रतिष्ठान उत्पादन को प्रतिबंधित कर सकता है, कीमतें बढ़ा सकता है और लंबे समय में बेहद-सामान्य लाभ का आनंद ले सकता है।

अतः विकल्प (C) सही है।

136. पूरक वस्तुओं के मामले में, क्रॉस मूल्य लोच नकारात्मक है। एक वस्तु की कीमत में आनुपातिक वृद्धि से दूसरी वस्तु की मांग में समानुपातिक गिरावट आती है क्योंकि दोनों की संयुक्त रूप से मांग की जाती है।

अतः विकल्प (B) सही है।

137. सही मिलान:

सूची -I	सूची -II
A.बोडिंगटन के पूर्ण त्रुटि के आकलन का सूत्र (एई)	I. औसत एई $* \sqrt{n}$
B. पूर्ण निष्पक्षता के लिए बॉली का फार्मूला	II. $\frac{2}{3\sqrt{n}}$ औसत एई
C. कार्ल पियर्सन सूत्र	III. $\frac{(M - M_0)}{\sigma}$

अतः विकल्प (A) सही है।

138. सही संयोजन है a - (ii), b - (iv), c - (i), d - (iii)

शुद्ध प्रतिस्पर्धा एक तरह का बाजार का ढांचा होता है, जहां कई प्रतिष्ठान एक जैसे उत्पाद बेचती हैं - और फायदा भीषण प्रतिस्पर्धा के कारण लगभग न के बराबर होता है। यह महसूस करना महत्वपूर्ण है कि वास्तविक जीवन के बाजारों की तुलना करने के लिए सही प्रतिस्पर्धा एक अमूर्त शब्द है।

एक व्यक्ति तर्क दे सकता है कि अमेरिकी एयरलाइन उद्योग एक अल्पाधिकार है, जिसे चार मुख्य घरेलू वाहक: अमेरिकन एयरलाइंस, डेल्टा एयरलाइंस, साउथवेस्ट एयरलाइंस और यूनाइटेड एयरलाइंस द्वारा नियंत्रित किया जाता है।

रेलवे एक एकाधिकार है जिसने क्षमता में कमी की है और एक प्रणालीगत कमी पैदा की है। किराए को बढ़ाने के लिए एकाधिकार-प्रेरित कृत्रिम कमी को निचोड़ना अनुचित है।

अतः विकल्प (B) सही है।

139. एक ची-वर्ग (X^2) आँकड़ा एक परीक्षण है जो मापता है कि वास्तविक अवलोकन जानकारी (या नमूना परिणामों) की तुलना में अपेक्षाएँ कितनी हैं। ची-वर्ग आंकड़े की गणना में उपयोग किया जाने वाली जानकारी यादृच्छिक, कच्चा, पारस्परिक रूप से अन्य होना चाहिए, स्वतंत्र चर से खींचा जाना चाहिए, और एक बड़े पर्याप्त नमूने से खींचा जाना चाहिए।

अतः विकल्प (C) सही है।

140. सीआरएएफआई सीएआरडी समिति की सिफारिश पर नाबार्ड की स्थापना की गई है।

राष्ट्रीय कृषि और ग्रामीण विकास बैंक (नाबार्ड) भारत में एक सर्वोच्च विकास वित्तीय संस्थान है।

बैंक को "भारत में ग्रामीण क्षेत्रों में कृषि के लिए ऋण और अन्य आर्थिक गतिविधियों के क्षेत्र में नीति बनाने और संचालन करने से संबंधित मामले" सौंपे गए हैं। नाबार्ड वित्तीय समावेशन नीति विकसित करने में सक्रिय है।

अतः विकल्प (C) सही है।

141. भारतीय रिजर्व बैंक एक वित्त मंत्रालय, भारत सरकार का विस्तार विंग है।

भारतीय रिजर्व बैंक (आरबीआई) भारत का केंद्रीय बैंक है, जिसे बैंकर बैंक के रूप में भी जाना जाता है। भारतीय रिजर्व बैंक भारत सरकार की मौद्रिक और अन्य बैंकिंग नीतियों को नियंत्रित करता है। भारतीय रिजर्व बैंक (आरबीआई) की स्थापना 1 अप्रैल, 1935 को, भारतीय रिजर्व बैंक अधिनियम, 1934 के अनुसार हुई थी।

अतः विकल्प (A) सही है।

142. उनकी स्थापना के क्रम की व्यवस्था करने के बाद:

(ii) विश्व बैंक-1944

(iv) एडीबी-1966

(i) डब्ल्यूटीओ-1995

(iii) एसएएफटीए-2006

अतः विकल्प (A) सही है।

143. सही संयोजन (a) - (ii), (b) - (iii), (c) - (iv), (d) - (i) है।

भारतीय पूंजी बाजार को विनियमित करने के लिए सभी वैधानिक शक्तियां सेबी के पास निहित हैं। निवेशकों के हितों की रक्षा के लिए और उपयुक्त उपायों के साथ पूंजी बाजार को विनियमित करने के लिए। स्टॉक एक्सचेंजों और अन्य प्रतिभूति बाजार के व्यवसाय को विनियमित करने के लिए।

मौद्रिक नीति भारतीय रिज़र्व बैंक द्वारा निर्धारित व्यापक आर्थिक नीति है। इसमें मुद्रा आपूर्ति और ब्याज दरों का प्रबंधन शामिल है। केंद्रीय बैंक तरलता, खपत और मुद्रास्फीति जैसे व्यापक आर्थिक उद्देश्यों को प्राप्त करने के लिए ब्याज दरों को बढ़ाता है।

तदनुसार, भारतीय दूरसंचार नियामक प्राधिकरण (ट्राई) की स्थापना वर्ष 1997 में ट्राई (अध्यादेश) 1997 के अनुसरण में की गई थी, जिसे बाद में दूरसंचार सेवाओं को विनियमित करने के लिए संसद के एक अधिनियम द्वारा प्रतिस्थापित किया गया था।

भारतीय बीमा विनियामक और विकास प्राधिकरण (आईआरडीए) एक स्वायत्त, वैधानिक निकाय है जो भारत में बीमा और पुन: बीमा उद्योगों को विनियमित करने और बढ़ावा देने के लिए काम करता है।

अतः विकल्प (B) सही है।

144. संयुक्त उद्यमों में रणनीतिक गठबंधन शामिल हैं। इन गठबंधनों के कारण पूरक क्षमता और संसाधन हो सकते हैं जैसे वितरण चैनल, प्रौद्योगिकी या वित्त।

अतः विकल्प (D) सही है।

145. पीएमएल नियमों के नियम 3 के साथ पढ़े जाने वाले खंड 12 के उप-खंड (1) के खंड (a) में निर्दिष्ट सभी लेन-देन के रिकॉर्ड को ऋणदाता और ग्राहकों के बीच लेनदेन की तारीख से पांच 5 साल तक बनाए रखना आवश्यक है।

अतः विकल्प (C) सही है।

146. एक अनुरोध या आदेश, और नियमों या निर्देशों के अनुसार कार्य करना जिसके द्वारा एक संगठन वैधानिक कानूनों और विनियमों को सुनिश्चित करता है जो उस पर लागू होते हैं, अनुपालन कहलाता है।

अतः विकल्प (B) सही है।

147. सभी आंतरिक लेखा परीक्षकों के लिए आचार संहिता और नैतिक व्यवहार मानकों को फिर से लागू करना प्रतिष्ठा जोखिम की ऑडिट की रक्षा कर सकता है।

आंतरिक लेखा परीक्षा के "ब्रांड" नाम की प्रतिष्ठा की रक्षा के लिए एक प्रमुख अभ्यास सभी आंतरिक लेखा परीक्षकों के लिए आचार संहिता और नैतिक व्यवहार मानकों को सुदृढ़ करना है।

अतः विकल्प (D) सही है।

148. स्वतंत्र भारत में पहला बड़ा विदेशी मुद्रा संकट 1991 में हुआ था।

1991 में, अंतर्राष्ट्रीय बाजार से रुपये के मूल्य पर महत्वपूर्ण दबाव था और भारत को अवमूल्यन की आवश्यकता वाले विदेशी भंडार का सामना करना पड़ रहा था।

अतः विकल्प (D) सही है।

149. चूंकि क्लोजिंग स्टॉक ज्यादा बता दिया गया था अर्थत कंपनी का लाभ भी ज्यादा बता दिया गया है, क्योंकि जब क्लोजिंग स्टॉक ने बेचे गए माल की लागत को ज्यादा बता दिया है जिससे लाभ में वृद्धि हुई है (बिक्री- सी.ओ.जी.एस)। इसलिए, गलती को सुधारने के लिए, आयताकार प्रविष्टि होगी: -

लाभ और हानि A/c Dr. 9,000 से स्टॉक A/c 9,000

अतः विकल्प (D) सही है।

150. नौकरी मूल्यांकन एक संगठन में अन्य नौकरियों के संबंध में नौकरी के मूल्य का निर्धारण करने का एक व्यवस्थित तरीका है। यह तर्कसंगत वेतन संरचना की स्थापना के उद्देश्य के लिए उनके सापेक्ष मूल्य का आकलन करने के लिए नौकरियों के बीच एक व्यवस्थित तुलना करने की कोशिश करता है।

अतः विकल्प (A) सही है।

Paper-I

Q.1 निम्नलिखित में से कौन सा अनुसंधान का एक प्रकार नहीं है?

A. खोजपूर्ण

B. व्याख्यात्मक

C. अनुप्रयुक्त

D. परिवर्तनशील

Q.2 निम्नलिखित में से कौन सा समूह चर्चा का लाभ नहीं है?

A. यह एक उत्तेजक सोच प्रक्रिया है, जो महत्वपूर्ण सोच के विकास में मदद करती है।

B. शिक्षण-सीखने की प्रक्रिया के लिए एक टीम भावना का विकास करती है।

C. इसमें अनावश्यक तर्क शामिल होंगे तो चर्चा विषय से भटक सकती है।

D. मौखिक और गैर-मौखिक संचार विकसित करने के लिए अच्छा है।

Q.3 'अनुसन्धान' शब्द का अर्थ के संबध में निम्नलिखित में से कौन-से कथन सत्य हैं?

1) अनुसन्धान का तात्पर्य किसी समस्या के समाधान का पता लगाने के लिए शुरू की गई व्यवस्थित क्रियाकलाप अथवा क्रियाकलापों की श्रृंखला से है।

2) यह एक व्यवस्थित, तार्किक और निष्पक्ष प्रक्रिया है जिसमें परिकल्पना का परीक्षण, आंकड़ों का विश्लेषण, सिद्धांतों की व्याख्या और रचना की जा सकती है।

3) यह सत्य के प्रति बौद्धिक जांच अथवा खोज है।

4) इससे ज्ञान में वृद्धि होती है।

निम्नलिखित कोड से सही उत्तर का चयन कीजिए:

A. 1, 2 और 3

B. 2, 3 और 4

C. 1, 3 और 4

D. 1, 2, 3 और 4

Q.4 एक संख्यात्मक अभिक्षमता परीक्षण में पुरुष तथा महिला विद्यार्थी एक समान प्रदर्शन करते हैं।यह कथन निम्न में से किसको इंगित करता है?

A. अनुसन्धान परिकल्पना

B. शून्य परिकल्पना

C. दिशात्मक परिकल्पना

D. सांख्यिकीय परिकल्पना

Q.5 निम्नलिखित में से कौन सा कथन अनुसंधान के मुख्य उद्देश्यों को परिभाषित करता है?

A. अनुसंधान, अत्यधिक केंद्रित और व्यवहार्य होना चाहिए।

B. अनुसंधान, अवधारणाओं का सटीक उपयोग करता है।

C. छिपे हुए सत्य का पता लगाने हेतु अनुसंधान किया जाता है।

D. उपर्युक्त सभी

Q.6 निम्नलिखित में से कौन-कौन A.P.A. शैली के संदर्भ में प्रारूप के मूलभूत नियम है?

a) छोटी कृतियों जैसे जर्नल आलेख अथवा निबंध, के शीर्षक तिरछा करके लिखें

b) लेखकों के नाम उल्टा लिखें (अंतिम नाम पहले)

c) लम्बी कृतियों जैसे पुस्तक एवं जर्नल, के शीर्षक तिरछा करके लिखें

d) संदर्भ सूची प्रविष्टियों का वर्णानुक्रम में सूचीयन करें

नीचे दिये गये कूट से सही उत्तर का चयन कीजिए:

A. a और b

B. b, c और d

C. c और d

D. a, b, c और d

Q.7 निर्देश: शिक्षण के निम्नलिखित चरणों को तार्किक क्रम में व्यवस्थित करें।

(i) शिक्षार्थी का मूल्यांकन

(ii) लक्ष्य और विषय-वस्तु को व्यवस्थित करना

(iii) क्रिया और प्रतिक्रिया

(iv) शिक्षण के प्रति प्रतिक्रिया

(v) रणनीति के विषय में निर्णय

(vi) उपयुक्त परीक्षण उपकरण

A. (iii)-(i)-(iv)-(ii)-(v)-(vi)

B. (ii)-(v)-(i)-(iii)-(vi)-(iv)

C. (ii)-(i)-(v)-(vi)-(iv)-(iii)

D. (i)-(v)-(vi)-(ii)-(iii)-(iv)

Q.8 निर्देश: नीचे दो कथन दिए गए हैं - एक को अभिकथन (A) के रूप में और दूसरे को कारण (R) के रूप में चिन्हित किया गया है। सही विकल्प चुनें।

अभिकथन (A): सभी शिक्षण का अर्थ है सीखना।

कारण (R): सीखने के लिए उपयोगी होना शिक्षण से लिया जाना चाहिए।

A. दोनों (A) और (R) सही हैं और (R) (A) का सही स्पष्टीकरण है।

B. दोनों (A) और (R) सही हैं, लेकिन (R) (A) का सही स्पष्टीकरण नहीं है।

C. (A) सही है, लेकिन (R) गलत है।

D. (A) गलत है, लेकिन (R) सही है।

Ques (9-11):निर्देश: निम्नलिखित कूट से सही उत्तर का चयन कीजिये:

Q.9 कल्पना कीजिए कि आप एक शैक्षणिक संस्थान में काम कर रहे हैं जहाँ लोग समान स्थिति के हैं। संचार का कौन सा तरीका सबसे उपयुक्त है और आमतौर पर इस तरह के संदर्भ में नियोजित किया जाता है?

A. क्षैतिज संचार

B. कार्यक्षेत्र संचार

C. व्यावसायिक संस्था का संचार तंत्र

D. पार संचार

Q.10 पढ़ाने के लिए शिक्षक द्वारा उपयोग की जाने वाली तकनीकों में शामिल हैं:

1) व्याख्यान

2) संवादात्मक व्याख्यान

3) समूह कार्य

4) स्वयं अध्ययन

निम्नलिखित कूटों से सही उत्तर का चयन कीजिए:

A. 1, 2 और 3

B. 1, 2, 3 और 4

C. 2, 3 और 4

D. 1, 2 और 4

Q.11 शिक्षकों द्वारा विद्यार्थियों के मूल्यांकन के मुख्य उद्देश्य हैं:

1) विद्यार्थियों की कमजोरियों के बारे में जानकारी एकत्र करना।

2) शिक्षक को शिक्षण कार्य गंभीरता से लेने का सन्देश देना।

3) शिक्षण की नवीन विधियाँ अपनाने में शिक्षकों की सहायता करना।

4) शिक्षक के गुणों में और अधिक सुधार के क्षेत्रों की पहचान करना।

नीचे दिये गये कूट से सही उत्तर का चयन कीजिये:

A. केवल 1 और 2

B. केवल 2, 3 और 4

C. केवल 1, 2 और 3

D. केवल 1

Q.12 निम्नलिखित में से कौन सा कारक शिक्षण को प्रभावित नहीं करता है?

A. शिक्षक का ज्ञान

B. अध्ययनकक्ष गतिविधियाँ जो सीखने को प्रोत्साहित करती हैं

C. शिक्षकों और छात्रों की सामाजिक-आर्थिक पृष्ठभूमि

D. अनुभव के माध्यम से सीखना

Q.13 366 पृष्ठों वाली पुस्तक के पृष्ठों की संख्या में प्रयुक्त अंकों की कुल संख्या है

A. 732　　**B.** 990　　**C.** 1098　　**D.** 1305

Q.14 निर्देश: श्रृंखला में अगला पद ज्ञात करे
2,7,28,63,126, ?

A. 215　　**B.** 245　　**C.** 276　　**D.** 296

Q.15 A, B का भाई है। B,C का भाई है। C,D का पति है। E, A का पिता है। D का E से संबंध क्या होगा?

A. बेटी　　**B.** पुत्रवधू　　**C.** भाभी　　**D.** बहन

Q.16 दो संख्याओं का अनुपात 3 : 5 हैं। यदि प्रत्येक संख्या में से 9 घटाया जाता है, तो अनुपात 12 : 23 हो जाता है। तो संख्या ज्ञात कीजिए ?

A. 30,50　　**B.** 36,60　　**C.** 33,55　　**D.** 42,70

Q.17 एक कूट भाषा में SKILLS को HPROOH के रूप में लिखा जाता है। उस भाषा में PLACES कैसे लिखा जाएगा?

[SSC Selection Post Phase IX, 2020]

A. KOZXVH　　　　**B.** KOBXVG
C. LOZXVI　　　　**D.** KPZXUH

Q.18 श्रृंखला ABD, DGK. HMS, MTB, SBL, __ का अगला पद है?

A. ZKU　　**B.** ZCA　　**C.** ZKW　　**D.** KZU

Q.19 राहुल कहता है, "उस तस्वीर में जो लड़का है वह मेरे दादा के बेटे की बेटी का भाई है।" तस्वीर वाला लड़का राहुल से कैसे संबंधित है?

A. चचेरा भाई　　**B.** पिता　　**C.** भांजा　　**D.** भाई

Q.20 राम 14 कि.मी दक्षिण में जाता है और दाईं ओर मुड़कर 8 कि.मी चलता है, वहां से वह पुन: बाईं ओर मुड़कर 9 कि.मी की दूरी तय करता है। वह फिर बाईं ओर मुड़ता है और 8 कि.मी चलता है। वह फिर बाईं ओर मुड़ता है और 9 कि.मी चलता है। वह अपनी यात्रा के प्रारंभिक बिंदु से अंतिम बिन्दु तक कितनी दूरी पर और किस दिशा में है?

A. 14 कि.मी, पूर्व　　　　**B.** 23 कि.मी, उत्तर
C. 14 कि.मी, दक्षिण　　　**D.** 23 कि.मी, पश्चिम

Q.21 "शिक्षा मनुष्य में पहले से ही पूर्णता की अभिव्यक्ति है" किस व्यक्तित्व द्वारा कहा गया था?

A. महात्मा गांधी　　　　**B.** रविन्द्रनाथ टैगोर
C. स्वामी विवेकानंद　　　**D.** श्री अरबिंदो

Q.22 विश्वविद्यालय अनुदान आयोग को निम्नांकित में से किन उद्देश्यों के लिए गठित किया गया था?

1) उच्च शिक्षा में अनुसंधान और विकास को बढ़ावा देना
2) संभावित शिक्षण संस्थानों की पहचान करना और उन्हें बनाए रखना
3) शिक्षकों का क्षमता निर्माण
4) भारत की उच्च शिक्षा की प्रत्येक संस्था को स्वायत्तता प्रदान करने के लिए

निम्नांकित कोड की सहायता से सही उत्तर का चयन कीजिये:

A. 1, 2, 3 और 4　　　　**B.** 1, 2 और 3
C. 2, 3 और 4　　　　　**D.** 1, 2 और 4

Ques (23-27):निर्देश: निम्नलिखित गद्यांश को ध्यान से पढ़ें और प्रश्न के उत्तर दीजिए

यदि भारत को अपनी आंतरिक शक्तियां विकसित करनी है, तो उसकी तीन गतिशील आयामों- जनता, सर्वांगी अर्थव्यवस्था और सामरिक हितों को ध्यान में रखते हुए प्रौद्योगिकी आवश्यकरणीयताओं पर ध्यान केन्द्रित करना होगा।

ये प्रौद्योगिकी आवश्यकरणीयताओं एक "चौथे आयाम", समय, पर भी ध्यान रखती है जो व्यवसाय, व्यापार एवं प्रौद्योगिकी की आधुनिक गतिशीलता से नि:सृत है, और जो निरंतर बदलते लक्ष्यों की ओर अग्रसर करता है। हमारा यह मानना है कि इस चौथे आयाम के संदर्भ में जनता आकांक्षाओं में निरंतर हो रहे परिवर्तन, वैश्विक संदर्भ में अर्थव्यवस्था तथा सामरिक महत्व वाले हित के परिप्रेक्ष्य में प्रौद्योगिकीय शक्तियाँ विशेष रूप से हत्त्वपूर्ण हैं। मानव इतिहास के मूल में प्रौद्योगिक विकास समय रहता है और इसका उपयोग बढती प्रतिस्पर्धा वाले बाजार में प्रौद्योगिकी शक्तियाँ अधिक उत्पादक रोजगार पैदा करने तथा मानव-कौशलों को अधतन बनाये रखने की दृष्टि से महत्त्वपूर्ण हैं। प्रौद्योगिकियों के व्यापक अनुप्रयोग के बिना हम आने वाले समय में अपने लोगों का सर्वांगी विकास नहीं कर सकते। देश की सामरिक शक्तियों के साथ सलग्रताएँ विशेष रूप से 1990 के दशक के बाद से अधिकाधिक स्पष्ट होती जा रही है। कई मूल अनुक्षेत्रों में स्वयं भारत की शक्ति उसको भू-राजनीतिक संदर्भ में यथोचित शक्ति की स्थिति में रखती है । एक विकसित देश बनाए के आकांक्षी किसी भी देश के लिए विभिन्न सामरिक प्रौद्योगिकियों में शक्ति-सम्पन्न होना और स्वयं की सृजनात्मक शक्तियें के माध्यम से उन्हें निरंतर अधतन करते रहने की सामर्थ्य भी आवश्यक है। जन-अभिमुखी कार्यों के लिये भी चाहे विशाल स्तार पर उत्पादनशील रोजगार का सृजन हो या जनता की पोषण एवं स्वास्थ्य संबंधी सुरक्षा सुनिश्चित करनी हो या फिर जीवन यापन की बेहतर स्थितियाँ हों- दोनों दृष्टियों से प्रौद्योगिकी एक महत्त्वपूर्ण आगत है। प्रौद्योगिकी पर अपेक्षाकृत अधिक बल की अनुपस्थिति से निम्न स्तरीय उत्पादकता और मूल्यवान प्राकृतिक संसाधनों की बर्बादी का मार्ग प्रशस्त हो सकता है। निम्न स्तरीय उत्पादकता या निम्न स्तरीय मूल्य-संवर्धन से जुड़े क्रियाकलाप अंततः गरीब लोगों को सबसे अधिक हानि पहुंचाते हैं। हमारी जनता को एक नये जीवन तक पहुँचाना और वह जीवन प्रदान करना जिसके लिए वह हकदार है, इस बारे में प्रौद्योगिकी आवश्यकरणीयता महत्त्वपूर्ण है। व्यापर और जी.डी.पी. में वृद्धि की दृष्टि से एक बड़ा आर्थिक शक्ति होने का आकांक्षी भारत विदेश में डिज़ाइन की गयी और निर्मित 'टर्नकी' परियोजनाओं की शक्ति या केवल संयंत्र मशीनरी, उपकरण और तकनीकी ज्ञान के बल पर सफल नहीं हो सकता। अल्पकालिक यथार्थों पर ध्यान देते हुए उद्योगों में मध्यम एवं दीर्घकालिक रणनीतियों द्वारा प्रौद्योगिकी शक्तियों को विकसित करना विकसित भारत की कल्पना को साकार करने के लिये महत्त्वपूर्ण है।

Q.23 उरोक्त गद्यांश के अनुसार निम्नलिखित में से कौन चौथे आयाम को इंगित करता है?

1) जन-आकांक्षाएं
2) आधुनिक गतिशीलता
3) वैश्विक परिप्रेक्ष्य में अर्थव्यवस्था
4) सामरिक हित

कोड:

[UGC NET Sociology, 2018]

A. केवल 1, 2 और 3　　　**B.** केवल 2, 3 और 4
C. केवल 1, 3 और 4　　　**D.** केवल 1, 2 और 4

Q.24 अधिक उत्पादक रोजगार पैदा करने के लिए आवश्यक है-

[UGC NET Home Science, 2018], [UGC NET Sociology, 2018]

A. प्रौद्योगिकी का व्यापक अनुप्रयोग
B. प्रतिस्पर्धात्मक बाजार का दायरा सीमित करना
C. भू-राजनीतिक सोच – विचार
D. विशाल उद्योग

Q.25 प्रौद्योगिकी की अनुपस्थिति से किसका मार्ग प्रशस्त होगा?

1) कम प्रदूषण
2) मूल्यवान प्राकृतिक संसाधनों की बर्बादी
3) कम मूल्य संवर्धन
4) अत्यंत गरीब लोगों को सबसे अधिक नुकसान

A. केवल 1, 2 और 3　　　**B.** केवल 2, 3 और 4

C. केवल 1, 2 और 4   **D.** केवल 1, 3 और 4

Q.26 प्रौद्योगिकी आगतों के लाभ का परिणाम होगा-

[UGC NET Sociology, 2018]

A. अनियंत्रित प्रौद्योगिकीय संवृद्धि

B. संयंत्र मशीनरी का आयात

C. पर्यावरण सम्बन्धी मुद्दों को गौण मानना

D. हमारे लोगों को गरिमामयी जीवन तक पहुँचाना

Q.27 विकसित भारत की कल्पना को साकार करने के लिए _______ आवश्यक है।

[UGC NET Home Science, 2018], [UGC NET Sociology, 2018]

A. प्रमुख आर्थिक शक्ति बनने की आकांक्षा

B. विदेश में तैयार की गई परियोजना पर निर्भरता

C. लघुकालिक परियोजनाओं पर ध्यान केन्द्रित करना

D. संकेंद्रिक प्रौद्योगिकीय शक्ति का विकास

Q.28 निम्नलिखित में से कौन संचार में अर्थ संबंधी अवरोध का कारण है?

A. शारीरिक हाव-भाव   **B.** होमोफोन्स

C. इशारे   **D.** उपरोक्त सभी

Q.29 कक्षागत सम्प्रेषण में कुछ उद्दीपकों की स्वीकार्यता और अस्वीकार्यता के बीच अंतर किसका आधार है?

[UGC NET Home Science, 2018], [UGC NET Sociology, 2018]

A. निष्पादन की चयनात्मक अपेक्षा

B. साथी समूहों के साथ चयनात्मक सम्बधता

C. चयनात्मक ध्यान

D. चयनात्मक नैतिकता

Q.30 निम्नलिखित में से कौन प्रभावी संप्रेषण का सिद्धांत नहीं हैं?

A. अनुशीलन और दृढ़ संवाद

B. श्रोताओं की भागेदारी

C. सूचना के एकतरफा अंतरण

D. ग्रेपवाइन का रणनीतिक उपयोग

Q.31 निर्देश: नीचे दो आधार वाक्य दिए गए हैं और उनसे चार निष्कर्ष निकाले गए हैं (अकेले या एक साथ लेकर)। उस कूट का चयन जिए जो निकाले गए निष्कर्ष को वैध बताता है।

आधार वाक्य:

(i) सभी धार्मिक व्यक्ति भावनात्मक हैं।

(ii) राम एक धार्मिक व्यक्ति हैं।

निष्कर्ष:

(a) राम भावनात्मक हैं।

(b) सभी भावनात्मक व्यक्ति धार्मिक हैं।

(c) राम एक गैर-धार्मिक व्यक्ति नहीं हैं।

(d) कुछ धार्मिक व्यक्ति भावनात्मक नहीं होते हैं।

A. (a), (b), (c) और (d)   **B.** केवल (a)

C. केवल (a) और (c)   **D.** केवल (b) और (c)

Q.32 निर्देश: नीचे दो सेट दिए गए हैं। सेट- I विषयों को निर्दिष्ट करता है, जबकि सेट- II उनकी व्याख्या को इंगित करता है। दोनों का मिलान करें और उचित कूट का चयन करके अपना उत्तर दें।

सेट- I	सेट- II
a. एड होमिनम	i. तर्क के बजाय तर्क देने वाले पर हमला।
b. आत्माश्रय	ii. यह प्रदान करना कि मूल रूप से एक तर्क के रूप में तर्क का निष्कर्ष क्या है।
c. प्रतिज्ञांतर-	iii. एक तर्क जो अपने आप में मान्य हो सकता है,

सिद्धि-दोष	लेकिन प्रश्न में समस्या का समाधान नहीं करता है।
d. सातत्य	iv. अभेद्य होने के दावे को अनुचित रूप से अस्वीकार करना।

A. a-i, b-ii, c-iii, d-iv   **B.** a-ii, b-i, c-iv, d-iii

C. a-iii, b-ii, c-i, d-iv   **D.** a-iv, b-iii, c-ii, d-i

Q.33 जीन पियाजे ने मनुष्य के संज्ञानात्मक विकास का सिद्धांत किस आधार पर दिया था?

A. मौलिक अनुसंधान   **B.** अनुप्रयुक्त अनुसंधान

C. क्रिया अनुसंधान   **D.** मूल्यांकन अनुसंधान

Q.34 रीता एक बिन्दु से दक्षिण की ओर 35 कि.मी. चली और फिर बायें घूमी और 30 कि.मी. चली, दोबारा बायें घूमी और 35 कि.मी. चली। शुरुआती बिन्दु से वह अब किस दिशा में खड़ी है?

A. पूर्व   **B.** पश्चिम   **C.** उत्तर   **D.** दक्षिण

Q.35 'टेबल ऑफ कॉन्टेंट्स' को जोड़ने के लिए माइक्रोसॉफ्ट वर्ड में किस फीचर का उपयोग किया जाता है?

A. इंसर्ट   **B.** रिव्यू   **C.** व्यू   **D.** रेफरेंसिस

Q.36 प्रिंटर को मुख्य रूप से दो प्रमुख श्रेणियों में वर्गीकृत किया जा सकता है। निम्न में से कौन सी दो प्रमुख श्रेणियां हैं?

A. इंपैक्ट और नॉन-इम्पैक्ट प्रिंटर

B. प्राइमरी और सेकेण्डरी प्रिंटर

C. डायनेमिक और स्टैटिक प्रिंटर

D. डिजिटल और एनालॉग प्रिंटर

Q.37 निम्नलिखित में से कौन एक इंस्टेंट मैसेजिंग एप्लीकेशन है?

1) व्हाट्सऐप

2) गूगल टॉक

3) वाइबर

नीचे दिए गये कोड में से सही उत्तर का चयन कीजिये:

A. केवल 1 और 2   **B.** केवल 2 और 3

C. केवल 1   **D.** 1, 2 और 3

Q.38 निर्देश: निम्नलिखित कोड से सही उत्तर चुनें:

अभिकथन (A): पर्यावरणीय गतिविधि प्राकृतिक संसाधनों के स्थायी प्रबंधन का समर्थन करती है।

कारण (R): वे प्रकृति में स्थानीय से लेकर वैश्विक तक हैं।

A. (A) और (R) दोनों सत्य हैं, और (R), (A) की सही व्याख्या है।

B. (A) और (R) दोनों सत्य हैं, और (R), (A) की सही व्याख्या नहीं है।

C. (A) सत्य है, लेकिन (R) असत्य है।

D. (A) असत्य है, लेकिन (R) सत्य है।

Q.39 'ग्रीड गेम पॉलिटिकल पॉपुलिज्म' को निम्न में से किस आंदोलन के रूप में जाना जाता है?

A. चिपको आंदोलन   **B.** अपिक्को आंदोलन

C. जंगल बचाओ आंदोलन   **D.** टिहरी बांध संघर्ष

Q.40 अनुमानित लागतों और मानक लागतों के संबंध में निम्नलिखित में से कौन-सा कथन सत्य है?

A. मानक लागतें वैज्ञानिक विश्लेषण एवं अभियांत्रिकी अध्ययनों पर आधारित होती हैं जबकि अनुमानित लागतें ऐतिहासिक आधार पर आधारित होती हैं।

B. मानक लागत का जोर "कितनी लागत आएगी" पर होता है, जबकि अनुमानित लागत का जोर "कितनी लागत आनी चाहिए" पर होता है।

C. अनुमानित लागतों की तुलना में मानक लागतों को अधिक बार संशोधित किया जाता है।

D. अनुमानित लागतें मानक लागतों की अपेक्षा अधिक स्थिर होती हैं।

Ques (41-45):निर्देश: दिए गए बार ग्राफ का अध्ययन कीजिए और निम्नलिखित प्रश्न का उत्तर दीजिए।

बार ग्राफ मई 2017 और मई 2018 में एक दुकानदार द्वारा बेचे गए आमों (किलो में) के अलग-अलग प्रकार की मात्रा को दर्शाता है।

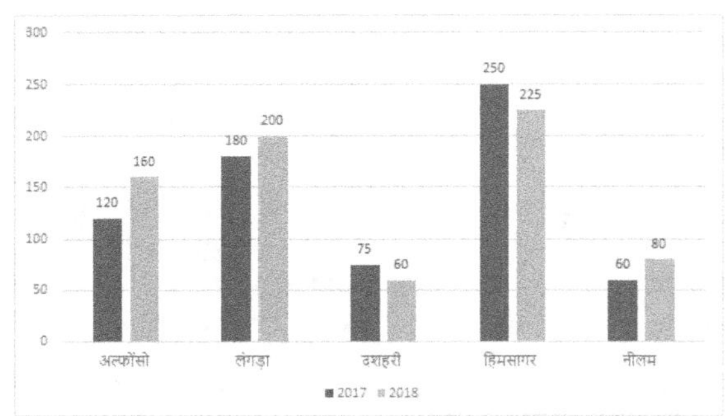

Q.41 मई 2017 में बेचे गए लंगड़ा आमों की मात्रा मई 2018 में बेचे गए अल्फोंसो और नीलम आमों की मात्रा का कितना प्रतिशत है?

A. 33.33%   **B.** 66.67%   **C.** 62.5%   **D.** 75%

Q.42 मई 2017 और 2018 में बेचे गए सभी आमों की मात्रा के बीच का अंतर क्या है?

A. 36 किलोग्राम   **B.** 15 किलोग्राम
C. 40 किलोग्राम   **D.** 25 किलोग्राम

Q.43 मई 2017 के संबंध में मई 2018 में हिमसागर आम की बिक्री में प्रतिशत कमी क्या है?

A. 15%   **B.** 5%   **C.** 25%   **D.** 10%

Q.44 दशहरी आम की स्थिति में मई 2018 में बेचे गए आम की मात्रा उस वर्ष की कुल बिक्री का 80% थी। तो मई 2018 में बेचे गए दशहरी आम की कुल मात्रा और मई 2018 में बेचे गए हिमसागर आम के बीच का अनुपात क्या है?

A. 2:5   **B.** 1:3   **C.** 3:8   **D.** 1:4

Q.45 जून 2018 में दुकान द्वारा बेचे गए आम की औसत मात्रा क्या है, यदि मई 2018 की तुलना में औसत बिक्री में 20% की वृद्धि होती है?

A. 174 किलोग्राम   **B.** 165 किलोग्राम
C. 182 किलोग्राम   **D.** 168 किलोग्राम

Q.46 "डिजीलॉकर" के संबंध में, निम्नलिखित में से कौन सा कथन सही है?

A) यह डिजिटल इंडिया प्रोग्राम के तहत सरकार द्वारा पेश किया जाने वाला एक डिजिटल लॉकर सिस्टम है

B) यह युवा स्टार्ट-अप उद्यमियों को वित्तीय और तकनीकी सहायता प्रदान करता है

C) यह उपयोगकर्ताओं को भौतिक स्थान के बावजूद अपने ई-दस्तावेजों तक पहुंचने की अनुमति देता है

सही विकल्प चुनिए:

A. केवल (A) और (B)   **B.** केवल (A) और (C)
C. केवल (B) और (C)   **D.** (A), (B) और (C)

Q.47 MOOC ज्ञान का प्रसार करने के लिए प्रौद्योगिकी और कई शैक्षणिक प्रथाओं का एकीकरण प्रदान करता है जिसे _______ कहा जाता है।

A. स्व-केंद्रित MOOC

B. प्रशिक्षक-केंद्रित MOOC

C. हाइब्रिड MOOC

D. उपरोक्त में से कोई नहीं

Q.48 पादप उपचार (फाइटोरेमेडिएशन) है:

A. एकीकृत कीट प्रबंधन द्वारा पौधों का कीटों से संरक्षण

B. पौधे के शरीर से विषाक्त पदार्थों को हटाना

C. पौधों के शरीर से विषाक्त पदार्थों को निकालने के लिए पौधों का उपयोग

D. जैविक उपचार उद्देश्यों के लिए मूल सहजीवी संबंध का उपयोग

Q.49 विश्व स्तर पर पिछले 50 वर्षों में किन दो प्राकृतिक आपदाओं ने जीवन नुकसान और मौद्रिक नुकसान दोनों के मामले में सबसे अधिक नुकसान पहुंचाया है?

A. तूफान और बवंडर   **B.** तूफान और भूकंप
C. तूफान और बाढ़   **D.** तूफान और ज्वालामुखी

Q.50 सहभागी अनुसंधान का और किस रूप में वर्णन किया गया है:

A. वैयक्तिक- आधारित   **B.** समूह आधारित
C. समुदाय-आधारित   **D.** सरकार आधारित

Paper-II

Q.51 निम्नलिखित को मिलाएं।

समूह - I	समूह - II
(a) सामान्य उद्देश्यरहित नमूना	(i) बहुजातीय
(b) स्तरीय अनियमित नमूने का चुनाव	(ii) सजातीय
(c) चुननेवाली मेडिकल जांच	(iii) इकाइयों की कालानुक्रमिक सूची
(d) व्यवस्थित नमूना लेना	(iv) वन वृक्ष प्रकार की इकाइयाँ

A. a - (i), b - (ii), c - (iii), d - (iv)

B. a - (iii), b - (i), c - (iv), d - (ii)

C. a - (ii), b - (i), c - (iv), d - (iii)

D. a - (iv), b - (iii), c - (ii), d - (i)

Q.52 एक कारखाने में, 400 ए-ग्रेड कर्मचारियों और 600 बी-ग्रेड कर्मचारियों को मिलाकर 1000 कर्मचारी हैं। ए-ग्रेड में, 300 पुरुष कर्मचारी हैं और बी-ग्रेड में केवल 200 पुरुष कर्मचारी हैं। फैक्ट्री में कितनी महिला कर्मचारी हैं?

A. 300   **B.** 400   **C.** 500   **D.** 600

Q.53 निर्देश: निम्नलिखित में से सही विकल्प चुनें।

जब कोई आबादी विषम होती है, तो उसे समूहों में विभाजित किया जाता है ताकि समूह के भीतर समरूपता हो और कुछ वस्तुओं को प्रत्येक समूह से यादृच्छिक पर चुना जाए।

A. समूह यादृच्छिक नमूनाकरण

B. व्यवस्थित यादृच्छिक नमूनाकरण

C. कोटा नमूनाकरण

D. स्तरीकृत यादृच्छिक नमूनाकरण

Q.54 निम्नलिखित में से कौन 1991 के औद्योगिक नीति विकास की मुख्य विशेषता नहीं है?

A. निजी क्षेत्र का दायरा काफी बढ़ा है।

B. सार्वजनिक क्षेत्र विभाजन द्वारा उद्यमों में से कई से आंशिक या पूरी तरह से वापस ले रहा है।

C. भारतीय उद्योग तेजी से विदेशी प्रतिस्पर्धा के संपर्क में है।

D. अधिकांश उद्योगों में सार्वजनिक क्षेत्र के लिए एकाधिकार या प्रभावी स्थिति और अर्थव्यवस्था की कमांडिंग ऊंचाइयों पर नियंत्रण।

Q.55 निर्णय लेने की प्रक्रिया में निम्नलिखित चरणों पर विचार करें और सही अनुक्रम का चयन करें।

(i) समस्या को परिभाषित करना

(ii) सर्वश्रेष्ठ विकल्प और कार्यान्वयन का चयन

(iii) सीमित कारकों को ध्यान में रखते हुए

(iv) विकल्पों पर विचार करना

A. (i), (ii), (iii), (iv)
B. (iii), (i), (iv), (ii)
C. (i), (iv), (iii), (ii)
D. (i), (iii), (iv), (ii)

Q.56 सूची - I का सूची-II के साथ मिलान करो।

सूची- I (प्रस्तावक का नाम)	सूची - II (सिद्धांत)
(a) मास्लो	(i) हाईजीन थ्योरी
(b) हर्ज़बर्ग	(ii) X और Y थ्योरी
(c) एल जी उर्विक	(iii) नीड हायरार्की थ्योरी
(d) मैकग्रेगर	(iv) Z थ्योरी

A. a - (i), b - (ii), c - (iii), d - (iv)
B. a - (ii), b - (i), c - (iv), d - (iii)
C. a - (iv), b - (iii), c - (ii), d - (i)
D. a - (iii), b - (i), c - (iv), d - (ii)

Q.57 एफ. डब्ल्यू. टेलर ने "द मिलिट्री टाइप ऑफ फोरमैन" को क्या कहा?

A. कमांड की एकता
B. नियंत्रण की अवधि
C. प्रत्यायोजित विधानमंडल
D. विभाग

Q.58 निर्देश: नीचे दिए गए कथन (A) और कारण (R) के लिए, सही विकल्प चुनें।

कथन (A): ओलिगोपोली के तहत एक फर्म के उत्पाद की मांग बाजार की मौजूदा कीमतों से अधिक है।

कारण (R): ऑलिगोपॉलिस्टिक फर्म एक बदली हुई मांग वक्र का सामना करती है।

A. दोनों (A) और (R) गलत हैं।
B. दोनों (A) और (R) सही हैं, लेकिन (R) (A) का सही स्पष्टीकरण नहीं है।
C. (A) सही है, लेकिन (R) गलत है।
D. (A) गलत है, लेकिन (R) सही है।

Q.59 अतिपरवलय आकार की मांग वक्र में ______होते हैं।

A. समान ढलान और समान बिंदु लोच
B. असमान ढलान और असमान बिंदु लोच
C. असमान ढलान और समान बिंदु लोच
D. समान ढलान और असमान बिंदु लोच

Q.60 ब्रांडिंग निर्णय ______ पर आधारित हैं।

A. बाजार अनुसंधान
B. ग्राहक की जरूरतों के आकलन
C. उत्पाद की लागत
D. (A) और (B) दोनों

Q.61 थोक व्यापारी मुख्य रूप से अपने प्रचार उद्देश्यों को प्राप्त करने के लिए प्रचार मिश्रण के निम्नलिखित तत्वों में से किस पर निर्भर करते हैं?

A. विज्ञापन
B. व्यापार संवर्धन
C. व्यक्तिगत बेच
D. जनसंपर्क

Q.62 एक विपणन चिंता आम तौर पर अपनी गतिविधियों के वित्तपोषण के लिए ______ स्रोतों का उपयोग करती है।

A. स्वामित्व वाली पूंजी
B. बैंक ऋण
C. व्यापार ऋण
D. ऊपर के सभी

Q.63 एसिड-परीक्षण अनुपात के लिए निम्नलिखित में से कौन सी देनदारियों को ध्यान में रखा जाता है?

(i) व्यापार लेनदार

(ii) बैंक ओवरड्राफ्ट

(iii) देय बिल

(iv) बकाया खर्च

(v) रिडीमेंबल डिबेंचर

A. (i), (ii), (iii), (iv) और (v)
B. (i), (ii), (iii) और (iv)
C. केवल (i) और (ii)
D. (i), (iii) और (iv)

Q.64 निर्देश: दिए गए कथनों को ध्यान से पढ़िए और सही विकल्प चुनिए।

कथन:

(i) वित्त कार्य का उद्देश्य धन अधिकतमकरण है।

(ii) वित्त कार्य का उद्देश्य लाभ अधिकतमकरण है।

A. दोनों कथन सही हैं।
B. दोनों कथन गलत हैं।
C. कथन (i) सही है, कथन (ii) गलत है।
D. कथन (i) गलत है, कथन (ii) सही है।

Q.65 निर्देश: दिए गए कथनों को ध्यान से पढ़िए और सही विकल्प चुनिए।

कथन:

(i) लाभांश का भुगतान तभी किया जा सकता है जब मुनाफा हो।

(ii) नुकसान होने पर लाभांश का भुगतान किया जा सकता है।

A. दोनों सही हैं।
B. दोनों गलत हैं।
C. (i) गलत है, (ii) सही है।
D. (i) सही है, (ii) गलत है।

Q.66 निर्देश: दिए गए कथनों को ध्यान से पढ़िए और सही विकल्प चुनिए।

कथन:

(i) ऑपरेटिंग लीवरेज की फर्म की डिग्री जितनी अधिक होगी, उतना ही इसका EBIT बिक्री में उतार-चढ़ाव के साथ अलग-अलग होगा।

(ii) ऑपरेटिंग लीवरेज की फर्म की डिग्री जितनी अधिक होगी, बिक्री में उतार-चढ़ाव के साथ इसका EBIT कम होगा।

A. दोनों सही हैं।
B. दोनों गलत हैं।
C. (i) सही है, लेकिन (ii) गलत है।
D. (i) गलत है, लेकिन (ii) सही है।

Q.67 यदि NPV सकारात्मक है, तो IRR होगा?

A. सकारात्मक
B. K के बराबर
C. K से बड़ा
D. इनमे से कोई भी नहीं

Q.68 "ग्रेपवाइन" एक शब्द है जिसका प्रयोग ______ संबंध में किया जाता है।

A. औपचारिक संचार
B. अनौपचारिक संचार
C. औपचारिक और अनौपचारिक दोनों संचार
D. इनमें से कोई नहीं

Q.69 निम्नलिखित में से किस सॉफ्टवेअर का उपयोग अनुसंधान विश्लेषण के लिए किया जाता है?

A. SAP
B. ERP
C. SPSS
D. TALLY

Q.70 निम्नलिखित को सही कालानुक्रमिक क्रम में व्यवस्थित करें:

(i) मूल्य और पूंजी

(ii) राजनीतिक अर्थव्यवस्था और कराधान के सिद्धांत

(iii) डिमांड थ्योरी का एक संशोधन

(iv) रोजगार, ब्याज और धन का सामान्य सिद्धांत

A. (ii), (iv), (i), (iii) **B.** (iii), (i), (iv), (ii)

C. (iv), (iii), (i), (ii) **D.** (i), (iv), (iii), (ii)

Q.71 विकासशील देशों की विशेषता क्या है?

A. मुद्रा बाजारों का अनुचित कार्य

B. पूंजी बाजार का अभाव

C. मुद्रा बाजार और पूंजी बाजार दोनों का अभाव

D. पूंजी बाजार की अनुचित कार्यप्रणाली

Q.72 एक अविकसित देश के संदर्भ में 'गरीबी के दुष्चक्र' के नार्क्सियन सूत्रीकरण में, निवेश करने की लालसा किसके द्वारा सीमित है?

A. बचत का अभाव

B. निवेश के अवसरों में कमी

C. बाजार का आकार

D. सरकार की नीति

Q.73 निम्नलिखित में से कौन PEST का हिस्सा नहीं है?

A. राजनीतिक **B.** पर्यावरण

C. सामाजिक **D.** प्रौद्योगिकीय

Q.74 निधियों के प्रवाह में निम्नलिखित में से कौन सा परिणाम है?

A. लेनदारों ने देय बिल जारी किए

B. मशीनरी की बिक्री पर नुकसान

C. सामान्य रिजर्व में स्थानांतरण

D. क्रेडिट पर बेची गई बिल्डिंग

Q.75 यदि 5000 रुपये के प्रारंभिक खर्चों को लिखने के बाद शुद्ध लाभ 25,000 रुपये है, तो संचालन से प्राप्त धन होगा-

A. 25,000 रुपये **B.** 30,000 रुपये

C. 20,000 रुपये **D.** 10,000 रुपये

Q.76 कार्यशील पूंजी चक्र में शामिल हैं:

(i) कच्चे माल का अधिग्रहण,

(ii) तैयार माल,

(iii) प्राप्य,

(iv) नकद, और

(v) कार्य प्रगति पर है।

निम्नलिखित में से कौन सा सही क्रम है?

A. (iv), (iii), (i), (v), (ii)

B. (i), (ii), (iii), (iv), (v)

C. (i), (v), (ii), (iii), (iv)

D. (iv), (i), (ii), (iii), (v)

Q.77 वित्तीय स्थिति में परिवर्तन का विवरण क्या दिखाता है?

A. धन के स्रोत और उपयोग

B. संपत्तियां और देनदारियां

C. आय और व्यय

D. हानि और लाभ

Q.78 निम्नलिखित को मिलाएं।

भाग - I	भाग - II
(a) कुल ऋण अनुपात	(i) कुल ऋण / पूंजी नियोजित
(b) ऋण इक्विटी अनुपात	(ii) कुल ऋण / निवल मूल्य
(c) कुल पूंजी-इक्विटी अनुपात	(iii) पूंजी नियोजित / निवल मूल्य
(d) ब्याज कवरेज अनुपात	(iv) EBIT / ब्याज

A. (a) - (i), (b) - (ii), (c) - (iii), (d) - (iv)

B. (a) - (ii), (b) - (i), (c) - (iii), (d) - (iv)

C. (a) - (i), (b) - (ii), (c) - (iv), (d) - (iii)

D. (a) - (i), (b) - (iii), (c) - (iv), (d) - (ii)

Q.79 निर्देश: नीचे दिए गए कथनों के लिए, सही विकल्प चुनिए।

कथन 1: माँग का कानून हमेशा श्रेष्ठ वस्तुओं के मामले में संचालित होता है।

कथन 2: प्रतिस्थापन प्रभाव हमेशा सकारात्मक होता है।

A. दोनों सही हैं।

B. दोनों गलत हैं।

C. कथन 1 सही है, 2 गलत है।

D. कथन 1 गलत है, 2 सही है।

Q.80 निम्नलिखित में से किस फर्म ने किंकड मांग वक्र को देखा?

A. एकाधिकार फर्म

B. ओलिगोपॉली फर्म

C. पूरी तरह से प्रतिस्पर्धी फर्म

D. एकाधिकार फर्म

Q.81 एक फर्म के लाभ अधिकतमकरण के लिए,

(i) MC = MR

(ii) सीमांत लागत वक्र को नीचे से औसत लागत वक्र में कटौती करनी चाहिए।

सही विकल्प चुनें।

A. दोनों सही हैं। **B.** दोनों गलत हैं।

C. (i) सही, (ii) गलत **D.** (i) गलत, (ii) सही

Q.82 अपने प्रारंभिक रूप में कोब-डगलस उत्पादन समारोह में निम्नलिखित में से कौन सा गुण है?

(a) पावर फंक्शन

(b) लगातार रिटर्न पैमाने पर

(c) प्रतिस्थापन की एकता के रूप में लोच

(d) स्थिरांक और एकता के रूप में प्रतिस्थापन की लोच

A. (a), (b), (d) **B.** (a), (c), (d)

C. (a), (b), (c), (d) **D.** (a), (b), (c)

Q.83 एक परिकल्पना परीक्षण के लिए, अल्फा (α) 0.05 और बीटा (β) 0.10 है। इस परीक्षण की शक्ति ___ है।

A. 0.95 **B.** 0.90 **C.** 0.80 **D.** 0.15

Q.84 एक मशीन की मूल लागत 2,52,000 रु निस्तारण मूल्य रु 12,000 था। उपयोगी जीवन 6 साल था, सीधी रेखा विधि के तहत वार्षिक मूल्यह्रास ________ होगा।

A. 42,000 रु **B.** 40,000 रु **C.** 30,000 रु **D.** 28,000 रु

Q.85 यदि कोई नमूना आबादी से यादृच्छिक पर लिया जाता है, तो यह आबादी के लगभग समान विशेषताओं के होने की संभावना है।

निम्नलिखित में से कौन सा कानून उपरोक्त विषय बताता है?

A. बड़ी संख्या की जड़ता का कानून

B. सांख्यिकीय नियमितता का नियम

C. छोटी संख्या की वृद्धता का कानून

D. अनुकूलन का नियम

Q.86 निम्नलिखित में से कौन सा कारक गैर-नमूनाकरण त्रुटियों का कारण है?

A. अनुचित सांख्यिकीय इकाइयाँ

B. अपर्याप्त नमूना फ्रेम

C. चयन की दोषपूर्ण प्रक्रिया

D. ऊपर के सभी

Q.87 360-डिग्री विधि किससे संबंधित है?

A. प्रदर्शन का मूल्यांकन **B.** संगठनात्मक वातावरण

C. कर्मचारियों का मनोबल **D.** कर्मचारियों की छंटनी

Q.88 विपणन अवधारणा के अनुसार, फर्म के विभिन्न कार्यात्मक क्षेत्रों को _____ बढ़ाने के लिए अपने प्रयासों को मिश्रण करना चाहिए।

A. फायदा **B.** बिक्री

C. बाजार में हिस्सेदारी **D.** ग्राहक संतुष्टि

Q.89 विपणन-उन्मुख कंपनी में परिवर्तित होने के दौरान, कंपनी को निम्नलिखित में से किस बाधा का सामना करना पड़ सकता है?

A. संगठित प्रतिरोध का **B.** धीमी गति से सीखने का

C. तेजी से भूलने का **D.** उपरोक्त सभी

Q.90 नीचे दिए गए कोड के अनुसार निम्नलिखित का मिलान करें:

सूची- I (रणनीतियाँ)	सूची- II (उदाहरण)
(a) अंतर मूल्य निर्धारण	(i) ग्राहक सेवा केंद्रों में प्रतीक्षा में बैठने के लिए लाउंज आदि।
(b) पूरक सेवा	(ii) मैकडॉनल्ड्स द्वारा नाश्ता सेवा और होटल द्वारा मिनी वेकेशन और सप्ताहांत
(c) आरक्षण प्रणाली	(iii) शुरुआती और शाम की फिल्मों के लिए कम कीमत, कार पार्किंग किराए के लिए सप्ताहांत छूट
(d) गैर-पीक डिमांड खेती	(iv) एयरलाइंस, होटल, चिकित्सक बड़े पैमाने पर कार्यरत हैं

A. (a) - (i), (b) - (iii), (c) - (ii), (d) - (iv)

B. (a) - (iv), (b) - (ii), (c) - (i), (d) - (iii)

C. (a) - (ii), (b) - (i), (c) - (iv), (d) - (iii)

D. (a) - (iii), (b) - (i), (c) - (iv), (d) - (ii)

Q.91 निर्देश: नीचे दिए गए अभिकथन (A) और कारण (R) के लिए, सही विकल्प चुनें।

अभिकथन (A): तुलनात्मक लाभ सिद्धांत कहता है कि प्रत्येक देश को उन वस्तुओं का उत्पादन करना चाहिए, जिनमें तुलनात्मक लाभ होता है।

कारण (R): यह अवसर लागतों की उपस्थिति के कारण है जो देश को एक वस्तु उत्पादन में सापेक्ष लाभ देता है।

A. (A) और (R) दोनों सही हैं तथा (R), (A) का सही स्पष्टीकरण है।

B. (A) और (R) दोनों सही हैं तथा (R), (A) का सही स्पष्टीकरण नहीं है।

C. (A) सही है, लेकिन (R) गलत है।

D. (A) गलत है, लेकिन (R) सही है।

Q.92 निम्नलिखित में से कौन सा कथन सही है?

(a) वित्तीय विवरणों का विश्लेषण और व्याख्या लेखांकन का एक कार्य है।

(b) किसी फर्म की वित्तीय स्थिति का पता लगाने के लिए लाभ और हानि खाता तैयार किया जाता है।

(c) सद्भावना एक व्यर्थ संपत्ति है।

(d) किसी फर्म की वित्तीय स्थिति का पता लगाने के लिए बैलेंस शीट तैयार की जाती है।

नीचे दिए गए कोड का उपयोग करके सही उत्तर चुनें:

A. (a) और (b) **B.** (a) और (c)

C. (a) और (d) **D.** (b) और (c)

Q.93 सूची- II की वस्तुओं के साथ सूची- II के आइटम का मिलान करें और नीचे दिए गए कोड का उपयोग करके सही उत्तर का संकेत दें:

सूची-I	सूची-II
(a) ऋणी टर्नओवर अनुपात	(i) सॉल्वेंसी अनुपात
(b) मालिकाना अनुपात	(ii) तरलता अनुपात
(c) ऑपरेटिंग अनुपात	(iii) गतिविधि अनुपात
(d) एसिड-टेस्ट अनुपात	(iv) लाभप्रदता अनुपात

A. (a) - (ii), (b) - (iv), (c) - (iii), (d) - (i)

B. (a) - (iii), (b) - (ii), (c) - (i), (d) - (iv)

C. (a) - (iii), (b) - (i), (c) - (iv), (d) - (ii)

D. (a) - (iv), (b) - (iii), (c) - (ii), (d) - (i)

Q.94 अभिकथन (A) और कारण (R) के निम्नलिखित दो कथनों के लिए, सही कोड इंगित करें:

अभिकथन (A): वित्तीय विवरणों के अनुसार कैश फ्लो स्टेटमेंट एक फर्म की समग्र वित्तीय स्थिति का खुलासा करने में असमर्थ है।

कारण (R): कैश केवल दर्ज तथ्यों के आधार पर कार्यशील पूंजी का एक महत्वपूर्ण घटक है।

A. (A) और (R) दोनों सही हैं और (R) (A) का स्पष्टीकरण है।

B. (A) सही है लेकिन (R) सही नहीं है।

C. (A) सही नहीं है लेकिन (R) सही है।

D. (A) और (R) दोनों गलत हैं।

Q.95 निवेशक की दृष्टि से, पूंजी की लागत है:

A. ब्याज दर **B.** बाजारी मूल्य

C. पूंजी निवेश की उपज **D.** स्टॉक एक्सचेंज मूल्य

Q.96 निम्नलिखित में से कौन पोर्टर फाइव फोर्सेज मॉडल का भाग नहीं है?

A. खरीदार **B.** आपूर्तिकर्ता

C. पूरक उत्पादों **D.** उद्योग प्रतिद्वंद्विता

Q.97 प्रबंधन में कार्यकर्ता की भागीदारी को बढ़ावा देने वाली समितियां आमतौर पर केवल _____ पर स्थापित की जाती हैं।

A. कॉर्पोरेट स्तर **B.** संयंत्र स्तर

C. दुकान-फर्श स्तर **D.** उपरोक्त सभी

Q.98 निम्नलिखित को मिलाएं:

सूची- I (नौकरी विश्लेषण)	सूची- II (उदाहरण)
(a) कार्य	i. पेरोल प्रोसेसिंग
(b) एलिमेंट	ii. मुआवजा नीति प्रशासक
(c) ड्यूटी	iii. मुआवजा डिजाइन प्रबंधक
(d) पद	iv. मुआवजा विशेषज्ञ
(e) नौकरी	v. रूप तैयार करना
(f) व्यवसाय	vi. साइन पे चेक

A. (a) - i, (b) - ii, (c) - iii, (d) - iv, (e) - v, (f) - vi

B. (a) - v, (b) - vi, (c) - i, (d) - ii, (e) - iii, (f) - iv

C. (a) - vi, (b) - v, (c) - iv, (d) - ii, (e) - iii, (f) - i

D. (a) - vi, (b) - i, (c) - ii, (d) - iii, (e) - iv, (f) - v

Q.99 नीचे दिए गए कोड का उपयोग करके निम्नलिखित का मिलान करें:

सूची-I	सूची-II
(a) थ्योरी X	(i) सहभागी शैली
(b) थ्योरी Y	(ii) निरंकुश शैली
(c) थ्योरी Z	(iii) डेमोक्रेटिक शैली

A. (a) - (i), (b) - (ii), (c) - (iii)

B. (a) - (ii), (b) - (iii), (c) - (i)

C. (a) - (iii), (b) - (i), (c) - (ii)
D. (a) - (ii), (b) - (i), (c) - (iii)

Q.100 निम्नलिखित में से कौन सा संस्थान भारत के वित्तीय क्षेत्र में सर्वोच्च संस्थान है?
A. आईडीबीआई
B. नाबार्ड
C. एनएचबी
D. भारतीय रिजर्व बैंक

Q.101 चलपति राव समिति ____ के पुनर्गठन के लिए थी।
A. भारत में राज्य वित्तीय निगम
B. भारत में वाणिज्यिक बैंक
C. भारत में सहकारी बैंक
D. भारत में क्षेत्रीय ग्रामीण बैंक

Q.102 सूची- I के साथ सूची- II का मिलान करें।

सूची-I	सूची-II
a. खुसरो समिति	1. भारत में बैंकों में ग्राहक सेवाओं को देखने के लिए
b. गोपोरिया समिति	2. भारत में कृषि ऋण की स्थिति की समीक्षा करने के लिए
c. घोष समिति	3. SSI और अन्य संबंधित पहलुओं को संस्थागत ऋण की पर्याप्तता की जांच करना
d. नायक समिति	4. बैंकों में धोखाधड़ी और दुर्भावना के विभिन्न पहलुओं की जांच करना

A. a - 2, b - 4, c - 1, d - 3
B. a - 3, b - 1, c - 4, d - 2
C. a - 2, b - 1, c - 4, d - 3
D. a - 4, b - 2, c - 1, d - 3

Q.103 निम्नलिखित में से किस बैंक पर भारतीय रिजर्व बैंक अपनी मौद्रिक नीति की सफलता के लिए काफी हद तक निर्भर रहता है?
A. सहकारी बैंक
B. क्षेत्रीय ग्रामीण बैंक
C. वाणिज्यिक बैंक
D. विकास बैंक

Q.104 कुशलता से अपने कार्यों के निर्वहन के लिए, सेबी को निम्नलिखित शक्तियों में से किसके साथ निहित किया गया है?
(a) स्टॉक एक्सचेंजों द्वारा कानूनों को अनुमोदित करने के लिए
(b) स्टॉक एक्सचेंजों को अपने उपनियमों में संशोधन के लिए निर्देशित करना
(c) खातों की पुस्तकों को इंगित करें और मान्यता प्राप्त स्टॉक एक्सचेंजों से आवधिक रिटर्न के लिए कॉल करें
(d) वित्तीय मध्यस्थों के खातों की पुस्तकों का निरीक्षण करना
(e) कुछ कंपनियों को एक या अधिक स्टॉक एक्सचेंजों में अपने शेयरों को सूचीबद्ध करने के लिए मजबूर करना
(f) दलालों का पंजीकरण
A. (a), (b), (c) और (f)
B. (a), (c), (d) और (f)
C. (b), (c), (d), (e) और (f)
D. (a), (b), (c), (d), (e) और (f)

Q.105 X और Y एक फर्म में भागीदार हैं। उन्होंने 1,500 रु और 1000 रु क्रमशः 2009 के दौरान सभी बारह महीनों के लिए हर महीने के 15 वें दिन निकाल लिया। चित्र पर ब्याज शुल्क @ 10% प्रति वर्ष है। क्रमशः ड्राइंग पर ब्याज की गणना करें।
A. 1,800 रु और 1,200 रु
B. 900 रु और 600 रु
C. 18,000 रु और 12,000 रु
D. 150 रु और 100 रु

Q.106 बिक्री आयोग ____ के अंतर्गत वर्गीकृत किया गया है।
A. मुख्य लागत
B. बेचे गए माल की कीमत
C. उत्पाद की लागत
D. अप्रत्यक्ष श्रम

Q.107 निम्नलिखित विकल्प एक कंपनी के शेयरों से संबंधित हैं। चरणों का सही क्रम क्या है?
A. जारी, आवेदन, कॉल और ज़ब्त
B. आवेदन, कॉल, ज़ब्त और जारी
C. कॉल, जारी, आवेदन और ज़ब्त
D. ज़ब्त, आवेदन, जारी और कॉल

Q.108 भारत में लेखा मानक बोर्ड की स्थापना किस वर्ष में की गई थी?
A. 1970   **B.** 1972   **C.** 1973   **D.** 1977

Q.109 जब नियत तारीख से पहले एक बिल का भुगतान किया जाता है और चैककर्ता अदाकर्ता को कुछ भत्ता देता है, तो इसे कहा जाता है:
A. छूट
B. छूट पर बिल की सेवानिवृत्ति
C. बट्टा
D. उपरोक्त सभी

Q.110 जवाबदेही लेखांकन का उद्देश्य ____ की जानकारी एकत्र करना और उसकी रिपोर्ट करना है।
A. विभाग के लिहाज से
B. लागत केंद्र के लिहाज से
C. समारोह के लिहाज से
D. उत्पाद के लिहाज से

Q.111 मूल्यांकन को साझा करने के लिए लाभांश अप्रासंगिक प्रमेय किसके द्वारा प्रस्तावित किया गया था?
A. जेम्स ई वाल्टर
B. मायरोन गॉर्डन
C. मोदिग्लिआनी और मिलर
D. इनमें से कोई नहीं

Q.112 मौसमी उत्पाद जैसे कि रेन कोट, छाता, आदि एक निश्चित मौसम के दौरान ही चरम पर मांग का आनंद लेते हैं। किस मार्केटिंग अवधारणा के तहत यह छूट वर्गीकृत है?
A. मेटा मार्केटिंग अवधारणा
B. डेमोग्राफिंग अवधारणा
C. सिंक्रो मार्केटिंग अवधारणा
D. काउंटर मार्केटिंग अवधारणा

Q.113 विज्ञापन के AIDA मॉडल में D क्या दर्शाता है?
A. Demand
B. Desire
C. Depression
D. Direct

Q.114 निम्नलिखित में से किसे नई उत्पाद विकास प्रक्रिया में अंतिम चरण माना जाता है?
A. परीक्षण विपणन
B. उत्पाद विकास
C. व्यावसायीकरण
D. व्यापार विश्लेषण

Q.115 किसी उत्पाद के जीवन चक्र के किस चरण में प्रतियोगियों की संख्या अधिकतम है?
A. परिचयात्मक स्तर
B. वृद्धि स्तर
C. परिपक्वता स्तर
D. गिरावट स्तर

Q.116 निम्नलिखित में से कौन एक आपूर्ति रणनीति है?
A. क्षमता साझाकरण
B. रचनात्मक मूल्य निर्धारण
C. आरक्षण प्रणाली
D. पूरक सेवाओं का विकास

Q.117 निम्नलिखित में से कौन सा जोड़ा सही ढंग से मेल खाता है?

A. उपभोक्ता संवर्धन - बिक्री बैठकें

B. डीलर प्रचार - प्रदर्शन भत्ता

C. आंतरिक बिक्री संवर्धन - नि: शुल्क नमूने

D. इनमे से कोई भी नहीं

Q.118 सड़क अवरोधक विज्ञापन _____ है।

A. किसी सड़क को अवरुद्ध करके किसी उत्पाद का विज्ञापन करना

B. एक अवरुद्ध सड़क पर एक विज्ञापन डालना है

C. सड़क पर संभावित ग्राहकों को इकट्ठा करने की एक तकनीक

D. एक ही समय में सभी समान टीवी / रेडियो चैनलों पर उत्पाद का विज्ञापन करना

Q.119 निम्नलिखित में से कौन केवल उर्ध्व संचार का उदाहरण नहीं है?

A. रिपोर्ट   B. परिपत्र   C. ग्रेपवाइन   D. साक्षात्कार

Q.120 एक संगठन में 'स्टाफ' का कार्य _____है।

A. लाइन से सलाह लेना

B. लाइन को सलाह देंना

C. अधिकार और जिम्मेदारी संभालना

D. कुछ व्यक्तियों पर निश्चित तरीके से कार्य के प्रदर्शन की जिम्मेदारी तय करना

Q.121 एक प्रोजेक्ट टीम के दो सदस्यों के बीच विभिन्न कार्यों से क्या संचार होता है, लेकिन समान स्तर का प्राधिकरण कहा जाता है?

A. उर्ध्वगामी संचार   B. अधोगामी संचार

C. पार्श्व संचार   D. विकर्ण संचार

Q.122 जब एक बिल स्वीकार करने पर, एक भुगतानकर्ता, उस पर भुगतान का स्थान अंकित करता है, तो उसे _____ कहा जाता है।

A. बिल की स्वीकृति   B. बिल का अधिवास

C. सशर्त स्वीकृति   D. स्थानीय स्वीकृति

Q.123 औद्योगिक वस्तुओं के लिए उपयोग किए जाने वाले संवर्धन मिश्रण का सबसे महत्वपूर्ण घटक क्या है?

A. व्यक्तिगत विक्रय   B. विज्ञापन

C. बिक्री प्रचार   D. प्रचार

Q.124 निम्नलिखित प्रदर्शन मूल्यांकन तकनीकों में से किसमें परिणामों पर सर्वाधिक जोर दिया गया है?

A. 360 डिग्री   B. ग्राफिक रेटिंग

C. BARS   D. MBO

Q.125 निम्नलिखित को मिलाएं:

सूची-I	सूची-II
(a) किसी फर्म की लागत संरचना में निश्चित लागत की उपस्थिति	(1). सुपर उत्तोलन
(b) एक फर्म की पूंजी संरचना में निश्चित रिटर्न फंड की उपस्थिति	(2).ऑपरेटिंग उत्तोलन
(c) शेयरधारकों को उपलब्ध आय पर बिक्री में परिवर्तन का प्रभाव	(3). वित्तीय उत्तोलन

A. (a) - (1), (b) - (2), (c) - (3)

B. (a) - (2), (b) - (3), (c) - (1)

C. (a) - (3), (b) - (2), (c) - (1)

D. (a) - (1), (b) - (3), (c) - (2)

Q.126 निर्देश: नीचे दिए गए अभिकथन (A) और कारण (R) के लिए, सही विकल्प चुनें।

अभिकथन (A): श्रम की सामाजिक लागत, भुगतान की गई मजदूरी की कुल राशि से कम होती है।

कारण (R): श्रम कल्याण योजनाओं से संबंधित लागत, परिणामी सामाजिक लाभों द्वारा समायोजित की जाती है।

निम्नलिखित कोड से सही उत्तर चुनें:

A. (A) और (R) दोनों सही हैं और (R), (A) की सही व्याख्या है।

B. (A) और (R) दोनों सही हैं, लेकिन (R), (A) की सही व्याख्या नहीं है।

C. (A) सही है, लेकिन (R) सही नहीं है।

D. (A) गलत है और (R) सही है।

Q.127 निम्नलिखित में से कौन सा विकल्प वित्त संपत्ति के लिए हेजिंग दृष्टिकोण के उपयोग का प्रतिनिधित्व करता है?

A. दीर्घकालिक देनदारियों के साथ अल्पकालिक परिसंपत्तियां वित्तपोषित।

B. स्थायी कार्यशील पूंजी ने दीर्घकालिक देनदारियों के साथ वित्त पोषण किया।

C. अल्पावधि परिसंपत्तियों को इक्विटी के साथ वित्तपोषित किया जाता है।

D. सभी संपत्तियां 50% इक्विटी और 50% ऋण मिश्रण के साथ वित्तपोषित हैं।

Q.128 निम्नलिखित को मिलाएं:

सूची-I	सूची-II
(a) पीटर. एफ. ड्रकर	(i) कमांड की एकता
(b) हेनरी फेयोल	(ii) उपलब्धि प्रेरणा
(c) मैकार्थी	(iii) एमबीओ
(d) मैक्लेलैंड	(iv) मार्केटिंग के 4 Ps

A. (a) - (i), (b) - (ii), (c) - (iii), (d) - (iv)

B. (a) - (ii), (b) - (iii), (c) - (iv), (d) - (i)

C. (a) - (iv), (b) - (i), (c) - (ii), (d) - (iii)

D. (a) - (iii), (b) - (i), (c) - (iv), (d) - (ii)

Q.129 निम्नलिखित में से किस प्रकार के सामूहिक सौदेबाजी में एक पक्ष दूसरे की कीमत पर लाभ प्राप्त करता है?

A. वितरणात्मक मोलभाव   B. अखंडित सौदेबाजी

C. सामूहिक सौदेबाजी   D. इनमे से कोई भी नहीं

Q.130 निम्नलिखित को मिलाएं:

सूची- I (ब्रांडिंग सम्बन्धित निर्णय)	सूची- II (स्पष्टीकरण)
(a) विविधीकरण	(i) उत्पाद का संरक्षण
(b) गुणवत्ता	(ii) एक या अधिक उत्पादों का उत्पादन
(c) विविधता	(iii) एक ही लाइन में नए उत्पादों की खोज
(d) पैकिंग	(iv) विभिन्न उत्पाद

A. (a) - (ii), (b) - (iv), (c) - (i), (d) - (iii)

B. (a) - (iii), (b) - (ii), (c) - (iv), (d) - (i)

C. (a) - (iii), (b) - (i), (c) - (iv), (d) - (ii)

D. (a) - (iv), (b) - (iii), (c) - (ii), (d) - (i)

Q.131 निम्नलिखित प्रमुख सिद्धांतों में से चुनें, जो बैंक अपने काम में शामिल करने का प्रयास करते हैं:

(a) लाभप्रदता

(b) श्रम कल्याण

(c) सामाजिक कल्याण

(d) सुरक्षा

(e) मानव संसाधन विकास

(f) तरलता

A. (a), (b), (d), (e)   B. (a), (c), (d), (f)

C. (c), (d), (e), (f)   D. (a), (b), (c), (d)

Q.132 SWIFT का पूर्ण रूप ___ है।

A. सोसाइटी फॉर वर्ल्डवाइड इंटर-बैंक फंड ट्रांसफर

B. सोसाइटी फॉर वर्ल्डवाइड इंटर-बैंक फास्ट ट्रांसमिशन

C. सोसाइटी फॉर वर्ल्डवाइड इंटर-बैंक फाइनेंसियल टेलेकम्युनिकशन्स

D. इनमे से कोई भी नहीं

Q.133 RBI द्वारा अपनाई गई मौद्रिक नियंत्रण की तकनीकों का चयन करें:

(a) नकद आरक्षित अनुपात

(b) वैधानिक तरलता अनुपात

(c) बैंक दर

(d) मुद्रा दर

A. (a), (b), (c) और (d)
B. (b), (c) और (d)
C. (a), (c) और (d)
D. (a), (b) और (c)

Q.134 मुद्रा बाजार के बारे में निम्नलिखित गलत विवरणों को पहचानें:

(a) कॉल मनी मार्केट छोटी अवधि के वित्त में मांग पर देय होता है, जिसमें परिपक्वता अवधि एक दिन से 14 दिन तक होती है।

(b) ट्रेजरी बिल भारत सरकार द्वारा अल्पकालिक उधार के साधन हैं, जो छूट के तहत वचन पत्र के रूप में जारी किए जाते हैं।

(c) रेपो दर में कमी से बैंकों को सस्ती दर पर पैसा प्राप्त करने में मदद मिलती है।

(d) मनी मार्केट म्यूचुअल फंड विशेष रूप से, उच्च-गुणवत्ता और बहुत कम परिपक्वता-आधारित मनी मार्केट साधनो में पैसा लगाते हैं।

A. (a) और (c)
B. (b)
C. (d)
D. इनमे से कोई भी नहीं

Q.135 निम्नलिखित कथन को पूरा करें:

क्रेडिट को नियंत्रित करने के लिए _________।

A. CRR को बढ़ाया जाना चाहिए और बैंक दर को कम किया जाना चाहिए।

B. CRR को कम किया जाना चाहिए और बैंक दर को कम किया जाना चाहिए।

C. CRR को बढ़ाया जाना चाहिए और बैंक दर को बढ़ाया जाना चाहिए।

D. CRR को कम किया जाना चाहिए और बैंक दर को बढ़ाया जाना चाहिए।

Q.136 निम्नलिखित में से कौन सा उदासीनता वक्र का सामान्य गुण नहीं है?

A. नीचे झुकना

B. उत्तल उत्पत्ति

C. एक दूसरे को काट सकते हैं

D. इनमे से कोई भी नहीं

Q.137 निर्देश: नीचे दिए गए कथनों के लिए, सही विकल्प चुनिए।

कथन:

(I) व्यापार से कोई लाभ उनकी मांग की सापेक्ष शक्ति के अनुसार देशों के बीच साझा नहीं किया जाता है।

(II) व्यापार की शर्तें प्राथमिक निर्माता के खिलाफ हैं जब तक कि उस पर एकाधिकार न हो या उत्पाद की विदेश में अयोग्य मांग न हो।

A. दोनों सही
B. दोनों गलत
C. (I) सही, (II) गलत
D. (I) सही, (II) गलत

Q.138 निर्देश: निम्नलिखित दो कथनों के लिए अभिकथन (A) और कारण (R) सही कोड दर्शाति हैं:

अभिकथन (A): एक वस्तु की मात्रा की मांग में लगातार परिवर्तन के विपरीत इसकी कीमत में परिवर्तन की मांग की।

कारण (R): मूल्य प्रभाव सकारात्मक प्रतिस्थापन प्रभाव और नकारात्मक आय प्रभाव का शुद्ध परिणाम है।

A. (A) और (R) दोनों सही हैं।

B. (A) सही है, लेकिन (R) गलत है।

C. (A) गलत है, लेकिन (R) सही है।

D. (A) और (R) दोनों गलत हैं।

Q.139 निम्नलिखित में से कौन भारत में एक नियोजित व्यक्ति के लिए आयकर रिटर्न दाखिल करने के लिए आवश्यक दस्तावेज हैं?

(a) आधार कार्ड

(b) पैन कार्ड

(c) नियोक्ता द्वारा जारी किया गया फॉर्म नंबर 16

A. (a) केवल
B. (a) और (b)
C. (a), (b) और (c)
D. (b) और (c)

Q.140 कार्ल पियर्सन और एपोस गुणांक सहसंबंध X और Y चर के बीच _____ मापता है।

A. दोनों के बीच सह-चर

B. अपने मानक विचलन के उत्पादों का उलटा

C. A और B का उत्पाद

D. इनमे से कोई भी नहीं

Q.141 निम्नलिखित में से कौन 1991 की औद्योगिक नीति की मुख्य विशेषता नहीं है?

A. निजी क्षेत्र का व्यापक विस्तार

B. सार्वजनिक क्षेत्र की भूमिका को फिर से परिभाषित करना

C. विदेशी प्रतिस्पर्धा के लिए भारतीय उद्योग का सीमित प्रदर्शन

D. SSI इकाइयों के लिए आरक्षित वस्तुओं की सूची का प्रसार

Q.142 निम्नलिखित में से कौन SEZ का लाभ नहीं है?

A. भीतरी इलाकों में बुनियादी ढांचे में सुधार

B. खेत की भूमि के अंतिम ट्रैकों का मोड़

C. विदेशी निवेश आकर्षित करना

D. ऊपर के सभी

Q.143 दिए गए समीकरण के आधार पर सही विकल्प चुनें।

वर्तमान अनुपात = 3.5, त्वरित/तरल अनुपात = 2.5, वर्किंग कैपिटल रु 1,00,000

इसलिए, इन्वेंटरी हैं:

A. 40000 रु
B. 100000 रु
C. 160000 रु
D. 2000 रु

Q.144 यदि खरीद के विचार को किए जाने वाले विभिन्न भुगतानों को जोड़कर गणना की जाती है, तो विधि को कहा जाता है:

A. एकमुश्त विधि
B. शुद्ध संपत्ति विधि
C. नेट-भुगतान विधि
D. शेयर विधि का मूल्य

Q.145 _____ एक आरोही कर है।

A. सीमा शुल्क
B. बिक्री कर
C. आयकर
D. विकास अधिभार

Q.146 निम्नलिखित में से कौन-से पारिभाषिक शब्द आयकर से सम्बन्धित नहीं हैं?

A. कर कटौती और संकलन खात संख्या (TAN)

B. छुट्टी यात्रख भत्ता (LTA)

C. महँगाई भत्ता (DA)

D. करदाता पहचान संख्या (TIN)

Q.147 बिलेटेड रिटर्न यू/ एस 139 (4) किसी भी समय भरा जा सकता है:

A. प्रासंगिक मूल्यांकन वर्ष की समाप्ति से पहले

B. प्रासंगिक मूल्यांकन वर्ष से एक वर्ष की समाप्ति से पहले

C. प्रासंगिक मूल्यांकन वर्ष की समाप्ति से पहले या मूल्यांकन पूरा होने से पहले, जो भी पहले हो

D. प्रासंगिक मूल्यांकन वर्ष के अंत से या मूल्यांकन वर्ष से पहले एक वर्ष की समाप्ति से पहले, जो भी पहले हो

Q.148 एक सरकारी कर्मचारी द्वारा प्राप्त अनकम्यूटेड पेंशन पर _____ है।

A. पूरी तरह से छूट-प्राप्त

B. 50 प्रतिशत तक की छूट

C. पूरी तरह से कर योग्य

D. 20 प्रतिशत तक की छूट

Q.149 एक नियोक्ता द्वारा एक कर्मचारी को उपहार, जहां उपहार का मूल्य _____ से कम होता है, को कर मुक्त अनुलाभ के रूप में माना जाएगा।

A. 1,00,000 रुपये   **B.** 5000 रुपये

C. 50,000 रुपये   **D.** 25000 रुपये

Q.150 वित्तीय वर्ष, 2016-2017 के लिए, कर योग्य आय पर पहुँचने के लिए सकल आय में से कितनी राशि तक का चिकित्सा व्यय कटौती के रूप में दावा किया जा सकता है?

A. 15000 रुपये   **B.** 20000 रुपये

C. 5000 रुपये   **D.** 10000 रुपये

// स्मार्ट उत्तर पुस्तिका //

सही उत्तर उन छात्रों का प्रतिशत जिन्होंने प्रश्नों का सही उत्तर दिया था। **छोड़ दिया** उन छात्रों का प्रतिशत जिन्होंने प्रश्नों को छोड़ दिया था।

प्रश्न संख्या	उत्तर	सही उत्तर / छोड़ दिया	प्रश्न संख्या	उत्तर	सही उत्तर / छोड़ दिया	प्रश्न संख्या	उत्तर	सही उत्तर / छोड़ दिया	प्रश्न संख्या	उत्तर	सही उत्तर / छोड़ दिया	प्रश्न संख्या	उत्तर	सही उत्तर / छोड़ दिया
1	D	33.65 % / 6.25 %	17	A	27.4 % / 64.43 %	33	A	16.83 % / 67.3 %	49	B	2.88 % / 87.99 %	65	D	33.17 % / 60.58 %
2	C	26.92 % / 60.58 %	18	C	25.0 % / 63.94 %	34	A	18.27 % / 67.31 %	50	C	0.48 % / 87.98 %	66	C	23.08 % / 61.05 %
3	D	33.65 % / 62.02 %	19	D	22.6 % / 63.94 %	35	D	7.69 % / 65.39 %	51	C	30.77 % / 59.13 %	67	C	22.12 % / 60.57 %
4	B	21.63 % / 62.5 %	20	C	24.04 % / 63.94 %	36	A	23.56 % / 64.9 %	52	C	36.54 % / 60.58 %	68	B	35.58 % / 60.57 %
5	D	34.62 % / 62.5 %	21	C	24.52 % / 64.42 %	37	D	19.23 % / 64.9 %	53	D	24.52 % / 61.06 %	69	C	29.81 % / 61.06 %
6	B	13.46 % / 63.46 %	22	B	8.17 % / 64.43 %	38	B	9.62 % / 64.9 %	54	D	22.12 % / 60.57 %	70	A	11.54 % / 60.58 %
7	B	20.19 % / 63.46 %	23	C	18.75 % / 65.38 %	39	C	12.5 % / 65.38 %	55	C	18.75 % / 60.58 %	71	D	19.71 % / 60.58 %
8	C	19.71 % / 63.46 %	24	A	26.92 % / 66.35 %	40	A	18.75 % / 64.9 %	56	D	34.62 % / 60.57 %	72	A	15.87 % / 62.01 %
9	A	30.77 % / 63.46 %	25	B	27.4 % / 66.35 %	41	D	10.1 % / 87.98 %	57	A	31.25 % / 60.58 %	73	B	26.92 % / 61.06 %
10	A	25.0 % / 63.94 %	26	D	23.56 % / 67.31 %	42	C	10.1 % / 87.98 %	58	D	12.98 % / 60.58 %	74	D	11.54 % / 61.06 %
11	B	15.87 % / 63.94 %	27	D	25.0 % / 67.31 %	43	D	10.1 % / 87.98 %	59	C	10.1 % / 60.57 %	75	B	22.6 % / 61.05 %
12	C	26.44 % / 63.94 %	28	B	12.98 % / 65.39 %	44	B	4.33 % / 87.98 %	60	D	33.17 % / 60.58 %	76	C	26.44 % / 61.06 %
13	B	12.02 % / 63.94 %	29	C	18.27 % / 64.9 %	45	A	8.17 % / 87.98 %	61	B	9.62 % / 60.57 %	77	A	14.9 % / 61.06 %
14	A	18.75 % / 63.46 %	30	C	30.77 % / 64.9 %	46	B	9.13 % / 87.99 %	62	D	34.13 % / 60.58 %	78	A	23.56 % / 61.06 %
15	B	33.65 % / 63.95 %	31	C	15.87 % / 66.34 %	47	C	5.29 % / 87.98 %	63	B	25.0 % / 60.58 %	79	C	6.25 % / 61.54 %
16	C	29.81 % / 64.42 %	32	A	10.1 % / 67.78 %	48	C	6.73 % / 87.98 %	64	A	25.48 % / 60.58 %	80	B	34.13 % / 61.54 %

प्रश्न संख्या	उत्तर	सही उत्तर / छोड़ दिया	प्रश्न संख्या	उत्तर	सही उत्तर / छोड़ दिया	प्रश्न संख्या	उत्तर	सही उत्तर / छोड़ दिया	प्रश्न संख्या	उत्तर	सही उत्तर / छोड़ दिया	प्रश्न संख्या	उत्तर	सही उत्तर / छोड़ दिया
81	A	31.73 % / 61.54 %	95	C	17.31 % / 62.02 %	109	D	12.02 % / 62.5 %	123	A	12.5 % / 62.98 %	137	D	7.21 % / 63.46 %
82	D	9.13 % / 62.02 %	96	C	22.6 % / 62.02 %	110	B	22.6 % / 62.5 %	124	D	11.06 % / 62.5 %	138	C	3.85 % / 62.98 %
83	B	12.02 % / 61.54 %	97	D	22.12 % / 62.01 %	111	C	29.81 % / 62.5 %	125	B	19.23 % / 62.5 %	139	C	20.67 % / 62.98 %
84	B	24.04 % / 62.02 %	98	B	18.27 % / 62.98 %	112	C	20.19 % / 62.5 %	126	A	21.63 % / 62.5 %	140	A	21.15 % / 62.98 %
85	B	15.87 % / 62.01 %	99	D	14.42 % / 62.98 %	113	B	27.4 % / 62.5 %	127	B	12.5 % / 62.98 %	141	C	24.04 % / 62.98 %
86	C	2.4 % / 62.02 %	100	D	26.92 % / 62.5 %	114	C	25.0 % / 62.5 %	128	D	27.4 % / 62.98 %	142	B	14.9 % / 62.98 %
87	A	34.62 % / 62.01 %	101	D	21.63 % / 62.5 %	115	C	19.71 % / 62.5 %	129	A	18.75 % / 62.5 %	143	A	18.75 % / 63.94 %
88	C	6.73 % / 62.02 %	102	C	15.38 % / 63.95 %	116	A	8.65 % / 62.98 %	130	D	19.71 % / 62.98 %	144	C	22.12 % / 62.5 %
89	D	27.88 % / 62.02 %	103	C	31.25 % / 62.5 %	117	C	18.27 % / 62.5 %	131	B	26.44 % / 62.5 %	145	C	7.69 % / 87.5 %
90	D	14.42 % / 62.98 %	104	D	19.71 % / 62.5 %	118	D	32.69 % / 62.5 %	132	C	16.35 % / 62.98 %	146	D	3.37 % / 87.5 %
91	A	32.21 % / 62.02 %	105	B	19.23 % / 62.5 %	119	B	4.81 % / 62.5 %	133	D	26.92 % / 62.98 %	147	C	6.73 % / 87.5 %
92	C	31.73 % / 62.5 %	106	B	21.15 % / 62.5 %	120	B	15.38 % / 62.5 %	134	D	7.21 % / 63.46 %	148	C	5.29 % / 87.5 %
93	C	23.56 % / 62.02 %	107	A	27.4 % / 62.5 %	121	C	25.0 % / 62.5 %	135	C	20.19 % / 62.98 %	149	B	6.25 % / 87.5 %
94	A	20.67 % / 61.54 %	108	D	14.9 % / 62.5 %	122	B	11.06 % / 62.5 %	136	C	26.92 % / 62.98 %	150	A	5.77 % / 87.5 %

//संकेत और समाधान//

1. परिवर्तनशील अनुसंधान एक प्रकार का शोध नहीं है।

खोजपूर्ण अनुसंधान एक घटना के साथ परिचित होने या उसमें नई अंतर्दृष्टि प्राप्त करने के लिए है।

व्याख्यात्मक अनुसंधान वह शोध है जिसका प्राथमिक उद्देश्य यह बताना है कि घटनाओं का निर्माण या विस्तार कैसे होता है।

अनुप्रयुक्त अनुसंधान एक प्रकार का अनुसंधान डिजाइन है जो किसी विशिष्ट समस्या को हल करने का प्रयास करता है या किसी व्यक्ति, समूह या समाज को प्रभावित करने वाले मुद्दों के लिए अभिनव समाधान प्रदान करता है।

अतः विकल्प (D) सही है।

2. "इसमें अनावश्यक तर्क शामिल होंगे तो चर्चा विषय से भटक सकती है।" - यह समूह चर्चा का लाभ नहीं है। समूह चर्चा को छोटे और साथ ही एक बड़े समूह शिक्षण पद्धति के तहत गिना जा सकता है। शिक्षण की एक चर्चा पद्धति एक लोकतांत्रिक पद्धति है जिसका उपयोग छात्रों में बेहतर समझ विकसित करने के लिए किया जाता है।

समूह चर्चा के लाभ:

1) यह एक उत्तेजक सोच प्रक्रिया है, और यह महत्वपूर्ण सोच के विकास में मदद करता है।

2) शिक्षण-सीखने की प्रक्रिया के लिए एक टीम भावना का विकास करती है।

3) प्रतिभाशाली छात्रों की खोज करना।

4) मौखिक और गैर-मौखिक संचार विकसित करने के लिए अच्छा है।

5) यह कई व्यक्तियों के विश्लेषण, तथ्यों, विचारों और अवधारणाओं के एकीकरण से ज्ञान, विचारों और भावनाओं का एक पूल है।

अतः विकल्प (C) सही है।

3. सभी कथन सही हैं।

अनुसंधान एक जांच है जिसमें ज्ञान, संस्कृति और समाज के भंडार को बढ़ाने के लिए व्यवस्थित और तार्किक आधार पर किए गए रचनात्मक कार्य शामिल हैं। यह परिकल्पना के सत्यापन, डेटा विश्लेषण, व्याख्या और सिद्धांतों के निर्माण से संबंधित है और ज्ञान (अनुसंधान) के इस स्टॉक का उपयोग करके नए अनुप्रयोगों को तैयार किया जा रहा है। अनुसंधान सत्य के प्रति एक बौद्धिक जांच भी है।

अतः विकल्प (D) सही है।

4. एक संख्यात्मक अभिक्षमता परीक्षण में पुरुष तथा महिला विद्यार्थी एक समान प्रदर्शन करते हैं यह शून्य परिकल्पना है। यह एक अशक्त परिकल्पना आँकड़ों में प्रयुक्त एक परिकल्पना है जो यह बताती है कि दिए गए अवलोकन या आबादी के एक सेट में कोई सांख्यिकीय मौजूद नहीं है। इसलिए, पुरुष और महिला छात्र एक संख्यात्मक अभिरुचि परीक्षण में समान रूप से अच्छा प्रदर्शन करते हैं।

अतः विकल्प (B) सही है।

5. अनुसंधान का उद्देश्य अवधारणाओं का सटीक उपयोग करना है। छिपे हुए सच का पता लगाने के लिए भी अनुसंधान किया जा सकता है। अनुसंधान का उद्देश्य अत्यधिक केंद्रित और व्यवहार्य होना चाहिए।

अनुसंधान वैज्ञानिक विधियों का उपयोग करके किसी विशेष समस्या या चिंता का सावधानीपूर्वक और विस्तृत अध्ययन है। अनुसंधान का मुख्य उद्देश्य अज्ञात की खोज करना और नई संभावनाओं को खोलना है।

अतः विकल्प (D) सही है।

6. संदर्भित फॉर्मेट की APA (American Psychological Association) शैली में इनवर्टिंग लेखकों के नाम (अंतिम नाम पहले) शामिल हैं, जो पुस्तकों और पत्रिकाओं और वर्णानुक्रम में अनुक्रमणिका संदर्भ सूची के रूप में लंबे समय तक काम करने वाले शीर्षक को इटैलिक करता है। संदर्भित प्रारूप की APA शैली में, हम कभी भी निबंध भाग के शीर्षक को इटैलिक नहीं करते हैं।

अतः विकल्प (B) सही है।

7. शिक्षण का सही क्रम है:

लक्ष्य और विषय-वस्तु को व्यवस्थित करना, रणनीति के विषय में निर्णय, शिक्षार्थी का मूल्यांकन, क्रिया और प्रतिक्रिया, उपयुक्त परीक्षण उपकरण, शिक्षण के प्रति प्रतिक्रिया।

अतः विकल्प (B) सही है।

8. सभी शिक्षण का अर्थ है सीखना। शिक्षण और सीखने की अवधारणाओं के बीच आवश्यक संबंध। शिक्षण अन्य लोगों को सीखने में मदद कर रहा है। शिक्षण सत्र या कक्षाओं को सावधानीपूर्वक योजनाबद्ध करना होगा, जिसमें सीखने की शैली, भाषा, छात्रों की पृष्ठभूमि को ध्यान में रखा जाएगा। संक्षेप में, शिक्षकों को छात्र केंद्रित होना चाहिए, न कि शिक्षक-केंद्रित।

उपयोगी होने के लिए सीखना शिक्षण से लिया जाना चाहिए यह एक सही कथन नहीं है क्योंकि पारंपरिक शिक्षा शिक्षण पर केंद्रित है, न कि शिक्षण पर। यह गलत तरीके से मानता है कि शिक्षण के प्रत्येक औंस के लिए उन लोगों द्वारा सीखने का एक औंस होता है जिन्हें सिखाया जाता है। हालाँकि, स्कूलों में उपस्थित होने के दौरान और बाद में हम जो भी सीखते हैं, उनमें से अधिकांश को बिना हमें सीखाए ही सीखा जाता है। शिक्षकों के प्रभाव और शिक्षण की गुणवत्ता छात्र सीखने और उपलब्धि के लिए अन्य कारकों की तुलना में कम महत्वपूर्ण थी, जैसे कि छात्रों की सामाजिक आर्थिक स्थिति। सीखना शिक्षण से उत्पन्न नहीं है। विषय शिक्षण और सीखने की प्रक्रिया का हिस्सा है।

अतः विकल्प (C) सही है

9. क्षैतिज संचार का अर्थ है समान स्तर पर लोगों के बीच संचार। यह एक शैक्षिक संस्थान में सबसे उपयुक्त होता है जहां लोग समान स्थिति के हैं। क्षैतिज संचार भी उन प्रबंधकों के बीच संचार होता है जिनके पास समान स्तर की क्षमता होती है, साथ ही कर्मचारियों के बीच जिनका समान स्तर होता है, समान पदों पर होते हैं, और शक्तियों और जिम्मेदारियों का एक समान सेट होता है।

अतः विकल्प (A) सही है

10. व्याख्यान, संवादात्मक व्याख्यान, समूह अध्ययन छात्रों द्वारा ज्ञान देने या ज्ञान बढ़ाने के लिए शिक्षक द्वारा उपयोग की जाने वाली तकनीकें हैं। स्व-अध्ययन तकनीक का उपयोग छात्रों द्वारा किया जाता है।

अतः विकल्प (A) सही है।

11. शिक्षक द्वारा छात्र के मूल्यांकन का मुख्य उद्देश्य शिक्षकों को शिक्षण की नवीन पद्धति को अपनाने में मदद करने के साथ-साथ शिक्षक को उनके सुधार के क्षेत्र की पहचान करने में सहायता करना भी शामिल है। लेकिन छात्र की कमजोरियों के बारे में जानकारी इकट्ठा करना शिक्षक उद्देश्य नहीं हो सकता है। तो, विकल्प (A) बिल्कुल नहीं है।

अतः विकल्प (B) सही है।

12. शिक्षकों और छात्रों की सामाजिक-आर्थिक पृष्ठभूमि शिक्षण को प्रभावित नहीं करती है। सामाजिक आर्थिक स्थिति (एसईएस) में न केवल आय, बल्कि शैक्षिक प्राप्ति, वित्तीय सुरक्षा और सामाजिक स्थिति और सामाजिक वर्ग की व्यक्तिपरक धारणा शामिल है।

अतः विकल्प (C) सही है।

13. दिया गया है:

एक किताब 366 पृष्ठों की है।

उपयोग किए गए 1 अंक की संख्या = 9

उपयोग किए गए 2 अंक $= 10$ से $99 = 90 \times 2 = 180$

उपयोग किए गए 3 अंक $= 100$ से $366 = 267 \times 3 = 801$

पृष्ठों की संख्या में उपयोग किए जाने वाले कुल अंक $9 + 180 + 801 = 990$

अत: विकल्प (B) सही है।

14. $(1^3 + 1) = 2$

$(2^3 - 1) = 7$

$(3^3 + 1) = 28$

$(4^3 - 1) = 63$

$(5^3 + 1) = 126$

$(6^3 - 1) = 215$

तो, श्रृंखला का अगला पद 215 होगा।

अत: विकल्प (A) सही है।

15. A, B, C भाई हैं और उनके पिता E हैं। C का विवाह D से हुआ है, इसलिए D, E की पुत्रवधू है।

अत: विकल्प (B) सही है।

16. माना संख्याएँ $3x$ और $5x$ है।

प्रश्न के अनुसार,

$$\frac{3x-9}{5x-9} = \frac{12}{23}$$

$69x - 207 = 60x - 108$

$69x - 60x = 207 - 108$

$9x = 99$

$x = \frac{99}{9} = 11$

तो, संख्या होगी

$3x = 3 \times 11 = 33$

$5x = 5 \times 11 = 55$

अत: विकल्प (C) सही है।

17.

वर्ण माला	A	B	C	D	E	F	G	H	I	J	K	L	M
स्था नीय मान	1	2	3	4	5	6	7	8	9	10	11	12	13
स्था नीय मान	26	25	24	23	22	21	20	19	18	17	16	15	14
वर्ण माला	Z	Y	X	W	V	U	T	S	R	Q	P	O	N

विपरीत अक्षरों का उपयोग कूट भाषा में इस प्रकार किया जाता है :

इसी तरह,

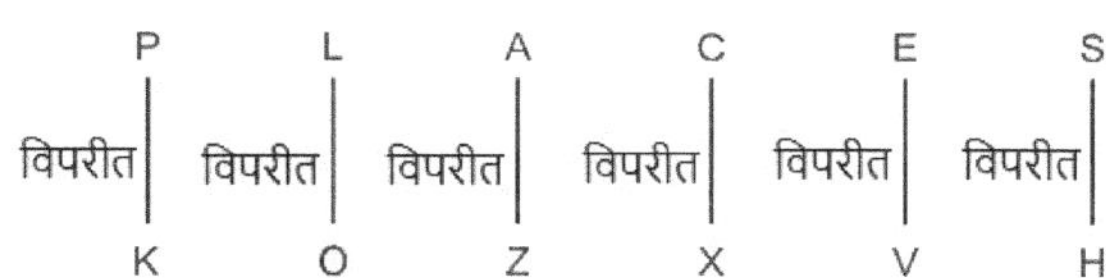

इसलिए, KOZXVH सही उत्तर है।

अत: विकल्प (A) सही हैं।

18. यहाँ पैटर्न है:

$\Rightarrow$ A + 1 = B; B + 2 = D

$\Rightarrow$ D + 3 = G; G + 4 = K

$\Rightarrow$ H + 5 = M; M + 6 = S

$\Rightarrow$ M + 7 = T; T + 8 = B

$\Rightarrow$ S + 9 = B; B + 10 = L

इसी तरह,

$\Rightarrow$ Z + 11 = K; K + 12 = W

इसके बाद, श्रृंखला में अगला पद "ZKW" है।

अत: विकल्प (C) सही है।

19. प्रश्न में दी गई जानकारी से,

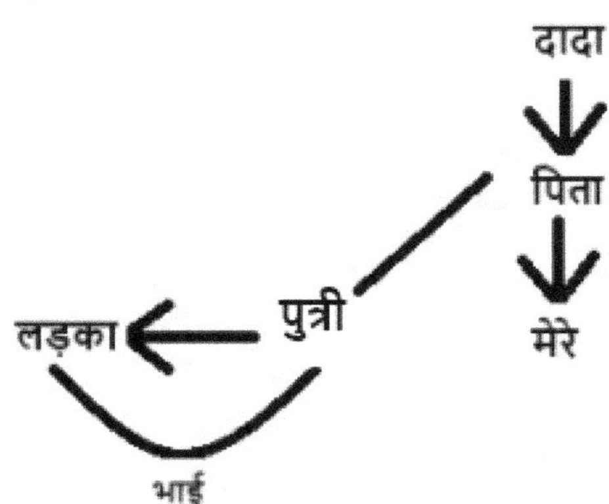

राहुल के दादा के इकलौते बेटे राहुल के पिता हैं।

अब, लड़का राहुल के पिता की बेटी का भाई है, राहुल और लड़का सहोदर हैं।

इस प्रकार, वह लड़का राहुल का भाई है।

अत: विकल्प (D) सही है।

20. प्रश्न में दी गई जानकारी से

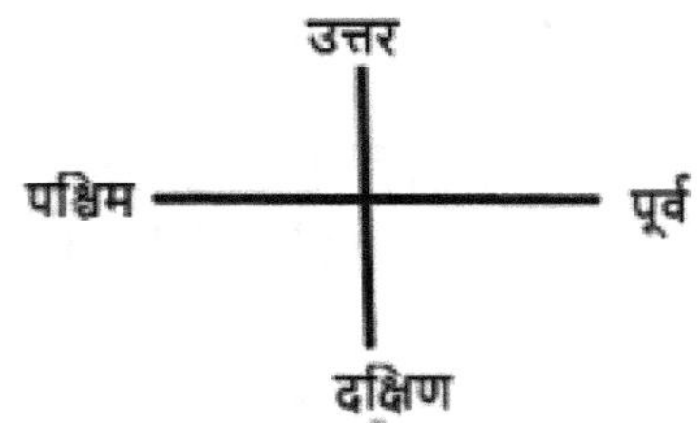

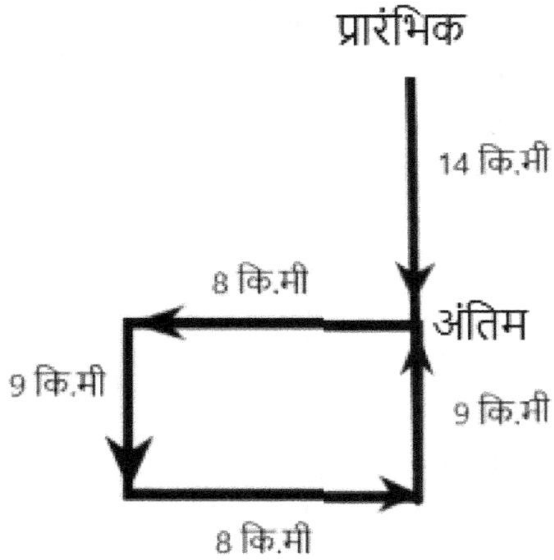

हम पाते हैं कि प्रारंभिक बिंदु से अंतिम बिन्दु के बीच की दूरी 14 किमी है और दिशा दक्षिण है।

अतः विकल्प (C) सही है।

21. "शिक्षा मनुष्य में पहले से ही पूर्णता की अभिव्यक्ति है" - यह स्वामी विवेकानंद का बहुत प्रसिद्ध उद्धरण है। उनके अनुसार शिक्षा के द्वारा अपने आत्म में विश्वास होता है और आत्मा के विश्वास से छिपे हुए ब्रह्म की जागृति होती है।

अतः विकल्प (C) सही है।

22. विश्वविद्यालय अनुदान आयोग की स्थापना वर्ष 1956 में की गई थी। जिसे विश्वविद्यालयों / कॉलेजों में शिक्षण, शिक्षकों का क्षमता निर्माण, विभिन्न परीक्षा और अनुसंधान के मानकों के निर्धारण और रखरखाव के उद्देश्य से स्थापित किया गया था। यह भारत में उच्च शिक्षा को विनियमित करने और बदलने के लिए बना है।

अतः विकल्प (B) सही है।

23. जैसा कि उल्लेख किया गया है, "हम मानते हैं कि तकनीकी ताकत विशेष रूप से जन आकांक्षाओं, वैश्विक परिप्रेक्ष्य में अर्थव्यवस्था और रणनीतिक हितों में निरंतर परिवर्तन अंतर्निहित इस चौथे आयाम से निपटने में महत्वपूर्ण हैं।" इस प्रकार, हाइलाइट किए गए तत्व चौथे आयाम के सूचक हैं। विकल्प (B) गलत है, क्योंकि मार्ग बताता है कि चौथा आयाम एक शाखा या "आधुनिक दिन की गतिशीलता" का विस्तार है और इसके संकेतकों में से एक नहीं है।

अतः विकल्प (C) सही है।

24. जैसा कि उल्लेख किया गया है कि "तकनीकी ताकत एक तेजी से प्रतिस्पर्धी बाजार में अधिक उत्पादक रोजगार बनाने और मानव कौशल को लगातार उन्नत करने की कुंजी है।" इस प्रकार, विकल्प (A) सही उत्तर है।

अतः विकल्प (A) सही है।

25. जैसा कि उल्लेख किया गया है कि "अधिक तकनीकी गति के अभाव में कम उत्पादकता और कीमती प्राकृतिक संसाधनों का अपव्यय हो सकता है।" जो सबसे गरीबों को नुकसान पहुंचाएगा।

अतः विकल्प (B) सही है।

26. जैसा कि उल्लेख किया गया है कि "लोगों के लिए उन्मुख कार्यों के साथ-साथ, चाहे बड़े पैमाने पर उत्पादक रोजगार के निर्माण के लिए या लोगों के लिए पोषण और स्वास्थ्य सुरक्षा सुनिश्चित करने के लिए, या बेहतर रहने की स्थिति के लिए, प्रौद्योगिकी एकमात्र महत्वपूर्ण इनपुट है।" इस वाक्य से, यह अनुमान लगाया जा सकता है कि तकनीकी आदानों का लाभ लोगों के जीवन स्तर को बढ़ाएगा, इसलिए लोगों को सम्मान के जीवन में उठाएगा।

अतः विकल्प (D) सही है।

27. पारित होने की अंतिम कुछ पंक्तियों के अनुसार, "अल्पकालिक वास्तविकताओं के लिए जीवित रहते हुए भी, हमारे उद्योग के भीतर कोर तकनीकी ताकत विकसित करने के लिए मध्यम और दीर्घकालिक रणनीति विकसित भारत की कल्पना करने के लिए महत्वपूर्ण हैं। मार्ग के संदर्भ में अन्य विकल्प अप्रासंगिक हैं।

अतः विकल्प (D) सही है।

28. संचार में शब्दार्थ बाधा का कारण होमोफोन्स है।

एक ही उच्चारण वाले शब्द हैं लेकिन अलग-अलग अर्थ हैं जिनकी वर्तनी भी भिन्न हो सकती है। उदाहरण के लिए- 'बाय'(buy), 'बाय'(by) और 'बाय'(bye) शब्दों का उच्चारण एक ही है, लेकिन अलग-अलग अर्थ और वर्तनी हैं।

अतः विकल्प (B) सही है।

29. कक्षा संचार में कुछ उत्तेजनाओं की स्वीकार्यता और अस्वीकार्यता के बीच का अंतर चयनात्मक ध्यान का आधार है। चयनात्मक ध्यान कुछ समय के लिए पर्यावरण में एक विशिष्ट वस्तु पर ध्यान केंद्रित करने की प्रक्रिया है।

अतः विकल्प (C) सही है।

30. प्रभावी संचार प्रेषक और रिसीवर के बीच समझ बनाने के लिए सूचना, विचार और विचारों को स्थानांतरित करने का एक तरीका है। संचार एक प्रेरक और ठोस संवाद है जिसमें अनौपचारिक संचार के रणनीतिक उपयोग के माध्यम से दर्शकों की भागीदारी शामिल है, जिसे ग्रेपवाइन संचार के रूप में भी जाना जाता है। संचार एक तरह से संभव नहीं हो सकता है क्योंकि इसमें किसी अन्य व्यक्ति को सूचना का वितरण शामिल है।

अतः विकल्प (C) सही है।

31. यहां, यह कहा गया है कि सभी धार्मिक व्यक्ति भावनात्मक हैं और राम एक धार्मिक व्यक्ति हैं। तो, स्वचलित रूप से राम भी एक भावनात्मक व्यक्ति होगा। इससे यह निष्कर्ष नहीं निकलता है कि सभी भावनात्मक व्यक्ति धार्मिक हैं। राम के धार्मिक व्यक्ति होने का अर्थ है कि वह एक गैर-धार्मिक व्यक्ति नहीं हैं। दिए गए आधार वाक्य से यह निष्कर्ष नहीं निकलता है कि कुछ धार्मिक व्यक्ति भावनात्मक नहीं हैं। इसलिए, केवल विकल्प a और c सही निष्कर्ष हैं।

अतः विकल्प (C) सही है।

32. एड होमिनम, आत्माश्रय, प्रतिज्ञांतर-सिद्धि-दोष और सातत्य सभी अनौपचारिक मिथ्या तर्क के प्रकार हैं।

- एड होमिनम तर्क के बजाय तर्क देने वाले पर हमला करने को संदर्भित करता है।

- आत्माश्रय यह प्रदान करना कि मूल रूप से एक तर्क के रूप में तर्क का निष्कर्ष क्या है।

- प्रतिज्ञांतर-सिद्धि-दोष एक ऐसे तर्क को संदर्भित करता है जो अपने आप में मान्य हो सकता है, लेकिन प्रश्न में समस्या का समाधान नहीं करता है।

- सातत्य मिथ्या तर्क अभेद्य होने के दावे को अनुचित रूप से अस्वीकार करता है।

अतः विकल्प (A) सही है।

33. जीन पियाजे ने अपने मौलिक अनुसंधान के आधार पर मनुष्य के संज्ञानात्मक विकास का सिद्धांत दिया।

विकास का पियाजे चरण एक खाका है जो वयस्कता के माध्यम से बचपन से सामान्य बौद्धिक विकास के चरणों का वर्णन करता है। इसमें विचार, निर्णय और ज्ञान शामिल हैं। चरणों का नाम मनोवैज्ञानिक और विकासवादी जीवविज्ञानी जीन पियाजे के नाम पर रखा गया, जिन्होंने शिशुओं, बच्चों और किशोरों के बौद्धिक विकास और क्षमताओं को दर्ज किया।

मौलिक अनुसंधान को विज्ञान और इंजीनियरिंग के क्षेत्रों में बुनियादी और अनुप्रयुक्त अनुसंधान के रूप में परिभाषित किया गया है, जहां परिणामी जानकारी को बिना किसी सरकारी प्रतिबंध के वैज्ञानिक समुदाय के भीतर व्यापक रूप से प्रकाशित और साझा करने का इरादा है।

अतः विकल्प (A) सही है।

34. रीता की गति को नीचे दिए गए चित्र में दिखाया गया है।

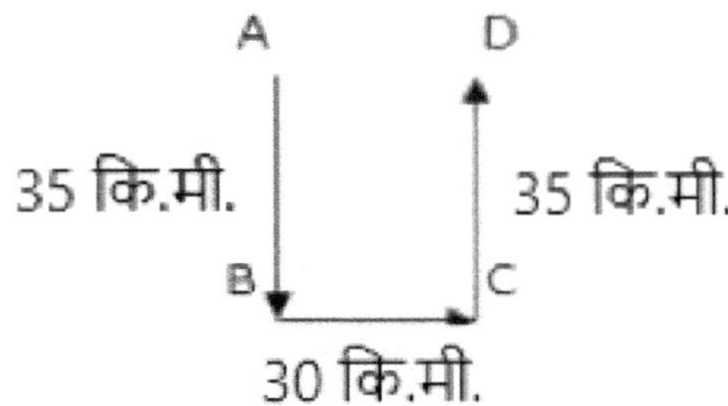

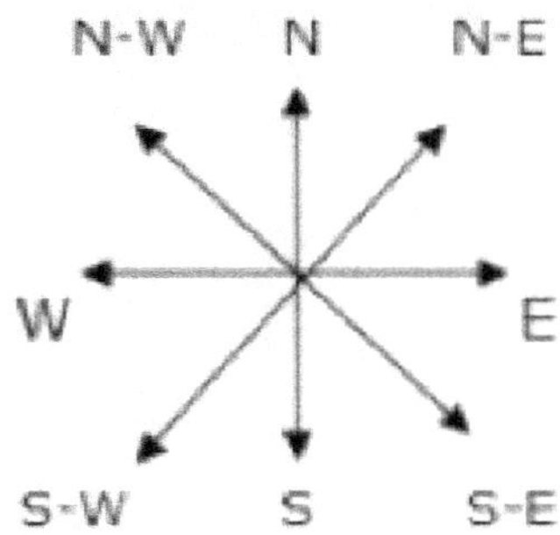

रीता प्रारंभिक बिंदु से पूर्व दिशा है।

अतः विकल्प (A) सही है।

35. टेबल ऑफ कॉन्टेंट्स जोड़ने के लिए, टैब रेफरेंसिस पर क्लिक करें। रेफरेंसिस टैब भी फुटनोट्स, उद्धरण, और ग्रंथ सूची को जोड़ने में मदद करता है।

अतः विकल्प (D) सही है।

36. प्रिंटर को मोटे तौर पर दो श्रेणियों-इम्पैक्ट और नॉन-इम्पैक्ट प्रिंटर्स में वर्गीकृत किया जा सकता है।

इम्पैक्ट प्रिंटर: यह एक प्रिंटर होता है जो पेपर को चिह्नित करने के लिए एक स्याही रिबन के खिलाफ एक प्रिंट शीर्ष पर प्रहार करता है। आम उदाहरण - दो-मैट्रिक्स और डेज़ी-व्हील प्रिंटर।

नॉन-इम्पैक्ट प्रिंटर: ये प्रिंटर रिबन का उपयोग किए बिना वर्ण प्रिंट करते हैं। सामान्य उदाहरण- लेजर और इंकजेट प्रिंटर।

अतः विकल्प (A) सही है।

37. व्हाट्सएप, गूगल टॉक और वाइबर सभी त्वरित संदेश अनुप्रयोग हैं। इंस्टेंट मैसेजिंग (आईएम) तकनीक एक प्रकार की ऑनलाइन चैट है जो इंटरनेट पर चैट का वास्तविक समय प्रसारण प्रदान करती है।

अतः विकल्प (D) सही है।

38. पर्यावरण आंदोलन ने कई पहलों के माध्यम से प्राकृतिक दुनिया की रक्षा करने की मांग की है, जिसमें प्रदूषण को कम करना, प्राकृतिक संसाधनों का संरक्षण, लुप्तप्राय प्रजातियों को विलुप्त होने से रोकना और प्राकृतिक क्षेत्रों को विनाश या अति विकास से बचाना शामिल है।

दोनों कथन सत्य हैं लेकिन दोनों कथन असंबंधित हैं।

इसलिए, (R) (A) की सही व्याख्या नहीं है।

अतः विकल्प (B) सही है।

39. झारखंड के सिंहभूम जिले के आदिवासियों ने विरोध शुरू कर दिया जब सरकार ने प्राकृतिक नमक के जंगलों को अत्यधिक कीमत वाले टीक से बदलने का फैसला किया। ''ग्रीड गेम पॉलिटिकल पॉपुलिज्म'' को जंगल बचाओ आंदोलन के रूप में जाना जाता है।

अतः विकल्प (C) सही है।

40. मानक लागत वह लागत होती है जो किसी विशेष कार्य को मानक संसाधनों के साथ मानक विशेषज्ञता के साथ निष्पादित करने पर होती है। जबकि अनुमानित लागत पिछले अनुभवों के आधार पर किसी कार्य की अनुमानित लागत है। यही कारण है कि मानक लागत से पता चलता है कि लागत क्या होनी चाहिए।

अतः विकल्प (A) सही है।

41. 2017 में बेचे गए लंगड़ा आमों की मात्रा $= 180$ किलोग्राम

2018 में बेचे गए अल्फोंसो आमों की मात्रा $= 160$ किलोग्राम

2018 में बेचे गए नीलम आमों की मात्रा $= 80$ किलोग्राम

$\therefore$ अपेक्षित प्रतिशत $= \frac{180}{(160+80)} \times 100$

$= 75\%$

अतः विकल्प (D) सही है।

42. मई 2017 में बेचे गए आमों की मात्रा $= (120 + 180 + 75 + 250 + 60) = 685$ किलोग्राम

मई 2018 में बेचे गए आमों की मात्रा $= (160 + 200 + 60 + 225 + 80) = 725$ किलोग्राम

$\therefore$ अपेक्षित अंतर $= (725 - 685)$ किलोग्राम

$= 40$ किलोग्राम

अतः विकल्प (C) सही है।

43. मई 2017 में बेचे गए हिमसागर आम की मात्रा $= 250$ किलोग्राम

मई 2018 में बेचे गए हिमसागर आम की मात्रा $= 225$ किलोग्राम

$\therefore$ बिक्री में प्रतिशत कमी $= \frac{(250-225)}{250} \times 100$

$= 10\%$

अतः विकल्प (D) सही है।

44. 2018 में बेचे गए दशहरी आम की मात्रा $= 60$ किलोग्राम

माना 2018 वर्ष में कुल बिक्री x है।

प्रश्र के अनुसार,

$60 = x$ का 80%

$\Rightarrow 60 = \dfrac{80}{100} \times x$

$\Rightarrow 60 \times \dfrac{100}{80} = x$

$\therefore x = 75$ किलोग्राम

2018 में बेचे गए दशहरी आम की कुल मात्रा $= 75$ किलोग्राम

मई 2018 में बेचे गए हिम्सागर आम की मात्रा $= 225$ किलोग्राम

$\therefore$ आवश्यक अनुपात $= 75 : 225$

$= 1 : 3$

अत: विकल्प (B) सही है।

45. मई 2018 में बेचे गए आमों की कुल मात्रा $= (160 + 200 + 60 + 225 + 80) = 725$ किलोग्राम

$\therefore$ मई 2018 में बेचे गए आमों की औसत मात्रा $= \dfrac{725}{5} = 145$ किलोग्राम

$\therefore$ जून 2018 में बेचे गए आम की औसत मात्रा

$= 145 + 145 \times \dfrac{20}{100}$

$= (145 + 29) = 174$ किलोग्राम

अत: विकल्प (A) सही है।

46. डिजिटल इंडिया भारत सरकार का एक प्रमुख कार्यक्रम है, जिसमें भारत को डिजिटल रूप से सशक्त समाज और ज्ञान अर्थव्यवस्था में बदलने की दृष्टि है। यह हमारे राष्ट्र को बदलने और डिजिटल प्रौद्योगिकियों का उपयोग करके सभी नागरिकों के लिए अवसर पैदा करने की कल्पना करता है।

डिजीलॉकर:

डिजिटल लॉकर डिजिटल इंडिया प्रोग्राम के तहत इलेक्ट्रॉनिक्स और आईटी मंत्रालय (मिती) मंत्रालय की प्रमुख पहलों में से एक है।

इसका उद्देश्य भौतिक दस्तावेजों का उपयोग कम से कम करना और एजेंसियों में ई-दस्तावेजों को साझा करना है।

नागरिक अपने भौतिक स्थान के बावजूद किसी भी समय और कहीं भी अपने दस्तावेजों तक पहुंच सकते हैं।

यह भी कागज के उपयोग को कम करके और सत्यापन प्रक्रिया को कम करके प्रशासनिक ओवरहेड को कम करके कागज रहित शासन की अवधारणा के उद्देश्य से है।

यह ई-दस्तावेजों की प्रामाणिकता भी सुनिश्चित करता है और इस तरह नकली दस्तावेजों के उपयोग को समाप्त करता है।

इसलिए, डिजिलॉकर डिजिटल इंडिया प्रोग्राम के तहत सरकार द्वारा पेश किया जाने वाला एक डिजिटल लॉकर सिस्टम है जो उपयोगकर्ताओं को भौतिक स्थान के बावजूद अपने ई-दस्तावेजों तक पहुंचने की अनुमति देता है।

अत: विकल्प (B) सही है।

47. MOOC नए कौशल सीखने, अपने ज्ञान को आगे बढ़ाने और पेशेवर विकास के लिए एक अद्वितीय अवसर प्रदान करते हैं।

हाइब्रिड MOOC:

- हाइब्रिड MOOC सर्वोत्तम संभव रूप से ज्ञान का प्रसार करने के लिए प्रौद्योगिकी और कई शैक्षणिक प्रथाओं के एकीकरण की प्रस्तुति करता है।

- हाइब्रिड MOOC अनिवार्य रूप से पलटी कक्षा मॉडल के लाभों को प्राप्त करते हैं जिसमें ऑनलाइन व्याख्यान, परस्पर संवादात्मक चर्चा और ।।Tबॉम्बेX प्रशिक्षकों के साथ आमने-सामने की अन्तः क्रिया शामिल है।

- यह शिक्षार्थियों को प्रशिक्षक के साथ-साथ सहकर्मी समूहों के साथ स्वस्थ शैक्षणिक चर्चा में शामिल होने का अवसर प्रदान करता है।

MOOC हाइब्रिड MOOC नामक ज्ञान का प्रसार करने के लिए प्रौद्योगिकी और कई शैक्षणिक प्रथाओं के एकीकरण की प्रस्तुति करता है।

अत: विकल्प (C) सही है।

48. पादप उपचार (फाइटोरेमेडिएशन) स्व-स्थाने, या मृदा, कीचड़, तलछट, सतह के जल और भूजल में प्रदूषक के स्थान पर, या जगह में, हटाने के लिए जीवित हरे पौधों का प्रत्यक्ष उपयोग है।

पौधों में संदूषकों का उद्ग्रहण मुख्य रूप से जड़ प्रणाली के माध्यम से होता है, जिसमें दूषित विषाक्तता को रोकने के लिए प्रमुख तंत्र पाए जाते हैं।

जड़ प्रणाली एक विशाल सतह क्षेत्र प्रदान करती है जो विकास के लिए आवश्यक जल और पोषक तत्वों के साथ-साथ अन्य गैर-आवश्यक प्रदूषकों को अवशोषित और संचित करती है।

इस प्रकार, पौधों के शरीर से विषाक्त पदार्थों को हटाने के लिए पौधों का उपयोग पादप उपचार (फाइटोरेमेडिएशन) है।

अत: विकल्प (C) सही है।

49. भूकंप और तूफान ने वैश्विक स्तर पर पिछले 50 वर्षों में जीवन नुकसान और मौद्रिक नुकसान दोनों के मामले में सबसे अधिक नुकसान पहुंचाया है।

आपदा एक अवांछनीय तबाही है जो उन ताकतों से उत्पन्न होती है जो काफी हद तक मानव नियंत्रण से परे हैं, बहुत कम या बिना किसी चेतावनी के जल्दी से हमला करती हैं, और जीवन और संपत्ति के गंभीर व्यवधान का कारण बनती हैं या धमकी देती हैं।

कारक कर्मकों के इस आधार पर आपदाओं को मोटे तौर पर दो समूहों में वर्गीकृत किया जा सकता है:

प्राकृतिक आपदा:

जब प्राकृतिक शक्तियों के कारण आपदाएँ आती हैं तो उन्हें प्राकृतिक आपदाएँ कहा जाता है, जिन पर मनुष्य का शायद ही कोई नियंत्रण होता है।

उदाहरण: बाढ़, तूफान, भूकंप, सूखा, हिमस्खलन, जंगल की आग (दावानल) और ज्वालामुखी विस्फोट।

मानव-निर्मित आपदा:

जब आपदाएँ मनुष्यों की लापरवाही या खतरनाक उपकरणों के गलत संचालन के कारण होती हैं तो उन्हें मानव निर्मित आपदाएँ कहा जाता है।

उदाहरण: संकटजनक पदार्थ अधिप्लाव, आग, भूजल प्रदूषण, परिवहन दुर्घटनाएं, संरचना विफलताएं, खनन दुर्घटनाएं, विस्फोट, और आतंकवाद के कार्य।

अत: विकल्प (B) सही है।

50. सहभागी अनुसंधान को समुदाय-आधारित भी कहा जाता है।

तथ्यों, सिद्धांतों की खोज करने या किसी समस्या के उत्तर खोजने के लिए अनुसंधान एक विषय में एक व्यवस्थित, और वैज्ञानिक जांच है। इसमें किसी समस्या की पहचान, साहित्य की समीक्षा, परिकल्पना का सूत्रीकरण, अनुसंधान रचना, आँकड़ों का संग्रह, विश्लेषण और व्याख्या आदि शामिल हैं, जिसमें विभिन्न प्रकार के शोध शामिल हैं, उनमें से एक सहभागी अनुसंधान है।

अनुसंधान के चार अतिरिक्त दृष्टिकोणों का वर्णन किया गया है: क्रियात्मक अनुसंधान, नारीवादी अनुसंधान, और सहभागी और सहयोगी पूछताछ।

अतः विकल्प (C) सही है।

51. सामान्य उद्देश्यरहित नमूना तब किया जाता है जब चर सजातीय होते हैं।

स्तरीय अनियमित नमूने का चुनाव तब किया जाता है जब चर बहुजातीय होते हैं।

चुनने वाली मेडिकल जांच तब किया जाता है जब वन वृक्ष प्रकार की इकाइयाँ होती है।

व्यवस्थित नमूनाकरण तब किया जाता है जब इकाइयों की कालानुक्रमिक सूची होती है।

अतः विकल्प (C) सही है।

52. ए-ग्रेड में 400 कर्मचारी हैं। उनमें से 300 पुरुष कर्मचारी हैं और 100 कर्मचारी महिला हैं।

बी-ग्रेड में, 600 कर्मचारी हैं। उनमें से 200 पुरुष कर्मचारी हैं और 400 कर्मचारी महिला हैं।

कुल महिला कर्मचारी 100 + 400 = 500 हैं।

अतः विकल्प (C) सही है।

53. स्तरीकृत यादृच्छिक नमूनाकरण, नमूनाकरण की एक विधि है जिसमें जनसंख्या को छोटे समूहों में विभाजन को शामिल किया जाता है, जिसे स्ट्रेट के रूप में जाना जाता है। स्तरीकृत यादृच्छिक नमूने में, सदस्यों की साझा विशेषताओं के आधार पर स्ट्रेट का गठन किया जाता है। जब कोई आबादी विषम होती है, तो उसे समूहों में विभाजित किया जाता है ताकि समूह के भीतर समरूपता हो और समूहों के बीच विषमता और कुछ वस्तुओं को प्रत्येक समूह से यादृच्छिक पर चुना जाए।

अतः विकल्प (D) सही है।

54. "औद्योगिक नीति का अर्थ एक ऐसी औपचारिक घोषणा से है जिसमें सरकार उद्योगों की स्थापना व विकास के प्रति सामान्य नीति अपनाते हुए राजकीय सिद्धान्त, नियम व नीतियों को सम्मिलित करती है।"

सरकार ने जुलाई 1991 के बाद से औद्योगिक नीति के तहत् जो कदम उठाए, उनका उद्देश्य देश की पिछली औद्योगिक उपलब्धियों को मजबूती प्रदान करना और भारतीय उद्योगों को अंतरराष्ट्रीय स्तर पर प्रतिस्पर्धा बनाने की प्रक्रिया में तेजी लाना था।

1991 में भारत सरकार ने महत्वपूर्ण आर्थिक सुधार प्रस्तुत किए जो इस दृष्टि से वृहद प्रयास थे कि इनमें विदेश व्यापार उदारीकरण, वित्तीय उदारीकरण, कर सुधार और विदेशी निवेश के प्रति आग्रह शामिल था। इन उपायों ने भारतीय अर्थव्यवस्था को गति देने में मदद की। तब से भारतीय अर्थव्यवस्था बहुत आगे निकल आई है।

अतः विकल्प (D) सही है।

55. सही अनुक्रम होगा (i), (iv), (iii), (ii)

निर्णय लेने के चरण:

1. समस्या को परिभाषित करना
2. विकल्पों पर विचार करना
3. सीमित कारकों को ध्यान में रखते हुए
4. सर्वश्रेष्ठ विकल्प और कार्यान्वयन का चयन

अतः विकल्प (C) सही है।

56. मास्लो ने मोटिवेशन की नीड हायरार्की थ्योरी दी।

हर्ज़बर्ग ने मोटिवेशन की हाईजीन थ्योरी दी।

एल जी उर्विक ने मोटिवेशन की Z थ्योरी दी।

मैकग्रेगर ने X और Y थ्योरी दी।

अतः विकल्प (D) सही है।

57. एफ. डब्ल्यू. टेलर ने "द मिलिट्री टाइप ऑफ फोरमैन" को कमांड की एकता कहा।

"कमांड की एकता" बताता है कि एक कर्मचारी केवल एक पर्यवेक्षक के लिए जिम्मेदार होता है तथा वह पर्यवेक्षक उसके ऊपरी पद के पर्यवेक्षक लिए जिम्मेदार होता है। यही एक संगठनात्मक पदानुक्रम होता है। यह सेना जैसा दिखता है, जहां एक कमांडर का सेना पर पूरा नियंत्रण होता है।

अतः विकल्प (A) सही है।

58. A गलत है, लेकिन R सही है।

A गलत है कि ओलिगोपोली के तहत एक फर्म के उत्पाद की मांग बाजार की मौजूदा कीमतों से अधिक है। मांग प्रचलित मूल्य से ऊपर या नीचे हो सकती है। किंक मांग वक्र मौजूदा मूल्य स्तर पर बनता है।

प्रचलित मूल्य से ऊपर मांग वक्र अत्यधिक लोचदार है और प्रचलित मूल्य के नीचे कम लोचदार है। तो, R सच है कि ओलिगोपॉलिस्टिक फर्म एक बदली हुई मांग वक्र का सामना करती है।

अतः विकल्प (D) सही है।

59. एक आयताकार अतिपरवलय के आकार के मांग वक्र के सभी बिंदुओं पर असमान ढलान और समान बिंदु लोच होते हैं। आयताकार अतिपरवलय एक वक्र है जिसके अंतर्गत सभी बिंदुओं पर कुल क्षेत्रफल समान होगा।

अतः विकल्प (C) सही है।

60. ब्रांडिंग निर्णय बाजार अनुसंधान और ग्राहक की जरूरतों के आकलन पर आधारित हैं। बाजार के विश्लेषण और ग्राहकों की जरूरतों के आकलन के आधार पर, निर्णय लिए जाने चाहिए ताकि ग्राहकों की इच्छाओं को पूरा करके व्यावसायिक विफलताओं से बचा जा सके।

अतः विकल्प (D) सही है।

61. थोक व्यापारी मुख्य रूप से अपने प्रचार उद्देश्यों को प्राप्त करने के लिए प्रचार मिश्रण के व्यापार संवर्धन तत्वों पर भरोसा करते हैं। व्यापार संवर्धन प्रचार गतिविधियों के अल्पकालिक उपयोग को संदर्भित करता है जो ग्राहक को उत्पाद खरीदने के लिए प्रेरित करता है। व्यापार संवर्धन तकनीक उपयोगी हैं क्योंकि वे रिबेट्स, छूट, लकी ड्रॉ, रिफंड, उपहार और नमूने लाते हैं।

अतः विकल्प (B) सही है।

62. एक विपणन चिंता बैंकों, व्यापार ऋण और स्वामित्व वाली पूंजी, आदि से ऋण प्राप्त करके धन जुटा सकती है।

- स्वामित्व वाली पूंजी विभिन्न प्रकार के अंश को जारी करके एकत्र की गई पूंजी को संदर्भित करती है।

- बैंक ऋण किसी व्यक्ति या व्यवसाय को वित्तीय संस्थान से उधार ले सकता है।

- व्यापार ऋण एक प्रकार का वाणिज्यिक वित्तपोषण है जिसमें एक ग्राहक को सामान या सेवाओं को खरीदने और आपूर्तिकर्ता को बाद में निर्धारित तिथि पर भुगतान करने की अनुमति दी जाती है।

अतः विकल्प (D) सही है।

63. एसिड-परीक्षण अनुपात एक उपाय है कि कोई कंपनी अपनी अल्पकालिक वित्तीय देनदारियों को कितनी अच्छी तरह से पूरा कर सकती है।

1. व्यापार लेनदार
2. बैंक ओवरड्राफ्ट
3. देय बिल
4. बकाया खर्च वर्तमान देनदारियां हैं, इसलिए उन्हें ध्यान में रखा जाता है, लेकिन रिडीमेबल डिबेंचर एक गैर-वर्तमान देयता है, इसलिए इसे नहीं लिया जाता है।

अतः विकल्प (B) सही है।

64. दोनों कथन सही हैं। वित्त समारोह का उद्देश्य लाभ अधिकतमकरण और धन अधिकतमकरण है। लाभ अधिकतमकरण बताता है कि फर्म का लाभ बढ़ाया जाना चाहिए, जबकि धन अधिकतमकरण का उद्देश्य इकाई के मूल्य में तेजी लाना है।

अतः विकल्प (A) सही है।

65. लाभांश का भुगतान केवल चालू वर्ष के लाभ या चालू वर्ष से संबंधित कंपनी के पास उपलब्ध मुक्त भंडार में से किया जा सकता है। शेयरधारकों को लाभांश केवल चालू वर्ष के लाभ में से घोषित किया जाता है।

यह सही है कि लाभांश का भुगतान केवल तभी किया जा सकता है जब लाभ हो और नुकसान की स्थिति में न हो।

तो, कथन (i) सही है लेकिन कथन (ii) गलत है।

अतः विकल्प (D) सही है।

66. कथन (i) सही है। ऑपरेटिंग लीवरेज की फर्म की डिग्री जितनी अधिक होगी, उतना ही इसका EBIT बिक्री में उतार-चढ़ाव के साथ अलग-अलग होगा, क्योंकि यह परिचालन लाभ द्वारा योगदान को विभाजित करके गणना की जाती है।

अतः विकल्प (C) सही है।

67. यदि NPV (शुद्ध वर्तमान मूल्य) सकारात्मक है, तो R (आंतरिक दर वापसी) > K (पूंजी की लागत)। परियोजना को स्वीकार किया जाना चाहिए। IRR वह छूट दर है जिस पर NPV = 0 होता है। यदि आपका IRR पॉजिटिव है, तो भविष्य के आपके नकदी प्रवाह का PV भी सकारात्मक होगा।

अतः विकल्प (C) सही है।

68. ग्रेपवाइन अनौपचारिक संचार से संबंधित है, जो अफवाहों और गपशप के परिणामस्वरूप संगठन के भीतर होता है। ग्रेपवाइन संचार अपने शुद्धतम रूप में अनौपचारिक कार्यस्थल संवाद है। यह कर्मचारियों और वरिष्ठों के बीच बातचीत की विशेषता है जो किसी भी निर्धारित संरचना या नियम-आधारित प्रणाली का पालन नहीं करते हैं।

अतः विकल्प (B) सही है।

69. SPSS सॉफ्टवेयर का उपयोग अनुसंधान विश्लेषण के लिए किया जाता है। SPSS सांख्यिकीय विश्लेषण के लिए उपयोग किया जाने वाला एक सॉफ्टवेयर पैकेज है। इसका उपयोग बाजार शोधकर्ताओं और स्वास्थ्य शोधकर्ताओं द्वारा भी किया जाता है।

अतः विकल्प (C) सही है।

70. सही कालानुक्रमिक क्रम (ii), (iv), (i), (iii) होगा।

- राजनीतिक अर्थव्यवस्था और कराधान के सिद्धांत डेविड रिकार्ड द्वारा अर्थशास्त्र पर 1817 में प्रकाशित एक पुस्तक है।
- रोजगार, ब्याज और धन का सामान्य सिद्धांत को 1936 में प्रकाशित अंग्रेजी अर्थशास्त्री जॉन मेनार्ड केन्स ने लिखा था।
- मूल्य और पूंजी ब्रिटिश अर्थशास्त्री जॉन रिचर्ड हिक्स की 1939 में प्रकाशित एक पुस्तक है।

- डिमांड थ्योरी का संशोधन पहली बार 1956 में स्वर्गीय हैरी जॉनसन द्वारा लिखा गया था।

अतः सही विकल्प (A) है।

71. विकासशील देशों में पूंजी बाजार का अनुचित कार्यप्रणाली है। पूंजी बाजार आर्थिक विकास की प्रक्रिया को तेज करता है अगर यह ठीक से और पर्याप्त तरीके से काम करता है। यह लोगों को अधिशेष पूंजी वाले लोगों से संसाधनों का उचित आवंटन करने में मदद करता है जो पूंजी की जरूरत है। इसके अलावा, यह उद्योग और व्यापार के विस्तार में मदद करता है जो देश की आर्थिक वृद्धि को सुविधाजनक बनाता है।

अतः विकल्प (D) सही है।

72. नर्कस ने माना कि अविकसित देशों के विकास में बड़ी बाधा गरीबी का दुष्चक्र है। गरीबी के इस दुष्चक्र से पता चलता है कि अविकसित देशों में आय कम है। कम आय से कम बचत होती है। कम बचत स्वाभाविक रूप से कम निवेश का परिणाम होगी, जिसके परिणामस्वरूप कम उत्पादन होगा। कम उत्पादन से कम आय होगी। कम आय माल की कम मांग पैदा करेगा। दूसरे शब्दों में, यह छोटे बाजारों (बाजारों की सीमित सीमा) के परिणामस्वरूप होगा। इस प्रकार, निवेश करने की कोई इच्छा नहीं होगी।

अतः विकल्प (A) सही है।

73. PEST विश्लेषण (राजनीतिक, आर्थिक, सामाजिक और तकनीकी) रणनीतिक प्रबंधन के पर्यावरण स्कैनिंग घटक में उपयोग किए जाने वाले मैक्रो-पर्यावरणीय कारकों की एक रूपरेखा का वर्णन करता है। इसलिए, PEST विश्लेषण में पर्यावरण नाम का कोई भी कारक मौजूद नहीं है।

अतः विकल्प (B) सही है।

74. विभिन्न क्षेत्रों में धन के प्रवाह को रिकॉर्ड करने के लिए धन के प्रवाह (FOF) खातों का उपयोग किया जाता है। ये प्राप्त किए गए सभी फंडों के स्रोतों और उन उपयोगों को सूचीबद्ध करते हैं, जिन्हें वे अर्थव्यवस्था में डालते हैं। क्रेडिट पर बेची गई बिल्डिंग धन के प्रवाह का परिणाम है।

अतः विकल्प (D) सही है।

75. संचालन से प्राप्त धनराशि को लाभ और हानि खाते के आधार पर निर्धारित किया जाना है। प्रारंभिक व्यय गैर-ऑपरेटिंग आइटम हैं जो धन प्रवाह के संचालन के विवरण में दर्ज नहीं किए जाते हैं, इसलिए उन्हें निधि के वास्तविक प्रवाह तक पहुंचने के लिए शुद्ध लाभ में वापस जोड़ दिया जाता है।

जैसा कि सवाल में पूछा गया,

संचालन से धन = शुद्ध लाभ + प्रारंभिक व्यय

$$= 25,000 + 5000 = 30,000 \text{ रुपये}$$

अतः विकल्प (B) सही है।

76. कार्यशील पूंजी प्रबंधन के उद्देश्य से एक इकाई की वर्तमान संपत्ति को निम्नलिखित मुख्य प्रमुखों में बांटा जा सकता है:

a. इन्वेंटरी (कच्चा माल, प्रक्रिया में काम, और तैयार माल)

b. प्राप्य (व्यापार प्राप्य और बिल प्राप्य)

c. नकद या नकद समतुल्य (अल्पकालिक विपणन योग्य प्रतिभूतियां)

d. प्रीपेड खर्च

दूसरी ओर, कार्यशील पूंजी प्रबंधन के उद्देश्य से एक इकाई की वर्तमान देनदारियों को निम्नलिखित मुख्य प्रमुखों में बांटा जा सकता है:

a. देय (व्यापार भुगतान और बिल प्राप्तियां)

b. बकाया भुगतान (मजदूरी और वेतन आदि)

तो, कार्यशील पूंजी चक्र में निम्नलिखित शामिल हैं:

(i) कच्चे माल का अधिग्रहण,

(ii) कार्य प्रगति पर है,

(iii) तैयार माल,

(iv) प्राप्य, और

(v) नकद

अतः विकल्प (C) सही है।

77. वित्तीय स्थिति में परिवर्तन (कभी-कभी "कैश फ्लो स्टेटमेंट" को कहा जाता है) का विवरण किसी निश्चित समय में कंपनी के शुद्ध नकदी प्रवाह को दर्शाता है। क्योंकि यह, ये भी अंकित करता है कि नकदी कहाँ से बहती है, इसे अक्सर "नकदी निधि के स्रोत और उपयोग" के रूप में जाना जाता है।

अतः विकल्प (A) सही है।

78. सही सुमेलित युग्म (a) - (i), (b) - (ii), (c) - (iii), (d) - (iv) हैं।

(a). कुल ऋण अनुपात - कुल ऋण / पूंजी नियोजित

ऋण-से-पूंजी अनुपात की गणना कंपनी के ब्याज-वहन करने वाले ऋण, लघु और दीर्घकालिक देयताओं, और कुल पूंजी द्वारा इसे विभाजित करके की जाती है। कुल पूंजी सभी ब्याज-वहन करने वाले ऋण के साथ-साथ शेयरधारकों की इक्विटी भी है, जिसमें आम स्टॉक, पसंदीदा स्टॉक, और अल्पसंख्यक ब्याज जैसे आइटम शामिल हो सकते हैं।

(b). ऋण-इक्विटी अनुपात - कुल ऋण / निवल मूल्य

ऋण-टू-इक्विटी (D / E) अनुपात की गणना कंपनी की कुल देनदारियों को उसके शेयरधारक इक्विटी द्वारा विभाजित करके की जाती है।

(c). कुल पूंजी-इक्विटी अनुपात - पूंजी नियोजित / निवल मूल्य

(d). ब्याज कवरेज अनुपात - EBIT / ब्याज

ब्याज कवरेज अनुपात का उपयोग यह निर्धारित करने के लिए किया जाता है कि कंपनी बकाया ऋण पर कितनी आसानी से अपने ब्याज खर्चों का भुगतान कर सकती है। समान अवधि के लिए कंपनी के ब्याज खर्चों और करों (EBIT) से पहले कंपनी की कमाई को विभाजित करके अनुपात की गणना की जाती है।

अतः विकल्प (A) सही है।

79. मांग का कानून हमेशा श्रेष्ठ वस्तुओं के मामले में संचालित होता है और प्रतिस्थापन प्रभाव हमेशा नकारात्मक होता है। तो, कथन 1 सही है, 2 गलत है।

प्रतिस्थापन प्रभाव में कहा गया है कि जब किसी वस्तु की कीमत घटती है, तो उपभोक्ता अपेक्षाकृत अधिक महंगी वस्तुओं से सस्ते माल की जगह ले लेंगे।

अतः विकल्प (C) सही है।

80. ओलिगोपॉली फर्म ने किंकड मांग वक्र को देखा। किंकड मांग सिद्धांत ओलिगोपोलिस्टिक बाजारों पर लागू होता है जहां प्रत्येक फर्म एक विभेदित उत्पाद बेचता है। इस सिद्धांत में, प्रत्येक फर्म को अपने उत्पाद के लिए बाजार की दो माँगों का सामना करना पड़ेगा।

अतः विकल्प (B) सही है।

81. दोनों कथन सही हैं।

लाभ अधिकतमकरण नियम सूत्र MC = MR है।

सीमांत लागत माल की एक और इकाई का उत्पादन करके लागत में वृद्धि होती है।

सीमांत लागत (MC) अतिरिक्त लागत होती है जब उत्पादन की एक अतिरिक्त इकाई का उत्पादन किया जाता है। औसत उत्पाद (AC) प्रति यूनिट उत्पादन की कुल लागत है। जब MC, AC से छोटा होता है, तो AC कम हो जाता है।

ऐसा इसलिए है क्योंकि जब आउटपुट की अतिरिक्त इकाई औसत लागत से सस्ती होती है तो AC नीचे खींच लिया जाता है। इसी तरह, जब MC, AC से अधिक होता है, तो AC को खींच लिया जाता है। MC और AC कर्व्स के बीच चौराहे का बिंदु भी AC कर्व का न्यूनतम है।

अतः विकल्प (A) सही है।

82. अपने प्रारंभिक रूप में कोब-डगलस उत्पादन समारोह में निम्नलिखित गुण हैं:

(a) पावर फ़ंक्शन

(b) लगातार रिटर्न पैमाने पर

(c) प्रतिस्थापन की एकता के रूप में लोच

यदि कोई एक इनपुट शून्य है, तो आउटपुट भी शून्य होगा।

अतः विकल्प (D) सही है।

83. इस परिकल्पना परीक्षण की शक्ति होगी-

$1 - \beta = 1 - 0.1 = 0.90$

गणितीय रूप से, शक्ति 1 - बीटा है। एक परिकल्पना परीक्षण की शक्ति 0 और 1 के बीच है; यदि घात 1 के करीब है, तो परिकल्पना परीक्षण एक झूठी अशक्त परिकल्पना का पता लगाने में बहुत अच्छा है।

अतः विकल्प (B) सही है।

84. मूल्यह्रास की सीधी रेखा पद्धति के तहत मूल्यह्रास व्यय की गणना नीचे की गई है:

मूल्यह्रास = (एसेट की लागत - स्क्रैप मूल्य) / अनुमानित उपयोगी जीवन

मूल्यह्रास = (2,52,000 रु- 12,000 रु) / 6 वर्ष

मूल्यह्रास = 2,40,000 रु/6 वर्ष

मूल्यह्रास = 40,000 रु

अतः विकल्प (B) सही है।

85. सांख्यिकीय नियमितता का नियम देखता है कि परीक्षण आबादी के एक बड़े समूह से लिए गए नमूने समूह की विशेषताओं को प्रतिबिंबित करते हैं।

अतः विकल्प (B) सही है।

86. चयन की दोषपूर्ण प्रक्रिया गैर-नमूनाकरण त्रुटियों का कारण बनती है। नमूने के अलावा सभी सर्वेक्षण गतिविधियों के दौरान उत्पन्न होने वाली त्रुटियों के रूप में गैर-नमूनाकरण त्रुटियों को परिभाषित किया जा सकता है।

अतः विकल्प (C) सही है।

87. 360 डिग्री विधि प्रदर्शन मूल्यांकन से संबंधित है। विधि प्रत्येक कर्मचारी को अपने पर्यवेक्षक, साथियों, स्टाफ सदस्यों, सह-कर्मचारियों और ग्राहकों से प्रदर्शन प्रतिक्रिया प्राप्त करने का अवसर प्रदान करती है।

अतः विकल्प (A) सही है।

88. विपणन अवधारणा के अनुसार, फर्म के विभिन्न कार्यात्मक क्षेत्रों को बाजार में हिस्सेदारी बढ़ाने के लिए अपने प्रयासों को मिश्रण करना चाहिए, क्योंकि यदि बाजार में हिस्सेदारी बढ़ जाती है, तो इससे ग्राहकों के बीच कंपनी की अच्छी छवि बनेगी, जिसके परिणामस्वरूप उच्च मुनाफा होने का लक्ष्य प्राप्त होगा।

अतः विकल्प (C) सही है।

89. विपणन-उन्मुख कंपनी में परिवर्तित होने के दौरान, एक कंपनी को विभिन्न बाधाओं जैसे तेजी से भूलने, संगठित प्रतिरोध और धीमी गति से सीखने का सामना करना पड़ सकता है।

विपणन-उन्मुख कंपनी एक ऐसा व्यवसाय है जो यह पता लगाता है कि उसके ग्राहक क्या चाहते हैं और फिर उन विशिष्ट ग्राहकों की मांगों को पूरा करने के लिए उत्पाद बनाती है।

अतः विकल्प (D) सही है।

90. सही सुमेलन नीचे दिया गया है-

- अंतर मूल्य निर्धारण - शुरुआती और शाम की फिल्मों के लिए कम कीमत, कार पार्किंग किराए के लिए सप्ताहांत छूट।
- पूरक सेवा - ग्राहक सेवा केंद्रों में प्रतीक्षा में बैठने के लिए लाउंज आदि।
- आरक्षण प्रणाली - एयरलाइंस, होटल, चिकित्सक बड़े पैमाने पर कार्यरत हैं।
- गैर-पीक डिमांड खेती - मैकडॉनल्ड्स द्वारा नाश्ता सेवा और होटल द्वारा मिनी वेकेशन और सप्ताहांत।

अतः विकल्प (D) सही है।

91. तुलनात्मक लाभ सिद्धांत डेविड रिकार्डो द्वारा दिया गया था, जिन्होंने एडम स्मिथ के निरपेक्ष लाभ के सिद्धांत पर सवाल उठाया था कि यदि किसी देश के एक से अधिक अच्छे उत्पादन में पूर्ण लाभ हो।

तुलनात्मक लाभ सिद्धांत कहता है कि प्रत्येक देश को उन वस्तुओं का उत्पादन करना चाहिए जिसमें अवसर लागतों की उपस्थिति के कारण तुलनात्मक/सापेक्ष लाभ होता है जो देश को एक अच्छे उत्पादन में सापेक्ष लाभ देता है।

रिकार्डो ने यह भी कहा कि सभी मामलों में देश समान हैं, लेकिन सापेक्ष श्रम उत्पादकता में अंतर हैं।

अतः विकल्प (A) सही है।

92. वित्तीय विवरणों का विश्लेषण और व्याख्या लेखांकन का एक कार्य है, और बैलेंस शीट एक फर्म की वित्तीय स्थिति को दर्शाता है। दोनों कथन सत्य हैं। सद्भावना एक अमूर्त संपत्ति है, व्यर्थ संपत्ति नहीं। P/L खाता एक वित्तीय विवरण है जो फर्म के मुनाफे, नुकसान और खर्च को दर्शाता है।

अतः विकल्प (C) सही है।

93. ऋणी-टर्नओवर अनुपात को गतिविधि अनुपात कहा जाता है।

प्राप्य टर्नओवर अनुपात या ऋणी टर्नओवर अनुपात एक लेखा उपाय है जिसका उपयोग यह मापने के लिए किया जाता है कि कंपनी ऋण जमा करने के साथ-साथ ऋण एकत्र करने में कितनी प्रभावी है। प्राप्य टर्नओवर अनुपात एक गतिविधि अनुपात है, जो यह मापता है कि कोई फर्म कितनी कुशलता से अपनी संपत्ति का उपयोग करता है।

मालिकाना अनुपात को सॉल्वेंसी अनुपात कहा जाता है।

सॉल्वेंसी अनुपात का तीसरा भाग मालिकाना अनुपात या इक्विटी अनुपात है। यह प्रोप्राइटर के फंड, यानी सभी शेयरधारकों के फंड और कार्यरत पूंजी या शुद्ध संपत्ति के बीच के संबंध को व्यक्त करता है।

ऑपरेटिंग अनुपात को लाभप्रदता अनुपात कहा जाता है।

ऑपरेटिंग प्रॉफिट रेशियो ऑपरेशंस प्रॉफिट एंड रेवेन्यू से ऑपरेशंस यानी नेट सेल्स के बीच के रिश्ते को मापता है। हम ऑपरेटिंग लाभ को संचालन (शुद्ध बिक्री) से राजस्व द्वारा ऑपरेटिंग लाभ को विभाजित करके गणना करते हैं और प्रतिशत में व्यक्त किया जाता है।

एसिड-टेस्ट अनुपात को तरलता अनुपात कहा जाता है।

वित्त में, त्वरित अनुपात, जिसे एसिड-टेस्ट अनुपात के रूप में भी जाना जाता है, एक प्रकार की तरलता अनुपात है, जो किसी कंपनी की अपनी नकदी या त्वरित परिसंपत्तियों का उपयोग अपनी वर्तमान देनदारियों को तुरंत रिटायर करने की क्षमता को मापता है।

अतः विकल्प (C) सही है।

94. दोनों कथन सत्य हैं। वित्तीय विवरणों के अनुसार कैश फ्लो स्टेटमेंट एक फर्म की समग्र वित्तीय स्थिति का खुलासा करने में असमर्थ है और कैश केवल दर्ज तथ्यों के आधार पर कार्यशील पूंजी का एक महत्वपूर्ण घटक है।

कैश फ्लो स्टेटमेंट एक वित्तीय विवरण है जो एक कंपनी को उसके चल रहे संचालन और बाहरी निवेश स्रोतों से प्राप्त होने वाले सभी नकदी प्रवाह के बारे में समग्र डेटा प्रदान करता है।

अतः विकल्प (A) सही है।

95. निवेशक के दृष्टिकोण से, पूंजी की लागत, पूंजी निवेश पर वापसी की आवश्यक दर है। यह कहा जा सकता है कि निवेशक के लिए पूंजी की लागत निवेशकों द्वारा निवेश की गई पूंजी पर लाभ है।

अतः विकल्प (C) सही है।

96. पोर्टर्स फाइव फोर्सेज कंपनी के प्रतिस्पर्धी माहौल का विश्लेषण करने के लिए एक ढांचा है। कंपनी के प्रतिस्पर्धी प्रतिद्वंद्वियों, संभावित नए बाजार में प्रवेश करने वालों, आपूर्तिकर्ताओं, ग्राहकों और स्थानापन्न उत्पादों की संख्या और शक्ति कंपनी की लाभप्रदता को प्रभावित करती है।

पोर्टर के फाइव फोर्सेज मॉडल में, उद्योग प्रतिस्पर्धा को आकार देने वाली फाइव फोर्सेज हैं:

1. प्रतिस्पर्धी प्रतिद्वंद्विता

2. आपूर्तिकर्ताओं की सौदेबाजी की शक्ति

3. ग्राहकों की सौदेबाजी की शक्ति

4. नए प्रवेशकों का खतरा

5. स्थानापन्न उत्पादों या सेवाओं का खतरा

अतः विकल्प (C) सही है।

97. प्रबंधन में कार्यकर्ता की भागीदारी को बढ़ावा देने वाली समितियां आमतौर पर सभी स्तरों पर स्थापित की जाती हैं, अर्थात कॉर्पोरेट स्तर, दुकान-तल स्तर और संयंत्र स्तर पर स्थापित की जाती हैं।

कॉर्पोरेट-स्तरीय रणनीति एक बहु-स्तरीय कंपनी योजना है जिसका उपयोग नेता विशिष्ट व्यावसायिक लक्ष्यों को परिभाषित करने, रूपरेखा बनाने और प्राप्त करने के लिए करते हैं।

संयंत्र में आम तौर पर भौतिक पूंजी होती है, जैसे भवन और किसी विशेष स्थान पर उपकरण जो माल के उत्पादन के लिए उपयोग किया जाता है। संयंत्र को फैक्ट्री भी कहा जाता है।

एक दुकान - फर्श एक कारखाने, मशीन की दुकान, आदि का क्षेत्र है जहां लोग मशीनों पर काम करते हैं, या खुदरा प्रतिष्ठान में जगह जहां उपभोक्ताओं को सामान बेचा जाता है।

अतः विकल्प (D) सही है।

98. सही सुमेलित युग्म नीचे दिए गए हैं-

कार्य - रूप तैयार करना

एलिमेंट - साइन पे चेक

ड्यूटी - पेरोल प्रोसेसिंग

पद - मुआवजा नीति प्रशासक

नौकरी - मुआवजा डिजाइन प्रबंधक

व्यवसाय - मुआवजा विशेषज्ञ

अतः विकल्प (B) सही है।

99. थ्योरी X - निरंकुश शैली: थ्योरी X का मानना है कि लोगों को काम पसंद नहीं है और उन्हें प्रभावी ढंग से काम करने के लिए किसी प्रकार का प्रत्यक्ष दबाव और नियंत्रण होना चाहिए।

थ्योरी Y - सहभागी शैली: यह सिद्धांत मानता है कि लोग रचनात्मक और काम करने के लिए उत्सुक हैं।

थ्योरी Z - डेमोक्रेटिक शैली: इस सिद्धांत में यह धारणा शामिल है कि कार्यकर्ता उन लोगों के साथ सहकारी और अंतरंग कामकाजी संबंध बनाना चाहते हैं, जिनके साथ वे काम करते हैं।

अतः विकल्प (D) सही है।

100. भारतीय रिज़र्व बैंक भारतीय मुद्रा, मौद्रिक नीति और भारत में बैंकिंग प्रणाली को नियंत्रित करने वाला शीर्ष मौद्रिक संस्थान है। भारतीय रिज़र्व बैंक अधिनियम, 1934 के तहत केंद्रीय बैंक की स्थापना पहली बार 1935 में हुई थी। भारत की स्वतंत्रता के बाद, 1 जनवरी 1949 को भारतीय रिजर्व बैंक का राष्ट्रीयकरण किया गया था।

अतः विकल्प (D) सही है।

101. चलपति राव समिति अधिनियम में आवश्यक संशोधन करके, भारत के क्षेत्रीय ग्रामीण बैंकों के पुनर्गठन के लिए थी।

- 2003 में चलपति राव की अध्यक्षता में समिति (चलपति राव समिति) ने सिफारिश की कि इन संस्थानों के क्षेत्रीय विशेषताओं के लाभों को बरकरार रखते हुए RRBs की पूरी प्रणाली को समेकित किया जा सकता है।
- प्रक्रिया के भाग के रूप में, कुछ प्रायोजक बैंकों को बाहर रखा जा सकता है।
- प्रायोजक संस्थानों में वाणिज्यिक बैंकों के अलावा अन्य स्वीकृत वित्तीय संस्थान भी शामिल हो सकते हैं।

अतः विकल्प (D) सही है।

102. खुसरो समिति का गठन भारत में कृषि ऋण की स्थिति की समीक्षा करने के लिए किया गया था।

भारत में बैंकों में ग्राहक सेवाओं को देखने के लिए गोपोरिया समिति का गठन किया गया था।

बैंकों में धोखाधड़ी और दुर्भावना के विभिन्न पहलुओं की जांच के लिए घोष समिति का गठन किया गया था।

SSI और अन्य संबंधित पहलुओं को संस्थागत ऋण की पर्याप्तता की जांच करने के लिए नायक समिति का गठन किया गया था।

अतः विकल्प (C) सही है।

103. भारतीय रिज़र्व बैंक अपनी मौद्रिक नीति की सफलता के लिए वाणिज्यिक बैंकों पर काफी हद तक निर्भर रहता है। मौद्रिक नीति से तात्पर्य चयनित उद्देश्यों के संवर्धन के लिए मुद्रा और बैंक ऋण की आपूर्ति के नियमन से है। भारतीय अर्थव्यवस्था के मामले में, भारतीय रिज़र्व बैंक (RBI) एकमात्र मौद्रिक प्राधिकरण है जो अर्थव्यवस्था में धन की आपूर्ति का फैसला करता है।

अतः विकल्प (C) सही है।

104. अपने कार्यों को कुशलता से निर्वहन करने के लिए, सेबी को निम्नलिखित शक्तियों के साथ निहित किया गया है:

(a) स्टॉक एक्सचेंजों द्वारा कानूनों को अनुमोदित करने के लिए

(b) स्टॉक एक्सचेंजों को अपने उपनियमों में संशोधन के लिए निर्देशित करना

(c) खातों की पुस्तकों को इंगित करें और मान्यता प्राप्त स्टॉक एक्सचेंजों से आवधिक रिटर्न के लिए कॉल करें

(d) वित्तीय मध्यस्थों के खातों की पुस्तकों का निरीक्षण करना

(e) कुछ कंपनियों को एक या अधिक स्टॉक एक्सचेंजों में अपने अंश को सूचीबद्ध करने के लिए मजबूर करना

(f) दलालों का पंजीकरण

अतः विकल्प (D) सही है।

105. यदि प्रत्येक महीने के मध्य में एक निश्चित राशि वापस ले ली जाती है, और ब्याज की दर दी जाती है, तो ड्राइंग पर ब्याज की गणना 6 महीने के लिए की जाती है।

चित्र पर ब्याज $=$ ब्याज की कुल राशि $\times$ दर $/$ 100 $\times$ अवधि $/$ 12

X के लिए चित्र पर ब्याज $= 1500 \times 12 = 18000 \times 10\% \times \frac{6}{12} = 900$ रु

Y के लिए चित्र पर ब्याज $= 1000 \times 12 = 12000 \times 10\% \times \frac{6}{12} = 600$ रु

अतः विकल्प (B) सही है।

106. हम कमीशन व्यय को बेची गई वस्तुओं की लागत के हिस्से के रूप में वर्गीकृत कर सकते हैं क्योंकि यह सीधे माल या सेवाओं की बिक्री से संबंधित है। इसे बिक्री विभाग के खर्चों के हिस्से के रूप में वर्गीकृत करना भी स्वीकार्य है।

बेची गई वस्तुओं की लागत (COGS) एक कंपनी द्वारा बेचे गए माल के उत्पादन की प्रत्यक्ष लागत को संदर्भित करती है।

अतः विकल्प (B) सही है।

107. सही क्रम: सबसे पहले, अंश को आवेदन धन के साथ जारी किया जाता है, फिर आवंटन और कॉल धन की मांग की जाती है। एलॉटमेंट मनी या कॉल मनी के भुगतान में विफलता के मामले में, डिफ़ॉल्ट शेयरधारकों के शेयरों को कंपनी द्वारा जब्त कर लिया जाता है।

अतः विकल्प (A) सही है।

108. भारत में भारतीय लेखा मानक वर्ष 1977 में लेखा मानक बोर्ड (ASB) की देखरेख और नियंत्रण में जारी किए गए थे। 21 अप्रैल 1977 को, हमारे देश में प्रमुख लेखा निकाय के रूप में भारत के लेखा मानक बोर्ड ने "लेखांकन स्थापित किया। मानक बोर्ड "(एएसबी) हमारे देश में प्रचलित विविध लेखांकन नीतियों और अभ्यास के अनुरूप है।

अतः विकल्प (D) सही है।

109. बिल की सेवानिवृत्ति होने का मतलब मैच्योरिटी की तारीख से पहले भुगतान करना है। जब बिल का स्वीकर्ता नियत तारीख से पहले बिल का भुगतान करने के लिए तैयार हो जाता है, तो वह धारक से भुगतान स्वीकार करने के लिए कह सकता है, बशर्ते उसे अप्रकाशित अवधि के लिए कुछ छूट या भत्ता प्राप्त हो। इस तरह की बट्टा या छूट पार्टी को भुगतान प्राप्त करने का एक खर्च है और भुगतान करने वाले पार्टी को लाभ प्राप्त होता है।

अतः विकल्प (D) सही है।

110. जवाबदेही लेखांकन का उद्देश्य सूचना लागत केंद्र के लिहाज से जमा करने और रिपोर्ट करना है। यह लागत नियंत्रण करने में सहायक है।

जवाबदेही के 4 प्रकार हैं: लागत, राजस्व, लाभ और निवेश केंद्र।

अतः विकल्प (B) सही है।

111. मोदिग्लिआनी-मिलर सिद्धांत 'लाभांश अप्रासंगिक' धारणा का एक प्रमुख प्रस्तावक है। इस अवधारणा के अनुसार, निवेशक किसी कंपनी के लाभांश इतिहास को कोई महत्व नहीं देते हैं और इस प्रकार, लाभांश किसी कंपनी के मूल्यांकन की गणना में अप्रासंगिक हैं।

अतः विकल्प (C) सही है।

112. सिंक्रो मार्केटिंग अवधारणा के तहत, मौसमी उत्पादों को वर्गीकृत किया जा सकता है। सिंक्रो मार्केटिंग समय की एक विशेष अवधि के दौरान किसी उत्पाद की अनियमित मांग के पैटर्न को बदल देती है।

उदाहरण के लिए:

- दोपहर और रात के खाने के बीच की अवधि के दौरान रेस्तरां में मंदी।
- रिसॉर्ट्स में गर्मियों के दौरान पर्यटकों की कम संख्या।
- भारत में, जहां ज्यादातर महंगे उत्पाद केवल त्योहारों के मौसम (दिवाली, ईद, आदि) के दौरान ही खरीदे जाते हैं।

अतः विकल्प (C) सही है।

113. AIDA एक संक्षिप्त नाम है जिसका पूर्ण रूप Attention, Interest, Desire और Action है। AIDA मॉडल का उपयोग मार्केटिंग और विज्ञापन में व्यापक रूप से उन चरणों या चरणों का वर्णन करने के लिए किया जाता है जो उस समय से होते हैं जब कोई उपभोक्ता पहली बार किसी उत्पाद या ब्रांड के बारे में जानता है जब उपभोक्ता किसी उत्पाद का परीक्षण करता है या खरीदारी का निर्णय लेता है।

अतः विकल्प (B) सही है।

114. व्यावसायीकरण नई उत्पाद विकास प्रक्रिया का अंतिम चरण है जिसमें पूर्ण पैमाने पर उत्पाद को लॉन्च करना शामिल है। इस स्तर पर, नए उत्पाद विकास मुख्यधारा में आ जाते हैं, उपभोक्ता माल या सेवा खरीदता है, और तकनीकी सहायता लगातार प्रगति की निगरानी करता है।

अतः विकल्प (C) सही है।

115. प्रतियोगियों की संख्या परिपक्वता स्तर पर अधिकतम होती है जो उत्पाद जीवन चक्र में सबसे लंबा चरण है और जहां उत्पाद पहले से ही स्थापित है। इस चरण में कंपनियों का प्राथमिक ध्यान अपने बाजार हिस्सेदारी को बनाए रखने में होता है क्योंकि बड़ी संख्या में निर्माता समान बाजार हिस्सेदारी के लिए प्रतिस्पर्धा करते हैं। इस प्रकार इस चरण में सबसे अधिक प्रतियोगिता होती है।

अतः विकल्प (C) सही है।

116. सेवा की आपूर्ति बढ़ाने के लिए क्षमता साझा करना आपूर्ति की रणनीति है। अत्यधिक मांग के साथ अत्यधिक क्षमता संरेखित करने के लिए क्षमता साझा करना एक सामान्य अभ्यास है।

अतः विकल्प (A) सही है।

117. 'आंतरिक बिक्री संवर्धन - निः शुल्क नमूना' सही जोड़ी है। डीलर प्रचार व्यापार संवर्धन है। निर्माता थोक विक्रेताओं, खुदरा विक्रेताओं या बिचौलियों के सहयोग को सुरक्षित करने के लिए कई तकनीकों का उपयोग करते हैं। प्रदर्शन भत्ता डीलर प्रचार का सही संयोजन नहीं है। यह बिक्री संवर्धन से संबंधित है।

अतः विकल्प (C) सही है।

118. सड़क अवरोधक विज्ञापन एक विज्ञापन रणनीति या एक विधि है जिसमें एक वाणिज्यिक को विभिन्न रेडियो स्टेशनों और / या टेलीविजन चैनलों पर एक साथ प्रसारित किया जाता है। इससे प्रतियोगियों को अपने विज्ञापनों को प्रसारित करने के लिए रूकावट आती है।

अतः विकल्प (D) सही है।

119. परिपत्र केवल उर्ध्व संचार का उदाहरण नहीं है।

उर्ध्व संचार का अर्थ है संगठन के निचले स्तरों से लेकर उच्च स्तर के प्राधिकरणों तक सूचनाओं का प्रवाह। उर्ध्व संचार के उदाहरण हैं:

(i) रिपोर्ट (ii) बैठकें (iii) साक्षात्कार (iv) सम्मेलन (v) पत्र (vi) शिकायतें (vii) सुझाव (viii) सर्वेक्षण (ix) संघ प्रकाशनऔर (x) ग्रेपवाइन, इत्यादि। परिपत्र उर्ध्व संचार का उदाहरण नहीं है क्योंकि यह अधोमुखी संचार का एक उदाहरण है जो एक श्रेष्ठ से एक अधीनस्थ में प्रवाहित होता है।

अतः विकल्प (B) सही है।

120. स्टाफ संगठन का कार्य लाइन संगठन की सलाह और निगरानी / मार्गदर्शन करना है। एक लाइन और स्टाफ संगठन संरचना में, लाइन मैनेजर और स्टाफ दोनों की अपनी महत्वपूर्ण भूमिकाएँ होती हैं। इस संरचना में, प्राधिकरण ऊपर से नीचे की ओर रहता है।

अतः विकल्प (B) सही है।

121. पार्श्व संचार को किसी समुदाय, सहकर्मी समूहों, विभागों, या किसी संगठन की इकाइयों के बीच सूचना, विचारों, या भावनाओं के आदान-प्रदान, साझा करने, या साझा करने के रूप में परिभाषित किया जाता है, जो एक ही श्रेणी के स्तर पर या एक दूसरे के बारे में हैं।

उर्ध्वगामी संचार फ्रंट-लाइन कर्मचारियों से प्रबंधकों, पर्यवेक्षकों और निदेशकों तक सूचना का प्रवाह है। अधोगामी संचार संगठन के ऊपरी स्तर से संगठन के निचले स्तर तक सूचना का प्रवाह है। विकर्ण संचार एक व्यवसाय के भीतर विभिन्न संरचनात्मक स्तरों के बीच सूचनाओं का आदान-प्रदान है।

अतः विकल्प (C) सही है।

122. जब एक बिल स्वीकार करने पर, एक भुगतानकर्ता, उस पर भुगतान का स्थान अंकित करता है, तो उसे बिल का अधिवास कहा जाता है। वह प्रक्रिया जिसके द्वारा एक खरीदार (जिसे 'अदाकर्ता' कहा जाता है) विक्रेता के बिल को बिल के चेहरे पर 'स्वीकृत' शब्द के तहत हस्ताक्षर करके स्वीकार करता है, बिल की स्वीकृति कहलाता है। सशर्त स्वीकृति तब होती है जब कोई व्यक्ति, जिसे एक प्रस्ताव बनाया गया है, बताता है कि वह प्रस्ताव के लिए सहमत होने के लिए तैयार है, बशर्ते कि उसकी शर्तों में कुछ बदलाव किए जाएं।

अतः विकल्प (B) सही है।

123. व्यक्तिगत विक्रय व्यक्ति-से-व्यक्ति संचार का एक रूप है जिसमें एक विक्रेता संभावित खरीदारों को कंपनी के उत्पादों या सेवाओं को खरीदने या एक विचार पर कार्य करने के लिए सहायता या राजी करने का प्रयास करता है। व्यक्तिगत बिक्री को औद्योगिक भलाई के लिए सबसे महत्वपूर्ण उपकरण माना जाता है क्योंकि उत्पाद प्रकृति में तकनीकी और महंगे हैं, और उनकी बिक्री के लिए अनुनय आवश्यक माना जाता है।

अतः विकल्प (A) सही है।

124. उद्देश्यों से प्रबंधन (MBO) एक परिणाम-उन्मुख प्रक्रिया है और लक्ष्य निर्धारित करने और नियंत्रित करने पर ध्यान केंद्रित करता है। यह प्रबंधकों को विस्तृत योजना बनाने के लिए प्रोत्साहित करता है। उद्देश्यों से प्रबंधन (MBO) विधि, कर्मचारी के प्रभाव को बढ़ाने में प्रदर्शन मूल्यांकन के लिए एक विधि है।

अतः विकल्प (D) सही है।

125. ऑपरेटिंग उत्तोलन में, निश्चित लागत की उपस्थिति होती है। उच्च निश्चित व्यय, उच्च परिचालन लाभ है।

वित्तीय उत्तोलन में, निश्चित रिटर्न वाले फंड का उपयोग होता है। इक्विटी शेयर कैपिटल के साथ लॉन्ग टर्म फिक्स्ड इनकम बेयरिंग डेट और प्रिफरेंस शेयर कैपिटल का उपयोग वित्तीय उत्तोलन या इक्विटी पर ट्रेडिंग कहलाता है।

सुपर उत्तोलन में, शेयरधारकों के लिए उपलब्ध आय पर बिक्री में बदलाव का प्रभाव पड़ता है।

अतः विकल्प (B) सही है।

126. सामाजिक लागत-लाभ अनुपात की गणना के उद्देश्य से समाज के लिए लागत के संदर्भ में वास्तविक प्रभाव का आकलन करने के लिए लागत या छाया की कीमतों पर लागत के संदर्भ में मूल्य का मूल्य निर्धारण किया जाता है। इस मानदंड के अनुसार श्रम की सामाजिक लागत मजदूरी की कुल राशि से कम

है। क्योंकि श्रम कल्याणकारी योजनाओं से जुड़ी लागत परिणामी सामाजिक लाभों से दूर है।

अतः विकल्प (A) सही है।

127. हेजिंग दृष्टिकोण को मिलान दृष्टिकोण के रूप में भी जाना जाता है। इस दृष्टिकोण के तहत, अचल संपत्तियों और स्थायी चालू प्राप्त करने के लिए धन को दीर्घकालिक फंडों के साथ हासिल किया जाना चाहिए और अस्थायी कार्यशील पूंजी के लिए, अल्पकालिक फंडों का उपयोग किया जाना चाहिए। इसलिए, दीर्घकालिक देनदारियों के साथ वित्तपोषित स्थायी पूंजी वित्त परिसंपत्तियों के लिए एक अच्छा बचाव दृष्टिकोण है क्योंकि इस मामले में, जोखिम बहुत कम है। अन्य स्थितियों में, परिसंपत्तियों को वित्त करने के लिए जोखिम अधिक है।

अतः विकल्प (B) सही है।

128. पीटर. एफ. ड्रुकर ने एमबीओ का सिद्धांत दिया।

हेनरी फेयोल ने कमांड की एकता का सिद्धांत दिया।

मैकार्थी ने मार्केटिंग के 4 Ps का सिद्धांत दिया।

मैक्लेलैंड ने उपलब्धि प्रेरणा का सिद्धांत पाया।

अतः विकल्प (D) सही है।

129. वितरणात्मक मोलभाव में, एक पक्ष दूसरे की कीमत पर लाभ उठाता है। इसे जीत-हार सौदेबाजी के रूप में भी जाना जाता है। इसमें यह तय करना है कि निश्चित संसाधनों, जैसे धन को कैसे वितरित किया जाए।

अतः विकल्प (A) सही है।

130. विविधीकरण एक कंपनी की प्रक्रिया है जो अपने उत्पादों या ऑपरेशन के क्षेत्र को बढ़ा या अलग कर रही है।

गुणवत्ता एक ही लाइन में नए उत्पादों की खोज कर है।

विविधता एक या एक से अधिक उत्पादों के उत्पादन को संदर्भित करती है।

पैकिंग उत्पाद का संरक्षण है।

अतः विकल्प (D) सही है।

131. प्रमुख सिद्धांत जो बैंक अपने काम में शामिल करने का प्रयास करते हैं वे हैं लाभप्रदता, सामाजिक कल्याण, तरलता और सुरक्षा।

- बैंकों को ग्राहकों की मांग को पूरा करने और उनकी वृद्धि के लिए लाभप्रदता बनाए रखना चाहिए।

- एक बैंक को जरूरत पड़ने पर ग्राहकों द्वारा आवश्यक धन उपलब्ध कराना चाहिए जो बैंक की तरलता सुनिश्चित करता है।

- ग्राहकों की जमाओं को सुरक्षा प्रदान करना, जो कि बैंकों द्वारा बनाए रखा जाने वाला सबसे आवश्यक सुरक्षा कारक है।

- ग्राहकों की जमा राशि की रक्षा करना और उन्हें विभिन्न सुविधाएं प्रदान करना बैंकों द्वारा सामाजिक कल्याण गतिविधि है।

अतः विकल्प (B) सही है।

132. SWIFT का पूर्ण रूप ((सोसायटी फॉर वर्ल्डवाइड इंटर-बैंक फाइनेंशियल टेलीकम्युनिकेशंस) है। SWIFT वित्तीय संस्थाओं को सुरक्षित वित्तीय संदेश सेवा प्रदान करता है। SWIFT वित्तीय लेनदेन के बारे में जानकारी के प्रसारण को सुविधाजनक बनाने के लिए एक मानकीकृत मालिकाना संचार मंच का उपयोग करता है।

अतः विकल्प (C) सही है।

133. RBI द्वारा अपनाए गए मौद्रिक नियंत्रण की तकनीकें कैश रिजर्व अनुपात, वैधानिक तरल अनुपात और बैंक दर हैं। CRR एक वाणिज्यिक बैंक के जमा का अनुपात है जिसे केंद्रीय बैंक के साथ रखा जाना आवश्यक है। SLR जमा का वह हिस्सा होता है जिसे बैंकों को हर समय तरल रूप में रखना पड़ता है।

बैंक दर वह दर है जिस पर एक केंद्रीय बैंक धन की कमी के मामले में वाणिज्यिक बैंकों को ऋण देता है।

अतः विकल्प (D) सही है।

134. "इनमे से कोई भी नहीं" विकल्प सही है। मुद्रा बाजार के बारे में सभी कथन सही हैं।

मुद्रा बाजार में विभिन्न वित्तीय संस्थान और डीलर होते हैं, जो प्रतिभूतियों को उधार लेना या ऋण देना चाहते हैं। यह लिक्विड एसेट्स में निवेश करने का सबसे अच्छा स्रोत है। मुद्रा बाजार एक अनियमित और अनौपचारिक बाजार है और पूंजी बाजार की तरह संरचित नहीं है, जहां चीजें औपचारिक तरीके से व्यवस्थित होती हैं।

अतः विकल्प (D) सही है।

135. क्रेडिट को नियंत्रित करने के लिए, CRR (कैश रिजर्व रेशो) को बढ़ाया जाना चाहिए और बैंक दर को बढ़ाया जाना चाहिए। जब केंद्रीय बैंक क्रेडिट और मुद्रास्फीति को नियंत्रित करना चाहता है, तो वह बैंक दर बढ़ाता है। बढ़ी हुई बैंक दर वाणिज्यिक बैंकों के उधार की लागत को बढ़ाती है, जो बदले में अपने उधारकर्ताओं से वापसी की उच्च दर का शुल्क लेती है। इसका मतलब है कि क्रेडिट की कीमत बढ़ जाएगी। यह व्यवसाय समुदाय के मुनाफे को प्रभावित करेगा जो उधार लेने के लिए हतोत्साहित महसूस करेगा।

अतः विकल्प (C) सही है।

136. "दो उदासीनता वक्र एक दूसरे को काट सकते हैं" उदासीनता वक्र का सामान्य गुण नहीं है।

उदासीनता वक्र के सामान्य गुणों में शामिल हैं कि वे दाईं ओर नीचे की ओर हैं, उत्तल उत्पत्ति हैं, एक दूसरे को प्रतिच्छेद नहीं कर सकते हैं और निम्न उदासीनता वक्र की तुलना में संतुष्टि का उच्च स्तर दिखा सकते हैं।

अतः विकल्प (C) सही है।

137. यह सच है कि व्यापार से कोई लाभ उनकी मांग के सापेक्ष शक्ति के अनुसार देशों के बीच साझा नहीं किया जाता है, लेकिन यह गलत है कि व्यापार की शर्तें प्राथमिक निर्माता के खिलाफ हैं जब तक कि इसका एकाधिकार नहीं है या उत्पाद की विदेश में एक अकुशल मांग है। यह माना जाता है कि प्राथमिक उत्पादों के लिए व्यापार की शर्तें समय के साथ गिरावट आएंगी, यानी समय के साथ, यह एक निर्मित उत्पाद के लिए भुगतान करने के लिए एक कृषि उत्पाद की बढ़ती मात्रा में ले जाएगा। इसलिए, कथन। गलत है, II सही है।

अतः विकल्प (D) सही है।

138. मांग के कानून के अनुसार, यदि कीमत बढ़ती है, तो वस्तु की मांग गिरती है और इसके विपरीत। अभिकथन गलत है क्योंकि मूल्य वस्तु की मात्रा से संबंधित नहीं है। इसका संबंध वस्तु की मांग से है। कारण सच है कि मूल्य प्रभाव सकारात्मक प्रतिस्थापन प्रभाव और नकारात्मक आय प्रभाव का शुद्ध परिणाम है।

अतः विकल्प (C) सही है।

139. नियोक्ता द्वारा जारी पैन कार्ड और फॉर्म नंबर 16 भारत में एक नियोजित व्यक्ति के लिए आयकर रिटर्न दाखिल करने के लिए आवश्यक दस्तावेज हैं।

- पैन स्थायी खाता संख्या के लिए है। पैन नंबर अक्षर और संख्यात्मक या 'अक्षरांकीय' शब्दों में एक दस-अंकीय संख्या है, जो आयकर विभाग द्वारा सभी करदाताओं को आवंटित किया जाता है, और प्रत्येक व्यक्ति के साथ अद्वितीय होता है।

- फॉर्म नंबर 16 एक अभिस्वीकृति है जिसमें कहा गया है कि आपके काटे गए कर को आयकर विभाग के पास जमा किया गया है।

- आधार कार्ड भारतीय विशिष्ट पहचान प्राधिकरण (UIDAI) द्वारा भारत सरकार की ओर से हर एक व्यक्ति की विशिष्ट पहचान स्थापित करने के उद्देश्य से जारी की गई एक व्यक्तिगत पहचान संख्या है।

अतः विकल्प (C) सही है।

140. कार्ल पियर्सन और एपोस गुणांक सहसंबंध X और Y चर के बीच दोनों के बीच सह-चर मापता है। सहसंबंध X और Y चर के बीच एक रैखिक संबंध की एक डिग्री के एक विशिष्ट मूल्य को दर्शाता है।

अतः विकल्प (A) सही है।

141. विदेशी प्रतिस्पर्धा के लिए भारतीय उद्योग का सीमित जोखिम 1991 की औद्योगिक नीति की मुख्य विशेषता नहीं है।

1991 की औद्योगिक नीति की विशेषताएं निम्नलिखित हैं:

- औद्योगिक लाइसेंस को समाप्त करना
- सार्वजनिक क्षेत्र की भूमिका कमजोर
- चरणबद्ध निर्माण कार्यक्रमों का उन्मूलन
- विदेशी निवेश और प्रौद्योगिकी के लिए नि: शुल्क प्रवेश
- औद्योगिक स्थान नीति उदारीकृत
- अनिवार्य परिवर्तनीयता खंड को हटाना
- निजी क्षेत्र का व्यापक विस्तार
- SSI इकाइयों के लिए आरक्षित वस्तुओं की सूची का प्रसार

अतः विकल्प (C) सही है।

142. खेत की भूमि के अंतिम ट्रैकों का मोड़ SEZ का लाभ नहीं है।

विशेष आर्थिक क्षेत्र (SEZ) निम्नलिखित लाभों के लिए स्थापित करने के लिए आवश्यक हैं:

- अतिरिक्त आर्थिक गतिविधि का सृजन।
- वस्तुओं और सेवाओं के निर्यात को बढ़ावा देना।
- घरेलू और विदेशी स्रोतों से निवेश को बढ़ावा देना।
- रोजगार का सृजन।
- अवस्थापना सुविधाओं का विकास।
- विशेष आर्थिक क्षेत्रों के विकास, संचालन और रखरखाव के लिए सरलीकृत प्रक्रियाएँ।
- केंद्रीय के साथ-साथ राज्य सरकारों आदि से संबंधित मामलों पर एकल खिड़की निकासी।

अतः विकल्प (B) सही है।

143. माना वर्तमान देनदारियों = X

वर्तमान अनुपात = वर्तमान संपत्ति / वर्तमान देनदारियां

$$3.5 = \frac{C.A}{X}$$

इसलिए, C.A = 3.5X

कार्यशील पूंजी = वर्तमान परिसंपत्तियाँ - वर्तमान देनदारियां

1,00,000 = 3.5X - 1X

$$X = \frac{100000}{2.5} = 40,000 \text{ रु}$$

वर्तमान संपत्ति = रु 40000 x 3.5 = रु 140000

त्वरित अनुपात = 2.5

त्वरित अनुपात = त्वरित संपत्ति / वर्तमान देयताएं

2.5 = त्वरित संपत्ति / 40000

त्वरित संपत्ति = वर्तमान संपत्ति - इन्वेंटरी

माना, इन्वेंटरी = Y

100000 = 140000 - Y

Y (इन्वेंटरी) = 40,000 रु

अतः विकल्प (A) सही है।

144. नेट-भुगतान पद्धति के तहत 'खरीद पर विचार' को हस्तांतरणकर्ता कंपनी के शेयरधारकों को अंश, डिबेंचर, अन्य प्रतिभूतियों और नकदी के रूप में किए गए सभी भुगतानों के एकत्रीकरण के रूप में लिया जाता है।

अतः विकल्प (C) सही है।

145. आरोही कर सीधे करदाता की भुगतान करने की क्षमता से संबंधित होता है।

हर साल हमें अपनी आय का एक निश्चित हिस्सा केंद्र सरकार को आयकर के रूप में देना होता है। आयकर के लिए केंद्र सरकार के नियम के अनुसार, एक निश्चित कर प्रति स्लैब के रूप में सभी लोगों की आय पर लागू होता है। प्रत्येक व्यवसाय और व्यक्ति को कर का भुगतान करना होता है और प्रति वर्ष जमा करना होता है। कर के माध्यम से एकत्रित कुल धन का उपयोग सरकार द्वारा सेवाओं के साथ-साथ देश के विकास के लिए आवश्यकताओं को पूरा करने के लिए किया जाता है।

अतः विकल्प (C) सही है।

146. करदाता पहचान संख्या, व्यक्तियों और संगठनों को कर दायित्वों और भुगतानों को ट्रैक करने के लिए जारी किया गया एक नंबर है जो वे आंतरिक राजस्व सेवा (आईआरएस) को देते हैं।

TIN संघीय सरकार द्वारा जारी किया जाता है। TAN उन सभी व्यक्तियों द्वारा प्राप्त किया जाना चाहिए, जो स्रोत (TDS) पर कर घटाने के लिए जिम्मेदार हैं या जिन्हें स्रोत (TCS) पर कर जमा करना आवश्यक है।

अतः विकल्प (D) सही है।

147. नियत तारीख के बाद दायर एक आयकर रिटर्न को "बिलेटेड रिटर्न" के रूप में जाना जाता है। विलंबित आईटीआर दाखिल करने वालों को विलंब शुल्क का भुगतान करना होगा।

यदि कोई व्यक्ति नियत तारीख से पहले आईटीआर दर्ज करने में विफल रहता है, तो आयकर अधिनियम की धारा 139 (4) के अनुसार, वह एक बिलेटेड रिटर्न दाखिल कर सकता है। इसलिए, संबंधित मूल्यांकन वर्ष की समाप्ति से पहले या मूल्यांकन पूरा होने से पहले, जो भी पहले हो, बिलेटेड रिटर्न यू/ एस 139 (4) किसी भी समय भरा जा सकता है।

अतः विकल्प (C) सही है।

148. एक सरकारी कर्मचारी द्वारा प्राप्त अनकम्यूटेड पेंशन पर पूरी तरह से कर योग्य है।

अनकम्यूटेड पेंशन: शब्द "अरूपांतरित पेंशन" एक ऐसी पेंशन को संदर्भित करता है जिसका भुगतान नियमित आधार पर किया जाता है। पेंशन मासिक, त्रैमासिक या वार्षिक प्राप्त की जा सकती है।

कम्यूटेड पेंशन: जब पेंशन की राशि एकमुश्त प्राप्त होती है, तो इसे कम्यूटेड पेंशन कहा जाता है।

अतः विकल्प (C) सही है।

149. कर्मचारी या उसके परिवार के सदस्य द्वारा प्राप्त उपहार या वाउचर कर योग्य अनुलाभ हैं।

हालांकि, अगर ऐसे उपहारों का पूरा मूल्य 5,000/- रुपये से अधिक नहीं है, तो उन पर अनुलाभों के रूप में कर नहीं लगाया जाता है।

कर्मचारी द्वारा अपने नियमित वेतन से ऊपर नकद या अन्य प्रकार के रूप में प्राप्त लाभों को अनुलाभ कहा जाता है।

- अनुलाभ कर्मचारी को प्रदान किए जाने वाले लाभ हैं जैसे किराया-मुक्त आवास, कंपनी की कार, आदि।

- अनुलाभ नकद या वस्तु के रूप में प्रदान किए जा सकते हैं।

- अनुलाभ उनकी प्रकृति के आधार पर पूरी तरह या आंशिक रूप से या गैर-कर योग्य हो सकते हैं।

- अनुलाभ में कार्यालय में काम करते समय किए गए खर्चों की प्रतिपूर्ति शामिल नहीं है।

अतः विकल्प (B) सही है।

150. आयकर अधिनियम नियोक्ता द्वारा भुगतान की गई चिकित्सा प्रतिपूर्ति पर 15,000 रुपये तक की कर छूट की अनुमति देता है।

चिकित्सा देखभाल के खर्चों में निदान, इलाज, शमन, उपचार, या बीमारी की रोकथाम के लिए भुगतान, या शरीर की किसी संरचना या कार्य को प्रभावित करने वाले उपचार के लिए भुगतान शामिल हैं। छूट केवल चिकित्सा बिलों पर होने वाले वास्तविक खर्चों की प्रतिपूर्ति पर उपलब्ध है।

अतः विकल्प (A) सही है।

Paper-I

Q.1 जब सामाजिक अनुसंधान के रूप में योजनाएं बनाई जाए तो बेहतर होगा की-
A. खुले दिमाग से विषय के बारे में सोचा जाये
B. उसमें पूरी तरह डूबने से पहले मार्गदर्शी अध्ययन करा जाये
C. विषय से जुड़े साहित्य से परिचित किया जाये
D. सैद्धांतिकता को भूलना चाहिये क्योंकि यह एक व्यावहारिक व्याख्या है

Q.2 शिक्षा के व्यवसायीकरण का उद्देश्य है:
A. उदार शिक्षा को रोजगारोन्मुखी बनाना
B. उदार शिक्षा को व्यावसायिक शिक्षा में परिवर्तित करना
C. छात्रों को ज्ञान के साथ एक व्यवसाय के लिए तैयार करना
D. सामान्य शिक्षा की तुलना में व्यावसायिक को अधिक महत्व देना

Q.3 एक शोधकर्ता आबादी को पीजी, स्नातक और 10 + 2 छात्रों में विभाजित करता है और यादृच्छिक अंक तालिका का उपयोग करके वह उनमें से प्रत्येक से कुछ का चयन करता है। इसे तकनीकी रूप से _________ जाता है।
A. स्तरीकृत प्रतिचयन
B. स्तरीकृत यादृच्छिक नमूनाकरण
C. प्रतिनिधि का नमूना
D. इनमें से कोई नहीं

Q.4 NAAC किसके तत्वावधान में एक स्वायत्त संस्था है?
A. UGC **B.** CSIR **C.** AICTE **D.** ICSSR

Q.5 भारत में वायु गुणवत्ता सूचकांक के तहत, निम्नलिखित में से कौन सा प्रदूषक शामिल नहीं है?
A. कार्बन मोनोऑक्साइड **B.** सूक्ष्म पर्टिकुलेट मैटर
C. ओजोन **D.** क्लोरोफ्लोरोकार्बन

Q.6 निम्नलिखित में से किसे भारत की नदियों में प्रदूषण का प्रमुख स्रोत माना जाता है?
[UGC NET Home Science, 2018], [UGC NET Sociology, 2018]
A. छोटे पैमाने के उद्योग को अनियमित किया
B. अनुपचारित सीवेज
C. कृषि भागदौड़
D. थर्मल पावर प्लांट

Q.7 शिक्षक का दृष्टिकोण जो शिक्षण को प्रभावित करता है _______ से संबंधित है।
A. भावात्मक क्षेत्र से **B.** ज्ञानात्मक क्षेत्र से
C. सहजातात्मक क्षेत्र से **D.** मनश्चालक क्षेत्र से

Q.8 शिक्षण के दौरान विद्यार्थियों की अधिकतम सहभागिता किसके द्वारा संभव है?
A. व्याख्यान पद्धति **B.** निदर्शन पद्धति
C. आगमनात्मक पद्धति **D.** पाठ्यपुस्तक पद्धति

Q.9 प्रभावी शिक्षण का मतलब है-
A. छात्रों को दिया गया प्यार, सहयोग, सहानुभूति, स्नेह और प्रोत्साहन
B. नैतिक अपराधों के समय छात्रों को दी गई शारीरिक दंड
C. व्यक्तिगत निर्देश और खुली कक्षा चर्चा

D. दोनों (A) और (C)

Q.10 एक अच्छा शिक्षक वह है, जो-
A. उपयोगी जानकारी देता है
B. संकल्पनाओं और सिद्धांतों को स्पष्ट करता है
C. विद्यार्थियों को मुद्रित नोट्स देता है
D. छात्रों को सीखने के लिए अभिप्रेरित करता है

Q.11 शैक्षणिक संस्थानों में आने वाले छात्रों को जितनी बाधाएं आएँगी, उतनी अधिक अपेक्षाएं-
A. परिवार से होंगी **B.** समाज से होंगी
C. शिक्षक से होंगी **D.** राज्य से होंगी

Q.12 एक विशेष कूट में HOSPITALS का कूट HSOLSAPTI है, BIOLOGICALS का कूट होगा:
[UGC NET Sociology, 2016]
A. BLICOALIOSG **B.** BOLGICAILOS
C. SBLAOILOBCG **D.** BSILOALCOIG

Q.13 श्रंखला 1,5,13,25,41, ... में अगली संख्या है:
[UGC NET Sociology, 2016]
A. 59 **B.** 63 **C.** 61 **D.** 68

Q.14 इस समय माता अपने पुत्र से तीन गुना बड़ी है। 5 वर्षों के बाद उनकी आयु का जोड़ 70 वर्ष होगा। 10 वर्षों के बाद माँ की आयु होगी?
[UGC NET Sociology, 2016]
A. 40 **B.** 55 **C.** 45 **D.** 60

Q.15 श्रंखला AYD, BVF, DRH, GMJ, ? का अगला पद: है
A. GLK **B.** HLM **C.** LHM **D.** KGL

Q.16 C और D बहनें हैं। A और B भाई हैं। E, A का पुत्र है और D का भाई है। B का C से क्या संबंध है?
A. भाई **B.** पुत्र **C.** चाचा **D.** ससुर

Q.17 निर्देश : सूची-I और सूची- II का मिलान करें और नीचे दिए गए कोड से सही उत्तर चुनें:

सूची-I	सूची - II
(a)बाढ़	1. पर्याप्त अवधि के लिए वर्षा की कमी
(b) सूखा	2. पृथ्वी की चट्टानों के माध्यम से थरथाने वाली तरंगों के पारित होने से उत्पन्न होने वाले कंपन
(c) भूकंप	3. एक वेंट जिसके माध्यम से पिघले हुए पदार्थ निकलते हैं
(d) ज्वालामुखी	4. अत्यधिक वर्षा और पानी का असमान वितरण

A. (a) - 4, (b) - 1, (c) - 2, (d) - 3
B. (a) -2, (b) - 3 (c)-4, (d) - 1
C. (a) - 3, (b) - 4, (c) - 2, (d) - 1
D. (a) - 4, (b) - 3, (c) - 1, (d) - 2

Q.18 नीचे दिए गए तर्क की कुछ विशेषताएं हैं। उस कोड का चयन करें जो एक विशेषता बताता है जो कि निगमनात्मक तर्क नहीं है।
A. निष्कर्ष प्रेक्षण तथा प्रयोग पर आधारित होना चाहिए।
B. निष्कर्ष आधार-वाक्य/वाक्यों द्वारा समर्थित होना चाहिए।
C. निष्कर्ष अनिवार्यतः आधार- वाक्य/वाक्यों से निकलना चाहिए।

D. तर्क वैध अथवा अवैध हो सकता है|

Q.19 यदि कथन 'कोई नहीं बल्कि बहादुर व्यक्ति ही दौड़ में विजयी होता है' गलत है, तो निम्नांकित में से किस कथन को सही माना जा सकता है? सही कूट का चयन करें|

A. सभी बहादुर व्यक्ति दौड़ में विजयी होते हैं।

B. दौड़ में विजयी होने वाले कुछ व्यक्ति वीर नहीं होते हैं।

C. कुछ व्यक्ति जो दौड़ में विजयी होते है, बहादुर होते हैं।

D. दौड़ में विजयी होने वाला कोई व्यक्ति बहादुर नहीं होता है।

Ques (20-24):निर्देश: गद्यांश को पढ़ें और प्रश्न का उत्तर दें:

विकास वंचितों की क्षमताओं के विस्तार के बारे में है, जिससे उनके जीवन की समग्र गुणवत्ता में सुधार होता है। इस समझ के आधार पर, भारत के सबसे अमीर राज्यों में से एक, महाराष्ट्र विकास की कमी का एक क्लासिक मामला है जो आदिवासी बेल्ट में बच्चों में कुपोषण के उच्च स्तर पर देखा जाता है। जबकि राज्य की प्रति व्यक्ति आय 2004 के बाद से दोगुनी हो गई है, लेकिन इसकी पोषण संबंधी स्थिति ने सराहनीय प्रगति नहीं की है।

गरीब पोषण सुरक्षा आबादी के सबसे गरीब वर्ग को असम्बद्ध रूप से प्रभावित करती है। एनएफएचएस 2015-16 के अनुसार, हर दूसरा आदिवासी बच्चा क्रोनिक भूख के कारण कुपोषण को रोकने में वृद्धि से ग्रस्त है। 2005 में, बाल कुपोषण ने दावा किया कि अकेले महाराष्ट्र के पालघर जिले में 718 लोग रहते हैं। एक दशक के दोहरे अंकों की आर्थिक वृद्धि (2004-05 से 2014-15) के बाद भी, पालघर की कुपोषण की स्थिति में मुश्किल से सुधार हुआ है।

सितंबर 2016 में, राष्ट्रीय मानवाधिकार आयोग ने पालघर में कुपोषण के कारण 600 बच्चों के मरने की रिपोर्ट पर महाराष्ट्र सरकार को नोटिस जारी किया। सरकार ने जवाब दिया, कुपोषण की जाँच करने के लिए जसचा बच्चा और एकीकृत बाल विकास सेवा जैसी योजनाओं को ठीक से लागू करने का वादा किया। पिछले साल जिले के विक्रमगढ़ ब्लॉक में किए गए हमारे स्वतंत्र सर्वेक्षण में पाया गया कि इस ब्लॉक में क्रमशः 57%, 21%, और 53% बच्चों का वज़न कम किया गया, व्यर्थ हुआ; 27% गंभीर रूप से घायल हो गए। हमारे आंकड़ों ने चुनौती दी है कि महाराष्ट्र की महिला और बाल विकास मंत्री ने मार्च में विधान परिषद में क्या कहा था - "पिछले कुछ महीनों में, सरकार द्वारा किए गए विभिन्न हस्तक्षेपों के कारण पालघर में कुपोषण में कमी आई है।"

स्टंटिंग मैक्रो-और सूक्ष्म पोषक तत्वों के अपर्याप्त सेवन के कारण होता है। यह आम तौर पर स्वीकार किया जाता है कि दो साल के बाद वृद्धि मंदता से वसूली केवल तभी संभव है जब प्रभावित बच्चे को एक आहार पर रखा जाए जो पोषक तत्वों की आवश्यकताओं के लिए पर्याप्त है। पोषक तत्वों की पर्याप्तता का एक महत्वपूर्ण पहलू आहार विविधता है, जिसे एक से 15 दिनों तक की संदर्भ अवधि के साथ खपत खाद्य पदार्थों के विभिन्न समूहों द्वारा गणना की जाती है। हमने पिछले 24 घंटों में बच्चे को प्राप्त होने वाले भोजन समूहों की संख्या की गणना करके 24 घंटे के आहार विविधता स्कोर की गणना की। आठ खाद्य समूहों में अनाज, जड़ें और कंद शामिल हैं; फलियां और पागल; दुग्ध उत्पाद; मांस खाद्य पदार्थ; अंडे; मछली; गहरे हरे पत्ते वाली सब्जियां; और अन्य फल और सब्जियां।

ज्यादातर घरों में, यह चावल और दाल था जिसे सबसे अधिक बार पकाया जाता था और दिन में तीन बार खाया जाता था। भूख लगने पर बच्चों को ये चाय भी दी जाती थी। उनके दैनिक आहार में कोई दूध, दूध उत्पाद या फल नहीं था। यहां तक कि वयस्कों ने भी काली चाय पी ली क्योंकि दूध की मात्रा कम नहीं थी। केवल 17% बच्चों ने आहार विविधता का एक न्यूनतम स्तर हासिल किया - उन्हें आठ खाद्य समूहों में से चार या अधिक प्राप्त हुए। यह कम आहार विविधता घर की खाद्य सुरक्षा के लिए भी एक प्रॉक्सी संकेतक है क्योंकि बच्चों ने वयस्क सदस्यों के लिए पकाया जाने वाला खाना ही खाया है।

Q.20 निम्नलिखित में से कौन सा मार्ग के अनुसार सही है / हैं?

I. भारत की स्थिति दुनिया के कुछ सबसे गरीब देशों - बांग्लादेश, अफगानिस्तान, या मोजाम्बिक से भी बदतर है।

II. विकास सिर्फ आर्थिक विकास से अधिक है।

III. औसतन, बजट के प्रतिशत के रूप में पोषण व्यय 2012-13 में 1.68% से घटकर 2018-19 में 0.94% हो गया है।

A. केवल II

B. केवल I और II

C. केवल II और III

D. केवल I और III

Q.21 आदिवासी परिवारों में इस तरह के चरम खाद्य असुरक्षा के लिए संभवतः एक / कुछ संभावित कारण हो सकता है जैसा कि गद्यांश में दिखाया गया है?

I. वन आजीविका पर उनकी पारंपरिक निर्भरता का नुकसान।

II. सार्वजनिक पोषण योजनाओं का कमजोर कार्यान्वयन।

III. बिगड़ती कृषि स्थिति।

A. केवल II

B. केवल I और II

C. केवल II और III

D. ऊपर के सभी

Q.22 निम्नलिखित में से कौन सा यह दावा मजबूत करता है कि पोषण संकेतक भारत में खराब तरीके से किराया करते हैं?

I. 2005 में स्टंटिंग 46.3% से घटकर 2016 में 34.4% हो गई।

II. एनएचएफएस सर्वेक्षण के अनुसार, 10 वर्षों की अवधि में बर्बाद होने की दर 16.5% से बढ़कर 25.6% हो गई है।

III. पिछले 10 वर्षों में कम वजन 36% स्थिर रहा।

A. केवल I

B. केवल III

C. केवल I और II

D. केवल II और III

Q.23 अनुच्छेद 1 में वर्णित स्थिति के बारे में व्यंग्यात्मक क्या है?

A. केंद्र के पास पर्याप्त संसाधन होने पर भी राज्यों के पास गरीबों को खिलाने के लिए पर्याप्त संसाधन नहीं हैं।

B. भले ही राज्यों को उच्च प्रति व्यक्ति आय के साथ समृद्ध के रूप में वर्गीकृत किया जा सकता है, लेकिन वे वास्तव में विकसित नहीं हो सकते हैं।

C. राज्यों का विकास निरंतर आर्थिक विकास पर निर्भर करता है जो बदले में प्रति व्यक्ति आय को उच्च बनाता है।

D. कुपोषण का स्तर उन राज्यों में असामान्य रूप से अधिक है, जिनका विकास स्तर उच्च है और औसत प्रति व्यक्ति आय से बेहतर है

Q.24 मार्ग के अनुसार, पर्याप्त भोजन के लिए निम्नलिखित में से कौन सा / से आवश्यक है?

I. मैक्रो और माइक्रोन्यूट्रिएंट्स

II. एकाधिक भोजन समूह

III. आंतरायिक उपवास का उच्च स्तर

A. केवल II

B. केवल I और III

C. केवल I और II

D. केवल II और III

Q.25 पूर्व-स्नातक पाठ्यक्रमों के लिए ई-सामग्री निर्माण मानव संसाधन विकास मंत्रालय द्वारा किसे निर्दिष्ट किया गया है?

A. इनफ्लिबनेट

B. शैक्षिक संचार संकाय

C. राष्ट्रीय ज्ञान आयोग

D. इंदिरा गांधी राष्ट्रीय मुक्त विश्वविद्यालय

Q.26 निम्न में से कौन से केंद्रीय विश्वविद्यालय हैं?

1) पुदुच्चेरी विश्वविद्यालय

2) विश्व भारती

3) H.N.B. गढ़वाल विश्वविद्यालय

4) कुरुक्षेत्र विश्वविद्यालय

नीचे दिए गए कोड की सहायता से सही उत्तर का चयन करें-

A. 1, 2 और 3

B. 1, 3 और 4

C. 2, 3 और 4

D. 1, 2 और 4

Q.27 विधि निर्माण विषय के रूप में शिक्षा किस सूची में शामिल है?

A. संघ सूची

B. राज्य सूची

C. समवर्ती सूची

D. अवशिष्ट शक्तियां

Q.28 CSS का सम्पूर्ण रूप है

A. कास्केडिंग स्टाइल शीट

B. कलेक्टिंग स्टाइल शीट

C. कम्परेटिव स्टाइल शीट

D. कॉम्प्रिहेंसिव स्टाइल शीट

Q.29 A-F तक के प्रतीकों को निम्नलिखित में से किसमें प्रयोग किया गया है?

A. द्विआधारी अंक प्रणाली

B. दशमलव अंक प्रणाली

C. हेक्साडेसिमल अंक प्रणाली

D. अष्टभुजा अंक प्रणाली

Q.30 एक नए लैपटॉप का निर्माण किया गया है, जिसका भार कम है और अधिक लघु है तथा अपने पूर्ववर्ती मॉडल्स की तुलना में कम बिजली का उपयोग होता है|

इसे बनाने में निम्नलिखित में से किस प्रौद्योगिकी का उपयोग किया गया है?

[UGC NET Sociology, 2018]

A. यूनिवर्सल सीरियल बस माउस

B. फास्टर रैंडम एक्सेस

C. ब्ल्यू रे ड्राइव

D. सॉलिड स्टेट हार्ड ड्राइव

Q.31 भारत सरकार का वर्ष 2022 तक बायोमास से बिजली उत्पादन का लक्ष्य _____ है ।

A. 15 मेगावाट

B. 10 मेगावाट

C. 50 मेगावाट

D. 25 मेगावाट

Q.32 भारत की बड़ी-बड़ी नदियों में जल प्रदूषण का निम्नलिखित में से सबसे बड़ा स्रोत क्या है?

A. अनुपचारित सीवेज

B. कृषि संबंधी जल-प्रवाह

C. अविनियमित लघु उद्योग

D. धार्मिक रीति-रिवाज

Q.33 निम्नलिखित में से कौन सी समस्याओं और तकनीकों को वर्गीकृत किया जा सकता है?

A. खेल का सिद्धांत

B. नेटवर्क विश्लेषण

C. सूची नियंत्रण

D. ये सभी

Q.34 टिपिट तालिका के बारे में निम्नलिखित में से कौन सा सही है?

A. यह यादृच्छिक अंकों की एक तालिका है

B. इसका उपयोग नमूना लेने के तरीकों के लिए किया जाता है

C. (A) और (B) दोनों

D. इनमें से कोई भी नहीं

Q.35 प्रत्येक संचारक को _______ का अनुभव करना होता है।

A. क्षिप्त आवेग

B. अग्रिम उत्साह

C. होमोफिली का मुद्दा

D. प्रस्थिति विस्थापना

Q.36 कक्षा संचार के सन्दर्भ में मनोवृत्तियों, क्रियाओं और दिखावे को इस प्रकार माना जाता है:

A. शाब्दिक

B. अशाब्दिक

C. अवैयक्तिक

D. असंगत

Q.37 कक्षा में, शिक्षक संदेश को शब्दों या छवियों के रूप में भेजता है। छात्र वास्तव में _______ हैं।

A. एनकोडर

B. डिकोडर

C. एजिटेटर

D. प्रोपेगेटर

Q.38 सकारात्मक कक्षा संचार _____ की ओर ले जाता है।

A. दबाव/अवपीडन

B. समर्पण

C. टकराव

D. अनुनय

Ques (39-43):निर्देश: इन प्रश्नों का उत्तर देने के लिए निम्न तालिका का अध्ययन करें।

एक वर्ष में विभिन्न दुकानों में बिकने वाली विभिन्न कंपनियों की घड़ियों की संख्या।

दुकान का नाम	बेची गई घड़ियों की संख्या		
	टाइटन	सोनाटा	फास्ट्रैक
A	750	850	680
B	920	670	960
C	1050	470	850
D	710	780	820

Q.39 दुकान A द्वारा बेची गई कुल घड़ियों का कितने प्रतिशत टाइटन का था?

A. 29.9

B. 32.89

C. 38.15

D. 28.67

Q.40 दुकान D द्वारा बेची गई घड़ियों की संख्या, दुकान B द्वारा बेची गई घड़ियों की संख्या के कितने प्रतिशत है?

A. 78.91

B. 81.67

C. 90.59

D. 93.48

Q.41 दुकान C द्वारा बेची गई फास्ट्रैक घड़ियों की संख्या, दुकान A द्वारा बेची गई फास्ट्रैक घड़ियों की संख्या से कितने प्रतिशत अधिक है?

A. 15

B. 835

C. 25

D. 20

Q.42 किस दुकान में घड़ियों की औसत संख्या सबसे अधिक बिकी?

A. A

B. B

C. C

D. D

Q.43 दुकान B द्वारा बेची गई सोनाटा घड़ियों की कुल संख्या, सभी दुकानों द्वारा बेची गई सोनाटा घड़ियों की कुल संख्या के कितने प्रतिशत है?

A. 28.32

B. 22.69

C. 27.52

D. 24.19

Q.44 कक्षा के अंदर प्रभावी संचार के लिए, एक शिक्षक को क्या तैयार करना चाहिए?

A. वैचारिक झुकाव

B. इशारा

C. आदेश पर ध्यान देना

D. श्रोता विश्लेषण

Q.45 अशाब्दिक संचार के संबंध में निम्नलिखित में से कौन सा सही है/हैं?

I. यह अनपढ़ लोगों को दूसरों के साथ आसानी से संवाद करने में मदद करता है।

II. इस संचार में लोग अपनी आवश्यकता के अनुसार मौखिक संदेशों को दोहरा सकते हैं।

III. इस संचार में सूचना के विरूपण की काफी संभावना है।

A. केवल I

B. I और II

C. II और III

D. ये सभी

Q.46 दिए गए समीकरण को सही बनाने के लिए किन दो प्रतीकों को परस्पर बदला जाना चाहिए?

$12 ÷ 4 + 148 × 4 - 18 = 67$

A. + और −

B. - और ÷

C. × और ÷

D. × और +

Q.47 दो संख्याओं के वर्ग का योग 625 है। जबकि इन दोनों संख्याओं के बीच का अंतर 17 है। दो संख्याओं का योग ज्ञात कीजिये।

A. 31

B. 17.5

C. 16.25

D. 24.25

Q.48 पांच वर्ष पहले, B की आयु A की आयु की 2.25 गुना थी और 5 वर्ष पहले उनकी आयु का गुणनफल 900 है। A की वर्तमान आयु ज्ञात कीजिए।

A. 45 वर्ष

B. 16 वर्ष

C. 20 वर्ष

D. 25 वर्ष

Q.49 सूचना प्रौद्योगिकी निम्नलिखित कार्य करने वाला सामान्य नाम है:

A. आंकड़ा भंडारण   **B.** आंकड़ा प्रतिनयन

C. आंकड़ा संचार   **D.** उपरोक्त सभी

Q.50 फ़ायरवॉल का क्या अर्थ है?

A. कंप्यूटर और इंटरनेट कनेक्शन के बीच एक सॉफ्टवेयर प्रोग्राम या हार्डवेयर

B. प्रिंटर और मेमोरी चिप के बीच एक सॉफ्टवेयर प्रोग्राम

C. दीवार पर आग पैदा करने का एक उपकरण

D. वायरस

Paper-II

Q.51 निम्नलिखित में से कौन सा कथन भारतीय अर्थव्यवस्था में संरचनात्मक परिवर्तनों को दर्शाता है?

A. प्राथमिक क्षेत्र का योगदान कम हो गया है।

B. सेवा क्षेत्र का योगदान बढ़ा है।

C. माध्यमिक क्षेत्र में बहुत बदलाव नहीं हुआ है।

D. ऊपर के सभी

Q.52 ______ का उद्देश्य अंश के साथ विकास हासिल करना है।

A. नौवीं योजना   **B.** दसवीं योजना

C. आठवीं योजना   **D.** सातवीं योजना

Q.53 सूची - I का सूची - II के साथ मिलान करे:

सूची - I	सूची - II
(i) आय का मापन व्यय	(a) मालिकों की अंश
(ii) व्यय की मान्यता	(b) राजस्व की मान्यता
(iii) बोध का आधार	(c) व्यय के साथ राजस्व का मिलान
(iv) राजस्व की पहचान	(d) लेखा अवधि

A. (i) - (a), (ii) - (b), (iii) - (c), (iv) - (d)

B. (i) - (a), (ii) - (b), (iii) - (c), (iv) - (d)

C. (i) - (c), (ii) - (d), (iii) - (a), (iv) - (b)

D. (i) - (c), (ii) - (d), (iii) - (b), (iv) - (a)

Q.54 रूपांतरण लागत का योग है:

A. अप्रत्यक्ष मजदूरी और कारखाना ओवरहेड

B. प्रत्यक्ष मजदूरी, प्रत्यक्ष व्यय और कारखाना ओवरहेड्स

C. प्रत्यक्ष सामग्री लागत और अप्रत्यक्ष मजदूरी

D. मुख्य लागत और बिक्री और वितरण ओवरहेड्स

Q.55 निर्देश: दिए गए कथनों को ध्यान से पढ़ें और उसके अनुसार सही विकल्प चुनें।

अभिकथन (A): अंशो के मुद्दे पर प्राप्त प्रीमियम को प्रीमियम खाते को साझा करने का श्रेय दिया जाता है लेकिन लाभ और हानि खाते को नहीं।

कारण (R): चूंकि अंश प्रीमियम एक ट्रेडिंग लाभ नहीं है, यह अंशधारकों को वितरित नहीं किया जाता है।

A. दोनों (A) और (R) सच हैं लेकिन (R) (A) की सही व्याख्या नहीं है।

B. (A) गलत है, लेकिन (R) सच है।

C. दोनों (A) और (R) सच हैं और (R) (A) की सही व्याख्या है।

D. दोनों (A) और (R) सच हैं और (R) (A) की सही व्याख्या है।

Q.56 अवरोही क्रम में तरलता को दर्शाने के लिए इन अनुपातों को व्यवस्थित करें:

(i) मूल रक्षात्मक और अंतराल अनुपात

(ii) वर्तमान अनुपात

(iii) सुपरक्किक अनुपात

(iv) त्वरित अनुपात

A. (ii), (iv), (iii) और (i)   **B.** (i), (ii), (iv) और (iii)

C. (iv), (ii), (iii) और (i)   **D.** (iii), (iv), (i) और (ii)

Q.57 सूची - I का सूची - II के साथ मिलान करे:

सूची - I	सूची - II
(a) सिद्धांत की त्रुटि	(i) 1000 रु की खरीद दर्ज नहीं किया गया है।
(b) कमीशन की त्रुटि	(ii) परिसंपत्तियों के अलावा मरम्मत शुल्क का इलाज करना।
(c) प्रविष्टि में त्रुटि	(iii) 563 रु की बिक्री 653 रु के रूप में पोस्ट किया गया।।
(d) क्षतिपूरक त्रुटि	(iv) बिक्री पुस्तक 1000 रु से कम है और रिटर्न इनवर्ड बुक में रु 1000 अधिक है ।
	(v) रिटर्न इनवर्ड बुक 1000 रु से कम है और खरीद की किताब में रु 1000 अधिक है।

A. (a) - (ii), (b) - (iii), (c) - (i), (d) - (iv)

B. (a) - (ii), (b) - (iii), (c) - (iv), (d) - (v)

C. (a) - (iv), (b) - (ii), (c) - (i), (d) - (iii)

D. (a) - (ii), (b) - (iii), (c) - (i), (d) - (v)

Q.58 निम्नलिखित में से गति या तीव्रता के आधार पर कौन-सी मुद्रास्फीति का एक प्रकार नहीं है?

A. द्रुत मुद्रास्फीति

B. लागत-प्रेरित मुद्रास्फीति

C. अति-मुद्रास्फीति

D. मंद मुद्रास्फीति

Q.59 निम्नलिखित में से कौन सा अंक सही प्रतिस्पर्धे के लिए संदर्भित है? सही प्रतियोगिता के तहत-

(i) खरीदारों और विक्रेताओं पर प्रतिबंध हैं।

(ii) माल की आवाजाही पर कोई प्रतिबंध नहीं है।

(iii) उत्पादन के कारकों पर कोई प्रतिबंध नहीं है।

A. केवल (i) और (ii)   **B.** केवल (ii) और (iii)

C. केवल (i) और (iii)   **D.** केवल (i)

Q.60 निर्देश: दिए गए कथनों को ध्यान से पढ़ें और उसके अनुसार सही विकल्प चुनें।

अभिकथन (A): "कुल उपयोगिता" अधिकतम तब होगी जब सम्बंधित उत्पादों की कीमत के लिए "सीमांत उपयोगिता" के मूल्य बराबर हो

कारण (R): इस स्थिति से विचलन अधिकतम उपयोगिता में कमी की ओर जाता है।

A. (A) और (R) सही नहीं हैं।

B. (A) सही है लेकिन (R) सही नहीं है।

C. (A) और (R) सही हैं।

D. (A) गलत है, (R) सही है।

Q.61 निम्नलिखित कुलीन वर्गों के मॉडल पर विचार करें और विकास क्रम के अनुसार उन्हें सही क्रम में व्यवस्थित करें।

(i) स्वीज़ी की किंकड डिमांड कर्व मॉडल

(ii) न्यूमैन और मॉर्गेनस्टर्न गेम थ्योरी मॉडल

(iii) कोर्टनस डूपॉली मॉडल

(iv) बॉमोल की बिक्री अधिकतमकरण मॉडल

A. (iv), (iii), (ii), (i)   **B.** (iv), (iii), (ii), (i)

C. (iii), (i), (ii), (iv)   **D.** (i), (iii), (ii), (iv)

Q.62 औसत राजस्व वक्र x अक्ष को नहीं छुएगा क्योंकि यह नहीं हो सकता है:

A. सकारात्मक   **B.** शून्य

C. नकारात्मक

D. इनमे से कोई भी नहीं

Q.63 निम्नलिखित में से कौन एक प्रतिबंधित यादृच्छिक नमूना तकनीक नहीं है?

A. स्तरीकृत नमूना

B. सरल यादृच्छिक नमूना

C. व्यवस्थित नमूना

D. मल्टीस्टेज नमूना

Q.64 केवल लिंग के आधार पर उत्तरदाताओं का वर्गीकरण एक __________ का अनुप्रयोग है।

A. क्रमसूचक पैमाना

B. न्यूनतम स्तर

C. अंतराल स्केल

D. अनुपात पैमाना

Q.65 दो चर के बीच कार्ल पियर्सन का "सहसंबंध का गुणांक" है:

A. उनके मानक विचलन का उत्पाद

B. उनके "प्रतिगमन गुणांक" के उत्पाद का वर्गमूल

C. चर के बीच सह-विचरण

D. इनमे से कोई भी नहीं

Q.66 सामाजिक विज्ञान में अनुसंधान के लिए सांख्यिकीय सॉफ्टवेयर पैकेज शामिल हैं:

A. एसपीएसएस

B. स्टैटा

C. मिनिटैब

D. ऊपर के सभी

Q.67 F-टेस्ट का उपयोग ____ के बीच के अंतर के महत्व का परीक्षण करने के लिए किया जाता है।

A. दो नमूने

B. दो से अधिक नमूने

C. दो प्रकार के नमूने

D. (B) और (C)

Q.68 सूची - I का सूची - II के साथ मिलान करें।

सूची- I	सूची - II
(i) 'द प्रैक्टिस ऑफ मैनेजमेंट'	(a) हेनरी फेयोल
(ii) द फिलॉसफी ऑफ मैनेजमेंट	(b) एफ डब्ल्यू टेलर
(iii) वैज्ञानिक प्रबंधन	(c) ओलिवर शेल्डन
(iv) जनरल और इंडस्ट्रियल एडमिनिस्ट्रेशन	(d) पीटर ड्रकर

A. (i) - (a), (ii) - (b), (iii) - (c), (iv) - (d)

B. (i) - (d), (ii) - (c), (iii) - (b), (iv) - (a)

C. (i) - (d), (ii) - (c), (iii) - (a), (iv) - (b)

D. (i) - (c), (ii) - (d), (iii) - (b), (iv) - (a)

Q.69 योजना में शामिल कदमों के सही क्रम को पहचानें।

(i) क्रिया के सर्वोत्तम पाठ्यक्रम का चयन करना

(ii) गतिविधियों का क्रम स्थापित करना

(iii) उद्देश्यों की स्थापना

(iv) वैकल्पिक पाठ्यक्रमों का मूल्यांकन करना

(v) वैकल्पिक पाठ्यक्रम का निर्धारण

A. (i), (ii), (iii), (iv) और (v)

B. (iii), (v), (iv), (ii) और (i)

C. (v), (iv), (iii), (ii) और (i)

D. (iii), (v), (iv), (i) और (ii)

Q.70 कीथ डेविस के अनुसार, निम्नलिखित में से कौन संचार में बाधा नहीं है?

A. शारीरिक बाधाएं

B. तकनीकी बाधा

C. व्यक्तिगत बाधा

D. भाषाई अवरोध

Q.71 उपभोक्ता व्यवहार के "हावर्ड-सुथ मॉडल" को लोकप्रिय रूप से जाना जाता है:

A. मशीन मॉडल

B. मानव मॉडल

C. मार्केटिंग मॉडल

D. खरीद मॉडल

Q.72 मानव की जरूरतों को पूरा करने के लिए किसी भी विनिमय को उत्पन्न करने और सुविधाजनक बनाने के लिए प्राकृतिक वातावरण पर न्यूनतम हानिकारक प्रभाव के साथ इन वांछितों की संतुष्टि होती है, जिसे______ के रूप में जाना जाता है।

A. आक्रामक विपणन

B. परिचालन विपणन

C. ग्रीन मार्केटिंग

D. ऊपर के सभी

Q.73 व्यक्तिगत गैर-व्यावसायिक उपयोगों के लिए सीधे अंतिम उपभोक्ताओं के लिए सामान या सेवाएं बेचने में शामिल सभी गतिविधियाँ किसके द्वारा की जाती हैं?

A. थोक व्यापारी

B. खुदरा विक्रेताओं

C. मध्यस्थों

D. कमीशन एजेंट

Q.74 विपणन में DAGMAR दृष्टिकोण को मापने के लिए किसका उपयोग किया जाता है?

A. जनसंपर्क

B. विज्ञापन परिणाम

C. बिक्री की मात्रा

D. उपभोक्ता की संतुष्टि

Q.75 'किसी व्यवसाय को अच्छी तरह से प्रबंधित करना अपने भविष्य का प्रबंधन करना है और भविष्य का प्रबंधन करना जानकारी का प्रबंधन करना' को ________ कहा जाता है।

A. प्रबंधन सूचना प्रणाली

B. विपणन सूचना प्रणाली

C. भौगोलिक सूचना प्रणाली

D. सामान्य सूचना प्रणाली

Q.76 निम्नलिखित में से कौन वित्तीय प्रबंधन का एक महत्वपूर्ण उद्देश्य नहीं है?

A. अधिकतम लाभ

B. धन अधिकतम

C. मूल्य अधिकतमकरण

D. सामाजिक लाभों का अधिकतमकरण

Q.77 पेबैक पीरियड विधि के तहत निम्नलिखित में से कौन सा कैश इनफ्लो को संदर्भित करता है?

A. मूल्यह्रास और करों से पहले नकदी प्रवाह

B. मूल्यह्रास और करों के बाद नकदी प्रवाह

C. मूल्यह्रास के बाद नकदी प्रवाह लेकिन करों से पहले

D. मूल्यह्रास से पहले और करों के बाद नकदी प्रवाह

Q.78 वर्तमान मूल्य की अवधारणा ______ पर आधारित है।

A. यौगिक का सिद्धांत

B. छूट का सिद्धांत

C. (A) और (B)

D. इनमे से कोई भी नहीं

Q.79 निम्नलिखित को मिलाएं:

(a) मोदिगिलिनी-मिलर दृष्टिकोण	(i) वाणिज्यिक पत्र
(b) शुद्ध परिचालन आय दृष्टिकोण	(ii) कार्यशील पूँजी प्रबंधन
(c) अल्पकालिक मुद्रा बाजार साधन	(iii) पूंजी संरचना
(d) फैक्टरिंग	(iv) मध्यस्थता

A. (a) - (iv), (b) - (iii), (c) - (i), (d) - (ii)

B. (a) - (iii), (b) - (iv), (c) - (i), (d) - (ii)

C. (a) - (iii), (b) - (ii), (c) - (i), (d) - (iv)

D. (a) - (iii), (b) - (ii), (c) - (iv), (d) - (i)

Q.80 निम्नलिखित में से कौन गलत कथन है?

A. बोनस शेयरों का मुद्दा सेबी से मंजूरी के अधीन है।

B. 1 करोड़ रुपये तक के भंडार के पूंजीकरण की पूर्व स्वीकृति की पूरी छूट है।

C. 1: 1 के अनुपात से परे बोनस मुद्दों की अनुमति नहीं है।

D. आंशिक रूप से भुगतान किए गए इक्विटी शेयर बोनस अंश के रूप में जारी किए जाते हैं।

Q.81 मानव संसाधन प्रबंधन के दायरे में निम्नलिखित में से कौन शामिल हैं?

(i) मानव संसाधन आवश्यकताओं का पूर्वानुमान

(ii) प्रतिस्थापन योजना

(iii) मानव संसाधन गतिशीलता

(iv) मानव संसाधन विकास योजना

(v) मानव संसाधन लेखा परीक्षा

A. (i), (iii) और (v)

B. (i), (ii), (iii) और (iv)

C. (iii) और (v)

D. (i), (ii), (iii), (iv) और (v)

Q.82 निर्देश: दिए गए कथनों को ध्यान से पढ़ें और उसके अनुसार सही विकल्प चुनें।

कथन (i): श्रमिकों को हमेशा उत्पादकता लाभ का एक बड़ा हिस्सा मिलता है।

कथन (ii): कर्मचारियों ने हड़ताल के तिए काम को आर्थिक रूप से रोक दिया।

A. कथन (i) सत्य है लेकिन (ii) असत्य है।

B. कथन (ii) सत्य है लेकिन (i) असत्य है।

C. दोनों कथन सत्य हैं।

D. दोनों बयान असत्य हैं।

Q.83 प्रदर्शन मूल्यांकन का मतलब _______ के सापेक्ष किसी कर्मचारी के प्रदर्शन का मूल्यांकन करना है।

A. स्थापित सामान

B. साथी कर्मचारी

C. नौकरी विवरण आवश्यकताओं

D. प्रदर्शन मानक

Q.84 ब्रॉड मनी किसके द्वारा संवेदीकरण किया जा सकता है?

A. सीआरआर   **B.** एसएलआर

C. रेपो दर   **D.** ऊपर के सभी

Q.85 इंपीरियल बैंक की स्थापना 27 जनवरी, 1921 को किसकी सलाह पर की गई थी?

A. जे. एम. कीन्स   **B.** लॉर्ड इलिंगवर्थ

C. किंग जॉर्ज पंचम   **D.** विंस्टन चर्चिल

Q.86 निम्नलिखित घटनाओं को पढ़ें और उन्हें उनकी घटना के आरोही क्रम में व्यवस्थित करें:

(i) चालू खाते में बाजार दर पर रुपये की परिवर्तनीयता की अनुमति

(ii) सामान्य बीमा व्यवसाय का राष्ट्रीयकरण

(iii) आईडीबीआई की स्थापना

(iv) जीवन बीमा व्यवसाय का राष्ट्रीयकरण

(v) वाणिज्यिक बैंकों के लिए पूंजी पर्याप्तता मानदंड

A. (iv), (iii), (ii), (i), (v)

B. (v), (iv), (iii), (ii), (i)

C. (i), (ii), (iii), (v), (iv)

D. (i), (v), (ii), (iv), (iii)

Q.87 भारत में, वाणिज्यिक बैंकों को _______ द्वारा परिचालन का लाइसेंस दिया जाता है।

A. भारत सरकार

B. वित्त मत्रांलय

C. भारतीय रिजर्व बैंक

D. बैंकिंग कंपनी विनियमन अधिनियम, 1949

Q.88 बैंकिंग कंपनियों में जनरल रिजर्व के प्रावधान _________ के प्रावधानों को ध्यान में रखते हुए बनाए गए हैं।

A. भारतीय कंपनी अधिनियम, 1956

B. बैंकिंग कंपनी अधिनियम, 1949

C. सेबी अधिनियम, 1992

D. ऊपर के सभी

Q.89 भुगतान संतुलन को कब अनुकूल बनाया जा सकता है?

A. निर्यात बढ़ जाते हैं

B. आयात बढ़े है

C. धन का अवमूल्यन होता है

D. (A) और (C)

Q.90 निम्नलिखित में से क्या आईएमएफ का उद्देश्य नहीं है?

A. अंतर्राष्ट्रीय मौद्रिक सहयोग को बढ़ावा देना

B. संतुलित अंतर्राष्ट्रीय व्यापार सुनिश्चित करना

C. शांति-समय की आवश्यकता के अनुसार उत्पादक प्रयासों को वित्त देना

D. विनिमय दर स्थिरता सुनिश्चित करने के लिए

Q.91 _______ के कारण वित्तीय लाभ होता है।

A. ऋण पूंजी

B. प्रतिधारित कमाई

C. अंश पूंजी

D. अंश पूंजी और प्रतिधारित आय

Q.92 राष्ट्रीय बच्चों के लिए दान और अपोस फंड आयकर अधिनियम, 1961 की धारा 80 G के तहत निम्नलिखित में से किस कटौती के तहत आएगा?

A. बिना किसी योग्यता सीमा के 100 प्रतिशत की कटौती

B. बिना किसी योग्यता सीमा के 50 प्रतिशत की कटौती

C. योग्यता सीमा के अधीन 100 प्रतिशत कटौती

D. योग्यता सीमा के अधीन 50 प्रतिशत कटौती

Q.93 जिस दर पर कैश इनफ्लो का वर्तमान मूल्य है, वह कैश आउटफ्लो के वर्तमान मूल्य _______ के बराबर है।

A. NPV   **B.** IRR   **C.** CRR   **D.** SLR

Q.94 उदारीकरण का मतलब है:

A. आरक्षित उद्योगों की संख्या को 17 से घटाकर 8 करना

B. अर्थव्यवस्था व्यापार और उद्योग को अवांछित प्रतिबंधों से मुक्त करना

C. अंतरराष्ट्रीय प्रतिस्पर्धा को प्राप्त करके विश्व बाजार के लिए अर्थव्यवस्था का उद्घाटन

D. ब्याज दरों का मुफ्त निर्धारण

Q.95 व्यापार जोखिम का माप _______ है।

A. परिचालन लीवरेज   **B.** वित्तीय लीवरेज

C. कुल लीवरेज   **D.** कार्यशील पूंजी लीवरेज

Q.96 _______ सबसे महत्वपूर्ण निवेश निर्णय है क्योंकि यह पोर्टफोलियो के जोखिम-वापसी विशेषताओं को निर्धारित करता है।

A. हेजिंग   **B.** बाजार का समय

C. प्रदर्शन माप   **D.** परिसंपत्ति आवंटन

Q.97 EBIT का मान जिस पर EPS शून्य के बराबर है उसे _________ के रूप में जाना जाता है।

A. ब्रेक - ईवन स्थिति

B. वित्तीय ब्रेक - ईवन स्थिति

C. ऑपरेटिंग ब्रेक - ईवन स्थिति

D. कुल ब्रेक - ईवन स्थिति

Q.98 सूची - I के साथ सूची II के निम्नलिखित मदों का मिलान करें -

	सूची - I		सूची - II
(i)	ब्रेटन वुड्स सम्मेलन	a	1958
(ii)	व्यापार और शुल्क पर सामान्य समझौता	b	1964
(iii)	ACCRA सम्मेलन	c	1944
(iv)	व्यापार और विकास पर संयुक्त राष्ट्र सम्मेलन	d	1947

A. i - (c), ii - (d), iii - (a), iv - (b)

B. i - (b), ii - (d), iii - (c), iv - (a)

C. i - (b), ii - (c), iii - (d), iv - (a)

D. i - (c), ii - (a), iii - (b), iv - (d)

Q.99 HRM को चार कार्यात्मक गतिविधियों से युक्त एक प्रबंधन प्रक्रिया के रूप में देखा जाता है।

(i) अधिग्रहण

(ii) प्रेरणा

(iii) विकास

(iv) औद्योगिक विवादों का समाधान

(v) रखरखाव

सही संयोजन का चयन करें।

A. (i), (ii), (iii) और (iv)

B. (i), (ii), (iii) और (v)

C. (i), (ii), (iv) और (v)

D. (i), (iii), (iv) और (v)

Q.100 प्रतिभूतियों के चयन के अनुकूलन के लिए एक मॉडल _____ मॉडल है।

A. मिलर-ऑर

B. ब्लैक - शॉल्स

C. मार्कोविट्ज़

D. गॉर्डन

Q.101 वित्तीय उत्तोलन की डिग्री _________ के बीच संबंधों का एक पैमाना है।

A. ईपीएस और ईबीआईटी

B. ईबीआईटी और उत्पादित मात्रा

C. ईपीएस और उत्पादित मात्रा

D. ईपीएस और बिक्री

Q.102 खुदरा दुकानों के निम्नलिखित में से किस रूप में परिचालन लागत सबसे अधिक है?

A. सुपर बाजार

B. उपभोक्ता सहकारी भंडार

C. विभागीय स्टोर

D. रिटेल चेन स्टोर

Q.103 _________ को मापने के लिए कुल उत्तोलन की डिग्री लागू की जा सकती है।

A. मात्रा में एक प्रतिशत परिवर्तन के लिए EBIT

B. EBIT में प्रतिशत परिवर्तन के लिए EPS

C. EPS की मात्रा में एक प्रतिशत परिवर्तन

D. EBIT में प्रतिशत परिवर्तन की मात्रा

Q.104 किसी कंपनी का ऋण-इक्विटी अनुपात 2: 1 है। इस संबंध में, निम्नलिखित मिलान करें।

सूची - I	सूची - II
(a) इक्विटी स्टॉकहोल्डर्स	1. अनुपात में कोई बदलाव नहीं
(b) देनदारों से नकदी प्राप्त की	2. अनुपात कम करें
(c) डिबेंचर का मोचन	3. अनुपात में कोई बदलाव नहीं
(d) क्रेडिट पर माल खरीदा	4. अनुपात कम करें

A. a - 1, b - 2, c - 3, d - 4

B. a - 2, b - 3, c - 4, d - 1

C. a - 1, b - 3, c - 4, d - 2

D. a - 2, b - 4, c - 1, d - 3

Q.105 इसके बाद के व्यय जो उपयोगी जीवन का विस्तार करते हैं, आउटपुट की गुणवत्ता में सुधार करते हैं, या किसी मौजूदा संपत्ति की परिचालन लागत को कम करते हैं, जो उनके मूल अनुमानित स्तर से परे हैं, _____ कहलाते हैं।

A. पूंजी व्यय

B. राजस्व व्यय

C. आस्थगित राजस्व व्यय

D. इनमे से कोई भी नहीं

Q.106 सूची I में लाभांश मॉडल के साथ सूची - II में बयानों से मिलान करें:

	सूची - I		सूची - II
a.	लाभांश पूंजीकरण दृष्टिकोण	1.	पारंपरिक मॉडल
b.	अंश वैल्यूएशन पर डिविडेंड पॉलिसी का असर पड़ता है	2.	गार्डन मॉडल
c.	अंश बाजार रिटेन कमाई की तुलना में लाभांश पर अधिक भार रखता है।	3.	वाल्टर मॉडल
d.	लाभांश भुगतान फर्म के मूल्य के लिए अप्रासंगिक है।	4.	मोदिग्लिआनी और मिलर मॉडल

A. a - 2, b - 3, c - 1, d - 4

B. a - 1, b - 2, c - 4, d - 3

C. a - 4, b - 1, c - 3, d - 2

D. a - 3, b - 4, c - 2, d - 1

Q.107 इंटरनेट बैंकिंग में क्या शामिल नहीं है?

A. भारत में कहीं भी नकदी की निकासी

B. एक विशिष्ट अवधि के लिए खाते का विवरण

C. एक खाते से दूसरे खाते में धन का हस्तांतरण

D. शेषराशि पूछताछ

Q.108 निम्नलिखित सूचियों का मिलान करें।

	सूची - I		सूची - II
i.	नेशनल स्टॉक एक्सचेंज	(a)	भाग लेने वाली कंपनियों के अंशो के डीमैटरियलाइजेशन की प्रक्रिया की शुरुआत को चिह्नित करता है
ii.	नेशनल सिक्योरिटीज डिपॉजिटरी लिमिटेड	(b)	देश भर में निवेशकों के लिए समान पहुंच की सुविधा
iii.	भारतीय प्रतिभूति और विनिमय बोर्ड	(c)	सरकारी प्रतिभूतियों के लिए एक सक्रिय माध्यमिक बाजार के विकास को बढ़ावा देना
iv.	भारतीय प्रतिभूति व्यापार निगम	(d)	पूंजी मुद्दों का उन्मूलन नए पूंजी मुद्दों के लिए बिक्री प्राधिकरण को नियंत्रित और बनाए रखना।

A. i - (b), ii - (a), iii - (d), iv - (c)

B. i - (a), ii - (b), iii - (c), iv - (d)

C. i - (a), ii - (b), iii - (d), iv - (c)

D. i - (d), ii - (c), iii - (b), iv - (a)

Q.109 नेता जो यह पहचानता है कि उद्देश्यों को प्राप्त करने के लिए अधीनस्थों को क्या करने की आवश्यकता है, संगठनात्मक भूमिकाओं और कार्यों को स्पष्ट करता है, एक संगठनात्मक संरचना स्थापित करता है, प्रदर्शन को पुरस्कृत करता है और अपने अनुयायियों की सामाजिक आवश्यकताओं को प्रदान करता है, एक _________ है।

A. परिवर्तनकारी लीडर

B. सहभागी लीडर

C. लेन-देन संबंधी लीडर

D. निरंकुश लीडर

Q.110 निम्नलिखित में से कौन सा परिणाम पूरा करने के लिए सबसे लोकप्रिय दृष्टिकोण है?

A. अपवाद द्वारा प्रबंधन   **B.** पुरस्कार प्रणाली

C. उद्देश्यों के द्वारा प्रबंधन   **D.** गुरु प्रणाली

Q.111 सूची I का सूची II दिए गए पट्टे के प्रकार विवरणों का मिलान करें -

	सूची - I		सूची - II
I.	लेसर परिसंपत्ति के सभी जोखिमों और पुरस्कारों को पट्टेदार को हस्तांतरित करता है।	1.	अप्रत्यक्ष पट्टा
II.	ऋणदाता परिसंपत्तियों को पट्टेदार को हस्तांतरित करता है लेकिन रखरखाव की लागत वहन करता है	2.	परिचालन पट्टा
III.	परिसंपत्ति का मालिक उसे पट्टेदार को बेचता है जो बदले में इसे मालिक को वापस देता है (अब पट्टेदार)	3.	वित्त पट्टा
IV.	लेसर किसी दी गई पट्टेदार को लीज पर दी गई संपत्ति का मालिक है / प्राप्त करता है।	4.	सीधा पट्टा

A. I - 2, II - 3, III - 4, IV - 1

B. I - 1, II - 4, III - 2, IV - 3

C. I - 3, II - 2, III - 1, IV - 4

D. I - 4, II - 1, III - 3, IV - 2

Q.112 निम्नलिखित में से कौन सा दक्षता अनुपात के अंतर्गत आता है?

A. औसत वसूली अवधि

B. इन्वेंटरी टर्नओवर अनुपात

C. अचल संपत्ति का कारोबार अनुपात

D. उपरोक्त सभी

Q.113 भारत में, निम्नलिखित में से कौन सी मूल्य निर्धारण प्रथा स्वीकार्य नहीं है?

A. पेनेट्रेटिंग मूल्य निर्धारण   **B.** स्किमिंग मूल्य निर्धारण

C. बेहद सस्ती कीमत   **D.** इनमे से कोई भी नहीं

Q.114 उत्पाद और एपोस गुणवत्ता, विशेषताओं, शैली, ब्रांड नाम और पैकेजिंग का वर्णन _______ की पहचान करता है।

A. वास्तविक उत्पाद   **B.** संवर्धित उत्पाद

C. मूल उत्पाद   **D.** मूर्त उत्पाद

Q.115 निम्नलिखित में से किस सिद्धांत के अनुसार विनिमय दर में मामूली ब्याज दरों का अंतर समाप्त हो जाएगा?

A. लिओंटिफ पैराडॉक्स ट्रेड थ्योरी

B. फिशर प्रभाव आर्थिक सिद्धांत

C. क्रयशक्ति समता सिद्धांत

D. संयुक्त साम्य सिद्धांत

Q.116 वित्तीय प्रणाली में निम्नलिखित शामिल होता है:

I. वित्तीय संस्थानों का सुव्यवस्थित स्थापित तंत्र

II. अच्छी तरह से विकसित वित्तीय बाजार

III. वित्तीय सहायक कंपनियों का अच्छी तरह से स्थापित तंत्र

IV. वित्तीय परिसंपत्तियों की अच्छी तरह से विकसित प्रणाली

नीचे दिए गए विकल्पों में से सही विकल्प चुनें:

A. I, II, III   **B.** I, III, IV

C. I, II, IV   **D.** II, III, IV

Q.117 सूची - I का सूची - II के साथ मिलान करें।

	सूची - I		सूची - II
i.	आर्थिक लाभ	a.	कुल राजस्व स्पष्ट लागत
ii.	लेखा लाभ	b.	खरीदारों और विक्रेताओं का आदान-
iii.	मिलीभगत / कार्टेल	c.	कुल राजस्व - कुल लागत
iv.	बाजार	d.	अल्पाधिकार

A. i - c, ii - a, iii - d, iv - b

B. i - a, ii - b, iii - c, iv - d

C. iv - a, iii - b, ii - c, i - d

D. ii - a, iv - b, i - d, iii - c

Q.118 मार्कोविट मॉडल पोर्टफोलियो के कुशल सेट की पहचान करता है, जो _______ प्रदान करता है।

A. जोखिम के किसी भी स्तर के लिए उच्चतम रिटर्न या किसी भी दिए गए स्तर के लिए सबसे कम जोखिम

B. एक रूढ़िवादी, मध्यम आयु वर्ग के निवेशक के लिए कम से कम जोखिम वाला पोर्टफोलियो

C. एक युवा निवेशक के लिए धन संचय के लिए लंबे समय तक दृष्टिकोण

D. जोखिम-रहित निवेशकों के लिए जोखिम-मुक्त विकल्प

Q.119 निर्देश: नीचे दिए गए दो कथन हैं, एक को अभिकथन (A) और दूसरे को कारण (R) के रूप में लेबल किया गया है। निम्नलिखित में से कौन सा विकल्प सही है?

अभिकथन (A): निर्णय लेने के लिए केवल प्रासंगिक लागतों को ध्यान में रखा जाना चाहिए।

कारण (R): सभी परिवर्तनीय लागतें प्रासंगिक लागतें हैं और सभी निश्चित लागतें अप्रासंगिक लागतें हैं।

A. दोनों (A) और (R) सही हैं।

B. केवल (A) सही है, लेकिन (R) गलत है।

C. केवल (R) सही है, लेकिन (A) गलत है।

D. दोनों (A) और (R) गलत हैं।

Q.120 निम्नलिखित दो सूचियों के आइटम का मिलान करें।

	सूची - I		सूची - II
i.	कार्यशील पूंजी में परिवर्तन का विवरण	a.	नकदी प्रवाह विवरण
ii.	आस्थगित कर	b.	अचल संपत्तियां
iii.	तीन गतिविधियों	c.	निधि प्रवाह वक्तव्य
iv.	खराब हानि	d.	तुलन पत्र

A. i - a, ii - b, iii - c, iv - d

B. i - c, ii - d, iii - b, iv - a

C. i - c, ii - d, iii - a, iv - b

D. i - d, ii - c, iii - a, iv - b

Q.121 सूची - II की वस्तुओं के साथ सूची - I की वस्तुओं का मिलान करें और सही उत्तर का चयन करें।

	सूची - I		सूची - II
i.	राजनैतिक और कानूनी संधि	(a)	सीधे आयात के आधार पर उद्योगों के लिए महत्वपूर्ण है
ii.	जनसांख्यिकी वातावरण	(b)	आर्थिक प्रणाली और आर्थिक नीति के साथ घनिष्ठ संबंध
iii.	आर्थिक माहौल	(c)	प्राकृतिक संसाधनों से संबंधित
iv.	भौगोलिक और पारिस्थितिक वातावरण	(d)	व्यवसाय के लिए निहितार्थ आबादी की व्यावसायिक और स्थानिक गतिशीलता

A. i - (b), ii - (d), iii - (c), iv - (a)

B. i - (b), ii - (d), iii - (a), iv - (c)

C. i - (a), ii - (b), iii - (c), iv - (d)

D. i - (a), ii - (b), iii - (d), iv - (c)

Q.122 उपभोक्ता संरक्षण अधिनियम, 1986 के तहत निम्नलिखित में से किस प्रकार की शिकायतों का उपभोक्ता फोरम द्वारा निवारण नहीं किया जाता है?

A. एक दोषपूर्ण उत्पाद 1× साल पहले खरीदा गया था

B. एक अखबार में भ्रामक विज्ञापन

C. जो सेवाएं नि: शुल्क प्रदान की जाती हैं

D. बिक्री में बराबरी

Q.123 चयन का मतलब है-

A. निकाल देना

B. परिक्षण

C. भर्ती

D. इनमे से कोई भी नहीं

Q.124 वेतन अंतर निर्धारित करने के लिए निम्न में से किस विधि का उपयोग किया जाता है?

A. मेरिट रेटिंग

B. काम की रूपरेखा

C. कार्य मूल्यांकन

D. इनमे से कोई भी नहीं

Q.125 सामाजिक सुरक्षा लाभों में _______ शामिल हैं।

A. वार्षिक अधिलाभ

B. गैर-वित्तीय प्रोत्साहन

C. वृद्धावस्था पेंशन

D. इनमे से कोई भी नहीं

Q.126 प्रदर्शन मूल्यांकन _______ से संबंधित है।

A. 360 डिग्री मूल्यांकन

B. ओपन-डोर विधि

C. निरंकुश विधि

D. ऊपर के सभी

Q.127 मर्चेंट बैंकों के संबंध में निम्नलिखित में से कौन सा गलत है?

(i) वे जमा स्वीकार कर सकते हैं।

(ii) वे ऋण अग्रिम कर सकते हैं।

(iii) वे अन्य बैंकिंग गतिविधियाँ कर सकते हैं।

(iv) वे सार्वजनिक निर्गम के प्रबंधक हो सकते हैं।

A. केवल (iv)

B. केवल (i), (ii) और (iii)

C. केवल (i), (iii) और (iv)

D. केवल (ii) और (iv)

Q.128 निम्नलिखित में से कौन एशिया के विकासशील देशों को वित्तीय सहायता प्रदान करता है?

A. दक्षिण पूर्व एशियाई राष्ट्र संघ

B. अंतर्राष्ट्रीय विकास संघ

C. एशियाई विकास बैंक

D. इनमे से कोई भी नहीं

Q.129 IFCI, पहला विकास बैंक, _____ में स्थापित किया गया था।

A. 1947　　**B.** 1948　　**C.** 1950　　**D.** 1949

Q.130 भारत में स्वीकृत स्टॉक एक्सचेंजों की संख्या कितनी है?

A. 23　　**B.** 21　　**C.** 18　　**D.** 15

Q.131 निम्नलिखित में से कौन से कथन सत्य हैं?

A. RBI द्वारा जारी किए गए करेंसी नोट पूरी दुनिया में कानूनी निविदा हैं।

B. ट्रेजरी बिल आरबीआई द्वारा अपनी कार्यशील पूंजी बढ़ाने के लिए बेचे जाते हैं।

C. सरकार के स्वामित्व वाले सभी वाणिज्यिक बैंकों को बैंकिंग व्यवसाय करने के लिए RBI से लाइसेंस की आवश्यकता होती है।

D. RBI केंद्र और राज्य दोनों सरकारों के लिए एक बैंकर है।

Q.132 अंतर्राष्ट्रीय व्यापार के वित्त के लिए उपलब्ध सोने, आरक्षित मुद्राओं और विशेष आहरण अधिकार की मात्रा को _____ के रूप में जाना जाता है।

A. अंतरराष्ट्रीय तरलता

B. विशेष रेखा - चित्र अधिकार

C. अंतरराष्ट्रीय मौद्रिक वित्त

D. इनमे से कोई भी नहीं

Q.133 दोहरे कराधान से बचाव सम्मेलन (DTAC) संधि किसके बीच हस्ताक्षर की गयी थी?

A. भारत और चीन

B. भारत, सर्बिया और मोंटेनेग्रो

C. ऑस्ट्रेलिया और चीन

D. इनमे से कोई भी नहीं

Q.134 निर्देश: नीचे दो कथन दिए गए हैं। सही कथन चुनें।

कथन I: बिक्री पर संपत्ति के हस्तांतरण का तत्काल प्रभाव पड़ता है, जबकि संपत्ति बेचने का एक समझौता भविष्य में कुछ समय तक के लिए प्रतीक्षा करना होता है।

कथन II: बिक्री, खरीदार को माल का मालिक बनाती है लेकिन बिक्री के लिए एक समझौता खरीदार को माल का मालिक नहीं बनाता है।

A. केवल कथन I सत्य है।　　**B.** केवल कथन II सत्य है।

C. दोनों कथन सत्य हैं।　　**D.** दोनों कथन असत्य हैं।

Q.135 निर्देश: नीचे दो कथन दिए गए हैं - एक को अभिकथन (A) और दूसरे को कारण (R) के रूप में लेबल किया गया है। प्रश्न के अनुसार सही विकल्प का चयन करें।

अभिकथन (A): चेक का भुगतान न करने पर बदनाम किया जाता है।

कारण (R): चेक हमेशा मांग पर देय होता है।

दो कथनों के संदर्भ में, निम्नलिखित में से कौन सा कथन सही है?

A. अभिकथन और कारण दोनों सत्य हैं और कारण अभिकथन की सही व्याख्या है।

B. अभिकथन और कारण दोनों सत्य हैं लेकिन कारण अभिकथन की सही व्याख्या नहीं है।

C. अभिकथन और कारण दोनों असत्य हैं।

D. अभिकथन सत्य है लेकिन कारण असत्य है।

Q.136 भारतीय संविदा अधिनियम, 1872 के तहत सहमति क्या है:

A. जब प्रस्ताव की स्वीकृति उस पक्ष द्वारा प्रदान की जाए जिसे प्रस्ताव दिया गया हो।

B. जब स्वीकृति उस व्यक्ति के अलावा किसी अन्य व्यक्ति द्वारा दी जाती है, जिसके लिए प्रस्ताव किया जाता है।

C. जब वे एक ही बात पर एक ही अर्थ में सहमत होते हैं।

D. जब दोनों पक्ष किसी बात के बारे में उस रूप में सहमत होते हैं जिसे वे समझते हैं।

Q.137 एजेंसी के अनुबंध में, निहित एजेंसी द्वारा उत्पन्न हो सकती है:

A. विबंधन द्वारा एजेंसी

B. प्रयोजन की एजेंसी

C. एजेंसी द्वारा सत्यापन

D. एजेंसी द्वारा होल्डिंग आउट

A. दोनों A और B

B. A, B और C

C. दोनों B और D

D. उपयुक्त सभी

Q.138 सीजीएसटी की अधिकतम दर क्या है?

A. 28　　**B.** 12　　**C.** 18　　**D.** 14

Q.139 निम्नलिखित में से कौन सी रसीद आयकर अधिनियम के अनुसार प्रकृति में राजस्व है?

1. जब व्यापार के सामान्य क्रम में कोई अनुबंध किया जाता है, तो उसकी समाप्ति के लिए प्राप्त कोई भी मुआवजा एक राजस्व रसीद होगी।

2. सामान्य बीमा पॉलिसी के तहत एक रसीद एक राजस्व रसीद हो सकती है, यदि पॉलिसी संचलन परिसंपत्ति से संबंधित है।

3. जब्त सुरक्षा जमा राजस्व रसीद होगी, जहां वे निर्धारिती की व्यापारिक गतिविधि से संबंधित हैं।

नीचे दिए गए कूट का प्रयोग कर सही उत्तर चुनिए:

A. दोनों 1 और 2
B. केवल 3
C. दोनों 2 और 3
D. ऊपर के सभी

Q.140 निम्नलिखित में से कौन कृषि आय है/हैं?

1. फूल और लता उगाने से आय।

2. डेयरी फार्मिंग से आय।

3. कब्जे में गिरवीदार द्वारा उप-किरायेदारों से प्राप्त कृषि भूमि का किराया।

नीचे दिए गए कूट का प्रयोग कर सही उत्तर चुनिए:

A. केवल 1
B. दोनों 1 और 3
C. दोनों 2 और 3
D. ऊपर के सभी

Q.141 निम्नलिखित में से कौन सा/से कथन सही है/हैं?

1. एक निर्धारिती विभिन्न निर्धारण वर्ष के लिए आवासीय स्थिति का आनंद ले सकता है।

2. यह आवश्यक नहीं है कि एक व्यक्ति, जो भारत में निवासी है, उसी निर्धारण वर्ष के लिए किसी अन्य देश में निवासी नहीं बन सकता है।

3. जहां कोई व्यक्ति केवल एक दिन के लिए भारत में है, उसकी गणना एक पूर्ण दिन के रूप में की जाएगी।

नीचे दिए गए कूट का प्रयोग कर सही उत्तर चुनिए:

A. केवल 1
B. दोनों 1 और 2
C. दोनों 1 और 3
D. ऊपर के सभी

Q.142 निम्नलिखित में से कौन सी आय कर से मुक्त है?

1. विदेशी कंपनी से प्राप्त लाभांश।

2. कृषि आय।

3. एक व्यक्ति द्वारा प्राप्त पारिश्रमिक जो भारत का नागरिक नहीं है

4. पूंजीगत लाभ आय।

5. एक भारतीय कंपनी से प्राप्त लाभांश।

6. गृह संपत्ति की किराये की आय।

A. 2, 3, और 4
B. 1, 3, 5, और 6
C. 3, 4, और 6
D. इनमे से कोई भी नहीं

Q.143 निम्नलिखित में से कौन सा कथन सत्य है?

1. एसटीसीजी की कर दर 10% है

2. एलटीसीजी की कर दर 15% है

3. आकस्मिक आय पर कर की दर 30% है

4. घरेलू कंपनी से प्राप्त लाभांश पर कर की दर 10% है

A. 1 और 2 सत्य हैं
B. 2 और 4 सत्य हैं
C. 3 और 4 सत्य हैं
D. सभी कथन सत्य हैं

Q.144 संसद सदस्य द्वारा प्राप्त वेतन _______ शीर्ष के तहत कर योग्य है।

A. वेतन से आय
B. पूंजीगत लाभ
C. व्यवसाय या पेशे का लाभ
D. अन्य स्रोतों से आय

Q.145 आयकर के संबंध में निम्नलिखित में से कौन सा/से कथन सत्य है/हैं?

1. व्यक्तियों की आय पर आयकर लगाया जाता है।

2. भारत में, आयकर की प्रकृति प्रगतिशील है।

3. पहला आयकर आमतौर पर मिस्र को दिया जाता है।

4. आम तौर पर आयकर की गणना कर योग्य आय के कर की दर से गुणा के उत्पाद के रूप में की जाती है।

A. केवल 1 और 2
B. केवल 2 और 3

C. केवल 1, 2 और 3
D. ये सभी

Q.146 हम सामान्य रूप से गुणात्मक डेटा के लिए कौन सा परीक्षण लागू करते हैं?

A. 'T' परीक्षण
B. 'F' परीक्षण
C. x^2 ची-वर्ग परीक्षण
D. 'जेड' परीक्षण

Q.147 चंक सैंपलिंग को किस नाम से जाना जाता है:

A. कोटा सैंपलिंग
B. सुविधानुसार सैंपलिंग
C. निर्णय सैंपलिंग
D. क्लस्टर सैंपलिंग

Q.148 एफ-परीक्षण का उपयोग किनके बीच के अंतर के महत्व का परीक्षण करने के लिए किया जाता है:

A. दो नमूनों के माध्य
B. दो से अधिक नमूनों के माध्य
C. दो नमूनों में अंतर
D. (B) और (C)

Q.149 निम्नलिखित में से कौन सा एक लेखांकन सॉफ्टवेयर नहीं है?

A. टैली (Tally)
B. मिरैकल (Miracle)
C. प्रॉफिट (Profit)
D. एसपीएसएस (SPSS)

Q.150 प्रतिगमन गुणांक किसके परिवर्तन से स्वतंत्र है

(A) केवल स्केल

(B) केवल ऑरिजिन

(C) स्केल और ऑरिजिन दोनों

(D) न तो स्केलऔर न ही ऑरिजिन

नीचे दिए गए विकल्पों में से सबसे उपयुक्त उत्तर चुनिए:

A. केवल (A)
B. केवल (B)
C. केवल (C)
D. केवल (D)

// स्मार्ट उत्तर पुस्तिका //

सही उत्तर   उन छात्रों का प्रतिशत जिन्होंने प्रश्नों का सही उत्तर दिया था।   **छोड़ दिया**   उन छात्रों का प्रतिशत जिन्होंने प्रश्नों को छोड़ दिया था।

प्रश्न संख्या	उत्तर	सही उत्तर / छोड़ दिया	प्रश्न संख्या	उत्तर	सही उत्तर / छोड़ दिया	प्रश्न संख्या	उत्तर	सही उत्तर / छोड़ दिया	प्रश्न संख्या	उत्तर	सही उत्तर / छोड़ दिया	प्रश्न संख्या	उत्तर	सही उत्तर / छोड़ दिया
1	C	14.29 % / 53.96 %	17	A	28.04 % / 66.67 %	33	D	25.4 % / 66.66 %	49	D	11.11 % / 88.89 %	65	B	20.63 % / 66.67 %
2	A	13.23 % / 64.02 %	18	A	12.17 % / 66.67 %	34	C	28.04 % / 67.73 %	50	A	8.47 % / 88.88 %	66	D	22.75 % / 66.67 %
3	B	27.51 % / 64.55 %	19	B	9.52 % / 67.73 %	35	B	12.7 % / 67.72 %	51	D	28.04 % / 61.38 %	67	D	21.69 % / 66.67 %
4	A	23.81 % / 65.08 %	20	A	17.99 % / 67.72 %	36	B	24.34 % / 67.72 %	52	A	9.52 % / 66.14 %	68	B	24.87 % / 66.66 %
5	D	14.81 % / 65.08 %	21	D	12.7 % / 67.72 %	37	B	26.98 % / 67.73 %	53	D	7.94 % / 66.66 %	69	D	14.29 % / 66.66 %
6	B	26.98 % / 65.61 %	22	D	14.81 % / 67.73 %	38	D	21.69 % / 67.2 %	54	B	22.22 % / 66.14 %	70	B	11.64 % / 66.67 %
7	A	16.4 % / 65.61 %	23	B	13.23 % / 67.72 %	39	B	9.52 % / 88.36 %	55	C	19.05 % / 66.66 %	71	A	12.7 % / 67.19 %
8	B	17.46 % / 65.61 %	24	C	22.75 % / 68.26 %	40	C	8.47 % / 88.36 %	56	A	7.94 % / 66.66 %	72	C	26.46 % / 66.66 %
9	D	28.57 % / 66.14 %	25	B	10.05 % / 67.2 %	41	C	6.88 % / 88.36 %	57	D	9.52 % / 66.67 %	73	B	20.63 % / 66.67 %
10	D	32.8 % / 66.14 %	26	A	14.81 % / 66.67 %	42	B	8.99 % / 88.36 %	58	B	27.51 % / 66.67 %	74	B	19.58 % / 67.19 %
11	C	30.16 % / 66.14 %	27	C	27.51 % / 67.2 %	43	D	7.41 % / 88.89 %	59	B	26.46 % / 66.66 %	75	A	25.4 % / 67.19 %
12	D	11.64 % / 66.67 %	28	A	21.69 % / 67.73 %	44	D	5.82 % / 88.89 %	60	C	17.99 % / 66.67 %	76	D	27.51 % / 66.67 %
13	C	28.57 % / 66.67 %	29	C	24.34 % / 67.19 %	45	D	6.35 % / 88.89 %	61	C	11.11 % / 67.2 %	77	D	10.58 % / 66.67 %
14	B	20.63 % / 66.67 %	30	D	16.4 % / 67.73 %	46	D	2.65 % / 88.88 %	62	B	20.63 % / 66.67 %	78	B	14.81 % / 66.67 %
15	D	30.16 % / 66.67 %	31	B	16.93 % / 67.2 %	47	A	6.35 % / 88.89 %	63	B	16.4 % / 66.67 %	79	A	18.52 % / 66.67 %
16	C	28.57 % / 66.67 %	32	A	27.51 % / 67.2 %	48	D	4.23 % / 88.89 %	64	B	22.75 % / 66.67 %	80	D	17.46 % / 66.67 %

प्रश्न संख्या	उत्तर	सही उत्तर / छोड़ दिया	प्रश्न संख्या	उत्तर	सही उत्तर / छोड़ दिया	प्रश्न संख्या	उत्तर	सही उत्तर / छोड़ दिया	प्रश्न संख्या	उत्तर	सही उत्तर / छोड़ दिया	प्रश्न संख्या	उत्तर	सही उत्तर / छोड़ दिया
81	D	21.16 % / 66.67 %	95	A	10.05 % / 67.73 %	109	C	6.35 % / 67.72 %	123	D	7.94 % / 68.25 %	137	C	1.59 % / 89.94 %
82	B	17.46 % / 67.2 %	96	D	11.11 % / 67.73 %	110	C	28.04 % / 67.73 %	124	C	22.22 % / 68.26 %	138	D	2.65 % / 90.47 %
83	D	27.51 % / 67.2 %	97	B	7.94 % / 68.25 %	111	C	17.99 % / 69.31 %	125	C	23.81 % / 68.25 %	139	C	1.06 % / 90.47 %
84	D	28.57 % / 67.2 %	98	A	21.69 % / 67.73 %	112	D	25.4 % / 67.72 %	126	A	24.34 % / 68.25 %	140	B	3.7 % / 90.48 %
85	A	14.29 % / 67.72 %	99	B	19.58 % / 67.72 %	113	C	20.11 % / 67.72 %	127	B	10.05 % / 68.26 %	141	D	5.29 % / 90.48 %
86	A	14.81 % / 67.73 %	100	C	13.23 % / 67.72 %	114	A	15.34 % / 67.73 %	128	C	21.16 % / 68.26 %	142	A	6.35 % / 90.48 %
87	C	21.16 % / 66.67 %	101	A	18.52 % / 67.19 %	115	B	15.34 % / 67.73 %	129	B	17.46 % / 68.25 %	143	C	4.76 % / 90.48 %
88	B	18.52 % / 67.19 %	102	C	12.17 % / 67.72 %	116	C	8.47 % / 68.25 %	130	A	17.99 % / 68.25 %	144	D	3.7 % / 90.48 %
89	D	21.69 % / 67.2 %	103	C	10.05 % / 67.73 %	117	A	22.22 % / 68.26 %	131	D	13.76 % / 68.25 %	145	D	4.76 % / 90.48 %
90	C	16.93 % / 67.2 %	104	B	18.52 % / 68.25 %	118	A	16.4 % / 67.73 %	132	A	13.23 % / 68.25 %	146	C	7.41 % / 90.47 %
91	A	13.76 % / 67.72 %	105	A	17.99 % / 67.72 %	119	B	14.29 % / 68.78 %	133	D	3.7 % / 68.79 %	147	B	3.7 % / 90.48 %
92	A	17.46 % / 67.73 %	106	A	22.22 % / 68.79 %	120	C	20.11 % / 69.84 %	134	C	8.47 % / 89.94 %	148	D	6.35 % / 90.48 %
93	B	12.7 % / 67.72 %	107	A	19.05 % / 67.72 %	121	B	22.75 % / 69.84 %	135	A	4.23 % / 89.95 %	149	C	6.35 % / 90.48 %
94	B	18.52 % / 67.72 %	108	A	10.58 % / 69.31 %	122	C	21.69 % / 68.26 %	136	C	5.82 % / 89.95 %	150	B	4.23 % / 89.95 %

//संकेत और समाधान//

1. जब सामाजिक अनुसंधान के रूप में योजनाएं बनाई जाए तो बेहतर होगा की विषय से जुड़े साहित्य से परिचित किया जाये। सामाजिक अनुसंधान सामाजिक वैज्ञानिकों और शोधकर्ताओं द्वारा लोगों और समाजों के बारे में जानने के लिए उपयोग की जाने वाली एक विधि है ताकि वे ऐसे उत्पादों/सेवाओं की रचना कर सकें जो लोगों की विभिन्न आवश्यकताओं को पूरा करती हो।

अत: विकल्प (C) सही है।

2. व्यावसायिक शिक्षा व्यक्तियों को नौकरियों के लिए तैयार करती है। इसमें रोजगार की पर्याप्त संभावनाएँ हैं। यह क्षितिज को चौड़ा करने में मदद करता है। माध्यमिक शिक्षा आयोग (1952-53) की सिफारिश के अनुसार, शिक्षा के व्यावसायिककरण का उद्देश्य छात्रों की व्यावसायिक दक्षता में सुधार करना है।

अत: विकल्प (A) सही है।

3. एक शोधकर्ता आबादी को पीजी, स्नातक और 10 + 2 छात्रों में विभाजित करता है और यादृच्छिक अंक तालिका का उपयोग करके वह उनमें से प्रत्येक से कुछ का चयन करता है। इसे तकनीकी रूप से स्तरीकृत यादृच्छिक नमूनाकरण कहा जाता है।

वर्ग, आय, शिक्षा स्तर आदि के आधार पर जनसंख्या के विभाजन को स्तरीकरण कहा जाता है और प्रत्येक स्तर के प्रत्येक सदस्य को शोधकर्ता द्वारा चुने जाने की समान संभावना होती है। इस प्रकार विभिन्न स्तरों की विशेषताओं की पहचान की जाती है और उनका अध्ययन किया जाता है। स्तरीकृत यादृच्छिक नमूनाकरण को आनुपातिक यादृच्छिक नमूनाकरण या कोटा यादृच्छिक नमूनाकरण भी कहा जाता है।

अत: विकल्प (B) सही है।

4. राष्ट्रीय मूल्यांकन और प्रत्यायन परिषद (NAAC) की स्थापना 1994 में विश्वविद्यालय अनुदान आयोग (UGC) के स्वायत्त संस्थान के रूप में बेंगलुरु में अपने हेड क्वार्टर के साथ की गई थी।

अत: विकल्प (A) सही है।

5. भारत में वायु गुणवत्ता सूचकांक के तहत क्लोरोफ्लोरोकार्बन प्रदूषक के रूप में शामिल नहीं है।

वायु गुणवत्ता सूचकांक (AQI) को छह श्रेणियों में वर्गीकृत किया गया है, अर्थात्: अच्छा, संतोषजनक, मध्यम प्रदूषित, खराब, बहुत खराब और गंभीर।

AQI आठ प्रदूषकों (पार्टिकुलेट मैटर) PM_{10}, (पार्टिकुलेट मैटर) $PM_{2.5}$, (नाइट्रोजन डाइऑक्साइड) NO_2, (सल्फर डाइऑक्साइड) SO_2, (कार्बन मोनोऑक्साइड) CO (ओजोन) O_3, (अमोनिया) NH_3, के लिए प्रस्तावित है।

अत: विकल्प (D) सही है।

6. भारत की नदियों के प्रदूषण का मुख्य स्रोत अनुपचारित सीवेज का पानी होता है। भारत के शहरों के गंदे सीवेज तथा कारखानों के पानी को बिना किसी प्रक्रिया के सीधे नदियों में प्रवाहित कर दिया जाता है। जिसके कारण नदियों का मीठा पानी प्रदूषित होता है। औद्योगिक विकास, शहरीकरण और सिंथेटिक कार्बनिक पदार्थों के बढ़ते उपयोग से ताजे पानी का शरीर पर गंभीर और प्रतिकूल प्रभाव पड़ता है।

अत: विकल्प (B) सही है।

7. शिक्षक का दृष्टिकोण जो शिक्षण को प्रभावित करता है वह भावात्मक क्षेत्र से संबंधित है।

भावात्मक क्षेत्र में शामिल है कि हम भावनात्मक रूप से चीजों से कैसे निपटते हैं, जैसे कि भावनाएं, मूल्य, प्रशंसा, उत्साह, प्रेरणा और दृष्टिकोण। यह लोगों के सीखने के तरीके को संबोधित करने, पहचानने और समझने के लिए सिस्टम का हिस्सा है।

अत: विकल्प (A) सही है।

8. प्रदर्शन विधि के माध्यम से शिक्षण के दौरान छात्रों की अधिकतम भागीदारी निदर्शन पद्धति के द्वारा संभव है। एक प्रदर्शन किसी को पढ़ाने की एक प्रक्रिया है कि कैसे एक कदम-दर-चरण प्रक्रिया में कुछ बनाना या करना है। प्रदर्शन अक्सर तब होता है जब छात्रों को सिद्धांतों को वास्तविक अभ्यास से जोड़ने में कठिन समय होता है या जब छात्र सिद्धांतों के अनुप्रयोगों को समझने में असमर्थ होते हैं।

अत: विकल्प (B) सही है।

9. प्रभावी शिक्षण का अर्थ है छात्रों को प्यार, सहयोग, सहानुभूति, स्नेह और प्रोत्साहन देना। व्यक्तिगत निर्देश और खुली कक्षा में चर्चा भी इसका हिस्सा है।

प्रभावी शिक्षक पाठ्यक्रम की गहरी समझ प्रदर्शित करते हैं। वे सभी छात्रों के लिए महारत को बढ़ावा देने के लिए योजना बनाते हैं, सिखाते हैं और मूल्यांकन करते हैं। प्रभावी शिक्षक तकनीकी एकीकरण से भरे शोध-आधारित निर्देश प्रदान करके सभी छात्रों के लिए छात्र उपलब्धि बढ़ाने के लिए उच्च गुणवत्ता वाले निर्देश प्रदान करते हैं।

अत: विकल्प (D) सही है।

10. एक अच्छा शिक्षक वह है, जो छात्रों को सीखने के लिए अभिप्रेरित करता है। जो छात्र प्रेरित नहीं हैं वे प्रभावी रूप से नहीं सीखेंगे और बदले में, वे जानकारी को बनाए नहीं रखेंगे या भाग नहीं लेंगे और यहां तक कि विघटनकारी भी हो सकते हैं।

अत: विकल्प (D) सही है।

11. शैक्षणिक संस्थानों में आने वाले छात्रों को जितनी बाधाएं आएँगी, उतनी अधिक अपेक्षाएं शिक्षक से होंगी। एक शिक्षक वह है जो छात्रों की समस्याओं को समझेगा और जैसे-जैसे शिक्षण संस्थान में छात्रों की संख्या बढ़ती है, शिक्षक की मांग भी बढ़ती है।

अत: विकल्प (C) सही है।

12. प्रश्न में निम्नलिखित कूट का प्रयोग किया गया है -

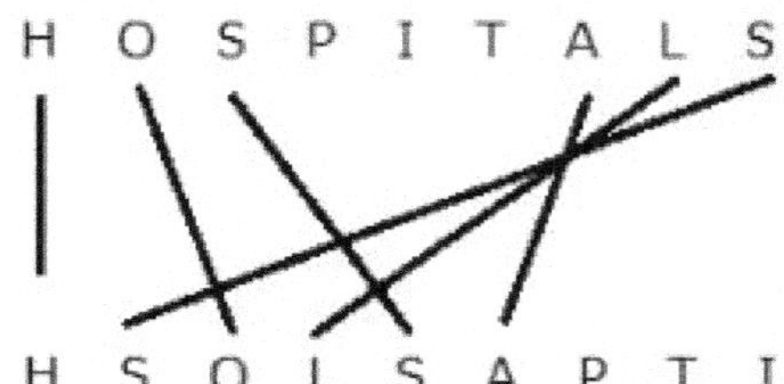

इसी तरह

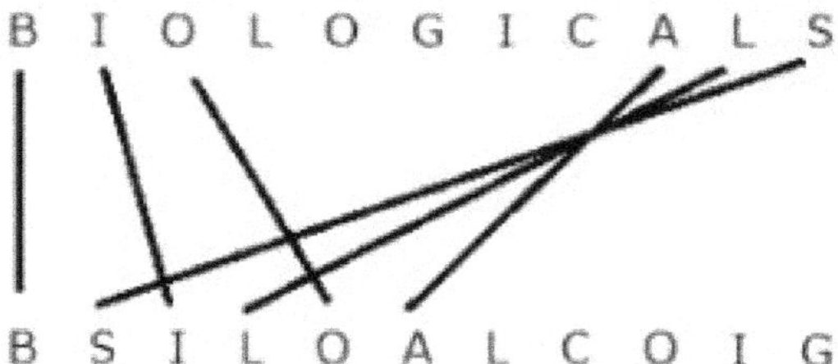

अत: विकल्प (D) सही है।

13. पैटर्न है $+4, +8, +12, +16......$

तो, आवश्यक संख्या $41 + 20 = 61$

अत: विकल्प (C) सही है।

14. माना कि मां की उम्र $'m'$ है और बेटे की $'s'$ है।

$$m = 3s$$

5 साल के बाद, माँ की उम्र $= m + 5$ और बेटे की उम्र $= s + 5$

5 साल बाद योग,

$(m + 5) + (s + 5) = 70$ और $m = 3s$

$m + s = 70 - 10 = 60$ और $4s = 60$

$\Rightarrow s = 15$ और $m = 45$

10 साल के बाद माँ की उम्र $= 45 + 10 = 55$

अतः विकल्प (B) सही है।

15. हर शब्द की पहली वर्णमाला लेते हुए,

A + 1, B + 2, D + 3, G + 4, K

हर शब्द की दूसरी वर्णमाला लेते हुए,

Y – 3, V – 4, R – 5, M – 6, G

हर शब्द की तीसरी वर्णमाला लेते हुए,

D + 2, F + 2, H + 2, J + 2, L

तो, AYD, BVF, DRH, GMJ, KGL

अतः विकल्प (D) सही है।

16.

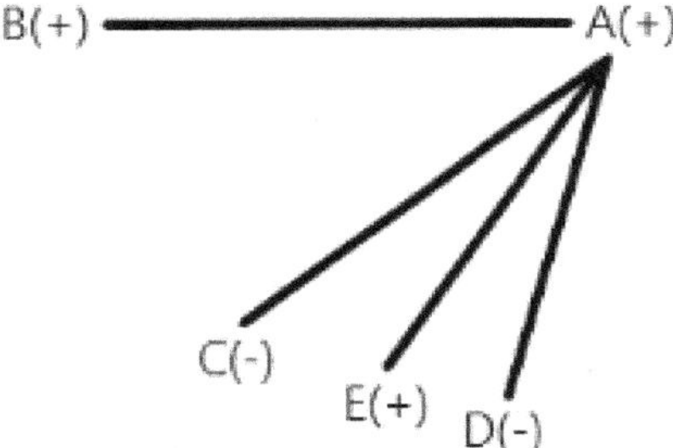

स्पष्ट रूप से, B A का भाई है, A का पुत्र D का भाई है। इसका मतलब D, A की बेटी है।

चूंकि C और D बहनें हैं, C, A की बेटी भी है।

तो, B, C का चाचा है।

अतः विकल्प (C) सही है।

17. सही सुमेलित युग्म हैं-

बाढ़: यह भूमि पर पानी का एक अतिप्रवाह होता है जो आमतौर पर पानी का असमान वितरण होता है।

सूखा: यह एक लंबी अवधि के लिए असामान्य रूप से कम वर्षा की अवधि है।

भूकंप: पृथ्वी की चट्टानों के माध्यम से थरथराने वाली तरंगों के पारित होने से उत्पन्न होने वाले कंपन को भूकंप कहते है।

ज्वालामुखी: एक वेंट जिसके माध्यम से पिघले हुए पदार्थ निकलते हैं।

अतः विकल्प (A) सही है।

18. निगमनात्मक तर्क में, निष्कर्ष परिसर द्वारा समर्थित है और परिसर का पालन करना सही है। यह टिप्पणियों और प्रयोगों पर आधारित नहीं है। तर्क मान्य या अमान्य भी हो सकते हैं।

अतः विकल्प (A) सही है।

19. यदि कथन 'कोई नहीं, लेकिन बहादुर आदमी दौड़ जीतता है' गलत है, तो 'दौड़ जीतने वाले कुछ व्यक्ति बहादुर नहीं होते हैं।' यहाँ कुछ का मतलब है कि यह आवश्यक नहीं है बहादुर आदमी ही दौड़ जीतता है।

अतः विकल्प (B) सही है।

20. कथन I और III के पारित होने का उल्लेख नहीं किया गया है और यह गलत है।

कथन II सही है जैसा कि मार्ग के पहले पैराग्राफ से देखा जा सकता है।

अतः विकल्प (A) सही है।

21. सभी कथन सही हैं क्योंकि सभी खाद्य असुरक्षा की मौजूदा स्थिति के संभावित कारण बताते हैं।

अतः विकल्प (D) सही है।

22. कथन I सकारात्मक है और कथन को कमजोर करता है।

कथन II और III नकारात्मक हैं और भारत में पोषण की खराब स्थिति को दर्शाति हैं।

अतः विकल्प (D) सही है।

23. मार्ग महाराष्ट्र का उदाहरण देता है और कहता है कि भले ही इसकी वृद्धि अधिक है और इसकी प्रति व्यक्ति आय अधिक है, फिर भी कुपोषण की व्यापकता के कारण इसका विकास कम है।

केवल विकल्प B समझ में आता है। ऊपर निर्दिष्ट व्यंग्यात्मक को यहां अच्छी तरह से चित्रित किया गया है।

विकल्प A गलत है क्योंकि यह स्पष्ट रूप से असत्य है।

विकल्प C गलत है क्योंकि यह तथ्यात्मक रूप से सही हो सकता है लेकिन व्यंग्यात्मक का प्रतिनिधित्व नहीं करता है।

विकल्प D गलत है क्योंकि गद्यांश में दी गई जानकारी से यह निष्कर्ष नहीं निकाला जा सकता है।

अतः विकल्प (B) सही है।

24. 'स्टंटिंग मैक्रो-और सूक्ष्म पोषक तत्वों के अपर्याप्त सेवन के कारण होती है। यह आम तौर पर स्वीकार किया जाता है कि दो साल के बाद वृद्धि मंदता से वसूली केवल तभी संभव है जब प्रभावित बच्चे को एक आहार पर रखा जाए जो पोषक तत्वों की आवश्यकताओं के लिए पर्याप्त है। पोषक तत्वों की पर्याप्तता का एक महत्वपूर्ण पहलू आहार की विविधता है, जिसे एक से 15 दिनों तक की संदर्भ अवधि के साथ खपत खाद्य पदार्थों के विभिन्न समूहों द्वारा गणना की जाती है। '

हाइलाइट किए गए बिंदुओं के अनुसार, I और II सही हैं, जबकि III के पारित होने का उल्लेख नहीं किया गया है।

अतः विकल्प (C) सही है।

25. मानव संसाधन विकास मंत्रालय द्वारा स्नातक पाठ्यक्रमों के लिए ई-सामग्री निर्माण शैक्षिक संचार के लिए संघ को सौंपा गया है। ई-सामग्री सात विषयों मानव विज्ञान, अंग्रेजी, हिंदी, गणित, फोटोग्राफी, पर्यावरण अध्ययन और इतिहास पर लॉन्च किया गया है।

अतः विकल्प (B) सही है।

26. पुदुच्चेरी विश्वविद्यालय, विश्व भारती और H.N.B. गढ़वाल विश्वविद्यालय सभी केंद्रीय विश्वविद्यालयों के अंतर्गत आते हैं। भारत में केंद्रीय विश्वविद्यालय संसद के अधिनियम द्वारा स्थापित किया गया है और केंद्रीय मानव संसाधन विकास मंत्रालय में उच्च शिक्षा विभाग के दायरे में आता है। भारत में विश्वविद्यालयों को विश्वविद्यालय अनुदान आयोग (UGC) द्वारा मान्यता प्राप्त है।

यूजीसी द्वारा प्रकाशित केंद्रीय विश्वविद्यालयों की संख्या में अप्रैल 2015 के अनुसार 43 केंद्रीय विश्वविद्यालय शामिल हैं।

अत: विकल्प (A) सही है।

27. विधि निर्माण विषय के रूप में शिक्षा समवर्ती सूची में शामिल है। समवर्ती सूची भारत के संविधान की सातवीं अनुसूची में दी गई 52 वस्तुओं की सूची है। इसमें केंद्र और राज्य सरकार दोनों द्वारा विचार की जाने वाली शक्ति शामिल है।

अत: विकल्प (C) सही है।

28. CSS का सम्पूर्ण रूप "कास्केडिंग स्टाइल शीट" है। यह वेब दस्तावेज़ में शैली जोड़ने का एक तंत्र है। CSS का उपयोग फ़ॉन्ट, फ़ॉन्ट आकार, फ़ॉन्ट वजन, इसकी स्थिति और अन्य दृश्य सेटिंग्स को परिभाषित करने के लिए किया जाता है।

अत: विकल्प (A) सही है।

29. प्रतीक A-F को हेक्साडेसिमल संख्या प्रणाली में उपयोग किया जाता है। इसके 16 अंक हैं- 0 से 9 और A = 10, B = 11, C = 12, D = 13, E = 14, F = 15

अत: विकल्प (C) सही है।

30. एक नए लैपटॉप का उत्पादन किया गया है जो वजन में कम है, छोटा है और पिछले लैपटॉप मॉडल की तुलना में कम बिजली का उपयोग करता है जो सॉलिड स्टेट हार्ड ड्राइव का उपयोग कर सकता है। यह डिवाइस फ्लैश मेमोरी पर डेटा स्टोर करता है।

सॉलिड स्टेट हार्ड ड्राइव डेटा तक पहुंचने और उपयोग करने के लिए आपके सिस्टम की मेमोरी और प्रोसेसर के साथ काम करती है। सॉलिड स्टेट ड्राइव पारंपरिक हार्ड ड्राइव की तुलना में विभिन्न तकनीक का उपयोग करते हैं जो एसएसडीएस को आपके कंप्यूटर के प्रदर्शन में सुधार करते हुए डेटा को तेजी से एक्सेस करने की अनुमति देते हैं। इस डेटा में आपके ऑपरेटिंग सिस्टम, गेम, इमेज या संगीत जैसी चीज़ें शामिल हैं।

अत: विकल्प (D) सही है।

31. वर्ष 2022 तक बायोमास से बिजली उत्पादन का भारत सरकार का लक्ष्य 10 मेगावाट है।

भारत सरकार ने वर्ष 2022 तक 175 गीगावॉट नवीकरणीय ऊर्जा क्षमता स्थापित करने का लक्ष्य रखा है, जिसमें सौर से 100 गीगावॉट, हवा से 60 गीगावॉट, पवन ऊर्जा से 10 गीगावॉट और छोटी पनबिजली से 5 गीगावॉट शामिल हैं।

अत: विकल्प (B) सही है।

32. अनुपचारित सीवेज भारत की प्रमुख नदियों में जल प्रदूषण का सबसे बड़ा स्रोत है। अनुपचारित सीवेज भी कई बीमारियों का कारण बनता है। यह मानव स्वास्थ्य के लिए एक बड़ा खतरा है क्योंकि इसमें जलजनित रोगजनक होते हैं जो गंभीर मानव बीमारी का कारण बन सकते हैं।

अत: विकल्प (A) सही है।

33. खेल के सिद्धांत, नेटवर्क विश्लेषण, सूची नियंत्रण निम्नलिखित सिद्धांत हैं जिनमें समस्याओं और तकनीकों को वर्गीकृत किया जा सकता है।

खेल के सिद्धांत का उपयोग अर्थशास्त्र के अध्ययन में एक उपकरण के रूप में विशेष रूप से किया जाता है।

नेटवर्क विश्लेषण अभिनेताओं के बीच संबंधों को चित्रित करने और इन संबंधों की पुनरावृत्ति से उभरने वाली सामाजिक संरचनाओं का विश्लेषण करने के लिए एकीकृत तकनीकों का एक समूह है।

सूची नियंत्रण विधियां ऐसी प्रक्रियाएं और प्रोग्राम हैं जिनका उपयोग आप सूची की योजना बनाने, ऑर्डर करने, स्टोर करने और प्रबंधित करने के लिए करते हैं।

अत: विकल्प (D) सही है।

34. टिपिट तालिका को L.H.C टिपिट द्वारा 1927 में प्रकाशित किया गया था। यह नमूना पद्धति के लिए यादृच्छिक अंकों और उपयोगों की एक तालिका है।

अत: विकल्प (C) सही है।

35. प्रत्येक संचारक को अग्रिम उत्साह का अनुभव करना होता है। अग्रिम उत्साह उस भावना का वर्णन करती है जब कुछ आ रहा है जो महसूस करता है कि क्या हो सकता है। प्रत्याशित संचार में, प्रक्रिया को कुछ क्षेत्रों की पहचान करने के लिए निर्धारित किया जाता है, एक व्यक्ति / समूह को आम अपेक्षित हितों के आधार पर चर्चा करने में रुचि होगी।

इसलिए, हर संचारक को अग्रिम उत्साह का अनुभव करना होगा।

अत: विकल्प (B) सही है।

36. कक्षा संचार के संदर्भ में अभिवृत्तियों, क्रियाओं और दिखावे को अशाब्दिक संचार माना जाता है। अशाब्दिक संचार हमारे चेहरे के भाव, हावभाव, आंखों के संपर्क, मुद्रा और आवाज के स्वर को दर्शाता है जो हम बोलते हैं। यह वह प्रक्रिया है जिसमें संदेशों को बिना बोले या लिखित शब्दों का उपयोग किए भेजा और प्राप्त किया जाता है।

अत: विकल्प (B) सही है।

37. कक्षा में, शिक्षक संदेश या चित्र के रूप में संदेश भेजता है। छात्र डिकोडर हैं जो शिक्षक द्वारा बताई गई बातों को समझने की कोशिश करते हैं। छात्र शिक्षक के शब्दों को डिकोड करते हैं और फिर अपनी सुविधा के अनुसार उन्हें समझते हैं।

अत: विकल्प (B) सही है।

38. सकारात्मक कक्षा संचार अनुनय की ओर ले जाता है।

अनुनय किसी को कुछ करने या अपने मन को बदलने के लिए किसी को प्रभावित करने के लिए कार्य है।

दबाव/अवपीडन जरिए किसी को कुछ करने के लिए राजी करने की कार्रवाई या अभ्यास को संदर्भित करता है।

समर्पण एक मन की स्थिति है जिसमें लोग अब वे नहीं कर सकते जो वे करना चाहते हैं क्योंकि वे किसी और से प्रभावित हुए हैं।

टकराव एक ऐसी स्थिति है जिसमें लोग या समूह विचारों या विचारों का विरोध करते हैं और गुस्से से असहमत होते हैं:

अत: विकल्प (D) सही है।

39. तालिका से,

दुकान A द्वारा बेची गयी कुल घड़ियाँ $= 750 + 850 + 680 = 2280$

दुकान A द्वारा बेची गई टाइटन की घड़ियों की कुल संख्या $= 750$

अपेक्षित प्रतिशत $= \dfrac{750}{2280} \times 100 = 32.89\%$

दुकान A द्वारा बेची गई कुल घड़ियों का 32.89 प्रतिशत टाइटन का था।

अत: विकल्प (B) सही है।

40. तालिका से,

बेची गई घड़ियों की संख्या			
दुकान का नाम	टाइटन	सोनाटा	फास्ट्रैक	बेची गई घड़ियों की कुल संख्या
B	920	670	960	920+670+960=2550
D	710	780	820	710+780+820=2310

अपेक्षित प्रतिशत $= \frac{2310}{2550} \times 100\% = 90.58\% \approx 90.59\%$

$\therefore$ दुकान D द्वारा बेची गई घड़ियों की संख्या, दुकान B द्वारा बेची गई घड़ियों की संख्या के 90.59% है।

अतः विकल्प (C) सही है।

41. तालिका से,

दुकान A द्वारा बेची गई फास्ट्रैक घड़ियों की संख्या $= 680$

दुकान C द्वारा बेची गई फास्ट्रैक घड़ियों की संख्या $= 850$

फास्ट्रैक घड़ियों की बिक्री में वृद्धि $= 850 - 680 = 170$

अपेक्षित प्रतिशत $= \frac{170}{680} \times 100\% = 25\%$

$\therefore$ दुकान C द्वारा बेची गई फास्ट्रिक घड़ियों की संख्या, दुकान A द्वारा बेची गई फास्ट्रैक घड़ियों की संख्या से 25% अधिक है।

अतः विकल्प (C) सही है।

42. तालिका से,

बेची गई घड़ियों की संख्या					
दुकान का नाम	टाइ टन	सोना टा	सोना टा	बेची गई घड़ियों की कुल संख्या	बेची गई घड़ियों की औसत संख्या
A	750	850	680	750+850+680= 2280	2280÷3= 760
B	920	670	960	920+670+960= 2550	2550÷3= 850
C	1050	470	850	1050+470+850 =2370	2370÷3= 790
D	710	780	820	710+780+820= 2310	2310÷3= 770

$\therefore$ दुकान B में बेची गई घड़ियों की औसत संख्या सबसे अधिक है।

अतः विकल्प (B) सही है।

43. तालिका से,

सभी दुकानों द्वारा बेची गई सोनाटा घड़ियों की कुल संख्या

$= 850 + 670 + 470 + 780 = 2770$

दुकान B द्वारा बेची गई सोनाटा घड़ियों की कुल संख्या $= 670$

अपेक्षित प्रतिशत $= \frac{670}{2770} \times 100\% = 24.187\% \approx 24.19\%$

$\therefore$ दुकान B द्वारा बेची गई सोनाटा घड़ियों की कुल संख्या, सभी दुकानों द्वारा बेची गई सोनाटा घड़ियों की कुल संख्या के 24.19% है।

अतः विकल्प (D) सही है।

44. संचार सूचना का एक दो तरफा आदान-प्रदान है, अर्थात्, देना और प्राप्त करना। किसी को बोलना और लिखना सूचना देने के उदाहरण हैं। पढ़ना और सुनना सूचना प्राप्त करने के उदाहरण हैं।

इसलिए, कक्षा के अंदर प्रभावी संचार के लिए, एक शिक्षक को श्रोता विश्लेषण पर ध्यान देना चाहिए।

अतः विकल्प (D) सही है।

45. संचार एक व्यक्ति से दूसरे व्यक्ति तक जानकारी का हस्तांतरण है, चाहे वह आत्मविश्वास को ग्रहण करे या नहीं। लेकिन हस्तांतरित सूचना प्राप्तकर्ता को समझ में आनी चाहिए - जी.जी. ब्राउन।

अशाब्दिक संचार:

- अशाब्दिक संचार शब्दों के अलावा अन्य सभी तरीकों को संदर्भित करता है, जो संचार में उपयोग किए जाते हैं।

- अधिक विशेष रूप से, यह प्रतीकात्मक संदेशों को समाहित करता है, जो कि सूचना में भिन्नता के माध्यम से व्यक्त किए जाते हैं, मुखर रूप से उत्पादित शोर, शरीर की मुद्रा, हावभाव और चेहरे के भाव। किसी भी समय एक व्यक्ति बोलता है, वह केवल शब्दों के उत्सर्जन तक ही सीमित नहीं है। वास्तव में, वह अशाब्दिक संकेतों की सहायता से भरपूर अर्थ निकालता है।

- अनपढ़ लोगों को महत्वपूर्ण जानकारी प्रसारण करने की सबसे अच्छी तकनीक अशाब्दिक प्रतीकों की मदद से है।

- उदाहरण: बोतलें या डिब्बे जिनमें खोपड़ी या क्रॉसबोन्स की छवियां होती हैं, वे असिंचित व्यक्तियों को संकेत दे सकती हैं कि उत्पादों से नुकसान होने की संभावना है। इसी तरह, कुछ कंपनियां लोगों को जटिल प्रक्रियाओं को समझाने के लिए फिल्मों का उपयोग करती हैं, जो मौखिक संचार में अच्छी तरह से पारंगत नहीं हो सकती हैं।

- संचार करते समय, अशाब्दिक संदेश मौखिक संदेशों के साथ छह तरीकों से अन्तःक्रिया कर सकते हैं: दोहराना, परस्पर विरोधी, पूरक, प्रतिस्थापित, विनियमित, और उच्चारण/मॉडरेट करना।

- चूंकि अशाब्दिक संचार अन्य लोगों के साथ संवाद करने के लिए इशारों, चेहरे के भाव, आंखों के संपर्क, स्पर्श, संकेत, ध्वनि, पक्षाघात, आदि का उपयोग करता है, इसलिए अशाब्दिक संचार में सूचना के विरूपण की काफी संभावना है। उदाहरण: कुछ देशों जैसे तुर्की या अरबी भाषी मध्य पूर्व में, हाथ मिलाना पश्चिम की तरह वर्ड नहीं हैं। नतीजतन, एक समझ जो बहुत वर्ड है वह कठोर है।

अतः विकल्प (D) सही है।

46. (A) + और −

दिया गया व्यंजक: 12 ÷ 4 + 148 × 4 - 18 = 67

प्रतीकों को परस्पर बदलने के बाद, हम प्राप्त करते हैं:

बायां पक्ष = 12 ÷ 4 - 148 × 4 + 18

= 3 - 37 + 18

= 21 - 37

= -16 ≠ दायां पक्ष

(B) - और ÷

दिया गया व्यंजक: 12 ÷ 4 + 148 × 4 - 18 = 67

प्रतीकों को परस्पर बदलने के बाद, हम प्राप्त करते हैं:

बायां पक्ष = 12 - 4 + 148 × 4 ÷ 18

= 12 - 4 + 148 × 0.22

= 12 - 4 + 32.89

= 44.89 - 4

= 40.89 ≠ दायां पक्ष

(C) × और ÷

दिया गया व्यंजक: 12 ÷ 4 + 148 × 4 - 18 = 67

प्रतीकों को परस्पर बदलने के बाद, हम प्राप्त करते हैं:

बायां पक्ष = 12 × 4 + 148 ÷ 4 - 18

= 12 × 4 + 37 - 18

= 48 + 37 - 18

= 85 - 18

= 67 = दायां पक्ष

(D) × और +

दिया गया व्यंजक: 12 ÷ 4 + 148 × 4 - 18 = 67

प्रतीकों को परस्पर बदलने के बाद, हम प्राप्त करते हैं:

बायां पक्ष = 12 ÷ 4 × 148 + 4 - 18

= 3 × 148 + 4 - 18

= 444 + 4 - 18

= 448 - 18

= 430 ≠ दायां पक्ष

इसलिए, 'x और ÷' सही उत्तर है।

अतः विकल्प (D) सही है।

47. दिया है:

संख्याओं के वर्ग का योग = 625

दो संख्याओं के बीच का अंतर = 17

प्रयुक्त सूत्र:

$$(a + b)^2 = a^2 + b^2 + 2ab$$

दो संख्याओं का समान्तर माध्य $= \dfrac{(a+b)}{2}$

गणना:

मान लीजिये कि दो संख्याएं क्रमशः x और y हैं।

इसलिए, $x^2 + y^2 = 625$ ... (1)

तथा $x - y = 17$

$\Rightarrow (x - y)^2 = 17^2$

$\Rightarrow x^2 + y^2 - 2xy = 289$

समीकरण (1) से,

$\Rightarrow 625 - 2xy = 289$

$\Rightarrow xy = 168$ ... (2)

जैसा कि हम जानते है,

$(x + y)^2 = x^2 + y^2 + 2xy$

समीकरण, (1) और (2) से,

$(x + y)^2 = 625 + 336 = 961$

$\Rightarrow x + y = 31$

अतः विकल्प (A) सही है।

48. दिया है:

पाँच वर्ष पहले B की आयु $= A$ की आयु की 2.25 गुना थी

गणना:

माना कि A की आयु पांच वर्ष पहले x वर्ष थी

तो, B की आयु 5 वर्ष पहले $2.25 \times$ वर्ष थी

प्रश्न के अनुसार,

$x \times (2.25)x = 900$

$2.25x^2 = 900$

$x^2 = \dfrac{900}{2.25}$

$x^2 = 400$

$x = 20$

A की आयु $(20 + 5) = 25$ वर्ष होगी।

अतः विकल्प (D) सही है।

49. सूचना प्रौद्योगिकी एक सामान्य शब्द है जिसका उपयोग कंप्यूटर आधारित प्रसंस्करण, भंडारण और सूचना के हस्तांतरण से जुड़ी सभी गतिविधियों को दर्शाने के लिए किया जाता है। इसमें कंप्यूटर, इलेक्ट्रॉनिक मीडिया, उपग्रह, दूरसंचार और भंडारण उपकरण शामिल है।और भी सटीक होने के लिए,सूचना प्रौद्योगिकी में , इसका मूल, सूचनाओं के प्रतिबंधित अवलोकन से संबंधित तकनीक है, यानी, सूचना का निर्माण, प्रसंस्करण, प्रतिनिधित्व और वितरण।

अतः विकल्प (D) सही है।

50. फ़ायरवॉल एक प्रोग्राम या हार्डवेयर डिवाइस है जो इंटरनेट कनेक्शन के माध्यम से आने वाली सूचनाओं को किसी नेटवर्क या कंप्यूटर सिस्टम में फ़िल्टर करता है। अगर सूचना फ़ायरवॉल में संग्रहीत नियमों को पारित नहीं करती है, इसके माध्यम से अनुमति नहीं है।

- न केवल फ़ायरवॉल अवांछित ट्रैफ़िक को रोकता है, बल्कि यह आपके कंप्यूटर को संक्रमित करने से दुर्भविनापूर्ण सॉफ़्टवेयर को ब्लॉक करने में भी मदद कर सकता है।

- फ़ायरवॉल होम नेटवर्क सुरक्षा में रक्षा की पहली पंक्ति का प्रतिनिधित्व करते हैं।

- एक फ़ायरवॉल द्वारपाल के रूप में कार्य करता है। यह आपके ऑपरेटिंग सिस्टम तक पहुंच प्राप्त करने के प्रयासों की निगरानी करता है और अवांछित ट्रैफ़िक या गैर-मान्यता प्राप्त स्रोतों को रोकता है।

- फ़ायरवॉल आपके कंप्यूटर और इंटरनेट जैसे किसी अन्य नेटवर्क के बीच एक अवरोधक या फ़िल्टर के रूप में कार्य करता है। आप ट्रैफ़िक कंट्रोलर के रूप में फ़ायरवॉल के बारे में सोच सकते हैं। यह आपके नेटवर्क ट्रैफ़िक को प्रबंधित करके आपके नेटवर्क और सूचना को सुरक्षित रखने में मदद करता है, अनचाहे आने वाले नेटवर्क ट्रैफ़िक को अवरुद्ध करता है, और हैकर्स और मैलवेयर जैसी दुर्भविनापूर्ण चीज़ों के लिए नेटवर्क ट्रैफ़िक का आकलन करके पहुँच को मान्य करता है।

इसलिए, उपरोक्त बिंदुओं से यह स्पष्ट है कि फ़ायरवॉल का अर्थ सॉफ़्टवेयर प्रोग्राम या कंप्यूटर और इंटरनेट कनेक्शन के बीच हार्डवेयर है।

अतः विकल्प (A) सही है।

51. भारतीय अर्थव्यवस्था में तीन क्षेत्र शामिल हैं; प्राथमिक, माध्यमिक और सेवा। विकास प्रक्रिया के साथ, प्राथमिक क्षेत्र का महत्व घटता है, जबकि

द्वितीयक और सेवा क्षेत्रों में वृद्धि होती है। इन क्षेत्रों में किसी भी बदलाव से भारतीय अर्थव्यवस्था में बदलाव आएगा।

अत: विकल्प (D) सही है।

52. नौवीं योजना का मुख्य उद्देश्य सामाजिक न्याय और अंश पर जोर देने के साथ देश में विकास को बढ़ाना था।

नौवीं पंचवर्षीय योजना भारत अवधि के माध्यम से तेजी से औद्योगीकरण, मानव विकास, पूर्ण पैमाने पर रोजगार, गरीबी में कमी और घरेलू संसाधनों पर आत्मनिर्भरता जैसे उद्देश्यों को प्राप्त करने का मुख्य उद्देश्य के साथ 1997 से 2002 तक चलता है।

अत: विकल्प (A) सही है।

53. आय का मापन व्यय के साथ राजस्व का मिलान करके किया जाता है।

एक व्यय की मान्यता एक लेखा अवधि के लिए की जाती है।

बोध का आधार राजस्व की मान्यता है।

राजस्व की पहचान मालिकों की अंश से होती है।

अत: विकल्प (D) सही है।

54. रूपांतरण लागत अंतिम सामग्री में कच्चे माल के रूपांतरण के लिए आवश्यक लागत है।

रूपांतरण लागत = प्रत्यक्ष मजदूरी + प्रत्यक्ष व्यय + विनिर्माण ओवरहेड्स (कारखाना ओवरहेड्स)

प्रत्यक्ष मजदूरी का अर्थ है ठेकेदार या उसके उप-ठेकेदार द्वारा अपने कर्मचारियों को सीधे समय (गैर-ओवरटाइम) काम के लिए भुगतान की गई मौद्रिक राशि, जिसमें शिफ्ट अंतर भी शामिल है।

प्रत्यक्ष व्यय वह व्यय है जो किसी लागत वस्तु के आयतन में परिवर्तन के साथ सीधे बदलता रहता है।

कारखाना ओवरहेड्स एक विनिर्माण व्यवसाय की सभी उत्पादन सुविधाओं के संचालन में शामिल कुल लागत है जिसे सीधे किसी उत्पाद में नहीं खोजा जा सकता है।

अत: विकल्प (B) सही है।

55. अंश प्रीमियम लागत से ऊपर के अंशधारकों द्वारा भुगतान की गई राशि है। अंशो के मुद्दे पर प्राप्त प्रीमियम को प्रीमियम खाते को साझा करने का श्रेय दिया जाता है लेकिन लाभ और हानि खाते को नहीं। चूंकि अंश प्रीमियम एक व्यापारिक लाभ नहीं है क्योंकि यह व्यापारिक गतिविधियों के कारण उत्पन्न नहीं होता है, यह अंशधारकों को वितरित नहीं किया जाता है। अंश प्रीमियम खाता बैलेंस शीट पर सूचीबद्ध है। इस खाते का उपयोग अंश से संबंधित खर्चों को लिखने के लिए किया जा सकता है, जैसे कि अंडरराइटिंग लागत, और बोनस अंश जारी करने के लिए भी इसका उपयोग किया जा सकता है।

अत: विकल्प (C) सही है।

56. तरलता एक कंपनी की अल्पकालिक और दीर्घकालिक दायित्वों का भुगतान करने की क्षमता को मापती है।

अवरोही क्रम में तरलता वर्तमान अनुपात, त्वरित अनुपात, सुपरक्विक अनुपात और मूल रक्षात्मक और अंतराल अनुपात

वर्तमान अनुपात दूसरों की तुलना में अधिक तरल है।

रक्षात्मक अंतराल अनुपात (डीआईआर), जिसे रक्षात्मक अंतराल अवधि (डीआईपी) या बुनियादी रक्षा अंतराल (बीडीआई) भी कहा जाता है, एक वित्तीय मीट्रिक है जो इंगित करता है कि एक कंपनी गैर-वर्तमान संपत्तियों तक पहुंचने की आवश्यकता के बिना काम कर सकती है, लंबी अवधि संपत्ति जिसका पूरा मूल्य वर्तमान के भीतर प्राप्त नहीं किया जा सकता है।

वर्तमान अनुपात एक तरलता अनुपात है जो एक कंपनी की अल्पकालिक दायित्वों या एक वर्ष के भीतर देय भुगतान करने की क्षमता को मापता है।

सुपर क्विक अनुपात का मानक अनुपात 0.5:1 है। यह व्यावसायिक चिंता की अधिकांश तरलता सुनिश्चित करता है।

त्वरित अनुपात किसी कंपनी की अपनी इन्वेंट्री को बेचने या अतिरिक्त वित्तपोषण प्राप्त करने की आवश्यकता के बिना अपनी वर्तमान देनदारियों का भुगतान करने की क्षमता को मापता है।

अत: विकल्प (A) सही है।

57. सिद्धांत की त्रुटि एक त्रुटि है जिसमें एक प्रविष्टि गलत खाते में दर्ज की जाती है, अर्थात संपत्ति के अतिरिक्त मरम्मत शुल्क का इलाज करना। मरम्मत शुल्क राजस्व व्यय है, इसे P/L खाते में दिखाया जाना है। कमीशन की त्रुटि गलत राशि दर्ज करने की त्रुटि है, यानी 563 रु की बिक्री 653 रु के रूप में पोस्ट की गयी है। प्रविष्टि में त्रुटि एक त्रुटि है जो प्रविष्टि को रिकॉर्ड करने से चूकती है, अर्थात 1000 रु की खरीद दर्ज नहीं की गयी है। क्षतिपूरक त्रुटि एक त्रुटि है जो एक समान और विपरीत त्रुटि से निष्प्रभावी होती है, अर्थात रिटर्न इनवर्ड बुक 1000 रु से कम होती है और खरीद बही 1000 रु से अधिक होती है।

अत: विकल्प (D) सही है।

58. लागत-प्रेरित मुद्रास्फीति तब होती है जब मजदूरी और कच्चे माल की लागत में वृद्धि के कारण समग्र कीमतें (मुद्रास्फीति) बढ़ जाती हैं।

लागत-प्रेरित मुद्रास्फीति का सबसे आम कारण उत्पादन की लागत में या कच्चे माल की लागत में वृद्धि के साथ शुरू होता है। उत्पादन में प्रयुक्त कच्चे माल या इन्वेंट्री की लागत में वृद्धि हो सकती है, जिससे लागत अधिक हो जाएगी।

अत: विकल्प (B) सही है।

59. सही प्रतिस्पर्धा एक बाजार की स्थिति है जहां बड़ी संख्या में खरीदार और विक्रेता हैं जो सजातीय उत्पादों के साथ काम करते हैं। फर्मों के प्रवेश और निकास, माल की आवाजाही और उत्पादन के कारक में कोई प्रतिबंध नहीं है।

अत: विकल्प (B) सही है।

60. कुल उपयोगिता एक वस्तु की विभिन्न इकाइयों से उपभोक्ता द्वारा प्राप्त उपयोगिताओं का कुल योग है।

सीमांत उपयोगिता वस्तु की एक अतिरिक्त इकाई होने से कुल उपयोगिता के अतिरिक्त है। जैसे-जैसे उपभोक्ता वस्तुओं की अतिरिक्त इकाइयों का उपभोग करता जाएगा, कुल उपयोगिता भी बढ़ती जाएगी।

- जब MU (सीमांत उपयोगिता) घट जाती है, तो TU (कुल उपयोगिता) घटती दर पर बढ़ जाती है।
- जब MU शून्य हो जाता है, तो TU अधिकतम होता है। यह एक संतृप्ति बिंदु है।
- जब MU नकारात्मक हो जाता है, तो TU की गिरावट (अधिकतम उपयोगिता में कमी) होती है।

अत: विकल्प (C) सही है।

61. कुलीन वर्ग एक ऐसी स्थिति है जब बाजार में बहुत कम संख्या में विक्रेता होते हैं। इसके परिणामस्वरूप प्रतिस्पर्धा में कमी आती है और मूल्य में वृद्धि होती है।

- कोर्टनस डूपॉली मॉडल में, कंपनियां एक साथ मात्रा का चयन करती हैं।
- स्वीज़ी की किंकड डिमांड कर्व मॉडल की वकालत करती है कि मूल्य और आउटपुट निर्धारित होने पर कुलीन संगठनों का व्यवहार स्थिर रहता है।

- न्यूमैन और मॉर्गेनस्टर्न गेम थ्योरी मॉडल गेम सिद्धांत का उपयोग मुख्य रूप से अर्थशास्त्र, राजनीति विज्ञान और मनोविज्ञान में किया जाता है।
- बॉमोल की बिक्री अधिकतमकरण मॉडल बिक्री की अधिकतमता के आधार पर फर्म के प्रबंधकीय सिद्धांत का प्रतिनिधित्व करता है।

अतः विकल्प (C) सही है।

62. औसत राजस्व वक्र x अक्ष को नहीं छुएगा क्योंकि यह शून्य नहीं हो सकता।

AR = मूल्य

AR (मूल्य) न तो शून्य या नकारात्मक हो सकता है क्योंकि TR हमेशा सकारात्मक होता है।

अतः विकल्प (B) सही है।

63. प्रतिबंधित यादृच्छिक नमूने के तीन तरीके हैं: स्तरीकृत नमूनाकरण, व्यवस्थित नमूनाकरण और मल्टीस्टेज नमूनाकरण।

सरल यादृच्छिक नमूना मूल नमूना तकनीक है जहां हम एक बड़े समूह से अध्ययन के लिए नमूना समूह का चयन करते हैं।

अतः विकल्प (B) सही है।

64. केवल लिंग के आधार पर उत्तरदाताओं का वर्गीकरण गुणात्मक चर-नाममात्र चर की श्रेणी में आता है।

मात्रात्मक चर वह है जिसमें भिन्नताएं परिमाण में भिन्न होती हैं, जैसे आय, आयु, जीएनपी, आदि।

एक गुणात्मक चर वह है जिसमें विविधता परिमाण के बजाय प्रकार में भिन्न होती है, जैसे वैवाहिक स्थिति, लिंग, राष्ट्रीयता, आदि।

मात्रात्मक चर को क्रमिक पैमाने, अंतराल पैमाने और अनुपात पैमाने में वर्गीकृत किया गया है। एक गुणात्मक चर को नाममात्र, डमी और वरीयता आदि में वर्गीकृत किया गया है।

अतः विकल्प (B) सही है।

65. कार्ल पियर्सन के सहसंबंध गुणांक मात्रात्मक रूप से दो चर x और y के बीच संबंध की मात्रा को मापता है। उनके मानक विचलन के उत्पाद के दो चर के बीच सह-विचरण के अनुपात को कार्ल पियर्सन का सह-कुशल सहसंबंध कहा जाता है। उनके प्रतीपगमन गुणांकों के गुणनफल के वर्गमूल को कार्ल पियर्सन का सहसंबंध गुणांक भी कहा जाता है।

अतः विकल्प (B) सही है।

66. विभाग मात्रात्मक और गुणात्मक डेटा दोनों का विश्लेषण करने के लिए विभिन्न प्रकार के सांख्यिकीय सॉफ्टवेयर पैकेजों का उपयोग करते हैं, अर्थात् स्टैटा, एसपीएसएस, मिनिटैब आदि।

- कंप्यूटर प्रोग्राम एसपीएसएस (सामाजिक विज्ञान के लिए सांख्यिकीय पैकेज) का उपयोग बाजार शोधकर्ताओं, स्वास्थ्य शोधकर्ताओं, सर्वेक्षण कंपनियों, सरकार, शिक्षा शोधकर्ताओं और अन्य लोगों द्वारा किया जाता है।
- स्टैटा एक पूर्ण, एकीकृत सांख्यिकीय पैकेज है जो आपको डेटा विश्लेषण, डेटा प्रबंधन और ग्राफिक्स के लिए आवश्यक सब कुछ प्रदान करता है।
- मिनिटैब एक सामान्य सांख्यिकी पैकेज है।

अतः विकल्प (D) सही है।

67. F-टेस्ट का उपयोग दो नमूनों के भिन्नताओं और दो से अधिक नमूना साधनों के बीच अंतर के महत्व का परीक्षण करने के लिए किया जाता है। यह दो नमूनों के भिन्नरूपों का अनुपात है।

अतः विकल्प (D) सही है।

68. 'द प्रैक्टिस ऑफ मैनेजमेंट' पुस्तक के लेखक पीटर ड्रकर हैं।

द फिलॉसफी ऑफ मैनेजमेंट को ओलिवर शेल्डन ने लिखा है।

वैज्ञानिक प्रबंधन एफ डब्ल्यू टेलर द्वारा लिखित है।

जनरल और इंडस्ट्रियल एडमिनिस्ट्रेशन हेनरी फेयोल द्वारा लिखा गया है।

अतः विकल्प (B) सही है।

69. योजना बनाने के लिए उठाए जाने वाले कदम इस प्रकार हैं।

I. उद्देश्यों की स्थापना

II. वैकल्पिक पाठ्यक्रम का निर्धारण

III. वैकल्पिक पाठ्यक्रमों का मूल्यांकन

IV. क्रिया के सर्वोत्तम पाठ्यक्रम का चयन करना

V. गतिविधियों के अनुक्रम को स्थापित करना

VI. कार्यान्वयन

अतः विकल्प (D) सही है।

70. कीथ डेविस के अनुसार, संचार एक व्यक्ति से दूसरे व्यक्ति तक सूचना और समझ को पारित करने की प्रक्रिया है। तकनीकी बाधाएं संचार की बाधा से संबंधित नहीं हैं। अन्य प्रकार की संचार बाधाएं सिमेंटिक, मैकेनिकल और संगठनात्मक बाधाएं हैं।

अतः विकल्प (B) सही है।

71. उपभोक्ता व्यवहार का हावर्ड-सुथ मॉडल उपभोक्ता की पसंद पर सामाजिक, मनोवैज्ञानिक और विपणन प्रभावों का एकीकरण है। यह अधूरी जानकारी की शर्तों के तहत खरीदार द्वारा तर्कसंगत ब्रांड विकल्प व्यवहार को दर्शाता है। हॉवर्ड-सुथ मॉडल ऑफ कंज्यूमर बिहेवियर को लोकप्रिय रूप से मशीन मॉडल के रूप में जाना जाता है।

अतः विकल्प (A) सही है।

72. ग्रीन मार्केटिंग उन उत्पादों का विपणन है जो पर्यावरण के लिए बेहतर है। इसे पारिस्थितिक/पर्यावरणीय विपणन भी कहा जाता है। मानव की जरूरतों को पूरा करने के लिए किसी भी विनिमय को उत्पन्न करने और सुविधाजनक बनाने के लिए प्राकृतिक वातावरण पर न्यूनतम हानिकारक प्रभाव के साथ इन वांछितों की संतुष्टि होती है, जिसे ग्रीन मार्केटिंग के रूप में जाना जाता है।

अतः विकल्प (C) सही है।

73. खुदरा विक्रेता वे व्यक्ति हैं जो मुनाफा कमाने के उद्देश्य से विभिन्न वितरण चैनलों के माध्यम से सीधे अंतिम उपभोक्ताओं तक कम मात्रा में सामान बेचते हैं।

ये नियम सीधी बिक्री के माध्यम से खरीदी या बेची गई सभी वस्तुओं और सेवाओं, सीधी बिक्री के सभी मॉडलों, भारत में उपभोक्ताओं को सामान और सेवाएं प्रदान करने वाली सभी सीधी बिक्री संस्थाओं, सीधी बिक्री के सभी मॉडलों में सभी प्रकार की अनुचित व्यापार कार्यप्रणालियों, एक सीधी बिक्री इकाई के लिए जो भारत में स्थापित नहीं है, लेकिन भारत में उपभोक्ताओं को सामान या सेवाएं प्रदान करती है, पर लागू होंगे।

अतः विकल्प (B) सही है।

74. DAGMAR (मापा विज्ञापन परिणामों के लिए विज्ञापन लक्ष्यों को परिभाषित करना) एक मार्केटिंग मॉडल है जिसका उपयोग किसी विज्ञापन अभियान के लिए स्पष्ट उद्देश्यों को स्थापित करने और उसकी सफलता को मापने के लिए किया जाता है। DAGMAR मॉडल एक प्रभावी विज्ञापन अभियान के चार चरणों को जागरूकता, समझ, दृढ़ विश्वास और कार्रवाई के रूप में परिभाषित करता है।

अत: विकल्प (B) सही है।

75. एक प्रबंधन सूचना प्रणाली (एमआईएस) रणनीतिक निर्णय लेने की दक्षता और प्रभावशीलता प्रदान करने के लिए सूचना प्रणाली का एक प्रबंधन है। यदि व्यवसाय को कुशलता से प्रबंधित किया जाता है, तो इसका भविष्य सुरक्षित हो जाएगा। इसके भविष्य को सुरक्षित करने के लिए सूचना प्रणाली को अद्यतन किया जाना चाहिए। प्रबंधन सूचना प्रणाली में निर्णय समर्थन प्रणाली और विशेषज्ञ प्रणाली आदि शामिल हैं, जो इसके भविष्य को सुरक्षित करने में मदद करता है और व्यवसाय को ऊंचाइयों तक ले जाता है।

अत: विकल्प (A) सही है।

76. वित्तीय प्रबंधन संगठन के उद्देश्यों को प्राप्त करने के लिए धन का प्रभावी प्रबंधन है। सामाजिक लाभ एक संगठन में धन प्रवाह से चिंतित नहीं हैं, इसलिए सामाजिक लाभ का अधिकतमकरण वित्तीय प्रबंधन का उद्देश्य नहीं है।

अत: विकल्प (D) सही है।

77. "पेबैक अवधि" एक परियोजना मे निवेश किए गए मूल नकदी बहिर्वाह को पुनर्प्राप्त करने के तिए आवश्यक अवधि है। यह किसी परियोजना को निवेश वापस करने के लगने वाले न्यूनतम समय की गणना करता है। पेबैक अवधि की गणना करने के तिए करों के बाद नकदी प्रवाह का उपयोग किया जाता है। नकदी प्रवाह की गणना के लिए मूल्यहास पर विचार नही किया जाता है (यानी मूल्यहास मे कटौती नही की जाएगी)।

पेबैक अवधि = प्रारंभिक निवेश/नकदी प्रवाह

अत: विकल्प (D) सही है।

78. वर्तमान मूल्य की अवधारणा छूट के सिद्धांत पर आधारित है।

वर्तमान मूल्य (पीवी) भविष्य की राशि या नकदी प्रवाह की धारा का वर्तमान मूल्य है जिसे वापसी की एक निर्दिष्ट दर दी गई है। भविष्य के नकदी प्रवाह को छूट दर पर छूट दी जाती है, और छूट की दर जितनी अधिक होगी, भविष्य के नकदी प्रवाह का वर्तमान मूल्य उतना ही कम होगा। वर्तमान मूल्य की अवधारणा छूट के सिद्धांत पर आधारित है। इसका अर्थ भविष्य में प्राप्त होने वाले अंतर्विहों के मूल्य को वर्तमान मूल्य अर्थात आज के मूल्य पर लाना है।

अत: विकल्प (B) सही है।

79. मध्यस्थता की अवधारणा में मोदिगिलियानी मिलर दृष्टिकोण का उपयोग किया जाता है।

शुद्ध परिचालन आय दृष्टिकोण का उपयोग पूंजी संरचना में किया जाता है।

वाणिज्यिक पत्र अल्पकालिक मुद्रा बाजार साधन हैं।

फैक्टरिंग कार्यशील पूंजी प्रबंधन की एक अवधारणा है।

अत: विकल्प (A) सही है।

80. आंशिक रूप से भुगतान किए गए अंश को बोनस अंश के रूप में जारी नहीं किया जा सकता है। बोनस अंश मुफ्त में जारी किए जाते हैं। ये केवल तभी जारी किए जाते हैं जब उन्हें पूरी तरह से भुगतान किया जाता है। यदि शेयरों का आंशिक रूप से भुगतान किया जाता है, और इन्हें बोनस शेयरों के रूप में जारी किया जाना है, तो इन शेयरों को बोनस शेयरों के रूप में जारी करने से पहले पूरी तरह से भुगतान करना आवश्यक है।

अत: विकल्प (D) सही है।

81. दिए गए सभी विकल्प मानव संसाधन प्रबंधन के दायरे में आते हैं:

- मानव संसाधन आवश्यकताओं, प्रतिस्थापन योजना, मानव संसाधन गतिशीलता का विश्लेषण, मानव संसाधन विकास योजना और मानव संसाधन संगठन के संचालन के लिए HRM जिम्मेदार है।

- मानव संसाधन प्रबंधन कर्मचारी की भर्ती और चयन की प्रक्रिया है, अभिविन्यास और प्रेरण, प्रशिक्षण और विकास, कर्मचारी का मूल्यांकन (मूल्यांकन का प्रदर्शन), मुआवजा और लाभ प्रदान करना, प्रेरित करना, कर्मचारियों के साथ उचित संबंध बनाए रखना और ट्रेड यूनियनों के साथ, कर्मचारियों की सुरक्षा, भूमि के श्रम कानूनों के अनुपालन में कल्याणकारी और स्वस्थ उपाय बनाए रखना।

अत: विकल्प (D) सही है।

82. काम को बंद करना या काम करने से इनकार करना हड़ताल माना जाता है। श्रमिकों को उत्पादकता लाभ का एक बड़ा हिस्सा नहीं मिलता है क्योंकि नौकरियां पहले से ही कम हैं और श्रमिक कम मजदूरी दरों पर काम करने के लिए तैयार हैं।

तो, कथन (ii) सही है लेकिन (i) गलत है।

अत: विकल्प (B) सही है।

83. प्रदर्शन मूल्यांकन संगठन द्वारा स्थापित प्रदर्शन मानकों के आधार पर कर्मचारी के प्रदर्शन का व्यापक मूल्यांकन है। कर्मचारियों को जो भी कार्य सौंपा जाता है उसका मूल्यांकन मानकों का पालन करके उसकी दक्षता को मापने के लिए किया जाता है।

अत: विकल्प (D) सही है।

84. ब्रॉड मनी मुद्रा आपूर्ति का एक उपाय है जिसमें मुद्रा और सिक्के शामिल हैं। इसमें आम तौर पर वाणिज्यिक बैंकों में डिमांड डिपॉजिट शामिल है। इसे सीआरआर, एसएलआर, रेपो दर के माध्यम से स्वीकृत किया जाना है।

- कैश रिज़र्व अनुपात ग्राहकों की जमा राशि का एक न्यूनतम अनुपात है जिसे बैंकों द्वारा रिज़र्व के रूप में रखा जाना है।

- वैधानिक तरल अनुपात जमा का एक हिस्सा है जिसे बैंकों को सोने के रूप में रखा जाना है।

- रेपो दर एक ऐसी दर है जिस पर केंद्रीय बैंक धन की कमी के मामले में एक वाणिज्यिक बैंक को पैसा उधार देता है।

अत: विकल्प (D) सही है।

85. जे. एम. कीन्स की सलाह पर 27 जनवरी, 1921 को इंपीरियल बैंक की स्थापना की गई थी। इंपीरियल बैंक ऑफ इंडिया (IBI) भारतीय उपमहाद्वीप का सबसे पुराना और सबसे बड़ा वाणिज्यिक बैंक था, और बाद में 1955 में भारतीय स्टेट बैंक में बदल दिया गया।

अत: विकल्प (A) सही है।

86. घटना के आरोही क्रम में घटनाएँ:

- जीवन बीमा व्यवसाय का राष्ट्रीयकरण - 1956
- आईडीबीआई की स्थापना - 1964
- सामान्य बीमा व्यवसाय का राष्ट्रीयकरण - 1972
- चालू खाते में बाजार दर पर रुपये की परिवर्तनीयता की अनुमति - 1994
- वाणिज्यिक बैंकों के लिए पूंजी पर्याप्तता मानदंड - 1998

अत: विकल्प (A) सही है।

87. भारत में, वाणिज्यिक बैंकों को भारतीय रिजर्व बैंक द्वारा परिचालन का लाइसेंस दिया जाता है। बैंकिंग विनियमन अधिनियम, 1949 भारतीय रिज़र्व बैंक (RBI) को बैंकों को लाइसेंस देने की शक्ति देता है।

अत: विकल्प (C) सही है।

88. बैंकिंग कंपनियों में जनरल रिजर्व के प्रावधान बैंकिंग कंपनी अधिनियम, 1949 के प्रावधानों को ध्यान में रखते हुए बनाए गए हैं। बैंकिंग विनियमन अधिनियम, 1949 भारत में एक कानून है जो भारत में सभी बैंकिंग फर्मों को नियंत्रित करता है।

अत: विकल्प (B) सही है।

89. निर्यात को बढ़ाकर भुगतान संतुलन को अनुकूल बनाया जा सकता है क्योंकि विदेशी मुद्रा दूसरे देश को माल निर्यात करके देश में प्रवेश करेगी और इसके परिणामस्वरूप अधिशेष पैदा होगा। मुद्रा के अवमूल्यन के कारण निर्यात को भुगतान का अनुकूल संतुलन प्राप्त करने के लिए आयात से अधिक होना चाहिए, निर्यात अधिक प्रतिस्पर्धी हो जाता है और आयात अधिक महंगा हो जाता है।

अत: विकल्प (D) सही है।

90. शांति-समय की आवश्यकता के अनुसार उत्पादक प्रयासों को वित्त देना आईएमएफ का उद्देश्य नहीं है।

अंतर्राष्ट्रीय मुद्रा कोष (आईएमएफ) एक अंतरराष्ट्रीय संगठन है जो वैश्विक मौद्रिक सहयोग, वित्तीय स्थिरता को सुरक्षित रखने, अंतर्राष्ट्रीय व्यापार को सुविधाजनक बनाने, उच्च रोजगार को बढ़ावा देने और सतत आर्थिक विकास को बढ़ावा देने और दुनिया भर में गरीबी को कम करने के लिए काम कर रहा है।

अत: विकल्प (C) सही है।

91. ऋण पूंजी के कारण वित्तीय उत्तोलन उत्पन्न होता है। जितना अधिक ऋण नियोजित किया जाता है, उतना ही अधिक वित्तीय उत्तोलन होगा क्योंकि उठाए गए ऋण पर अधिक ब्याज का भुगतान करने की आवश्यकता होती है। वित्तीय उत्तोलन वित्तीय लागत यानी ब्याज के प्रभाव का अध्ययन करता है। यह EBT और EBIT के बीच संबंध को मापता है। वित्तीय प्रबंधन में वित्तीय उत्तोलन वित्तीय निश्चित लागतों की भागीदारी के कारण उत्पन्न होता है।

अत: विकल्प (A) सही है।

92. राष्ट्रीय बच्चों और अपोस फंड को दान किसी भी योग्यता सीमा के बिना 100 प्रतिशत कटौती के तहत आएगा।

"आईटी अधिनियम" की धारा 80जी सकल आय से कटौती के रूप में "निर्दिष्ट राहत निधियों" और "धर्मार्थ संस्थानों" को किए गए दान की अनुमति देता है। कटौती की धारा 80जी के तहत केवल तभी दावा किया जा सकता है, जब चेक या नकद के माध्यम से निर्दिष्ट फंड और संस्थानों को योगदान दिया जाता है। कटौती का दावा करने के लिए आईटीआर दाखिल करते समय इन विवरणों की आवश्यकता होगी।

अत: विकल्प (A) सही है।

93. जिस दर पर कैश इनफ्लो का वर्तमान मूल्य है, वह कैश आउटफ्लो के वर्तमान मूल्य IRR के बराबर है। IRR की गणना यह मानकर की जाती है कि NPV शून्य के बराबर है।

अत: विकल्प (B) सही है।

94. उदारीकरण का मतलब है, "अर्थव्यवस्था व्यापार और उद्योग को अवांछित प्रतिबंधों से मुक्त करना"।

किसी चीज पर प्रतिबंध हटाना या ढीला करना, आमतौर पर एक आर्थिक या राजनीतिक व्यवस्था। यह राष्ट्रों के बीच माल के मुक्त आदान-प्रदान पर प्रतिबंधों या बाधाओं को हटाना या घटाना है। इन बाधाओं में शुल्क, जैसे शुल्क और अधिभार, और गैर-टैरिफ बाधाएं, जैसे लाइसेंसिंग नियम और कोटा शामिल हैं।

अत: विकल्प (B) सही है।

95. व्यापार जोखिम का उपाय परिचालन लीवरेज है। परिचालन लीवरेज एक लागत-लेखांकन फॉर्मूला है जो उस डिग्री को मापता है जिससे एक फर्म या परियोजना राजस्व बढ़ाकर परिचालन आय बढ़ा सकती है।

अत: विकल्प (A) सही है।

96. परिसंपत्ति आवंटन सबसे महत्वपूर्ण निवेश निर्णय है क्योंकि यह पोर्टफोलियो के जोखिम-वापसी विशेषताओं को निर्धारित करता है। एसेट एलोकेशन एक निवेश रणनीति है जिसका उद्देश्य किसी व्यक्ति के लक्ष्यों, जोखिम सहिष्णुता और निवेश क्षितिज के अनुसार पोर्टफोलियो की संपत्ति का जोखिम उठाकर जोखिम और इनाम को संतुलित करना है।

अत: विकल्प (D) सही है।

97. EBIT का मान जिस पर EPS शून्य के बराबर है उसे वित्तीय ब्रेक - ईवन स्थिति के रूप में जाना जाता है।। वित्तीय ब्रेक - ईवन स्थिति ब्याज और करों से पहले कमाई का स्तर है जिसके परिणामस्वरूप शून्य शुद्ध आय या प्रति अंश शून्य आय होगी। यह कंपनी के ब्याज व्यय और पसंदीदा स्टॉक धारकों और संबंधित करों के लिए भुगतान किए गए लाभांश के बराबर है।

अत: विकल्प (B) सही है।

98. सही सुमेलित युग्म हैं- i - (c), ii - (d), iii - (a), iv - (b)

1944 मे ब्रेटन वुड्स मे अमरीका के हेरी डेसटर व्हाइट और इंग्लैंड के जॉन मेयनार्ड कीन्स के मार्गदर्शन मे 44 देशो के सम्मेलन मे इस प्रणाली को बकायदा तैयार किया गया। इस सम्मेलन का मकसद "अंतर्राष्ट्रीय सहयोग" बढ़ाना और मुद्रा और विनिमय दरो को 'स्थिर' करना था। इस प्रणाली के निर्माताओं को यह यकीन था की इसे मौद्रिक व्यवस्था से सोने को हटाकर हासिल किया जा सकता है। इसलिए उन्होने पूरी दुनिया के लिए सोने की बजाय डॉलर का मानक तैयार किया।

टैरिफ और व्यापार पर सामान्य समझौता (GATT) 23 देशो द्वारा 30 अक्टूबर 1947 को हस्ताक्षर किए गए थे। यह महत्वपूर्ण विनिमयों का करते हुए कोटा टैरिफ और सब्सिडि को समाप्त या कम करके अंतर्राष्ट्रीय व्यापार मे बाधाओ को कम करने वाला एक कानूनी समझौता था।

ऑल-अफ्रीका पीपल्स कॉन्फ्रेंस की कल्पना इस स्थिति का प्रतिनिधित्व करने के लिए की गई थी कि अफ्रीका को लोगों और समूहों, जैसे कि जातीय समुदायों को लौटा दिया जाना चाहिए, जिनसे इसे उपनिवेशवाद ने हड़प लिया था। यह मार्च 1958 में ACCRA घाना में पहले अफ्रीका राष्ट्राध्यक्षों के सम्मेलन के अंत में था।

व्यापार और विकास पर पहला संयुक्त राष्ट्र सम्मेलन (UNCTAD) 1964 में जिनेवा में आयोजित किया गया था।

अत: विकल्प (A) सही है।

99. मानव संसाधन प्रबंधन संगठन कार्य है जो मुद्दों से निपटता है। डेल योडर के अनुसार, "मानव संसाधन के प्रबंधन को एक प्रणाली के रूप में देखा जाता है, जिसमें प्रतिभागी व्यक्तिगत और समूह दोनों लक्ष्यों को प्राप्त करना चाहते हैं" एचआरडी एक प्रक्रिया है, जिसमें गतिविधियों की एक श्रृंखला होती है।

HRM के कार्य: अधिग्रहण, प्रेरणा, विकास और रखरखाव

अत: विकल्प (B) सही है।

100. प्रतिभूतियों के चयन के अनुकूलन के लिए एक मॉडल मार्कोविट्ज़ मॉडल है। हैरी मार्कोविट मॉडल (एचएम मॉडल), जिसे माध्य-विरेनस मॉडल भी कहा जाता है क्योंकि यह विभिन्न विभागो के अपेक्षित रिटर्न (मतलब) और मानक विचलन (विचरण) पर आधारित है। यह दी गई संपत्ति के विभिन्न पोर्टफोलियो का विश्लेषण करके सबसे कुशल चयन करने में मदद करता है।

अत: विकल्प (C) सही है।

101. वित्तीय उत्तोलन की डिग्री ईपीएस और ईबीआईटी के बीच संबंधों का एक पैमाना है। वित्तीय उत्तोलन (डीएफएल) की डिग्री ऑपरेटिंग आय में एक इकाई परिवर्तन के लिए ईपीएस में प्रतिशत परिवर्तन को मापती है, जिसे ब्याज और करों (ईबीआईटी) से पहले कमाई के रूप में भी जाना जाता है। यह अनुपात बताता है कि वित्तीय लाभ की डिग्री जितनी अधिक होगी, उतनी ही अधिक अस्थिर आय होगी।

अत: विकल्प (A) सही है।

102. विभागीय खुदरा स्टोर की परिचालन लागत सबसे अधिक होती है क्योंकि वे विभिन्न प्रकार के उत्पादों का सौदा करते हैं जिन्हें एक स्थान पर खरीदा जा

सकता है।विभागीय खुदरा स्टोर शुरू करने के लिए बड़ी मात्रा में वित्त की आवश्यकता होती है।

अत: विकल्प (C) सही है।

103. कुल उत्तोलन की डिग्री को EPS में परिवर्तन को मापने के लिए मात्रा में प्रतिशत परिवर्तन में लागू किया जा सकता है। कुल उत्तोलन की डिग्री बिक्री राजस्व में प्रतिशत परिवर्तन प्रति अंश आय में प्रतिशत परिवर्तन का अनुपात है।

अत: विकल्प (C) सही है।

104. सही सुमेलित युग्म हैं- a - 2, b - 3, c - 4, d - 1

इक्विटी स्टॉकहोल्डर्स द्वारा आपूर्ति किए गए धन और पुनर्निवेशित मुनाफे का प्रतिनिधित्व करता है। जब कोई छोटा व्यवसाय निवेशकों को सामान्य स्टॉक जारी करता है, तो यह अपने ऋण-से-इक्विटी अनुपात को कम करता है और संभावित रूप से इसके जोखिम को कम करता है।

देनदार से प्राप्त कारण नकद त्वरित परिसंपत्तियों को नहीं बदलेगा क्योंकि त्वरित संपत्ति उसी राशि के साथ बढ़ जाती है और घट जाती है, और वर्तमान देनदारियां अपरिवर्तित रहती हैं।

एक प्रीमियम पर डिबेंचर की कटौती वर्तमान अनुपात में कमी का कारण बनेगी क्योंकि मोचन भुगतान का कारण होगा जो नकदी / बैंक को कम करेगा; इस प्रकार वर्तमान संपत्ति को कम करना। वर्तमान देनदारियों पर कोई प्रभाव नहीं पड़ेगा।

क्रेडिट पर खरीदे गए सामान अनुपात पर असर नहीं डालेंगे।

अत: विकल्प (B) सही है।

105. इसके बाद के व्यय जो उपयोगी जीवन का विस्तार करते हैं, आउटपुट की गुणवत्ता में सुधार करते हैं, या किसी मौजूदा संपत्ति की परिचालन लागत को कम करते हैं, जो उनके मूल अनुमानित स्तर से परे हैं, पूंजीगत व्यय कहलाते हैं। पूंजीगत व्यय मशीनरी, उपकरण, भवन, स्वास्थ्य सुविधाओं, शिक्षा आदि के विकास पर सरकार द्वारा खर्च किया गया धन है।

अत: विकल्प (A) सही है।

106. सही सुमेलित युग्म हैं- a - 2, b - 3, c - 1, d - 4

गॉर्डन ग्रोथ मॉडल मानती है कि एक कंपनी हमेशा के लिए मौजूद है और प्रति अंश लाभांश का भुगतान करती है जो एक स्थिर दर से बढ़ती है। किसी शेयर के मूल्य का अनुमान लगाने के लिए, मॉडल प्रति अंश लाभांश की अनंत श्रृंखला लेता है और उन्हें वर्तमान में वापसी की आवश्यक दर का उपयोग करके छूट देता है।

वाल्टर के मॉडल के अनुसार, प्रो जेम्स ई वाल्टर, लाभांश प्रासंगिक हैं और फर्म के शेयर की कीमतों पर असर पड़ता है। यदि r = K, तो फर्म की लाभांश नीति का फर्म के मूल्य पर कोई प्रभाव नहीं पड़ता है।

अंश बाजार बरकरार रखते हुए आय की तुलना में लाभांश पर अधिक भार रखता है। डिविडेंड से जुड़ा वजन रिटेन की गई कमाई से 4 गुना वजन के बराबर है।

मोदिग्लिआनी - मिलर सिद्धांत 'डिविडेंड इरेलिवेंस' धारणा का एक प्रमुख प्रस्तावक है। इस अवधारणा के अनुसार, निवेशक किसी कंपनी के लाभांश इतिहास को कोई महत्व नहीं देते हैं और इस प्रकार, लाभांश किसी कंपनी के मूल्यांकन की गणना में अप्रासंगिक हैं।

अत: विकल्प (A) सही है।

107. इंटरनेट बैंकिंग का उपयोग ऑनलाइन लेन-देन के लिए किया जा सकता है और इसकी सीमा है कि प्लेटफॉर्म के माध्यम से नकदी को वापस नहीं लिया जा सकता है।

अत: विकल्प (A) सही है।

108. सही सुमेलित युग्म हैं- i - (b), ii - (a), iii - (d), iv - (c)

किसी देश का नेशनल स्टॉक एक्सचेंज पूरे राष्ट्र में निवेशकों को समान पहुंच की सुविधा देता है।

नेशनल सिक्योरिटीज डिपॉजिटरी लिमिटेड ने भाग लेने वाली कंपनियों के अंशो के डीमैटरियलाइजेशन की प्रक्रिया की शुरुआत को चिह्नित किया।

भारतीय प्रतिभूति और विनिमय बोर्ड पूंजीगत मुद्दों के नियंत्रण को समाप्त करने और नए पूंजी मुद्दों के लिए बिक्री प्राधिकरण को बनाए रखने के लिए खड़ा है।

भारतीय प्रतिभूति व्यापार निगम सरकारी प्रतिभूतियों के लिए एक सक्रिय द्वितीयक बाजार के विकास को बढ़ावा देता है।

अत: विकल्प (A) सही है।

109. लेन-देन करने वाला लीडर वह होता है जो यह पहचानता है कि उद्देश्यों को प्राप्त करने के लिए अधीनस्थों को क्या करने की आवश्यकता है, संगठनात्मक भूमिकाओं और कार्यों को स्पष्ट करता है, एक संगठनात्मक संरचना स्थापित करता है, प्रदर्शन को पुरस्कृत करता है, और अपने अनुयायियों की सामाजिक आवश्यकताओं को प्रदान करता है।

लेन-देन नेतृत्व की तुलना अक्सर परिवर्तनकारी नेतृत्व से की जाती है। इसके विपरीत, परिवर्तनकारी नेतृत्व श्रमिकों को प्रेरित करने और प्रेरित करने का प्रयास करता है, दूसरों को निर्देशित करने के बजाय प्रभावित करने का विकल्प चुनता है।

अत: विकल्प (C) सही है।

110. परिणामों को प्राप्त करने के लिए उद्देश्यों द्वारा प्रबंधन सबसे लोकप्रिय दृष्टिकोण है। उद्देश्यों द्वारा प्रबंधन (एमबीओ) एक रणनीतिक प्रबंधन मॉडल है जिसका उद्देश्य प्रबंधन और कर्मचारियों दोनों द्वारा सहमत उद्देश्यों को स्पष्ट रूप से परिभाषित करके संगठनात्मक प्रदर्शन में सुधार करना है।

अत: विकल्प (C) सही है।

111. सही सुमेलित युग्म हैं- I - 3, II - 2, III - 1, IV - 4

पट्टा एक ऐसा समझौता है जिसके तहत पट्टेदार भुगतान के बदले में पट्टेदार को भुगतान करता है या भुगतान की श्रृंखला के लिए सहमत समय के लिए परिसंपत्ति का उपयोग करने का अधिकार देता है।

वित्त पट्टा एक ऐसा पट्टा है जो किसी भी संपत्ति के स्वामित्व के लिए सभी जोखिमों और पुरस्कारों को पर्याप्त रूप से स्थानांतरित करता है।

परिचालन पट्टा एक अनुबंध है जो परिसंपत्ति के उपयोग की अनुमति देता है लेकिन परिसंपत्ति के स्वामित्व अधिकारों को व्यक्त नहीं करता है। ऑपरेटिंग पट्टों को ऑफ-बैलेंस-शीट फाइनेंसिंग का एक रूप माना जाता है - जिसका अर्थ है कि एक लीज की गई संपत्ति और संबंधित देयताएं (यानी भविष्य के किराए के भुगतान) कंपनी की बैलेंस शीट पर शामिल नहीं हैं।

अप्रत्यक्ष पट्टा एक तीन पक्षीय व्यवस्था है जिसमें परिसंपत्ति आपूर्तिकर्ता (निर्माता या डीलर), परिसंपत्ति का पट्टेदार और एक पट्टेदार होता है जो परिसंपत्ति के आपूर्तिकर्ता से अप्रभावित रहता है। पट्टेदार द्वारा खरीदे जाने के बाद आपूर्तिकर्ता से अप्रत्यक्ष रूप से परिसंपत्ति का ठेका और उपयोग प्राप्त होता है।

सीधा पट्टा एक पट्टादाता और पट्टेदार के बीच एक संविदात्मक व्यवस्था को संदर्भित करता है जहां पट्टेदार पट्टेदार को कुछ संपत्ति (आमतौर पर उपकरण) देता है।

अत: विकल्प (C) सही है।

112. दक्षता अनुपात में इन्वेंट्री टर्नओवर अनुपात, परिसंपत्ति टर्नओवर अनुपात और प्राप्य टर्नओवर अनुपात शामिल हैं। ये अनुपात मापते हैं कि कोई कंपनी अपनी संपत्ति का उपयोग राजस्व उत्पन्न करने के लिए और उन परिसंपत्तियों का प्रबंधन करने की क्षमता करती है।

औसत वसूली अवधि एक लेखा मीट्रिक है जिसका उपयोग क्रेडिट बिक्री की तारीख और खरीदार द्वारा भुगतान भेजने की तारीख के बीच की औसत संख्या को दर्शाने के लिए किया जाता है।

इन्वेंटरी टर्नओवर वह दर है जो इन्वेंटरी स्टॉक को बेचा जाता है, या उपयोग किया जाता है, और प्रतिस्थापित किया जाता है।

अचल संपत्ति कारोबार अनुपात एक दक्षता अनुपात है जो अचल संपत्तियों के साथ शुद्ध बिक्री की तुलना करके संपत्ति, संयंत्र और उपकरणों में अपने निवेश पर वापसी को मापता है।

अत: विकल्प (D) सही है।

113. भारत में, निम्नलिखित में से बेहद सस्ती कीमत मूल्य निर्धारण प्रथा स्वीकार्य नहीं है। बेहद सस्ती कीमत एंटीट्रस्ट कानून का उल्लंघन करता है, क्योंकि यह बाजारों को एकाधिकार के प्रति अधिक संवेदनशील बनाता है।

अत: विकल्प (C) सही है।

114. उत्पाद का विवरण और गुणवत्ता, विशेषताएं, शैली, ब्रांड नाम और पैकेजिंग वास्तविक उत्पाद की पहचान करता है।

वास्तविक उत्पाद मूर्त, भौतिक उत्पाद है और उत्पाद के सामान्य बैनर के तहत औसत व्यक्ति क्या सोचता है। और जब बिक्री के बाद वारंटी या ग्राहक सेवा जैसे संवर्धित उत्पाद के साथ जोड़ा जाता है, तो कोर का मूल्य बढ़ जाता है।

अत: विकल्प (A) सही है।

115. फिशर प्रभाव आर्थिक सिद्धांत के अनुसार विनिमय दर में नाममात्र ब्याज दरों में अंतर समाप्त हो जाएगा।

फिशर प्रभाव इकोनॉमिक थ्योरी में कहा गया है कि देशों की नाममात्र ब्याज दरों के बीच का अंतर उनकी विनिमय दर के लगभग बराबर है और इस प्रकार अंतर समाप्त हो जाते हैं। पीपीपी थ्योरी की तरह विनिमय दर में बदलाव की भविष्यवाणी में पूरी तरह से मुद्रास्फीति दरों का उपयोग करने के बजाय, यह मुद्रास्फीति और ब्याज दरों को मुद्रा की प्रशंसा या मूल्यहास से संबंधित करता है, जिससे उसी का एक संयुक्त दृष्टिकोण होता है।

अत: विकल्प (B) सही है।

116. वित्तीय प्रणाली में निम्नलिखित शामिल होता है:

- वित्तीय संस्थानों का सुव्यवस्थित स्थापित तंत्र
- अच्छी तरह से विकसित वित्तीय बाजार
- वित्तीय परिसंपत्तियों की अच्छी तरह से विकसित प्रणाली

वित्तीय प्रणाली तेजी से आर्थिक विकास को बढ़ावा देने के लिए धन, ऋण और वित्त से संबंधित है।

अत: विकल्प (C) सही है।

117. सही सुमेलित युग्म हैं- i - c, ii - a, iii - d, iv - b

आर्थिक लाभ कुल मौद्रिक राजस्व और कुल लागतों के बीच का अंतर है, लेकिन कुल लागतों में स्पष्ट और निहित दोनों लागत शामिल हैं। आर्थिक लाभ में उत्पादन से जुड़ी अवसर लागत शामिल है और इसलिए, लेखांकन लाभ से कम है।

लेखांकन लाभ कुल राजस्व-अनुमानित लागत है, जिसमें मूल्यहास भी शामिल है। आर्थिक लाभ कुल राजस्व है - कुल लागत-स्पष्ट + निहित लागत। स्पष्ट लागत एक फर्म के लिए आउट-ऑफ-पॉकेट लागत हैं - उदाहरण के लिए, मजदूरी और वेतन, किराए या सामग्री के लिए भुगतान।

ओलिगोपोलिस्टिक फर्म उद्योग उत्पादन को रोक सकते हैं, उच्च मूल्य वसूल सकते हैं, और आपस में लाभ को विभाजित कर सकते हैं। जब कंपनियां उत्पादन को कम करने और कीमतों को ऊंचा रखने के लिए इस तरह से एक साथ काम करती हैं, तो इसे मिलीभगत कहा जाता है। फर्मों के एक समूह के पास एकाधिकार उत्पादन का उत्पादन करने और एकाधिकार मूल्य पर बेचने

के लिए मिलीभगत करने के लिए एक औपचारिक समझौता है, जिसे कार्टेल कहा जाता है।

जबकि पार्टियां वस्तु विनिमय द्वारा वस्तुओं और सेवाओं का आदान-प्रदान कर सकती हैं, अधिकांश बाजार खरीदारों से पैसे के बदले में अपनी वस्तुओं या सेवाओं (श्रम सहित) की पेशकश करने वाले विक्रेताओं पर भरोसा करते हैं। यह कहा जा सकता है कि एक बाजार एक प्रक्रिया है जिसके द्वारा वस्तुओं और सेवाओं की कीमतें स्थापित की जाती हैं।

अत: विकल्प (A) सही है।

118. मार्कोविट मॉडल पोर्टफोलियो के कुशल सेट की पहचान करता है, जो किसी भी स्तर के जोखिम के लिए उच्चतम रिटर्न या किसी दिए गए स्तर के लिए सबसे कम जोखिम प्रदान करता है। हैरी मार्कोविट मॉडल (एचएम मॉडल), जिसे माध्य-विरेसी मॉडल के रूप में भी जाना जाता है क्योंकि यह अलग-अलग पोर्टफोलियो के अपेक्षित रिटर्न (मतलब) और मानक विचलन (विचरण) पर आधारित है, दी गयी संपत्ति के पोर्टफोलियो का विश्लेषण करके सबसे कुशल चयन करने में मदद करता है।

अत: विकल्प (A) सही है।

119. केवल (A) सही है, लेकिन (R) गलत है।

प्रासंगिक लागत एक प्रबंधकीय लेखांकन शब्द है जो परिहार्य लागतों का वर्णन करता है जो केवल विशिष्ट व्यावसायिक निर्णय लेते समय खर्च किए जाते हैं।

प्रासंगिक लागतें वे लागतें हैं जो प्रबंधकीय निर्णय से प्रभावित होंगी। अप्रासंगिक लागतें वे हैं जो भविष्य में नहीं बदलेगी जब आप एक निर्णय बनाम दूसरे निर्णय लेते हैं।

अत: विकल्प (B) सही है।

120. सही सुमेलित युग्म हैं- i - c, ii - d, iii - a, iv - b

कार्यशील पूंजी में परिवर्तन एक फर्म के नकदी प्रवाह विवरण में परिलक्षित होते हैं। इसके विपरीत, एक अचल संपत्ति बेचने से नकदी प्रवाह और कार्यशील पूंजी को बढ़ावा मिलेगा। यदि कोई कंपनी नकद के साथ इन्वेंटरी खरीदती है, तो कार्यशील पूंजी में कोई बदलाव नहीं होगा क्योंकि इन्वेंटरी और नकदी दोनों वर्तमान संपत्ति हैं।

आस्थगित कर संपत्ति एक कंपनी की बैलेंस शीट पर एक परिसंपत्ति है जिसका उपयोग अपनी कर योग्य आय को कम करने के लिए किया जा सकता है।

नकदी प्रवाह की तीन परिचालन गतिविधियां, निवेश गतिविधियां और वित्तपोषण गतिविधियां। परिचालन गतिविधियों में शुद्ध आय से संबंधित नकद गतिविधियाँ शामिल हैं।

अचल संपत्ति की हानि से तात्पर्य आर्थिक लाभ के उस (वर्तमान) मूल्य के अचानक घटने से है, जो क्षति, अप्रचलन आदि के कारण उत्पन्न हो सकता है।

अत: विकल्प (C) सही है।

121. सही सुमेलित युग्म हैं- i - (b), ii - (d), iii - (a), iv - (c)

राजनीतिक-कानूनी वातावरण बहुत सारे कारकों का एक संयोजन है जैसे सत्ता में वर्तमान राजनीतिक दल, व्यापार और उद्योग के राजनीतिकरण की डिग्री, वर्तमान सरकार की दक्षता, सरकार की नीतियां, वर्तमान कानूनी ढांचा, जनता के प्रति रवैया, अर्थव्यवस्था, आदि।

जनसांख्यिकी पर्यावरण- जनसांख्यिकी एक विशिष्ट क्षेत्र में जनसंख्या की विशेषताओं के बारे में है और इसमें आयु, दौड़, आय आदि जैसे कई कारक शामिल हैं। प्रत्येक व्यवसाय किसी जनसंख्या की जनसांख्यिकीय विशेषताओं के विभिन्न पहलुओं से संबंधित हो सकता है।

आर्थिक वातावरण उन सभी आर्थिक कारकों को संदर्भित करता है जो वाणिज्यिक और उपभोक्ता व्यवहार को प्रभावित करते हैं। आर्थिक वातावरण में तत्काल बाजार और व्यापक अर्थव्यवस्था में सभी बाहरी कारक शामिल हैं।

ये कारक किसी व्यवसाय को प्रभावित कर सकते हैं, अर्थात्, यह कैसे संचालित होता है और यह कितना सफल हो सकता है।

पर्यावरण भूगोल भूगोल की एक शाखा है। यह विभिन्न पारिस्थितिक तंत्रों, निवास, पौधों, जानवरों और मानव जीवन के स्थानिक वितरण से संबंधित है।

अत: विकल्प (B) सही है।

122. उपभोक्ता संरक्षण अधिनियम, 1986 के तहत जो सेवाएं नि: शुल्क प्रदान की जाती हैं उनकी शिकायतों का उपभोक्ता फोरम द्वारा निवारण नहीं किया जाता है। ग्राहकों की हितों की रक्षा के लिए 24 दिसम्बर 1986 को तत्कालीन प्रधानमंत्री राजीव गांधी की पहल पर उपभोक्ता संरक्षण विधेयक संसद ने पारित किया गया और उसके बाद राष्ट्रपति द्वारा हस्ताक्षरित होने के बाद देशभर में उपभोक्ता संरक्षण अधिनियम लागू हुआ था। इस अधिनियम में बाद में 1993 व 2002 में महत्वपूर्ण संशोधन किए गए थे ।

अत: विकल्प (C) सही है।

123. चयन संगठन में रिक्त पद के लिए सबसे उपयुक्त उम्मीदवार चुनने की प्रक्रिया है। दूसरे शब्दों में, चयन का अर्थ है अनुपयुक्त आवेदकों का निराकरण करना और संगठन में नौकरियों को भरने के लिए आवश्यक योग्यता और क्षमताओं के साथ उन व्यक्तियों का चयन करना।

अत: विकल्प (D) सही है।

124. जब मजदूरी बढ़ती है, श्रम उत्पादकता बढ़ जाती है जबकि निर्माण श्रमिक की संख्या घट जाती है। वेतन अंतर विधि इस धारणा पर आधारित है कि इनमें से कोई भी परिवर्तन नहीं होता है। लेकिन, रोजगार में उत्पादकता और कटौती बढ़ी हुई मजदूरी दरों के प्रभाव को कम करती है। एक नौकरी मूल्यांकन एक संगठन में अन्य नौकरियों के संबंध में नौकरी के मूल्य / मूल्य का निर्धारण करने का एक व्यवस्थित तरीका है। यह तर्कसंगत वेतन संरचना की स्थापना के उद्देश्य के लिए उनके सापेक्ष मूल्य का आकलन करने के लिए नौकरियों के बीच एक व्यवस्थित तुलना करने की कोशिश करता है।

अत: विकल्प (C) सही है।

125. सामाजिक सुरक्षा लाभों में वृद्धा पेंशन शामिल हैं। सामाजिक सुरक्षा - आधिकारिक तौर पर संयुक्त राज्य अमेरिका में वृद्धावस्था, उत्तरजीविता और विकलांगता बीमा (OASDI) कार्यक्रम - एक व्यापक संघीय लाभ कार्यक्रम है जो पुराने श्रमिकों और उनके जीवनसाथी के लिए आंशिक प्रतिस्थापन आय प्रदान करने के लिए डिज़ाइन किया गया है।

अत: विकल्प (C) सही है।

126. प्रदर्शन मूल्यांकन 360 डिग्री मूल्यांकन से संबंधित है। प्रदर्शन मूल्यांकन या प्रदर्शन की समीक्षा एक व्यवस्थित प्रक्रिया है जिसमें काम पर कर्मचारी के प्रदर्शन का मूल्यांकन उन परियोजनाओं के संबंध में किया जाता है जिन पर कर्मचारी ने काम किया है और संगठन में उनका योगदान है। इसे वार्षिक समीक्षा या प्रदर्शन समीक्षा के रूप में भी जाना जाता है।

अत: विकल्प (A) सही है।

127. एक मर्चेंट बैंक अंतरराष्ट्रीय वित्त, कंपनियों के लिए व्यावसायिक ऋण और जोखिम अंकन से संबंधित है। मर्चेंट बैंक के संबंध में निम्नलिखित कथन सही नहीं हैं कि:

i. यह जमा स्वीकार कर सकता है।

ii .यह ऋण अग्रिम कर सकता है।

iii. यह अन्य बैंकिंग गतिविधियां कर सकता है।

अत: विकल्प (B) सही है।

128. एशियाई विकास बैंक एशिया के विकासशील देशों को वित्तीय सहायता प्रदान करता है।

एडीबी का उद्देश्य एशिया और प्रशांत क्षेत्र के सामाजिक और आर्थिक विकास में तेजी लाना है। एडीबी ने 1974 में एडीबी फंड का गठन किया जो एशियाई देशों को रियायती ब्याज दरों पर फंड प्रदान करता है।

अत: विकल्प (C) सही है।

129. भारतीय औद्योगिक वित्त निगम (IFCI) प्रारंभ में 1948 में स्थापित किया गया था, भारतीय औद्योगिक वित्त निगम को 1 जुलाई 1993 को एक सार्वजनिक कंपनी में परिवर्तित कर दिया गया था और अब इसे भारत के औद्योगिक वित्त निगम लिमिटेड के रूप में जाना जाता है।

अत: विकल्प (B) सही है।

130. अब तक देश में 23 सेबी अनुमोदित स्टॉक एक्सचेंज हैं। अंश बाजार का प्रबंधन और विनियमन भारतीय प्रतिभूति और विनिमय बोर्ड द्वारा किया जाता है ।

पहले भारत में कुल 24 स्टॉक एक्सचेंज हुआ करते थे लेकिन अब इसकी संख्या घटकर 23 हो गई है। 9 जुलाई 2007 में सीबीआई द्वारा स्वस्थ कामकाज के कारण सौराष्ट्र स्टॉक एक्सचेंज राजकोट की मान्यता रद्द कर दी थी।

अत: विकल्प (A) सही है।

131. RBI केंद्र और राज्य दोनों सरकारों के लिए एक बैंकर है। कथन सत्य हैं।

रिज़र्व बैंक, करार के द्वारा, राज्य सरकार के बैंकर के रूप में भी कार्य कर सकता है। वर्तमान में रिज़र्व बैंक भारत में सिक्किम को छोड़कर अन्य सभी राज्यों (पुडुचेरी संघ शासित प्रदेश सहित) के लिए बैंकर के रूप में कार्य करता है।

अत: विकल्प (D) सही है।

132. 'अंतरराष्ट्रीय तरलता' शब्द का अर्थ उन सभी वित्तीय संसाधनों और सुविधाओं से है, जो व्यक्तिगत देशों के मौद्रिक अधिकारियों को भुगतान के अपने अंतरराष्ट्रीय संतुलन में घाटे के वित्तपोषण के लिए उपलब्ध हैं, जब विदेशी धन की आपूर्ति के अन्य सभी स्रोत अंतरराष्ट्रीय भुगतान में संतुलन सुनिश्चित करने के लिए अपर्याप्त साबित होते हैं।

अत: विकल्प (A) सही है।

133. भारत और कजाकिस्तान के बीच प्रारंभिक DTAC पर 9 दिसंबर, 1996 को हस्ताक्षर किए गए थे, ताकि दोहरे कराधान से बचा जा सके और आय पर करों के संबंध में चोरी को रोका जा सके।

अत: विकल्प (D) सही है।

134. कथन I: बिक्री पर संपत्ति के हस्तांतरण का तत्काल प्रभाव पड़ता है, जबकि संपत्ति बेचने का एक समझौता भविष्य में कुछ समय तक के लिए प्रतीक्षा करना होता है।

कथन II: बिक्री, खरीदार को माल का मालिक बनाती है लेकिन बिक्री के लिए एक समझौता खरीदार को माल का मालिक नहीं बनाता है।

यहाँ दोनों कथन सही हैं।

अत: विकल्प (C) सही है।

135. चेक का भुगतान न करने पर उसे अस्वीकृत कर दिया जाता है और चेक हमेशा मांग पर देय होता है। दोनों कथन सही हैं और अभिकथन का कारण भी मान्य है।

चेक एक दस्तावेज है जो एक बैंक को किसी व्यक्ति के खाते से उस व्यक्ति को एक विशेष राशि का भुगतान करने का आदेश देता है जिसके नाम पर चेक जारी किया गया है। चेक लिखने वाले व्यक्ति, जिसे दराज के रूप में जाना जाता है, का एक लेन-देन बैंकिंग खाता होता है, जहां उनका धन रखा जाता है।

अत: विकल्प (A) सही है।

136. भारतीय संविदा अधिनियम, 1872 ने धारा 2 (एच) के तहत संविदा को "कानून द्वारा प्रवर्तनीय कोई करार" के रूप में परिभाषित किया है।

यह अधिनियम अंग्रेजी लोक विधि के सिद्धांतों पर आधारित है।

सभी करार संविदा होते हैं यदि वे उन पार्टियों की स्वतंत्र सहमति से होते हैं जो संविदा में शामिल हैं, एक वैध वस्तु के साथ एक वैध विचार के लिए, और इसके बाद इसे शून्य घोषित नहीं किया जाता है।

अतः विकल्प (C) सही है।

137. एजेंसी के अनुबंध में, निहित एजेंसी आवश्यकता की एजेंसी और एजेंसी द्वारा सत्यापन द्वारा उत्पन्न हो सकती है।

वर्तमान व्यापार परिदृश्य में एजेंसी प्रणाली बहुत लोकप्रिय है। एजेंसी प्रणाली में दो पक्ष होते हैं एक स्वामी और एजेंट होता है। एजेंट अपने स्वामी की ओर से कार्य करने वाला व्यक्ति होता है। यह स्वामी/प्रमुख और थर्ड पार्टी के बीच एक जोड़ होता है। इसमें हम भारतीय अनुबंध अधिनियम, 1872 के तहत एक एजेंसी के निर्माण पर चर्चा करेंगे।

किसी भी प्रबंध, पार्टियों की स्थिति, या मामले के लिए आवश्यक होने पर निहित एजेंसी उत्पन्न होती है।

अतः विकल्प (C) सही है।

138. सीजीएसटी की अधिकतम दर 14 है।

जीएसटी पाँच कर स्तरों में एकत्र किया गया है जो 0%, 5%, 12%, 18% और 28% में आता है। जीएसटी कानून के तहत सीजीएसटी का पूर्ण रूप केंद्रीय वस्तु और सेवा कर है। इसे सीजीएसटी एक्ट 2017 कहा जाता है। सीजीएसटी और एसजीएसटी को अंतर्राज्यीय आपूर्ति (राज्य के भीतर आपूर्ति) पर लगाया जाता है। सीजीएसटी और एसजीएसटी का योग आईजीएसटी अंतर-राज्य आपूर्ति पर लगाया जाता है और इसे आईजीएसटी अधिनियम द्वारा अलग से आवृत किया जाता है। अंतर्राज्यीय आपूर्ति पर अधिकतम सीजीएसटी दर की कैपिंग 14% पर की जाती है। मानव उपभोग के लिए मादक शराब जीएसटी के दायरे से बाहर है; इसलिए यह राज्य के उत्पाद शुल्क कानूनों के दायरे में आता रहेगा।

अतः विकल्प (D) सही है।

139. आयकर अधिनियम के अनुसार 2 और 3 दोनों रसीदें राजस्व प्रकृति की हैं।

राजस्व रसीदें उन रसीदें को संदर्भित करती हैं जो न तो कोई दायित्व पैदा करती हैं और न ही सरकार की संपत्ति में कोई कमी लाती हैं।
राजस्व रसीदें नियमित और आवर्ती प्रकृति की होती हैं और सरकार उन्हें सामान्य गतिविधियों में प्राप्त करती है।

इसमें केंद्र द्वारा लगाए गए करों और अन्य शुल्कों से प्राप्त आय शामिल है; निवेश पर प्राप्त ब्याज और लाभांश; और सरकार को अपनी सेवाओं के लिए प्राप्त होने वाली फीस और शुल्क। सरकार के लिए, राजस्व रसीदें के दो स्रोत हैं: कर राजस्व और गैर-कर राजस्व।

अतः विकल्प (C) सही है।

140. कृषि आय से तात्पर्य कृषि गतिविधियों पर आधारित स्रोतों से अर्जित आय या राजस्व से है। आय के इन स्रोतों में कृषि भूमि, भवन, कृषि भूमि के साथ-साथ बागवानी भूमि से वाणिज्यिक उत्पाद शामिल हैं।

आयकर अधिनियम, 1961 की धारा 2 (1A) भारत में तीन गतिविधियों को कृषि आय का मुख्य स्रोत मानती है, वे हैं:

1. भारत में किराये पर दी गई कृषि भूमि से प्राप्त राजस्व या किराया।
2. स्वामी द्वारा कृषि भूमि के उपयोग से प्राप्त आय।
3. विभिन्न कृषि कार्यों के लिए आवश्यक फार्म बिल्डिंग से प्राप्त कृषि आय।

अतः विकल्प (B) सही है।

141. एक निर्धारिती की आवासीय स्थिति प्रत्येक श्रेणी के व्यक्तियों के लिए अलग से निर्धारित की जाती है उदाहरण के लिए किसी व्यक्ति की आवासीय स्थिति और कंपनियों के लिए अलग नियम आदि निर्धारित करने के लिए नियमों के अलग-अलग सेट हैं।

आवासीय स्थिति हमेशा पिछले वर्ष के लिए निर्धारित की जाती है क्योंकि हमें केवल पिछले वर्ष की कुल आय का निर्धारण करना होता है। एक निर्धारिती विभिन्न निर्धारण वर्षों के लिए आवासीय स्थिति का आनंद ले सकता है।

यदि कोई व्यक्ति आय के किसी भी स्रोत के संबंध में एक निर्धारण वर्ष के लिए प्रासंगिक पिछले वर्ष में भारत में निवासी है, तो उसे अपने अन्य स्रोतों में से प्रत्येक के संबंध में निर्धारण वर्ष से संबंधित पिछले वर्ष में भारत में निवासी माना जाएगा। एक व्यक्ति किसी भी पिछले वर्ष के लिए एक से अधिक देशों का निवासी हो सकता है।

अतः विकल्प (D) सही है।

142. अर्जित आय जो आयकर के अधीन नहीं है, छूट प्राप्त आय कहलाती है। आयकर अधिनियम, 1961 की धारा 10 के अनुसार, कुछ प्रकार की आय होती है जो एक वित्तीय वर्ष के भीतर आयकर के अधीन होगी, बशर्ते कि वे कुछ शर्तों और दिशानिर्देशों को पूरा करती हों।

अतः विकल्प (A) सही है।

143. आकस्मिक आय:

लॉटरी, पहेली, कार्ड गेम, वर्ग पहेली, जुआ, सट्टेबाजी, घुड़दौड़ आदि जीतने से प्राप्त आय को आकस्मिक आय के रूप में जाना जाता है। इन सभी आकस्मिक आय पर 30% की समान दर से कर लगता है। आकस्मिक आय से कटौती के रूप में किसी भी व्यय की अनुमति नहीं है और आकस्मिक आय के लिए मूल छूट सीमा का लाभ भी उपलब्ध नहीं है।

घरेलू कंपनी से प्राप्त लाभांश:

घरेलू कंपनी से प्राप्त लाभांश पर 31 मार्च 2020 (वित्त वर्ष 19-20) तक छूट थी। हालांकि, वित्त अधिनियम, 2020 ने लाभांश कराधान के तरीके को बदल दिया। अब से, 1 अप्रैल 2020 को या उसके बाद प्राप्त सभी लाभांश निवेशक/शेयरधारक के हाथों में कर योग्य हैं। किसी कंपनी या म्यूचुअल फंड से 5,000 रुपये से अधिक की लाभांश आय पर टीडीएस की सामान्य दर 10% है। हालांकि, COVID-19 राहत उपाय के रूप में, सरकार ने 14 मई 2020 से 31 मार्च 2021 तक वितरण के लिए TDS दर को घटाकर 7.5% कर दिया।

इसलिए, कथन 3 और 4 सत्य हैं।

अतः विकल्प (C) सही है।

144. एक संसद सदस्य द्वारा प्राप्त वेतन अन्य स्रोतों से आय के मद में कर योग्य है।

अन्य स्रोतों से आय, जो कि आयकर अधिनियम में उल्लिखित आय के पांच शीर्षों में से अंतिम है, अनिवार्य रूप से आय का एक शीर्ष है जिसमें सभी प्राप्तियां शामिल होती हैं जिन्हें अन्यथा आय के किसी भी अन्य शीर्ष के अंतर्गत वर्गीकृत नहीं किया जा सकता है।

अतः विकल्प (D) सही है।

145. एक आयकर व्यक्तियों या संस्थाओं (करदाताओं) पर लगाया जाने वाला कर है जो संबंधित आय या लाभ (कर योग्य आय) के साथ बदलता रहता है।

आम तौर पर आयकर की गणना कर योग्य आय के कर दर गुणा के उत्पाद के रूप में की जाती है। कराधान की दरें करदाता के प्रकार या विशेषताओं के अनुसार भिन्न हो सकती हैं।

भारत में, आयकर की प्रकृति प्रगतिशील है। कर योग्य आय बढ़ने पर कर की दर बढ़ सकती है (स्नातक या प्रगतिशील दरों के रूप में संदर्भित)।

पहला आयकर आमतौर पर मिस्र को दिया जाता है। रोमन गणराज्य के शुरुआती दिनों में, सार्वजनिक करों में स्वामित्व वाली संपत्ति और संपत्ति पर

मामूली आकलन शामिल था। सामान्य परिस्थितियों में कर की दर 1% थी और कभी-कभी युद्ध जैसी स्थितियों में 3% तक चढ़ जाती थी।

सेवानिवृत्ति उन्मुख कर, जैसे सामाजिक सुरक्षा या राष्ट्रीय बीमा, भी एक प्रकार का आयकर है, हालांकि आम तौर पर इस तरह के रूप में संदर्भित नहीं किया जाता है।

अतः विकल्प (D) सही है।

146. डेटा का गुणात्मक परीक्षण प्रतिभागियों की संज्ञानात्मक प्रक्रिया को समझने के बारे में है यानी यह समझना कि बातचीत उनकी समग्र भावनाओं और अपेक्षाओं को कैसे प्रभावित करती है।

x^2 ची-वर्ग परीक्षण:

यह एक सांख्यिकीय परिकल्पना परीक्षण है जो कि वे कैसे संबंधित हैं, यह जांचने के लिए एक आकस्मिक परीक्षण के दो चर की तुलना करते हैं। यह एक गैर-परीक्षणात्मक परीक्षण है और यह परीक्षण सामान्य रूप से गुणात्मक डेटा पर लागू होता है।

ची-वर्ग परीक्षण दो प्रकार के होते हैं:

- फिट परीक्षण का काई -वर्ग यह निर्धारित करती है कि नमूना डेटा आबादी के साथ मेल खाता है या नहीं।
- स्वतंत्रता परीक्षणों के लिए एक काई-वर्ग परीक्षण यह देखने के लिए कि क्या श्रेणीगत चर का वितरण एक दूसरे से भिन्न होता है।

इसलिए, सामान्य रूप से गुणात्मक डेटा पर x^2 ची-वर्ग परीक्षण लागू होता है।

अतः विकल्प (C) सही है।

147. चंक सैंपलिंग को सुविधानुसार सैंपलिंग नाम से जाना जाता है।

सैंपलिंग किया जाता है क्योंकि उत्तरदाताओं की पूरी आबादी का सर्वेक्षण करना एक शोधकर्ता के लिए संभव नहीं है, इसलिए वे ऐसे व्यक्तियों का यादृच्छिक नमूना चुनते हैं जो पूरी आबादी का प्रतिनिधित्व करते हैं, और उन व्यक्तियों को अनुसंधान का सैंपलिंग आकार माना जाता है।

अतः विकल्प (B) सही है।

148. दो से अधिक नमूनों के माध्य और दो नमूनों के प्रसरण के बीच अंतर के महत्व का परीक्षण करने के लिए एफ-परीक्षण का उपयोग किया जाता है।

परिकल्पना परीक्षण यह पता लगाने का एक तरीका है कि एक सर्वेक्षण या प्रयोग के परिणाम सार्थक /सच्चे और निर्भर हैं या नहीं। वैकल्पिक परिकल्पना मानती है कि वास्तविक अर्थ और तुलना मूल्य के बीच कुछ अंतर है और शून्य परिकल्पना मानती है कि कोई अंतर मौजूद नहीं है।

अतः विकल्प (D) सही है।

149. प्रॉफिट (Profit) लेखांकन सॉफ्टवेयर नहीं है।

लेखांकन सॉफ्टवेयर एक उपकरण है जिसका उपयोग रिकॉर्ड और प्रक्रिया लेनदेन जैसे चालान, बिलिंग, खाता प्राप्य, देय आदि को बनाए रखने के लिए किया जाता है। मुख्य उद्देश्य आंतरिक और बाहरी वित्तीय खर्चों को पूरा करना और उनमें से एक रिकॉर्ड रखना है।

अतः विकल्प (C) सही है।

150. प्रतिगमन समीकरण में प्रतिगमन गुणांक स्थिरांक 'b' है जो स्वतंत्र चर में इकाई परिवर्तन के अनुरूप निर्भर चर के मान में परिवर्तन के बारे में बताता है।

प्रतिगमन गुणांक को ढलान गुणांक भी कहा जाता है क्योंकि यह रेखा के ढलान को निर्धारित करता है यानी स्वतंत्र चर में इकाई परिवर्तन के लिए स्वतंत्र चर में परिवर्तन।

अतः विकल्प (B) सही है।

Paper-I

Q.1 एक कक्षा में स्थानिक ऑडियो उत्सर्जन छात्रों को कम कर सकता है:

A. समझने में संज्ञानात्मक भार

B. शिक्षक का सम्मान

C. उत्कृष्टता के लिए प्रेरणा

D. प्रौद्योगिकी - अभिविन्यास में रुचि

Q.2 निम्नलिखित में से कौन प्रभावी शिक्षण में एक महत्वपूर्ण व्यवहार है?

[UGC NET Sociology, 2017]

A. छात्रों के विचारों और योगदान का उपयोग करना

B. संरचना

C. अनुदेशात्मक विविधता

D. पूछताछ

Q.3 प्रभावी संचार पूर्व-कल्पना________को कम करता है।

A. गैर सरेखण **B.** प्रभुत्व

C. सहनशीलता **D.** समझ

Q.4 शिक्षक-छात्र सम्प्रेषण प्राय: होता है:

A. अप्रमाणिक **B.** विवेचनात्मक

C. उपयोगितावादी **D.** प्रतिरोधात्मक

Q.5 प्रभावी संचार के लिए क्या बाधाएं हैं?

A. नैतिककरण, सांप्रदायिक होना और सांत्वना की टिप्पणियाँ

B. संवाद, सारांश और आत्म-समीक्षा

C. सरल शब्दों का प्रयोग, शांत प्रतिक्रिया और रक्षात्मक रवैया

D. व्यक्तिगत कथन, नेत्र संपर्क और सरल कथन

Ques (6-10):निर्देश: दी गयी तालिका का ध्यानपूर्वक अध्ययन कर निम्नलिखित प्रश्न के उत्तर दीजिए।

विभिन्न दुकानों द्वारा एक साल में बेची गयी विभिन्न कम्पनियों की घड़ियों की संख्या

बेची गई घड़ियों की संख्या			
दुकान का नाम	टाइटन	सोनाटा	फास्ट्रैक
A	750	850	680
B	920	670	960
C	1050	470	850
D	710	780	820

Q.6 दुकान A द्वारा बेची गई कुल घड़ियों का कितने प्रतिशत टाइटन का था?

A. 29.10 **B.** 32.89 **C.** 38.15 **D.** 28.67

Q.7 दुकान D द्वारा बेची गई घड़ियों की संख्या, दुकान B द्वारा बेची गई घड़ियों की संख्या के कितने प्रतिशत है?

A. 78.91 **B.** 81.67 **C.** 90.59 **D.** 93.48

Q.8 दुकान C द्वारा बेची गई फास्ट्रैक घड़ियों की संख्या, दुकान A द्वारा बेची गई फास्ट्रैक घड़ियों की संख्या से कितने प्रतिशत अधिक है?

A. 15 **B.** 35 **C.** 25 **D.** 20

Q.9 किस दुकान में बेची गई घड़ियों की औसत संख्या सबसे अधिक है?

A. A **B.** B **C.** C **D.** D

Q.10 दुकान B द्वारा बेची गई सोनाटा घड़ियों की कुल संख्या, सभी दुकानों द्वारा बेची गई सोनाटा घड़ियों की कुल संख्या के कितने प्रतिशत है?

A. 28.32 **B.** 22.69 **C.** 27.52 **D.** 24.19

Q.11 स्कूलों में पर्यावरण शिक्षा को पढ़ाया जाना चाहिए क्योंकि -

A. यह पर्यावरण प्रदूषण को प्रभावित करेगा

B. यह जीवन का महत्वपूर्ण हिस्सा है

C. यह शिक्षकों को नौकरी प्रदान करेगा

D. हम पर्यावरण से बच नहीं सकते

Q.12 शिक्षण की पद्धतियों के किस समान्वय से अधिगम के इष्टतम होने की संभावना है?

A. व्याख्यान, परिचर्चा और संगोष्ठी प्रद्धति

B. अन्तःक्रियात्मक परिचर्चा, नियोजित व्याख्यान और पावर पॉइंट आधारित प्रस्तुतिकरण

C. अन्तःक्रियात्मक व्याख्यान सत्र जिसमें युग्मीय चर्चा आधारित सत्र विचारवेश प्रक्रिया और परियोजनाएँ अनुवर्ती रूप में हो

D. व्याख्यान, प्रदर्शन और पावर पॉइंट आधारित प्रस्तुतिकरण

Q.13 अभिकथन (A): शिक्षक सामग्रियों को अनुदेशन के प्रभावी परिपूरकों के रूप में मानना चाहिए।

तर्क (R): वे छात्रों की रसमयता बनाए रखते हैं।

नीचे दिए गए कूट से सही उत्तर चुनिए :

A. (A) और (R) दोनों सही हैं और (R), (A) की सही व्याख्या है।

B. (A) और (R) दोनों सही है, किंतु (R), (A) की सही व्याख्या नहीं है।

C. (A) सही है, किन्तु (R) गलत है।

D. (A) गलत है, किन्तु (R) सही है।

Q.14 कक्षा संवाद का माध्यम है:

A. सामाजिक पहचान **B.** बाह्य निर्मलता

C. पक्षपाती निष्क्रियता **D.** समूह आक्रामकता

Q.15 निम्नलिखित में से तार्किक तर्क में वैधता को संदर्भित करता है:

(a) कोई भी सरल एकल प्रस्ताव

(b) परिसर और निष्कर्ष के बीच संबंध

(c) अकेले निष्कर्ष

(d) परिसर का सत्य

नीचे दिए गए विकल्प में से सही विकल्प का चयन करें:

A. (a) और (b) **B.** (b) और (c)

C. केवल (b) **D.** केवल (d)

Q.16 एक कोडित संदेश में, SLOW MOVE, GET BACKWARDS, FIRE AWAY को VFMD ZMWE, BEN PCTLDCOXU, QHOE CDCI के रूप में लिखा गया है।

इस कोडिंग योजना के आधार पर, निम्नलिखित शब्दों के लिए कोड का पता लगाएं।

FIERCE

A. QHEHTE **B.** QHEEOT

C. QHETOE **D.** QHEOTE

Q.17 निम्नलिखित तर्क में विचार की पहचान करें:

"एक लक्ष्य के बिना एक व्यक्ति एक प्रोग्राम के बिना एक कंप्यूटर की तरह है"।

A. काल्पनिक
B. वियोजक
C. निगमन
D. अलंकारिक

Q.18 निम्नलिखित में से कौन एक निर्देशात्मक सामग्री नहीं है?

A. प्रिंटेड स्टडी गाइड
B. ओवरहेड प्रोजेक्टर
C. ऑडियो पोडकास्ट
D. यूट्यूब वीडियो

Q.19 निम्नलिखित में से कौन सा शब्द डिजाइन के लिए डिजिटल शिक्षण के वातावरण से संबंधित है?

A. ई-विद्वान
B. ई-आचार्य
C. ई-कल्प
D. ई-यंत्र

Q.20 निम्नलिखित में से किसे राष्ट्रीय संस्थागत रैंकिंग फ्रेमवर्क (NIRF) के अनुसार देश में सर्वश्रेष्ठ कॉलेज (2017) का स्थान दिया गया है?

[UGC NET Sociology, 2017]

A. मिरांडा हाउस, दिल्ली
B. सेंट स्टीफन कॉलेज, दिल्ली
C. फर्ग्यूसन कॉलेज, पुणे
D. महाराजा कॉलेज, मैसूर

Q.21 शैक्षणिक संस्थाओं में प्रवेश में किन आधारों पर किये जाने वाले पक्षपात जा सांविधानिक रूप से निषेध किया गया है?

1) धर्म
2) लिंग
3) जन्मस्थान
4) राष्ट्रीयता

नीचे दिए कूट में से सही उत्तर का चयन कीजिये:

A. 2, 3 और 4
B. 1, 2 और 3
C. 1, 2 और 4
D. 1, 2, 3 और 4

Q.22 चार प्रकार के कारक - स्थलाकृतिक, जलवायु, मृदा संबंधी और जैविक; पर्यावरण को प्रभावित करते हैं। इनमें से किसे, प्राकृतिक भूगोल-संबंधी कारक के रूप में भी जाना जाता है?

A. स्थलाकृतिक
B. जलवायु
C. मृदा संबंधी
D. जैविक

Q.23 सतत विकास लक्ष्य (Sustainable Development Goal - SDG) इंडिया सूचकांक 2018 के अनुसार, निम्न में से किस राज्य का SDG सूचकांक स्कोर सर्वाधिक है?

A. हिमाचल प्रदेश
B. गोवा
C. आंध्र प्रदेश
D. तमिलनाडु

Q.24 किसी विद्यालय का प्राचार्य विद्यालय के कार्यक्रमों में शिक्षकों तथा छात्रों के प्रतिभाग क अभिवृद्ध करने की सम्भावना का पता लगाने के लिए उनके साथ साक्षात्कार सत्र आयोजित करता है। यह प्रयास अनुसंधान के लिस प्रकारता से सम्बंधित है?

A. मूल्यांकन अनुसंधान
B. मौलिक अनुसंधान
C. क्रियात्मक अनुसंधान
D. व्यवहत अनुसंधान

Q.25 स्थिति को रचनात्मक रूप से देखने और आकार देने की क्षमता अनुसंधान के किस चरण में सबसे अधिक प्रासंगिक है?

A. एक शोध समस्या की पहचान करने और परिभाषित करने के स्तर पर।
B. अनुसंधान डिजाइन और इसके निष्पादन का निर्धारण करने में।
C. शोध परिकल्पना तैयार करने और उनके परीक्षण के लिए प्रक्रियाओं में।
D. अपने प्रतिनिधि चरित्र को सुनिश्चित करने के लिए नमूना लेने की प्रक्रियाओं को तय करने और पहचानने में।

Q.26 शैक्षिक शोध का उद्देश्य क्या है?

A. प्रमुख समस्याओं की पहचान करना जिनका समाधान करना आवश्यक है
B. शिक्षा की प्रक्रिया में अंतर्निहित नए तथ्यों और सिद्धांतों की खोज करना
C. शिक्षा के उद्देश्यों की पहचान करना
D. उन मूल्यों की पहचान करना, जिन्हें विद्यार्थियों में विकसित करने की आवश्यकता है

Q.27 शोध की समष्टि को प्रकृति विजातीय होने की दशा में निम्नलिखित में से कौन सी प्रतिचयन विधि प्रतिदर्श इकाइयों का सर्वोत्तम प्रतिनिधित्व सुनिश्चित करेगी?

A. सरल यादृच्छिक प्रतिचयन
B. स्तरित यादृच्छिक प्रतिचयन
C. गुच्छ प्रतिचयन
D. व्यवस्थित प्रतिचयन

Q.28 निम्न में से कौन सी सर्वेक्षण की एक विधि नहीं है?

A. व्यक्तिगत साक्षात्कार
B. अभिलेख
C. डाक प्रश्नावली
D. अनुसूची

Q.29 कौन सी शिक्षण सहायक सामग्री पढ़ने, सुनने और उच्चारण करने जैसे कौशल को बढ़ाती है?

A. ऑडियो-भाषी शिक्षण सहायक सामग्री।
B. वैज्ञानिक शिक्षण सहायक सामग्री।
C. सामान्य ज्ञान शिक्षण सहायक सामग्री।
D. सैद्धांतिक आधारित शिक्षण सहायक सामग्री।

Q.30 निर्देश: नीचे दिए गए प्रश्न में कथन I और II के दो निष्कर्ष दिए गए हैं। आपको कथन के सत्य होने के लिए सब कुछ मान लेना है, फिर दो निष्कर्षों पर एक साथ विचार करें और निर्णय लें कि उनमें से कौन सा तार्किक रूप से कथन में दी गई जानकारी से उचित संदेह से परे है।

कथन: एक दिन के क्रिकेट मैच में, एक टीम द्वारा बनाए गए कुल रन 200 थे। इनमें से 160 रन स्पिनरों द्वारा बनाए गए थे।

निष्कर्ष:

I. टीम के 80% स्पिनरों में शामिल हैं।
II. शुरुआती बल्लेबाज स्पिनर थे।

A. केवल निष्कर्ष I अनुसरण करता है
B. केवल निष्कर्ष II अनुसरण करता है
C. या तो I या II अनुसरण करता है
D. न तो I और न ही II अनुसरण करता है

Q.31 एक महिला ने अपने पति से राकेश का परिचय कराते हुए कहा, "इसके भाई के पिता मेरे दादा के इकलौते पुत्र हैं।" यह महिला राकेश की क्या लगती हैं?

[UGC NET Sociology, 2018]

A. चाची
B. माता
C. बहन
D. पुत्री

Q.32 दो संख्याओं का अनुपात 2 : 5 है। यदि दोनों संख्याओं में 16 जोड़ा जाये तो उनका अनुपात 1 : 2 हो जाता है। ये संख्याएं है:

[UGC NET Home Science, 2018], [UGC NET Sociology, 2018]

A. 16, 40
B. 20, 50
C. 28, 70
D. 32, 80

Q.33 अगर STREAMERS का कूट UVTGALDQR है, तो KNOWLEDGE का कूट होगा:

A. MQPYLCDFD
B. MPQYLDCFD
C. PMYQLDFCD
D. YMQPLDDFC

Q.34 12 संख्याओं का औसत 15 है और पहले दो का औसत 14 है। बाकी का औसत क्या है?

A. $15\frac{1}{5}$ **B.** 14   **C.** $11\frac{1}{5}$ **D.** 15

Q.35 शोध करते समय संबंधित अध्ययन की समीक्षा महत्वपूर्ण है क्योंकि -
A. यह दोहराव या दोहराव से बचा जाता है
B. यह अंतराल को समझने में मदद करता है
C. यह शोधकर्ता को अतार्किक निष्कर्ष निकालने में मदद नहीं करता है
D. ऊपर के सभी

Q.36 एक पार्टी आयोजित की गई जिसमें दादी, पिता, माता, पुत्र, उनकी पत्नियाँ और प्रत्येक पुत्र के एक पुत्र एवं दो पुत्रियाँ उपस्थित थीं। पार्टी में उपस्थित महिलाओं की संख्या कितनी है?
A. 12   **B.** 18   **C.** 14   **D.** 24

Q.37 निर्देश: निम्नलिखित प्रत्येक प्रश्न में एक कथन दिया गया है, उसके बाद दो निष्कर्ष दिए गए हैं। उत्तर दें:
कथन: आज कई हज़ार मिलियन की आबादी वाले विश्व में, अधिकांश पुरुषों को ऐसी सरकारों के अर्धीन रहना पड़ता है जो उन्हें व्यक्तिगत स्वतंत्रता और असंतोष के अधिकार से मना करती हैं।
निष्कर्ष:
I. लोग व्यक्तिगत स्वतंत्रता और असंतोष के अधिकार के प्रति उदासीन हैं।
II. लोग व्यक्तिगत स्वतंत्रता और असंतोष के अधिकार की इच्छा रखते हैं।
A. केवल निष्कर्ष I अनुसरण करता है
B. केवल निष्कर्ष II अनुसरण करता है
C. या तो I या II अनुसरण करता है
D. I और II दोनों अनुसरण करते हैं

Q.38 $(-23)_{10}$ का बाइनरी समतुल्य क्या है ?
A. 111010010   **B.** 111010001
C. 111010111   **D.** 111110001

Ques (39-43):निर्देश : गद्यांश को पढ़ें और नीचे दिए गए प्रश्न के उत्तर दें।

एक अभयारण्य को एक ऐसी जगह के रूप में परिभाषित किया जा सकता है जहाँ मनुष्य निष्क्रिय है और शेष प्रकृति सक्रिय है। अभी हाल तक, मैं आपको बता दूँ, प्रकृति के अपने अभयारण्य थे, जहाँ आदमी या तो बिल्कुल नहीं जाता था या केवल तुलनात्मक रूप से छोटी संख्या में एक उपकरण का उपयोग करने वाले जानवर के रूप में था। लेकिन अब, इस मशीनरी युग में, ऐसी कोई जगह नहीं बची है जहां कोई व्यक्ति अपने आदेश पर भारी ताकतों के साथ नहीं जा सकता है। वह आज दुनिया के सभी रईस वन्यजीवों की हत्या कर सकते हैं। जब तक वह इस बीच दूरदर्शिता और आत्म-नियंत्रण के कारण अभ्यास नहीं करता, तब तक उसने निश्चित रूप से ऐसा किया होगा।

इसमें कोई संदेह नहीं है कि पक्षियों और स्तनधारियों को अब बहुत तेजी से मारा जा सकता है, क्योंकि वे प्रजनन कर सकते हैं। और यह हमेशा जीवन का सबसे बड़ा और कुलीन रूप होता है जो सबसे अधिक पीड़ित होता है। व्हेल और हाथी, शेर और चील, जाते हैं। चूहों और मक्खियों, और सभी परजीवी मतलब है। यह कुछ मामलों में अपरिहार्य है। लेकिन यह हत्या है कि मैं आज रात की बात कर रहा हूँ। सभ्य मनुष्य वन्यजीवों के बहुत से रूपों को नष्ट करने से शुरू होता है, वह सबसे अधिक सराहना करना सीखता है जब वह अभी भी अधिक सभ्य हो जाता है। स्पष्ट उपाय पहले चरण में संरक्षण शुरू करना है, जब यह हर तरह से आसान और बेहतर है, करीबी मौसमों के लिए कानूनों को लागू करके, खेल को बरकरार रखता है, कुछ प्रजातियों के चयनात्मक संरक्षण और अभयारण्यों को। मैंने सिर्फ एक अभयारण्य को एक ऐसी जगह के रूप में परिभाषित किया है जहाँ आदमी निष्क्रिय है और बाकी प्रकृति सक्रिय है। लेकिन यह सामान्य परिभाषा किसी विशेष मामले के लिए बहुत निरपेक्ष है। मात्र एक अभयारण्य की रक्षा के लिए मनुष्य को अपने विशुद्ध निष्क्रिय रवैये से दूर रहना पड़ता है। फिर, वह कीटों और परजीवियों को नष्ट करके, बॉट-मक्खियों या मच्छरों की तरह, और महामारी जैसी बीमारियों के लिए एंटीडोट्स को नष्ट करके लाभदायक

रूप से सक्रिय हो सकता है जो समय-समय पर खरगोशों को मारता है और इस तरह कई मांसाहारी को मौत के घाट उतार देता है।

लेकिन, ऐसे मामलों को छोड़कर जहां प्रयोग ने उनके हस्तक्षेप को फायदेमंद साबित किया है, कम ही वह प्रकृति के संतुलन को बेहतर बनाता है, भले ही वह सांसारिक प्रोविडेंस होने की कोशिश करता हो।

Q.39 मार्ग में, यह लेखक द्वारा निहित है कि उसकी एक 'अभयारण्य' की पहली परिभाषा है:
A. कुछ आदर्शवादी   **B.** काफी गलत
C. पूरी तरह से अस्वीकार्य   **D.** बचाव करना मुश्किल

Q.40 लेखक जानवरों की सुरक्षा में मनुष्य की सक्रिय भूमिका के बारे में बहुत चिंतित है क्योंकि:
A. वह इस तथ्य से डरता है कि यह पारिस्थितिक तंत्र के असंतुलन को जन्म देगा
B. उसे यकीन है कि यह मानव जाति के लिए फायदेमंद है
C. वह सोचता है कि मनुष्य की निष्क्रियता उसके जीवित होने का संकेत नहीं है
D. वह अधिक आदर्शवादी है

Q.41 उपरोक्त मार्ग निम्न हो सकते हैं:
A. एक वैज्ञानिक पत्रिका में एक लेख का एक हिस्सा
B. कानून की अदालत के सामने एक तर्क
C. भाषण का एक हिस्सा एक शिक्षित दर्शकों को दिया जाता है
D. वैज्ञानिक रिपोर्ट का एक उद्धरण

Q.42 लेखक यह संदेश देना चाहते हैं कि:
A. आदमी काफी चालाक जानवर है
B. यदि एक आदमी पारिस्थितिक संतुलन को बनाए रखने में विफल रहा, तो यह लंबे समय में हानिकारक होगा
C. मनुष्य वन्य जीवन को नष्ट करना चाहता है क्योंकि यह उसके अस्तित्व के लिए हानिकारक है
D. संतुलित पारिस्थितिकी तंत्र ब्रह्मांड के समग्र मामलों में मनुष्य के महत्व को कम करेगा

Q.43 लेखक के स्वर को सबसे अच्छे रूप में वर्णित किया जा सकता है:
A. वर्णनात्मक   **B.** रस लेनेवाला
C. कथा   **D.** कटु

Q.44 प्रक्रिया में ऐतिहासिक अनुसंधान प्रयोगात्मक अनुसंधान से अलग है
A. प्रतिकृति   **B.** परिकल्पना का निरूपण
C. परिकल्पना परीक्षण   **D.** ऊपर के सभी

Q.45 निम्नलिखित में से कौन पेरिस समझौते का केंद्रीय उद्देश्य था?
A. सीएफसी उत्सर्जन को कम करने के लिए
B. जलवायु परिवर्तन के खतरे के लिए वैश्विक प्रतिक्रिया को मजबूत करने के लिए
C. जैविक विविधता मुद्दों को संबोधित करने के लिए
D. ओजोन परत के अवक्षय की समस्या के समाधान के लिए

Q.46 पवन ऊर्जा पवन वेग के प्रति बहुत संवेदनशील होती है क्योंकि पवन ऊर्जा सीधे आनुपातिक होती है:
A. पवन वेग   **B.** पवन के वेग का वर्ग
C. पवन वेग का वर्गमूल   **D.** पवन वेग का घन

Q.47 अंतर्राष्ट्रीय समझौतों / सम्मलेन / प्रोटोकॉल में से कौन सा सदस्य देशों (पार्टियों) पर कानूनी रूप से बाध्यकारी है?
(A) जैविक विविधता पर सम्मलेन
(B) क्योटो प्रोटोकॉल
(C) मॉन्ट्रियल प्रोटोकॉल

(D) पेरिस समझौता

नीचे दिए गए विकल्पों में से सबसे उपयुक्त उत्तर का चयन कीजिए:

A. केवल (C)
B. (A) और (C)
C. (A), (B) और (C)
D. (B), (C) और (D)

Q.48 ई-शोध सिंधु _______ पर विद्वानों के लेखों, ई-पत्रिकाओं और ई-पुस्तकों तक पहुंच प्रदान करता है:

A. प्राथमिक शिक्षा स्तर
B. माध्यमिक शिक्षा स्तर
C. उच्च शिक्षा स्तर
D. केवल अनुसंधान स्तर

Q.49 C-DAC द्वारा प्रदान की गई दृष्टिबाधित लोगों के लिए एक एकीकृत टेक्स्ट-टू-स्पीच और टेक्स्ट-टू-ब्रेल प्रणाली है:

A. साक्षात् **B.** ई-दृष्टि **C.** श्रुति दृष्टि **D.** ज्ञान दर्शन

Q.50 विश्वविद्यालयों या उच्च शिक्षा संस्थानों को NAAC द्वारा मान्यता प्राप्त करना पसंद है क्योंकि

A. डिग्री अकादमिक दुनिया में स्वीकार किए जाते हैं
B. संस्था की प्रतिष्ठा स्थापित है
C. अकादमिक दुनिया में सापेक्ष स्थान प्राप्त करना
D. विश्वविद्यालय के सामर्थ्य को सुव्यवस्थित किया जाता है

Paper-II

Q.51 विश्व व्यापार संगठन (WTO) की पहली महिला और पहली अफ्रीकी महानिदेशक कौन बनी हैं?

A. यू मायुंग-हे
B. अमीना मोहम्मद
C. गोज़ी ओकोन्जो-इवेला
D. कामेन ओकोन्जो

Q.52 जब परीक्षण उपकरण का बार-बार उपयोग किया जाता है, तो निम्नलिखित में से कौन परिणामों की स्थिरता का प्रतिनिधित्व करता है?

A. वैधता
B. विश्वसनीयता
C. सापेक्षता
D. संवेदनशीलता

Q.53 निर्देश: सूची-I और सूची-II का मिलान करें और सही कोड का संकेत दें:

सूची-I	सूची-II
(a) नौकरी विनिर्देशों	(i) किसी नौकरी के कर्तव्यों और कौशल आवश्यकताओं और उस तरह के पीई को निर्धारित करने की प्रक्रिया जो इसके लिए काम पर रखी जानी चाहिए।
(b) नौकरी का विवरण	(ii) मानव आवश्यकताओं की एक सूची।
(c) नौकरी का विश्लेषण	(iii) नौकरी के कर्तव्यों, जिम्मेदारियों, रिपोर्टिंग संबंधों, काम करने की स्थिति और पर्यवेक्षी जिम्मेदारियों की एक सूची।

कोड: (a) (b) (c)

A. (i) (ii) (iii)
B. (ii) (iii) (i)
C. (iii) (ii) (i)
D. (ii) (i) (iii)

Q.54 फ़िशिंग अधिग्रहण करने का एक प्रयास है:

A. अनधिकृत फर्मों से ऋण
B. संवेदनशील जानकारी जैसे कि उपयोगकर्ता नाम, पासवर्ड, आदि
C. बैंकों से व्यक्तिगत जानकारी
D. इनमे से कोई भी नहीं

Q.55 एक कॉर्पोरेट की पूंजी संरचना को डिजाइन करने में क्या विचार हैं?

A. समता पर व्यापार
B. पूंजी की लागत
C. लाभप्रदता
D. ऊपर के सभी

Q.56 किसी कंपनी में निदेशक बनने के लिए व्यक्ति को क्या प्राप्त करना होगा:

A. व्यवसाय लाइसेंस
B. निर्देशक का लाइसेंस
C. टीआईएन
D. डीआईएन

Q.57 RBI अधिनियम, 1934 के अनुसार, निम्नलिखित कार्यों को केंद्रीय बैंक के कार्यों के रूप में वर्णित किया गया है:

(i) बैंकिंग कार्य

(ii) सलाहकार कार्य

(iii) पर्यवेक्षी कार्य

(iv) प्रचार कार्य

सही संयोजन की पहचान करें:

A. (i), (iii) और (iv)
B. (i), (ii) और (iv)
C. (ii), (iii) और (iv)
D. केवल (i) और (iii)

Ques (58-59):निर्देश: निम्नलिखित अभिकथनों की जांच करें और सही कोड चुनें:

Q.58 अभिकथन (A): मानव संसाधन को हमेशा रणनीति बनाने के संदर्भ में देखा जाना चाहिए।

तर्क (R): व्यवसाय की वास्तविकताओं से हटाई गई मानव संसाधन नियोजन प्रक्रिया समय की बर्बादी होगी।

A. दोनों (A) और (R) सही हैं।
B. दोनों (A) और (R) गलत हैं।
C. (A) सही है, लेकिन (R) गलत है।
D. (A) सही नहीं है, लेकिन (R) सही है।

Q.59 अभिकथन (A): उदारीकरण का अर्थ है, विभागीय उपक्रमों और सार्वजनिक उपक्रमों का निगमीकरण।

तर्क (R): सार्वजनिक क्षेत्र के उपक्रमों को पूंजी बाजार तक पहुंचने की स्वतंत्रता।

A. दोनों (A) और (R) सही हैं और (R) की सही व्याख्या है (A)
B. दोनों (A) और (R) सत्य हैं और (R) (A) का सही स्पष्टीकरण नहीं है।
C. (A) सच है लेकिन (R) गलत है।
D. (A) गलत है लेकिन (R) सच है।

Q.60 निर्देश : सूची- II के साथ सूची- I की वस्तुओं का मिलान करें और सही कोड का संकेत दें:

सूची- I	सूची- II
(a) राजकोषीय नीति	(i) राष्ट्रीय खतरों का शमन
(b) प्रौद्योगिकी नीति	(ii) भुगतान संतुलन
(c) मैक्रो-इकोनॉमिक पॉलिसी	(iii) राजकोषीय संघवाद
(d) मौद्रिक नीति	(iv) महंगाई

कोड: (a) (b) (c) (d)

A. (i) (ii) (iii) (iv)
B. (iii) (i) (ii) (iv)
C. (iv) (iii) (i) (ii)
D. (ii) (i) (iv) (iii)

Q.61 निम्नलिखित में से कौन सा कारक बुनियादी ढांचे के विकास को धीमा करने के लिए सीधे जिम्मेदार नहीं है?

A. कथित राजनीतिक जोखिम का उच्च स्तर।
B. उच्च स्तर की डूब लागत।
C. समय और लागत से अधिक चलने की उच्च संभावना।
D. सभी क्षेत्रों में प्रतियोगिता का परिचय।

Q.62 निम्नलिखित में से जो सकल घरेलू उत्पाद (जीडीपी) का एक प्रमुख घटक नहीं है:

A. व्यक्तिगत उपभोग व्यय
B. सकल निजी घरेलू निवेश
C. शुद्ध व्यक्तिगत आय
D. शुद्ध निर्यात

Q.63 निम्नलिखित में से कौन उपभोक्ता विवाद निवारण प्रणाली का एक मंच नहीं है?

A. स्थानीय फोरम

B. जिला मंच

C. राज्य मंच (राज्य आयोग)

D. राष्ट्रीय आयोग

Q.64 निम्नलिखित में से कौन एक अत्यधिक अस्थिर बाजार है?

A. कॉल बाजार

B. पूंजी बाजार

C. रेपो बाजार

D. उपरोक्त में से कोई नहीं

Q.65 राम और श्याम क्रमशः 480000 रुपये और 310000 रुपये की पूंजी के साथ एक फर्म में भागीदार हैं। उन्होंने लाभ के हिस्से के साथ गणेश को भागीदार के रूप में भर्ती कराया। गणेश अपनी पूंजी के रूप में 300000 रुपये लाता है। गणेश का सद्भावना का हिस्सा होगा -

A. 110000 रुपये

B. 27500 रुपये

C. 17500 रुपये

D. 70000 रुपये

Q.66 लाभ और हानि खाते में लगाए गए मूल्यह्रास की राशि हर साल अलग-अलग होती है:

A. निश्चित किस्त विधि

B. वार्षिकी विधि

C. ह्रासमान विधि

D. बीमा पॉलिसी विधि

Q.67 पिछले वर्ष रेशम के रेडीमेड कपड़ों का निर्यात क्या था?

A. यूएस $ 189 मिलियन

B. यूएस $ 635 मिलियन

C. यूएस $ 87 मिलियन

D. यूएस $ 765 मिलियन

Q.68 निर्देश : निम्नलिखित अभिकथन के लिए (A) और कारण (R) सही कोड दर्शाति हैं:

अभिकथन (A): मूल्य में कमी आम तौर पर कमोडिटी की मांग में वृद्धि का कारण बनती है।

कारण (R): मूल्य में कमी से बाजार में कमोडिटी के नए खरीदारों का प्रवेश होता है।

A. (A) सही है लेकिन (R) सही नहीं है

B. (A) सही नहीं है लेकिन (R) सही है।

C. दोनों (A) और (R) सही हैं और (R) (A) की पूरी व्याख्या प्रदान करते हैं।

D. दोनों (A) और (R) सही हैं और (R) (A) के पूर्ण विवरण की पेशकश नहीं करता है।

Q.69 न्यूनतम दीर्घावधि औसत लागत (LAC) निम्न पर निर्धारित की जा सकती है:

(i) एक सामान्य उत्पादन समारोह के लिए LAC वक्र

(ii) रैखिक उत्पादन कार्य के लिए LAC वक्र

(iii) योजना वक्र

(iv) आवरण वक्र

A. (i), (ii), (iii), (iv)

B. (ii), (iii), (iv)

C. (i), (iii), (iv)

D. (i), (ii), (iv)

Q.70 एकाधिकार को समाज के दृष्टिकोण से वांछनीय नहीं माना जाता है क्योंकि मुख्यतः एकाधिकारवादी प्रयासों के कारण:

A. उन सभी वस्तुओं की बिक्री पर शुद्ध राजस्व कमाएं जिनमें उत्पादन की कोई लागत शामिल नहीं है।

B. कम समय में और साथ ही लंबे समय तक माल की बिक्री पर शुद्ध राजस्व कमाएं।

C. खरीदारों की विभिन्न श्रेणियों से एक ही उत्पाद के लिए अलग-अलग कीमतें चार्ज करें।

D. आर्थिक क्षमता स्तर से नीचे उत्पादन करें जब वह केवल सामान्य लाभ के साथ संतुष्टि प्रदर्शित करता है।

Q.71 जब कुल उत्पादन अधिकतम होगा -

A. सीमांत उत्पादन अधिकतम है

B. औसत उत्पादन अधिकतम है

C. सीमांत उत्पादन शून्य है

D. औसत उत्पादन सीमांत उत्पादन के बराबर है

Q.72 जब तारीख को केवल वर्णनात्मक विशेषताओं के आधार पर वर्गीकृत किया जाता है, जिससे मात्रा निर्धारित नहीं किया जा सकता है :

A. भौगोलिक वर्गीकरण

B. कालानुक्रमिक वर्गीकरण

C. गुणात्मक वर्गीकरण

D. मात्रात्मक वर्गीकरण

Q.73 निम्नलिखित में से कौन सा एक गलत विवरण है?

A. मध्यम विषम वितरण में, कार्ल पियर्सन द्वारा सुझाए गए माध्य, विधा और माध्यिका के बीच अनुभवजन्य संबंध है, माध्य- विधा = 3 (माध्य - माध्यिका)।

B. भिन्नता का गुणांक फैलाव का एक पूर्ण माप है।

C. विषमता का माप डेटा सेट में संख्यात्मक मूल्यों के वितरण में दिशा को इंगित करता है।

D. कर्टोसिस एक आवृत्ति वक्र के मोड के आसपास के क्षेत्र में शिखरता के सपाटता की डिग्री को संदर्भित करता है।

Q.74 अर्थशास्त्र में, _______ एक ऐसी अवधि है जहां कुछ कारक इनपुट तय होते हैं, जबकि अन्य परिवर्तनशील होते हैं।

A. दीर्घावधि

B. अल्पावधि

C. बहुत लंबी अवधि

D. इनमें से कोई नहीं

Q.75 कंप्यूटर जो असतत संकेतों के रूप में डेटा को पहचानते हैं उन्हें कहा जाता है?

A. एनालॉग कंप्यूटर

B. डिजिटल कंप्यूटर

C. हाइब्रिड कंप्यूटर

D. सुपर कंप्यूटर

Q.76 मार्शल के अनुसार, कम रिटर्न का नियम केवल ___________ पर लागू होता है।

A. कृषि

B. उद्योग

C. शिपिंग

D. इनमे से कोई भी नहीं

Q.77 ________ वे लागतें हैं जो आउटपुट में परिवर्तन के साथ नहीं बदलती हैं।

A. परिवर्तनीय लागत

B. निश्चित लागत

C. अर्ध-परिवर्तनीय लागत

D. अर्ध-निर्धारित लागत

Q.78 निम्नलिखित में से कौन बैंकिंग प्रणाली में सूचना सुरक्षा के दायरे में नहीं आता है?

A. सूचना परिसंपत्तियों में निवेश की सुरक्षा और उसके बाद वास्तविक जानकारी

B. संपत्ति की उपलब्धता जब भी और जहां भी आवश्यक हो के उपयोग करने के लिए

C. आईटी कार्यान्वयन में मानव कारक की पर्याप्त देखभाल

D. कम लागत का प्रावधान ग्राहकों को सूचना सुरक्षा का प्रावधान

Q.79 निर्देश : सूची-I और सूची- II का मिलान करें और सही कोड को चुनें-

सूची-I	सूची-II
(a) इक्विटी सिद्धांत	(i) प्रेरणा स्वयं और अन्य लोगों के इनपुट और परिणामों के अनुपात पर निर्भर करता है।
(b) वरूम का सिद्धांत	(ii) लोग एक लक्ष्य को प्राप्त करने के लिए इस हद तक प्रेरित होते हैं कि वे उम्मीद करते हैं कि कुछ गतिविधियाँ उन्हें लक्ष्य तक पहुँचने में मदद करेंगी।
(c) पोर्टर और लॉयर मॉडल	(iii) प्रेरणा, प्रदर्शन और संतुष्टि के बीच एक जटिल संबंध मौजूद है।
(d) हर्ज़बर्ग का सिद्धांत	(iv) एक चुनौतीपूर्ण काम जिसमें उपलब्धि, मान्यता, जिम्मेदारी और विकास के अवसर हैं, कर्मचारियों को

प्रेरित करेगा।

कोड: (a) (b) (c) (d)

A. (i) (ii) (iii) (iv)
B. (ii) (i) (iii) (iv)
C. (iii) (ii) (i) (iv)
D. (i) (iii) (ii) (iv)

Q.80 सीमांत उत्पाद ___________ है।

A. उत्पादन के सभी कारक इष्टतम दक्षता पर नियोजित होने पर उत्पादित होते हैं

B. कारक की एक अतिरिक्त इकाई को नियोजित करने से प्राप्त अतिरिक्त उत्पादन

C. उद्यमी को उसके सारे खर्चों का भुगतान करने के बाद छोड़ दिया

D. उद्योग में सबसे कुशल निर्माता का वार्षिक उत्पादन

Q.81 जिस तरह से फर्म अपने वितरण कवरेज, विशेषज्ञता और प्रदर्शन को डिजाइन करता है, उसके माध्यम से प्रतिस्पर्धात्मक लाभ प्राप्त करने के लिए किस प्रकार के विभेदन का उपयोग किया जाता है?

A. चैनल विभेदन
B. सेवाओं विभेदन
C. लोग विभेदन
D. उत्पाद विभेदन

Q.82 भारत से सेवाओं का शुद्ध निर्यात क्या है?

A. यूएस $ 234 बिलियन
B. यूएस $ 214.14 बिलियन
C. यूएस $ 342.43 बिलियन
D. उपरोक्त में से कोई नहीं

Q.83 माइकल पोर्टर के मूल्य श्रृंखला में निम्नलिखित में से कौन सी एक प्राथमिक गतिविधि नहीं है?

A. आने वाला रसद
B. संचालन
C. तय न किया हुआ
D. अधिप्राप्ति

Q.84 निर्देश: अभिकथन (A) और तर्क (R) के निम्नलिखित कथनों के लिए सही कोड इंगित करें:

अभिकथन (A): बहुत सारी उत्तेजनाएं एक व्यक्ति को उन संवेदनाओं से समायोजित करती हैं, संवेदी अनुकूलन एक समस्या है जो कई विज्ञापनदाताओं को चिंतित करती है, यही कारण है कि वे नियमित रूप से अपने विज्ञापन अभियानों को बदलने की कोशिश करते हैं।

कारण (R): विज्ञापन अव्यवस्था के माध्यम से कटौती करने और यह सुनिश्चित करने के लिए कि उपभोक्ता विज्ञापन का अनुभव करते हैं, विपणक संवेदी इनपुट बढ़ाने की कोशिश करते हैं।

कोड:

A. (A) सही है और (R) गलत है

B. (A) गलत है और (R) सही है

C. दोनों (A) और (R) सही हैं लेकिन (R) स्पष्ट नहीं करता है (A)

D. दोनों (A) और (R) सही हैं और (R) बताते हैं (A)

Q.85 निम्नलिखित में से कौन सी पेबैक अवधि पद्धति की विशेषता नहीं है?

A. यह केवल लागत वसूली का तरीका है न कि लाभप्रदता का।

B. यह पैसे के समय के मूल्य पर विचार नहीं करता है।

C. यह परियोजनाओं से जुड़े जोखिम पर विचार नहीं करता है।

D. इसकी गणना करना बहुत मुश्किल है।

Q.86 निम्नलिखित में से कौन संभावित ग्राहकों की क्रेडिट जानकारी का स्रोत नहीं है?

A. साख पत्र
B. बैंक संदर्भ
C. व्यापार पूछताछ
D. लेनदारी विभाग

Q.87 लाभांश के रूप में शेयरधारकों के बीच वितरित आय का हिस्सा कहा जाता है:

A. मालिकाना अनुपात
B. कमाई का अनुपात

C. भुगतान अनुपात
D. प्रतिधारण अनुपात

Q.88 फर्मों द्वारा माल रखने की मंशा के बारे में सही कोड का चयन करें:

(a) लेनदेन का मकसद
(b) पर्यावरणीय मकसद
(c) एहतियाती मकसद
(d) सट्टा का मकसद
(e) प्रतिस्पर्धी मकसद

A. (a),(b),(c),(d)
B. (a),(b),(d),(e)
C. (a),(d),(e)
D. (a),(c),(d)

Q.89 प्रबंधकीय लेखा जानकारी आमतौर पर__________ के लिए तैयार की जाती है।

A. शेयरधारकों
B. लेनदारों
C. प्रबंधकों
D. नियमन संस्थाये

Q.90 एच.आर.एम. के मामले में निम्नलिखित में से कौन सा सही नहीं है?

A. कर्मचारियों को एक निवेश के रूप में देखा जाता है और साथ ही साथ एक लागत को नियंत्रित किया जाता है।

B. संघर्षों को टीम के सदस्यों द्वारा उनकी टीमों के भीतर निपटाया जाता है।

C. वेतन और काम सामूहिक सौदेबाजी के लिए है।

D. प्रतिस्पर्धियों के आगे रहने के लिए प्रतिस्पर्धी वेतन और शर्तों पर जोर दिया जाता है।

Q.91 नौकरी विश्लेषण वह जानकारी प्रदान करता है जिसका उपयोग किया जाता है:

A. संगठन चार्ट में
B. नीति में
C. विधि में
D. पदोन्नति में

Q.92 निर्देश: सूची- I की वस्तुओं की सूची- II की वस्तुओं से मिलान करें और सही कोड का चयन करें:

सूची-I	सूची-II
(a) गोल्डन पैराशूट	(i) भविष्य में किसी समय किसी कंपनी के शेयर की कथित संख्या को आज के मूल्य पर खरीदने का अधिकार।
(b) गैनशरिंग	(ii) एक प्रोत्साहन योजना जो कर्मचारियों को उत्पादकता उद्देश्यों को प्राप्त करने और लाभ साझा करने के लिए एक सामान्य प्रयास में संलग्न करती है।
(c) स्टॉक विकल्प	(iii) भुगतान कंपनियां किसी कंपनी के स्वामित्व या नियंत्रण में परिवर्तन के संबंध में बनाती हैं।
(d) वार्षिक बोनस	(iv) प्रबंधकों के अल्पकालिक प्रदर्शन को प्रेरित करने के लिए डिज़ाइन की गई योजनाएँ और लाभप्रदता के लिए प्रयास किए जाते हैं।

कोड: (a) (b) (c) (d)

A. (iii) (i) (ii) (iv)
B. (i) (ii) (iii) (iv)
C. (ii) (iii) (i) (iv)
D. (iii) (ii) (i) (iv)

Q.93 किस सरकार ने 'वनवेब', लो अर्थ ऑर्बिट (एलईओ) उपग्रह संचार ऑपरेटर का सह-स्वामित्व किया है?

A. भारत
B. यूनाइटेड किंगडम
C. कनाडा
D. स्विट्जरलैंड

Q.94 निर्देश: अभिकथन (A) और तर्क (R) के निम्नलिखित कथनों के लिए सही कोड इंगित करें:

अभिकथन (A): "वैश्विक स्तर पर बैंकों को अब और अधिक चुनौतियों का सामना करना पड़ रहा है और मैक्रो स्थिरता एक आवश्यकता है लेकिन टिकाऊ विकास दर के लिए पर्याप्त नहीं है।"

कारण (R): "नियमों को लागू करना केवल एक हिस्सा है और विकास और स्थिरता प्राप्त करने के लिए उनका कार्यान्वयन समान रूप से महत्वपूर्ण है।"

A. (A) और (R) दोनों सत्य हैं और (R) सही स्पष्टीकरण है (A)।

B. (A) और (R) दोनों सत्य हैं लेकिन (R) सही विवरण नहीं है (A)।

C. (A) सत्य है और (R) गलत है।

D. (A) गलत है और (R) सच है।

Q.95 2017 में किस बैंक ने फोन बैंकिंग ग्राहकों के लिए वॉयस बायोमेट्रिक्स ऑथेंटिकेशन लॉन्च किया है जो ग्राहकों को प्रमाणीकरण के लिए अपने वॉयसप्रिंट का उपयोग करने की अनुमति देगा?

A. आईसीआईसीआई

B. एक्सिस

C. सिटीबैंक

D. एचएसबीसी

Q.96 निम्नलिखित में से कौन सा बैंक वर्तमान में बाजार पूंजीकरण के मामले में भारत में नंबर एक स्थान पर है?

A. भारतीय स्टेट बैंक

B. आई.सी.आई.सी.आई. बैंक

C. यू.टी.आई. बैंक

D. आई.डी.बी.आई. बैंक

Q.97 निर्देश: कॉलम- I की वस्तुओं के साथ कॉलम- II की वस्तुओं से मिलान करें और सही कोड सुझाएं:

कॉलम-I	कॉलम-II
(a) इंटरबैंक कॉल मार्केट	(i) मुद्रा बाजार
(b) वाणिज्यिक बिल	(ii) वचन पत्र
(c) वाणिज्यिक कागज बाजार	(iii) अल्पकालिक परिपक्वता
(d) ट्रेजरी बिल	(iv) सरकारी कागजात

कोड: (a) (b) (c) (d)

A. (i) (ii) (iv) (iii)

B. (iii) (i) (ii) (iv)

C. (i) (iii) (iv) (ii)

D. (iv) (iii) (ii) (i)

Q.98 निर्देश: सूची- II के आइटमों के साथ सूची- I में दिए गए आइटम के साथ बेसल III मानदंडों के संबंध में और सही कोड सुझाएं

सूची- I	सूची- II
(a) स्तंभ 1	(i) पर्यवेक्षी समीक्षा प्रक्रिया
(b) स्तंभ 2	(ii) बाजार अनुशासन
(c) स्तंभ 3	(iii) न्यूनतम विनियामक पूंजी आवश्यकताएँ

जोखिम-भारित आस्तियों (RWAs) पर आधारित

कोड: (a) (b) (c) (d)

A. (i) (ii) (iii)

B. (i) (iii) (ii)

C. (iii) (ii) (i)

D. (iii) (i) (ii)

Q.99 निर्देश : अभिकथन (A) और तर्क (R) के निम्नलिखित कथनों के लिए सही कोड इंगित करें:

अभिकथन (A): तुलनात्मक लागत सिद्धांत चरित्र में स्थिर है।

कारण (R): तुलनात्मक लागत सिद्धांत उत्पादन के कारकों की निश्चित आपूर्ति पर आधारित है।

कोड:

A. (A) सही है, लेकिन (R) गलत है

B. (R) सही है, लेकिन (A) गलत है।

C. (A) और (R) दोनों सही हैं, (R) (A) का सही स्पष्टीकरण नहीं है।

D. (A) और (R) दोनों सही हैं, (R) (A) की सही व्याख्या है

Q.100 निर्देश: भुगतान संतुलन के संबंध में सूची- II के साथ सूची- I की वस्तुओं का मिलान करें:

सूची-I	सूची-II
(a) विनिमय नियंत्रण	(i) निर्यातक केंद्रीय बैंक को विदेशी मुद्रा का समर्पण करते हैं।
(b) व्यापार नीति उपाय	(ii) केंद्रीय बैंक द्वारा बढ़ाई गई बैंक दर
(c) व्यय को कम करने वाली नीति	(iii) विदेशी मुद्रा में कमी
(d) व्यय स्विचिंग पॉलिसी	(iv) अनुदान देकर निर्यात बढ़ाना

A. (i) (iv) (ii) (iii)

B. (i) (ii) (iii) (iv)

C. (iii) (iv) (ii) (i)

D. (iv) (iii) (ii) (i)

Q.101 निम्नलिखित में से कौन बौद्धिक संपदा अधिकार के साथ निकटता से जुड़ा हुआ है?

A. GATS　　**B.** TRIMS　　**C.** TRIPS　　**D.** MFN

Q.102 अंतरराष्ट्रीय विकास संघ (आईडीए) के बारे में क्या सही नहीं है?

(a) 2015 में भूकंप के बाद, आईडीए ने नेपाल के पुनर्निर्माण और पुनर्प्राप्ति करने में मदद की है।

(b) आईडीए 2016 में सबसे अधिक प्रदर्शन करने वाले बहुपक्षीय विकास बैंक के रूप में रैंक करता है।

(c) आईडीए आईबीआरडी का एक सहायक बैंक है।

(d) भारत ने आईडीए से सबसे अधिक अंतर्राष्ट्रीय ऋण खरीदा है।

कोड:

A. (a और (b)

B. केवल (c)

C. केवल (d)

D. (a) और (c)

Q.103 किस संस्थान ने अनधिकृत डिजिटल ऋण देने वाले ऐप्स के माध्यम से ऋण लेने के प्रति आगाह किया?

A. सेबी

B. आरबीआई

C. सुप्रीम कोर्ट

D. एनपीसीआई

Q.104 दिसंबर 2020 से किस भुगतान प्रणाली को चौबीसों घंटे उपलब्ध कराया जाना तय है?

A. एनईएफटी

B. आरटीजीएस

C. भारत बिल भुगतान प्रणाली

D. आधार सक्षम भुगतान प्रणाली

Q.105 निम्नलिखित में से कौन सा बैंक लाभ और हानि खाते में प्रवेश नहीं करता?

A. जमा पर ब्याज व्यय

B. अग्रिमों पर अर्जित ब्याज

C. संपत्ति की बिक्री पर लाभ / हानि

D. निवेश बैंकिंग से संबंधित गतिविधियों से आय

Q.106 निम्नलिखित में से कौन भारत में "महारत्न" उद्योग नहीं है?

A. CIL　　**B.** SAIL　　**C.** OIL　　**D.** GAIL

Q.107 निर्देश: स्तंभ- I की वस्तुओं के साथ स्तंभ- II की वस्तुओं का मिलान करें:

स्तंभ-I	स्तंभ-II
(a) विनिमय नियंत्रण	(i) प्रतिकूल बीओपी
(b) मूल्य नियंत्रण	(ii) घरेलू फर्म
(c) आयात नियंत्रण	(iii) मास उपभोग उत्पाद
(d) विधायी नियंत्रण	(iv) औद्योगिक स्थान

कोड: (a) (b) (c) (d)

A. (ii) (i) (iii) (iv)

B. (iv) (ii) (iii) (i)

C. (iii) (ii) (i) (iv)

D. (ii) (iii) (i) (iv)

Q.108 सूची- II की सूची के साथ सूची- I की वस्तुओं का मिलान करें और सही कोड चुनें:

सूची- I	सूची - II
(a) कराधान के लिए प्रावधान	(i) प्रतिकूल बीओपी

(b) लाइव स्टॉक	(ii) घरेलू फर्म
(c) विविध ऋणदाता	(iii) मास उपभोग उत्पाद
(d) अर्जित ब्याज	(iv) औद्योगिक स्थान

कोड: (a) (b) (c) (d)

A. (iv) (iii) (i) (ii) **B.** (iv) (iii) (ii) (i)

C. (iii) (iv) (ii) (i) **D.** (ii) (i) (iii) (iv)

Q.109 शुद्ध आयोग और त्रुटियों के कारण क्या है?

A. त्रुटियों को कम करता है

B. यह एक बैलेंसिंग आइटम है

C. त्रुटियों को बढ़ाता है

D. इनमे से कोई भी नहीं

Q.110 निम्नलिखित में से कौन सा नकदी प्रवाह नहीं है?

A. लेनदारों में कमी **B.** देनदारों में कमी

C. शेयरों के मुद्दे **D.** अचल संपत्ति की बिक्री

Q.111 सीबीआईसी ने जीएसटी चालान जारी करते हुए HSN कोड को अनिवार्य कर दिया है। HSN क्या है?

A. हार्मोनाइज्ड सिस्टम ऑफ नोटिफिकेशन

B. हार्मोनाइज्ड सिस्टम ऑफ नोमेन्क्लेचर

C. हॉरिजोंटल सिस्टम ऑफ नोटिफकेशन

D. हॉरिजोंटल सिस्टम ऑफ नोमेन्क्लेचर

Q.112 निर्देश: अभिकथन (A) और तर्क (R) के निम्नलिखित कथनों के लिए सही कोड इंगित करें:

अभिकथन (A): नए उत्पादों के लिए कम प्रारंभिक मूल्य निर्धारण को बड़े बाजारों में प्रवेश के लिए प्रमुख साधन माना जाता है।

कारण (R): फर्म आम तौर पर शुरू में अतिरिक्त क्षमता वाले नए उत्पादों के उत्पादन के लिए जाते हैं।

कोड:

A. अभिकथन (A) और कारण (R) दोनों सही हैं लेकिन (R) पूर्ण विवरण के लिए (A) की पेशकश नहीं करता है।

B. अभिकथन (A) और कारण (R) दोनों गलत हैं।

C. अभिकथन (A) सही है लेकिन कारण (R) गलत है।

D. अभिकथन (A) और कारण (R) दोनों सही हैं और (R) पूर्ण विवरण (A) प्रदान करता है।

Q.113 निर्देश: अभिकथन (A) और तर्क (R) के निम्नलिखित कथनों के लिए सही कोड इंगित करें:

अभिकथन (A): व्यक्ति के उपभोग के व्यवहार के मामले में गोसेन का पहला कानून हमेशा लागू होता है।

कारण (R): यह बाज़ार में वस्तुओं और सेवाओं की माँग के महत्वपूर्ण निर्धारक के रूप में कार्य करता है।

कोड:

A. अभिकथन (A) और कारण (R) दोनों सही हैं

B. अभिकथन (A) और कारण (R) दोनों गलत हैं।

C. अभिकथन (A) सही है लेकिन कारण (R) गलत है।

D. अभिकथन (A) गलत है लेकिन कारण (R) सही है।

Q.114 निम्नलिखित में से कौन सा सामान्य वितरण की विशेषता नहीं है?

A. सामान्य वितरण के लिए माध्य, मध्य और विधा समान हैं।

B. सामान्य वक्र की दो पूंछ दोनों दिशाओं में अनंत तक फैली हुई हैं लेकिन क्षितिज अक्ष को कभी नहीं छूती हैं।

C. मानक विचलन के विभिन्न मूल्यों के लिए, मध्यमान आयतन की ऊंचाई समान रहती है।

D. सामान्य वितरण की स्वतंत्र बाधाओं की संख्या N, X और σ.

Q.115 निर्देश: निम्नलिखित कथनों पर विचार करें। कौन से कथन सही हैं?

कथन- I: गैर-पैरामीट्रिक परीक्षण माता-पिता की आबादी के बारे में कुछ मान्यताओं पर आधारित हैं जिसमें से नमूना लिया गया है।

कथन- II: साधनों के नमूना वितरण के मानक विचलन को साधनों की मानक त्रुटि कहा जाता है।

A. दोनों कथन सत्य हैं

B. दोनों के बयान झूठे हैं

C. कथन- I सत्य है लेकिन कथन- II गलत है

D. कथन- II सत्य है लेकिन कथन- I गलत है

Q.116 निम्नलिखित में से कौन मानसिक दक्षता, वास्तविकता परीक्षण और नैतिक निर्णय का बिगड़ता है जो समूह के दबाव से उत्पन्न होता है?

A. उत्पीड़न **B.** ग्रुप थिंक

C. समूह बर्नआउट **D.** समूह नियंत्रण

Q.117 केंद्रीय गृह मंत्री के अधीन एक उच्च-स्तरीय समिति (HLC) ने कितने राज्यों को NDRF से अतिरिक्त केंद्रीय सहायता की घोषणा की है?

A. तीन **B.** छह **C.** दस **D.** पंद्रह

Q.118 निकाय / डिवीजन के उच्चतम स्तर पर शीर्ष निकाय, जो गुणवत्ता मंडलियों के कामकाज की देखरेख करता है, उसे कहा जाता है-

A. सुविधा **B.** समन्वयक

C. संचालन समिति **D.** पर्यवेक्षी समिति

Q.119 निम्नलिखित में से कौन सा कार्रवाई के नैतिक पाठ्यक्रम का निर्धारण करने के व्यावहारिक साधनों से संबंधित है?

A. मेटा-नैतिकता **B.** पुण्य नैतिकता

C. सामान्य नैतिकता **D.** लागू नैतिकता

Q.120 भारतीय रिज़र्व बैंक द्वारा स्थापित क्यूआर (त्वरित प्रतिक्रिया) कोड के विश्लेषण के लिए समिति का प्रमुख कौन है?

A. डीबी फाटक **B.** नरसिम्हन

C. वाईवी रेड्डी **D.** डीके मोहंती

Q.121 भुगतान का कौन सा मोड जुलाई में 1.49 बिलियन की शुरुआत के बाद से अपने उच्चतम मासिक लेनदेन को देखता है?

A. यूपीआई **B.** फास्टैग

C. बीबीपीएस **D.** आईएमपीएस

Q.122 एक फर्म की बिक्री 74 लाख रुपये, परिवर्तनीय लागत 40 लाख रुपये, निर्धारित लागत 8 लाख रुपये फर्म का परिचालन लाभ होगा:

A. 1.48 लाख **B.** 1.78 लाख

C. 1.31 लाख **D.** 2.42 लाख

Q.123 किस भारतीय बैंक ने सशस्त्र बलों के लिए 'शौर्य KGC कार्ड' नाम से एक विशेष कार्ड लॉन्च किया है?

A. आईसीआईसीआई बैंक **B.** एचडीएफसी बैंक

C. एक्सिस बैंक **D.** यस बैंक

Q.124 राष्ट्रीय इलेक्ट्रॉनिक नीति का टर्नओवर लक्ष्य क्या है?

A. 400 बिलियन अमेरिकी डॉलर

B. 200 बिलियन अमेरिकी डॉलर

C. 100 बिलियन अमेरिकी डॉलर

D. 300 बिलियन अमेरिकी डॉलर

Q.125 भारत स्टेज उत्सर्जन किस मानकों पर आधारित है?

A. यूरोपीय उत्सर्जन मानक

B. अमेरिकी उत्सर्जन मानक

C. रूसी उत्सर्जन मानक

D. उपरोक्त में से कोई नहीं

Q.126 विश्व निर्यात में भारतीय पूंजीगत वस्तुओं का हिस्सा क्या है?

A. 2%   **B.** 0.8%   **C.** 3%   **D.** 5%

Q.127 भारत के पेट्रोलियम उत्पादों की खपत में प्राकृतिक गैस का कितना हिस्सा है?

A. 10%   **B.** 15%   **C.** 6%   **D.** 9%

Q.128 "एक कंपनी अपने सदस्य के सभी व्यक्तिगत दुर्भाग्य के खतरों से मुक्त रहती है" कंपनी के निगमन के लाभ से ली गई _______ है।

A. सीमित दायित्व   **B.** शाश्वत उत्तराधिकार
C. अनंत सदस्यता   **D.** स्वतंत्र कानूनी इकाई

Q.129 भारत में बैंकिंग के संबंध में कथनों के सही संयोजन की पहचान करें:

(a) कई वर्षों से, राष्ट्रपति बैंकों ने अर्ध-केंद्रीय के रूप में कार्य किया था।

(b) 1829-32 के दौरान बैंक ऑफ हिंदुस्तान का परिसमापन हुआ।

(c) जनरल बैंक ऑफ इंडिया एक असफल बैंक था और 1791 में इसे खत्म कर दिया गया था।

(d) 1921 में बैंक ऑफ कलकत्ता का नाम बदलकर बैंक ऑफ बंगाल कर दिया गया।

कोड:

A. (a), (b) और (c)   **B.** (b), (c) और (d)
C. (a), (b) और (d)   **D.** (a), (b), (c) और (d)

Q.130 निम्नलिखित विधियों में से कौन सा संयोजन भारतीय रिज़र्व बैंक द्वारा प्रचलित क्रेडिट निर्माण के नियंत्रण के मात्रात्मक तरीकों को दर्शाता है?

(a) बैंक दर

(b) ओपन मार्केट ऑपरेशंस

(c) परिवर्तनीय रिजर्व अनुपात

(d) क्रेडिट राशनिंग

A. (a), (b) और (c)   **B.** (a), (b) और (d)
C. (b), (c) और (d)   **D.** (a), (c) और (d)

Q.131 भारत में निम्नलिखित में से किस विकास वित्तीय संस्थान ने भारतीय राष्ट्रीय कपड़ा निगम के स्वैच्छिक सेवानिवृत्त श्रमिकों के पुनर्वास और पुनर्वास के लिए विशेष पुनर्वित्त योजना शुरू की है?

A. आई.डी.बी.आई.   **B.** सिडबी
C. आई.सी.आई.सी.आई.   **D.** इनमे से कोई भी नहीं

Q.132 निर्देश: अभिकथन (A) और तर्क (R) के निम्नलिखित कथनों के लिए सही कोड इंगित करें:

अभिकथन (A): फेमा के तहत, प्रेषक / वितरक के बजाय, लॉन्डेड मनी के रिसीवर को दोषी बनाया जाना है।

कारण (R): FEMA पेनल्टी के संबंध में पहले एक्सचेंज रेगुलेशन एक्ट FERA से अलग है और सजा एक्ट के उल्लंघन का मामला है।

कोड:

A. (A) सही है लेकिन (R) सही नहीं है।
B. (R) और (R) दोनों सही हैं लेकिन (R) (A) का सही स्पष्टीकरण नहीं है।
C. (A) और (R) दोनों सही हैं और (R) का सही स्पष्टीकरण है (A)।
D. (A) और (R) दोनों गलत हैं।

Q.133 निम्नलिखित में से कौन सा महाद्वीप रेलवे के कुल विश्व मार्ग की लंबाई का लगभग एक तिहाई है?

A. एशिया   **B.** उत्तरी अमेरिका
C. अफ्रीका   **D.** यूरोप

Q.134 आर्थिक अवधारणा के अनुसार मानव संसाधन के मूल्यांकन के लिए निम्नलिखित में से कौन सा दृष्टिकोण अपनाया जाता है?

A. प्रतिस्थापन लागत दृष्टिकोण
B. अवसर लागत दृष्टिकोण

C. ऐतिहासिक लागत दृष्टिकोण
D. इनमे से कोई भी नहीं।

Q.135 निर्देश: सूची- ॥ की सूची के साथ सूची- ।‌ की वस्तुओं का मिलान करें और सही कोड चुनें-

सूची-।‌	सूची-॥
(a) उच्च लीवरेड फंड	(i) बाजार जोखिम
(b) बैंक दर में वृद्धि	(ii) क्रय शक्ति जोखिम
(c) मुद्रास्फीति की दर	(iii) वित्तीय जोखिम
(d) राजनीतिक अस्थिरता	(iv) ब्याज दर जोखिम

कोड: (a) (b) (c) (d)

A. (iii) (i) (ii) (iv)   **B.** (i) (iii) (iv) (ii)
C. (iii) (iv) (ii) (i)   **D.** (ii) (iii) (i) (iv)

Q.136 भारत में मुद्रा जारी करने का एकमात्र अधिकार किसे है?

A. वित्त मंत्रालय   **B.** आरबीआई
C. एसबीआई   **D.** नीति आयोग

Q.137 लेखांकन मानक -6 इसके लिए है:

A. फिक्स्ड एसेट्स के लिए लेखांकन
B. सद्भावना के लिए लेखांकन उपचार
C. मूल्यह्रास लेखांकन
D. लेखांकन नीतियों का प्रकटीकरण

Q.138 निम्नलिखित में से कौन OTCEI की विशेषता नहीं है?

A. त्वरित स्थानांतरण और निपटान प्रणाली
B. राष्ट्रीयकृत कम्प्यूटरीकृत नेटवर्किंग
C. रिंगलेस ट्रेडिंग सिस्टम
D. क्षेत्रीय स्टॉक एक्सचेंजों का विखंडन।

Q.139 भारत में सार्वजनिक वितरण प्रणाली का उद्देश्य क्या है?

A. गरीबों को खाद्य सुरक्षा प्रदान करने के लिए
B. जमाखोरी और कालाबाजारी रोकने के लिए
C. व्यापारियों को अतिरिक्त कीमत लेने से रोकने के लिए
D. उपरोक्त सभी

Q.140 निम्नलिखित में से कौन सी स्थिति रणनीति विपणक द्वारा अपने उत्पाद को दो श्रेणियों में एक साथ रखने के लिए अपनाई जाती है?

A. अंतर का बिंदु   **B.** समता का बिंदु
C. स्ट्रैडलिंग पोजिशनिंग   **D.** भावनात्मक स्थिति

Q.141 निर्देश: निम्नलिखित कथनों पर विचार करें। कौन से कथन सही हैं?

कथन- I: विपणन एक ऐसी प्रक्रिया है जिसके द्वारा एक फर्म लाभप्रद रूप से ग्राहक की जरूरतों को राजस्व में तब्दील करती है

कथन- II: विपणन संदेश और / या क्रियाएं हैं जो संदेशों और / या कार्यों का कारण बनते हैं।

कोड:

A. (I) सही है लेकिन (II) सही नहीं है।
B. (II) सही है लेकिन (I) सही नहीं है।
C. (I) और (II) दोनों सही हैं।
D. (I) और (II) दोनों गलत हैं।

Q.142 निर्देश: अभिकथन (A) और तर्क (R) के निम्नलिखित कथनों के लिए सही कोड इंगित करें:

अभिकथन (A): मूल्य निर्धारण संरचना में सूक्ष्म समायोजन करके लाभ को अधिकतम करने का लक्ष्य है।

कारण (R): ऑड प्राइसिंग का मतलब 1,3,5,7 या 9 में समाप्त होने वाली कीमत से है। जब किसी कीमत की जांच करते हैं, तो पहले अंक अंतिम वाले की तुलना में अधिक वजन ले जाते हैं।

कोड:

A.   (A) सही है (R) गलत है।
B.   (A) गलत है (R) सही है।
C.   दोनों (A) और (R) सही हैं।
D.   दोनों (A) और (R) गलत हैं।

Q.143 विज्ञापन विधि जिसमें कई अनुपात स्टेशनों और / या टेलीविज़न चैनलों पर एक साथ एक विज्ञापन प्रसारित किया जाता है:

A. ब्लैक आउट
B. कंसोलिडेशन
C. रोड-ब्लॉक
D. कंसर्निंग

Q.144 धारा 80 G के अनुसार किसी भी नकद दान के लिए अधिकतम कटौती की अनुमति कितनी है?

A. रु 1,000   B. रु 2,000   C. रु 5,000   D. रु 10,000

Q.145 श्री एक्स रुपये के परिवहन भत्ते के हकदार हैं। 1,800 पी.एम. अपने निवास से कार्यालय और वापस आने के लिए और वह रुपये खर्च करता है। 1,400 पी.एम. छूट की अनुमति दी जाएगी:

A. रु.1,800 पी.एम.
B. रु.1,400 पी.एम.
C. रु.1,600 पी.एम.
D. शून्य

Q.146 आयकर अधिनियम 1961 की धारा 194IB के तहत किसी व्यक्ति द्वारा प्रति माह 50,000 रुपये से अधिक के किराए के भुगतान पर आकलन वर्ष 2020-21 के लिए लागू टीडीएस की दर क्या है?

A. 2%   B. 5%   C. 20%   D. 10%

Q.147 वेतन के त्रैमासिक TDS रिटर्न के संबंध में कौन सा फॉर्म दाखिल करना आवश्यक होता है ?

A. फार्म 27Q
B. फार्म 27EQ
C. फार्म 26Q
D. फार्म 24Q

Q.148 आयकर अधिनियम 1961 के तहत चिकित्सा बीमा प्रीमियम के संबंध में कटौती को कौन सी धारा नियंत्रित करती है?

A. 80DDB   B. 80DD   C. 80E   D. 80D

Q.149 आकलन वर्ष 2020-21 के लिए, धारा 16(ia) के तहत मानक कटौती सकल वेतन से निम्न तक उपलब्ध है:

A. 75000 रुपये
B. 40000 रुपये
C. 1,00,000 रुपये
D. 50,000 रुपये

Q.150 राजनीतिक जोखिम प्रबंधन निम्नलिखित में से किस वित्तीय निर्णय के दायरे में आता है?

A.   अपारम्परिक पूँजी-बजटिंग
B.   अंतराष्ट्रीय मुद्रा अंतरपणन
C.   विदेशी मुद्रा बाजार
D.   बहुराष्ट्रीय पूँजी-बजटिंग

// स्मार्ट उत्तर पुस्तिका //

सही उत्तर — उन छात्रों का प्रतिशत जिन्होंने प्रश्नों का सही उत्तर दिया था। छोड़ दिया — उन छात्रों का प्रतिशत जिन्होंने प्रश्नों को छोड़ दिया था।

प्रश्न संख्या	उत्तर	सही उत्तर / छोड़ दिया	प्रश्न संख्या	उत्तर	सही उत्तर / छोड़ दिया	प्रश्न संख्या	उत्तर	सही उत्तर / छोड़ दिया	प्रश्न संख्या	उत्तर	सही उत्तर / छोड़ दिया	प्रश्न संख्या	उत्तर	सही उत्तर / छोड़ दिया
1	A	31.41 % / 7.69 %	17	D	26.28 % / 61.54 %	33	B	32.05 % / 62.82 %	49	C	3.21 % / 87.17 %	65	B	15.38 % / 62.18 %
2	C	20.51 % / 60.26 %	18	B	19.23 % / 61.54 %	34	A	25.64 % / 63.46 %	50	D	4.49 % / 87.18 %	66	C	32.05 % / 60.9 %
3	D	19.23 % / 60.26 %	19	C	14.1 % / 61.54 %	35	D	33.33 % / 62.82 %	51	A	28.85 % / 57.05 %	67	A	17.31 % / 61.54 %
4	C	28.85 % / 60.89 %	20	A	23.72 % / 61.54 %	36	C	27.56 % / 64.11 %	52	B	31.41 % / 60.26 %	68	D	9.62 % / 60.89 %
5	A	30.13 % / 61.54 %	21	B	17.95 % / 60.9 %	37	A	16.03 % / 62.82 %	53	B	28.21 % / 60.89 %	69	A	11.54 % / 61.54 %
6	B	23.72 % / 61.54 %	22	A	13.46 % / 61.54 %	38	B	16.67 % / 64.1 %	54	B	23.08 % / 60.89 %	70	A	4.49 % / 61.54 %
7	C	23.08 % / 62.18 %	23	A	13.46 % / 62.18 %	39	A	25.64 % / 64.74 %	55	D	28.21 % / 60.25 %	71	C	14.1 % / 61.54 %
8	C	16.03 % / 64.1 %	24	C	25.0 % / 61.54 %	40	A	23.08 % / 64.74 %	56	D	28.21 % / 59.61 %	72	C	23.72 % / 62.18 %
9	B	23.08 % / 63.46 %	25	C	16.67 % / 62.18 %	41	C	12.82 % / 66.03 %	57	A	17.31 % / 60.25 %	73	B	19.23 % / 63.46 %
10	D	19.23 % / 64.1 %	26	B	19.87 % / 62.18 %	42	B	24.36 % / 64.74 %	58	A	14.74 % / 60.9 %	74	B	19.23 % / 62.18 %
11	B	30.13 % / 61.54 %	27	B	26.92 % / 62.18 %	43	D	12.18 % / 66.03 %	59	D	13.46 % / 60.9 %	75	B	18.59 % / 62.18 %
12	C	28.21 % / 61.53 %	28	B	25.64 % / 60.9 %	44	D	22.44 % / 62.82 %	60	B	26.92 % / 60.9 %	76	A	14.1 % / 63.46 %
13	B	12.82 % / 61.54 %	29	A	30.77 % / 62.18 %	45	B	7.05 % / 87.18 %	61	D	16.03 % / 60.89 %	77	B	27.56 % / 62.82 %
14	A	24.36 % / 61.54 %	30	D	12.82 % / 62.18 %	46	D	1.92 % / 87.18 %	62	C	13.46 % / 60.9 %	78	D	16.03 % / 62.82 %
15	C	27.56 % / 61.54 %	31	C	30.13 % / 62.18 %	47	B	2.56 % / 87.18 %	63	A	30.77 % / 61.54 %	79	A	17.95 % / 63.46 %
16	D	26.92 % / 61.54 %	32	D	30.13 % / 62.82 %	48	C	4.49 % / 87.18 %	64	A	21.15 % / 60.9 %	80	B	19.87 % / 62.18 %

प्रश्न संख्या	उत्तर	सही उत्तर / छोड़ दिया	प्रश्न संख्या	उत्तर	सही उत्तर / छोड़ दिया	प्रश्न संख्या	उत्तर	सही उत्तर / छोड़ दिया	प्रश्न संख्या	उत्तर	सही उत्तर / छोड़ दिया	प्रश्न संख्या	उत्तर	सही उत्तर / छोड़ दिया
81	A	13.46 % / 62.82 %	95	C	18.59 % / 64.74 %	109	B	21.79 % / 66.67 %	123	B	16.03 % / 66.66 %	137	C	24.36 % / 66.02 %
82	B	16.03 % / 64.1 %	96	A	23.08 % / 64.74 %	110	A	22.44 % / 66.02 %	124	A	9.62 % / 66.02 %	138	D	12.82 % / 66.67 %
83	D	14.74 % / 64.11 %	97	B	22.44 % / 65.38 %	111	B	12.18 % / 67.31 %	125	A	10.26 % / 66.02 %	139	A	6.41 % / 67.95 %
84	D	19.23 % / 64.1 %	98	D	16.03 % / 65.38 %	112	D	8.33 % / 66.03 %	126	B	7.69 % / 67.31 %	140	C	14.1 % / 66.67 %
85	C	3.21 % / 64.1 %	99	D	17.95 % / 65.38 %	113	C	3.21 % / 66.66 %	127	C	10.26 % / 67.95 %	141	C	19.87 % / 67.31 %
86	C	19.87 % / 63.46 %	100	A	8.97 % / 65.39 %	114	A	7.69 % / 67.31 %	128	D	12.82 % / 66.67 %	142	C	25.0 % / 66.67 %
87	C	21.79 % / 63.47 %	101	C	31.41 % / 64.1 %	115	A	18.59 % / 66.67 %	129	A	13.46 % / 66.67 %	143	C	30.13 % / 66.66 %
88	D	16.03 % / 64.74 %	102	C	13.46 % / 64.1 %	116	B	14.1 % / 66.03 %	130	A	17.95 % / 66.02 %	144	B	3.85 % / 89.1 %
89	C	22.44 % / 63.46 %	103	B	16.03 % / 64.1 %	117	B	17.95 % / 67.31 %	131	B	17.95 % / 66.02 %	145	D	1.92 % / 89.11 %
90	B	9.62 % / 64.1 %	104	B	13.46 % / 64.75 %	118	C	14.1 % / 66.67 %	132	B	16.67 % / 66.66 %	146	B	4.49 % / 89.1 %
91	A	21.79 % / 63.47 %	105	C	17.95 % / 64.1 %	119	C	14.1 % / 66.67 %	133	D	7.69 % / 67.95 %	147	D	2.56 % / 89.11 %
92	D	16.03 % / 64.74 %	106	C	18.59 % / 64.1 %	120	A	16.67 % / 66.02 %	134	B	16.67 % / 66.02 %	148	D	3.21 % / 89.1 %
93	B	12.18 % / 64.74 %	107	D	12.18 % / 65.38 %	121	A	23.72 % / 66.02 %	135	C	24.36 % / 66.02 %	149	D	4.49 % / 89.74 %
94	B	11.54 % / 64.74 %	108	A	12.18 % / 67.31 %	122	C	17.31 % / 66.66 %	136	B	27.56 % / 66.03 %	150	D	3.21 % / 89.74 %

//संकेत और समाधान//

1. कक्षा में स्थानिक ऑडियो उत्सर्जन समझ में संज्ञानात्मक भार छात्रों को कम कर सकता है।स्थानिक ऑडियो उत्सर्जन एक वास्तविक या काल्पनिक ध्वनि वातावरण की छाप को फिर से बनाने की प्रक्रिया को संदर्भित करता है।

यह गतिविधि शिक्षक के लिए सम्मान कम करती है और इसे कम करने के बजाय प्रौद्योगिकी - अभिविन्यास में रुचि रखती है। यह गतिविधि छात्रों के प्रेरणा के स्तर को भी बढ़ाती है।

यह केवल अवधारणा को समझने में छात्रों के संज्ञानात्मक भार को कम करता है। उन्हें समझने के लिए संज्ञानात्मक रूप से बहुत अधिक प्रयास नहीं करने होंगे।

अतः विकल्प (A) सही है।

2. प्रभावी शिक्षण प्रक्रिया में व्यवहार की कुंजी एक शिक्षक द्वारा किसी विशेष पाठ को पढ़ाने के लिए उसके शिक्षण के दौरान उपयोग किए जाने वाले अनुदेशों की विविधता है। अनुदेशात्मक विविधता की प्रभावशीलता एक शिक्षक द्वारा अपने शिक्षण में उपयोग किए जाने वाले तरीकों की संख्या पर निर्भर करता है। यदि कोई शिक्षक अपने शिक्षण की तुलना में बहुत लंबे समय तक शिक्षण की एक ही विधि का उपयोग करता है, तो यह प्रभावी रूप से नहीं होता है या यह शिक्षक की कम प्रभावशीलता को दर्शाता है। यह किसी विशेष पाठ को पढ़ाने के पाठ्यक्रम के दौरान एक विधि से दूसरे में स्थानांतरित करने के लिए शिक्षक की क्षमता है।

अतः विकल्प (C) सही है।

3. प्रभावी संचार पूर्व-कल्पित समझ को कम करता है। संगठनात्मक लक्ष्यों की प्राप्ति के लिए प्रभावी संचार एक बुनियादी शर्त है। कोई भी संगठन, कोई समूह संचार के बिना मौजूद नहीं हो सकता। कार्य का समन्वय असंभव है और संचार की कमी के कारण संगठन ध्वस्त हो जाएगा।

- यह एक धागा है जो एक संगठन के विभिन्न अन्योन्याश्रित भागों को एक साथ रखता है। जब यह बंद हो जाता है, तो संगठन की गतिविधि समाप्त हो जाती है। एक महान विचार भी तब तक बन जाता है जब तक कि वह दूसरों द्वारा प्रसारित और समझा न जाए।

- अच्छा संचार पहले से ऊपर से नीचे तक सूचना के दो-तरफ़ा प्रवाह को मानता है। इसकी तुलना एक शक्तिशाली नदी से की जा सकती है जिसके तट पर व्यावसायिक जीवन का निर्माण होता है।

- प्रभावी संचार में समझ की आवश्यकता होती है क्योंकि यह संचार में समझ के तत्व पर जोर देती है। समझ का आदान-प्रदान तभी संभव होगा जब वह व्यक्ति, जिसके लिए संदेश का अर्थ है, उसे उसी अर्थ में समझता है, जिसमें संदेश भेजने वाला चाहता है कि वह उसे समझे।

- जब संचार प्रभावी होता है, तो यह बेहतर प्रदर्शन और नौकरी से संतुष्टि को प्रोत्साहित करता है।

- यह प्रभावी संचार के माध्यम से है कि एक कार्यकारी अंततः दूसरों से काम करवाता है।

- यह वह बल है जो एक संगठन के लोगों को एक साथ बांधता है। संचार के माध्यम से, वे एक सामान्य दृष्टिकोण और समझ प्राप्त कर सकते हैं और संगठनात्मक उद्देश्यों को पूरा करने के लिए सहयोग कर सकते हैं।

अतः विकल्प (D) सही है।

4. शिक्षक - छात्र सम्प्रेषण प्रायः उपयोगितावादी है। उपयोगितावादी वह तरीका है जो बताती है कि सर्वश्रेष्ठ क्रिया वह है जो उपयोगिता को अधिकतम करती है, जिससे अधिक से अधिक लोगों की भलाई होती है।

अतः विकल्प (C) सही है।

5. प्रभावी संचार के लिए बाधाएं नैतिक हैं, निर्णयात्मक हैं और सांत्वना की टिप्पणियां हैं।

कुछ भी जो संचार प्रक्रिया की विफलता के लिए अग्रणी जानकारी को समझने से रोकता है, को अवरोधक कहा जाता है। अच्छा संचार कौशल आपसी सम्मान कौशल है। आप दूसरे व्यक्ति के लिए पूरी तरह से सुनने और यह प्रदर्शित करने के लिए सम्मान दिखाते हैं कि आपको "उस व्यक्ति का मतलब" मिलता है; और आप अपने आप को सम्मान देते हैं जब आप आक्रामकता के बिना अपने वैध स्व-हित का दावा करते हैं या "देते हैं"। संपूर्ण संचार करने के लिए, प्रत्येक व्यक्ति को "प्राप्त करना" और "देना" दोनों चाहिए। जो कुछ भी संचार के अर्थ को अवरुद्ध करता है, वह संचार का एक अवरोध है।

अतः विकल्प (A) सही है।

6. तालिका से,

दुकान A द्वारा बेची गयी कुल घड़ियाँ $= 750 + 850 + 680 = 2280$

दुकान A द्वारा बेची गई टाइटन की घड़ियों की कुल संख्या $= 750$

अपेक्षित प्रतिशत $= \dfrac{750}{2280} \times 100 = 32.89\%$

∴ दुकान A द्वारा बेची गई कुल घड़ियों का 32.89 प्रतिशत टाइटन का था|

अतः विकल्प (B) सही है।

7. तालिका से,

बेची गई घड़ियों की संख्या				
दुकान का नाम	टाइटन	सोनाटा	फास्ट्रैक	बेची गई घड़ियों की कुल संख्या
B	920	670	960	$920 + 670 + 960 = 2550$
D	710	780	820	$710 + 780 + 820 = 2310$

अपेक्षित प्रतिशत $= \dfrac{2310}{2550} \times 100\% = 90.588\% \approx 90.59\%$

∴ दुकान D द्वारा बेची गई घड़ियों की संख्या, दुकान B द्वारा बेची गई घड़ियों की संख्या के 90.59% है|

अतः विकल्प (C) सही है।

8. तालिका से,

दुकान A द्वारा बेची गई फास्ट्रैक घड़ियों की संख्या $= 680$

दुकान C द्वारा बेची गई फास्ट्रैक घड़ियों की संख्या $= 850$

फास्ट्रैक घड़ियों की बिक्री में वृद्धि $= 850 - 680 = 170$

अपेक्षित प्रतिशत $= \dfrac{170}{680} \times 100\% = 25\%$

∴ दुकान C द्वारा बेची गई फास्ट्रैक घड़ियों की संख्या, दुकान A द्वारा बेची गई फास्ट्रैक घड़ियों की संख्या से 25% अधिक है|

अतः विकल्प (C) सही है।

9. तालिका से,

बेची गई घड़ियों की संख्या					
दुकान का नाम	टाइटन	सोनाटा	फास्ट्रैक	बेची गई घड़ियों की कुल संख्या	बेची गई घड़ियों की औसत संख्या
A	750	850	680	750 +	

				$850 + 680 = 2280$	$\dfrac{2280}{3} = 760$
B	920	670	960	$920 + 670 + 960 = 2550$	$\dfrac{2550}{3} = 850$
C	1050	470	850	$1050 + 470 + 850 = 2370$	$\dfrac{2370}{3} = 790$
D	710	780	820	$710 + 780 + 820 = 2310$	$\dfrac{2310}{3} = 770$

∴ दुकान B में बेची गई घड़ियों की औसत संख्या सबसे अधिक है।
अतः विकल्प (B) सही है।

10. तालिका,
सभी दुकानों द्वारा बेची गई सोनाटा घड़ियों की कुल संख्या $= 850 + 670 + 470 + 780 = 2770$

दुकान B द्वारा बेची गई सोनाटा घड़ियों की कुल संख्या $= 670$

अपेक्षित प्रतिशत $= \dfrac{670}{2770} \times 100\% = 24.19\%$

∴ दुकान B द्वारा बेची गई सोनाटा घड़ियों की कुल संख्या, सभी दुकानों द्वारा बेची गई सोनाटा घड़ियों की कुल संख्या के 24.19% है।
अतः विकल्प (D) सही है।

11. स्कूलों में पर्यावरण शिक्षा दी जानी चाहिए क्योंकि यह जीवन का एक महत्वपूर्ण हिस्सा है। पर्यावरण शिक्षा छात्रों को यह समझने में मदद करती है कि उनके निर्णय और कार्य पर्यावरण को कैसे प्रभावित करते हैं, जटिल पर्यावरणीय मुद्दों के समाधान के लिए आवश्यक ज्ञान और कौशल का निर्माण करते हैं, साथ ही साथ हम भविष्य के लिए अपने पर्यावरण को स्वस्थ और टिकाऊ रखने के लिए कार्य कर सकते हैं।

अतः विकल्प (B) सही है।

12. अन्तःक्रियात्मक व्याख्यान, वह व्याख्यान हैं जहां शिक्षक शिक्षण प्रक्रिया में छात्र को संलग्न करने के लिए कम से कम एक बार व्याख्यान को विराम दे सकता है। अन्तःक्रियात्मक व्याख्यान को दिलचस्प बनाने के लिए एक शिक्षक को व्याख्यान के बीच में चर्चा करने या छात्रों को प्रतिक्रिया देने के लिए चर्चा सत्र को नियोजित करना चाहिए।

यदि बुद्धिशीलता और प्रोजेक्ट्स अन्तःक्रियात्मक व्याख्यान के साथ नियोजित हैं तो यह केक पर आइसिंग की तरह हो सकता है। ब्रेन स्टॉर्मिंग शिक्षण का एक तरीका है, जिसमें छात्रों द्वारा बहुत सारे विचारों को इकट्ठा करके निष्कर्ष निकालने के प्रयास किए जाते हैं और फिर छात्रों को प्रोजेक्ट दिया जाता है, ताकि छात्र शिक्षक के मार्गदर्शन में सीखेंगे।

अतः विकल्प (C) सही है।

13. विकल्प (B) बिल्कुल सही है क्योंकि अभिकथन (A) के अनुसार शिक्षण सहायक सामग्री को निर्देश के लिए प्रभावी पूरक माना जाता है क्योंकि शिक्षण सहायक की मदद से शिक्षक के शिक्षण कौशल के साथ अधिक प्रयास किए बिना सर्वोत्तम संभव तरीके से शिक्षण प्रदान किया जा सकता है।

कारण (R): हाँ, यह सही है कि शिक्षण छात्रों को अच्छे हास्य में रखता है, जो कि विभिन्न शिक्षण सहायक उपकरण जैसे प्रोजेक्टर, स्लाइड, टेप इत्यादि का अवलोकन करने में लगे हुए छात्र के दिमाग को एक हद तक नियंत्रित करता

है। लेकिन तर्क (R) अभिकथन (A) की सही व्याख्या नहीं है क्योंकि दोनों वाक्य अलग-अलग हैं लेकिन विषय समान हैं।

अतः विकल्प (B) सही है।

14. कक्षा संवाद सामाजिक पहचान का आधार है।

कक्षा संवाद की प्रकृति और नियोजन और अनुकूल शिक्षा के माहौल को बनाने के लिए अपनाए गए विभिन्न उपाय हैं-

- शिक्षण एक सामाजिक गतिविधि है जिसमें शिक्षक और शिक्षार्थी दोनों शामिल होते हैं। इसलिए यह महत्वपूर्ण है, कि अधिगम को गति प्रदान करने के लिए उनके बीच दो तरफा संचार मौजूद है।

- इसके अलावा, एक शिक्षक और शिक्षार्थियों के बीच सीधा संवाद शिक्षक को तत्काल प्रतिक्रिया प्राप्त करने की अनुमति देता है जो उसे / उसके शिक्षार्थियों की मदद कर सकता है, जो कि सिखाया गया है। इस तरह की प्रतिक्रिया के आधार पर शिक्षक अपने संचार में सुधार कर सकता है।

- शिक्षक छात्रों के बीच उचित मूल्यों को विकसित करते हैं, ताकि वे आगे आने वाली आर्थिक, सामाजिक और सांस्कृतिक चुनौतियों का सामना कर सकें, और ये सभी शिक्षक के संचार के कौशल का आह्वान करते हैं।

- इस प्रकार शिक्षाशास्त्र, सामाजिक संपर्क, प्रबंधन और प्रौद्योगिकी में शिक्षक की महत्वपूर्ण गतिविधियां शामिल हैं और इन सभी गतिविधियों में संचार की भूमिका सर्वोपरि है।

- यह भी कहा गया था कि पारस्परिक संचार प्रतिक्रिया के लिए अधिक गुंजाइश की अनुमति देता है क्योंकि प्रेषक और ग्राही दोनों चेहरे के भाव, शरीर के आंदोलनों को समझ सकते हैं, और एक दूसरे को अपनी शंकाओं / प्रश्नों को हल करने के लिए प्रति प्रश्न कर सकते हैं।

अतः विकल्प (A) सही है।

15. तार्किक तर्क में वैधता परिसर और निष्कर्षों के बीच संबंध को संदर्भित करती है।

- वैधता और कुछ नहीं बल्कि एक अच्छा निगमनात्मक प्रपत्र है जो बदले में परिसर और निष्कर्ष के बीच अंतर्संबंध पर निर्भर करता है।

- वैधता (केवल परिभाषित तकनीकी अर्थ में) केवल तर्कों पर लागू होती है, कभी भी व्यक्तिगत दावों के लिए नहीं।

- यह पूरी तरह से एक तर्क की संरचना से निर्धारित होता है, न कि यह सामग्री से।

- यदि कुछ तर्क मान्य है, तो समान संरचना वाला प्रत्येक तर्क भी मान्य है। परिसर का उद्देश्य निष्कर्ष या निष्कर्ष के प्रमाण प्रदान करना है।

एक तर्क मान्य है यदि सभी परिसर सत्य हैं, तो निष्कर्ष सही होना चाहिए। यह इस प्रकार परिसर और निष्कर्ष के बीच एक संबंध है।

अतः विकल्प (C) सही है।

16. दिए गए कथन के अनुसार अक्षरों के लिए कोड हैं -

अक्षर	G	E	T	A	W	Y	F	I	R	B	C	K	D	S	M	O	V	L
कोड	B	E	N	C	D	I	Q	H	O	P	T	L	X	U	Z	M	W	F

अक्षर	F	I	E	R	C	E
कोड	Q	H	E	O	T	E

अतः विकल्प (D) सही है।

17. एक तर्क कथनों का एक समूह होता है जिसमें एक निष्कर्ष होता है और तर्ककर्ता द्वारा उस निष्कर्ष पर जाने के लिए दिए गए कथन होते हैं। परिसर कथन हैं जो निष्कर्ष तक ले जाते हैं।

विचार के प्रकार	विशेषताएँ	उदाहरण
काल्पनिक	एक काल्पनिक तर्क में एक काल्पनिक आधार होता है (इसे तर्क में एक सशर्त कथन भी कहा जाता है और एक "यदि/तो" साधारण जीवन में कथन होता है), एक अन्य परिसर तथा एक निष्कर्ष होता है।	**परिसर 1:** यदि रविवार को बारिश होती है, तो संगीत कार्यक्रम रद्द कर दिया जाएगा। **परिसर 2:** यदि संगीत कार्यक्रम रद्द हो जाता है, तो बैंड फिल्मों में जाएगा। **निष्कर्ष:** इस प्रकार, यदि रविवार को बारिश होती है, तो बैंड फिल्मों में जाएगा।
वियोजक	**वियोजक तर्क हमें यह जानने में मदद करता है कि परिसर में क्या निहित है, अर्थात, परिसर का अर्थ।** एक वियोजक तर्क तनातनी होता है। इसका अर्थ है कि यह हमेशा सत्य है एक वियोजक तर्क यह दावा करता है कि इसका निष्कर्ष निर्णायक रूप से इसके परिसर द्वारा समर्थित है। **निष्कर्ष आवश्यक रूप से आधार/परिसर से होता है।**	**परिसर 1:** मेरे बुककेस के शीर्ष शेल्फ पर 24 सीडी और निचले शेल्फ पर 14 सीडी हैं। **परिसर 2:** मेरी किताबों की अलमारी में कोई अन्य सीडी नहीं हैं। **निष्कर्ष:** इसलिए, मेरी किताबों की अलमारी में 38 सीडी हैं।
निगमन	**यह वियोजक के विपरीत होता है।** प्रेरक तर्क विशिष्ट टिप्पणियों से व्यापक सामान्यीकरण करता है। निगमन अनुमान में, हम विशिष्ट से सामान्य में जाते हैं। भले ही सभी परिसर एक कथन में सत्य हों, लेकिन निगमन तर्क निष्कर्ष के लिए **असत्य होने की अनुमति देता है।** एक निगमन तर्क इसके निष्कर्ष की संभावना का दावा करता है।	**परिसर 1:** श्याम एक दादा है। **परिसर 1:** श्याम गंजा है। **निष्कर्ष:** इसलिए, सभी दादाजी गंजे हैं।
अलंकारिक	एक अलंकारिक तर्क वह तर्क होता है जिसमें यह निष्कर्ष निकलता है कि दो वस्तुएं एक निश्चित सम्मान में समान होती हैं क्योंकि वे अन्य मामलों में समान हैं।	**एक लक्ष्य के बिना एक व्यक्ति एक प्रोग्राम के बिना कंप्यूटर की तरह होता है।**

इसलिए हम यह निष्कर्ष निकाल सकते हैं कि उपरोक्त उदाहरण अलंकारिक तर्क की श्रेणी में आता है।

अतः विकल्प (D) सही है।

18. ओवरहेड प्रोजेक्टर एक अनुदेशात्मक सामग्री नहीं है। मुद्रित अध्ययन गाइड में एक विशेष विषय से नोट्स के रूप में एक निर्देशात्मक सामग्री है। ऑडियो पॉडकास्ट वह सामग्री है जिसमें ऑडियो रूप में उपयोगी जानकारी होती है। यूट्यूब वीडियो वह माध्यम है जिसके माध्यम से ऑडियो के साथ-साथ वीडियो के रूप में निर्देशात्मक सामग्री प्रदान की जाती है।

अतः विकल्प (B) सही है।

19. ई-कल्प: डिजाइन के लिए डिजिटल शिक्षण का वातावरण बनाना, जिसे ई-कल्प भी कहा जाता है, मानव संसाधन मंत्रालय, भारत सरकार की एक पहल है, जो सूचना और संचार प्रौद्योगिकी के माध्यम से शिक्षा में राष्ट्रीय मिशन (एनएमईआईसीटी) का हिस्सा है।

यह परियोजना तीन पहल प्रस्तुत करती है -

- डिजाइन के लिए डिजिटल ऑनलाइन सामग्री प्रदान करना,
- डिजाइन के लिए एक सामाजिक नेटवर्किंग वातावरण और
- उच्च शिक्षण और डिजाइन पर एक डिजिटल संसाधन डेटाबेस बनाना।

इसलिए, ई-कल्प शब्द डिजाइन के लिए डिजिटल शिक्षण के वातावरण से संबंधित है।

अतः विकल्प (C) सही है।

20. नेशनल इंस्टीट्यूशनल रैंकिंग फ्रेमवर्क (एनआईआरएफ) रैंकिंग, दिल्ली में मिरांडा हाउस को देश का सर्वश्रेष्ठ कॉलेज चुना गया है। मिरांडा हाउस (एमएच) भारत में दिल्ली विश्वविद्यालय में महिलाओं के लिए घटक कॉलेज है।

अतः विकल्प (A) सही है।

21. जिन आधारों पर शैक्षणिक संस्थानों में प्रवेश में भेदभाव संवैधानिक रूप से निषिद्ध है, वे हैं एक धर्म बी लिंग सी जन्म स्थान डी राष्ट्रीयता।

अनुच्छेद 29 (2) में कहा गया है: "किसी भी नागरिक को राज्य द्वारा अनुरक्षित किसी भी शैक्षणिक संस्थान में प्रवेश से वंचित नहीं किया जाएगा या केवल धर्म, जाति, जाति, भाषा या उनमें से किसी के आधार पर राज्य निधियों से सहायता प्राप्त की जाएगी।" अनुच्छेद 29 (2) एक विशेष विषय, शैक्षणिक संस्थानों में प्रवेश से संबंधित है।

अतः विकल्प (B) सही है।

22. स्थलाकृतिक कारकों को प्राकृतिक भूगोल-संबंधी कारकों के रूप में भी जाना जा सकता है जिसमें ऊंचाई, पर्वत श्रृंखलाओं की दिशा, पठार, मैदान, झील, नदियाँ, समुद्र तल और घाटियाँ आदि शामिल हैं।

अतः विकल्प (A) सही है।

23. भारत के SDG सूचकांक 2018 के अनुसार, इन राज्यों में सबसे अधिक SDG सूचकांक स्कोर- हिमाचल प्रदेश, केरल, गोवा, आंध्र प्रदेश और तमिलनाडु हैं।

अतः विकल्प (A) सही है।

24. एक विद्यालय के प्राचार्य, विद्यालय के कार्यक्रमों में उनकी बढ़ी हुई प्रत्याशा की संभावना का पता लगाने के लिए शिक्षकों और छात्रों का साक्षात्कार सत्र आयोजित करते हैं। यह प्रयास क्रियात्मक अनुसंधान से संबंधित है।

क्रियात्मक अनुसंधान एक जांच या शोध है जो गुणवत्ता और किसी विशेष संगठन के प्रदर्शन को बेहतर बनाने या बढ़ाने के लिए केंद्रित प्रयासों से संबंधित है।

अतः विकल्प (C) सही है।

25. रचनात्मक रूप से स्थिति को देखने और आकार देने की क्षमता अनुसंधान परिकल्पना और उनके परीक्षण के लिए प्रक्रियाओं को तैयार करने में सबसे अधिक प्रासंगिक है।

अनुसंधान एक जटिल सामाजिक घटना या एक प्रक्रिया को समझने की दिशा में एक व्यवस्थित जांच है। अनुसंधान समस्या के आधार पर, शोधकर्ता द्वारा अनुसंधान विधियों का चयन अलग-अलग हो सकता है। अनुसंधान प्रक्रिया में वैज्ञानिक अनुसंधान के संचालन के लिए आवश्यक क्रियाओं और चरणों की एक श्रृंखला होती है, यदि शोधकर्ता अनुसंधान के संचालन में कुछ चरणों का पालन करता है, तो कार्य को कम से कम कठिनाई के साथ सुचारू रूप से किया जा सकता है।

अतः विकल्प (C) सही है।

26. शैक्षिक शोध का उद्देश्य शिक्षा की प्रक्रिया में अंतर्निहित नए तथ्यों और सिद्धांतों की खोज करना है।

शैक्षिक शोध शैक्षिक स्थितियों के व्यवस्थित अध्ययन के लिए वैज्ञानिक पद्धति को लागू करता है। यह हमें शैक्षिक समस्याओं (समस्या की पहचान नहीं) का समाधान करने में मदद करता है।

अतः विकल्प (B) सही है।

27. कई अलग-अलग विशेषताएं हैं जो स्तरीकृत प्रतिचयन के उपयोग के लिए कह सकते हैं।

यह एक प्रकार का यादृच्छिक नमूना है जिसमें नमूना प्रक्रिया शुरू होने से पहले जनसंख्या को पहले दो या अधिक स्ट्रैगा या उपसमूहों में विभाजित किया जाता है।

प्रत्येक इकाई को इकाई के बारे में पूर्व ज्ञान के आधार पर एक स्ट्रैटम को सौंपा गया है। फिर, स्वतंत्र यादृच्छिक नमूनों का चयन प्रत्येक स्ट्रैटम से एक प्रक्रिया का उपयोग करके किया जाता है जो सरल यादृच्छिक नमूने में उपयोग किया जाता है। स्ट्रैटम (बहुवचन "सिराटन) जनसंख्या के एक हिस्से का गठन करता है यानी वे परस्पर अनन्य और सामूहिक रूप से संपूर्ण होते हैं।

स्ट्रैटम की नमूना इकाइयाँ एक दूसरे में समान होती हैं और उन विशेषताओं में एक और स्ट्रैटम के सदस्यों से अलग होती हैं जिन्हें हम माप रहे हैं।

अतः विकल्प (B) सही है।

28. अभिलेखा सर्वेक्षण का तरीका नहीं है।

सर्वेक्षण विभिन्न तरीकों से किया जा सकता है। सर्वेक्षण आयोजित करने के कुछ तरीके व्यक्तिगत साक्षात्कार, टेलीफ़ोनिक साक्षात्कार, मेलिंग प्रश्नावली, कार्यक्रम के माध्यम से आदि हैं। जबकि संग्रह एक घटना का एक ऐतिहासिक रिकॉर्ड है जिसका उपयोग डेटा संग्रह के लिए किया जा सकता है लेकिन यह सर्वेक्षण के लिए उपयुक्त नहीं है।

अतः विकल्प (B) सही है।

29. ऑडियो-भाषी शिक्षण सहायक शिक्षण सहायक सामग्री है जो पढ़ने, सुनने और उच्चारण करने जैसे कौशल को बढ़ाती है।

शिक्षण की इस शैली का प्रयोग विदेशी भाषाओं को पढ़ाने में किया जाता है। व्यवहारवादी सिद्धांत का पालन करके निर्मित ऑडियो-भाषी शिक्षण सहायता। यह मानता है कि छात्रों को छात्र की मूल भाषा का उपयोग किए बिना पढ़ाया जाना चाहिए।

अतः विकल्प (A) सही है।

30. बयान के अनुसार, कुल रनों का 80% स्पिनरों द्वारा बनाया गया था। ओपनिंग बल्लेबाजों के बारे में बयान में कुछ भी उल्लेख नहीं किया गया है।

टीम में निष्कर्ष । में दिए गए स्पिनरों की संख्या अधिक या कम हो सकती है। इसलिए, निष्कर्ष । का पालन नहीं करता है। दूसरी बात, इस बयान से पता नहीं चलता कि सलामी बल्लेबाज स्पिनर थे। इसलिए, निष्कर्ष ।। अनुसरण नहीं करता है।

अतः विकल्प (D) सही है।

31.

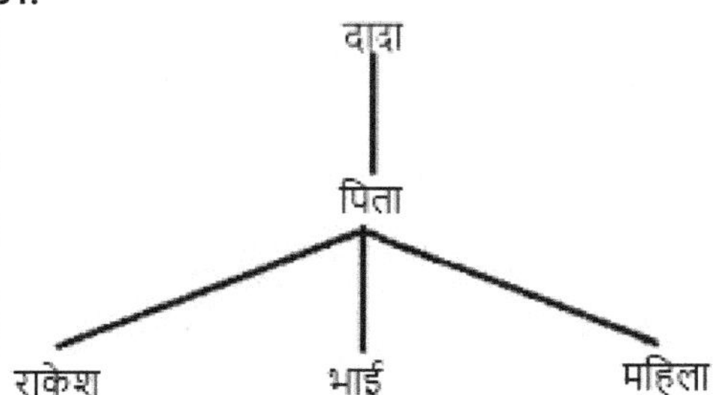

जैसा कि ऊपर चित्र में दिखाया गया है, महिला राकेश की बहन है।

अतः विकल्प (C) सही है।

32. माना, दोनों संख्याएँ A और B हैं।

दिया है,

$$\frac{A}{B} = \frac{2}{5}$$

$$5A = 2B \dots \dots (i)$$

$$\frac{A+16}{B+16} = \frac{1}{2}$$

$$2A + 32 = B + 16 \dots \dots (ii)$$

समीकरण (i) से,

$$A = \frac{2B}{5}$$

अब, A का मान समीकरण (ii) में रखने पर,

$$2\left(\frac{2B}{5}\right) + 32 = B + 16 \dots \dots (iii)$$

$$\frac{4B}{5} + 32 = B + 16 \dots \dots (iv)$$

समीकरण (iv) को हल करने पर, हमें मिला

$$B = 80$$

और, $A = \frac{2B}{5} = 2 \times \frac{80}{5} = 32$

इसलिए, A और B का मान क्रमशः 32 और 80 है।

अतः विकल्प (D) सही है।

33. पहले चार शब्द को वर्णमाला श्रृंखला में 2 जोड़कर कोडित किया गया है, मध्य शब्द समान है, अंतिम चार शब्द को 1 घटाकर कोडित किया गया है।

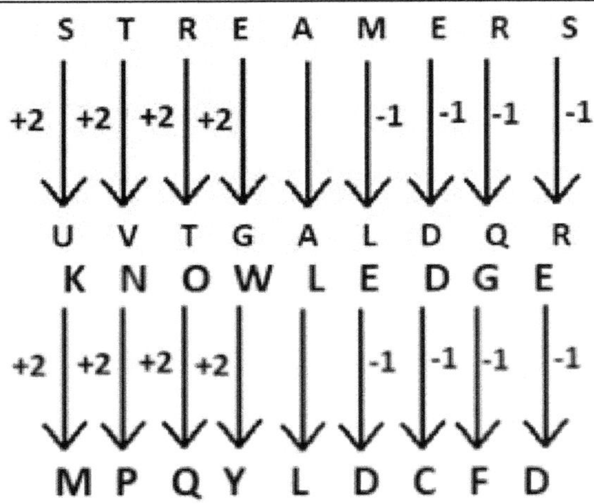

अतः विकल्प (B) सही है।

34. बारह संख्याओं का औसत $= 15$

बारह संख्याओं का योग $= 15 \times 12 = 180$

पहले दो संख्याओं का औसत $= 14$

पहले दो संख्याओं का योग $= 14 \times 2 = 28$

पहले दो संख्याओं का योग $+$ बाकी संख्याओं का योग $= 180$

$28 +$ बाकी संख्याओं का योग $= 180$

बाकी संख्याओं का योग $= 180 - 28 = 152$

बाकी संख्याओं का औसत $= \dfrac{152}{10} = 15\dfrac{1}{5}$

अतः विकल्प (A) सही है।

35. शोध करते समय संबंधित अध्ययन की समीक्षा महत्वपूर्ण है क्योंकि इससे दोहराव या दोहराव से बचा जाता है, यह अंतराल को समझने में मदद करता है और यह शोधकर्ता को अतार्किक निष्कर्ष निकालने में मदद करता है।

अतः विकल्प (D) सही है।

36. 1 दादी (1) + 1 माँ (1) + 4 बेटे की पत्नी (4) + 2 बेटियाँ हर बेटे (8)

तो, कुल महिलाओं की संख्या $= 1 + 1 + 4 + 8 = 14$.

अतः विकल्प (C) सही है।

37. कथन में उल्लेख किया गया है कि ज्यादातर लोग सरकारों के अधीन रहने के लिए मजबूर हैं जो उन्हें व्यक्तिगत स्वतंत्रता और असंतोष के अधिकार से मना करते हैं। इसका मतलब है कि वे इन अधिकारों के प्रति उदासीन नहीं हैं, लेकिन उनके लिए एक इच्छा है। इसलिए, केवल निष्कर्ष I अनुसरण करता है।

अतः विकल्प (A) सही है।

38. चरण 1: हम संख्या के धनात्मक निरूपण से शुरू करते हैं:

$\Rightarrow |-23| = 23$

चरण 2: संख्या को 2 से बार-बार विभाजित करें, प्रत्येक शेष पर नज़र रखते हुए, जब तक कि हम एक भागफल जो शून्य के बराबर न हो:

$\Rightarrow$ भाज्य $\div$ भाजक = भागफल + शेष

$\Rightarrow 23 \div 2 = 11 + 1;$

$\Rightarrow 11 \div 2 = 5 + 1;$

$\Rightarrow 5 \div 2 = 2 + 1;$

$\Rightarrow 2 \div 2 = 1 + 0;$

$\Rightarrow 1 \div 2 = 0 + 1;$

अब हमें भागफल 0 मिला।

चरण 3: चरण 2 में सूची के नीचे से शुरू होने वाले सभी अवशेषों को लेते हुए, धनात्मक संख्या के आधार 2 आधार का निर्माण करें।

$\Rightarrow 23_{(10)} = 10111_{(2)}$

चरण 4: चिह्नित बाइनरी संख्या की लंबाई निर्धारित करें:

आधार 2 संख्या की वास्तविक लंबाई, बिट्स में: 5। एक चिह्नित बाइनरी बिट की लंबाई 2 के घातांक बराबर होनी चाहिए, जैसे:

$2^1 = 2; 2^2 = 4; 2^3 = 8; 2^4 = 16; 2^5 = 32; 2^6 = 64; ...$

पहला बिट (सबसे बाईं ओर) संकेत दर्शाता है,

$1 = $ ऋणात्मक , $0 = $ धनात्मक .

सबसे कम संख्या जो 2 की घातांक है और वास्तविक लंबाई से बड़ी है ताकि पहला बिट (सबसे बाईं ओर) शून्य हो सके: 8।

चरण 5: 8 बिट्स पर धनात्मक बाइनरी कंप्यूटर निरूपण - यदि आवश्यक हो, तो आधार संख्या के सामने (बाईं ओर) में अतिरिक्त 0 आवश्यक लंबाई तक जोड़ें:

$\Rightarrow 23_{(10)} = 00010111$

चरण 6: 8 बिट्स पर ऋणात्मक पूर्णांक संख्या निरूपण प्राप्त करने के लिए, द्विआधारी के पूरक पर हस्ताक्षर किए, 0 पर सभी बिट्स को 1 से बदलें और सभी बिट्स को 1 के साथ सेट करें (अंकों को उलट कर):

$\Rightarrow !(00010111) = 11101000$

चरण 7: 8 बिट पर नकारात्मक पूर्णांक संख्या निरूपण प्राप्त करने के लिए, द्विआधारी दो के पूरक , चरण 6 में ऊपर गणना की गई संख्या में 1 जोड़ें:

$\Rightarrow 11101000 + 1 = 11101001$

इसलिए संख्या -23, एक चिह्नित पूर्णांक, दशमलव प्रणाली (आधार 10) से एक चिह्नित बाइनरी दो के पूरक निरूपण में परिवर्तित होता है $-23_{(10)} = 11101001$

अतः विकल्प (B) सही है।

39. लेखक पैराग्राफ में कहता है कि उसकी पिछली परिभाषा "बहुत निरपेक्ष" थी। फिर भी वह स्वीकार करता है कि कम आदमी "प्रकृति के संतुलन को बेहतर" करता है। इसलिए उसकी परिभाषा पूरी तरह से सही नहीं है (क्योंकि यह बहुत आदर्शवादी है) लेकिन यह पूरी तरह से गलत भी नहीं है।

उपरोक्त कथनों के अनुसार, दूसरे, तीसरे और चौथे विकल्प को समाप्त करना आसान है क्योंकि वे बहुत नकारात्मक हैं।

इसलिए, सही उत्तर "कुछ हद तक आदर्शवादी" है।

अतः विकल्प (A) सही है।

40. दूसरे पैराग्राफ का अंतिम वाक्य कहता है "फिर, वह कीटों और परजीवियों को नष्ट करके, बॉट-मक्खियों या मच्छरों की तरह, और महामारी जैसी बीमारियों के लिए एंटीडोट्स को खोजकर लाभदायक रूप से सक्रिय हो सकता है, जो समय-समय पर खरगोशों को मारता है और इस तरह कई को भूखा रखता है मांसाहारियों की मृत्यु "और अंतिम पैराग्राफ कहता है" लेकिन, उन मामलों को छोड़कर, जहां प्रयोग ने उनके हस्तक्षेप को फायदेमंद साबित किया है, कम वह प्रकृति के संतुलन को बेहतर बनाता है, भले ही वह सांसारिक होने का प्रयास करता है "।

पारित होने के इन वाक्यों से, हम कह सकते हैं कि लेखक जानवरों की सुरक्षा में मनुष्य की सक्रिय भूमिका के बारे में बहुत चिंतित है क्योंकि वह इस तथ्य से डरता है कि यह पारिस्थितिक तंत्र के असंतुलन को जन्म देगा।

इसलिए, सही उत्तर "वह इस तथ्य से डरता है कि यह पारिस्थितिक तंत्र के असंतुलन को जन्म देगा"।

अतः विकल्प (A) सही है।

41. दूसरे पैराग्राफ के छठे वाक्य में कहा गया है, "लेकिन यह हत्या करना है कि मैं आज रात बोल रहा हूं"।

"मैं आज रात की बात कर रहा हूँ" शब्दों से हम अनुमान लगा सकते हैं कि शब्द मौखिक रूप से दिए गए थे, और दिन के समय नहीं।

इसलिए, एकमात्र संभव जवाब "एक शिक्षित दर्शकों को दिए गए भाषण का एक हिस्सा है"।

अतः विकल्प (C) सही है।

42. मार्ग के अंतिम पैराग्राफ में कहा गया है, "लेकिन, उन मामलों को छोड़कर, जहां प्रयोग ने उनके हस्तक्षेप को फायदेमंद साबित किया है, कम वह प्रकृति के संतुलन को बेहतर बनाता है, भले ही वह सांसारिक होने का प्रयास करता है"।

पारित होने के इस वाक्य से, हम कह सकते हैं कि लेखक यह संदेश देना चाहता है कि यदि मनुष्य पारिस्थितिक संतुलन को बनाए रखने में विफल रहा, तो यह लंबे समय में हानिकारक होगा।

इसलिए, सही उत्तर यह है कि "यदि कोई व्यक्ति पारिस्थितिक संतुलन बनाए रखने में विफल रहा, तो यह लंबे समय में हानिकारक होगा"।

अतः विकल्प (B) सही है।

43. मार्ग के पहले पैराग्राफ में स्वर सेट होता है जो प्रकृति के खिलाफ मानवीय गतिविधियों की आलोचना करने के लिए व्यंग्यात्मक रूप से अभी तक दूरदर्शिता और आत्म-नियंत्रण के कारण व्यायाम करने के लिए एक विचारोत्तेजक चेतावनी जारी करता है। पूरा मार्ग इसी स्वर के इर्द-गिर्द घूमता है और पारिस्थितिक संतुलन को बिगाड़ने के सुझाव के साथ समाप्त होता है।

पारित होने के इस वाक्य से, हम कह सकते हैं कि लेखक के स्वर को व्यंग्यात्मक होने के रूप में सबसे अच्छा वर्णित किया जा सकता है।

इसलिए, सही उत्तर "व्यंग्यात्मक" है।

अतः विकल्प (D) सही है।

44. ऐतिहासिक अनुसंधान प्रतिकृति, परिकल्पना के सूत्रीकरण और परिकल्पना परीक्षण की प्रक्रिया में प्रयोगात्मक अनुसंधान से अलग है।

अतः विकल्प (D) सही है।

45. जलवायु परिवर्तन के खतरे के प्रति वैश्विक प्रतिक्रिया को मजबूत करना पेरिस समझौते का केंद्रीय उद्देश्य था।

पेरिस समझौते के लक्ष्य:

- पूर्व-औद्योगिक स्तर की तुलना में ग्लोबल वार्मिंग को 2 से नीचे, अधिमानतः 1.5 डिग्री सेल्सियस तक सीमित करें।

- मध्य शताब्दी तक जलवायु-तटस्थ दुनिया को प्राप्त करने के लिए जितनी जल्दी हो सके ग्रीनहाउस गैस उत्सर्जन की वैश्विक चोटी तक पहुंचें।

अतः विकल्प (B) सही है।

46. पवन ऊर्जा पवन वेग के प्रति बहुत संवेदनशील होती है क्योंकि पवन ऊर्जा पवन वेग के घन के समानुपाती होती है।

पवन का वेग हमारे आसपास के पेड़ों, इमारतों, पहाड़ियों और घाटियों से प्रभावित होता है।पवन एक विसरित ऊर्जा स्रोत है जिसे अन्यत्र या किसी अन्य समय में उपयोग के लिए निहित या संग्रहीत नहीं किया जा सकता है।

अतः विकल्प (D) सही है।

47. जैविक विविधता पर कन्वेंशन और मॉन्ट्रियल प्रोटोकॉल अंतर्राष्ट्रीय समझौते हैं/कन्वेंशन/प्रोटोकॉल कानूनी रूप से सदस्य देशों (पार्टियों) पर बाध्यकारी हैं।

एक कन्वेंशन किसी विशेष राज्य के लिए कानूनी रूप से बाध्यकारी हो जाता है जब वह राज्य इसकी पुष्टि करता है। हस्ताक्षर करने से कोई कन्वेंशन बाध्यकारी नहीं होता है, लेकिन यह कन्वेंशन के सिद्धांतों के लिए समर्थन और देश की मंशा को इसकी पुष्टि करने का संकेत देता है।

अतः विकल्प (B) सही है।

48. ई-शोध सिंधु उच्च शिक्षा स्तर पर विद्वानों के लेखों, ई-पत्रिकाओं और ई-पुस्तकों तक पहुंच प्रदान करता है। MHRD, भारत सरकार ने UGC-INFONET डिजिटल लाइब्रेरी कंसोर्टियम, NLIST, और INDEST-AICTE कंसोर्टियम नामक तीन संघ पहलों को मिलाकर ई-शोध सिंधु का गठन किया है।

अतः विकल्प (C) सही है।

49. श्रुति दृष्टि" सूचना निष्कर्षण और पुनर्प्राप्ति तकनीकों का उपयोग करके दृष्टिबाधित लोगों के लिए एक एकीकृत टेक्स्ट-टू-स्पीच [TTS] और टेक्स्ट-टू-ब्रेल [TTB] प्रणाली है।

श्रुति दृष्टि दृष्टिबाधित उपयोगकर्ताओं के लिए विकसित एक वेब पेज ब्राउज़र है जिसे उपयोगकर्ता के अनुकूल पर्यावरण प्रदान करने के लिए जाना जाता है।

अतः विकल्प (C) सही है।

50. विश्वविद्यालयों या उच्च शिक्षा संस्थानों को NAAC द्वारा मान्यता प्राप्त करना पसंद है क्योंकि विश्वविद्यालय के सामर्थ्य को सुव्यवस्थित किया जाता है।

राष्ट्रीय मूल्यांकन और प्रत्यायन परिषद (NAAC)

- यह विश्वविद्यालय अनुदान आयोग का एक स्वायत्त निकाय) है।

- यह संस्थान के Status गुणवत्ता स्थिति 'की समझ प्राप्त करने के लिए उच्च शैक्षणिक संस्थानों (HEI) जैसे महाविद्यालयों, विश्वविद्यालयों या अन्य मान्यता प्राप्त संस्थानों का मूल्यांकन और मान्यता प्रदान करता है।

अतः विकल्प (D) सही है।

51. गोज़ी ओकोन्जो-इवेला विश्व व्यापार संगठन (WTO) की पहली महिला और पहली अफ्रीकी महानिदेशक बनीं।

उनका कार्यकाल 1 मार्च 2021 को शुरू होगा। वे एक विकास अर्थशास्त्री है और पूर्व में नाइजीरिया के वित्त मंत्री के रूप में कार्य किया है। वे पूर्व महानिदेशक, रॉबर्टो अज़ेवेदो का स्थान लेंगी।

अतः विकल्प (C) सही है।

52. विश्वसनीयता का तात्पर्य उस पैमाने से है जिस पैमाने पर बार-बार माप किए जाने पर लगातार परिणाम मिलते हैं। इसलिए, जब परीक्षण उपकरण का बार-बार उपयोग किया जाता है, तो परिणामों की विश्वसनीयता स्थिर रहती है।

अतः विकल्प (B) सही है।

53. एक नौकरी विनिर्देश भूमिका का एक विस्तृत विवरण है, जिसमें सभी जिम्मेदारियां, उद्देश्य और आवश्यकताएं शामिल हैं। एक व्यक्ति विनिर्देश आपके आदर्श नए कर्मचारी का एक प्रोफाइल है, जिसमें कौशल, अनुभव और व्यक्तित्व प्रकार शामिल हैं।

नौकरी विवरण या जे.डी एक लिखित कथा है जो सामान्य कार्यों, या अन्य संबंधित कर्तव्यों, और एक स्थिति की जिम्मेदारियों का वर्णन करता है।

नौकरी विश्लेषण सामग्री और नौकरियों की मानवीय आवश्यकताओं के बारे में जानकारी इकट्ठा करने और विश्लेषण करने की प्रक्रिया है, साथ ही, उस संदर्भ में जिसमें नौकरियों का प्रदर्शन किया जाता है। इस प्रक्रिया का उपयोग नौकरियों की नियुक्ति को निर्धारित करने के लिए किया जाता है। एनयू वैल्यू के तहत इस क्षेत्र में निर्णय लेने की इकाइयों और मानव संसाधन द्वारा साझा किया जाता है।

अतः विकल्प (B) सही है।

54. फ़िशिंग संवेदनशील जानकारी जैसे उपयोगकर्ता नाम, पासवर्ड, आदि प्राप्त करने का एक प्रयास है।

- फ़िशिंग एक इलेक्ट्रॉनिक संचार में एक भरोसेमंद इकाई के रूप में अपने आप को छिपाने के द्वारा संवेदनशील जानकारी या डेटा, जैसे कि उपयोगकर्ता नाम, पासवर्ड और क्रेडिट कार्ड विवरण प्राप्त करने का धोखाधड़ी प्रयास है।

- आमतौर पर ईमेल स्पूफिंग, इंस्टेंट मैसेजिंग और टेक्स्ट मैसेजिंग द्वारा किए गए, फ़िशिंग अक्सर उपयोगकर्ताओं को एक नकली वेबसाइट पर व्यक्तिगत जानकारी दर्ज करने के लिए निर्देशित करता है जो वैध साइट के रूप और अनुभव से मेल खाता है।

- फ़िशिंग सोशल इंजीनियरिंग तकनीकों का एक उदाहरण है जिसका उपयोग उपयोगकर्ताओं को धोखा देने के लिए किया जाता है।

- उपयोगकर्ताओं को सोशल वेब साइटों, नीलामी साइटों, बैंकों, सहकर्मियों / अधिकारियों, ऑनलाइन भुगतान प्रोसेसर, या आईटी प्रशासकों जैसे विश्वसनीय पार्टियों से होने के लिए संचार द्वारा लालच दिया जाता है।

अतः विकल्प (B) सही है।

55. पूंजी संरचना केवल दीर्घकालिक फंडों का प्रतिनिधित्व करती है और सभी अल्पकालिक ऋणों और अग्रिमों को बाहर करती है। यह पैटर्न का एक सेट है जिसमें एक कंपनी ऋण, इक्विटी, या प्रतिभूतियों के एक विशेष संयोजन के साथ अपनी गतिविधियों को वित्त करने का निर्णय लेती है।

(1) इक्विटी पर ट्रेडिंग:

- इक्विटी पर ट्रेडिंग का मतलब इक्विटी कैपिटल बेस का लाभ लेना है यानी इक्विटी को प्राथमिकता शेयर पूंजी और ऋण पूंजी के मुकाबले कम अनुपात में रखकर।

- अधिशेष आय इक्विटी लाभांश को अधिकतम करने के लिए इक्विटी पूंजी पर वितरित की जाती है।

- उच्च लाभांश सीधे इक्विटी शेयर के उच्च बाजार मूल्य की ओर ले जाएगा जो अप्रत्यक्ष रूप से संगठन की सद्भावना को बढ़ाएगा।

(2) पूंजी की लागत:

- कॉर्पोरेट की पूंजी संरचना को डिजाइन करने में पूंजी की लागत भी महत्वपूर्ण है।

- अपेक्षित रिटर्न किसी भी निवेश गतिविधि में अपेक्षित लागत से अधिक होना चाहिए और पूंजी की लागत वापसी की दर है जो पूंजी बराबर जोखिम के वैकल्पिक निवेश में अर्जित करने की उम्मीद कर सकती है।

- कंपनी की प्रतिभूतियों में आमतौर पर ऋण और इक्विटी दोनों शामिल होते हैं, इसलिए किसी को कंपनी की पूंजी की लागत निर्धारित करने के लिए ऋण की लागत और इक्विटी की लागत दोनों की गणना करनी चाहिए।

- इसके बाद, कंपनी की पूंजी की भारित औसत लागत ज्ञात होगी जो आगे की गतिविधियों में मदद करेगी।

(3) लाभप्रदता:

- एक इष्टतम पूंजी संरचना को पर्याप्त लाभ प्रदान करना चाहिए।

- इसलिए लाभप्रदता पहलू को EBIT-EPS विश्लेषण करके सत्यापित करने की आवश्यकता है जो कि EBIT के विभिन्न स्तरों पर फर्म को विभिन्न वित्तीय विकल्पों को जानने में मदद करेगा जहाँ EPS प्रत्येक विकल्प के लिए अलग होगा।

- इनमें से सबसे ज्यादा ईपीएस देने वाले विकल्प को चुना जाएगा।

इसलिए, उपरोक्त सभी एक कॉर्पोरेट की पूंजी संरचना को डिजाइन करने में विचार हैं।

अतः विकल्प (D) सही है।

56. डीआईएन एक विशिष्ट निदेशक पहचान संख्या है जो केंद्र सरकार द्वारा किसी कंपनी के निदेशक या मौजूदा निदेशक बनने के इच्छुक किसी भी व्यक्ति को आवंटित की जाती है। यह 8 अंकों की विशिष्ट पहचान संख्या है जिसकी आजीवन वैधता है। डीआईएन के माध्यम से निदेशकों का विवरण डेटाबेस में रखा जाता है।

अतः विकल्प (D) सही है।

57. केंद्रीय बैंक एक शीर्ष बैंक है जो किसी देश की संपूर्ण बैंकिंग प्रणाली को नियंत्रित करता है। यह नोटबंदी की एकमात्र एजेंसी है और अर्थव्यवस्था में धन की आपूर्ति को नियंत्रित करती है।

यह भारतीय रिज़र्व बैंक अधिनियम, 1934 के अनुसार निम्नलिखित कार्य करता है:

1. बैंकिंग कार्य:

- रिज़र्व बैंक भारत सरकार और राज्यों के बैंकर, एजेंट और सलाहकार के रूप में कार्य करता है। यह राज्य और केंद्र सरकार के सभी बैंकिंग कार्य करता है और यह आर्थिक और मौद्रिक नीति से संबंधित मामलों में सरकार को उपयोगी सलाह देता है। यह सरकार के सार्वजनिक ऋण का प्रबंधन भी करता है।

- यह अन्य वाणिज्यिक बैंकों के लिए भी वही कार्य करता है, जैसा कि अन्य बैंक अपने ग्राहकों के लिए करते हैं। RBI देश के सभी वाणिज्यिक बैंकों को पैसा उधार देता है।

2. पर्यवेक्षी कार्य: यह अन्य बैंकों और सरकारों को विभिन्न आर्थिक स्थितियों में पर्यवेक्षण करता है और अर्थव्यवस्था में मुद्रास्फीति या अपस्फीति के समय उनका मार्गदर्शन करता है।

3. प्रचार कार्य: केंद्रीय बैंक प्रचार कार्य भी करता है जिसमें विश्व अर्थव्यवस्थाओं के साथ एकीकरण और विदेशी भंडार को बनाए रखना शामिल है। वे अंतरराष्ट्रीय स्तर पर देश की अर्थव्यवस्था का प्रतिनिधित्व करते हैं।

अतः विकल्प (A) सही है।

58. मानव संसाधन नियोजन (HRP) एक संगठन की सबसे मूल्यवान संपत्ति-गुणवत्ता वाले कर्मचारियों के अनुकूलतम उपयोग को प्राप्त करने के लिए व्यवस्थित योजना की निरंतर प्रक्रिया है। मानव संसाधन नियोजन श्रमशक्ति या अधिशेष से बचने के दौरान कर्मचारियों और नौकरियों के बीच सर्वोत्तम योग्य योजना सुनिश्चित करता है।

इसलिए, दोनों (A) और (R) सही हैं।

अतः विकल्प (A) सही है।

59. उदारीकरण का अर्थ ऐसे नियंत्रण में ढील देना या उन्हें हटा लेना है, जिससे आर्थिक विकास को बढ़ावा मिला है। उदारीकरण में वे सभी गतिविधियाँ सम्मिलित हैं, जिनके द्वारा किसी देश के आर्थिक विकास में बाधा पहुँचाने वाली आर्थिक नीतियों, नियमों, प्रशासनिक नियंत्रणों, प्रक्रियाओं आदि को समाप्त किया जाता है या उनमे शिथिलता दी जाती है।

सार्वजनिक क्षेत्र के उपक्रमों को पूंजी बाजार तक पहुंचने की स्वतंत्रता।

इसलिए, (A) गलत है लेकिन (R) सच है।

अतः विकल्प (D) सही है।

60. सही कोड (a)-(iii), (b)-(i), (c)-(ii), (d)-(iv) है।

राजकोषीय नीति वह साधन है जिसके द्वारा सरकार देश की अर्थव्यवस्था की निगरानी और उसे प्रभावित करने के लिए अपने खर्च के स्तर और कर की दरों को समायोजित करती है। यह मौद्रिक नीति के लिए बहन की रणनीति है जिसके माध्यम से एक केंद्रीय बैंक देश की मुद्रा आपूर्ति को प्रभावित करता है।

प्रौद्योगिकी नीति "सक्रिय औद्योगिक नीति" का एक रूप है, और विभिन्न समाजों, उद्योगों और समय अवधि के दौरान तकनीकी विकास के अनुभवजन्य तथ्यों के आधार पर प्रभावी रूप से तर्क देती है कि बाजार शायद ही कभी अपने और राज्य के हस्तक्षेप में औद्योगिक भाग्य का फैसला करते हैं या बाजार-विफलता के मानक मामलों को दूर करने के लिए समर्थन की आवश्यकता होती है (उदाहरण के लिए, अत्यधिक प्रतिस्पर्धी या जटिल बाजारों में अनुसंधान और विकास के अंडर-फंडिंग) शामिल हो सकते हैं।

मैक्रो-इकोनॉमिक पॉलिसी एक संपूर्ण अर्थव्यवस्था के प्रदर्शन, संरचना, व्यवहार और निर्णय लेने से संबंधित अर्थशास्त्र की एक शाखा है।

मौद्रिक नीति एक राष्ट्र के मौद्रिक प्राधिकरण द्वारा अपनाई गई एक नीति है जो बहुत ही अल्पकालिक उधार लेने के लिए देय ब्याज दर को नियंत्रित करने के लिए होती है (बैंकों द्वारा अपनी अल्पकालिक जरूरतों को पूरा करने के लिए एक दूसरे से उधार लेना) या धन की आपूर्ति, अक्सर एक प्रयास के रूप में। मूल्य स्थिरता और राष्ट्र की मुद्रा के मूल्य और स्थिरता के सामान्य विश्वास को सुनिश्चित करने के लिए मुद्रास्फीति या ब्याज दर को कम करना।

अतः विकल्प (B) सही है।

61. बुनियादी ढाँचा मूल रूप से आर्थिक विकास का आधार है। सड़क, पानी की व्यवस्था, बड़े पैमाने पर परिवहन, हवाई अड्डे और उपयोगिताओं सभी बुनियादी ढांचे के उदाहरण हैं। इसमें उन सहायक सेवाओं को शामिल किया गया है जो कृषि और उद्योग जैसी सीधे उत्पादक गतिविधियों के विकास में मदद करती हैं।

अतः विकल्प (D) सही है।

62. सकल घरेलू उत्पाद के चार घटक व्यक्तिगत खपत, व्यवसाय निवेश, सरकारी खर्च और शुद्ध निर्यात हैं। यह बताता है कि एक देश क्या उत्पादन करने में अच्छा है। जीडीपी प्रत्येक वर्ष के लिए देश का कुल आर्थिक उत्पादन है।

इसलिए, शुद्ध व्यक्तिगत आय सकल घरेलू उत्पाद में नही आता है।

अतः विकल्प (C) सही है।

63. स्थानीय फोरम उपभोक्ता विवाद निवारण प्रणाली का मंच नहीं है।

अधिनियम में तीन स्तरीय उपभोक्ता विवाद निवारण एजेंसियों के लिए प्रावधान है। ये हैं -

1. जिले में जिला उपभोक्ता विवाद निवारण आयोग,
2. राज्य स्तर पर राज्य उपभोक्ता विवाद निवारण आयोग
3. राष्ट्रीय स्तर पर राष्ट्रीय उपभोक्ता विवाद निवारण आयोग।

अतः विकल्प (A) सही है।

64. भारतीय मुद्रा बाजार में, कॉल और नोटिस बाजार अत्यधिक अस्थिर हैं। वे अल्पावधि के लिए पैसा उधार देते हैं और बाजार उनकी कीमतें निर्धारित करता है।

अतः विकल्प (A) सही है।

65. जब प्रश्न में सद्भावना विशेष रूप से नहीं दी जाती है, तब यह गुप्त सद्भावना का केस है।

गुप्त सद्भावना की गणना:

गुप्त सद्भावना = (आने वाले साथी की पूंजी × आने वाले साथी के हिस्से का पारस्परिक) — नए साथी द्वारा लाई गई पूंजी को ध्यान में रखने के बाद कुल पूंजी

$$\text{गुप्त सद्भावना} = \left[300000 \times \left(\frac{4}{1}\right)\right] \text{रुपये} - (480000 + 310000 + 300000) \text{रुपये}$$

गुप्त सद्भावना = 1200000 रुपये − 1090000 रुपये

गुप्त सद्भावना = 110000 रुपये

$\frac{1}{4}$ वें हिस्से के लिए गणेश की सद्भावना का हिस्सा = कुल सद्भावना /4

$\frac{1}{4}$ वें हिस्से के लिए गणेश की सद्भावना का हिस्सा = $\frac{110000}{4}$ रुपये

$\frac{1}{4}$ वें हिस्से के लिए गणेश की सद्भावना का हिस्सा = 27500 रुपये।

अतः विकल्प (B) सही है।

66. ह्रासमान विधि के तहत, मूल्यहास की राशि की गणना वर्ष की शुरुआत में पुस्तकों में खड़ी परिसंपत्ति की कमी या कम होने वाले मूल्य के एक निश्चित प्रतिशत के रूप में की जाती है, ताकि परिसंपत्ति के पुस्तक मूल्य को उसके अवशिष्ट मूल्य से नीचे लाया जा सके। मूल्यहास की मात्रा हर साल कम होती चली जाती है।

अतः विकल्प (C) सही है।

67. निर्यात किए जाने वाले रेशम उत्पादों में प्राकृतिक रेशम यार्न, कपड़े, मेड-अप, रेडीमेड वस्त्र, रेशम कालीन और रेशम अपशिष्ट शामिल हैं। रेशम के रेडीमेड कपड़ों ने 2018-19 के बीच यूएस $ 189 मिलियन के निर्यात में सबसे बड़ा हिस्सा बनाया, इसके बाद कपड़े 575 मिलियन अमेरिकी डॉलर और रेशम अपशिष्ट यूएस $ 18.56 मिलियन पर बनाए गए।

अतः विकल्प (A) सही है।

68. अभिकथन:

मूल्य में कमी आम तौर पर कमोडिटी की मांग में वृद्धि का कारण बनती है- कीमत और मांग के विपरीत संबंध के बाद से यह एक सही कथन है।

कारण:

मूल्य में कमी बाजार में कमोडिटी के नए खरीदारों को प्रवेश की ओर ले जाती है- यह दावा करने के लिए सही स्पष्टीकरण है क्योंकि कीमत गिरने पर अधिक उपभोक्ता कमोडिटी खरीद सकते हैं।

इसलिए दोनों (A) और (R) सही हैं और (R) (A) के पूर्ण विवरण की पेशकश नहीं करता है।

अतः विकल्प (D) सही है।

69. न्यूनतम दीर्घावधि औसत लागत (LAC) निम्न पर निर्धारित की जा सकती है:

- सामान्य उत्पादन फलन के लिए LAC वक्र
- रैखिक उत्पादन फलन के लिए LAC वक्र
- योजना वक्र
- आवरण वक्र

दीर्घावधि वह समयावधि है जब कोई फर्म अपने सभी इनपुट को बदल सकती है। वास्तव में, लंबे समय में कोई निश्चित इनपुट नहीं होते हैं; सभी इनपुट परिवर्तनशील हैं। इस प्रकार, लंबे समय में, कोई निश्चित लागत नहीं है; सभी लागत परिवर्तनशील हैं। इसीलिए, लंबे समय में, एक फर्म अपनी जरूरतों के अनुसार अपने उत्पादन के पैमाने को बदल सकती है।

अतः विकल्प (A) सही है।

70. एकाधिकार को मुख्य रूप से समाज के दृष्टिकोण से वांछनीय नहीं माना जाता है क्योंकि एकाधिकार सभी उत्पादन की बिक्री पर शुद्ध राजस्व अर्जित करने का प्रयास करता है जिसमें उत्पादन की कोई लागत शामिल नहीं है। एक एकल विक्रेता द्वारा विशेषता एक बाजार संरचना, बाजार में एक अद्वितीय उत्पाद बेच रही है।

अतः विकल्प (A) सही है।

71. सीमान्त उत्पादन शून्य होने पर कुल उत्पादन अधिकतम होगा।

कुल उत्पाद, सीमांत उत्पाद, औसत उत्पाद का आकार:

TP वक्र पहले बढ़ती दर पर बढ़ता है, उसके बाद यह बढ़ता रहता है, लेकिन घटती दर पर, वक्र को S आकार देता है। यह MP = 0. तक बढ़ता रहता है। यह अधिकतम TP है। अधिकतम के बाद, TP गिरना शुरू हो जाता है या यह गिरावट आती है।

- MP वक्र भी शुरू में बढ़ता है, अधिकतम तक पहुंचता है, और फिर गिरावट आती है। अधिकतम MP उस बिंदु पर पहुंच जाता है जहां TP कम होने लगती है। MP ऋणात्मक भी हो सकता है, जबकि TP हमेशा सकारात्मक होने पर भी सकारात्मक होता है।
- AP वक्र बढ़ता है अपनी अधिकतम तक पहुँच जाता है, और फिर गिर जाता है। उस बिंदु पर जहां AP अपने अधिकतम तक पहुंचता है, AP = MP।
- सभी TP, MP, और AP वक्र, उल्टे यू-आकार के हैं।

अतः विकल्प (C) सही है।

72. जब तारीख को केवल वर्णनात्मक विशेषताओं के आधार पर वर्गीकृत किया जाता है, जिससे मात्रा निर्धारित नहीं किया जा सकता है तो उसे गुणात्मक वर्गीकरण कहा जाता है।

गुणात्मक वर्गीकरण - डेटा का गुणात्मक वर्गीकरण डेटा की कुछ गुणात्मक घटना पर जोर देता है। इस प्रकार के डेटा वर्गीकरण के तहत, डेटा को गुणात्मक माप के आधार पर वर्गीकृत किया जाता है।

अतः विकल्प (C) सही है।

73. हम औसत मूल्य के लिए पूर्ण परिवर्तनशीलता के अनुपात या पूर्ण परिवर्तनशीलता के प्रतिशत से एक सापेक्ष माप प्राप्त कर सकते हैं। उन्हें फैलाव के गुणांक के रूप में भी जाना जाता है। माध्य विचलन का गुणांक, मानक विचलन का गुणांक और भिन्नता का गुणांक के रूप जाना जाता है।

अतः विकल्प (B) सही है।

74. अर्थशास्त्र में, अल्पावधि एक ऐसी अवधि है जहां कुछ कारक इनपुट तय होते हैं, जबकि अन्य परिवर्तनशील होते हैं।

अल्पावधि, जैसा कि अर्थशास्त्री वाक्यांश का उपयोग करते हैं, उत्पादन के कम से कम एक निश्चित कारक की विशेषता है, इसलिए इनपुट के अनुपात को बदला जा सकता है, चर अनुपात का कानून केवल अल्पावधि में काम करेगा। यह लंबे समय से सभी कारकों में परिवर्तनशील है क्योंकि उत्पादकों के पास न्यूनतम कुशल पैमाने प्राप्त करने के लिए उचित अनुपात में सभी कारक इनपुटों को व्यवस्थित करने के लिए पर्याप्त समय है।

अतः विकल्प (B) सही है।

75. डिजिटल कंप्यूटर प्रकार (बाइनरी नंबर सिस्टम - 0 या 1) के असतत संकेत की गणना करके डेटा को पहचानता है, ये उच्च गति प्रोग्राम होते हैं; ये मूल्यों की गणना करते हैं और परिणामों को संग्रहीत करते हैं। वे कंप्यूटर डिजिटल सिग्नल पर काम करते हैं। इन संकेतों का उपयोग असतत मूल्यों के अनुक्रम के रूप में डेटा का प्रतिनिधित्व करने के लिए किया जाता है; किसी भी समय यह मूल्यों को एक सीमित संख्या में ले सकता है।

अतः विकल्प (B) सही है।

76. मार्शल के अनुसार, कम रिटर्न का कानून कृषि, खनन और मछली पकड़ने वालों पर लागू होता है। कृषि में, प्रकृति एक महत्वपूर्ण भूमिका निभाती है और इस प्रकार यह कानून कृषि पर जल्दी लागू होता है।

अतः विकल्प (A) सही है।

77. निश्चित लागत आउटपुट में परिवर्तन के बाद भी नहीं बदलता। निश्चित लागत अप्रत्यक्ष लागत है और उत्पादन के स्तर के बावजूद भुगतान किया जाना है। यहां तक कि अगर शून्य आउटपुट का उत्पादन किया जा रहा है, तो इन लागतों को खर्च करना पड़ता है। इन लागतों में कारखाने का किराया, उधार ली गई वित्तीय पूंजी पर ब्याज भुगतान, कारखाने के उपकरणों के लिए पट्टे पर भुगतान शामिल है।

अतः विकल्प (B) सही है।

78. जब बैंकों में डेटा सुरक्षा की बात आती है, कम लागत की जानकारी के प्रावधान में सुरक्षा का कोई सवाल नहीं है।

अतः विकल्प (D) सही है।

79. सही कोड (i) (ii) (iii) (iv) हैं।

- इक्विटी सिद्धांत यह निर्धारित करने पर केंद्रित है कि संसाधनों का वितरण दोनों संबंधित भागीदारों के लिए उचित है या नहीं। प्रत्येक व्यक्ति के लिए योगदान (या लागत) और लाभ (या पुरस्कार) के अनुपात की तुलना करके इक्विटी को मापा जाता है। न्याय सिद्धांतों में से एक माना जाता है, इक्विटी सिद्धांत पहली बार 1960 में जे द्वारा विकसित किया गया था।
- वरूम की प्रत्याशा सिद्धांत मानता है कि व्यवहार उन विकल्पों में से सचेत विकल्पों के परिणामस्वरूप होता है जिनका उद्देश्य खुशी को अधिकतम करना और दर्द को कम करना। वरूम ने महसूस किया कि एक कर्मचारी का प्रदर्शन व्यक्तित्व, कौशल, ज्ञान, अनुभव और क्षमताओं जैसे व्यक्तिगत कारकों पर आधारित है।
- प्रेरणा का पोर्टर और लॉयर मॉडल इस धारणा पर आधारित है कि पुरस्कार संतुष्टि का कारण बनते हैं और कभी-कभी प्रदर्शन एक इनाम का निर्माण करते हैं।
- दो-कारक सिद्धांत (जिसे हर्ज़बर्ग के प्रेरणा-स्वच्छता सिद्धांत और दोहरे-कारक सिद्धांत के रूप में भी जाना जाता है) में कहा गया है कि कार्यस्थल में कुछ कारक हैं जो नौकरी की संतुष्टि का कारण बनते हैं जबकि कारकों का एक अलग सेट असंतोष का कारण बनता है, जिनमें से सभी एक दूसरे से स्वतंत्र रूप से कार्य करते हैं।

अतः विकल्प (A) सही है।

80. सीमांत उत्पाद कारक की एक अतिरिक्त इकाई को नियोजित करने से प्राप्त अतिरिक्त उत्पादन है।

सीमांत उत्पादकता या सीमांत उत्पाद उत्पादन इनपुट से लाभ द्वारा प्रति यूनिट अतिरिक्त उत्पादन, रिटर्न, या लाभ को संदर्भित करता है। इनपुट में श्रम और कच्चे माल जैसी चीजें शामिल हो सकती हैं।

अतः विकल्प (B) सही है।

81. चैनल विभेदन का अभ्यास करने वाले फर्म अपने चैनल के कवरेज, विशेषज्ञता और प्रदर्शन को डिजाइन करने के तरीके के माध्यम से प्रतिस्पर्धात्मक लाभ प्राप्त करते हैं। ग्राहक सेवा के स्तर, वितरण की गति, पैकेजिंग, परिवहन के प्रकार, और इसी तरह के कारक चैनल विभेदन में एक भूमिका निभा सकते हैं।

अतः विकल्प (A) सही है।

82. भारत की सेवाओं का शुद्ध निर्यात 214.14 अरब अमेरिकी डॉलर है। भारत का सेवा निर्यात 2014 में 157.20 बिलियन अमेरिकी डॉलर से बढ़कर 2018 में 205.11 बिलियन अमेरिकी डॉलर हो गया है, जिसमें वाणिज्यिक

सेवाओं में 2014 में 156.61 बिलियन अमेरिकी डॉलर से बढ़कर 2018 में 204.48 बिलियन अमेरिकी डॉलर हो गया है।

अतः विकल्प (B) सही है।

83. अधिप्राप्ति कई संगठनों के लिए एक महत्वपूर्ण कार्य है, यह माइकल पोर्टर के वैल्यू चेन का हिस्सा नहीं है। पांच प्राथमिक गतिविधियां ग्राहकों के लिए इनबाउंड लॉजिस्टिक्स, आउटबाउंड लॉजिस्टिक्स, ऑपरेशंस, सेल्स और सर्विस हैं।

अतः विकल्प (D) सही है।

84. अभिकथन (A): बहुत सारी उत्तेजनाएं एक व्यक्ति को उन संवेदनाओं से समायोजित करती हैं, संवेदी अनुकूलन एक समस्या है जो कई विज्ञापनदाताओं को चिंतित करती है, यही कारण है कि वे नियमित रूप से अपने विज्ञापन अभियानों को बदलने की कोशिश करते हैं।

कारण (R): विज्ञापन अव्यवस्था के माध्यम से कटौती करने और यह सुनिश्चित करने के लिए कि उपभोक्ता विज्ञापन का अनुभव करते हैं, विपणक संवेदी इनपुट बढ़ाने की कोशिश करते हैं।

दोनों (A) और (R) सही हैं और (R) बताते हैं (A)।

अतः विकल्प (D) सही है।

85. यह परियोजनाओं से जुड़े जोखिम को पेबैक अवधि पद्धति की विशेषता नहीं मानता है।

पेबैक अवधि की विधि का उपयोग किसी निवेशक को परियोजना में लगाए गए धन की राशि वापस पाने के लिए उस समय का मूल्यांकन करने के लिए किया जाता है। यहां तक कि नकदी प्रवाह वाले निवेशों की गणना वार्षिक शुद्ध नकदी प्रवाह द्वारा निवेश की लागत को विभाजित करके की जाती है।

अतः विकल्प (C) सही है।

86. व्यापार जांच आवश्यक जानकारी की आपूर्ति के लिए निर्यातक द्वारा एक आयातक द्वारा लिखित अनुरोध है। तो विकल्प C भावी ग्राहकों के लिए क्रेडिट जानकारी का स्रोत नहीं है।

अतः विकल्प (C) सही है।

87. लाभांश के रूप में शेयरधारकों के बीच वितरित आय का हिस्सा भुगतान अनुपात कहलाता है। लाभांश भुगतान अनुपात, शुद्ध आय का वह हिस्सा है जो एक फर्म अपने शेयरधारकों को लाभांश में चुकाती है। निवेशकों को भुगतान नहीं की गई कमाई का हिस्सा भविष्य की कमाई में वृद्धि के लिए निवेश के लिए छोड़ दिया जाता है।

अतः विकल्प (C) सही है।

88. फर्मों द्वारा माल रखने की मंशा के बारे में सही कोड:

(a) लेनदेन का मकसद।

(b) एहतियाती मकसद।

(d) सट्टा का मकसद।

अतः विकल्प (D) सही है।

89. प्रबंधकीय लेखा जानकारी आमतौर पर प्रबंधकों के लिए तैयार की जाती है।प्रबंधन लेखांकन, लेखांकन की एक और शाखा। प्रबंधन लेखांकन प्रबंधकों / प्रबंधन को इस तरह से जानकारी प्रदान करता है ताकि कोई भी आर्थिक निर्णय लिया जा सके। प्रबंधन लेखांकन जानकारी प्रबंधन या प्रबंधकों के लिए उपयोगी है जो प्रबंधकीय निर्णय लेने के लिए जिम्मेदार हैं।

अतः विकल्प (C) सही है।

90. संघर्ष टीम के सदस्यों द्वारा उनकी टीमों के भीतर निपटाए जाते हैं, एचआरएम के मामले में यह सच नहीं है।

मानव संसाधन प्रबंधन (एच.आर.एम. या एच.आर.) एक संगठन में लोगों के प्रभावी प्रबंधन के लिए रणनीतिक दृष्टिकोण है ताकि वे प्रतिस्पर्धी लाभ हासिल करने के लिए व्यवसाय की मदद करें। यह एक नियोक्ता के रणनीतिक उद्देश्यों की सेवा में कर्मचारी के प्रदर्शन को अधिकतम करने के लिए डिज़ाइन किया गया है।

अतः विकल्प (B) सही है।

91. नौकरी विश्लेषण संगठन चार्ट में उपयोग की जाने वाली जानकारी प्रदान करता है।

नौकरी विश्लेषण नौकरी की आवश्यकता का आकलन है और उस व्यक्ति की आवश्यकता से मेल खाता है जो उस नौकरी पर काम करेगा। यह एक विशिष्ट नौकरी के कर्तव्यों, जिम्मेदारियों और अनिवार्य शर्तों को बताता है। यह नौकरी की आवश्यकताओं को बताता है ताकि मानकों के खिलाफ प्रदर्शन के मानक का आकलन किया जा सके।

अतः विकल्प (A) सही है।

92. सही कोड (iii) (ii) (i) (iv) है।

- गोल्डन पैराशूट आकर्षक विच्छेद पैकेज हैं जो शीर्ष अधिकारियों के अनुबंध में शामिल हैं जो उन्हें समाप्त होने पर क्षतिपूर्ति करते हैं।

- गेनशरिंग प्रबंधन की एक प्रणाली है जिसका उपयोग कर्मचारियों को भागीदारी और भागीदारी के माध्यम से उनके प्रदर्शन को बेहतर बनाने के लिए प्रेरित करके लाभप्रदता बढ़ाने के लिए किया जाता है। जैसा कि उनके प्रदर्शन में सुधार होता है, कर्मचारी वित्तीय रूप से लाभ (सुधार) में साझा करते हैं।

- एक स्टॉक विकल्प एक निवेशक को एक सहमति-मूल्य और तारीख पर स्टॉक खरीदने या बेचने का अधिकार देता है, लेकिन दायित्व नहीं। दो प्रकार के विकल्प हैं: पुट, जो एक शर्त है कि एक शेयर गिर जाएगा, या कॉल, जो एक शर्त है कि एक स्टॉक बढ़ जाएगा।

- वार्षिक बोनस आमतौर पर, राजकोषीय या कैलेंडर वर्ष के लिए कर्मचारी के सामान्य वेतन या वेतन के अतिरिक्त एकमुश्त भुगतान (नकद, शेयर, आदि) साल में एक बार किया जाता है। आम तौर पर गैर-विवेकाधीन और पूर्वनिर्धारित प्रदर्शन मानदंड या मानकों के आधार पर नहीं।

अतः विकल्प (D) सही है।

93. लो अर्थ ऑर्बिट (LEO) उपग्रह संचार ऑपरेटर भारती ग्लोबल और यूनाइटेड किंगडम सरकार के सह-स्वामित्व में है।

ऑपरेटर ने हाल ही में रूस में एक कॉस्मोड्रोम से 36 उपग्रह लॉन्च किए हैं। यह कदम 2022 के मध्य तक भारत में उच्च गति की इंटरनेट सेवाओं की शुरूआत में तेजी लाएगा। वर्तमान में, एक विदेशी उपग्रह ऑपरेटर को भारत में उपयोगकर्ताओं को बैंडविड्थ क्षमता बेचने के लिए एंट्रिक्स (इसरो के वाणिज्यिक शाखा) के माध्यम से जाना चाहिए।

अतः विकल्प (B) सही है।

94. "विश्व स्तर पर बैंकों को अब अधिक चुनौतियों का सामना करना पड़ रहा है और स्थाई आर्थिक विकास के लिए मैक्रो स्थिरता एक आवश्यकता है लेकिन पर्याप्त नहीं है।" सच हैं।

"नियमों को लागू करना केवल एक हिस्सा है और विकास और स्थिरता प्राप्त करने के लिए उनका कार्यान्वयन समान रूप से महत्वपूर्ण है।" सच है लेकिन (A) का सही विवरण नहीं है।

अतः विकल्प (B) सही है।

95. सिटीबैंक ने फोन बैंकिंग ग्राहकों के लिए वॉयस बायोमेट्रिक्स ऑथेंटिकेशन लॉन्च किया जो ग्राहकों को प्रमाणीकरण के लिए अपने वॉयसप्रिंट का उपयोग करने की अनुमति देगा।

नई तकनीक ग्राहकों को कई पिन याद रखने या अपनी पहचान सत्यापित करने के लिए उपयोग किए जाने वाले सवालों के जवाब देने के बजाय प्रमाणीकरण के लिए अपने वॉयसप्रिंट का उपयोग करने की अनुमति देती है। वॉयस बायोमेट्रिक्स प्रमाणीकरण क्षमता फिंगरप्रिंट के समान वॉयसप्रिंट का उपयोग करती है, जो प्रत्येक व्यक्ति के लिए एकमात्र होती है।

अतः विकल्प (C) सही है।

96. भारतीय स्टेट बैंक वर्तमान में बाजार पूंजीकरण के मामले में भारत में पहले स्थान पर है। SBI एक सार्वजनिक क्षेत्र की बैंकिंग कंपनी है। एसबीआई का मुख्यालय मुंबई, महाराष्ट्र में है

अतः विकल्प (A) सही है।

97. सही कोड (iii) (i) (ii) (iv) है।

- इंटरबैंक कॉल मनी मार्केट एक अल्पकालिक मुद्रा बाजार है जो बड़े वित्तीय संस्थानों, जैसे बैंक, म्यूचुअल फंड और कॉर्पोरेशन के लिए इंटरबैंक दरों पर पैसा उधार लेने और उधार देने की अनुमति देता है, बैंकों से ब्याज की दर जब वे उधार लेते हैं। एक दूसरे।

- वाणिज्यिक बिल असुरक्षित हैं, निगम द्वारा जारी अल्पकालिक ऋण, अल्पकालिक देनदारियों और इन्वेंट्री के वित्तपोषण के लिए बार-बार। इस बीच, एक ट्रेजरी बिल (टी-बिल) एक साल से कम की परिपक्वता के साथ अमेरिकी सरकार द्वारा समर्थित अल्पकालिक ऋण है।

- वाणिज्यिक कागज एक मनी-मार्केट सिक्योरिटी है जिसे (बड़े पैमाने पर) अल्पकालिक ऋण दायित्वों (उदाहरण के लिए, पेरोल) को पूरा करने के लिए धन प्राप्त करने के लिए जारी (बेचा) किया जाता है और केवल एक जारीकर्ता बैंक या कंपनी द्वारा समर्थित, जो नोट पर निर्दिष्ट परिपक्वता तिथि को अंकित राशि का भुगतान करने का वादा करता है।

- ट्रेजरी बिल (टी-बिल) 1.3 ट्रेजरी बिल या टी-बिल, जो मनी मार्केट इंस्ट्रूमेंट हैं, भारत सरकार द्वारा जारी किए गए अल्पकालिक डेट इंस्ट्रूमेंट हैं और वर्तमान में तीन टेनर में जारी किए गए हैं, अर्थात् 91 दिन, 182 दिन और 364 दिन। ट्रेजरी बिल शून्य-कूपन प्रतिभूतियां हैं और कोई ब्याज नहीं देते हैं।

अतः विकल्प (B) सही है।

98. सही कोड (iii) (i) (ii) है।

स्तंभ 1: न्यूनतम पूंजी की आवश्यकता

- पहला पिलर मिनिमम कैपिटल रिक्वायरमेंट मुख्य रूप से क्रेडिट रिस्क, मार्केट रिस्क और ऑपरेशनल रिस्क सहित कुल जोखिम के लिए है।

स्तंभ 2: पर्यवेक्षी समीक्षा प्रक्रिया

- दूसरा स्तंभ यानी सुपरवाइजरी रिव्यू प्रोसेस मूल रूप से यह सुनिश्चित करने के लिए है कि बैंकों के पास अपने व्यवसायों में जुड़े सभी जोखिमों का समर्थन करने के लिए पर्याप्त पूंजी हो।

- भारत में, RBI ने बैंकों को दिशा-निर्देश जारी किए हैं कि उनके पास एक आंतरिक पर्यवेक्षी प्रक्रिया होनी चाहिए जिसे ICAAP या आंतरिक पूंजी पर्याप्तता मूल्यांकन प्रक्रिया कहा जाता है। इस उपकरण के साथ, बैंक अपने जोखिम प्रोफाइल के संबंध में पूंजी पर्याप्तता का आकलन कर सकते हैं और साथ ही पूंजी स्तर को बनाए रखने के लिए रणनीति अपना सकते हैं।

स्तंभ 3: बाजार अनुशासन

- तीसरे स्तंभ का विचार पहले और दूसरे स्तंभ का पूरक है। यह मूल रूप से एक अनुशासन है जिसके बाद बैंक अपनी पूंजी संरचना, टियर -1 और टियर -2 कैपिटल का खुलासा करता है और पूंजी पर्याप्तता का आकलन करने के लिए दृष्टिकोण करता है।

अतः विकल्प (D) सही है।

99. "तुलनात्मक लागत सिद्धांत चरित्र में स्थिर है।" सही है।

"तुलनात्मक लागत सिद्धांत उत्पादन के कारकों की निश्चित आपूर्ति पर आधारित है।" (A) की सही व्याख्या

(A) और (R) दोनों सही हैं, (R) (A) की सही व्याख्या है।

अतः विकल्प (D) सही है।

100. विनिमय नियंत्रण मुद्राओं की खरीद और / या बिक्री पर सरकार द्वारा लगाए गए सीमाएं हैं। ये नियंत्रण देशों को मुद्रा के इन-फ्लो और आउट-फ्लो को सीमित करके अपनी अर्थव्यवस्थाओं को बेहतर ढंग से स्थिर करने की अनुमति देते हैं, जिससे विनिमय दर में अस्थिरता पैदा हो सकती है।

व्यापार नीति उपाय में गैर-टैरिफ उपायों (एनटीएम) के कई रूप शामिल हैं जैसे कि कोटा, लाइसेंसिंग, प्री-शिपमेंट निरीक्षण, आयात और निर्यात विनियम, साथ ही व्यापार (टीबीटी) और सैनिटरी और फाइटोसैनेटिक उपायों (एसपीएस) के लिए तकनीकी बाधाएं।

व्यय को कम करने वाली नीति से अर्थव्यवस्था में समग्र करों को कम करके (आयातों पर) आयकर को बढ़ाकर और सरकारी खर्चों को कम करके (संविदात्मक राजकोषीय नीतियों) व्यापार संतुलन में सुधार कर सकते हैं।

व्यय स्विचिंग एक व्यापक आर्थिक नीति है जो विदेशी और घरेलू सामानों पर देश के खर्च की संरचना को प्रभावित करती है। अधिक विशेष रूप से यह विदेशी और घरेलू सामानों पर व्यय की संरचना को बदलकर (भुगतान खातों का शेष देखें) किसी देश के चालू खाते को संतुलित करने के लिए एक नीति है।

अतः विकल्प (A) सही है।

101. बौद्धिक संपदा अधिकारों (TRIPS) के व्यापार-संबंधित पहलुओं पर समझौता, विश्व व्यापार संगठन (WTO) के सभी सदस्य देशों के बीच एक अंतर्राष्ट्रीय कानूनी समझौता है।

अतः विकल्प (C) सही है।

102. भारत ने आईडीए से सबसे अधिक अंतरराष्ट्रीय ऋण प्राप्त किया है जो अंतर्राष्ट्रीय विकास संघ (आईडीए) के बारे में सही नहीं है।

इंटरनेशनल डेवलपमेंट एसोसिएशन (आईडीए) एक अंतरराष्ट्रीय वित्तीय संस्थान है जो दुनिया के सबसे गरीब विकासशील देशों को रियायती ऋण और अनुदान प्रदान करता है। आईडीए विश्व बैंक समूह का सदस्य है और इसका मुख्यालय वाशिंगटन, संयुक्त राज्य अमेरिका में डी.सी. इसकी स्थापना 1960 में मौजूदा इंटरनेशनल बैंक फॉर रिकंस्ट्रक्शन एंड डेवलपमेंट को उन विकासशील देशों को उधार देने के लिए की गई थी, जो सबसे कम सकल राष्ट्रीय आय से परेशान हैं, जो कि ऋणग्रस्तता से परेशान हैं, या सबसे कम प्रति व्यक्ति आय से। साथ में, इंटरनेशनल डेवलपमेंट एसोसिएशन और इंटरनेशनल बैंक फॉर रिकंस्ट्रक्शन एंड डेवलपमेंट को सामूहिक रूप से आमतौर पर विश्व बैंक के रूप में जाना जाता है, क्योंकि वे एक ही कार्यकारी नेतृत्व का पालन करते हैं और एक ही स्टाफ के साथ काम करते हैं।

अतः विकल्प (C) सही है।

103. भारतीय रिज़र्व बैंक ने हाल ही में छोटे व्यवसायों और व्यक्तियों को अनधिकृत डिजिटल ऋण देने वाले ऐप्स के माध्यम से ऋण लेने के प्रति आगाह किया है।

आरबीआई ने यह भी कहा कि वैध सार्वजनिक ऋण गतिविधियां बैंकों, एनबीएफसी द्वारा आरबीआई और अन्य संस्थाओं द्वारा पंजीकृत की जा सकती हैं, जिन्हें केवल वैधानिक प्रावधानों के तहत राज्य सरकारों द्वारा विनियमित किया जाता है।

अतः विकल्प (B) सही है।

104. रिज़र्व बैंक ने घोषणा की है कि रीयल टाइम ग्रॉस सेटलमेंट सिस्टम या आरटीजीएस सुविधा 14 दिसंबर से चौबीसों घंटे उपलब्ध होगी।

पिछले साल दिसंबर से RBI ने NEFT सेवा 24 × 7 उपलब्ध करवाई थी। भारतीय रिजर्व बैंक के अनुसार, आरटीजीएस का उपयोग भारतीय वित्तीय बाजारों में घरेलू भुगतान और सीमा पार से भुगतान दोनों के लिए किया जा सकता है।

अतः विकल्प (B) सही है।

105. संपत्ति की बिक्री पर लाभ / हानि अन्य आय के शीर्ष के तहत विनिर्माण कंपनी के P & L खाते में एक प्रविष्टि है। बैंकों में अन्य आय में वित्तीय उत्पादों के वितरण से आय, निवेश बैंकिंग से संबंधित गतिविधियाँ, राजकोष लाभ और अन्य शुल्क आय शामिल हैं

अतः विकल्प (C) सही है।

106. OIL भारत में "महारत्न" उद्योग नहीं है।

2010 में, सरकार ने उच्च महारत्न श्रेणी की स्थापना की, जो कंपनी के निवेश की सीमा को 1000 करोड़ रुपये से बढ़ाकर 5000 करोड़ रुपये कर देती है। महारत्न फर्म अब एक परियोजना में अपने कुल मूल्य के 15 प्रतिशत तक के निवेश पर निर्णय ले सकती हैं, जबकि नवरत्न कंपनियां बिना स्पष्ट सरकार की मंजूरी के 1,000 करोड़ रुपये तक का निवेश कर सकती हैं। मिनीरत्न की दो श्रेणियां कम व्यापक वित्तीय स्वायत्तता प्रदान करती हैं।

अतः विकल्प (C) सही है।

107. सही कोड (ii) (iii) (i) (iv) है।

- विनिमय नियंत्रण देशों के बीच मुद्रा की आवाजाही पर एक सरकारी प्रतिबंध।

- मूल्य नियंत्रण सरकार द्वारा अनिवार्य न्यूनतम या अधिकतम मूल्य हैं जिन्हें निर्दिष्ट माल के लिए शुल्क लिया जा सकता है।

- आयात और निर्यात नियंत्रण स्वास्थ्य, पर्यावरण, सुरक्षा और सुरक्षा, और तकनीकी मानकों को लागू करने के लिए आवश्यक है जो घरेलू कानूनों और अंतरराष्ट्रीय समझौतों से उत्पन्न होते हैं।

- विधायी नियंत्रण का सिद्धांत, इसके विपरीत, प्रशासन में विधायिका को इस हद तक शामिल करता है कि वह जांच करता है, और कार्यपालिका की प्रशासनिक गतिविधियों को प्रभावित करने की कुछ औपचारिक शक्ति होती है।

विनिमय नियंत्रण	घरेलू फर्म
मूल्य नियंत्रण	मास उपभोग उत्पाद
आयात नियंत्रण	प्रतिकूल बीओपी
विधायी नियंत्रण	औद्योगिक स्थान

अतः विकल्प (D) सही है।

108. सही कोड (iv) (iii) (i) (ii) है।

- कराधान के लिए एक प्रावधान वह अनुमानित राशि है जो एक व्यवसाय या व्यक्तिगत करदाता को चालू वर्ष के लिए आयकर में भुगतान करने की उम्मीद है।

- मांस, अंडे, दूध, फर, चमड़ा और ऊन जैसे श्रम और वस्तुओं का उत्पादन करने के लिए पशुधन को आमतौर पर एक कृषि स्थापना में उठाए जाने पर लाइव स्टॉक के रूप में परिभाषित किया जाता है।

- विविध ऋणदाता एक व्यक्ति जो किसी व्यवसाय से माल या सेवाओं को क्रेडिट में प्राप्त करता है या तुरंत भुगतान नहीं करता है और भविष्य में व्यवसाय का भुगतान करने के लिए उत्तरदायी है, उसे सॉरी डेटर कहा जाता है।

- अर्जित ब्याज एक ऋण पर अर्जित ब्याज की राशि है, जैसे कि एक बांड, लेकिन अभी तक एकत्र नहीं किया गया है। ब्याज उस तारीख से जमा होता है जब ऋण जारी किया जाता है या जब बांड का कूपन बनाया जाता है।

सूची- I	सूची - II
(a) कराधान के लिए प्रावधान	(iv) औद्योगिक स्थान
(b) लाइव स्टॉक	(iii) मास उपभोग उत्पाद
(c) विविध ऋणदाता	(i) प्रतिकूल बीओपी
(d) अर्जित ब्याज	(ii) घरेलू फर्म

अतः विकल्प (A) सही है।

109. एक बैलेंसिंग आइटम शुद्ध आयोग और त्रुटियों के खाते का कारण है। एक देश के भुगतान का संतुलन हमेशा संतुलन में होना चाहिए, एक खाते पर एक अधिशेष दूसरे पर समान परिमाण के घाटे के साथ मिलना चाहिए। इस प्रकार, पूंजी खाते और चालू खाते का योग हमेशा 0 होना चाहिए। कुल राशि 0 के बराबर होने के लिए गणना के लिए घटक शुद्ध आयोग और त्रुटियों को जोड़ा जाता है।

अतः विकल्प (B) सही है।

110. लेनदारों में कमी नकदी प्रवाह नहीं है। किसी कंपनी द्वारा बिक्री, वित्तपोषण या निवेश के कारण प्राप्त धन नकदी प्रवाह का उपयोग किसी व्यवसाय के समग्र वित्तीय स्वास्थ्य का पता लगाने के लिए किया जाता है, और एक बड़ी और स्थिर नकदी प्रवाह वाली कंपनी को अच्छी वित्तीय स्थिति में माना जा सकता है।

अतः विकल्प (A) सही है।

111. HSN हार्मोनाइज्ड सिस्टम ऑफ नोमेनक्लेचर है। केंद्रीय अप्रत्यक्ष कर और सीमा शुल्क बोर्ड (CBIC) ने 49 रासायनिक आधारित उत्पादों के लिए 8-अंकों वाले HSN कोड या टैरिफ कोड का उल्लेख करना अनिवार्य कर दिया है।

गुड्स एंड सर्विसेज टैक्स (GST) चालान जारी करते समय HSN (हार्मोनाइज्ड सिस्टम ऑफ नोमेनक्लेचर) कोड का उल्लेख किया जाना चाहिए। वर्तमान में, व्यवसाय चालान जारी करते समय 4 अंकों तक के टैरिफ कोड का उल्लेख करते हैं। इस नई दिशा से टैक्स चोरी पर लगाम लगने की उम्मीद है।

अतः विकल्प (B) सही है।

112. "नए उत्पादों के लिए कम प्रारंभिक मूल्य निर्धारण को बड़े बाजारों में प्रवेश के लिए प्रमुख साधन माना जाता है।" सच हैं।

"फर्म आमतौर पर शुरू में अतिरिक्त क्षमता वाले नए उत्पादों के उत्पादन के लिए जाते हैं।" सच है और A के लिए भी पूर्ण स्पष्टीकरण है।

इसलिए, अभिकथन (A) और कारण (R) दोनों सही हैं और (R) के लिए (A) के लिए एक पूर्ण विवरण प्रदान करता है।

अतः विकल्प (D) सही है।

113. अभिकथन (A) सही है लेकिन कारण (R) गलत है।

गोसेन का पहला कानून घटती हुई सीमांत उपयोगिता का "कानून" है: कि सीमांत उपयोगिताओं में निर्णय लेने के लिए प्रासंगिक सीमाएं कम हो रही हैं।

अतः विकल्प (C) सही है।

114. सामान्य वितरण सममित, यूनीमॉडल और असममित हैं, और माध्य, माध्यिका और विधा सभी समान हैं। एक सामान्य वितरण इसके केंद्र के चारों ओर पूरी तरह सममित है। यही केंद्र के दाईं ओर बाईं ओर की दर्पण छवि है।

अतः विकल्प (A) सही है।

115. दोनों कथन सत्य हैं।

वे परीक्षण दोनों मानते हैं कि जनसंख्या डेटा का सामान्य वितरण है। गैर पैरामीट्रिक यह नहीं मानते हैं कि डेटा सामान्य रूप से वितरित किया गया है। उदाहरण के लिए: क्रुस्कल विलिस परीक्षण एनोवा और मान व्हिटनी दो तरीकों के टी परीक्षण के लिए गैर पैरामीट्रिक विकल्प है।

माध्य की मानक त्रुटि, माध्य के नमूना वितरण का मानक विचलन है। इसलिए यह माध्य के नमूने वितरण के विचरण का वर्गमूल है और इसे इस प्रकार लिखा जा सकता है: मानक त्रुटि का प्रतिनिधित्व द्वारा किया जाता है क्योंकि यह एक मानक विचलन है

अतः विकल्प (A) सही है।

116. ग्रुपथिंक एक मनोवैज्ञानिक घटना है जो लोगों के एक समूह के भीतर होती है जिसमें समूह में सामंजस्य या अनुरूपता की इच्छा एक तर्कहीन या दुष्क्रियात्मक निर्णय परिणाम होती है।

अतः विकल्प (B) सही है।

117. केंद्रीय गृह मंत्री अमित शाह की अध्यक्षता में एक उच्च-स्तरीय समिति (HLC) ने राष्ट्रीय आपदा प्रतिक्रिया कोष (NDRF) से छह राज्यों को अतिरिक्त केंद्रीय सहायता को मंजूरी दी है।

इस वर्ष के दौरान चक्रवात / बाढ़ / भूस्खलन से प्रभावित होने वाले राज्यों को NDRF से 3838 करोड़ रु. की अतिरिक्त सहायता दी गई है।

अतः विकल्प (B) सही है।

118. एक परियोजना संचालन समिति शासन संरचना के भीतर प्रमुख निकाय है जो परियोजना से जुड़े व्यवसाय के मुद्दों के लिए जिम्मेदार है जो परियोजना के आउटपुट को सुनिश्चित करने और परियोजना के परिणामों की प्राप्ति के लिए आवश्यक हैं।

अतः विकल्प (C) सही है।

119. सामान्य नैतिकता नैतिक क्रिया का अध्ययन है। यह दार्शनिक नैतिकता की एक शाखा है जो प्रश्नों के सेट की जांच करती है जो विचार करते हैं कि कैसे काम करना चाहिए, नैतिक रूप से बोलना चाहिए।

अतः विकल्प (C) सही है।

120. डिजिटल भुगतानों में भारत में क्यूआर कोड की वर्तमान प्रणाली की समीक्षा करने के लिए प्रो. डीबी फाटक की अध्यक्षता में आरबीआई द्वारा दिसंबर 2019 में समिति का गठन किया गया था। भारतीय रिजर्व बैंक ने 'क्यूआर के विश्लेषण के लिए समिति की रिपोर्ट' (क्विक रिस्पांस कोड) जारी की है।

रिपोर्ट ने सरकार से उपभोक्ताओं के बीच क्यूआर कोड लेनदेन को लोकप्रिय बनाने के लिए प्रोत्साहन योजनाएं प्रदान करने के लिए कहा। इसने मालिकाना और बंद लूप क्यूआर कोड को चरणबद्ध करने की भी सिफारिश की।

अतः विकल्प (A) सही है।

121. यूनिफाइड पेमेंट्स इंटरफेस (यूपीआई) ने जुलाई महीने में 1.49 बिलियन का रिकॉर्ड हाई ट्रांजैक्शन छुआ है।

यह अपनी स्थापना के बाद से लेन-देन की उच्चतम गिनती है और पिछले महीने की तुलना में 11% की वृद्धि है। मासिक लेनदेन की कीमत 2.9 ट्रिलियन रुपये थी। आईएमपीएस ने जुलाई में 222.1 मिलियन लेनदेन दर्ज किए, जबकि भारत बिल भुगतान सेवाओं ने 20.16 मिलियन लेनदेन किए।

अतः विकल्प (A) सही है।

122. ऑपरेटिंग लीवरेज = योगदान / कमाई पहले टैक्स

योगदान = बिक्री − परिवर्तनीय लागत = $74 − 40$ = रु. 34 लाख .

कर पूर्व आय = योगदान − निश्चित लागत = $34 − 8$ = रु. 26 लाख।

इस प्रकार, ऑपरेटिंग लीवरेज = योगदान / कमाई पहले टैक्स

$$= \frac{34}{26}$$

$$= 1.3$$

एक फर्म की बिक्री 74 लाख रुपये, परिवर्तनीय लागत 40 लाख रुपये, निर्धारित लागत 8 लाख रुपये फर्म का परिचालन लाभ 1.31 लाख होगा।

अतः विकल्प (C) सही है।

123. भारत के प्रमुख निजी क्षेत्र के बैंक, एचडीएफसी बैंक ने हाल ही में सशस्त्र बलों के लिए "शौर्य KGC कार्ड" लॉन्च करने की घोषणा की है।

यह कार्ड सरकार द्वारा किसान क्रेडिट कार्ड दिशानिर्देशों के आधार पर तैयार किया गया है। 45 लाख से अधिक भारतीय सशस्त्र बल के जवानों को 2 लाख रुपये से लेकर 10 लाख रुपये तक का जीवन बीमा मिलेगा। इसके लिए सशस्त्र बल के जवानों की कार्य प्रकृति के अनुकूल सरल प्रलेखन की भी आवश्यकता होती है।

अतः विकल्प (B) सही है।

124. राष्ट्रीय इलेक्ट्रॉनिक नीति 2019, ने घरेलू विनिर्माण और निर्यात के माध्यम से ईएसडीएम क्षेत्र में 2025 तक 400 बिलियन अमेरिकी डॉलर (लगभग 26,00,000 करोड़ रुपये) के कारोबार का अनुमान लगाया।

अतः विकल्प (A) सही है।

125. भारत स्टेज उत्सर्जन यूरोपीय उत्सर्जन मानकों पर आधारित है। यूरोपीय उत्सर्जन मानक यूरोपीय संघ और ईईए के सदस्य राज्यों में बेचे जाने वाले नए वाहनों के निकास उत्सर्जन के लिए स्वीकार्य सीमा को परिभाषित करते हैं।

अतः विकल्प (A) सही है।

126. दुनिया के निर्यात में भारतीय पूंजीगत वस्तु उद्योग की हिस्सेदारी 0.8% है। भारतीय पूंजीगत सामान उद्योग। भारत में निर्मित कुल निर्यात का पूंजीगत निर्यात लगभग 27% है।

अतः विकल्प (B) सही है।

127. भारत के ऊर्जा मिश्रण में प्राकृतिक गैस की हिस्सेदारी 6% है। यह वैश्विक खपत का 1.5% है। कुल खपत 132,290,211 MMcf है।

अतः विकल्प (C) सही है।

128. "एक कंपनी अपने सदस्य के सभी व्यक्तिगत दुर्भाग्य के खतरों से मुक्त रहती है" कंपनी के निगमन के लाभ से स्वतंत्र कानूनी इकाई ली गई है।

एक कानूनी इकाई, आमतौर पर एक व्यवसाय जिसे जवाबदेही के संबंध में किसी अन्य व्यवसाय या व्यक्ति से अलग किया जाता है। एक निगम या एक सीमित देयता कंपनी के मामले में एक अलग कानूनी इकाई की स्थापना की जा सकती है, ताकि इकाई के कार्यों को व्यक्ति या अन्य कंपनी से अलग किया जा सके।

अतः विकल्प (D) सही है।

129. भारत में बैंकिंग के संबंध में कथनों का सही संयोजन है:

- कई वर्षों से, राष्ट्रपति बैंकों ने अर्ध-केंद्रीय के रूप में कार्य किया था।
- 1829-32 के दौरान बैंक ऑफ हिंदुस्तान का परिसमापन हुआ।
- जनरल बैंक ऑफ इंडिया एक असफल बैंक था और 1791 में इसे खत्म कर दिया गया था।

भारत में आधुनिक बैंकिंग की उत्पत्ति 18 वीं शताब्दी के अंतिम दशक में हुई थी। पहले बैंकों में बैंक ऑफ हिंदुस्तान था, जिसे 1770 में स्थापित किया गया था और 1829-32 में परिसमापन किया गया था; और जनरल बैंक ऑफ इंडिया, 1786 में स्थापित हुआ लेकिन 1791 में विफल रहा।

अतः विकल्प (A) सही है।

130. बैंक दर, ओपन मार्केट ऑपरेशंस, परिवर्तनीय रिजर्व अनुपात भारतीय रिजर्व बैंक द्वारा प्रचलित क्रेडिट निर्माण के नियंत्रण के मात्रात्मक तरीकों को इंगित करते हैं।

भारतीय रिजर्व बैंक द्वारा उपयोग किया जाने वाला क्रेडिट नियंत्रण एक महत्वपूर्ण उपकरण है, जिसका उपयोग अर्थव्यवस्था में मुद्रा (तरलता) की मांग और आपूर्ति को नियंत्रित करने के लिए उपयोग की जाने वाली मौद्रिक नीति का एक प्रमुख हथियार है। सेंट्रल बैंक प्रशासन उस क्रेडिट पर नियंत्रण करता है जो वाणिज्यिक बैंक अनुदान देते हैं। आरबीआई द्वारा "आर्थिक विकास के साथ स्थिरता" लाने के लिए इस तरह की विधि का उपयोग किया जाता है। इसका अर्थ है कि बैंक न केवल अर्थव्यवस्था में मुद्रास्फीति की प्रवृत्ति को नियंत्रित करेंगे, बल्कि आर्थिक विकास को भी बढ़ावा देंगे जिससे अंततः वास्तविक राष्ट्रीय आय स्थिरता में वृद्धि होगी। नोटों को जारी करने और नकदी भंडार के संरक्षक के रूप में अपने कार्यों के मद्देनजर, आरबीआई द्वारा नियंत्रित नहीं किए जाने वाले क्रेडिट से देश में सामाजिक और आर्थिक अस्थिरता पैदा होगी।

अतः विकल्प (A) सही है।

131. लघु उद्योग विकास बैंक ऑफ इंडिया (SIDBI) भारत में एक विकास वित्तीय संस्थान है, जिसका मुख्यालय लखनऊ में है और पूरे देश में इसके कार्यालय हैं। इसका उद्देश्य उद्योगों को पुनर्वित्त सुविधाएं और अल्पावधि ऋण प्रदान करना है, और सूक्ष्म, लघु और मध्यम उद्यम (MSME) क्षेत्र में प्रमुख वित्तीय संस्थान के रूप में कार्य करता है। सिडबी भी इसी तरह की गतिविधियों में लगे संस्थानों के कार्यों का समन्वय करता है। इसकी स्थापना 2 अप्रैल, 1990 को संसद के एक अधिनियम के माध्यम से की गई थी। इसका मुख्यालय लखनऊ में है। SIDBI भारत सरकार के वित्तीय सेवा विभाग के अंतर्गत कार्य करता है।

अतः विकल्प (B) सही है।

132. विदेशी मुद्रा प्रबंधन अधिनियम, 1999 (फेमा) भारत की संसद का एक अधिनियम है "बाहरी व्यापार और भुगतान की सुविधा के उद्देश्य से विदेशी मुद्रा से संबंधित कानून को मजबूत करने और संशोधित करने के लिए और विदेशी मुद्रा बाजार के क्रमबद्ध विकास और रखरखाव को बढ़ावा देने के लिए। भारत में"।

फॉरेन एक्सचेंज रेगुलेशन एक्ट (फेरा) भारत में 1973 में पारित किया गया था, जिसमें कुछ प्रकार के भुगतानों, विदेशी मुद्रा (फॉरेक्स) और प्रतिभूतियों में लेनदेन और विदेशी मुद्रा और आयात पर अप्रत्यक्ष प्रभाव डालने वाले नियमों को लागू किया गया था। और मुद्रा का निर्यात।

अतः विकल्प (B) सही है।

133. रेलवे विकसित रेल नेटवर्क वाले देशों में यात्री और माल यातायात के प्रमुख वाहक हैं। यूरोप में रेलवे के कुल विश्व मार्ग की लंबाई का लगभग एक-तिहाई हिस्सा है।

अतः विकल्प (D) सही है।

134. अवसर लागत दृष्टिकोण आर्थिक अवधारणा के अनुसार मानव संसाधनों के मूल्यांकन के लिए दृष्टिकोण अपनाया जाता है।

मानव संसाधन मूल्यांकन का अर्थ है मानव संसाधनों के मूल्य की पहचान और माप और फिर इस जानकारी को दिलचस्प पक्षों को आपूर्ति करना। यह कभी-कभी कर्मचारियों को उनके भविष्य की आर्थिक सेवाओं के आधार पर संगठन को मूल्य प्रदान करने की एक विधि के रूप में भी परिभाषित किया जाता है।

अतः विकल्प (B) सही है।

135. सही कोड (iii) (iv) (ii) (i) है।

- निधियों का एक लीवरेड फंड वह है जो व्यक्तिगत और संस्थागत निवेशकों की ओर से कई हेज फंडों में धन का निवेश करता है, जो अनिवार्य रूप से उधार ली गई धनराशि का उपयोग करता है, जो नकारात्मक विचलन को कम करते हुए दोहरे अंकों के रिटर्न को प्राप्त करता है।

- बैंक दर केंद्रीय बैंकों द्वारा वाणिज्यिक बैंकों को धन देने के लिए ली जाने वाली दर है। विवरण: बैंक दरें वाणिज्यिक बैंकों की उधार दरों को प्रभावित करती हैं।

- उपभोक्ता की कीमतों में अप्रत्याशित परिवर्तन एक निवेशक के निवेश को पकड़ने से वास्तविक रिटर्न को दंडित करेगा। क्योंकि सोने से लेकर बांड और स्टॉक तक के निवेश की उम्मीद महंगाई दर को शामिल करने के लिए की जाती है, यह अप्रत्याशित जोखिम है जो इस जोखिम का उत्पादन करता है।

- राजनीतिक अस्थिरता को नेतृत्व में अचानक और महत्वपूर्ण परिवर्तन की क्षमता के रूप में परिभाषित किया गया है। नीतियां या देश की स्थिति। अस्थिरता की सबसे नाटकीय अभिव्यक्ति क्रांतिकारी है।

उच्च लीवरेड फंड	वित्तीय जोखिम
बैंक दर में वृद्धि	ब्याज दर जोखिम
मुद्रास्फीति	क्रय शक्ति जोखिम
राजनैतिक अस्थिरता	बाजार ज़ोखिम

अतः विकल्प (C) सही है।

136. रिजर्व बैंक मुद्रा जारी करने वाला है। रिजर्व बैंक देश का एकमात्र नोट जारी करने वाला प्राधिकरण है। भारत सरकार के साथ, वे स्वच्छ और वास्तविक नोटों की पर्याप्त आपूर्ति सुनिश्चित करने के लक्ष्य के साथ, राष्ट्र की मुद्रा के डिजाइन, उत्पादन और समग्र प्रबंधन के लिए जिम्मेदार हैं।

अतः विकल्प (B) सही है।

137. लेखांकन मानक -6 मूल्यह्रास लेखांकन के लिए है।

1. यह मानक मूल्यह्रास लेखांकन से संबंधित है और सभी मूल्यह्रास योग्य संपत्तियों पर लागू होता है, निम्नलिखित मदों को छोड़कर, जिन पर विशेष विचार लागू होते हैं: -

(i) वन, वृक्षारोपण और समान पुनर्योजी प्राकृतिक संसाधन;

(ii) खनिजों, तेलों, प्राकृतिक गैस और इसी तरह के गैर-पुनर्योजी संसाधनों की खोज और निष्कर्षण पर व्यय सहित संपत्ति बर्बाद करना;

(iii) अनुसंधान और विकास पर व्यय;

(iv) सद्भावना और अन्य अमूर्त संपत्ति;

(v) लाइव स्टॉक। यह मानक भी जमीन पर लागू नहीं होता है जब तक कि उद्यम के लिए सीमित उपयोगी जीवन न हो।

2. मूल्यह्रास के लिए विभिन्न लेखांकन नीतियों को विभिन्न उद्यमों द्वारा अपनाया जाता है। मूल्यह्रास के लिए लेखांकन नीतियों का प्रकटीकरण उद्यम के वित्तीय वक्तव्यों में प्रस्तुत दृष्टिकोण की सराहना करने के लिए आवश्यक है।

अतः विकल्प (C) सही है।

138. क्षेत्रीय स्टॉक एक्सचेंजों का विखंडन ओटीसीईआई की विशेषता नहीं है।

ओवर द काउंटर एक्सचेंज ऑफ इंडिया (OTCEI) को एक उचित ट्रेडिंग फ्लोर के बिना स्टॉक एक्सचेंज के रूप में परिभाषित किया जा सकता है। सभी स्टॉक एक्सचेंज में काउंटरों के माध्यम से अपनी प्रतिभूतियों के व्यापार के लिए एक विशिष्ट स्थान है। लेकिन OTCEI एक कंप्यूटर नेटवर्क के माध्यम से जुड़ा हुआ है और लेनदेन कंप्यूटर संचालन के माध्यम से हो रहा है।

अतः विकल्प (D) सही है।

139. सार्वजनिक वितरण प्रणाली (पीडीएस) एक भारतीय खाद्य सुरक्षा प्रणाली है, जो भारत के गरीबों को मद में सब्सिडी वाले खाद्य और गैर-खाद्य पदार्थों को वितरित करने के लिए है। वितरित की जाने वाली प्रमुख वस्तुओं में पीडीएस दुकानों के माध्यम से गेहूं, चावल, चीनी और केरोसीन जैसे प्रमुख खाद्यान्न शामिल हैं।

अतः विकल्प (A) सही है।

140. स्टैडलिंग पोजिशनिंग एक तरह की पोजिशनिंग होती है, जहां ब्रांड एक साथ दो कैटेगरी में पोजिशन की तलाश में रहते हैं। उदाहरण के लिए 1980 के दशक में जब बीएमडब्ल्यू ने अमेरिकी बाजार में प्रवेश किया तो उन्होंने बाजार में एक महत्वपूर्ण प्रतिस्पर्धात्मक दबाव डालना ।

अतः विकल्प (C) सही है।

141. विपणन विनिमय संबंधों का अध्ययन और प्रबंधन है। मार्केटिंग ग्राहकों के साथ संबंध बनाने और संतुष्ट करने की व्यवसायिक प्रक्रिया है। ग्राहक पर अपना ध्यान केंद्रित करने के साथ, विपणन व्यवसाय प्रबंधन के प्रमुख घटकों में से एक है।दोनों कथन सही हैं।

अतः विकल्प (C) सही है।

142. मनोवैज्ञानिक मूल्य पद्धति इस विश्वास पर आधारित है कि कुछ कीमतें या मूल्य सीमा खरीदारों को अधिक लुभाती है। इस पद्धति में $ 50.00 के बजाय विषम संख्या में (केवल दौर सम संख्या के तहत) $ 49.95 के रूप में मूल्य निर्धारित करना शामिल है। (A) और (R) दोनों सही हैं।

अतः विकल्प (C) सही है।

143. रोडब्लॉक विज्ञापन वह जगह है जहाँ साइट पर सभी प्लेसमेंट विज्ञापनदाता के लिए समान रचनात्मक के साथ "रोड ब्लॉक्ड" होते हैं। रोडब्लॉक विज्ञापन किसी निश्चित अवधि के लिए विज्ञापनदाताओं को 100% आवाज देने की अनुमति देता है, आमतौर पर एक दिन में या दिन का पहला पेज छाप हो सकता है। जब इसे कई साइटों पर समवर्ती रूप से चलाया जाता है, तो विज्ञापन को प्रसारित करने वाले टीवी मीडिया खरीदने वालों के लिए समान मैट्रिक्स के साथ एक व्यापक पहुंच वाला मीडिया खरीदें प्रदान करता है। दूसरे शब्दों में, एक विज्ञापन अभियान विशेष रूप से विज्ञापन संदेश को पुष्ट करने वाले एक पृष्ठ पर सभी विज्ञापन इकाइयों में चलेगा। एक ब्रांड या उत्पाद लॉन्च के लिए आदर्श जब उद्देश्य ब्रांड जागरूकता को जल्दी से प्राप्त करना है।

अतः विकल्प (C) सही है।

144. धारा 80 G के अनुसार किसी भी नकद दान के लिए अधिकतम कटौती रु 2000 है।

वित्त अधिनियम, 2017 में धारा 80 G में संशोधन किया गया है ताकि रुपये 2,000 / - से अधिक की राशि के दान के संबंध में धारा 80 जी के तहत कोई कटौती नहीं की जाएगी। जब तक कि इस तरह की राशि नकद के अलावा किसी भी मोड द्वारा भुगतान नहीं की जाती है। पहले यह सीमा रुपये थी। 10,000 थी।

अतः विकल्प (B) सही है।

145. वित्त वर्ष 2017-18 तक परिवहन और चिकित्सा दोनों भत्ते उपलब्ध थे। हालांकि, वित्त वर्ष 2018-19 से परिवहन भत्ता और चिकित्सा प्रतिपूर्ति के बदले मानक कटौती की शुरुआत की गई थी। यदि ये दो भत्ते अभी भी आपके वेतन घटकों का हिस्सा हैं, तो आपको मिलने वाली राशि पूरी तरह से कर योग्य है।

छूट शून्य की अनुमति दी जाएगी।

अतः विकल्प (D) सही है।

146. 01.06.2017 से प्रभावी आयकर अधिनियम 1961 की धारा 1941B के तहत 50,000 रुपये प्रति माह से अधिक के किराए के भुगतान पर आकलन वर्ष 2020-21 के लिए लागू टीडीएस की दर 5% है।.

आयकर अधिनियम की धारा 194IB एक प्रावधान है जो यह सुनिश्चित करने के लिए अधिनियमित किया गया है कि एक स्रोत पर टीडीएस या कर कटौती किराए के भुगतान पर रोक दी जाती है।

अतः विकल्प (B) सही है।

147. फॉर्म 24Q का उपयोग आयकर अधिनियम, 1961 की धारा 192 के तहत वेतन पर काटे गए टीडीएस के लिए eTDS रिटर्न तैयार करने के लिए किया जाता है। कर्मचारी को वेतन का भुगतान करते समय, नियोक्ता धारा 192 के तहत TDS काटता है। नियोक्ता को फॉर्म 24Q में वेतन TDS रिटर्न दाखिल करना होता है। 24Q तिमाही आधार पर प्रस्तुत किया जाना है। कर्मचारियों को भुगतान किए गए वेतन और ऐसे भुगतान पर काटे गए TDS का विवरण 24Q में सूचित किया जाना होता है।

अतः विकल्प (D) सही है।

148. आयकर अधिनियम, 1961 की धारा 80D चिकित्सा बीमा के लिए भुगतान किए गए प्रीमियम के लिए लागू कटौती की व्याख्या करती है।

धारा 80DDB: यह धारा स्वयं या आश्रित रिश्तेदार पर चिकित्सा व्यय के लिए कटौती से संबंधित है।

धारा 80DD: यह धारा विकलांग आश्रित रिश्तेदार के पुनर्वास के लिए कटौती से संबंधित है।

धारा 80E: यह धारा उच्च शिक्षा प्राप्त करने के लिए लिए गए ऋण पर भुगतान किए गए ब्याज की कटौती से संबंधित है।

अतः विकल्प (D) सही है।

149. आकलन वर्ष 2020-21 के लिए, धारा 16(ia) के तहत मानक कटौती सकल वेतन से 50,000 रुपये है

आयकर अधिनियम की धारा 16 करदाताओं को वेतन से कटौती का दावा करने की अनुमति देती है: u/s 16(ia), u/s 16(ii), और u/s 16(iii) वेतन से आय से। वित्त मंत्री जेटली ने रुपये की मानक कटौती की शुरुआत की। बजट 2018 में 40,000 , वेतनभोगी वर्ग को आनंदित करने के लिए कुछ दे रहा है।

अतः विकल्प (D) सही है।

150. राजनीतिक जोखिम प्रबंधन वित्तीय निर्णयों के दायरे में आता है जो बहुराष्ट्रीय पूंजी बजट है।

पूँजी-बजटिंग एक प्रक्रिया है जो संभावित प्रमुख परियोजनाओं या निवेश का मूल्यांकन करने के लिए एक व्यवसाय का उपक्रम है। एक नए प्लांट का निर्माण या बाहर के उद्यम में एक बड़ा निवेश उन परियोजनाओं के उदाहरण हैं जिन्हें स्वीकृति या अस्वीकार किए जाने से पहले पूंजीगत बजट की आवश्यकता होगी।

अतः विकल्प (D) सही है।

Paper - I

Q.1 संचार का कौन सा मॉडल एकल प्रकार की प्रक्रिया है जहां केवल एक प्रेषक है जो संदेश भेजता है और प्राप्तकर्ता, फीडबैक या प्रतिक्रिया नहीं देता है?

A. क्षैतिज मॉडल
B. हस्तांतरण मॉडल
C. रैखिक मॉडल
D. संवादात्मक मॉडल

Q.2 सभी सुनने के घटक है सिवाय:

A. सुनवाई
B. उपस्थित होना
C. उत्तर देना
D. समझना और याद रखना

Q.3 शैक्षिक टीवी को पहली बार भारत में किस वर्ष में पेश किया गया था?

A. 1961 **B.** 1959 **C.** 1968 **D.** 1969

Q.4 सूची 1 और सूची 2 का सही से मिलान करें।

सूची 1	सूची 2
a.इंट्रापर्सनल संचार	(i) यह एक संचार है जहां दो या दो से अधिक व्यक्ति विचारों,कौशलों और रुचियों के विनिमय में शामिल होते हैं।
b. सामूहिक संचार	(ii) यह दो व्यक्तियों के मध्य आमने - सामने की बातचीत है।
c.इन्टरपर्सल संचार	iii) यह मैकेनिकल डिवाइस का प्रयोग करता है जो संदेशो का गुणन करता है और बड़ी संख्या में कई लोगों को एक - साथ भेज देता है।
d. समूह संचार	(iv) यह एक व्यक्ति के भीतर होने वाला संचार है, जिसमें स्वयं से बात करना भी शामिल है।

A. a-iv, b-iii, c-ii, d- i
B. a-iii, b-ii, c-i, d-iv
C. a-iv, b-iii, c-i, d-ii
D. a-iv, b-i, c-ii, d-iii

Q.5 'सूचना अधिभार' को संवाद के __________ अवरोधक के रूप में वर्गीकृत किया जा सकता है।

A. मनोवैज्ञानिक
B. शारीरिक क्रिया विज्ञान
C. सामाजिक
D. सांस्कृतिक

Q.6 दिए गए विकल्पों में से विषम शब्द को चुनिए।

A. धारा **B.** नहर **C.** नदी **D.** घाटी

Q.7 एक अनुक्रम दिया गया है, जिसमें से एक पद लुप्त है| दिए गए विकल्पों में से वह सही विकल्प चुनिए, जो अनुक्रम को पूरा करे|

NOM, QRP, TUS, ?

A. WAX **B.** HUT **C.** WXV **D.** WTU

Q.8 राम और श्याम उत्तर दिशा की ओर चलना शुरू करते हैं और दोनों 20 मीटर की दूरी तय करते हैं। राम अपने बाईं ओर मुड़ जाता है, और श्याम अपने दायीं ओर। कुछ समय बाद राम जिस दिशा में घूमा था उसमें 10 मीटर चलता है। दूसरी ओर श्याम जिस दिशा में घूमा था उसमें केवल 7 मीटर चलता है। बाद में, राम अपने बाईं ओर मुड़ जाता है और श्याम दायीं ओर। दोनों 25 मीटर आगे बढ़ते हैं। राम, श्याम से कितना दूर होगा?

A. 17 मीटर **B.** 5 मीटर **C.** 10 मीटर **D.** 20 मीटर

Q.9 एक अनुक्रम दिया गया है, जिसमें से एक पद लुप्त है। दिए गए विकल्पों में से वह सही विकल्प चुनिए, जो अनुक्रम को पूरा करे।

5, 11, 24, 51, 106, ?

A. 122 **B.** 217 **C.** 221 **D.** 115

Q.10 यदि एक कोड में 'BUDDHISM' को 'DWFFJKUO' लिखा जाता है, तो उस कोड में 'CHRISTIAN' को क्या लिखा जाएगा?

A. EITJUVKBP
B. EJTKUVJCO
C. EJTKVUJCP
D. EJTKUVKCP

Ques (11-15):निर्देश: निम्नलिखित अपठित गद्यांश को ध्यानपूर्वक पढ़िए और दिए गए चार विकल्पों में से प्रत्येक प्रश्न का सर्वश्रेष्ठ उत्तर चुनिए।

किसी व्यक्ति को सड़क पर अथवा किसी दुकान में या कोई कार्य करने के दौरान रोकना तथा सिर्फ समय बिताने के लिए उसके साथ दस, पन्द्रह या बीस मिनट बात करना एक अच्छा शिष्टाचार नहीं है। हम बता सकते हैं की वह व्यक्ति किसी जगह जल्दी पहुंचना चाह रहा हो, या फिर वह किसी कार्य में व्यस्त हो, और हमें यह पता है कि उसे थोड़ी भी देर परेशान नहीं करना चाहिए। फिर भी हम में से कुछ लोग टेलीफोन पर लोगों को फोन करने, उनकी व्यस्तता के बारे में बिना विचार किए उनके कार्य में व्यवधान डालने के बारे में नहीं सोचते हैं और समय के प्रति लापरवाह होकर बातें करते रहते हैं। शायद हम अपनी टेलीफोन वार्तालाप को एक व्यवधान के रूप में नहीं देखते हैं क्योंकि हमें यह नहीं दिखता है कि हमनें किस चीज में व्यवधान डाला है। स्वाभाविक रूप से, हमें टेलीफोन पर आम शिष्टाचार का पालन करना चाहिए। लेकिन हमें टेलीफोन करने पर कुछ निभाए जाने वाले शिष्टाचारों के बारे में अवश्य पता होना चाहिए।

कभी भी टेलीफोन पर सामने वाले व्यक्ति से खुद को पहचानने के लिए ना कहें। आप जिस व्यक्ति को फोन कर रहे हैं शायद वह उस मनस्थिति में नहीं हो। यदि आप उसे जानते हैं, तो आप अपनी बात उसके और उसके परिवार के कुशल-मंगल समाचार लेने के बाद शुरु कर सकते हैं, लेकिन जितनी जल्दी हो अपने मुख्य मुद्दे पर आएं। वह अवश्य रूप से जानना चाहता है कि आपने उसे क्यों फोन किया है। अपनी जरूरी बातें पूरी होने के बाद, आप वार्तालाप शिष्टाचार व्यक्त करने के लिए कुछ पल ले सकते हैं, अपनी कॉल खत्म होने से पहले अपना आभार व्यक्त करें।

आपके घर में जिस प्रकार से टेलीफोन का प्रयोग होता है, उससे आप शायद ही अनुमान लगाएंगे कि यह एक उपकरण है जिस पर बहुत महत्वपूर्ण व्यापारिक लेन-देन किए जाते हैं। कई बार ऐसा भी होता है जब आपको टेलीफोन पर व्यापार की तरह, संक्षिप्त और प्रभावी होने का आह्वान किया जाता है।

Q.11 हम टेलीफोन का सर्वश्रेष्ठ उपयोग कैसे कर सकते दैं?

A. व्याख्या करके
B. संक्षिप्त, प्रभावी और पेशेवर व्यापारी बनकर
C. शिष्टाचारों का अवलोकन करके
D. व्यवसायिक रूप से पेशेवर नहीं बनकर

Q.12 हम टेलीफोन पर लोगों पर व्यवधान डालते हैं क्योकिं :

A. हम विचारहीन होते हैं
B. हमें इसे करने में मजा आता है
C. हम समय के बारे में भूल जाते हैं
D. हम अपनी टेलीफोन कॉल को व्यवधान नहीं मानते हैं

Q.13 टेलीफोन करने पर, हमें अवश्य:

A. काम की बात करनी चाहिए
B. लोगों से आपको पहचानने के लिए कहना चाहिए
C. बकबक करनी चाहिए
D. खर्च होने वाले समय पर ध्यान नहीं देना चाहिए

Q.14 निम्न में से कौन सा/से कथन सत्य है/हैं?

(i) हम किसी को परेशान करने के बारे में पर्याप्त जानते हैं

(ii) हम किसी को परेशान करने के बारे में पर्याप्त नहीं जानते हैं

(iii) हम टेलीफोन पर किसी को भी परेशान कर सकते हैं

(iv) हम किसी भी समय किसी को भी परेशान कर सकते हैं

A. केवल (i)   **B.** केवल (ii)

C. (iii) और (iv)   **D.** केवल (iv)

Q.15 यह अच्छा शिष्टाचार नहीं है कि:

A. किसी व्यक्ति को सड़क पर रोका जाए समय गुजारने के लिए

B. किसी व्यक्ति को दुकान पर रोका जाए समय गुजारने के लिए

C. समय गुजारने के लिए किसी व्यक्ति को काम के समय रोका जाए

D. सभी विकल्प सही है

Q.16 इंटरनेट और इंट्रानेट के संदर्भ में निम्न में से कौन सा/से कथन सत्य है/हैं?

I. इंट्रानेट में प्रयोगकर्ताओं की संख्या सीमित होती है।

II. इंटरनेट कंप्यूटरों का एक विस्तारित नेटवर्क है और सभी के लिए खुला है।

III. इंट्रानेट टीसीपी/आईपी और एफटीपी जैसे इंटरनेट प्रोटोकॉल का प्रयोग करता है।

IV. इंटरनेट इंट्रानेट की तुलना में अधिक सुरक्षित है।

A. केवल (i), (ii) और (iii)

B. केवल (ii), (iii) और (iv)

C. केवल (i) और (iv)

D. उपरोक्त सभी

Q.17 _______ हाथ से लिखे, मुद्रित अथवा छपे हुए टेक्स्ट की छवियों का मशीन इनकोडेड टेक्स्ट में यांत्रिक/वैद्युत रूपांतरण है।

A. डिजिटाइज़र

B. ऑप्टिकल मार्क रीडर

C. ऑप्टिकल करैक्टर रिकॉग्नीशन

D. बार कोड रीडर

Q.18 एक जीवंत कक्षा की स्थिति में होने की संभावना है:

A. कभी-कभी हँसी की दहाड़

B. पूर्ण मौन

C. बार-बार शिक्षक-छात्र संवाद

D. छात्रों के बीच जोर से चर्चा

Q.19 एचटीटीपी का पूर्ण रूप क्या है?

A. हाइपर टेक्स्ट ट्रांसफर प्रोटोकॉल

B. हाइपर टेक्स्ट ट्रांजीशन प्रोटोकॉल

C. हाइपर टेक्स्ट ट्रांसफर प्रोग्राम

D. हाइपर टेक्स्ट ट्रांजीशन प्रोग्राम

Q.20 निम्नलिखित कथनों का ध्यानपूर्वक अध्ययन करें।

कथन I: धुंध (स्मोग) में धुआं और कोहरा शामिल होते हैं और कालिख (सूट) में मिट्टी, धूल और धुआं शामिल होते हैं।

कथन II: धुंध पर्टिकुलेट मैटर है जबकि कालिख आधार स्तर की ओजोन है।

A. दोनों कथन I और II सत्य हैं।

B. केवल कथन I सत्य है।

C. केवल कथन II सत्य है।

D. दोनों कथन I और II असत्य हैं।

Q.21 'गो ग्रीन पहल' के एक भाग के रूप में, भारतीय रेलवे ने वर्ष 2020-21 तक _____ का सौर ऊर्जा संयंत्र स्थापित करने की योजना बनाई है?

A. 100 मेगा वाट   **B.** 1000 मेगा वाट

C. 150 मेगा वाट   **D.** 1500 मेगा वाट

Q.22 कांटेदार वन (डेक्कन थॉर्न फॉरेस्ट) भारत में निम्न में से किस राज्य में पाए जाते हैं?

A. महाराष्ट्र   **B.** आंध्र प्रदेश

C. कर्नाटक   **D.** उपरोक्त सभी

Q.23 थर्ड जनरेशन कंप्यूटर ___________ के साथ बनाया गया था।

A. निर्वात नली   **B.** असतत घटक

C. आईसी   **D.** बायो चिप्स

Q.24 एक की-बोर्ड में कम से कम होती है:

A. 91 कुंजी   **B.** 101 कुंजी   **C.** 111 कुंजी   **D.** 121 कुंजी

Q.25 रियो डी जनेरियो में 1992 का पृथ्वी शिखर सम्मेलन जैव विविधता पर एक सम्मेलन के परिणामस्वरूप हुआ, जो लागू हुआ:

A. 5 जून, 1992 को   **B.** 19 दिसंबर, 1993 को

C. 29 दिसंबर, 1993 को   **D.** 1 अप्रैल, 2000 को

Q.26 दो महिलाएं और दो पुरुष ब्रिज खेल रहे हैं और एक टेबल के उत्तर, पूर्व, दक्षिण और पश्चिम में बैठे हैं। कोई महिला पूर्व की ओर उन्मुख नहीं है। एक दूसरे के विपरीत बैठे व्यक्ति समान लिंग के नहीं होते हैं। एक व्यक्ति दक्षिण की ओर उन्मुख है। महिलाओं का मुख किस दिशा में होता है?

A. पूरब और पश्चिम   **B.** उत्तर और पश्चिम

C. दक्षिण और पूर्व   **D.** इनमें से कोई नहीं

Q.27 न्याय सूत्र के अनुसार भारतीय तर्क में निम्नलिखित में से कौन हेत्वाभास का एक प्रकार है?

(i) साव्यभिचार

(ii) विरुद्ध

(iii) बाधित

(iv) प्रकरणसम

A. केवल (i), (iii) और (iv)

B. केवल (ii), (iii) और (iv)

C. केवल (i), (ii) और (iii)

D. उपरोक्त सभी

Q.28 नीचे तीन कथन a, b और c दिए गए हैं। दिए गए कथनों से चार निष्कर्ष: I, II, III और IV निकाले गए हैं। सही विकल्प का चयन करें, जो दर्शाता है कि निष्कर्ष दिए गए कथनों का तार्किक रूप से अनुसरण करते हैं।

कथन:

a) कुछ कुर्सी, मेज हैं।

b) कुछ मेज, सोफा हैं।

c) सब सोफा, बिस्तर है।

निष्कर्ष:

(i) कुछ बिस्तर, कुर्सी हैं।

(ii) कुछ मेज, बिस्तर हैं।

(iii) कुछ सोफा, कुर्सी हैं।

(iv) सभी बिस्तर, सोफा हैं।

कोड:

A. केवल (4) अनुसरण करता है।

B. केवल (2) अनुसरण करता है।

C. केवल (1) और (2) अनुसरण करते हैं।

D. केवल (1) और (4) अनुसरण करते हैं।

Q.29 एक निगमनात्मक तर्क यदि कुछ शर्तों को पूरा करता है तो यह सार्थक है। इन शर्तों को दर्शाने वाले उस विकल्प का चयन करें।

(i) यदि तर्क वैध है।
(ii) इसके सभी पूर्व पक्ष सत्य हैं।
(iii) तर्क वैध या अवैध हो सकता है।

A. केवल (i) और (ii)
B. केवल (iii)
C. केवल (ii) और (iii)
D. केवल (ii)

Ques (30-34):निर्देश: निम्नलिखित तालिका का ध्यानपूर्वक अध्ययन कीजिए और इस पर आधारित प्रश्नों के उत्तर दीजिए।

वर्ष	उत्तीर्ण विद्यार्थियों का प्रतिशत (%)					कुल संख्या छात्रों की (%)
	विज्ञान (%)	कला (%)	वाणिज्य (%)	अभियांत्रिकी (%)	प्रबंधन (%)	
2013	40	24	19	8	9	780
2014	42	15	18	12	13	650
2015	45	20	20	7	8	500
2016	45	15	16	10	14	620
2017	35	19	15	12	19	900
2018	42	18	14	14	12	850

Q.30 वर्ष 2013 से 2015 तक प्रतिवर्ष विज्ञान में सफल होने वाले विद्यार्थियों की औसत संख्या कितनी है?

A. 260 **B.** 270 **C.** 280 **D.** 275

Q.31 यदि वर्ष 2015 में, कला के 160 विद्यार्थियों ने परीक्षा में भाग लिया, तो वर्ष 2015 में कला विषय में असफल होने वाले विद्यार्थियों का प्रतिशत कितना है?

A. 36.5% **B.** 38.5% **C.** 37.5% **D.** 35%

Q.32 वर्ष 2018 में प्रति विषय सफल होने वाले विद्यार्थियों की औसत संख्या कितनी है?

A. 170 **B.** 200 **C.** 180 **D.** 195

Q.33 यदि वर्ष 2016 में अभियांत्रिकी विषय की परीक्षा देने वाले कुल विद्यार्थी में से केवल 40% विद्यार्थी ही सफल हुए हों तो उस वर्ष अभियांत्रिकी विषय में भाग लेने वाले विद्यार्थियों की संख्या कितनी है?

A. 133 **B.** 144 **C.** 155 **D.** 167

Q.34 वर्ष 2013 से 2018 तक सफल होने वाले विद्यार्थियों की संख्या में कितने प्रतिशत वृद्धि हुई है?

A. $9\frac{37}{39}\%$ **B.** $8\frac{38}{39}\%$ **C.** $8\frac{1}{37}\%$ **D.** $9\frac{1}{9}\%$

Q.35 अनुसंधान के संबंध में, निम्नलिखित चर में से कौन सा सही है?

A. हस्तक्षेपी चर: अन्य चर का कारण माना जाता है।
B. स्वतंत्र चर: ये हस्तक्षेपी और आश्रित चर के मध्य कड़ी स्थापित करते हैं।
C. आश्रित चर: ये एक या अधिक स्वतंत्र चरों द्वारा प्रभावित होते हैं।
D. असंगत चर: इन चरों से प्रयोग के परिणामों को प्रभावित नहीं कर सकते हैं।

Q.36 शिक्षा का पंच कोष सिद्धांत विस्तृत किया था:

A. स्वामी विवेकानंद ने **B.** पतंजलि ने
C. महात्मा गांधी ने **D.** अरबिंदो ने

Q.37 सेट-I और सेट-II का सही मिलान करें।

सेट - I	सेट II
(a) आईबिड	(i) यह एक फुटनोट अथवा समाप्ति टिप्पणी है, जिसका प्रयोग एक दिए गए कार्य हेतु शीर्षक अथवा पृष्ठ संख्या को दोहराने हेतु करते हैं।
(b) ओपी.सिट	(ii) यह त्वरित प्रक्रिया के सन्दर्भ में समान लेखक और स्रोत को संदर्भित करता है।
(c) एलसी.सिट	(iii) यह समान लेखक द्वारा पहले सूचीबद्ध किये गए सन्दर्भों को संदर्भित करता है।
(d) एटऑल.	(iv) इसका प्रयोग व्यक्तियों की संख्या के सन्दर्भ में करते हैं।

A. a-i, b-ii, c-iii, d-iv **B.** a-iii, b-ii, c-i, d-iv
C. a-ii, b-i, c-iii, d-iv **D.** a-ii, b-iii, c-i, d-iv

Q.38 निम्न में से किस कथन के लिए अक्सर एक प्रयोगात्मक शोध का उपयोग किया जाता है?

a) जहां दो या उससे अधिक चर शामिल होते हैं
b) जहां एक चर को बदलने से परिणाम बदल जाता है
c) जहां सह-संबंध के परिमाण से अच्छा परिणाम प्राप्त होता है
d) जहां परिणामों की संभावना कहीं हद तक पता होती है।

A. a, b, c, d **B.** a, b, c **C.** a, b, d **D.** b, c, d

Q.39 निम्न में से कौन सा नृवंश (एथनोग्राफी) के संदर्भ में सत्य है?

a) नृवंश (एथनोग्राफी) किसी समूह अथवा किसी समूह की संस्कृति का अध्ययन है।
b) नृवंश (एथनोग्राफी) करते समय प्रतिभागी अवलोकन शामिल किया जा सकता है।
c) एक विधि के रूप में एथनोग्राफी गुणात्मक शोध के साथ ही मात्रात्मक शोध के लिए भी उपयुक्त है।
d) यह एक समग्र अध्ययन नहीं हैं।
e) यह मानवविज्ञान (एंथ्रोपोलॉजी) में 'अन्य' समूहों की संस्कृति के अध्ययन के लिए एक महत्वपूर्ण विधि के रूप में उभरी थी।

A. a, b, c और e **B.** b, c, d और e
C. a, b, d **D.** a, b, e

Q.40 एमएचआरडी निम्न में से किस विभाग के माध्यम से कार्य करता है?

a) स्कूल शिक्षा और साक्षरता विभाग
b) शारीरिक और मानसिक स्वास्थ्य विभाग
c) उच्च शिक्षा विभाग

A. (a) और (b) **B.** (a) और (c)
C. (a), (b), (c) **D.** (b) और (c)

Q.41 निम्नलिखित तालिका में, सेट-I में भारत में एक उच्च स्तर की संस्था का उल्लेख किया गया है जबकि सेट-II में उनका स्थापना वर्ष दिया गया है। दोनों सेटों का मिलान करें और अपना उत्तर दें।

सेट - I	सेट - II
(a) विश्वविद्यालय अनुदान आयोग (यूजीसी)	(i) 1995
(b) अखिल भारतीय तकनीकी शिक्षा परिषद (एआईसीटीई)	(ii) 1956
(c) राष्ट्रीय अध्यापक शिक्षा परिषद (एनसीटीई)	(iii) 1994
(d) राष्ट्रीय मूल्यांकन और प्रत्यायन परिषद (एनएएसी)	(iv) 1945

A. a-i, b-iv, c-iii, d-ii **B.** a-ii, b-iv, c-i, d-iii
C. a-ii, b-i, c-iii, d-iv **D.** a-i, b-iv, c-ii, d-iii

Q.42 अंतर्राष्ट्रीय साक्षरता दिवस प्रत्येक वर्ष निम्न में से किस दिन मनाया जाता है?

A. 8 सितंबर　　**B.** 8 अगस्त　　**C.** 10 जुलाई　　**D.** 12 दिसंबर

Q.43 राष्ट्रपति को 'संविधान के उल्लंघन' के लिए महाभियोग की प्रक्रिया द्वारा कार्यकाल से हटाया जा सकता है। इस संबंध में निम्नलिखित कथनों पर विचार करें:

1) संविधान वाक्यांश 'संविधान के उल्लंघन' के अर्थ को परिभाषित नहीं करता है।

2) महाभियोग की प्रक्रिया शुरू करने के लिए लोकसभा के मामले में कम से कम 100 सांसदों और राज्यसभा के मामले में कम से कम 50 सांसदों द्वारा हस्ताक्षर किए जाने चाहिए।

3) संसद में महाभियोग एक अर्ध-न्यायिक प्रक्रिया है।

नीचे दिए गए कोड का उपयोग करते हुए सही उत्तर चुनें:

A. केवल 1 और 2　　　　　**B.** केवल 1 और 3

C. केवल 2 और 3　　　　　**D.** 1, 2 और 3

Q.44 उच्च शिक्षा किस सरकार की जिम्मेदारी है?

A. केवल राज्य　　　　　**B.** केवल केंद्र

C. केंद्र और राज्य दोनों　　　**D.** उपरोक्त में से कोई नहीं

Q.45 मूल्यांकन दृष्टिकोण के निम्नलिखित संयोजन का उनके सही अर्थ से मिलान करें।

सूची - I	सूची - II
(i) रचनात्मक मूल्यांकन	(a) पाठ्यक्रम के अंत में किया गया मूल्यांकन
(ii) मानदंड-संदर्भित मूल्यांकन	(b) दूसरों की तुलना में व्यक्तिगत प्रदर्शन का मूल्यांकन
(iii) योगात्मक मूल्यांकन	(c) विशिष्ट मानकों के प्रतिकूल मूल्यांकन
(iv) प्रतिमान - संदर्भित मूल्यांकन	(d) पूरे पाठ्यक्रम में किया गया मूल्यांकन

A. (i)-a, (ii)-c, (iii)-d, (iv)-b

B. (i)-d, (ii)-c, (iii)-a, (iv)-b

C. (i)-a, (ii)-b, (iii)-d, (iv)-c

D. (i)-d, (ii)-b, (iii)-a, (iv)-c

Q.46 निम्नलिखित में से कौन से कारक शिक्षण की प्रक्रिया को प्रभावित करते हैं?

(i) एक शिक्षक का अनुभव

(ii) शिक्षण की विषय-वस्तु

(iii) कक्षा का माहौल

(iv) मानव संबंध कौशल

A. केवल (i), (ii) और (iii)

B. केवल (ii) और (iv)

C. केवल (i),(iii) और (iv)

D. उपरोक्त सभी

Q.47 निम्न में से कौन सा कथन शिक्षण के संदर्भ में सत्य नहीं है?

A. कक्षा शिक्षण, शिक्षण की सबसे प्रभावी विधि है।

B. शिक्षण एक व्यापक प्रक्रिया है।

C. शिक्षण को शिक्षण सामग्रियों का उपयोग करके प्रभावी बनाया जा सकता है।

D. शिक्षण को विशेषज्ञता एवं अनुभव की आवश्यकता होती है।

Q.48 एक प्रभावी मूल्यांकन निम्न में से किस कारक पर विचार करता है?

A. शिक्षार्थी के ज्ञान की जांच करता है

B. उपचारात्मक उपाय करने में मदद करता है

C. एक प्रेरणा के रूप में कार्य करता है

D. ये सभी

Q.49 भारत में 2020 तक मानित विश्वविद्यालयों की कुल संख्या थी:

A. 125　　**B.** 99　　**C.** 69　　**D.** 97

Q.50 नीचे दिए गए दो कथन उपनिषद परंपरा से संबंधित हैं

कथन I: परविद्या का अर्थ है वह ज्ञान जो मानव अनुभव को पार करता है

कथन II: अपराविद्या का अर्थ है मानवीय अनुभव पर आधारित ज्ञान

उपरोक्त कथनों के प्रकाश में, नीचे दिए गए विकल्पों में से सबसे उपयुक्त उत्तर चुनिए:

A. कथन I और कथन II दोनों सत्य हैं

B. कथन I और कथन II दोनों असत्य हैं

C. कथन I सत्य है लेकिन कथन II असत्य है

D. कथन I असत्य है लेकिन कथन II सत्य है

Paper - II

Q.51 किस अधिनियम के द्वारा सरकार प्रतिबंधात्मक व्यापार की जांच करती है?

A. औद्योगिक नीति अधिनियम 1991

B. एमआरटीपी अधिनियम

C. फेमा अधिनियम

D. इनमें से कोई नहीं

Q.52 उदारीकरण का मतलब है

A. आरक्षित उद्योगों की संख्या 17 से घटाकर 8 करना

B. उद्योग, व्यापार और अर्थव्यवस्था को अवांछित प्रतिबंधों से मुक्ति

C. अंतरराष्ट्रीय प्रतिस्पर्धा प्राप्त करके दुनिया के लिए अर्थव्यवस्था खोलना

D. ब्याज दरों का निःशुल्क निर्धारण

Q.53 जब एक कंपनी ने एक दूसरे को ले लिया है और स्पष्ट रूप से नया मालिक बन गयी है, तो कार्रवाई को कहा जाता है

A. विलय　　　　　**B.** अधिग्रहण

C. स्ट्रैटेजिक एलायंस　　**D.** उपरोक्त में से कोई नहीं

Q.54 _______ एक आर्थिक प्रणाली है जो मुक्त उद्यम के सिद्धांत पर आधारित है।

A. पूंजीवाद　　　　　**B.** समाजवाद

C. मिश्रित अर्थव्यवस्था　　**D.** मार्क्सवाद

Q.55 इक्विटी शेयर की बिक्री के माध्यम से स्वामित्व का निजीकरण कहा जाता है

A. अराष्ट्रीयकरण　　　**B.** विनिवेश

C. करार　　　　　　**D.** इनमें से कोई नहीं

Q.56 अहस्तक्षेप नीति अपनाया जाती है:

A. समाजवादी आर्थिक प्रणाली में

B. पूंजीवादी आर्थिक प्रणाली में

C. मिश्रित आर्थिक प्रणाली में

D. कम्युनिस्ट आर्थिक प्रणाली में

Q.57 फेमा का प्रतीक

A. फ्री एक्सपोर्ट मैनेजमेंट एक्ट

B. फॉरेन एक्सचेंज मैनेजमेंट एक्ट

C. फॉरेन एक्सचेंज मोनिटरिंग एक्ट

D. फ्री एक्सपोर्ट मार्केटिंग एक्ट

Q.58 भारत में उपभोक्ता संरक्षण सुनिश्चित किया जाता है

A. उपभोक्ता संरक्षण अधिनियम, 1946 द्वारा

B. उपभोक्ता संरक्षण अधिनियम, 1986 द्वारा

C. उपभोक्ता संरक्षण अधिनियम, 1990 द्वारा

D. उपभोक्ता संरक्षण अधिनियम, 1968 द्वारा

Q.59 बाहरी व्यावसायिक वातावरण के सूक्ष्म कारकों में शामिल नहीं है
A. प्रतियोगी
B. ग्राहक
C. सरकारी नीतियां
D. इनमें से कोई नहीं

Q.60 भारतीय अर्थव्यवस्था के उदारीकरण युग के पूर्व चपेट में था
A. बेरोजगारी की
B. अंडर-एंप्लॉयमेंट की
C. राजकोषीय घाटे की
D. भुगतान के प्रतिकूल और खतरनाक संतुलन की

Q.61 अपूर्ण प्रतियोगिता शुरू की गई थी:
A. मार्शल द्वारा
B. चेम्बरलिन द्वारा
C. कीन्स द्वारा
D. कोई नहीं

Q.62 एक स्थिति जिसमें प्रतिस्पर्धी फर्मों की संख्या अपेक्षाकृत छोटी है कहलाती है
A. एकाधिकार
B. उत्तम प्रतियोगिता
C. क्रेता एकाधिकार
D. अल्पाधिकार

Q.63 मांग की लोच मापती है:
A. किसी विशेष कारण कारक में परिवर्तन के लिए बिक्री की संवेदनशीलता
B. किसी विशेष लागत में परिवर्तन के लिए उत्पादन की संवेदनशीलता
C. कीमत और लागत का मूल्य
D. उत्पाद की मात्रा

Q.64 एक खरीदार और एक विक्रेता के साथ बाजार कहा जाता है
A. क्रेता एकाधिकार
B. एकाधिकार
C. द्विपक्षीय एकाधिकार
D. उपरोक्त में से कोई नहीं

Q.65 उत्तम प्रतिस्पर्धा में, उत्पाद की कीमत को
A. नियंत्रित किया जा सकता है
B. नियंत्रित नहीं किया जा सकता है
C. कुछ सीमा के भीतर नियंत्रित किया जा सकता है
D. उपरोक्त में से कोई नहीं

Q.66 किस अर्थशास्त्री ने एकाधिकार के सकारात्मक प्रभाव को बताया?
A. मार्शल
B. एडम स्मिथ
C. जोसेफ शम्पटर
D. पिगू

Q.67 प्रतिस्थापन की सीमांत दर कम करने का कानून जुड़ा हुआ है
A. मार्शल
B. हिक्स
C. स्लुटस्की
D. कीन्स

Q.68 कार्टेल एक रूप है
A. सांठगांठ अल्पाधिकार का
B. एकाधिकार का
C. गैर-सांठगांठ अल्पाधिकार का
D. इनमें से कोई नहीं

Q.69 मांग विश्लेषण में शामिल हैं:
A. मांग पूर्वानुमान
B. मांग अंतर
C. मांग निर्धारण
D. उपरोक्त सभी

Q.70 संतुलन अस्थिर और अनिश्चित के तहत है:
A. एडगेवर्थ मॉडल
B. कोर्टनोट मॉडल
C. स्वीज़ी मॉडल
D. परेटो मॉडल

Q.71 बाजार में पेश किए जाने वाले नए उत्पाद के लिए एक उपयुक्त मूल्य निर्धारण रणनीति होगी
A. औसत/सीमांत लागत-प्लस मूल्य निर्धारण
B. स्किमिंग/पैनिट्रेटिंग मूल्य निर्धारण
C. उत्पाद-लाइन मूल्य निर्धारण
D. अंतर मूल्य निर्धारण

Q.72 समग्र विपणन में शामिल नहीं है
A. आंतरिक विपणन
B. एकीकृत विपणन
C. प्रदर्शन विपणन
D. वित्तीय विपणन

Q.73 खरीदने के निर्णय की प्रक्रिया में, एक व्यक्ति जो पहले उत्पाद या सेवा खरीदने का सुझाव देने वाले व्यक्ति के लिए उपयोग किया जाने वाला शब्द क्या है?
A. इन्फ्लुएंसर
B. सर्जक
C. निर्णायक
D. खरीदार

Q.74 मार्केटिंग मायोपिया अवधारणा विकसित किया गया था:
A. फिलिप कोटलर
B. पीटर ड्रूकर
C. सी के प्रहलाद
D. थियोडोर लेविट

Q.75 विपणन अनुसंधान सामान्य रूप से नहीं करता है
A. पर्यावरण संबंधी जानकारी को एकत्र
B. सूचना का एक सतत स्रोत को प्रदान
C. विपणन कार्यों के सभी पहलुओं से संबंध
D. वर्तमान स्थिति का वर्णन

Q.76 बिना किसी विज्ञापन के साथ एक अवधि के बाद एक अवधि के लिए उत्पाद के विज्ञापन की रणनीति का पालन करने वाली एक कंपनी को कहा जाता है
A. एकाग्रता
B. फ्लाइटिंग
C. स्पंदन
D. निरंतरता

Q.77 विज्ञापन_______ कार्यों का एक हिस्सा है।
A. वितरण
B. बेचना
C. प्रमोशन
D. मूल्य निर्धारण

Q.78 विपणन के 4 पी निम्नलिखित में से एक का प्रतिनिधित्व करते हैं।
A. 4 चरण
B. 4 व्यक्तित्व
C. 4 घटक
D. 4 दर्शन

Q.79 मूल्य निर्धारण आवश्यक घटकों में से एक है
A. प्रमोशन मिक्स
B. मार्केटिंग मिक्स
C. प्रोडक्ट मिक्स
D. एसटीपी रणनीति

Q.80 निम्नलिखित में से कौन सा ई-कॉमर्स की सुविधा देता है?
A. जनसंपर्क
B. प्रत्यक्ष विपणन
C. व्यक्तिगत बिक्री
D. उत्पाद की गुणवत्ता

Q.81 समूहों को_______ कहा जाता है अगर नौकरियां समान हैं।
A. क्लासेस
B. ग्रेड
C. स्केल्स
D. रोल्स

Q.82 श्री अहमद एक खजांची हैं और वह काम पर असंतुष्ट महसूस करते हैं। इस स्थिति को क्या सबसे अच्छा ठहराता हैं?
A. उनकी नौकरी उनकी वरीयताओं के अनुरूप संरचित नहीं होगी
B. उसमें शारीरिक कठोरता शामिल है
C. उसमें मानसिक कठोरता की आवश्यकता है
D. उसमें बहुत अधिक ग्राहक इंटरैक्शन शामिल है

Q.83 अंत:कार्य प्रशिक्षण विधियां आधारित है
A. प्रदर्शन विधि पर
B. शिक्षुता प्रशिक्षण विधि पर
C. अनौपचारिक प्रशिक्षण पर
D. उपरोक्त सभी

Q.84 कामगार मुआवजा अधिनियम किस वर्ष में लागू हुआ?
A. 1930
B. 1921
C. 1944
D. 1924

Q.85 _________कंपनी के सबसे महत्वपूर्ण कार्यकारी पदों को भरने के तरीके को तय करने की प्रक्रिया है।

A. उत्तराधिकार योजना   **B.** संगठनात्मक पुनर्गठन
C. स्व-निर्देशित टीमें   **D.** कॉर्पोरेट आकार घटाना

Q.86 योजना बनाने का कार्य मुख्य रूप से किया जाता है

A. शीर्ष प्रबंधन स्तर   **B.** मध्य प्रबंधन स्तर
C. निचला मैनेजमेंट स्तर   **D.** उपरोक्त सभी

Q.87 कार्यात्मक संगठन का मुख्य लाभ है

A. विशेषज्ञता   **B.** सादगी
C. विशेषज्ञ सलाह   **D.** अनुभव

Q.88 स्टाफिंग में शामिल है:

1. प्रशिक्षण
2. मूल्यांकन
3. प्लेसमेंट
4. निर्देशन

नीचे दिए गए कोड का उपयोग करके सही उत्तर चुनें:

A. 1 और 3   **B.** 2 और 3
C. 1, 2 और 3   **D.** 1, 2, 3 और 4

Q.89 उर्ध्व मूल्यांकन किया जाता है

A. तत्काल पर्यवेक्षक द्वारा
B. साथियों द्वारा
C. अधीनस्थों द्वारा
D. दिए गए विकल्पों में से कोई भी

Q.90 कंपनी की नीति, प्रशासन, पर्यवेक्षण, पारस्परिक संबंध, कार्य की स्थिति और वेतन को ____ कारकों के रूप में जाना जाता है।

A. उपलब्धि   **B.** स्वच्छता   **C.** विकास   **D.** अभिप्रेरक

Q.91 निम्नलिखित में से कौन सा मुद्दा वित्त के 'निवेश' क्षेत्र में शामिल नहीं है?

A. वित्तीय निवेश का सबसे अच्छा मिश्रण
B. कॉर्पोरेट वित्त के अंतर्राष्ट्रीय पहलू
C. सम्बन्धी जोखिम और पुरस्कार
D. वित्तीय आस्तियां का मूल्य निर्धारण

Q.92 वित्तीय नीति का मूल्यांकन निम्नलिखित में से किस द्वारा किया जाता है?

A. प्रॉफिट मार्जिन   **B.** टोटल एसेट्स टर्नओवर
C. डेब्ट-इक्विटी रेशियो   **D.** उपरोक्त में से कोई नहीं

Q.93 परिसंपत्तियों से नकद प्रवाह में निम्नलिखित घटक(घटकों) में से कौन सा शामिल है?

A. नकद प्रवाह का संचालन
B. पूंजीगत खर्च
C. नेट वर्किंग कैपिटल में बदलाव
D. उपरोक्त सभी

Q.94 निम्नलिखित में से कौन सा नकदी प्रवाह को संदर्भित करता है जो फर्म के दिन प्रतिदिन के उत्पादन और बिक्री की गतिविधियों का परिणाम है?

A. नकद प्रवाह का संचालन   **B.** निवेश नकदी प्रवाह
C. वित्तपोषण नकद प्रवाह   **D.** उपरोक्त सभी

Q.95 वित्त निम्नलिखित व्यावसायिक गतिविधि (गतिविधियों) में से किस के लिए महत्वपूर्ण है?

A. विपणन अनुसंधान

B. उत्पाद मूल्य निर्धारण
C. विपणन और वितरण चैनलों का डिजाइन
D. उपरोक्त सभी

Q.96 आय विवरण पर निम्नलिखित लागतों में से कौन सी बेचे गए माल की लागत के रूप में रिपोर्ट की जाती है?

A. उत्पाद लागत
B. अवधि लागत
C. उत्पाद लागत और अवधि लागत दोनों
D. न तो उत्पाद लागत और न ही अवधि लागत

Q.97 निम्नलिखित में से कौन सी शर्तें ऋण वित्तपोषण के उपयोग को संदर्भित करती हैं?

A. ऑपरेटिंग लेवरेज   **B.** फाइनेंशियल लेवरेज
C. मैन्युफैक्चरिंग लेवरेज   **D.** उपरोक्त में से कोई नहीं

Q.98 निम्नलिखित में से कौन सा स्रोत दिखाता है कि किन स्रोतों से नकदी उत्पन्न की गई है और समयावधि के दौरान इसे कैसे खर्च किया गया है?

A. इनकम स्टेटमेंट
B. बैलेंस शीट
C. कैश फ्लो स्टेटमेंट
D. ओनर्स' इक्विटी स्टेटमेंट

Q.99 निम्नलिखित में से कौन सा कथन एक विशिष्ट अवधि में प्रदर्शन को मापता है?

A. इनकम स्टेटमेंट   **B.** बैलेंस शीट
C. कैश फ्लो स्टेटमेंट   **D.** रिटैंड अर्निंग्स स्टेटमेंट

Q.100 व्यापार संगठन के निम्नलिखित रूप में से कौन सा सबसे कम विनियमित है?

A. एकमात्र स्वामित्व   **B.** आम भागीदारी
C. सीमित भागीदारी   **D.** निगम

Q.101 मूलधन पर किसी सरल ब्याज का किसी दर पर भुगतान करने में विफलता पर उसी दर पर चक्रवृद्धि ब्याज के भुगतान के लिए एक बांड में एक शर्त, इस धारा के अर्थ के अंतर्गत दंड नहीं है:

A. भारतीय अनुबंध अधिनियम, 1872 की धारा 74
B. भारतीय अनुबंध अधिनियम, 1872 की धारा 75
C. भारतीय अनुबंध अधिनियम, 1872 की धारा 76
D. इनमें से कोई नहीं

Q.102 एक विदेशी दुश्मन के साथ किया समझौता:

A. मान्य   **B.** शून्य   **C.** गैरकानूनी   **D.** मुश्किल

Q.103 क्या एक कंपनी के एक चार्टर के रूप में जाना जाता है?

A. मेमोरेंडम ऑफ एसोसिएशन
B. उप-कानून
C. एसोसिएशन के लेख
D. प्रॉस्पेक्टस

Q.104 A जिस पर B के 10000 रुपये बकाया है, वह 6000 रुपये की संपत्ति छोड़कर मर जाता है। A का कानूनी प्रतिनिधित्व कर रहा व्यक्ति-

A. 10000 रुपये के लिए उत्तरदायी
B. 6000 रुपये के लिए उत्तरदायी
C. बिल्कुल भी उत्तरदायी नहीं
D. 3000 रुपये के लिए उत्तरदायी

Q.105 आम तौर पर, निम्नलिखित में से कौन सा नुकसान वसूली योग्य नहीं है?

A. साधारण नुकसान   **B.** विशेष नुकसान

C. रिमोट नुकसान   **D.** नाममात्र नुकसान

Q.106 स्थायी प्रस्ताव का मतलब है
A. प्रस्ताव समय की अवधि में स्वीकृति के लिए खुला रहने वाला प्रस्ताव
B. सामान्य रूप से जनता के लिए किया गया प्रस्ताव
C. जब प्रस्तावकर्ता प्रस्ताव की योग्य स्वीकृति के लिए प्रस्ताव करता है
D. एक निश्चित व्यक्ति को दिया गया प्रस्ताव

Q.107 होल्डिंग कंपनी को कंपनी अधिनियम की धारा __________ में परिभाषित किया गया है।
A. 4(4)   **B.** 2(2)   **C.** 3(4)   **D.** 3(1)

Q.108 कंपनी के अध्यक्ष के पास ________ वोट है।
A. 1   **B.** 3
C. 2   **D.** इनमें से कोई नहीं

Q.109 न्यूनतम __________ और अधिकतम __________ सदस्य एक निजी लिमिटेड कंपनी का गठन करते हैं।
A. 2, 10   **B.** 7, असीमित
C. 2, 15   **D.** 2, 50

Q.110 कारखाना अधिनियम _________ में अस्तित्व में आया।
A. 1948   **B.** 1881   **C.** 1781   **D.** 1757

Q.111 पंजाब नेशनल बैंक की स्थापना किस वर्ष में हुई थी?
A. 1880   **B.** 1887   **C.** 1894   **D.** 1900

Q.112 कोर बैंकिंग सेवाओं में 'सिओआरई' का पूरा रूप क्या है?
A. चैनल ऑफ़ रुपी एक्सचेंज
B. कस्टमर ऑनलाइन रियल टाइम एक्सचेंज
C. सेंट्रलाइज्ड ऑनलाइन रुपया एक्सचेंज
D. सेंट्रलाइज्ड ऑनलाइन रियल टाइम एक्सचेंज

Q.113 बहुआयामी गरीबी सूचकांक (एमपीआई) के बारे में निम्नलिखित कथनों पर विचार करें:
(A) एमपीआई गरीबी के आय आधारित उपाय के पूरक के रूप में शिक्षा, स्वास्थ्य और जीवन स्तर पर केंद्रित है।
(B) 104 विकासशील देशों में एमपीआई आधारित गरीबी रैंकिंग में भारत 63वें स्थान पर है।
(C) एमपीआई आधारित गरीबी रैंकिंग के आधार पर बिहार भारत का दूसरा सबसे गरीब राज्य है।
उपरोक्त वक्तव्य में से कौन सा सच है?
A. केवल A और B   **B.** केवल B और C
C. केवल A और C   **D.** सभी A, B और C

Q.114 भारत में आरटीजीएस लेनदेन की ऊपरी सीमा क्या है?
A. कोई सीमा नहीं   **B.** 10 लाख रुपए
C. 50 लाख रुपए   **D.** 20 लाख रुपए

Q.115 खुली बेरोजगारी लोगों को संदर्भित करता है-
A. जो काम करने को तैयार नहीं हैं
B. जो काम करने को तैयार हैं लेकिन उनको काम नहीं मिलता
C. जो बेहतर नौकरी की तलाश में अपनी नौकरी छोड़ देते हैं
D. जिन्हें भ्रष्ट आचरण के कारण बर्खास्त किया गया है

Q.116 भारत में, राष्ट्रीय आय का अनुमान लगाया जाता है?
A. योजना आयोग द्वारा
B. भारतीय सांख्यिकी संस्थान द्वारा
C. केंद्रीय सांख्यिकी कार्यालय द्वारा
D. राष्ट्रीय नमूना सर्वेक्षण संगठन द्वारा

Q.117 हिंदू वृद्धि की दर संदर्भित करता है-
A. जीडीपी   **B.** जनसंख्या
C. खाद्यान्न   **D.** प्रति व्यक्ति आय

Q.118 निम्नलिखित में से कौन सा भारत सरकार की राजकोषीय नीति का उद्देश्य नहीं है?
A. पूर्ण रोजगार
B. अंतर-राज्य-व्यापार का विनियमन
C. मूल्य स्थिरता
D. धन और आय का समान वितरण

Q.119 एनएसडीएल का पूर्ण रूप क्या है?
A. नेशनल सिक्योरिटीज डिपॉजिटरी लिमिटेड
B. नेशनल सिक्योरिटीज डिमांडिंग लायबिलिटी
C. नेशनल सैंपल डिपॉजिटरी लिमिटेड
D. नेशनल सैंपल ड्रिवेन लैंड

Q.120 बैंकों को अपने शुद्ध बैंक ऋण का कितना प्रतिशत पहले से प्राथमिकता क्षेत्र के लिए भुगतान करने की आवश्यकता है?
A. 5%   **B.** 7%   **C.** 10%   **D.** 15%

Q.121 लॉन्ग टर्म कैपिटल गेन के लिए @ ________ कर चार्ज किया जाता है।
A. 10%   **B.** 15%   **C.** 20%   **D.** 30%

Q.122 निम्नलिखित में से कौन सा कृत्रिम न्यायिक व्यक्ति है?
A. निगम   **B.** स्थानीय निधि
C. जिला बोर्ड   **D.** इनमें से कोई नहीं

Q.123 भारत का नागरिक जो रोजगार के उद्देश्य से विदेश जाता है, उसे निवासी बनने के लिए कम से कम ____ दिनों तक भारत में रहना चाहिए।
A. 90 दिन   **B.** 162 दिन   **C.** 180 दिन   **D.** 182 दिन

Q.124 आयकर अधिनियम की धारा ______ छूट प्राप्त आय से संबंधित है।
A. धारा 2   **B.** धारा 7   **C.** धारा 10   **D.** धारा 80

Q.125 पेंशन ____ मद के अंतर्गत कर योग्य है।
A. वेतन   **B.** गृह संपत्ति
C. पूंजीगत लाभ   **D.** अन्य स्रोत

Q.126 अमूर्त परिसंपत्ति पर अवमूल्यन की दर ________ है।
A. 5%   **B.** 15%   **C.** 20%   **D.** 25%

Q.127 किसी भी सांख्यिकीय तकनीक को परिष्कृत करने, प्रक्रिया या संक्षेप में प्रस्तुत करने के लिए उपयोग किए जाने से पहले मूल रूप में सांख्यिकीय डेटा को कहा जाता है?
A. तैयार माल   **B.** सहायक डेटा
C. रॉ या प्राथमिक डेटा   **D.** डेटा

Q.128 ग्राफिकल और संख्यात्मक तरीके विशेष प्रक्रियाएं हैं जिनका उपयोग किया जाता है:
A. शिक्षा सांख्यिकी में   **B.** वर्णनात्मक सांख्यिकी में
C. व्यापार सांख्यिकी में   **D.** सामाजिक सांख्यिकी में

Q.129 कार्रवाई अनुसंधान का मतलब है
A. एक अनुदैर्ध्य अनुसंधान
B. एक अनुयुक्त अनुसंधान
C. तत्काल समस्या के समाधान के लिए शुरू किया गया एक अनुसंधान
D. सामाजिक आर्थिक उद्देश्य के साथ एक अनुसंधान

Q.130 निम्नलिखित में से कौन सा फैलाव का उपाय नहीं है?

A. विषमता
B. औसत विचलन
C. मानक विचलन
D. चतुर्थक विचलन

Q.131 एक निर्मुदा और सममित वितरण में औसत के बीच संबंध 'है:

A. मीन > मीडियन> मोड
B. मीन < मीडियन < मोड
C. मीन = मीडियन = मोड
D. मीन > मीडियन < मोड

Q.132 रैखिक प्रोग्रामिंग मॉडल _______ से सम्बंधित समस्याओं का समाधान करती हैं।

A. रिश्तेदार और निरपेक्षता
B. मार्ग और मिश्रण
C. फैलाव और समानताएं
D. रुपये और प्रतिशत

Q.133 वह कौन सा उपकरण है जिसके माध्यम से कार्यात्मक संबंध का अध्ययन किया जाता है और पूर्वानुमान लगाया जाता है?

A. सहसंबंध
B. प्रतिगमन
C. समय श्रंखला
D. उपरोक्त में से कोई नहीं

Q.134 यदि नमूने में जनसंख्या की हर इकाई को शामिल करने की संभावना बराबर है, तो इसे कहा जाता है:

A. सिंपल रैंडम सैंपलिंग
B. स्ट्रैटिफाइड रैंडम सैंपलिंग
C. सिस्टमैटिक सैंपलिंग
D. इनमें से कोई नहीं

Q.135 विनिमय के बिल दिखाए जाते हैं:

A. वर्तमान संपत्ति
B. ऋण और अग्रिम
C. फिक्स्ड एसेट्स
D. विविध व्यय

Q.136 लेखांकन समीकरण (यानी, संपत्ति = देनदारियां + पूंजी) एक अभिव्यक्ति है:

A. कॉस्ट कॉन्सेप्ट
B. बिजनेस एंटिटी कॉन्सेप्ट
C. मनी मेजरमेंट कॉन्सेप्ट
D. मैचिंग कॉन्सेप्ट

Q.137 मूल्यह्रास प्रदान करने का मुख्य उद्देश्य है:

A. सच्चे लाभ की गणना करना
B. बैलेंस शीट में सही वित्तीय स्थिति दिखाना
C. कर बोझ को कम करना
D. फिक्स्ड एसेट्स के प्रतिस्थापन के लिए फंड मुहैया कराना

Q.138 समामेलन के लिए लेखांकन के लिए कौन सा लेखांकन मानक है?

A. AS-24
B. AS-10
C. AS-20
D. AS-14

Q.139 व्यावसायिक लेनदेन रिकॉर्ड करने के लिए लेखांकन समीकरण दृष्टिकोण में सभी खातों को तीन श्रेणियों में विभाजित किया गया है, जो हैं:

A. व्यक्तिगत, वास्तविक और नाममात्र
B. संपत्ति, देनदारियां और पूंजी
C. व्यय, राजस्व और हानि
D. उपरोक्त में से कोई नहीं

Q.140 मालिकाना अनुपात मालिक के धन और ______ के बीच संबंध को इंगित करता है।

A. रिजर्व
B. कुल संपत्ति
C. शेयर पूंजी
D. डिबेंचर

Q.141 विदेशी मुद्रा में मूल्यांकित नकदी प्रवाह को अनुरूप तरीके से सूचित किया जाता है:

A. AS-3
B. AS-5
C. AS-11
D. AS-21

Q.142 सेबी द्वारा जारी दिशा-निर्देशों के अनुसार शेयरों के निर्गम पर प्रीमियम की राशि का निर्णय ____ द्वारा किया जाता है।

A. कंपनी लॉ बोर्ड
B. निदेशक मंडल
C. कंपनियों के रजिस्ट्रार
D. शेयरधारकों

Q.143 किसी नये साथी के आने के बाद यदि कोई राशि को भट्टे - खाते में डाला जाना है तो उसको सभी साथियों के पूंजी खाते में हस्तांतरित किया जायेगा:

A. उनके पूंजी अनुपात में
B. नये लाभ साझाकरण अनुपात में
C. पुराने लाभ साझाकरण अनुपात में
D. त्याग अनुपात में

Q.144 लाभ और हानि खाते में लाइन के नीचे दिखाई देने वाली वस्तु क्या है?

A. प्रस्तावित लाभांश
B. कराधान के लिए प्रावधान
C. भविष्य निधि में योगदान
D. बट्टे-खाते में डाले गये विविध व्यय

Q.145 निम्नलिखित में से कौन सा एक प्रगतिशील कर है?

A. सीमा शुल्क
B. विकास अधिभार
C. बिक्रीकर
D. आयकर

Q.146 मोहन, भारत में अपनी सेवाओं का प्रतिपादन कर चुके हैं और 2015 में सेवानिवृत्त हो चुके हैं। वह फिर सिंगापुर में स्थानांतरित हो गए और बस गए। ऐसी सेवाओं के लिए उनके द्वारा प्राप्त पेंशन ____ होगी?

A. भारत के बाहर अर्जित करने या उत्पन्न होने के लिए तैयार
B. भारत में अर्जित होने या उत्पन्न होने के कारण ही इसे भारत में प्राप्त किया जाता है
C. भारत में जमा होने या उत्पन्न होने के कारण ही इसे भारत के बाहर प्राप्त किया जाता है
D. भारत में अर्जित या उत्पन्न हुआ

Q.147 आयकर अधिनियम में ___ एक प्रमाणपत्र है जो नियोक्ता अपने कर्मचारियों को देता है। यह नियोक्ता द्वारा कर्मचारी के वेतन से काटे गये कर की राशि को प्रमाणित करता है।

A. फॉर्म 16
B. फॉर्म12
C. फॉर्म 15
D. फॉर्म 26AS

Q.148 आकलन वर्ष 2020-21 के लिए, धारा 192A कर्मचारियों की भविष्य निधि योजना से समय से पहले कर योग्य निकासी पर ______ की दर से कर की कटौती का प्रावधान करती है।

A. 15 प्रतिशत
B. 20 प्रतिशत
C. 10 प्रतिशत
D. 5 प्रतिशत

Q.149 यदि निम्नलिखित आकड़ों का मोड 7 है तो $3, 8, 6, 7, 1, 6, 10, 6, 7, 2k + 5, 9, 7$, और 13 में k का मान क्या है?

A. 3
B. 7
C. 4
D. 1

Q.150 मध्यम रूप से तिर्यक वितरण में माध्यिका 10 और माध्य 12.5 दिया जाता है। बहुलक का अनुमानित मूल्य ज्ञात करें।

A. 5
B. 6
C. 8
D. 9

// स्मार्ट उत्तर पुस्तिका //

सही उत्तर — उन छात्रों का प्रतिशत जिन्होंने प्रश्नों का सही उत्तर दिया था। **छोड़ दिया** — उन छात्रों का प्रतिशत जिन्होंने प्रश्नों को छोड़ दिया था।

प्रश्न संख्या	उत्तर	सही उत्तर / छोड़ दिया	प्रश्न संख्या	उत्तर	सही उत्तर / छोड़ दिया	प्रश्न संख्या	उत्तर	सही उत्तर / छोड़ दिया	प्रश्न संख्या	उत्तर	सही उत्तर / छोड़ दिया	प्रश्न संख्या	उत्तर	सही उत्तर / छोड़ दिया
1	C	26.17 % / 10.28 %	17	C	15.89 % / 68.22 %	33	C	14.95 % / 69.16 %	49	A	15.89 % / 67.29 %	65	B	16.82 % / 69.16 %
2	C	15.89 % / 69.16 %	18	C	24.3 % / 68.22 %	34	B	14.95 % / 69.16 %	50	A	13.08 % / 81.31 %	66	C	12.15 % / 69.16 %
3	B	10.28 % / 69.16 %	19	A	27.1 % / 65.42 %	35	C	21.5 % / 69.15 %	51	B	26.17 % / 67.29 %	67	B	9.35 % / 69.15 %
4	A	22.43 % / 69.16 %	20	B	12.15 % / 66.35 %	36	A	13.08 % / 69.16 %	52	B	25.23 % / 69.16 %	68	A	23.36 % / 69.16 %
5	B	10.28 % / 69.16 %	21	B	16.82 % / 69.16 %	37	D	7.48 % / 69.16 %	53	B	20.56 % / 69.16 %	69	D	28.04 % / 67.29 %
6	D	20.56 % / 69.16 %	22	D	19.63 % / 69.16 %	38	B	11.21 % / 69.16 %	54	A	16.82 % / 69.16 %	70	A	11.21 % / 69.16 %
7	C	28.04 % / 69.16 %	23	C	26.17 % / 69.16 %	39	D	14.95 % / 69.16 %	55	B	27.1 % / 67.29 %	71	B	21.5 % / 69.15 %
8	A	23.36 % / 69.16 %	24	B	15.89 % / 69.16 %	40	B	16.82 % / 68.23 %	56	B	15.89 % / 69.16 %	72	D	13.08 % / 69.16 %
9	B	23.36 % / 69.16 %	25	A	15.89 % / 69.16 %	41	B	24.3 % / 69.16 %	57	B	29.91 % / 69.16 %	73	B	14.02 % / 68.22 %
10	D	25.23 % / 69.16 %	26	B	20.56 % / 69.16 %	42	A	16.82 % / 69.16 %	58	B	24.3 % / 69.16 %	74	D	13.08 % / 69.16 %
11	B	18.69 % / 69.16 %	27	D	12.15 % / 69.16 %	43	B	5.61 % / 69.16 %	59	C	20.56 % / 69.16 %	75	B	5.61 % / 69.16 %
12	D	24.3 % / 69.16 %	28	B	16.82 % / 69.16 %	44	C	27.1 % / 69.16 %	60	D	21.5 % / 69.15 %	76	B	6.54 % / 69.16 %
13	A	27.1 % / 69.16 %	29	A	16.82 % / 69.16 %	45	B	21.5 % / 69.15 %	61	B	15.89 % / 69.16 %	77	C	25.23 % / 68.23 %
14	B	14.02 % / 69.16 %	30	B	18.69 % / 69.16 %	46	D	19.63 % / 69.16 %	62	D	17.76 % / 68.22 %	78	C	24.3 % / 69.16 %
15	D	27.1 % / 69.16 %	31	C	12.15 % / 69.16 %	47	A	17.76 % / 69.16 %	63	A	15.89 % / 69.16 %	79	B	17.76 % / 69.16 %
16	A	20.56 % / 68.23 %	32	A	16.82 % / 69.16 %	48	D	28.97 % / 68.23 %	64	C	16.82 % / 69.16 %	80	B	20.56 % / 69.16 %

प्रश्न संख्या	उत्तर	सही उत्तर	छोड़ दिया
81	A	14.02 %	69.16 %
82	A	27.1 %	69.16 %
83	D	18.69 %	68.23 %
84	D	10.28 %	69.16 %
85	A	18.69 %	69.16 %
86	D	14.95 %	69.16 %
87	A	22.43 %	69.16 %
88	C	13.08 %	69.16 %
89	C	13.08 %	69.16 %
90	B	12.15 %	69.16 %
91	B	10.28 %	69.16 %
92	C	18.69 %	69.16 %
93	D	18.69 %	69.16 %
94	A	19.63 %	69.16 %

प्रश्न संख्या	उत्तर	सही उत्तर	छोड़ दिया
95	D	27.1 %	69.16 %
96	C	19.63 %	69.16 %
97	B	28.97 %	69.16 %
98	A	6.54 %	69.16 %
99	A	7.48 %	69.16 %
100	A	20.56 %	69.16 %
101	A	13.08 %	69.16 %
102	C	12.15 %	69.16 %
103	A	16.82 %	69.16 %
104	B	11.21 %	69.16 %
105	C	10.28 %	69.16 %
106	A	18.69 %	69.16 %
107	A	5.61 %	69.16 %
108	C	13.08 %	69.16 %

प्रश्न संख्या	उत्तर	सही उत्तर	छोड़ दिया
109	D	17.76 %	69.16 %
110	A	24.3 %	69.16 %
111	C	14.95 %	69.16 %
112	D	14.95 %	68.23 %
113	A	6.54 %	69.16 %
114	A	15.89 %	69.16 %
115	B	23.36 %	68.23 %
116	C	14.02 %	69.16 %
117	A	8.41 %	69.16 %
118	B	10.28 %	69.16 %
119	A	28.97 %	69.16 %
120	C	9.35 %	69.15 %
121	C	16.82 %	69.16 %
122	A	20.56 %	69.16 %

प्रश्न संख्या	उत्तर	सही उत्तर	छोड़ दिया
123	D	20.56 %	69.16 %
124	C	15.89 %	69.16 %
125	A	14.95 %	69.16 %
126	D	5.61 %	68.22 %
127	C	23.36 %	69.16 %
128	B	12.15 %	69.16 %
129	C	23.36 %	69.16 %
130	A	25.23 %	69.16 %
131	C	16.82 %	69.16 %
132	B	5.61 %	69.16 %
133	B	11.21 %	69.16 %
134	C	6.54 %	69.16 %
135	B	15.89 %	69.16 %
136	B	9.35 %	69.15 %

प्रश्न संख्या	उत्तर	सही उत्तर	छोड़ दिया
137	B	20.56 %	69.16 %
138	D	15.89 %	69.16 %
139	B	11.21 %	69.16 %
140	B	23.36 %	69.16 %
141	C	6.54 %	69.16 %
142	B	27.1 %	69.16 %
143	B	12.15 %	69.16 %
144	A	8.41 %	69.16 %
145	D	14.02 %	83.18 %
146	A	2.8 %	83.18 %
147	A	11.21 %	83.18 %
148	C	6.54 %	83.18 %
149	D	10.28 %	83.18 %
150	A	9.35 %	83.17 %

//संकेत और समाधान//

1. संचार के रैखिक मॉडल को एक-तरफ़ा प्रक्रिया के रूप में माना जाता है जिसमें प्रेषक रिसीवर को एक संदेश भेजता है लेकिन उस समय रिसीवर प्रतिक्रिया या किसी भी प्रकार की प्रतिक्रिया देने के लिए मौजूद नहीं होता है।

संचार का क्षैतिज मॉडल वह संचार है जिसमें सूचना को संगठनात्मक पदानुक्रम के समान स्तर पर काम करने वाले लोगों तक पहुंचाया जाता है।

हस्तांतरण मॉडल वह संचार है जिसमें प्रेषक और रिसीवर के बीच सूचना का आदान-प्रदान किया जाता है जहां प्रत्येक प्रेषक / रिसीवर संदेश भेजने प्राप्त करने के लिए बारी लेता है।

संवादात्मक मॉडल वह संचार है जहां सूचना को प्रेषक और रिसीवर दोनों के बीच आदान-प्रदान किया जाता है।

अतः विकल्प (C) सही है।

2. उत्तर देना के सिवाय सभी सुनने के घटक हैं।

सुनने की प्रक्रिया में चार चरण होते हैं: सुनना, उपस्थित होना-चौकस होना, समझना और याद रखना और जवाब देना।

अतः विकल्प (C) सही है।

3. शैक्षिक टीवी भारत में पहली बार वर्ष 1959 में पेश किया गया था।

शैक्षिक टीवी या लर्निंग टीवी दूरस्थ शिक्षा के क्षेत्र में टेलीविज़न कार्यक्रमों का उपयोग है। कई बच्चों की टेलीविज़न श्रृंखला शैक्षिक हैं, समर्पित शिक्षण कार्यक्रमों से लेकर जो परोक्ष रूप से दर्शकों को सिखाते हैं। कुछ श्रृंखला को हर एपिसोड के पीछे एक विशिष्ट नैतिकता के लिए लिखा जाता है, अक्सर पाठ को सीखने वाले चरित्र द्वारा अंत में समझाया जाता है।

अतः विकल्प (B) सही है।

4. सही संयोजन है - a-iv, b-iii, c-ii, d- i

इंट्रापर्सनल संचार एक व्यक्ति के भीतर होने वाला संचार है, जिसमें स्वयं से बात करना भी शामिल है।

सामूहिक संचार मैकेनिकल डिवाइस का प्रयोग करता है जो संदेशो का गुणन करता है और बड़ी संख्या में कई लोगों को एक - साथ भेज देता है।

इन्टरपर्सल संचार यह दो व्यक्तियों के मध्य आमने - सामने की बातचीत है।

समूह संचार एक संचार है जहां दो या दो से अधिक व्यक्ति विचारों,कौशलों और रुचियों के विनिमय में शामिल होते हैं।

अतः विकल्प (A) सही है।

5. 'सूचना अधिभार' को संवाद के शारीरिक क्रिया विज्ञान अवरोधक के रूप में वर्गीकृत किया जा सकता है।

संचार के लिए शारीरिक बाधाएं मानव शरीर और मानव मन की सीमाओं से संबंधित हैं। इन बाधाओं में खराब सुनने का कौशल, सूचना अधिभार, आनाकानी, भावनाएं, खराब अवधारण आदि शामिल हैं।

अतः विकल्प (B) सही है।

6. घाटी विषम शब्द है। धारा,नहर और नदी सभी जल निकाय हैं जबकि घाटी पहाड़ियों या पहाड़ों के बीच का एक निचला क्षेत्र है।

अतः विकल्प (D) सही है।

7. अगला पद है - WXV

N +3 = Q + 3 = T + 3 = W

O + 3 = R + 3 = U + 3 = X

M + 3 = P + 3 = S + 3 = V

अतः विकल्प (C) सही है।

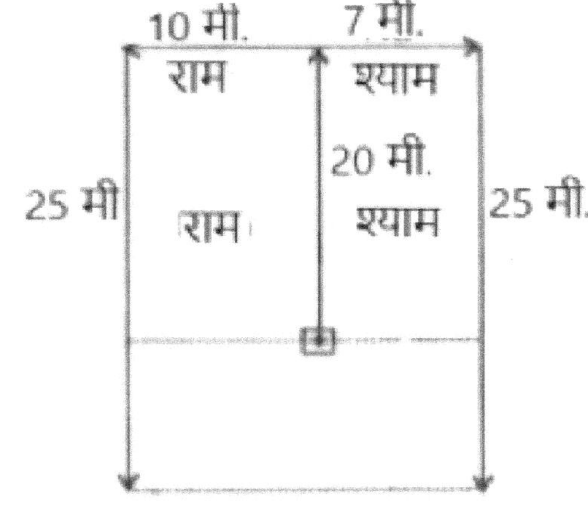

8.

वांछित दूरी = (10 + 7) = 17 मीटर

अतः विकल्प (A) सही है।

9. दिया है,

$5 \times 2 + 1 = 11$

$11 \times 2 + 2 = 24$

$24 \times 2 + 3 = 51$

$51 \times 2 + 4 = 106$

अगला पद 217 है।

$106 \times 2 + 5 = 217$

अतः विकल्प (B) सही है।

10. $B \xrightarrow{+2} D$

$U \xrightarrow{+2} W$

$D \xrightarrow{+2} F$

$H \xrightarrow{+2} J$

$I \xrightarrow{+2} K$

$S \xrightarrow{+2} U$

$M \xrightarrow{+2} O$

इसी प्रकार,

$C \xrightarrow{+2} E$

$H \xrightarrow{+2} J$

$R \xrightarrow{+2} T$

$I \xrightarrow{+2} K$

$S \xrightarrow{+2} U$

$T \xrightarrow{+2} V$

$I \xrightarrow{+2} K$

$$A \overset{+2}{\to} C$$
$$N \overset{+2}{\to} P$$

इसलिए, CHRISTIAN को EJTKUVKCP के रूप में कोडित किया जाएगा।

अतः विकल्प (D) सही है।

11. गद्यांश की पंक्ति के अनुसार, "कई बार ऐसा भी होता है जब आपको टेलीफोन पर व्यापार की तरह, संक्षिप्त और प्रभावी होने का आह्वान किया जाता है"।

अतः विकल्प (B) सही है।

12. उत्तर गद्यांश की निम्नलिखित पंक्तियों में निहित है, "शायद हम अपनी टेलीफोन वार्तालाप को एक व्यवधान के रूप में नहीं देखते हैं क्योंकि हमें यह नहीं दिखता है कि हमनें किस चीज में व्यवधान डाला है"।

अतः विकल्प (D) सही है।

13. जैसा कि मार्ग की अंतिम पंक्ति में दिया गया है, "कई बार ऐसा भी होता है जब आपको टेलीफोन पर व्यापार की तरह, संक्षिप्त और प्रभावी होने का आह्वान किया जाता है।"

अतः विकल्प (A) सही है।

14. विकल्प B सही है जैसा कि उपर्युक्त पंक्तियों में दिया गया है।

विकल्प A गलत है जैसा कि गद्यांश की निम्नलिखित पंक्ति में दिया गया है, "हम बता सकते हैं की वह व्यक्ति किसी जगह जल्दी पहुंचना चाह रहा हो, या फिर वह किसी कार्य में व्यस्त हो, और हमें यह पता है कि उसे थोड़ी भी देर परेशान नहीं करना चाहिए।"

विकल्प C गलत है जैसा कि निम्नलिखित पंक्तियों में दिया गया है, "फिर भी हम में से कुछ लोग टेलीफोन पर लोगों को फोन करने, उनकी व्यस्तता के बारे में बिना विचार किए उनके कार्य में व्यवधान डालने के बारे में नहीं सोचते हैं और समय के प्रति लापरवाह होकर बातें करते रहते हैं।"

विकल्प D गलत है क्योंकि यह सुझाव दिया गया है कि हम किसी को भी इस तरह से बाधित ना करें।

अतः विकल्प (B) सही है।

15. इसका उत्तर पंक्तियाँ ली निम्न पंक्ति में है, "किसी व्यक्ति को सड़क पर अथवा किसी दुकान में या लोई कार्य करने के दौरान रोकना तथा सिर्फ समय बिताने के लिए उसके साथ दस, पन्द्रह या बीस मिनट बात करना एक अच्छा शिष्टाचार नहीं है।"

अतः विकल्प (D) सही है।

16. कथन (i), (ii) और (iii) सत्य हैं।

- इंट्रानेट में उपयोगकर्ताओं की संख्या सीमित है।
- इंट्रानेट इंटरनेट की तुलना में अधिक सुरक्षित है।
- इंट्रानेट टीसीपी / आईपी और एफ़टीपी जैसे इंटरनेट प्रोटोकॉल का उपयोग करता है।

इंटरनेट कंप्यूटरों का एक वैश्विक रूप से जुड़ा नेटवर्क है जो लोगों को जानकारी साझा करने और एक दूसरे के साथ संवाद करने में सक्षम बनाता है। दूसरी ओर, एक इंट्रानेट, एक स्थानीय या प्रतिबंधित नेटवर्क है जो लोगों को किसी संगठन के भीतर जानकारी संग्रहीत करने, व्यवस्थित करने और साझा करने में सक्षम बनाता है।

अतः विकल्प (A) सही है।

17. ऑप्टिकल करैक्टर रिकॉग्निशन हाथ से लिखे, मुद्रित अथवा छपे हुए टेक्स्ट की छवियों का मशीन इनकोडेड टेक्स्ट में यांत्रिक/वैद्युत रूपांतरण है।

डिजिटाइज़र- यह एनालॉग डेटा को डिजिटल रूप में परिवर्तित करता है।

ऑप्टिकल मार्क रीडर- यह डिवाइस कागज के रूपों पर बने चिह्नों को प्रश्नों के जवाब के रूप में पढ़ता है या एक पेंसिल / पेन द्वारा टिक सूची का संकेत देता है।

बार कोड रीडर- यह कंप्यूटर पर मुद्रित बारकोड को पढ़ और आउटपुट कर सकता है।

अतः विकल्प (C) सही है।

18. एक जीवंत कक्षा की स्थिति में बार-बार शिक्षक-छात्र संवाद होने की संभावना है।

जीवंत और संवादात्मक कक्षा: कक्षा समाज में एक स्थापित संगठन है। इंटरैक्टिव और जीवंत कक्षा वह है जिसमें शिक्षार्थी और शिक्षक कक्षा में अकादमिक विषयों पर महत्वपूर्ण चर्चा करते रहते हैं। इस प्रकार की कक्षा में जहां सभी शिक्षार्थी सीखने की प्रक्रिया में भाग लेते हैं और अपने विचार साझा करते हैं।

अतः विकल्प (C) सही है।

19. हाइपर टेक्स्ट ट्रांसफर प्रोटोकॉल (एचटीटीपी) विवरण, सहयोगी, हाइपर कंडीशनिंग सूचना प्रणाली के लिए एक ऐपलिकेशन प्रोटोकॉल है।

नोट: - एचटीटीपी वर्ल्ड वाइड वेब के लिए डेटा संचार का आधार है। हाइपरटेक्स्ट प्रारूपित टेक्स्ट है जो टेक्स्ट युक्त नोड्स के बीच तार्किक कड़ी (हाइपरलिंक्स) का उपयोग करता है।

अतः विकल्प (A) सही है।

20. केवल कथन। सत्य है।

धुंध और कालिख वायु प्रदूषण के दो प्रकार हैं।

धुंध या जमीनी स्तर का ओजोन तब होता है जब जीवाश्म ईंधन सूरज की रोशनी से प्रतिक्रिया करता है।

कालिख गैस या ठोस के रूप में रसायन, मिट्टी, धूल, या एलर्जी के छोटे कड़ो से बनता है।

अतः विकल्प (B) सही है।

21. 'गो ग्रीन पहल' इनिशिएटिव 'के एक भाग के रूप में, भारतीय रेलवे ने 2020-21 तक 1000 मेगावाट का सौर ऊर्जा संयंत्र स्थापित करने की योजना बनाई है। इस पहल से भारतीय रेलवे को अक्षय स्रोत से लगभग 10 प्रतिशत विद्युत ऊर्जा उत्पन्न करने में मदद मिलेगी। अब तक, 71.19 मेगावाट के सौर संयंत्र पहले से ही सेवा भवनों और रेलवे स्टेशनों पर छतों पर स्थापित किए जा चुके हैं।

अतः विकल्प (B) सही है।

22. डेक्कन कांटे के जंगल महाराष्ट्र, तमिलनाडु, आंध्र प्रदेश, कर्नाटक और तेलंगाना में फैले शुष्क क्षेत्र को घेरते हैं।

डेक्कन थॉर्न स्क्रब वन दक्षिण भारत और उत्तरी श्रीलंका का एक ज़ेरिक श्रबलैंड इकोरिगयन है। ऐतिहासिक रूप से यह क्षेत्र उष्णकटिबंधीय शुष्क पर्णपाती वन से आच्छादित था, लेकिन यह केवल पृथक टुकड़ों में ही रहता है। वनस्पति में अब मुख्य रूप से दक्षिणी उष्णकटिबंधीय कांटेदार झाड़ीदार वन शामिल हैं।

अतः विकल्प (D) सही है।

23. थर्ड जनरेशन कंप्यूटर को आईसी के साथ बनाया गया था।

एक एकीकृत सर्किट (आईसी के रूप में भी संदर्भित) सेमीकंडक्टर सामग्री के एक छोटे से समतल टुकड़े (या "चिप") पर इलेक्ट्रॉनिक सर्किट का एक सेट है जो सामान्य रूप से सिलिकॉन से बना होता है।

अतः विकल्प (C) सही है।

24. मानक कंप्यूटर की-बोर्ड में अक्षरों का समूह टंकण करने के लिए आमतौर पर 101 कुंजी होती हैं, जिनमें अक्षर, संख्या, प्रतीक या फ़ंक्शन शामिल होते हैं।

अतः विकल्प (B) सही है।

25. रियो डी जनेरियो में 1992 का पृथ्वी शिखर सम्मेलन जैव विविधता पर एक सम्मेलन के रूप में हुआ, जो 5 जून, 1992 को लागू हुआ।

पर्यावरण और विकास पर संयुक्त राष्ट्र सम्मेलन (यूएनसीईडी), जिसे रियो डी जनेरियो अर्थ समिट, रियो शिखर सम्मेलन, रियो सम्मेलन और पृथ्वी शिखर सम्मेलन के रूप में भी जाना जाता है, 3 से 14 जून, 1992 तक रियो डी जनेरियो में आयोजित एक प्रमुख संयुक्त राष्ट्र सम्मेलन था।

अतः विकल्प (A) सही है।

26. किसी भी महिला का मुख पूर्व की ओर नहीं है, जिसका अर्थ है कि एक महिला का मुख पश्चिम की ओर है, एक दूसरे के विपरीत बैठे व्यक्ति समान लिंग के नहीं हैं। एक पुरुष का मुख दक्षिण की ओर है, इसलिए एक महिला का मुख उत्तर की ओर है। इसलिए, "उत्तर और पश्चिम" सही उत्तर है।

अतः विकल्प (B) सही है।

27. उपरोक्त सभी हेत्वाभास के प्रकार हैं।

हेत्वाभास , का अर्थ है कि एक हेतु (कारण) जो वास्तविक या उचित प्रतीत होता है लेकिन वास्तव में ऐसा नहीं है। न्याय सूत्र के अनुसार, पाँच प्रकार के हेत्वाभास होते हैं:

- सविभचार (अनैकनीता),
- बाधित
- असिधा
- विरुद्ध
- प्रकरणसम

अतः विकल्प (D) सही है।

28. केवल निष्कर्ष 2 अनुसरण करता है।

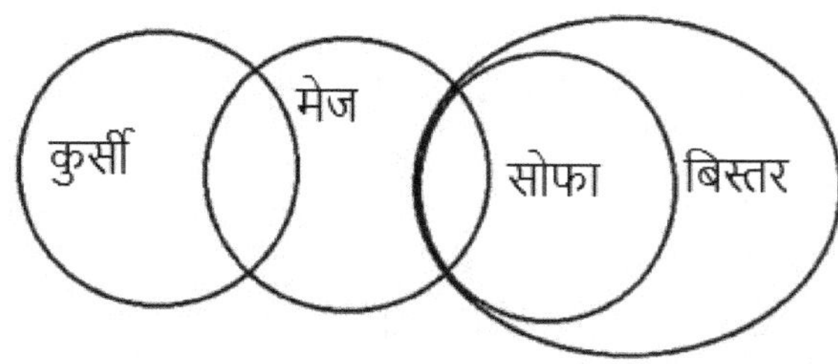

(i) कुछ बिस्तर कुर्सी हैं, जिनका पालन नहीं किया जाता है क्योंकि बिस्तर और कुर्सी के बीच कोई सीधा संबंध नहीं है।

(ii) कुछ मेज बिस्तर होते हैं जो आरेख से मिलते हैं। मेज में कुछ भाग बिस्तर में होता है।

(iii) कुछ सोफा कुर्सी हैं जिनका अनुसरण नहीं किया जाता है क्योंकि सोफा और कुर्सी के बीच कोई सीधा संबंध नहीं है।

(iv) सभी बिस्तर सोफा है का पालन नहीं होता है क्योंकि कुछ बिस्तर सोफा है सच होता है लेकिन सभी में नहीं।

अतः विकल्प (B) सही है।

29. (i) और (ii) सही है।

एक निगमनात्मक तर्क: एक तर्क है जिसमें यह माना जाता है कि परिसर निष्कर्ष की सच्चाई की गारंटी प्रदान करता है।

एक निगमनात्मक तर्क को सही कहा जाता है अगर और केवल अगर तर्क दोनों वैध है और सभी परिसर सत्य हैं।

अतः विकल्प (A) सही है।

30. 2013 में छात्रों की कुल संख्या $= 780$

2013 में विज्ञान के छात्रों का $\% = 40\%$

2014 में छात्रों की कुल संख्या $= 650$

2014 में विज्ञान के छात्रों का $\% = 42\%$

2015 में छात्रों की कुल संख्या $= 500$

2015 में विज्ञान के छात्रों का $\% = 45\%$

आवश्यक औसत

$$= \frac{1}{3}\left(780 \times \frac{40}{100} + 650 \times \frac{42}{100} + 500 \times \frac{45}{100}\right)$$
$$= \frac{1}{3}(312 + 273 + 225)$$
$$= \frac{810}{3} = 270$$

अतः विकल्प (B) सही है।

31. 2015 में कुल छात्रों की संख्या $= 500$

कला के सफल छात्रों का $\% = 20\%$

2015 में कला के सफल छात्रों की संख्या

$$= 500 \times \frac{20}{100} = 100$$

कला के कुल छात्रों की संख्या $= 160$

असफल छात्र $= 160 - 100 = 60$

असफल छात्रों का प्रतिशत $= \frac{160-100}{160} \times 100$
$= 37.5\%$

अतः विकल्प (C) सही है।

32. 2018 में कुल छात्रों की संख्या $= 850$

2018 में विज्ञान में सफल छात्रों का $\% = 42\%$

2018 में कला में सफल छात्रों का $\% = 18\%$

2018 में वाणिज्य में सफल छात्रों का $\% = 14\%$

2018 में अभियांत्रिकी में सफल छात्रों का $\% = 14\%$

2018 में प्रबंधन में सफल छात्रों का $\% = 12\%$

औसत

$$= \frac{1}{5} \times \frac{850}{100}(42 + 18 + 14 + 14 + 12)$$
$$= \frac{17}{10} \times 100 = 170$$

अतः विकल्प (A) सही है।

33. 2016 में कुल छात्रों की संख्या $= 620$

योग्य छात्रों की संख्या

$$= 620 \times \frac{10}{100} = 62$$

$$40\% \equiv 62$$

$$100\% \equiv 62 \times \frac{100}{40} = 155$$

अतः विकल्प (C) सही है।

34. 2013 में कुल छात्रों की संख्या $= 780$

2018 में कुल छात्रों की संख्या $= 850$

वर्ष 2013 से 2018 तक सफल होने वाले विद्यार्थियों की संख्या में प्रतिशत:

$$= \frac{850-780}{780} \times 100$$

$$= \frac{70}{780} \times 100$$

$$= \frac{700}{78} = \frac{350}{39}$$

$$= 8\frac{38}{39}\%$$

अतः विकल्प (B) सही है।

35. आश्रित चर: ये एक या एक से अधिक स्वतंत्र चर से प्रभावित होते हैं, सही है।

हस्तक्षेपी चर: ये वे चर हैं जिनके माध्यम से एक चर दूसरे चर को प्रभावित करता है।

स्वतंत्र चर: दूसरे चर का कारण माना जाता है।

असंगत चर: ऐसे कई कारक या चर हो सकते हैं जो परिणाम को प्रभावित कर सकते हैं। वे वास्तव में परिणाम की व्याख्या करने में स्वतंत्र चर के साथ प्रतिस्पर्धा करते हैं। इसलिए, वे प्रयोग के परिणाम को प्रभावित कर सकते हैं।

अतः विकल्प (C) सही है।

36. शिक्षा का पंच कोष सिद्धांत स्वामी विवेकानंद द्वारा विस्तृत किया गया था।

पंचकोश को आमतौर पर शरीर में ऊर्जा के पाँच पदानुक्रमित स्तरों के रूप में जाना जाता है। यह एक निश्चित अनुशासन है जो भारतीय दर्शन के प्राचीन ग्रंथों पर आधारित है। 'पंच' का अर्थ है पाँच और शब्द 'कोश' का अर्थ है म्यान या खोल। इसलिए, पंचकोश का अर्थ है पाँच म्यान जो मानव शरीर में निवास करते हैं। वो हैं :

- अन्नामय कोष या भोजन म्यान
- प्राणमय कोष या ऊर्जा म्यान
- मनोमनी कोश या मानसिक म्यान
- विज्ञानमय कोश या बौद्धिक म्यान
- आनंदमय कोश या परमानंद म्यान

अतः विकल्प (A) सही है।

37. सही संयोजन है - a-ii, b-iii, c-i, d-iv

फुटनोट्स और संदर्भ लेखन के संदर्भ में ये मुख्य शब्द हैं।

आईबिड तुरंत पूर्ववर्ती संदर्भ में समान लेखक और स्रोत को परिष्कृत करता है।ओपी.सिट एक ही लेखक द्वारा पहले संदर्भ संदर्भ को संशोधित करता है।

एलओसी. सिट एक फुटनोट्स या एंड्नोट शब्द का उपयोग जिसका उपयोग किसी दिए गए काम के लिए शीर्षक और पृष्ठ संख्या को खोजने के लिए जाता है।

एटऑल. कई लोगों का उल्लेख करते समय उपयोग किया जाता है।

अतः विकल्प (D) सही है।

38. a, b, c सही कथन हैं।

विभिन्न घटना के कारण और प्रभाव संबंध का अध्ययन करने के लिए प्रायोगिक अनुसंधान किया जाता है।

इसमें प्रभाव में परिवर्तन का निरीक्षण करने के लिए एक या अधिक चर का हेरफेर शामिल है। परस्पर संबंध चर का परस्पर संबंध है।

प्रायोगिक अनुसंधान में, सहसंबंध का परिमाण अच्छे परिणाम देता है।

अतः विकल्प (B) सही है।

39. कथन a, b और e नृवंशविज्ञान के बारे में सत्य हैं।

नृवंशविज्ञान लोगों और संस्कृति का एक व्यवस्थित अध्ययन है।

इसके लिए शोधकर्ता को अध्ययन किए जा रहे व्यक्तियों के जीवन में डूबने की आवश्यकता होती है, जिसे प्रतिभागी अवलोकन कहा जाता है।

सांस्कृतिक घटना के विस्तृत अध्ययन के लिए गुणात्मक शोधकर्ता के लिए नृवंशविज्ञान अध्ययन अत्यंत महत्वपूर्ण है।

इस पद्धति को पहले नृविज्ञान के अनुशासन में पेश किया गया था, लेकिन बाद में सामाजिक विज्ञान में भी लोकप्रिय हो गया। नृवंशविज्ञान एक समग्र अध्ययन है।

अतः विकल्प (D) सही है।

40. (a) और (c) सच हैं।

स्कूल शिक्षा और साक्षरता विभाग और उच्च शिक्षा विभाग।

जहां स्कूली शिक्षा और साक्षरता विभाग राष्ट्र में स्कूल प्रशिक्षण और प्रवीणता में सुधार के प्रभारी हैं।

संयुक्त राज्य अमेरिका और चीन के बाद उच्च शिक्षा विभाग दुनिया के सबसे बड़े उच्चतर शिक्षा ढांचे में से एक है।

अतः विकल्प (B) सही है।

41. सही संयोजन है - a-ii, b-iv, c-i, d-iii

यूजीसी (विश्वविद्यालय अनुदान आयोग) की स्थापना 1956 में भारत में उच्च शिक्षा मानकों के समन्वय और रखरखाव के लिए संसद अधिनियम के माध्यम से एक वैधानिक निकाय के रूप में की गई थी।

एआईसीटीई (अखिल भारतीय तकनीकी शिक्षा परिषद) की स्थापना वर्ष 1945 में भारत में तकनीकी शिक्षा की योजना और विकास के लिए संसद अधिनियम के माध्यम से एक सलाहकार निकाय के रूप में और एक सांविधिक निकाय के रूप में की गई थी।

एनसीटीई (राष्ट्रीय अध्यापक शिक्षा परिषद) की स्थापना वर्ष 1995 में भारतीय शिक्षा प्रणाली में प्रक्रियाओं और प्रक्रियाओं को शुरू करने और बनाए रखने के लिए की गई थी।

एनएएसी (राष्ट्रीय मूल्यांकन और प्रत्यायन परिषद) की स्थापना वर्ष 1994 में भारत में विश्वविद्यालयों और कॉलेजों के प्रदर्शन के मूल्यांकन के उद्देश्य से की गई थी।

अतः विकल्प (B) सही है।

42. अंतरराष्ट्रीय साक्षरता दिवस हर साल 8 सितंबर को मनाया जाता है। जीवन में साक्षरता के मूल्य को उजागर करना और दुनिया भर में शिक्षा और वयस्क शिक्षा के मूल्य की स्थिति की याद दिलाया जाता है।

अतः विकल्प (A) सही है।

43. केवल 1 और 3 सही कथन हैं।

- संविधान वाक्यांश 'संविधान के उल्लंघन' के अर्थ को परिभाषित नहीं करता है।
- महाभियोग चलाने के लिए सदन के 25% सदस्यों द्वारा हस्ताक्षर किया जाना चाहिए जहां पर राष्ट्रपति को उनकी तरफ से प्रतिनिधित्व करने का मौका मिलना चाहिए।

संविधान कांग्रेस को "राष्ट्रपति, उपराष्ट्रपति और संयुक्त राज्य के सभी नागरिक अधिकारियों" पर महाभियोग लगाने और हटाने का अधिकार देता है, इस दृढ़ संकल्प पर कि ऐसे अधिकारी राजद्रोह, रिश्वत, या अन्य उच्च अपराधों और दुराचार में लिप्त हैं।

अतः विकल्प (B) सही है।

44. उच्च शिक्षा केंद्र और राज्य सरकार दोनों की जिम्मेदारी है। विश्वविद्यालय अनुदान आयोग की सिफारिशों पर एक शैक्षणिक संस्थान को "डीम्ड-टू-बी विश्वविद्यालय" के रूप में मानने के लिए केंद्र सरकार भी जिम्मेदार है।

अतः विकल्प (C) सही है।

45. सही सयोंजन है - (i)-d, (ii)-c, (iii)-a, (iv)-b

फॉर्मेटिव इवैल्युएशन: साप्ताहिक असाइनमेंट, चर्चा आदि के रूप में मूल्यांकन पूरे पाठ्यक्रम में किया जाता है।

योगात्मक मूल्यांकन: फॉर्म परीक्षाओं में पाठ्यक्रम के अंत में मूल्यांकन किया जाता है।

मानदंड-संदर्भित मूल्यांकन: मूल्यांकन विशिष्ट मानकों या मानदंडों के खिलाफ किया जाता है।

सामान्य-संदर्भित मूल्यांकन: दूसरों की तुलना में व्यक्तिगत प्रदर्शन का मूल्यांकन। यह आकलन करना है कि एक छात्र दूसरे साथियों के संबंध में कैसा प्रदर्शन करता है।

अतः विकल्प (B) सही है।

46. उपरोक्त सभी कारक हैं जो शिक्षण की प्रक्रिया को प्रभावित करते हैं।

विभिन्न कारक हैं जो शिक्षण को प्रभावित करते हैं। ये एक शिक्षक का अनुभव, एक शिक्षक की शैक्षिक योग्यता, शिक्षण का विषय, कक्षा का वातावरण, मानव संबंध कौशल, संचार कौशल, शिक्षण की विधि और तकनीक, शिक्षण सहायक सामग्री का उपयोग हैं।

अतः विकल्प (D) सही है।

47. कक्षा शिक्षण सबसे प्रभावी तरीका है शिक्षण सही नहीं है।

कक्षा के बाहर भी प्रभावी शिक्षण हो सकता है। यह महत्वपूर्ण नहीं है कि सीखना और सिखाना कक्षाओं में ही हो सकता है।

सही कथन:

1. शिक्षण एक व्यापक प्रक्रिया है।

2. शिक्षण सहायक सामग्री का उपयोग करके शिक्षण को प्रभावी बनाया जा सकता है।

3. शिक्षण में विशेषज्ञता और अनुभव की आवश्यकता होती है।

अतः विकल्प (A) सही है।

48. प्रभावी मूल्यांकन के निम्नलिखित कारक हैं:

- शिक्षार्थियों के ज्ञान की जाँच करता है
- उपचारात्मक उपाय करने में मदद करता है
- प्रेरणा के रूप में कार्य करता है

एक अच्छी मूल्यांकन प्रक्रिया शिक्षार्थियों को उनकी उपलब्धियों को जानने में मदद करती है, उन्हें बेहतर करने और सुधारात्मक उपाय करने के लिए और शिक्षार्थियों के साथ-साथ शिक्षकों को प्रेरित करती है।

अतः विकल्प (D) सही है।

49. भारत में 2020 तक मानित विश्वविद्यालयों की कुल संख्या 125 थी।

मानित विश्वविद्यालय, एक मान्यता है जो भारत में उच्च शिक्षण संस्थानों को दी जाती है, जो विश्वविद्यालय की स्थिति को दर्शाती है। यह उच्च शिक्षा विभाग द्वारा प्रदान किया जाता है।

अतः विकल्प (A) सही है।

50. कथन I और कथन II दोनों सत्य हैं

कथन I: परविद्या का अर्थ है वह ज्ञान जो मानव अनुभव को पार करता है

परा विद्या को गैर-द्वैत की सहज दृष्टि के रूप में परिभाषित किया गया है; यह पारलौकिक ज्ञान है जो ज्ञान, अनुभव और तर्क की सभी सीमाओं से परे है, जो कि बुद्धि, मन और समझ से परे है।

इसलिए, कथन I सही है।

कथन II: अपराविद्या का अर्थ है मानवीय अनुभव पर आधारित ज्ञान।

परा विद्या पूर्ण का ज्ञान है जबकि अपरा विद्या संसार का ज्ञान है; पूर्व में इसकी सामग्री के रूप में वास्तविकता है और इसमें अलौकिकता का एक अनूठा गुण है, जो विलक्षण है और कारण, इंद्रियों आदि से मुक्त है, लेकिन बाद में इसकी सामग्री के रूप में अभूतपूर्व दुनिया है।

इस प्रकार, कथन II सही है।

अतः विकल्प (A) सही है।

51. सरकार एमआरटीपी अधिनियम द्वारा प्रतिबंधात्मक व्यापार की जांच करती है।

एकाधिकार तथा अवरोधक व्यवहार अधिनियम, 1969 को अधिनियमित किया गया था

- यह सुनिश्चित करने के लिए कि आर्थिक प्रणाली के संचालन के परिणामस्वरूप सिर्फ कुछ के हाथों में आर्थिक शक्ति की एकाग्रता नहीं है।
- एकाधिकार के नियंत्रण के लिए मदद प्रदान करने के लिए।
- एकाधिकारी और प्रतिबंधात्मक व्यापार प्रथाओं को प्रतिबंधित करने के लिए।

अतः विकल्प (B) सही है।

52. उदारीकरण का अर्थ है उद्योग, व्यापार और अर्थव्यवस्था को अवांछित प्रतिबंधों से मुक्ति।

उदारीकरण की मुख्य विशेषताएं हैं:

- औद्योगिक समाज के प्रति राज्य के रवैये में बदलाव।
- केंद्र की योजना बनाई गयी अर्थव्यवस्था से बाजार के नेतृत्व वाले देश में बदलाव।
- अत्यधिक सरकारी हस्तक्षेप से न्यूनतम हस्तक्षेप में परिवर्तन।
- राष्ट्रीयकरण से निजीकरण का बदलाव।

अतः विकल्प (B) सही है।

53. जब एक कंपनी ने एक दूसरे को ले लिया है और स्पष्ट रूप से नया मालिक बन गयी है, तो कार्रवाई को अधिग्रहण कहा जाता है।

एक विलय एक समझौता है कि दो मौजूदा कंपनियां एक नई कंपनी में एकजुट हो जाती है।

एक स्ट्रैटेजिक एलायंस दो कंपनियों के बीच एक पारस्परिक रूप से लाभप्रद परियोजना शुरू करने के लिए एक व्यवस्था है, जबकि प्रत्येक अपनी स्वतंत्रता बरकरार रखती है ।

अतः विकल्प (B) सही है।

54. पूंजीवाद मुक्त उद्यम के सिद्धांत पर आधारित एक आर्थिक प्रणाली है ।

समाजवाद एक राजनीतिक, सामाजिक और आर्थिक दर्शन है जिसमें आर्थिक और सामाजिक प्रणालियों की एक श्रृंखला शामिल है, जिसमें उत्पादन के साधनों और उद्यमों के श्रमिकों के आत्म-प्रबंधन के सामाजिक स्वामित्व की विशेषता है।

एक मिश्रित अर्थव्यवस्था को विभिन्न रूप से एक योजनाबद्ध अर्थव्यवस्था के तत्वों के साथ बाजार अर्थव्यवस्था के तत्वों, राज्य हस्तक्षेप के साथ मुक्त बाजार, या सार्वजनिक उद्यम के साथ निजी उद्यम के साथ एक आर्थिक प्रणाली सम्मिश्रण के रूप में परिभाषित किया गया है।

मार्क्सवाद सामाजिक आर्थिक विश्लेषण की एक विधि है जो ऐतिहासिक विकास की भौतिकवादी व्याख्या का उपयोग करती है, इसे ऐतिहासिक भौतिकवाद के रूप में बेहतर ढंग से जाना जाता है, जो वर्ग संबंधों और सामाजिक संघर्ष को समझने के साथ-साथ सामाजिक परिवर्तन को देखने के लिए एक द्वंद्वात्मक परिप्रेक्ष्य भी है ।

अतः विकल्प (A) सही है।

55. इक्विटी शेयर की बिक्री के माध्यम से स्वामित्व के निजीकरण को विनिवेश कहा जाता है।

किसी वस्तु को सरकारी से निजी स्वामित्व में स्थानांतरित करना अराष्ट्रीयकरण कहा जाता है।

अनुबंध में प्रवेश करना; औपचारिक समझौते द्वारा स्थापित या व्यवस्थित करना अनुबंध कहा जाता है।

अतः विकल्प (B) सही है।

56. पूंजीवादी आर्थिक प्रणाली में अहस्तक्षेप नीति अपनाई जाती है।

एक पूंजीवादी आर्थिक प्रणाली में मुक्त बाजार और अर्थव्यवस्था में सरकार के हस्तक्षेप के अभाव की विशेषता होती है।

अहस्त नीति के पीछे ड्राइविंग सिद्धांत, एक फ्रांसीसी शब्द जो "अकेले छोड़ो" (शाब्दिक रूप से, "आपको करने देता है") का अनुवाद करता है कि सरकार अर्थव्यवस्था में जितनी कम शामिल होगी, व्यवसाय उतना ही बेहतर होगा और विस्तार समाज के रूप में होगा।

अतः विकल्प (B) सही है।

57. फेमा फॉरेन एक्सचेंज मैनेजमेंट एक्ट का प्रतीक है।

फॉरेन एक्सचेंज मैनेजमेंट एक्ट, 1999 (फेमा) भारत की संसद का एक अधिनियम है ताकि विदेशी मुद्रा से संबंधित कानून को मजबूत और संशोधित किया जा सके ताकि बाहरी व्यापार और भुगतान को सुगम बनाया जा सके और भारत में विदेशी मुद्रा बाजार के सुव्यवस्थित विकास और रखरखाव को बढ़ावा दिया जा सके।

अतः विकल्प (B) सही है।

58. उपभोक्ता संरक्षण अधिनियम, 1986 द्वारा भारत में उपभोक्ता संरक्षण सुनिश्चित किया जाता है।

उपभोक्ता संरक्षण अधिनियम, 1986 भारत में उपभोक्ताओं के हितों की रक्षा के लिए 1986 में अधिनियमित भारत की संसद का एक अधिनियम था।

अतः विकल्प (B) सही है।

59. बाहरी व्यावसायिक वातावरण के सूक्ष्म कारकों में सरकारी नीतियां शामिल नहीं हैं।

प्रतियोगियों और ग्राहकों को बाहरी व्यावसायिक वातावरण के सूक्ष्म कारकों में शामिल किया गया है।

अतः विकल्प (C) सही है।

60. भारतीय अर्थव्यवस्था के उदारीकरण युग के पूर्व भुगतान के प्रतिकूल और खतरनाक संतुलन की चपेट में था।

यह युग 1947 में आजादी के समय शुरू हुआ था और 1991 में भारत के तत्कालीन केंद्रीय वित्त मंत्री डॉ मनमोहन सिंह द्वारा नई आर्थिक नीति लागू करने तक चला था। यह युग विकास के लोकप्रिय 'नेहरू मॉडल' के उद्भव और विकास से चिह्नित है।

अतः विकल्प (D) सही है।

61. अपूर्ण प्रतियोगिता चेम्बरलिन द्वारा शुरू की गई थी।

अपूर्ण प्रतियोगिता एक प्रतिस्पर्धा बाजार की स्थिति है जहां कई विक्रेता होते हैं, लेकिन वे पूर्ण प्रतिस्पर्धी बाजार परिदृश्य के विपरीत विषम (असमान) सामान बेच रहे हैं।

एडवर्ड हेस्टिंग्स चेम्बरलिन एक अमेरिकी अर्थशास्त्री थे। उनका सबसे महत्वपूर्ण योगदान चेम्बरलिनियन एकाधिकारी प्रतिस्पर्धा सिद्धांत था।

अतः विकल्प (B) सही है।

62. एक ऐसी स्थिति जिसमें प्रतिस्पर्धी फर्मों की संख्या अपेक्षाकृत छोटी है, उसे अल्पाधिकार के रूप में जाना जाता है ।

एकाधिकार तब मौजूद होता है जब कोई विशिष्ट व्यक्ति या उद्यम किसी विशेष वस्तु का एकमात्र आपूर्तिकर्ता होता है।

एक पूरी तरह से प्रतिस्पर्धी बाजार एक काल्पनिक बाजार है जहां प्रतिस्पर्धा अपने सबसे बड़े संभव स्तर पर है।

एक क्रेता एकाधिकार एक बाजार संरचना है जिसमें एक एकल खरीदार बाजार को कई विक्रेताओं द्वारा प्रदान की जाने वाली वस्तुओं और सेवाओं के प्रमुख खरीदार के रूप में काफी हद तक नियंत्रित करता है।

अतः विकल्प (D) सही है।

63. मांग की लोच किसी विशेष कारण कारक में परिवर्तन के लिए बिक्री की संवेदनशीलता को मापती है।
एक वस्तु की मांग को "लोचदार" कहा जाता है यदि कीमत में एक छोटा सा परिवर्तन लोगों को बहुत अधिक या बहुत कम वस्तु की मांग करने का कारण बनता है।

अतः विकल्प (A) सही है।

64. एक खरीदार और एक विक्रेता के साथ बाजार को द्विपक्षीय एकाधिकार कहा जाता है।
एक द्विपक्षीय एकाधिकार एक बाजार संरचना है जिसमें एकाधिकार और क्रेता एकाधिकार दोनों शामिल हैं ।
एकाधिकार तब मौजूद होता है जब कोई विशिष्ट व्यक्ति या उद्यम किसी विशेष वस्तु का एकमात्र आपूर्तिकर्ता होता है।
एक क्रेता एकाधिकार एक बाजार संरचना है जिसमें एक खरीदार बाजार को कई विक्रेताओं द्वारा प्रदान की जाने वाली वस्तुओं और सेवाओं के प्रमुख खरीदार के रूप में काफी हद तक नियंत्रित करता है।

अतः विकल्प (C) सही है।

65. उत्तम प्रतिस्पर्धा में, उत्पाद की कीमत को नियंत्रित नहीं किया जा सकता है।

एक पूरी तरह से प्रतिस्पर्धी बाजार एक काल्पनिक बाजार है जहां प्रतिस्पर्धा अपने सबसे बड़े संभव स्तर पर है। नव-प्रतिष्ठित अर्थशास्त्रियों का तर्क है कि सही प्रतियोगिता उपभोक्ताओं और समाज के लिए सबसे अच्छा संभव परिणाम का उत्पादन होगा।

अतः विकल्प (B) सही है।

66. जोसेफ शम्पटर ने एकाधिकार का सकारात्मक प्रभाव बताया था।

जोसेफ एलोइस शम्पटर ऑस्ट्रिया के राजनीतिक अर्थशास्त्री थे। उनके पूरे जीवन के काम का केंद्रीय बिंदु यह था कि पूंजीवाद को केवल सतत नवाचार और 'रचनात्मक विनाश' की विकासवादी प्रक्रिया के रूप में समझा जा सकता है।

अतः विकल्प (C) सही है।

67. प्रतिस्थापन की सीमांत दर कम करने का कानून हिक्स के साथ जुड़ा हुआ है।

प्रतिस्थापन की सीमांत दर (एमआरएस) वह दर है जिस पर एक उपभोक्ता उपयोगिता के समान स्तर को बनाए रखते हुए एक वस्तु के बदले में एक अन्य वस्तु की कुछ मात्रा दे सकता है।

अतः विकल्प (B) सही है।

68. कार्टेल सांठगांठ अल्पाधिकार का एक रूप है।

एक कार्टेल स्वतंत्र बाजार प्रतिभागियों का एक समूह है जो अपने मुनाफे में सुधार करने और बाजार पर हावी होने के लिए एक दूसरे के साथ सांठगांठ करते हैं।

अतः विकल्प (A) सही है।

69. मांग विश्लेषण में मांग पूर्वानुमान, मांग अंतर और मांग निर्धारण शामिल हैं।

मांग विश्लेषण एक लक्षित बाजार में उत्पाद या सेवा के लिए ग्राहक की मांग को समझने की प्रक्रिया है।

अतः विकल्प (D) सही है।

70. संतुलन एडगेवर्थ मॉडल के तहत अस्थिर और अनिश्चित है।

एडगेवर्थ मॉडल, जिसे एडगेवर्थ समाधान के रूप में भी जाना जाता है, को फ्रांसिस वाई एडगेवर्थ ने अपने काम "द प्योर थ्योरी ऑफ मोनोपोली", 1897 में विकसित किया था।

अतः विकल्प (A) सही है।

71. बाजार में पेश किए जाने वाले नए उत्पाद के लिए एक उपयुक्त मूल्य निर्धारण रणनीति स्किमिंग/पैनिट्रेटिंग मूल्य निर्धारण होगी।

स्किमिंग के साथ, आपकी कीमतें आपके उत्पाद में सबसे अधिक रुचि वाले ग्राहकों को लक्षित करके अल्पावधि में मुनाफे को अधिकतम करने के लिए अधिक सेट की जाती हैं। इसके विपरीत, प्रवेश मूल्य निर्धारण का मतलब है कि आप कई ग्राहकों को आकर्षित करने के लिए कम कीमत प्रदान करते हैं।

अतः विकल्प (B) सही है।

72. समग्र विपणन में वित्तीय विपणन शामिल नहीं है।

समग्र विपणन एक विपणन रणनीति को संदर्भित करता है जो पूरे व्यवसाय और सभी विभिन्न विपणन चैनलों को एक प्रणाली के रूप में मानता है।

अतः विकल्प (D) सही है।

73. एक सर्जक एक व्यक्ति है जो पहले उत्पाद या सेवा खरीदने का सुझाव देता है।

एक इन्फ्लुएंसर आपकी पहुँच या उद्योग में कोई व्यक्ति है जिसका आपके लक्षित दर्शकों पर बोलबाला है।

निर्णायक एक व्यक्ति है जो अंततः खरीद निर्णय के किसी भी भाग या पूरे खरीद निर्णय का निर्धारित करता है- खरीदना है या नहीं, क्या खरीदना है, कैसे खरीदना है, या कहां खरीदना है।

एक खरीदार वह व्यक्ति है जो वास्तविक खरीद के कागजी काम को संभालता है।

अतः विकल्प (B) सही है।

74. मार्केटिंग मायोपिया अवधारणा थियोडोर लेविट द्वारा विकसित की गई थी।

यह एक अवधारणा है जो बताती है कि कंपनियों का ध्यान अपनी जरूरतों और अल्पकालिक विकास रणनीतियों पर केंद्रित है। वे अपने ग्राहकों की जरूरतों और चाहतों की उपेक्षा करते हैं और एक परिणाम के रूप में असफल होते हैं।

अतः विकल्प (D) सही है।

75. विपणन अनुसंधान आम तौर पर सूचना का एक सतत स्रोत प्रदान नहीं करता है।

बाजार अनुसंधान संभावित ग्राहकों के साथ सीधे किए गए अनुसंधान के माध्यम से एक नई सेवा या उत्पाद की व्यवहार्यता का निर्धारण करने की प्रक्रिया है।

अतः विकल्प (B) सही है।

76. बिना किसी विज्ञापन के साथ एक अवधि के बाद एक अवधि के लिए उत्पाद के विज्ञापन की रणनीति का पालन करने वाली एक कंपनी को फ्लाइटिंग कहा जाता है।

फ्लाइटिंग में इष्टतम अवधि के दौरान अधिकतम जोखिम सुनिश्चित करने के लिए अपने विज्ञापन बजट का आवंटन करना शामिल है।

अतः विकल्प (B) सही है।

77. विज्ञापन प्रमोशन समारोह का एक हिस्सा है।

विज्ञापन एक विपणन संचार है जो किसी उत्पाद, सेवा या विचार को बढ़ावा देने या बेचने के लिए खुले तौर पर प्रायोजित, गैर-व्यक्तिगत संदेश को नियोजित करता है।

अतः विकल्प (C) सही है।

78. विपणन के 4 पी 4 घटकों का प्रतिनिधित्व करते हैं।

मार्केटिंग के 4 पी, जो आपको उत्पाद, स्थान, मूल्य और प्रचार के मामले में अपने विपणन विकल्पों को परिभाषित करने में मदद करते हैं।

अतः विकल्प (C) सही है।

79. मूल्य निर्धारण मार्केटिंग मिक्स के आवश्यक घटकों में से एक है।

मार्केटिंग मिक्स को "मार्केटिंग उपकरणों के सेट" के रूप में परिभाषित किया गया है "जो फर्म लक्ष्य बाजार में अपने विपणन उद्देश्यों को आगे बढ़ाने के लिए उपयोग करती है"।

अतः विकल्प (B) सही है।

80. प्रत्यक्ष विपणन ई-कॉमर्स की सुविधा प्रदान करता है।

ई-कॉमर्स (इलेक्ट्रॉनिक कॉमर्स) ऑनलाइन सेवाओं या इंटरनेट पर उत्पादों को इलेक्ट्रॉनिक रूप से खरीदने या बेचने की गतिविधि है।

प्रत्यक्ष विपणन किसी भी विपणन का समावेश होता है जो कि प्रत्यक्ष संचार या व्यक्तिगत उपभोक्ताओं के लिए वितरण पर निर्भर करता है, बजाय के मास मीडिया के रूप में एक तीसरी पार्टी के माध्यम से।

अतः विकल्प (B) सही है।

81. समूहों को क्लासेस कहा जाता है अगर नौकरियां समान हैं।

समान प्रकार के कार्यों को एक साथ समूहीकृत करने की प्रक्रिया को कार्य वर्गीकरण के रूप में जाना जाता है। नौकरी का वर्गीकरण उस ज्ञान, कौशल और क्षमताओं को ध्यान में रखता है जो कर्मचारियों को काम करने के लिए चाहिए।

अतः विकल्प (A) सही है।

82. श्री अहमद एक खजांची हैं और वह काम पर असंतुष्ट लगते हैं यह हो सकता है क्योंकि उनकी नौकरी उनकी वरीयताओं के अनुरूप संरचित नहीं होगी।

यदि किसी कर्मचारी को उसकी संतुष्टि के अनुसार काम नहीं मिल रहा है तो वह अपने काम में रुचि खो सकता है जिससे अंडरपरफॉर्मेंस हो सकता है।

अतः विकल्प (A) सही है।

83. अंतःकार्य प्रशिक्षण विधि प्रदर्शन विधि, शिक्षुता प्रशिक्षण विधि और अनौपचारिक प्रशिक्षण पर आधारित है।

अंतःकार्य प्रशिक्षण प्रशिक्षण एक तकनीक है जिसमें कामगार को वास्तविक कार्य तल पर अपना काम करने के लिए प्रत्यक्ष निर्देश दिए जाते हैं।

अतः विकल्प (D) सही है।

84. कामगार मुआवजा अधिनियम 1924 को लागू हुआ था।

यह एक अधिनियम है जो कुछ वर्गों के नियोक्ताओं के द्वारा अपने कामगारों को दुर्घटना से चोट के लिए मुआवजे के भुगतान के लिए बाधित करता है।

अतः विकल्प (D) सही है।

85. उत्तराधिकार योजना यह तय करने की प्रक्रिया है कि कंपनी के सबसे महत्वपूर्ण कार्यकारी पदों को कैसे भरा जाए।

संगठनात्मक पुनर्गठन है जब एक कंपनी का व्यापार मॉडल आंतरिक या बाहरी कारकों के कारण बदल गया है और क्रम में जीवित रहने के लिए और अंततः बढ़ने के लिए अनुकूलन की जरूरत है।

एक स्व-निर्देशित टीम में लोगों का एक समूह है, आमतौर पर एक कंपनी में कर्मचारी, जो एक समान लक्ष्य की ओर सामान्य प्रबंधकीय पर्यवेक्षण के बिना काम करने के लिए विभिन्न कौशल और प्रतिभाओं को जोड़ते हैं।

कॉर्पोरेट का आकार घटाना यह है जब एक कंपनी एक ही समय में कई कर्मचारियों को पैसे बचाने के लिए नौकरी से निकाल देती है।

अतः विकल्प (A) सही है।

86. योजना बनाने का कार्य मुख्य रूप से सभी प्रबंधन स्तरों पर किया जाता है।

शीर्ष स्तर के प्रबंधक दीर्घकालिक योजनाएं बनाते हैं, मध्य स्तर के प्रबंधक विभागीय योजनाएं बनाते हैं और निचले स्तर के प्रबंधक परिचालन योजनाएं बनाते हैं।

अतः विकल्प (D) सही है।

87. कार्यात्मक संगठन का मुख्य लाभ विशेषज्ञता है।

एक कार्यात्मक संगठन एक सामान्य प्रकार की संगठनात्मक संरचना है जिसमें संगठन को आईटी, वित्त या विपणन जैसे विशेष कार्यात्मक क्षेत्रों के आधार पर छोटे समूहों में विभाजित किया जाता है।

अतः विकल्प (A) सही है।

88. स्टाफिंग में शामिल है:

1. प्रशिक्षण
2. मूल्यांकन
3. प्लेसमेंट

स्टाफिंग विशिष्ट पदों के लिए संगठन या कंपनी में योग्य उम्मीदवारों को काम पर रखने की प्रक्रिया है।

अतः विकल्प (C) सही है।

89. उर्ध्व मूल्यांकन अधीनस्थों द्वारा किया जाता है।

उन संगठनों में जो उर्ध्व मूल्यांकन का उपयोग करते हैं, प्रबंधक द्वारा प्रत्येक अधीनस्थ के साथ उनके प्रदर्शन मूल्यांकन की तैयारी और चर्चा करने के बाद, अधीनस्थ व्यक्तिगत और गुमनाम रूप से एक प्रश्नावली को पूरा करते हैं कि प्रबंधक उन्हें कितनी अच्छी तरह प्रबंधित करता है।

अतः विकल्प (C) सही है।

90. कंपनी की नीति, प्रशासन, पर्यवेक्षण, पारस्परिक संबंध, कार्य की स्थिति और वेतन को स्वच्छता कारकों के रूप में जाना जाता है।

इसलिए उन्हें कंपनी की नीति और प्रशासन, पर्यवेक्षी अभ्यास, काम करने की स्थिति, वेतन और मजदूरी, और नौकरी पर पारस्परिक संबंधों सहित स्वच्छता कारक भी कहा जाता है।

अतः विकल्प (B) सही है।

91. कॉर्पोरेट वित्त के अंतर्राष्ट्रीय पहलू वित्त के 'निवेश' क्षेत्र में शामिल नहीं हैं।

व्यापार वित्त के तीन प्रमुख क्षेत्र हैं:

- वित्तीय निवेश का सबसे अच्छा मिश्रण
- सम्बन्धी जोखिम और पुरस्कार
- वित्तीय आस्तियां का मूल्य निर्धारण

अतः विकल्प (B) सही है।

92. वित्तीय नीति का मूल्यांकन डेब्ट-इक्विटी रेशियो द्वारा किया जाता है।

डेब्ट-इक्विटी रेशियो एक वित्तीय अनुपात है जो शेयरधारकों की इक्विटी और डेब्ट के सापेक्ष अनुपात को दर्शाता है जो किसी कंपनी की परिसंपत्तियों के वित्तपोषण के लिए उपयोग किया जाता है।

अतः विकल्प (C) सही है।

93. परिसंपत्तियों से नकदी प्रवाह में शामिल है:

- नकद प्रवाह का संचालन
- पूंजीगत खर्च
- नेट वर्किंग कैपिटल में बदलाव

परिसंपत्तियों से नकदी प्रवाह किसी व्यवसाय की परिसंपत्तियों से संबंधित सभी नकदी प्रवाहों का कुल योग है।

अतः विकल्प (D) सही है।

94. नकद प्रवाह का संचालन नकदी प्रवाह को संदर्भित करता है जो फर्म के दिन प्रतिदिन के उत्पादन और बिक्री की गतिविधियों का परिणाम है।

नकद प्रवाह का संचालन किसी कंपनी के नॉर्मल बिजनेस ऑपरेशंस द्वारा उत्पन्न की गई नकदी की मात्रा का पैमाना है।

अतः विकल्प (A) सही है।

95. वित्त महत्वपूर्ण है:

- विपणन अनुसंधान के लिए
- उत्पाद मूल्य निर्धारण के लिए
- विपणन और वितरण चैनलों के डिजाइन के लिए

अतः विकल्प (D) सही है।

96. उत्पाद लागत और अवधि लागत दोनों को बेचे गए माल की लागत के रूप में आय विवरण पर सूचित किया जाता है।

आय विवरण एक वित्तीय विवरण है जो आपको कंपनी की आय और व्यय दिखाता है।

अतः विकल्प (C) सही है।

97. फाइनेंशियल लेवेरेज ऋण वित्तपोषण के उपयोग को संदर्भित करता है।

फाइनेंशियल लेवेरेज जो इक्विटी पर लेवेरेज या ट्रेडिंग के रूप में भी जाना जाता है, अतिरिक्त परिसंपत्तियों के अधिग्रहण के लिए ऋण के उपयोग को संदर्भित करता है।

अतः विकल्प (B) सही है।

98. इनकम स्टेटमेंट उन स्रोतों को दर्शाता है जिनसे नकदी उत्पन्न की गई है और समयावधि के दौरान इसे कैसे खर्च किया गया है।

इनकम स्टेटमेंट एक वित्तीय विवरण है जो आपको कंपनी की आय और व्यय दिखाता है।

अतः विकल्प (A) सही है।

99. इनकम स्टेटमेंट एक विशिष्ट अवधि में प्रदर्शन को मापता है।

एक बैलेंस शीट एक वित्तीय विवरण है जो किसी कंपनी की परिसंपत्तियों, देनदारियों और शेयरधारकों की इक्विटी की रिपोर्ट करता है।

एक कैश फ्लो स्टेटमेंट एक वित्तीय विवरण है जो किसी कंपनी में प्रवेश करने और छोड़ने वाले नकदी और नकद समकक्ष की मात्रा को संक्षेप में प्रस्तुत करता है।

रिटैंड अर्निंग्स स्टेटमेंट एक वित्तीय निगमों द्वारा तैयार बयान है जो कि कुछ अवधि में रिटैंड अर्निंग्स की मात्रा में परिवर्तन का विवरण करता है।

अतः विकल्प (A) सही है

100. व्यापार संगठन का एकमात्र स्वामित्व रूप सबसे कम विनियमित है।

एकमात्र स्वामित्व एक प्रकार का उद्यम है जो एक व्यक्ति के स्वामित्व और संचालन में है और जिसमें मालिक और व्यावसायिक इकाई के बीच कोई कानूनी अंतर नहीं है।

अतः विकल्प (A) सही है।

101. मूलधन पर किसी सरल ब्याज का किसी दर पर भुगतान करने में विफलता पर उसी दर पर चक्रवृद्धि ब्याज के भुगतान के लिए एक बांड में एक शर्त, भारतीय अनुबंध अधिनियम, 1872 की धारा 74 के अर्थ के अंतर्गत दंड नहीं हैं।

भारतीय अनुबंध अधिनियम, 1872 में भारत में अनुबंधों से संबंधित कानून निर्धारित किया गए हैं और यह भारतीय अनुबंध कानून को विनियमित करने वाला प्रमुख अधिनियम है।

अतः विकल्प (A) सही है।

102. एक विदेशी दुश्मन के साथ किया समझौता गैरकानूनी है।

भारत में, एक विदेशी दुश्मन के साथ एक अनुबंध शून्य है लेकिन एक विदेशी मित्र के साथ एक अनुबंध भारतीय अनुबंध अधिनियम के तहत मान्य है।

अतः विकल्प (C) सही है।

103. मेमोरेंडम ऑफ एसोसिएशन को कंपनी के चार्टर के रूप में जाना जाता है।

मेमोरेंडम ऑफ एसोसिएशन शेयरधारकों के साथ अपने संबंधों को परिभाषित करने के लिए किसी कंपनी के गठन और पंजीकरण प्रक्रिया के दौरान तैयार किया गया एक कानूनी दस्तावेज है और यह उन उद्देश्यों को निर्दिष्ट करता है जिनके लिए कंपनी का गठन किया गया है।

अतः विकल्प (A) सही है।

104. A जिस पर B का 10000 रुपए बकाया है, वह 6000 रुपए की संपत्ति छोड़कर मर जाता है। A का कानूनी प्रतिनिधित्व 6000 रुपये के लिए उत्तरदायी है।

अतः विकल्प (B) सही है।

105. रिमोट नुकसान वसूली योग्य नहीं हैं।

रिमोट नुकसान किसी चोट से सीधे नहीं होने वाला नुकसान है और किसी गलत शिकायत का एक स्वाभाविक परिणाम है।

अतः विकल्प (C) सही है।

106. स्थायी प्रस्ताव का मतलब है प्रस्ताव समय की अवधि में स्वीकृति के लिए खुला रहने वाला प्रस्ताव।

स्थायी प्रस्ताव एक आपूर्तिकर्ता और खरीदार के बीच एक समझौता है जहां आपूर्तिकर्ता खरीदार को वांछित वस्तुएं और सेवाएं प्रदान करने के लिए सहमत है जब पूर्व निर्धारित मूल्य पर मांग की जाती है।

अतः विकल्प (A) सही है।

107. होल्डिंग कंपनी को कंपनी अधिनियम की धारा 4(4) में परिभाषित किया गया है।

एक होल्डिंग कंपनी एक कंपनी है जो अन्य कंपनियों के बकाया स्टॉक का मालिक है। एक होल्डिंग कंपनी आमतौर पर माल या सेवाओं का उत्पादन नहीं करती है।

अतः विकल्प (A) सही है।

108. कंपनी के अध्यक्ष के पास 2 वोट हैं।

एक अध्यक्ष एक कार्यकारी है जो किसी कंपनी के निदेशक मंडल द्वारा चुना जाता है जो बोर्ड या समिति की बैठकों की अध्यक्षता के लिए जिम्मेदार होता है। एक अध्यक्ष अक्सर एजेंडा सेट करता है और बोर्ड कैसे वोट करेगा जैसे महत्वपूर्ण मुद्दों को प्रभावित करता है।

अतः विकल्प (C) सही है।

109. न्यूनतम 2 और अधिकतम 50 सदस्य एक नीजी लिमिटेड कंपनी का गठन करते हैं।

एक निजी कंपनी पूरी तरह से व्यक्तियों या अन्य पूंजी प्रदान करने वाली संस्थाओं के अपेक्षाकृत छोटे समूह के स्वामित्व में होती है।

अतः विकल्प (D) सही है।

110. कारखाना अधिनियम 1948 में अस्तित्व में आया।

कारखाना अधिनियम, 1948 एक सामाजिक कानून है जिसे कार्य स्थलों पर कामगारों की व्यावसायिक सुरक्षा, स्वास्थ्य और कल्याण के लिए अधिनियमित किया गया है।

अतः विकल्प (A) सही है।

111. पंजाब नेशनल बैंक की स्थापना 1894 में हुई थी।

पीएनबी के रूप में संक्षिप्त पंजाब नेशनल बैंक, एक भारतीय सार्वजनिक क्षेत्र का बैंक है जिसका मुख्यालय नई दिल्ली, भारत में है। यह बैंक भारत में सार्वजनिक क्षेत्र का व्यापार और उसके नेटवर्क दोनों के मामले में दूसरा सबसे बड़ा बैंक है।

अतः विकल्प (C) सही है।

112. कोर बैंकिंग सेवाओं में 'सिओआरई' का पूर्ण रूप सेंट्रलाइज्ड ऑनलाइन रियल टाइम एक्सचेंज है।

कोर बैंकिंग नेटवर्क बैंक शाखाओं के एक समूह द्वारा प्रदान की जाने वाली एक बैंकिंग सेवा है जहां ग्राहक किसी भी सदस्य शाखा कार्यालय से अपने बैंक खाते तक पहुंच सकते हैं और बुनियादी लेनदेन कर सकते हैं।

अतः विकल्प (D) सही है।

113. केवल A और B ही सही कथन हैं ।

एमपीआई गरीबी के आय आधारित उपाय के पूरक के रूप में शिक्षा, स्वास्थ्य और जीवन स्तर पर केंद्रित है एक सही कथन है।

104 विकासशील देशों में एमपीआई आधारित गरीबी रैंकिंग में भारत 63 वें स्थान पर है, यह भी एक सही कथन है।

अतः विकल्प (A) सही है।

114. भारत में आरटीजीएस लेनदेन की कोई सीमा नहीं है।

रियल टाइम ग्रॉस सेटलमेंट(आरटीजीएस) शब्द एक फंड हस्तांतरण प्रणाली को संदर्भित करता है जो धन और/या प्रतिभूतियों के तात्कालिक हस्तांतरण के लिए अनुमति देता है।

अतः विकल्प (A) सही है।

115. खुली बेरोजगारी उन लोगों को संदर्भित करती है जो काम करने को तैयार हैं लेकिन उनको काम नहीं मिलता है ।

खुली बेरोजगारी ऐसी स्थिति है कि श्रम बल के एक बड़े वर्ग को ऐसी नौकरी नहीं मिलती, जिससे उन्हें नियमित आय हो।

अतः विकल्प (B) सही है।

116. भारत में, राष्ट्रीय आय का अनुमान केंद्रीय सांख्यिकी कार्यालय द्वारा लगाया जाता है।

केंद्रीय सांख्यिकी कार्यालय भारत में सांख्यिकी और कार्यक्रम कार्यान्वयन मंत्रालय के तहत भारत में एक सरकारी एजेंसी है जो भारत में सांख्यिकीय गतिविधियों के समन्वय और सांख्यिकीय मानकों को विकसित करने और बनाए रखने के लिए जिम्मेदार है।

अतः विकल्प (C) सही है।

117. हिंदू वृद्धि की जीडीपी की वृद्धि दर को संदर्भित करती है।

हिंदू वृद्धि की दर 1991 के आर्थिक सुधारों से पहले भारत की अर्थव्यवस्था की कम वार्षिक वृद्धि दर का उल्लेख करने वाली एक अवधि है, जो 1950 से 1980 के दशक तक लगभग 3.5% पर स्थिर रही, जबकि प्रति व्यक्ति आय वृद्धि औसतन 1.3% के आसपास रही।

अतः विकल्प (A) सही है।

118. अंतर-राज्य-व्यापार का विनियमन भारत सरकार की राजकोषीय नीति का उद्देश्य नहीं है।

भारत में राजकोषीय नीति मार्गदर्शक बल है जो सरकार को यह तय करने में मदद करती है कि उसे आर्थिक गतिविधियों का समर्थन करने के लिए कितना पैसा खर्च करना चाहिए, और अर्थव्यवस्था को सुचारू रूप से चलाने के लिए उसे प्रणाली से कितना राजस्व अर्जित करना चाहिए ।

अतः विकल्प (B) सही है।

119. एनएसडीएल का पूर्ण रूप नेशनल सिक्योरिटीज डिपॉजिटरी लिमिटेड है।

नेशनल सिक्योरिटीज डिपॉजिटरी लिमिटेड मुंबई में स्थित एक भारतीय केंद्रीय प्रतिभूति डिपॉजिटरी है। इसकी स्थापना अगस्त 1996 में राष्ट्रीय कवरेज के साथ भारत में पहले इलेक्ट्रॉनिक प्रतिभूति डिपॉजिटरी के रूप में की गई थी।

अतः विकल्प (A) सही है।

120. बैंकों को अपने शुद्ध बैंक ऋण का 10% पहले से प्राथमिकता क्षेत्र में भुगतान करना होता है।

प्राथमिकता क्षेत्र का अर्थ है उन क्षेत्रों से है जिन्हें भारत सरकार और भारतीय रिजर्व बैंक देश की बुनियादी जरूरतों के विकास के लिए महत्वपूर्ण मानते हैं और उन्हें अन्य क्षेत्रों के मुकाबले प्राथमिकता दी जानी है।

अतः विकल्प (C) सही है।

121. लॉन्ग टर्म कैपिटल गेन के लिए @20% कर चार्ज किया जाता है।

लॉन्ग टर्म कैपिटल गेन 12 महीने या उससे अधिक समय तक किसी निवेश की बिक्री पर मालिकाना होने के बाद लागू होते हैं।

अतः विकल्प (C) सही है।

122. निगम एक कृत्रिम न्यायिक व्यक्ति है।

विधायिका के विशेष अधिनियम के तहत स्थापित एक सार्वजनिक निगम और एक संस्था जिसके पास स्वयं का न्यायवादी व्यक्तित्व होता है, उसे कृत्रिम न्यायिक व्यक्ति माना जाता है।

अतः विकल्प (A) सही है।

123. भारत का एक नागरिक जो रोजगार के उद्देश्य से विदेश जाता है, उसे निवासी बनने के लिए कम से कम 182 दिनों तक भारत में रहना चाहिए।

यह शर्त तभी लागू होगी जब उसकी कुल आय (विदेशी स्रोतों के अलावा) 15 लाख रुपये से अधिक होगी।

अतः विकल्प (D) सही है।

124. आयकर अधिनियम की धारा 10 छूट प्राप्त आय से संबंधित है।

आयकर अधिनियम, 1961 के अनुसार, आय की एक निश्चित सीमा से ऊपर कमाने वाला प्रत्येक भारतीय नागरिक करों का भुगतान करने के लिए उत्तरदायी है। इसलिए, प्रत्येक वित्तीय वर्ष के ड्राडाउन के साथ, करदाता अपनी कर देनदारियों को कम करने के तरीके तलाशते हैं।

अतः विकल्प (C) सही है।

125. पेंशन वेतन मद के अंतर्गत कर योग्य है।

पेंशन एक ऐसा फंड है जिसमें कर्मचारी के रोजगार के वर्षों के दौरान धन की राशि जोड़ी जाती है और जिसमें से भुगतान आवधिक भुगतान के रूप में काम से व्यक्ति की सेवानिवृत्ति का समर्थन करने के लिए निकाली जाती है।

अतः विकल्प (A) सही है।

126. अमूर्त परिसंपत्ति पर अवमूल्यन की दर 25% है।

आयकर अधिनियम के तहत अवमूल्यन एक करदाता द्वारा उपयोग की जाने वाली मूर्त या अमूर्त संपत्ति के वास्तविक मूल्य में कमी के लिए अनुमति प्राप्त कटौती है।

अतः विकल्प (D) सही है।

127. किसी भी सांख्यिकीय तकनीक को परिष्कृत करने, प्रक्रिया या संक्षेप में प्रस्तुत करने के लिए उपयोग किए जाने से पहले मूल रूप में सांख्यिकीय डेटा को रॉ या प्राथमिक डेटा कहा जाता है।

रॉ डेटा या प्राथमिक डेटा अपने अध्ययन के उद्देश्य (सांख्यिकीय इकाइयों) से संबंधित सीधे एकत्र किये जाते हैं।

अतः विकल्प (C) सही है।

128. ग्राफिकल और संख्यात्मक तरीके वर्णनात्मक सांख्यिकी में उपयोग की जाने वाली विशेष प्रक्रियाएं हैं।

एक वर्णनात्मक आंकड़ा एक सारांश आंकड़ा है जो मात्रात्मक रूप से जानकारी के संग्रह से सुविधाओं का वर्णन या सारांश देता है, जबकि वर्णनात्मक आंकड़े उन आंकड़ों का उपयोग करने और विश्लेषण करने की प्रक्रिया है।

अतः विकल्प (B) सही है।

129. कार्यवाई अनुसंधान का मतलब है एक तत्काल समस्या को हल करने के लिए शुरू किया गया एक अनुसंधान।

कार्यवाई अनुसंधान एक इंटरैक्टिव जांच प्रक्रिया है जो व्यक्तिगत और संगठनात्मक परिवर्तन के बारे में भविष्यवाणियों को सक्षम करने के अंतर्निहित कारणों को समझने के लिए डेटा-संचालित सहयोगी विश्लेषण या अनुसंधान के साथ सहयोगात्मक संदर्भ में लागू की गई समस्या-समाधान कार्रवाइयों को संतुलित करती है।

अतः विकल्प (C) सही है।

130. विषमता फैलाव का एक उपाय नहीं है।

फैलाव वह सीमा है जिससे वितरण बढ़ाया जाता है या निचोड़ा जाता है। सांख्यिकीय फैलाव के उपायों के सामान्य उदाहरण औसत विचलन, मानक विचलन, चतुर्थक विचलन आदि हैं।

अतः विकल्प (A) सही है।

131. एक निर्मुदा और सममित वितरण में औसत के बीच संबंध मीन = औसत = मोड की तरह है।

एक निर्मुदा वितरण एक वितरण है जिसमें एक स्पष्ट शिखर है। एक सममित वितरण वह है जहां मीन , मोड और मीडियन सभी बराबर हैं।

अतः विकल्प (C) सही है।

132. रैखिक प्रोग्रामिंग मॉडल मार्ग और मिश्रण से सम्बंधित समस्याओं का समाधान करती हैं।

रैखिक प्रोग्रामिंग एक गणितीय मॉडल में सबसे अच्छा परिणाम (जैसे अधिकतम लाभ या सबसे कम लागत) प्राप्त करने की एक विधि है जिसकी आवश्यकताओं का प्रतिनिधित्व रैखिक संबंधों द्वारा किया जाता है।

अतः विकल्प (B) सही है।

133. जिस उपकरण के माध्यम से कार्यात्मक संबंध का अध्ययन किया जाता है और पूर्वानुमान लगाया जाता है उसे प्रतिगमन कहा जाता है।

प्रतिगमन एक सांख्यिकीय विधि है जिसका उपयोग वित्त, निवेश और अन्य विषयों में किया जाता है जो एक आश्रित चर और अन्य चरों की एक श्रृंखला के बीच संबंधों की ताकत और चरित्र को निर्धारित करने का प्रयास करता है।

अतः विकल्प (B) सही है।

134. यदि नमूने में जनसंख्या की हर इकाई को शामिल करने की संभावना बराबर है, तो इसे सिस्टमैटिक सैंपलिंग कहा जाता है।

सिस्टमैटिक सैंपलिंग एक सांख्यिकीय विधि है जिसका उपयोग शोधकर्ताओं उस वांछित आबादी का पता लगाने के लिए करते हैं जिसका वे अनुसंधान करना चाहते हैं।

अतः विकल्प (C) सही है।

135. विनिमय के बिल ऋण और अग्रिम शीर्षक में दिखाए जाते हैं।

विनिमय का बिल एक लिखित आदेश है जिसका उपयोग मुख्य रूप से अंतरराष्ट्रीय व्यापार में किया जाता है जो एक पक्ष को मांग पर या पूर्व निर्धारित तिथि पर किसी अन्य पक्ष को एक निश्चित राशि का भुगतान करने के लिए बाध्य करता है।

अतः विकल्प (B) सही है।

136. लेखांकन समीकरण (यानी, संपत्ति = देनदारियां + पूंजी) बिजनेस एंटिटी कॉन्सेप्ट की अभिव्यक्ति है।

बिजनेस एंटिटी कॉन्सेप्ट की में कहा गया है कि किसी व्यवसाय से जुड़े लेनदेन को उसके मालिकों या अन्य व्यवसायों से अलग दर्ज किया जाना चाहिए।

अतः विकल्प (B) सही है।

137. मूल्यहास प्रदान करने का मुख्य उद्देश्य बैलेंस शीट में सही वित्तीय स्थिति दिखाना है।

मूल्यहास अपने उपयोगी जीवन या जीवन प्रत्याशा के दौरान एक ठोस या भौतिक परिसंपत्ति की लागत आवंटित करने का एक लेखांकन तरीका है।

अतः विकल्प (B) सही है।

138. AS-14 विशेष रूप से समामेलन के लिए लेखांकन और ट्रांसफरी कंपनी की पुस्तकों में समामेलन पर उत्पन्न होने वाले किसी भी परिणामी अंतर के उपचार से संबंधित है।

अतः विकल्प (D) सही है।

139. व्यावसायिक लेनदेन रिकॉर्ड करने के लिए लेखांकन समीकरण दृष्टिकोण में सभी खातों को तीन श्रेणियों में विभाजित किया गया है, जो हैं संपत्ति, देनदारियां और पूंजी।

लेखांकन समीकरण को डबल-एंट्री अकाउंटिंग सिस्टम की नींव माना जाता है। एक कंपनी की बैलेंस शीट पर, यह दर्शाता है कि कंपनी की कुल संपत्ति कंपनी की देनदारियों और शेयरधारकों की इक्विटी के योग के बराबर है।

अतः विकल्प (B) सही है।

140. मालिकाना अनुपात मालिक के धन और कुल संपत्ति के बीच संबंध को इंगित करता है।

यदि अनुपात अधिक है, तो यह इंगित करता है कि किसी कंपनी के पास व्यवसाय के कार्यों का समर्थन करने के लिए पर्याप्त मात्रा में इक्विटी है।

इसके विपरीत, एक कम अनुपात इंगित करता है कि एक व्यवसाय संचालन का समर्थन करने के लिए इक्विटी के बजाय बहुत अधिक ऋण का उपयोग कर रहा है।

अतः विकल्प (B) सही है।

141. विदेशी मुद्रा में मूल्यांकित नकदी प्रवाह AS-11 के अनुरूप तरीके से सूचित किया जाता है।

यह मानक विदेशी संचालन और विदेशी मुद्रा लेनदेन के लिए लेखांकन के संबंध में प्रमुख मुद्दे तय करता है कि किस विनिमय दर का इस्तेमाल किया जाना है और वित्तीय बयानों में विनिमय दरों में परिवर्तन के वित्तीय प्रभाव को पहचानने में मार्गदर्शन प्रदान करता हैं।

अतः विकल्प (C) सही है।

142. सेबी द्वारा जारी दिशा-निर्देशों के अनुसार शेयरों के निर्गम पर प्रीमियम की राशि का निर्णय निदेशक मंडल द्वारा किया जाता है।

निदेशक मंडल व्यक्तियों का एक निर्वाचित समूह है जो शेयरधारकों का प्रतिनिधित्व करता है। बोर्ड एक शासी निकाय है जो आम तौर पर कॉर्पोरेट प्रबंधन और निरीक्षण के लिए नीतियां निर्धारित करने के लिए नियमित अंतराल पर मिलता है।

अतः विकल्प (B) सही है।

143. किसी नये साथी के आने के बाद यदि कोई राशि को भट्टे - खाते में डाला जाना है तो उसको सभी साथियों के पूंजी खाते में नये लाभ साझाकरण अनुपात में हस्तांतरित किया जायेगा।

नया लाभ साझाकरण अनुपात वह अनुपात है जिसमें पुराने साझेदार, साथ ही एक फर्म के नए साझेदार, उस संगठन के भविष्य के लाभ को वितरित करने के लिए सहमत हैं।

अतः विकल्प (B) सही है।

144. प्रस्तावित लाभांश लाभ और हानि खाते में लाइन से नीचे दिखाई देता है।

प्रस्तावित लाभांश एक वित्तीय वर्ष के दौरान कंपनी के शेयरधारकों के बीच घोषित या प्रस्तावित लाभांश है जिसका भुगतान अगले वित्तीय वर्ष में किया जाएगा।

अतः विकल्प (A) सही है।

145. आयकर एक प्रगतिशील कर है। प्रगतिशील कर सीधे करदाता की भुगतान करने की क्षमता से संबंधित होता है। हर साल हमें अपनी आय का एक निश्चित हिस्सा केंद्र सरकार को आयकर के रूप में देना होता है।

अतः विकल्प (D) सही है।

146. भारत के बाहर स्थायी रूप से रहने वाले व्यक्ति को भारत के बाहर देय कोई पेंशन भारत के बाहर अर्जित या उत्पन्न होने वाली समझा जाएगा।

निम्नलिखित आय को भारत में अर्जित या उत्पन्न होने वाली आय के रूप में माना जाता है:

- भारत में स्थित संपत्ति के हस्तांतरण पर होने वाला पूंजीगत लाभ।
- भारत में एक व्यवसायिक संबंध से आय।
- भारत में प्रदान की गई सेवाओं के संबंध में वेतन से आय।

अतः विकल्प (A) सही है।

147. आयकर अधिनियम में फॉर्म 16 एक प्रमाणपत्र है जो नियोक्ता अपने कर्मचारियों को देता है। यह नियोक्ता द्वारा कर्मचारी के वेतन से काटे गये कर की राशि को प्रमाणित करता है।

फॉर्म 16 वेतन टीडीएस प्रमाणपत्र है। यदि वित्तीय वर्ष के लिए वेतन से आपकी आय 2,50,000 रुपये की मूल छूट सीमा से अधिक है, तो आपके नियोक्ता के लिए आपके वेतन पर टीडीएस काटना और इसे सरकार के पास जमा करना आयकर अधिनियम द्वारा आवश्यक है।

अतः विकल्प (A) सही है।

148. TDS 10 प्रतिशत की दर से काटा जाएगा, बशर्ते PAN जमा किया जाए। हालांकि, अगर भविष्य निधि धारक फॉर्म संख्या 15G या 15H प्रस्तुत करता है, तो स्रोत पर कोई कर नहीं काटा जाएगा। यदि कोई व्यक्ति PAN या फॉर्म संख्या 15G या 15H जमा करने में विफल रहता है, तो अधिकतम सीमांत दर पर स्रोत पर कर काटा जाएगा।

अतः विकल्प (C) सही है।

149. दिए गए आकड़ों के मान $3,8,6,7,1,6,10,6,7,2k + 5,9,7,$ और 13 हैं।

उपरोक्त आकड़े के समूह में मान 6,7 सबसे अधिक बार अर्थात् 3 बार आते हैं।

लेकिन दिया गया है कि मोड 7 है।

इसलिए, 7 को 6 से अधिक बार आना चाहिए।

फिर चर $2k + 5,7$ होना चाहिए।

$$\Rightarrow 2k + 5$$

$$\Rightarrow 2k = 2$$

$$\therefore k = 1$$

अतः विकल्प (D) सही है।

150. दिया हुआ, माध्य $= 12.5$

माध्यिका $= 10$

बहुलक $= x$

(माध्य-बहुलक) $= 3$ (माध्य - माध्यिका)

$$\therefore (12.5 - x) = 3(12.5 - 10)$$

बहुलक, $x = 5$

अतः विकल्प (A) सही है।

Paper-I

Q.1 गुणक सिद्धांत के अनुसार, एक अर्थव्यवस्था हमेशा _______होती है।
A. पूर्ण उत्पादन
B. पूर्ण रोजगार
C. अति पूर्ण रोजगार
D. पूर्ण रोजगार के नीचे

Q.2 वैज्ञानिक शोध में चार प्रमुख कार्य हैं:
a) सह-विचरण का प्रदर्शन
b) सहज संबंधों का उन्मूलन
c) समय-क्रम के संदर्भ में अनुक्रमण
d) आत्म-शिक्षण
e) निजि चयन का संचालन
f) सिद्धांत

A. (a), (b), (c) और (f)
B. (b), (c), (d) और (e)
C. (a), (b), (c) और (d)
D. (c), (d), (e) और (f)

Q.3 एक स्कूल के प्रिंसिपल स्कूल के कार्यक्रमों में उनकी बढ़ी हुई भागीदारी की संभावना का पता लगाने के लिए शिक्षकों और छात्रों का साक्षात्कार सत्र आयोजित करते हैं। यह प्रयास किस प्रकार के अनुसंधान से संबंधित हो सकता है?

A. मूल्यांकन अनुसंधान
B. मौलिक अनुसंधान
C. क्रिया अनुसंधान
D. अनुप्रयुक्त अनुसंधान

Q.4 निर्देश: नीचे दो सेट दिए गए हैं - शोध के तरीके (सेट-I) और डेटा संग्रह उपकरण (सेट-II)।
दो सेटों का मिलान करें और सही कोड का चयन करके अपने उत्तर का संकेत दें:

सेट-I (अनुसंधान के तरीके)	सेट-II (डेटा संग्रह उपकरण)
a. प्रयोगात्मक विधि	i. प्राथमिक और माध्यमिक स्रोतों का उपयोग करना
b. एक्स-पोस्ट-फैक्टो विधि	ii. प्रश्नावली
c. वर्णात्मक सर्वेक्षण विधि	iii. मान्यता प्राप्त परीक्षा
d. ऐतिहासिक विधि	iv. विशिष्ट लक्षण परीक्षण

A. a-ii, b-i, c-iii, d-iv
B. a-iii, b-iv, c-ii, d-i
C. a-ii, b-iii, c-i, d-iv
D. a-ii, b-iv, c-iii, d-i

Q.5 एक शोधकर्ता प्रसंग - बच्चों की स्पष्टता पर खिलाने की विधि के प्रभाव का मूल्यांकन करने का प्रयास करता है। इसके लिए अनुसंधान का कौन सा तरीका उचित होगा?
A. केस अध्ययन विधि
B. प्रयोगात्मक विधि
C. एक्स-पोस्ट-फैक्टो विधि
D. सर्वेक्षण विधि

Q.6 निम्नलिखित में से कौन-सा प्रभावी अधिगम में योगदान देने वाला मुख्य व्यवहार है?
A. किसी विद्यार्थी द्वारा कही गई बात का सार तैयार करना
B. किसी उत्तर का सविस्तार प्रतिपादन हेतु विद्यार्थियों को प्रोत्साहित करना
C. प्रत्यक्ष और अप्रत्यक्ष प्रश्न पूछने की तकनीक का उपयोग करना
D. सोपानिक प्रस्तुति द्वारा तार्किक क्रम में अवधारणाओं की प्रस्तुति करना

Q.7 'सैम्पलिंग केसेस' का आशय है-
A. 'सैम्पलिंग में 'सैम्पलिंग ढांचे का प्रयोग।
B. शोध के लिए उपयुक्त लोगों की पहचान।
C. शब्दश: शोधार्थी का ब्रीफकेस।
D. लोग, समाचार-पत्र, टेलीविज़न कार्यक्रम इत्यादि की 'सैम्पलिंग।

Q.8 शिक्षण-अधिगम संबंधों के संदर्भ में निम्नांकित कथनों के समुच्चय में से कौन सा स्वीकार्य कथन है? अपना उत्तर दर्शाने के लिए सही कूट का चयन करे।
i. जब छात्र किसी परीक्षा में असफल होते हैं, तो वह शिक्षक है जो असफल होता है।
ii. प्रत्येक शिक्षण का उद्देश्य अधिगम सुनिश्चित करना होता है।
iii. अधिगम के बिना शिक्षण हो सकता है।
iv. शिक्षण के बिना कोई अधिगम नहीं हो सकता है।
v. कोई शिक्षक शिक्षण करता है, किन्तु वह सीखता भी है।
vi. वास्तविक अधिगम का अभिप्राय कंठस्थ किया जाने वाला अधिगम है।

A. ii, iii, iv और v
B. i, ii, iii और v
C. iii, iv, v और vi
D. i, ii, v और vi

Q.9 निर्देश: मूल्यांकन प्रणाली की दृष्टि से सेट-I के मदों को सेट-II के मदों के साथ सुमेलित कीजिये।
सही कोड चुनें:

सेट-I	सेट-II
a. निर्माणात्मक मूल्यांकन	i. संज्ञानात्मक और सह-संज्ञानात्मक पहलुओं और नियमितता का मूल्यांकन
b. योगात्मक मूल्यांकन	ii. एक समूह और निश्चित यार्डस्टिक के आधार पर परीक्षण और व्याख्याएं
c. सतत और व्यापक मूल्यांकन	iii. अंतिम सीखने के परिणामों को ग्रेड करना
d. सामान्य और मानदंड मूल्यांकन	iv. विचार-विमर्श और चर्चा

A. a-iv, b-iii, c-i, d-ii
B. a-i, b-ii, c-iii, d-iv
C. a-iii, b-iv, c-ii, d-i
D. a-i, b-iii, c-iv, d-ii

Q.10 उस मूल्यांकन श्रेणी की पहचान करें जो विद्यार्थियों को निर्देश देने के दौरान सतत प्रतिक्रिया प्रदान करने के लिए अधिगम प्रगति का निर्धारण करती है?
A. नियोजन
B. निदान
C. औपचारिक
D. योगात्मक

Q.11 निम्नलिखित में से कौन-कौन संगोष्ठी की विशेषताएं हैं?
(a) यह एक अकादमिक अनुदेशन का प्रकार है।
(b) इसमें प्रश्न करना, चर्चा एवं वाद- विवाद शामिल हैं।
(c) इसमें व्यक्तियों के बड़े समूह शामिल होते हैं।
(d) इसमें कौशल्ययुक्त व्यक्तियों की संलिप्तता की आवश्यकता होती है।
नीचे दिए गये कूट से सही उत्तर का चयन कीजिए।
A. (b) और (c)
B. (b) और (d)
C. (b), (c) और (d)
D. (a), (b) और (d)

Q.12 निम्नलिखित में से कौन सा एक प्रकार का मैलवेयर जानबूझकर सॉफ़्टवेयर सिस्टम में डाला जाता है जो निर्दिष्ट शर्तों के पूरा होने पर एक दुर्भावनापूर्ण फ़ंक्शन को बंद कर देगा?
A. वॉर्म
B. ट्रोजन

C. स्पाइवेयर   **D.** लॉजिक बम

Q.13 वायरलेस तकनीक के संबंध में निम्नलिखित में से कौन-सा कथन सही है/हैं?

P: ब्लूटूथ एक वायरलेस तकनीक है जिसका उपयोग हेडसेट को मोबाइल फोन से जोड़ने के लिए किया जा सकता है।

Q: ब्लूटूथ एक लंबी दूरी की वायरलेस तकनीक है और डेटा ट्रांसफर का एक कम लागत वाला साधन है।

A. केवल P   **B.** केवल Q

C. P और Q दोनों   **D.** न तो P और न ही Q

Q.14 एक कक्षा में छात्रों को संबोधित करते समय एक शिक्षक को उस महत्वपूर्ण तत्व की पहचान करनी होगी, जिसका वह संज्ञान लेता है?

A. निकटता से बचाव

B. ध्वनि मॉड्यूलेशन

C. दोहराए जाने वाले ठहराव

D. निश्चित मुद्रा

Q.15 अनिल ने 8 क्रिकेट मैच खेले। रनों का माध्य (औसत) 80 पाया गया। चार और मैच खेलने के बाद, सभी मैचों के रनों का औसत 70 पाया गया। अंतिम चार मैचों में बनाए गए कुल रन हैं:

[UGC NET Sociology, 2016]

A. 400   **B.** 300   **C.** 200   **D.** 100

Q.16 यदि ALLAHABAD का कूट DPQGOIKKO है, तो BENGULURU का क्या कूट होगा ?

A. ESBTBDIMF   **B.** MBDBFEIST

C. EISMBTDBF   **D.** ESBDFBTMI

Q.17 गोपाल 20 मीटर उत्तर की ओर चलता है। फिर वह दायें मुड़ता है और 30 मी चलता है। उसके बाद वह दायें मुड़ता है और 35 मी चलता है। वह फिर से बायें मुड़ता है और 15 मी चलता है। इसके बाद वह फिर से बायें मुड़ता है और 15 मी चलता है। उसकी आरम्भिक स्थिति और अंतिम स्थिति के बीच न्यूनतम दूरी है:

A. 65 मीटर   **B.** 55 मीटर   **C.** 40 मीटर   **D.** 45 मीटर

Q.18 जिस तरह बर्फ के टुकड़ों को पिघलाने से एक गिलास का पानी नहीं बहता है, उसी तरह समुद्री बर्फ पिघलने से समुद्री मात्रा नहीं बढ़ती है। यह किस प्रकार का तर्क है?

[UGC NET Sociology, 2017]

A. सामयिक   **B.** काल्पनिक

C. मनोवैज्ञानिक   **D.** सांख्यिकीय

Q.19 निम्नलिखित कथनों में से प्रमाण के प्रकार की पहचान करें।

कथन 1: हम पहाड़ियों से धुआं निकलना देख रहे हैं।

कथन 2: जहां भी धुआं होता है, वहां हमेशा आग होती है।

निष्कर्ष: इसलिए, पहाड़ियों में आग है।

A. प्रत्यक्ष   **B.** उपमा   **C.** अनुमान   **D.** अर्थपत्ती

Q.20 जब परिभाषा का उद्देश्य उपयोग को स्पष्ट करना या अस्पष्टता अथवा संशय दूर करना होता है तो परिभाषा कहलाती है-

A. अनुबंधात्मक   **B.** सैद्धांतिक

C. शाब्दिक   **D.** प्रत्ययकारी

Q.21 एक स्मार्ट कक्षा शिक्षण का वह स्थल है जिसमें

i. टच पैनल कंट्रोल सिस्टम के साथ स्मार्ट पोर्शन हो।

ii. पी सी/ लैपटॉप कनेक्शन और डी वी डी/ वी सी आर प्लेयर हो।

iii. डॉक्यूमेंट कैमरा और स्पेशलाइज्ड सॉफ्टवेयर हो।

iv. प्रोजेक्टर और स्क्रीन हो।

नीचे दिए गए कोडों से सही उत्तर का चयन कीजिए :

A. i और ii केवल   **B.** ii और iv केवल

C. i, ii और iii केवल   **D.** i, ii, iii और iv

Q.22 'ग्रेपवाइन' शब्द निम्नांकित में से किस रूप में भी जाना जाता है?

A. अधोगामी संचार   **B.** अनौपचारिक संचार

C. ऊर्ध्वगामी संचार   **D.** क्षैतिज संचार

Q.23 एक कक्षा में, एक संचारक का विश्वास स्तर द्वारा निर्धारित किया जाता है

A. अतिश्योक्ति के प्रयोग से

B. आवाज स्तर के परिवर्तन से

C. अमूर्त अवधारणाओं के प्रयोग से

D. नेत्र संपर्क

Q.24 हर प्रकार का संचार किससे प्रभावित होता है:

A. अभिग्रहण से   **B.** संचरण से

C. गैर-विनियमन से   **D.** संदर्भ से

Q.25 योग्य राज्य उच्च शिक्षण संस्थानों को रणनीतिक वित्त पोषण प्रदान करने के उद्देश्य से 2013 में निम्नलिखित में से किसे लॉन्च किया गया था?

A. राष्ट्रीय माध्यमिक शिक्षा अभियान

B. अखिल भारतीय तकनीकी शिक्षा परिषद

C. सर्व शिक्षा अभियान

D. राष्ट्रीय उच्चतर शिक्षा अभियान

Q.26 विश्वविद्यालय अनुदान आयोग की "शिक्षा में मानव अधिकार और मूल्य" योजना है। इस योजना के तहत, 'शिक्षा में मानव अधिकार और कर्तव्य' घटक के लिए निम्नलिखित में से कौन सा कथन सत्य नहीं है?

A. विद्यालयों में मूल्य और कल्याण केन्द्र स्थापित करना।

B. शोध गतिविधियों को प्रोत्साहित करना।

C. समाज और शैक्षणिक संस्थानों के बीच मेलजोल विकसित करना।

D. नागरिकों को संवेदन बनाना जिससे मानव अधिकारों के नियमों और मूल्यों को साकार किया जा सके।

Q.27 निम्नलिखित में से कौन हमें एक ही पत्र को एम. एस. वर्ड में विभिन्न व्यक्तियों को भेजने में समर्थ बनाता है?

A. मेल ज्वाइन   **B.** मेल कॉपी

C. मेल इन्सर्ट   **D.** मेल मर्ज

Q.28 एक कम्प्यूटर में एक बाइट में सामान्यत: शामिल होते हैं-

A. 4 बिट्स   **B.** 8 बिट्स   **C.** 16 बिट्स   **D.** 10 बिट्स

Ques (29-33):निर्देश: निम्नलिखित गद्यांश को ध्यानपूर्वक पढ़ें और प्रश्न का उत्तर दे:

अंतिम महायुद्ध, जिसने आधुनिक विश्व की आधारशिला को लगभग विकंपित कर रख दिया था, का भारतीय साहित्य पर बहुत कम प्रभाव पड़ा, सिवाय इसके कि हिंसा के खिलाफ विद्रोह और पश्चिमी दुनिया की 'मानवीय-विज्ञप्तियों' के बारे में मोहभंग की स्थिति को प्रखरता से अभिव्यक्ति देने में ही सिमटा रहा। इसकी मुखर अभिव्यक्ति टैगोर की अंतिम कविताओं एवं उनके अंतिम महाग्रंथ 'क्राईसिस इन सिविलाइज़ेशन' के माध्यम से हुई। इस समय भारत का बुद्धिजीवी वर्ग एक नैतिक अंतर्द्वन्द की दशा से गुजर रहा था। एक ओर जहाँ वह संकट की घड़ी में इंग्लैंड के अदम्य साहस के प्रति सहानुभूति व्यक्त किये बगैर नहीं रह सका, जिसमें रूसी लोग निष्ठुर नाजी सैन्य शक्ति से लोहा ले रहे थे, चीन, जापान की सेनाओं को एड़ी तले रौंदा जा रहा था; वहीं दूसरी ओर उनका अपना ही देश अपनी धरती की सैन्य शक्ति के नियंत्रण में था, भारतीय सेना, सुभाष बोस के नेतृत्व में दूसरी ओर से उनके देश की मुक्ति का प्रयास कर रही थी। निष्ठाओं के ऐसे द्वन्द में किसी भी प्रकार की सृजनात्मक प्रवृत्ति के प्रस्फुटन की कल्पना नहीं की जा सकती। यह सहज ही अनुमानित किया जा सकता है कि 1947 में भारत की स्वतंत्रता

प्राप्ति जो 'मित्र राष्ट्रों' के आविर्भाव क्रम में महत्त्वपूर्ण है तथा जो पडोसी देशों, जैसे दक्षिण-पूर्व एशिया में उपनिवेशवाद के अंत के रूप में फलित हुआ, सृजनात्मक ऊर्जा के विस्फोट को गतिमान कर सकता था। नि:संदेह ऐसा हुआ किन्तु शीघ्र ही देश के विभाजन की यंत्रणा, नरसंहार तथा लाखों लोगों का अपने ही देश से विस्थापित होने और महात्मा गांधी की शहादत की घटना के साथ कश्मीर पर पाकिस्तानी आक्रमण तथा बाद में बांग्लादेश में उसके अत्याचारों में मर्मस्पर्शी लेखन को प्रेरित किया था। इस कारण बंगला, हिंदी, कश्मीरी, पंजाबी, सिंधी तथा उर्दू में महत्त्वपूर्ण लेखन सामने आया। किन्तु केवल मर्मस्पर्शी अथवा भावपूर्ण लेखन अपने आपमें साहित्य को महानता प्रदान नहीं करता। इन आपदाओं के उपरान्त भी जो उत्साह एवं आत्मबल का कोष बना रहा वो राष्ट्रिय पुनर्निर्माण तथा आर्थिक विकास में आत्मसात हुआ। महान साहित्य का अभ्युदय सर्वदा ही खलबलियों की श्रृंखलाओं से प्रस्फुटित हुआ है। आज का भारतीय पहले के सापेक्ष अपने परिमाण, विस्तार एवं विविधता में कहीं अधिक समृद्ध है।

Q.29 पिछले महायुद्ध का भारतीय साहित्य पर क्या प्रभाव पड़ा था?

A. इसका कोई प्रभाव नहीं पड़ा था।

B. इसने हिंसा के खिलाफ विद्रोह को बढ़ा दिया था।

C. इसने साहित्य की नींव को हिला दिया था।

D. इसने पश्चिमी दुनिया को प्रबल समर्थन दिया।

Q.30 अपने अंतिम महाग्रंथ में टैगोर ने किसकी अभिव्यक्ति की?

A. सुभाष बोस को समर्थन दिया था।

B. पश्चिमी दुनिया की 'मानवीय- विश्रप्तियों' की पोल खोली।

C. इंग्लैंड के प्रति अपनी निष्ठां व्यक्त की।

D. देशों की मुक्ति को प्रोत्साहन प्रदान किया।

Q.31 महायुद्ध के समय भारतीय बुद्धिजीवियों की क्या सोच थी?

A. वे रूसी लोगों के कष्टों के प्रति उदासीन थे।

B. वे जापानी सैन्य शक्तिवाद के पक्ष में थे।

C. उनकी अनिश्चितता निष्ठावानता ने सृजनात्मकता को बढ़ावा दिया।

D. उन्होंने इंग्लैंड के वढ-साहस के प्रति सहानुभूति जताई।

Q.32 भारतीय साहित्य में सर्जनात्मक ऊर्जा को सन्निहित करने वाले करक की पहचान कीजिये।

A. अपनी ही धरती की सैन्य आधिपत्य।

B. औपनिवेशिक आधिपत्य का प्रतिरोध।

C. विभाजन फलस्वरूप अनुभूत तीव्र यन्त्रणा।

D. मित्र राष्ट्रों की विजय।

Q.33 कश्मीर तथा बांग्लादेश की त्रासदी से जनित प्रभाव क्या थे?

A. दुसरे देशोंका शंका-भाव

B. प्रतिद्वंदिता की निरंतरता

C. युद्ध का खतरा

D. पुननिर्माण

Ques (34-38):निर्देश: निम्नलिखित तालिका चार्ट का ध्यानपूर्वक अध्ययन करें और दिए गए प्रश्नों के उत्तर दें।

निम्न तालिका पाँच विषयों के अधिकतम अंक और पाँच विषयों में पाँच छात्रों द्वारा प्राप्त अंकों का प्रतिनिधित्व करती है।

छात्र	भौतिकी (75 में से)	गणित (100 में से)	रसायन विज्ञान (75 में से)	जीवविज्ञान (75 में से)	अंग्रेजी (120 में से)
रागिनी	56	65	45	38	95
रोहन	60	52	62	55	88
सोहन	50	78	70	58	88
मोहिनी	55	82	65	66	110
मोहन	42	96	64	72	104

Q.34 रसायन विज्ञान और जीव विज्ञान में रागिनी द्वारा प्राप्त अंक एक साथ भौतिकी और गणित में मोहिनी द्वारा प्राप्त अंकों का प्रतिशत है?

A. 66.23% **B.** 60.58% **C.** 58.34% **D.** 54.32%

Q.35 गणित में सभी छात्रों द्वारा प्राप्त अंकों और रसायन विज्ञान में सभी छात्रों द्वारा प्राप्त अंकों के संबंधित अनुपात का पता लगाएं।

A. 293 : 351
B. 373 : 306
C. 351 : 293
D. 306 : 373

Q.36 सभी विषयों में सोहन का कुल प्रतिशत ज्ञात कीजिए।

A. 62.7% **B.** 58.4% **C.** 77.3% **D.** 79.1%

Q.37 अंग्रेजी में मोहन द्वारा प्राप्त अंकों के प्रतिशत और भौतिकी में रोहन के अंतर के बीच अंतर ज्ञात कीजिए।

A. 6.67% **B.** 4.59% **C.** 5.53% **D.** 3.12%

Q.38 रोहन द्वारा सभी विषयों में प्राप्त अंकों का योग ज्ञात कीजिए।

A. 515 **B.** 427 **C.** 611 **D.** 317

Q.39 निम्नलिखित में से कौन सा नवाचार, ओजोन-क्षय के लिए जिम्मेदार पदार्थों को चरणबद्ध करके ओजोन परत की रक्षा के लिए बनाया गया है?

A. नागोया प्रोटोकॉल **B.** ब्रेटन वुड्स सम्मेलन

C. क्योटो प्रोटोकोल **D.** मॉन्ट्रियल प्रोटोकॉल

Q.40 नवीकरणीय शक्ति का एक स्रोत जो न्यूनतम लागत के साथ विकास हो सकता है:

A. बायोमास शक्ति **B.** ज्वार शक्ति

C. पवन चक्कियाँ **D.** भूतापीय ऊर्जा

Q.41 निम्नलिखित में से कौन इंटरनेट हार्डवेयर की आवश्यकताओं को दर्शाता है?

(a) हब

(b) ब्रिज

(c) राउटर

(d) गेटवे

(e) मॉडम

A. केवल (e)

B. (a), (b) और (e)

C. (b), (c), (d) और (e)

D. (a), (b), (c), (d) और (e)

Q.42 विश्वविद्यालयों के बीच सहयोग और समन्वय को बढ़ावा देने के लिए पहले से स्थापित अंतर-विश्वविद्यालय बोर्ड का वर्तमान स्वरुप क्या है?

A. यू.जी.सी. **B.** ए.आई.यू

C. एन.यू.ए.पी.ए. **D.** आई.सी.एस.एस.आर.

Q.43 निम्नलिखित में से क्या आजीविका संवर्धन के लिए कौशल अधिग्रहण और ज्ञान जागरूकता (SANKALP) परियोजना के प्रमुख परिणाम क्षेत्रों में से एक नहीं है?

A. हस्तशिल्प और कालीन क्षेत्र के कौशल को बढ़ावा देना

B. सार्वजनिक-निजी भागीदारी (पीपीपी) के माध्यम से कौशल का विस्तार

C. केंद्रीय, राज्य, और जिला स्तर पर संस्थागत सुदृढ़ीकरण

D. कौशल विकास कार्यक्रमों में सीमांत की आबादी को शामिल करना

Q.44 निर्देश: उस विकल्प का चयन कीजिए जो तीसरी संख्या से उसी तरह से संबंधित है जिस तरह दूसरी संख्या पहली संख्या से संबंधित है।

8 : 514 :: 11 : ?

A. 1333 **B.** 123 **C.** 113 **D.** 1331

Q.45 निर्देश: दिए गए विकल्पों में से संबंधित अक्षरों/संख्याओं को चुनिए।

CARD : 18 : : SORT : ?

A. 1   **B.** 6   **C.** 4   **D.** 5

Q.46 निर्देश: एक श्रृंखला लुप्त पद के साथ दी गई है। दिए गए विकल्पों में से सही विकल्प का चयन कीजिये जो श्रृंखला को पूरा करेगा।

2, 3, 4, 6, ?, 12, 16, 24, 32

A. 7   **B.** 8   **C.** 11   **D.** 10

Q.47 निर्देश: निम्न प्रश्न में एक कथन और उसके बाद I और II से अंकित दो अनुमान दिए गये हैं। आपको दिए गये कथन को सत्य मानना है, भले ही वे ज्ञात तथ्यों से अलग प्रतीत होते हों। सभी अनुमानों को पढ़िए और फिर निर्णय कीजिए कि दिया गया कौन-सा अनुमान ज्ञात तथ्यों को नजरंदाज करने पर कथनों का तार्किक रूप से अनुसरण करता है?

कथन: यह वास्तव में सबसे बड़े लोकतांत्रिक देश के लिए इतने लंबे समय तक विकासशील देशों के टैग को बनाए रखना मज़ाक है।

अनुमान:

I. भारत को अभी एक विकसित राष्ट्र बनना है।

II. जब तक हम अपनी धारणा को नहीं बदलेंगे, भारत विकसित नहीं हो सकता।

A. केवल अनुमान I अनुसरण करता है।

B. केवल अनुमान II अनुसरण करता है।

C. I और II दोनों अनुसरण करते हैं।

D. या तो I या II अनुसरण करता है।

Q.48 एक व्यक्ति 2 मील तक यात्रा करता है, बाएं मुड़ता है और 3 मील तक यात्रा करता है, फिर से बाएं मुड़ता है और 6 मील तक यात्रा करता है। वह प्रारंभिक बिन्दु से कितनी दूरी पर है?

A. 4 मील   **B.** 7 मील   **C.** 5 मील   **D.** 9 मील

Q.49 रोहित, केवल संजय से छोटा है। विकास, दिनेश से लम्बा है। कमल की लम्बाई, रोहित और विकास के बीच में है। सबसे लम्बा कौन है?

A. संजय   **B.** विकास

C. दिनेश   **D.** या तो संजय या विकास

Q.50 प्रमीत और रोहित मोटरसाइकिल पर एक विशेष बिंदु से विपरीत दिशा में एक साथ चलना शुरू करते हैं। प्रमीत की गति 25 किमी/घंटा है और रोहित 35 किमी/घंटा है। 15 मिनट के बाद उनके बीच की दूरी क्या होगी?

A. 15 किमी   **B.** 20 किमी   **C.** 5 किमी   **D.** 10 किमी

Paper-II

Q.51 FEMA का मतलब है-

A. विदेशी मुद्रा प्रबंधन अधिनियम

B. निधि मुद्रा प्रबंधन अधिनियम

C. वित्त संवर्धन मौद्रिक अधिनियम

D. भविष्य विनिमय प्रबंधन अधिनियम

Q.52 विश्व व्यापार संगठन के बारे में निम्नलिखित में से क्या गलत है?

A. यह बहुपक्षीय व्यापार समझौते को लागू करने के लिए मुख्य अंग है

B. यह इसकी सदस्यता में वैश्विक है

C. जीएटीटी की तुलना में इसका व्यापक दायरा है

D. कुल जीडीपी के निर्धारित स्तर से अधिक वाले देश ही इसके सदस्य बन सकते हैं

Q.53 रुपये की परिवर्तनीयता का अर्थ है-

A. रुपए के नोटों को सोने में बदलने में सक्षम होना

B. रुपये का मूल्य बाज़ार द्वारा तय किया जाना

C. स्वतंत्र रूप से अन्य प्रमुख मुद्राओं के लिए रुपये के रूपांतरण की अनुमति और इसके विपरीत

D. भारत में मुद्राओं के लिए एक अंतरराष्ट्रीय बाजार का विकास करना

Q.54 .... अंतर्राष्ट्रीय व्यापार पर स्थायी प्रहरी के रूप में कार्य करने के लिए स्थापित किया गया है।

A. ISRD   **B.** ADS   **C.** WTO   **D.** DIMF

Q.55 अग्रिम आयकर में क्या दिखाया गया है?

बैलेंस शीट की देयता पक्ष

A. लाभ और हानि खाते का डेबिट पक्ष

B. बैलेंस शीट की देयता पक्ष

C. बैलेंस शीट की देयता पक्ष

D. बैलेंस शीट की देयता पक्ष

Q.56 अंतरिम लाभांश में क्या दिखाया गया है?

A. लाभ और हानि खाते में

B. लाभ और हानि विनियोग खाते में

C. बैलेंस शीट के एसेट पर

D. बैलेंस शीट की देनदारियों के पक्ष में

Q.57 सूची-II के साथ सूची-I का मिलान करें और नीचे दिए गए कोड में से सही उत्तर का चयन करें।

सूची-I	सूची-II
(a) योजना	1. प्रशिक्षण
(b) स्टाफिंग	2. पूर्वानुमान
(c) निर्देशन	3. मूल्यांकन
(d) नियंत्रित करना	4. प्रेरक

A. 2, 4, 1, 3   **B.** 1, 2, 3, 4   **C.** 2, 1, 4, 3   **D.** 3, 4, 2, 1

Q.58 एसोसिएशन के ज्ञापन में शामिल हैं-

A. उद्देश्य खंड   **B.** नाम खंड

C. पूंजी खंड   **D.** उपरोक्त सभी

Q.59 'इनडोर प्रबंधन का सिद्धांत' किसकी सुरक्षा करता है?

A. निदेशक मंडल   **B.** शेयरधारकों

C. प्रबंध संचालक   **D.** बाहरी लोगों की

Q.60 निम्नलिखित में से किस विधि से कंपनी सचिव को अपने पद से हटाया जा सकता है?

A. बोर्ड की बैठक में एक प्रस्ताव पारित करके

B. कंपनियों के रजिस्ट्रार के आदेश से

C. वार्षिक आम बैठक में एक प्रस्ताव पारित करके

D. इनमे से कोई भी नहीं

Q.61 ड्यूटी ड्राबैक योजना के संबंध में निम्नलिखित में से कौन सा कथन सही है?

A. निर्यात वस्तुओं के निर्माण के लिए उपयोग किए जाने वाले घटकों के लिए भुगतान किए गए कर्तव्यों के निर्यात माल को राहत देना

B. निर्यातकों को विदेशों में उनके द्वारा दिए गए शुल्क की भरपाई के लिए नकद प्रोत्साहन प्रदान करना

C. आयातकों को जीवन-रक्षक दवाओं के आयात के लिए उनके द्वारा भुगतान किए गए आयात शुल्क की सीमा तक मुआवजा देना

D. निर्यातकों द्वारा अदा किए गए शुल्क को वापस लेने की सुविधा प्रदान करना यदि उनका निर्यात विदेशों में अस्वीकार कर दिया जाता है

Q.62 विदेशी व्यापार में, एक आपूर्तिकर्ता द्वारा उद्धृत मूल्य क्या है जिसमें खरीदार को माल की डोर डिलीवरी तक किए गए सभी शुल्क शामिल हैं, उसे क्या कहा जाता है?

A. लोको कीमत   **B.** सी.आई.एफ. कीमत

C. फ्रेंको की कीमत   **D.** जमीन की कीमत

Q.63 निम्नलिखित कथनों पर विचार करें-

1. क्रेडिट ऑफ लेटर मेल द्वारा नहीं खोला जा सकता है।

2. 90 दिनों के भीतर आंशिक रूप से या पूरी तरह से सुरक्षित भुगतान के खिलाफ माल और सेवाओं के निर्यात के अनुबंधों को आस्थगित भुगतान निर्यात के रूप में माना जाता है।

ऊपर दिए गए कथनों में से कौन सा सही है / हैं?

A. केवल 1   **B.** केवल 2

C. 1 और 2 दोनों   **D.** न तो 1 और न ही 2

Q.64 किस सिद्धांत के तहत, बीमाधारक के सभी अधिकारों को दावे का भुगतान करने के बाद बीमा कंपनी को हस्तांतरित किया जाता है?

A. अधीनता   **B.** अच्छी भावना

C. योगदान   **D.** औसत क्लॉज

Q.65 एक समुद्री बीमा में, बीमा योग्य ब्याज कब मौजूद होना चाहिए?

A. अनुबंध करते समय

B. विषय वस्तु के नुकसान के समय

C. अनुबंध करने के समय और विषय के नुकसान के समय दोनों

D. पॉलिसी की समाप्ति के समय

Q.66 हेनरी फेयोल किस लिए जाना जाता है?

A. विज्ञान संबंधी प्रबंधन   **B.** युक्तिकरण

C. औद्योगिक मनोविज्ञान   **D.** प्रबंधन के सिद्धांत

Q.67 थ्योरी 'X' और थ्योरी 'Y' प्रेरणा का सिद्धांत किसके द्वारा प्रतिपादित किया गया है?

A. मैकग्रेगर   **B.** मैस्लो   **C.** औछी   **D.** हर्ज़बर्ग

Q.68 ASEAN का मुख्यालय निम्नलिखित में से किस देश में स्थित है?

A. इंडोनेशिया   **B.** वियतनाम   **C.** थाईलैंड   **D.** सिंगापुर

Q.69 एक कंपनी अपने जब्त किए गए शेयरों को फिर से जारी कर सकती है-

A. ऊंची कीमत पर   **B.** अंकित मूल्य पर

C. छूट पर   **D.** उपरोक्त सभी

Q.70 निम्नलिखित में से कौन पूंजी व्यय का एक उदाहरण है?

A. बीमा प्रीमियम

B. कर और कानूनी खर्च

C. मूल्यह्रास

D. मशीनरी के आयात पर कस्टम ड्यूटी

Q.71 अनुसंधान और विकास के लिए लेखांकन संबंधित है-

A. AS-7   **B.** AS-8   **C.** AS-9   **D.** AS-10

Q.72 इनमें से कौन सी कंपनी टैगलाइन 'थिंक डिफरेंट' का उपयोग करती है?

A. एप्पल   **B.** अमेज़न   **C.** फेसबुक   **D.** गूगल

Q.73 दो चर 'X' और 'Y' के मानों का कुल योग सभी अवलोकनों के लिए समान है। 'X' और 'Y' के बीच सहसंबंध के गुणांक का मान है:

1. +1 (पूरी तरह से सकारात्मक)

2. -1 (पूरी तरह से नकारात्मक)

3. शून्य (कोई संबंध नहीं)

4. > 0 <1 (अपूर्ण सहसंबंध)

A. 1   **B.** 2   **C.** 3   **D.** 4

Q.74 निम्नलिखित में से कौन सा विशेष आर्थिक क्षेत्रों के लिए सही नहीं है?

A. सीमा शुल्क अधिकारियों द्वारा निर्यात/आयात के लिए कार्गो की कोई नियमित परीक्षा नहीं

B. आयात के लिए किसी लाइसेंस की आवश्यकता नहीं है

C. विनिर्माण और सेवा गतिविधियों की अनुमति है

D. उपमहाद्वीप के लिए कोई अनुमति नहीं

Q.75 अंतर्राष्ट्रीय मुद्रा कोष (IMF) का मुख्यालय _____ में स्थित है।

[Delhi Forest Guard, 2021]

A. जिनेवा   **B.** लंदन

C. पेरिस   **D.** वाशिंगटन डी.सी.

Q.76 बिना दलाली खाता खोले एक विदेशी कंपनी के शेयरों को बेचने और खरीदने के लिए निम्नलिखित में से कौन-सा एक साधन है?

A. विशेष आहरण अधिकार (एसडीआर)

B. भारतीय डिपॉजिटरी रसीद (आईडीआर)

C. ग्लोबल डिपॉजिटरी रसीद (जीडीआर)

D. इवेंट डेटा रिकॉर्डर (ईडीआर)

Q.77 निम्नलिखित में से कौन सा योजना आयोग का सच नहीं है?

A. यह उन कारकों को इंगित करता है जो आर्थिक विकास को मंद करते हैं

B. यह उन कारकों को इंगित करता है जो आर्थिक विकास को मंद करते हैं। यह एक सलाहकार निकाय है और कैबिनेट को सिफारिशें देता है

C. यह देश के संसाधनों के सबसे प्रभावी और संतुलित उपयोग के लिए एक योजना तैयार करने के लिए जिम्मेदार है

D. यह विकास कार्यक्रमों और योजनाओं के निष्पादन के लिए जिम्मेदार है

Q.78 RBI के बारे में निम्नलिखित में से कौन सा कथन 'सत्य' है?

A. RBI भारत के विदेशी मुद्रा भंडार को बनाए रखता है

B. RBI भारत में बैंकों और प्रतिभूति बाजार का नियामक है

C. RBI ने 1870 से काम करना शुरू किया

D. इनमें से कोई नहीं

Q.79 प्रबंधन के नियंत्रण समारोह का तात्पर्य है:

A. विभिन्न गतिविधियों में सामंजस्य लाने के लिए

B. कार्यबल को संतुष्ट रखने के लिए

C. सुधारात्मक कार्यवाही करने के लिए

D. अधीनस्थों को आज्ञा देना

Q.80 मास्लो की जरूरत पदानुक्रम सिद्धांत किस से संबंधित है ?

A. प्रेरणा   **B.** नेतृत्व   **C.** संचार   **D.** निर्देशन

Q.81 उद्देश्यों द्वारा प्रबंधन (MBO) एक तकनीक है -

A. केवल योजना

B. केवल नियंत्रित करना

C. न तो योजना और न ही नियंत्रण

D. योजना और नियंत्रण दोनों

Q.82 किसी कंपनी के परिसमापन किस पर पहले भुगतान किया जाता है ?

A. परिसमापक का पारिश्रमिक

B. विधि व्यय

C. पूर्वाधिकारी लेनदार

D. इनमे से कोई भी नहीं

Q.83 कंपनी अधिनियम, 1956 के तहत शेयरों के पुनर्खरीद का विकल्प देने वाली एक सूचीबद्ध कंपनी को ऐसी खरीद-फरोख्त पूरी होने के बाद वापस लौटना पड़ता है, जिसके बाद निम्न में से एक अवधि होती है?

A. कंपनियों के रजिस्ट्रार को ऐसे 6 महीने पूरे होने पर

B. केवल सेबी को ऐसे 45 दिन पूरे

C. रजिस्ट्रार ऑफ कंपनीज और सेबी को ऐसे 30 दिन पूरे हो रहे हैं

D. सेबी को केवल 30 दिन पूरे होने हैं

Q.84 निजी इक्विटी निवेशक मुख्य रूप से निम्नलिखित के आधार पर कंपनी में निवेश करते हैं:

A. कंपनी की साख और मूल्यांकन

B. कंपनी की उम्र

C. कंपनी का स्थान

D. कंपनी द्वारा की गई गतिविधि

Q.85 'ओलिगोपोली' (अल्पाधिकार) किसे संदर्भित करता है?

A. कई विक्रेता, कुछ खरीदार

B. कई विक्रेता, कई खरीदार

C. कुछ विक्रेता, कई खरीदार

D. कुछ विक्रेता, कुछ खरीदार

Q.86 मूल्यह्रास निम्नलिखित में से किसकी एक प्रक्रिया है?

A. संपत्ति का मूल्यांकन

B. संपत्ति के अनुमानित उपयोगी जीवन पर अधिग्रहण की लागत का आवंटन

C. संपत्ति के अनुमानित उपयोगी जीवन पर वसूली योग्य मूल्य का आवंटन

D. बैलेंस शीट तिथि पर परिसंपत्ति के बाजार मूल्य का अनुमान लगाना

Q.87 बैंकिंग कंपनी द्वारा अपनाया गया ऑडिट है-

A. निरंतर ऑडिट

B. आवधिक लेखा परीक्षा

C. आंतरिक लेखा परीक्षा

D. बैलेंस शीट ऑडिट

Q.88 निम्नलिखित में से किसके पास कंपनी के लेखा परीक्षक की धारणा है?

A. कंपनी के खातों की पुस्तकें

B. कंपनी के वाउचर

C. लेखा परीक्षक के कागजात

D. उपरोक्त सभी

Q.89 रिटायरिंग ऑडिटर के स्थान पर नए ऑडिटर की नियुक्ति करने के लिए, प्रक्रिया को अपनाने के लिए, कंपनी अधिनियम, 1956 का कौन सा भाग लागू होता है?

A. 223   **B.** 224   **C.** 225   **D.** 226

Q.90 केस सॉलोमन बनाम सालोमन एंड कंपनी ने साबित किया कि __________।

A. कंपनी स्वतंत्र व्यक्ति है

B. एक व्यक्ति सदस्य होने के साथ-साथ लेनदार भी हो सकता है

C. शेयरधारक कंपनी के ऋण के लिए उत्तरदायी नहीं है

D. उपरोक्त सभी

Q.91 स्वामित्व के अनुसार, सरकारी कंपनी का अर्थ है .... शेयर।

A. जिसकी चुकता शेयर पूंजी 48% है, उसके शेयर सरकार के स्वामित्व में हैं

B. जिनके पेड-अप शेयर कैपिटल के 49% शेयर सरकार के स्वामित्व में हैं

C. जिनके पेड-अप शेयर कैपिटल के 50% शेयर सरकार के स्वामित्व में हैं

D. जिनके पेड-अप शेयर कैपिटल के 51% शेयर सरकार के स्वामित्व में हैं

Q.92 निम्नलिखित सूची- I को सूची- II से मिलाएं और नीचे दिए गए उत्तर कोड से सही उत्तर का चयन करें-

सूची-I	सूची- II
(a) AS-6	1. प्रति शेयर कमाई के लिए लेखांकन
(b) AS-10	2. अमूर्त और काल्पनिक संपत्ति के लिए लेखांकन
(c) AS -26	3. अचल संपत्तियों का हिसाब
(d) AS-20	4. मूल्यह्रास लेखांकन

कोड: (a) (b) (c) (d)

A. 1 2 3 4   **B.** 3 2 1 4   **C.** 1 3 2 4   **D.** 4 3 2 1

Q.93 एक नई मशीन के स्थापना व्यय पर किस खाता पर बहस की जाएगी ?

A. व्यय खाता

B. नफा और नुक्सान खाता

C. मशीनरी खाता

D. इनमे से कोई भी नहीं

Q.94 सद्भावना है-

A. फ्लोटिंग एसेट   **B.** व्यर्थ संपत्ति

C. काल्पनिक संपत्ति   **D.** अमूर्त संपत्ति

Q.95 एक बैलेंस शीट केवल -

A. व्यक्तिगत खाते और नाममात्र खाते

B. वास्तविक खाते और नाममात्र खाते

C. व्यक्तिगत खाते और वास्तविक खाते

D. व्यक्तिगत, वास्तविक और नाममात्र खाते

Q.96 शेयर A/C के मुद्दे पर छूट को यहां दिखाया गया है-

A. P & L A / c का डेबिट पक्ष

B. बैलेंस शीट का पक्ष

C. बैलेंस शीट की देयता पक्ष

D. इनमे से कोई भी नहीं

Q.97 कंपनी के अधिनियम की किस धारा के तहत एक लेखा परीक्षक को सामान्य बैठक में भाग लेने और बोलने का अधिकार है?

A. 231   **B.** 229   **C.** 226   **D.** 224

Q.98 नए लाभ के बंटवारे के अनुपात की गणना की जाती है-

A. नए साथी का प्रवेश

B. एक साथी की सेवानिवृत्ति

C. एक साथी की मौत

D. उपरोक्त सभी

Q.99 निम्नलिखित को ध्यान मे रखते हुए-

परिशोधन के मूल्य को लिखने के लिए संदर्भित करता है

(1) मूर्त संपत्ति

(2) अमूर्त संपत्ति

(3) काल्पनिक संपत्ति

उपरोक्त में से कौन सा सही है / हैं?

A. (1) तथा (2)   **B.** (2) तथा (3)

C. (1) केवल   **D.** (2) केवल

Q.100 उपभोक्ता मूल्य सूचकांक या सीपीआई एक सूचकांक है जिसका उपयोग किसी देश के _____ की गणना के लिए किया जाता है।

A. विदेशी मुद्रा   **B.** जीडीपी बढ़त

C. आयकर   **D.** खुदरा मुद्रास्फीति

Q.101 मूल्यह्रास के निम्नलिखित तरीकों में से किस के तहत किसी संपत्ति की राशि कभी शून्य नहीं होती है?

A. सीधी रेखा विधि

B. संतुलन बनाने की विधि

C. साल अंकों की विधि के योग

D. वार्षिकी विधि

Q.102 "लेखा परीक्षक एक बीमाकर्ता नहीं है।" निम्नलिखित में से किस मामले में, निर्णय दिया गया है?

A. निर्देशकों के लिए **B.** शेयरधारकों के लिए
C. जनता के लिए **D.** लेनदारों के लिए

Q.103 बैलेंस शीट में, लेखा परीक्षा कब की जाती है?
A. महीने के **B.** द्विमासिक
C. वार्षिक या छमाही **D.** त्रैमासिक

Q.104 लिखित मूल्य का अर्थ है:
A. मूल लागत - स्क्रैप मान
B. पुस्तक मूल्य + मूल्यह्रास
C. पुस्तक मूल्य - मूल्यह्रास
D. इनमें से कोई नहीं

Q.105 आंतरिक जांच किस का एक हिस्सा है?
A. आंतरिक लेखा परीक्षा **B.** आंतरिक नियंत्रण
C. वार्षिक लेखा परीक्षा **D.** मानक लेखा परीक्षा

Q.106 लागत लेखापरीक्षा रिपोर्ट किसको प्रस्तुत की जाती है?
A. कंपनी
B. केंद्र सरकार कंपनी की एक प्रति के साथ
C. केंद्र सरकार
D. कंपनी सचिव

Q.107 कंपनी अधिनियम 1956 के निम्नलिखित अनुभागों में से कौन सा खातों की उचित पुस्तकों के रखरखाव से संबंधित है?
A. धारा 211 **B.** धारा-217 **C.** धारा 209 **D.** धारा-205

Q.108 सूडान के साथ BIPA लागू होने की खबर थी, यह एक समझौता है-
A. किसी देश में निवेश
B. परमाणु शक्ति का शांतिपूर्ण उपयोग
C. छात्रों को एक दूसरे के राष्ट्र की यात्रा करने की अनुमति देना
D. लोगों को चिकित्सा उपचार के लिए आने की अनुमति देना

Q.109 आंतरिक जांच का अर्थ है-
A. खजांची द्वारा खातों की जाँच
B. आंतरिक लेखा परीक्षक द्वारा खातों की जाँच
C. एक व्यक्ति के काम को दूसरे द्वारा स्वचालित रूप से जाँचना
D. अधीनस्थों पर प्रबंधकीय नियंत्रण आंतरिक रूप से

Q.110 सत्यापन में शामिल है:
A. मूल्यांकन **B.** अस्तित्व
C. स्वामित्व और शीर्षक **D.** उपरोक्त सभी

Q.111 निम्नलिखित में से किसके द्वारा, ऑडिटर को फिर से नियुक्त किया जा सकता है?
A. निदेशक **B.** शेयरधारकों
C. केन्द्रीय सरकार **D.** उपरोक्त सभी

Q.112 फर्म के ऋण के संबंध में भागीदारों की देयता है-
A. व्यापार में उसकी पूंजी की मात्रा तक सीमित
B. असीमित
C. पार्टनर द्वारा दी गई गारंटी की राशि तक सीमित
D. पूंजी की राशि तक सीमित और फर्म को ऋण, यदि कोई हो

Q.113 एक सरकारी कंपनी वह है जिसमें केंद्र और / या राज्य सरकार द्वारा शेयर पूंजी का निम्नलिखित में से कम से कम कितना प्रतिशत रखा जाता है?
A. 25% **B.** 26% **C.** 50% **D.** 51%

Q.114 प्रबंधन के नियोजन का कार्य किसके द्वारा किया जाता है?
A. शीर्ष स्तर के प्रबंधन द्वारा
B. मध्य स्तर के प्रबंधन द्वारा
C. निचले स्तर के प्रबंधन द्वारा
D. उपरोक्त सभी

Q.115 प्रतिस्पर्धा का सामना करने के लिए बनाई गई विशेष योजनाओं को निम्न के रूप में जाना जाता है-
A. उद्देश्यों **B.** रणनीतियों **C.** नीतियों **D.** बजटों

Q.116 'प्रबंधन का विस्तार' से तात्पर्य है कि-
A. एक अच्छे संगठन में पाँच विभाग शामिल होने चाहिए
B. प्रत्येक व्यक्ति के अधिकार को स्पष्ट रूप से परिभाषित किया जाना चाहिए
C. प्रत्येक अधीनस्थ के पास एक वरिष्ठ होना चाहिए
D. एक प्रबंधक सीमित कार्यकारियों की देखरेख कर सकता है

Q.117 एक लेखा परीक्षक का कार्य है-
A. खातों की अंकीय सटीकता की जांच करना
B. त्रुटियों का पता लगाना और उन्हें रोकना
C. धोखाधड़ी का पता लगाना और उन्हें रोकना
D. उपरोक्त सभी

Q.118 ऑडिट अनिवार्य है-
A. एकमात्र व्यापारी **B.** साझेदारी फर्म
C. लघु उद्योग **D.** संयुक्त स्टॉक कंपनियों

Q.119 निम्नलिखित में से कौन सा संगठन हर साल "डूइंग बिजनेस रिपोर्ट" बनाता है?
A. डब्लूटीओ **B.** विश्व बैंक
C. यूएनसीटीएडी **D.** आईएमएफ

Q.120 निम्नलिखित में से कौन सा कथन सही है?
A. यदि किसी कंपनी द्वारा संपत्ति का उपयोग किया जाता है, तो उसे कंपनी के स्वामित्व में होना चाहिए
B. देनदारियों के सत्यापन का मतलब है कि बैलेंस शीट में दिखाए गए वर्तमान और दीर्घकालिक देनदारियों की मात्रा सही है
C. वाउचिंग और वेरिफिकेशन का मतलब एक ही है
D. किसी संपत्ति के भौतिक अस्तित्व और स्वामित्व की पुष्टि करना ऑडिटर का कर्तव्य नहीं है

Q.121 पेआउट अनुपात का क्या अर्थ है?
A. लेनदारों और देनदारों का अनुपात
B. वितरित लाभ और अर्जित लाभ का अनुपात
C. प्रति शेयर लाभांश और प्रति शेयर आय का अनुपात
D. प्रतिधारित कमाई

Q.122 निम्नलिखित कथनों पर विचार करें-
1. शेयर जारी करने पर प्रीमियम जनरल रिजर्व अकाउंट में ट्रांसफर कर दिया जाता है।
2. जनरल रिजर्व से बाहर बोनस शेयरों की घोषणा के लिए, शेयरधारकों की बैठक में एक संकल्प आवश्यक है।
ऊपर दिए गए कथनों में से कौन सा सही है/हैं?
A. केवल 1 **B.** केवल 2
C. 1 और 2 दोनों **D.** न तो 1 और न ही 2

Q.123 विश्व आर्थिक मंदी सबसे पहले किस देश से शुरू हुई?
A. यू.एस.ए. **B.** यू.के. **C.** फ्रांस **D.** भारत

Q.124 किस संस्था को विश्व बैंक के 'सॉफ्ट लोन विंडो' के रूप में जाना जाता है?
A. आई.एफ.सी. (इंटरनेशनल फाइनेंसियल कारपोरेशन)

B. आई.डी.ए. (इंटरनेशनल डेवलपमेंट एसोसिएशन)

C. आई.एम.एफ. (इंटरनेशनल मोनेटरी फण्ड)

D. इंडियन डेवलपमेंट फोरम

Q.125 कौन सा बीमा योग्य जोखिम नहीं है?

A. दुर्घटना का जोखिम

B. फसल के नुकसान का जोखिम

C. नये बाज़ार में ट्रेडिंग का जोखिम

D. एक जहाज के डूबने का जोखिम

Q.126 भारतीय जीवन बीमा किस वर्ष में राष्ट्रीयकृत किया गया था?

A. 1870   **B.** 1956   **C.** 1960   **D.** 1966

Q.127 फायर इंश्योरेंस किस सिद्धांत पर आधारित है?

A. अच्छी भावना   **B.** बीमा योग्य ब्याज

C. क्षतिपूर्ति   **D.** सहयोग

Q.128 निम्नलिखित में से कौन सी बिक्री की वाउचिंग से संबंधित हैं?

A. माल का प्रेषण

B. बिक्री बही

C. डायरेक्ट नोट

D. क्रेडिट नोट

नीचे दिए गए विकल्पों में से सही उत्तर चुनिए:

A. केवल B और D   **B.** केवल A और D

C. केवल B और A   **D.** केवल B और C

Q.129 निम्नलिखित में से कौन सा एक संगठन चार्ट के उद्देश्य को सही ढंग से दर्शाता है?

A. कार्यालय की सजावट

B. उपलब्ध कार्यालय सेवाओं का संकेत

C. अधिकार का प्रवाह

D. उच्च मनोबल

Q.130 कार्यालय सेवाओं के केंद्रीकरण का सबसे महत्वपूर्ण लाभ है-

A. विशेषज्ञता

B. उच्च विभागीय निष्ठा

C. सेवाएं प्रदान करने में कोई देरी नहीं

D. काम का कम बोझ

Q.131 निम्नलिखित में से कौन सा उद्देश्य ऑफिस रिकॉर्ड कीपिंग के माध्यम से प्राप्त किया गया है?

A. शॉप फ्लोर पर संचालन की क्षमता

B. व्यवसाय की प्रतिष्ठा

C. दस्तावेजों का संग्रहण

D. निर्णय लेने में मदद करना

Q.132 व्यक्तिगत कंप्यूटर की स्थापना में वृद्धि मुख्य रूप से है–

A. काम की एकरसता के

B. थकान की कमी के

C. दक्षता में सुधार के

D. काम का बोझ कम करने के

Q.133 नियोजित पूंजी पर रिटर्न का संयुक्त प्रभाव दिखता है-

A. नेट प्रॉफिट अनुपात और इन्वेंट्री टर्नओवर अनुपात

B. ऑपरेटिंग अनुपात और नेट प्रॉफिट अनुपात

C. नेट प्रॉफिट अनुपात और कैपिटल टर्नओवर अनुपात

D. ग्रॉस प्रॉफिट अनुपात और कैपिटल टर्नओवर अनुपात

Q.134 निवेश पर वापसी की दर (आरओआई) के संबंध में, निम्नलिखित में से कौन सा कथन मान्य नहीं है?

A. यह एक उद्यम की लाभप्रदता का एक समग्र संकेतक है

B. यह इस अर्थ में एक त्रिकोणीय संबंध है कि आरओआई = प्रॉफिट मार्जिन × एसेट टर्नओवर

C. यह प्रति शेयर पर उत्पन्न नकदी प्रवाह की तुलना में एक बेहतर उपाय है

D. इसे सबसे पहले ड्यूपॉन्ट, अमेरिका ने विकसित किया था

Q.135 जब कुछ अंतराल के साथ लेखा अवधि के दौरान ऑडिट किया जाता है, इसे कहा जाता है-

A. सामयिक ऑडिट   **B.** आंशिक ऑडिट

C. निरंतर ऑडिट   **D.** अंतरिम ऑडिट

Q.136 निम्नलिखित में से कौन सा एक परियोजना के समय पर पूरा होने के लिए सबसे उपयुक्त प्रबंधन नियंत्रण तकनीक है?

A. संगठन चार्ट   **B.** उद्देश्यों के द्वारा प्रबंधन

C. पीईआरटी   **D.** नियंत्रण की अवधि

Q.137 हॉथोर्न के अध्ययन ने निम्नलिखित में से किसके महत्व को रेखांकित किया है?

A. प्रबंधन के लिए सिस्टम दृष्टिकोण

B. प्रबंधन के लिए आकस्मिक दृष्टिकोण

C. प्रबंधन के लिए आधुनिक दृष्टिकोण

D. प्रबंधन के लिए मानवीय दृष्टिकोण

Q.138 निम्नलिखित में से किसे ऑडिटिंग की रीढ़ कहा जाता है?

A. नियमित जाँच   **B.** वाउचिंग

C. आंतरिक जाँच   **D.** आंतरिक नियंत्रण

Q.139 संरचनात्मक डिजाइन द्वारा संगठनों को श्रेणीबद्ध करने के लिए बर्न्स और स्टॉकर मॉडल जिन शब्दों का उपयोग करता है वह हैं-

A. कार्यात्मक और भौगोलिक

B. कार्यात्मक और जैविक

C. भौगोलिक और यंत्रवत

D. यंत्रवत और जैविक

Q.140 चुनिंदा स्टॉक एक्सचेंजों में सरकारी प्रतिभूतियों में खुदरा व्यापार का व्यवसायीकरण किया गया-

A. जनवरी, 2001 में   **B.** जनवरी, 2002 में

C. जनवरी, 2003 में   **D.** जनवरी, 2004 में

Q.141 नेशनल स्टॉक एक्सचेंज का सूचकांक _________ है।

A. सेंसेक्स   **B.** बैंकेक्स   **C.** रोलेक्स   **D.** निफ्टी

Q.142 टेली - मार्केटिंग _________ का एक हिस्सा है।

A. तेजी से फैलने वाला विपणन

B. सामाजिक बाज़ारीकरण

C. प्रत्यक्ष विपणन

D. संबंध विपणन

Q.143 निम्नलिखित में से कौन सा एक सही समीकरण है?

A. ओपनिंग कैपिटल = क्लोजिंग कैपिटल + एडिशनल कैपिटल - ड्राइंग - लाभ

B. ओपनिंग कैपिटल = क्लोजिंग कैपिटल + ड्राइंग - एडिशनल कैपिटल - हानि

C. ओपनिंग कैपिटल = क्लोजिंग कैपिटल + ड्राइंग - एडिशनल कैपिटल - लाभ

D. ओपनिंग कैपिटल = क्लोजिंग कैपिटल - ड्राइंग - एडिशनल - लाभ

Q.144 निम्नलिखित में से कौन सी बिक्री की वाउचिंग से संबंधित हैं?

A. माल का प्रेषण

B. बिक्री बही

C. डायरेक्ट नोट

D. क्रेडिट नोट

नीचे दिए गए विकल्पों में से सही उत्तर चुनिए:

A. केवल B और D   **B.** केवल A और D

C. केवल A और B   **D.** केवल B और C

Q.145 निम्न में से कौन-सा एक कर बचत निवेश नहीं है?

A. गृह ऋण मूलधन चुकौती

B. सार्वजानिक भविष्य निधि (PPF)

C. जीवन बीमा प्रीमियम

D. सावधि जमा

Q.146 व्यवसाय द्वारा दस्तावेजी साक्ष्य के लिए निम्नलिखित में से कौन सा दस्तावेज तैयार किया जाता है?

A. चालान   **B.** वाउचर

C. रसीद   **D.** इनमें से सभी

Q.147 नमूना सांख्यिकीय और उसके अनुरूप जनसंख्या प्राचल के बीच का अंतर है

A. नमूनाकरण त्रुटि   **B.** माप त्रुटि

C. व्याप्ति त्रुटि   **D.** गैर-प्रतिक्रिया त्रुटि

Q.148 बौद्धिक संपदा के क्षेत्र में शामिल हैं:

1. कॉपीराइट और संबंधित अधिकार

2. सेवा चिह्न सहित ट्रेडमार्क

3. औद्योगिक डिजाइन

4. इंटीग्रेटेड सर्किट के ले-आउट की डिज़ाइन

सही कोड चुनिए:

A. केवल 1   **B.** दोनों 1 और 2

C. 1, 2 और 3   **D.** उपर्युक्त सभी

Q.149 सूचना के अधिकार में निम्न का अधिकार शामिल है:

1. कार्यों, दस्तावेजों, अभिलेखों का निरीक्षण किया

2. नोट, अर्क या दस्तावेजों या रिकॉर्ड की प्रमाणित प्रतियां लेना

3. सामग्री के प्रमाणित सैंपल लेना

4. प्रिंटआउट, डिस्केट, फ्लॉपी, टेप, वीडियो कैसेट या किसी अन्य इलेक्ट्रॉनिक मोड में या प्रिंटआउट के माध्यम से जानकारी प्राप्त करना

सही कोड चुनिए:

A. 1, 2 और 3   **B.** 1, 2 और 4

C. 1, 3 और 4   **D.** उपर्युक्त सभी

Q.150 परक्राम्य लिखत अधिनियम की धारा 6 ___ को परिभाषित करती है।

A. चेक

B. विनिमय बिल

C. वचन पत्र

D. गैर स्वीकृति द्वारा अपमान

// स्मार्ट उत्तर पुस्तिका //

सही उत्तर — उन छात्रों का प्रतिशत जिन्होंने प्रश्नों का सही उत्तर दिया था।   **छोड़ दिया** — उन छात्रों का प्रतिशत जिन्होंने प्रश्नों को छोड़ दिया था।

प्रश्न संख्या	उत्तर	सही उत्तर / छोड़ दिया	प्रश्न संख्या	उत्तर	सही उत्तर / छोड़ दिया	प्रश्न संख्या	उत्तर	सही उत्तर / छोड़ दिया	प्रश्न संख्या	उत्तर	सही उत्तर / छोड़ दिया	प्रश्न संख्या	उत्तर	सही उत्तर / छोड़ दिया
1	D	8.24 % / 6.6 %	17	D	20.33 % / 72.53 %	33	D	17.58 % / 74.18 %	49	A	3.85 % / 91.75 %	65	B	9.34 % / 71.98 %
2	A	24.73 % / 70.32 %	18	A	20.88 % / 73.08 %	34	B	19.23 % / 73.63 %	50	A	5.49 % / 91.76 %	66	D	24.73 % / 71.97 %
3	C	19.23 % / 70.88 %	19	C	18.13 % / 73.63 %	35	B	23.63 % / 73.62 %	51	A	29.12 % / 67.58 %	67	A	22.53 % / 71.98 %
4	B	22.53 % / 70.33 %	20	C	13.19 % / 74.17 %	36	C	20.33 % / 73.63 %	52	D	24.73 % / 70.32 %	68	A	13.19 % / 72.52 %
5	C	19.23 % / 70.33 %	21	D	19.78 % / 73.63 %	37	A	16.48 % / 73.63 %	53	C	21.43 % / 70.88 %	69	D	24.18 % / 71.97 %
6	D	19.78 % / 70.33 %	22	B	26.92 % / 73.08 %	38	D	21.98 % / 73.62 %	54	C	26.92 % / 70.88 %	70	D	19.23 % / 71.98 %
7	D	14.84 % / 70.87 %	23	D	20.33 % / 73.63 %	39	D	4.4 % / 91.75 %	55	D	14.29 % / 70.87 %	71	B	12.09 % / 71.98 %
8	B	15.93 % / 71.43 %	24	D	16.48 % / 73.63 %	40	A	6.59 % / 91.76 %	56	B	15.38 % / 70.88 %	72	A	14.84 % / 72.52 %
9	A	23.08 % / 70.88 %	25	D	20.33 % / 73.63 %	41	D	4.95 % / 91.75 %	57	C	22.53 % / 70.88 %	73	B	4.95 % / 72.52 %
10	C	20.88 % / 70.88 %	26	A	7.69 % / 73.63 %	42	B	2.75 % / 91.76 %	58	D	26.37 % / 70.88 %	74	D	7.14 % / 72.53 %
11	D	14.29 % / 71.42 %	27	D	17.58 % / 73.63 %	43	A	1.65 % / 91.76 %	59	D	6.04 % / 70.88 %	75	D	19.78 % / 72.53 %
12	D	16.48 % / 71.43 %	28	B	24.18 % / 73.62 %	44	A	3.3 % / 91.75 %	60	A	12.64 % / 71.43 %	76	C	14.29 % / 72.52 %
13	A	19.23 % / 71.43 %	29	B	18.68 % / 74.18 %	45	C	2.75 % / 91.76 %	61	C	5.49 % / 71.43 %	77	A	9.89 % / 72.53 %
14	B	21.43 % / 71.43 %	30	B	17.03 % / 74.18 %	46	B	7.14 % / 91.76 %	62	C	6.04 % / 71.98 %	78	A	13.74 % / 73.07 %
15	C	18.13 % / 71.43 %	31	D	14.29 % / 74.17 %	47	A	2.2 % / 91.76 %	63	C	13.19 % / 71.43 %	79	C	17.03 % / 73.08 %
16	C	26.92 % / 71.98 %	32	C	14.84 % / 74.17 %	48	C	4.4 % / 91.75 %	64	A	18.13 % / 72.53 %	80	A	25.82 % / 73.08 %

प्रश्न संख्या	उत्तर	सही उत्तर / छोड़ दिया		प्रश्न संख्या	उत्तर	सही उत्तर / छोड़ दिया		प्रश्न संख्या	उत्तर	सही उत्तर / छोड़ दिया		प्रश्न संख्या	उत्तर	सही उत्तर / छोड़ दिया		प्रश्न संख्या	उत्तर	सही उत्तर / छोड़ दिया
81	D	16.48 % / 73.08 %		95	C	14.29 % / 73.07 %		109	C	12.09 % / 73.07 %		123	A	17.03 % / 73.08 %		137	D	20.88 % / 73.63 %
82	C	12.64 % / 73.07 %		96	C	6.04 % / 73.08 %		110	D	22.53 % / 73.07 %		124	B	17.03 % / 73.08 %		138	B	21.43 % / 73.08 %
83	C	17.03 % / 73.08 %		97	A	8.24 % / 73.63 %		111	D	13.74 % / 73.07 %		125	C	20.88 % / 73.08 %		139	B	13.19 % / 73.07 %
84	A	21.98 % / 73.07 %		98	D	21.43 % / 73.08 %		112	B	10.99 % / 73.08 %		126	B	19.23 % / 73.08 %		140	C	9.34 % / 73.63 %
85	C	19.23 % / 73.08 %		99	D	12.09 % / 73.07 %		113	D	22.53 % / 73.07 %		127	C	18.13 % / 73.08 %		141	D	20.88 % / 71.43 %
86	B	13.19 % / 73.07 %		100	D	15.38 % / 73.63 %		114	D	12.09 % / 73.07 %		128	C	12.64 % / 73.62 %		142	C	5.49 % / 91.76 %
87	A	10.44 % / 73.08 %		101	B	13.19 % / 73.07 %		115	B	25.27 % / 73.08 %		129	C	19.78 % / 73.08 %		143	C	4.95 % / 91.75 %
88	C	4.4 % / 73.07 %		102	B	13.74 % / 73.07 %		116	D	13.19 % / 73.07 %		130	D	5.49 % / 73.08 %		144	C	2.75 % / 91.76 %
89	B	13.19 % / 73.62 %		103	C	23.63 % / 73.07 %		117	D	23.08 % / 73.07 %		131	C	11.54 % / 73.08 %		145	D	4.4 % / 91.75 %
90	D	20.88 % / 73.08 %		104	C	18.68 % / 73.08 %		118	D	14.84 % / 73.07 %		132	C	18.68 % / 73.08 %		146	D	7.14 % / 91.76 %
91	D	24.18 % / 73.07 %		105	B	11.54 % / 73.08 %		119	B	13.74 % / 73.07 %		133	B	5.49 % / 73.08 %		147	A	6.04 % / 91.76 %
92	D	20.33 % / 73.08 %		106	B	17.58 % / 73.08 %		120	B	14.29 % / 73.07 %		134	C	7.69 % / 73.08 %		148	C	1.65 % / 91.76 %
93	C	22.53 % / 72.52 %		107	C	8.79 % / 73.63 %		121	C	15.38 % / 73.63 %		135	C	8.79 % / 73.63 %		149	D	6.04 % / 91.76 %
94	D	23.63 % / 73.07 %		108	A	13.74 % / 73.07 %		122	B	10.99 % / 73.08 %		136	C	13.74 % / 73.07 %		150	A	2.75 % / 91.76 %

//संकेत और समाधान//

1. संतुलन पर, मांग का स्तर गुणक सिद्धांत के अनुसार उत्पादन के पूर्ण रोजगार स्तर से कम है। इसका तात्पर्य यह है कि उत्पाद के उत्पादन में, अर्थव्यवस्था में सभी संसाधन पूरी तरह से नियोजित नहीं होते हैं, यानी, कुछ संसाधन बेरोजगार होते हैं।

यह स्थिति कुल आपूर्ति के निम्न स्तर के कारण नहीं है, बल्कि कुल मांग की कमी के कारण है।

अत: विकल्प (D) सही है।

2. वैज्ञानिक अनुसंधान में चार प्रमुख कार्य हैं:

(a) सह-विचरण का प्रदर्शन: सहसंयोजक दूसरे चर में परिवर्तन के साथ एक चर के परिवर्तन का माप है। वैज्ञानिक अनुसंधान सह-विचरण के प्रभाव को प्रदर्शित करता है।

(b) सहज संबंधों का उन्मूलन: यह वैज्ञानिक अनुसंधान में वास्तव में एक महत्वपूर्ण ऑपरेशन है। चर के बीच संबंध वैध और तार्किक होना चाहिए, कुछ भी संदिग्ध नहीं होना चाहिए।

(c) समय-क्रम के संदर्भ में अनुक्रमण: प्रत्येक शोध समय क्रम में होना चाहिए।

(f) सिद्धांत: प्रासंगिक सिद्धांत प्रदान करने के लिए वैज्ञानिक अनुसंधान का अन्य संचालन है।

अत: विकल्प (A) सही है।

3. एक स्कूल के प्रधानाचार्य शिक्षकों और छात्रों का एक साक्षात्कार सत्र आयोजित करते हैं ताकि स्कूल के कार्यक्रमों में उनकी बढ़ी हुई भागीदारी की संभावना तलाशी जा सके। यह प्रयास क्रिया अनुसंधान से संबंधित है।

क्रिया अनुसंधान शैक्षिक समस्याओं को हल करने और सुधार करने की एक व्यवस्थित प्रक्रिया है। इसलिए, क्रिया अनुसंधान सबसे उपयुक्त है क्योंकि प्रिंसिपल शिक्षकों और छात्रों की भागीदारी को बेहतर बनाना चाहते हैं।

अत: विकल्प (C) सही है।

4.

सेट- I (अनुसंधान के तरीके)	सेट- II (डेटा संग्रह उपकरण)
a. प्रयोगात्मक विधि	i. प्राथमिक और माध्यमिक स्रोतों का उपयोग करना
b. एक्स-पोस्ट-फैक्टो विधि	ii. प्रश्नावली
c. वर्णनात्मक सर्वेक्षण विधि	iii. मान्यता प्राप्त परीक्षा
d. ऐतिहासिक विधि	iv. विशिष्ट लक्षण परीक्षण

अत: विकल्प (B) सही है।

5. बच्चों की चिंता - चिंता पर दूध पिलाने की विधि के प्रभाव का मूल्यांकन करने के लिए पूर्व-पोस्टो विधि उपयुक्त होगी।

पूर्व-पोस्ट-फैक्टो विधि:

- पूर्व पोस्ट फैक्टो अध्ययन या इसके बाद के तथ्य अनुसंधान अनुसंधान की एक श्रेणी है जिसमें शोधकर्ता के हस्तक्षेप के बिना तथ्य सामने आने के बाद जांच शुरू होती है।

- शोधकर्ता एक प्रभाव के पीछे संभावित कारणों की भविष्यवाणी करता है जो पहले से ही हुआ है।

- उदाहरण के लिए, यदि कोई बच्चा अपराधी है (वह है, जो आपराधिक गतिविधियों में लिप्त है), तो इस तरह के अपराध के पीछे मूल कारण को खोजने के लिए, शोधकर्ता विभिन्न घटनाओं को घटित करने की कोशिश करेगा और जो कई संभावनाएं हैं संबंधित अपराधी व्यवहार में योगदान दे सकता है। स्कूल/ परिवार

के इतिहास/सहकर्मी प्रभाव/पड़ोस या समाजीकरण में अपेक्षित संभावनाएं शायद अनुशासन की कमी हैं।

अतः विकल्प (C) सही है।

6. 'सोपानिक प्रस्तुति द्वारा तार्किक क्रम में अवधारणाओं की प्रस्तुति करना' प्रभावी अधिगम में योगदान देने वाला मुख्य व्यवहार है।

प्रभावी शिक्षण और अधिगम प्रक्रिया शिक्षक के दृष्टिकोण और व्यवहार पर निर्भर करती है। छात्र के वांछनीय प्रदर्शन को बाहर लाने के लिए प्रभावी शिक्षक व्यवहार आवश्यक है।

गैरी बोरीच ने पाँच मुख्य व्यवहारों और पाँच सहायक व्यवहारों की पहचान की जो तार्किक रूप से शिक्षण को प्रभावित करने से संबंधित हैं।

मुख्य व्यवहार:

1. पाठ की स्पष्टता: शिक्षण केवल तभी प्रभावी हो सकता है जब शिक्षक स्पष्ट रूप से बात करें ताकि छात्र तार्किक चरणबद्ध क्रम में अनुसरण कर सकें।

2. निर्देशात्मक विविधता: प्रस्तुत करने का तरीका आवश्यक है क्योंकि यह छात्रों का ध्यान आकर्षित करने और उत्साह प्रदर्शित करने में मदद करता है।

3. शिक्षक कार्य अभिविन्यास: प्रभावी शिक्षण दैनिक मामलों जैसेकि विज्ञप्ति पत्रक वितरित करने या उपस्थिति दर्ज करने की बजाय शिक्षण अकादमिक विषयों में अधिक से अधिक समय देते हैं।

4. अधिगम के समय में संलग्न करना: प्रभावी शिक्षक अपने छात्रों को पढ़ाई जा रही सामग्री के सक्रिय शिक्षण में संलग्न करने में सक्षम होता है।

5. छात्र की सफलता दर: पढ़ाई जाने वाली सामग्री का पूर्व अधिगम से संबंध होना चाहिए और उस पर निर्मित होनी चाहिए ताकि छात्र नई सामग्री को आसानी से समझ सकें।

अतः विकल्प (D) सही है।

7. 'सैम्पलिंग केसेस' का अर्थ है लोगों, अखबारों, टेलीविज़न कार्यक्रमों आदि का नमूना लेना। एक नमूनाकरण मामला एक छोटा समूह है जो पूरी आबादी के लिए सामान्यीकृत है।

अतः विकल्प (D) सही है।

8. शिक्षण सिद्धांतों और विधियों की एक श्रृंखला है जिसके माध्यम से एक शिक्षक छात्रों के व्यवहार में संशोधन लाने की कोशिश करता है। इस प्रश्न के अनुसार, विभिन्न शिक्षक के प्रयास हैं:

i. जब छात्र किसी परीक्षा में असफल हो जाते हैं तो वह शिक्षक होता है जो असफल होता है इसका मतलब यह है कि यह शिक्षक के प्रयास की विफलता है यदि वह छात्रों के सीखने में सुधार लाने में असमर्थ है।

ii. प्रत्येक शिक्षण को सीखना सुनिश्चित करना चाहिए, शिक्षण का उद्देश्य और उद्देश्य छात्र के व्यवहार को संशोधित करना है और सीखने को सुनिश्चित करता है।

iii. बिना सीखें शिक्षण हो सकता है, जिसमें कहा गया है कि यदि शिक्षक शिक्षण प्रक्रिया में अपना सारा प्रयास लगा देते हैं, यदि कोई छात्र सीखना नहीं चाहता है, तो कोई भी शिक्षण उसे सीखने के लिए नहीं कर सकता, लेकिन शिक्षण प्रक्रिया में है।

v. शिक्षण और सीखने की प्रक्रिया के दौरान यह वह छात्र नहीं है जो सीख रहा है बल्कि यह शिक्षक भी है जो विभिन्न प्रकार के छात्रों के व्यवहार को संभालने जैसी कई चीजें सीखता है, शिक्षण को और अधिक प्रभावी बनाने के लिए नए तरीके खोजता है आदि।

अत: विकल्प (B) सही है।

9.

सेट-I	सेट-II
a. निर्माणात्मक मूल्यांकन	iv. विचार-विमर्श और चर्चा
b. योगात्मक मूल्यांकन	iii. अंतिम सीखने के परिणामों को ग्रेड करना
c. सतत और व्यापक मूल्यांकन	i. संज्ञानात्मक और सह-संज्ञानात्मक पहलुओं और नियमितता का मूल्यांकन
d. सामान्य और मानदंड मूल्यांकन	ii. एक समूह और निश्चित यार्डस्टिक के आधार पर परीक्षण और व्याख्याएं

निर्माणात्मक सीखने की प्रक्रिया के दौरान छात्रों की सहायता करते हैं। इसमें विचार-विमर्श और चर्चा आदि शामिल हैं।

योगात्मक मूल्यांकन एक निर्देशात्मक इकाई के अंत में छात्रों के सीखने का मूल्यांकन करता है। इसका उपयोग सीखने के अंतिम परिणामों को ग्रेड देने के लिए किया जाता है।

निरंतर और व्यापक मूल्यांकन नियमितता के साथ संज्ञानात्मक और सह-संज्ञानात्मक पहलुओं का मूल्यांकन करते हैं और कॉलेज/स्कूल में उनकी उपस्थिति के दौरान छात्र के हर पहलू का मूल्यांकन करते हैं।

सामान्य और मानदंड संदर्भित परीक्षण एक समूह और कुछ यार्डस्टिक्स पर आधारित व्याख्याओं का मूल्यांकन करते हैं।

अतः विकल्प (A) सही है।

10. सीखने की प्रक्रिया तक पहुँचने के लिए औपचारिक शिक्षा सर्वोत्तम है। औपचारिक मूल्यांकन आम तौर पर एक पाठ्यक्रम या परियोजना के दौरान किया जाता है। औपचारिक मूल्यांकन को "शिक्षाप्रद मूल्यांकन" कहा जाता है, जिसका उपयोग सीखने में सहायता के लिए किया जाता है। एक शैक्षिक सेटिंग में, प्रारंभिक मूल्यांकन एक शिक्षक (या सहकर्मी) या सीखने वाला हो सकता है, एक छात्र के काम पर प्रतिक्रिया प्रदान कर सकता है और जरूरी नहीं कि इसका उपयोग ग्रेडिंग प्रयोजनों के लिए किया जा सकता है। औपचारिक आकलन नैदानिक, मानकीकृत परीक्षण, क्विज़, मौखिक प्रश्न या मसौदा कार्य का रूप ले सकते हैं। औपचारिक मूल्यांकन निर्देशों के साथ समवर्ती रूप से किए जाते हैं। परिणाम की गिनती हो सकती है।औपचारिक मूल्यांकन का उद्देश्य यह देखना है कि क्या छात्र एक सारांशित मूल्यांकन करने से पहले निर्देश को समझते हैं।

अत: विकल्प (C) सही है।

11. संगोष्ठी में व्यक्तियों का बड़ा समूह शामिल नहीं है। यह शैक्षणिक निर्देशों, पूछताछ या बहस का हिस्सा हो सकता है। इसमें कुशल व्यक्ति भी शामिल होते हैं। तो (a), (b) और (d) सही है।

अत: विकल्प (D) सही है।

12. लॉजिक बम एक सॉफ्टवेयर सिस्टम में जानबूझकर डाला गया कोड का एक टुकड़ा है जो निर्दिष्ट शर्तों के पूरा होने पर एक दुर्भावनापूर्ण फंक्शन को बंद कर देगा।

उदाहरण के लिए, एक प्रोग्रामर कोड के एक टुकड़े को छिपा सकता है जो फ़ाइलों को हटाना शुरू कर देता है (जैसे कि वेतन डेटाबेस ट्रिगर), क्या उसे कभी कंपनी से समाप्त किया जाना चाहिए।

अत: विकल्प (D) सही है।

13. आईसीटी परिवर्तन के साथ संगठनों के कामकाज में भारी बदलाव आया है। संचार प्रणालियों को तार युक्त से बिना तार में स्थानांतरित कर दिया गया है।

वायरलेस संचार प्रणाली: वायरलेस प्रणाली में संचार माध्यम स्थान होता है ना कि तार। प्रत्येक उपयोगकर्ता वायरलेस लिंक के माध्यम से एक-दूसरे के साथ संचार करता है। ऐसी प्रणालियों के कुछ उदाहरणों में पेजिंग सिस्टम, taarrahit टेलीफोन प्रणाली, ब्लूटूथ आदि शामिल हैं।

ब्लूटूथ तकनीक:

- ब्लूटूथ तकनीक 1994 में एरिक्सन नामक एक टेलीकॉम कंपनी द्वारा बनाई गई थी। इसे बिना तार के दो उपकरणों को जोड़ने के लिए विकसित किया गया था।

- यह एक छोटी दूरी की वायरलेस अभिसरण तकनीक है।

- प्रौद्योगिकी का उद्देश्य ब्लूटूथ सक्षम डिवाइस बनाना है जो वायरलेस मोड में संचार करने के लिए एक मास्टर डिवाइस के सामिप्य होता है।

- इसके लिए किसी व्यक्ति को केवल एक ब्लूटूथ डिवाइस को ब्लूटूथ-सक्षम कंप्यूटर के निकट लाना होता है और एक संचार शुरू कर सकता है। कोई केबल या मॉडेम या ड्राइवर स्थापित करने की आवश्यकता नहीं होती है।

- ब्लूटूथ नेटवर्क का तकनीकी नाम पिकोनेट है। बहुल पिकोनेट को एक स्केटरनेट नामक नेटवर्क बनाने के लिए परस्पर संयोजित किया जा सकता है।

- उदाहरण के लिए, इसका उपयोग फोटो, वीडियो या दस्तावेज को मोबाइल फ़ोन से लैपटॉप में भेजने के लिए या एक हैंडसेट को मोबाइल फ़ोन से जोड़ने के लिए किया जा सकता है।

अतः विकल्प (A) सही है।

14. दिए गए विकल्पों में से, व्याख्यान देते समय ध्वनि मॉड्यूलेशन एक महत्वपूर्ण भूमिका निभाता है। ध्वनि मॉड्यूलेशन छात्रों को उस विशेष प्रश्न या विषय की गंभीरता को समझने में मदद करता है। तो, ध्वनि मॉड्यूलेशन एक आवश्यक तत्व है जो एक शिक्षक को कक्षा में छात्रों को संबोधित करते समय संज्ञान लेता है।

अत: विकल्प (B) सही है।

15. दिया है:

पहले 8 मैचों के रनों का औसत = 80

सभी मैचों के रनों का औसत = 70

∴ 8 मैचों के बाद रन = 80 × 8 = 640 रन

12 मैचों के बाद रन = 70 × 12 = 840 रन

अंतिम चार मैचों में बनाए गए कुल रन = 840 - 640 = 200

अत: विकल्प (C) सही है।

16. A + 3 = D

L + 4 = P

L + 5 = Q

A + 6 = G

H + 7 = O

A + 8 = I

B + 9 = K

A + 10 = K

D + 11 = O

तो, BENGULURU का कोड होगा:

B + 3 = E

E + 4 = I

N + 5 = S

G + 6 = M

U + 7 = B

L + 8 = T

U + 9 = D

R + 10 = B

U + 11 = F

तो, BENGULURU का कोड EISMBTDBF होगा ।

अत: विकल्प (C) सही है ।

17. गोपाल 20 मीटर उत्तर की ओर चलता है। उसके बाद, वह दाईं ओर मुड़ता है और 30 मीटर चलता है, और फिर वह दाईं ओर मुड़ता है और 35 मीटर चलता है। फिर से वह बाएं मुड़ता है और 15 मीटर चलता है। फिर वह फिर से बाएं मुड़ता है और 15 मी चलता है।

उक्त प्रश्न का सचित्र प्रतिनिधित्व नीचे दिया गया है:

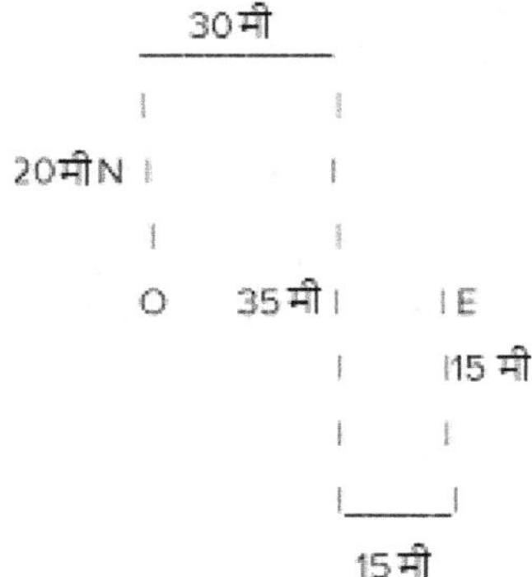

तो, हम शुरुआती बिंदु को O के रूप में मान लेते हैं, और अंत बिंदु को E के रूप में देखते हैं, दी गई तस्वीर से, हम गणना कर सकते हैं, प्रारंभिक और अंतिम बिंदु के बीच की सबसे छोटी दूरी।

इसलिए, सबसे कम दूरी होगी 30 मीटर + 15 मीटर = 45 मीटर

अत: विकल्प (D) सही है ।

18. यह सामयिक प्रकार का तर्क है।

एक तर्क कथनों का एक समूह होता है जिसमें एक निष्कर्ष होता है और तर्ककर्ता द्वारा उस निष्कर्ष का नेतृत्व करने के लिए कहा गया कथन होता है।

सामयिक: एक सामयिक तर्क एक तर्क है जिसमें व्यक्ति यह निष्कर्ष निकालता है कि दो चीजें एक निश्चित सम्मान में समान हैं क्योंकि वे अन्य मामलों में समान हैं।

उदाहरण: जिस तरह बर्फ के टुकड़ों को पिघलाने से एक गिलास पानी नहीं बहता है, उसी तरह समुद्री बर्फ पिघलने से समुद्र का आयतन नहीं बढ़ता है।

अत: विकल्प (A) सही है ।

19. अनुमान एक ऐसी विधि है जिसके द्वारा ज्ञान दूसरे ज्ञान से प्राप्त होता है। हमारे अवधारणात्मक ज्ञान के आधार पर, हम जानते हैं कि जहां कहीं भी धुआं होता है वहां आग होती है (विपरीत सच नहीं हो सकता है)। दोनों के बीच के अविभाज्य संबंध को जानने के बाद जब भी हम धुआं देखते हैं तो हम आग की मौजूदगी को कम कर सकते हैं। यह अनुमान है।

अत: विकल्प (C) सही है ।

20. एक शाब्दिक परिभाषा सामान्य उपयोग में शब्द का अर्थ है या यह किसी भाषा समुदाय के भीतर एक शब्द का उपयोग करने के तरीके की रिपोर्ट करता है। शाब्दिक परिभाषा वर्णनात्मक है, जो बोलने वालों द्वारा उपयोग की जाने वाली भाषा के वास्तविक उपयोग की रिपोर्ट करती है और शब्दावलियों के

उपयोग से भिन्न होती है, बजाय प्रिस्क्रिप्टिव के। जब किसी परिभाषा का उद्देश्य उपयोग की व्याख्या करना या अस्पष्टता को समाप्त करना हो तो परिभाषा को शाब्दिक कहा जाता है।

अत: विकल्प (C) सही है ।

21. एक स्मार्ट क्लासरूम एक शिक्षण स्थान है जिसमें टच पैनल कंट्रोल लैपटॉप के साथ स्मार्ट पोर्शन हो, इसमें कैमरा और विशेष सॉफ्टवेयर के साथ लैपटॉप कनेक्शन और डीवीडी प्लेयर भी हो। प्रोजेक्टर और स्क्रीन के साथ एक स्मार्ट क्लासरूम भी स्थापित किया गया हो।

अत: विकल्प (D) सही है ।

22. ग्रेपवाइन संचार को अनौपचारिक संचार के रूप में भी जाना जाता है क्योंकि संचार को संगठन और इसके द्वारा निर्धारित औपचारिकताओं / दिशानिर्देशों को बनाए रखने के बिना किया जाता है, प्रासंगिक जानकारी साझा करने के लिए कोई विशेष मार्ग नहीं हैं।

अत: विकल्प (B) सही है ।

23. कक्षा में, एक संचारक का विश्वास स्तर नेत्र संपर्क द्वारा निर्धारित किया जाता है। यह व्यक्ति से उसके विचारों को बहुत बेहतर तरीके से पूछने या प्रस्तुत करने का आत्मविश्वास लाता है।

अत: विकल्प (D) सही है ।

24. हर प्रकार का संचार उसके संदर्भ से प्रभावित होता है।

- संदर्भ उस समायोजन को संदर्भित करता है जिसमें संचार होता है।

- संदर्भ अर्थ स्थापित करने में मदद करता है और यह प्रभावित कर सकता है कि क्या कहा जाता है और कैसे कहा जाता है।

- इस विचार के संबंध में कम से कम चार पहलू हैं: भौतिक, सांस्कृतिक, सामाजिक-मनोवैज्ञानिक और लौकिक

अत: विकल्प (D) सही है ।

25. राष्ट्रीय उच्चतर शिक्षा अभियान (RUSA) 2013 में योग्य राज्य उच्च शिक्षण संस्थानों को रणनीतिक वित्त पोषण प्रदान करने के उद्देश्य से शुरू किया गया था। राष्ट्रीय उच्चतर शिक्षा अभियान (RUSA) के उद्देश्य हैं:

1. निर्धारित मानदंडों और मानकों के अनुरूप सुनिश्चित करके राज्य संस्थानों की गुणवत्ता में सुधार करना।

2. गुणवत्ता आश्वासन ढांचे के रूप में मान्यता को अपनाना। इसका उद्देश्य सभी उच्च संस्थानों को समान विकास प्रदान करना और उच्च शिक्षा प्रणाली में कमजोरियों या खामियों को दूर करना।

3. मौजूदा स्वायत्त कॉलेजों को अपग्रेड करके नए संस्थान बनाना।

अत: विकल्प (D) सही है ।

26. विश्वविद्यालय अनुदान आयोग के पास "मानव अधिकारों और शिक्षा में मूल्यों" के लिए एक योजना है। इस योजना के तहत, उच्च संस्थानों में अनुसंधान गतिविधियों को प्रोत्साहित करने का प्रावधान है। सूचीबद्ध अन्य दिशा-निर्देश समाज और शैक्षिक संस्थानों के बीच बातचीत को विकसित करने और नागरिकों को संवेदनशील बनाने के लिए हैं ताकि मानवाधिकारों के मानदंडों और मूल्यों का एहसास हो सके। स्कूल में मूल्य और कल्याण केंद्र स्थापित करना और मानवाधिकार और कर्तव्य शिक्षा 'योजना में सूचीबद्ध घटक नहीं है।

अत: विकल्प (A) सही है ।

27. मेल मर्ज का उपयोग एम. एस. वर्ड में विभिन्न व्यक्तियों को एक ही मेल भेजने के लिए किया जाता है। मेल मर्ज व्यक्तिगत पत्र और पूर्व-संबोधित मेलिंग लेबल बनाने का एक तरीका है। एम. एस. वर्ड डेटाबेस से सामग्री, वर्ड दस्तावेज़ों में स्प्रेडशीट सम्मिलित कर सकता है।

अत: विकल्प (D) सही है ।

28. बाइट डिजिटल जानकारी की एक इकाई है जिसमें सबसे अधिक आठ बिट्स होते हैं।

1 बाइट = 8 बिट्स

अत: विकल्प (B) सही है।

29. पारित होने की पहली कुछ पंक्तियों के अनुसार, "आखिरी महायुद्ध, जिसने लगभग आधुनिक दुनिया की नींव हिला दी थी, भारतीय साहित्य पर हिंसा के खिलाफ विद्रोह को बढ़ाने और 'मानवीय ढोंग' के साथ बढ़ते मोहभंग को जोड़ने से परे बहुत कम प्रभाव पड़ा।"

इसका मतलब है कि इसने हिंसा के खिलाफ विद्रोह को बढ़ा दिया था।

अतः विकल्प (B) सही है।

30. पिछले महायुद्ध ने "पश्चिमी दुनिया के 'मानवीय- विज्ञप्तियों' के साथ बढ़ते मोहभंग को जोड़ा था।" और यह "टैगोर की बाद की कविताओं और उनके अंतिम वसीयतनामा, क्राइसिस इन सिविलाइज़ेशन" में स्पष्ट रूप से आवाज़ दी गई थी।

अत: विकल्प (B) सही है।

31. महान युद्ध की अवधि के दौरान पारित होने के अनुसार, मानव बुद्धिजीवी वर्ग, "संकट के समय में इंग्लैंड दृढ़ साहस के साथ सहानुभूति रखने में मदद नहीं कर सकता था"। इसका मतलब है कि उन्होंने कठिन समय के दौरान इंग्लैंड के साहस के प्रति सहानुभूति व्यक्त की।

अत: विकल्प (D) सही है।

32. दिए गए गद्यांश के अनुसार, "इसमें कोई संदेह नहीं है (भारतीय साहित्य में रचनात्मक ऊर्जा) ने किया, लेकिन दुर्भाग्य से, यह जल्द ही निर्दोषों के अमानवीय वध के साथ, विभाजन की महान पीड़ा में डूब गया।" इस प्रकार, भारतीय साहित्य में रचनात्मक ऊर्जा के डूबने के लिए विभाजन की महान पीड़ा जिम्मेदार थी।

अत: विकल्प (C) सही है।

33. मार्ग के उत्तरार्ध के अनुसार, "इन आपदाओं (विभाजन) में जो उत्साह और विश्वास का भंडार बचा है, वह मुख्य रूप से राष्ट्रीय पुनर्निर्माण और आर्थिक विकास के कार्य में अवशोषित हो गया है।"

अत: विकल्प (D) सही है।

34. रागिनी द्वारा रसायन विज्ञान और जीव विज्ञान में एक साथ प्राप्त अंक $= 45 + 38 = 83$

भौतिकी और गणित में मोहिनी द्वारा प्राप्त अंक $= 55 + 82 = 137$

अपेक्षित $\% = \frac{83}{137} \times 100 = 60.58\%$

अत: विकल्प (B) सही है।

35. गणित में सभी छात्रों द्वारा प्राप्त अंक = 65 + 52 + 78 + 82 + 96 = 373

रसायन विज्ञान में सभी छात्रों द्वारा प्राप्त अंक = 45 + 62 + 70 + 65 + 64 = 306

आवश्यक अनुपात = 373: 306

अत: विकल्प (B) सही है।

36. सभी विषयों में कुल अंक $= 75 + 100 + 75 + 75 + 120 = 445$

सभी विषयों में सोहन द्वारा प्राप्त अंक $= 50 + 78 + 70 + 58 + 88 = 344$

अपेक्षित $\% = \frac{344}{445} \times 100 = 77.3\%$

अत: विकल्प (C) सही है।

37. मोहन द्वारा अंग्रेजी में प्राप्त अंकों का प्रतिशत

$= \frac{104}{120} \times 100 = 86.67\%$

भौतिकी में रोहन द्वारा प्राप्त अंकों का प्रतिशत

$= \frac{60}{75} \times 100 = 80\%$

आवश्यक अंतर $= 86.67 - 80 = 6.67\%$

अत: विकल्प (A) सही है।

38. रोहन द्वारा सभी विषयों में प्राप्त अंकों का योग = 60 + 52 + 62 + 55 + 88 = 317

अत: विकल्प (D) सही है।

39. मॉन्ट्रियल प्रोटोकॉल ओजोन रिक्तीकरण के लिए जिम्मेदार पदार्थों को चरणबद्ध करके ओजोन परत की रक्षा के लिए बनाया गया है।

मॉन्ट्रियल प्रोटोकॉल:

- मॉन्ट्रियल प्रोटोकॉल एक अंतर्राष्ट्रीय संधि है जिसे ओज़ोन-परत के क्षरण के लिए जिम्मेदार कई पदार्थों के उत्पादन को चरणबद्ध करके ओज़ोन परत की सुरक्षा के लिए बनाया गया है।
- यह 16 सितंबर 1987 को तय किया गया था और 16 सितंबर 1989 को लागू हुआ।
- प्रोटोकॉल का मुख्य उद्देश्य यौगिकों के उत्पादन और खपत को चरणबद्ध करना है जो कि समताप मंडल में क्लोरोफ्लोरोकार्बन (CFCs), हैलोन, मिथाइल क्लोरोफॉर्म और कार्बन टेट्राक्लोराइड जैसे ओजोन का क्षय करते हैं।

अत: विकल्प (D) सही है।

40. बायोमास शक्ति, नवीकरणीय स्रोत है जो न्यूनतम लागत के साथ बिजली उत्पन्न कर सकता है। बायोमास जानवरों और पौधों का अपशिष्ट उत्पाद है जिसका उपयोग औद्योगिक प्रक्रियाओं में बहुत कम लागत के साथ ऊर्जा उत्पादन के लिए किया जा सकता है।

अत: विकल्प (A) सही है।

41. इंटरनेट राष्ट्रों में फैले कंप्यूटरों का एक नेटवर्क है और जिसे विश्वसनीय दूरसंचार लिंक द्वारा संभव बनाया गया है। आज, इंटरनेट समाज के दिन-प्रतिदिन के मामलों में एक महत्वपूर्ण भूमिका निभाता है। इंटरनेट जनता की संस्कृति और जीवन शैली को प्रभावित करता है। यह स्पष्ट रूप से दिखाया गया है कि संचार नेटवर्क प्रणाली का कोई अन्य साधन इंटरनेट जितना महत्वपूर्ण नहीं है।

कंप्यूटर सिस्टम के सभी इलेक्ट्रॉनिक और मैकेनिकल घटकों को हार्डवेयर के रूप में जाना जाता है। इंटरनेट से जुड़ने के लिए हमें हार्डवेयर की आवश्यकता होती है जैसे- मॉडम, हब, ब्रिज, राउटर और गेटवे।

अत: विकल्प (D) सही है।

42. विश्वविद्यालयों के बीच सहयोग और समन्वय को बढ़ावा देने के लिए पहले से स्थापित अंतर-विश्वविद्यालय बोर्ड का वर्तमान स्वरुप 'ए.आई.यू.' है।

उच्च शिक्षा की स्थिति में, मानकों के रखरखाव और समन्वय की जिम्मेदारी केंद्र सरकार के पास रहती है। उच्च शिक्षा को मजबूत करने और शिक्षण और अनुसंधान के मानकों में सुधार के लिए सरकार द्वारा कई उपाय किए गए हैं।

ए.आई.यू.:

- अंतर-विश्वविद्यालय बोर्ड (IUB) की स्थापना 1925 में हुई थी और 1973 में इसका नाम बदलकर भारतीय विश्वविद्यालयों का संघ (AIU) कर दिया गया था।

- यह भारत में प्रमुख विश्वविद्यालयों का एक संगठन और संघ है।

- ए.आई.यू का मुख्य उद्देश्य विश्वविद्यालयों के हितों की रक्षा करना और उन्हें बढ़ावा देना है तथा विशेष रूप से जानकारी साझा करने और संस्कृति, खेल और संबद्ध क्षेत्रों के क्षेत्र में सहयोग बढ़ाने और विश्वविद्यालयों को डिग्री की पारस्परिक मान्यता में सहायता करने के माध्यम से विश्वविद्यालय की गतिविधियों को सुविधाजनक बनाना है।

- ए.आई.यू सदस्यता कैरियर के दृष्टिकोण से प्रामाणिकता, गुणवत्ता और आजीवन सुरक्षा की पहचान है।

अतः विकल्प (B) सही है।

43. 'हस्तशिल्प और कालीन क्षेत्र के कौशल को बढ़ावा देना' आजीविका संवर्धन के लिए कौशल अधिग्रहण और ज्ञान जागरूकता (SANKALP) परियोजना के प्रमुख परिणाम क्षेत्रों में से एक नहीं है।

आजीविका संवर्धन के लिए कौशल अधिग्रहण और ज्ञान जागरूकता (SANKALP) परियोजना कौशल विकास एवं उद्यमिता मंत्रालय (MSDI) की एक केंद्र प्रायोजित योजना है। यह एक परिणाम-केंद्रित योजना है जो व्यावसायिक शिक्षा और प्रशिक्षण में सरकार की कार्यान्वयन रणनीति में निविष्टि से उत्पाद में बदलाव को चिह्नित करती है।

अतः विकल्प (A) सही है।

44. दिया है:

8 : 514 :: 11 : ?

यहाँ अनुसरण किया गया पैटर्न है,

8, 514 से इस प्रकार संबंधित है:

$8^3 + 2 = 512 + 2$

$= 514$

इसी तरह,

$11^3 + 2 = 1331 + 2$

$= 1333$

$\Rightarrow$ 8 : 514 :: 11 : 1333

अतः विकल्प (A) सही हैं।

45. यहाँ अनुसारित स्वरूप इस प्रकार है:

(पहले और दूसरे अक्षर) और (तीसरे और चौथे अक्षर) का योग लीजिए, फिर दोनों योग को घटाएं।

C = 3, A = 1, 3 + 1 = 4

R = 18, D = 4, 18 + 4 = 22

22 – 4 = 18

'SORT : ?' के लिए समान स्वरूप का अनुसरण किया जाएगा।

S = 19, O = 15, 19 + 15 = 34

R = 18, T = 20, 18 + 20 = 38

38 – 34 = 4

अतः विकल्प (C) सही है।

46. यहाँ अनुसरित किया गया स्वरूप है:

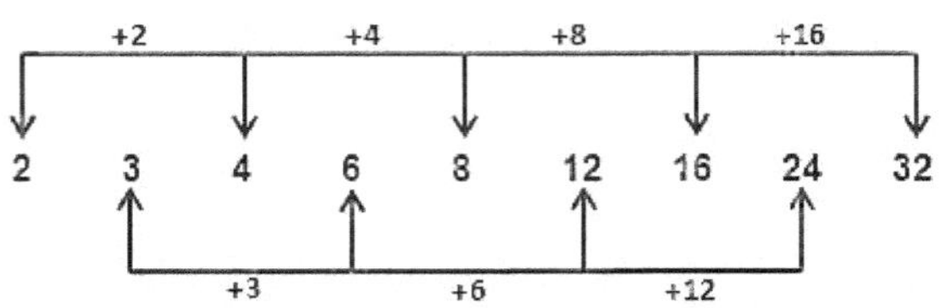

इस प्रकार, "8" लुप्त पद है।

अतः विकल्प (B) सही है।

47. कथन बताता है कि दुनिया में सबसे बड़ा लोकतंत्र होने के बावजूद, भारत को अभी भी एक विकासशील देश के रूप में वर्गीकृत किया गया है।

कथन से, यह माना जा सकता है कि भारत प्रगतिशील है और अभी तक एक विकसित राष्ट्र नहीं बन पाया है। इसलिए, अनुमान I अनुसरण करता है।

लेकिन चूंकि कथन विकास के मापदंडों और विकास का आकलन करने के मानदंडों पर चर्चा नहीं करता है। हम यह नहीं अनुमान लगा सकते हैं कि धारणा में बदलाव से भारत को विकसित होने में मदद मिलेगी। इसलिए, अनुमान II अनुसरण नहीं करता है।

अतः विकल्प (A) सही है।

48. माना कि A प्रारंभिक बिन्दु और B अंतिम बिन्दु है।

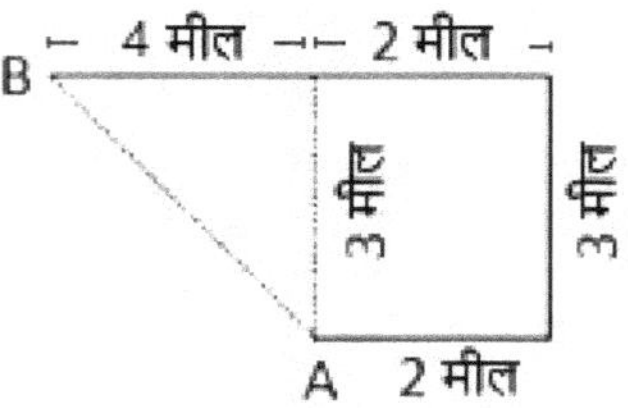

$AB^2 = 4^2 + 3^2$

$AB^2 = 16 + 9$

$AB^2 = 25$

$AB = 5$ मील

अतः विकल्प (C) सही है।

49. ऊँचाई के अनुसार: रोहित < संजय, दिनेश < विकास

चूँकि कमल की ऊँचाई, रोहित और विकास के बीच में है, क्रम बनता है:

दिनेश < विकास < कमल < रोहित < संजय

स्पष्टतः संजय सबसे ऊँचा है।

अतः विकल्प (A) सही है।

50. दिया है:

प्रमीत की गति 25 किमी/घंटा है।

रोहित की गति 35 किमी/घंटा है।

प्रमीत और रोहित की सापेक्ष गति होगी

$\Rightarrow$ (25 + 35) = 60 किमी/घंटा

इसलिए, 15 मिनट में तय की गई दूरी = $60 \times \dfrac{15}{60}$ = 15 किमी

इसलिए, सही उत्तर "15 किमी" है।

अतः विकल्प (A) सही है।

51. FEMA का मतलब है-विदेशी मुद्रा प्रबंधन अधिनियम। FEMA विदेशी मुद्रा प्रबंधन अधिनियम (भारत) के लिए है। मंत्रालय भारतीय रिज़र्व बैंक (RBI) से वारंट के माध्यम से निवेश के लिए विदेशी मुद्रा प्रबंधन अधिनियम के प्रावधानों में संशोधन करने के लिए भी कहेगा।

अतः विकल्प (A) सही है।

52. विश्व व्यापार संगठन अंतर्राष्ट्रीय व्यापार में बाधाओं को कम करने और सभी के लिए एक स्तर का खेल क्षेत्र सुनिश्चित करने के उद्देश्य से समझौतों पर बातचीत करने के लिए एक मंच प्रदान करता है, इस प्रकार आर्थिक विकास और विकास में योगदान देता है। विश्व व्यापार संगठन इन समझौतों के कार्यान्वयन और निगरानी के लिए एक कानूनी और संस्थागत ढांचा प्रदान करता है, साथ ही उनकी व्याख्या और आवेदन से उत्पन्न विवादों को निपटाने के लिए भी। विश्व व्यापार संगठन में होने वाले व्यापार समझौतों के वर्तमान निकाय में 16 अलग-अलग बहुपक्षीय समझौते होते हैं (जिसमें सभी विश्व व्यापार संगठन सदस्य दल होते हैं) और दो अलग-अलग बहुपक्षीय समझौते (जिनमें केवल कुछ विश्व व्यापार संगठन सदस्य होते हैं) पक्ष होते हैं।

अत: विकल्प (D) सही है।

53. चालू खाता परिवर्तनीयता का अर्थ है कि भारतीय रुपया किसी भी राशि के लिए व्यापार के उद्देश्यों के लिए मौजूदा बाजार दरों पर किसी भी विदेशी मुद्रा में परिवर्तित किया जा सकता है। यह वस्तुओं और सेवाओं के निर्यात और आयात के लिए आसान वित्तीय लेनदेन की अनुमति देता है।

अत: विकल्प (C) सही है।

54. WTO या "विश्व व्यापार संगठन" को अंतर्राष्ट्रीय व्यापार का प्रहरी कहा जाता है। मूल रूप से, यह अंतर-सरकारी संगठन है जो अंतर्राष्ट्रीय व्यापार क्षेत्र का प्रबंधन और संचालन करता है।

यह संगठन 1 जनवरी 1995 में स्थापित किया गया था।

विश्व व्यापार संगठन के काम में माल में व्यापार का विनियमन शामिल है, व्यापार समझौतों की रूपरेखा तैयार करना आदि।

अत: विकल्प (C) सही है।

55. अग्रिम आयकर बैलेंस शीट की देयता पक्ष दिखाया गया है।

जबकि कर देयता लाभ और हानि खाते में एक व्यय के रूप में दिखाई देगी, आयकर का प्रावधान वर्तमान देयता और रुपये के अग्रिम कर के रूप में बैलेंस शीट में दिखाया जाएगा। भुगतान की गई 3,50,000 को बैलेंस शीट के परिसंपत्ति पक्ष पर अग्रिम के रूप में दिखाया जाएगा।

अत: विकल्प (D) सही है।

56. अंतरिम लाभांश को लाभ और हानि विनियोग खाते में दिखाया जाता है।

अंतरिम लाभांश दो वार्षिक आम बैठकों के बीच घोषित किया जाता है। तालिका ए के विनियमन 86 के अनुसार, बोर्ड समय-समय पर शेयरधारकों को ऐसे अंतरिम लाभांश का भुगतान कर सकता है, क्योंकि यह कंपनी के मुनाफे को ध्यान में रखते हुए उचित प्रतीत होता है। यदि कंपनी द्वारा टेबल A को नहीं अपनाया गया है, तो एसोसिएशन का लेख इस तरह के लाभांश के भुगतान की अनुमति दे सकता है।

अंतिम लाभांश की तरह अंतरिम लाभांश लाभ का एक विनियोग है जिसे लाभ और हानि विनियोग खाते के डेबिट पक्ष पर दिखाया जाना है।

अत: विकल्प (B) सही है।

57.

सूची-I	सूची-II
(a) योजना	2. पूर्वानुमान
(b) स्टाफिंग	1. प्रशिक्षण
(c) निर्देशन	4. प्रेरक
(d) नियंत्रित करना	3. मूल्यांकन

योजना वांछित लक्ष्य को प्राप्त करने के लिए आवश्यक गतिविधियों के बारे में सोचने की प्रक्रिया है। यह वांछित परिणाम प्राप्त करने के लिए पहली और सबसे महत्वपूर्ण गतिविधि है।

स्टाफिंग कर्मचारियों को उनके अनुसार विशिष्ट नौकरी की भूमिका देने से पहले उनके कौशल और ज्ञान का मूल्यांकन करके भर्ती करने का एक ऑपरेशन है। स्टाफिंग मॉडल डेटा को संदर्भित करता है जो कार्य गतिविधियों को मापता है, कितने श्रम घंटे की आवश्यकता होती है, और कर्मचारी समय कैसे व्यतीत होता है।

निर्देशन प्रबंधन का दिल है। प्रबंधन के अन्य सभी कार्य जैसे कि नियोजन, आयोजन, और स्टाफ का निर्देशन के बिना कोई महत्व नहीं है। नेतृत्व, प्रेरणा, पर्यवेक्षण, संचार निर्देशन के विभिन्न पहलू हैं।

नियंत्रण प्रबंधन का एक कार्य है जो सुधारात्मक कार्रवाई करने के लिए त्रुटियों की जांच करने में मदद करता है। यह मानकों से विचलन को कम करने और यह सुनिश्चित करने के लिए किया जाता है कि संगठन के घोषित लक्ष्य वांछित तरीके से प्राप्त किए जाते हैं।

अत: विकल्प (C) सही है।

58. एक ज्ञापन एसोसिएशन (एमओए) में एक नाम खंड, पंजीकृत कार्यालय या व्यावसायिक स्थान खंड, उद्देश्य या वस्तु खंड, देयता खंड, पूंजी खंड और साथ ही एक संघ खंड शामिल हैं। एमओएस कानूनी दस्तावेज हैं जो सीमित देयता कंपनियों (एलएलसी) के पंजीकरण से पहले तैयार किए जाते हैं।

अत: विकल्प (D) सही है।

59. 'इनडोर प्रबंधन का सिद्धांत' बाहरी लोगों को सुरक्षा प्रदान करता है।

इनडोर प्रबंधन के सिद्धांत, जिसे टर्कैंड नियम के रूप में भी जाना जाता है, एक 150 साल पुरानी अवधारणा है, जो कंपनी द्वारा किए गए कार्यों के खिलाफ बाहरी लोगों की रक्षा करती है। कोई भी व्यक्ति जो कंपनी के साथ एक अनुबंध में प्रवेश करेगा, यह सुनिश्चित करेगा कि लेनदेन कंपनी के लेख और ज्ञापन द्वारा अधिकृत है।

अत: विकल्प (D) सही है।

60. एक कंपनी सचिव को अन्य कर्मचारियों की तरह हटाया / बर्खास्त किया जा सकता है। चूंकि वह बोर्ड द्वारा नियुक्त किया जाता है, इसलिए निष्कासन केवल बोर्ड द्वारा ही किया जा सकता है। निष्कासन रोजगार समझौते के अनुसार होना चाहिए। हटाने के लिए बोर्ड से एक संकल्प आवश्यक होगा। हटाने के लिए एक स्पष्ट और पर्याप्त कारण की आवश्यकता है। कंपनी सचिव मुख्य रूप से एक कंपनी के कुशल प्रशासन के लिए जिम्मेदार हैं, वैधानिक और विनियामक आवश्यकताओं के अनुपालन और बोर्ड के निर्णयों को प्रभावी ढंग से लागू करने के संबंध में। कंपनी सेक्रेटरी को हटाने के लिए एक कंपनी द्वारा निम्नलिखित प्रक्रियाओं का पालन किया जाना आवश्यक है

- संयोजक मंडल की बैठक।
- सचिव को अंतरंग करें।
- संयोजक मंडल की बैठक दूसरी बार।
- आरओसी को सूचित करें।
- ई-फॉर्म पर हस्ताक्षर करें और प्रमाणित करें।
- दंड के प्रावधान।

इस प्रकार उपरोक्त प्रक्रिया का पालन करने के बाद कंपनी सचिव को कंपनी से हटाया जा सकता है।

अत: विकल्प (A) सही है।

61. आयातकों को जीवन रक्षक दवाओं के आयात के लिए उनके द्वारा भुगतान किए गए आयात शुल्क की सीमा तक ड्यूटी ड्राबैक स्कीम के संबंध में सही है। सरकार ने औसत घटना के आकलन के बाद बड़ी संख्या में निर्यात उत्पादों के लिए ड्यूटी ड्राबैक योजना को अधिसूचित किया है। निर्यात उत्पादों द्वारा सीमा

शुल्क, केंद्रीय उत्पाद शुल्क, सेवा कर और लेनदेन लागत का सामना करना पड़ा। ड्यूटी ड्राबैक योजना का उद्देश्य निर्यात वस्तुओं के निर्माण में उपयोग की जाने वाली इनपुट सेवाओं पर भुगतान किए गए इनपुट या कच्चे माल और सेवा कर पर भुगतान किए गए कस्टम और उत्पाद शुल्क के पुनर्भुगतान / पुनर्खरीद प्रदान करना है। इस लेख में, हम भारत में निर्यात की ड्यूटी ड्राबैक का दावा करने की प्रक्रिया को देखते हैं।

अत: विकल्प (C) सही है।

62. विदेशी व्यापार में, एक आपूर्तिकर्ता द्वारा उद्धृत मूल्य क्या है जिसमें खरीदार को माल की डोर डिलीवरी तक किए गए सभी शुल्क शामिल हैं, उसे फ्रेंको की कीमत कहा जाता है।

फ्रेंको की कीमत: इसे मुफ्त कीमत के रूप में भी जाना जाता है, इस उद्धरण में खरीदार के गोदाम में माल की डिलीवरी के सभी शुल्क शामिल हैं। इसका तात्पर्य है माल की मुफ्त डिलीवरी।

अत: विकल्प (C) सही है।

63. 1. क्रेडिट ऑफ लेटर मेल द्वारा नहीं खोला जा सकता है।

2. 90 दिनों के भीतर आंशिक रूप से या पूरी तरह से सुरक्षित भुगतान के खिलाफ माल और सेवाओं के निर्यात के अनुबंधों को आस्थगित भुगतान निर्यात के रूप में माना जाता है।

1 और 2 दोनों सही हैं।

आपके अनुबंध के अनुसार, आपको (खरीदार) को लेटर ऑफ क्रेडिट (एलसी) खोलने की आवश्यकता है। इस मामले में, लेटर ऑफ क्रेडिट आपके बैंक (या अन्य ओपनिंग बैंक) द्वारा खोला जाता है और लेटर ऑफ क्रेडिट के लाभार्थी आपके विदेशी विक्रेता हैं।

रिटेंशन मनी शिपमेंट की तारीख से एक वर्ष की अवधि के भीतर देय है, अनुबंध की शर्तों के अनुसार, बैंकों को अधिकतम 90 दिनों की अवधि तक ब्याज दर निर्धारित करनी चाहिए। शिपमेंट के बाद के चरण में 'ईसीएनओएस' श्रेणी के लिए निर्धारित ब्याज की दर 90 दिनों से अधिक की अवधि के लिए ली जा सकती है।

अत: विकल्प (C) सही है।

64. अधीनता "वह सिद्धांत है जिसके तहत बीमा पॉलिसी के तहत नुकसान का भुगतान करने वाला बीमाकर्ता किसी तीसरे पक्ष के खिलाफ बीमाधारक से संबंधित सभी अधिकारों और उपायों के हकदार होता है, जो पॉलिसी द्वारा कवर किए गए किसी भी नुकसान के संबंध में होता है"।

अत: विकल्प (A) सही है।

65. एक समुद्री नीति में बीमा योग्य ब्याज, नुकसान के समय मौजूद होना चाहिए, हालांकि यह आवश्यक नहीं है कि यह पॉलिसी को प्रभावित करने के समय अस्तित्व में होना चाहिए। जब तक कि जहाज या माल के विक्रेता किसी भी ब्याज को बरकरार नहीं रखते हैं संपत्ति में, वह अपनी रुचि की सीमा तक इसका बीमा कर सकता है।

अत: विकल्प (B) सही है।

66. हेनरी फेयोल (1841 - 1925) एक फ्रांसीसी कोयला-खदान इंजीनियर, खदानों के निदेशक और आधुनिक प्रबंधन सिद्धांतकार थे। उनका वैज्ञानिक प्रबंधन सिद्धांत व्यवसाय प्रशासन और व्यवसाय प्रबंधन के लिए आधार बनाता है। अकादमिक दुनिया में, इसे फेयोलिज्म के रूप में भी जाना जाता है। हेनरी फेयोल ने अपने समय के सबसे प्रभावशाली आधुनिक प्रबंधन अवधारणाओं में से एक प्रदान किया। वह प्रबंधन के 14 सिद्धांतों और प्रबंधन के पांच कार्यों के संस्थापक हैं।

अत: विकल्प (D) सही है।

67. थ्योरी 'X' और थ्योरी 'Y' मानव कार्य प्रेरणा और प्रबंधन के सिद्धांत हैं। वे डगलस मैकग्रेगर द्वारा बनाए गए थे, जब वह 1950 के दशक में एमआईटी स्लोन स्कूल ऑफ मैनेजमेंट में काम कर रहे थे, और 1960 के दशक में और विकसित हुए।मैकग्रेगर का काम अब्राहम मैस्लो के कामों के साथ प्रेरणा सिद्धांत में निहित था, जिन्होंने जरूरतों के पदानुक्रम का निर्माण किया। मैकग्रेगर द्वारा प्रस्तावित दो सिद्धांत मानव संसाधन प्रबंधन, संगठनात्मक व्यवहार, संगठनात्मक संचार और संगठनात्मक विकास में प्रबंधकों द्वारा लागू कार्यबल प्रेरणा के विपरीत मॉडल का वर्णन करते हैं। थ्योरी X ऊंचा पर्यवेक्षण, बाहरी पुरस्कार और दंड के महत्व को समझाता है, जबकि थ्योरी Y नौकरी की संतुष्टि की प्रेरक भूमिका पर प्रकाश डालती है और श्रमिकों को प्रत्यक्ष पर्यवेक्षण के बिना कार्यों के लिए प्रोत्साहित करती है। थ्योरी X और थ्योरी Y का प्रबंधन उपयोग विभिन्न तरीकों से कर्मचारी प्रेरणा और उत्पादकता को प्रभावित कर सकता है, और प्रबंधक दोनों सिद्धांतों से अपनी प्रथाओं में रणनीतियों को लागू करने का विकल्प चुन सकते हैं।

अत: विकल्प (A) सही है।

68. दक्षिण पूर्व एशियाई देशों का संगठन या ASEAN, बैंकॉक, थाईलैंड में 8 अगस्त 1967 को स्थापित किया गया था। वर्तमान में, इस संघ के 10 स्थायी सदस्य हैं। इसका मुख्यालय जकार्ता (इंडोनेशिया) में है।

1. ASEAN का निर्माण साम्यवाद के एक सामान्य भय से प्रेरित था।

2. दक्षिण-पूर्व एशियाई देशों का संगठन एक क्षेत्रीय अंतर सरकारी संगठन है, जिसमें दक्षिण-पूर्व एशिया के दस देश शामिल हैं, जो अंतर-सरकारी सहयोग को बढ़ावा देता है और एशिया में अपने सदस्यों और अन्य देशों के बीच आर्थिक, राजनीतिक, सुरक्षा, सैन्य, शैक्षिक और सामाजिक सामाजिक एकीकरण की सुविधा प्रदान करता है।

3. *सदस्य इंडोनेशिया, फिलीपींस, वियतनाम, थाईलैंड, म्यांमार, मलेशिया, कंबोडिया, लाओस, सिंगापुर और ब्रुनेई हैं। प्रेक्षक पूर्वी तिमोर और पापुआ न्यू गिनी हैं।*

4. भारत अपनी भौगोलिक स्थिति के कारण इस संघ का सदस्य नहीं बन सका। भारत दक्षिण-एशिया का एक हिस्सा है जबकि एसएसईएएन दक्षिण-पूर्व एशियाई देशों का एक संगठन है। 23 जुलाई, 1996 को; एएसईएएन ने भारत को सलाहकार का दर्जा दिया।

अत: विकल्प (A) सही है।

69. कंपनी के निदेशकों को अपने लेखों द्वारा अधिकृत किए जाने पर जब्त किए गए शेयरों को फिर से जारी करने का अधिकार है। ऐसे नियमों पर और बोर्ड द्वारा उचित समझे जाने पर एक साझा हिस्से को बेचा या अन्यथा निपटाया जा सकता है। इस तरह के शेयरों को ऊंची कीमत पर अंकित मूल्य पर या फिर छूट पर बराबर जारी किया जा सकता है।

जब जब्त किए गए शेयरों को बराबर या ऊंची कीमत पर दोबारा जारी किया जाता है, तो प्रविष्टियां पहले से ही पास या ऊंची कीमत पर शेयरों के मुद्दे के संबंध में पारित प्रविष्टियों के समान होती हैं।

अत: विकल्प (D) सही है।

70. पूंजीगत व्यय के उदाहरण इस प्रकार हैं: इमारतें (एक भवन के उपयोगी जीवन का विस्तार करने वाली बाद की लागतें शामिल हैं) कंप्यूटर उपकरण। फर्नीचर व फिक्सचर (फर्नीचर की लागत सहित जो एक इकाई के रूप में एकत्रित और व्यवहारित है, जैसे डेस्क का समूह)

अब चीन से भारत में मशीनरी आयात करने के लिए आयात शुल्क को जीएसटी लागू करने के बाद संशोधित किया गया है। वर्तमान कानून के तहत कुछ करों को कम कर दिया गया है। बेसिक कस्टम ड्यूटी के अलावा IGST या इंटीग्रेटेड गुड्स एंड सर्विसेज टैक्स भी वसूला जाता है।

अत: विकल्प (D) सही है।

71. AS-8 - अनुसंधान और विकास के लिए लेखांकन। उद्देश्य: यह कथन वित्तीय विवरणों में अनुसंधान और विकास की लागत के उपचार से संबंधित है। अनुसंधान मूल और नियोजित जांच है जो नए वैज्ञानिक या तकनीकी ज्ञान और समझ प्राप्त करने की आशा के साथ किया गया है।

अतः विकल्प (B) सही है।

72. "थिंक डिफरेंट" एप्पल कम्प्यूटर्स आईएनसी द्वारा उपयोग किया जाने वाला एक विज्ञापन स्लोगन है, जिसे अब एप्पल आईएनसी नाम दिया गया है।

- स्लोगन को आईबीएम के स्लोगन थिंक की प्रतिक्रिया के रूप में लिया गया था।
- कंपनी को 1 अप्रैल 1976 को स्टीव जॉब्स, स्टीव वोज्नियाक, रोनाल्ड वेन द्वारा स्थापित किया गया था।
- स्टीव जॉब्स, कंपनी के सह-संस्थापक ने एक विज्ञापन अभियान बनाने की कामना की, जो लोगों को एप्पल के वफादार प्रशंसक-आधार के बारे में याद दिलाए और इसलिए उन्होंने "थिंक डिफरेंट" स्लोगन का उपयोग किया।
- कंपनी का मुख्यालय कैलिफोर्निया यूएस में है।

1. अमेज़ॅन

- अमेज़न कंपनी को 5 जुलाई 1994 को जेफ बेजोस ने स्थापित किया था।
- कंपनी का मुख्यालय सिएटल, वाशिंगटन, यू.एस. में है।
- अमेज़न कंपनी एक ई-कॉमर्स कंपनी है जो *वेब होस्टिंग, ऑनलाइन शॉपिंग और सामग्री वितरण सेवाएं* प्रदान करती है।
- कंपनी की टैगलाइन है "वर्क हार्ड, हैव फन"।

2. फेसबुक

- फेसबुक को 4 जुलाई 2004 को मार्क जुकरबर्ग, क्रिस ह्यूजेस, एंड्रयू मैकुलम, एडुआर्ड सेवरिन, डस्टिन मॉस्कोविट्ज़ द्वारा स्थापित किया गया था।
- कंपनी का मुख्यालय मेनलो पार्क, कैलिफोर्निया, यू.एस. में है।
- फेसबुक सामाजिक नेटवर्किंग सेवाएं प्रदान करता है।

3. गूगल

- गूगल को 4 सितंबर 1998 को लैरी पेज और सर्गेई ब्रिन द्वारा स्थापित किया गया था।
- कंपनी का मुख्यालय गूगलप्लेक्स माउंटेन व्यू कैलिफ़ोर्निया यूएस में है।
- गूगल एक इंटरनेट कंप्यूटर सॉफ्टवेयर उद्योग है।
- गूगल की मूल कंपनी वर्णमाला इंक है।
- कंपनी की टैगलाइन है "डोंट बी ईविल"।

अतः विकल्प (A) सही है।

73. जब दो चर इस तरह से संबंधित होते हैं कि एक चर के मूल्य में परिवर्तन दूसरे चर के मूल्य को प्रभावित करता है, तो चर को सहसंबद्ध कहा जाता है या इन दो चर के बीच सहसंबद्ध होता है।

चर में परिवर्तन की दिशा के अनुसार, सहसंबंध दो प्रकार के होते हैं:
1. सकारात्मक सहसंबंध 2. नकारात्मक सहसंबंध

1. सकारात्मक सहसंबंध: दो चर के बीच सहसंबंध को सकारात्मक कहा जाता है यदि चर के मान एक ही दिशा में विचलन करते हैं यानी यदि एक चर के मान में वृद्धि (या कमी) होती है तो दूसरे चर के मान भी बढ़ते हैं (या घटते हैं)। सकारात्मक सहसंबंध के कुछ उदाहरण परस्पर संबंध हैं:

1. व्यक्तियों के एक समूह की ऊंचाई और वजन;
2. घरेलू आय और व्यय;
3. फसलों की वर्षा और उपज की मात्रा; तथा
4. विज्ञापन और बिक्री राजस्व पर व्यय।

अंतिम उदाहरण में, यह देखा गया है कि जैसे-जैसे विज्ञापन पर खर्च बढ़ता है, बिक्री राजस्व भी बढ़ता है। इस प्रकार, परिवर्तन उसी दिशा में है। इसलिए सहसंबंध सकारात्मक है। शेष तीन उदाहरणों में, आमतौर पर दूसरे चर का मान बढ़ता है (या घटता है) क्योंकि पहले चर का मूल्य बढ़ता है (या घटता है)।

2. नकारात्मक सहसंबंध: दो चर के बीच सहसंबंध को नकारात्मक कहा जाता है यदि चर के मान विपरीत दिशा में विचलन करते हैं यानी यदि एक चर के मान में वृद्धि (या कमी) होती है तो दूसरे चर के मान में कमी (या वृद्धि) होती है। नकारात्मक सहसंबंधों के कुछ उदाहरणों के बीच सहसंबंध हैं:

1. सही गैस का आयतन और दबाव;
2. माल की कीमत और मांग;
3. एक देश में साक्षरता और गरीबी; तथा
4. परीक्षा में छात्रों द्वारा प्राप्त टीवी और अंक देखने में समय व्यतीत होता है।

पहले उदाहरण में, वॉल्यूम कम होने या दबाव बढ़ने पर दबाव कम हो जाता है क्योंकि वॉल्यूम कम हो जाता है। इस प्रकार परिवर्तन विपरीत दिशा में होता है। इसलिए, मात्रा और दबाव के बीच संबंध नकारात्मक है। शेष तीन उदाहरणों में भी, पहले चर के मूल्यों में परिवर्तन की विपरीत दिशा में दूसरे चर के मूल्य बदल जाते हैं।

अब, चूंकि दो चर 'X' और 'Y' के मानों का कुल योग सभी अवलोकनों के लिए समान है। यानि x + y = 'z' (बराबर), सभी टिप्पणियों के लिए 'z' समान (बराबर) रहने के लिए, अगर 'x' बढ़ता है, तो 'y' घटाना चाहिए और इसके विपरीत। इस प्रकार, विकल्प 2 सही उत्तर है।

अतः विकल्प (B) सही है।

74. विशेष आर्थिक क्षेत्र (एसईजेड) नीति अप्रैल, 2000 में शुरू की गई थी। विशेष आर्थिक क्षेत्र अधिनियम, 2005, मई, 2005 में संसद द्वारा पारित किया गया था, जिसने 23 जून, 2005 को राष्ट्रपति की सहमति प्राप्त की थी। एसईजेड नियम, 2006 में आया था। 10 फरवरी, 2006 को प्रभावी प्रक्रियाओं के सरलीकरण और केंद्रीय और साथ ही राज्य सरकारों से संबंधित मामलों में एकल खिड़की निकासी के लिए प्रदान करना।

एसईजेड योजना की मुख्य विशेषताएं हैं:

1. एसईजेड में अधिकृत संचालन के उद्देश्य से भारत के सीमा शुल्क क्षेत्र के बाहर के क्षेत्र के रूप में एक निर्दिष्ट कर्तव्य-मुक्त एन्क्लेव को माना जाएगा।

2. आयात के लिए किसी लाइसेंस की आवश्यकता नहीं।

3. विनिर्माण या सेवा गतिविधियों की अनुमति दी।

4. यूनिट उत्पादन शुरू होने से पांच साल की अवधि के लिए कुल मिलाकर गणना करने के लिए सकारात्मक शुद्ध विदेशी मुद्रा प्राप्त करेगी।

5. घरेलू बिक्री पूर्ण सीमा शुल्क और आयात नीति के अधीन है।

6. एसईजेड इकाइयों को उपमहाद्वीप के लिए स्वतंत्रता होगी।

7. निर्यात/आयात कार्गो के सीमा शुल्क अधिकारियों द्वारा कोई नियमित परीक्षा नहीं।

8. एसईजेड अधिनियम, 2005 में निर्धारित अनुसार एसईजेड डेवलपर्स/सह-डेवलपर्स और इकाइयां प्रत्यक्ष कर और अप्रत्यक्ष कर लाभ का आनंद लेते हैं।

अतः विकल्प (D) सही है।

75. अंतर्राष्ट्रीय मुद्रा कोष का मुख्यालय संयुक्त राज्य अमेरिका में वाशिंगटन डी.सी. में स्थित है। इसकी स्थापना 1944 में हुई थी। अंतर्राष्ट्रीय मुद्रा कोष 190 देशों का संगठन है। यह वित्तीय स्थिरता को सुरक्षित करने, अंतर्राष्ट्रीय व्यापार को सुगम बनाने, उच्च रोजगार और आर्थिक विकास को बढ़ावा देने और दुनिया भर में गरीबी को कम करने के लिए कार्य कर रहा है।

IMF की स्थापना जुलाई 1944 में संयुक्त राज्य अमेरिका के न्यू हैंपशायर में संयुक्त राष्ट्र ब्रेटन वुड्स सम्मेलन में हुई थी। क्रिस्टालिना इवानोवा जॉर्जीवा 2019 से अंतरराष्ट्रीय मुद्रा कोष के अध्यक्ष और प्रबंध निदेशक के रूप में सेवारत बुल्गारियाई अर्थशास्त्री हैं।

शहर	मुख्यालय
जिनेवा	व्यापार और विकास पर संयुक्त राष्ट्र सम्मेलन (UNCTAD) विश्व स्वास्थ्य संगठन अंतरराष्ट्रीय श्रम संगठन विश्व व्यापार संगठन रेडक्रॉस की अंतरराष्ट्रीय समिति मानकीकरण के लिए अंतरराष्ट्रीय संगठन
लंदन	एमनेस्टी इंटरनेशनल अंतरराष्ट्रीय समुद्री संगठन उपभोक्ता इंटरनेशनल राष्ट्रों का राष्ट्रमंडल
पेरिस	इंटरनेशनल चैंबर ऑफ कॉमर्स स्मारकों और साइटों पर अंतरराष्ट्रीय परिषद (ICOMOS)

IMF के प्रबंध निदेशक:

नाम	पदावधि
क्रिस्टालिना जॉर्जीवा	1 अक्टूबर, 2019, आज तक।
मैडम क्रिस्टीन लैगार्ड	5 जुलाई, 2011 से 12 सितंबर, 2019 तक
डोमिनिक स्ट्रॉस-कान	1 नवंबर, 2007 से 18 मई, 2011 तक
रोड्रिगो डी रातो	जून 7, 2004 से 31 अक्टूबर, 2007 तक
हॉर्स्ट कोहलर	मई 1, 2000 से मार्च 4, 2004 तक

अतः विकल्प (D) सही है।

76. जीडीआर विदेश में जारी किए गए वें इक्विटी इंस्ट्रूमेंट्स हैं जो नामित घरेलू कस्टोडियन बैंकों के साथ आयोजित भारतीय कंपनियों के शेयर / बॉन्ड के खिलाफ अधिकृत विदेशी कॉर्पोरेट निकायों द्वारा जारी किए जाते हैं।

- जीडीआर जारी करने वाली कंपनियों के एक या अधिक शेयरों का प्रतिनिधित्व कर सकता है।
- जीडीआर का एक धारक, किसी भी समय इसे उन शेयरों की संख्या में परिवर्तित कर सकता है जो इसका प्रतिनिधित्व करता है।
- जीडीआर को या तो डॉलर या यूरो में दर्शाया जा सकता है और आमतौर पर यूरोपीय स्टॉक एक्सचेंजों में सूचीबद्ध किया जाता है।
- जीडीआर विदेशी कंपनियों के लिए हैं जो भारतीय कंपनियों में निवेश करना चाहते हैं।
- विशेष आरण अधिकार:
  - एसडीआर अंतरराष्ट्रीय मुद्रा कोष का एक साधन है जो सदस्य देश को आर्थिक संकट के समय में मदद करता है।
- भारतीय डिपॉजिटरी रसिदें:
  - भारतीय डिपॉजिटरी रसिदें उन भारतीय निवेशकों को जारी की जाती हैं, जो विदेशी स्टॉक एक्सचेंजों में खुद को पंजीकृत किए बिना विदेशी कंपनियों में निवेश करना चाहते हैं।

अतः विकल्प (C) सही है।

77. योजना आयोग भारत सरकार का एक संस्थान था, जिसने अन्य कार्यों के बीच भारत की पंचवर्षीय योजनाएँ तैयार कीं।

2014 में अपने पहले स्वतंत्रता दिवस के भाषण में, प्रधानमंत्री नरेंद्र मोदी ने योजना आयोग को भंग करने के अपने इरादे की घोषणा की। इसके बाद से इसे नीति आयोग नाम के एक नए संस्थान से बदल दिया गया है।

यह एक सलाहकार निकाय है और कैबिनेट को सिफारिशें देता है। यह देश के संसाधनों के सबसे प्रभावी और संतुलित उपयोग के लिए एक योजना तैयार करने के लिए जिम्मेदार है। यह विकास कार्यक्रमों और योजनाओं के निष्पादन के लिए जिम्मेदार है।

अतः विकल्प (A) सही है।

78. भारतीय रिज़र्व बैंक (RBI) भारत का केंद्रीय बैंक है, जिसे बैंकर के बैंक के रूप में भी जाना जाता है। RBI भारत सरकार की मौद्रिक और अन्य बैंकिंग नीतियों को नियंत्रित करता है। भारतीय रिज़र्व बैंक (RBI) की स्थापना 1 अप्रैल, 1935 को भारतीय रिज़र्व बैंक अधिनियम, 1934 के अनुसार हुई थी। रिज़र्व बैंक 1937 से स्थायी रूप से मुंबई में स्थित है।

RBI के प्राथमिक उद्देश्य वित्तीय बैंकों, वित्तीय संस्थानों और गैर-बैंकिंग वित्तीय कंपनियों (NBFC) से संबंधित वित्तीय क्षेत्र की देखरेख और पहल करना है। RBI भारत के विदेशी मुद्रा भंडार को बनाए रखती है।

अतः विकल्प (A) सही है।

79. प्रबंधन के नियंत्रण कार्य का तात्पर्य कार्रवाई के सुधारात्मक पाठ्यक्रम से है।

नियंत्रण प्रबंधन का एक कार्य है जो सुधारात्मक कार्रवाई करने के लिए त्रुटियों की जांच करने में मदद करता है। यह मानकों से विचलन को कम करने और यह सुनिश्चित करने के लिए किया जाता है कि संगठन के घोषित लक्ष्यों को वांछित तरीके से प्राप्त किया जाता है।

अतः विकल्प (C) सही है।

80. मास्लो की पदानुक्रम की आवश्यकताओं का उपयोग अध्ययन करने के लिए किया जाता है कि मानव आंतरिक प्रेरणा में आंतरिक रूप से कैसे भाग लेता है। मास्लो ने "शारीरिक", "सुरक्षा", "संबंधित और प्रेम", "सामाजिक आवश्यकताओं" या "सम्मान", और "आत्म-बोध" शब्दों का उपयोग उस पैटर्न का वर्णन करने के लिए किया जिसके माध्यम से मानव प्रेरणा आम तौर पर चलती है।

अतः विकल्प (A) सही है।

81. उद्देश्यों से प्रबंधन (MBO) एक रणनीतिक प्रबंधन मॉडल है जिसका उद्देश्य किसी संगठन के प्रदर्शन को उन उद्देश्यों को स्पष्ट रूप से परिभाषित करना है जो प्रबंधन और कर्मचारियों दोनों द्वारा सहमत हैं। इस शब्द को पहली बार प्रबंधन गुरु पीटर ड्रकर ने अपनी 1954 की पुस्तक द प्रैक्टिस ऑफ मैनेजमेंट में उल्लिखित किया था।

उद्देश्यों से प्रबंधन (MBO) द्वारा प्रबंधन योजना और नियंत्रण गतिविधियों में कर्मचारियों की भागीदारी बढ़ाने के लिए एक प्रबंधन तकनीक है। लेकिन मूल रूप से, यह एक प्रक्रिया है जिसके माध्यम से किसी संगठन के लक्ष्यों, योजनाओं और नियंत्रण प्रणालियों को प्रबंधकों और उनके अधीनस्थों के बीच सहयोग के माध्यम से परिभाषित किया जाता है।

अतः विकल्प (D) सही है।

82. एक पूर्वाधिकारी लेनदार एक लेनदार होता है जिसे पहले भुगतान का अधिकार प्राप्त करके, एक दिवालिया परिसमापन के दौरान तरजीही का दर्जा दिया जाता है, जो इनसॉल्वेंसी एक्ट 1986 द्वारा स्थापित एक पदानुक्रम है।

इन्सॉल्वेंसी एक्ट, 1986 द्वारा निर्धारित एक आधिकारिक 'पदानुक्रम' निर्धारित करता है कि एक दिवालिया परिसमापन के दौरान लेनदारों के किस समूह को पहले भुगतान किया जाता है। जब कोई कंपनी परिसमापन में प्रवेश करती है, तो प्रत्येक वर्ग के लेनदारों को पूर्ण भुगतान किया जाना चाहिए (अगले हिस्से को before निर्धारित भाग 'सुरक्षित लेनदारों को छोड़कर) धन आवंटित होने से पहले।

अतः विकल्प (C) सही है।

83. कंपनी अधिनियम, 1956 के तहत शेयरों की वापसी के लिए चुनने वाली एक सूचीबद्ध कंपनी को रजिस्ट्रार ऑफ कंपनीज और सेबी के पास 30 दिनों के भीतर इस तरह के बाय-बैक के पूरा होने के बाद रिटर्न जमा करना होता है।

अत: विकल्प (C) सही है।

84. निजी इक्विटी निवेशक मुख्य रूप से कंपनी की साख और मूल्यांकन के आधार पर कंपनी में निवेश करते हैं।

निजी इक्विटी सार्वजनिक बाजारों से दूर, निजी वित्तपोषण का एक वैकल्पिक रूप है, जिसमें फंड और निवेशक सीधे कंपनियों में निवेश करते हैं या ऐसी कंपनियों के खरीददारों में संलग्न होते हैं। निजी इक्विटी फर्म एक फंड में निवेशकों से प्रबंधन और प्रदर्शन शुल्क वसूल कर पैसा बनाते हैं।

अत: विकल्प (A) सही है।

85. ओलिगोपॉली एक कमोडिटी बाजार है, जब एक समरूप कमोडिटी बनाने वाली कम संख्या में फर्म होती है। *कुछ विक्रेता, कई खरीदार* ओलिगोपोली के मूल चरित्र हैं। एक बाजार की स्थिति में जिसमें उद्योग में कुछ ही फर्में हैं जो या तो सजातीय उत्पाद का उत्पादन करती हैं या उत्पादन की दी गई लाइन में उत्पाद भेदभाव होने को ओलिगोपॉली कहती हैं। ऑलिगोपोली का विशेष मामला जहां दो विक्रेता हैं, को *द्वयधिकार* कहा जाता है। आर्थिक, कानूनी और तकनीकी कारक कुलीन वर्गों के गठन और रखरखाव या विघटन में योगदान कर सकते हैं। एक ओलिगोपॉली उद्योग में प्रवेश करना और एक छोटी शुरुआत कंपनी के रूप में प्रतिस्पर्धा करना मुश्किल है।

एकाधिकार: बाजार की संरचना में जहां बाजार में केवल एक विक्रेता होता है जो पूरे बाजार की आपूर्ति को नियंत्रित करता है।

क्रेता एकाधिकार: यह बाजार की स्थिति है जिसमें बाजार में उत्पाद का केवल एक ही खरीदार होता है।

अत: विकल्प (C) सही है।

86. मूल्यह्रास मूल लागत को एक आस्थगित व्यय के रूप में मानता है और मूल लागत को विभिन्न अवधियों के व्यवस्थित अवधि में इसे आवंटित करके विभिन्न अवधियों के मुनाफे के खिलाफ चार्ज किया जाता है। मूल्यह्रास किसी संपत्ति की भौतिक गिरावट या समय के साथ किसी संपत्ति के बाजार मूल्य में कमी का उल्लेख नहीं करता है।लेखांकन में किसी भी सेट या राशि को विभाजित करने की प्रक्रिया को संदर्भित करता है और परिणामस्वरूप समय या वर्गिकरण के अलग-अलग समय के लिए एक सेट या राशि को निर्दिष्ट करता है। । मूल्यह्रास लेखांकन एक तर्कसंगत और व्यवस्थित तरीके से आवंटित करने का प्रयास करता है जो परिसंपत्ति के अनुमानित उपयोगी जीवन पर अधिग्रहण लागत और अनुमानित उबार मूल्य के बीच का अंतर है।

अत: विकल्प (B) सही है।

87. बैंकिंग कंपनियों द्वारा अपनाया गया ऑडिट 'निरंतर ऑडिट' है। निरंतर ऑडिट एक आंतरिक प्रक्रिया है जो एक निरंतर आधार पर लेखांकन प्रथाओं, जोखिम नियंत्रण, अनुपालन, सूचना प्रौद्योगिकी प्रणालियों और व्यावसायिक प्रक्रियाओं की जांच करती है। निरंतर ऑडिट आमतौर पर प्रौद्योगिकी-संचालित होते हैं और वास्तविक समय में त्रुटि जाँच और डेटा सत्यापन को स्वचालित करने के लिए डिज़ाइन किए जाते हैं।

अत: विकल्प (A) सही है।

88. एक ग्रहणाधिकार किसी व्यक्ति का मालिक की संपत्ति पर कब्जा बनाए रखने का अधिकार है जब तक कि मालिक वह भुगतान नहीं करता है जो व्यक्ति के कब्जे में है। एक लेखाकार के पास अपने ग्राहक से संबंधित दस्तावेजों पर एक विशेष धारणाधिकार होता है जिसके संबंध में लेखाकार ने काम किया है जिसके लिए उसे देय शुल्क का भुगतान नहीं किया गया है।

अत: विकल्प (C) सही है।

89. रिटायरिंग ऑडिटर के स्थान पर नए ऑडिटर की नियुक्ति करने के लिए, प्रक्रिया को अपनाने के लिए, कंपनी अधिनियम, 1956 का 224 भाग लागू होता है।

अत: विकल्प (B) सही है।

90. सॉलोमन बनाम सॉलोमन एंड कंपनी लिमिटेड (1896) यूकेएचएल 1, (1897) एसी 22 एक लैंडमार्क यूके कंपनी कानून का मामला है।

तथ्य: सॉलोमन ने बूट बनाने का अपना व्यवसाय हस्तांतरित किया, शुरू में एक मालिकाना हक के रूप में चला, एक कंपनी (सॉलोमन लिमिटेड) में, जिसमें स्वयं और उसके परिवार के सदस्य शामिल थे। सॉलोमन को शेयरों के माध्यम से इस तरह के हस्तांतरण की कीमत का भुगतान किया गया था, और कंपनी की संपत्ति पर फ्लोटिंग चार्ज (ऋण के खिलाफ सुरक्षा) होने वाली डिबेंचर। बाद में, जब कंपनी का व्यवसाय विफल हो गया और यह परिसमापन में चला गया, डिबेंचर के खिलाफ सॉलोमन की वसूली का अधिकार (फ्लोटिंग चार्ज के माध्यम से सुरक्षित) असुरक्षित लेनदारों के दावों के लिए खड़ा था, जो इस प्रकार से तरल आय से कुछ भी नहीं वसूल पाए। परिसमापक ने अपने सदस्य सॉलोमन से अलग, सॉलोमन लिमिटेड के अलग व्यक्तित्व को नजरअंदाज करने की मांग की, ताकि सलोमन कंपनी के ऋण के लिए व्यक्तिगत रूप से उत्तरदायी हो जैसे कि वह एक एकमात्र व्यापारी के रूप में व्यवसाय का संचालन करना जारी रखता है।

मुद्दा: क्या किसी कंपनी की अलग कानूनी पहचान की परवाह किए बिना, एक शेयरधारक / नियंत्रक को उसके पूंजीगत योगदान के ऊपर और ऊपर उसके ऋण के लिए उत्तरदायी ठहराया जा सकता है, ताकि ऐसे सदस्य को असीमित व्यक्तिगत देयता के रूप में उजागर किया जा सके?

निर्णय: एक कंपनी अपने सदस्यों से अलग एक अलग कानूनी इकाई है और इसलिए उन्होंने अपनी कंपनी के लेनदारों को व्यक्तिगत देयता से लेकर, ए। सॉलोमन एंड कंपनी, लिमिटेड के संस्थापक श्री सॉलोमन को इंसुलेट किया। कंपनी अधिनियम 1862 में निर्धारित किए गए अनुसार, कोर्ट ने कॉर्पोरेट व्यक्तित्व के सिद्धांत को भी मजबूती से बरकरार रखा, ताकि एक दिवालिया कंपनी के लेनदारों को कंपनी के शेयरधारकों पर बकाया कर्ज चुकाने के लिए मुकदमा न करना पड़े।

अत: विकल्प (D) सही है।

91. एक "सरकारी कंपनी" को कंपनी अधिनियम, 2013 की धारा 2 (45) के तहत परिभाषित किया गया है, "किसी भी कंपनी, जिसमें भुगतान की गई शेयर पूंजी का 51% से कम नहीं है, केंद्र सरकार या किसी राज्य सरकार द्वारा या उसके पास है।" सरकारें, या आंशिक रूप से केंद्र सरकार और आंशिक रूप से एक या एक से अधिक राज्य सरकारों द्वारा

अत: विकल्प (D) सही है।

92. AS -6: मूल्यह्रास लेखांकन मूल्यह्रास को परिभाषित करता है, जो प्रौद्योगिकी या बाजार में बदलाव के माध्यम से उपयोग, समय या अप्रचलन से उत्पन्न होने वाली मूल्यह्रास संपत्ति के मूल्य में कमी या अन्य नुकसान के रूप में होता है।

फिक्स्ड एसेट्स (AS -10) के लिए फिक्स्ड एसेट्स: एक निश्चित संपत्ति एक परिसंपत्ति है जिसका उपयोग माल या सेवाओं के उत्पादन या प्रदान करने के उद्देश्य से किया जाता है और व्यापार के सामान्य पाठ्यक्रम में बिक्री के लिए आयोजित नहीं किया जाता है। उदाहरण: भूमि भवन संयंत्र और मशीनरी फर्नीचर आदि।

AS-26: अमूर्त संपत्ति (संशोधित) इस मानक का उद्देश्य अमूर्त संपत्ति के लिए मान्यता और माप मानदंड को निर्धारित करना है जो अन्य मानकों द्वारा कवर नहीं किए गए हैं। लेखांकन मानक 26 स्तर I, II और III के उद्यमों के लिए लागू होता है सिवाय अमूर्त संपत्ति के लिए जो एक अन्य AS द्वारा कवर किए जाते हैं।

AS- 20: प्रति शेयर आय की गणना की प्रक्रिया को पूरा करता है। ईपीएस दो प्रकार के होते हैं जो उद्यमों द्वारा लाभ और हानि खाते के विवरण के चेहरे पर रिपोर्ट किए जाते हैं, भले ही खुलासा राशि नकारात्मक (प्रति शेयर नुकसान) हो।

अत: विकल्प (B) सही है।

93. पूंजीगत व्यय वे हैं जो किसी परिसंपत्ति की खरीद के लिए किए जाते हैं। जैसे संयंत्र, भवन आदि की खरीद। एक नई मशीनरी के लिए स्थापना व्यय को मशीनरी खाते में डेबिट किया जाएगा।

संपत्ति के उपयोग के लिए तैयार होने तक किसी संपत्ति के संदर्भ में किए गए सभी आकस्मिक खर्चों को संपत्ति की लागत के हिस्से के रूप में माना जाता है और संबंधित परिसंपत्ति खाते में डेबिट किया जाता है।

अत: विकल्प (C) सही है।

94. लेखांकन में सद्भावना एक अमूर्त संपत्ति है जो तब उत्पन्न होती है जब कोई खरीदार किसी मौजूदा व्यवसाय का अधिग्रहण करता है। सद्भावना उन परिसंपत्तियों का प्रतिनिधित्व करती है जो अलग से पहचाने जाने योग्य नहीं हैं।

अत: विकल्प (D) सही है।

95. बैलेंस शीट में परिसंपत्तियों और देनदारियों को दिखाया गया है जिसमें वास्तविक खाता और व्यक्तिगत खाता शामिल हैं।परिसंपत्तियाँ वास्तविक खाते हैं जिसमें भूमि, भवन, फर्नीचर आदि शामिल हैं। व्यक्तिगत खाते में देनदार और लेनदारों का व्यक्तिगत खाता शामिल है। इसलिए, बैलेंस शीट केवल वास्तविक खाता और व्यक्तिगत खाता दिखाता है।।

अत: विकल्प (C) सही है।

96. शेयरों के मुद्दे पर छूट A/C को बैलेंस शीट के देयता पक्ष में दिखाया गया है। जब शेयर उनके अंकित मूल्य से कम कीमत पर जारी किए जाते हैं, तो उन्हें कहा जाता है कि वे छूट पर जारी किए गए हैं

अत: विकल्प (C) सही है।

97. कंपनी अधिनियम की धारा 231 के तहत ऑडिटर को सामान्य बैठक में भाग लेने का अधिकार है। किसी भी कंपनी की किसी भी सामान्य बैठक, जिसके लिए उसे भेजा गया है, के किसी भी सामान्य बैठक से संबंधित, और अन्य संचार, कंपनी के ऑडिटर को भी भेजे जाएंगे; और लेखा परीक्षक किसी भी सामान्य बैठक में भाग लेने के लिए और किसी भी सामान्य बैठक में सुनने के लिए हकदार होगा जिसे वह व्यापार के किसी भी भाग में भाग लेता है जो उसे लेखा परीक्षक के रूप में चिंतित करता है।

अत: विकल्प (A) सही है।

98. नए लाभ के बंटवारे के अनुपात की गणना की जाती है-

- नए साथी का प्रवेश
- एक साथी की सेवानिवृत्ति
- एक साथी की मौत

मौजूदा भागीदार के नए अनुपात की गणना उनके मौजूदा अनुपात में लाभ के शेष हिस्से को विभाजित करके की जाती है। एक्स और वाई 3: 2 के अनुपात में लाभ साझा करने वाले साझेदार हैं। वे जेड को लाभ में 1/5 वें हिस्से के लिए एक नए भागीदार के रूप में स्वीकार करते हैं।

अत: विकल्प (D) सही है।

99. परिशोधन विधियाँ- परिशोधन का उपयोग ऋण या अमूर्त संपत्ति के मूल्य को लिखने-घटाने के लिए किया जा सकता है और मूल्यह्रास विधियों की तुलना में थोड़ा अधिक जटिल है। कंपनी की किताबों पर सेट शेड्यूल के अनुसार एसेट की बुक वैल्यू कम हो जाती है। विभिन्न प्रकार की संपत्तियों को परिशोधन के लिए विभिन्न विधियों का उपयोग किया जा सकता है।

अत: विकल्प (D) सही है।

100. जैसा कि आमतौर पर कहा जाता है, उपभोक्ता मूल्य सूचकांक या (सीपीआई) सबसे आम वस्तुओं और सेवाओं की कीमतों में बदलाव को एकत्रित करके अर्थव्यवस्था में खुदरा मुद्रास्फीति की गणना करने वाला एक सूचकांक है। सीपीआई की गणना वस्तुओं की एक निश्चित सूची के लिए की जाती है, जिसमें भोजन, आवास, परिधान, परिवहन, इलेक्ट्रॉनिक्स, चिकित्सा देखभाल, शिक्षा आदि शामिल हैं। यह इस बात की भी जानकारी देता है कि

उपभोक्ता मूल्य परिवर्तन के बराबर कितना खर्च कर सकता है। सीपीआई डब्लूपीआई, या थोक मूल्य सूचकांक से अलग है, जो थोक स्तर पर मुद्रास्फीति की गणना करता है।

- सकल घरेलू उत्पाद (जीडीपी):
    - यह एक निश्चित अवधि के दौरान किसी देश की भौगोलिक सीमा के भीतर उत्पादित सभी अंतिम वस्तुओं और सेवाओं के मूल्य का योग है।
    - जीएनपी = सकल घरेलू उत्पाद + विदेश में शुद्ध कारक आय (एनएफआईए)
    - जीएनपी = जीडीपी + निर्यात - आयात
- शुद्ध राष्ट्रीय उत्पाद (एनएनपी)
    - एनएनपी = जीएनपी - मूल्यह्रास
- विदेशी मुद्रा
    - विदेशी मुद्रा मूल रूप से विदेशी मुद्रा बाजार है।
    - यह एक दूसरे के खिलाफ राष्ट्रीय मुद्राओं के आदान-प्रदान के लिए एक वैश्विक बाजार है।

अत: विकल्प (D) सही है।

101. ह्रासमान संतुलन विधि के अनुसार, मूल्यह्रास को परिसंपत्ति के पुस्तक मूल्य पर एक निश्चित प्रतिशत पर चार्ज किया जाता है। जैसा कि बुक वैल्यू हर साल कम होती है, इसे रिड्यूसिंग बैलेंस मेथड या राइट-डाउन वैल्यू मेथड के रूप में भी जाना जाता है।

चूंकि पुस्तक मूल्य हर साल कम हो जाता है, इसलिए मूल्यह्रास की मात्रा भी हर साल कम हो जाती है। इस पद्धति के तहत, परिसंपत्ति का मूल्य कभी शून्य नहीं होता है।

अत: विकल्प (B) सही है।

102. कंपनी अधिनियम, 2013 के तहत 138 से 148 खातों, लेखा परीक्षा और लेखा परीक्षकों से संबंधित है। एक लेखा परीक्षक वह होता है जो कंपनी द्वारा आवश्यक खातों और वित्तीय विवरणों की जांच करने के लिए जिम्मेदार होता है, जिसके बाद यह विश्वसनीय हो जाता है।

अत: विकल्प (B) सही है।

103. भारतीय कंपनियों के अधिनियम 2013 के अनुसार, भारत में प्रत्येक कंपनी को अपनी ऑडिट की गई वार्षिक बैलेंस शीट को वार्षिक जमा करना होगा। कंपनियों के लिए यह तय किया गया है कि वे अपने वित्तीय विवरणों को प्रकाशित नीतियों के अनुसार प्रकाशित करें।

अत: विकल्प (C) सही है।

104. लिखित मूल्य का अर्थ 'पुस्तक मूल्य - मूल्यह्रास' है।

मूल्यह्रास या परिशोधन के लिए लेखांकन के बाद लिखित-मूल्य एक परिसंपत्ति का मूल्य है। संक्षेप में, यह एक लेखांकन दृष्टिकोण से एक कंपनी के स्वामित्व वाले संसाधन के वर्तमान मूल्य को दर्शाता है। लिखित-डाउन मूल्य को बुक वैल्यू या नेट बुक वैल्यू भी कहा जाता है। इसकी गणना पुस्तक मूल्य से मूल्यह्रास घटाकर की जाती है।

अत: विकल्प (C) सही है।

105. आंतरिक जाँच आंतरिक नियंत्रण प्रणाली का एक अभिन्न कार्य है। यह स्टाफ के सदस्यों के कर्तव्यों की एक ऐसी व्यवस्था है, जिसमें एक व्यक्ति द्वारा किया गया कार्य स्वचालित रूप से और स्वतंत्र रूप से दूसरे द्वारा जांचा जाता है।

अत: विकल्प (B) सही है।

106. लागत लेखापरीक्षा रिपोर्ट कंपनी को एक प्रतिलिपि के साथ केंद्र सरकार को प्रस्तुत की जाती है। लागत लेखा परीक्षक नियम 4 के उप-नियम (1) में

उल्लिखित अपनी रिपोर्ट को अग्रेषित करेगा और मुद्रित के भीतर संबंधित कंपनी को भेजेगा। वार्षिक रिपोर्ट की प्रति, जिसमें लेखा परीक्षित लाभ और हानि हो

अत: विकल्प (B) सही है।

107. धारा 209 कंपनी अधिनियम, 1956 के सबसे महत्वपूर्ण खंडों में से एक है। यह खंड गैर-अनुपालन के लिए खातों और दंड की पुस्तकों के रखरखाव की आवश्यकताओं से संबंधित है। धारा 209 के प्रावधानों और अन्य संबंधित वर्गों पर इसके निहितार्थ का एक विस्तृत विश्लेषण इस लेख में सामने लाया गया है।

अत: विकल्प (C) सही है।

108. भारत और सूडान के बीच द्विपक्षीय निवेश संवर्धन और संरक्षण समझौता (BIPA) सोमवार से दोनों देशों के बीच अनुसमर्थन (IoR) के उपकरणों के आदान-प्रदान के साथ लागू हुआ।

यहां एक आधिकारिक बयान के अनुसार, BIPA एक देश से दूसरे देश में निवेश को बढ़ावा देने और उसकी रक्षा करना चाहता है। इस तरह के समझौते द्विपक्षीय निवेश प्रवाह और राष्ट्रीय उपचार (एनटी) और सबसे पसंदीदा राष्ट्र (एमएफएन) के लाभ प्रदान करते हैं। अब तक, भारत ने 79 देशों के साथ BIPA को शामिल किया है, जिनमें से 68 पहले से ही लागू हैं। सूडान 69 वां राष्ट्र है जिसके साथ अब समझौते के प्रावधान लागू हो गए हैं।

अत: विकल्प (A) सही है।

109. आंतरिक जाँच का अर्थ है-एक लेखांकन प्रक्रिया जिससे लेन-देन के लिए नियमित प्रविष्टियों को एक से अधिक कर्मचारियों द्वारा इस तरह से नियंत्रित किया जाता है कि त्रुटियों और अनियमितताओं का पता लगाने के लिए एक कर्मचारी का काम दूसरे के काम के खिलाफ स्वचालित रूप से जांचा जाता है।

अत: विकल्प (C) सही है।

110. सत्यापन में मूल्यांकन, अस्तित्व और स्वामित्व एवं शीर्षक शामिल हैं।

सत्यापन का अर्थ 'सत्य को सिद्ध करना' या 'पुष्टि' है। सत्यापन एक लेखा परीक्षा प्रक्रिया है, जिसमें लेखा परीक्षक वित्तीय स्थिति के विवरण में प्रदर्शित होने वाली संपत्ति और देनदारियों के वास्तविक अस्तित्व से संतुष्ट होता है। सत्यापन आमतौर पर अस्तित्व, स्वामित्व, शीर्षक, कब्जे, उचित मूल्यांकन और परिसंपत्तियों पर ग्रहणाधिकार के किसी भी प्रभार की उपस्थिति के माध्यम से आयोजित किया जाता है।

इस प्रकार, सत्यापन में शामिल है:

- संपत्ति और देनदारियों का अस्तित्व
- संपत्ति का कानूनी स्वामित्व और कब्ज़ा
- सही मूल्यांकन, और
- यह सुनिश्चित करते हुए कि परिसंपत्ति किसी भी शुल्क से मुक्त है।

अतः विकल्प (D) सही है।

111. निदेशक मंडल इस्तीफे के अलावा किसी भी कारण से आकस्मिक अवकाश को भरने के लिए एक लेखा परीक्षक नियुक्त कर सकता है।

कंपनियों के मामले में, वार्षिक आम बैठक में लेखा परीक्षकों की नियुक्ति और पुन: नियुक्ति एक विशेष प्रस्ताव पारित करने के बाद ही की जाएगी।एक कंपनी जिसमें सब्सक्राइब्ड शेयर कैपिटल का 25% से कम नहीं है, वार्षिक आम बैठक की तारीख पर, संयुक्त रूप से या अकेले, द्वारा,

- एक राष्ट्रीयकृत बैंक या एक सामान्य बीमा कंपनी या
- किसी भी संस्था, वित्तीय या अन्यथा, राज्य या प्रांतीय अधिनियम के तहत स्थापित, जिसमें, सब्सक्राइब्ड पूंजी का 51% से कम राज्य सरकार द्वारा या उसके पास नहीं है
- एक केंद्र सरकार या एक राज्य सरकार या एक सरकारी कंपनी या एक सार्वजनिक वित्तीय संस्थान।

अत: विकल्प (D) सही है।

112. व्यापार का एक विशिष्ट साझेदारी रूप असीमित देयता की समस्या से ग्रस्त है। एक फर्म के भागीदारों की देयताएं उनकी व्यक्तिगत संपत्तियों तक सही होती हैं। यह बहुत सारे उद्यमियों के लिए नियमित भागीदारी को अवांछनीय बनाता है। इस मुद्दे का एक समाधान सीमित देयता भागीदारी के रूप में मौजूद है, जिसे एलएलपी के रूप में जाना जाता है।

अत: विकल्प (B) सही है।

113. एक सरकारी कंपनी वह है जिसमें केंद्र और / या राज्य सरकार की कम से कम 51% शेयर पूंजी होती है।

सरकारी कंपनी को पब्लिक एंटरप्राइज, स्टेट एंटरप्राइज भी कहा जाता है। यह कंपनी अधिनियम के तहत पंजीकृत अन्य कंपनियों के रूप में काम करती है।

अत: विकल्प (D) सही है।

114. प्रबंधन का नियोजन कार्य उपर्युक्त सभी विकल्पों अर्थात् शीर्ष स्तर के प्रबंधन, मध्य स्तर के प्रबंधन और निचले स्तर के प्रबंधन द्वारा किया जाता है।

नियोजन, प्रबंधन का एक कार्य है जिसमें उद्देश्यों को शामिल करना और उन उद्देश्यों को प्राप्त करने के लिए कार्रवाई की एक कार्यप्रणाली निर्धारित करना शामिल है।

अत: विकल्प (D) सही है।

115. प्रतिस्पर्धा का सामना करने के लिए बनाई गई विशेष योजनाओं को रणनीतियों के रूप में जाना जाता है।

रणनीतियों में आम तौर पर लक्ष्य और प्राथमिकताएं निर्धारित करना, लक्ष्यों को प्राप्त करने के लिए कार्यों का निर्धारण करना, और कार्यों को निष्पादित करने के लिए संसाधन जुटाना शामिल होता है।

अत: विकल्प (B) सही है।

116. 'प्रबंधन का विस्तार' का अर्थ है कि प्रबंधक सीमित संख्या में अधिकारियों की देखरेख कर सकता है।

प्रबंधन की अवधि, जिसे 'नियंत्रण की अवधि' के रूप में भी जाना जाता है, एक प्रबंधक द्वारा सीधे प्रबंधित करने वाले लोगों की संख्या को संदर्भित करता है। नियंत्रण की एक व्यापक अवधि में, एक प्रबंधक के पास कई अधीनस्थ होते हैं जो उसे रिपोर्ट करते हैं।

अत: विकल्प (D) सही है।

117. एक लेखा परीक्षक का कार्य है-

- खातों की अंकीय सटीकता की जांच करना।
- त्रुटियों का पता लगाना और उन्हें रोकना।
- धोखाधड़ी का पता लगाना और उन्हें रोकना।

एक लेखा परीक्षक एक कंपनी द्वारा नियुक्त एक व्यक्ति या फर्म है जो किसी ऑडिट को निष्पादित करता है। लेखा परीक्षक के रूप में कार्य करने के लिए, किसी व्यक्ति को लेखा और लेखा परीक्षा के नियामक प्राधिकरण द्वारा प्रमाणित होना चाहिए या कुछ निर्दिष्ट योग्यताएं होनी चाहिए।

अत: विकल्प (D) सही है।

118. संयुक्त स्टॉक कंपनियों के लिए ऑडिट अनिवार्य है।

संयुक्त स्टॉक कंपनियां अपने निवेशकों के स्वामित्व वाले व्यवसाय हैं, जिसमें प्रत्येक निवेशक के पास खरीदे गए स्टॉक की मात्रा के आधार पर शेयर का स्वामित्व है।

अत: विकल्प (D) सही है।

119. विश्व बैंक हर साल "डूइंग बिजनेस रिपोर्ट" बनाता है।

डूइंग बिजनेस रिपोर्ट एक वार्षिक प्रकाशित रिपोर्ट है जिसे 2003 में जानकोव के नेतृत्व में एक टीम द्वारा विकसित किया गया था। यह विश्व बैंक समूह द्वारा 2003 से हर साल विस्तृत किया गया है जिसका उद्देश्य 190 देशों में व्यावसायिक नियमों की फर्मों की लागत को मापना है।

अत: विकल्प (B) सही है।

120. सही कथन है- देनदारियों के सत्यापन का मतलब है कि बैलेंस शीट में दिखाए गए वर्तमान और दीर्घकालिक देनदारियों की मात्रा सही है।

यह आवश्यक नहीं है कि यदि किसी कंपनी द्वारा संपत्ति का उपयोग किया जाता है, तो उसे कंपनी के स्वामित्व में होना चाहिए।

वाउचिंग का अर्थ है "वाउच" यानी वाउचर्स की जांच करना। दूसरी ओर, वेरिफिकेशन का अर्थ है व्यवसाय की संपत्ति और देनदारियों को "सत्यापित करना"। दोनों ऑडिटिंग के पहले दो चरण हैं, बल्कि वाउचिंग वेरिफिकेशन की प्रक्रिया में मदद करता है।

किसी संपत्ति के भौतिक अस्तित्व और स्वामित्व की पुष्टि करना एक ऑडिटर का कर्तव्य है।

अत: विकल्प (B) सही है।

121. पेआउट अनुपात का अर्थ है प्रति शेयर लाभांश और प्रति शेयर आय का अनुपात।

पेआउट अनुपात एक वित्तीय मीट्रिक है जो किसी कंपनी द्वारा लाभांश के रूप में शेयरधारकों को भुगतान करने वाली आय का अनुपात दिखाती है, जिसको कंपनी की कुल कमाई के प्रतिशत के रूप में व्यक्त किया जाता है।

अत: विकल्प (C) सही है।

122. जनरल रिजर्व से बाहर बोनस शेयरों की घोषणा के लिए, शेयरधारकों की बैठक में एक संकल्प आवश्यक है सही कथन है।

बोनस शेयर किसी भी अतिरिक्त लागत के बिना वर्तमान शेयरधारकों को दिए गए अतिरिक्त शेयर हैं, जो शेयरधारक के पास शेयरों की संख्या पर आधारित है। ये कंपनी की संचित कमाई है जो लाभांश के रूप में नहीं दी जाती है, बल्कि मुफ्त शेयरों में बदल दी जाती है।

अत: विकल्प (B) सही है।

123. विश्व आर्थिक मंदी एक गंभीर विश्वव्यापी आर्थिक मंदी थी जो ज्यादातर 1930 के दशक के दौरान संयुक्त राज्य अमेरिका में शुरू हुई थी। आर्थिक मंदी का समय अलग-अलग देशों में अलग-अलग था; अधिकांश देशों में, यह 1929 में शुरू हुआ और 1930 के दशक के अंत तक चला।

अत: विकल्प (A) सही है।

124. आई.डी.ए. (इंटरनेशनल डेवलपमेंट एसोसिएशन) को विश्व बैंक के 'सॉफ्ट लोन विंडो' के रूप में जाना जाता है

इंटरनेशनल डेवलपमेंट एसोसिएशन (आई.डी.ए.) एक अंतरराष्ट्रीय वित्तीय संस्थान है जो दुनिया के सबसे गरीब विकासशील देशों को रियायती ऋण और अनुदान प्रदान करता है। आई.डी.ए. विश्व बैंक समूह का सदस्य है और इसका मुख्यालय वाशिंगटन, डी.सी., संयुक्त राज्य अमेरिका में है।

अत: विकल्प (B) सही है।

125. नये बाज़ार में ट्रेडिंग का जोखिम बीमा योग्य जोखिम नहीं है।

'बीमा योग्य जोखिम' की परिभाषा एक ऐसे परिदृश्य के मामले में जहां नुकसान बहुत बड़ा हो है कि कोई बीमाकर्ता इसके लिए भुगतान नहीं करना चाहेगा, यह जोखिम बीमा योग्य नहीं कहा जाता है। जोखिम को बीमा योग्य नहीं कहा जा सकता है यदि यह अथाह है, बहुत बड़ा है, निश्चित है या परिभाषित नहीं किया जा सकता है।

अत: विकल्प (C) सही है।

126. भारतीय जीवन बीमा को1956 वर्ष में राष्ट्रीयकृत किया गया था।

भारत में सबसे पुरानी मौजूदा बीमा कंपनी राष्ट्रीय बीमा कंपनी है, जिसकी स्थापना 1906 में हुई थी, और यह अभी भी व्यवसाय में है। भारत सरकार ने 19 जनवरी 1956 को एक अध्यादेश जारी किया जिसमें उसी वर्ष जीवन बीमा क्षेत्र और भारतीय जीवन बीमा निगम का राष्ट्रीयकरण हुआ।

अत: विकल्प (B) सही है।

127. फायर इंश्योरेंस क्षतिपूर्ति के सिद्धांत पर आधारित है।

क्षतिपूर्ति छति, चोट या नुकसान को कवर करने के लिए एक पार्टी द्वारा दूसरे को दिया जाने वाला मुआवजा है।

अत: विकल्प (C) सही है।

128. वाउचिंग से तात्पर्य दस्तावेजी साक्ष्यों की समीक्षा से है, यह देखने के लिए कि क्या यह लेखा अभिलेखों में की गई प्रविष्ठियों का ठीक से समर्थन करता है।वाउचिंग के समय, और लेखा परीक्षक रिकॉर्ड रिकॉर्ड में दर्ज राशि में किसी भी त्रुटि की तलाश कर रहा है, साथ ही यह सुनिश्चित करता है कि लेनदेन सही खातों में दर्ज किए गए हैं।

बिक्री वाउचर एक रसीद या दस्तावेज का एक रूप है जो आमतौर पर आपूर्ति या माल के खरीदार को दिया जाता है। यह आम तौर पर खरीद के प्रमाण के रूप में कार्य करता है जब एक प्रदाता को आदेश देने या बाद में सामान वितरित करना चाहिए।

बिक्री के वाउचिंग निम्न को सम्मिलित करती हैं:

बिक्री बही:

- बिक्री बही ग्राहक को केवल माल की बिक्री बिक्री रिकॉर्ड करती है।
  जब सामान बेचा जाता है, तो चालान भेजे जाते हैं और वह बिक्री
- बही में लेनदेन रिकॉर्ड करने के लिए केवल स्रोत दस्तावेज या वाउचर बन जाता है।

माल का प्रेषण:

- माल भेजने के एक विशेष स्थान पर माल भेजने के एक अधिनियम को संदर्भित करता है जो एक रसद इकाई द्वारा किया जाता है।
- "लीड टाइम" शब्द का उपयोग ऑर्डर और माल के प्रेषण के बीच के समय को संदर्भित करने के लिए किया जा सकता है।
- प्रेषण का दस्तावेज स्पष्ट करता है कि माल को निर्दिष्ट शर्तों के अधीन परिवहन या भेजा गया है।

लेखा परीक्षक सत्यापित करता है कि बिक्री बुक और डिस्पैच दोनों के लिए माल दस्तावेजों की जांच है कि वे उन में दर्ज प्रविष्ठियों का समर्थन करते हैं और माल-सूची तदनुसार बनाए रखी जाती है या नहीं।

इसलिए, विकल्प B और A केवल बिक्री की वाउचिंग से संबंधित हैं।

डेबिट नोट:

- डेबिट नोट एक विक्रेता द्वारा वर्तमान ऋण दायित्वों के खरीदार को सूचित करने के लिए उपयोग किया जाने वाला दस्तावेज़ है।
- यह आगामी चालान के संबंध में जानकारी प्रदान कर सकता है या वर्तमान में देय धन के लिए अनुस्मारक के रूप में काम कर सकता है।
- इसका उपयोग खरीद रिटर्न, मूल्य में तीव्रता/तीव्रता की कमी, पक्ष की ओर से विक्रेता द्वारा किए गए किसी भी अन्य खर्च के मामले में किया जाता है।

क्रेडिट नोट:

- क्रेडिट नोट एक दस्तावेज है जिसका उपयोग तब किया जाता है जब पहले से जारी चालान में कोई त्रुटि हुई हो, जैसे कि जब कोई ग्राहक अपने मूल आदेश या गलत राशि को बदलना चाहता है।
- दूसरे शब्दों में, यह किसी भी स्थिति में जारी किया जाता है जिसके लिए चालान को बदलना होगा या फिर से जारी करना होगा।
- इसका उपयोग बिक्री रिटर्न के मामले में किया जाता है, जो विक्रेता द्वारा खरीदार को यह सूचित किया जाता है कि उसके खाते में जमा किया गया है।

अतः विकल्प (C) सही है।

129. अधिकार का प्रवाह संगठन चार्ट के उद्देश्य को सही ढंग से दर्शाता है।

एक संगठनात्मक चार्ट, जिसे ऑर्गेनिग्राम या ऑर्गेनोग्राम भी कहा जाता है, एक आरेख है जो एक संगठन की संरचना और उसके भागों और पदों / नौकरियों के संबंधों और सापेक्ष रैंक को दर्शाता है।

अतः विकल्प (C) सही है।

130. कार्यालय सेवाओं के केंद्रीकरण का सबसे महत्वपूर्ण लाभ काम का कम बोझ है।

केंद्रीकरण एक सेटअप को संदर्भित करता है जिसमें निर्णय लेने की शक्तियां संगठनात्मक संरचना के शीर्ष पर कुछ लोगों में केंद्रित होती हैं। निर्णय शीर्ष स्तर पर किए जाते हैं और कार्यान्वयन के लिए निचले स्तर के प्रबंधकों को सूचित किया जाता है।

अतः विकल्प (D) सही है।

131. दस्तावेजों का संग्रहण वह उद्देश्य है जिसे ऑफिस रिकॉर्ड कीपिंग के माध्यम से प्राप्त किया जाता है।

ऑफिस रिकॉर्ड कीपिंग, जिसे रिकॉर्ड्स और इनफार्मेशन मैनेजमेंट के रूप में भी जाना जाता है, एक संगठनात्मक कार्य है जो संगठन के निर्माण के समय से लेकर उसके प्रेषण तक प्राप्त होने तक उसके जीवन चक्र में सूचना के प्रबंधन के लिए समर्पित है।

अतः विकल्प (C) सही है।

132. व्यक्तिगत कंप्यूटर की स्थापना में वृद्धि मुख्य रूप से दक्षता में सुधार के लिए है।

एक व्यक्तिगत कंप्यूटर (पीसी) एक बहुउद्देश्यीय कंप्यूटर है जिसका आकार, क्षमताएं और कीमत व्यक्तिगत उपयोग के लिए इसे संभव बनाते हैं।

अतः विकल्प (C) सही है।

133. नियोजित पूंजी पर रिटर्न ऑपरेटिंग अनुपात और नेट प्रॉफिट अनुपात के संयुक्त प्रभाव को दर्शाता है।

नियोजित पूंजी पर रिटर्न एक वित्तीय अनुपात है जो किसी कंपनी की लाभप्रदता और उस दक्षता को मापता है जिसके साथ उसकी पूंजी का उपयोग किया जाता है।

अतः विकल्प (B) सही है।

134. निवेश पर वापसी की दर (आरओआई) के संबंध में, 'यह प्रति शेयर पर उत्पन्न नकदी प्रवाह की तुलना में एक बेहतर उपाय है' एक वैध कथन नहीं है।

निवेश पर लाभ (आरओआई) एक प्रदर्शन माप है जिसका उपयोग किसी निवेश की दक्षता का मूल्यांकन करने या विभिन्न निवेशों की संख्या की दक्षता की तुलना करने के लिए किया जाता है।

अतः विकल्प (C) सही है।

135. जब कुछ अंतराल के साथ लेखांकन अवधि के दौरान ऑडिट किया जाता है, तो इसे "निरंतर ऑडिट" कहा जाता है।

इसे प्रत्येक बार ऑडिट के रूप में भी कहा जाता है, क्योंकि इसमें आज तक के सारे लेनदेन की जांच की जाते हैं।

अतः विकल्प (C) सही है।

136. किसी परियोजना को समय पर पूरा करने के लिए पीईआरटी सबसे उपयुक्त प्रबंधन नियंत्रण तकनीक है।

प्रोग्राम इवैल्यूएशन एंड रिव्यू टेक्नीक (पीईआरटी) एक विधि है जिसका उपयोग कार्य को शेड्यूल में करने और गंभीर पथ विधि की भिन्नता निर्धारित करने के लिए किया जाता है।

अतः विकल्प (C) सही है।

137. हॉथोर्न के अध्ययन ने प्रबंधन के लिए मानवीय संबंधों के दृष्टिकोण के महत्व को रेखांकित किया है।

हॉथोर्न अध्ययनों का मूल उद्देश्य यह जांचना था कि काम के वातावरण के विभिन्न पहलुओं, जैसे कि प्रकाश व्यवस्था, ब्रेक का समय और कार्यदिवस की लंबाई, श्रमिक उत्पादकता पर कैसे प्रभाव डालती हैं।

अतः विकल्प (D) सही है।

138. वाउचिंग को ऑडिटिंग की रीढ़ कहा जाता है।

वाउचिंग एक प्रक्रिया है जिसका पालन लेखा परीक्षा की प्रक्रिया में खातों की पुस्तकों में दर्ज प्रविष्टियों की विश्वसनीयता को अधिकृत करने के लिए किया जाता है।

अतः विकल्प (B) सही है।

139. संरचनात्मक डिजाइन द्वारा संगठनों को श्रेणीबद्ध करने के लिए बर्न्स और स्टाकर मॉडल कार्यात्मक और जैविक शब्दों का उपयोग करता है।

बर्न्स और स्टाकर ने यह सिद्ध किया कि बदलते परिवेश का सामना करने वाली कंपनियों को परिवर्तनों की शीघ्रता से अनुकूलन के लिए जैविक संगठनात्मक संरचना का उपयोग करना पड़ सकता है।

अतः विकल्प (B) सही है।

140. चुनिंदा स्टॉक एक्सचेंजों में सरकारी प्रतिभूतियों में खुदरा व्यापार का व्यवसायीकरण जनवरी, 2003 में किया गया।

एक सरकारी प्रतिभूति एक बंधन या अन्य प्रकार का ऋण दायित है जो सरकार द्वारा सुरक्षा की परिपक्वता तिथि पर चुकौती के वादे के साथ जारी किया जाता है।

अतः विकल्प (C) सही है।

141. नेशनल स्टॉक एक्सचेंज सूचकांक निफ्टी है।

नेशनल स्टॉक एक्सचेंज भारत में एक सरकारी स्वामित्व वाला स्टॉक एक्सचेंज है। यह महाराष्ट्र के मुंबई में स्थित है। इसकी स्थापना 1992 में हुई थी। यह निफ्टी 50 को अपने सूचकांक के तौर पर इस्तेमाल करता है। निफ्टी को NSE द्वारा 21 अप्रैल 1996 को पेश किया गया था। यह 24 क्षेत्रों में 50 भारतीय कंपनी स्टॉक के भारित औसत का प्रतिनिधित्व करता है, जो बाजार पूंजीकरण का लगभग 60% है।

सेंसेक्स की शुरुआत NSE ने 1 जनवरी 1986 को की थी। यह 13 क्षेत्रों में 30 भारतीय कंपनी स्टॉक के भारित औसत का प्रतिनिधित्व करता है।

निफ्टी और सेंसेक्स के बीच अंतर:

- निफ्टी, इंडिया इंडेक्स सर्विसेज एंड प्रोडक्ट्स द्वारा संचालित है, जो कि नेशनल स्टॉक एक्सचेंज ऑफ इंडिया (NSE) की सहायक कंपनी है।
- सेंसेक्स का संचालन बॉम्बे स्टॉक एक्सचेंज (BSE) द्वारा किया जाता है।

बॉम्बे स्टॉक एक्सचेंज (BSE):

- यह एशिया का सबसे पुराना स्टॉक एक्सचेंज है।
- इसकी स्थापना वर्ष 1875 में हुई थी।
- यह दुनिया का सातवां सबसे बड़ा स्टॉक एक्सचेंज है।

अतः विकल्प (D) सही है।

142. टेली-मार्केटिंग *प्रत्यक्ष विपणन* का एक हिस्सा है।

प्रत्यक्ष विपणन:

- प्रत्यक्ष विपणन उन वस्तुओं और सेवाओं को सीधे ग्राहकों को बढ़ावा देने का अवसर देती है जिनकी उन्हें सबसे अधिक आवश्यकता होती है।
- प्रत्यक्ष विपणन नए ग्राहकों के साथ संबंध बनाने में मदद करता है।
- सभी प्रचार जानकारी बिचौलियों और किसी तीसरे पक्ष के बिना रिले की जाती है।
- *ईमेल, समाचार-पत्र, आउटडोर विज्ञापन, एसएमएस मार्केटिंग,* टेली-मार्केटिंग, *वेबसाइट, कैटलॉग वितरण* आदि विभिन्न प्रकार की प्रत्यक्ष विपणन रणनीतियाँ हैं।

इसलिए, टेली-मार्केटिंग डायरेक्ट मार्केटिंग का एक हिस्सा है।

तेजी से फैलने वाला विपणन:

- वायरल मार्केटिंग एक विज्ञापन रणनीति है, जो मेम्स, शेयर, लाइक और फॉरवर्ड के रूप में वायरल संदेशों के माध्यम से किसी ब्रांड या उत्पाद की रुचि और संभावित बिक्री उत्पन्न करने के लिए सोशल मीडिया का उपयोग करती है।
- यह संदर्भित करता है कि उपभोक्ता किसी उत्पाद के बारे में अन्य लोगों के साथ जानकारी कैसे फैलाते हैं, उसी तरह, कि एक वायरस एक व्यक्ति से दूसरे में फैलता है।
- दूसरे शब्दों में, मार्केटिंग को तब वायरल माना जाता है जब यह उस बिंदु पर पहुँच जाता है जहाँ इसे केवल लक्षित दर्शकों के बजाय बड़े पैमाने पर लोगों द्वारा साझा किया जा रहा है।

सामाजिक बाज़ारीकरण:

- यह सामाजिक अच्छा के लिए विशिष्ट व्यवहार लक्ष्यों को प्राप्त करने के लिए अन्य अवधारणाओं और तकनीकों के साथ-साथ विपणन गतिविधियों का एक व्यवस्थित अनुप्रयोग है।
- फिलिप कोटलर कहते हैं, "सामाजिक विपणन बाज़ारिया को लाभ पहुंचाने के लिए सामाजिक व्यवहार को प्रभावित करने के लिए नहीं, बल्कि लक्षित दर्शकों और सामान्य समाज को लाभ पहुंचाना चाहता है।"
- इस तकनीक का अंतर्राष्ट्रीय स्वास्थ्य और स्वच्छता कार्यक्रमों में बड़े पैमाने पर उपयोग किया गया है।
- सोशल मार्केटिंग का मुख्य उद्देश्य समाज की भलाई को बढ़ावा देना है।

संबंध विपणन:

- इसे इस रूप में परिभाषित किया गया है, "संबंध विपणन ग्राहक की वफादारी, सहभागिता और दीर्घकालिक जुड़ाव को बढ़ावा देने के लिए बनाई गई रणनीति है। इसे ग्राहकों के साथ मजबूत संबंध विकसित करने के लिए डिज़ाइन किया गया है, जो उन्हें उनकी आवश्यकताओं और हितों के अनुकूल जानकारी प्रदान करके और खुले संचार को बढ़ावा देकर।"
- यह संगठन द्वारा ग्राहकों के साथ वफादारी, लाभप्रदता और दीर्घकालिक संबंध बनाए रखने के लिए की गई गतिविधियों को संदर्भित करता है।

अतः विकल्प (C) सही है।

143. ओपनिंग कैपिटल = क्लोजिंग कैपिटल + ड्राइंग - एडिशनल कैपिटल - लाभ

प्रारम्भिक जमा, वह तुला राशि है जिसे पिछली लेखा अवधि के अंत से या शुरू करते समय लेखांकन अवधि की शुरुआत में आगे लाया जाता है।

प्रारम्भिक जमा राशि एक नई वित्तीय अवधि की शुरुआत में एक कंपनी के खाते में धन राशि है।

यह खातों में पहली प्रविष्टि है, या तो जब कोई कंपनी पहली बार अपने खातों को शुरू कर रही है या एक वर्ष के अंत के बाद।

एक ऑपरेटिंग फर्म में, एक महीने या वर्ष के अंत में शेष राशि अगले महीने की शुरुआत या लेखा वर्ष के लिए प्रारम्भिक जमा हो जाती है।

प्रारम्भिक जमा ऋणदाता के क्रेडिट या डेबिट पक्ष पर हो सकता है।

अतः विकल्प (C) सही है।

144. बिक्री वाउचर एक रसीद या दस्तावेज का एक रूप है जो आमतौर पर आपूर्ति या माल के खरीदार को दिया जाता है। यह आम तौर पर खरीद के प्रमाण के रूप में कार्य करता है जब एक प्रदाता को आदेश देने या बाद में सामान वितरित करना चाहिए।

बिक्री के वाउचिंग निम्न को सम्मिलित करती हैं:

बिक्री बही:

- बिक्री बही ग्राहक को केवल माल की बिक्री बिक्री रिकॉर्ड करती है।
- बही में लेनदेन रिकॉर्ड करने के लिए केवल स्रोत दस्तावेज या वाउचर बन जाता है।

माल का प्रेषण:

- माल भेजने के एक विशेष स्थान पर माल भेजने के एक अधिनियम को संदर्भित करता है जो एक रसद इकाई द्वारा किया जाता है।
- "लीड टाइम" शब्द का उपयोग ऑर्डर और माल के प्रेषण के बीच के समय को संदर्भित करने के लिए किया जा सकता है।
- प्रेषण का दस्तावेज स्पष्ट करता है कि माल को निर्दिष्ट शर्तों के अधीन परिवहन या भेजा गया है।

लेखा परीक्षक सत्यापित करता है कि बिक्री बुक और डिस्पैच दोनों के लिए माल दस्तावेजों की जांच है कि वे उन में दर्ज प्रविष्टियों का समर्थन करते हैं और माल-सूची तदनुसार बनाए रखी जाती है या नहीं।

अतः विकल्प (C) सही है।

145. सावधि जमा से ब्याज आय पूरी तरह से कर योग्य है।

यह टैक्स बैंक द्वारा उस समय काटा जाता है जब वे खाते में ब्याज जमा करते हैं, न कि FD के परिपक्व होने पर। मान लीजिए कि किसी व्यक्ति के पास 3 साल के लिए FD है - बैंक प्रत्येक वर्ष के अंत में TDS काटेंगे।

अतः विकल्प (D) सही है।

146. चालान, वाउचर और रसीद ऐसे दस्तावेज हैं जो व्यवसाय द्वारा दस्तावेजी साक्ष्य के लिए तैयार किए जाते हैं।

- एक दस्तावेजी साक्ष्य जिसे स्रोत दस्तावेज के रूप में भी जाना जाता है, एक मूल दस्तावेज है जिसमें वाणिज्यिक लेनदेन के बारे में जानकारी होती है।
- एक स्रोत दस्तावेज़ में लेन-देन के संबंध में महत्वपूर्ण विवरण होते हैं, जैसे कि इसमें शामिल व्यक्तियों के नाम, भुगतान की गई राशि (यदि कोई हो), तिथि और लेन-देन का सार।
- चालान, वाउचर, रोकड़ पर्ची, जमा और नामे नोट, रसीद आदि स्रोत दस्तावेज़ के कुछ उदाहरण हैं।

अतः विकल्प (D) सही है।

147. नमूना सांख्यिकीय और इसके संबंधित अनुरूप जनसंख्या प्राचल के बीच का अंतर नमूनाकरण त्रुटि है।

नमूनाकरण त्रुटि:

- त्रुटियां तब होती हैं जब शोधकर्ता पूरी आबादी का उपयोग करने के बजाय सीधे आबादी से नमूने लेते हैं।
- नमूनाकरण त्रुटि एक सांख्यिकीय त्रुटि है जो तब होती है जब कोई शोधकर्ता आबादी से सही नमूने का चयन नहीं करता है यानी नमूना पूरी आबादी का प्रतिनिधित्व नहीं करता है।
- नमूनाकरण त्रुटि को टिप्पणियों की संख्या बढ़ाकर या नमूना चयन को यादृच्छिक करके कम किया जा सकता है।

अतः विकल्प (A) सही है।

148. बौद्धिक संपदा (IP) संपदा की वह श्रेणी है जिसमें मानव बुद्धि की अमूर्त रचनाएं शामिल होती हैं। कई प्रकार की बौद्धिक संपदा होती है, और कुछ देश दूसरों की तुलना में अधिक जानते हैं। सबसे प्रसिद्ध प्रकार- कॉपीराइट, पेटेंट, ट्रेडमार्क और ट्रेड सीक्रेट हैं।

- कॉपीराइट बौद्धिक संपदा के मालिक के कानूनी अधिकार को संदर्भित करता है। सरल शब्दों में, कॉपीराइट कॉपी करने का अधिकार होता है। इसका मतलब यह है कि उत्पादों के मूल निर्माता और वे जिस किसी को भी प्राधिकरण देते हैं, वे काम को फिर से शुरू करने के लिए विशेष अधिकार वाले एकमात्र प्राधिकरण हैं।
- ट्रेडमार्क वह शब्द, वाक्यांश, प्रतीक और / या डिज़ाइन है जो एक पार्टी के सामान के स्रोत को पहचानता है और दूसरों से अलग करता है। एक सेवा चिह्न एक शब्द, वाक्यांश, प्रतीक और/या डिज़ाइन है जो माल के बजाय किसी सेवा के स्रोत की पहचान और अंतर करता है।
- औद्योगिक डिजाइन (ID) अवधारणाओं और विशिष्टताओं को बनाने और विकसित करने की पेशेवर सेवा है जो उपयोगकर्ता और निर्माता दोनों के पारस्परिक लाभ के लिए उत्पादों और प्रणालियों के फ़ंक्शन, मूल्य और उपस्थिति का अनुकूलन करती है।

अतः विकल्प (C) सही है।

149. 2005 में पारित सूचना का अधिकार अधिनियम जम्मू और कश्मीर राज्य को छोड़कर भारत के सभी राज्यों और केंद्र शासित प्रदेशों तक फैला हुआ है। यह अधिनियम भारतीय नागरिकों को सरकार द्वारा वित्त पोषित गैर-सरकारी संगठनों सहित किसी भी सार्वजनिक प्राधिकरण या संस्था के बारे में जानकारी प्राप्त करने का अधिकार देता है।

RTI अधिनियम का मुख्य उद्देश्य भारत के नागरिकों को सूचना की स्पष्टता प्रदान करना, भ्रष्टाचार को रोकना और हर सार्वजनिक प्राधिकरण के काम में जवाबदेही को बढ़ावा देना है।

इसमें निम्न शामिल हैं:

- कार्यों, दस्तावेजों, अभिलेखों का निरीक्षण किया
- नोट, अर्क, या दस्तावेजों या रिकॉर्ड की प्रमाणित प्रतियां लें
- सामाग्र के सैंपल नमूने लें
- प्रिंटआउट, डिस्केट, फ्लॉपी, टेप, वीडियो कैसेट या किसी अन्य इलेक्ट्रॉनिक मोड में या प्रिंटआउट के माध्यम से जानकारी प्राप्त करें

अतः विकल्प (D) सही है।

150. परक्राम्य लिखत अधिनियम 1881 की धारा 6 "चेक" को परिभाषित करती है।

- कोई चेक ऐसा विनिमय पत्र होता है जो किसी विनिर्दिष्ट बैंकर पर आहरित किया जाता है तथा जो मांग के बदले में अन्यथा देय नहीं होता है।
- एक चेक एक दस्तावेज है जो एक बैंक को किसी व्यक्ति के खाते से उस व्यक्ति को एक विशेष राशि का भुगतान करने का आदेश देता है जिसके नाम पर चेक जारी किया गया है।

अतः विकल्प (A) सही है।

Paper-I

Q.1 मान लीजिए आप एक शिक्षक के रूप में अपने छात्रों को भाषण और वाद-विवाद के माध्यम से प्रशिक्षण दे रहे हैं। निम्नलिखित में से छात्रों के मध्य किस चीज का विकास करना सबसे कठिन है?

A. उचित भाषा का चयन/प्रयोग करना

B. भावनाओं पर नियंत्रण करना

C. आवाज का उतार-चढ़ाव

D. अवधारणा निर्माण

Q.2 अध्ययन में लगाया गया समय परीक्षण अंक में परिवर्तन का कारण बनता है। 'परीक्षण अंक' किस प्रकार का चर है?

A. परतंत्र
B. स्वतंत्र
C. (A) और (B) दोनों
D. इनमें से कोई नहीं

Q.3 थीसिस लिखने का प्रारूप वही होता है जो निम्नलिखित में होता है:

A. शोध-पत्र/लेख तैयार करना

B. संगोष्ठी प्रस्तुतीकरण का लेखन

C. एक शोध निबंध

D. कार्यशाला/सम्मलेन में लेख प्रस्तुत करना

Q.4 निम्न में से कौन सी विशेषताएं एक प्रभावी शिक्षक/शिक्षण से संबंधित नहीं हैं। सही विकल्प की पहचान करें।

A. एक शिक्षक प्रभावी होता है यदि उसे विषय पर पूरा विश्वास है

B. शिक्षण हमेशा एक औपचारिक तरीके से होता है।

C. शिक्षण एक निरंतर प्रक्रिया है

D. शिक्षण शिक्षक और छात्रों के बीच एक बातचीत है

Q.5 लेख लेखन के प्रयोग के अनुसार सूची को सही क्रम में व्यवस्थित कीजिए।

A. सार, विषय, चर्चा, विधि, सन्दर्भ सूची

B. विषय, चर्चा, विधि, सार, सन्दर्भ सूची

C. विषय, सार, विधि, चर्चा, सन्दर्भ सूची

D. विषय, सार, चर्चा, विधि, सन्दर्भ सूची

Q.6 निम्नलिखित में से किस क्रियाकलाप में रचनात्मक और समीक्षात्मक चिंतन के संपोषण की अधिक क्षमता है?

[UGC NET Sociology, 2018]

A. शोध सारांश को तैयार करना

B. संगोष्ठी में शोध लेख को प्रस्तुत करना

C. शोध सम्मेलन में भागीदारी

D. कार्यशाला में भागीदारी

Q.7 श्रृंखला में से लुप्त संख्या (?) ज्ञात कीजिए:

3, 12, 39, 120, ?

A. 296 **B.** 275 **C.** 263 **D.** 363

Q.8 निम्न में से कौन सी कंप्यूटर मेमोरी प्रकार को उच्चतम से निम्नतम गति तक सूचीबद्ध करता है?

A. सेकेंडरी स्टोरेज ; मुख्य मेमोरी (RAM); कैश मेमोरी; सीपीयू रजिस्टर

B. सीपीयू रजिस्टर; कैश मेमोरी; सेकेंडरी स्टोरेज; मुख्य मेमोरी (RAM)

C. सीपीयू रजिस्टर; कैश मेमोरी; मुख्य मेमोरी (RAM); सेकेंडरी स्टोरेज

D. कैश मेमोरी; सीपीयू रजिस्टर; मुख्य मेमोरी (RAM); सेकेंडरी स्टोरेज

Q.9 निम्नांकित में से किस शिक्षण विधि में शिक्षार्थी की भागीदारी को इष्टतम तथा पहलकारी बनाया जाता है?

A. परिचर्चाओं की विधि में

B. युग्मित वार्ता सत्र की विधि में

C. बुद्धिशीलता सत्र विधि में

D. परियोजना विधि में

Q.10 निर्देश: निम्नलिखित प्रत्येक प्रश्न में एक कथन दिया गया है, उसके बाद दो निष्कर्ष दिए गए हैं। उत्तर दें:

कथन: भारत की अर्थव्यवस्था मुख्य रूप से वनों पर निर्भर है।

निष्कर्ष:

I. भारतीय अर्थव्यवस्था में सुधार के लिए पेड़ को संरक्षित किया जाना चाहिए।

II. भारत आर्थिक स्थिति में सुधार के लिए केवल वनों का रखरखाव चाहता है।

A. केवल निष्कर्ष I अनुसरण करता है।

B. केवल निष्कर्ष II अनुसरण करता है।

C. या तो I या II अनुसरण करता है।

D. न तो I या II अनुसरण करता है।

Q.11 निम्न सूची विभिन्न प्रकार के कंप्यूटर नेटवर्क को इंगित करती है। उन्हें भौगोलिक स्थिति के आधार पर आरोही क्रम में व्यवस्थित करें।

A. LAN < WAN < MAN

B. WAN < LAN > MAN

C. MAN > LAN < WAN

D. LAN < MAN < WAN

Q.12 निम्नलिखित में से कक्षा में शिक्षण की गुणवत्ता को सर्वोत्तम दर्शाता है?

A. कक्षा में कई शिक्षण सहायता प्रयोग के माध्यम से

B. कक्षा में पूर्ण अनुपस्थिति के माध्यम से

C. कक्षा में छात्रों द्वारा पूछे गए सवालों की गुणवत्ता के माध्यम से

D. कक्षा में छात्रों द्वारा शांतिपूर्वक निरीक्षण से

Q.13 शिक्षण प्रभावकारिता को प्रभावित करने वाला एक सर्वाधिक शक्तिशाली कारक किससे सम्बन्धित है?

A. देश की सामाजिक व्यवस्था से

B. समाज की आर्थिक स्थिति से

C. विधमान राजनीतिक व्यवस्था से

D. शैक्षणिक व्यवस्था से

Q.14 अजय, राकेश का दोस्त है। एक बुजुर्ग आदमी की ओर इशारा करते हुए अजय ने राकेश से पूछा कि वह कौन है? राकेश ने कहा "उसका बेटा, मेरे बेटे का चाचा है।" बुजुर्ग व्यक्ति और राकेश के बीच निम्नलिखित रिश्ता है:

[UGC NET Sociology, 2017]

A. दादा **B.** ससुर **C.** पिता **D.** चाचा

Q.15 एक डाकिया अपने कार्यालय से 20 मीटर सीधे चलता है, उसके बाद दाएं मुड़कर 10 मीटर चलता है। उसके बाद बाएं मुड़कर 10 मीटर चलता है और फिर दाएं मुड़कर 20 मीटर चलता है। वह पुनः दाएं मुड़कर 70 मीटर चलता है। वह अपने कार्यालय से कितनी दूरी पर है?

[UGC NET Sociology, 2017]

A. 50 मीटर **B.** 40 मीटर **C.** 60 मीटर **D.** 20 मीटर

Q.16 निर्देश: प्रश्न चिह्न के स्थान पर क्या आएगा?

10, 100, 200, 310, ?

A. 430 **B.** 420 **C.** 410 **D.** 400

Ques (17-21):निर्देश: दिए गए गद्यांश को ध्यान से पढ़ें और दिए गए विकल्पों में से प्रत्येक प्रश्न के सर्वश्रेष्ठ उत्तर का चयन करें।

कुछ लोग डाक टिकट इकट्ठा करते हैं। कुछ लोग बेसबॉल कार्ड जमा करते हैं। कुछ लोग गुड़िया इकट्ठा करते हैं। और कुछ लोग बर्फ के टुकड़े इकट्ठा करते हैं।

आपने पहले कभी बर्फ के टुकड़े इकट्ठा करने वालों के बारे में नहीं सुना होगा, लेकिन वे वास्तव में ये इतना विचित्र नहीं हैं जितना सुनने मे लगता है। यदि आप सर्दियों में अटलांटा, जॉर्जिया की यात्रा करते हैं, तो आप कुछ बर्फ के टुकड़े इकट्ठा करने वालों में भी दौड़ सकते हैं।

अटलांटा, जॉर्जिया का एक दक्षिणी शहर है। और दक्षिणी शहरों में बहुत अधिक बर्फ नहीं मिलती है। जब यह बर्फ गिरता है, तो जमीन से टकराने के कुछ घंटों बाद अक्सर बर्फ पिघल जाती है।

इसलिए अटलांटा में बच्चों को अक्सर स्लेजिंग करने के लिए नहीं मिलता है जो एक वास्तविक शर्म की बात है। हर कोई स्लेजिंग का हकदार है। मौसम के जाने तक स्लेजिंग बहुत महत्वपूर्ण है।

एक या दो साल पहले अटलांटा में माता-पिता के एक समूह ने बर्फ की समस्या के बारे में कुछ करने का फैसला किया। माता-पिता अपने घरों में से एक पर इकट्ठे हो गए, कुछ गर्म चॉकलेट को गर्म किया, और देर रात में बात की कि वे अपने बच्चों को अधिक स्लेजिंग करने में कैसे मदद कर सकते हैं।

पहला सुझाव जो बनाया गया था, वह बर्फ के टुकड़े इकट्ठा करना शुरू करना था। यदि दस या बीस परिवारों ने दो या तीन सप्ताह के लिए बर्फ के टुकड़े एकत्र किए, तो वे बर्फ के टुकड़ों के साथ एक छोटी पहाड़ी को कवर कर सकते हैं।

पूरा विचार सिर्फ बर्फ के टुकड़ों के साथ एक स्लेजिंग पहाड़ी बनाने के लिए नहीं था। बल्कि, यह विचार था कि एक ऐसी पहाड़ी का निर्माण किया जाए, जो इतनी ठंडी हो कि अगर वह हिमपात हो, तो गर्म जमीन पर गिरने के बाद बर्फ पिघलेगी नहीं।

अब, बर्फ के टुकड़े स्लेजिंग करने के लिए आरामदायक नहीं हैं, इसलिए आपको पहाड़ी पर बर्फ निकालने से पहले बर्फ को कुचलने की आवश्यकता है। यदि आप सिर्फ ठंडे सोडा के लिए पर्याप्त बर्फ कुचल रहे हैं तो बर्फ को कुचलना इतना मुश्किल नहीं है। लेकिन अगर आप एक पहाड़ी पर फैलने के लिए बीस या तीस बाल्टी बर्फ को कुचल रहे हैं, तो यहाँ काफी अधिक प्रयास करना पड़ता है।

Q.17 अटलांटा के लोगों ने बर्फ के टुकड़े क्यों एकत्र किए?

A. ताकि वे बाद में स्लेजिंग के लिए इसका इस्तेमाल कर सकें

B. क्योंकि लोग बर्फ के टुकड़े इकट्ठा करना पसंद करते हैं और यह एक शौक है

C. बर्फ के टुकड़े इकट्ठा करने से आपको अधिक पैसा मिलता है

D. इनमे से कोई भी नहीं

Q.18 'स्लेजिंग' शब्द का अर्थ क्या है?

A. एक स्लेज पर बर्फ पर डाउनहिल की यात्रा या फिसलने की गतिविधि

B. बर्फ की पहाड़ी से फिसलकर गिरना

C. एक स्की पर पहाड़ी के नीचे फिसलने

D. इनमे से कोई भी नहीं

Q.19 स्लेजिंग के लिए एक उपयुक्त स्थान बनाने के कार्य को पूरा करने में क्या बाधा है?

A. बर्फबारी नियमित नहीं है

B. बर्फ के टुकड़ों को इतनी बड़ी मात्रा में प्रशीतित नहीं किया जा सकता है

C. बर्फ के टुकड़ों को कुचलना

D. इनमे से कोई भी नहीं

Q.20 दिए गए शब्द का विलोम क्या है?

विचित्र

A. साधारण **B.** घिसे-पिटे

C. अजीब **D.** इनमे से कोई भी नहीं

Q.21 बर्फ के टुकड़े के संग्रह के पीछे क्या विचार था?

A. स्लेजिंग करना

B. एक पहाड़ी पर एकत्रित बर्फ के क्यूब्स को रखने के लिए ताकि अगली बार जब बर्फ हो जाए

C. बर्फ पर बर्फ के टुकड़े रखने और स्लेजिंग करने के लिए

D. इनमे से कोई भी नहीं

Q.22 यह पारिस्थितिकी तंत्र स्थलीय और समुद्री पारिस्थितिक तंत्र के बीच एक व्यवस्थित संबद्ध का गठन करता है:

A. आम के जंगल **B.** मैंग्रोव वन

C. सदाबहार वन **D.** बारिश के जंगल

Q.23 एक श्रृंखला दी गई है, जिसमें एक पद लुप्त है। दिए गये विकल्पों में से उस सही विकल्प का चयन कीजिये, जो श्रृंखला को पूरा करेगा।

XWV, TSR, PON, LKJ, ?

A. IJK **B.** DEF **C.** HGF **D.** LMO

Q.24 एक निश्चित कूट में, 'SURE' को '63' तथा 'GONE' को '41' के रूप में कूटबद्ध किया जाता है, तो उसी कूट भाषा में 'WIND' को किस प्रकार लिखा जायेगा?

A. 70 **B.** 62 **C.** 49 **D.** 50

Q.25 "एक व्यक्ति को एक महिला की तुलना में समझदार होने के लिए स्वयं को महत्व नहीं देना चाहिए, यदि वह एक बेहतर शिक्षा के लिए अपने लाभ का भुगतान करता है, तो उसके हाथ बंधे होने पर एक व्यक्ति को पीटने के लिए उसके साहस का दावा करना चाहिए।"

उपरोक्त गद्यांश किसका एक उदाहरण है

A. वियोजक तर्क **B.** काल्पनिक तर्क

C. अलंकारिक तर्क **D.** तथ्यात्मक तर्क

Q.26 DVD तकनीक डिजिटल डेटा को संग्रह करने के लिए एक ऑप्टिकल मीडिया का उपयोग करती है। DVD किसका लघु रूप है?

A. डिजिटल वेक्टर डिस्क

B. डिजिटल वॉल्यूम डिस्क

C. डिजिटल वर्सेटाइल डिस्क

D. डिजिटल विजुअलाइज़ेशन डिस्क

Q.27 डॉ डीएस कोठारी की अध्यक्षता में शैक्षिक आयोग का गठन किस वर्ष हुआ था?

A. 1960 **B.** 1955 **C.** 1952 **D.** 1964

Q.28 यूजीसी द्वारा जारी किए गए नवीनतम डेटा के आधार पर भारत में कितने राज्य विश्वविद्यालय हैं?

A. 789 **B.** 123 **C.** 418 **D.** 260

Q.29 विश्वविद्यालय शिक्षा आयोग का गठन कब किया गया था?

A. 4 नवंबर, 1947 **B.** 4 नवंबर, 1948

C. 4 नवंबर, 1949 **D.** 4 नवंबर, 1950

Q.30 संचारी क्षमता में निम्न में से कौन सा कौशल शामिल होता है?

A. भाषाई कौशल **B.** शब्दार्थ कौशल

C. सांस्कृतिक कौशल **D.** दोनों (A) और (B)

Q.31 गैर-मौखिक संचार माना जाता है:

A. अनौपचारिक

B. सटीक

C. संस्कृति मुक्त

D. औपचारिक

Q.32 कक्षा संचार में अलंकारिक दृष्टिकोण शिक्षकों को छात्रों के _____ प्रतिनिधि के रूप में माना जाता है।

A. गैर-अधिकारिक

B. अधिकारिक

C. प्रभावकारी

D. शैक्षणिक

Q.33 कक्षा संवाद अनिवार्य रूप से होना चाहिए:

[UGC NET Sociology, 2017]

A. काल्पनिक

B. सहानुभूति

C. अमूर्त

D. गैर-विवरणात्मक

Ques (34-38):निर्देश: निम्नलिखित डेटा एक शहर में 7 विभिन्न प्रकार के संगीत को पसंद करने वाले विभिन्न आयु वर्ग के लोगों की संख्या (हजारों में) को दर्शाता है।

संगीत	आयु वर्ग		
	15-20	21-30	>30
क्लॅसिकल	6	4	17
पॉप	7	5	5
रॉक	6	12	14
जाज	1	4	11
ब्लूस	2	3	15
हिप-हॉप	9	3	4
आंबियेंट	2	2	2
योग	33	33	68

Q.34 लोगों को किस प्रकार का संगीत अधिक पसंद है?

A. क्लॅसिकल   **B.** पॉप   **C.** रॉक   **D.** ब्लूज

Q.35 किस आयु वर्ग के लोगों को हिप-हॉप सर्वाधिक पसंद है?

A. 15 – 20

B. 21 – 30

C. > 30

D. इनमें से कोई नहीं

Q.36 रॉक पसंद करने वाले लोगों की संख्या और जाज पसंद करने वाले लोगों की संख्या के बीच अनुपात ज्ञात करें?

A. 4:3   **B.** 3:1   **C.** 5:3   **D.** 2:1

Q.37 क्लासिकल पसंद करने वाले आयु वर्ग के लोगों की औसत संख्या ज्ञात करें?

A. 9000   **B.** 7500   **C.** 12000   **D.** 14500

Q.38 21 – 30 आयु वर्ग के कितने प्रतिशत लोग पॉप या हिप-हॉप या ब्लूज पसंद करते हैं?

A. 33%   **B.** $33\frac{1}{3}$%   **C.** 13%   **D.** 25%

Q.39 संचार _____ कौशल का एक हिस्सा है।

A. सॉफ्ट   **B.** हार्ड   **C.** रफ   **D.** शॉर्ट

Q.40 कुछ वेबसाइटों द्वारा प्रयोगकर्ता की पसंद को पहचानने और उसका रिकॉर्ड रखने के लिए प्रयोगकर्ता के कंप्यूटर पर संग्रहित एक छोटी टेक्स्ट फाइल कहलाती हैं:

A. लॉग   **B.** रिपोर्ट   **C.** कुकी   **D.** हिस्ट्री

Q.41 _____कंप्यूटर प्रोग्राम में त्रुटि को दर्शाता है:

A. बिट   **B.** बग   **C.** स्पैम   **D.** वायरस

Q.42 प्रिंटर की आउटपुट गुणवत्ता मापी जाती है:

A. डिजिट्स प्रति इंच

B. डॉट्स प्रति मिमी

C. डॉट्स प्रति इंच

D. डॉट्स प्रति सेमी

Q.43 निम्नलिखित में से किस व्यवस्था में विचारों और मुद्दों का एक व्यापक स्पेक्ट्रम संभव हो सकता है?

[UGC NET Sociology, 2017]

A. अनुसंधान अनुच्छेद

B. कार्यशाला मोड

C. सम्मेलन

D. परिसंवाद

Q.44 ग्रामीण घरों में, नाइट्रोजन ऑक्साइड प्रदूषण का/ के स्रोत हो सकता है/सकते हैं:

1) धूम्र निकास की सुविधारहित गैस चूल्हा

2) लकड़ी चूल्हा

3) मिटटी तेल वाले हीटर

सही कूट का चयन कीजिए:

A. केवल 1 और 2

B. केवल 2 और 3

C. केवल 2

D. 1, 2 और 3

Q.45 भारत में 'लोकतांत्रिक विकेंद्रीकरण' के विचार को लोकप्रिय बनाया गया था:

A. ए.डी गोरवाला समिति, 1951

B. पॉल एच. एपलेबी समिति, 1953

C. बी.आर. मेहता समिति, 1957

D. अशोक मेहता समिति, 1978

Q.46 निम्नलिखित में से किस परत में ओजोन स्वाभाविक रूप से बनता है?

A. ट्रोपोस्फीयर

B. स्ट्रैटोस्फीयर

C. मेसोस्फीयर

D. आयनोस्फीयर

Q.47 W, U को यह कहकर अपना परिचय देती है कि आप मेरे पति के पिता की पत्नी की बहू हैं। U और W एक दूसरे से कैसे संबंधित हैं?

A. U, W के पति के भाई की पत्नी है।

B. U, W के पति की बहन है।

C. W, U के पति की बहन है।

D. W, U के भाई की पत्नी है।

Q.48 एक वृक्ष की नौ शाखाएँ हैं और प्रत्येक शाखा पर नौ घोंसले हैं। प्रत्येक घोंसले में नौ पक्षी हैं और प्रत्येक पक्षी को खिलाने के लिए नौ दानों की आवश्यकता है। कितने दाने की आवश्यकता है?

A. 36   **B.** 4781   **C.** 6561   **D.** 7248

Q.49 20 पैसे और 25 पैसे के कुल 324 सिक्कों से 71 रुपये का योग बनता है। 25 पैसे के सिक्कों की संख्या क्या है?

A. 124   **B.** 200   **C.** 144   **D.** 180

Q.50 अनुसंधान का सर्वश्रेष्ठ अर्थ है:

A. ज्ञान के सृजन और अनुप्रयोग के लिए 'वैज्ञानिक पद्धति' को अपनाना

B. समस्याओं के समाधान के लिए आलोचनात्मक और रचनात्मक सोच को अपनाना

C. देखे गए डेटा के आधार पर सामान्यीकरण पर पहुंचना

D. जीवन के सार्वभौमिक सत्य की खोज करें

Paper-II

Q.51 निम्नलिखित में से कंपनी की छवियों और ब्रांड इक्विटी व्यवसाय को प्रभावित करने वाले कौन से कारक हैं:

A. बाह्य

B. आंतरिक

C. सरकारी नीति

D. इनमे से कोई नहीं

Q.52 जब एक कंपनी ने एक दूसरे को लिया और स्पष्ट रूप से नया मालिक बन गया, तो इस कार्रवाई को कहा जाता है-

A. विलयन
B. रणनीतिक गठबंधन
C. अधिग्रहण
D. इनमे से कोई भी नहीं

Q.53 इंडेंट हाउस वह होता है जो:

A. ऑर्डर प्राप्त करने के लिए सामान के आयातक और निर्यातक के बीच मध्यस्थ के रूप में कार्य करता है
B. समान को पैक करके आगे भेजता है
C. अच्छे के लिए भुगतान की गारंटी देता है
D. आयातक की ओर से कस्टम औपचारिकताओं को पूरा करता है

Q.54 क्रेडिट पत्र (L/C) द्वारा तैयार किया जाता है:

A. एक निर्यातक
B. एक आयातक
C. कस्टम अधिकारी
D. नौवहन कंपनी

Q.55 कंपनी अधिनियम की तालिका 'A' एक मॉडल देती है:

A. मिनिट बुक
B. बैलेंस शीट
C. मेमोरंडम ऑफ असोसीएशन
D. आर्टिकल्स ऑफ एसोसिएशन

Q.56 कंपनी के पहले लेखा परीक्षक को किसके द्वारा नियुक्त किया जाता है?

A. शेयरधारकों
B. केन्द्रीय सरकार
C. कंपनी लॉ बोर्ड
D. निदेशक मंडल

Q.57 निम्नलिखित में से कौन कंपनी ऑडिटर बनने के लिए योग्य नहीं है?

A. एक निकाय कॉर्पोरेट
B. कंपनी का एक कर्मचारी
C. एक व्यक्ति जो 1000 रुपये से अधिक की राशि के लिए कंपनी का ऋणी है
D. ऊपर के सभी

Q.58 निम्नलिखित में से कौन सा कथन सही है?

A. मूल्यांकन सत्यापन का एक हिस्सा है
B. सत्यापन मूल्यांकन का एक हिस्सा है
C. मूल्यांकन से सत्यापन का कोई लेना-देना नहीं है
D. इनमे से कोई भी नहीं

Q.59 निम्नलिखित में से कौन सा कथन व्यापार संतुलन के बारे में सही है?

A. व्यापार का संतुलित संतुलन निर्यात > आयात है
B. व्यापार का प्रतिकूल संतुलन निर्यात = आयात है
C. व्यापार का अनुकूल संतुलन निर्यात < आयात है
D. उपरोक्त में से कोई नहीं

Q.60 निरंतर ऑडिट के लिए उपयुक्त है:

A. बड़े संस्थान
B. छोटे संस्थान
C. सामान्य संस्थान
D. इनमे से कोई भी नहीं

Q.61 निम्नलिखित में से कौन सा कथन सही है / हैं?

1. आंतरिक नियंत्रण में गुणवत्ता नियंत्रण शामिल है।
2. व्यापार संगठनों के सभी रूपों के लिए आंतरिक नियंत्रण अनिवार्य है।
3. आंतरिक नियंत्रण बाहरी लेखा परीक्षक को ग्राहक संगठन के लिए उपयुक्त ऑडिट कार्यक्रम डिजाइन करने में मदद करता है।
नीचे दिए गए कोड का उपयोग करके सही उत्तर चुनें:

A. केवल 1
B. केवल 2
C. केवल 3
D. 1 और 3

Q.62 जीएनपी (सकल राष्ट्रीय उत्पाद) में श्रम का अनुपात निम्न कारणों से कम हो जाता है-

A. मजदूरीसे कम कीमत
B. कीमत से कम लाभ
C. लाभ से कम कीमत
D. कीमत से कम मजदूरी

Q.63 ऑडिट शुरू करने से पहले एक ऑडिटर को निम्नलिखित चरणों पर विचार करना चाहिए-

A. लेखा परीक्षा कार्य के दायरे का पता लगाना
B. ग्राहक के व्यवसाय के बारे में ज्ञान प्राप्त करना
C. ग्राहक के साथ समझौते के माध्यम से जा रहे हैं
D. ग्राहक से निर्देश और जानकारी

Q.64 सामाजिक लेखांकन का अर्थ है:

A. सामाजिक लाभ और सामाजिक लागत के लिए लेखांकन
B. सरकारी राजस्व और सरकारी लागत के लिए लेखांकन
C. निजी राजस्व और निजी लागत के लिए लेखांकन
D. इनमे से कोई भी नहीं

Q.65 "गाजर और छड़ी" की तकनीक का उपयोग व्यापार संगठन में _______ के लिए किया जाता है।

A. अनुपस्थिति को कम करना
B. प्रेरणा
C. प्रभावी नेतृत्व
D. श्रमिकों को पुरस्कृत करना

Q.66 निकासी अभिकर्ता _______ के द्वारा नियुक्त किया जाता है।

A. नौवहन कंपनी
B. कस्टम का प्राधिकरण
C. आयातक
D. निर्यातक

Q.67 प्रति यूनिट जोखिम वापसी या अकेले जोखिम का प्रतिनिधित्व किया जाता है

A. मानक का गुणांक
B. वापसी का गुणांक
C. भिन्नता के गुणांक
D. विचलन का गुणांक

Q.68 क्षतिपूर्ति का सिद्धांत संबंधित नहीं है -

A. जीवन बीमा
B. अग्नि बीमा
C. समुद्री बीमा
D. फसल बीमा

Q.69 समुद्री बीमा में, बीमा योग्य ब्याज का अस्तित्व आवश्यक है-

A. जब नुकसान होता है
B. जब पॉलिसी ली जाती है
C. पॉलिसी कब ली जाती है और कब नुकसान होता है
D. अनुबंध की अवधि के दौरान

Q.70 'कोई लाभ नहीं होने और सभी संभावित नुकसानों के लिए प्रत्याशित' के कारण निम्नलिखित है-

A. संगति का सम्मेलन
B. संरक्षण का सम्मेलन
C. प्रकटीकरण का सम्मेलन
D. इनमे से कोई भी नहीं

Q.71 प्राप्ति और भुगतान खाता _____ द्वारा तैयार किया जाता है-

A. कंपनियों
B. बैंकों
C. साझेदारी फर्म
D. गैर-व्यापारिक संगठन

Q.72 दस्तावेजों और वाउचर की जांच को कहा जाता है-

A. भौतिक सत्यापन
B. परीक्षण की जाँच
C. वाउचिंग
D. इनमे से कोई भी नहीं

Q.73 आंतरिक लेखा परीक्षा _____ द्वारा किया जाता है।

A. बाहरी लेखा परीक्षक
B. संगठन के कर्मचारी
C. (A) और (B) दोनों
D. (A) और (B) दोनों नहीं

Q.74 लेखा परीक्षा कार्यक्रम _____ द्वारा तैयार किया जाता है।

A. लेखा परीक्षक
B. कंपनी

C. आंतरिक लेखा परीक्षक   **D.** वित्तीय नियंत्रक

Q.75 निम्नलिखित कथनों पर विचार करें-
निदेशकों को पारिश्रमिक की वाउचिंग की जाँच शामिल है:

A. विशेष संकल्प

B. खातों के स्टेटमेंट

C. केंद्र सरकार का अनुमोदन नोट

D. कार्यवृत्त विवरण पुस्तक

Q.76 भूमि विकास बैंक का हिस्सा है-

A. वाणिज्यिक बैंक   **B.** आईडीबीआई

C. एफसीआई   **D.** सहकारी साख संरचना

Q.77 केंद्र सरकार के निम्नलिखित कर राजस्व में, जो सबसे बड़ा स्रोत है?

A. आयकर   **B.** निगम कर

C. केंद्रीय उत्पाद शुल्क   **D.** सीमा शुल्क

Q.78 मुख्य सुरक्षित ऋण के तहत, निम्नलिखित का खुलासा किया जाता है:

A. बैंकों से ऋण और अग्रिम

B. डिबेंचर

C. सहायक कंपनियों से ऋण और अग्रिम

D. अन्य ऋण और अग्रिम

Q.79 केंद्रीय बजट 2022 के अनुसार, "हर घर नल से जल" योजना के तहत 2022-23 में 3.8 करोड़ परिवारों को समाविष्ट करने के लिए कितने करोड़ का प्रावधान किया गया है?

A. 100,000 करोड़   **B.** 20,000 करोड़

C. 50,000 करोड़   **D.** 60,000 करोड़

Q.80 अमूर्त आस्तियों के लिए लेखांकन संबंधित हैं:

A. AS - 10   **B.** AS - 12   **C.** AS - 24   **D.** AS - 26

Q.81 भारतीय लेखा मानक-28 किससे संबंधित है:

A. आय पर करों के लिए लेखांकन

B. संयुक्त उद्यम में हितों की वित्तीय रिपोर्टिंग

C. संपत्ति की अनुपस्थिति

D. प्रावधान, आकस्मिक देयताएं और आकस्मिक संपत्ति

Q.82 मालिक द्वारा योगदान की गई पूंजी की रिकॉर्डिंग देयता के सिद्धांत का पालन सुनिश्चित करती है:

A. संगति   **B.** वर्तमान चिन्ता

C. पृथक इकाई   **D.** माद्या

Q.83 बैंकिंग शब्दावली में बुरे ऋणों को आमतौर पर कहा जाता है-

A. बीपीओ   **B.** प्रधान संपत्ति

C. एनपीए   **D.** सीबीएस

Q.84 सीमेंट निर्माताओं संघ का एक उदाहरण है-

A. विकर्ण संयोजन   **B.** लंबवत संयोजन

C. क्षैतिज संयोजन   **D.** पार्श्व संयोजन

Q.85 उत्पाद श्रेणी सबसे व्यापक है-

A. चेन स्टोर   **B.** विभागीय भंडार

C. विशेषता की दुकान   **D.** एक मूल्य की दुकान

Q.86 एक सार्वजनिक निगम ______ स्थापित किया गया है।

A. संसद के एक विशेष अधिनियम द्वारा

B. सरकार के एक विशेष आदेश द्वारा

C. भारतीय कंपनी अधिनियम, 1956 के तहत

D. उपरोक्त में से कोई नहीं

Q.87 सहकारी समिति के पंजीकरण के लिए आवश्यक सदस्यों की न्यूनतम संख्या है-

A. दो   **B.** सात   **C.** दस   **D.** बीस

Q.88 वित्तीय प्रतिभूतियों को जो उनके पुस्तक निधि मूल्य के करीब होने पर नकदी में परिवर्तित किया जा सकता है, को वर्गीकृत किया गया है:

A. माल   **B.** लघु अवधि के निवेश

C. नकदी के समांतर   **D.** लंबी अवधि के निवेश

Q.89 निम्नलिखित में से कौन सी त्रुटि ट्रायल बैलेंस द्वारा प्रकट नहीं की जाती है?

A. अनिवार्य त्रुटियाँ   **B.** सिद्धांत की त्रुटियां

C. प्रवेश की त्रुटियां   **D.** तीनों

Q.90 विशेष विज्ञापन पर खर्च की जाने वाली बड़ी राशि है-

A. पूंजीगत व्यय   **B.** राजस्व व्यय

C. राजस्व घाटा   **D.** आस्थगित राजस्व व्यय

Q.91 डबल एंट्री सिस्टम शुरू किया गया था-

A. अमेरिका   **B.** जापान   **C.** भारत   **D.** इटली

Q.92 व्यवसाय की अवधारणा के अनुसार एक व्यापार इकाई के लिए माना जाता है-

A. एक लंबे जीवन के लिए   **B.** एक छोटा सा जीवन

C. बहुत छोटा जीवन   **D.** एक निश्चित जीवन

Q.93 निम्नलिखित में से कौन सा कथन सही है?

A. आंतरिक लेखा परीक्षा और प्रबंधन लेखा परीक्षा समान हैं

B. आंतरिक ऑडिट और वैधानिक ऑडिट समान हैं

C. सभी मामलों में आंतरिक ऑडिट अनिवार्य है

D. कंपनी के खातों का वैधानिक ऑडिट अनिवार्य है

Q.94 सहकारी समिति का एक ऑडिटर ऑडिट रिपोर्ट कहां प्रस्तुत करता है?

A. समाज की प्रबंध समिति को ही

B. संबंधित राज्य की सहकारी समितियों के रजिस्टार को ही

C. संबंधित राज्य विधानसभा को

D. संबंधित राज्य के सहकारी समितियों के रजिस्टार को और समिति को एक प्रति

Q.95 नकदी आयजन्य निवेश विश्लेषण को वर्गीकृत किया गया है-

A. स्टॉक का सामयिक मूल्य

B. धन का सामयिक मूल्य

C. बांड का सामयिक मूल्य

D. ट्रेजरी बांड का सामयिक मूल्य

Q.96 निम्नलिखित को मिलाएं :

समूह - I	समूह - II
(a) सरल यादृच्छिक नमूनाकरण	(i) विजातीय
(b) स्तरीय यादृच्छिक नमूनाकरण	(ii) सजातीय
(c) क्लस्टर नमूनाकरण	(iii) इकाइयों की कालानुक्रमिक सूची
(d) व्यवस्थित नमूनाकरण	(iv) वन वृक्ष प्रकार की इकाइयाँ

A. a-i b-ii c-iii d-iv   **B.** a-iii b-i c-iv d-ii

C. a-ii b-i c-iv d-iii   **D.** a-iv b-iii c-ii d-i

Q.97 चंक सैंपलिंग को किस नाम से जाना जाता है:

A. कोटा नमूनाकरण   **B.** सुविधा नमूनाकरण

C. निर्णय नमूनाकरण   **D.** क्लस्टर नमूनाकरण

Q.98 जब कोई आबादी विषम होती है, तो इसे समूहों में विभाजित किया जाता है, ताकि समूह के भीतर समरूपता हो और समूहों के बीच विषमता हो, और प्रत्येक समूह से कुछ वस्तुओं को यादृच्छिक पर चुना जाता है। यह स्थिति किसकी है:

A. क्लस्टर यादृच्छिक नमूनाकरण

B. व्यवस्थित यादृच्छिक नमूनाकरण

C. कोटा नमूनाकरण

D. स्तरीकृत यादृच्छिक नमूनाकरण

Q.99 निम्नलिखित में से क्या सा एक छोटा सा नमूना होगा ?

A. 5   B. 10

C. 29   D. उपर्युक्त सभी

Q.100 निम्नलिखित में से कौन सा सॉफ्टवेयर अनुसंधान विश्लेषण के लिए उपयोग किया जाता है?

A. SAP   B. ERP   C. SPSS   D. TALLY

Q.101 एफ-टेस्ट का उपयोग किसके बीच के अंतर के महत्व का परीक्षण करने के लिए किया जाता है:

A. दो नमूनों के माध्य

B. दो से अधिक नमूनों के माध्य

C. दो नमूनों में अंतर

D. (B) और (C) दोनों

Q.102 केवल लिंग के आधार पर प्रावादी प्रत्यर्थी का वर्गीकरण किसका प्रयोग है:

A. क्रमसूचक पैमाना   B. नाममात्र पैमाने

C. अंतराल स्केल   D. अनुपात पैमाना

Q.103 कार्ल पियर्सन का सहसंबंध गुणांक दो चरों के बीच क्या है?

A. उनके मानक विचलन के गुणनफल

B. उनके प्रतिगमन गुणकों के गुणनफल का वर्गमूल

C. चर के बीच सह-विचरण

D. इनमे से कोई भी नहीं

Q.104 सामाजिक विज्ञान में अनुसंधान के लिए सांख्यिकीय सॉफ्टवेयर पैकेज में क्या शामिल हैं-

A. SPSS   B. STATA

C. मिनी टैब (MiniTab)   D. उपर्युक्त सभी

Q.105 निम्नलिखित परीक्षणों को देखते हुए:

(i) 'Z' परीक्षण

(ii) 't' परीक्षण

(iii) 'F' परीक्षण

(iv) ' χ^2 ' परीक्षण

स्वतंत्रता की डिग्री की अवधारणा के साथ क्या जुड़ा हुआ है:

A. (i) और (ii)   B. (ii) और (iii)

C. (iii) और (iv)   D. (ii), (iii) और (iv)

Q.106 श्रमिकों के लिए संगठन की जिम्मेदारी में शामिल हैं:

(i) उचित मजदूरी का भुगतान

(ii) श्रमिकों के समुचित प्रशिक्षण और शिक्षा की व्यवस्था

(iii) उत्तम शिकायत निवारण प्रणाली की स्थापना

(iv) परिवार के सदस्यों का कल्याण

(v) सर्वोत्तम संभव कार्य स्थितियों का प्रावधान

सही संयोजन की पहचान कीजिये:

A. (i), (ii), (iii) और (v)

B. (ii), (iii), (iv) और (v)

C. (i), (ii), (iii) और (iv)

D. (i), (iii), (iv) और (v)

Q.107 एक संगठन की संरचना जिसमें स्वामित्व और प्रबंधन का पृथक्करण होता है, उसे _______ कहा जाता है।

A. एकल स्वामित्व   B. सहकारिता

C. कंपनी   D. सहकारी समाज

Q.108 जब कोई व्यक्ति उन मामलों पर एक कंपनी के साथ लेनदेन करता है जो कंपनी की शक्ति से परे है, तो व्यक्ति _______ के सिद्धांत के अधीन होगा।

A. अपवाद द्वारा प्रबंध   B. रचनात्मक सूचना

C. अंतः प्रबंधन   D. स्व: प्रबंधन

Q.109 कंपनी के गठन का उपयुक्त अनुक्रम निम्नलिखित क्रम में है:

A. प्रवर्तन, व्यवसाय का प्रारंभ और निगमन

B. प्रवर्तन, निगमन, पूंजी का अभिदान और व्यवसाय का प्रारंभ

C. पूंजी का अभिदान, प्रवर्तन, निगमन और व्यवसाय का प्रारंभ

D. निगमन, पूंजी का अभिदान, व्यवसाय का प्रारंभ और प्रवर्तन

Q.110 प्राधिकार का प्रत्यायोजन संगठन का आकार बनाता है:

A. छोटे संगठन

B. बड़े संगठन

C. बहुत बड़े संगठन

D. यह संगठन के आकार को प्रभावित नहीं करता है

Q.111 प्रबंधकीय ग्रिड निम्नलिखित सबसे अच्छा लीडर व्यवहार बताता है:

A. उच्च संरचना और उच्च विचार

B. निम्न संरचना और निम्न विचार

C. उत्पादन और लोगों दोनों के लिए उच्च विचारणीय

D. उत्पादन और लोगों दोनों के लिए कम विचारणीय

Q.112 निर्देश: नीचे दो कथन दिए गए हैं - एक को अभिकथन (A) और दूसरे को कारण (R) के रूप में लेबल किया गया है। सही विकल्प चुनें।

अभिकथन (A): MBO कार्य की योजना बनाने और व्यवस्थित करने का प्रभावी तरीका है।

कारण (R): कर्मचारी उद्देश्यों की स्थापना में भाग लेते हैं।

A. दोनों (A) और (R) सत्य हैं।

B. दोनों (A) और (R) असत्य हैं।

C. (A) सत्य है, लेकिन (R) गलत है।

D. (A) असत्य है, लेकिन (R) असत्य है।

Q.113 'किसी भी विचार की कभी आलोचना नहीं की जाती है' और 'जितने आधारभूत होंगे उतने विचार बेहतर होते हैं'- क्या निर्णय लेने की प्रक्रिया के नियम हैं?

A. प्रोग्रामित निर्णयन   B. गैर प्रोग्रामितनिर्णय

C. बुद्धिशीलता   D. समूह परिचर्चा

Q.114 मैक्लेलैंड की जरूरतों के सिद्धांत के अनुसार, निम्नलिखित में से कौन एक प्रेरक आवश्यकता नहीं है?

A. शक्ति की आवश्यकता

B. सुरक्षा की आवश्यकता

C. उपलब्धि की आवश्यकता

D. संबद्धता की आवश्यकता

Q.115 "Z सिद्धांत" को किसने प्रतिपादित किया?

A. विलियम आउची   B. पीटर एफ ड्रकर

C. जोसेफ एम जूरन   D. डगलस मैकग्रेगर

Q.116 किसी नए उत्पाद को सबसे पहले अपनाने वाले व्यक्ति को क्या कहा जाता है?

A. पूर्व ग्रहणकर्ता

B. प्रथम उपयोगकर्ता

C. प्रारंभिक ग्रहणकर्ता

D. नवप्रवर्तक

Q.117 खुदरा बिक्री में एक अवधारणा जो नए खुदरा विक्रेताओं के उद्भव की व्याख्या करने में मदद करती है, _______ परिकल्पना कहलाती है।

A. उत्पाद जीवन चक्र

B. सेवा वर्गीकरण

C. खुदरा जीवन चक्र

D. खुदरा बिक्री का चक्र

Q.118 कारों और मोटर साइकिलों के निर्माता आमतौर पर ______ वितरण चाहते हैं।

A. चयनात्मक   **B.** गहन   **C.** विशिष्ट   **D.** प्रतिबंधक

Q.119 विपणन अनुसंधान प्रक्रिया के निम्नलिखित चरणों में से कौन सा सबसे महंगा है?

A. डेटा विश्लेषण

B. डेटा संग्रहण

C. अनुसंधान योजना का विकास करना

D. रिपोर्ट लेखन

Q.120 विज्ञापन बजट निर्धारित करने का कौन सा तरीका सबसे अधिक वैज्ञानिक और तार्किक है?

A. वहन- योग्य विधि

B. प्रतियोगी समता विधि

C. उद्देश्य और कार्य विधि

D. प्रतिशत-बिक्री विधि

Q.121 निम्नलिखित में से क्या समग्र विपणन का प्रमुख घटक नहीं है?

A. संबंध विपणन

B. एकीकृत विपणन

C. ग्राहक संतुष्टि

D. सामाजिक रूप से उत्तरदायी विपणन

Q.122 नीचे दिए गए विधानों में से कौन सा विधान भारत के विपणन परिवेश का हिस्सा नहीं है?

A. औषधि और प्रसाधन सामग्री अधिनियम, 1940

B. खाद्य और अपमिश्रण निवारण अधिनियम, 1954

C. एकाधिकार और प्रतिबंधात्मक व्यापार व्यवहार अधिनियम, 1969

D. दोनों (B) और (C)

Q.123 किसी उत्पाद के सभी वास्तविक और संभावित खरीदारों के समूह को क्या कहा जाता है-

A. ग्राहक समूह

B. उद्योग

C. बाजार

D. इनमें से कोई नहीं

Q.124 उपभोक्ता व्यवहार पर व्यापक और गहन प्रभाव डालने वाला कारक है:

A. संस्कृति

B. उप संस्कृति

C. सामाजिक वर्ग

D. आय

Q.125 प्रत्येक बिक्री के मामले में एक निहित शर्त होती है कि विक्रेता का अधिकार है:

A. माल प्राप्त करना

B. कीमत वसूल करना

C. सामान बेचना

D. सामान बेचने से मना करना

Q.126 नीचे दिए गए दो कथन हैं।

कथन I: किसी संपत्ति पर संपत्ति के हस्तांतरण का तत्काल प्रभाव पड़ता है, जबकि संपत्ति को बेचने के लिए एक समझौते में कुछ भविष्य के समय से गुजरना होता है।

कथन II: एक बिक्री खरीदार को माल का मालिक बनाती है लेकिन बिक्री के लिए एक समझौता खरीदार को माल का मालिक नहीं बनाता है।

उपरोक्त कथनों पर प्रकाश डालिये, नीचे दिए गए विकल्पों में से सही उत्तर चुनिए:

A. केवल कथन I सत्य है

B. केवल कथन II सत्य है

C. दोनों कथन सत्य हैं

D. दोनों कथन गलत हैं

Q.127 क्षतिपूर्ति के अनुबंध में _______ होना चाहिए।

A. वैध विचार और वस्तु

B. पाँच दल

C. निहित विचार

D. बिना विचार के समझौता

Q.128 निगोशिएबल इंस्ट्रूमेंट्स एक्ट, प्रॉमिसरी नोट के बारे में निम्नलिखित में से कौन सा सच है:

(I) प्रॉमिसरी नोट की परिभाषा परक्राम्य लिखत अधिनियम की धारा 8 में दी गई है।

(II) बिना शर्त उपक्रम से युक्त

(III) किसी विशिष्ट व्यक्ति या वाहक को केवल एक निश्चित राशि का भुगतान करना ।

(IV) विक्रेता वचन पत्र स्वीकार करने के लिए बाध्य है।

(V) भुगतानकर्ता / निर्माता द्वारा एक दस्तावेज लिखा और हस्ताक्षर किया गया था।

A. (I), (II) और (III)

B. (II), (III) और (V)

C. (II), (III), और (IV)

D. (I), (III) और (IV)

Q.129 संघ के ज्ञापन के पंजीकृत कार्यालय खंड में शामिल हैं-

A. केवल शहर / शहर का नाम और राज्य का नहीं

B. पूरा डाक पता

C. उस राज्य का नाम जिसमें कंपनी का पंजीकृत कार्यालय स्थित है

D. कंपनियों के रजिस्ट्रार का नाम

Q.130 **अभिकथन (A):** भुगतान न करने पर चेक अस्वीकृत किया जाता है।

कारण (R): चेक हमेशा मांग पर देय होता है।

दो कथनों के संदर्भ में, निम्नलिखित में से कौन सा कथन सही है?

A. अभिकथन और कारण दोनों सत्य हैं और कारण अभिकथन की सही व्याख्या है।

B. अभिकथन और कारण दोनों सत्य हैं लेकिन कारण अभिकथन की सही व्याख्या नहीं है।

C. दावा और तर्क दोनों झूठे हैं।

D. दावा सही है लेकिन कारण गलत है।

Q.131 भारतीय अनुबंध अधिनियम, 1872 के तहत सहमति क्या है:

A. जब प्रस्ताव जिस पक्ष द्वारा बनाया जाता है, उस प्रस्ताव की स्वीकृति प्रदान की जाती है

B. जब स्वीकृति किसी अन्य व्यक्ति द्वारा उस व्यक्ति के अलावा किसी अन्य व्यक्ति द्वारा दी जाती है जिस पर प्रस्ताव किया जाता है

C. जब वे एक ही चीज पर एक ही भावना में राजी होते हैं

D. जब दोनों पक्ष किसी बात पर सहमत होते हैं तो यह उनके द्वारा समझा जाता है

Q.132 **निर्देश:** कॉलम का मिलान करें और विकल्पों में से सही जोड़े चुनें।

कॉलम-1	कॉलम-2
A. प्रतियोगिता अधिनियम	E. 2005
B. सूचना का अधिकार अधिनियम	F. 1930
C. भारतीय अनुबंध अधिनियम	G. 1872
D. माल अधिनियम की बिक्री	H. 2002

A. A-G, B-E, C-F, D-H

B. A-H, B-E, C-G, D-F

C. A-E, B-F, C-G, D-H

D. A-F, B-H, C-E, D-G

Q.133 कर, करदाता को बदले में दी गई सेवा की सही मात्रा की परवाह किए बगैर आरोपित किया जाता है और न कि किसी कानूनी अपराध के लिए ______ के रूप में लगाया गया हो।

A. दंड   **B.** नियम   **C.** कानून   **D.** लागत

Q.134 किस प्रकार के करों को सीधे उस संस्था पर लगाया जाता है जो भार वहन करती है?

A. अप्रत्यक्ष कर   **B.** प्रत्यक्ष कर

C. सीमा शुल्क   **D.** निर्यात शुल्क

Q.135 आयकर ______ की "आय" पर लगाया जाता है।

A. कुल राशि   **B.** पूंजी   **C.** इकाई   **D.** प्राणी

Q.136 व्यापक विद्रोह के खर्चों/नुकसानों को पुनर्प्राप्त करने के लिए, ______ ने आय पर कराधान का कानून पेश किया।

A. स्वीडिश सरकार   **B.** अमेरिकी सरकार

C. भारत सरकार   **D.** ब्रिटिश सरकार

Q.137 मुख्य पूंजीगत लाभ के तहत आय का चार्जिंग सेक्शन है:

A. धारा 15   **B.** धारा 10

C. धारा 17   **D.** धारा 45 (2)

Q.138 पिछले वर्ष की आय पर संबंधित वित्त अधिनियम द्वारा निर्धारित दरों पर ______ कर लगाया जाता है।

A. मूल्यांकन वर्ष   **B.** पिछला वर्ष

C. कार्रवाई वर्ष   **D.** अंतिम वर्ष

Q.139 आयकर के साथ अधिकांश देशों में, कॉर्पोरेट इकाइयां अपने लाभ पर कर के अधीन हैं और इसके अलावा, शेयरधारकों के हाथों में कर लगाया जाता है।

A. अधिभार   **B.** लाभांश   **C.** शेयर   **D.** परिसंपत्ति

Q.140 कॉर्पोरेट आयकर का आधार आमतौर पर लेखांकन लाभ है जिसे ______ के संदर्भ में प्राप्त किया जाता है।

A. ऐतिहासिक लागत   **B.** अभिलेख

C. रजिस्टर   **D.** डेटाबेस

Q.141 इस मद के तहत कर योग्य निर्यात प्रोत्साहन में शामिल हैं:

A. नकदी प्रतिपूर्ति सहायता

B. शुल्क वापसी

C. डीईपीबी के हस्तांतरण पर लाभ

D. उपर दिए गए सभी

Q.142 उप-किरायेदार से मूल किरायेदार द्वारा प्राप्त किराया ______ मद के तहत कर योग्य है।

A. घर की संपत्ति से आय   **B.** अन्य स्रोतों से आय

C. कैपिटल गेन से आय   **D.** इनमें से कोई नहीं

Q.143 टेली-मार्केटिंग इसका एक हिस्सा है:

A. तेजी से फैलने वाला विपणन

B. सामाजिक विपणन

C. प्रत्यक्ष विपणन

D. संबंध विपणन

Q.144 राष्ट्रीय कृषि एवं ग्रामीण विकास बैंक (नाबार्ड) भारत में एक उच्च-स्तरीय विकास वित्तीय संस्थान है, जो कृषि और ग्रामीण ऋण प्रदान करने के लिए ___ में स्थापित किया गया।

[Rajasthan Police Constable, 2020]

A. 1990 में   **B.** 1982 में   **C.** 1985 में   **D.** 1987 में

Q.145 राज्य के स्वामित्व वाली भारतीय बैंक के निदेशकों की समिति ने शेयर बिक्री के माध्यम से किस राशि तक फंड जुटाने की मंजूरी दी है?

A. 2000 करोड़   **B.** 1500 करोड़

C. 4000 करोड़   **D.** 1000 करोड़

Q.146 GST (वस्तु और सेवा कर) के बारे में निम्नलिखित में से कौन सा सही है/हैं?

1. यह एक गंतव्य आधारित कर है।

2. GST काउंसिल की कार्यवाह संख्या 50% होनी चाहिए।

A. केवल 1   **B.** केवल 2

C. दोनों 1 और 2   **D.** न 1 और न ही 2

Q.147 अवैतनिक विक्रेता का मतलब ______ है।

A. वह व्यक्ति जिसने कीमत नहीं चुकाई हो

B. वह व्यक्ति जिसने माल बेचा है और उसे मूल्य प्राप्त हुआ है

C. वह व्यक्ति जिसने माल बेचा है और उसे अभी तक कीमत नहीं मिली है

D. वह व्यक्ति जिसने माल नहीं बेचा है

Q.148 कौन सा वित्तीय विवरण किसी फर्म की परिसंपत्ति, देनदारियों और मालिकों की इक्विटी का सारांश प्रस्तुत करता है?

A. सामान्य बहीखाता   **B.** कार्य पत्रक

C. तुलन पत्र   **D.** इनमें से कोई नहीं

Q.149 यदि कर का प्रभाव और भार एक ही व्यक्ति पर लगाया जाता है, तो इसे कहा जाता है:

A. प्रत्यक्ष कर   **B.** अप्रत्यक्ष कर

C. प्रगतिशील कर   **D.** प्रतिगामी कर

Q.150 ANBC, नेट-एसएलआर बॉन्ड में बैंकों द्वारा किए गए शुद्ध बैंक क्रेडिट प्लस निवेश हैं जो कि आयोजित-से-मैच्योरिटी श्रेणी में रखे गए हैं या ऑफ-बैलेंस-शीट एक्सपोज़र की क्रेडिट समतुल्य राशि, जो भी अधिक है। ANBC में 'C' का अर्थ क्या है?

[Punjab National Bank Clerk, 2021], [Indian Bank Clerk, 2021], [Central Bank of India Clerk, 2021]

A. क्रेडिट   **B.** कैश   **C.** कैटेगरी   **D.** कॉमर्स

// स्मार्ट उत्तर पुस्तिका //

सही उत्तर उन छात्रों का प्रतिशत जिन्होंने प्रश्नों का सही उत्तर दिया था। **छोड़ दिया** उन छात्रों का प्रतिशत जिन्होंने प्रश्नों को छोड़ दिया था।

प्रश्न संख्या	उत्तर	सही उत्तर / छोड़ दिया	प्रश्न संख्या	उत्तर	सही उत्तर / छोड़ दिया	प्रश्न संख्या	उत्तर	सही उत्तर / छोड़ दिया	प्रश्न संख्या	उत्तर	सही उत्तर / छोड़ दिया	प्रश्न संख्या	उत्तर	सही उत्तर / छोड़ दिया
1	B	33.33 % / 12.91 %	17	A	38.71 % / 50.54 %	33	B	34.41 % / 49.46 %	49	A	8.6 % / 83.87 %	65	B	26.88 % / 50.54 %
2	A	31.18 % / 47.31 %	18	A	41.94 % / 50.53 %	34	C	38.71 % / 50.54 %	50	A	9.68 % / 83.87 %	66	D	11.83 % / 49.46 %
3	C	34.41 % / 49.46 %	19	C	37.63 % / 50.54 %	35	A	45.16 % / 50.54 %	51	A	36.56 % / 43.01 %	67	C	33.33 % / 49.47 %
4	B	36.56 % / 48.39 %	20	A	26.88 % / 50.54 %	36	D	44.09 % / 50.53 %	52	C	38.71 % / 47.31 %	68	A	31.18 % / 49.47 %
5	C	30.11 % / 49.46 %	21	B	33.33 % / 50.54 %	37	A	36.56 % / 51.61 %	53	A	38.71 % / 48.39 %	69	A	26.88 % / 50.54 %
6	C	20.43 % / 49.46 %	22	B	26.88 % / 51.61 %	38	B	41.94 % / 50.53 %	54	B	24.73 % / 47.31 %	70	B	39.78 % / 52.69 %
7	D	40.86 % / 49.46 %	23	C	38.71 % / 51.61 %	39	A	44.09 % / 49.46 %	55	D	20.43 % / 48.39 %	71	D	34.41 % / 50.54 %
8	C	30.11 % / 49.46 %	24	D	43.01 % / 51.61 %	40	C	34.41 % / 49.46 %	56	D	27.96 % / 47.31 %	72	C	37.63 % / 50.54 %
9	D	20.43 % / 49.46 %	25	C	35.48 % / 51.62 %	41	B	36.56 % / 49.46 %	57	D	36.56 % / 47.31 %	73	B	26.88 % / 50.54 %
10	A	33.33 % / 49.47 %	26	C	37.63 % / 51.62 %	42	C	38.71 % / 49.46 %	58	A	21.51 % / 48.38 %	74	A	29.03 % / 50.54 %
11	D	30.11 % / 49.46 %	27	D	32.26 % / 50.54 %	43	C	21.51 % / 51.61 %	59	D	20.43 % / 47.31 %	75	D	15.05 % / 52.69 %
12	C	38.71 % / 49.46 %	28	C	27.96 % / 50.53 %	44	D	32.26 % / 49.46 %	60	A	35.48 % / 47.32 %	76	D	18.28 % / 51.61 %
13	D	41.94 % / 49.46 %	29	B	34.41 % / 50.54 %	45	C	24.73 % / 49.46 %	61	D	35.48 % / 49.47 %	77	B	17.2 % / 51.62 %
14	C	34.41 % / 49.46 %	30	A	8.6 % / 49.46 %	46	B	36.56 % / 48.39 %	62	D	24.73 % / 50.54 %	78	D	6.45 % / 51.61 %
15	A	27.96 % / 49.46 %	31	A	38.71 % / 48.39 %	47	A	11.83 % / 83.87 %	63	D	8.6 % / 50.54 %	79	D	15.05 % / 52.69 %
16	A	38.71 % / 50.54 %	32	C	31.18 % / 50.54 %	48	C	13.98 % / 83.87 %	64	A	44.09 % / 49.46 %	80	D	29.03 % / 51.62 %

प्रश्न संख्या	उत्तर	सही उत्तर / छोड़ दिया	प्रश्न संख्या	उत्तर	सही उत्तर / छोड़ दिया	प्रश्न संख्या	उत्तर	सही उत्तर / छोड़ दिया	प्रश्न संख्या	उत्तर	सही उत्तर / छोड़ दिया	प्रश्न संख्या	उत्तर	सही उत्तर / छोड़ दिया
81	C	16.13 % / 51.61 %	95	B	34.41 % / 54.84 %	109	B	16.13 % / 73.12 %	123	C	18.28 % / 73.12 %	137	D	12.9 % / 73.12 %
82	C	36.56 % / 51.61 %	96	C	33.33 % / 53.77 %	110	B	7.53 % / 73.12 %	124	A	11.83 % / 73.12 %	138	A	17.2 % / 73.12 %
83	C	37.63 % / 51.62 %	97	B	24.73 % / 52.69 %	111	C	20.43 % / 73.12 %	125	C	8.6 % / 73.12 %	139	A	10.75 % / 73.12 %
84	C	35.48 % / 52.69 %	98	D	31.18 % / 52.69 %	112	C	6.45 % / 73.12 %	126	C	21.51 % / 73.11 %	140	A	18.28 % / 73.12 %
85	B	32.26 % / 51.61 %	99	D	26.88 % / 52.69 %	113	C	17.2 % / 73.12 %	127	A	23.66 % / 73.11 %	141	D	21.51 % / 73.11 %
86	B	15.05 % / 52.69 %	100	C	31.18 % / 52.69 %	114	B	10.75 % / 73.12 %	128	B	15.05 % / 73.12 %	142	B	16.13 % / 69.89 %
87	C	16.13 % / 53.76 %	101	D	24.73 % / 73.12 %	115	A	20.43 % / 73.12 %	129	C	17.2 % / 73.12 %	143	C	10.75 % / 84.95 %
88	C	24.73 % / 53.76 %	102	B	19.35 % / 73.12 %	116	D	17.2 % / 73.12 %	130	A	15.05 % / 73.12 %	144	B	12.9 % / 84.95 %
89	D	30.11 % / 52.69 %	103	B	16.13 % / 73.12 %	117	D	13.98 % / 73.12 %	131	C	10.75 % / 73.12 %	145	C	4.3 % / 84.95 %
90	D	34.41 % / 52.69 %	104	A	7.53 % / 73.12 %	118	C	12.9 % / 73.12 %	132	B	24.73 % / 73.12 %	146	B	3.23 % / 84.94 %
91	D	18.28 % / 52.69 %	105	D	9.68 % / 73.12 %	119	B	23.66 % / 73.11 %	133	A	19.35 % / 73.12 %	147	C	15.05 % / 84.95 %
92	A	38.71 % / 52.69 %	106	A	21.51 % / 73.11 %	120	C	13.98 % / 73.12 %	134	B	21.51 % / 73.11 %	148	C	15.05 % / 84.95 %
93	D	24.73 % / 52.69 %	107	C	18.28 % / 73.12 %	121	C	9.68 % / 73.12 %	135	C	8.6 % / 73.12 %	149	A	9.68 % / 84.94 %
94	B	15.05 % / 53.77 %	108	B	8.6 % / 73.12 %	122	A	7.53 % / 73.12 %	136	D	13.98 % / 73.12 %	150	A	10.75 % / 83.87 %

//संकेत और समाधान//

1. एक शिक्षक के रूप में उन्हें बहस के लिए तैयार करते समय, छात्र में यह विकसित करना बहुत मुश्किल होता है कि बहस के दौरान भावनाओं पर कैसे नियंत्रण रखें क्योंकि बहस गतिविधि के दौरान छात्र को विपरीत दृष्टिकोण पर बहस करना पड़ता है और इस स्थिति में खुद को सही साबित करने के लिए छात्र विषय के अंदर गहराई तक जाते हैं और कभी-कभी उस विषय से हट जाएं, जो विषय पर तर्क देता है, इसलिए यह बहस का सबसे बड़ा अवगुण है कि छात्र ने अपनी भावनाओं पर अपना नियंत्रण खो दिया।

अतः विकल्प (B) सही है।

2. समय व्यतीत करना (यदि चर A के रूप में माना जाता है) स्वतंत्र चर है। परीक्षा अंक (यदि चर B के रूप में माना जाता है) परतंत्र चर है क्योंकि चर A के मूल्य में कोई भी परिवर्तन चर B के मूल्य में परिवर्तन का कारण बनता है।

अतः विकल्प (A) सही है।

3. थीसिस लेखन का प्रारूप एक शोध निबंध में समान है। शोध निबंध या थीसिस का उद्देश्य स्पष्ट रूप से परिभाषित विषय पर मूल कृति का निर्माण करना है।

अतः विकल्प (C) सही है।

4. शिक्षण एक औपचारिक के साथ-साथ अनौपचारिक तरीके से भी किया जा सकता है। औपचारिक शिक्षा स्कूलों और प्रशिक्षण संस्थानों के साथ जुड़ी हुई है। एक शिक्षक हमेशा एक औपचारिक तरीके से सिखाता है।

अतः विकल्प (B) सही है।

5. एक लेख में आम तौर पर एक आदेश होगा: विषय (कागज का नाम), सार (अध्ययन का संक्षिप्त नाम), विधि (प्रयुक्त उपकरण), चर्चा (शोध निष्कर्ष और अन्य संबंधित अनुसंधान) और सन्दर्भ सूची।

अतः विकल्प (C) सही है।

6. शोध सम्मेलन अपने रचनात्मक विचारों को प्रस्तुत करने और चर्चा करने और बड़े स्तर पर काम करने के लिए शोधकर्ताओं के लिए एक बैठक है। सम्मेलन सेमिनार, कार्यशाला, अनुसंधान सारांश से अधिक प्रतिभागियों के बीच रचनात्मकता और समीक्षात्मक चिंतन को विकसित करता है।

अतः विकल्प (C) सही है।

7. दिया है:

3, 12, 39, 120, ?

गणना:

3 × 3 + 3 = 12

12 × 3 + 3 = 39

39 × 3 + 3 = 120

120 × 3 + 3 = 363

∴ लुप्त संख्या 363 है।

अतः विकल्प (D) सही है।

8. निर्देश और डेटा के भंडारण और पुनर्प्राप्ति के लिए एक कंप्यूटर सिस्टम में मेमोरी आवश्यक है। एक सिस्टम इन निर्देशों और डेटा को संग्रहीत करने के लिए विभिन्न उपकरणों का उपयोग करता है जो इसके संचालन के लिए आवश्यक हैं।

निम्नलिखित कंप्यूटर मेमोरी प्रकारों को उच्चतम से निम्नतम गति तक सूचीबद्ध करता है-

सीपीयू रजिस्टर- वे मेमोरी के बजाय कंट्रोल यूनिट और ALU का हिस्सा हैं। इसलिए उनकी सामग्री को मेमोरी की किसी भी सामग्री की तुलना में बहुत तेजी से नियंत्रित किया जा सकता है।

कैश मेमोरी- यह प्रोग्राम इंस्ट्रक्शन और डेटा को स्टोर करता है जिसे कंप्यूटर अधिक बार उपयोग करता है। प्रोसेसर कंप्यूटर की मुख्य मेमोरी से प्राप्त करने के बजाय इस जानकारी को कैश से एक्सेस कर सकता है। इसलिए, यह रैम से तेज है।

प्राथमिक या **मुख्य मेमोरी** मुख्य रूप से प्राथमिक भंडारण के लिए उपयोग की जाती है। यह प्रोग्राम और डेटा संग्रहीत करता है जो वर्तमान में सीपीयू द्वारा आवश्यक हैं। प्राथमिक मेमोरी एक स्थिर डिवाइस है। इसमें कोई घूमने वाला हिस्सा नहीं है। उदाहरणों में RAM, ROM आदि शामिल हैं।

- **रैंडम एक्सेस मेमोरी (RAM):** यह उन डेटा को संग्रहीत करता है जिन्हें कंप्यूटर को अस्थायी रूप से उपयोग करने की आवश्यकता होती है। तो यह माध्यमिक भंडारण उपकरणों की तुलना में तेज है। यह एक परिवर्तनशील मेमोरी है यानी बिजली बंद होने पर इससे डेटा गायब हो जाता है। कंप्यूटर सिस्टम में RAM की मात्रा कंप्यूटर के प्रदर्शन को प्रभावित कर सकती है।

- **रीड-ओनली मेमोरी (ROM):** सिस्टम बूट करने के लिए ROM का उपयोग करता है। इसका उपयोग कंप्यूटर की स्टार्ट-अप जानकारी को संग्रहीत करने के लिए किया जाता है। इसे गैर-परिवर्तनशील मेमोरी कहा जाता है यानी यह अपनी सामग्री को बनाए रखता है भले ही कंप्यूटर अपनी शक्ति खो देता है।

द्वितीयक मेमोरी- यह वह है जिसे सीपीयू सीधे एक्सेस नहीं कर सकता है। यह पहली सामग्री है जिसे राम में कॉपी किया जाना चाहिए और फिर सीपीयू में स्थानांतरित किया जाना चाहिए। यह डेटा संग्रहीत करता है जिसे आसानी से केवल मुख्य मेमोरी द्वारा पुनर्प्राप्त किया जा सकता है और प्रोसेसर द्वारा उपयोग किया जा सकता है। उदाहरण, हार्ड डिस्क।

इसलिए, कंप्यूटर मेमोरी प्रकारों की सूचियाँ उच्चतम से निम्नतम गति तक हैं-

सीपीयू रजिस्टर> कैश मेमोरी> मेन मेमोरी (रैम)> सेकेंडरी स्टोरेज

अतः विकल्प (C) सही है।

9. परियोजना विधि एक शिक्षण पद्धति है जहां शिक्षक की तुलना में छात्र की भागीदारी अधिकतम होती है और यहां के छात्र एक सक्रिय शिक्षार्थी होते हैं।

यहां छात्र खुद को सौंपी गई परियोजनाओं द्वारा समाधान पाता है। छात्र एक-दूसरे के सहयोग से वास्तविक जीवन की समस्याओं को हल करना सीखते हैं।

अतः विकल्प (D) सही है।

10. कथन में उल्लेख किया गया है कि भारत की अर्थव्यवस्था मुख्य रूप से वनों पर निर्भर करती है। इसका मतलब है कि वनों को संरक्षित किया जाना चाहिए। इसलिए, I अनुसरण करता है। लेकिन, केवल जंगलों के संरक्षण से अर्थव्यवस्था में सुधार हो सकता है, कहा नहीं जा सकता है। इसलिए, II अनुसरण नहीं करता है।

अतः विकल्प (A) सही है।

11. स्थानीय क्षेत्र नेटवर्क (LAN):

- एक स्थानीय क्षेत्र नेटवर्क उन कंप्यूटरों को जोड़ता है जो एक ही इमारत में हैं।

- कुछ किलोमीटर में फैला एक नेटवर्क भी LAN के अंतर्गत आता है।

- LAN आमतौर पर ईथरनेट तकनीक या टोकन रिंग प्रौद्योगिकी का उपयोग करके महसूस किया जाता है। फाइबर डिस्ट्रिब्यूटेड डेटा इंटरफेस (FDDI) भी लोकप्रिय हो रहा है। संचरण दर 10 मिलियन बिट प्रति सेकंड से 1-गीगाबिट प्रति सेकंड (10Mbps-1Gbps) तक भिन्न होती है।

मेट्रोपॉलिटन एरिया नेटवर्क (MAN):

- एक मेट्रोपॉलिटन एरिया नेटवर्क (MAN) मूल रूप से LAN का एक बड़ा संस्करण है और आमतौर पर इसी तरह की तकनीक का उपयोग करता है।
- यह पास के कॉर्पोरेट कार्यालयों के एक समूह को कवर कर सकता है या यह एक शहर में हो सकता है।
- यह एक निजी या सार्वजनिक नेटवर्क हो सकता है।

वाइड एरिया नेटवर्क (WAN):

- एक विस्तृत क्षेत्र नेटवर्क विभिन्न शहरों या देशों में कंप्यूटर को जोड़ता है।
- उन कंप्यूटरों को जोड़ने का नेटवर्क जो हजारों मील अलग हैं, एक संगठन द्वारा नहीं बनाया गया है। इसके बजाय, संगठन पट्टे पर दी गई टेलीफोन लाइनों का उपयोग करता है।
- यह कई सहकारी संगठनों के स्वामित्व और सामूहिक रूप से प्रबंधित है।

इसलिए, भौगोलिक स्थिति के आधार पर सही क्रम है-

LAN < MAN < WAN

अतः विकल्प (D) सही है।

12. छात्र द्वारा पूछे गए प्रश्नों की गुणवत्ता के माध्यम से शिक्षण की गुणवत्ता को सबसे अच्छे तरीके से परिलक्षित किया जा सकता है। छात्र के प्रश्नों की गुणवत्ता शिक्षण सीखने की प्रक्रिया के दौरान एक छात्र के हित स्तर और जिज्ञासा स्तर को दर्शाती है।

छात्रों के प्रश्न शिक्षक को इस बारे में एक विचार देते हैं कि उनका छात्र शिक्षक द्वारा सिखाई गई सामग्री को कितना समझ रहा है जो शिक्षक को और अधिक प्रभावी बनाने के लिए शिक्षक को अपने शिक्षण कौशल में सुधार करने की अनुमति देता है। छात्रों द्वारा पूछे गए गुणात्मक प्रश्न प्रभावी शिक्षण अधिगम प्रक्रिया को सुनिश्चित करते हैं।

अतः विकल्प (C) सही है।

13. शिक्षण प्रभावकारिता देश की शिक्षा प्रणाली से प्रभावित हो सकती है। देश की शिक्षा प्रणाली को तीन मुख्य श्रेणियों अर्थात् प्राथमिक, माध्यमिक और तृतीयक में विभाजित किया गया है। प्राथमिक शिक्षा शिक्षा प्रणाली की प्राथमिक संभावनाओं को कवर करती है, माध्यमिक 10 वीं और 12 वीं स्तर को कवर करता है जबकि शिक्षा का तृतीयक स्तर स्नातक, स्नातकोत्तर और डॉक्टरेट स्तर के पाठ्यक्रमों को कवर करता है। यदि शिक्षा के तीनों स्तर अच्छे से काम करते हैं तो हमारे देश में केवल शिक्षा प्रणाली में सुधार किया जाना चाहिए।

अतः विकल्प (D) सही है।

14.

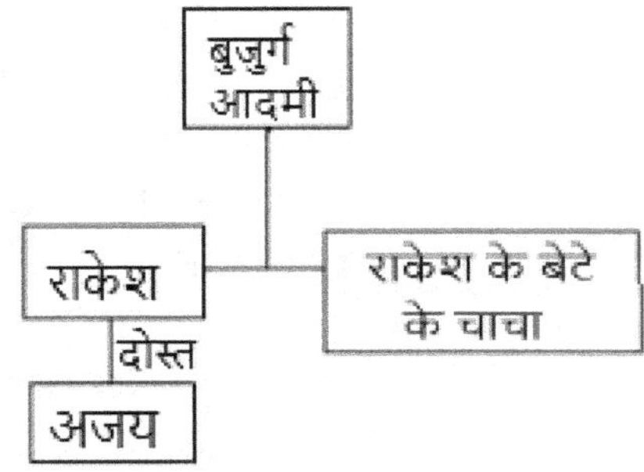

उपरोक्त तस्वीर के अनुसार, यह स्पष्ट है कि बुजुर्ग आदमी राकेश का पिता है।

अतः विकल्प (C) सही है।

15. दी गई स्थितियों के अनुसार:

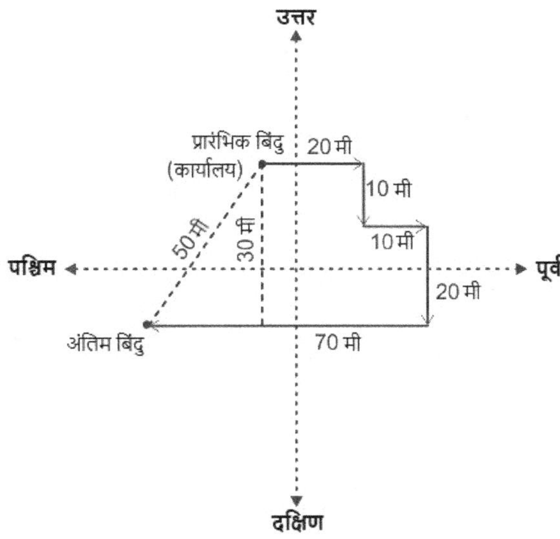

उसके कार्यालय से दूरी $= \sqrt{30^2 + 40^2}$ मीटर

$$= \sqrt{900 + 1600}$$ मीटर

$$= \sqrt{2500}$$ मीटर

$$= 50$$ मीटर

अतः विकल्प (A) सही है।

16. पैटर्न है:

पहला पद: 10

दूसरा पद: 100 = 10 + 90

तीसरा पद: 200 = 100 + 100

चौथा पद: 310 = 200 + 110

इसी तरह,

पांचवा पद: 430 = 310 + 120

इसलिए, उत्तर 430 है।

अतः विकल्प (A) सही है।

17. गद्यांश में उल्लेख किया गया है कि दक्षिणी अटलांटा जैसी जगहों पर ज्यादा बर्फबारी नहीं होती है और स्लेजिंग के लिए बर्फ की जरूरत होती है। जैसे, लोगों ने बर्फ के टुकड़े इकट्ठा करने के विचार के साथ बाद में स्लेजिंग के लिए उनका उपयोग किया।

अतः विकल्प (A) सही है।

18. स्लेज एक वाहन है जो सामान या पैसेंजर को बर्फ पर एक जगह से दूसरे जगह ले जाता है। स्लेज को जानवरों द्वारा खींचा जाता है।

अतः विकल्प (A) सही है।

19. गद्य में यह स्पष्ट रूप से कहा गया है कि "बर्फ को कुचलना इतना मुश्किल नहीं है यदि आप ठंडे सोडा के लिए पर्याप्त कुचल बर्फ बना रहे हैं। लेकिन अगर आप एक पहाड़ी पर फैलने के लिए बीस या तीस बाल्टी बर्फ को कुचल रहे हैं, तो यहाँ काफी अधिक प्रयास करना पड़ता है।"

अतः विकल्प (C) सही है।

20. विचित्र का अर्थ है असामान्य या आश्चर्यजनक, अपरंपरागत तरीके से किया गया कुछ।

परम्परागत- जो आमतौर पर किया या माना जाता है, उसके अनुसार या उसके आधार पर।

अतः विकल्प (A) सही है।

21. गद्यांश में दिया गया है कि "माता-पिता एकत्रित बर्फ के टुकड़ों को एक पहाड़ी पर रखना चाहते थे ताकि अगली बार जब बर्फ गिरे तो बच्चे उस पर स्लेजिंग कर सकें।"

अतः विकल्प (B) सही है।

22. एक पारिस्थितिकी तंत्र एक भौगोलिक क्षेत्र है जहां पौधे, जानवर, और अन्य जीव, साथ ही मौसम और परिदृश्य, जीवन के बुलबुले बनाने के लिए एक साथ काम करते हैं। पारिस्थितिक तंत्र में जैविक या सजीव भाग होते हैं, साथ ही साथ अजैविक कारक, या निर्जीव भाग होते हैं। जैविक कारकों में पौधे, जानवर और अन्य जीव शामिल हैं। अजैविक कारकों में चट्टानें, तापमान और आर्द्रता शामिल हैं।

मैंग्रोव पेड़ों और झाड़ियों का एक समूह है, जो (उप) कटिबंधों में, भूमि और समुद्र के बीच, तटीय अंतर्विभागीय क्षेत्र में रहते हैं।

- ये सभी पेड़ कम ऑक्सीजन वाली मिट्टी वाले क्षेत्रों में उगते हैं, जहां धीमी गति से चलने वाले पानी ठीक तलछट को जमा करने की अनुमति देते हैं।

- मैंग्रोव वन केवल भूमध्य रेखा के पास उष्णकटिबंधीय और उपोष्णकटिबंधीय अक्षांशों पर बढ़ते हैं क्योंकि वे ठंड तापमान का सामना नहीं कर सकते हैं।

- वे तटीय सुरक्षा, कार्बन पृथक्करण और जैव विविधता के अवसरों सहित पारिस्थितिकी तंत्र सेवाओं की एक विस्तृत श्रृंखला प्रदान करते हैं।

- आमतोर पाए जाने वाले जानवर पर उष्णकटिबंधीय स्थलीय जंगलों और समुद्री पारिस्थितिक तंत्रों जैसे विशाल कनखजूरा, सतपद जीव, शिकारी मकड़ियों (लाइकोसाइड) और ऑक्टोपस के समान होते हैं।

इसलिए, यह स्पष्ट है कि मैंग्रोव वन भूमि (स्थलीय) और समुद्र (समुद्री) के बीच अंतरफलक होते हैं, और इसके परिणामस्वरूप, ये वन जलीय और स्थलीय दोनों स्थानों पर फैले हुए हैं।

अतः विकल्प (B) सही है।

23.

वर्ण माला	A	B	C	D	E	F	G	H	I	J	K	L	M
स्थानीय मान	1	2	3	4	5	6	7	8	9	10	11	12	13
स्थानीय मान	26	25	24	23	22	21	20	19	18	17	16	15	14
वर्ण माला	Z	Y	X	W	V	U	T	S	R	Q	P	O	N

$$X \xrightarrow{-4} T \xrightarrow{-4} P \xrightarrow{-4} L \xrightarrow{-4} H$$

$$W \xrightarrow{-4} S \xrightarrow{-4} O \xrightarrow{-4} K \xrightarrow{-4} G$$

$$V \xrightarrow{-4} R \xrightarrow{-4} N \xrightarrow{-4} J \xrightarrow{-4} F$$

इसलिए, 'HGF' सही उत्तर है।

अतः विकल्प (C) सही है।

24.

वर्ण माला	A	B	C	D	E	F	G	H	I	J	K	L	M
स्थानीय मान	1	2	3	4	5	6	7	8	9	10	11	12	13
स्थानीय मान	26	25	24	23	22	21	20	19	18	17	16	15	14
वर्ण माला	Z	Y	X	W	V	U	T	S	R	Q	P	O	N

यहाँ अनुसरण किया गया स्वरूप है:

अक्षर	S	U	R	E
स्थानीय मान	19	21	18	5
कूट	19 + 21 + 18 + 5 = 63			

तथा,

अक्षर	G	O	N	E
स्थानीय मान	7	15	14	5
कूट	7 + 15 + 14 + 5 = 41			

इस प्रकार,

अक्षर	W	I	N	D
स्थानीय मान	23	9	14	4
कूट	23 + 9 + 14 + 4 = 50			

इसलिए, 50 सही उत्तर है।

अतः विकल्प (D) सही है।

25. एक तर्क कथनों का एक समूह होता है जिसमें एक निष्कर्ष होता है और तर्ककर्ता द्वारा उस निष्कर्ष पर जाने के लिए दिए गए कथन होते हैं।

वियोजक	वियोजक तर्क हमें यह जानने में मदद करता है कि परिसर में क्या निहित है, अर्थात, परिसर का अर्थ। एक वियोजक तर्क तनातनी होता है। इसका अर्थ है कि यह हमेशा सत्य है एक वियोजक तर्क यह दावा करता है कि इसका निष्कर्ष निर्णायक रूप से इसके परिसर द्वारा समर्थित है। निष्कर्ष आवश्यक रूप से आधार/परिसर से होता है।	परिसर 1: मेरे बुककेस के शीर्ष शेल्फ पर 24 सीडी और निचले शेल्फ पर 14 सीडी हैं। परिसर 2: मेरी किताबों की अलमारी में कोई अन्य सीडी नहीं हैं। निष्कर्ष: इसलिए, मेरी किताबों की अलमारी में 38 सीडी हैं।
काल्पनिक	एक काल्पनिक तर्क में एक काल्पनिक आधार होता है (इसे तर्क में एक सशर्त कथन भी कहा जाता है और एक "यदि/तो" साधारण जीवन में कथन होता है), एक अन्य परिसर तथा एक निष्कर्ष होता है।	परिसर 1: यदि रविवार को बारिश होती है, तो संगीत कार्यक्रम रद्द कर दिया जाएगा। परिसर 2: यदि संगीत कार्यक्रम रद्द हो जाता है, तो बैंड फिल्मों में जाएगा। निष्कर्ष: इस प्रकार, यदि रविवार को बारिश होती है, तो बैंड फिल्मों में जाएगा।
अलंकारिक	एक अलंकारिक तर्क वह तर्क होता है जिसमें यह निष्कर्ष निकलता है कि दो वस्तुएं एक निश्चित सम्मान में समान होती हैं क्योंकि वे	"एक व्यक्ति को एक महिला की तुलना में समझदार होने के लिए स्वयं को महत्व नहीं देना चाहिए, यदि वह एक बेहतर शिक्षा के लिए अपने लाभ का

	अन्य मामलों में समान हैं। वे निगमन का एक रूप हैं जहां एक निष्कर्ष दो या अधिक मामलों के बीच समानता की तुलना से लिया गया है। अतः हम यह निष्कर्ष निकाल सकते हैं कि उपरोक्त उदाहरण अलंकारिक तर्क की श्रेणी में आता है।	भुगतान करता है, तो उसके हाथ बंधे होने पर एक व्यक्ति को पीटने के लिए उसके साहस का दावा करना चाहिए।"
तथ्यात्मक	तथ्यात्मक तर्क यह स्थापित करने का प्रयास करते हैं कि कुछ ऐसा है या नहीं। जब वे स्वयं में विवादास्पद होते हैं या जब वे व्यक्तियों के विश्वासों को चुनौती देने या बदलने के लिए उपयोग किए जाते हैं तो तथ्यात्मक तर्क बन जाते हैं।	क्या वैज्ञानिक के दावे सही हैं? क्या एक ऐतिहासिक किंवदंती असली है? क्या कोई अपराध हुआ है?

अतः विकल्प (C) सही है।

26. एक DVD (का मतलब डिजिटल वर्सेटाइल डिस्क) एक प्रकार का ऑप्टिकल मीडिया है जिसका उपयोग डिजिटल डेटा को संग्रहीत करने के लिए किया जाता है। यह CD के समान आकार का है लेकिन इसकी संचयन क्षमता अधिक है।

- मूल "DVD-वीडियो" प्रारूप को 1995 में सोनी, पैनासोनिक, तोशिबा और फिलिप्स सहित इलेक्ट्रॉनिक्स कंपनियों के एक संघ द्वारा मानकीकृत किया गया था।
- इसने उच्च गुणवत्ता वाले वीडियो, वाइडस्क्रीन पहलू अनुपात, कस्टम मेनू और अध्याय मार्कर सहित एनालॉग VHS टेप पर कई सुधार प्रदान किए, जो आपको एक वीडियो के भीतर अलग-अलग वर्गों में जाने की अनुमति देते हैं।
- वीडियो की गुणवत्ता को कम किए बिना को बार-बार देखा जा सकता है और सॉफ्टवेयर प्रोग्राम वितरित करने के लिए भी उपयोग किया जाता है।

अतः विकल्प (C) सही है।

27. 1964 में डॉ डीएस कोठारी (डॉ दौलत सिंह कोठारी) की अध्यक्षता में एक शैक्षिक आयोग की स्थापना की गई थी। इस आयोग ने प्राथमिक से उच्च स्तर तक शिक्षा के विकास के लिए सिद्धांतों और दिशानिर्देशों को निर्धारित किया।

अतः विकल्प (D) सही है।

28. यूजीसी द्वारा जारी किए गए नवीनतम आंकड़ों के अनुसार, कुल 967 विश्वविद्यालय हैं, जिनमें से 418 राज्य विश्वविद्यालय हैं।

विश्वविद्यालय	कुल संख्या
राज्य विश्वविद्यालय	418
विश्वविद्यालय माने जाने वाले	125
केंद्रीय विश्वविद्यालय	54
निजी विश्वविद्यालय	370
कुल	**967**

अतः विकल्प (C) सही है।

29. डॉ सर्वपाली राधाकृष्णन की अध्यक्षता में 4 नवंबर, 1948 को विश्वविद्यालय शिक्षा आयोग का गठन किया गया था। आयोग का उद्घाटन 6 दिसंबर, 1948 को मौलाना अबुल कलाम आज़ाद ने किया था।

अतः विकल्प (B) सही है।

30. संचारी क्षमताओं में वे कौशल शामिल होते हैं जो उस तरीके और तरीके के संदर्भ में परिभाषित किए जाते हैं जिसमें प्रणाली का उपयोग किया जाता है।

संचारी क्षमता में भाषाई कौशल शामिल है। अनिवार्य रूप से, वे अलग-अलग विधाओं में प्रवचन को बनाने या फिर से बनाने के तरीके हैं।

अतः विकल्प (A) सही है।

31. गैर-मौखिक संचार को अनौपचारिक संचार माना जाता है। गैर-मौखिक संचार में चेहरे के भाव, हावभाव, स्वर और आवाज की पिच के माध्यम से संचार किया जाता है।

अतः विकल्प (A) सही है।

32. कक्षा संचार में अलंकारिक का दृष्टिकोण शिक्षकों को छात्रों के प्रभावकारी प्रतिनिधि के रूप में प्रभावित करता है। यह शिक्षक है जो अपने ज्ञान के आधार पर अपनी कक्षा को नियंत्रित करता है और यह ज्ञान केवल शिक्षक और छात्रों के बीच बातचीत के माध्यम से दिया जा सकता है।

अतः विकल्प (C) सही है।

33. कक्षा का संचार सहानुभूतिपूर्ण होना चाहिए, क्योंकि इसका अर्थ है दूसरे की भावनाओं को समझने और साझा करने की क्षमता दिखाना। अन्य विकल्प इस प्रकार गलत हैं:

- काल्पनिक का मतलब कृत्रिम या अवास्तविक लगता है कि एक तरह से बनाया या व्यवस्थित किया गया है।
- अमूर्त का अर्थ विचार में या विचार के रूप में विद्यमान है लेकिन भौतिक या ठोस अस्तित्व नहीं है।
- गैर-विवरणात्मक का मतलब विवरण की कमी है।

अतः विकल्प (B) सही है।

34. दी गई जानकारी के अनुसार डेटा का विश्लेषण:

क्लासिकल $= 6 + 4 + 17 = 27$

पॉप $= 7 + 5 + 5 = 17$

रॉक $= 6 + 12 + 14 = 32$ (अधिकतम)

ब्लूज $= 2 + 3 + 15 = 20$

अतः विकल्प (C) सही है।

35. आयु वर्ग $15 - 20 \rightarrow 9$ हज़ार

आयु वर्ग $21 - 30 \rightarrow 3$ हज़ार

आयु वर्ग $> 30 \rightarrow 4$ हज़ार

तो, आयु वर्ग $15 - 20$ के लोगों को हिप-हॉप सर्वाधिक पसंद है।

अतः विकल्प (A) सही है।

36. जो लोग रॉक को पसंद करते हैं $= 6 + 12 + 14 = 32$

जो लोग जाज को पसंद करते हैं $= 1 + 4 + 11 = 16$

आवश्यक अनुपात $= \frac{6+12+14}{1+4+11} = \frac{32}{16} = \frac{2}{1}$

इसलिए, अनुपात $= 2:1$ है।

अतः विकल्प (D) सही है।

37. जो लोग क्लासिकल पसंद करते हैं $= 6, 4, 17$

आवश्यक औसत $= \frac{6+4+17}{3}$

$= \frac{27}{3} = 9000$

अतः विकल्प (A) सही है।

38. $21 - 31$ आयु वर्ग के लोगों की कुल संख्या 33 हजार है।

और, आयु समूह को पसंद करने वालों की संख्या $5 + 3 + 3 = 11$ हजार है।

आवश्यक प्रतिशत $= \frac{5+3+3}{33} \times 100$

$= 33\frac{1}{3}\%$

अतः विकल्प (B) सही है।

39. संचार सॉफ्ट कौशल का हिस्सा है। सॉफ्ट कौशल की एक सूची में संचार से अधिक शामिल हैं, लेकिन अच्छे संचार कौशल आमतौर पर सॉफ्ट कौशल प्रशिक्षण के सभी क्षेत्रों से जुड़े होते हैं, जैसे कि अच्छी ग्राहक सेवा प्रदान करना।

अतः विकल्प (A) सही है।

40. उपयोगकर्ता की वरीयताओं को ट्रैक करने और रखने के लिए कुछ वेबसाइटों द्वारा उपयोगकर्ता के कंप्यूटर पर संग्रहीत एक छोटी पाठ फ़ाइल को कुकी कहा जाता है। कुकी कुछ डेटा संग्रहीत करती है जो किसी विशेष क्लाइंट के लिए विशिष्ट हो सकते हैं।

अतः विकल्प (C) सही है।

41. बग कंप्यूटर विज्ञान में एक विशेष प्रोग्राम में त्रुटि को निरूपित करने के लिए प्रयोग किया जाने वाला एक शब्द है जिसका उपयोग सॉफ्टवेयर चलाने के लिए किया जाता है।

अतः विकल्प (B) सही है।

42. प्रिंटर की आउटपुट गुणवत्ता डीपीआई द्वारा मापी जाती है। डीपीआई का मतलब है, डॉट्स प्रति इंच जिसमें प्रिंटर की गुणवत्ता मापी जाती है।

अतः विकल्प (C) सही है।

43. एक सम्मेलन में विचारों और मुद्दों के व्यापक स्पेक्ट्रम को संभव बनाया जा सकता है, यह एक बैठक है, जो कुछ दिनों तक चलती है, जो एक विशेष विषय पर आयोजित की जाती है या उन लोगों को एक साथ लाने के लिए होती है, जिनके पास एक सामान्य हित है।

दूसरी ओर, एक अनुसंधान अनुच्छेद लेखकों द्वारा किए गए अनुभवजन्य अनुसंधान के अध्ययन पर रिपोर्ट देने की कोशिश करता है।

कार्यशाला एक बैठक है, जिस पर लोगों का एक समूह किसी विशेष विषय या परियोजना पर गहन चर्चा और गतिविधि में संलग्न होता है।

अतः विकल्प (C) सही है।

44. ग्रामीण घरों में, नाइट्रोजन ऑक्साइड प्रदूषण के मुख्य स्रोत गैस स्टोव, लकड़ी के स्टोव या मिट्टी के तेल के हीटर हैं। ये बहुत सारे नाइट्रस ऑक्साइड को जलाते हैं और छोड़ते हैं जो नाइट्रोजन ऑक्साइड प्रदूषण का कारण है।

अतः विकल्प (D) सही है।

45. बलवंत राय मेहता समिति भारत सरकार द्वारा जनवरी 1957 में सामुदायिक विकास कार्यक्रम (1952) और राष्ट्रीय विस्तार सेवा (1953) के कामकाज की जाँच करने और उनके बेहतर काम करने के उपायों का सुझाव देने के लिए नियुक्त एक समिति थी। इस समिति के अध्यक्ष बलवंतराय जी मेहता थे। समिति ने नवंबर 1957 में अपनी रिपोर्ट प्रस्तुत की और 'लोकतांत्रिक विकेंद्रीकरण' की योजना की स्थापना की सिफारिश की, जिसे अंततः पंचायती राज के रूप में जाना जाने लगा। पंचायत राज व्यवस्था का मुख्य उद्देश्य स्थानीय समस्याओं को स्थानीय स्तर पर सुलझाना और लोगों को राजनीतिक रूप से जागरूक करना है।

अतः विकल्प (C) सही है।

46. ओजोन स्वाभाविक रूप से स्ट्रैटोस्फियर में पाया जाता है जहां यह हानिकारक यूवी विकिरण से पृथ्वी की रक्षा करता है। ट्रोपोस्फीयर में ओजोन मानव निर्मित कारकों द्वारा निर्मित होता है।

अतः विकल्प (B) सही है।

47. दी गई जानकारी से बेहतरीन संभावित आरख है:

आरेख में प्रतीक	अर्थ
◯	महिला
☐	पुरुष
═	विवाहित जोड़ा
—	भाई/बहन
│	पीढ़ी का अंतर

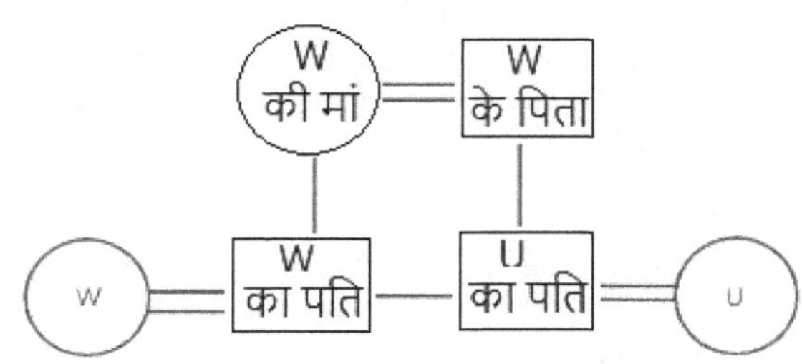

इसलिए, 'U, W के पति के भाई की पत्नी है, सही उत्तर है।

अतः विकल्प (A) सही है।

48. प्रश्न के अनुसार,

एक वृक्ष की 9 शाखाएँ हैं और प्रत्येक शाखा पर 9 घोंसले हैं।

कुल घोंसले = 9 × 9 = 81

प्रत्येक घोंसले में 9 पक्षी हैं।

कुल पक्षी = 81 × 9 = 729

प्रत्येक पक्षी को खिलाने के लिए 9 दानों की आवश्यकता है।

कुल दाने = 729 × 9 = 6561

अतः विकल्प (C) सही है।

49. माना 20 पैसे के सिक्कों की संख्या x है।

तो, 25 पैसे के सिक्कों की संख्या = (324 - x)

प्रश्न के अनुसार,

⇒ 0.20 x + 0.25 (324 - x) = 71

दोनों पक्षों को 100 से गुणा करने पर हमें प्राप्त होता है,

⇒ 20x + 25 (324 - x) = 7100

⇒ 20x + 8100 - 25x = 7100

⇒ 5x = 1000

⇒ x = 200

इसलिए, 25 पैसे के सिक्कों की संख्या = (324 - x) = (324 - 200) = 124

अतः विकल्प (A) सही है।

50. अनुसंधान का सर्वश्रेष्ठ अर्थ ज्ञान के निर्माण और अनुप्रयोग के लिए 'वैज्ञानिक पद्धति' को अपनाना है।

- अनुसंधान वैज्ञानिक पद्धति का उपयोग कर सकते हैं, लेकिन ऐसा करने की आवश्यकता नहीं है। अनुसंधान वैज्ञानिक जांच की एक कला है। इसे नए ज्ञान प्राप्त करने के लिए एक व्यवस्थित प्रयास के रूप में माना जाता है।

- शोध का शब्दकोष है, "विशेष रूप से ज्ञान की किसी भी शाखा में नए तथ्यों की खोज के माध्यम से एक सावधानीपूर्वक जांच या पूछताछ"।

- शोध की परिभाषा में परिभाषित करने और समस्याओं को फिर से परिभाषित करना, परिकल्पना या सुझाए गए समाधान तैयार करना शामिल है; दत्त एकत्र करना, व्यवस्थित करना और मूल्यांकन करना; कटौती करना और निष्कर्ष तक पहुंचना; और अंत में, यह निर्धारित करने के लिए सावधानीपूर्वक परीक्षण करना कि क्या वे तैयार करने वाली परिकल्पना के अनुरूप हैं।

अतः विकल्प (A) सही है।

51. कंपनी की छवियाँ और ब्रांड इक्विटी बाहरी रूप से व्यवसाय को प्रभावित करने वाले कारक हैं।

कंपनी की छवि:

1. एक कंपनी की पहचान या कंपनी की छवि वह तरीका है जिसमें एक निगम, फर्म या व्यवसाय उद्यम खुद को जनता के लिए प्रस्तुत करता है (जैसे कि ग्राहकों और निवेशकों के साथ-साथ कर्मचारी)।

2. कंपनी की पहचान आम तौर पर ब्रांडिंग और ट्रेडमार्क के उपयोग से कल्पना की जाती है, लेकिन इसमें उत्पाद डिजाइन, विज्ञापन, जनसंपर्क आदि जैसी चीजें भी शामिल हो सकती हैं।

3. कंपनी की पहचान कॉर्पोरेट संचार का एक प्राथमिक लक्ष्य है, ताकि कॉर्पोरेट व्यापार उद्देश्यों को पूरा करने और सुविधा प्रदान करने के लिए पहचान को बनाए रखा जा सके।

ब्रांड इक्विटी:

1. ब्रांड इक्विटी विपणन उद्योग में उपयोग किया जाने वाला एक वाक्यांश है जो अपने आप में एक ब्रांड के कथित मूल्य को संदर्भित करता है, अर्थात एक प्रसिद्ध ब्रांड नाम का सामाजिक मूल्य है।

2. यह इस विचार पर आधारित है कि एक प्रसिद्ध ब्रांड नाम का मालिक ब्रांड पहचान से अधिक राजस्व उत्पन्न कर सकता है, क्योंकि उपभोक्ता प्रसिद्ध ब्रांडों के उत्पादों को कम-ज्ञात ब्रांडों की तुलना में बेहतर मानते हैं।

3. दूसरे शब्दों में, ब्रांड इक्विटी "एक ध्यान-घाटे वाली जनता पर एक उत्पाद के नाम की ब्रांडिंग" को संदर्भित करता है।

4. कंपनियां अपने उत्पादों को यादगार, आसानी से पहचानने योग्य और गुणवत्ता और विश्वसनीयता में बेहतर बनाकर ब्रांड इक्विटी बना सकती हैं।

अतः विकल्प (A) सही है।

52. जब एक कंपनी ने एक दूसरे को लिया और स्पष्ट रूप से नया मालिक बन गया, तो इस कार्रवाई को अधिग्रहण कहा जाता है।

अधिग्रहण:

1. अधिग्रहण तब होता है जब एक कंपनी उस कंपनी का नियंत्रण हासिल करने के लिए किसी अन्य कंपनी के अधिकांश या सभी शेयरों की खरीद करती है।

2. एक लक्षित फर्म के स्टॉक और अन्य परिसंपत्तियों का 50% से अधिक की खरीद करना, अधिग्रहणकर्ता को कंपनी के शेयरधारकों की मंजूरी के बिना, नई अधिग्रहित संपत्ति के बारे में निर्णय लेने की अनुमति देता है।

3. जब एक कंपनी दूसरी इकाई को लेती है, और खुद को नए मालिक के रूप में स्थापित करती है, तो खरीद को अधिग्रहण कहा जाता है।

अतः विकल्प (C) सही है।

53. इंडेंट हाउस वह होता है जो ऑर्डर प्राप्त करने के लिए माल के आयातक और नियातक के बीच एक मध्यस्थ के रूप में कार्य करता है।

किसी विदेशी देश से सामानों का इंडेंट हाउस आयात दो तरह से प्रभावित हो सकता है। माल का आयात सीधे या एक मध्यस्थ के माध्यम से हो सकता है। एक मध्यस्थ के माध्यम से माल के आयात को एक इंडेंट हाउस कहा जाता है। इंडेंट हाउस दो तरह के होते हैं। वे विदेशी उत्पादकों या नियातकों के प्रतिनिधि या एजेंट हो सकते हैं या वे विदेशी व्यापार में लगे स्वतंत्र फर्म हो सकते हैं। ऑर्डर हासिल करने के समय, इंडेंट फर्म व्यापारी से इंडेंट फॉर्म पर हस्ताक्षर करने का अनुरोध करती है, जो फॉर्म में बताई गई निर्दिष्ट वस्तुओं के ऑर्डर के लिए व्यापारी द्वारा इंडेंट हाउस को प्राधिकरण के पत्र के रूप में सेवा प्रदान करता है।

अतः विकल्प (A) सही है।

54. क्रेडिट पत्र (L/C) एक आयातक द्वारा तैयार किया जाता है।

क्रेडिट पत्र एक आयातक का बैंक द्वारा लिखित वचन होता है, जिसे जारीकर्ता बैंक के रूप में जाना जाता है, अपने ग्राहक, आयातक (आवेदक) की ओर से, एक निर्धारित राशि तक नियातक (लाभार्थी) के पक्ष में प्रभाव भुगतान का वादा करता है। निर्धारित समय सीमा के भीतर और निर्धारित दस्तावेजों के खिलाफ। क्रेडिट पत्र का एक प्रमुख सिद्धांत यह है कि बैंक केवल दस्तावेजों में ही काम करते हैं, सामानों में नहीं। लेटर ऑफ क्रेडिट के तहत भुगतान करने का निर्णय पूरी तरह से इस बात पर आधारित होगा कि बैंक को प्रस्तुत किए गए दस्तावेज उनके चेहरे पर दिखाई देते हैं, वे क्रेडिट पत्र के नियमों और शर्तों के अनुसार होते हैं। यह बैंकों के लिए शारीरिक रूप से यह जांचने के लिए निषेधात्मक होगा कि क्या क्रेडिट के प्रत्येक अक्षर के अनुसार सभी माल भेज दिए गए हैं।

साख पत्र या वाणिज्यिक साख पत्र एक ऐसी व्यवस्था है जिसके तहत आवेदक (आयातकर्ता) अनुरोध करता है और जारीकर्ता बैंक (आयातक का बैंक) या जारीकर्ता बैंक को अपनी ओर से कार्य करने का निर्देश देता है-

लाभार्थी (नियातक) को भुगतान करता है या लाभार्थी द्वारा तैयार किए गए मसौदे (विनिमय का बिल) को स्वीकार करता है और भुगतान करता है, या सलाहकार बैंक या नामित बैंक को लाभार्थी को भुगतान करने या लाभार्थी द्वारा तैयार किए गए ड्राफ्ट को स्वीकार करने और भुगतान करने के लिए अधिकृत करता है, या अधिकृत करता है सलाह देने वाला बैंक या नामित बैंक बातचीत करने के लिए।

अतः विकल्प (B) सही है।

55. कंपनी अधिनियम 2006 ने कई वर्षों के लिए कंपनी कानून में सबसे बुनियादी परिवर्तनों में से एक को ज्ञापन के पिछले संयोजन और तालिका "A" नियमों पर डिफ़ॉल्ट रूप से एसोसिएशन के लेखों के एक सेट को सरल बनाकर पेश किया, जो अब सिर्फ लेखों के साथ एक मॉडल सेट के आधार पर एसोसिएशन है।

एसोसिएशन का ज्ञापन अभी भी मौजूद है, अब बहुत कम दस्तावेज है और इसमें ग्राहकों की मंशा का बयान शामिल है

कंपनी को विनियमित करने के लिए लेख एक नियम पुस्तिका है। शब्द "मॉडल" को एक ऐसे सेट के रूप में व्याख्या नहीं की जानी चाहिए जिस पर आकांक्षा करना है, बल्कि एक ऐसा सेट है जिससे आप अपनी कंपनी के अनुरूप बदलाव कर सकते हैं।

अतः विकल्प (D) सही है।

56. एक कंपनी के पहले लेखा परीक्षक, एक सरकारी कंपनी के अलावा, एक कंपनी की स्थापना के तीन दिनों के भीतर बोर्ड के निदेशक मंडल द्वारा नियुक्त किया जाएगा। जिस ऑडिटर को नियुक्त किया गया है, वह पहली वार्षिक आम बैठक के समापन तक कार्यालय रखेगा।

यदि पहले ऑडिटर को नियुक्त करने के लिए बोर्ड विफल रहता है, तो वह कंपनी के सदस्य को सूचित करेगा, जो एक अतिरिक्त साधारण बैठक में 90 दिनों के भीतर ऑडिटर नियुक्त करेगा।

अतः विकल्प (D) सही है।

57. निम्नलिखित व्यक्ति किसी कंपनी के लेखा परीक्षक के रूप में नियुक्ति के लिए योग्य नहीं होंगे:

1) एक निकाय कॉर्पोरेट है।

2) कंपनी का कोई अधिकारी या कर्मचारी।

3) एक व्यक्ति जो एक भागीदार है या जो कंपनी के किसी अधिकारी या कर्मचारी के रोजगार में है।

4) एक व्यक्ति जो 1000 रुपये से अधिक की राशि के लिए कंपनी का ऋणी है।

5) एक व्यक्ति जिसने किसी तीसरे व्यक्ति की ऋणग्रस्तता के संबंध में कोई गारंटी या सुरक्षा कंपनी को 1000 रुपये से अधिक की राशि के लिए दी है।

एक व्यक्ति जो कंपनी की सहायक या होल्डिंग कंपनी के ऑडिटर या उस कंपनी की होल्डिंग कंपनी के सहायक के रूप में नियुक्ति के लिए अयोग्य घोषित किया जाता है, उसे कंपनी का ऑडिटर नियुक्त नहीं किया जा सकता है।

यदि किसी नियुक्ति के बाद कोई ऑडिटर अपात्रों से पीड़ित होता है, तो उसे माना जाएगा कि जिस तारीख को वह अयोग्य हो गया है, उससे ऑडिटर के रूप में अपना कार्यालय खाली करवा लिया जाता है।

अतः विकल्प (D) सही है।

58. अंकेक्षण करते समय मूल्यांकन और सत्यापन दोनों परस्पर जुड़े हुए चरण हैं। उदाहरण के लिए सत्यापन संपत्ति के अस्तित्व और स्वामित्व को निर्धारित करने के लिए किसी संपत्ति का भौतिक सत्यापन किया जाता है। एक बार यह स्थापित हो जाने के बाद किसी विशेष संपत्ति के वास्तविक मूल्य को निर्धारित करने के लिए मूल्यांकन किया जाता है।

मूल्यांकन का तात्पर्य किसी विशेष अवधि के दौरान उनकी उपयोगिता के आधार पर परिसंपत्तियों के मूल्यों के निर्धारण की महत्वपूर्ण जांच और परीक्षण से है। संपत्ति का मूल्यांकन आम तौर पर स्वीकृत लेखांकन सिद्धांतों के आधार पर किया जाता है। यह उद्यम की सही वित्तीय स्थिति का आकलन करने में मदद करता है।

सत्यापन का अर्थ है सत्य या पुष्टि को सिद्ध करना। यह मूल्य, स्वामित्व, शीर्षक, अस्तित्व, अधिकार, संगठन की संपत्ति पर किसी भी आरोप की उपस्थिति की जांच है।

अतः विकल्प (A) सही है।

59. व्यापार का संतुलन:

- किसी देश के माल व सेवाओं के आयात एवं उसके निर्यात के बीच अंतर को व्यापार संतुलन के रूप में नामित किया गया है।
- यह भुगतान संतुलन का सबसे महत्वपूर्ण तत्व है।

- व्यापार के संतुलन में मुख्य रूप से तीन धारणाएँ या संभावनाएँ मौजूद हैं:

1. व्यापार का संतुलित संतुलन यानी निर्यात = आयात।
2. व्यापार का अनुकूल संतुलन यानी निर्यात> आयात।
3. व्यापार का प्रतिकूल संतुलन यानी निर्यात <आयात।

व्यापार संतुलन को प्रभावित करने वाले घटक:

- निर्यात अर्थव्यवस्था में उत्पादन (भूमि, श्रम, पूंजी, कर, आदि) का मूल्य।
- कच्चे माल और मध्यवर्ती माल की लागत और उपलब्धता।
- मुद्रा विनिमय लागत उतार चढ़ाव।
- पर्यावरण और स्वास्थ्य मानक जैसी गैर-प्रशुल्क बाधाएं।
- सामानों की कीमतें यानी घर पर निर्मित।

अतः विकल्प (D) सही है।

60. निरंतर ऑडिट उन संगठनों के लिए उपयुक्त है जहां व्यवसाय बहुत बड़ा है और बड़ी संख्या में लेनदेन की जांच करने की आवश्यकता है। तो, यह बड़े संस्थानों के लिए उपयुक्त होगा।

निरंतर ऑडिटिंग एक स्वचालित विधि है जिसका उपयोग ऑडिटिंग गतिविधियों को नियंत्रित करने के लिए किया जाता है, जैसे नियंत्रण और जोखिम मूल्यांकन, अधिक लगातार आधार पर। प्रौद्योगिकी अपवाद गतिविधियों या विसंगतियों की पहचान को स्वचालित करने में मदद करके निरंतर ऑडिट गतिविधियों में महत्वपूर्ण भूमिका निभाती है, प्रमुख संख्यात्मक क्षेत्रों के अंकों के भीतर पैटर्न का विश्लेषण करती है, रुझानों और अन्य गतिविधियों के बीच परीक्षण नियंत्रण करती है।

निरंतर ऑडिटिंग और रिपोर्टिंग का "निरंतर" पहलू वित्तीय जानकारी की जाँच करने और साझा करने के लिए वास्तविक समय या निकट-समय की क्षमता को संदर्भित करता है। न केवल यह दर्शाता है कि सूचना की अखंडता का मूल्यांकन किसी भी समय किया जा सकता है, इसका अर्थ यह भी है कि जानकारी को त्रुटियों, धोखाधड़ी और अक्षमताओं के लिए लगातार सत्यापित किया जा सकता है। यह सबसे विस्तृत ऑडिट है।

निरंतर ऑडिटिंग के प्रत्येक उदाहरण की अपनी पल्स है। मूल्यांकन के लिए चयनित समय सीमा काफी हद तक लेखांकन सूचना प्रणाली के भीतर अपडेट की आवृत्ति पर निर्भर करती है। किसी दिए गए दावे के लिए अंतर्निहित व्यापार चक्र की प्रकृति के आधार पर डेटा का विश्लेषण लगातार, प्रति घंटा, दैनिक, साप्ताहिक, मासिक आदि किया जा सकता है।

अतः विकल्प (A) सही है।

61. आंतरिक नियंत्रण, जैसा कि लेखांकन और ऑडिटिंग द्वारा परिभाषित किया गया है, परिचालन प्रभावशीलता और दक्षता, विश्वसनीय वित्तीय रिपोर्टिंग, और कानूनों, नियमों और नीतियों के अनुपालन में संगठन के उद्देश्यों को सुनिश्चित करने के लिए एक प्रक्रिया है। एक व्यापक अवधारणा, आंतरिक नियंत्रण में वह सब कुछ शामिल होता है जो किसी संगठन के लिए जोखिमों को नियंत्रित करता है।

यह एक साधन है जिसके द्वारा किसी संगठन के संसाधनों को निर्देशित, निगरानी और मापा जाता है। यह धोखाधड़ी का पता लगाने और उसे रोकने और संगठन के संसाधनों की रक्षा करने में महत्वपूर्ण भूमिका निभाता है, दोनों भौतिक (जैसे, मशीनरी और संपत्ति) और अमूर्त (जैसे, प्रतिष्ठा या बौद्धिक संपदा जैसे ट्रेडमार्क)।

संगठनात्मक स्तर पर, आंतरिक नियंत्रण उद्देश्य वित्तीय रिपोर्टिंग की विश्वसनीयता, परिचालन या रणनीतिक लक्ष्यों की प्राप्ति पर समय पर प्रतिक्रिया और कानूनों और नियमों के अनुपालन से संबंधित हैं। विशिष्ट लेनदेन स्तर पर, आंतरिक नियंत्रण एक विशिष्ट उद्देश्य को प्राप्त करने के लिए किए गए कार्यों को संदर्भित करता है (जैसे, तीसरे पक्ष को संगठन के भुगतान कैसे सुनिश्चित करने के लिए प्रदान की गई वैध सेवाओं के लिए है।) आंतरिक नियंत्रण

प्रक्रियाएं प्रक्रिया भिन्नता को कम करती हैं, जिससे अधिक पूर्वानुमान परिणाम सामने आते हैं। आंतरिक नियंत्रण 1977 के विदेशी भ्रष्ट आचरण अधिनियम (एफसीपीए) और 2002 के सर्बनिस-ऑक्सले अधिनियम का एक प्रमुख तत्व है, जिसे संयुक्त राज्य अमेरिका के सार्वजनिक निगमों में आंतरिक नियंत्रण में सुधार की आवश्यकता थी। व्यावसायिक संस्थाओं के भीतर आंतरिक नियंत्रण को परिचालन नियंत्रण भी कहा जाता है।

अतः विकल्प (D) सही है।

62. जीएनपी (सकल राष्ट्रीय उत्पाद) में श्रम का अनुपात मूल्य के पीछे मजदूरी की कमी के कारण कम हो जाता है। 19 वीं सदी में मजदूरी का व्यापक परिचय होने के बाद से, हमेशा से ही विवादास्पद चर्चाएं होती रही हैं और अक्सर कर्मचारियों को अधिक कमाने के लिए संघर्ष करना पड़ता है। इस संबंध में एक महत्वपूर्ण ऐतिहासिक विकास, न्यूनतम मजदूरी की शुरुआत थी। यह सुनिश्चित करने के लिए था कि काम करने वाले सभी लोगों को एक मूल आय मिले जो उन्हें बनाए रख सके। यह विशेष रूप से बड़े डिप्रेशन के दौरान आवश्यक रूप से देखा गया था जब बड़े पैमाने पर बेरोजगारी थी। फिर भी यह श्रम बाजार की एक परेशान करने वाली वास्तविकता को दर्शाता है - कि सरकारी नियमों और सामूहिक सौदेबाजी के बिना, नियोक्ता मजदूरी को कम करने के लिए प्रतिस्पर्धा का उपयोग करने में सक्षम हैं। हालांकि, ऐसे तर्क भी हैं कि ये उपाय नौकरी में वृद्धि को प्रभावित करते हैं।

अतः विकल्प (D) सही है।

63. एक ऑडिटर को यह सुनिश्चित करना चाहिए कि वह उस उद्यम को पूरी तरह से समझता है जिसके साथ वह ऑडिट के लिए अपना मूल दृष्टिकोण निर्धारित करने से पहले काम कर रहा है। उसे अपने संगठन से परिचित होना चाहिए और उस स्थान पर जाना चाहिए जिस पर वह काम करता है। उसे अपने उत्पादों या सेवाओं का विस्तृत ज्ञान होना चाहिए। उसे यह सुनिश्चित करना चाहिए कि उसने व्यवसाय के लिए किसी भी तकनीकी विशेषताओं को पूरी तरह से समझ लिया है। तभी वह पूरी तरह से लेन-देन को समझने और पहचानने की स्थिति में होगा, जो लेखांकन रिकॉर्ड में दर्ज किए जा रहे हैं, जिसके संबंध में आंतरिक नियंत्रण काम कर रहे होंगे। ऑडिटर को उपयुक्त ऑडिट प्रक्रिया का पालन करना चाहिए और ऑडिटिंग की विभिन्न तकनीकों को अपनाना चाहिए। उन्हें निम्नलिखित आवश्यकता को पूरा करने के लिए किसी संगठन का ऑडिट कराने में ऑडिटिंग के सिद्धांतों को बनाए रखना चाहिए: लेखांकन प्रणाली और आंतरिक नियंत्रणों का पता लगाना और रिकॉर्ड करना, लेखा प्रणाली की पर्याप्तता का आकलन करना और उन नियंत्रणों का मूल्यांकन करना, जिन पर ऑडिटर को जगह चाहिए। भरोसा। लेखा रिकॉर्ड का परीक्षण करें और उन आंतरिक नियंत्रणों के संचालन पर अनुपालन परीक्षण करें, जिस पर ऑडिटर निर्भरता रखना चाहता है। लेखा विवरण के साथ वित्तीय विवरणों की तुलना करें और देखें कि वे समझौते में हैं या नहीं। वित्तीय विवरणों की समीक्षा करें। लेखा परीक्षक की नियुक्ति की शर्तों और लेखा प्रणाली के मूल्यांकन और आंतरिक के मूल्यांकन के आधार पर किसी भी प्रासंगिक वैधानिक दायित्व के अनुपालन में वित्तीय विवरणों पर रिपोर्ट करें।

अतः विकल्प (D) सही है।

64. सामाजिक लेखांकन एक संगठन के कार्यों के सामाजिक और पर्यावरणीय प्रभाव के हितधारकों को मापने, निगरानी और रिपोर्ट करने की प्रक्रिया है।

सोशल ऑडिट नेटवर्क (SAN) सामाजिक लेखांकन को रेखांकित करता है:

"वह प्रक्रिया जिससे संगठन अपने प्रदर्शन का लेखा-जोखा तैयार करने के लिए वर्णनात्मक, मात्रात्मक और गुणात्मक जानकारी एकत्र करता है, विश्लेषण करता है और व्याख्या करता है।"

अतः विकल्प (A) सही है।

65. "गाजर और छड़ी" प्रेरणा का दृष्टिकोण एक पारंपरिक प्रेरणा सिद्धांत है जो लोगों को वांछित व्यवहार प्राप्त करने के लिए प्रेरित करने पर जोर देता है, कभी-कभी पुरस्कार पैसे, पदोन्नति, और किसी भी अन्य वित्तीय या गैर-वित्तीय लाभ और कभी-कभी दंड के रूप में दिए जाते हैं। किसी व्यक्ति को वांछित व्यवहार की ओर धकेलने के लिए प्रयास किए जाते हैं।

अतः विकल्प (B) सही है।

66. निकासी अभिकर्ता नियर्ताक के द्वारा नियुक्त किया जाता है।

निकासी और अग्रेषण अभिकर्ता, जिन्हें फ्रेट फॉरवर्डर्स के रूप में भी जाना जाता है, नियर्ताक की ओर से कई कार्य करते हैं। वे प्रक्रियात्मक और दस्तावेजी औपचारिकताओं को पूरा करके निर्यातक के गोदाम में आयातक के गोदाम में विशेष सहायता प्रदान करते हैं, कंसाइनमेंट की पैकिंग, मार्किंग और लेबलिंग में मदद करता है, विदेशों में शिपमेंट के लिए बंदरगाह की व्यवस्था के लिए परिवहन की व्यवस्था, और कार्गो की सीमा शुल्क निकासी, खरीद में मदद करता है। परिवहन और अन्य दस्तावेज। हालांकि, एजेंट का मुख्य कार्य माल की सीमा शुल्क निकासी प्राप्त करना, उन्हें शिप करना और संबंधित परिवहन दस्तावेज (बिल ऑफ लीडिंग या एयरवे बिल) की खरीद करना है।

अतः विकल्प (D) सही है।

67. प्रति यूनिट जोखिम वापसी या अकेले जोखिम का जोखिम भिन्नता के गुणांक द्वारा दर्शाया जाता है। भिन्नता का गुणांक (सीवी) माध्य के आसपास डेटा श्रृंखला में डेटा बिंदुओं के फैलाव का एक सांख्यिकीय उपाय है।

अतः विकल्प (C) सही है।

68. क्षतिपूर्ति का सिद्धांत जीवन बीमा से संबंधित नहीं है।

बीमा के मूल सिद्धांतों में से एक, कि बीमित व्यक्ति को नुकसान या क्षति से लाभ नहीं होना चाहिए, लेकिन उसी वित्तीय स्थिति में लौटाया जाना चाहिए (जहां तक संभव हो) जो हानि या क्षति होने से पहले मौजूद थी। दूसरे शब्दों में, बीमाधारक बीमाकर्ता से अपने वास्तविक नुकसान से अधिक की वसूली नहीं कर सकता है। हालांकि, इस नियम के कुछ अपवाद हैं, जैसे कि व्यक्तिगत दुर्घटना और जीवन बीमा पॉलिसी, जहां दुर्घटना या मृत्यु की घटना पर पॉलिसी राशि का भुगतान किया जाता है और लाभ का सवाल ही नहीं उठता। कुछ समुद्री बीमा पॉलिसी भी एक अपवाद है क्योंकि कुल नुकसान का निपटान बीमा पॉलिसी लिखे जाने के समय पर सहमत राशि पर आधारित है।

अतः विकल्प (A) सही है।

69. समुद्री बीमा में, नुकसान होने पर बीमा योग्य ब्याज का अस्तित्व आवश्यक है।

यदि कोई व्यक्ति किसी संपत्ति का बीमा करना चाहता है, तो उसे संपत्ति में एक बीमा योग्य ब्याज होना चाहिए; यानी संपत्ति को नुकसान या क्षति व्यक्ति को आर्थिक रूप से प्रभावित करना चाहिए।

समुद्री बीमा संपत्ति में बीमा योग्य ब्याज पर आधारित है। हालांकि यह ध्यान रखना महत्वपूर्ण है कि बीमा को प्रभावित करने के समय बीमाधारक के लिए बीमा योग्य ब्याज होना आवश्यक नहीं है। इसके बजाय, उसे समय के नियत समय में ऐसी रुचि होनी चाहिए। अन्यथा, वह क्षतिपूर्ति का हकदार नहीं बनेगा।

अतः विकल्प (A) सही है।

70. संरक्षण के सम्मेलन के कारण 'कोई लाभ नहीं होने और सभी संभावित नुकसानों के लिए प्रत्याशित' की नीति का पालन किया जाता है।

लेखाकार का नियम 'व्यापार लेन-देन की रिकॉर्डिंग और वार्षिक विवरणी तैयार करने के समय' किसी भी प्रकार के लाभ की आशा नहीं है, बल्कि सभी संभावित नुकसानों के लिए प्रदान करता है। लेखाकार चाहता है कि वह कुछ लाभ न उठाकर सुरक्षित स्थान पर रहे जो कि प्राप्त हो सकता है लेकिन जो अभी तक प्राप्त नहीं हुआ है और नुकसान के लिए प्रदान करता है जो वह सोचता है कि हो सकता है लेकिन जो अभी तक नहीं हुआ है। ऐसा इसलिए है क्योंकि वह सोचता है कि प्रत्याशित लाभ न मिलने की संभावना है और प्रत्याशित हानि का जोखिम अधिक है। यदि वह मुनाफे की प्राप्ति के बारे में बहुत आशावादी है और नुकसान की पुनरावृत्ति नहीं करता है, तो वित्तीय विवरण इकाई के मामलों की स्थिति की बहुत ही आकर्षक तस्वीर पेश कर सकते हैं जो बाद में भौतिक नहीं हो सकती हैं। इसलिए वह अनुमानित रूप से लाभ नहीं उठाकर और वित्तीय विवरणों की तैयारी में अनुमानित नुकसान उठाकर रूढ़िवादी रूप से कार्य करता है।

रूढ़िवाद सूची के सम्मेलन की वजह से 'लागत का कम या बाजार मूल्य का मूल्यांकन किया जाता है और वर्तमान वर्ष के मुनाफे से बाहर बुरे और संदिग्ध ऋणों के लिए प्रावधान किया जाता है। लेकिन इस सम्मेलन के लापरवाह आवेदन से 'गुप्त भंडार' का निर्माण हो सकता है और वित्तीय विवरण व्यवसाय के मामलों की स्थिति के बारे में सही और निष्पक्ष दृष्टिकोण प्रकट करने में विफल हो सकते हैं।

अतः विकल्प (B) सही है।

71. प्राप्ति और भुगतान खाते किसी विशेष अवधि (आमतौर पर हर साल) के दौरान गैर-व्यापारिक संगठन से प्राप्त रसीदों और भुगतानों को सारांशित करते हैं। इसका उपयोग गैर-व्यापारिक संगठनों की आय और व्यय खाते को तैयार करने के लिए किया जाता है।

प्राप्ति और भुगतान खाते को कैश बुक में दर्ज लेनदेन से तैयार किया जाता है और इसे गैर-व्यापारिक संगठनों के कैश बुक के सारांश संस्करण के रूप में भी कहा जा सकता है। कैश बुक में दर्ज किए गए विभिन्न नकद लेनदेन जो एक साथ समूहीकृत किए जाते हैं, प्राप्ति और भुगतान खाते में एक खाता प्रमुख के तहत दिखाए जाते हैं।

अतः विकल्प (D) सही है।

72. दस्तावेजों और वाउचर की जांच को वाउचिंग कहा जाता है।

यह एक लेखा परीक्षा में अपनाई जाने वाली प्रथा है, जिसका उद्देश्य खाते की प्राथमिक पुस्तकों में दर्ज लेनदेन की प्रामाणिकता स्थापित करना है। इसमें अनिवार्य रूप से प्रासंगिक दस्तावेजी साक्ष्य और प्रविष्टि के आधार पर प्राधिकरण के साथ खाते की पुस्तकों में दर्ज लेनदेन को सत्यापित करना शामिल है; यह भी पुष्टि करता है कि वाउचर में उल्लिखित राशि को एक उपयुक्त खाते में पोस्ट किया गया है, जो खाते के अंतिम विवरणों में शामिल किए जाने पर लेनदेन की प्रकृति का खुलासा करेगा। वाउचिंग में वैल्यूएशन शामिल नहीं है।

अतः विकल्प (C) सही है।

73. एक आंतरिक लेखा परीक्षक एक लेखा परीक्षक है जिसे कंपनी के प्रबंधन द्वारा आंतरिक ऑडिट फ़ंक्शन को पूरा करने के लिए नियुक्त किया जाता है। आमतौर पर कंपनी का एक कर्मचारी आंतरिक लेखा परीक्षक के रूप में कार्य करता है, जबकि कुछ कंपनियां बाहरी विशेषज्ञ को आंतरिक लेखा परीक्षक के रूप में नियुक्त करती हैं।

यद्यपि आंतरिक लेखा परीक्षक को कंपनी के प्रबंधन या कर्मचारी द्वारा नियुक्त किया जाता है, लेकिन आंतरिक लेखा परीक्षा के निष्पादन के लिए स्वतंत्रता आवश्यक है। स्वतंत्रता में समझौता एक आंतरिक लेखापरीक्षा की निष्पक्षता को बिगाड़ सकता है।

एक आंतरिक लेखा परीक्षक कंपनी के प्रबंधन के लिए जिम्मेदार है, और लेखा परीक्षक प्रबंधन को रिपोर्ट प्रस्तुत करता है।

अतः विकल्प (B) सही है।

74. लेखा परीक्षा कार्यक्रम लेखा परीक्षक द्वारा तैयार किया जाता है।

एक लेखा परीक्षा कार्यक्रम का लक्ष्य एक ऐसा ढांचा तैयार करना है जो किसी भी बाहरी लेखा परीक्षक के लिए यह समझने के लिए पर्याप्त हो कि क्या आधिकारिक परीक्षाएं पूरी हो चुकी हैं, क्या निष्कर्ष निकाला गया है और प्रत्येक निष्कर्ष के पीछे तर्क क्या है। रूपरेखा को लेखा परीक्षा के उद्देश्यों, इसके दायरे और इसकी समय-सीमा को समझाना चाहिए। लेखा परीक्षा कार्यक्रम में यह भी वर्णन किया जाना चाहिए कि लेखा परीक्षा के प्रलेखित साक्ष्य को कैसे काम किया जाएगा, एकत्र, समीक्षा और रिपोर्ट की जाएगी।

अतः विकल्प (A) सही है।

75. निदेशकों को पारिश्रमिक की वाउचिंग में कार्यवृत्त विवरण पुस्तक की जाँच शामिल है।

- लेखा परीक्षक को निदेशकों के साथ अनुबंध, एसोसिएशन के लेख या शेयरधारकों की मिनट बुक का निरीक्षण करना चाहिए।

- यदि निदेशक मंडल की बैठकों में उनकी उपस्थिति के आधार पर पारिश्रमिक का भुगतान किया जाता है तो उन्हें निदेशक मंडल के कार्यवृत्त का उल्लेख करना चाहिए।

अतः विकल्प (D) सही है।

76. भूमि विकास बैंक सहकारी साख संरचना का हिस्सा बनते हैं।

कृषि क्षेत्र की दीर्घकालिक ऋण आवश्यकताओं को भूमि विकास बैंकों के रूप में जाना जाने वाला एक अन्य प्रकार के सहकारी संस्थानों द्वारा पूरा किया जाता है। इन बैंकों की संरचना राज्य स्तर पर एक दो स्तरीय है, केंद्रीय भूमि विकास बैंक हैं और जिला या तालुका स्तर पर, प्राथमिक भूमि विकास बैंक हैं। कुछ राज्यों, जैसे गुजरात, जम्मू और कश्मीर और यूपी में, संरचना एकात्मक है यानी एपेक्स भूमि विकास बैंक हैं जो जिला स्तर पर अपनी शाखाओं के माध्यम से सीधे संचालित होते हैं।

अतः विकल्प (D) सही है।

77. केंद्र सरकार के कर राजस्व में, निगम कर सबसे बड़ा स्रोत है। यह लिमिटेड कंपनियों और अन्य संगठनों जैसे संघों, क्लबों और असंगठित संस्थाओं के कर योग्य मुनाफे पर लगाया गया कर है। दोनों निजी और सार्वजनिक कंपनियां, जो कंपनी अधिनियम 1956 के तहत पंजीकृत हैं, निगम कर का भुगतान करने के लिए उत्तरदायी हैं। यह प्रत्येक लेखा वर्ष के अंत में सभी संबंधित संस्थाओं पर लगाया जाता है।

पद	विवरण
आयकर	यह एक प्रत्यक्ष कर है जो व्यक्ति द्वारा अर्जित आय या मुनाफे पर लगाया जाता है।
केंद्रीय उत्पाद शुल्क	यह उन वस्तुओं पर लगाया जाने वाला एक अप्रत्यक्ष कर है, जो भारत में निर्मित होती हैं।
सीमा शुल्क	यह अंतर्राष्ट्रीय सीमाओं के पार ले जाने पर माल पर लगाया जाने वाला कर है।

अतः विकल्प (B) सही है।

78. मुख्य सुरक्षित ऋण के तहत, अन्य ऋणों और अग्रिमों का खुलासा किया जाता है।

जब आप पैसे उधार लेते हैं, तो ऋणदाता को कभी-कभी सुरक्षित ऋण की आवश्यकता होती है। इसका मतलब यह है कि यदि आप ऋण पर चूक करते हैं, तो ऋण चुकाने के लिए ऋणदाता आपकी निर्दिष्ट वस्तुओं को बेच सकता है (जैसे आपका घर, कार या अन्य व्यक्तिगत संपत्ति)। असुरक्षित ऋण के साथ, ऋणदाता को आपको सुरक्षा के लिए विशिष्ट वस्तुओं को सूचीबद्ध करने की आवश्यकता नहीं होती है, इसलिए यदि आप ऋण पर डिफ़ॉल्ट होते हैं तो वे आपकी किसी भी संपत्ति को नहीं ले सकते।

सुरक्षित ऋण में शामिल हैं:

क्रेडिट बिक्री (जिसे पहले किराया खरीद कहा जाता था), यानी जहां आप उत्पाद खरीदते हैं और बाद में किश्तों में भुगतान करते हैं। सुरक्षा वह वस्तु है जिसे आपने वित्त व्यक्तिगत ऋण पर खरीदा है जो आपके या आपके किसी बंधक के पास सुरक्षित है, जहाँ आपका घर गिरवी ऋण को सुरक्षित करता है।

अपने ब्याज की रक्षा के लिए, ऋणदाता आमतौर पर निर्दिष्ट वस्तुओं में सुरक्षा ब्याज दर्ज करेगा, जब तक आप ऋण का भुगतान नहीं करते। इसका मतलब है कि आप उन्हें बेच नहीं सकते या उन्हें दूर नहीं कर सकते।

वे वित्त पर एक संपत्ति (आमतौर पर एक वाहन) के लिए एक अक्षम डिवाइस भी कह सकते हैं, जिसे इम्मोबिलाइज़र भी कहा जाता है। वाहन या अन्य उपकरण को निष्क्रिय करने के लिए इस इम्मोबिलाइज़र को सक्रिय किया जा सकता है। एक इम्मोबिलाइज़र को सक्रिय करना केवल सख्त शर्तों के तहत किया जा सकता है और अगर आपको अग्रिम में उचित नोटिस दिया गया है।

अतः विकल्प (D) सही है।

79. हर घर, नल से जल योजना के तहत 2022-23 में 3.8 करोड़ परिवारों को कवर करने के लिए 60,000 करोड़ रुपये का आवंटन किया गया है। वित्त मंत्री ने कहा कि हर घर, नल से जल का मौजूदा कवरेज 8.7 करोड़ है।

- जिसमें से 5.5 करोड़ घरों को पिछले 2 वर्षों में ही नल का जल उपलब्ध कराया गया था।

निर्मला सीतारमण ने 80 लाख घरों के निर्माण के लिए 48,000 करोड़ रुपये के आवंटन की भी घोषणा की।

- प्रधानमंत्री आवास योजना के चिन्हित पात्र लाभार्थियों के लिए, ग्रामीण और शहरी दोनों, 2022-23 में।

केंद्र सरकार राज्य सरकारों के साथ मिलकर सभी भूमि और निर्माण संबंधी स्वीकृतियों के लिए आवश्यक समय को कम करने के लिए काम करेगी। यह शहरी क्षेत्रों में मध्यम वर्ग और आर्थिक रूप से कमजोर वर्ग (EWS) के लिए किफायती आवास को बढ़ावा देने के लिए भी काम करेगा।

- जल जीवन मिशन (हर घर नल से जल)
    - 2019 में शुरू किया गया।
    - उद्देश्य: 2024 तक हर एक ग्रामीण परिवार को कार्यात्मक घरेलू नल कनेक्शन (FHTC) 'हर घर नल से जल' प्रदान करना।
    - विशिष्ट जरूरतों और उद्देश्यों (लक्षित क्षेत्र दृष्टिकोण) के लिए राष्ट्रीय, राज्य, जिला स्तर पर एक विकेन्द्रीकृत दृष्टिकोण लागू किया गया है।
    - जनसंख्या को लामबंद करने में जल समितियों और महिलाओं द्वारा निभाई गई प्रमुख भूमिका।
    - जल जीवन मिशन जल के लिए एक सामुदायिक दृष्टिकोण पर आधारित होगा और इसमें मिशन के प्रमुख घटक के रूप में व्यापक सूचना, शिक्षा और संचार शामिल होगा।

- उद्देश्य:
1. पाइप से जल की आपूर्ति
2. मौजूदा पेयजल संसाधनों को बढ़ाना।
3. जल के उपचार के लिए प्रौद्योगिकी का उपयोग करना और उन्हें पोर्टेबल और पीने के लिए सुरक्षित बनाना।
4. ग्रेवाटर उपचार और प्रबंधन।
5. जल के बेहतर और समग्र प्रबंधन और संरक्षण के लिए अन्य जल संसाधन प्रबंधन कार्यक्रमों जैसे अटल भुजल योजना, स्वजल योजना, स्वच्छ भारत मिशन के साथ एकीकरण।

अतः विकल्प (D) सही है।

80. अमूर्त संपत्ति AS - 26 से संबंधित हैं।

एक अमूर्त संपत्ति एक गैर-भौतिक गैर-मौद्रिक संपत्ति है जो माल और सेवाओं के उत्पादन या आपूर्ति में उपयोग करने के लिए या दूसरों को किराए पर देने के लिए आयोजित की जाती है।

AS - 26 को अमूर्त संपत्ति के लेखांकन में सभी उद्यमों द्वारा लागू किया जाना चाहिए, सिवाय इसके:

1. अमूर्त संपत्ति जो एक और मानक वित्तीय परिसंपत्तियों के दायरे में है

2. खनिज, तेल, प्राकृतिक गैस और इसी तरह के गैर-पुनर्योजी संसाधनों के विकास या अन्वेषण पर अधिकार और व्यय

3. पॉलिसीधारकों के साथ अनुबंध से बीमा उद्यम में उत्पन्न होने वाली अमूर्त संपत्ति

4. समाप्ति लाभ के संबंध में व्यय

अतः विकल्प (D) सही है।

81. AS-28 संपत्ति की अनुपस्थिति से संबंधित है अर्थात संपत्ति की अग्रणीत राशि संपत्ति की वसूली योग्य राशि से अधिक नहीं होनी चाहिए। यह गणना प्रत्येक वित्तीय वर्ष के अंत में करनी होती है। इस मानक का उद्देश्य संयुक्त उद्यमों में हितों के लिए लेखांकन के लिए सिद्धांतों और प्रक्रियाओं को निर्धारित करना और उद्यमकर्ताओं और निवेशकों के वित्तीय विवरणों में संयुक्त उद्यम संपत्ति, देनदारियों, आय और व्यय की रिपोर्टिंग करना है।

अतः विकल्प (C) सही है।

82. एक लेखा अवधारणा जो एक व्यवसाय को उसके मालिक से अलग मानती है। पृथक इकाई धारणा यह बताती है कि किसी व्यवसाय द्वारा किए गए लेनदेन उसके मालिकों द्वारा किए गए लेनदेन से अलग होते हैं। उदाहरण के लिए, यदि किसी व्यवसाय के स्वामी ने अपने व्यक्तिगत उपयोग के लिए संपत्ति खरीदी, तो संपत्ति व्यवसाय की संपत्ति नहीं है।

अतः विकल्प (C) सही है।

83. बैंकिंग शब्दावली में बुरे ऋण को आमतौर पर एनपीए के रूप में जाना जाता है। एक गैर-निष्पादित परिसंपत्ति (NPA) को एक क्रेडिट सुविधा के रूप में परिभाषित किया गया है, जिसके संबंध में मूल अवधि के लिए मूलधन की ब्याज और किस्त 'पिछला बकाया' बना हुआ है।

अतः विकल्प (C) सही है।

84. सीमेंट निर्माताओं का एक संघ क्षैतिज संयोजन का एक उदाहरण है। यह एक ही प्रकार के उत्पाद के उत्पादन में लगे व्यवसायों के संयोजन को संदर्भित करता है या एक ही व्यापार में लगा हुआ है।

उदाहरण के लिए सीमेंट कंपनियों को एक साथ मिलाना (फ्रांस के लाफार्ज द्वारा गुजरात अंबुजा सीमेंट का अधिग्रहण) या स्टील निर्माताओं का एक साथ जुड़ना (टाटा आयरन एंड स्टील कंपनी, सिंगापुर के नैटस्टील का अधिग्रहण करना) आदि। इसे समानांतर या इकाई या व्यापार संयोजन के रूप में भी जाना जाता है।

अतः विकल्प (C) सही है।

85. विभागीय भंडार एक खुदरा प्रतिष्ठान है जो विभिन्न उत्पाद श्रेणियों में उपभोक्ता वस्तुओं की एक विस्तृत श्रृंखला की पेशकश करता है जिसे "विभाग" के रूप में जाना जाता है। आधुनिक प्रमुख शहरों में, विभागीय भंडार ने 19वीं शताब्दी के मध्य में एक नाटकीय उपस्थिति बनाई, और स्थायी रूप से खरीदारी की आदतों, और सेवा और विलासिता की परिभाषा को दोहराया।

अतः विकल्प (B) सही है।

86. एक सार्वजनिक निगम की स्थापना सरकार के विशेष आदेश द्वारा की जाती है।

भारत में, सार्वजनिक निगम एक व्यवसाय है जिसे विधायिका या संसद के एक अधिनियम द्वारा बनाया जाता है, और इसका नाम राज्य या केंद्र सरकार के आधिकारिक राजपत्र में अधिसूचित किया जाता है। कई व्यवसाय हैं जो भारत में एक सेवा संगठन के रूप में सरकार द्वारा बनाए गए थे।

अतः विकल्प (B) सही है।

87. सहकारी समिति बनाने के लिए न्यूनतम दस सदस्यों की आवश्यकता होती है। सहकारी समितियां अधिनियम, 1912 के प्रावधानों के अनुसार एक सहकारी समिति का गठन किया जा सकता है। 18 साल के उम्र के कम से कम दस व्यक्ति, सामान्य आर्थिक उद्देश्यों के साथ अनुबंध करने की क्षमता रखते हैं, जैसे कि खेती, बुनाई, उपभोग, आदि एक सहकारी समिति बना सकते हैं।

सहकारी समितियां अधिनियम किसी भी सहकारी समिति के सदस्यों की अधिकतम संख्या निर्दिष्ट नहीं करता है।

अतः विकल्प (C) सही है।

88. वित्तीय प्रतिभूतियों को जो उनके पुस्तक निधि मूल्य के करीब होने पर नकदी में परिवर्तित किया जा सकता है, को नकदी के समांतर के रूप में वर्गीकृत किया जाता है। नकदी के समांतर निवेश प्रतिभूतियां हैं जो अल्पकालिक निवेश के लिए होती हैं, उनके पास उच्च क्रेडिट गुणवत्ता है और अत्यधिक नकदी हैं।

अतः विकल्प (C) सही है।

89. ट्रायल बैलेंस केवल खाता बही की गणितीय सटीकता की जांच है और यह खातों की बिल्कुल सटीक पुस्तक नहीं है। ट्रायल शेष द्वारा निम्नलिखित त्रुटियों का खुलासा नहीं किया जाएगा:

1. पूर्ण चूक की त्रुटियां (लेन-देन दर्ज नहीं है)
2. कमीशन की त्रुटियां (गलत खाते में लेन-देन, लेकिन सही राशि और सही पक्ष)
3. अनिवार्य त्रुटियां (समान परिमाण की त्रुटियां लेकिन विपरीत प्रकृति की)
4. सिद्धांत की त्रुटियां (गलत खाते में राशि पोस्ट करना)
5. सहायक पुस्तक में गलत राशि रिकॉर्ड करना (डेबिट और क्रेडिट दोनों पक्षों पर गलत राशि)
6. दोहराव की त्रुटियां (एक से अधिक बार लेनदेन दर्ज करना)

अतः विकल्प (D) सही है।

90. आस्थगित राजस्व व्यय एक व्यय है जो प्रकृति में राजस्व होता है और एक लेखा अवधि के दौरान होता है, लेकिन इसका लाभ भविष्य के कई लेखांकन अवधि में प्राप्त किया जाना है।

ये खर्च राशि में असामान्य रूप से बड़े हैं और, अनिवार्य रूप से, लाभ एक ही लेखांकन अवधि के भीतर उपभोग नहीं किए जाते हैं।

चालू खाते की अवधि में लाभ और हानि खाते में लगने वाली राशि का एक हिस्सा कुल व्यय से घटाया जाता है और शेष राशि को परिसंपत्ति (काल्पनिक संपत्ति) के रूप में बैलेंस शीट में दिखाया जाता है, यानी यह वास्तव में संपत्ति नहीं है।

अतः विकल्प (D) सही है।

91. डबल एंट्री सिस्टम इटली में पुनर्जागरण (1300 से 1500 के दशक) के दौरान प्रकाश में आई। कुछ ने इसे 1200 के दशक की शुरुआत में इस्तेमाल किया है और कुछ ने पहले भी। डबल-एंट्री सिस्टम के विकास का मुख्य श्रेय एक इतालवी भिक्षु और गणितज्ञ जिसे लुका राजोगी के नाम से जाना जाता है को जाता है।

अतः विकल्प (D) सही है।

92. माना जाता है कि व्यवसायिक संस्था का जीवन लंबा होता है।

व्यावसायिक इकाई धारणा को कभी-कभी अलग इकाई धारणा के रूप में संदर्भित किया जाता है या आर्थिक इकाई अवधारणा एक लेखांकन सिद्धांत है जो बताता है कि किसी भी व्यवसाय के वित्तीय रिकॉर्ड को उसके मालिकों या किसी अन्य व्यवसाय से अलग रखा जाना चाहिए।

अतः विकल्प (A) सही है।

93. एक वैधानिक ऑडिट एक कंपनी या सरकार के वित्तीय विवरणों और रिकॉर्ड की सटीकता की कानूनी रूप से आवश्यक समीक्षा है। वैधानिक ऑडिट का उद्देश्य यह निर्धारित करना है कि क्या कोई संगठन बैंक बैलेंस, बहीखाता रिकॉर्ड और वित्तीय लेनदेन जैसी जानकारी की जांच करके अपनी वित्तीय स्थिति का उचित और सटीक प्रतिनिधित्व प्रदान करता है।

वैधानिक लेखा परीक्षा जैसा कि नाम से पता चलता है, सभी कंपनियों के लिए एक अनिवार्य लेखा परीक्षा है। प्रत्येक इकाई जो कंपनी अधिनियम के तहत एक प्राइवेट लिमिटेड या पब्लिक लिमिटेड कंपनी के रूप में पंजीकृत है, उसे हर साल अपने खातों की पुस्तकों का ऑडिट करवाना होता है। इस प्रकार का ऑडिट सशर्त नहीं है, यह इकाई के प्रकार पर निर्भर करता है।

इस प्रकार, यदि आपकी इकाई एक कंपनी है, तो आपको अपनी कंपनी के लिए एक चार्टर्ड एकाउंटेंट से एक वैधानिक ऑडिट कराने की आवश्यकता है।

अतः विकल्प (D) सही है।

94. राज्य के सहकारी समितियों के रजिस्ट्रार से संबंधित केवल एक सहकारी समिति का ऑडिटर ऑडिट रिपोर्ट प्रस्तुत करता है।

सहकारी समितियां अधिनियम, 1912 की धारा 5 के अनुसार, ऐसे समाज के मामले में जहां समाज के सदस्य का दायित्व सीमित है, पंजीकृत समाज के अलावा किसी भी समाज का कोई सदस्य शेयर पूंजी के ऐसे हिस्से को नहीं रख सकता है। शेयरों की कुल संख्या का अधिकतम बीस प्रतिशत या शेयर होल्डिंग का मूल्य 1000 रुपये से अधिक होगा। सहकारी समिति के ऑडिटर को इस प्रावधान से संबंधित होना चाहिए ताकि शेयरों को रखने से संबंधित किसी भी उल्लंघन को देखा जा सके। राज्य अधिनियम केंद्रीय अधिनियम के अलावा, शेयरधारिता की सीमा प्रदान कर सकते हैं।

अतः विकल्प (B) सही है।

95. नकदी आयजन्य निवेश विश्लेषण को धन के सामयिक मूल्य के रूप में भी वर्गीकृत किया जाता है। धन के सामयिक मूल्य (टीवीएम) यह अवधारणा है कि वर्तमान समय में उपलब्ध धन अपनी संभावित कमाई क्षमता के कारण भविष्य में समान राशि से अधिक है।

अतः विकल्प (B) सही है।

96.

समूह -I	उत्तर
(a) सरल यादृच्छिक नमूनाकरण	• इस तकनीक में, एक बड़े समूह से चुने हुए **समरूप** व्यक्तियों का एक सबसेट और हर वस्तु को एक नमूने के रूप में चुने जाने की संभावना है।
(b) स्तरीय यादृच्छिक नमूनाकरण	• जब कोई आबादी **विषम** होती है, तो इसे समूहों में विभाजित किया जाता है, ताकि समूह के भीतर समरूपता हो और समूहों के बीच विषमता हो, और प्रत्येक समूह से कुछ वस्तुओं को यादृच्छिक पर चुना जाता है। यह स्तरीकृत रैंडम सैंपलिंग का मामला है।
(c) क्लस्टर नमूनाकरण	• यह एक नमूनाकरण विधि है जहां शोधकर्ता आबादी से कई लोगों के समूह बनाते हैं जहां वे सजातीय विशेषताओं का संकेत देते हैं और नमूने का एक हिस्सा होने की समान संभावना रखते हैं। • **वन वृक्ष प्रकार इकाइयाँ** क्लस्टर नमूनाकरण का एक हिस्सा हैं।
(d) व्यवस्थित नमूनाकरण	• जब एक बड़ी आबादी से एक नमूना तय या आवधिक अंतराल के साथ **एक यादृच्छिक प्रारंभिक बिंदु के अनुसार चुना जाता है तो इसे व्यवस्थित यादृच्छिक नमूनाकरण** के रूप में जाना जाता है। • इसलिए, **इकाइयों की एक कालानुक्रमिक सूची व्यवस्थित नमूनाकरण** का एक हिस्सा है।

अतः विकल्प (C) सही है।

97. चंक नमूनाकरण को सुविधा नमूनाकरण के रूप में भी जाना जाता है।

नमूनाकरण किया जाता है क्योंकि उत्तरदाताओं की पूरी आबादी का सर्वेक्षण करना एक शोधकर्ता के लिए संभव नहीं है, इसलिए वे ऐसे व्यक्तियों का

यादृच्छिक नमूना चुनते हैं जो पूरी आबादी का प्रतिनिधित्व करते हैं, और उन व्यक्तियों को अनुसंधान का नमूना आकार माना जाता है।

सुविधा नमूना:

- जब एक नमूना शोधकर्ता की सुविधा के अनुसार आसानी से उपलब्ध सूची से यादृच्छिक रूप से तैयार किया जाता है।
- यह सबसे अधिक उपयोग की जाने वाली विधि है क्योंकि यह एक किफायती, त्वरित और सरल तकनीक है।
- इस विधि को चंक सैंपलिंग के रूप में भी जाना जाता है।
- एक हिस्सा आबादी के उस हिस्से को संदर्भित करता है जिसकी जांच न तो संभाव्यता से होती है और न ही निर्णय से बल्कि केवल सुविधा के आधार पर।

अतः विकल्प (B) सही है।

98. स्तरीकृत यादृच्छिक नमूनाकरण किया जाता है क्योंकि उत्तरदाताओं की पूरी आबादी का सर्वेक्षण करना एक शोधकर्ता के लिए संभव नहीं है, इसलिए वे ऐसे व्यक्तियों का यादृच्छिक नमूना चुनते हैं जो पूरी आबादी का प्रतिनिधित्व करते हैं, और उन व्यक्तियों को अनुसंधान का नमूना आकार माना जाता है।

स्तरीय यादृच्छिक नमूने का चुनाव:

- नमूने लेने की इस पद्धति में एक विषम जनसंख्या को छोटे-छोटे समूहों में विभाजित करना शामिल है जिन्हें स्ट्रैटा कहा जाता है।
- ये उप-समूह / समूह समूह में सदस्यों की कुछ समरूपता पर आधारित हैं।
- फिर अंत में प्रत्येक समूह से कुछ वस्तुओं को यादृच्छिक पर चुना जाता है।
- समूहों को वर्गीकृत करने की इस प्रक्रिया को स्तरीकरण के रूप में भी जाना जाता है।

अतः विकल्प (D) सही है।

99. एक शोधकर्ता के लिए उत्तरदाताओं की पूरी आबादी का सर्वेक्षण करना संभव नहीं है, इसलिए वे ऐसे व्यक्तियों का यादृच्छिक नमूना चुनते हैं जो पूरी आबादी का प्रतिनिधित्व करते हैं, और उन व्यक्तियों को अनुसंधान का नमूना आकार माना जाता है।

छोटे नमूना आकार:

- कुछ शोधकर्ता हैं जो एक छोटे नमूने के आकार के साथ सोचते हैं कि वे आँकड़ों का उपयोग नहीं कर सकते हैं लेकिन यह एक गलत धारणा है।
- छोटे नमूना आकारों से निपटने के लिए उपयुक्त सांख्यिकीय तरीके हैं।
- हम सभी इस बात से सहमत हो सकते हैं कि एक शोधकर्ता का छोटा आकार अन्य शोधकर्ता का बड़ा हो सकता है, लेकिन आमतौर पर छोटे नमूना आकार 5 से 30 उत्तरदाताओं का संदर्भ देते हैं, प्रयोज्य अध्ययनों में एक नमूना आकार बहुत सामान्य है।
- यह कहा जाता है कि "छोटे नमूनों के साथ सांख्यिकीय विश्लेषण दूरबीन के साथ खगोलीय अवलोकन करने जैसा है" अर्थात शोधकर्ताओं को बड़ी चीजों को देखने के लिए सीमाएं हैं लेकिन इसका मतलब यह नहीं है कि यदि आपके पास उच्च तकनीक वाला टेलीस्कोप नहीं है तो आप खगोल विज्ञान नहीं कर सकते हैं।

इसलिए, उपरोक्त सभी छोटे नमूने हैं।

अतः विकल्प (D) सही है।

100. अनुसंधान विश्लेषण से तात्पर्य किसी विषय/अवधारणा को छोटे-छोटे हिस्सों में तोड़कर समझने में है, ताकि शोधकर्ता को समझ में आने वाले तरीके से उसे समझा जा सके। विभिन्न सॉफ्टवेयर हैं जो अनुसंधान विश्लेषण करते समय उपयोग किए जा सकते हैं।

SPSS:

- SPSS सामाजिक विज्ञान के लिए सांख्यिकीय पैकेज का एक संक्षिप्त नाम है।
- यह एक सांख्यिकीय पैकेज है जिसका उपयोग अनुसंधान के डेटा के विश्लेषण में किया जाता है।
- यह मूल रूप से SPSS इंक द्वारा विकसित किया गया था, लेकिन 2009 में IBM द्वारा अधिग्रहित किया गया था और इसे 2014 में IBM SPSS सांख्यिकी नाम दिया गया था।
- यह सॉफ्टवेयर मूल रूप से सामाजिक विज्ञान के क्षेत्रों में अनुसंधान के लिए तैयार किया गया था, लेकिन अब यह अन्य क्षेत्रों में भी लोकप्रिय हो गया है जैसे स्वास्थ्य विज्ञान, बाजार अनुसंधान, विपणन, डेटा खनन, आदि।

इसलिए, SPSS अनुसंधान विश्लेषण के लिए उपयोग किए जाने वाले सॉफ्टवेयर में से एक है।

अतः विकल्प (C) सही है।

101. परिकल्पना परीक्षण यह पता लगाने का एक तरीका है कि एक सर्वेक्षण या प्रयोग के परिणाम सार्थक/सच्चे और निर्भर हैं या नहीं। वैकल्पिक परिकल्पना मानती है कि वास्तविक अर्थ और तुलना मूल्य के बीच कुछ अंतर है और शून्य परिकल्पना मानती है कि कोई अंतर मौजूद नहीं है।

- एफ-परीक्षण किसी भी सांख्यिकीय परीक्षण है जिसमें परीक्षण सांख्यिकीय में शून्य परिकल्पना के तहत एक एफ-वितरण है।
- समग्र महत्व का एफ-परीक्षण इंगित करता है कि क्या आपका रैखिक प्रतिगमन मॉडल उस मॉडल की तुलना में डेटा को बेहतर फिट प्रदान करता है जिसमें कोई स्वतंत्र चर नहीं है।
- एनोवा यह पता लगाने का एक तरीका है कि क्या सर्वेक्षण या प्रयोग के परिणाम महत्वपूर्ण हैं और यह निर्धारित करने के लिए एफ-परीक्षण का उपयोग करता है कि दो से अधिक नमूना साधनों के बीच परिवर्तनशीलता समूहों के भीतर टिप्पणियों की परिवर्तनशीलता से बड़ी है या नहीं।
- एफ-टेस्ट दो सैंपल वेरिएंस, s_1 और s_2 का उपयोग करता है, उन्हें विभाजित करके।
- परिणाम हमेशा एक सकारात्मक संख्या होता है क्योंकि संस्करण हमेशा सकारात्मक होते हैं।

अतः विकल्प (D) सही है।

102. केवल लिंग के आधार पर उत्तरदाताओं का वर्गीकरण नाममात्र पैमाने का एक अनुप्रयोग है।

वर्गीकरण का उपयोग समूह के उत्तरदाताओं को यह देखने के लिए किया जाता है कि वे एक दूसरे से कैसे भिन्न हैं जैसे कि उम्र, लिंग, आय, वर्ग, घर का स्थान आदि।

नाममात्र पैमाना:

- यह एक पैमाना है जो न तो डेटा को स्थान देता है और न ही मापता है और केवल असतत श्रेणियों में वस्तुओं को असाइन करता है।
- यह केवल विभिन्न मापदंडों के अनुसार डेटा को भेद या वर्गीकृत करने में मदद करता है।
- सांख्यिक मान या किसी अन्य रैंकिंग श्रेणियों को नाममात्र पैमाने पर ध्यान नहीं दिया जाता है।
- कुछ उदाहरण जो नाममात्र पैमाने का उपयोग करते हैं, आप किस शहर में रहते हैं, लिंग, धर्म आदि।

अतः विकल्प (B) सही है।

103. कार्ल पियर्सन के दो चर के बीच संबंध का गुणांक उनके प्रतिगमन गुणांक के गुणनफल का वर्गमूल है।

कार्ल पियर्सन के सहसंबंध के गुणांक-

- इसका उपयोग दो संबंधित चर के बीच रैखिक संबंध का पता लगाने के लिए किया जाता है और इसे 'आर' द्वारा दर्शाया जाता है।
- इसे सहसंबंध के पियर्सोनियन गुणांक के रूप में भी जाना जाता है और व्यवहार में ज्यादातर मात्रात्मक विधि का उपयोग किया जाता है।
- गुणांक का सहसंबंध इसके मूल और पैमाने से स्वतंत्र है।
- यदि दो चर X और Y के बीच संबंध प्राप्त करना है तो मूल रूप से, इसका मतलब है कि X और Y के मान से किसी भी गैर-शून्य स्थिर को घटाना 'r' का मान अपरिवर्तित रहता है। पैमाने से इसका मतलब है कि, 'r' के मूल्य पर कोई प्रभाव नहीं पड़ता है अगर X और Y के मान को किसी भी स्थिरांक से विभाजित या गुणा किया जाता है।
- दो प्रतिगमन गुणांक का ज्यामितीय माध्य सहसंबंध के गुणांक के बराबर है।
- ज्यामितीय माध्य सूत्र उनके प्रतिगमन गुणांक के गुणनफल का वर्गमूल है।

अतः विकल्प (B) सही है।

104. सामाजिक विज्ञान में अनुसंधान के लिए सांख्यिकीय सॉफ्टवेयर पैकेज में SPSS शामिल हैं।

SPSS:

- SPSS सामाजिक विज्ञान के लिए सांख्यिकीय पैकेज का एक संक्षिप्त नाम है।
- यह आंकड़ों के विश्लेषण में उपयोग किया जाने वाला एक सांख्यिकीय पैकेज है।
- यह मूल रूप से SPSS इंक द्वारा विकसित किया गया था, लेकिन 2009 में IBM द्वारा अधिग्रहित किया गया था और इसे 2014 में IBM SPSS सांख्यिकी नाम दिया गया था।
- यह सॉफ्टवेयर मूल रूप से सामाजिक विज्ञान के क्षेत्रों में अनुसंधान के लिए तैयार किया गया था, लेकिन अब यह अन्य क्षेत्रों में भी लोकप्रिय हो गया है जैसे स्वास्थ्य विज्ञान, बाजार अनुसंधान, विपणन, डेटा माइनिंग, आदि।

अतः विकल्प (A) सही है।

105. स्वतंत्रता की डिग्री उन टिप्पणियों की संख्या है जो सांख्यिकीय विश्लेषण का आकलन करते समय अलग-अलग हैं। स्वतंत्रता की डिग्री महत्वपूर्ण है सांख्यिकीय अनुमानों के परीक्षण के लिए महत्वपूर्ण कटऑफ मूल्यों का पता लगाना।

'F' परीक्षण:

- F-परीक्षण किसी भी सांख्यिकीय परीक्षण है जिसमें परीक्षण सांख्यिकीय में शून्य परिकल्पना के तहत F-वितरण है।
- F-परीक्षण में उपयोग किए जाने वाले पैरामीटर माध्य और भिन्न हैं, जिसके कारण पैरामीट्रिक परीक्षण यहाँ भी उपयोग किए जाते हैं।
- समग्र महत्व का F-परीक्षण इंगित करता है कि क्या आपका रैखिक प्रतिगमन मॉडल उस मॉडल की तुलना में डेटा को बेहतर फिट प्रदान करता है जिसमें कोई स्वतंत्र चर नहीं है।
- F-परीक्षण दो सैंपल परिवर्तन, या दो वर्गों s_1 और s_2 का उपयोग करता है, उन्हें विभाजित करके।
- माध्य वर्ग ऐसे संस्करण हैं जो स्वतंत्रता की डिग्री के लिए खाते हैं जो भिन्नता के अनुमानों का उपयोग करते हैं।
- यहाँ, स्वतंत्रता की डिग्री के दो सेट हैं: एक अंश के लिए और एक भाजक के लिए

't' परीक्षण:

- इसका उपयोग दो समूहों के साधनों की तुलना करने के लिए किया जाता है।
- t-टेस्ट में टी वितरण का विशेष रूप इसकी स्वतंत्रता की डिग्री से निर्धारित होता है।
- इस परीक्षण का उपयोग परिकल्पना परीक्षण में किया जाता है ताकि यह पता लगाया जा सके कि वास्तव में एक प्रक्रिया का आबादी पर प्रभाव है, या क्या समूह एक दूसरे से भिन्न हैं।
- छोटे नमूने के आकार ($n < 30$) के लिए एक परीक्षण आवश्यक है जहाँ वितरण सामान्य नहीं हैं।

' χ^2 ' परीक्षण (काई-स्क्वायर परीक्षण):

- यह एक सांख्यिकीय परिकल्पना परीक्षण है जो कि वे कैसे संबंधित हैं, यह जांचने के लिए एक आकस्मिक परीक्षण के दो चर की तुलना करते हैं।
- यह एक गैर-परीक्षणात्मक परीक्षण है और यह परीक्षण सामान्य रूप से गुणात्मक डेटा पर लागू होता है।
- काई-वर्ग परीक्षण दो प्रकार के होते हैं:

1. फिट परीक्षण काई-स्कायर अच्छाई जो यह निर्धारित करती है कि नमूना डेटा आबादी के साथ मेल खाता है या नहीं।

2. स्वतंत्रता परीक्षणों के लिए एक काई-वर्ग परीक्षण यह देखने के लिए कि क्या श्रेणीगत चर का वितरण एक दूसरे से भिन्न होता है।

- स्वतंत्रता का काई-वर्ग परीक्षण निर्धारित करता है कि क्या चर के बीच एक महत्वपूर्ण संबंध है, और यह स्वतंत्रता की डिग्री को भी शामिल करता है।
- पंक्तियों (r) और कॉलम (c) वाली तालिका के साथ स्वतंत्रता की डिग्री की गणना के इस परीक्षण में सामान्य नियम (r-1) (c-1) है।

इसलिए, F' परीक्षण, 't' परीक्षण और ' χ^2 ' परीक्षण स्वतंत्रता की डिग्री की अवधारणा से जुड़े हैं।

अतः विकल्प (D) सही है।

106. श्रमिक संगठन को मानव संसाधन प्रदान करते हैं और वे एक संगठन के विकास में एक प्रमुख भूमिका निभाते हैं, इसलिए श्रमिकों के प्रति संगठनों की जिम्मेदारियां होती हैं जिन्हें संगठन के लिए उच्च उत्पादकता प्राप्त करने के लिए पूरा किया जाना चाहिए।

श्रमिकों को संगठन की जिम्मेदारी में निम्न शामिल हैं:

- जैसा कि भारत में नौकरी के अवसर सीमित हैं, सबसे अच्छी कामकाजी परिस्थितियों और नौकरी की सुरक्षा के साथ सार्थक काम करना संगठनों की प्रमुख जिम्मेदारी है।
- श्रमिकों को उचित मजदूरी और वेतन, अन्य भत्ते और प्रोत्साहन जैसे चिकित्सा भत्ता, मकान किराया भत्ता, बोनस, आदि का भुगतान किया जाना चाहिए।
- उचित शारीरिक और मानसिक वातावरण की व्यवस्था जैसे कि ताजा काम करने की स्थिति, स्वच्छता सुविधाएं, ताजा पेयजल, आदि जो श्रमिकों के लिए आवश्यक हैं।
- श्रमिकों को एक कार्यकर्ता समिति, सह-साझेदारी, सुझाव योजना, आदि का गठन करके प्रबंधन में निर्णय लेने की गतिविधियों में भाग लेने के लिए प्रोत्साहित किया जाना चाहिए।
- श्रमिकों को ठीक से शिक्षित और प्रशिक्षित किया जाना चाहिए ताकि वे संगठन के लिए सर्वोत्तम परिणाम दे सकें।
- भर्ती, चयन, प्रशिक्षण, स्थानांतरण, आदि के संबंध में उचित कर्मियों की नीतियां होनी चाहिए और कर्मचारियों को प्रोन्नत करते समय पक्षपात नहीं किया जाना चाहिए।

* कर्मचारियों के स्वास्थ्य की सुरक्षा के लिए उचित स्वास्थ्य और सुरक्षा उपायों पर विचार किया जाना चाहिए और मनोरंजन की सुविधाएं भी प्रदान की जानी चाहिए।

* दैनिक कार्यकर्ता शिकायतों को प्रभावी ढंग से संभालने के लिए एक उचित शिकायत निवारण व्यवस्था होनी चाहिए।

इसलिए, श्रमिकों के लिए संगठन की जिम्मेदारी में उचित मजदूरी का भुगतान, श्रमिकों के उचित प्रशिक्षण और शिक्षा की व्यवस्था, उत्तम शिकायत निवारण व्यवस्था की स्थापना, सर्वोत्तम संभव कार्य स्थितियों का प्रावधान शामिल है।

अतः विकल्प (A) सही है।

107. एक संगठन की संरचना जिसमें स्वामित्व और प्रबंधन का पृथक्करण होता है, उसे कंपनी कहा जाता है।

कंपनी:

* एक कंपनी लोगों के समूह, चाहे प्राकृतिक, कानूनी या दोनों का मिश्रण से, एक विशिष्ट उद्देश्य के साथ गठित होती है।

* कंपनी को "एक निगमित संघ जो एक कृत्रिम व्यक्ति है, एक अलग कानूनी इकाई है, एक सतत उत्तराधिकार, एक सामान्य मुहर (यदि कोई हो), और एक सामान्य पूंजी हस्तांतरणीय शेयरों और सीमित देयता से समझौता करती है" के रूप में परिभाषित किया गया है।

* एक अलग कानूनी इकाई रखने वाली कंपनी का मतलब है कि यह कानून द्वारा 'कानूनी व्यक्ति' के रूप में मान्यता प्राप्त है और इसका अपना अलग कानूनी अस्तित्व है।

* कंपनी में, मालिक शेयरधारक होते हैं और प्रबंधन निदेशक मंडल के हाथों में होता है।

अतः विकल्प (C) सही है।

108. जब कोई व्यक्ति उन मामलों पर एक कंपनी के साथ लेनदेन करता है जो कंपनी की शक्ति से परे है, तो व्यक्ति को रचनात्मक सूचना के सिद्धांत द्वारा नियंत्रित किया जाएगा।

रचनात्मक सूचना के सिद्धांत:

* रचनात्मक सूचना एक अप्रत्यक्ष नोटिस है जो वास्तविकता में प्राप्त नहीं होता है लेकिन कानून की नजर में इसे रखा गया है।

* यह माना जाता है कि व्यक्ति को को उन तथ्यों के सन्दर्भ में पता होता है जिसपर दायित्व डाले जाते हैं।

* उदाहरण के लिए, जब कोई व्यक्ति किसी संगठन की साइट पर लॉग इन करता है, तो मेमोरेंडम ऑफ एसोसिएशन और अन्य निगमन प्रमाणपत्रों के बारे में जानकारी स्पष्ट रूप से वहां बताई जाती है, यदि कोई पढ़ना चाहता है तो वे इसे पढ़ सकते हैं, क्योंकि यदि बाद में, कोई समस्या उत्पन्न होती है, तो वह व्यक्ति नहीं कह सकता है वह कंपनी की नीतियों या सीमाओं या कमियों से अवगत नहीं था, क्योंकि यह आप का कर्तव्य है कि आप जिस कंपनी में डील करना चाहते हैं, उसके दस्तावेजों को पढ़ें।

* रचनात्मक सूचना का सिद्धांत कुछ भी नहीं, बल्कि एक कानूनी कल्पना है जो किसी कंपनी के साथ लेनदेन करने वाले व्यक्ति को एक कानूनी कार्रवाई के बारे में पता होना चाहिए या लिया जाना चाहिए, भले ही उनके पास इस बारे में कोई विचार न हो।

अतः विकल्प (B) सही है।

109. एक कंपनी का गठन एक लंबी प्रक्रिया है और एक उचित क्रम में किया जाता है।

कंपनी के गठन के अनुक्रम में 4 चरण शामिल होते हैं और वे इस प्रकार हैं:

1. प्रवर्तन चरण:

* प्रवर्तन कंपनी के गठन का पहला चरण है।

* कंपनी का प्रचार संगठन के निर्माण में भाग लेने के लिए आवश्यक गतिविधियों का कुल योग और विचार को निष्पादित करने के लिए एक योजना के पूरा होने को संदर्भित करता है।

* निष्पादन शीर्ष-स्तरीय प्रबंधन के उस विचार पर गंभीर विचार पर आधारित है जिस पर व्यवसाय आधारित होगा।

* प्रवर्तन अपनी संभावित लाभप्रदता के संदर्भ में एक वाणिज्यिक प्रस्ताव की तकनीकी प्रसंस्करण को निर्धारित करती है।

* गुथमैन और डगॉल के अनुसार, "प्रवर्तन उस विचार की अवधारणा के साथ शुरू होती है, जिसमें से व्यवसाय विकसित करना है और उस बिंदु तक जारी रहता है जिस पर व्यवसाय भरा हुआ है, जो एक चिंता में परिचालन शुरू करने के लिए तैयार है।"

2. निगमन चरण:

* निगमन एक कंपनी के गठन में दूसरा चरण है।

* यह पंजीकरण को संदर्भित करता है जो एक कंपनी को अस्तित्व में लाता है।

* एक कंपनी ठीक से निगमित होती है जब वह अधिनियम के तहत पंजीकृत होती है और कंपनी रजिस्ट्रार से निगमन का प्रमाण पत्र प्राप्त किया जाता है।

3. पूंजी अभिदान चरण:

* सार्वजनिक या निजी कंपनी जिसमें शेयर पूंजी नहीं है, सीधे निगमन चरण के बाद अपना व्यवसाय शुरू कर सकती है।

* यह चरण केवल जन साधारण कंपनी के शेयर पूंजी रखने के मामले में प्रासंगिक है।

* केवल ऐसी कंपनियों को व्यवसाय शुरू करने के लिए इन शेष दो चरणों को पारित करने की आवश्यकता होती है।

* ऐसी कंपनियों को पूंजी अभिदान के स्वरूप के बारे में कुछ औपचारिकताएं पूरी करने की आवश्यकता होती है, फिर कंपनी के निदेशक रजिस्ट्रार के साथ 'प्रविवरण पत्र' की एक प्रति दाखिल करते हैं और 'प्रविवरण पत्र' रखकर कंपनी के शेयरों की सदस्यता के लिए जन साधारण को आमंत्रित करते हैं।

* उसके बाद, आवेदन और शेयर का आवंटन होता है।

4. व्यवसाय का प्रारंभ:

* निगमन का प्रमाण पत्र प्राप्त करने के बाद, एक निजी कंपनी अपना व्यवसाय शुरू कर सकती है, लेकिन एक सार्वजनिक कंपनी व्यवसाय शुरू करने का प्रमाण पत्र प्राप्त करने के बाद ही अपना व्यवसाय शुरू कर सकती है।

* कंपनी को शामिल करने का प्रमाण पत्र प्राप्त करने के बाद:

* सार्वजनिक कंपनी अपनी शेयर पूंजी की सदस्यता के लिए जनता को आमंत्रित करने का एक प्रॉस्पेक्टस जारी करती है, एक न्यूनतम सदस्यता तय है, और

* कंपनी को प्रविवरण पत्र में उल्लिखित न्यूनतम शेयर बेचने पड़ती है।

* इस प्रक्रिया के पूरा होने के बाद अगर रजिस्ट्रार संतुष्ट हो जाता है तो वे व्यवसाय के कमीशन का प्रमाण पत्र जारी करते हैं।

इसलिए, कंपनी के गठन का उपयुक्त अनुक्रम निम्नलिखित क्रम में है: प्रवर्तन, समामेलन, पूंजी का अभिदान और व्यवसाय का प्रारंभ।

अतः विकल्प (B) सही है।

110. प्राधिकार का प्रत्यायोजन वह प्रक्रिया है जिसके द्वारा एक प्रबंधक अपने अधीनस्थ को अपने कार्यभार का हिस्सा सौंपता है, अधिकार प्रदान करता है और जवाबदेही बनाता है।

प्राधिकरण के प्रत्यायोजन के लक्षण:

- प्रत्यायोजन उस संगठन के सभी स्तरों पर होता है जहां एक बेहतर अधीनस्थ संबंध मौजूद होता है।
- प्रत्यायोजन में स्थानांतरण और अधिकार का त्याग शामिल नहीं है।
- यह केवल तभी संभव है जब प्रतिनिधि के पास काम पर पारित होने का अधिकार है।
- प्रत्यायोजन अंतःकरण नहीं है, अंततः प्राधिकरण के उचित निर्वहन और कार्य को पूरा करने की जिम्मेदारी प्रबंधक या प्रतिनिधि की रहती है।
- एक प्रबंधक अपने समग्र कार्य को अपने अधीनस्थ को कभी नहीं सौंपेंगे क्योंकि कुछ कार्य ऐसे हैं जिन्हें केवल स्वयं द्वारा किया जाना चाहिए।
- प्राधिकार का प्रत्यायोजन संगठन को एक बड़ा संगठन बनाता है क्योंकि छोटे संगठन में कार्यभार कम होता है और कार्य प्रबंधक द्वारा आसानी से किए जा सकते हैं इसलिए प्रत्यायोजन की कोई आवश्यकता नहीं है।
- जब भी प्रत्यायोजक को ऐसा लगता है, तो प्राधिकृत प्रतिनिधि को वापस लिया या रद्द किया जा सकता है।

इसलिए, प्राधिकरण का प्रत्यायोजन संगठन को एक बड़ा संगठन बनाता है।

अतः विकल्प (B) सही है।

111. प्रबंधकीय ग्रिड 'उत्पादन और लोगों दोनों के लिए उच्च विचारणीय' सबसे अच्छा लीडर व्यवहार बताता है।

प्रबंधकीय ग्रिड मॉडल रॉबर्ट आर ब्लेक और जेन माउटन द्वारा विकसित एक नेतृत्व शैली है। इस मॉडल ने उत्पादन की चिंता और लोगों के लिए चिंता के आधार पर पांच नेतृत्व शैलियों का विकास किया है।

उत्पादन और लोगों के लिए उच्च विचारणीय - 9.9 प्रबंधन:

- इस प्रबंधकीय ग्रिड नेतृत्व शैली को पहले टीम शैली के रूप में जाना जाता था और वर्तमान में इसे साउंड स्टाइल के रूप में जाना जाता है।
- इस शैली का अनुसरण करने वाले प्रबंधकों को उत्पादन और लोगों दोनों के लिए एक उच्च विचार रखता है और यह मॉडल डोगलस मैकग्रेगर की सिद्धांत Y पर आधारित है।
- नेतृत्व की इस शैली को इष्टतम या सबसे अच्छी शैली माना जाता है क्योंकि प्रबंधक कर्मचारियों को टीमवर्क और प्रतिबद्धता के लिए प्रोत्साहित करते हैं और उन्हें खुद को कंपनी के रचनात्मक हिस्से के रूप में देखते हैं।

अतः विकल्प (C) सही है।

112. कथन एक अर्थात् अभिकथन, MBO कार्य की योजना बनाने और व्यवस्थित करने का प्रभावी तरीका है सत्य है, लेकिन कथन दो अर्थात् कारण कर्मचारी उद्देश्यों की स्थापना में भाग लेते हैं, असत्य है।

उद्देश्यों द्वारा प्रबंध (MBO):

- MBO शब्द को पहली बार 1954 में पीटर ड्रकर ने अपनी पुस्तक द प्रैक्टिस ऑफ मैनेजमेंट में उल्लिखित किया था।
- उद्देश्यों द्वारा प्रबंधन को परिणामों द्वारा प्रबंधन के रूप में भी जाना जाता है।
- MBO कार्य के नियोजन और आयोजन का एक रणनीतिक दृष्टिकोण है जिसका उद्देश्य किसी संगठन के प्रदर्शन को उन उद्देश्यों को स्पष्ट रूप से परिभाषित करके सुधारना है जो प्रबंधन और कर्मचारियों दोनों द्वारा सहमत होते हैं।
- इस प्रक्रिया में, प्रबंधन उन उद्देश्यों को निर्धारित करने के बारे में निर्णय लेता है जिन्हें हासिल किया जाना है और उन्हें संगठन के

अन्य कर्मचारियों तक पहुंचाता है और फिर कर्मचारी उन उद्देश्यों को प्राप्त करने के लिए अपने कार्य करते हैं।

- MBO प्रणाली संगठन को प्रत्येक प्रबंधक के लक्ष्यों और प्रदर्शन उपायों के साथ कंपनी के वित्तीय लक्ष्यों, जैसे बिक्री अनुमान, लाभ, और कम लागत को जोड़ने की अनुमति देती है।

अतः विकल्प (C) सही है।

113. 'किसी भी विचार की कभी आलोचना नहीं की जाती है' और 'जितने आधारभूत होंगे उतने विचार बेहतर होते हैं' - 'बुद्धिशीलता' निर्णय लेने की प्रक्रिया के नियम हैं।

निर्णयन की प्रक्रिया ज्यादातर शुरू हो जाती है क्योंकि किसी प्रकार की समस्या को मान्यता दी जाती है जिसे हल करने की आवश्यकता होती है। यह एक चरण-दर-चरण संज्ञानात्मक प्रक्रिया है जो आपको विकल्पों को परिभाषित करने और प्रासंगिक जानकारी का मूल्यांकन करके अधिक उचित निर्णय लेने में मदद कर सकती है।

बुद्धिशीलता:

- बुद्धिशीलता एक समूहिक गतिविधि है जिसमें पूरा समूह एक विशिष्ट समस्या को हल करने के लिए अनायास कुछ रचनात्मक विचार उत्पन्न करती है।
- वे आलोचना के किसी भी डर के बिना विचारों का एक विशाल संग्रह के साथ आते हैं और संभावित समाधान का पता लगाने के लिए उनके बीच लिंक आकर्षित करते हैं।
- सबसे पहले, भले ही विचार थोड़ा अवास्तविक लगते हैं, लेकिन उन्हें ध्यान में रखा जाता है।
- बुद्धिशीलता सत्रों में, अधिक से अधिक विचारों की संख्या उत्पन्न होने पर आधारभूत और प्रभावी समाधानों के प्राप्त होने की संभावना अधिक होती है।

अतः विकल्प (C) सही है।

114. मैक्लेलैंड की आवश्यकता सिद्धांत को मानव प्रेरणा सिद्धांत, अधिग्रहीत आवश्यकताओं के सिद्धांत, प्रेरक आवश्यकताओं के सिद्धांत और सीखी गई आवश्यकताओं के सिद्धांत के रूप में भी जाना जाता है।

मैक्लेलैंड का कहना है कि, हमारे लिंग, संस्कृति या उम्र की परवाह किए बिना, हम सभी में तीन प्रमुख प्रेरक हैं: शक्ति की आवश्यकता, उपलब्धि की आवश्यकता और संबद्धता की आवश्यकता। यह प्रमुख प्रेरक हमारी संस्कृति और जीवन के अनुभव पर काफी हद तक निर्भर करता है।

मैक्लेलैंड की आवश्यकता सिद्धांत की तीन आवश्यकताओं की विशेषताएं इस प्रकार हैं:

1) शक्ति की आवश्यकता:

- यहां, शक्ति से प्रेरित व्यक्ति अपने संबंधित कार्यों में प्रतिस्पर्धा और जीत हासिल करता है।
- जब वे परियोजनाओं या कार्यों के प्रभारी होते हैं और दूसरों पर उच्च प्रभाव डालते हैं, तो वे अपना सर्वश्रेष्ठ देते हैं।
- वे स्थिति और मान्यता का आनंद लेते हैं और इससे उन्हें अपने लक्ष्यों को प्राप्त करने के लिए प्रेरित होने में मदद मिलती है।

2) उपलब्धि की आवश्यकता:

- उपलब्धि की भावना वाले लोग अपने लक्ष्यों को पूरा करने के लिए गणना जोखिम लेने के लिए तैयार हैं।
- वे इस बात पर प्रतिक्रिया प्राप्त करना पसंद करते हैं कि वे क्या सही कर रहे हैं या वे अपनी प्रगति और उपलब्धि पर अपने से बेहतर गलत क्या कर रहे हैं।
- उपलब्धि से प्रेरित लोग अकेले या उच्च उपलब्धि हासिल करने वाले होते हैं।

3) संबद्धता की आवश्यकता:

- संबद्धता से प्रेरित लोग वे हैं जो समूह के अन्य सदस्यों द्वारा पसंद किए जाने की इच्छा रखते हैं, जो भी समूह के बाकी सदस्य कर रहे हैं वह करेंगे।

- वे जोखिम लेना पसंद नहीं करते इसलिए वे अन्य सदस्यों के साथ मिलकर काम करना पसंद करते हैं न कि उनके साथ प्रतिस्पर्धा करके।

- ये लोग अलग नहीं होना चाहते हैं इसलिए वे अन्य सभी समूह सदस्यों के सामने निजी रूप से मूल्यांकन प्राप्त करना पसंद करेंगे।

इसलिए, मैक्लैंड की आवश्यकताओं के सिद्धांत के अनुसार, सुरक्षा की आवश्यकता एक प्रेरक आवश्यकता नहीं है।

अतः विकल्प (B) सही है।

115. आउची का "Z सिद्धांत" 1980 के एशियाई आर्थिक तेज़ी के दौरान लोकप्रिय डॉ विलियम औची की तथाकथित "जापानी प्रबंधन" शैली है। "Z सिद्धांत" ने कंपनी की कर्मचारी निष्ठा को बढ़ाने पर ध्यान केंद्रित किया, जो कि कर्मचारी की भलाई पर एक मजबूत ध्यान केंद्रित करने के साथ जीवन के लिए नौकरी प्रदान करता है।

अतः विकल्प (A) सही है।

116. सबसे पहले किसी नए उत्पाद को अपनाने वाले व्यक्ति नवप्रवर्तक होते हैं।

- नए उत्पाद आज़माने वाले पहले ग्राहक हैं।

- वे स्वभाव से, जोखिम लेने वाले हैं और नए विचारों की संभावनाओं और चीजों को करने के नए तरीकों से उत्साहित हैं।

- उत्पाद बाहर आने के समय अधिक मूल्यवान होता है (हालांकि कुछ उत्पाद इस प्रवृत्ति की उपेक्षा करते हैं) और ऐसे प्रवर्तक अन्य प्रकार के ग्रहणकर्ताओं की तुलना में अधिक धनवान होते हैं।

अतः विकल्प (D) सही है।

117. खुदरा बिक्री में एक अवधारणा जो नए खुदरा विक्रेताओं के उद्भव की व्याख्या करने में मदद करती है, 'खुदरा बिक्री का चक्र' परिकल्पना कहलाती है।

खुदरा बिक्री का चक्र एक सिद्धांत है जो कि खुदरा स्टोर के जीवनचक्र के चरणों को बताता है। विशेष रूप से, यह एक उच्च-स्तरीय प्रतिष्ठान के लिए अपेक्षाकृत छोटे डिस्काउंट स्टोर के परिवर्तन का वर्णन करता है।

अतः विकल्प (D) सही है।

118. कारों और मोटर साइकिलों के निर्माता आमतौर पर विशिष्ट वितरण चाहते हैं।

विशिष्ट वितरण:

1. यदि कोई कंपनी एक एकल वितरक को एक बड़ा क्षेत्र देना चाहती है तो इसे एक विशेष वितरण रणनीति के रूप में जाना जाता है।

2. कुछ मामलों में, एक वितरक को पूरे देश के लिए नियुक्त किया जा सकता है।

3. उस कंपनी में उस वितरक के अलावा कोई और नहीं होगा।

4. विशिष्ट उदाहरण डिजाइनर वियर, प्रमुख घरेलू उपकरण और यहां तक कि ऑटोमोबाइल भी हैं।

5. अनन्य वितरण अधिकार प्रदान करके, निर्माता को बिचौलियों की कीमत, पदोन्नति, क्रेडिट सूची और सेवा नीतियों पर नियंत्रण रखने की उम्मीद है।

6. फर्म को ऐसे आउटलेट्स द्वारा आक्रामक बिक्री का लाभ मिलने की भी उम्मीद है।

अतः विकल्प (C) सही है।

119. विपणन अनुसंधान प्रक्रिया का डेटा संग्रहण चरण सबसे महंगा है।

विपणन अनुसंधान प्रक्रिया एक विशिष्ट सेवा या उत्पाद को बढ़ावा देने के लिए लक्षित बाजार क्षेत्र के बारे में सब कुछ जानने के लिए संदर्भित करती है। बाजार के अनुसंधान और बाज़ार के विश्लेषण में मदद करने के लिए विभिन्न प्रकार के संसाधन और उपकरण उपलब्ध हैं। इसलिए, कई व्यवसाय व्यापक रूप से व्यापक और लागत प्रभावी संसाधनों और उपकरणों का उपयोग करके विपणन अनुसंधान का संचालन करते हैं जो व्यापक रूप से उपलब्ध हैं।

विपणन अनुसंधान प्रक्रिया के 4 चरण हैं:

1) समस्या और उद्देश्य को परिभाषित करें:

- शीर्ष स्तर के प्रबंधन और विपणन प्रबंधक को अंतर्निहित समस्याओं को परिभाषित करने के लिए एक साथ काम करना चाहिए और अनुसंधान उद्देश्य पर भी सहमत होना चाहिए। यह शोध प्रक्रिया का एक महत्वपूर्ण और महत्वपूर्ण कदम है।

2) बाजार अनुसंधान योजना विकसित करना

- इस चरण में विपणक और शोधकर्ता सटीक आवश्यक जानकारी निर्धारित करते हैं, इसे कुशलता से इकट्ठा करने के लिए एक योजना विकसित करते हैं, और फिर योजना को कार्यकारी के सामने पेश करते हैं।

3) डेटा का संग्रहण

- यह विपणन अनुसंधान प्रक्रिया का व्यावहारिक और सबसे महंगा चरण है। त्रुटियों की भी संभावना है इसलिए डेटा को सावधानी से एकत्र किया जाना चाहिए क्योंकि निर्णय वास्तव में इस एकत्र किए गए डेटा पर आधार होगा।

4) एक अनुसंधान योजना विकसित करना

- डेटा एकत्र करने के बाद, विपणन अनुसंधान विभाग प्रसंस्करण करता है, और जानकारी का विश्लेषण करता है और निष्कर्षों के आधार पर निर्णय लेता है और फिर निर्णय को लागू करता है।

- निर्णय के कार्यान्वयन के बाद यदि प्रबंधन वांछित परिणाम प्राप्त नहीं करता है तो विपणन अनुसंधान प्रक्रिया में चरणों को संशोधित करने की आवश्यकता है।

अतः विकल्प (B) सही है।

120. उद्देश्य और कार्य विधि सबसे वैज्ञानिक और तार्किक विधि है।

उद्देश्य और कार्य विधि:

1. यह किसी भी कंपनी के लिए सबसे उपयुक्त विज्ञापन बजट पद्धति है। यह विज्ञापन बजट निर्धारित करने की एक वैज्ञानिक विधि है।

2. विधि कंपनी के अपने परिवेश और आवश्यकताओं पर विचार करती है।

3. उद्देश्य और कार्य विधि प्रबंधक द्वारा अपने प्रचारक बजट को विकसित करने के लिए मार्गदर्शन करते हैं

- विशिष्ट उद्देश्यों को परिभाषित करना,

- उस कार्य को निर्धारित करना जो उन्हें प्राप्त करने के लिए किया जाना चाहिए, और

- कार्य करने की लागत का अनुमान लगाना।

अतः विकल्प (C) सही है।

121. ग्राहकों की संतुष्टि समग्र विपणन का एक प्रमुख घटक नहीं है।

समग्र विपणन एक विपणन रणनीति को संदर्भित करता है जो पूरे व्यवसाय को मानता है। और एक सिस्टम के रूप में सभी विभिन्न विपणन चैनल। इस

दृष्टिकोण के तहत, विभिन्न विभागों के साथ एक व्यवसाय आता है। परिणामस्वरूप, विभाग परस्पर विपणन गतिविधियों में सहयोग करते हैं।

यद्यपि कार्यान्वयन के लिए रणनीति एक कंपनी से दूसरे में भिन्न होती है, प्रत्येक समग्र विपणन दृष्टिकोण में चार मुख्य घटक शामिल हैं: संबंध विपणन, एकीकृत विपणन, आंतरिक विपणन और सामाजिक विपणन।

अतः विकल्प (C) सही है।

122. औषधि और प्रसाधन सामग्री अधिनियम, 1940 भारत के विपणन परिवेश का हिस्सा नहीं है।

बाजार का वातावरण एक विपणन शब्द है और विपणन के बाहर सभी ताकतों को संदर्भित करता है जो लक्षित ग्राहकों के साथ सफल संबंध बनाने और बनाए रखने के लिए विपणन प्रबंधन की क्षमता को प्रभावित करते हैं।

कानून व्यवसायी द्वारा ग्राहकों को शोषण से बचाने, समाज के हितों की रक्षा के लिए और कंपनियों को अनुचित प्रतिस्पर्धा से बचाने के उद्देश्य से है। भारत में कानूनों के उदाहरण - उपभोक्ता संरक्षण अधिनियम, पर्यावरण संरक्षण अधिनियम भारतीय अनुबंध अधिनियम, प्रतिस्पर्धा कानून, आदि।

अतः विकल्प (A) सही है।

123. बाजार एक उत्पाद के सभी वास्तविक और संभावित खरीदारों का एक समूह है।

1. संभावित खरीदार वे होते हैं जो इस बात की समीक्षा करने के लिए बाजार में हो सकते हैं कि क्या मूल्य सीमा उपलब्ध है, और कुछ वे खरीदने के बारे में फैसला करते ही खरीद सकते हैं।

2. वास्तविक खरीदार वह है जो लेनदेन करता है और उत्पाद खरीदता है।

3. बाजार उन उपभोक्ताओं या संगठनों के समूह को संदर्भित करता है जो उत्पाद में रुचि रखते हैं, उत्पाद खरीदने के लिए संसाधन हैं, और उत्पाद प्राप्त करने के लिए कानून और अन्य नियमों द्वारा अनुमति है।

अतः विकल्प (C) सही है।

124. सांस्कृतिक कारक उपभोक्ता के व्यवहार पर व्यापक और गहन प्रभाव डालते हैं।

- बाजार को खरीदार की संस्कृति, उपसंस्कृति और सामाजिक वर्ग द्वारा निभाई गई भूमिका को समझने की जरूरत है।

- संस्कृति एक छत्र शब्द है जो मानव समाजों में पाए जाने वाले सामाजिक व्यवहार और मानदंडों के साथ-साथ इन समूहों में व्यक्तियों के ज्ञान, विश्वास, कला, कानून, रीति-रिवाजों, क्षमताओं और आदतों को शामिल करता है।

- संस्कृति किसी व्यक्ति की इच्छा और व्यवहार का सबसे मूल कारण है।

- किसी व्यक्ति की संस्कृति का उनकी विचार प्रक्रियाओं और व्यवहार पर बहुत अधिक प्रभाव पड़ता है। क्योंकि यह इतना प्रभावशाली है कि लोग अपने आस-पास की दुनिया को, उसमें अपनी जगह को कैसे समझते हैं, और वे कैसे निर्णय लेते हैं, यह यह निर्धारित करने में भूमिका निभाता है कि हम माल और सेवाओं का उपभोग कैसे और क्यों करते हैं।

अतः विकल्प (A) सही है।

125. बिक्री के प्रत्येक अनुबंध में, विक्रेता की ओर से पहली निहित शर्त यह है कि: बिक्री के मामले में, उसे सामान बेचने का अधिकार है, और बेचने के लिए एक समझौते के मामले में, उसके पास अधिकार होगा जिस समय प्रॉपर्टी पास करनी हो उस समय सामान बेचें।

अतः विकल्प (C) सही है।

126. कथन I: एक संपत्ति पर संपत्ति के हस्तांतरण का तत्काल प्रभाव पड़ता है, जबकि संपत्ति को बेचने का एक समझौता भविष्य के कुछ समय में पारित करना है।

कथन II: एक बिक्री खरीदार को माल का मालिक बनाती है लेकिन बिक्री के लिए एक समझौता खरीदार को माल का मालिक नहीं बनाता है।

यहाँ दोनों कथन सही हैं।

अतः विकल्प (C) सही है।

127. क्षतिपूर्ति के अनुबंध में वैध विचार और वस्तु होना चाहिए। क्षतिपूर्ति या हानि के लिए क्षतिपूर्ति बीमा क्षतिपूर्ति का एक व्यापक रूप है।

क्षतिपूर्ति का अनुबंध:

- क्षतिपूर्ति अनुबंध दो पक्षों के बीच एक कानूनी व्यवस्था है जहां एक पक्ष दूसरे को नुकसान या नुकसान के लिए भुगतान करने के लिए सहमत होता है जो एक निश्चित आवश्यकता को पूरा करता है जब तक कि अन्य परिस्थितियों को निर्दिष्ट नहीं किया जाता है।

- यह एक वैध अनुबंध के सभी आवश्यक तत्वों द्वारा विशेषता आकस्मिक अनुबंध का एक रूप है जिसमें कानूनन विचार और वस्तु शामिल है।

- इसमें शामिल दो पक्ष निंदक और निंदनीय हैं।

- क्षतिपूर्ति करने वाला वह प्रवर्तक होता है जो उस क्षति के लिए तैयार होता है जो किसी अन्य समूह को हो सकती है।

- क्षतिपूर्ति वह व्यक्ति होता है जिसे क्षति के लिए मुआवजे का आश्वासन दिया जाता है।

- क्षतिपूर्ति समझौते के अनुबंध में विचार शामिल है।

- अनुबंध के मुआवजे का तरीका व्यक्त या निहित हो सकता है।

अतः विकल्प (A) सही है।

128. निगोशिएबल इंस्ट्रूमेंट एक्ट 1881 की धारा 13 के अनुसार, एक 'निगोशिएबल इंस्ट्रूमेंट्स' का अर्थ है एक प्रॉमिसरी नोट, विनिमय बिल या चेक देय या तो ऑर्डर करने या वहन करने के लिए।

प्रॉमिसरी नोट:

- निगोशिएबल एक्ट की धारा 13 एक वचन पत्र को एक वित्तीय उपकरण के रूप में परिभाषित करती है जिसमें एक पक्ष द्वारा जारी एक लिखित समझौता शामिल होता है, जो जारीकर्ता या निर्माता को किसी अन्य पार्टी को भुगतान करने के लिए या भुगतानकर्ता को एक निश्चित राशि या तो मांग पर या किसी विशिष्ट तिथि पर मिलती है।

- एक वचन पत्र एक उपकरण है जिसमें बिना शर्त उपक्रम होता है।

- यह एक विशिष्ट व्यक्ति या साधन के वाहक को केवल एक निश्चित राशि का भुगतान करने के लिए निर्माता द्वारा हस्ताक्षरित होता है।

- एक वचन पत्र को निर्माता द्वारा लिखा जाना चाहिए और उस पर हस्ताक्षर करना चाहिए अन्यथा यह कोई प्रभाव नहीं है।

- यदि एक वचन पत्र में कोई तारीख नहीं है, तो यह माना जाता है कि जब इसे वितरित किया गया था।

- सबसे महत्वपूर्ण बात यह है कि इस पर भारतीय स्टाम्प अधिनियम के तहत मुहर लगाई जानी चाहिए और फिर इस पर मुहर नहीं लगाई जाती है।

अतः विकल्प (B) सही है।

129. एसोसिएशन के ज्ञापन के पंजीकृत कार्यालय खंड में उस राज्य का नाम होता है जिसमें कंपनी का पंजीकृत कार्यालय स्थित होना है।

एक ज्ञापन एसोसिएशन के निम्नलिखित खंड शामिल हैं:

- नाम खंड
- पंजीकृत कार्यालय खंड
- वस्तु खंड
- देयता खंड
- राजधानी खंड

पंजीकृत कार्यालय खंड:

- यह खंड उस राज्य का नाम निर्दिष्ट करता है जिसमें कंपनी का पंजीकृत कार्यालय स्थित है।
- यह कंपनियों के रजिस्ट्रार के अधिकार क्षेत्र को निर्धारित करने में मदद करता है।
- कंपनी को रजिस्ट्रार ऑफ़ कंपनी को पंजीकृत कार्यालय के बारे में सूचित करना आवश्यक है, जो व्यवसाय के निगमन या प्रारंभ होने की तिथि से 30 दिनों के भीतर है।

अतः विकल्प (C) सही है।

130. भुगतान न करने पर चेक अस्वीकृत किया जाता है और चेक हमेशा मांग पर देय होता है। दोनों कथन सही हैं और दावे का कारण भी मान्य है।

1. चेक एक दस्तावेज है जो एक बैंक को किसी व्यक्ति के खाते से उस व्यक्ति को एक विशेष राशि का भुगतान करने का आदेश देता है जिसके नाम पर चेक जारी किया गया है। चेक लिखने वाले व्यक्ति को चैककर्ता के नाम से जाना जाता है, उसके पास एक लेन-देन बैंकिंग खाता होता है जहां उनका पैसा होता है।

2. चैककर्ता मौद्रिक राशि, तिथि, और चेक पर एक आदाता सहित विभिन्न विवरण लिखता है, और उस पर हस्ताक्षर करता है, अपने बैंक को आदेश देता है, जिसे ड्रेव के रूप में जाना जाता है, उस व्यक्ति या कंपनी को भुगतान की गई राशि का भुगतान करने के लिए।

3. यदि बैंक आदाता को राशि देता है तो एक चेक को सम्मानित किया जाता है।

4. यदि बैंक भुगतानकर्ता को राशि का भुगतान करने से इंकार करता है, तो चेक को अस्वीकृत माना जाता है।

5. चेक का डिस्ऑनर एक ऐसी स्थिति है जिसमें बैंक भुगतानकर्ता को चेक की राशि का भुगतान करने से इंकार कर देता है।

6. एक चेक एक नोट (वचन) को संदर्भित करता है जो उस समय देय होता है जब आदाता इसका अनुरोध करता है।

7. यदि किसी वादे का भुगतान दृष्टि या मांग के आधार पर किया जाता है, तो उसे पूरा करने की आवश्यकता होती है।

8. भले ही वादा या आदेश एक समय पर नहीं बताता है, यह आदाता की मांग पर देय है।

इसलिए, अभिकथन और कारण दोनों सत्य हैं और कारण अभिकथन की सही व्याख्या है।

अतः विकल्प (A) सही है।

131. भारतीय अनुबंध अधिनियम, 1872 ने धारा 2 (एच) के तहत अनुबंध को "कानून द्वारा लागू किए जाने योग्य" के रूप में परिभाषित किया है। यह अधिनियम अंग्रेजी कॉमन लॉ के सिद्धांतों पर आधारित है। सभी समझौते अनुबंध हैं यदि वे उन पार्टियों की स्वतंत्र सहमति से होते हैं जो अनुबंध में शामिल हैं, एक वैध वस्तु के साथ एक वैध विचार के लिए, और इसके बाद इसे शून्य घोषित नहीं किया जाता है।

अतः विकल्प (C) सही है।

132.

कॉलम-1	कॉलम-2
A. प्रतियोगिता अधिनियम	H. 2002
B. सूचना का अधिकार अधिनियम	E. 2005
C. भारतीय अनुबंध अधिनियम	G. 1872
D. माल अधिनियम की बिक्री	F. 1930

प्रतियोगिता अधिनियम, 2002:

- प्रतियोगिता विक्रेताओं का कार्य है जो व्यक्तिगत रूप से लाभ या बाजार हिस्सेदारी हासिल करने के लिए खरीदारों के संरक्षण का अधिग्रहण करना चाहते हैं।
- प्रतियोगिता अधिनियम, 2002 भारत की संसद द्वारा अधिनियमित किया गया था।
- प्रतियोगिता अधिनियम, 2002 की मुख्य विशेषताओं में से दो वह ढांचा है जो वह प्रतिस्पर्धा आयोग की स्थापना के लिए प्रदान करता है, और यह उपकरण जो प्रतिस्पर्धी प्रतिस्पर्धात्मक प्रथाओं को रोकने और भारतीय बाजार में सकारात्मक प्रतिस्पर्धा को बढ़ावा देने के लिए प्रदान करता है।

सूचना का अधिकार अधिनियम(आरटीआई अधिनियम), 2005:

- यह नागरिकों के लिए सूचना के अधिकार के व्यावहारिक शासन को स्थापित करने के लिए सार्वजनिक प्राधिकरणों के नियंत्रण के तहत सूचना तक सुरक्षित पहुंच प्रदान करने के लिए एक अधिनियम है, ताकि प्रत्येक सार्वजनिक प्राधिकरण के कामकाज में पारदर्शिता और जवाबदेही को बढ़ावा दिया जा सके, एक केंद्रीय संविधान सूचना आयोग और राज्य सूचना आयोग और जुड़े मामलों या आकस्मिक उपचार के लिए।

भारतीय अनुबंध अधिनियम, 1872:

- यह भारत में अनुबंधों से संबंधित कानून को निर्धारित करता है और भारतीय अनुबंध कानून को विनियमित करने वाला प्रमुख कार्य है।
- कॉन्ट्रैक्ट एक्ट का उद्देश्य यह सुनिश्चित करना है कि अनुबंध से उत्पन्न अधिकारों और दायित्वों को सम्मानित किया जाता है और समझौते के अपने हिस्से का सम्मान करने में विफल पार्टी के खिलाफ एक पीड़ित पक्ष को कानूनी उपचार उपलब्ध कराया जाता है।

माल की बिक्री अधिनियम 1930:

- यह संपत्ति, कर्तव्यों, दावों और अपेक्षाओं को संतुलित करने के उद्देश्य से शुरू किया गया था, जो संपत्ति को एक व्यक्ति से दूसरे व्यक्ति को खरीदारों और विक्रेताओं को हस्तांतरित करने की प्रक्रिया में उत्पन्न होती है।

अतः विकल्प (B) सही है।

133. कर को ह्यू डाल्टन द्वारा, एक सार्वजनिक प्राधिकरण द्वारा लगाए गए अनिवार्य योगदान के रूप में परिभाषित किया गया है, जो करदाता को प्रदान की गई सेवा की सटीक मात्रा की परवाह किए बगैर लगाया जाता है, और न कि किसी भी कानूनी अपराध के लिए दंड के रूप में लगाया जाता है।

कर दंड:

- एक कर दंड किसी कानून के उल्लंघन के लिए लगाया गया दंड है।
- यह एक व्यक्ति पर तब लगाया जाता है जब वह अपने कुल अनुमानित कर या विदहोल्डिंग के लिए पर्याप्त भुगतान नहीं करता है।
- यदि मामले में, किसी व्यक्ति ने अपने कर के अनुमान को कम कर दिया है, तो उसे जुर्माना भरना पड़ सकता है।

अतः विकल्प (A) सही है।

134. प्रत्यक्ष कर को सीधे उस संस्था पर लगाया जाता है जो भार वहन करती है।

प्रत्यक्ष कर:

- प्रत्यक्ष कर वह आयकर है जो सरकार को सीधे भुगतान किया जाता है और किसी व्यक्ति की आय पर लगाया जाता है।

- प्रत्यक्ष कर में आयकर, चुनाव कर, भूमि कर, व्यक्तिगत संपत्ति कर शामिल हैं।

- ऐसे प्रत्यक्ष करों की गणना करदाता की भुगतान करने की क्षमता के आधार पर की जाती है, जिसका अर्थ है कि आय जितनी अधिक होगी, उनके कर उतने ही अधिक होंगे।

- इसकी गणना कुल आय के प्रतिशत के रूप में की जाती है।

अतः विकल्प (B) सही है।

135. इकाई के "आय" पर आयकर लगाया जाता है।

आयकर अधिनियम, 1961:

- विधि मंत्रालय के परामर्श से, आयकर अधिनियम, 1961 पारित किया गया था और इसे 1 अप्रैल 1962 से लागू किया गया था।

- यह एक व्यापक क़ानून है जो देश में कराधान को नियंत्रित करने वाले विभिन्न नियमों और विनियमों पर केंद्रित है।

- यह भारत सरकार के लिए आयकर लगाने, प्रशासित करने, एकत्र करने और वसूली करने का प्रावधान करता है।

- आयकर एक ऐसा कर है जो सरकार को सीधे आय या लाभ के आधार पर दिया जाता है।

- कर प्रत्यक्ष या अप्रत्यक्ष हो सकता है।

- प्रत्यक्ष कर वह आयकर है जो सरकार को सीधे भुगतान किया जाता है और किसी इकाई या किसी व्यक्ति की आय पर लगाया जाता है।

अतः विकल्प (C) सही है।

136. कर पहले सर जेम्स विल्सन द्वारा पेश किया गया था। स्वतंत्रता-पूर्व वित्त मंत्री, जेम्स विल्सन द्वारा 7 अप्रैल 1860 को भारत का पहला केंद्रीय बजट पेश किया गया। 1860 के सैन्य विद्रोह के कारण ब्रिटिश सरकार द्वारा वहन किए गए घाटे को पूरा करने के लिए 1860 का भारतीय आयकर अधिनियम लागू किया गया था।

आय को अलग-अलग चार अनुसूचियों में विभाजित किया गया था:

1. जमीन जायदाद से आय,
2. पेशे और ट्रेडों से आय,
3. प्रतिभूतियों से आय,
4. वेतन और पेंशन से आय।

अतः विकल्प (D) सही है।

137. आयकर अधिनियम 1961 की धारा 45 (2), में यह प्रावधान है कि, पिछले वर्ष में पूंजीगत परिसंपत्ति के हस्तांतरण से उत्पन्न कोई भी लाभ या मुख्य पूंजीगत लाभ के तहत आयकर के लिए प्रभार्य होगा। इस तरह के पूंजीगत लाभ को पिछले वर्ष की आय माना जाएगा जिसमें स्थानांतरण हुआ था। इस चार्जिंग सेक्शन में, दो शब्द महत्वपूर्ण हैं। एक "पूंजीगत संपत्ति" है और दूसरा "स्थानांतरण" है।

अतः विकल्प (D) सही है।

138. पिछले वर्ष की आय पर संबंधित वित्त अधिनियम द्वारा निर्धारित मूल्यांकन वर्ष की दरों पर कर लगाया जाता है।

वित्त अधिनियम में प्रत्यक्ष करों अर्थात् आयकर और धन कर, और अप्रत्यक्ष कर यानी कस्टम ड्यूटी, उत्पाद शुल्क, सेवा कर में सभी आवश्यक संशोधन शामिल हैं; केंद्र सरकार के नीतिगत निर्णयों को दर्शाता है। इस अधिनियम के

माध्यम से, केंद्र सरकार हर वित्तीय वर्ष की शुरुआत में वित्तीय प्रस्तावों को प्रभाव देती है।

मूल्यांकन वर्ष:

- यह वह वर्ष है जिसमें एक व्यक्ति पूर्व वित्तीय वर्ष का आयकर रिटर्न दाखिल करता है।

- यह वह समय है जिसमें पिछले वर्ष के दौरान अर्जित आय का आकलन और कर लगाया जाता है।

- पिछले वर्ष की तुलना में पिछले वर्ष की आय का आकलन मूल्यांकन वर्ष में किया जाता है।

- उदाहरण के लिए, पिछले वर्ष 2020-21 की आय पर संबंधित वित्त अधिनियम द्वारा निर्धारित मूल्यांकन वर्ष की दर से 2021-22 का कर लगाया जाता है।

अतः विकल्प (A) सही है।

139. अधिभार पहले से लगाए जा रहे कर पर एक अतिरिक्त शुल्क या कर है। निगमों और उनके शेयरधारकों की आय का अलग-अलग कराधान कानूनी सिद्धांत का पालन करता है कि निगम और शेयरधारक अलग-अलग इकाइयां हैं। 30% की कर दर पर 10% का अधिभार प्रभावी रूप से संयुक्त कर की दर को बढ़ाकर 33% कर देता है। सीमांत राहत भी व्यक्तियों को प्रदान की जाती है क्योंकि कभी-कभी फैक्टरिंग अधिभार के बाद कर देयता में वृद्धि 1 करोड़ रुपये से ऊपर की आय में वृद्धि से अधिक हो जाती है। घरेलू और विदेशी दोनों कंपनियों को सीमांत राहत दी जाती है, यदि निवल आय 1 करोड़ रुपये और 10 करोड़ रुपये से अधिक है।

अतः विकल्प (A) सही है।

140. कॉर्पोरेट कर निगम के मुनाफे पर एक कर है। इसे कंपनी कर या निगम कर के रूप में भी जाना जाता है। कर व्यय में कटौती से पहले एक अवधि के लिए लेखांकन लाभ एक लाभ या हानि है। कर व्यय (कर आय) एक कुल राशि है जो वर्तमान कर या स्थगित कर के संबंध में अवधि के लिए लाभ या हानि के निर्धारण में शामिल है। ऐतिहासिक लागत एक परिसंपत्ति की एक मूल लागत है जो संगठनों के लेखा रिकॉर्ड में दर्ज की गई है।

निगम आयकर का आधार:

- एक परिसंपत्ति या देयता का कर आधार वह राशि है जो कर उद्देश्यों के लिए उस परिसंपत्ति या देयता के लिए उत्तरदायी है।

- किसी परिसंपत्ति का कर आधार वह राशि है जो किसी कर योग्य आर्थिक लाभ के विरुद्ध कर उद्देश्यों के लिए कटौती योग्य होगी जो परिसंपत्ति की वहन राशि की वसूली करने पर किसी इकाई में प्रवाहित होगी।

- यदि वे आर्थिक लाभ कर योग्य नहीं होंगे, तो परिसंपत्ति का कर आधार उसकी वहन राशि के बराबर है।

- **आइए इसे एक उदाहरण से समझते हैं:** कर उद्देश्यों के लिए मशीन की ऐतिहासिक लागत 100 रुपये है, 20 रुपये का मूल्यह्रास पहले ही चालू और पिछली अवधि में काट लिया गया है और शेष लागत भविष्य की अवधि में या तो मूल्यह्रास के रूप में या निपटान पर कटौती के माध्यम से कटौती की जाएगी। मशीन का उपयोग करके उत्पन्न राजस्व कर योग्य है, मशीन के निपटान पर कोई लाभ कर योग्य होगा और निपटान पर कोई भी नुकसान कर उद्देश्यों के लिए कटौती योग्य होगा।

- मशीन के कॉर्पोरेट आयकर का आधार उपरोक्त उदाहरण में 80 रुपये है।

अतः विकल्प (A) सही है।

141. निर्यात प्रोत्साहन एक प्रकार की आर्थिक सहायता है जो सरकार देश की निर्यात फर्मों और उद्योगों को देती है ताकि उन्हें विदेशी देशों में अपने व्यापार का विस्तार करने में मदद मिल सके। ऐसा करने से, घरेलू उत्पाद वैश्विक बाजारों में प्रतिस्पर्धी हो पाएंगे, और निर्यात में वृद्धि से शेष राशि का भुगतान

अनुकूल बना रहेगा। निर्यात प्रोत्साहन के प्रकारों में निर्यात सब्सिडी, कम लागत वाले ऋण, प्रत्यक्ष भुगतान, निर्यात से लाभ पर कर छूट आदि शामिल हैं। इस मद के तहत कर योग्य निर्यात प्रोत्साहन में शामिल हैं:

1. नकदी प्रतिपूर्ति सहायता
2. शुल्क वापसी प्रणाली
3. लाइसेंस पुनःपूर्ति
4. अग्रिम लाइसेंस और शुल्क छूट योजना
5. डीईपीबी के हस्तांतरण पर लाभ
6. घरेलू कच्चे माल आदि पर सब्सिडी।

अतः विकल्प (D) सही है।

142. उप-किरायेदार से मूल किरायेदार द्वारा प्राप्त किराया अन्य स्रोतों से आय के मद के तहत कर योग्य है। जब एक किरायेदार संपत्ति का एक हिस्सा दूसरे किरायेदार को किराए पर दे रहा होता है, तब उप किरादारी (सबलेटिंग) होता है। मालिक के हाथों में किराये की आय को "घर की संपत्ति से आय" मद के तहत कर लगाया जाता है। मालिक के अलावा किसी अन्य व्यक्ति की किराये की आय पर "घर की संपत्ति से आय" के तहत कर नहीं लगाया जा सकता है। अतः, उप किरादारी देने पर किरायेदार द्वारा प्राप्त किराये की आय को "घर की संपत्ति से आय" के तहत कर के लिए शुल्क नहीं लिया जा सकता है। ऐसी आय "अन्य स्रोतों से आय" मद के तहत कर योग्य है।

अतः विकल्प (B) सही है।

143. टेली-मार्केटिंग प्रत्यक्ष विपणन (डायरेक्ट मार्केटिंग) का एक हिस्सा है।

प्रत्यक्ष विपणन:

- डायरेक्ट मार्केटिंग उन वस्तुओं और सेवाओं को सीधे ग्राहकों को बढ़ावा देने का अवसर देती है जिनकी उन्हें सबसे अधिक आवश्यकता होती है।
- प्रत्यक्ष विपणन नए ग्राहकों के साथ संबंध बनाने में मदद करता है।
- सभी प्रचार जानकारी बिचौलियों और किसी तीसरे पक्ष के बिना रिले की जाती है।
- ईमेल, समाचार-पत्र, आउटडोर विज्ञापन, एसएमएस मार्केटिंग, टेली-मार्केटिंग, वेबसाइट, कैटलॉग वितरण आदि विभिन्न प्रकार की प्रत्यक्ष विपणन रणनीतियाँ हैं।

अतः विकल्प (C) सही है।

144. नेशनल बैंक फॉर एग्रीकल्चर एंड रूरल डेवलपमेंट (नाबार्ड) भारत में एक शीर्ष-स्तरीय विकास वित्तीय संस्थान है, जिसे 1982 में कृषि और ग्रामीण ऋण प्रदान करने के लिए स्थापित किया गया था।

केंद्र सरकार द्वारा तीन उद्देश्यों के लिए खाद्य भंडार का रखरखाव किया जाता है:

- खाद्य सुरक्षा के लिए निर्धारित बफर स्टॉक मानदंड बनाए रखना,
- सार्वजनिक वितरण प्रणाली (पीडीएस) के माध्यम से मासिक आपूर्ति,
- बाजार हस्तक्षेप खुले बाजार की कीमतों को स्थिर करने के लिए।

अतः विकल्प (B) सही है।

145. राज्य स्वाधिकृत इंडियन बैंक के निदेशकों की समिति ने शेयर बिक्री के माध्यम से ₹4,000 करोड़ तक जुटाने की मंजूरी दी है।

- यह फंड जुटाना सभी वैधानिक और विनियामक अनुमोदन के अधीन होगा।
- इंडियन बैंक को 3 अगस्त, 2018 से तीन साल की अवधि में अपनी सार्वजनिक हिस्सेदारी को कम से कम 25% तक बढ़ाने की आवश्यकता है।

अतः विकल्प (C) सही है।

146.

- वस्तु और सेवा कर एक गंतव्य आधारित कर है। अतः, कथन 1 सही है।
- भारत में GST 3 प्रकार के हैं CGST, SGST और IGST
- अंतराजिय लेनदेन पर CGST और SGST लगाया जाता है।
- CGST केंद्र और SGST राज्य द्वारा एकत्र किया जाता है।
- IGST अंतर्राजीय माल/सेवाओं के लेनदेन पर लगाया जाता है।

अनुच्छेद 279A: GST परिषद

- 101 वें संवैधानिक संशोधन अधिनियम, 2016 के 60 दिनों के अंदर राष्ट्रपति को एक जीएसटी परिषद का गठन करना चाहिए।
- संरचना:
    - अध्यक्ष: केंद्रीय वित्त मंत्री
    - सदस्य: वित्त या राजस्व के प्रभारी केंद्रीय मंत्री
    - सदस्य: वित्त या कराधान के प्रभारी मंत्री या प्रत्येक राज्य सरकार द्वारा नामित कोई अन्य मंत्री
    - उपाध्यक्ष: सदस्यों के बीच से
- सिफ़ारिशें:
    - करों, उपकर, और अधिभार संघ, राज्य और अन्य स्थानीय निकायों द्वारा लगाया जाता है
    - GST से छूट दी गई वस्तुओं और सेवाओं
    - मॉडल GST कानून
    - बँटवारा
    - किसी भी प्राकृतिक आपदा या विपदा के दौरान विशेष अवधि के लिए टर्नओवर सीमा, टर्नओवर की सीमा, दरें (आधार दर)
    - अरुणाचल प्रदेश, असम, जम्मू और कश्मीर, मणिपुर, मेघालय, मिजोरम, नागालैंड, सिक्किम, त्रिपुरा, हिमाचल प्रदेश, उत्तराखंड, आदि के लिए विशेष प्रावधान।
- पेट्रोलियम क्रूड, हाई-स्पीड डीजल, मोटर स्पिरिट (पेट्रोल), प्राकृतिक गैस और विमानन टरबाइन ईंधन पर लगाने की तिथि।
- वस्तु और सेवाओं के लिए सामंजस्यपूर्ण प्राकृतिक बाजार का विकास।
- कार्यवाह: 50%(सदस्य). अतः, कथन 2 सही है।
- निर्णय के लिए बहुमत: वर्तमान और मतदान के भारित वोटों का तीन-चौथाई था। अतः, कथन 3 गलत है।
    - केंद्र सरकार का भार एक-तिहाई है।
    - राज्य सरकार का भारांक दो-तिहाई है।

अतः विकल्प (B) सही है।

147. माल की बिक्री अधिनियम, 1930 एक अवैतनिक विक्रेता को एक विक्रेता के रूप में परिभाषित करता है जिसे उस माल की पूरी कीमत का भुगतान नहीं किया गया है जिसे बेचा गया है या जिसे सशर्त भुगतान के रूप में विनिमय या अन्य परक्राम्य लिखतों का बिल मिला है, और जिस पर शर्त जो प्राप्त हुआ था वह पूरा नहीं हुआ है।

इसलिए, एक अवैतनिक विक्रेता का अर्थ वह व्यक्ति है जिसने माल बेचा है और अभी तक मूल्य प्राप्त नहीं किया है।

एक अवैतनिक विक्रेता की विशेषताएं:

- विक्रेता को नकदी के आधार पर सामान बेचना चाहिए था और वह अवैतनिक होना चाहिए।
- विक्रेता को पूर्ण या आंशिक रूप से अवैतनिक होना चाहिए।
- समय की निश्चित अवधि समाप्त हो गई है और विक्रेता अभी भी अवैतनिक है।
- विक्रेता को भुगतान स्वीकार करने से इनकार नहीं करना चाहिए।
- मूल्य का भुगतान एक परक्राम्य लिखत के माध्यम से किया जाता है यानी बिल ऑफ़ एक्सचेंज, प्रॉमिसरी नोट, चेक इत्यादि और उसी को बदनाम किया गया है।

अतः विकल्प (C) सही है।

148. तुलन पत्र एक वित्तीय विवरण है जो किसी फर्म की परिसंपत्ति, देनदारियों और मालिकों की इक्विटी का सारांश प्रस्तुत करता है।

वित्तीय विवरण लिखित दस्तावेज होते हैं जिसमें कंपनी के संचालन और वित्तीय प्रदर्शन और वित्तीय स्थिति शामिल होती है। वित्तीय विवरणों में शामिल हैं:

- तुलन पत्र: तुलन पत्र किसी संगठन की परिसंपत्ति, देनदारियों और शेयरधारकों की इक्विटी का एक खाका होता है।
- आय विवरण: आय विवरण मुख्य रूप से एक निश्चित समय अवधि में कंपनी के राजस्व और लागत से संबंधित होता है। बिक्री से लागत घटाने के बाद यह विवरण कंपनी की लाभ राशि को शुद्ध आय के रूप में दर्शाता है।
- नकदी प्रवाह विवरण: नकदी प्रवाह विवरण (CFS) किसी कंपनी की ऋण का भुगतान करने, परिचालन व्यय को पूरा करने और निवेश करने के लिए नकदी उत्पन्न करने की क्षमता का आकलन करता है।

अतः विकल्प (C) सही है।

149. प्रत्यक्ष कर एक प्रकार का कर है जहां कराधान की घटना और प्रभाव एक ही इकाई पर पड़ता है।

- प्रत्यक्ष कर के मामले में, करदाता द्वारा बोझ को किसी और पर स्थानांतरित नहीं किया जा सकता है। ये मोटे तौर पर आय या धन पर कर हैं। आयकर, निगम कर, संपत्ति कर, विरासत कर और उपहार कर प्रत्यक्ष कर के उदाहरण हैं।
- भारत में लगाए गए कुछ महत्वपूर्ण प्रत्यक्ष कर हैं आयकर, निगम कर, संपत्ति कर, विरासत कर और उपहार कर।

अतः विकल्प (A) सही है।

150. ANBC में C का अर्थ क्रेडिट है।

ANBC का पूर्ण रूप समायोजित नेट बैंक क्रेडिट है।

एएनबीसी, नेट-एसएलआर बॉन्ड में बैंकों द्वारा किए गए शुद्ध बैंक क्रेडिट प्लस निवेश हैं जो कि आयोजित-से-मैच्योरिटी श्रेणी में रखे गए हैं या ऑफ-बैलेंस-शीट एक्सपोज़र की क्रेडिट समतुल्य राशि, जो भी अधिक है।

अतः विकल्प (A) सही है।

// टिप्पणियाँ //